U0940835

浙江文化年鑑

2013

《浙江文化年鉴》编纂委员会 编

中華書局

图书在版编目(CIP)数据

浙江文化年鉴.2013/《浙江文化年鉴》编纂委员会编.
—北京:中华书局,2014.12
ISBN 978-7-101-10589-6

Ⅰ.浙… Ⅱ.浙… Ⅲ.地方文化—文化事业—浙江省—2013—年鉴 Ⅳ.G127.55-54

中国版本图书馆CIP数据核字(2014)第282160号

责任编辑:朱 慧

浙江文化年鉴2013

《浙江文化年鉴》编纂委员会 编

*

中 华 书 局 出 版

(北京市丰台区太平桥西里38号 100073)

http://www.zhbc.com.cn

E-mail:zhbc@zhbc.com.cn

*

杭州美迪图文设计有限公司设计制版

浙江新华印刷技术有限公司印刷

889×1194 1/16 印张:39 插页:23 字数:1153千

2014年12月第1版 2014年12月第1次印刷

印数:1-1000册 定价:180.00元

ISBN 978-7-101-10589-6

《浙江文化年鉴》编纂委员会

《浙江文化年鉴》编辑部

编辑说明

一、《浙江文化年鉴》由浙江省文化厅主持编纂，是社会各界和国内外关心支持文化工作的人士了解和研究浙江文化的信息资料工具书，具有资政、存史、交流、宣传浙江文化的作用。

二、《浙江文化年鉴》(2013)主要记载2012年1月1日至12月31日期间发生的主要文化事件。为便于读者了解事情始末，个别条目所记时间适当上溯或延伸。

三、《浙江文化年鉴》(2013)设图记、特载、特辑、专文、概览、概况、大事记、文化事业和企业、市(区、县、市)文化工作、文献资料、统计资料、附录12个部类。

四、本年鉴设双重检索系统，书前有详细目录，书后备有主题索引，范围详及条目。英文目录内容详及篇目。为方便读者查阅和保存，配有光盘。

五、本年鉴所收内容(含图片)均由省文化厅、省文物局各处(室)和下属单位，各市、县(市、区)文化广电新闻出版局提供并经各单位领导审核，涉及的全省性统计数字以省文化厅计财处及有关处室核准的数字为依据；厅属各单位、市县(市、区)各局的有关数字以本单位、本市县(市、区)局提供为准。为便于读者查阅，资讯录采用截至出版时的最新信息。

六、本年鉴编纂出版工作得到省文化厅、省文物局及全省各市县(市、区)文化广电新闻出版局的高度重视和积极配合，在此谨表谢意。因编辑水平所限，书中难免有不足之处，敬请有关方面和广大读者批评指正。

《浙江文化年鉴》编辑部

2013年12月

◆5月7日至14日，全国人大常委会副委员长路甬祥（左二）率全国人大文物保护法执法检查组，赴杭州、宁波等地，对浙江博物馆武林馆区等浙江省文博单位进行考察。

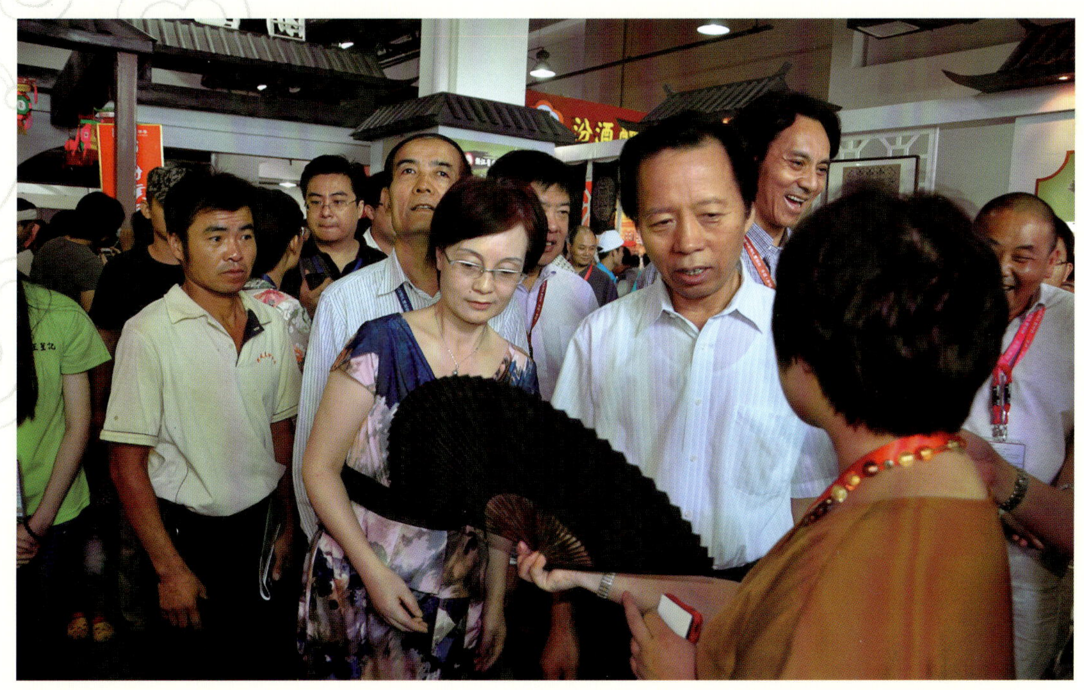

◆9月6日，文化部副部长王文章（右二）在中国非物质文化遗产博览会上参观浙江省王星记扇参展项目。

◆7月5日，国家文物局副局长宋新潮（右一）在“惠世天工——中国古代发明创造文物展”现场操作“惠世天工”ipad虚拟导览。

◆5月10日，全国人大财政经济委员会副主任委员吕祖善（中）在浙江省博物馆作义务讲解。

◆7月6日，浙江省省委书记赵洪祝（右三）、省委常委、省委宣传部部长葛慧君（左三）、省委秘书长赵一德（左二）在浙江美术馆参观“从延安走来——纪念毛泽东同志《在延安文艺座谈会上的讲话》发表70周年美术作品展浙江巡展”。

◆10月24日，浙江省省委书记赵洪祝（左二）参观浙江美术馆举办的“百代风范——中国现代绘画艺术典藏大展”。

◆7月17日，浙江省省长夏宝龙（右二）在浙江美术馆参观“从延安走来——纪念毛泽东同志《在延安文艺座谈会上的讲话》发表70周年美术作品展浙江巡展”。

◆4月4日，浙江省省长夏宝龙（前排中）率浙江省友好代表团参加在日本静冈县综合艺术中心举行的浙静结好30周年庆典大会。

◆12月26日，浙江省省委书记夏宝龙（右一）调研浙江音乐学院建设，审看设计效果图。

◆4月6日，浙江省省委常委、组织部部长蔡奇（右四）考察浙江小百花艺术中心建设工地。

◆5月23日，浙江省省委常委、组织部部长蔡奇（左二）赴浙江省文物考古研究所调研创先争优工作。

◆10月12日，浙江省省委常委、杭州市委书记黄坤明（左一），省委常委、宣传部长、副省长葛慧君（左二）在中国杭州文化创意产业博览会上参观传统塑艺陶艺米塑精品展。

◆9月6日，浙江省省委常委、宣传部长葛慧君（右一）在温岭市横峰街道综合文化站调研基层文化站建设。

◆7月3日，浙江省省委常委、宣传部长葛慧君（中）在浙江图书馆调研。

◆6月10日，浙江省人大常委会副主任程渭山（前排）出席“碧水蓝天 绿野仙踪——仙居县生态建设成果展”开幕式。

◆5月3日，浙江省副省长郑继伟（左一）莅临浙江自然博物馆，参观“浙江省第三次全国文物普查成果展”。

◆ 11月27日，浙江省副省长郑继伟（左二）在浙江图书馆采编部了解图书编目情况。

◆6月29日，浙江省政协副主席盛昌黎（左四）、陈艳华（左五）出席"万园杯"生态浙江摄影作品展开幕式。

◆2月10日，联合国教科文组织副总干事汉斯（右一）参观浙江美术馆。

◆2月13日，全省文化广电新闻出版局长会议在杭州召开。

◆2月16日，全省文物局长会议在嘉兴海宁市召开。

◆4月6日至7日，2012年全国考古工作会在杭州召开。

◆5月10日，由文化部主办的全国农民工文化建设现场经验交流会在浙江省东阳市召开。

◆9月1日至3日，2012中国文化报社全国记者站站长会议在杭州召开。

◆9月14日，由文化部外联局和浙江省文化厅主办的第七期10+3文化人力资源开发合作研讨班在浙江举办。

◆10月29日至11月2日，文化部政策法规司副司长李红琼率文化部全国文化系统国有文艺院团体制改革复查验收（调研）工作组来浙江省检查指导工作。

◆3月2日，全省文物安全工作联席会议第一次全体成员会议在杭州召开。

◆3月7日，浙江省创建公共文化服务体系示范区（项目）培训班在杭州开班。

◆5月9日，省级文化系统纪念毛泽东同志《在延安文艺座谈会上的讲话》发表70周年座谈会在杭州举行。

◆5月10日，省级文化系统基层党建示范点建设工作交流会在杭州召开。

◆6月14日，2012年“耕山播海”浙江省经济欠发达地区文艺骨干系列培训活动在杭州启动。

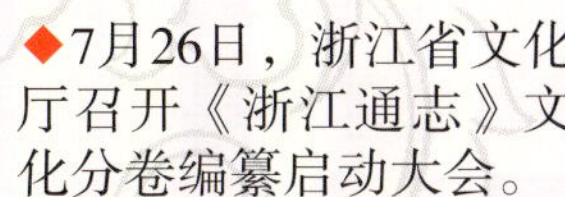

◆7月26日，浙江省文化厅召开《浙江通志》文化分卷编纂启动大会。

◆8月16日，2012年全省艺术创作题材规划会议在杭州召开。

◆8月27日，2012年度全省公共图书馆馆长培训班在温州开班。

◆9月18日，全省文化信息工作会议在杭州召开。

◆9月20日，2012年全省美术工作座谈会在杭州召开。

◆9月26日，省级文化系统干部职工喜迎十八大摄影作品展开幕式在浙江图书馆举行。

◆10月11日，中国移动手机动漫“浙江专区”启动仪式在杭州举行。

◆11月26日，浙江省美丽乡村建设中非遗保护工作现场推进会在桐庐召开。

◆11月27日，2012浙江省非物质文化遗产保护工作培训班在杭州开班。

◆12月6日，省文化厅、省文物局机关学习十八大精神专题报告会在杭州召开。

◆12月13日，省级文化系统学习贯彻十八大精神座谈会在杭州召开。

◆12月20日，省文化厅召开加强厅属单位建设工作大会。

◆12月25日,浙江省申报人类与国家级非物质文化遗产、杭州西湖文化景观申报世界文化遗产工作总结表彰大会在杭州召开。

◆2012年，浙江省文物考古研究所副所长刘斌被授予“浙江省创先争优优秀共产党员”和“浙江省创先争优闪光言行月度之星”称号。

◆2月10日，浙江省省委书记赵洪祝观看浙江小百花越剧团《藏书之家》演出后合影。

◆2012“新松计划”——《曲艺新笑匠》演出后合影。

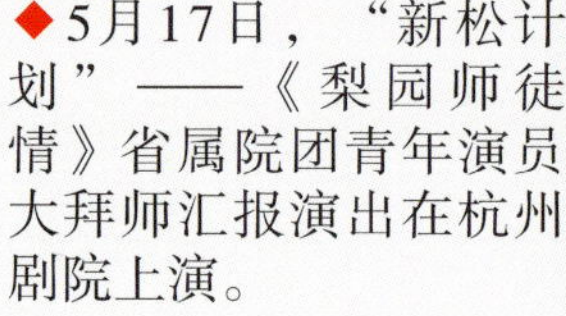

◆5月17日，“新松计划”——《梨园师徒情》省属院团青年演员大拜师汇报演出在杭州剧院上演。

◆7月3日，浙江省"新松计划"戏曲花旦高级研修班暑期开营。

◆12月8日，"新松计划"——《幸福歌谣》2012金瑶杭州独唱音乐会在浙江省人民大会堂举行。

◆浙江歌舞剧院有限公司《红色英雄》获华东六省一市专业舞蹈大赛2012届评委会唯一大奖。

◆浙江歌舞剧院有限公司《起舞》荣获第八届中国舞蹈"荷花奖"现代舞表演铜奖。

◆浙江京剧团大型新编历史剧《飞虎将军》荣获2011-2012国家舞台艺术精品工程“年度资助剧目”。

◆浙江话剧团有限公司创排的现代儿童剧《琪琪的红舞鞋》获得第七届全国儿童剧优秀剧目展演“优秀剧目奖”。

◆浙江昆剧团参选剧目《乔小青》获第五届中国昆剧艺术节“优秀剧目大奖”。

◆宁波市演艺集团有限公司音乐剧《告诉海》获中央宣传部第12届精神文明建设“五个一工程”奖。

◆景宁畲族民间艺术团风情歌舞《千年山哈》获第四届全国少数民族文艺会演表演金奖。

◆4月23日，浙江话剧团有限公司的话剧《雷锋》在浙话艺术剧场首演。

◆5月3日，浙江曲艺杂技总团有限公司推出的《再学雷锋》曲艺专场在浙江胜利剧院上演。

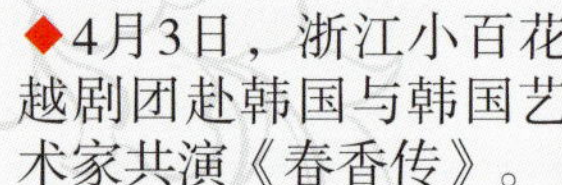

◆4月3日，浙江小百花越剧团赴韩国与韩国艺术家共演《春香传》。

◆7月1日至2日，浙江越剧团在浙江省政协联谊中心小剧场举办“七一红色·经典演唱会”。

◆9月13日，第六届台湾·浙江文化节的展示项目“戏韵流苏——浙江梨园百工展”和“余音绕梁——浙江古戏台影展”在台北市开展。

◆4月6日，浙江交响乐团与静冈爱乐管弦乐团在静冈县综合艺术中心合作演出了一场慈善音乐会。

◆12月3日，“浙江省第四届曲艺杂技魔术节颁奖晚会”在浙江音乐厅举行。

◆4月19日至26日，浙江省昆剧团组团赴英国演出全本《牡丹亭》。

◆7月7日，由澳门基金会和中国京剧艺术基金会联合举办、浙江京剧团承办的“京韵乐濠情——中国京剧艺术表演专场”在澳门永乐大戏院开演。

◆12月16日，浙江歌舞剧院有限公司民族乐团“2012东南亚巡演”的闭幕演出，《江南丝竹耀南洋》民族音乐会在新加坡华乐团音乐厅奏响。

◆1月14日，浙江曲艺杂技总团有限公司参加“意大利·中国文化年”闭幕式暨欢乐春节演出。

◆5月9日，2012年“春雨工程”全国文化志愿者边疆行启动仪式在宁波市鄞州区举行。

◆8月12日，浙江交响乐团与静冈爱乐管弦乐团、静冈县合唱团合作的“浙江省与静冈县缔结友好省县30周年庆典音乐晚会”在杭州剧院上演。

◆11月26日，喜庆十八大·民营文艺表演团体展演活动在浙江胜利剧院开幕。图为德清越剧团越剧《德清嫂》。

◆5月23日，首届浙江合唱节在杭州开幕。

◆10月14日至15日，2012浙江省首届村歌创作演唱大赛在宁波市镇海区举行。

◆10月17日至18日，浙江省第三届社区文化艺术节暨第十一届音乐新作演唱演奏大赛在宁波慈溪市举行。

◆10月13日，“非遗薪传——浙江传统塑艺陶艺精品展暨中青年十大名师评选活动”颁奖仪式在杭州和平国际会展中心举行。

◆4月29日，2012中国（浙江）非物质文化遗产博览会在义乌国际博览中心开幕。

◆1月12日，浙江自然博物馆推出“龙行浙江”新春贺岁特展。

◆1月18日，“诗风弦韵谱春色”——2012浙江新疆春节习俗展在澳门庐廉若公园开幕。

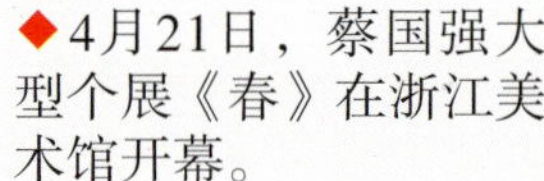

◆4月21日，蔡国强大型个展《春》在浙江美术馆开幕。

◆7月5日，由国家文物局主办，浙江省博物馆承办的“惠世天工——中国古代发明创造文物展”在浙江省博物馆武林馆区开展。

◆4月19日，“古典与唯美——西蒙基金会收藏雕塑、绘画展”在浙江省博物馆武林馆区开幕。

◆8月3日，由中华全国青年联合会、中国文学艺术界联合会、中国美术家协会共同主办的“第四届全国青年美术作品展览浙江巡展”在浙江美术馆开展。

◆11月30日，中国丝绸博物馆隆重举行开馆20周年庆典暨纺织品文物保护国家文物局重点科研基地揭牌仪式。

◆9月14日，《沙鸣花开——敦煌历代服饰图案临摹原稿展》暨常沙娜、黄能馥、李绵璐作品捐赠仪式在中国丝绸博物馆举行。

◆5月25日，浙江当代油画院成立庆典暨首届画展在浙江自然博物馆举行开幕式。

◆3月25日上午，景宁畲族博物馆暨畲族文化中心开馆仪式隆重举行。

◆10月25日，“丝绸之路——中国古代丝绸艺术展”在西班牙首都马德里的国家装饰艺术博物馆开幕。

◆12月18日，浙江省古生物化石收藏研究中心揭牌暨浙江自然博物馆客座研究员聘任仪式在浙江自然博物馆举行。

◆10月26日，“2012花样年华——全国剪纸精品邀请展暨首届全国青年现代剪纸艺术设计大赛获奖作品展”开幕式在慈溪举行。

◆11月4日下午，中国丝绸博物馆馆长赵丰在杭州与美国布莱恩特大学校长梅恪礼签署了双方研究展览合作项目协议。

◆6月10日，中国丝绸博物馆、中国美术学院和浙江小百花越剧团联合主办的展览“百年华装·丝情杭州——中华服装的遗产与繁荣”开展。

◆4月1日，2012年嘉兴市生态文化旅游节暨南湖桃花节上大型非遗表演——浙江省民间精品龙舞大展演。

◆4月4日，第十七届湖笔之都含山蚕花节暨2012含山“轧蚕花”大型民俗活动开幕式在湖州市南浔区举行。

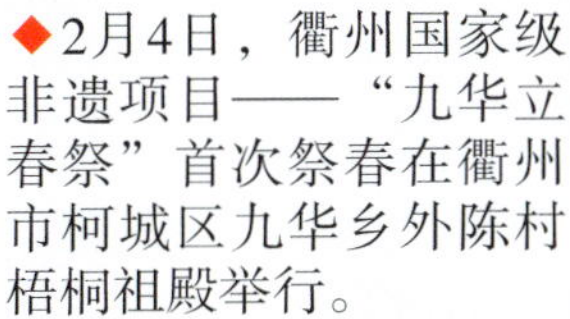
◆2月4日，衢州国家级非遗项目——“九华立春祭”首次祭春在衢州市柯城区九华乡外陈村梧桐祖殿举行。

◆10月13日，杭嘉湖绍“文化走亲”文艺展演（杭州市专场）在绍兴举行。

◆8月，金华市文广新局“文化走亲”活动在衢州、丽水、台州、温州、缙云五地巡回演出。

◆7月12日，慈溪青瓷瓯乐团在柏林中国文化中心举行《越风瓷韵》音乐会首场演出。

◆10月10日，第四届温州艺术节群文小戏小品比赛在瑞安举行。

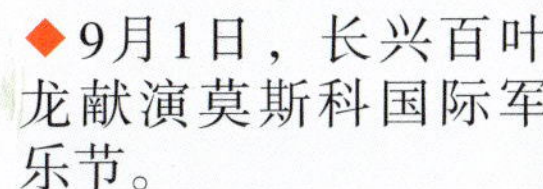

◆9月1日，长兴百叶龙献演莫斯科国际军乐节。

◆绍兴大型水乡社戏。

◆6月16日，2012舟山群岛·中国海洋文化节开幕式暨休渔谢洋大典在岱山海坛举行。

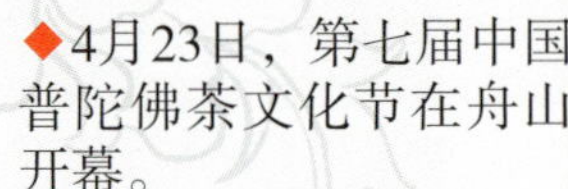

◆4月23日，第七届中国普陀佛茶文化节在舟山开幕。

◆浙江省文物监察总队与海监部门在温州海域开展联合执法巡查。

◆书画鉴定专家对浙江省馆藏书画文物进行专项定级鉴定工作。

◆余杭玉架山遗址获“2011年度全国十大考古新发现”。

◆台州地方文化进校园。

◆南宋徐谓礼及其夫人合葬墓。

◆浙江省新发现不可移动文物：浙江沿海灯塔群——七里峙灯塔。

◆浙江省新发现不可移动文物：验潮所。

◆浙江省新发现不可移动文物：彭公水坝遗迹。

◆浙江省新发现不可移动文物：泗州造纸作坊遗址。

目　录

特　载

特　辑

全省文化广电新闻出版局长会议

全省文物局长会议

加强厅属单位建设工作大会

专　文

概　览

概　况

专业艺术

公共文化

图书馆事业

非物质文化遗产保护

文化市场管理、综合执法体制改革

文化市场执法

“扫黄打非”工作

文化产业与科技

对外对港澳台工作

文物保护

博物馆事业

文物安全

队伍建设与人才培养

大事记

文化事业和企业

浙江新远文化产业集团(及下属单位)

市(区、县、市)文化工作

杭州市文化广电新闻出版局

宁波市文化广电新闻出版局

温州市文化广电新闻出版局

嘉兴市文化广电新闻出版局

湖州市文化广电新闻出版局

文献资料

统计资料

附 录

索 引

Contents

Professional art

Public culture

Library cause

Protection of intangible cultural heritage

Cultural exchange with foreign countries and Taiwan, Hong Kong & Macao Regions

Cultural heritage protection

Museum cause

Cultural heritage safety

Team construction and cultural personnel cultivation

Informatization construction

Construction of cultural facilities

Memorabilia

Cultural Public institutions and enterprises

Cultural work in cities (districts, counties and county-level cities)

Wenzhou Bureau of Culture, Broadcasting, Television, News and Publishing

Summary of cultural work in Wenzhou districts and counties (cities)

Jiaxing Bureau of Culture, Broadcasting, Television, News and Publishing

Documents and materials

Statistic materials

Appendices

Index

特载

ZHEJIANG CULTURE YEARBOOK

浙江省人民政府关于表扬畲族风情舞蹈诗《千年山哈》剧组的通报

浙政发〔2012〕78 号

各市、县(市、区)人民政府,省政府直属各单位:

经国务院批准,由国家民委、文化部、广电总局和北京市政府共同主办的第四届全国少数民族文艺会演于 2012 年 6 月 7 日至 7 月 6 日在北京举行。在省民宗委、省文化厅、省广电局和丽水市、景宁畲族自治县政府的精心组织下,在浙江师范大学音乐学院、浙江艺术职业学院、浙江歌舞剧院、丽水学院、丽水市歌舞团和浙江畲族民间艺术团的积极协助下,我省选送的畲族风情舞蹈诗《千年山哈》在本届少数民族文艺会演中荣获表演金奖、节目奖、编剧奖、舞美奖、最佳演员奖、最佳新人奖等多个奖项,《千年山哈》还成为网络投票活动中群众最喜爱的剧(节)目之一,为我省赢得了荣誉。同时,我省还荣获活动组织奖。为鼓励先进,促进我省文化事业的发展,省政府决定对《千年山哈》剧组予以通报表扬。希望受表扬的剧组全体演职人员珍惜荣誉,再接再厉,在今后的工作中取得更大的成绩。全省文艺工作者要以先进为榜样,爱岗敬业,勇于创新,多出精品,多出人才,进一步展示和宣传浙江各族人民务实、守信、崇学、向善的价值追求和精神风貌,为促进民族团结、推进我省文化大繁荣大发展,建设物质富裕精神富有的现代化浙江作出新的贡献。

浙江省人民政府
2012 年 9 月 29 日

浙江省人民政府关于表彰浙江省申报人类非物质文化遗产和国家级非物质文化遗产工作先进单位和记功人员的决定

浙政发〔2012〕79 号

各市、县(市、区)人民政府,省政府直属各单位:

近年来,全省广大非物质文化遗产保护工作者积极探索,努力实践,取得了突出成绩,全省有 9 个项目被列入联合国教科文组织人类非物质文化遗产代表作名录和急需保护的非物质文化遗产名录,项目数列全国第一;2006 年以来,国务院公布了三批国家级非物质文化遗产名录,全省有 187 个项目入选,入选项目数连续三次位居全国首位。在推进全省非物质文化遗产保护事业过程中,涌现出了一大批先进单位和个人。为表彰先进,省政府决定授予浙江省文化厅等 18 个单位为先进单位,给予王淼等 9 位同志记一等功,给予傅彩莲等 26 位同志记二等功,授予张卫东等 10 位同志专家特别贡献奖。

希望受表彰的单位和个人珍惜荣誉,戒骄戒躁,再创佳绩。全省各级、各部门和广大干部群众要以先进为榜样,锐意进取,开拓创新,扎实工作,为建设物质富裕精神富有的现代化浙江作出更大贡献。

浙江省人民政府
2012 年 9 月 29 日

附件：

浙江省申报人类非物质文化遗产和国家级非物质文化遗产工作先进单位和记功人员名单

一、先进单位名单（18个）

浙江省文化厅

杭州市文化广电新闻出版局

宁波市文化广电新闻出版局

绍兴市文化广电新闻出版局

金华市文化广电新闻出版局

龙泉市人民政府

象山县文化广电新闻出版局

永康市文化广电新闻出版局

杭州市余杭区文化广电新闻出版局

湖州市南浔区文化体育局

德清县文化广电新闻出版局

海宁市文化广电新闻出版局

泰顺县文化广电新闻出版局

庆元县文化广电新闻出版局

桐乡市文化馆

浦江县非物质文化遗产保护中心

乐清市非物质文化遗产保护中心

瑞安市非物质文化遗产保护中心

二、一等功人员名单（9位）

王　森　浙江省文化厅非物质文化遗产处处长

何　平　杭州市文化广电新闻出版局副局长

汪志铭　宁波市文化广电新闻出版局副巡视员

吴　健　象山县文化广电新闻出版局副局长

俞　斌　绍兴市非物质文化遗产保护中心副主任

邵芙春　金华市文化广电新闻出版局文化产业与非物质文化遗产处处长

吕美丽　永康市非物质文化遗产保护中心主任

余镇海　浦江县文化广电新闻出版局文化科科长

黄国勇　龙泉市文化广电新闻出版局局长

三、二等功人员名单（26位）

傅彩莲　浙江省财政厅教科文处副处长

许林田　临安市非物质文化遗产保护中心主任

程琳菲　遂昌县文化广电新闻出版局文化科科长

林　敏　杭州市文化馆副馆长

顾祥森　西泠印社社务委员会社团事务处处长

冯玉宝　杭州市余杭区文化广电新闻出版局局长

吕卫国　奉化市文化广电新闻出版局文化科科长

胡伟华　宁海县文化广电新闻出版局文化科科长

卢和乐　温州市非物质文化遗产保护中心研究馆员

郑金开　平阳县非物质文化遗产保护中心主任

黄友金　瑞安市文化广电新闻出版局局长

戴成福　乐清市文化广电新闻出版局副局长

季海波　泰顺县非物质文化遗产保护中心主任

徐晓阳　绍兴市非物质文化遗产保护中心副研究馆员

祝汉明　嘉兴市非物质文化遗产保护中心副主任

张　琳　桐乡市文化广电新闻出版局副局长

张丽娟　海宁市文化广电新闻出版局文化科科长

章静颖　湖州市文化馆助理馆员

余筱璐　德清县文化馆助理馆员

吴水霖　湖州市南浔区善琏镇宣传文化中心主任

张荣平　东阳市文化馆馆长

陈玉英　衢州市文化广电新闻出版局文艺处处长

项一伟　青田县非物质文化遗产保护中心主任

姚家飞　庆元县文化馆馆员

徐农艺　缙云县文化广电新闻出版局副局长

方学斌　仙居县文化广电新闻出版局非物质文化遗产科科长

四、专家特别贡献奖人员名单（10位）

张卫东　浙江省文化馆研究馆员

吴露生　浙江省文化馆研究馆员

赵　丰　中国丝绸博物馆馆长

马来法　浙江省曲艺家协会顾问

都一兵　浙江省工艺美术研究所研究员

王其全　中国美术学院社会科学部主任

吕洪年　浙江大学教授

陈华文　浙江师范大学教授

顾希佳　杭州师范大学研究员

章桂娣　杭州市良渚遗址管理区管理委员会申遗处副处长

浙江省人民政府关于表彰杭州西湖文化景观申报世界文化遗产工作先进单位和记功人员的决定

浙政发〔2012〕81号

各市、县（市、区）人民政府，省政府直属各单位：

2011年6有24日杭州西湖文化景观在第35届世界遗产大会上被成功列入《世界遗产名录》，成为我国第41项世界遗产，实现了我省世界文化遗产“零”的突破。在杭州西湖文化景观申报世界遗产工作中涌现了一批先进单位和个人，为成功申遗作出了突出贡献。为表彰先进，省政府决定，授予浙江省文化厅等8家单位为杭州西湖文化景观申报世界文化遗产工作先进单位，给予陈易等11位同志记一等功，给予吴志强等26位同志记二等功，授予郭旃等3位同志专家特别贡献奖。

希望受表彰的单位和个人珍惜荣誉，戒骄戒躁，再创佳绩。全省各级各部门和广大干部群众要以先进为榜样，锐意进取，开拓创新，扎实工作，为建设物质富裕精神富有的现代化浙江作出更大贡献。

浙江省人民政府

2012年10月8日

附件：

杭州西湖文化景观申报世界文化遗产工作先进单位和记功人员名单

一、先进单位名单（8个）

浙江省文化厅

浙江省文物局

浙江省古建筑设计研究院

杭州西湖风景名胜区管理委员会（市园林文物局）

杭州市规划局

杭州市旅游委员会

杭州市城乡建设委员会

杭州市财政局

二、一等功人员名单（11位）

陈　易　浙江省古建筑设计研究院高级工程师

张建庭　杭州市人民政府副市长

王水法　杭州市委副秘书长、杭州西湖风景名胜区管理委员会（杭州市园林文物局）巡视员

刘　颖　杭州西湖风景名胜区管理委员会（杭州市园林文物局）党委书记、主任（局长）

刘晓东　杭州市规划局总规划师

周建平　杭州西湖风景名胜区管理委员会（杭州市园林文物局）原副巡视员

卓　军　杭州市园林文物局文物处处长

杨晓茹　杭州西湖世界文化遗产监测管理中心主任

吴胜天　杭州西湖博物馆原馆长

余洪峰　杭州名人纪念馆副

馆长

来坚农　杭州市公安局交通警察局副局长

三、二等功人员名单(26位)

吴志强　浙江省文物局副局长

郑建华　浙江省文物局文物保护与考古处处长

李新芳　浙江省文物局文物保护与考古处副处长

黄　滋　浙江省古建筑设计研究院院长

周贵泉　浙江省博物馆原五级职员

孙　喆　杭州市旅游委员会党委副书记、副主任

高小辉　杭州市京杭运河(杭州段)综合保护委员会党委副书记、副主任,杭州运河集团副总经理

吕雄伟　杭州西湖风景名胜区管理委员会(杭州市园林文物局)副主任(副局长)

朱树坚　杭州西湖风景名胜区管理委员会办公室调研员

李慧敏　杭州西湖风景名胜区岳庙管理处主任

任晓红　杭州西湖风景名胜区钱江管理处主任

金志敏　杭州西湖风景名胜区凤凰山管理处主任

唐宇力　杭州西湖风景名胜区灵隐管理处主任

钱小平　杭州西湖风景名胜区湖滨管理处党委书记、主任

徐　飞　杭州西湖风景名胜区花港管理处党委书记、主任

胡柏寿　杭州西湖风景名胜区水域管理处原党委书记、主任

阮少茜　杭州西湖世界文化遗产监测管理中心副主任

唐俊杰　杭州市文物考古研究所所长

王　圆　杭州西湖世界文化遗产监测管理中心科员

童国亮　杭州西湖风景名胜区管理委员会宣传部部长

华　茵　杭州西湖风景名胜区管理委员会规划建设局局长

聂　江　杭州市委办公厅发展研究中心信息综合处处长

钟　玮　杭州市政府办公厅旅游贸易处副处长

来　虹　杭州市委宣传部外宣办主任

刘子铭　杭州市发展和改革委员会社会发展与改革处调研员

王佩智　西泠印社社务委员会文物管理处处长

四、专家特别贡献奖人员名单(3位)

郭　旃　国家文物局文物保护司原巡视员、国际古迹遗址理事会副主席

陈同滨　中国建筑研究院建筑历史研究所所长

陈文锦　浙江省文物局原副局长

关于公布浙江省第十一届精神文明建设“五个一工程”入选作品的通知

浙宣〔2012〕58号

各市委宣传部,省级宣传文化单位:

近年来,各地各有关单位认真贯彻党的十七届六中全会和省委十二届十次全会精神,以高度的文化自觉和文化自信,切实加强对精神文化产品创作生产的组织领导,充分发挥精神文明建设“五个一工程”的引领示范作用,推出了一批思想性艺术性观赏性俱佳、群众喜闻乐见的优秀作品。全省各地及有关单位共申报浙江省第十一届精神文明建设“五个一工程”评审作品205件,参评作品内容健康,主题积极向上,形式丰富多彩,具有鲜明的时代气息和浙江特色,集中反映了近年来我省精神文化产品创作生产的丰硕成果以及各艺术门类的最高水平。经第十一届精神文明建设“五个一工程”评选委员会评审,并经省委宣传部部务会议研究决定,授予电视剧《东方》等77件作品浙江省第十一届精神文明建设“五个一工程”入选作品奖。

各地各有关单位要始终坚持以邓小平理论和“三个代表”重要思想为指导,深入贯彻落实科学发展观,全面贯彻党的十七届六中全会和省第十三次党代会精神,牢固树立以人民为中心的创作导向,遵循社会主义先进文化前进方向,认真总结精品创作生产成功经验,进

一步加强组织领导，努力营造有利于文化创新的良好环境，建立有利于出精品、出人才、出效益的工作机制，创作生产出更多思想精深、艺术精湛的优秀精神文化产品，为加快建设文化强省作出新的更大贡献。

附件：浙江省第十一届精神文明建设“五个一工程”入选作品名单

中共浙江省委宣传部

2012年7月10日

附件：

浙江省第十一届精神文明建设“五个一工程”入选作品名单

一、电影[含动画电影](7部)

1.《梦回金沙城》(动画电影，中共杭州市委宣传部)

2.《西风烈》(电影，中共杭州市委宣传部)

3.《遍地狼烟》(电影，中共金华市委宣传部)

4.《岁岁清明》(电影，中共杭州市委宣传部)

5.《草原上的承诺》(电影，中共宁波市委宣传部)

6.《盖世武生》(电影，中共湖州市委宣传部)

7.《假如没有你》(数字电影，中共嘉兴市委宣传部)

二、电视剧(11部)

1.《东方》(电视连续剧，中共杭州市委宣传部)

2.《中国1921》(电视连续剧，浙江广播电视集团)

3.《向东是大海》(电视连续剧，中共宁波市委宣传部)

4.《牵挂》(电视连续剧，中共杭州市委宣传部)

5.《五星红旗迎风飘扬》(电视连续剧，中共杭州市委宣传部)

6.《我的美丽人生》(电视连续剧，中共嘉兴市委宣传部)

7.《延安爱情》(电视连续剧，浙江广播电视集团)

8.《一钱太守》(戏曲电视剧，中共绍兴市委宣传部)

9.《北京爱情故事》(电视连续剧，中共金华市委宣传部)

10.《家常菜》(电视连续剧，中共宁波市委宣传部)

11.《钱多多嫁人记》(电视连续剧，中共温州市委宣传部)

三、戏剧(10部)

1.《告诉海》(音乐剧，中共宁波市委宣传部)

2.《断桥》(音乐剧，中共杭州市委宣传部)

3.《谁主沉浮》(话剧，浙江省文化厅)

4.《藏羚羊》(京剧，浙江省文化厅)

5.《千年山哈》(畲族风情歌舞，中共丽水市委宣传部)

6.《宁波大哥》(甬剧，中共宁波市委宣传部)

7.《五月杨梅红》(姚剧，中共宁波市委宣传部)

8.《金凤凰》(木偶剧，中共温州市委宣传部)

9.《生命的飞翔》(绍剧，中共绍兴市委宣传部)

10.青春版《穆桂英》(婺剧，中共金华市委宣传部)

四、动画片(7部)

1.《秦时明月之诸子百家》(3D动画连续剧，中共杭州市委宣传部)

2.《少年阿凡提》(3D动画连续剧，中共宁波市委宣传部)

3.《中国梦幻曲》(动画系列片，浙江工业大学)

4.《虎娃》(动画连续剧，中共绍兴市委宣传部)

5.《小龙阿布》(3D动画连续剧，中共杭州市委宣传部)

6.《蓝巨星和绿豆鲨》(动画连续剧，浙江广播电视集团)

7.《今童王世界》(上)(3D动画连续剧，中共湖州市委宣传部)

五、广播剧(10部)

1.《合璧》(单本广播剧，浙江广播电视集团)

2.《踮起脚尖》(单本广播剧，中共杭州市委宣传部)

3.《和你一起走》(3集广播连续剧，中共宁波市委宣传部)

4.《镇海雄关》(14集广播连续剧，中共宁波市委宣传部)

5.《何小川和他的挂帘村》(3集广播连续剧，中共台州市委宣传部)

6.《琴潭溪》(3集广播连续剧,浙江广播电视集团、中共宁波市委宣传部)

7.《造桥女孩》(单本广播剧,浙江省文联)

8.《我为祖国献石油》(3集广播连续剧,中共湖州市委宣传部)

9.《风雨1907》(3集广播连续剧,中共绍兴市委宣传部)

10.《最美妈妈》(纪实报道广播剧,中共杭州市委宣传部)

六、歌曲(20首)

1.《过年啦,骑着摩托回家》(中共嘉兴市委宣传部)

2.《早春的脚步》(浙江省文化馆)

3.《东方为什么红》(中共杭州市委宣传部)

4.《南湖菱花开》(中共杭州市委宣传部)

5.《姑娘村长》(中共湖州市委宣传部)

6.《哎格仑登呦》(中共宁波市委宣传部)

7.《要吃海鲜舟山来》(中共舟山市委宣传部)

8.《青春是一首歌》(中共丽水市委宣传部)

9.《梅雨潭的绿》(中共温州市委宣传部)

10.《香林秋韵故乡情》(中共绍兴市委宣传部)

11.《花嫁娘》(中共金华市委宣传部)

12.《造大船的人》(浙江省文联)

13.《笑脸墙》(中共宁波市委宣传部)

14.《山窝窝飘来畲娃的歌》(中共金华市委宣传部)

15.《中国民俗》(中共台州市委宣传部)

16.《东南阙里》(中共衢州市委宣传部)

17.《一个人的美食》(浙江广播电视集团)

18.《咏富春山居图》(中共杭州市委宣传部)

19.《春风热线》(中共湖州市委宣传部)

20.《和谐的中国好美》(中共台州市委宣传部)

七、文艺类图书(12部)

1.《向延安》(长篇小说,浙江出版联合集团、浙江省作协)

2.《主义之花》(纪实文学,中共宁波市委宣传部)

3.《忠诚是天》(报告文学,中共金华市委宣传部)

4.《仰望星空——党的杰出理论作者雷云德才传奇人生》(报告文学,浙江出版联合集团)

5.《大道地》(长篇小说,中共杭州市委宣传部)

6.《特殊使命》(报告文学,中共宁波市委宣传部)

7.《地质之魂》(报告文学,浙江出版联合集团)

8.《变成萤火小猪》(长篇小说,浙江出版联合集团)

9.《东方》(长篇小说,浙江省新闻出版局)

10.《建党伟业》(长篇小说,浙江日报报业集团)

11.《辛亥革命》(纪实文学,浙江日报报业集团)

12.《站起来说话》(长篇小说,中共宁波市委宣传部)

浙江省领导对2012年文化工作重要批示

●1月5日,副省长郑继伟在省委办公厅《浙江信息》(每日汇报)第247期《嵊州市利用民资完善农村公共文化服务体系》上批示:嵊州市的经验表明,在政府主导下,社会力量参与基层公共文化服务体系的空间十分广阔。

●1月6日,省委书记、省人大常委会主任赵洪祝在省文化厅报送的《“2011中国文化聚焦·浙江文化节”工作总结》上批示:这次在非洲举办的“浙江文化节”活动,展示了浙江灿烂多姿的文化,扩大了中华文化的影响,受到了当地民众的热烈赞赏和云山同志的充分肯定,很不容易,令人鼓舞。省文化厅为此作出了极大努力,有关同志付出了许多心血,谨向同志们表示祝贺和问候。希望好好总结这次活动的成功做法,再接再厉,为宣传浙江文化、弘扬浙江精神、建设文化强省作出更大贡献。

●1月13日,省长夏宝龙在省文化厅报送的《“2011中国文化聚焦·浙江文化节”工作总结》上批示:祝贺对非文化交流活动取得成功。云山同志的讲话非常好,要认真地贯彻好、落实好,推动浙江文化的发展和繁荣。

●2月8日,省委书记、省人大

常委会主任赵洪祝在省文化厅报送的《关于进一步扶持民营剧团推动演出市场发展的报告》上批示：省文化厅认真学习贯彻长春同志重要批示精神，就扶持民营剧团推动演出市场发展作了专题调研，并提出四个方面的举措，很好。要认真抓好落实。

●2月14日，省委常委、宣传部长茅临生在省文化厅报送的《田宇原同志在全省文化广电新闻出版局局长会议上的讲话（送审稿）》上批示：过去一年，省文化市场管理办公室工作认真负责，措施落实到位，工作成效明显。希望继续努力，进一步加强制度建设和工作落实。“扫黄打非”工作是任何时候不能放松的，放松了就会出问题，要常抓不懈。

●2月21日，省委常委、宣传部长茅临生在新华社刊登的《浙江小百花坚守传统创新剧目蓬勃发展》上批示：十分赞成小百花越剧团成功发展的三条经验，即以人为本培育艺术改革主体，坚持“求新、求美、求精”的目标，坚持艺术表演与思想政治工作并重。希望继续坚守弘扬好，创造出更多叫好又叫座的剧目，传承和发扬好中华民族的传统艺术。

●2月28日，省委副书记、省长夏宝龙在《浙江省文化厅2011年工作总结》上批示：我省文化工作有特色、有亮点、有突破，取得了很好成效，向全省文化战线的同志们表示感谢和慰问。希望在新的一年里再接再厉，按照建设文化强省的要求，深入推进文化改革发展，着力增强先进文化的凝聚力、公共文化的服务力、文化产业的竞争力、文化发展的创新力、区域文化的影响力和文化人才队伍的支撑力，为我省文化大发展大繁荣作出新的更大贡献。

●3月2日，省委书记、省人大常委会主任赵洪祝在我驻厄瓜多尔使馆《关于浙江婺剧团赴厄瓜多尔演出情况并建议表彰事》上批示：浙江婺剧团此次访厄演出十分成功，展示了良好技艺与作风，传递了浙江文化，增进了双方友谊，可喜可贺。谨向全体演职人员表示问候，并感谢文化部对我省文化工作的关心和支持。

●3月2日，省委书记、省人大常委会主任赵洪祝在省文物局编纂的《浙江省第三次全国文物普查丛书》上批示：《浙江省第三次全国文物普查新发现丛书》的编辑出版，集中展示了我省文物普查工作取得的丰硕成果，可喜可贺。文物是宝贵的历史文化遗存，是劳动人民心血和智慧的结晶。各级党委、政府要进一步增强文物保护意识，加强组织领导，完善工作举措，全面构建科学有效的文化遗产保护体系。希望各级文物部门和广大文物工作者扎实履行工作职责，努力开创我省文化遗产保护工作新局面。

●3月16日，副省长郑继伟在省政府办公厅《专报信息》第235期《上城区非物质文化遗产保护和利用工作显成效》上批示：上城区非遗保护和利用工作做得很好，请文化厅关注。

●3月16日，省委常委、宣传部长茅临生在省文化厅《文化工作情况》第7期《我省在2011年全国文化市场综合执法考评中名列第二》上批示：成绩可喜可贺，希望再接再厉。

●3月27日，省委副书记、省长夏宝龙在省文物局编纂的《浙江省第三次全国文物普查丛书》上批示：浙江省第三次全国文物普查历时五年，全省广大文物工作者付出了辛勤汗水，取得了丰硕成果。要扎实做好普查后续工作，努力保护、管理和传承好历史文化遗产。全省各级政府及有关部门要加大对新形势下文物保护工作的支持力度，加强人才培养、技术支撑，努力构建全面、协调、可持续发展的历史文化遗产保护体系，为推进浙江文化强省建设作出应有贡献。

●3月30日，省委常委、宣传部长茅临生在省文化厅《关于对温州、台州等地区文化市场暗访检查情况的通报》上批示：对文化市场实行暗访检查做得好，这十分必要，不仅省里要做，各市也要做，警钟长鸣，及早发现问题，及时整改，有问题不要等“焦点访谈”来发现再被动整改。

●3月30日，省委常委、宣传部长茅临生在省“扫黄打非”办公室报送的《关于查堵、收缴非法出版物有关情况的报告》上批示：全国海关系统特别是温州海关，认真落实全国“扫黄打非”工作小组的要求，高度重视此项工作，严格实行了3个100%的查验制度，确保了有害出版物不流入浙江。这种高度的政治责任感、工作责任心和敬业精神，值得全省“扫黄打非”战线的同志们学习。

●4月4日，省委书记、省人大常委会主任赵洪祝读了云杉同志的文章《文化的非洲》后作出批示：云杉同志的《文化的非洲》分析精到，思想深刻，文笔流畅，引人入胜，读罢此文，仿佛在瑰丽的非洲文化艺术宝库中畅游了一番。尤其是对浙江艺术团在非的演出给予高度评价，作为浙江读者，深感欣喜和振奋。我们将以此为动力，传承中华优秀文化，立足浙江地方文化特色，借鉴世界文化精华，扎实推进文化强省建设，不断取得新成效。

●4月4日，省委书记、省人大常委会主任赵洪祝在省文化厅报送的信息《我省基本实现公共文化服务城乡全覆盖》上批示：这项工作抓得好，要继续抓实，抓出成效。

●4月5日，省委书记、省人大常委会主任赵洪祝在中国政府文化代表团驻韩国使馆发来的电文《中韩友好交流年开幕式演出在首尔隆重举行》上批示：我们要继续围绕国家的大外交，扎实做好文化交流工作。祝贺“小百花”在韩演出成功。

●4月21日，省委常委、副省长葛慧君在省政府办公厅《专报信息》第523期《深挖资源 精心培育 注重结合——德清县积极打造文化特色村》上批示：德清县文化特色村建设的理念不错，典型培育也富有成效。

●4月28日，副省长郑继伟在省政协提案委员会《重要提案摘报》第10期《关于加强新生代农民工精神文化生活建设的建议》上批示：这个建议好，请文化、财政、工会等部门共同推进。

●5月2日，省委书记、省人大常委会主任赵洪祝在省文物局《浙江文物要情》第1期《余杭玉架山史前聚落遗址获评“2011年度全国十大考古新发现”》上批示：玉架山史前聚落遗址获评“2011年度全国十大考古新发现”可喜可贺。感谢文物考古工作者的辛勤劳动和付出，希望继续努力，认真做好有关研究和保护工作。

●5月21日，省委常委、宣传部长茅临生在《杭州图书馆近年来的创新探索和具体实践》上批示：杭州图书馆作为政府公共文化服务体系中的一个重要平台，不仅有一流的设计、一流功能的设施，还有一流的管理理念，更有一套创新的管理制度办法，在免费全开放的公益服务上走在前列。在中心馆—总分馆制一直配到乡村，方便群众借阅并实行有效的管理上，有了成功的探索实践，并把其办成文化综合体，全媒介阅读媒介，丰富多彩的文化活动，成为群众学习知识、文化交流的场所，呈现一派欣欣向荣的景象。希望能在继续保持并优化内部管理创新成果的同时，更好地加强外部交通、通讯网络等设施配套服务，使整个杭州市民更好地用好自己的图书馆，更好地发挥其效益，为全省图书馆当好排头兵。

●5月21日，副省长郑继伟在衢州市政府《衢州市开辟创业创新文化建设新模式新路径》上批示：衢州市开展的“两创”文化进校园活动很有意义，是学校教育素质教育的重要载体，也是为经济社会发展培养高素质人才的有效途径。望坚持不懈，持之以恒，不断深化和完善。

●5月26日，省委书记、省人大常委会主任赵洪祝在《浙江省文化厅关于报送近年来〈中国文化报〉报道浙江文化部分篇目的报告》上批示：近年来，《中国文化报》十分关注我省文化建设，刊发大量文章，生动反映了我省文化建设做法和成效。感谢文化部和文化报对浙江工作的关心和支持。

●5月26日，省委常委、宣传部长茅临生在省文化厅等单位报送的信息《第八届中国国际动漫节成果丰硕》上批示：第八届中国国际动漫节成果丰硕，可喜可贺。该动漫节已成为具有吸引力的品牌，具有市场化意义上的吸引力（不是靠行政手段拉展拉参与者），是十分难得的。希望再接再厉，进一步打响品牌。

●5月26日，省委常委、宣传部长茅临生在《浙江省文化厅关于报送文化部〈文化要情〉第52、59期的报告》上批示：把农民工文化活动中心纳入公共文化服务体系，并单独建立财政专项实施抓落实很好。农民工文化建设意义重大，一是保障农民工基本权利；二是优化投资环境吸引稳定农民工队伍的需求；三是解决目前文化生活最缺乏的群众文化生活问题，是政府和文化工作者的使命；四是当前创新社会管理，教育引导（自我教育）农民的最现实有效的途径（古人是靠戏剧教化的）。从长远看，不应该有专门的农民工文化活动中心，应一视同仁，但当前一是农民工相对集聚，而这些集聚区设施短缺，集中力量集中点上抓是必须的；二是可以从实际出发解决财政的承受能力问题，批次推进，比起还没有开始认识和做这件事的地方，应予大力提倡和表扬，此经验应对全省推广，估计省内也有不少地方这么做，到了该全面抓落实的时候了。

●5月29日，省委书记、省人大常委会主任赵洪祝在《浙江省文化厅关于报送文化部〈文化要情〉第52、59期的报告》上批示：文化部在我省东阳市召开现场经验交流会，既说明东阳市农民工文化建设搞得好，也是文化部对我省文化事业的重视和支持，希望东阳市总结经验，不断创新，力争农民工文化建设取得新成效。

●6月1日，省委常委、宣传部长茅临生在龙游县委《关于申请扶持龙游龙文化建设的报告》上批示：龙游抓龙文化建设是一个捷足先登的创新（涉及带龙字的县市名还很多）。龙是中华民族的图腾、是爱国的象征，又会有丰富的文化内涵，未来与旅游结合也能有吸引力。请胡坚、吟怡同志与事业处研究指导。博物馆一事，请文化厅研阅。纳入欠发达地区扶持问题，请省政府办公厅和有关部门研阅。

●6月4日，省长夏宝龙在《网友反映的"黑网吧"问题答复办理单》上批示：黑网吧要加大打击力度。

●6月6日，副省长郑继伟在浙江日报报业集团《内部参考》第65期《萧山古墓屡被盗 危及跨浮桥遗址》上批示：请文化厅、文物局牵头，相关部门参与，共同研究制止古墓盗窃犯罪行为的有效举措。

●6月17日，省委书记、省人大常委会主任赵洪祝在省文化厅报送的《"2012浙江昆剧英、法聚焦"昆剧文化推广欧洲工作总结》上批示：浙江昆剧团此次赴英国、法国交流访演，剧目精彩、艺术精湛、作风严谨，取得了圆满成功，赢得了多方赞誉，可喜可贺。下一步，要继续挖掘文化资源，扩大文化交流，提升浙江文化的影响力。

●7月6日，副省长郑继伟在省政府办公厅《专报信息》第973期《台州市引导社会力量参与公共文化建设的主要做法》上批示：社会力量参与公共文化建设，是完善公共文化服务体系的必由之路。台州的探索很有价值，尤其是"百分之一文化计划"共建机制，应在全省推广。

●7月12日，副省长郑继伟在省文化市场管理工作领导小组办公室报送的《文化市场工作简报》（第10期）上批示：暑期文化市场监管和安全检查，要一抓到底，不可松懈。

●7月13日，省委常委、组织部长蔡奇在省文化厅报送的《关于苍南县白湾堡调查情况的报告》上批示：文化厅过问及时，望继续督导。

●8月9日，副省长郑继伟在省文化厅报送的《关于2012"新松计划"浙江省青年戏曲演员大赛情况的报告》上批示：青年戏曲演员的大批涌现，是戏曲繁荣发展的关键和标志。要加大戏曲后备人才的培养力度，把"新松计划"打造成青年戏曲演员脱颖而出的重要平台。

●8月10日，省委常委、副省长、宣传部长葛慧君在省文化厅报送的《关于2012"新松计划"浙江省青年戏曲演员大赛情况的报告》上批示：组织这样的大赛，既是"新松计划"成果的一次展示，也有利于推出戏曲表演新人，活动很有意义。

●8月21日，省委常委、副省长、宣传部长葛慧君在省文物局报送的《浙江文物要情》第2期《武义县破获重大文物盗掘案件追缴国家一级珍贵文物南宋"徐谓礼文书"》上批示：宋代文书，极为珍贵。武义县公安局组织精干力量专事侦破、追缴，为保护国家历史文物作出了重要贡献，应充分肯定。

●10月13日，省委书记、省人大常委会主任赵洪祝在省文化厅报送的《第六届"台湾·浙江文化节"工作总结》上批示：第六届"台湾·浙江文化节"筹备充分，主题突出，内容丰富，精彩纷呈，展示了浙江形象，扩大了文化交流，可喜可贺。谨向省文化厅和全体演职人员表示感谢和问候。

●10月18日，省委常委、副省长、宣传部长葛慧君在省文化厅报送的《第六届"台湾·浙江文化节"工作总结》上批示：这次"台湾·浙江文化节"主题选得好，节目受欢迎，活动影响大，可喜可贺。

●12月8日，省委常委、副省长、宣传部长葛慧君在省委宣传部《信息专报》第46期《省文化厅制定今后五年舞台艺术精品创作生产规划》上批示：省文化厅认真贯彻全省文艺精品创作座谈会精神，研究制定了今后五年舞台艺术精品创作生产规划，很好，望切实贯彻，多出精品、出人才、出效益。

特辑

ZHEJIANG CULTURE YEARBOOK

全省文化广电新闻出版局长会议

【概况】 2月13日至15日，省文化厅、省广电局、省新闻出版局联合在杭州召开全省文化广电新闻出版局长会议。会议传达了全国宣传部长会议，全国文化、广电、新闻出版和版权工作会议及全省宣传思想工作会议精神，回顾总结了2011年全省文化广电新闻出版工作，研究部署了2012年工作各项任务。省委常委、宣传部长茅临生，副省长郑继伟出席会议并讲话。

茅临生充分肯定了2011年我省文化广电新闻出版工作取得的成绩。全省文化广电新闻出版战线在省委、省政府领导下，一手抓繁荣发展，一手抓改革管理，服务大局更加有力，文化惠民更加深入，精品生产更加丰富，文化产业发展更加强劲，文化体制改革更加顺利，文化市场管理更加规范，形成了良好的工作态势。茅临生强调，2012年是实施"十二五"规划的关键一年，我们将迎来党的十八大和省第十三次党代会的召开。全省文化广电新闻出版战线要把思想和行动统一到省委的部署上来，集中力量破解难题，全力以赴抓好落实。要坚持围绕中心、服务大局，做好迎接宣传党的十八大和省第十三次党代会各项工作，为经济社会发展大局营造良好氛围。要坚持加快发展、做大做强，抓紧制定实施文化强省建设"十大计划"，按期基本完成改革既定任务，推动文化产业跨越式发展。要坚持文化惠民、服务基层，不断扩大公共文化服务覆盖面，积极推动优秀文化产品创作生产，创新文化惠民服务机制。要坚持正确导向、强化管理，注重改进创新、形成合力、落实责任，不断提高管理水平。要坚持改进作风、建好队伍，抓好干部队伍建设和专业文化人才队伍建设，深入开展以"营造环境、服务发展"为重点的"走基层、转作风、改文风"活动。

郑继伟强调，2012年全省文化广电新闻出版战线要着重抓好三方面工作，努力开创工作新局面。一是要着力构建公共文化服务体系。继续大力推进公共文化设施建设。省级层面要加快浙江图书馆新馆、浙江艺术学院等项目的前期工作，争取尽早启动建设。各地要结合实际，在加强文化馆、博物馆、图书馆等建设的同时，重视基层公共文化活动场所的建设，不断完善乡镇综合文化站、村文化活动室布局。继续组织开展送文化下乡活动，深入实施"文化低保"工程，不断扩大覆盖面，满足广大人民群众的基本文化需求。二是要高度重视文化遗产保护工作。正确处理好文化遗产保护和经济社会发展之间的关系，促进文化遗产的开发利用，积极支持经济社会发展。切实做好西湖申遗成功后的保护管理，扎实推进大运河申遗工作。加强文物安全工作，完善非遗保护制度，进一步提升文化遗产保护水平。三是要切实加强文化市场监管。坚持不懈地开展"扫黄打非"工作，加大对出版物、演艺、网吧等市场的集中整治力度，为党的十八大和省第十三次党代会的胜利召开营造良好氛围。

杨建新厅长在会上深刻解读了党的十七届六中全会和省委十二届十次全会精神，梳理总结了新时期浙江文化发展的主要脉络与基本经验，全面回顾了2011年文化工作，研究部署了2012年各项重点任务。他指出，进入新时期，我省逐步形成了一系列新的文化发展理念，初步走出了一条切合浙江实际、富有浙江特色的文化发展道路，推动浙江文化持续向前发展，走在全国前列。建设文化强省，要把握正确方向和科学内涵，不断增强全社会文化认同感，增强文化生产力，增强公共文化服务力，增强文化产业竞争力，增强文化影响力。在回顾2011年工作时，他指出，刚刚过去的一年，是我省文化建设取得长足进步的"突破之年"、"丰收之年"。备受海内外关注的《富春山居图》实现海峡两岸合璧展出，"2011中国文化聚焦·浙江文化节"得到了中央领导同志的高度评价和充分肯定，杭州西湖文化景观被正式列入世界文化遗产名录，国家级非遗项目申报数量连续第三次名列全国榜首，公共文化服务基本实现城乡全覆盖，《藏羚羊》等一批文艺精品在国际国内艺术大赛上取得优异成绩，各项文化工作取得明显成效。他对

2012年的重点工作进行了部署，强调要着力抓好艺术创作生产与重大文化活动，着力加强公共文化服务体系建设，着力加快文化产业发展，着力深化文化体制改革，着力加强文化遗产保护和利用工作，着力推进对外对港澳台文化交流，着力加强文化人才培养。他要求全省文化系统善抓机遇，善求创新，善谋抓手，善用资源，为建设文化强省打下坚实基础，以优异成绩迎接党的十八大和省第十三次党代会的胜利召开。

省广电局、省新闻出版局、省文化市场管理工作领导小组办公室分别就全省广播影视工作、新闻出版工作和文化市场管理工作进行了部署。省委副秘书长胡庆国，省政府副秘书长马林云，省委宣传部常务副部长胡坚、副部长龚吟怡以及省文化厅、省广电局、省新闻出版局领导班子成员出席会议。全省各市文化广电新闻出版局局长、分管副局长、办公室主任，各县(市、区)文化广电新闻出版局局长，省委宣传部有关处室和省文化厅、省广电局、省新闻出版局各处室负责人，省文化厅厅属各单位党政主要负责人参加会议。

在全省文化广电新闻出版局长会议上的讲话(摘要)

浙江省文化厅厅长　杨建新

(2012年2月13日)

这次全省文化广电新闻出版局长会议(省文化厅部分)的主要任务是深入学习贯彻党的十七届六中全会和省委十二届十次全会精神，贯彻落实全国、全省宣传部长会议和全国文化厅局长会议精神，回顾总结去年文化工作，研究部署今年文化工作。

一、贯彻落实全国宣传部长会议和全国文化厅局长会议精神，切实增强文化自觉与文化自信

全国宣传部长会议1月4日至5日在北京举行。中共中央政治局常委李长春，中共中央政治局委员、中央书记处书记、中宣部部长刘云山，中共中央政治局委员、国务委员刘延东，全国政协副主席、中国社会科学院院长陈奎元出席。李长春、刘云山同志在会上作了重要讲话。全国文化厅局长会议于1月4日至6日在北京举行，文化部党组书记、部长蔡武代表部党组作工作报告。会议期间套开了全国文化系统国有文艺院团体制改革工作座谈会、“春雨工程”——全国文化志愿者边疆行表彰会，举行了国家舞台艺术精品工程授牌仪式。与会代表列席了全国宣传部长会议。下面我把李长春、刘云山同志在全国宣传部长会议上讲话和蔡武同志在全国文化厅局长会议、全国文化系统国有文艺院团体制改革工作座谈会上讲话的主要精神，向大家作简要传达。

1.李长春同志在全国宣传部长会议上讲话的主要精神

李长春强调，宣传思想文化战线要按照高举旗帜、围绕大局、服务人民、改革创新的总要求，坚持中国特色社会主义文化发展道路，坚持贴近实际、贴近生活、贴近群众，紧紧围绕党和国家工作大局，紧紧围绕学习宣传贯彻党的十七届六中全会精神和中央经济工作会议精神，紧紧围绕迎接宣传贯彻党的十八大，着力为稳增长、控物价、调结构、惠民生、抓改革、促和谐，实现稳中求进营造良好的氛围，着力推进社会主义核心价值体系建设，着力巩固壮大积极健康向上的主流思想舆论，着力深入推进文化改革发展，为迎接党的十八大胜利召开，为推动科学发展、促进社会和谐，为夺取全面建设小康社会新胜利、开创中国特色社会主义新局面提供强大思想保证、精神动力、舆论支持和文化条件。

李长春指出，党的十六大以来，宣传思想文化战线全面贯彻党的十六大、十七大精神，全面贯彻中央关于宣传思想文化工作的重大部署，以高度的政治责任感和强烈的进取精神扎实推进各项工作，为党和国家事业作出了重要贡献，实现了宣传思想文化工作的新跨越，走出了一条中国特色社会主义文化发展道路。

李长春指出，当前，国际形势正在发生深刻变化，国内改革发展稳定任务艰巨繁重，宣传思想文化工作既面临严峻挑战，也面临极好机遇。必须进一步增强责任感紧迫感，紧紧抓住和切实用好机遇，全面认识和积极应对挑战，更加扎实有效地推进各项工作。要全面贯彻党的十七大和十七届三中、四中、五中、六中全会精神，以邓小平理论和“三个代表”重要思想为指导，深入贯彻落实科学发展观，奋力开创宣传思想文化工作新局面，为党的十八大胜利召开营造良好氛围。要深入推进理论武装工作，不断巩固马克思主义在意识形态领域的指导地位；全面宣传贯彻落实科学发展这个主题和加快转变经济发展方式这条主线的新举措新进展，为经济社会发展提供强大精神动力和有力舆论支持；以深入开展学雷锋活动为抓手，扎实推进思想道德建设和精神文明创建，不断深化社会主义核心价值体系宣传教育；进一步深化文化体制改革，为推动社会主义文化大发展大繁荣提供强大动力；切实加强互联网的建设、运用和管理，不断发展健康向上的网络文化；努力提升对外宣传和文化交流水平，更好营造于我有利的国际舆论和文化环境；加大各级干部和人才队伍建设力度，为建设社会主义文化强国提供可靠保障。

李长春强调，党的十七届六中全会对加快文化改革发展、建设社会主义文化强国提出了明确要求，各级党委和政府要深入学习贯彻党的十七届六中全会精神，以高度的文化自觉和文化自信，切实负起领导责任和政治责任，不断提高推进宣传思想文化工作的科学化水平，积极推进文化管理体制机制的改进创新，把党的十七届六中全会精神落到实处，推动社会主义文化大发展大繁荣。

2.刘云山同志在全国宣传部长会议上讲话的主要精神

刘云山强调，今年是党和国家发展进程中具有特殊意义的重要一年，也是宣传文化事业站在新的历史起点朝着更高目标迈进的重要一年。要坚持以邓小平理论和“三个代表”重要思想为指导，深入贯彻落实科学发展观，认真落实党的十七届六中全会精神和中央重大决策部署，唱响主旋律、打好主动仗，努力在促进改革发展稳定上做出新贡献，在推动文化繁荣发展上迈出新步伐，在满足群众精神文化需求上取得新进展，以优异成绩迎接党的十八大胜利召开。

刘云山指出，新的一年宣传思想文化工作既面临难得历史机遇，也面临不少考验挑战。要牢牢把握服务大局的基本职责，把握坚持正确导向的基本要求，把握加快文化改革发展的基本任务，把握一切为了人民的基本取向，使各方面工作体现大局要求、符合群众意愿。要大力营造共产党好、社会主义好、改革开放好的浓厚氛围，营造聚精会神搞建设、一心一意谋发展的浓厚氛围，营造倍加顾全大局、倍加珍视团结、倍加维护稳定的浓厚氛围，不断发展壮大积极健康向上的主流思想舆论，凝聚起推动科学发展、促进社会和谐的强大力量。要精心实施中国特色社会主义理论体系普及计划，不断推进马克思主义中国化时代化大众化，更好地用党的理论创新成果武装头脑、指导实践、推动工作。要紧紧围绕迎接党的十八大，深入开展“科学发展 成就辉煌”主题教育活动，用科学发展的巨大成就和党的建设成功实践激励人、鼓舞人。要扎实推进社会主义核心价值体系建设，强化教育引导、强化认知践行、强化制度规范，推动思想道德建设向深度广度发展。要认真落实“十二五”时期文化改革发展规划纲要，进一步完善文化改革发展政策，全力推进文化体制机制改革创新，全力推进文化事业文化产业繁荣发展。

刘云山强调，“走基层、转作风、改文风”活动是贯彻党的群众路线、改进宣传思想文化工作的重大举措，是继承发扬党的优良传统、提升队伍素养的有效途径，要大力发扬“走转改”精神，推动“走转改”常态化，推动宣传思想文化战线作风和能力建设。要增进同群众的感情，倡导广大理论、新闻、文艺、出版工作者到一线、到基层，了解国情、感受实践，锤炼思想品质、增强工作本领。要坚持重心下移，抓基层、打基础，推动更多文化资源向基层农村倾斜，向革命老区、民族地区、边疆地区、贫困地区倾斜。要大力倡导求真务实的作风，树立良好的精神状态，保持旺盛的进取之心，脚踏实地、真抓实干，确保各项任务落到实处。

3.蔡武同志在全国文化厅局长会议上讲话的主要精神

蔡武指出，2011年，是“十二五”时期开局之年，又逢中国共产党成立90周年，特别是党的十七届六中全会专门就文化改革发展作出研究与部署，进一步明确了新的历史时期文化建设走什么样的发展道路和实现什么样的宏伟目标，标志着我国文化建设进入了一个繁荣发展的黄金时期。一年来，面对错综复杂的国际形势和国内改革发展稳定的繁重任务，面对人民群众对文化发展的热切期待，文化系统在党中央国务院的坚强领导下，深入学习贯彻党的十七大、十七届六中全会和胡锦涛总书记“七一”重要讲话精神，认真落实党中央国务院关于文化改革发展的重大部署，坚持围绕大局，服务中心，团结奋进，克难攻坚，精神面貌昂扬向上，开创了文化改革发展的崭新局面。一是学习宣传贯彻六中全会精神，极大激发了文化自觉和文化自信；二是国有文艺院团转企改制取得决定性进展，文化体制改革实现重大突破；三是坚持以人民为中心的创作导向，文艺创作生产异彩纷呈；四是坚持政府主导、公益惠民，公共文化服务体系建设成效显著；五是营造良好的政策环境，推动文化产业蓬勃发展；六是服务水平和监管能力不断提高，文化市场发展规范有序；七是遵循文物工作的特点和规律，文物保护取得重要进展；八是学习宣传贯彻《非物质文化遗产法》，非物质文化遗产保护传承又上新台阶；九是对外及对港澳台文化交流向全方位、多领域、深层次发展，中华文化的国际影响力不断扩大；十是全面推进各项保障工作，为文化建设营造良好环境。

蔡武认为，今天的成绩是长期积累、不断实践的结果。党的十七大以来，文化发展进入了历史上最好的时期。从文化发展的环境来看，各级党委政府对文化建设的重视程度前所未有，全社会的热切关注前所未有，老百姓的热情期盼前所未有。从文化工作本身来看，在科学发展观的指引下，我们形成了新的文化发展理念，初步找到了一条中国特色社会主义文化发展道路，文化发展的方针更加明确、更加宽松，文化体制改革取得了突破性进展，文化投入大幅度增加，文化基础设施建设成果显著，公共文化服务体系网络基本建成，文化产业方兴未艾、逐步成为新的经济增长点，文化市场日益规范、空前繁荣，文艺创作演出百花齐放，基层文化活动红红火火，文物保护不断创新、扎实推进，非物质文化遗产保护体系逐步形成，文化人才队伍精神面貌发生深刻变化，更加团结进取、昂扬向上、奋发有为。十七大以来的工作实践让我们深刻体会到，要做好文化工作，就必须坚持围绕中心、服务大局，坚持深化改革、扩大开放，坚持解放思想、开拓创新，坚持发展第一、繁荣为先，坚持以人为本、执政为民，坚持统筹协调、科学发展，坚持面向基层、重心下移，坚持团结鼓劲、奋发有为。

蔡武指出，十七届六中全会通过的《决定》，鲜明回答了我国文化改革发展走什么路、朝着什么样的目标迈进这个带有方向性、战略性的重大问题，为我们指出了文化建设的奋斗目标，指明了前进的方向，是我们党领导文化建设的经验总结，是新的文化发展理念的集中体现，是当前和今后一个时期指导我国文化改革发展的纲领性文件。我们要深入学习领会、全面贯彻落实全会《决定》，深刻把握中国特色社会主义文化发展道路这一文化建设的主线，坚定不移地坚持建设先进文化，坚定不移地坚持科学发展，坚定不移地坚持强基固本，坚定不移地坚持以人为本，坚定不移地坚持改革创新和对外开放；深刻把握建设社会主义文化强国这一文化建设的主题，把握文化强国战略目标提出的背景和意义，把握文化强国的主要目标，把握建设文化强国的长期性和艰巨性。同时，紧密结合文化工作实际，深刻把握《决定》关于“二为”方向和“双百”方针的内涵、公益性文化事业发展的目标任务、优秀传统文化保护的着力点、市场在文化资源配置中的作用、文化交流的“走出去”与“引进来”、文化财政投入政策、党对文化建设的领导等文化改革发展重大问题的创新与阐发。

蔡武强调，2012 年是实施“十二五”规划承上启下的重要一年，也是深入贯彻党的十七届六中全会精神、推动文化建设非常重要的一年。做好 2012 年文化工作，为十八大召开营造良好文化氛围，夯实文化建设基础，具有重大的现实意义。文化系统要全面贯彻党的十七大和十七届六中全会精神，坚持中国特色社会主义文化发展道路，把社会主义核心价值体系建设融入贯穿到文化建设各个方面和全过程中，创作生产更好更多的适应人民需要的文化产品，进一步完善覆盖全社会的公共文化服务体系，提高系统提供公共文化服务的能力和水平，大力推动重点文化产业的振兴，在资源整合、做大做强上下工夫，切实形成充满活力、富有效率的文化管理体制和文化产品生产经营机制，进一步完善以民族文化为主体、吸收外来有益文化、推动中华文化走向世界的文化开放格局，大力加强文化人才建设，努力建设一支高素质文化人才队伍。他要求文化系统坚持先进文化前进方向，把社会主义核心价值体系建设贯穿于文化建设的方方面面，统筹协调、转变职能、转变作风。突出把握好今年工作稳中求进的总基调，充分利用好六中全会这个难得的历史机遇，乘势而上，抓住重点和关键环节，在改革发展上取得新的突破。同时，保持文化各领域发展态势的平稳，平衡好任务与项目的关系，确保工作连续有序，不大起大落，为保持国家和社会的稳定，迎接十八大召开营造良好环境。

4.蔡武同志在全国文化系统国有文艺院团体制改革工作座谈会上讲话的主要精神

1月6日，套开了全国文化系统国有文艺院团体制改革工作座谈会。文化部长蔡武在讲话中指出，到去年底，2100多个承担改革任务的院团中，已有近1200家完成或正在完成改革任务，有300家确定改革路径。现在尚有626家院团，大体占承担改革任务院团的1/4强、1/3弱，还需要加快步伐，迎头赶上。总体看，文化系统国有文艺院团体制改革大局已定，不可逆转。各地要切实贯彻，务必按已经确定的改革"路线图""时间表"和"任务书"，按时、按质、按量完成转企改制任务，今年6月底必须全部完成。文化部将及时组织验收考核。

他要求，第一，继续在提高认识、统一思想上下工夫。要树立全局观念，以时不我待的紧迫感、勇于担当的责任感，抓紧时间完成改革任务。文化系统的同志，特别是领导同志一定要在提高认识、统一思想上下更大的工夫。第二，要认真学习、研究、领会院团改革的方针政策。在去年的全国文化体制改革工作会议上，文化部提出"五个一批"的国有文艺院团改革路径，即以"转制一批""整合一批""撤销一批""划转一批"和"保留一批"的思路落实改革任务。这是文化部党组充分考虑到各地院团的实际情况，总结长期以来各地"一团一策"的改革探索经验，通过深入调查研究、总结归纳，深思熟虑提出，并经中央主管领导同志同意的。希望大家一定要深刻理解改革指导方针，在对待改革的问题上态度必须十分坚决，不能有任何犹豫。一定要按照中央制定的指导方针，坚持"五个一批"的路径，圆满完成任务。第三，以改革创新、奋发有为的精神状态全面完成国有文艺院团体制改革。改革是结构调整、利益格局调整，肯定牵涉到许多复杂的问题，需要认真去寻求解决之道；涉及到许多部门，需要去协调沟通；涉及到演职人员的切身利益，需要统筹考虑，需要做耐心细致的思想工作。文化行政部门各级领导，要义无反顾，坚定不移地抓改革，要有突破传统思维定势的勇气。今后，不论什么性质的院团，我们都要做好政策扶持、行业指导，制定宏观政策，实施扶持措施，创造市场环境，抓好创作导向。要从文化大发展大繁荣的大局看问题，放眼未来，对历史负责、对事业负责，只有这样，才能轻装上阵，下工夫推进改革，按时完成任务。

二、深入学习贯彻党的十七届六中全会和省委十二届十次全会精神，加快推动由文化大省向文化强省迈进

当今时代，文化越来越成为民族凝聚力和创造力的重要源泉，越来越成为综合国力竞争的重要因素，越来越成为经济社会发展的重要支撑，丰富精神文化生活越来越成为人民的热切愿望。党的十七届六中全会作出坚持走中国特色社会主义文化发展道路，努力建设社会主义文化强国的重大战略部署，为浙江的文化改革发展指明了方向。

1.深入学习贯彻党的十七届六中全会精神

2011年10月，党的十七届六中全会专题研究文化改革发展工作，出台了《中共中央关于深化文化体制改革推动社会主义文化大发展大繁荣若干重大问题的决定》，提出建设社会主义文化强国的宏伟目标和战略任务，对中国特色社会主义文化建设具有里程碑的意义，标志着我国文化建设进入了一个新的历史发展阶段。学习贯彻十七届六中全会精神，用全会精神指导文化工作，要把握好以下几点：

(1)深刻把握坚持走中国特色社会主义文化发展道路这一主线

六中全会通过的《决定》，全面总结了党领导文化建设的成就和经验，深刻分析了文化建设面临的形势和任务，阐述了中国特色社会主义文化发展道路，表明了我们党高度的文化自觉。胡锦涛总书记强调，坚持走中国特色社会主义文化发展道路，要做到"四个必须"：一是必须坚持以马克思主义为指导，坚持社会主义先进文化前进方向。二是必须发挥人民在文化建设中的主体作用，坚持文化发展为了人民、文化发展依靠人民、文化发展成果由人民共享。三是必须继承和发扬中华优秀文化传统，大力弘扬中华文化，建设中华民族共有精神家园。四是必须坚持一手抓公益性文化事业、一手抓文化产业，推动文化事业和文化产业全面协调可持续发展。

(2)深刻把握建设社会主义文化强国这一主题

六中全会提出了建设社会主

义文化强国的战略目标，表明了我们党高度的文化自信。我们必须用宏观的视野、理性的思维来领会，进一步增强责任感、使命感，做到"三个把握"：一是要把握文化强国战略目标提出的背景和意义。二是要把握文化强国的主要目标。三是要把握建设文化强国的长期性和艰巨性。

（3）深刻把握《决定》关于文化改革发展重大问题的创新与阐发

六中全会《决定》内容十分丰富，理论上有新概括，表述上有新提法，政策上有新突破，举措上有新实招。主要有7方面创新与阐发：一是"二为"方向、"双百"方针的内涵：伴随时代进步不断丰富。二是公益性文化事业发展：注重推进城乡一体化和城乡区域平衡，照顾特殊群体。三是优秀传统文化的保护：着力点放在建立传承体系和思想价值挖掘阐发。四是市场在文化资源配置中的作用：非"基础性作用"而是"积极作用"。五是文化交流：推动"走出去"与"引进来"并重。六是文化财政投入政策：做出明确规定。七是党对文化建设的领导：得到加强改进。

（4）深刻把握文化建设的"十大关系"和"六条经验"。

"十大关系"：第一，正确认识和处理人民群众基本文化需求与多样化、多层次、多方面文化需求的关系，坚持一手抓公益性文化事业，一手抓经营性文化产业，做到两手抓、两加强，最大限度地满足人民群众日益增长的精神文化需求。第二，正确认识"两种属性"、"两个效益"的关系，始终把社会效益放在首位，努力做到社会效益与经济效益有机统一。第三，正确认识弘扬主旋律与提倡多样化的关系，坚持社会主义先进文化前进方向，坚持贴近实际、贴近生活、贴近群众，推动社会主义文化全面繁荣。第四，正确认识和处理改革创新与加快发展的关系，坚持以改革创新为强大动力，增强文化发展活力，不断解放和发展文化生产力。第五，正确认识和处理文化与经济的关系，不断提高文化产业对加快经济发展方式转变的贡献。第六，正确认识和处理发挥政府作用与调动全社会力量参与文化建设的关系，努力形成文化建设的强大合力。第七，正确认识和处理民族文化与外来文化的关系，坚持对外开放，努力形成以民族文化为主体、积极吸收外来有益文化的文化市场格局，推动中华文化"走出去"，不断扩大中华文化的国际影响力和竞争力。第八，正确认识和处理促进繁荣与加强管理的关系，通过不断提高管理的科学化水平确保文化健康有序发展。第九，正确认识文化与科技的关系，把运用高新技术作为推动文化建设、提高文化创新能力和传播能力的新引擎。第十，正确处理充分调动广大文化工作者积极性与培养造就大批文化领域创新型、复合型、外向型、科技型等新型人才的关系，为推动文化大发展大繁荣提供有力人才保障。

"六条经验"：一是高举中国特色社会主义伟大旗帜，坚持以邓小平理论和"三个代表"重要思想为指导，深入贯彻落实科学发展观，思想上政治上行动上始终与党中央保持高度一致。这是根本保证。二是紧紧围绕经济建设这个中心，服从服务于全党全国工作大局，全面宣传贯彻中央决策部署。这是根本职责。三是扎实推进社会主义核心价值体系建设，不断巩固全党全国各族人民团结奋斗的思想道德基础。这是根本任务。四是坚持以人为本，一切为了人民、一切依靠人民，贴近实际、贴近生活、贴近群众，一满足人民群众精神文化需求为出发点和落脚点。这是根本目的。五是坚持改革创新，不断深化文化体制改革，大力发展文化事业文化产业，解放和发展文化生产力。这是根本动力。六是解放思想、转变观念，牢固树立符合科学发展观要求的新的文化发展理念，正确处理好文化改革发展中的重大关系。这是根本前提。

2. 准确把握浙江文化发展脉络与特点

回顾新时期我省文化建设进程，呈现出了目标明确、脉络清晰、推进有序的良好发展格局。省委省政府高度重视文化建设，以科学发展观为指导，不断创新文化发展理念，坚持不懈地推进文化建设，着力推动浙江由文化大省向文化强省迈进。

（1）1999年，浙江省委、省政府提出了建设文化大省的战略构想。2000年制定颁布了《浙江省建设文化大省纲要（2001－2020年）》。这是全国首批颁布施行的省级文化建设纲要，标志着我省文化建设进入了新的发展时期。

《纲要》是浙江新世纪建设文化大省的宣言书，体现了省委省政府对文化建设的高度自觉。《纲要》提出到2020年，努力把浙江建设成为全民素质优良、社会文明进步、科技教育发达、文化发展主要指标全国领先、文化事业整体水平和文化产业发展实力走在全国前列的文化大省。重点部署"8方面建设任务”：一是加强思想道德建设。二是繁荣文化事业。三是发展文化产业。四是加强文化设施建设。五是完善文化经济政策。六是推进文化体制创新。七是加强文化法制建设和文化市场管理。八是建设高素质的文化队伍。

(2)2005年，习近平书记主持召开省委十一届八次全会，通过《关于加快文化大省建设的决定》，作出了“3＋8＋4”的战略部署，标志着我省文化大省建设进入了加速期。

“3”即三个“力”：增强文化凝聚力，解放和发展文化生产力，提高文化公共服务能力。

“8”即实施文化建设八项工程：文明素质工程、文化精品工程、文化研究工程、文化保护工程、文化产业促进工程、文化阵地工程、文化传播工程、文化人才工程。

“4”即打造四个强省：教育强省、科技强省、卫生强省和体育强省。

(3)2008年，赵洪祝书记主持召开省委工作会议，专题研究部署兴起文化大省建设新高潮、推动浙江社会主义文化大发展大繁荣的工作，制订出台了《浙江省推动文化大发展大繁荣纲要(2008—2012)》，作出了“4＋8＋3”的战略部署，标志着我省文化大省建设进入了深化提升期。

“4”即加快建设四个强省：教育强省、科技强省、卫生强省和体育强省。

“8”即深入实施文化建设八项工程：文明素质工程、文化精品工程、文化研究工程、文化保护工程、文化产业促进工程、文化阵地工程、文化传播工程、文化人才工程。

“3”即构建文化发展“三大体系”：社会主义核心价值体系、公共文化服务体系和文化产业发展体系。

(4)2011年11月，赵洪祝书记主持召开省委十二届十次全会，出台《关于贯彻十七届六中全会精神推进文化强省建设的决定》，作出“3＋8＋10”的战略部署，标志着我省进入由文化大省向文化强省迈进的“跨越期”。

“3”即深入构建文化发展“三大体系”：社会主义核心价值体系、公共文化服务体系和文化产业发展体系。

“8”即深入实施文化建设“八项工程”：文明素质工程、文化精品工程、文化研究工程、文化保护工程、文化产业促进工程、文化阵地工程、文化传播工程、文化人才工程。

“10”即实施文化建设“十大计划”：中国特色社会主义理论体系普及计划、公民道德养成计划、文艺精品打造计划、网络文化和现代媒体建设计划、重大文化设施建设计划、基本公共文化服务提升计划、文化遗产传承计划、文化产业倍增计划、对外文化拓展计划、文化名家造就计划。

3.探索具有浙江特色文化发展之路的主要体会

改革开放以来，我省不断解放思想、与时俱进、开拓创新、勇于探索，逐步形成了一系列新的文化发展理念，初步走出了一条切合浙江实际、富有浙江特色的文化发展道路，推动浙江文化持续向前发展，走在全国前列。

一是特别注重发挥文化的精神动力价值。坚持树立科学发展、协调发展的理念，加强文化建设与政治建设、经济建设、社会建设、生态文明建设的融合，是浙江文化赢得广阔发展空间的关键所在。坚持围绕中心，服务大局，紧扣经济社会发展全局，找准文化工作的定位，积极融入，主动服务，在服务大局和助推经济社会发展中充分展示文化的作用与价值，不断提升战略地位，赢得发展机遇。

二是特别注重发挥人民群众的主体作用。始终把人民群众作为文化建设的主体和文化服务的对象，文化发展靠人民，发展文化为人民，是浙江文化实现持续发展的力量源泉。坚持政府为主导、人民为主体，工作重点下移，积极提升人民群众的文化自觉，尊重人民群众的首创精神，充分发挥人民群众在文化建设建设中的积极性、主动性与创造性。

三是特别注重城乡文化协调发展。实现城乡文化一体化均等化，是浙江文化建设的重要目标。始终关注文化民生，坚持以农村为重点，加大公共文化资源向农村倾斜力度，完善基层文化设施，加强公共文化服务供给，大力构建覆盖城乡的公共文化服务体系，努力实现文化惠民，切实维护人民群众的文化权益。

四是特别注重文化事业和文化产业共同发展。坚持文化事业和文化产业“双轮驱动”，是浙江文化实现持续发展的重要途径。始终坚持公益性文化事业与经营性文化产业“两手抓”、“两加强”，把推动文化产业成为国民经济支柱性产业与构建覆盖全省城乡的公共文化服务体系统筹起来，互为补充，相互促进。

五是特别注重继承和发扬优秀传统文化。坚持不懈地继承和发扬优秀传统文化，是浙江文化发展的一大亮点。坚持保护与传承、利用相结合，不断加大文化遗产保护力度，加强对优秀传统文化思想价值的挖掘，结合时代的特点加以发展，建设浙江人民共有的精神家园。

六是特别注重弘扬改革创新的精神。改革创新是浙江文化发展的强大动力与显著特点。坚持以“干在实处、走在前列”为要求，主动探索，锐意创新，大胆实践，稳步推进，不断推出新举措，多项工作成为全国先行试点，为全国创造示范经验。

七是特别注重吸收借鉴国内外文化建设成果。持续推进对外对港澳台文化交流，是浙江文化不断增强吸引力、扩大影响力的重要举措。坚持“走出去”与“引进来”相结合，实施扩大文化交流和推进文化外贸“两条腿走路”的方针，既向世界充分展示浙江文化魅力，又广泛吸收借鉴国内外优秀文明成果提升自己，不断形成浙江文化发展的新优势。

八是特别注重人才保障与科技支撑。人才与科技，是浙江文化快速发展的“双翼”。牢固树立人才是文化发展第一资源的理念，尊重人才、尊重劳动、尊重创造，为实现文化建设提供坚强人才保证和广泛智力支持。把科技创新作为新形势下文化发展的重要引擎，大力推动高新技术与文化融合，加快提升浙江文化发展水平。

4.深刻理解“文化强省”的丰富内涵

省委十二届十次全会从时代要求与战略全局出发，提出了建设文化强省的奋斗目标，既充分体现中央精神又紧密结合浙江实际，既准确把握我省经济社会发展新要求又顺应人民精神文化生活新期待，为推动我省文化改革发展指明了方向。文化强省是一个新概念、新课题、新任务，它不仅是文化大国的进一步转型升级，更是文化发展理念的重大升华。建设文化强省要“强”在以下几个方面：

第一，全社会文化认同感强。全社会文化认同是建设文化强省的思想基础和精神动力。一是表现在民众对中华文化的强烈认同。在多元文化价值选择的社会大背景下，通过群众喜闻乐见的文艺作品和文化活动，弘扬中华文化，传播社会主义核心价值观，经过长期潜移默化的文化熏陶，使广大民众树立对中华文化生命力的坚定信念。二是表现在先进文化引领社会风尚。在传统道德受到冲击、社会诚信出现危机的转型期，文化建设成为社会的灵魂工程，以优秀文化作品凝聚先进的文化价值观，弘扬传统美德，引领社会思潮，形成良好的社会风尚。三是表现在强烈的文化自觉和文化自信。进一步坚定文化信念和文化追求，珍惜当前难得的发展机遇期，以科学发展观为指导，认识规律，把握规律，牢牢抓住文化发展主动权，焕发创新创造的活力，努力建设好中华民族的共有精神家园。

第二，文化生产力强。先进的文化生产力是推动文化大省向文化强省跨越的重要力量，也是建成文化强省的重要标志。一是表现在文化产品的生产创作能力强。文化事业和文化产业高度繁荣，文化创造力强，源源不断地生产出有世界影响力、广泛传播的文化艺术精品。二是表现在文化人才辈出。涌现出一批有国际影响力的文化艺术大家、大师，形成有中国风格、国际水准的文化艺术流派，引领全国乃至国际文化艺术发展潮流。三是表现在管理制度科学高效。不断深化文化体制机制改革，推动文化创新，形成科学合理、灵活有效的管理体制和运行机制，促进先进文化生产力的持续发展。

第三，公共文化服务力强。一切以民生为本，坚持文化为民、文化惠民，使老百姓的文化生活丰富、精神充实，是建设文化强省的前提与基础。一是指城乡均等。公共文化服务网络覆盖全社会，逐步消灭城乡之间、区域之间文化服务差距，使农村老百姓能共享城市居民一样的文化服务，保障广大人民群众最基本的文化权益。二是指供给对接。公共文化服务网络方便快捷，让老百姓能就近、免费或低廉地享受到基本文化服务。同时，公共文化服务产品要充足丰富，时代感和针对性强，符合老百姓不同的“口味”。三是指群众满意。尊重多样化多层次的文化追求，丰富高效的文化服务，使老百姓乐于接受，易于参与，产生强烈的文化认同感和幸福感。

第四，文化产业竞争力强。加快发展文化产业，使之成为国民经济支柱性产业，是建设文化强省的重要任务。一是表现为文化产业的规模大幅提升。创造良好的文化产业发展环境，吸引社会资本进入，着力培育新型的文化市场主体，构建完善的现代文化市场体系，完善文化产业链，文化产业的总产出占到生产总值比重进一步加大。二是表现为文化产业结构优化。运用高新技术着力改造提升传统的优势文化产业，积极培育新兴的文化业态，大力发展科技含量和附加值高的新兴文化产业，推动文化产业转型升级，提升整体竞争力。三是表现为文化创新能力强。文化产业不仅要制造力，更要创造力。通过深入的文化体制改革，增强全社会的创业创新意识，形成以企业为主体、市场为导向、产官学研相结合的文化创新体系，使文化原创能力进一步提高，富有文化创意的产品不断涌现。

第五，文化影响力强。让越来越多浙江文化元素与文化产品走向世界，扩大浙江文化在世界的影响。一是指文化“走出去”的步伐加快。广泛开展国际文化交流，积极打造适应国际文化市场的文化精品，提高对全球的传播能力，用世界各国人民喜闻乐见的艺术形式来传达中华文化思想，使中华文化的核心价值赢得世界人民的认同与尊重。二是指文化产品和服务出口进一步扩大。对外文化贸易渠道和网络进一步拓展，文化产品和服务出口大幅增长，文化贸易逆差明显缩小，成为我省服务贸易出口的重要增长点。三是指兼容并蓄的气度与能力明显增强。一方面要持续提高文化产品和服务国际竞争力，扩大浙江文化的世界影响力，另一方面要以积极的态度广泛吸纳外来优秀文化成果，努力创造出更多属于全人类的精神财富。

三、扎实推进文化改革发展，2011年我省文化工作取得丰硕成果

2011年是“十二五”规划的开局之年，也是文化改革发展的重要之年。党的十七届六中全会和省委十二届十次全会对文化建设进行专题研究部署；省政府出台了《浙江省文化产业发展规划(2010—2015)》、《浙江省文化服务业“十二五”发展规划》。省发改委与省文化厅联合制定了《浙江省文化发展“十二五”规划》。这些为推动我省文化大发展大繁荣绘制了蓝图，注入了强大动力。一年来，全省文化工作以科学发展观为指导，坚持文化事业和文化产业“双轮驱动”，谋规划、抓重点、促改革、求实效，各项工作取得明显成效。主要有八大亮点：

1.重大文化活动在服务大局中彰显独特作用

紧紧抓住庆祝中国共产党成立90周年、纪念辛亥革命100周年、举办第八届全国残疾人运动会三大主题，组织举办了残运会开闭幕式文艺晚会、舞台艺术展演暨浙江省首届优秀保留剧目展演、华东六省一市群众新红歌大赛、庆祝中国共产党成立90周年浙江省美术作品展览、纪念辛亥革命100周年图片展等一系列内容丰富、特色鲜明的文化活动，有力地服务了大局，在全社会营造了隆重热烈、欢乐喜庆、团结奋进的良好氛围。持续实施一批具有导向性、代表性、示范性大型文化活动，参与举办了第二届浙江文化艺术节，与文化部、嘉兴市政府联合举办了中国嘉兴端午民俗文化节，举办浙江省第八届音乐舞蹈节等活动，有力地助推了文化繁荣，较好地满足了广大群众的精神文化需求。

2.公共文化服务在改善民生中发挥积极效应

公共文化服务基本实现城乡全覆盖。在率先全面完成公共博物馆免费开放的基础上，大力实施美术馆、公共图书馆、文化馆(站)免费开放工作，发挥公共文化设施网络的服务功效。面向基层农村，持续组织大规模的“送”文化下乡活动。2011年，全省共送戏下乡2.1万余场，送书下乡181万余册，培训基层文化骨干21万余人次。在全省范围内全面推广“文化走亲”活动，2011年全省开展“文化走亲”活动共931场。加强对特殊群体的文化关怀，设立了“浙江省视障信息无障碍服务中心”，举办了第七届浙江省未成年人读书节、全省残疾人文化艺术周、浙江省2011年国际盲人节大型公益活动等特色文化服务活动。启动公共文化服务体系示范区(项目)创建工作，宁波市鄞州区被确定为第一批“创建国家公共文化服务体系示范区”，“嘉兴市城乡一体化公共图书馆服务体系建设”、“苍南县农村文化中心建设创新模式”被确定为第一批“创建国家公共文化服务体系示范项目”。持续推进文化部委托的代表东部地区开展国家公共文化服务体系制度设计的综合研究，取得了阶段性成果。加强网络文化服务，浙江网络图书馆从2009年5月26日开通以来，累计上传书目数据380万条，浏览次数1740万次，电子期刊阅读下载1280万篇。

3.文艺创作演出在紧扣群众需要和市场需求中频现亮点

不断创新艺术管理，建立优秀保留剧目演出制度，深入实施青年文艺人才培养“新松计划”，着力推动文艺繁荣。加强文艺创作，话剧《谁主沉浮》等一批重大历史题材献礼作品和紧扣市场需求的新创作品接踵亮相。一批文艺精品和优秀文艺人才在国际国内艺术大赛上取得优异成绩。浙江京剧团和青海省戏剧艺术剧院合作的《藏羚羊》、浙江话剧院有限公司的《谁主沉浮》分别入选“国家舞台艺术精品工程”重点资助剧目和资助剧目。浙江歌舞剧院有限公司刘福洋独舞《祭礼长生天》和群舞《乌兰巴托——红色英雄》分别获第八届中国舞蹈“荷花奖”表演金奖和银奖，这是我省第一次夺得“荷花奖”金奖；独舞《寂静的天空》和群舞《兰亭随想》分别获第九届全国舞蹈比赛评委会特别奖和表演二等奖。浙江京剧团翁国生获第六届中国京剧节特别荣誉奖。浙江曲艺杂技总团有限公司的杂技《墨荷—扛人蹬伞》获第八届全国杂技“金菊奖”、第三次全国杂技比赛金奖。绍兴县小百花艺术中心吴凤花获第25届中国戏剧梅花奖“二度梅”奖，浙江越剧团华渭强、杭州越剧院徐铭获“一度梅”奖。大力繁荣演出市场，省属院团共演出2998场，国内外商演收入4817.32万元。民营文艺表演团体年演出约16万余场次，观众人数近1.6亿人次。

4. 文化遗产保护在构建科学保护体系中取得显著成绩

文化遗产保护工作实现历史性突破，杭州西湖文化景观被正式列入世界文化遗产名录。海宁皮影戏入选联合国“人类非物质文化遗产代表作名录”，从而使浙江的“人类非遗项目”数量名列全国第一。在国务院公布的第三批国家级非物质文化遗产名录中，我省上榜58项，连续第三次名列全国榜首。良渚古城考古项目获国家文物局田野考古(2009－2010年)一等奖。在第九届全国博物馆十大陈列展览精品评选中，浙江自然博物馆的“自然·生命·人——基本陈列”和浙江省博物馆的“越地长歌——浙江历史文化陈列”分别以第一、二名荣获精品大奖。第六批省级文物保护单位由省政府正式公布。我省第三次全国文物普查第三阶段工作和全省古籍普查工作进展顺利，国家文化遗产保护科技区域创新联盟工作持续推进，得到了国家有关部门的充分肯定。非物质文化遗产保护工作进一步加强。启动实施了国遗项目“八个一”保护措施。推动基层非遗保护机构和非遗馆建设，全省11个设区市全部建立了非遗保护中心，90个县(市、区)中已有73个建立了非遗保护中心。东阳市陆光正创作室(东阳木雕)、青田县二轻工业总公司(青田石雕)被列入国家非遗生产性保护基地。文化部在宁波召开全国非物质文化遗产保护工作会议，充分肯定了浙江省和宁波市的非物质文化遗产保护工作。全省文化文物系统联动开展了第六个“文化遗产日”系列活动，还成功举办了2011中国(浙江)非遗博览会等大型活动，营造了文化遗产保护的良好社会氛围。

5. 文化体制改革在推动文化创新中实现阶段突破

一是国办文艺院团改革有了新突破。省属文艺院团的改革阶段性任务基本完成。指导推动了市县国有文艺院团改制工作。二是经营性文化单位转企改制有了新推进。浙江新远文化产业集团公司下属单位已经有10家基本完成了转制任务。目前，浙江新远文化产业集团已初步架构起电影院线和演艺产业链，进入良性发展阶段。三是公益性文化事业单位内部管理机制改革有了新成效。全省各级文化馆和乡镇综合文化站的工作重心下移，近一年来，指导业余文化活动团队开展活动达35.68万余场次。四是文化市场综合执法改革有了新进展。全省各市县全部完成了改革任务。制定了《关于进一步加强文化市场管理队伍建设的意见》。在全国文化市场综合执法优秀案卷评选活动中，我省获奖总数居全国第一。

6. 文化产业在服务经济转型中加快发展壮大

加强对演艺娱乐业、动漫游戏业、网络文化经营业、艺术品和工艺美术经营业、文化创意和设计业、文化旅游和会展业等六大重点门类的规划与引导。扶持浙江新远文化产业集团成立了浙江文化艺术品产权交易所，打造文化产业与资本对接服务平台。实施重点文化企业上市助推计划，积极指导帮助中南卡通等三家重点文化企业上市。宋城、中南卡通两家公司成功入选全国“十家最具影响力的国家文化产业示范基地”。扶持浙商文化促进会发展，组织了文化新浙商的评选，引导民营企业投资文化产业200多亿元。进一步推动民营文艺表演团体的发展与建设，对106个参加2011年度送戏下乡工程的民营文艺表演团体实施政府资助。义乌文博会和杭州动漫节两大品牌节会持续提升规模，成交额再创新高，文化产业发展平台的“高地效应”进一步显现。

7. 文化市场管理在完善机制中不断提升水平

开展了全省文化市场清理整顿行动、建党90周年专项保障行动、打击侵犯知识产权专项行动、“小网吧”整规行动，全面整顿和规范文化市场秩序。2011年全省共受理举报2170件，出动检查人员14.1万余人次，检查经营单位16.14万余家次，取缔非法经营单位1982家，罚款1511万余元。针对当前文化市场管理中存在的漏洞和薄弱环节，查漏补缺，建章立制，推动文化市场管理纳入“平安浙江”考核体系，研究制订了《浙江省文化市场应急处置办法》、《浙江省文化市场举报办理规定》、《文化市场管理信息工作制度》等一系列规章制度，形成了更加完善的文化市场管理制度体系。文化部在宁波召开了全国农村文化市场管理工作经验交流会暨全国文化市场综合执法工作会议，充分肯定了我省农村文化市场管理工作。

8.文化交流活动在拓展渠道中实现稳步发展

成功举办了第五届“台湾·浙江文化节”，备受海内外关注的《富春山居图》实现海峡两岸合璧展出，成为对台文化交流史上的盛事，有力地服务了中央对台工作大局。配合中央领导同志出访非洲，与文化部、中国驻埃塞俄比亚大使馆、中国驻津巴布韦大使馆联合主办了“2011中国文化聚焦·浙江文化节”，第一次把浙江大型文化交流活动拓展到了非洲国家，得到了中央领导同志的高度评价和充分肯定。实施国家文化外交战略，积极组派浙江歌舞剧院有限公司、浙江曲艺杂技总团有限公司、浙江婺剧团等团组参与海外“欢乐春节”活动，被文化部授予“优秀组织奖”。认真执行省政府的对外任务，组织实施庆祝浙江省与美国新泽西州结好30周年等多项文化交流活动。全省各地也积极推进海外文化交流，构筑了浙江文化亮丽的海外风景线。据统计，2011年我省共实施对外对港澳台文化交流项目767起，其中派出交流项目128起、引进交流项目639起。

同志们，过去一年全省文化系统广大干部职工不辱使命，不负众望，取得了骄人的成绩。在此，我谨代表省文化厅党组，对你们并通过你们向全省文化工作者表示衷心的感谢！在肯定成绩、总结经验的同时，也要清醒地看到存在的问题和不足：一是文化发展不平衡，发达地区与欠发达地区、城市与农村之间仍存在较大差距；二是一些地方文化事业经费投入不足，文化建设缺乏足够的资金保障；三是一些地方对文化体制改革的重要性、必要性和紧迫性认识不足，配套政策不完善，落实不到位；四是一些基层文化市场管理和执法工作基础还较薄弱，容易发生违法事件。五是公共文化产品和服务的针对性有待加强，公共文化设施的使用效率有待提高；六是文化产业总体实力不强，对外文化贸易逆差严重。这些问题，有待于我们在今后的工作中切实加以解决。

四、着力抓好2012年主要工作任务，以优异成绩迎接党的十八大胜利召开

今年是非常重要的时间节点，既是实施“十二五”规划承上启下的重要一年，也是全面贯彻党的十七届六中全会和省委十二届十次全会精神，加快推动浙江文化大发展大繁荣，迎接党的十八大和省第十三次党代会胜利召开的重要之年。做好2012年全省文化工作，要以科学发展、创新发展、率先发展为主题，以满足人民精神文化需求为出发点和落脚点，以转变文化发展方式为主线，抓重点、破难点、求亮点，着力推动浙江由文化大省向文化强省迈进。《2012年浙江省文化厅工作要点》已经发给大家，请大家提出意见，会后将根据大家提出来的意见和建议修改印发。《要点》已经对2011年工作做了全面具体的部署，我再强调一下几项重点工作。

1.着力抓好艺术创作生产与重大文化活动

以迎接十八大召开和纪念毛泽东同志《在延安文艺座谈会上的讲话》发表70周年为契机，大力实施浙江省舞台艺术精品工程，形成创作、选拔、展演系统化的舞台艺术精品创作生产演出新机制，创作一批优秀原创剧目，展示一批优秀保留剧目，推出一批优秀商演剧目。建立文艺人才激励机制，研究制订《浙江省杰出艺术家评选奖励办法》。实施群众文艺创作繁荣工程，扎实启动“十二五”期间在音乐、舞蹈、戏剧、曲艺和文学作品（包括理论研究）等5个群众文艺领域各打造100个文艺创作精品，在美术、书法、摄影等3个群众文艺领域各培育100个优秀创作群体的计划。组织举办庆祝党的十八大召开重大主题文化活动、第四届浙江省曲艺杂技节、第二届浙江省优秀保留剧目展演和浙江省第三届社区文化艺术节、浙江省首届合唱节等大型文化活动，努力营造浓厚热烈、全民共乐的社会文化氛围。

2.着力加强公共文化服务体系建设

积极开展各类文化惠民活动，计划全年送戏下乡不少于1万场次，送书不少于100万册次，送讲座展览不少于500场。启动全省公共图书馆城乡一体化建设，计划全年新建40个县图书馆乡镇分馆，争取到“十二五”末实现每个省级中心镇都建有图书馆。扶持业余文艺团队建设，为1000支基层优秀业余文艺团队配送文化器材。

深入实施文化低保工程，切实改善农民工、农村贫困人员、老年人、未成年人等特殊群体的文化生活状况。加强文化设施建设，实施浙江小百花艺术中心建设工程，做好浙江图书馆新馆和浙江艺术学院前期筹备工作，继续推进乡镇综合文化站和村文化活动室建设。加强对各类设施管理，深化免费开放工作，充分发挥文化设施的功能与作用。推进文化信息资源共享工程、网络图书馆等数字文化服务网络建设，让城乡居民平等共享文化资源。全面完成文化部委托的国家公共文化服务体系制度设计综合研究任务。

3. 着力加快文化产业发展

实施文化系统文化产业“倍增计划”，争取到2015年全省文化部门管理的文化产业增加值比2010年翻一番。实施重点文化企业培育计划，有针对性地扶持具有导向性、主业突出、核心能力强的文化产业龙头企业上市，2012年计划推动1—2家文化企业上市，推荐2—3家重点文化企业成为国家文化产业示范基地。指导浙江新远文化产业集团运作好浙江文化艺术品交易所，努力打造成我省文化产业交易、培育和融资的重要平台。进一步提升中国义乌文博会和杭州国际动漫节等知名展会的规模和档次。积极争取设立文化产业基金，引导更多的民营资金进入文化产业。加强文化消费研究，着力培育市场主体，开拓农村文化消费市场，扩大文化消费。加强文化市场管理，围绕保障党的十八大胜利召开，加大集中治理力度，努力营造繁荣有序的文化市场秩序。

4. 着力深化文化体制改革

筹建省演艺集团，继续深化国有文艺院团体制改革，指导推进已改制的文艺院团健全法人治理结构，逐步完善现代企业制度及其运行机制。对保留事业体制的文艺院团推进内部机制改革创新，加大人事管理制度、分配制度等改革力度，激活和发展艺术生产力。加快经营性文化单位转企改制步伐，积极培育合格文化市场主体，加快培育发展一批有实力、有竞争力的国有或国有控股的文化企业和企业集团。继续深化公益性文化事业单位内部管理体制和运行机制改革，重点推进人事、收入分配和社会保障制度改革，进一步完善任期目标责任制和年度目标责任制考核，充分发挥其在公共文化服务中的作用。深化文化市场综合执法体制改革，推进执法队伍规范化、高效化建设。推进县及县以下乡镇文化市场管理工作责任制的建立和落实，加快构建省、市、县、乡镇街道四级监管和责任体系。

5. 着力加强文化遗产保护和利用工作

继续做好世界文化遗产申报和管理，重点推进大运河（浙江段）保护和申遗工作。加强大遗址保护和考古管理，推进良渚国家考古遗址公园建设。着力实施若干国家级和省级重点文物科研项目，提升文物保护科技水平。加强社会文物的管理工作，加大监察执法工作力度，构建文物安全工作机制。指导推进县级博物馆建设，促进生态博物馆、社区博物馆的探索实践。支持民办博物馆的发展，开展国有博物馆对口帮扶民办博物馆试点工作。推进全省博物馆展览交流协作网络平台建设，促进馆藏文物资源的整合共享。推进非遗保护工作，深入实施国遗项目“八个一”保护措施，重点加强人类非遗项目和国家级非遗项目的保护传承。进一步完善非遗保护体系，积极争取在全国非遗保护项目、保护载体评选中保持前列优势。研究制订非遗项目、传承人、传承基地等管理办法，形成科学系统的管理体系。继续指导推进市县非遗保护机构、保护队伍和非遗馆建设，强化非遗传承基地、传统节日保护基地等各类保护载体，建立长效传承机制。推进县级区域非遗保护工作和全省美丽乡村建设中的非遗保护工作。

6. 着力推进对外对港澳台文化交流

进一步打造两个文化交流品牌，实施“西班牙·浙江文化节”和第六届“台湾·浙江文化节”。积极参与国家层面的重大对外文化交流活动，组派文化艺术团赴美国开展“欢乐春节”演出，赴德国参加“中国文化年”——“石荷州音乐节”活动。积极服务于省委、省政府重大对外活动，组织开展浙江省与日本静冈县结好30周年庆典演出、浙江省与西澳洲结好25周年庆典演出等文化交流活动。加强政府引导与推介，支持浙江曲艺杂技总团有限公司大型魔幻剧《美猴王》探索进入美国百老汇演出，支持浙江歌舞剧院有限公司与美国加州帝国郡联手打造演艺产品，推动我省具有良好市场前景的文化演艺产品走向国际市场。建立省内文化企业和产品资源库，引导和扶持文化企业积极打造适应国际市场需求的产品。

7. 着力加强文化人才培养

积极推进浙江艺术学院筹建工作，打造文化人才培育基地。深入实施基层文化队伍素质提升工程，计划全年培训人数不少于1万人次。充分利用高校教学资源，继续委托省内外艺术高校培养一批群文业务领头人。深入实施培养青年艺术人才"新松计划"，扩大扶持范围，争取在"十二五"期间推出50名左右优秀青年创作、表演人才。深入实施省属文艺院团专业技术人员素质教育。支持高等院校、职业院校建设文化产业人力资源相关学科和专业，加强文化产业人才培养。调整和充实省级非物质文化遗产专家库，建立见习专家制度。启动文化市场行政执法人才培训工程，加强文化市场执法队伍建设。

五、牢牢把握文化发展主动权，奋力开创全省文化工作新局面

当前，文化建设已经被提到党和国家的重要日程，文化工作被赋予特殊的时代意义。我们要倍加珍惜难得的好形势、好机遇，在文化发展的春天里有所作为。下面，就做好今年及今后一段时期的文化工作，我再提几点要求：

1. 要善抓机遇

当前，我们正处于可以大有作为的重要战略机遇期，面临着前所未有的历史性发展机遇。文化工作者生逢其时，使命在肩。把握和利用机遇的能力决定着机遇的价值。能不能抓住关键期的重大机遇，审时度势地积极作为，决定着我们文化系统的工作成效和部门形象，决定着能否圆满实现"十二五"文化发展目标，决定着能否如期实现由文化大省向文化强省跨越。因此，我们必须要树立强烈的机遇意识和发展意识，珍惜机遇、抓住机遇、用好机遇，切实增强文化自觉与文化自信，把思想和行动统一到中央和省委的重大决策部署上来，顺势而为，乘势而上，牢牢掌握文化发展的主动权，着力推动文化又好又快发展。

2. 要善求创新

创新是文化发展的永恒主题，是增强文化凝聚力和吸引力的重要途径。当前，推动文化创新的重要任务是要积极转变文化发展方式。转变发展方式不仅是经济领域的问题，文化领域同样也需要通过转变发展方式获得新的发展动力和增长空间。在文化设施方面，目前覆盖全省的文化设施网络已经初步形成，要着力从以"建"为主向"建、管、用"并重转变；在公共文化供给方面，群众对文化生活的要求与欣赏的品位越来越高，简单任务式的送文化下乡活动已远远地不能适应群众的文化需求，要着力从"单向输送"向"双方互动、供需对接"的方向转变；在文化服务形式方面，随着信息技术、数字技术、网络技术的快速发展和普及运用，公共数字文化服务成为一种新趋势，要从"传统型"向"数字型、科技型"的方向转变；在文化产业方面，要注重文化与科技相融合、增强自主创新能力，突出规模化、集约化、效益化，从注重"量的扩张"向注重"质的提高"转变；在文化遗产保护方面，要以"重保护"为主向"保护、利用"并重转变；在文化交流方面，要大力发展文化外贸，从"送出去"向"卖出去"的方向转变。

3. 要善谋抓手

古语云：善谋者，大成于事。新形势下，做好文化工作不仅要有激情有干劲，更要有策略有谋划。一方面，善谋抓手要体现在善谋项目上。要坚持先行先试、善思善谋，创造性地将好想法变成真项目，将好思路变成实措施，善于把文化建设相关任务工程化、项目化、数字化。有了好的项目，文化工作才有抓手有载体，才能将文化软要求变成硬任务。当前，不仅中央和省委出台了加强文化建设的《决定》、《意见》，而且各地也基本出台了"十二五"文化发展规划。我们务必要抓住时机，吃透精神，用足政策，将已有的项目细化，并策划推出一批富有创意的新项目。另一方面，善谋抓手要体现在善谋政策上。要牢牢把握住当前良好的发展形势，积极建言献策，主动汇报工作，反映情况，将争取政策支持与发挥自身能动性有效的结合起来，学会宣传鼓动，努力争取领导重视、部门支持，落实相关政策。要学会"用数据、找差距"，掌握本地区及周边地区文化建设的关键数据，在争取政策支持时做到有理有据。要针对本地区文化建设的重点问题进行深入调研，查找问题，掌握实情，分析原因，并善于借鉴外地先进经验，提出有价值的政策建议。

4. 要善用资源

第一，要善用人才资源。人才资源是文化发展的第一资源。推动文化繁荣发展，关键靠的是人才。培育一批高层次的文化领域领军人物和高素质的文化人才，充分发挥人才的引领示范作用，是文化强省建设的重要标志和重要支撑。要大力加强人才培养基地建设，创新文化人才的培养机制，拓宽培养渠道，加大文化人才的引进力度，着力提高我省文化队伍的整体素质和实力。积极创造条件，为文化人才提供发展舞台，用好用活各类人才，最大限度地调动文化人才的积极性和创造性。第二，善用地方文化资源。在近几年大规模开展文化遗产资源大普查的基础上，从中选择优秀的文化资源进行深度发掘和时代创意，积极打造特色文化品牌，把丰厚的文化资源优势转变成独特的发展优势。第三，要善用社会资源。改变政府一包到底的做法，积极创造条件，通过冠名、民办公助等多种途径，吸引企业、个人资助文化公益事业，推动公共文化服务投入多元化、社会化。要运用政策引导、财税杠杆、表彰奖励、典型示范等手段，鼓励和引导我省丰厚的民间资本进入文化产业领域，大力推动文化产业发展。

全省文物局长会议

【概况】 2012年2月16日至17日，全省文物局长会议在嘉兴海宁市召开。来自全省各设区市和义乌市的文物行政部门分管领导、业务处(科)室负责人，省直文博单位主要负责人，省文物局领导、相关处室人员及海宁市领导参加了会议。

会议由省文化厅副巡视员陶月彪主持，海宁市副市长朱海英在会上致欢迎辞。省文化厅副厅长、省文物局局长鲍贤伦作了题为《把握机遇，谋划发展，为加快建设文物强省而努力奋斗》的工作报告。报告全面、系统地回顾、总结了我省2011年的文物工作情况，就全省文物系统深入贯彻十七届六中全会、省委十二届十次全会及全国文物局长会议精神进行了部署。鲍局长指出：2011年是“十二五”开局之年，也是党和国家对文化建设作出重大部署的重要一年。全省各级文物部门认真贯彻落实科学发展观，围绕经济社会发展大局，围绕建设文化强省总目标，围绕庆祝建党90周年、纪念辛亥革命100周年等重大主题，在各项工作上取得了新进展。文物事业呈现出蓬勃发展的良好局面，亮点纷呈、成效显著，实现了“十二五”的良好开局。2011年，我省世界文化遗产申报工作实现重大突破，杭州西湖文化景观提名项目正式成为我国第41处世界遗产；全省圆满完成第三次全国文物普查任务，进一步完善了不可移动文物保护体系；文博单位以《富春山居图》合璧为亮点，有效彰显了公共文化服务能力。各地切实加强博物馆管理和建设，优化博物馆网络体系，文化遗产保护科技区域创新联盟建设取得了阶段性成效，文物抢救保护工作进展顺利，文物保护科研成果显著，文物安全工作机制建设稳步推进，文物安全保障及防范能力得到了进一步增强。

2012年是实施“十二五”规划承上启下的重要一年，文物事业发展面临着重要的战略机遇。全省各级文物系统应把深入学习、深刻领会、深入贯彻十七届六中全会、省委十二届十次全会和全国文物局长会议精神作为年度首要任务，充分认识到文物工作在全面建设文化强省中的重要意义、地位和作用，进一步增强紧迫感、责任感和使命感，全面实施《浙江省文物博物馆事业发展“十二五”规划》、《浙江省文物保护计划》，充分发挥文物的不可替代作用，促进社会主义核心价值体系建设；更好地把文物保护成果惠及民生，不断完善公共文化服务体系，创新文化遗产保护传承体系；以建设文物强省为目标，改革创新为动力，夯实各项基础工作为着力点；加强统筹谋划，突出重点难点，健全制度机制，完善政策措施，推动我省文物事业又好又快发展，为建设文化强国、文化强省建设而努力，用优异成绩迎接党的十八大和省第十三次党代会的召开。

会上，省文物局副局长陈官忠宣读了2011年度浙江省陈列展览精品奖获奖项目名单。2月17日上午，与会各市、各单位结合当地和部门实际，重点就做好2012年工作进行了充分交流讨论，并提出了建设性意见与建议。最后，省文物局副局长吴志强对本次会议进行了总结。

把握机遇　谋划发展　为加快建设文物强省而努力奋斗

——在全省文物局长会议上的讲话（摘要）

浙江省文化厅副厅长、省文物局局长　鲍贤伦

（2012年2月16日）

新春伊始，我们在海宁召开全省文物局长会议，主要任务是深入学习贯彻十七届六中全会和省委十二届十次全会精神，落实全国文物局长会议部署，回顾总结2011年工作，研究部署2012年工作。下面，我代表省文物局作工作报告。

一、2011年全省文物工作亮点纷呈、成效显著，谱写了“十二五”开局新篇章

2011年是“十二五”的开局之年，是党和国家对文化建设作出重大部署的重要一年。全省各级文物部门深入贯彻落实科学发展观，认真贯彻十七届六中全会和省委十二届十次全会精神，围绕经济社会发展大局，围绕建设文化强省总目标，围绕庆祝建党90周年、纪念辛亥革命100周年等重大主题，攻坚克难、真抓实干，在各项工作取得了新进展。文物事业呈现出蓬勃发展的良好局面，成为改善人文环境、提升公民素质、促进社会和谐、推动经济发展的积极力量，实现了“十二五”的良好开局。

（一）世界文化遗产申报工作取得重大突破，为我省文物保护树立了标杆

6月24日，在联合国教科文组织法国巴黎总部召开的世界遗产委员会第35届大会上，杭州西湖文化景观提名项目获联合国教科文组织世界遗产委员会审议通过，被正式列入世界遗产名录，成为我国第41处世界遗产，实现了我省世界文化遗产零的突破。杭州西湖文化景观申遗成功标志着西湖的遗产价值和保护实践得到了国际社会的充分肯定，也标志着我省文化遗产保护事业迈入了一个新的阶段。为认真履行国际遗产公约，杭州市迅速推进遗产地后续保护管理工作，成立了杭州西湖世界遗产监测管理中心，省人大常委会审议通过了《杭州西湖文化景观保护管理条例》，为世界文化遗产保护树立了新的典范。

大运河（浙江段）保护和申遗工作步伐加快，完成了大运河（浙江段）第一、第二阶段遗产保护规划的编制。第二阶段遗产保护规划已经省历史文化遗产保护管理委员会（扩大）会议原则通过。大运河申遗点段保护整治工作全面启动，杭州段、嘉兴段保护整治方案通过了专家论证。大运河（浙江段）申遗工作的顺利推进，对于国家大运河整体申遗的文化战略和运河沿岸城乡建设、经济发展、社会进步均具有重要意义。良渚遗址申遗有了新进展，召开了杭州良渚遗址申遗工作专家咨询会，进一步明确了良渚遗址的价值特征、遗产构成和潜在价值标准等命题。按照国家文物局部署，我省开展了《中国世界文化遗产预备名单》更新调整工作。

（二）第三次全国文物普查圆满完成，我省不可移动文物保护体系更加完善

按照国务院统一部署，历时五年的第三次全国文物普查在我省圆满结束。全省各级普查机构系统调查了全省城乡、海岛、水域及军事区域内的地面文物，出色完成了普查各个阶段的工作任务，调查总数、登录总数及新发现总数均居全国首位，得到国家文物局的高度肯定。经验收核定，我省共调查登记不可移动文物73943处，其中新发现不可移动文物61728处，复查不可移动文物12215处，普查行政村的覆盖率达到100%、自然村的覆盖率超过98%，4处新发现不可移动文物入选《第三次全国文物普查百大新发现》。

依托普查保护成果，全省各地加大文物保护单位申报力度，全面提升保护级别。2011年1月，省政府公布第六批省级文物保护单位373处，各市县新公布市、县（市、区）级文物保护单位851处，文物保护点1773处。全省已有省级文物保护单位748处，市县级文物保护单位3800余处，文物保护点6100余处。2011年1月，嘉兴市被国务院公布为国家历史文化名城，至此我省国家历史文化名城达

到7个。温州市、湖州市、海宁市相继启动了国家历史文化名城申报工作。以世界文化遗产为标杆，基础厚实、梯度合理、覆盖广泛、类型多样的不可移动文物保护体系更加完善。

（三）文物抢救保护工作进展顺利，文物工作成为改善民生的积极力量

省文物局会同省财政厅、省文化厅下发了《浙江省宗祠建筑保护专项资金管理办法》，完成了杭州梵天寺经幢、淳安余氏、汪氏家厅等重要维修工程。我省重视对红色旅游资源保护资金的投入，2011年度从省级文物保护专项资金中统筹安排300万资金用于革命遗存保护，温州市永嘉县中国工农红军第十三军旧址群等3个经典景区被列入全国红色旅游经典景区第二批名录。通过文物保护和综合环境改造，各地改善了居民生活质量，使保护成果成为文化惠民和促进地方经济社会发展的积极力量。

全省文物系统统筹兼顾经济建设与文物保护之间的关系，配合高速公路、成品油管线、水利枢纽等大型基础设施建设，全年组织实施了45项考古发掘项目，取得了重要的考古成果。良渚古城考古项目获国家文物局田野考古（2009—2010年）一等奖。嘉兴市成功举办“中国考古学会第十四次年会暨庆祝宿白先生九十华诞学术研讨会”及“发现历史——浙江新世纪考古成果展”，对新世纪以来浙江的考古成果进行了系统回顾。我省积极探索遗址公园后续建设和科学管理之路，组织编制了河姆渡文化核心区及田螺山遗址等七项大遗址的考古五年工作计划，进一步深化了良渚国家考古遗址公园建设和瑶山遗址展示方案。宁波市承办了国家水下文化遗产保护培训班，全国首个水下文化遗产保护县级工作站——国家水下文化遗产保护宁波基地象山工作站获批成立，我省水下文化遗产保护机构和平台建设进一步健全。

（四）以《富春山居图》合璧为突出亮点，文物博物馆事业公共文化服务能力有效彰显

6月1日至9月25日，浙江省博物馆、故宫博物院、台北故宫博物院等在台北故宫博物院联合举办了“山水合璧——黄公望与《富春山居图》特展”，分藏海峡两岸的《富春山居图》实现了360年以来首次合璧，参观人数逾81万人次，在海内外引起巨大反响，成为推动海峡两岸文化交流具有里程碑意义的一件大事，也成为博物馆工作服务国家大局的具体体现。我省博物馆免费开放工作全面深化，公共服务能力显著增强，浙江自然博物馆的“‘自然·生命·人’——浙江自然博物馆新馆基本陈列”、浙江省博物馆的“越地长歌——浙江历史文化陈列”荣获第九届全国博物馆十大陈列展览精品大奖。全省各博物馆、纪念馆紧紧围绕“庆祝中国共产党成立90周年”、“纪念辛亥革命100周年”等主题，举办了各类陈列展览和纪念活动，全年新推出展陈项目近900项，为提升我省文物博物馆工作社会影响力，营造良好的社会文化氛围，满足广大群众的精神文化需求发挥了积极的作用。文物市场管理和文物进出境审核工作进一步得到规范，文物拍卖市场成交总额达35亿元，我省文物市场总体呈现健康、有序、活跃的态势。

（五）博物馆管理和建设切实加强，博物馆网络体系更加优化

我省加强博物馆发展调研，正确评估博物馆发展现状，提出了进一步发展的对策与建议。中国·安吉生态博物馆揭牌成立，成为全国首批生态（社区）博物馆示范点之一。全省积极推进“国有博物馆对口帮扶民办博物馆”工作，中国丝绸博物馆与海宁市政府签订了合作建设“中国蚕桑丝织文化遗产生态园”的协议，正式启动了中丝生态园建设，拓宽了丝织文化的传播渠道。兰溪市博物馆新馆建成开放，建德市博物馆完成奠基，黄岩区博物馆新馆、温岭市博物馆、宁波北仑港口博物馆、永嘉县博物馆和浙江大学艺术与考古博物馆建筑设计方案通过评审。我省246家博物馆、纪念馆参加国家文物局年检（其中新增加的博物馆、纪念馆32家），191家通过年检，博物馆数量继续保持全国第一，博物馆网络体系进一步优化。

（六）文化遗产保护科技区域创新联盟建设取得阶段性成效，文物保护科研成果显著

国家文化遗产保护科技区域创新联盟（浙江省）工作进展顺利，制定了创新联盟建设五年规划，为充分调动、汇聚全省文化遗产保护优势科技力量，提升浙江省文化遗产保护技术创新整体实力明确了方向。我省积极参与国家973项目、“十二五”国家科技计划项目的联合申报，多个子课题项目成功入选，2个项目进入国家文物局“指南针计划”专项，3个课题列入本年度国家文化遗产保护科技研究课题。文物部门开展了对茅山遗址出土的、国内考古发掘中最长、最完整的史前独木舟的保护。中

国丝绸博物馆纺织品文物保护国家文物局重点科研基地在新疆维吾尔自治区建立了工作站，援疆工作顺利推进。

（七）文物安全工作机制建设稳步推进，文物安全保障及防范能力进一步增强

省文物局经过积极努力和充分协商，建立了全省文物安全工作联席会议制度，并召开了第一次成员单位联络员会议，为构建政府统一领导、部门各司其职、标本兼治、综合治理的文物安全工作格局打下基础。全省稳步推进安防工程项目，全年实施技防安防工程 14 个；切实履行安全监管职责，积极开展安全检查。各地协同文物、公安、消防、建设等相关部门开展联合检查 126 次，确保了无重大文物违法事件、安全事故发生。我省开展了江浙沪文物行政执法监察区域合作和监察工作交叉执法检查活动，提升了监察执法效能。省文物监察总队承担的课题《文物保护单位执法巡查办法》由国家文物局正式发布。全省加大打击文物犯罪和执法巡查力度，各地文物执法监察机构全年共出动 1.2 万余人（次），巡查文博单位 8500 家（次），发现安全隐患 426 处，发出整改意见 366 份；还调查、督办涉嫌文物违法案件 18 起，接办文物违法案件举报 122 件，进行一般程序查处 82 件，办结 36 件，罚款 80 万元，追缴文物 2486 件。

一年来，浙江省文物局高度重视自身建设，坚持依法行政，切实履行职责，积极推进政务信息公开，研发并启用了省文物局政务管理网上办公系统。浙江文物网站全年更新信息 19702 条，其中原创信息 3139 条，在 46 家省级部门网站综合测评中位居第 3。我省以温州市为首个省级“文化遗产日”活动主场城市中心，全省上下联动，开展了声势浩大、气氛热烈、影响广泛的“文化遗产日”宣传活动。宁波“海上丝绸之路与世界文明进程”国际论坛、温州东瓯文化学术研讨会、舟山“郑和与航海暨双屿港国际论坛”、余姚河姆渡文化国际学术论坛、萧山跨湖桥国际学术研讨会等重要会议及学术论坛的举办，日趋频繁的文物外事活动的开展，加强了我省文博界与国内外学术界的沟通与联系，充分展现了我省文物工作的良好面貌，有效拓展了文物工作的宣传渠道，扩大了文物工作的社会影响力。文物部门举办全省文物安防操作员更新知识培训班、全省博物馆藏品保管培训班、博物馆讲解员培训班，扎实推进了人才队伍建设。

2011 年，全省文物工作可谓成果纷呈、亮点频出、特色鲜明、成效显著。这些成绩的取得，是省委、省政府高度重视和正确领导的结果，是国家文物局和各有关部门大力支持的结果，是全省文物系统广大干部职工团结拼搏、无私奉献的结果。在此，我谨代表省文化厅、省文物局，向为文物事业付出辛勤努力的广大文博工作者表示诚挚的感谢！

二、深入贯彻落实党的十七届六中全会和省委十二届十次全会精神，不断推动全省文物工作实现新跨越

党的十七届六中全会是在全面建设小康社会关键时期，文化改革发展重要阶段召开的一次十分重要的会议。全会审议通过的《中共中央关于深化文化体制改革，推动社会主义文化大发展大繁荣若干重大问题的决定》站在时代发展和战略全局的高度，科学把握我国文化改革发展的特点与规律，主动顺应当今时代文化发展的新趋势、我国经济社会发展的新要求与各族人民精神文化生活的新期待，为我们描绘了在新的历史条件下建设文化强国的宏伟蓝图，是新时期推进我国文化改革发展的行动纲领。省委十二届十次全会专题研究部署了文化强省建设，贯彻落实了十七届六中全会精神，明确了文化强省建设的总体要求、奋斗目标、具体步骤和重要举措，为我省文物事业发展提供了广阔的空间和强劲的发展动力。在全国文物局长会议上，蔡武部长、单霁翔局长对深入贯彻、落实十七届六中全会精神，切实认识文物工作的重要地位和作用，切实把握文物事业发展的形势，切实认清肩负的历史责任，勇于担当保护发展文化遗产的光荣使命提出了新要求。

（一）充分发挥文物的不可替代作用，建设社会主义核心价值体系

社会主义核心价值体系根植于中华民族五千年的沃土之中。源远流长、博大精深的历史文化遗产积淀着中华民族最深层的精神追求，见证了中华民族生生不息、发展壮大的辉煌历程，是中国共产党和中国人民伟大创造精神的生动体现，是爱国主义精神、民族精神、时代精神的重要载体，为社会主义核心价值体系建设提供了丰富的物质资源和精神营养。《决定》提出，要“弘扬以爱国主义为核心的民族精神和以改革创新为核心的时代精神”，要求把文物保护工作切实融入社会主义核心价值体系建设，广泛开展爱国主义教

育、民族团结教育、优秀文化传统教育、中国近现代史和革命历史教育，广泛开展深化改革、锐意创新的宣传教育。各地应加强爱国主义教育基地建设，积极拓展教育功能，深入开展红色旅游，发挥“第二课堂”作用；立足地方实际，组织丰富多彩、特色鲜明的主题教育活动，寓教育于活动之中，形成浓厚的人文关怀氛围，“以物载文，以文化人”，让传统文化成为滋养民族生命力、激发创造力、铸造凝聚力的源泉，使文博单位爱国主义教育基地成为增进民众爱国情怀、培育民族精神的重要场所。

（二）更好地把文物保护成果惠及民生，完善公共文化服务体系

《决定》指出，“要大力发展公益性文化事业，保障人民基本文化权益”。文物博物馆是公益性文化事业的重要载体，是公共文化服务体系中不可或缺的重要力量。这就要求我们必须始终坚持以人为本，以满足人民群众精神文化需求为出发点和落脚点，坚持文物保护依靠人民，坚持文物保护成果惠及人民，让人民充分享受文物保护成果，为促进人的全面发展作出应有贡献。文物部门要切实履行公共服务职能，把提供优质高效、普遍均等的公共文化产品和服务作为一项基本任务；要积极推动文物保护融入城市发展、融入社区生活、融入经济建设和城乡统筹建设；要在文物修缮、考古发掘、大遗址保护、历史文化街区、村镇保护建设中，改善群众的居住、生活条件，使文物事业为民造福；要加大博物馆、纪念馆等公益性文化设施的建设力度，继续深化博物馆免费开放，在加强管理和绩效考评上下工夫；要突出博物馆特色，加强人才队伍建设，创新运行机制，强化服务功能，大力发展文化产品，增强发展活力；要运用“网上博物馆”等数字信息手段，延伸、辐射博物馆的公共文化服务范围；要引导、鼓励社会力量参与公共文化服务，促进民办博物馆发展，使之成为公益性文化事业的重要补充和有机构成。

（三）积极推动文物工作融入经济社会发展，创新文化遗产保护传承体系

经济社会发展是保护文化遗产的基础和前提，保护文化遗产是经济社会发展的重要内容和有力支撑。《决定》从增强文化自信、提高民族素质、满足人民群众日益增长的精神文化需求，让人民共享文化发展成果的高度，提出了优秀传统文化传承体系的建设，强调要“加强国家重大文化和自然遗产地、重点文物保护单位、历史文化名城名镇名村保护建设”。省委十二届十次会议提出，要“实施文化遗产传承计划，加快构建科学、有效的文化遗产保护体系，提高全社会文化遗产保护意识，使我省文化遗产保护工作继续走在全国前列；巩固提高杭州西湖世界文化遗产保护管理水平，加快推进以大运河、良渚遗址为重点的世界文化遗产申报工作；积极做好历史文化名城、名镇、名村和街区保护工作，加大古村落保护力度；构建布局合理、主体多元的博物馆网络体系，推出若干特色鲜明的博物馆品牌；以史前遗址、越国遗址、瓷窑遗址、城市遗址为重点，深入实施大遗址保护计划，继续推进国家文化遗产保护科技区域创新联盟（浙江省）试点建设”；要坚定不移地贯彻执行《文物保护法》和“保护为主、抢救第一、合理利用、加强管理”的文物工作方针，依法保护文物；以科学发展为主题，按照“文物本体保护好、周边环境整治好、经济社会发展好、人民生活改善好”的目标，正确处理保护与利用的关系；拓展文化遗产传承利用途径，深刻认识文化遗产的历史意义和现实价值，注重挖掘符合时代和实践发展要求的内容，进行深入研究和阐发，并结合新的实践不断发扬光大。各地要推动文化遗产信息资源、数字资源开发利用，丰富表现形式，提升传播能力；鼓励对工业遗产、文化景观、大遗址等进行综合开发利用；推动文化遗产与国民教育相结合，充分利用民族传统节日和“文化遗产日”开展文化遗产保护宣传展示活动，宣传保护成果，增强全社会的文化遗产保护自觉性。

全省各级文物系统要把深入学习、深刻领会、深入贯彻十七届六中全会和省十二届十次全会精神作为2012年的首要工作任务，围绕建设社会主义核心价值体系、完善公共文化服务体系、创新文化遗产保护传承体系等课题，深入基层、深入实际，大力开展调查研究，认真分析新形势下文物工作面临的新情况、新问题，积极探索解决问题的新思路、新举措，不断推进文物工作的理论创新和实践探索，以促进文化强国、文化强省的建设。

三、切实做好2012年工作，努力开创全省文物工作新局面

2012年是实施“十二五”规划承上启下的重要一年，文物事业发展面临加快文化改革发展、建设社会主义文化强国的重要战略机遇。因此，全省文物工作的总体要求是深入贯彻落实十七届六中全会和

省委十二届十次全会精神，坚持以科学发展观为统领，全面实施《浙江省文物博物馆事业发展“十二五”规划》和《浙江省文物保护计划》，以建设文物强省为目标，以改革创新为动力，以夯实各项基础工作为着力点，加强统筹谋划，突出重点难点，健全制度机制，完善政策措施，努力推动我省文物事业又好又快发展，以优异成绩迎接党的十八大和省第十三次党代会胜利召开。

（一）扎实推进不可移动文物保护基础工作

我省将召开全省第三次全国文物普查总结表彰大会，举办“浙江省第三次全国文物普查与保护成果展”，出台保护办法和措施，巩固第三次全国文物普查成果，及时向社会公布各地普查登记的不可移动文物名录，建立不可移动文物编码系统、电子地图系统和信息管理系统，加强对普查成果的研究、保护、宣传，形成良好、有效的不可移动保护工作机制和氛围。

我省将加强各级文物保护单位的基础工作，重点推进新公布文物保护单位的“四有”工作，启动第六批省级文物保护单位和第七批全国重点文物保护单位的“四有”工作，整理出版《前五批省级文物保护单位、前六批全国重点文物保护单位保护范围、建设控制地带图集》。

（二）切实加强文物保护工程管理

我省将对不可移动文物本体及其环境进行有效保护，推进文物保护单位，特别是新公布省级文物保护单位的保护修缮工作，提升不可移动文物的公共服务能力，使其成为改善民生、促进区域经济社会发展的重要力量。根据省级以上文物保护单位数量急剧增加的现状，文物部门将加强对重点文物保护工程的管理，完善文物保护工程管理的相关规范；开展文物保护业务培训，组织文保工程检查，加强文物保护工程资质的监管。

各地将继续协同做好历史文化名城、街区、村镇的保护和管理，积极开展申报、推荐、审核工作，会同报请省政府公布第四批省级历史文化名镇名村，拓展我省历史文化名城、名镇、名村（街区）保护体系的覆盖面。加快保护规划的编制，加强对保护规划实施情况的监督管理，切实加强对遗产本体和历史环境的保护，合理引导历史文化名城、名镇、名村（街区）的保护、利用与发展方向。省文物局与省住建厅共同完成《浙江省历史文化名城保护条例》修订工作，争取通过省人大常委会立法并公布实施。

（三）全力做好世界文化遗产管理与申报工作

我省将认真履行世界遗产公约，根据《世界文化遗产管理办法》，做好杭州西湖文化景观的保护管理工作；加快推进杭州西湖文化景观信息管理平台建设，发挥预警监测作用；同时加强西湖文化遗产的保护管理、科学研究、宣传展示等工作，进一步发掘、展示世界文化遗产的历史和文化价值。全省将全力推进大运河申遗工作，完成大运河申遗点段的保护整治工程及“四有”工作，力争通过国家运河专家组的现场评估；并按照世界文化遗产预备名单动态管理制度，完成我省预备名单调整上报工作，重点谋划良渚遗址的申遗，争取将我省其他价值突出、保护管理状况良好的文化遗产补充列入预备名单。

（四）深入推进大遗址保护展示和考古工作

我省将开展省级考古遗址公园评选准备工作，推进基本具备开放条件的遗址展示区的建设，探索遗址保护展示与环境保护、生态改善、生产生活及地方经济社会发展有机结合的有效方式与途径；扎实推进良渚国家考古遗址公园建设，保护和改善良渚遗址的文化遗存和环境风貌，维护良渚遗址的历史环境及视线廊道的真实性、完整性；努力推动地方政府结合当地经济社会发展与城镇体系规划，开展大型古文化遗址保护规划的编制。

我省将召开全省考古工作会议，回顾考古工作取得的成绩，剖析当前面临的形势和存在的问题，部署下一阶段工作任务；在切实做好重大建设工程项目的考古调查、勘探和抢救性考古发掘工作的基础上，重点开展绍兴、安吉等地的地下文物遗存主动性考古。文物部门将深入推进水下文化遗产保护工作，实施象山渔山清代沉船遗址水下考古发掘项目；加强国家水下遗产保护宁波基地及象山工作站、国家博物馆水下考古宁波基地及舟山工作站等科研机构的建设。

（五）大力加强博物馆公共服务能力建设

我省将积极探索、促进生态博物馆、社区博物馆的发展，支持安吉、舟山、温州瓯海生态博物馆的建设，适时召开生态博物馆研讨会。全省将继续支持民办博物馆的发展，开展国有博物馆对口帮扶民办博物馆试点工作；并积极推进建德博物馆、临安博物馆、永嘉博物馆、黄岩博物馆、温岭博物馆等新馆的建设，加强对舟山市博物馆、丽水市博物馆、台州市博物馆、桐乡市博物馆、海盐县博物馆陈列论证和布展的指导，深化对布局合理、富有浙江特色的博物馆体系的完善。

全省将继续加强对博物馆免费开放工作的科学管理，拓展服务领域，丰富服务项目，有效提高博物馆免费开放的工作水平，强化博物馆公共文化服务功能。文物部门将完善并深入实施“浙江省陈列展览精品项目”评选，加快全省博物馆展览交流协作网络平台建设，加强馆际合作办展，促进馆藏资源整合共享，提升陈列展览水平，为公众提供更加丰富多彩的文化产品。

根据国家文物局部署，省文物局有计划地在全省启动国有馆藏文物普查工作，举办全省馆藏文物保管培训班及国家文物局“良渚文化玉器鉴定高级研修班”，完成《浙江馆藏文物大典》出版任务；继续实施馆藏文物的鉴定建档和社会文物征集工作，丰富、完善各级博物馆藏品；进一步加强可移动文物修复和设计资质管理，提高馆藏文物的保护管理水平。

（六）加强和规范社会文物管理

我省将加强政策引导和市场监管，规范文物拍卖市场，做好文物商店的管理工作；加强文物进出境的审核管理，严把文物出境关口，提高审核工作质量，实现文物进出境审核的规范化、标准化、信息化管理；并完善文物拍卖标的审核管理制度，实施国家优先购买制度；开展文物拍卖企业年检工作；建立规范的社会文物保护管理秩序，为文物流通营造良好的发展环境。

（七）着力提升文物保护科技水平

我省将深化国家文化遗产保护科技区域创新联盟建设，充分发挥创新联盟（浙江省）理事会的作用，协调、指导成员单位开展合作与交流，并根据发展要求，适时扩大创新联盟成员单位数量；健全、创新联盟管理制度，制定项目管理办法、经费管理办法、成果转化协作与权益分配办法等管理制度，规范区域创新联盟的合作创新活动。

文物部门要以文化遗产保护的重大需求为导向，以文物保护科技项目为载体，着力实施若干国家和省重点科研项目，提升文物保护科技水平；加强科技基础平台建设，重点推进纺织品文物保护国家文物局重点科研基地、浙江省科技考古与文物保护研究实验基地一期及“中国传统造纸技术传承与展示基地”试点建设。

（八）推进文物安全机制建设和执法督查

我省将召开全省文物安全工作联席会议，通报文物安全工作情况，研究加强文物安全工作的措施。根据国家文物局和国家海洋局有关通知精神，文物部门与海洋行政部门建立了联合执法领导小组，密切加强协作，开展浙江沿海海域的文化遗产联合执法工作，努力构建起各司其职、标本兼治、综合治理的文物安全工作新格局。按照国家新出台的文物保护和收藏单位安全防范要求，省文物局起草相关文博单位安全管理责任制的规定，全面实施文物安全管理责任制；稳步推进文物保护、文物收藏单位等文物风险单位的安全技术、消防及防雷设施建设，继续实施标准化文物库房建设和管理；同时加强文物安全的信息通报和共享，及时了解、分析全省的治安情况和安全形势，实施重大案件和安全事故督办制度，适时向全省各文博单位发出有效的安全警示，防范于未然。

文物部门将严格执行涉及文物保护事项建设工程的项目审批制度，加强行政许可决定的监督管理；深入开展执法巡查，以文物系统博物馆风险单位、文物单位消防和田野文物犯罪为重点，加大安全检查、巡查的力度与频率，实现省级以上文物保护单位和二级以上文博风险单位巡查率的100%；同时加大对文物违法，特别是法人违法案件的查处力度，开展3万平方米以上建设工程的信息互通机制，对大型基本建设项目进行前置执法监管；并与有关部门联合开展我省所辖海域文化遗产的执法巡查；通过检查与巡查，宣传文物安全知识，防范文物违法行为，消除安全隐患。此外，文物执法部门还将在全省运行文物执法网络监管平台，切实推动文物执法信息化工作。

（九）进一步加强文物宣传工作

我省将健全宣传工作考核激励机制，建立舆情监测发现、分析研判、应对处置机制；加强信息化建设，办好文物网，提高网站的信息传播与交流能力，积极主动向社会传达文物领域的主流声音。按照省委、省政府要求，文物部门将有计划、有步骤地组织开展《浙江通志》文物部分的编纂工作；加强文物博物馆行业电子政务建设，推动政务信息公开，实现信息资源共享。省文物局将召开全省文物宣传工作座谈会，总结交流文物宣传工作经验，研究、探讨新形势下加强文物宣传工作的对策措施。

全省将深入组织开展“文化遗产日”、“国际博物馆日”等重要纪念日的系列宣传活动，运用传统媒体与新兴媒体，广泛开展文物法制和文物知识宣传教育，提升文物工作的社会认知度，增强全社会的文物保护意识，充分调动社会各界保护文物的积极性，着力营造有利于文物保护与利用的良好社会氛围，使文物保护成为全社会的自觉行动。文物部门将认真做好文物保护领域重大事件、重要活动的宣传报道和舆论引导，深入挖掘、充分展示、大力宣传文物所凝聚的深刻内涵，充分彰显、发挥文物事业在建设文化强省中的作用。

加强厅属单位建设工作大会

【概况】 12月20日下午，省文化厅在浙江图书馆召开加强厅属单位建设工作大会。省文化厅党组书记、厅长金兴盛出席会议并讲话。省文化厅领导田宇原、黄健全、鲍贤伦、陶月彪、陈官忠出席会议。厅属各单位中层以上干部，省文化厅、省文物局机关全体干部参加会议。

金兴盛对近年来厅属单位的建设表示充分肯定。厅属各单位紧紧围绕省委、省政府的中心工作和省文化厅的重要部署，以推动文化大发展大繁荣为目标，积极加强自身建设，锐意创新，开拓进取，取得了许多骄人的成绩，为推动我省文化工作走在全国前列作出了积极贡献。但是，面对新形势、新任务、新要求，不少厅属单位仍存在着体制不顺、机制不活、基层设施不完善、管理制度不健全、工作效率不高等问题，迫切需要进一步加强建设与管理，全面提升厅属单位的整体发展水平。

金兴盛指出，加强厅属单位建设是厅属单位地位、作用的必然选择，厅属单位是文化厅的重要组成部分，是文化强省建设的主导力量，具有单位多、人员多、承担的职能多、文化人才多等特点；加强厅属单位建设是新形势、新任务的客观要求，是实施文化强省战略，建设“两富”现代化浙江，落实中央领导期望浙江走在前列的现实需要；加强厅属单位建设也是增强厅属单位自我发展能力，促进自身事业发展的迫切需要。只有不断加强厅属单位建设，才能更好地发挥厅属单位的功能与作用，才能更好地彰显厅属单位在文化强省建设大局中应有的地位。

金兴盛强调，要以扎实的工作举措进一步推进厅属单位建设。紧紧围绕实现“五个一”的工作目标：即建设一支政治素质高，领导能力强，结构合理，团结进取，廉洁高效的领导班子队伍；建设一支业务精通、素质优良，与厅属单位自身发展要求和履行职能相适应的专业技术和管理人才队伍；建立一套规章制度完善，管理措施到位，工作运行有序的工作机制；建成提升一批一流的基础设施项目，增强厅属单位自我发展能力；形成一批业务特色鲜明，引领指导作用凸显的文化发展示范群体。大力加强队伍建设、业务能力建设、基础设施和经费保障建设、管理能力建设，深化文化体制改革，全面提升厅属单位建设水平，充分发挥厅属单位在文化强省建设中的引领示范作用。

金兴盛要求，厅属单位和厅机关处室要联动形成建设合力。坚持理清思路、破解问题、推动发展的基本思路，坚持突出重点、统筹安排、循序渐进的基本路径，坚持上下联动、多措并举、合力推进的基本原则，加强组织领导，改进服务指导，着力增强厅属单位自我发展动力。他要求厅属单位树立争创一流的意识、敢于担当的精神和真抓实干的作风，牢牢把握文化发展主动权，乘势而上，迎难而进，确保各项工作任务落到实处、取得实效。

浙江话剧团有限公司、省文化馆和省文化厅计财处分别代表厅属单位和厅机关处室在会上作了典型交流发言与表态发言。会前，省文化厅领导走访了厅属各单位，先后与厅属单位主要负责人进行了座谈；主持召开了文艺院团、部分公益性文化单位、文博单位三个片组的座谈会，听取了厅属单位主要负责人的意见建议。

日前，省文化厅印发了《关于进一步加强厅属单位建设的意见》。

在进一步加强厅属单位建设工作大会上的讲话(摘要)

浙江省文化厅厅长　金兴盛

(2012年12月20日)

这次会议是厅党组研究决定召开的,开这次会议的主要目的是认真贯彻落实党的十八大和省第十三次党代会精神,进一步加强厅属单位建设,充分发挥厅属单位在文化强省建设中的示范带动作用。下面,我就进一步加强厅属单位建设,谈几点意见。

一、充分肯定近年来加强厅属单位建设的巨大成绩

近年来,厅属各单位紧紧围绕省委、省政府的中心工作和省文化厅的重要部署,以推动文化大发展大繁荣为目标,锐意创新,开拓进取,取得了一个又一个的骄人业绩,为推动我省文化工作走在全国前列作出了积极贡献。具体表现在以下几个方面:

一是获奖多。据统计,2010—2011年度我省共获得各类全国性乃至国际性的文化荣誉奖项400余项。其中,省属文艺院团是获奖的主体,近几年浙江小百花越剧团的越剧《陆游与唐琬》《梁山伯与祝英台》,浙江昆剧团的昆剧《公孙子都》,浙江京剧团的京剧《藏羚羊》四部大戏荣获"国家舞台艺术精品工程"最高奖;浙江歌舞剧院有限公司、浙江曲艺杂技总团有限公司、浙江话剧团有限公司不仅获奖多,而且率先完成转企改制任务,为全省提供了经验、树立了榜样。

二是亮点多。省文物考古研究所的多个考古项目入选"全国十大考古新发现",在文物考古与古建筑保护方面全国领先;省博物馆率先在全国实行免费开放,是中央与地方共建博物馆;中国丝绸博物馆在全国纺织品保护与研究领域首屈一指;浙江自然博物馆是中国为数不多的省级自然历史博物馆;浙江美术馆的展览数量、质量与观众人数走在全国前列;浙江艺术职业学院正在打造本科类艺术院校。

三是经验多。浙江图书馆积极创建全省公共图书馆讲座联盟、展览联盟、信息服务联盟、网络技术联盟,推动全省公共图书馆资源共享、联动发展;省文化馆不仅在全国群星奖评比中取得好名次,而且有力地推动了排舞等全省群众性文化活动蓬勃开展;省文物监察总队在全国文物执法比赛中多次获奖,为全国提供了经验;省非遗保护中心不仅打造了国家级非遗培训基地,进一步还要打造亚太非遗培训基地;省文化艺术研究院为繁荣文化艺术采取了很多措施;新远集团在建设电影院线、文交所等方面取得了较好的成绩。还有其他单位也有不少的亮点与经验,这里就不一一列举了。

二、深刻认识进一步加强厅属单位建设的重要意义

1.进一步加强厅属单位建设是厅属单位地位、作用的必然选择。厅属单位是文化厅的重要组成部分,是文化厅机关职能的延伸,是文化强省建设的主导力量。厅属单位有以下几个特点:一是单位多。文化厅管理的企事业单位共22家,有两家是副厅级单位,其余是处级单位。其中,新远文化产业集团还管理11个经营性单位。二是人员多。截至2011年底,厅属单位在编人员2390人、离退休人员1421人。另外,还有不少于600人的编外人员。三是承担的职能多。有的承担公共文化服务职能,比如文化馆、图书馆及博物馆等;有的承担文艺创作与繁荣职能,比如八家文艺院团等;有的承担艺术教育与研究职能,比如艺术职业学院、艺术研究院等;有的承担文化遗产保护与研究职能,比如考古所、非遗保护中心等;有的承担行政职能,如文物监察总队、文物鉴定审核办;有的承担文化产业发展职能,如新远集团。四是文化人才多。厅属单位汇集了一大批业务精、能力强、综合素质高的文化工作者。目前,省级文化系统在职人员中拥有浙江省特级专家、享受国务院特殊津贴专家、全国宣传文化"四个一批"人才、文化部优秀专家等高层次人才40余名。因此,只有不断加强厅属单位建设,才能更好地发挥厅属单位的功能与作用,才能更好地彰显厅属单位在文化强省建设大局中应有的地位。

2.进一步加强厅属单位建设是新形势、新任务的客观要求。当前,文化建设正处在一个新的历史

起点上，面临的发展机遇前所未有，面对的挑战也前所未有。首先，进一步加强厅属单位建设，是大力实施文化强省战略的客观要求。省委十二届十次全会作出了建设文化强省的决定，这是省委在新的历史起点上作出的一项重大战略决策，也是我省文化发展的重大契机。省委常委、副省长、宣传部长葛慧君上任伊始，到文化厅调研针对“文化强省强什么”这一问题，提出了强人文、强阵地、强基层、强产业、强队伍“五强”的要求。“五强”的目标要求与厅属单位的主要工作密切相关，是厅属单位的重要目标和努力方向。其次，进一步加强厅属单位建设，是“两富”现代化浙江建设的客观要求。省第十三次党代会提出了建设“物质富裕、精神富有”的社会主义现代化浙江的奋斗目标，强调富民不仅要做到物质上的富裕，而且要做到精神上富有，贯穿了人的全面发展的核心内容和文化建设的价值追求。这一目标涵盖了文化富“脑袋”更富“口袋”的基本职能，赋予了文化部门实现“物质富裕”的文化使命与实现“精神富有”的文化担当。再次，进一步加强厅属单位建设，是落实中央领导期望的客观要求。今年全国宣传部长会议期间，葛慧君部长专门拜见了时任中央政治局委员、中宣部部长刘云山同志。刘云山同志期望浙江宣传文化建设要走在前列，为全国贡献新鲜经验。这就要求我省文化建设的各方面都要增效提质，包括厅属单位发展能力与业务水平也要走在前列。因此，只有不断加强厅属单位建设，才能顺应新形势、新任务的客观需要，才能实现文化发展的各项宏伟目标。

3.进一步加强厅属单位建设是自身事业发展的迫切需要。在新的形势下，厅属单位只有自身“肌体健全、四肢有力”，才能真正发挥作用，积极有为，才能有稳固的地位。一是要有良好的精神状态。有好的精神状态才会有好的工作效率。一些干部主动发展的意识与积极作为的意识不够强，办事拖沓，作风慵懒。二是要有好的队伍。建设一支高素质的干部队伍与人才队伍是一个单位事业持续发展的关键。部分厅属单位干部队伍亟待加强，作风不够扎实，办事效率不高。同时，厅属单位还普遍存在着人才缺乏，特别是拔尖艺术人才的匮乏和中青年创作人才的青黄不接，长期制约着省属艺术单位的文艺精品创作。三是要有灵活的体制机制。灵活的体制机制是事业持续发展的重要动力。由于长期受计划经济体制的影响，以及文化体制改革的相对滞后，在当前市场经济大背景下，不少厅属单位仍然存在着体制不顺、机制不活、制度不完善、效率不高等问题。四是要有好的基础设施。基础设施是事业发展的基本条件。基础设施建设问题是在调研中听到大家反映最强烈最集中的问题。一些单位至今没有自主产权的办公(业务)用房，如省非遗保护中心、浙江交响乐团、浙江越剧团、省文化艺术研究院等，长期靠租房办公。一些单位面积过小，如省文物考古研究所因办公、业务用房过小，直接制约了事业发展。如浙江曲艺杂技总团的杂技排练厅，在层高、面积等方面不符合杂技排练的要求。一些单位设施陈旧，如浙江话剧团的话剧艺术剧院、浙江歌舞剧院的浙江音乐厅、省博物馆的孤山馆区以及浙江图书馆的部分馆舍多年失修，影响了正常的使用功能。一些单位设施建设推进缓慢，比如西湖文化广场“两团一馆”的装修。一些单位由于历史的原因，对自身的存量土地不能很好地使用，如中国丝绸博物馆的入股丝绸文化中心的土地、浙江昆剧团的兰苑剧院，还有浙江京剧团地块改造问题也多年悬而未决。以上这些问题，只有不断加强厅属单位建设，才能破解瓶颈，开创发展新局面。

三、以扎实的工作举措进一步推进厅属单位建设

推进厅属单位建设的指导思想和总体目标是：要以邓小平理论、“三个代表”重要思想和科学发展观为指导，认真贯彻落实党的十八大和省第十三次党代会精神，围绕省委“八八战略”、“两创”总战略、“两富”奋斗目标、建设“文化强省”等重大部署和厅中心工作，按照“干在实处、走在前列”的要求，深化改革、理顺体制、创新机制，整合资源、强化管理、挖掘潜力，因地制宜、分类指导、合力推进，通过几年的努力，建设一支政治素质高，领导能力强，结构合理，团结进取，廉洁高效的领导班子队伍；建设一支业务精通、素质优良，与厅属单位自身发展要求和履行职能相适应的专业技术和管理人才队伍；建立一套规章制度完善，管理措施到位，工作运行有序的工作机制；建成提升一批一流的基础设施项目，增强厅属单位的自我发展能力；形成一批业务特色鲜明，引领指导作用凸显的文化发展示范群体。

1.积极提升业务发展水平。“有作为，才有地位”。业务水平的高低决定了一个单位职能作用的发挥，也关乎一个单位的形象与地位。要加强对厅属单位发展的统筹规划，指导帮助厅属单位进一步理清工作思路，找准自身定位，明确发展方向，制定切合单位实际的中长期建设发展规划，并落实年度实施计划和相应措施。要充分发挥厅属单位在完成厅中心工作中的作用，积极鼓励厅属单位参与文化强省建设课题研究、规划编制、业务培训等工作，使之不断拓展业务发展空间。要充分发挥省级文化单位的专业优势，对全省本领域业务进行指导，推动全省文化事业共同发展。要顺应新形势、新任务的要求，强化厅属单位发展能力和创新能力的建设，积极开拓业务新领域，实施文化创新项目，增强文化发展活力。

2.加强基础设施和经费保障建设。基础设施和经费保障是厅属单位可持续发展的重要基本条件。一方面，要着力改善厅属单位基础设施。精心谋划，积极争取，通过“四个一批”建设，即建成投用一批、改造提升一批、立项启动一批、谋划储备一批，大力帮助厅属单位改善基础条件。其中，“建成投用一批”指的是要加快建成浙江音乐学院、浙江小百花艺术中心、浙江图书馆新馆、浙江自然博物院、省文物考古科研业务楼等一批重点文化设施。“改造提升一批”指的是对浙话剧场、浙江音乐厅、浙江美术馆、浙江图书馆、省博物馆孤山馆区、省文化馆武林小剧场等设施，实施有计划地改造提升。“立项启动一批”指的是加强研究与论证，加快启动省博物馆新馆、省非遗馆、中国丝绸博物馆时装分馆、浙江京剧团地块改造等一批建设项目。“谋划储备一批”指的是积极研究谋划杭州剧院二期、浙江昆剧团改造、浙江胜利剧院改造、省艺术研究院改造等一批建设项目。另一方面，要增加财力物力投入。着眼于厅属单位的职能发挥和实际需要，积极争取省财政加大对文化事业发展的资金投入，促进厅属单位的事业发展，不断改善职工生活水平。同时，还要盘活存量资产，提高对厅属单位现有的资金、土地、房产等资产的利用绩效，增强发展后劲。

3.加强文化队伍建设。人才是最活跃的先进生产力。建设文化强省，队伍是基础，人才是关键。一要加强领导班子建设。以提高思想政治素质和完善知识结构为重点，加强培训教育，全面提升班子成员履行岗位职责和解决发展问题的能力。注重领导班子的整体功能建设，通过充实、调整、交流等举措，进一步优化领导班子结构。进一步完善任期制、竞聘上岗、定期考核等制度，完善选人用人和考核管理机制，增强干部队伍的活力。完善述职述廉制度，强化对班子成员的监督，加强廉政建设。二要加大人才队伍的培养力度。推进文化人才培养基地建设，加快建设好浙江音乐学院。加大拔尖艺术人才的培养力度，每年投入200万元左右，重点扶持和推出省属艺术院团拔尖艺术人才。加快引进高端艺术人才，争取有关保障政策，切实解决高端艺术人才的待遇等问题。深入实施青年文艺人才培养“新松计划”、中青年创作人才扶持计划等一系列人才培养工程，加强实践锻炼，努力提高文化人才队伍的业务水平和发展能力。三要完善人才工作机制。坚持党管人才原则，指导厅属单位加强对人才的服务和管理，做好规划制定、资源整合、环境营造等工作。健全以岗位业绩为重点，以品德、知识、能力等要素为核心的更加科学的人才评价指标体系，完善与工作实效紧密联系、鼓励人才创新创造的分配制度和激励机制，营造更有利于各类人才作用充分发挥的良好环境，激发更多人才投身文化强省建设的积极性和创作力。

4.加强管理能力建设。“打铁还需自身硬”，文化建设今后面临的任务将更加艰巨，各种新情况、新问题也将层出不穷，这就要求我们必须加强管理能力建设，全面提高处理和化解各种问题的能力和水平。抓基层组织建设，要完善厅属单位党组织设置，充分发挥党组织的组织核心和战斗堡垒作用，保证党和国家的各项大政方针以及厅党组决策部署的贯彻执行。深入开展创先争优活动，构建保持共产党员先进性和纯洁性的长效机制，充分发挥共产党员的先锋模范作用。加大党建带群团建设的工作力度，充分发挥群团组织在团结群众、服务群众中的作用。加强职工思想政治工作，推进机关(单位)文化建设，努力营造和谐的单位环境。抓内部管理制度建设，通过进一步健全人事、财务、议事规则、内部监督和重大事项报告等各项管理制度，建立完备的制度体系，确保内部管理规范有序。要进一步增强突发事件处置能力和危机公关能力，建立健全应急管理机制、大型文化活动安全管理机制、安全稳定工作管理责任制，确保文化发展环境平安稳定。要建立健全职工代表大会(或职工大会)制度，实行院(团、馆)务公开，保障职工依法享有的民主权利，发挥职工在参与审议单位重大决策、监督行政管理、维护自身合法权益等方面的作用，进一步完善文化企事业单位的法人治理结构。

5.深化文化体制改革。改革和创新是文化事业发展永恒的主题，也是破解各类难题的动力和源泉。因此，我们要根据厅属单位不同的职能和属性，分类推进文化体制改革。对公益性文化单位而言，要进一步明确各单位的职能定位，整合资源，优化布局。按照增加投入、转换机制、增强活力、改善服务的要求，深化推进人事、收入分配、社会保障制度改革，建立灵活高效的内部运行机制，进一步提高公共文化服务水平。在深化国有文艺院团改革中，各转制院团要尽快建立现代企业制度、完善法人治理结构，加强文艺精品创作，增强市场竞争力。推进演艺企业间各类资源的协作与整合，组建浙江演艺集团，提升浙江演艺企业整体竞争力。保留事业单位性质的院团，要更加注重面向市场、面向观众，转换机制，增强活力，改革创新内部管理与运行机制，实行企业化管理。在深化经营性文化单位改革中，要指导推动浙江新远文化产业集团全面完成所属单位转企改制任务，积极整合盘活现有资源，以资产为纽带，发挥主业优势，拓展多种经营，实现规模化经营、集团化运作，加快发展成为国有文化龙头企业。

四、联动形成厅属单位建设的合力

推进厅属单位建设，是一项系统工程。工作中要坚持理清思路、破解问题、推动发展的基本思路，坚持突出重点、统筹安排、循序渐进的基本路径，坚持上下联动、多措并举、合力推进的基本原则。

1.加强组织领导。党组要把厅属单位建设工作摆上重要议事日程，党组主要领导每年要分片听取一次厅属单位工作汇报；党组每年至少集体听取一次关于厅属单位建设综合情况的汇报；分管领导要经常听取厅属单位的工作汇报，切实帮助厅属单位实际困难。

2.改进服务指导。建立厅机关处室联系厅属单位制度。厅机关处室要切实树立主动服务的理念，落实责任，优化服务，加强指导，帮助解决有关具体问题。首先，改进服务指导要体现在工作指导上，根据业务分工，及时对厅属单位传达上级有关精神，经常性地进行业务指导，帮助厅属单位谋划发展思路。其次，改进服务指导要体现在问题化解上，针对厅属单位存在的问题，既要发挥自身的职能作用，大力化解力所能及的问题，也要积极争取上级有关部门的支持，帮助用好政策，筹措资金，积极化解各类重点、难点问题。再次，改进服务指导要体现在办事效率上，要积极转变工作作风，明确工作责任，落实服务承诺，提高办事效率，更好地为厅属单位服务。

3.增强厅属单位自我发展动力。当前，文化建设面临空前机遇。厅属单位能否在新一轮的发展中赢得发展新空间、创造发展新优势，除了省文化厅等有关部门的大力支持外，关键取决于自身的发展意识，取决于自身把握机遇的能力，取决于自身的工作努力程度。一要有争创一流的意识。以“干在实处、走在前列”为要求，树立勇立潮头、争创一流的精神，以一流的品格带出一流的队伍，以一流的精神状态争创一流的工作业绩，着力推动浙江文化工作走在全国前列。二要有敢于担当的精神。勇于担当是职责所在、使命所系。首先，对事业要有担当。发展机遇稍纵即逝。要敢于对事业发展负责，要有敢闯敢试、敢为人先的精神和气魄，千方百计谋发展，想尽办法促跨越，努力把本单位的工作推上一个新台阶。其次，对群众要有担当。要树立强烈的服务意识，不断提升本单位的发展水平，不断提升公共文化服务能力，以优质的服务取信于民。再次，对组织要有担当。大力倡导敢干敢当精神，遇到问题不上推下卸，遇到困难不躲避退却，要以顽强的作风和扎实的举措创造优异的业绩，以不辜负组织的重托。三要有真抓实干的作风。最近习近平同志多次强调：空谈误国，实干兴邦。任何一项谋划和决策的实现，关键是要抓落实。要进一步改进作风，加强指挥协调，注重实际，强化督查，在工作上有高标准，在办法上有实举措，作风上有新风貌，确保各项工作任务落到实处、取得实效。

专文

ZHEJIANG CULTURE YEARBOOK

关于温州市基层文化建设的调研报告

省文化厅调研组

为了解“十一五”时期温州市特别是欠发达地区文化建设情况，深入研究基层文化建设面临的新情况、新问题，科学谋划“十二五”文化发展思路，3月3日至7日，省文化厅厅长杨建新率厅办公室、计财处、社文处、非遗处等相关处室负责人，先后到温州乐清市、文成县、泰顺县、平阳县、永嘉县及温州市工艺美术研究院、温州市文化创意园等单位进行调研。调研组每到一地，白天实地察看，与基层党政干部和文化系统干部进行交流，走访老文化工作者和非遗传承人，晚上召开座谈会或剧目观摩会，先后调查考察了乡镇综合文化站、县级文化设施建设工地、剧团、非遗传承基地、文物保护单位等近20个不同类型的基层文化单位。与温州市市长赵一德，温州市委常委、宣传部长曹国旗，温州市副市长仇杨均，乐清市委书记潘孝政、市长姜增尧，平阳县委书记王祖焕，泰顺县委书记张洪国，永嘉县县长张加波、文成县县长汪弛等市县领导同志就加强“十二五”文化建设等事项交换了意见。现将有关情况进行梳理与分析后形成以下调研报告。

一、基本情况

这次调研活动突出农村文化建设、文化设施建设及非遗生产性保护三个重点，采取现场察看、询问访谈与听取汇报等多种形式进行，对温州地区尤其是欠发达县市的基层文化建设有了较全面、真切的了解。

（一）各级党委政府对文化建设的重视程度有了新提高。调研组所到之地，党委政府主要领导的文化自觉意识普遍较高，把文化建设纳入国民经济和社会发展总体规划，作出了一系列推动文化大发展大繁荣的政策措施。温州市于2006年确立了建设文化大市的目标，下发了《中共温州市委关于加快建设文化大市的决定》，提出实施“文明素质提高工程”、“文化作品提升工程”、“文化研究提炼工程”、“文化产业提速工程”、“文化阵地提质工程”、“文化人才提携工程”等六大文化工程；2009年制订了《温州市推动文化大发展大繁荣纲要（2009—2012）》。近年来，乐清市、文成县、泰顺县、平阳县、永嘉县五县（市）都成立了文化建设领导小组，把文化建设纳入党委政府的重要议事日程，纳入财政预算，纳入乡镇目标责任制考核范畴，相继出台了文化发展“十一五”规划、推动文化大发展大繁荣纲要等重要指导性文件，文化建设有了更加良好的环境。

（二）文化投入普遍有了新增加。《中共温州市委关于加快建设文化大市的决定》强调，“十一五”期间，市财政在原有基础上每年增拨1000万元，用于加快实施文化大市建设六大工程。据统计，2010年，温州市对文化投入总量达3.73亿元，占财政支出比重达1.2%（2009年，温州市对文化投入总量是2.39亿元，占财政支出比重是0.95%），比2009年的文化投入明显增加。2010年，乐清市、文成县、泰顺县、平阳县、永嘉县五县（市）对文化投入总量分别是3326.7万元、1306.7万元、2039.1万元、4011.9万元、3329.6万元，占财政支出比重分别是0.85%、0.89%、1.32%、1.76%、1.36%。

（三）文化设施建设兴起了新高潮。各县（市）正在建设或即将建设一批高投入、高标准和高起点的文化设施。乐清市即将开工建设市图书馆、博物馆，拟建建筑面积3.3万平方米，投资总额达2.68亿元，同时，规划建设乐清市文化公园和乐清市文化中心（文化馆、剧院、音乐厅、影城综合体），地块规划用地面积分别达5.3万平方米和3.2万平方米。平阳县计划将于2011年底开工建设平阳县文化中心（其中图书馆建筑面积1万平米、博物馆建筑面积1万平米、文化艺术中心建筑面积2.2万平方米），总投资达4.5亿元。文成县将于2012年7月开工建设文成县文化中心，该项目是集文化馆、图书馆、博物馆、影视中心、非遗展示中心、文化广场等设施与一体的综合性文化建筑，总占地约58亩，总建筑面积约2.08万平方米，总投资约9980万元。泰顺县科技文化中心已经完成了主体工程建设，内设文化馆、图书馆和博物馆，今年下半年将正式投入使用。

（四）非物质文化遗产保护取得新成效。2009年，温州市政府出台了《关于加强非物质文化遗产保护工作的意见》，对市级“非遗”代表作传承人、进入国家和省级的“非遗”名录项目、传承人开展传承活动、“非遗”传承基地等分别给予2千元至5万元不等的补助。市财政每年给市越剧团、瓯剧团的拨款均在1000万左右，每年还拨出专款对平阳木偶剧团、永嘉昆剧团等县级重点剧团在剧目创排、传承保护等方面予以扶持。2012年2月底，还挂牌成立了温州工艺美术大师研究院，国家级和省级工艺美术师已相继在研究院内成立了个人艺术陈列馆和研究室，同时，集温州市35类传统工艺近千件大师之作的温州市工艺美术大师精品馆开馆，为传承发扬传统技艺提供了良好的平台。温州各地还推动传统技艺与市场接轨，积极探索非遗生产性保护。乐清市林邦栋工艺美术研究所生产乐清细纹刻纸和乐清首饰龙，年生产总额在50万左右。乐清王笃纯黄杨木雕有限公司年产量40多件，年收入在45万左右。近年来，随着乐清细纹刻纸和黄杨木雕声名远扬，慕名前来订货的国内外收藏家、客商不断增加。

（五）公共文化服务有了新进步。加强文艺精品生产，精心打磨新版瓯剧《高机与吴三春》等一批优秀文艺作品。采取政府补贴、市场运作的方式引进高雅艺术和传统戏曲、歌舞登上温州舞台。温州东南剧院全年演出达59场。温州大剧院开演一年演出场次达144场，上座率达70%，平均票价130多元，满足了广大市民低票价消费、高档次享受的文化消费需求。各县（市）普遍每两年举办一届文化艺术节，群众文化生活日益丰富。组织文化“三下乡”活动，2010年全市组织送图书下乡12.5多万册，送戏下乡2098场，组织农村电影放映49500多场，取得良好的社会效益。加快推进乡镇综合文化站建设，2010年全市各县（市、区）新建乡镇综合文化站138个。

（六）文化产业发展有了新突破。文化产业发展态势良好，正逐渐成为新的经济增长点。利用温州民间资本充裕的特色，引导民间资本投入文化产业领域，同温州市民间资本服务中心合作，设立文化发展产业基金。传统文化产业稳步发展，规模不断扩大，影响力逐步提升。文化创意等新兴文化产业快速发展，位于温州市学院路的浙江文化创意园一期“7号LOFT”，温州大学城的温州创意产业园区正式营业，浙江文化创意园二期、温州工业设计中心以及各地结合城市“退二进三”的创意产业园均在加快筹建之中。全市以文化产业为主营业务的单位达到1.89万家，年产出313.67亿元。

二、存在问题

经过对温州市五县（市）及部分市级文化单位的调研，我们发现，温州市基层文化建设在取得长足发展的同时，也存在不少困难和问题。一些问题还具有全省普遍性。归结起来，主要体现为以下几方面：

（一）文化投入仍显不足。调查发现，虽然“十一五”后期温州市文化设施建设形成热潮，但是此前多年对文化基础设施建设投入偏少，历史欠账多。各地普遍存在财政投入基数过小，文化事业建设经费不足，尤其是欠发达地区的文化绝对投入偏低。有的县（市）对文化投入缺乏持续性，时多时少，尚未建立稳定的文化投入增长机制。在此次调研的五县（市）中，乐清市和文成县的2010年文化投入总量占财政支出比重分别是0.85%、0.89%，明显低于全省的比重平均值（2009年全省文化投入总量占财政支出的比重为1.22%）。同时，欠发达县的经济发展相对滞后，地方可用财政很少，比如泰顺县2010年全县财政总收入仅4.65亿元（其中地方财政收入3.43亿元），文成县2010年全县财政总收入仅4.74亿元（其中地方财政收入3.48亿元），而两县每年实际支出分别达15亿元和14亿元左右，基本靠公共财政的转移支付，对文化投入心有余而力不足。

（二）文化基础设施尚不完善。近年来温州市推进乡镇综合文化站建设的力度持续加大，但是由于底子较薄，而且受土地等因素制约，项目建设完成情况与“十一五”规划的目标还有不小的差距。温州市共有292个乡镇，已经开工或完工的文化站数量是234个，未达标乡镇数量是58个，到2010年底实际达标率仅为80.14%。全省未达标乡镇共92个，温州市占了63%，影响了全省乡镇文化站达标的整体进度。同时，当前温州市正在进行新一轮乡镇撤扩并，各县（市）的乡镇数均将由目前的30多个撤并为10个左右，乡镇数量大幅减少，一些被撤并乡镇的文化站有可能面临被边缘化或弱化的困境，需要予以重视并切实采取必要措施。

（三）文化服务内容不够丰富。

调研发现，一些乡镇综合文化站虽然已经建成，但内部陈设简单，活动器具配置不足，管理欠规范，人员不到位，影响了乡镇综合文化站功能的正常发挥。一些文化站藏书很少，内容陈旧，或者多为政治类、理论类的图书，不能适应农村群众的需求。一些乡镇综合文化站服务宣传不到位，服务项目单一，尚未真正实现“开门办站”，对广大群众的吸引力不够。有的地方由于缺乏最基本的经费保障，无法开展文化服务活动。

（四）非遗传承后继乏人。非遗传承人是民族与民间文化的“活化石”，是民族文化的传承者和创造者。近年来，虽然非遗传承人的生活及文化传承状况较之从前已有很大改观，但是大多数传承人年事偏高，后继乏人。温州是“百工之乡”，工艺美术品类繁多，现有120多个品种。由于传统技艺与年轻人的生活方式相去甚远，学习条件相对艰苦，收入较低，所以传承人收徒较难，有7成面临萎缩或失传的窘境。同时，非遗生产性保护的途径不多，市场拓展能力有限，成效还不够明显。一些非遗项目如黄杨木雕、温州石雕等也面临着原材料日益短缺的问题。

（五）文物安全工作亟待加强。“十一五”时期，温州市文物事业快速发展，新增全国重点文物保护单位8处，国家级历史文化名村、名镇1个，省级历史文化街区、村镇10个。目前拥有全国重点文物保护单位15处，省级文物保护单位50处，市县（市、区）级文物保护单位522处，文物保护点近400处；国家级历史文化名镇1个，省级历史文化名城名镇名村和保护区13个，市级历史文化街区村镇13个。随着文物保护单位数量的大幅增加，文物安全管理工作面临着严峻考验。调查发现，永嘉县全国重点文物保护单位——芙蓉村古建筑群的祠堂内外明火遍布，有熊熊燃烧的大蜡烛、大炷香，有借住其中的民营剧团在明火烧饭，有小商贩的烧烤摊点。由于古建筑大多为木质结构，一旦失火很难扑救。全省这样的案例屡屡发生，亟需加强管理。

三、对策建议

通过对温州市的调研，我们深刻感受到基层文化建设正迎来前所未有的发展机遇，但是也面临着一些亟待解决的困难与挑战。应该以科学发展观为指导，树立强烈的危机意识、发展意识、改革意识与创新意识，积极应对新情况、新问题，研究出台更加有力的政策措施，加快推进文化建设，以适应形势的需要。具体对策与建议如下：

（一）加大对基层文化建设的投入力度。基层文化建设是加快建设文化大省的基础，也是当前文化建设的薄弱环节。各级政府要逐年加大对基层文化建设的投入力度，完善文化投入专项资金制度，建立财政投入稳定增长机制，力争做到“两个高于”，即文化投入的增幅高于本级财政经常性收入的增幅，“十二五”时期文化事业投入占财政支出比重高于“十一五”时期。省财政要进一步加大对欠发达地区文化建设的财政转移支付力度，重点支持欠发达地区的文化设施设备、文化活动及文化队伍建设，促进全省文化均衡持续发展。

（二）推进乡镇综合文化站和村文化活动中心建设。乡镇综合文化站是连接城乡公共文化服务体系的重要组成部分，村文化活动中心是党委政府开展农村文化工作的基础阵地。要认真做好乡镇综合文化站建设任务扫尾工作，积极研究应对乡镇撤扩并过程中的文化站建设问题。一方面，要加大对撤扩并后的中心镇文化建设，参照县级建设标准，推动中心镇建设文化中心和县图书馆分馆，充分发挥中心镇文化设施对辖区内办事处、行政村及社区的辐射、示范、带动效应。另一方面，继续推进被撤并乡镇的文化站建设，对于撤扩并后改乡镇为办事处的文化站，要保留原有的文化设施，抓好考核，发挥作用。对于乡镇撤扩并前尚未完成文化站建设任务的乡镇，改为办事处后，根据其特殊情况，仍应按原计划完成建设任务并加以充分利用。同时，可考虑仍然参照原有的文化站建设标准予以补助。同时，要全面推进中心村文化中心建设，力争“十二五”期间实现“村村有文化活动中心（室）”的建设目标。

（三）推进县级博物馆和非遗展示馆建设。博物馆和非遗展示馆是巩固保护成果、实现长期保护的重要场所。随着浙江省第三次全国文物普查的全面推进和全省非遗大普查的结束，浙江省发掘了一大批珍贵的文化遗产。浙江省第三次全国文物普查调查共调查登录不可移动文物7.68万余处，总数占全国的8%以上，其中新发现的数量占全国的近10%。全省非遗大普查查找出270万条线索，重点调查了15多万个项目，新发现5万多个珍贵项目。目前，全省博物馆网络基本形成，全省各级各类各种所有制博物馆数量达225家，其中文化文物系统博物馆122

家，行业性国有博物馆32家，民办博物馆71家。县级博物馆的覆盖率已经超过70%，仅有20多个县尚未建设博物馆。全省已建有非遗馆、非遗展示中心和非遗陈列室等140多座，近四分之一的县（市、区）已建有非遗展示场所。据此，建议加快推进县级博物馆和非遗展示馆建设，力争到“十二五”末实现“县县有博物馆，40%的县建有非遗展示馆”。

（四）加强对基层文化设施的内部配备与运行管理。近年来，我省在公共文化设施方面以“建”为重点，大力抓了硬件建设，全省公共文化设施面貌明显改善。今后，在继续推进文化设施建设的同时，要着力向“管”和“用”的方向转变。要着眼于各类文化设施的功能定位，加大对文化设施内部设施的配备力度，制订标准，实行全省统一采购配备，建设设备齐全、功能完备、服务高效的文化阵地。要针对不同的设施，完善管理考核制度，推行服务公示制度，发挥文化基础设施的辐射和服务作用，着力提高各类公共文化设施的使用效率。要创新思路与手段，探索管理和利用新模式，积极为群众文化活动提供场地保障，吸引广大群众积极参与文化建设，让广大群众就近便捷共享文化发展成果。要全面推进博物馆、纪念馆、美术馆、图书馆、文化馆（站）等设施的免费开放工作，改善服务内容，提高服务水平。

（五）开展“浙江省文化强镇”评选。1995年以来，浙江省配合文化部“全国万里边疆文化长廊建设工程”，启动实施了“浙江东海文化明珠工程”，至今共评选出545个“浙江东海文化明珠”，占全省乡镇街道的36%。多年来，“东海文化明珠工程”有力促进了浙江省乡镇的文化建设，收到了良好的成效。但是，步入“十二五”时期，已经实施近16年的“东海文化明珠工程”建设标准与要求已经不适应当前乡镇文化建设的形势。一是目前“东海文化明珠”的数量已占全省乡镇总数的36%，示范带动效应不够明显。二是“东海文化明珠”的概念不够明晰，不利于宣传，社会影响力不强。因此，建议将“浙江省东海文化明珠”评选工作改为“浙江省文化强镇”评选工作，吸收全国文化先进单位和浙江省文化先进县的评选指标，作为一项综合性的文化先进荣誉，更好地推动“十二五”期间浙江省基层文化建设。

（六）加强非物质文化遗产生产性保护工作。开展非物质文化遗产生产性保护，是充分发挥非物质文化遗产自身优势，适应时代发展要求，既实现有效传承，又为老百姓带来切实利益的重要举措。要在保护代表性传承人、保持非遗传统技艺的基础上，积极与市场接轨，融入生活，进行合理的生产开发，促进传统技艺的活态保护，从而促进传承与利用。要加大扶持力度，加强生产性保护示范基地建设，命名具有典型意义的单位和企业，在全省打造一批研究、展示与销售平台，以良好的经济效益和社会效益促进年轻一代学习传承非遗传统技艺，推动非遗传统技艺在生产与销售中得以持久传承。

（七）加强文物安全管理。文物安全是文物工作的基础和生命线，关系到文物事业繁荣发展的全局。要定期开展文物单位消防安全大排查、大整治活动，强化文物重点单位和要害部位的人防、物防和技防力量，进行重点防范，彻底消除隐患。建立文物联合执法督察机制，发挥各部门的职能作用，定期组织开展执法督察，督察各地落实文物保护法和相关法规情况，督促整改违法违规行为。落实安全职责，制定和完善各项安全管理制度，制订突发事件应急预案，做到制度到岗、措施到位、责任到人。进一步推进全省文物执法队伍建设，发展壮大业余文保员队伍，发动社会力量参与监督，构建文物安全管理社会网络。

（调研组组长：杨建新。成员：柳河、戴言、王淼、张振山、陈如福）

缙云民营婺剧团发展情况调研报告

一、缙云婺剧发展基本情况

婺剧是浙江第二大剧种。发端于明，兴盛于清，包含高腔、昆腔、乱弹、徽戏、滩簧、时调六种声腔，表演形式丰富。主要流传于金华、丽水、衢州等地。

缙云自古就风行演戏，并盛行婺剧。解放初，全县还有戏台411座，列各县前茅。1979年后，缙云民间婺剧团兴盛一时，曾出现大大小小婺剧科班200多个。其后，经过优胜劣汰，由数量发展向质量提升转型。目前由缙云县文化行政部门许可发证的民营剧团共20个，其中婺剧团16个。加上一些临时性以及未在本地领证的剧团，全县民营婺剧团约30个。据县婺剧促进会反映，缙云当地注册的16家民营婺剧团每年演出10个月左右，团均年演出500—600场，最多的近700场。场均演出费5000元上下，年收入250—350万元。据此推算缙云民营婺剧团全年收入在5000—6000万元，加上其带动的演出中介、演出器材、服饰生产、农村戏台搭建、演出运输等相关行业收入，整个产业链产值约亿元。

目前缙云民营婺剧团的演出水准、人员配置及设施设备多与国有县级团相当，几无“草台色彩”。人员一般为40—60人，其中演员20余人，乐手近10人，音响、灯光、舞美及后勤等10余人。用工为合同制，多一年一签，主要从当地艺人或各地艺校中选聘，也不乏从专业文艺团体中招揽的人才。剧团收入的70—80%用于演职人员工资，采用年薪制，普通人员3—5万元，主要演员10—15万元。经过长年发展，缙云婺剧人才不仅各类行当齐全，供需也有保障，还有一批演艺人员脱颖而出，成为民营剧团的砥柱，拥有众多戏迷。

缙云民营婺剧团的兴盛带动了县域演艺产业的发展，也在一定范围内，解决了不少离土不离乡的就业问题，同时更保存了民族优秀戏曲艺术，对传承民俗、陶冶教化农民群众、丰富农村文化生活发挥了积极和难以替代的作用，是新农村文化建设不可或缺的重要力量。

二、缙云婺剧繁盛基本原因

婺剧之所以能够在缙云土地上比较好地活跃发展，主要有以下原因：

（一）群众基础好。婺剧文化在缙云历史悠久，根深叶茂，与黄帝文化、石头文化并列为当地“三大文化”。从实地调研看，几乎村村有祠堂，有祠堂必有戏台。戏台大多保存良好。每逢过年过节、生意发财、红白喜事等，请团演戏是民间盛行的习俗。群众自发组织表演的热情也很高，全县除了登记领证的民营剧团外，还有村级婺剧乐队106个，业余演出队6个，演唱小分队23个，定期或不定期开展活动，有力地促进了婺剧文化的普及。

（二）注重婺剧传承。近年来，缙云县实施开展了“婺剧进校园”活动，在全县普及婺剧教学课，所有中小学校都有婺剧兴趣社团。调研中我们观看了东渡镇长坑小学的乐队表演婺剧曲目，该校学生人人都能演奏不少于一种乐器。据了解，缙云中小学也多有婺剧乐队。

（三）政府扶持引导。缙云县将婺剧纳入非物质文化遗产保护，对婺剧进行传承、开发和利用，聘请专人归纳整理出生日戏、周岁戏、寿年戏、庆贺戏、乔迁戏、庙会戏、平安戏等50多种演出剧目。每年召开民营剧团团长座谈会，交流经验，研究解决有关问题。县文广新局出台了《关于促进民营文艺表演团体发展的若干意见》和《缙云县关于优秀婺剧作品创作奖励办法》，对新创作、编排的剧目给予3—5万元的奖励。开展“送婺剧下乡”活动，2010年共送婺剧下乡48场。同时，对民营婺剧团的剧目创作、表演等进行辅导，提高演唱、演奏水平。县农业局也把婺剧人才培训作为农村实用技术培训的一项主要内容，2011年共举办6期培训，690名农民受到专业训练。

（四）行业管理有力。早在2006年，缙云县就率先在省内成立了婺剧促进会，对婺剧的发展进行规划和规范，帮助民营团解决培训、汇演等问题。2010年，婺剧促进会又将演艺水平和管理工作相对较好的民营团，冠名婺剧促进会开展演出，首期4家，每年给予3—5万元的扶持资金，用以改善音响、舞美等硬件。同时，促进会还加强婺剧后备人才培养，为进一步打响缙云婺剧文化品牌起了积极作用。

三、存在的问题

（一）民营剧团生存发展机制还有待完善。缙云婺剧团多是按“自我投资、自愿组合、自负盈亏”的模式组建，虽然灵活，但也存在一些问题，如，过度用工，演职员多实行一年一签合同，领取年薪，导致剧团老板用各种方法使演出场次最多化，不注重艺人的培训提高，也不关心他们的相关福利。民营婺剧团演出场地主要在农村，风餐露宿，打地铺、睡戏台是常事，演出条件和生活条件简陋艰苦，现场所见，让人感慨。又如演出质量不稳定，剧目水准参差不齐，演艺人员的文化学历较低。由于演员采取暑季后组团，次年暑季前散伙，艺人除了年薪，基本没有养老、医疗等保障。

（二）缙云民营婺剧团尽管有了长足发展，但普遍资金缺乏，设备低端，且更新迟缓，策划、制作、创编人才紧缺，没有正规排练场地，这都限制了民营团的艺术生产能力和经营发展水平的提高。

（三）缙云民营婺剧团都是团

长个人所有，缺乏应有的管理制度和科学的管理措施。不少婺剧团为了不交税，就不办理营业执照和税务登记。同时，由于没有正规税务发票，不少演出无法拿到公款戏金，只能采取各种变通甚至不当手法，既坏了风气，也不利于产业规范发展。

四、缙云民营婺剧团提出的比较集中的几点建议

1.减免民营文艺表演团体税收，以较低代价、简便程序提供税务发票。2.加大对民营文艺表演团体扶持力度，尽快实现与国办院团同等待遇。3.加大对民间艺人的扶持，希望能够参照国办院团演职人员，给予一定生活保障。4.严厉打击各类非法演出和“戏霸”。

五、对促进民营文艺表演团体更好发展的看法和建议

缙云民营婺剧团的状况在省内有一定代表性，相关问题的解决对全省民营剧团发展有普遍意义。

（一）全面贯彻省政府《关于加快发展民营文艺表演团体的意见》，充分认识民营剧团的健康发展是做强浙江省演艺产业和繁荣演出市场的基本保证，也是满足广大农民群众需求的重要方面。各级党委、政府都应把扶持民营剧团发展作为文化大发展大繁荣的重要内容，给予足够的重视。目前，浙江省民营剧团正处在由数量增长向质量提升的转型期，亟需进一步完善政策配套，加大扶持力度，着重解决突出问题。如，调整民营文艺表演团体税收；提高它们参与“送戏下乡”活动的份额；解决他们资金不足、人才紧缺、地位不高等问题。

（二）加大投入，增加专项扶持资金额度。面对亟待做大做优的民营剧团以及广大群众，尤其是农民群众日益增长的演艺欣赏需求，省财政现每年三百万元扶持资金，对六百多个民营剧团的三万演职人员来说，人均仅一百元的投入，不到国办剧团的千分之一，杯水车薪，应进一步加大投入。

（三）破除体制壁垒。对民营文艺表演团体和国办院团一视同仁，实行统一管理、统一服务，进一步改善民营文艺表演团体发展的外部环境。

（四）进一步加强民营文艺表演团体管理和服务。明确民营剧团作为民办非企业单位申领演出许可、经营资质。制定民营文艺表演团体规范化标准，从行政、经济、艺术多方面推进民营团做大做优，对优秀的民营剧团给予重点扶持。培养和规范农村演出经纪人队伍。加强农村演出场所建设，改善民营剧团的演出条件。持续开展民营剧团团长和业务骨干培训，整体提升办团和艺术表演水平。加强行业管理，促进自我服务与规范。加大对农村非法演出、无证演出的查处力度。

（省文化厅市场处）

概览

ZHEJIANG CULTURE YEARBOOK

浙江文化概览

浙江地处中国东南沿海、长江三角洲地区南翼，毗邻上海市和江苏、安徽、江西、福建等省，向有“鱼米之乡、丝茶之府、文物之邦、旅游胜地”之美誉。全省陆域面积10.18万平方公里，海域总面积26万平方公里，海岸线总长6486.24公里，居全国首位。

浙江的名称，最早见于《山海经·海内东经》。唐肃宗乾元元年(758)，置浙江西道和东道两节度使，分辖浙江以西(长江以南)十州和以东八州，这是浙江作为行政区域名称之始。南宋(1127—1279)建都临安(今杭州)，历时152年。元代丙午年(1366)置江浙行中书省，明初改元制为浙江承宣布政使司，辖11府1州75县，清康熙初年改称浙江省，省界区域基本定型，建制至此确定并沿用至今。

浙江有雁荡山、普陀山、雪窦山、天目山、天台山等名山，有杭州西湖、千岛湖、绍兴东湖、嘉兴南湖等名湖，有钱塘江、楠溪江等名江。京杭大运河穿越浙江北部，在杭州与钱塘江汇合。境内有面积500平方米以上岛屿3061个，是中国岛屿最多的省份。

浙江属亚热带季风气候，四季分明，光照充足，雨量充沛。年平均气温15℃—18℃。按单位面积计算，浙江水资源量居全国第四位。

浙江素有中国“东南植物宝库”之称，树种资源丰富。“活化石”银杏等50多种野生植物列入国家珍稀植物保护名录。已知野生动物1900种，其中列入国家重点保护野生动物名录的有120多种。浙江矿产以非金属矿产为主。已发现的固体矿产113种，叶蜡石、明矾石探明资源储量居全国第一位，萤石、伊利石列第二位。东海大陆架蕴藏着丰富的石油和天然气资源，开发前景良好。浙江海域渔业资源丰富，舟山群岛是中国最大的海洋渔业基地。

改革开放以来，特别是进入新世纪以来，浙江坚持以科学发展观为统领，不断加快经济转型升级，经济社会发展总体水平不断提升，实现全省经济平稳较快协调发展，主要经济指标在全国保持领先地位。2012年浙江省生产总值34606亿元，近五年年均增长9.6%；人均生产总值63266元，首次突破1万美元。财政总收入6408亿元，年均增长14.6%；地方财政收入3441亿元，年均增长15.8%。固定资产投资17096亿元，年均增长17.3%；社会消费品零售总额13546亿元，年均增长16.7%；出口总额2246亿美元，年均增长11.9%。浙江风光秀丽，旅游资源丰富。浙江有18处国家级风景名胜区和41处省级风景名胜区，总量居全国首位。国家级和省级历史文化名城、自然保护区、森林公园、地质公园、湿地公园和重点文物保护单位等旅游资源的数量均居全国前列。

浙江省有杭州、宁波两个副省级城市，温州、湖州、嘉兴、绍兴、金华、衢州、舟山、台州、丽水等9个地级市，下设34个市辖区、21个县级市和35个县。2012年，全省常住人口5477万人。浙江属少数民族散杂居省份，少数民族人口总量不多但民族成分较多，除汉族外约40万少数民族人口分属53个民族成分。浙江丽水市的景宁畲族自治县是全国唯一的畲族自治地方。

浙江历史悠久。长兴七里亭遗址的考古发现，把浙江历史推进到了100万年以前。到了新石器时代，浙江境内人类活动的范围已相当广泛，距今1万年的上山文化、7000—8000年前的跨湖桥文化、6000—7000年前的河姆渡文化、6000多年前的马家浜文化和4000—5000年前的良渚文化是浙江史前文化的杰出代表，这些文化遗址的发现，证明了长江流域也是中华文明的发祥地之一。

浙江文物古迹众多。浙江文物古迹众多。全省有世界文化遗产1处，国家级历史文化名城7座，省级历史文化名城11座；中国历史文化名镇16个，中国历史文化名村14个；省级历史文化街区、名镇、名村124处。全省有全国重点文物保护单位132处，省级文物保护单位748处。第三次全国文物普查中全省共登录不可移动文物73943处，其中新发现61728处。全省现有各类博物馆225个，其中民办博物馆71个。杭州西湖文化景观成为中国列入《世界遗产名录》独一无二的湖泊类文化遗产，填补了世界遗产中以“文化名湖”为主要价值特征的湖泊类遗产空白。

浙江的藏书之盛自古闻名。杭州文澜阁、宁波天一阁、瑞安玉海楼、湖州嘉业堂等著名藏书楼在保存与传播文献典籍、培养人才、促进学术研究等方面成就卓越。始建于明嘉靖四十年(1561)的天一阁是中国现存年代最早的私家藏书楼。同时，浙江也是中国兴办近代图书馆较早的省份之一，1902年绍兴古越藏书楼的建立，标志着中国私立藏书楼向公共图书馆的过渡，而1903年在原杭州藏书楼(1900年建立)基础上扩充改建的浙江图书馆，则是中国最早建立的省级公共图书馆之一。2012年底，全省共有县级以上的公共图书馆97个，总建筑面积68.8万平方米，总藏书量5344万册。

浙江的戏剧艺术底蕴丰厚，是中国南曲戏文的诞生地，并拥有越、婺、绍、瓯、甬、姚、湖等多个剧种。越剧是中国主要剧种之一，20世纪初发源于浙江嵊县(今嵊州市)，曲调优美婉转，细腻抒情。早期越剧全部由女演员演出，新中国成立后，提倡男女合演，越剧得到迅速发展并日益成为国内最具影响的地方剧种之一。新世纪以来，浙江创作生产了一大批优秀剧目，越剧《陆游与唐琬》、昆剧《公孙子都》、越剧《梁山伯与祝英台》、京剧《藏羚羊》、话剧《谁主沉浮》先后入选国家舞台艺术精品工程重点资助剧目。越剧《五女拜寿》、昆剧《十五贯》荣获文化部优秀保留剧目大奖。

浙江书画名家辈出，自成一派，影响深远。书画艺术成就在中国书画史上占有极其重要的地位。历史上曾出现王羲之、吴镇、赵孟頫、吴昌硕等浙籍书画大家，现当代又出现了黄宾虹、潘天寿、沙孟海等知名书画家。成立于1928年的中国美术学院(前身为国立艺术院)，是中国最早的美术高等教育学校，如今已成为美术人才辈出的摇篮之一。创建于1904年的西泠印社是中国最早的以研究印学为主的学术团体和专业金石书画出版机构，在国内外享有很高的声誉。绍兴兰亭因东晋(317—420)大书法家王羲之曾在此作《兰亭集序》而成为中国的“书法圣地”。

浙江浓郁的乡土风情孕育了绚丽多姿的民间艺术。“三雕一塑”即东阳木雕、青田石雕、温州黄杨木雕和瓯塑蜚声中外；剪纸、刺绣、染织、编织和灯彩丰富多彩；而以嘉兴秀洲、宁波慈溪和舟山为代表的农民画和渔民画则充满了生活劳作气息。浙江民间的音乐、舞蹈、戏曲、曲艺独具浓郁的地域特色。浙江有8个项目入选联合国教科文组织公布的“人类非物质文化遗产名录”，2个项目入选联合国教科文组织公布的“急需保护的非物质文化遗产名录”，上榜数居全国第一；在国务院公布的三批国家级非物质文化遗产名录中，浙江共有187项入选，入选数量居全国第一。

浙江自古人文荟萃、文风鼎盛、代有人出。自东汉以来，载入史册的著名浙江籍文学家已逾千人，约占全国的六分之一。举凡思想家王充、王阳明、黄宗羲、龚自珍，诗人贺知章、骆宾王、孟郊、陆游，科学家沈括，戏剧家李渔、洪昇等都是杰出代表。20世纪，中国文学巨匠鲁迅、茅盾，教育家蔡元培，著名科学家茅以升、竺可桢、钱学森、陈省身，以及李叔同、王国维、夏衍、艾青、徐志摩、陈望道、马寅初、金庸等一批名人均为浙江人。建国以来的全国“两院”院士(学部委员)中，浙江籍人士几占五分之一。

浙江省委、省政府高度重视文化建设，尤其近十年来，对文化建设作出了一系列重大部署。1999年提出了建设文化大省的战略目标；2000年颁布了《浙江省建设文化大省纲要》；2001年出台了《关于建设文化大省的若干文化经济政策》；2002年省委、省政府召开全省文化工作会议，制定下发了《关于深化文化体制改革，加快文化产业发展的若干意见》；2003年部署了文化体制改革综合试点工作；2005年省委十一届八次全会作出了《关于加快建设文化大省的决定》，全面实施文化建设“八项工程”；2007年省政府召开全省农村文化工作会议，部署实施“新农村文化建设十项工程”；2008年省委召开工作会议，制订出台了《浙江省推动文化大发展大繁荣纲要(2008—2012)》；2010年省委专门成立了由省委书记任组长的文化建设小组；2011年，省委召开十二届十次全会专题研究部署文化强省建设，出台了《中共浙江省委关于认真贯彻党的十七届六中全会精神大力推进文化强省建设的决定》；省政府出台了《浙江省文化产业发展规划(2010－2015)》、《浙江省文化服务业“十二五”发展规划》。2012年，省委召开第十三次党代会，将文化建设作为实现物质富裕精神富有的现代化浙江的重要目标。

概况

ZHEJIANG CULTURE YEARBOOK

2012年浙江省文化工作

2012年是具有特殊意义的一年，党的十八大和省第十三次党代会隆重召开，全面描绘了未来五年的发展蓝图，为文化建设进一步指明了方向。全省文化系统紧扣加快文化强省建设这一战略任务，以邓小平理论、“三个代表”重要思想和科学发展观为指导，坚持围绕中心、服务大局、面向基层、服务群众，认真贯彻落实中央和省委、省政府的决策部署，紧抓机遇谋发展，紧扣主题求实效，加快推动各项文化工作，文化强省建设实现良好开局。

一、认真学习贯彻党的十八大和省第十三次党代会精神，积极谋划和加快推进文化强省建设重点工作

以党的十八大和省第十三次党代会精神为引领，深入贯彻落实十七届六中全会和省委十二届十次全会精神，围绕中心，突出重点，重谋划，抓统筹，强措施，着力推进各项工作，积极谋划文化发展新格局。

*以迎接和庆祝党的十八大胜利召开为重大主题，积极服务中心工作。*认真部署开展了党的十八大和省第十三次党代会精神学习宣传贯彻活动，深刻领会中央和省委的重大决策部署，深刻理解在推进物质富裕中的文化使命和实现精神富有中的文化担当，切实增强了文化系统广大干部职工的文化自觉与文化自信，呈现出学精神、抓落实、见成效的喜人局面。围绕迎接和庆祝党的十八大胜利召开，组织举办了浙江省庆祝党的十八大召开优秀剧目展演、“永远跟党走”——2012年浙江省红色经典歌曲合唱大赛活动等一系列内容丰富、特色鲜明的文化活动。据不完全统计，全省各地举行“迎接党的十八大胜利召开”各类文化活动达数百项之多，营造了热烈和谐的喜庆氛围，有力地服务了中心工作。围绕党的十八大和省第十三次党代会胜利召开等重大任务，部署开展全省文化市场专项保障行动，组织交叉执法检查和明察暗访活动，加强文化市场管理，强化“扫黄打非”工作，有效确保了文化市场繁荣有序。据统计，2012年全省共出动检查11.8万余人次，检查各类经营单位约14.9万余家次。全省各级文化综合执法机构共举报（督办）受理2124件，立案调查3733件，办结案件3941件；给予警告2450家次，停业整顿142家，吊销许可证16家。

*以党的十八大和省第十三次党代会精神为引领，积极谋划文化重点领域发展。*积极谋划和推动文艺精品创作，研究编制《浙江省舞台艺术精品创作生产规划》，着力实施舞台艺术精品生产“1535”工程，力争5年内，在全省范围推出100个左右优秀题材，创作50个左右原创剧本，打造30台左右舞台艺术佳作，其中5部左右作品在全国精神文明建设“五个一工程”、“国家舞台艺术精品工程”、“中国文化艺术政府奖·文华奖”、“全国优秀保留剧目大奖”等国家级重大艺术评比中获奖。积极谋划和推动重大文化设施建设，启动编制《省级重大文化设施“四个一批”规划》，即建成投用一批、改造提升一批、立项启动一批、谋划储备一批，努力使省级文化设施面貌有明显改善。积极谋划和推动文化产业发展，重点推进了动漫业和演艺业发展政策课题研究，为召开全省文化产业发展大会作准备。积极谋划和推动省级文化系统建设，召开加强厅属单位建设工作大会，出台《关于进一步加强厅属单位建设的意见》，努力发挥厅属单位在文化强省中的骨干与示范作用。

*以贯彻党的十八大和省第十三次党代会精神为动力，快速推动重点文化设施建设。*在省委、省政府的大力支持下，全力以赴抓好浙江音乐学院（筹）和浙江小百花艺术中心两个省重点工程项目建设，做到项目推进任务上墙、进度到天、责任到人、检查到位，浙江小百花艺术中心和浙江音乐学院（筹）项目先后正式开工建设。由于浙江音乐学院各项筹建工作推进较快，得到了省领导的充分肯定，省文化厅在全省扩大有效投资推进大会上作了典型交流发言。同时，积极做好浙江图书馆新馆、浙江省博物馆新馆、浙江省非物质文化遗产馆、省文物考古研究所科研业务楼等一批大型文化设施的筹建工作，顺利完成了西湖文化广场“两团一馆”（浙江曲艺杂技总团有限公司、浙江越剧团和浙江省文化馆）和程允贤雕塑馆装修工程。舟山市海洋文化艺术中心、金华市文化艺术中心、绍兴市文化中心、临海市文化广场综合体、景宁县文化中心等一批市、县级重点文化设施也建成投用或开工建设，全省兴起了新一轮的公共文化设施建设热潮。

二、大力推进文化惠民工程，覆盖城乡的公共文化服务体系基

本形成

以保障人民群众基本文化权益为着力点，以农村和基层为重点，以实施重点文化惠民工程为抓手，不断加大供给力度，创新服务形式，公共文化服务体系建设呈现出持续推进、全面改善的良好态势。

全省公共博物馆、美术馆、图书馆、文化馆（站）全面实现免费开放。继浙江省博物馆率先在全国实现免费开放后，2012年联合省财政厅下发了《关于进一步推进美术馆、公共图书馆、文化馆（站）免费开放工作的实施意见》，全省文化行政主管部门归口管理的各级美术馆、图书馆、文化馆（站）全面实现了无障碍、零门槛进入，公共空间设施场地全部免费开放，所提供的基本服务项目全部免费。加大对公共文化设施的管理与利用，努力提高服务水平。组织开展了全省“博物馆免费开放最佳做法”评选活动，总结推广全省博物馆免费开放的创新做法和亮点经验，浙江省博物馆、浙江自然博物馆还分别在全国博物馆免费开放最佳做法评选活动中获得了“最佳宣传推广奖”和“最佳网站服务奖”。浙江美术馆坚持实行免费开放，年均举行各类文化艺术交流活动100多次，接待各类团队150多批次，其中外籍及港澳台观众30多批次，观众约40万人次。浙江图书馆继续做好免费开放服务，2012年到馆读者250万人次，外借书刊131.9万册次，新办借书证1.9万张，举办各类读者活动134场次，5.1万人次参加。

公共文化服务与供给进一步得到拓展。持续组织大规模的“送”文化下乡活动，累计组织送戏下乡2.15万余场，送书下乡195万余册，送讲座展览3854场，开展“文化走亲”活动1760场次。加强农民工文化建设，下发《关于加强农民工文化工作的指导意见》，成功承办了全国农民工文化建设现场经验交流会。加强公共数字文化建设，实施“数字图书馆推广工程”，推进全省各地数字图书馆建设。2012年浙江网络图书馆点击量达1064万余次。加强全国公共电子阅览室建设试点工作，目前全省共建成各级公共电子阅览室1366家。深入实施“文化低保”工程，加强对特殊人群的文化关怀，组织开展了浙江省2012年国际盲人节大型公益文化活动、第八届浙江省未成年人读书节等一系列文化服务活动。进一步完善基层文化设施，全年新开工、完工乡镇综合文化站项目61个，完成设备配置264个，乡镇综合文化站达标率为95.11%。进一步加强中心镇图书分馆建设，建成开放39个。深入实施“春雨工程”文化援疆工作，建立浙疆藏三地文化交流新机制。

公共文化服务运行机制不断创新。顺利完成了文化部委托的国家东部地区公共文化服务体系制度设计综合研究任务，取得了一批具有创新性、示范性的制度设计成果，被文化部评定为优秀。持续开展全国领先的全省基层公共文化服务评估，启动首次公共文化绩效考核工作，督促全省各地加快完善公共文化服务体系。推进国家级和省级公共文化服务示范区（项目）创建、浙江省文化先进县（市、区）创建工作，积极为公共文化服务体系建设探索路径、积累经验、创新模式。组织开展全省公共文化服务创新项目、浙江省文化强镇、浙江省文化示范村（社区）评选和全省乡镇文化站评估定级工作，召开了浙江省群众文化活动机制推广现场会，鼓励基层公共文化服务创新。2012年杭州图书馆“多终端全方位数字服务平台——文澜在线”项目获第四届文化部“创新奖”。创新“文化低保”工程项目申请办法，面向全社会公开招集项目。

三、强化文艺繁荣措施，文艺创作取得丰硕成果

坚持“二为”方向和“双百”方针，坚持面向市场与面向基层并举，国有艺术院团和民营艺术院团并进，创作生产了一批优秀的文艺精品，为弘扬社会主义核心价值体系、满足人民群众精神文化需求发挥了重要作用。

一批艺术精品和优秀文艺人才在全国性艺术评比中获得佳绩。据不完全统计，2012年，浙江省共有40余件优秀文艺作品和数十位演艺人员在全国性艺术评比中荣获奖项。宁波市演艺集团有限公司音乐剧《告诉海》获中宣部第12届精神文明建设“五个一工程”奖，浙江话剧团有限公司政论体话剧《谁主沉浮》入选国家舞台艺术精品工程重点资助剧目并获第八届全国戏剧文化奖话剧金狮优秀剧目奖，浙江京剧团的新编京剧《飞虎将军》入选国家舞台艺术精品工程年度资助剧目，浙江昆剧团《十五贯》入选文化部第二届优秀保留剧目，浙江曲艺杂技总团有限公司杂技《墨荷·蹬伞》获第十届中国武汉国际杂技节金奖，浙江话剧团有限公司儿童剧《琪琪的红舞鞋》、宁波市演艺集团有限公司儿童剧《神奇的田螺壳》获文化部第七届

全国优秀儿童剧剧目展演优秀剧目奖，平阳县木偶剧团童话木偶剧《金凤凰》获文化部第七届全国优秀儿童剧剧目展演优秀演出奖，永嘉昆剧团《金印记》、浙江昆剧团《临川梦影》、《乔小青》获文化部第五届中国昆剧艺术节优秀剧目奖，浙江曲艺杂技总团有限公司中篇弹词《香屐迷踪》获文化部第五届中国苏州评弹艺术节中篇书目奖，浙江京剧团京剧《藏羚羊》和景宁畲族风情歌舞《千年山哈》分别获第四届全国少数民族文艺会演剧目金奖和表演金奖，浙江艺术职业学院群舞《畲家女儿拍》获文化部第十届"桃李杯"全国青少年舞蹈比赛表演一等奖，浙江昆剧团昆曲《公孙子都》、《十五贯》，永嘉昆剧团《张协状元》入选国家昆曲艺术抢救、保护和扶持工程办公室"十大昆曲优秀剧目"，浙江歌舞剧院有限公司张哲、杭州歌剧舞剧院陈韬获文化部第十届全国声乐比赛二等奖，浙江歌舞剧院有限公司三人舞《起舞》获第八届中国舞蹈"荷花奖"现代舞表演铜奖，浙江京剧团罗戎征获文化部全国京剧优秀青年演员折子戏展演优秀表演奖，茅威涛获"2012 华鼎·亚洲演艺名人满意度调查"(华鼎奖)最佳戏剧女演员奖。省文化厅获国家舞台艺术精品工程组织工作奖。

*对艺术创作生产的指导、推动进一步加强。*陆续召开了省级文化系统纪念毛泽东同志《在延安文艺座谈会上的讲话》发表 70 周年座谈会、全省艺术创作生产及题材规划会、省属艺术单位文艺精品创作座谈会和全省美术工作座谈会，研究部署文艺创作主要任务，调动艺术单位的创作积极性。推出浙江省第二批优秀保留剧目，引导和推动优秀剧目长期演出。话剧《雷锋》、儿童剧《琪琪的红舞鞋》、刘福洋舞蹈专场《生命·舞迹》、杂技魔术主题晚会《旗帜阳光》、京剧《飞虎将军》、越剧《德清嫂》等一批围绕中心工作和紧扣市场需求的新创作品接踵亮相，其中政论体话剧《谁主沉浮》在近一年里演出已超 100 场，演出收入超 400 万元，观众人数超 10 万人次；京剧《宝莲灯》演出超千场，京剧《藏羚羊》演出超 600 场，创造京剧演出历史佳绩。支持成立浙江省戏剧发展促进会，发动和吸纳社会力量参与戏剧艺术的研究、创新和传播。制定出台《浙江省"八个一百"群文精品评选办法》，指导推动全省群文精品创作。

*重大文化活动社会反响良好。*成功举办了纪念毛泽东同志《在延安文艺座谈会上的讲话》发表 70 周年系列文化活动。持续办好省级大型文化活动，成功举办了浙江省第四届曲艺杂技魔术节、杨小青导演艺术研讨会暨作品展演、何占豪交响作品音乐会、浙江省第三届乡村诗歌大赛、浙江省舞台舞蹈大赛等；积极打造群众广泛参与的新品牌活动，策划举办了首届浙江省合唱节、浙江省首届村歌创作演唱大赛等。这些文化活动促进了文艺繁荣，满足了群众文化需求，产生了良好的社会影响。继续实施"雏鹰计划"优秀儿童剧巡演、高雅艺术进校园演出、"钱江浪花"艺术团文化直通车下基层演出、新年演出季等活动，进一步发挥了文化惠民演出的品牌和示范作用。

四、推动重点领域改革实现重大突破，文化体制改革阶段性任务完成

按照"区别对待、分类指导"的原则，坚持重点突破与面上铺开相结合，以完成全省国有文艺院团改革为中心环节，推动文化体制改革向纵深推进，加快推进体制机制创新，全省文化体制改革阶段性任务完成。浙江省和宁波市、嘉兴市、湖州市、绍兴市被中宣部、文化部等四部门评为全国文化体制改革工作先进地区。

*全省国有文艺院团改革任务全部完成。*积极推动省属院团率先完成阶段性改革任务，浙江歌舞剧院、浙江曲艺杂技总团、浙江话剧团全面完成转企改制工作，浙江越剧团、浙江京剧团分别与浙江小百花越剧团、浙江昆剧团合并成立了浙江小百花越剧院、浙江京昆艺术中心。同时，根据"转制一批、整合一批、撤销一批、划转一批、保留一批"的基本思路，加大督查与指导力度，推动全省市县国有文艺院团全部完成既定改革任务。全省 64 家承担改革任务的文艺院团(不含 4 家保留院团)中，转制 21 家、划转 14 家、撤销 29 家。浙江省的国有文艺院团改革工作得到了文化部复查验收工作组的充分肯定。省文化厅文改办和浙江歌舞剧院有限公司、浙江曲艺杂技总团有限公司被文化部评为全国国有文艺院团体制改革工作作出突出贡献先进单位。

*公益性文化事业单位内部管理机制改革进一步深化。*坚持以提升公共文化服务能力为方向，以"增加投入、转换机制、增强活力、改善服务"为目标，不断推进公益性文化事业单位年度目标管理责任制、绩效工资等内部管理机制和运行机制的改革创新，取得了明显成效。如浙江图书馆创新服务手段，积极创建"四个联盟"，即全省

公共图书馆讲座联盟、展览联盟、信息服务联盟、网络技术联盟，推动全省公共图书馆资源共享、联动发展。近年来，已举办巡讲83场次，听众3.7万余人次；巡展185场次，观众54.98万余人次，社会反响良好。省博物馆成功接收了曹其镛夫妇捐赠的中国古代珍贵漆器160件(组)，进一步完善了藏品和结构，还被评为全国文化体制改革工作先进单位。

*经营性文化单位转企改制持续推进。*按照现代企业制度的要求，以"创新体制、转换机制、面向市场、增强实力"为重点，扎实推进经营性文化单位转企改制，着力努力培育合格市场主体和骨干文化企业。目前，浙江新远文化产业集团公司下属浙江省对外文化交流公司、浙江省文化实业发展中心、浙江文艺音像出版社等10家单位已完成转企改制任务。浙江新远文化产业集团主营业务不断发展壮大，进入良性发展阶段。积极推进对星光电影院线的控股工作，扩大电影网点布局，新远国际影城自2010年9月开业以来票房累计突破7000万元，2012年9月起票房领先杭城，周票房最高排名列全国第七。开展浙江省演艺集团组建方案调研，积极筹建浙江省演艺龙头企业。

*政府职能转变向纵深推进。*在全面完成全省文化市场综合执法机构改革任务后，坚持强队伍与强科技相结合，加强文化市场综合执法队伍建设，组织开展了全省文化市场综合执法技能比武、理论研讨、案卷评查、执法考评、业务培训等一系列工作；升级改版了浙江省文化市场信息管理系统，并为全省市县执法机构统一配置了移动执法终端装备，实现了远程实时执法。2012年，浙江省在全国文化市场综合执法考评中位列第一。推进政务公开，深化行政审批制度改革，加强电子政务建设，提升行政审批效率。目前，省文化厅大部分审批事项的承诺期限已在法定审批期限的基础上提速四分之一以上。为扶持舟山群岛新区和义乌国际贸易综合改革试点建设，下放四项行政审批权限。

五、着力营造良好的发展环境，文化产业发展取得积极进展

深入贯彻落实《浙江省文化产业发展规划(2010—2015)》，突出文化产业重点门类，着力打造文化产业发展服务平台，优化文化产业发展环境，文化产业持续快速发展。

*义乌文博会、杭州国际动漫节两大节会的品牌效应进一步提升。*积极参与办好义乌文博会、杭州国际动漫节，两大节会的国内外参展商参展阵容进一步壮大，国际化程度进一步提高，已发展成为国内一流的文化产业展会，成长为促进和带动浙江省文化产业发展、推动文化产品走向世界的重要平台。2012义乌文博会实现经贸成交额45.17亿元，同比增长11.2%，其中，外贸成交额27.55亿元，同比增长10.69%。第八届中国国际动漫节签约项目165个，涉及金额104亿元，现场成交金额42亿元，成为动漫节举办以来"规模最大、人气最旺、成交额最高"的一届动漫节。浙江省动漫业发展态势良好，美盛文化创意股份有限公司在深圳证券交易所正式挂牌上市，成为中国动漫服饰行业上市第一股，浙江动漫企业第一股；宁波民和影视动画股份有限公司出品的《少年阿凡提》获中宣部"五个一工程"奖；浙江省动漫企业在戛纳秋季电视节上拿到了1000多万美元的订单；与中国移动手机动漫基地合作，浙江动漫专区成功上线。

*文化产业扶持措施进一步加强。*指导浙江省文化产业龙头企业和浙商文化促进会会员单位联合设立了"浙江省卓越浙商文化产业基金"，整个基金规模可达4亿元，为优势文化产业项目及优质文化企业提供金融服务。指导浙江新远文化产业集团组建了浙江文化艺术品交易所有限公司，打造文化产业信息服务、文化艺术品交易、文化知识产权交易和文化产业投融资等四大服务平台，与多家文化产业团体和金融机构建立了战略合作。加强对文化企业的服务和扶持工作，成功推荐4家企业入选第五批国家级文化产业示范基地，并指导2家企业做好上市准备工作。指导浙商文化促进会开展第三届"文化新浙商"评选活动，引导浙商进军文化产业。进一步加大对民营文艺表演团体的扶持力度，完成了《浙江省民营文艺表演团体管理办法》立法调研，举办开展全省民营文艺表演团体展演和民营文艺表演团体负责人培训班，继续对参加送戏下乡演出活动的民营文艺表演团体实行演出场次补助。

*文化市场发展和管理体系日渐完善。*为繁荣文化市场，充分发挥文化在转变经济发展方式中的作用，省文化厅制定实施了《关于加快文化市场繁荣有序发展的若干意见》，着力营造良好发展环境。积极发展网络文化市场，2012年以来浙江省新发展经营性互联网文化单位91家，全省总数达240

家，其中棋牌类网络游戏企业 60 家，为全国之最。着力推动艺术品经营一级市场的发展，目前全省诚信画廊总数 18 家，位列全国第二；2012 年以来，浙江省共举办文物艺术品拍卖会 47 场，总成交额人民币 23 亿余元。研究制定全省网吧和电子游戏规划，完善全省网吧和电子游戏的总体布局，促进文化市场持续健康发展。2012 年全省共引进国外及港澳台的演出团体和个人 662 批次，演出 4000 余场，遍布全省主要大中城市，进一步丰富了广大群众的文化生活。

六、深入实施浙江省文化遗产传承计划，文化遗产保护取得丰硕成果

坚持文物与非物质文化遗产工作齐头并进，抓住重点，创新举措，完善制度，文化遗产保护工作收效显著，持续走在全国前列。在省委、省政府召开的浙江省申报人类与国家级非物质文化遗产、杭州西湖文化景观申报世界文化遗产工作总结表彰大会上，省文化厅、省文物局受到表彰。

文物博物馆工作成绩突出。浙江省第三次全国文物普查圆满结束，共调查登录不可移动文物 73943 处，其中复查 12215 处，新发现 61728 处，调查总数、登录总数及新发现总数均居全国首位。大运河（浙江段）保护和申遗工作进入关键阶段，省级遗产保护规划已经国家文物局原则同意，申遗点段的保护、整治工作进展顺利。杭州西湖文化遗产预警监测体系建设项目被国家文物局列为国家世界文化遗产监测工作试点。考古工作取得了重要成果，余杭玉架山遗址获评“2011 年度全国十大考古新发现”，良渚古城考古项目获得国家文物局田野考古一等奖，国家水下文化遗产保护宁波基地象山工作站揭牌成立，启动了象山渔山沉船遗址水下考古发掘。加强重要濒危文保单位的保护工作，竣工验收了杭州文澜阁、苍南蒲壮所城等十余处省级以上文物保护单位维修工程。持续推动博物馆建设与管理，浙江自然博物馆、中国丝绸博物馆、宁波博物馆被国家文物局评定为国家一级博物馆，浙江省一级博物馆总数上升至 4 座。全省通过年检的博物馆总数达 244 座，较上一年增加了 10 座。深入推进浙江省博物馆馆藏资源整合共享，加强馆际合作办展工作，成功推出“龙行浙江”、“发现历史”等 5 个资源整合共享项目（展览）。积极促进民办博物馆发展，启动了国有博物馆对口帮扶民办博物馆工作。推进国家文化遗产保护科技区域创新联盟建设，相继启动了古代建筑基本材料（砖、瓦、灰）科学化研究、古代建筑营造传统工艺科学化研究等重要科研项目。启动了浙江省辖区海域内文化遗产联合执法行动，文物安全工作机制进一步健全。

非物质文化遗产工作成效明显。提请省政府公布了第四批省级非遗名录（共 202 项），进一步完善非遗名录保护体系，继续扎实推进浙江省国遗项目“八个一”保护措施。在开化县召开浙江省县级区域非遗保护工作现场会，在桐庐县召开浙江省美丽乡村建设中非遗保护工作现场会，促进非遗工作层级推进、梯度发展。加强非遗保护各类基地建设，会同省教育厅公布第二批浙江省非遗传承教育基地，会同省旅游局公布第二批浙江省非遗旅游景区。推动市县两级非遗保护中心和基层非遗馆建设，目前已建立市、县级非遗保护中心 93 个，建成不同类型的非遗展示馆和非遗展示厅等近 150 座。组织开展了一系列富有特色的非遗宣传展示活动，举办第七届浙江省非物质文化遗产节暨浙江省非物质文化遗产进校园活动季系列活动和 2012 中国浙江非物质文化遗产博览会、中国嘉兴端午民俗文化节等活动，召开浙江省高校非遗学科建设研讨会、浙江省非遗传承教学基地经验交流会，指导各地开展龙年龙舞活动，组织开展 2012 浙江省“服务传承人月”活动。

七、持续推动文化“走出去”，对外及对港澳台文化交流频繁活跃

以品牌活动深化与欧洲的文化交流，以友城交流扩展与周边国家的文化对话，以精品交流推动与港澳台地区的文化交融，以贸易输出促进与美大地区的文化合作，文化交流面进一步扩大，浙江文化艺术的影响力和辐射面有效扩展。据统计，2012 年全省共实施对外对港澳台文化交流项目 775 起，其中派出项目 113 起，引进交流项目 662 起，7280 人次参与交流。省文化厅被文化部评为对外及对港澳台文化工作先进单位。

对外文化交流渠道进一步拓展。成功举办了 2012 年西班牙·中国浙江文化节，组织开展了“5000 年中国丝绸文化展”、“锦绣浙江——民俗风情摄影展”、彩蝶女乐专场音乐会、原创动漫作品展播、文学讲座和技艺传授等一系列活动，充分展示了浙江独特的文化魅力。深化央地合作，加强与文化部对外文化交流项目的对接，扩展海外文化交流阵地。受文化部委派，组织浙江小百花越剧团参加了“中韩友好交流年”活动，组织长兴百叶龙艺术团参加了“第五届俄罗斯国际军乐节”活动。积极组织艺术团参与文化部“欢乐春节”品牌活动，组派浙江曲艺杂技总团赴罗马参加“中国文化年闭幕式——罗马人民广场春节活动”，组派浙江婺剧团赴阿根廷、厄瓜多尔参加中阿建交40周年庆祝活动和厄瓜多尔艺术盛会——“花果节”巡游展演活动，组派台州乱弹剧团赴新西兰参加2012年元宵灯会展演活动。认真实施省政府友好交流文化活动，促进友好省州间文化交流深入发展，积极组织浙江交响乐团赴日本静冈县参加浙江省与静冈县缔结友好省县关系30周年庆典活动。此外，还成功组织了浙江昆剧团赴英国参加莎士比亚诞辰纪念日庆典活动演出，赴法国联合国教科文总部进行了纪念昆曲申遗11周年专场演出等活动。

对台港澳文化交流深入推进。进一步扩大对台文化交流的深度和广度，对台文化交流项目124起，对港澳文化交流项目98起。成功举办了第六届台湾·浙江文化节，重点实施了“两戏两展”四个交流项目，即草根越剧《九斤姑娘》、传统越剧《碧玉簪》和“戏韵流苏——浙江梨园百工展”、“余音绕梁——浙江乡村古戏台艺术摄影展”，还组织了浙江曲艺杂技总团有限公司的杂技和曲艺演出、宁波大型民俗风情舞剧《十里红妆·女儿梦》、慈溪《越风瓷韵》音乐会入台演出，取得了良好而广泛的社会影响，有力地服务了对台工作大局，得到了省领导的批示表扬。多形式开展对港澳文化交流活动。参加香港回归15周年庆典活动，与香港特区政府民政事务局签订了浙港文化交流与合作框架协议。与香港浙江省同乡会联合会共同主办了“浙港文化交流——弘扬国粹迎新春”浙港两地京剧名流汇演，浙江昆剧团赴港成功首演昆剧《未生怨》，获得广泛社会好评。浙澳艺术家积极互访，在杭州和澳门分别举办了作品联展。浙江京剧团、浙江昆剧团、省非遗保护中心分别参加文化部、中剧协、京剧基金会组团赴澳门举办了“濠江之春”、《哪吒》、《春节习俗展》等展演活动。

文化贸易进一步发展。积极开拓国际演艺市场，实践文化产品国际营销，推助文化贸易发展。启动建设文化交流和文化贸易项目库，指导推动各地市实施“一市一品”工程，基本完成了2012年打造或包装一个文化艺术演展产品、项目的任务。浙江歌舞剧院有限公司与美国美方中华文化创意基金会合作，赴美国洛杉矶进行商业性演出，积极推销原创歌舞《华采东方》。杭州越剧院以80人的阵容赴新加坡参加滨海艺术中心第八届“艺满中秋”庆祝活动，通过商业演出形式献演了《红楼梦》《新狮吼记》，得到了新加坡主办方和广大观众的赞扬。浙江省文化产品走出去态势良好，动画作品和衍生产品已出口到70多个国家和地区，稳居全国前列。

八、全面推进各项保障工作，文化队伍建设和机关建设进一步加强

进一步加强文化队伍建设，完善机关内部管理制度，强化机关效能建设，为加快推进文化强省建设提供了有力的保障。

文化人才队伍建设持续推进。积极筹建具备本科办学层次的浙江音乐学院，大力打造文化人才培养基地。深入实施青年文艺人才培育“新松计划”，成功举办了全省青年戏曲演员大赛、《梨园师徒情》省属院团青年演员大拜师汇报演出、第7期全省青年戏曲表演人才（花旦）高级研修班等活动，一批优秀青年文艺人才脱颖而出。浙江歌舞剧院有限公司刘福洋获第九届浙江五四青年奖章。深入实施基层文化队伍素质提升工程，启动2012年“耕山播海”浙江省经济欠发达地区农村文艺骨干系列培训活动，2012年省、市、县培训基层文化队伍15万余人次。整合全省3万余支文体团队、50余万名业余文艺骨干，组建浙江省文化志愿者联合会，积极开展文化志愿服务活动。

机关内部管理和服务工作明显加强。推动内部管理创新，完善议事制度和内部管理制度。为进一步提升议事效率和机关服务水平，修改完善了《浙江省文化厅党组会议制度》、《浙江省文化厅厅长办公会议制度》，建立省文化厅月度重点工作制度和重点工作督查制度，启动了《浙江省文化厅机关处室考核办法》的制订工作，着力规范厅机关内部管理，促进机关效能建设。针对新形势、新情况，制定了《浙江省文化厅网络舆情处置方法》、《浙江省文化厅关于进一步加强预算管理工作的意见》等制度性文件，有力地推动了省级文化系统建设。积极转变作风，厅领导牵头开展重点课题调研活动，研究提出发展对策。

党建和党风廉政建设扎实推进。深入开展“之江先锋”创先争优活动，开展服务型党组织、基层党建工作示范点创建，涌现了翁国生和刘斌等先进典型，被省内外数十家媒体宣传报道，引起社会广泛关注。广泛开展“我们的价值观”大讨论活动，省文化厅提炼的“尚德、崇文、惠民、创新”价值观核心词荣获省直机关第三轮“十佳精神”。召开了省文化厅直属机关第八次党代会，对直属机关党委（纪委）班子组织公推直选，进一步加强了省级文化系统党的领导与建设。省文化厅党组理论学习中心组被评为“省直机关和省部属企事业单位党委（党组）理论学习中心组先进单位”。认真落实党风廉政建设责任制，严格贯彻中央关于改进工作作风、密切联系群众“八项规定”和省委改进工作作风、加强党风廉政建设电视电话会议精神，积极培育建设廉政风险防控机制建设工作示范点，进一步完善岗位廉政风险防控长效机制，部署开展文化系统惩治和预防腐败体系建设年活动，省级文化系统廉政建设总体情况良好。

2012年浙江省文物工作

2012年，是党的十八大胜利召开的重要一年，是全面贯彻省第十三次党代会和全国文物工作会议精神，加快推进文化强省建设，推动文化大发展大繁荣的关键一年。全省文物系统坚持以邓小平理论、“三个代表”重要思想为指导，深入贯彻落实科学发展观，紧扣文物博物馆事业“十二五”规划的各项目标任务，以改革创新为动力，以夯实基础为着力点，抓重点、攻难点、出亮点，取得了显著成绩。

一、贯彻落实全国文物工作会议精神，抓实抓好各项重点工作

全国文物工作会议召开后，国家文物局召开了贯彻落实全国文物工作会议精神座谈会，浙江省作为东部地区代表作了典型发言。在年中的全省文物工作座谈会上，对这两次会议精神分别作了传达贯彻，并围绕建设文物强省和“两富”现代化浙江就如何贯彻落实进行了部署。5月，全国人大文物保护法执法检查组赴杭州、绍兴、宁波、嘉兴等地开展贯彻实施《文物保护法》情况的检查，浙江省向检查组作了关于贯彻实施《文物保护法》总体情况的汇报，全力配合做好各项工作，确保检查组圆满完成了在浙江省的各项任务。根据《国务院关于开展第一次全国可移动文物普查的通知》的部署和要求，着手做好省里的机构组建、方案制订等前期工作，为国有可移动文物普查工作的开展打下了基础。

二、“三普”成果得到巩固，世界文化遗产申报与管理工作扎实推进

根据国务院的统一部署，在省政府的有力领导下，浙江省“三普”已圆满完成，共调查登录不可移动文物73943处，其中复查12215处，新发现61728处，调查总数、登录总数及新发现总数均居全国首位，形成了具有浙江特色的的丰硕成果，为构建基础厚实、梯度合理、覆盖广泛、类型多样的历史文化遗产保护体系打下了坚实基础。省委、省政府主要领导充分肯定了浙江省在“三普”工作中取得的成绩。为了进一步巩固和宣传普查成果，省政府召开“三普”工作总结表彰大会，表彰了全省3个先进县、30个先进集体和174名先进个人。编辑出版了《浙江省第三次全国文物普查丛书》，举办了“三普”成果巡回展，向全社会汇报展示了“三普”的历程和成果。在省政府的统一部署下，各地及时公布了一批不可移动文物保护名录，出台了一系列保护办法和措施，普查成果得到有效巩固。

大运河（浙江段）保护和申遗工作进入关键阶段，省级保护规划已经国家文物局原则同意，由省政府批准公布。大运河申遗点段的保护与整治、展示标识系统设计、监测平台需求研究、资源调查成果整理与研究、立即列入点段“四有”档案编制等工作顺利推进。按照国家文物局统一部署，完成了《世界文化遗产预备名单》更新调整工作，浙江省共有7个项目被列入《中国世界文化遗产预备名单》，其中单独项目2个，跨省联合申报项目5个。

杭州西湖文化景观申遗成功后，着力推进了遗产保护管理体系和遗产监测预警管理体系建设，有效提升了遗产地的保护管理水平。杭州西湖文化遗产预警监测体系建设项目已纳入《中国世界遗产监测预警体系建设规划》，并被国家文物局列为国家世界文化遗产监测工作试点项目。

三、文物保护抢修工作顺利开展，考古工作成果丰硕

做好重要濒危文保单位保护工作，提请省政府批准公布了5项国保单位保护规划和27处省级以上文保单位保护范围及建设控制地带，上报了111处省级以上文保单位保护区划划定方案，论证、审查了通济堰、衢州府城墙等国保单位保护规划和一批省级以上文保单位保护范围、建设控制地带内建设项目方案。深入实施文物保护工程，加强文物保护工程的中期管理，上报国保单位保护工程立项9项，审批省级以上文保单位保护工程设计与施工方案99项，竣工验收省级以上文保单位维修工程近20处。开展资质单位年检工作，报请国家文物局批准施工一级资质单位3家，授予文物保护工程资质单位11家。

协同省住建厅做好历史文化名城、名镇、名村（街区）申报和保护工作。召开了2012年度浙江省历史文化名城保护专家委员会全体会议，报请省政府审定公布了第四批省级历史文化街区、名镇、名村45处。配合有关单位，做好相关立法调研和历史文化村落普查、保护、利用工作。经省人大常委会审议，通过了《浙江省历史文化名城名镇名村保护条例》，召开了全省历史文化名城名镇名村保护工作暨宣传贯彻《浙江省历史文化名城名镇名村保护条例》会议。举办了全省文物保护培训班和全省历史文化名村保护与发展培训班。

实施了桐庐小青龙遗址等29项考古发掘项目并取得了重要成果，余杭玉架山遗址入选了“2011年度全国十大考古新发现”，良渚古城考古项目获得了国家文物局田野考古一等奖。上报了《良渚古城遗址》等4项考古工作计划，为考古科研工作明确了思路。组织实施了宁波东钱湖、绍兴宋六陵等大遗址考古调查工作。妥善处理了杭州临安城遗址内御园房产开发项目、乐清雁楠公路设计蔡湖南墓部分迁移等事项。国家水下文化遗产保护宁波基地象山工作站揭牌成立。象山渔山小白礁清代沉船水下考古发掘项目顺利实施并取得了重要成果，千岛湖水下古城遗址进行了水下拍摄电视直播。承办了全国考古工作会议、中国考古学会年会和全国基建考古南方片区协作会。召开了全省考古工作会议，全面总结回顾新世纪以来浙江考古成绩，部署了下一阶段考古工作的目标和任务，起草了《浙江省省级考古遗址公园管理办法》（征求意见稿）。

四、博物馆建设与管理不断优化，公共文化服务能力显著增强

浙江自然博物馆、中国丝绸博物馆、宁波博物馆被评定为国家一级博物馆，浙江省国家一级博物馆总数上升为4座。杭州博物馆（二期）、安吉生态博物馆（中心馆）等相继建成开放。审查、论证了一批博物馆建筑和展陈设计方案。研究制订了《浙江省民办博物馆补助资金管理办法》（草案）和《国有博物馆对口帮扶民办博物馆试点工作的实施意见》，开展了国有博物馆对口帮扶民办博物馆试点工作并召开了专题工作会议，已结成8对帮扶对子，并对45家民办博物馆补助了233万元免费开放经费。根据国家文物局的统一部署，开展了2011年度博物馆、纪念馆年检工作，全省通过年检的博物馆总数达244座，其中通过国家文物局年检的博物馆203座，位居全国第一。

在全国博物馆免费开放最佳做法推介评选活动中，浙江省博物馆、浙江自然博物馆分别获得了全国博物馆免费开放“最佳宣传推广奖”和“最佳网站服务奖”。组织开展了全省“博物馆免费开放最佳做法”推荐表彰活动，有24家博物馆获奖，示范引领作用明显。在全国博物馆文化产品创意设计评选活动中，浙江省选送的“神徽挂饰”、“琮形盆栽”、“多功能双面披肩”分别获得了铜奖、提名奖和优秀奖。全省各级各类博物馆全年推出陈列展览800余个，吸引观众超1900万人次。深入实施浙江省陈列展览精品项目，补助了一批优秀陈列展览项目，评选出“吴越胜览——唐宋之间的东南乐国”等10个精品奖项目和“书写天地间——王伯敏的中国书画研究与创作”等14个单项奖项目。积极推进博物馆藏品资源整合共享，召开了全省“加强馆际合作办展促进馆藏资源整合共享”专题工作会议，成功实施了“发现历史——浙江考古工作十年回顾展”、“龙行浙江——浙江出土恐龙化石展”等5个资源整合共享项目，深受基层博物馆和广大观众的欢迎，取得了显著的社会效益。

五、馆藏文物管理趋于规范，社会文物管理继续加强

制定下发了《博物馆藏品保管工作格式文本》，举办了全省博物馆藏品保管培训班，编制了纺织品文物保护修复设备提升计划方案。审核通过了一批馆藏书画修复保护方案，基本完成了全省馆藏书画文物专项定级鉴定工作。认真履行社会文物管理职能，强化文物拍卖市场与进出境文物监管。全年共举办文物艺术品拍卖会56场，审核文物拍卖标的37358件，审核申报文物拍卖经营资质企业3家，新增文物拍卖企业2家。开展了全省文物拍卖企业资质年审，做好《文物拍卖经营许可证》的换发和文物进出境管理等工作，全年办理文物临时进境审核26起，文物出境许可证核发9起，旧家具出境许可104起。承办了全国文物进出境管理工作座谈会。配合做好中国丝绸博物馆征集美国丽蒂娅·葛顿收藏的西方近现代时装藏品、浙江省博物馆接收香港曹其镛先生捐赠漆器藏品等工作。

六、科技区域创新联盟建设富有成效，文物保护科技水平明显提升

在科技部、国家文物局指导下，科技区域创新联盟启动了“文化遗产数字化公共服务平台与产业应用示范”等3项国家科技支撑计划项目及课题；参加了国家创新工程预备项目、“指南针计划”、“中华文明探源工程”、国家文物局重点科研基地课题、国家创新联盟课题的申报，并有多个课题获得立项；联盟基础条件建设初见成效，“浙江省科技考古与文物保护研究试验基地”落成，“纺织品文物保护国家文物局重点科研基地”正式挂牌运行，并在浙江理工大学设立相关实验室，示范应用基地“纺织品文物修复展示馆”建成开放。浙江省博物馆和浙江大学等单位合作申报的“数字博物馆关键技术系统及应用研究”项目被列入省重大科技专项计划重点项目。积极开展全省文物保护科技项目申报，有14个项目获得立项。成功举办了“指南针计划”专项成果展《惠世天工——中国古代发明创造文物展》。推进科技援疆工作，浙江省文物局、浙江大学与新疆维吾尔自治区文物局、塔里木大学共同签订了《新疆文化遗产保护与研究战略合作框架协议》。

七、文物安全工作机制更加健全，文物执法监管力度持续加大

召开了省文物安全工作联席会议第一次全体会议，为有效发挥联席会议成员的协作配合、联合作业，共同做好文物安全工作奠定了基础。根据国家文物局统一部署，联合省海洋与渔业局，在椒江等地开展了辖区海域内文化遗产联合执法行动，并进行了海上联合执法巡查、应急预案演练、执法培训等工作，得到国家文物局的好评。完成了国家文物局委托的《文物执法巡查档案标准研究》课题，正式启用了文物行政执法网络监管平台，提升了浙江省文物执法监察工作信息化、科学化水平。

积极开展日常文物执法巡查，全年出动14489人次，检查文博单位8051家次。围绕重要节假日，会同省公安厅开展了以文物消防安全等为重点的安全检查和巡查。部署开展了加强田野文物安全和文物安全隐患排查整治专项行动。进一步加大了文物违法案件查处力度，全年查处、督办文物违法案件59起，罚款69.2万元，重点查处了国保单位瑞安利济医学堂建设控制地带内违法搭建钢构建筑和省保单位庆元袅桥保护范围内违法建桥等案件。办理各类涉案文物鉴定58起，鉴定各类器物2377件，实地勘察鉴定古墓葬、古遗址、古建筑76座。根据国家文物局要求，对宁波市历史文化街区的文物保护工作进行了专题调研。继续做好文博风险单位安全技术设施的新建、改造工作。在国家文物局组织开展的全国文物行政处罚案卷评查中，浙江省选送的案卷有两个荣获“十佳案卷”，两个荣获“优秀案卷”，获奖率名列全国前茅。组织开展了第二届全省文物行政处罚案卷评比活动，评出获奖案卷12个。

八、宣传工作富有成效，先进典型不断涌现

在“5·18国际博物馆日”和“文化遗产日”期间，举办了“浙江省5·18博物馆学术论坛”和以湖州主场城市活动为中心，以省本级活动为主线，以全省各地的活动为基础的上下联动、形式多样的宣传活动。启动了《浙江馆藏文物大典》（暂名）、《中国历代绘画大系》、《浙江通志·文化遗产卷·文物分卷》等重要文集的编纂工作，取得了较大进展。继续办好“一网一刊一年鉴”，浙江文物网全年发布信息3万余条，其中原创信息4298条，被新华网转载107篇，在46家省级部门网站测评中，综合得分位列第6。杭州市余杭区被国家文物局列为全国文化遗产知识宣传普及工程试点县之一。举办了“新时期博物馆展陈与教育学术论坛”、“中国生态博物馆建设安吉论坛”等学术会议，进一步提升了学术研讨水平，扩大了浙江省文博工作的影响力。

在全国文物工作会议上，余姚市河姆渡遗址博物馆和嘉兴市文物局被人力资源与社会保障部、国家文物局授予“全国文物系统先进集体”荣誉称号，省文物考古研究所刘斌被授予“全国文物系统先进工作者”称号。在省政府召开的杭州西湖文化景观申报世界文化遗产工作总结表彰大会上，省文物局等8家单位被授予先进单位荣誉称号，陈易等11位同志荣记一等功，吴志强等26位同志荣记二等功。在省人力社保厅、省文化厅、省文物局组织开展的全省文物系统先进集体和先进工作者评比表彰中，浙江省博物馆等17家单位和陈水华等20名个人获“先进集体”和“先进工作者”称号。

专业艺术

【概况】 2012年浙江省专业艺术工作紧紧围绕建设“两富浙江”（即物质富裕、精神富有的现代化浙江）和迎接党的十八大召开两大主题，从精品创作、公共服务、队伍建设、艺术管理等方面入手，牢固树立以人民为中心的创作导向，深入实施精品引领战略，取得了丰硕的成果，完成了预定工作目标。

【精品创作持续繁荣】 浙江话剧团有限公司创作排演的话剧《雷锋》、浙江曲艺杂技总团有限公司创作排演的曲艺专场《再学雷锋》紧扣2012年在全国范围内掀起的“学雷锋活动”热潮，以艺术的形式再现雷锋同志的光辉故事，并在全省范围内广泛演出，为浙江省进一步开展公民思想道德建设活动注入有益的内容。浙江话剧团有限公司新创作的儿童剧《琪琪的红舞鞋》在文化部第七届全国优秀儿童剧剧目展演上首度亮相，荣获优秀剧目奖（最高奖）。浙江曲艺杂技总团有限公司创排的以反映五年来浙江经济社会文化全面发展成就的杂技魔术主题晚会《旗帜阳光》、浙江歌舞剧院有限公司新推出的《生命·舞迹》刘福洋舞蹈专场在浙江省庆祝党的十八大召开优秀剧目展演首演亮相。

【国内外艺术评比取得佳绩】 宁波市演艺集团有限公司音乐剧《告诉海》获中央宣传部第十二届精神文明建设“五个一工程”奖，宁波市演艺集团有限公司神话儿童剧《神奇的田螺壳》、浙江话剧团有限公司儿童剧《琪琪的红舞鞋》获文化部第七届全国优秀儿童剧剧目展演优秀剧目奖，平阳县木偶剧团童话木偶剧《金凤凰》获文化部第七届全国优秀儿童剧剧目展演优秀演出奖，永嘉昆剧团《金印记》、浙江昆剧团《临川梦影》、《乔小青》获文化部第五届中国昆剧艺术节优秀剧目奖，浙江曲艺杂技总团有限公司中篇弹词《香屣迷踪》获文化部第五届中国苏州评弹艺术节中篇书目奖，浙江京剧团京剧《藏羚羊》获第四届全国少数民族文艺会演剧目金奖，景宁畲族民间艺术团风情歌舞《千年山哈》获第四届全国少数民族文艺会演表演金奖。浙江昆剧团昆曲《公孙子都》、《十五贯》，永嘉昆剧团《张协状元》入选国家昆曲艺术抢救、保护和扶持工程办公室“十大昆曲优秀剧目”。浙江歌舞剧院有限公司张哲获文化部第十届全国声乐比赛二等奖（美声组），杭州歌剧舞剧院陈韬获第十届全国声乐比赛二等奖（流行音乐组）。浙江京剧团罗戎征获文化部全国京剧优秀青年演员折子戏展演优秀表演奖，浙江艺术职业学院群舞《畲家女儿拍》获文化部第十届“桃李杯”全国青少年舞蹈比赛表演一等奖，群舞《东城决》获表演三等奖，沈徐斌获三等奖（古典舞少年男子组），徐梦迪获鼓励奖（古典舞少年女子组）。浙江小百花越剧院茅威涛获“2012华鼎·亚洲演艺名人满意度调查”（华鼎奖）最佳戏剧女演员奖，浙江交响乐团巴彦蒙赫获德国“2012弦之音（Saitenklang）——国际低音提琴比赛”第二名。

【纪念毛泽东同志《在延安文艺座谈会上的讲话》发表70周年】 浙江省文化厅在“5·23”前夕举办省级文化系统纪念《讲话》发表70周年座谈会。省级文化系统一批老艺术家、中青年艺术骨干和院团长代表参加座谈，省文化厅厅长杨建新等领导出席座谈会并作主旨发言。同时，省属文艺院团举办多种形式的文艺活动，营造浓郁的纪念氛围。浙江话剧团有限公司于5月21日至23日再次献演大型政论体话剧《谁主沉浮》（在衢州市工人文化宫）。浙江歌舞剧院有限公司于5月18日在浙江音乐厅献演浙江民乐团《雅风心韵》民族管弦乐作品音乐会。浙江曲艺杂技总团有限公司于5月2日至3日在浙江胜利剧院献演新创排的曲艺专场《再学雷锋》，并于5月15日至25日参加杭州市万场演出送基层活动。

【2012“新松计划”全省青年戏曲演员大赛】 为加强青年艺术人才队伍建设，推出浙江戏曲表演新人。2012“新松计划”全省青年戏曲演员大赛于5月20日开赛，来自全省各专业院团、艺术院校共计有9个市、39家单位、262名选手，剧目涵盖越剧、京剧、昆剧、婺剧、绍剧、甬剧、姚剧、瓯剧、杭剧、宁海平调、新昌调腔、台州乱弹12个剧种。分别在杭州、宁波、温州、绍兴、金华5个分赛区进行了23场初赛后，又到杭州进行了5场复赛和2场决赛，最终评出一、二、三等奖60名优秀青年演员。浙江婺剧团青年演员杨霞云获大赛第一名。

【“新松计划”省属院团青年演员大拜师汇报演出】 5月17日，在杭州剧院举办《梨园师徒情》省属院团青年演员大拜师汇报演出。10名参加大拜师活动的优秀青年戏曲演员同台演出，其中有师承京剧名家刘长瑜的浙江京剧团罗戎征汇报的剧目京剧《春草闯堂》片段，师承越剧名家金采风的浙江越剧团裘锦媛汇报的剧目越剧《碧玉簪》片段，师承昆曲名家汪世瑜的浙江昆剧团毛文霞演出的昆曲经典折子戏《拾画》，展示他们拜师学艺两年来的学习成果。

【“新松计划”第7期全省青年戏曲表演人才(花旦)高级研修班】 为进一步推动青年艺术人才培养工作，由浙江省文化厅主办的“新松计划”第7期全省青年戏曲表演人才(花旦)高级研修班于7月3日至17日在杭州举行。来自浙江越剧团、浙江小百花越剧团、浙江京剧团、浙江昆剧团、杭州越剧院、宁波市艺术剧院、温州市瓯剧团、温州市越剧团、永嘉昆剧团、浙江绍剧团、浙江婺剧团等戏曲院团(校)的27名优秀青年花旦演员，在浙江艺术职业学院接受为期半个月的高级别教学培训。国内知名的戏曲旦行表演名家担任高研班的主讲教师。

【文化惠民演出活动】 2012年，省文化厅继续实施省属院团公益性送戏下乡演出、雏鹰计划优秀儿童剧进校园演出、高雅艺术进校园演出、钱江浪花艺术团文化直通车下基层演出等公益性文化惠民演出活动。元旦春节期间，组织各专业剧团为广大城乡居民特别是农村基层群众送去形式多样的“文化年货”。浙江小百花越剧团节日期间在三门、黄岩等地为当地群众献演《五女拜寿》、《陆游与唐琬》等经典剧目和《越剧折子戏专场》，茅威涛、董柯娣、陈辉玲等越剧表演名家让基层群众一睹浙江小百花越剧团“名团、名剧、名家”的风采；大年初五和正月元宵，浙江小百花越剧团在杭州剧院演出该团入选国家舞台艺术精品工程的2台优秀剧目《陆游与唐琬》和《藏书之家》。浙江越剧团自年初四开始，携《九斤姑娘》、《画眉》等6台大戏，赴省内诸暨、绍兴、海盐、天台、新昌等地，为广大农村基层观众送去越剧经典传统戏。此外，省文化厅继续组织“浙江省舞台艺术新年演出季”，打响“新年演出季，天天看好戏”的口号，于元旦春节期间，在杭州剧院、浙江胜利剧院、浙江音乐厅等杭州主要剧场组织90余台中外文艺节目进行演出。

【坚持公共美术馆免费开放】 坚持省内各级公共美术馆实行免费开放，完善服务功能，丰富服务形式，提高公共服务能力，使公共美术馆真正成为人民大众广泛参与和充分享用的艺术殿堂。其中，浙江美术馆年均接待观众约40万人次，各类团队150多批次，举行各类文化艺术交流活动100多次，接待外籍、港澳台观众30多批次。各种类型展览均全部实行免费参观。为提高公众鉴赏水平，拉近公众和美术馆的距离，2012年，浙江美术馆免费向公众举办学术系列讲座30多次，美术体验和观众互动活动90多次，每一个展览都实行专家导览，真正让美术馆成为公众的美育之家。

【浙江省戏剧发展促进会成立】 2012年3月21日，浙江省戏剧发展促进会在杭州成立。该会由浙江省文化艺术研究院、浙江省婺剧促进会等机构和个人发起组建，并经省民政厅批复同意。全国政协文史与学习委员会副主任周国富担任促进会首任会长。新组建的浙江省戏剧发展促进会的机构性质为政府支持的公益性社会团体，宗旨为依托政府支持，发动全社会力量，共同保护、传承和发展传统戏剧艺术，弘扬优秀民族传统文化，促进戏剧事业持续繁荣发展。

【全省美术工作座谈会召开】 2012年9月20日在杭州举行。此次座谈会是省文化厅首次召开全省性美术工作会议，也是省文化厅落实省第十三次党代会精神、推进“两富”浙江建设的一项具体举措。各市和省内各主要美术机构均派员参加会议。会议对今后一个阶段全省美术工作提出相关要求：一是加强平台建设，全面推进美术馆免费开放深化工程，提升公共文化服务水平；积极举办艺术讲座、美术体验、基础培训等教育普及活动，继续办好“流动美术馆”等活动，增强美术馆与社会各界的融合力；积极利用现代高科技，开辟网上美术馆、虚拟美术馆等，让美术资讯更便捷地传达给公众。二是加强设施建设，着力推动全省美术场馆建设，构建美术工作开展平台；尚未建成公共美术馆的地方文化主管部门要积极谋划、创造机会，向当地党委政府建言献策，努力争取美术馆项目列入重点建设项目；积极鼓励各类民办画院、美术馆、美术社团建设。三是加强队伍建设，充分发挥各类美术机构作用，构建多层次人才培养体系。四是加强载体建设，持续举办丰富多彩的美术活动，构建有利于展示多样化风格的机制；重点做好如“中国画双年展”、“书风书峰——当代浙江书法名家精品展”等档次高、规模大、影响好的精品展览的组织策划，打造知名美术品牌活动。会议强调，全省各级文化行政主管部门要尽快确立加强美术工作指导管理的工作理念，明晰繁荣美术工作的工作目标和任务，不缺位、不错位，使美术工作在推动“两富”浙江建设中发挥应有的作用。以迎接党的十八大召开为契机，提升美术馆公共文化服务水平，推进重大美术设施建设，繁荣美术创作研究工作，强化美术人才队伍建设，努力开创浙江美术工作新局面。

【杨小青导演艺术研讨会暨作品展演】 2012年9月6日至16日，文化部艺术司、中国戏剧家协会、浙江省文化厅、浙江省戏剧家协会在杭州共同主办杨小青导演艺术研讨会暨作品展演，来自全国各地、台湾、香港地区以及国外的近200位专家学者应邀参加活动，总结研讨杨小青导演艺术，观摩交流杨小青代表性戏剧作品。活动期间，召开“寻诗不觉入化境”——杨小青导演艺术研讨会，出版发行《粉墨丹青——杨小青导演艺术》文集，举办杨小青戏剧作品展演和杨小青戏剧作品图片展。杨小青是中国著名的戏曲导演，是浙江戏曲艺术的领军人物之一。她对浙江的文化建设，特别是对戏曲艺术作出积极贡献。9月15日，“寻诗不觉入化境”——杨小青导演艺术研讨会在浙江艺术职业学院举行。全国政协教科文卫体委员会副主任、中国文联副主席、文化部原副部长陈晓光出席研讨会，文化部艺术司、中国剧协、浙江省文化厅、浙江省剧协4家主办单位负责人到会致辞，国内戏曲界专家学者薛若琳、龚和德、周育德、罗怀臻、贾志刚、毛时安、茅威涛等参加研讨交流。9月6日至16日，杨小青戏剧作品展演分别在杭州、绍兴两地上演。其中，由杨小青执导的浙江小百花越剧团越剧《陆游与唐琬》、绍兴县小百花越剧艺术传习中心越剧《李慧娘》、杭州剧院、杭州越剧院、浙江越剧团越歌剧《简·爱》、上海昆剧团昆剧《班昭》和沈阳京剧院京剧《将军道》在杭州剧院轮番上演，浙江越剧团越剧《九斤姑娘》和绍兴市演出公司明星版越剧《梁祝》在绍兴大剧院上演。9月16日晚，杨小青戏剧作品展演的压轴大戏“粉墨丹青——杨小青导演作品集锦专场”群星晚会在杭州剧院举行，越剧界茅威涛、吴凤花、陈辉玲、单仰萍、方亚芬、陈飞、谢群英、陈晓红、赵海英、汤丽芳，京剧界的关怀、杨春霞、刘子薇等一大批著名戏曲表演艺术家同台献艺。

【2012年全省艺术创作题材规划会议】 2012年8月16日在杭州召开。会议总结交流全省艺术创作工作，重点就进一步加强全省文艺精品创作，推进浙江文化强省建设，迎接党的十八大召开，提出新的工作目标、任务和思路，部署下一阶段创作题材规划、优秀剧目展示、艺术人才培养和重大活动举办等工作。会议指出，要充分认识新形势下繁荣文艺精品创作的重要性和紧迫性，繁荣文艺精品创作，推进文化强省建设，建设“两富”浙江，满足人民群众不断增长的精神文化需求。会议强调，要抓好主旋律作品的展示演出，努力营造迎接党的十八大召开的喜庆氛围；要抓好现实题材作品的创作、采风，走基层，转文风，努力推出一批反映建设“两富”浙江鲜活实践的原创当代题材作品；要抓好社会效益和经济效益俱佳的“双效”作品，切实将文化体制改革带来的制度创新转换为艺术生产力。

【浙江省第二批优秀保留剧目】 2012年，浙江省文化厅开展了第二批优秀保留剧目评选活动。全省共有省属院团、杭州、宁波、温州、绍兴、金华12家艺术院团的14台剧目申报。经专家评委会投票表决及浙江省文化厅官网公示，浙江昆剧团昆剧《十五贯》、浙江绍剧团绍剧《孙悟空三打白骨精》、浙江昆剧团昆剧《西园记》、浙江小百花越剧团越剧《红丝错》、浙江话剧团有限公司儿童剧《白雪公主》、宁波市演艺集团有限公司甬剧《天要落雨娘要嫁》和浙江婺剧团婺剧《昆仑女》等7台剧目被评为浙江省第二批优秀保留剧目。

【浙江省庆祝党的十八大召开优秀剧目展演】 2012年10月4日至10月24日，中共浙江省委宣传部、浙江省文化厅在杭州举办浙江省庆祝党的十八大召开优秀剧目展演。共有19台剧目分别在浙江省人民大会堂、浙江胜利剧院、浙话艺术剧院、杭州剧院和浙江音乐厅5家剧场献演。其中，包括中宣部第十二届全国精神文明建设“五个一工程”入选作品——宁波市演艺集团有限公司音乐剧《告诉海》，浙江话剧团有限公司政论体话剧《谁主沉浮》等一批浙江省第十一届精神文明建设“五个一工程”入选作品，杭州越剧院越剧现代戏《德清嫂》等一批关注社会民生的主旋律作品和现实题材作品，浙江绍剧团绍剧《孙悟空三打白骨精》等一批群众喜闻乐见的浙江省第二批优秀保留剧目。剧目涉及越剧、京剧、昆剧、婺剧、绍剧、甬剧、瓯剧、姚剧、杭剧、话剧、歌舞、交响乐、杂技魔术及音乐剧等众多艺术门类。

【浙江省第四届曲艺杂技节】 2012年11月28日至12月3日在杭州举行。共有曲艺、杂技、魔术三个门类的近60个作品参加作品、表演、创作等各奖项的角逐。此届曲艺杂技节面向全省各类国办专业艺术团体、行业艺术团体和民营艺术团体，同时鼓励曲艺杂技魔术表演个人踊跃报名参赛，在集中展示浙江省各专业曲艺杂技魔术团体优秀作品和艺术新人的同时，还荟萃一批来自全省各民营剧团、群文机构的曲艺杂技魔术艺术佳作和优秀人才。

（薛　亮）

2012年浙江省文化系统专业艺术门类在国际和全国性及华东地区专业艺术评比中获奖情况

评比活动名称	获奖剧（节）目名称	获奖类别及等次	获奖单位或个人	主办单位
第十二届精神文明建设“五个一工程”奖评选	音乐剧《告诉海》	优秀作品奖	宁波市歌舞剧院有限公司	中宣部
2010—2011年度国家舞台艺术精品工程评选	话剧《谁主沉浮》	重点资助剧目	浙江话剧团有限公司	文化部 财政部
		组织工作奖	浙江省文化厅	文化部
2011—2012年度国家舞台艺术精品工程评选	京剧《飞虎将军》	年度资助剧目	浙江京昆艺术中心（浙江京剧团）	文化部 财政部
第二届优秀保留剧目大奖评选	昆曲《十五贯》	优秀保留剧目大奖	浙江京昆艺术中心（浙江昆剧团）	文化部
第七届全国儿童剧优秀剧目展演	儿童剧《神奇的田螺壳》	优秀剧目奖	宁波市演艺集团有限公司	文化部
		导演奖	翁国生（浙江京剧团）	
		优秀表演奖	徐薇薇（宁波市小百花越剧团有限公司）	
	儿童剧《琪琪的红舞鞋》	优秀剧目奖	浙江话剧团有限公司	
		导演奖	钟　浩（特邀）	
		优秀表演奖	涂媛媛（浙江话剧团有限公司）	
	童话木偶剧《金凤凰》	优秀演出奖	平阳木偶戏保护传承中心	
		编剧奖	沈经伟　赵　阳（杭州市艺术创作研究中心）	
		表演奖	毛秀英（平阳木偶戏保护传承中心）	
		组织工作奖	宁波市文化广电新闻出版局、鄞州区人民政府、镇海区人民政府、北仑区人民政府	
第五届中国昆剧艺术节	昆剧《金印记》	优秀剧目	永嘉昆剧团	文化部 江苏省人民政府
		优秀表演奖	王振义（特邀）	
		优秀表演奖	由腾腾（永嘉昆剧团）	
		优秀笛师奖	黄光利（永嘉昆剧团）	
	昆剧《临川梦影》	优秀剧目	浙江京昆艺术中心（浙江昆剧团）	
		表演奖	程伟兵　鲍　晨　白　云（浙江昆剧团）	
		优秀鼓师奖	王明强（浙江昆剧团）	

续表

评比活动名称	获奖剧(节)目名称	获奖类别及等次	获奖单位或个人	主办单位
第五届中国昆剧艺术节	昆剧《乔小青》	优秀剧目	浙江京昆艺术中心(浙江昆剧团)	文化部 江苏省人民政府
		优秀表演奖	胡　娉(浙江昆剧团)	
		表演奖	毛文霞(浙江昆剧团)	
		优秀作曲奖	周雪华(特邀)	
	《昆曲折子戏专场》(《单刀会·刀会》、《折桂记·牲祭》、《钗钏记·相约·相骂》、《荆钗记·见娘》)	优秀展演剧目	永嘉昆剧团	
	折子戏《挡马》、《火烧子都》	优秀展演剧目	浙江婺剧团	
	折子戏《小宴》	优秀展演剧目	义乌市婺剧保护传承中心	
	折子戏《辰州打擂》	优秀展演剧目	东阳市婺剧团	
第五届中国苏州评弹艺术节	长篇书目《玉蜻蜓》	长篇书目传承演出奖	传承人:王柏荫(浙江曲艺杂技总团有限公司) 演出者:黄海华　吴静慧(浙江曲艺杂技总团有限公司)	文化部 江苏省人民政府
	中篇弹词《香屐迷踪》	中篇书目奖	浙江曲艺杂技总团有限公司·评弹团	
		优秀中篇创作(改编)奖	蒋希均(浙江曲艺杂技总团有限公司)	
		优秀表演奖	王　承(浙江曲艺杂技总团有限公司)	
		表演奖	颜丽花　黄海华(浙江曲艺杂技总团有限公司)	
第四届全国少数民族文艺会演	儿童京剧《藏羚羊》	剧目金奖	浙江京昆艺术中心(浙江京剧团) 青海省演艺集团有限责任公司	国家民委 文化部 广电总局 北京市人民政府
		最佳导演奖	翁国生(浙江京剧团)	
		最佳编剧奖	王　勇(特邀)	
		最佳舞美奖(舞美设计)	王　欢(上海越剧院) 裘　冰(浙江京剧团)	
		最佳舞美奖(造型设计)	蓝　玲(浙江小百花越剧团) 金　斐(蓝玲艺术服饰公司)	
		最佳演员奖	黄　金　方未艾(浙江京剧团) 吴　琼(青海省演艺集团有限责任公司)	
		最佳新人奖	安丽娜　胡　辉(浙江京剧团)	
		音乐奖(作曲)	朱绍玉(北京京剧院)	

续表

评比活动名称	获奖剧（节）目名称	获奖类别及等次	获奖单位或个人	主办单位
第四届全国少数民族文艺会演	儿童京剧《藏羚羊》	演员奖	刘美晴（浙江京剧团） 张晓文　张敢强（青海省演艺集团有限责任公司）	国家民委 文化部 广电总局 北京市人民政府
	舞蹈诗《千年山哈》	表演金奖	浙江（景宁）畲族民族艺术团	
	其中《木偶娱神》《茶娘采春》	最佳节目奖		
	其中《三月歌会》《学师系带》	节目奖		
		最佳演员奖	程智勇（浙江畲族民间艺术团） 陈嘉轶（丽水市文化馆）	
		最佳新人奖	潘　晴（丽水市青少年宫） 雷　雷（景宁畲族自治县文化馆）	
		编剧奖（文学撰稿）	麻益兵（丽水市文联）	
		舞美奖（舞美设计）	朱　彦（杭州朗瑞文化传播有限公司）	
		演员奖	徐　斌（浙江畲族民间艺术团） 叶　薇（景宁畲族自治县文化馆）	
		优秀组织奖	浙江省代表团	
全国京剧优秀青年演员折子戏展演	演出节目《桃花村》	优秀表演奖	罗戎征（浙江京剧团）	文化部、山东省人民政府、第十届中国艺术节山东省筹委会
第十届全国声乐比赛	演唱歌曲《冰凉的小手》 原创歌曲《盼归》	美声组二等奖 最佳原创歌曲演唱奖	张　哲（浙江歌舞剧院有限公司）	文化部、黑龙江省哈尔滨市人民政府
	演唱歌曲《心脏》	流行音乐组二等奖	陈　韬（杭州歌剧舞剧院）	
文华艺术院校奖·第十届“桃李杯”舞蹈比赛	群舞《畲家女儿拍》	表演一等奖	浙江艺术职业学院舞蹈系	文化部
		原创教学剧目三等奖	包峥剡、韩磊、朱婷（浙江艺术职业学院）	
	群舞《东城决》	表演三等奖	浙江艺术职业学院舞蹈系学生	
		三等奖 古典舞少年男子组	沈徐斌（浙江艺术职业学院学生）	
		鼓励奖 古典舞青年女子组	徐梦迪（浙江艺术职业学院学生）	
		园丁奖	包峥剡、韩磊、朱婷、关一毅、孙延泽、杨博文、林亮（浙江艺术职业学院）	
文华艺术院校奖·第四届全国青少年民族乐器演奏比赛	江南丝竹	小型民族乐器组合鼓励奖	金含玲、沈维佳、吴彬、郑吟等（浙江艺术职业学院）	文化部
		吹奏乐器青年组鼓励奖	沈维佳（浙江艺术职业学院）	

续表

评比活动名称	获奖剧(节)目名称	获奖类别及等次	获奖单位或个人	主办单位
第四届中国(宁夏)国际文化艺术旅游博览会系列活动——第二届“黄河大合唱”全国合唱邀请赛	演唱歌曲《回家》、《怒吼吧黄河》	一等奖	台州市星星合唱团	文化部、宁夏回族自治区人民政府等
		优秀指挥奖	刘燕玲(台州市教育局)	
	作品《回家》	优秀作品奖	台州市星星合唱团	
十大昆曲优秀剧目评选	昆曲《公孙子都》	十大昆曲优秀剧目	浙江京昆艺术中心(浙江昆剧团)	国家昆曲艺术抢救、保护和扶持工程办公室
	昆曲《十五贯》	十大昆曲优秀剧目	浙江京昆艺术中心(浙江昆剧团)	
	昆曲《张协状元》	十大昆曲优秀剧目	永嘉昆剧团	
第七届全国青年电视京剧演员大奖赛	演出节目《桃花村》	表演金奖	罗戎征(浙江京剧团)	中央电视台
	演出节目《请神降妖》	表演铜奖	安丽娜(浙江京剧团)	
	演出节目《忆十八》	表演铜奖	姜振宇(浙江京剧团)	
	演出节目《探阴山》	表演铜奖	张　旭(浙江京剧团)	
全国第三届大学生艺术展演活动	小品《那个时候……》	优秀创作奖	那　刚(浙江艺术职业学院)	教　育　部 浙江省人民政府
	小品《那个时候……》	乙组一等奖	吴俊杰等(浙江艺术职业学院)	
	舞蹈《男儿》	优秀创作奖	包峥剡(浙江艺术职业学院)	
	舞蹈《男儿》	乙组一等奖	沈徐斌等(浙江艺术职业学院)	
		先进个人	丁志伟、朱萍、周国清、杜焕涛、蒋新光(浙江歌舞剧院有限公司)	
		先进集体	浙江歌舞剧院有限公司	
第八届中国舞蹈荷花奖现代舞	三人舞《起舞》	表演铜奖	戎昳宁、彭辰、代天(浙江歌舞剧院有限公司)	中国文联、中共河南省委宣传部
	舞蹈《自由》	十佳作品荣誉称号	刘福洋、张雪松(浙江歌舞剧院有限公司)	
2012全国戏剧文化奖话剧金狮奖评选	话剧《谁主沉浮》	金狮剧目奖	浙江话剧团有限公司	中国话剧艺术研究会
		金狮导演奖	李伯男(特邀)	
		金狮表演奖	魏　鹏(浙江话剧团有限公司)	
		金狮经营管理奖	王文龙(浙江话剧团有限公司)	
	话剧《叩问青春》	金狮表演奖	朱静瑛(杭州话剧团)	
中国戏曲学会奖	新编越剧《狸猫换太子》	中国戏曲学会奖	绍兴县小百花越剧艺术传习中心	中国戏曲学会
中国戏曲现代戏研究会授予	甬剧《宁波大哥》	突出贡献奖	宁波市甬剧团有限公司	中国戏曲现代戏研究会
第七届中国曲艺牡丹奖全国曲艺大赛杭州分赛区	长篇苏州弹词选回《玉蜻蜓·苏婆献计》	新人提名奖	黄海华(浙江曲艺杂技总团有限公司)	中国曲艺家协会
	中篇苏州弹词选回《五姑娘》	新人入围奖	王　承(浙江曲艺杂技总团有限公司)	

续表

评比活动名称	获奖剧(节)目名称	获奖类别及等次	获奖单位或个人	主办单位
第七届中国曲艺牡丹奖全国曲艺大赛杭州分赛区	小品《两双鞋》	新人提名奖	刘 帅(浙江曲艺杂技总团有限公司)	中国曲艺家协会
		文学奖入围奖	陆路平(浙江曲艺杂技总团有限公司)	
	小品《钉子》	表演奖提名	朱 明(杭州滑稽艺术剧院)	
		新人入围奖	梁 雪(杭州滑稽艺术剧院)	
第二届中国·呼和浩特少数民族文化旅游艺术节"全国少数民族器乐演奏会"	民乐《欢乐歌》	优秀演奏奖	杭州艺术学校民乐团	第二届中国·呼和浩特少数民族文化旅游艺术节组委会
2012首届中国扬琴艺术节邀请赛	扬琴独奏《巫山船歌》《川江韵》	表演专业少年C组金奖	金 宁(杭州艺术学校)	首届中国扬琴艺术节邀请赛组委会、中国民族管弦学会扬琴专业委员会
		优秀演奏奖	章丹阳(杭州艺术学校)	
第四届中国戏剧奖·曹禺剧本奖	越剧《大道行吟》	提名奖	余青峰(杭州市艺术创作研究中心)	中国剧协
2012年第九届上海优秀儿童剧展演活动	儿童京剧《藏羚羊》	最佳剧目奖	浙江京昆艺术中心浙江京剧团、青海省演艺集团有限责任公司	上海优秀儿童剧展演活动组委会
第二十二届上海白玉兰戏剧表演艺术奖	绍剧《八戒别传》	主角奖	姚百青(浙江绍剧艺术研究院)	上海白玉兰戏剧表演艺术奖组织委员会
		配角提名奖	祝红英(浙江绍剧艺术研究院)	
第二十九届上海之春国际音乐节首届声乐大赛	薛雷演唱《来香巴拉看太阳》 王昭璋演唱《大江南》	优秀奖	薛 雷 王昭璋(浙江歌舞剧院有限公司)	上海之春国际音乐节组委会
第五届江浙沪戏曲交流演出	越剧小戏《毛估估》	银奖	桐乡市文化艺术服务中心	江苏省昆山市
2012华东六省一市专业舞蹈比赛	群舞《红色英雄》	评委会大奖	浙江歌舞剧院有限公司	主办:上海市文学艺术界联合会 承办:华东六省一市舞协
	群舞《雀语声声》	表演三等奖	浙江歌舞剧院有限公司舞蹈团	
		创作三等奖	刘福洋(浙江歌舞剧院有限公司)	
	三人舞《起舞》	表演一等奖	戎昳宁 彭辰 代天(浙江歌舞剧院有限公司)	
		创作一等奖	刘福洋(浙江歌舞剧院有限公司)	
	独舞《琵琶欲语人相随》	表演三等奖	吴陈超(浙江歌舞剧院有限公司)	
		创作三等奖	刘福洋(浙江歌舞剧院有限公司)	
	独舞《啊!草原》	表演三等奖	巩泽春(浙江歌舞剧院有限公司)	
		创作三等奖	刘福洋(浙江歌舞剧院有限公司)	
	群舞《男儿》	表演三等奖	浙江艺术职业学院	
		创作三等奖	包峥剡(浙江艺术职业学院)	

续表

评比活动名称	获奖剧(节)目名称	获奖类别及等次	获奖单位或个人	主办单位
2012 华东六省一市专业舞蹈比赛	双人舞《牵手》	表演一等奖	左旭东、何亚丹(杭州歌剧舞剧院)	主办:上海市文学艺术界联合会 承办:华东六省一市舞协
		创作一等奖	左旭东(杭州歌剧舞剧院)	
	双人舞《云间漫步》	表演二等奖	李伟、周可(杭州歌剧舞剧院)	
		创作二等奖	杨佳妮(杭州歌剧舞剧院)	
	双人舞《我心中的那只鹤》	表演二等奖	曾凯、郑超华(杭州歌剧舞剧院)	
		创作二等奖	包峥剡(浙江艺术职业学院)	
	群舞《飞扬》	表演二等奖	杭州歌剧舞剧院舞蹈团	
		创作二等奖	黄亦民(杭州歌剧舞剧院)	
	群舞《桌子》	表演三等奖	刘海波、曾凯、左旭东、李伟、洪波(杭州歌剧舞剧院)	
		创作三等奖	杨允金、刘海波(杭州歌剧舞剧院)	
	群舞《湖光倩影》	入围奖	温州市歌舞团	
	群舞《间株杨柳间株桃》	入围奖	杭州艺术学校	
	群舞《光芒芒》	入围奖	浙江艺术职业学院	
	三人舞《芭比梦世界》	入围奖	杭州歌剧舞剧院	
	独舞《异乡人》	入围奖	浙江歌舞剧院有限公司	
第七届长三角青年歌手大赛	张劼倩演唱《黄河渔娘》 陈真军演唱《This is moment》	金奖	张劼倩、陈真军(浙江歌舞剧院有限公司)	福建省文学艺术界联合会、福建省音乐家协会、上海市音乐家协会、江苏省音乐家协会、浙江省音乐家协会
	演唱歌曲《心如磐石》	银奖	吴小涵(浙江歌舞剧院有限公司)	
	范铁演唱《望乡词》 耿菲菲演唱《古老的歌》	铜奖	范铁、耿菲菲(浙江歌舞剧院有限公司)	
	演唱歌曲《北京,北京》	流行组银奖	徐　镇(杭州歌剧舞剧院)	
“放歌中华”全国大型音乐展评	演唱歌曲《彩云舞》	金奖	唐　琳(浙江歌舞剧院有限公司)	中国大众音乐协会、中国音乐文化促进会
第十届中国武汉国际杂技艺术节	杂技《墨荷・蹬伞》	黄鹤金奖	浙江曲艺杂技总团有限公司	武汉市人民政府、文化部外联局、文化部艺术司、中央电视台、中国杂技家协会、中国对外文化集团
第 21 届国际木偶联会大会暨国际木偶节	海宁皮影戏《火焰山》	最佳传承奖	海宁皮影戏艺术团有限公司	成都市人民政府、国际木偶联合会、国际木偶联合会中国中心
第十四届中国上海国际艺术节“节中节”第三届“金玉兰”上海国际木偶艺术节暨邀请赛	童话木偶剧《金凤凰》	优秀剧目奖	平阳木偶戏保护传承中心	上海国际艺术节中心、上海市文化广播影视管理局、上海文化广播影视集团、中国木偶皮影艺术学会、联合国科教文组织国际木偶联会中国中心
		表演奖	毛秀英、黄孝德、庄丽君(平阳木偶戏保护传承中心)	
		木偶造型奖	文戈、庄玉簪(平阳木偶戏保护传承中心)	
		舞美设计奖	熊延平、朱德铭(平阳木偶戏保护传承中心)	

续表

评比活动名称	获奖剧(节)目名称	获奖类别及等次	获奖单位或个人	主 办 单 位
“2012华鼎·亚洲演艺名人满意度调查”(华鼎奖)		最佳戏剧女演员奖	茅威涛(浙江小百花越剧团)	天下英才传媒
2012弦之音(Saiten-klang)——国际低音提琴比赛	演奏曲目《库赛斯多夫》《迪特斯多夫》《普罗托》	第二名	巴彦蒙赫(浙江交响乐团)	德国弗洛依登城
第六届大邱国际音乐剧节	音乐剧《断桥》	最优秀剧目奖	杭州剧院等	韩　国
		最佳表演奖	喻越越(特邀)	
首届“歌韵东方”——国际合唱艺术节	越歌合唱《梁祝·化蝶》、民歌《阿拉木汗》	民歌组冠军、评审特别奖	上虞市越剧团	“歌韵东方”韩国首尔国际艺术节
第十四届二十一世纪国际艺术节	民乐《行街》	荣誉金奖	杭州艺术学校民乐团	第十四届二十一世纪国际艺术节组委会
第四届国际华人艺术节(新加坡)中国声乐国际大赛	演唱歌曲《精武门》	流行组金奖	刘思远、郝梦媛、罗渊文(浙江歌舞剧院有限公司)	国际华人艺术节组委会
	演唱歌曲《红土香》	民族唱法特别金奖	金　瑶(浙江歌舞剧院有限公司)	
	演唱歌曲《精武门》	组合金奖	郝梦媛、王伍伟、刘思远、罗渊文(浙江歌舞剧院有限公司)	
	薛雷演唱《我又梦见了妈妈》王靖演唱《父亲》	民族唱法银奖	薛　雷、王　靖(浙江歌舞剧院有限公司)	
	王伍伟演唱《上海往事》谢雨演唱《对的人》	流行唱法银奖	王伍伟、谢　雨(浙江歌舞剧院有限公司)	
	歌曲《北京,北京》、《生活》	成人A组通俗唱法金奖	徐　镇(杭州歌剧舞剧院)	
第四届国际华人艺术节(新加坡)中国舞蹈国际大赛	舞蹈《梦一场》	表演、创作金奖	白　晶(浙江歌舞剧院有限公司)	国际华人艺术节组委会
第四届国际华人艺术节(台湾台北)中国器乐国际大赛	曲目《十面埋伏》	专业组金奖	骆　蔚(浙江歌舞剧院有限公司)	国际华人艺术节组委会

仅供参阅(根据相关文件及信息登录)

公共文化

【概况】 2012年是推动文化大发展大繁荣的重要一年。浙江省社会文化以全面贯彻党的十八大和省第十三次党代会为主题,以文化发展方式转变为主线,推进公共服务,提升设施效能,加强制度设计,优化人才队伍,打造文化品牌,扎实有效地开展各项社会文化工作。浙江省在全国性群文活动赛事中获三等奖以上奖项51项,其中金奖18项,优秀组织奖7项。全省全年累计组织送文化下乡1.94万场,送书下乡195万册,举办“文化走亲”活动1760场次,市、县培训基层文化队伍骨干累计达15万人次。2012年全省28个乡镇(街道)被评为“浙江省文化强镇”,105个村(社区)被评为“浙江省文化示范村(社区)”。

【公共文化服务建设】 一是做好国家公共文化服务示范区(项目)的创建工作。浙江省宁波市鄞州区被列为国家首批公共文化服务体系示范区创建单位,嘉兴市的“城乡一体化公共图书馆服务体系建设”、苍南县的“农村文化中心建设的创新模式”列为国家首批公共文化服务体系创建示范项目。2012年3月,文化部督查组来浙江省进行中期验收,鄞州区在25项中期进度重点指标中,有23项评定为优,1项为良,1项为中,督查项目和指标的优良率达96%。在全国第一批31个创建城市中,鄞州区位居前列。

二是推进省级公共文化服务示范区（项目）的创建工作。2012年浙江省文化厅印发《创建浙江省公共文化服务体系示范区（项目）过程管理若干规定》，举办创建浙江省公共文化服务体系示范区（项目）培训班，在绍兴县、海宁市分别召开示范区创建工作联络员会议。按照《创建浙江省公共文化服务体系示范区（项目）过程管理若干规定》，对杭州市余杭区、慈溪市、长兴县、海宁市、绍兴县、诸暨市、临海市7个示范区在建立领导机制、建立督导检查制度、建立信息报送制度、建立信息宣传制度4个方面的推进情况进行督促检查。

各创建单位成立由党委、政府主要领导任组长的创建工作领导小组，制订颁发《创建浙江省公共文化服务体系示范区实施意见》，形成由政府主导、文化行政部门具体落实、各相关单位协同负责的工作机制。同时，积极拓宽宣传渠道，通过广播、电视、报纸等媒体，开展创建工作宣传。

三是开展基层公共文化服务创新奖、省级文化强镇、文化示范村（社区）评选工作。2012年，为总结、推广浙江省近年来基层公共文化服务方面的创新举措，开展基层公共文化服务创新奖评选活动，经省文化厅评审，全省共有21个基层公共文化服务项目获得创新奖，16人获省公共文化服务项目创新奖先进个人。继续开展“浙江省文化强镇”和“浙江省文化示范村（社区）”创建工作，2012年全省28个乡镇（街道）被评为“浙江省文化强镇”，105个村（社区）被评为“浙江省文化示范村（社区）”。为指导推进浙江省文化先进县创建工作，7月25日至27日在三门县召开全省文化先进县（市、区）创建工作推进会。

四是完成国家公共文化服务体系制度设计综合研究任务。根据文化部部署，浙江省代表中国东部地区承担国家公共文化服务体系制度设计综合研究任务。从2010年12月启动课题研究工作以来，共确定27个子课题作为此次公共文化服务体系制度设计的课题研究范围。2012年12月，文化部专家组对浙江省承担的课题评审为全国综合性课题唯一优秀奖。基于浙江省公共文化服务的理论与实践，由浙江大学胡税根教授领衔、浙江省文化厅等单位共同参与的项目《公共文化服务的指标体系构建与绩效评估研究》，获得2012年度国家社科基金第一批重大项目（文化类）立项，这是文化类立项名单中浙江省唯一获立项的项目。

五是开展全省第五次乡镇综合文化站评估定级工作。为全面规范乡镇综合文化站建设，充分发挥乡镇综合文化站的功能与作用，着力提升农村公共文化服务水平，按照每三年一次评估定级的要求，浙江省文化厅于2012年开展全省第五次乡镇综合文化站评估定级工作。全省共有1066个乡镇综合文化站达到三级以上乡镇综合文化站标准，上等级率79.3%。其中“特级综合文化站”86个、“一级综合文化站”258个、“二级综合文化站”386个、“三级综合文化站”336个。舟山市实现上等级综合文化站全覆盖。

六是全面推进公共文化设施免费开放。贯彻落实文化部、财政部《关于推进全国美术馆、公共图书馆、文化馆（站）免费开放工作的意见》精神，让广大基层群众共享文化发展成果。3月，联合浙江省财政厅下发《关于进一步推进美术馆、公共图书馆、文化馆（站）免费开放工作的实施意见》，要求进一步加大免费开放的力度，形成免费开放的服务品牌，强化免费开放保障机制。文化部“两馆一站”（图书馆、文化馆、文化站）免费开放检查组来浙江省督导，对浙江省的免费开放工作给予较高评价。为规范文化馆业务工作，更好地面向基层开展公共文化服务，制定下发《浙江省文化馆工作规范（试行）》，从基本职能、机构设置、岗位设置与人员要求、公共文化服务内容、服务要求、公共文化理论研究、内部管理7个方面，对文化馆工作提出规范化要求。

七是完成2011年度全省基层公共文化服务评估工作。依托浙江省社会文化数据填报系统，2012年省文化厅对全省90个县（市、区）2011年公共文化服务各项评估指标进行数据汇总和综合比较，进行综合排名，排名结果在一定范围内予以公布。在此基础上，制定《浙江省公共文化服务实施绩效挂钩奖励资金考核细则》，会同省财政厅对各地公共文化服务绩效挂钩指标完成情况进行考核，并对考核前30名的县市给予奖励补助。委托省文化艺术研究院，在全省选取12个县（市、区）、14个镇（乡、街道）和20个村（社区），作为“十二五”时期公共文化服务的观测点。通过长期收集观测文化民生民情数据和资料，为浙江省文化建设决策参考提供依据。

【群众文化活动】 围绕党的十八大和省第十三次党代会庆祝主题，省文化厅先后组织开展“永远跟党走”——红色经典歌曲合唱大赛、

"群星璀璨"全国美术书法摄影优秀作品展、"花样年华"全国剪纸精品邀请展暨首届全国青年现代剪纸艺术设计大赛、浙江省第三届社区文化艺术节、浙江省第六届排舞大赛、浙江省新农村建设题材村歌演唱大赛、第二届浙江省少儿组唱、表演唱大赛、浙江省第二十三届戏剧小品邀请赛等重大赛事。

结合春节、元宵等传统节日，广泛开展群众性基层文化活动。精心设计活动载体，充分调动基层业余文化骨干的积极性，利用文化馆、文化站、公共图书馆、文化中心广场等场所，依托文化活动中心、村文化室、文化示范户等，大力开展形式多样、丰富多彩的群众性文化活动，丰富群众节日文化生活。为推动全省群文精品创作，组织开展浙江省第三届乡村诗歌大赛、浙江省舞台舞蹈大赛、浙江省第十一届音乐新作演唱演奏大赛、浙江省第二十三届戏剧小品邀请赛、浙江省首届村歌创作演唱大赛。省文化厅与文化部公共文化司联合主办"2012 群星璀璨·全国群星美术书法摄影优秀作品展"，与中国群文学会联合举办"花样年华"——全国剪纸精品邀请展暨首届全国青年现代剪纸大赛。

积极参加全国各类文化赛事，取得较好成绩。组织参加全国首届渔歌邀请赛，获得金、银、铜奖各1名；组织参加"永远的辉煌"第十四届中国老年合唱节活动，获得一金二铜；组织参加第十一届华东六省一市戏剧小品大赛，获得一金三银。在全国性群文活动赛事中获三等奖以上奖项 51 项，其中金奖 18 项，优秀组织奖 7 项。

2012 年省文化厅印发《浙江省群文创作精品与群文创作群体"八个一百"(100 个音乐、舞蹈、戏剧、曲艺、文学作品；100 个美术、书法、摄影群体)评选办法》(浙文社〔2012〕41 号)，以指导全省群众文化精品的创作和加工。同年评出群众文化书法、美术、摄影群体 116 个。

2012 年全省累计组织送戏下乡 1.94 万场，送书下乡 195 万册次，送讲座展览 3854 场，举办"文化走亲"活动共 1760 场次，通过各市、县(市、区)对本区域的文化资源进行有效整合、提炼，自行组织品牌节目、代表人物到其他相邻的省、市、县(市、区)开展"文化走亲"交流活动。组织评选出 2011 年度"文化走亲"活动先进集体 14 家。中宣部《宣传工作》第 73 期刊发题为《浙江省湖州市以"文化走亲"活动为载体推动城乡基层文化繁荣发展》的文章，对浙江省湖州"文化走亲"活动的经验予以肯定。

【全国农民工文化建设现场经验交流会在浙江召开】 2012 年 2 月，浙江省文化厅与浙江省人力资源和社会保障厅、浙江省商务厅、浙江省总工会联合下发《关于加强农民工文化工作的指导意见》(浙文社〔2012〕3 号)，指导推动浙江省农民工文化建设工作。5 月 10 日，"全国农民工文化建设现场经验交流会"在浙江省东阳市召开。文化部副部长杨志今、浙江副省长郑继伟、文化部公共文化司司长于群等领导出席会议。会议期间，举行农民工文化建设工作论文研讨会和浙江省农民工文化建设成果展览。

【组织对新疆、西藏集中开展"边疆行"系列文化交流活动】 根据《文化部、中央文明办关于开展 2012 年"春雨工程"——全国文化志愿者边疆行工作的通知》(文社文函〔2012〕151 号)要求，结合 3 月份"春雨工程"——全国文化志愿者边疆行工作会议的对接情况和边疆地区对文化的现实需求，2012 年 8 月至 9 月对新疆、西藏集中开展"边疆行"系列文化交流活动，开展"文化志愿者边疆行示范项目——藏族歌曲创作采风"、"文化志愿者边疆行——新疆全区基层群文舞蹈、合唱与指挥提高班"等活动。开办西藏地区文化骨干浙江培训班。指导、协助宁波市鄞州区承办文化部 2012 年"春雨工程——全国文化志愿者边疆行"活动签约启动仪式。浙江省文化厅被文化部评为 2012 年全国文化志愿服务组织工作成绩突出单位，省文化厅组织的"藏族歌曲创作采风"被评为"春雨工程"——全国文化志愿者边疆行示范项目，宁波市文化馆"群星"文化志愿服务活动被文化部评为"全国基层文化志愿服务活动优秀项目"。

【深入实施基层文化队伍素质提升工程】 2012 年省级完成图书馆馆长、文化馆馆长、社文科(处)长、共享工程技术骨干、排舞编导、合唱指挥、群众文化活动的组织与策划、书画创作、文学创作、开发区群文活动组织策划等培训班，共培训学员 1000 余名。市、县培训基层文化队伍骨干累计达 15 万人次。6 月，启动 2012 年"耕山播海"浙江省经济欠发达地区农村文艺骨干系列培训活动。此次活动由省文化厅主办，省文化馆承办，主要面向全省 18 个经济欠发达县(市、区)的农村文艺骨干开展各门类艺术培训活动。从 5 月起至 12 月止，赴 15 个县(市、区)开展 90 场培训活动，受众人群达到8000余人次。

（汪仕龙）

链接　2012年浙江省公共文化服务项目创新奖名单

一等奖：

1. 村级文化礼堂建设（临安市文广新局）

2. 儿童知识银行（温州市图书馆）

3. 群星展厅（宁波市文化馆）

4. 文化员下派制度（海盐县文广新局）

5. “畲乡文化卡”（景宁县文广新局）

二等奖：

1. “文化零距离”大型民生服务项目（舟山市定海区文广新局）

2. “文化有约”——嘉兴市公益性文化场馆免费开放深化工程（嘉兴市文广新局）

3. “相约系列”文化活动品牌（杭州市余杭区文广新局）

4. “天一讲堂”运作模式（宁波市图书馆）

5. “草根微舞台”（苍南县文广新局）

6. “让世界听到中国幸福乡村的声音”——江山市全民合唱节（江山市文广新局）

7. 公共图书馆文化综合体（杭州图书馆）

8. “文化超市”（三门县文化馆）

三等奖：

1. “百姓大舞台”（仙居县文广新局）

2. “居家文化”惠民服务（杭州市上城区文广新局）

3. 优秀青年创新团队（丽水市文化馆）

4. “燎原工程”（余姚市文广新局）

5. “三个三”农村基层辅导机制（湖州市文化馆）

6. 桐城民星大舞台（桐乡市文广新局）

7. 区域“文化综合体”（杭州市江干区文广新局）

特别贡献奖：

“音王惠民产品”（鄞州区文广新局、宁波音王电声有限公司）

2012年浙江省公共文化服务项目创新奖先进个人名单

张交和（舟山市定海区文化广电新闻出版局）

张瀚云（舟山市定海区文化馆）

赵　敏（江山市文化广电新闻出版局）

欧阳昆超（苍南县文化广电新闻出版局）

褚红斌（桐乡市文化馆）

潘前波（宁波市文化馆）

朱启仁（宁波市文化馆）

库金红（宁波市图书馆）

褚树青（杭州图书馆）

杨庆华（三门县文化馆）

梅　军（三门县文化馆）

龚　蓓（杭州市余杭区文化广电新闻出版局）

季彤曦（景宁县文化广电新闻出版局）

叶巍娥（景宁县文化广电新闻出版局）

杨建伟（杭州市上城区文化广电新闻出版局）

颜　瑾（杭州市江干区文化广电新闻出版局）

浙江省第五次乡镇综合文化站评估定级情况表

地区	乡镇总数	参评数		特级站		一级站		二级站		三级站		不上等级		未参评数
		个数	比例	个数	比例	个数	比例	个数	比例	个数	比例	个数	比例	
杭州	193	190	98.4	41	21.2	59	30.6	53	27.5	37	19.2	0	0	3
宁波	152	148	97.4	15	9.9	78	51.3	45	29.6	10	6.6	0	0	4
温州	130	128	98.5	9	6.9	19	14.6	61	46.9	27	20.8	12	9.2	2
湖州	69	53	76.8	6	8.7	16	23.2	21	30.4	6	8.7	4	5.8	16
嘉兴	73	73	100	11	15.1	25	34.2	20	27.4	13	17.8	4	5.5	0
绍兴	118	116	98.3	4	3.4	26	22.0	49	41.5	32	27.1	5	4.2	2
金华	152	152	100	0	0	5	3.3	40	26.3	60	39.5	47	30.9	0
衢州	106	106	100	0	0	1	0.9	13	12.3	40	37.7	52	49.1	0
舟山	43	43	100	0	0	9	20.9	25	58.1	9	20.9	0	0	0
台州	132	130	98.5	0	0	12	9.1	33	25.0	46	34.8	39	29.5	2
丽水	177	164	92.7	0	0	8	4.5	26	14.7	56	31.6	74	41.8	13
全省	1345	1303	96.88	86	6.4	258	19.2	386	28.7	336	25.0	237	17.6	42

图书馆事业

【概况】 截止到2012年年底，全省共有县级以上的公共图书馆97个，总建筑面积68.8万平方米，总藏书量5344万册，全年共接待读者4572万人次。

【公共图书馆服务不断创新】 一是推进县图书馆乡镇分馆建设。根据《浙江省文化厅关于推进全省城乡一体化公共图书馆服务体系建设的指导意见》精神，进一步加强中心镇图书馆建设。2012年申报新建中心镇图书馆22个，建成开放中心镇图书馆43个。下发《关于委托开展中心镇图书馆完工情况核查的通知》，委托各市对所辖县(市、区)申报完工的中心镇图书馆情况进行核查，并提交核查意见和报告。

二是完善全省公共图书馆“四大联盟”建设。推进浙江省公共图书馆讲座、展览、信息服务、网络技术“四大联盟”建设，通过资源共享、服务保障、技术支撑、人才培养等方式，实现全省公共图书馆联动发展。依托讲座、展览联盟，开展文化惠民基层行大型公益讲座展览巡讲巡展活动，举办全省公共图书馆展览创意设计大赛，大赛中获奖的优秀作品供全省公共图书馆共享，并在全省巡展；依托信息服务联盟，开展“两会”信息服务工作，成员馆共同编辑“两会”服务热点专题信息24种；依托网络技术联盟，筹建全省公共图书馆云服务平台，采用云计算技术，整合省内各级公共图书馆的硬件资源、数字资源、人力资源等，向各级公共图书馆提供云搜索、云存储、云资源、云软件等服务，实现资源共享，节省各馆运行成本。

三是开展世界读书日、图书馆服务宣传周活动。全省公共图书馆以“世界读书日”为契机，开展讲座、展览、捐书、超期书归还免逾期费等各项阅读推广活动。图书馆服务宣传周期间，紧密围绕“文化强国——图书馆的责任与使命”和“推进公共图书馆服务规范化”主题，结合第八届浙江省未成年人读书节和送书、送讲座展览下乡等工作，组织开展2012年度图书馆服务宣传周活动，扩大公共图书馆的影响力。

四是关注未成年人和特殊人群的文化服务。举办第八届浙江省未成年人读书节。以“梦想激发阅读，阅读点燃梦想”为主题，倡导未成年人勇于追逐美好梦想，积极阅读求知。全省各级公共图书馆举办各类读书活动700多场次，共有近15万人次直接参与读书节活动，通过电视、报纸等宣传媒介了解、参与本届读书节的人更达百万之多。举办浙江省未成年人“悦读之星”书法大赛。大赛采用现场书写的形式，无论年龄大小，选手都要独自登台，在指定时间内完成主办方指定内容的书写。此次大赛共有24名选手参加决赛，最后评出一等奖2名，二等奖4名，三等奖6名和优秀奖若干名。参加此次大赛决赛的选手原创作品及现场比赛作品还被编辑制成展板，在省内巡展。组织开展视障人群文化活动。浙江图书馆举办“新起点新精彩”新春座谈会，30余位视障读者欢聚一堂，为视障中心的发展出谋划策。举行“我的阅读生活”盲文读者演讲比赛活动，收到录音文件、电子邮件、盲文稿等各种形式投稿50余件，80余位视障读者参加比赛。举行“游白堤 品诗歌”助残日主题活动，并与浙江省盲协一起发布盲人阅览倡议书，新华社、联合早报等多家媒体报道。举办国际盲人节大型公益活动，180名视障读者、40名志愿者以及残疾人联合会代表参加文艺活动、视障电影讲解、视障服务志愿者培训等丰富多彩的活动。浙江图书馆视障信息无障碍服务中心入选10个金城标体验点。

五是继续开展公共电子阅览室建设。依托“文化信息资源共享工程”网络，推进全省公共电子阅览室建设，全省共建有各级公共电子阅览室1472家。完成浙江省公共电子阅览室管理信息系统及其终端管理系统开发工作，下发《关于要求配置浙江省公共电子阅览室管理系统支中心服务器的通知》、《关于做好浙江省公共电子阅览室管理系统安装部署工作的通知》，全面启动浙江省管理系统的部署工作，在全省安装部署市级支服务器11个，县级支服务器68个，接入公共电子阅览室496个，接入终端计算机5011台。2012年，浙江省有8个文化共享工程基层服务点被命名为“全国文化信息资源共享工程·公共电子阅览室示范点”。

六是开展全省公共图书馆地方文献资源建设考评工作。召开全省公共图书馆地方文献工作研讨会，下发《关于在全省开展公共图书馆地方文献工作考评的通知》，部署考评工作。6月至9月，委托浙江省图书馆学会组织三个考评小组，对全省公共图书馆地方文献工作进行首次综合性考评。12月下发《浙江省文化厅关于全省公共图书馆地方文献工作考评情况的通报》，命名9

家单位为全省公共图书馆地方文献工作“示范馆”；评选出 20 个“优秀组织奖”，22 个“特色资源奖”，34 名“先进个人”。

【数字文化服务成效显著】 一是推进数字图书馆建设。在全省全面部署数字图书馆推广工程建设。开展虚拟网建设，完成与国家图书馆和杭州、宁波、温州、嘉兴、绍兴 5 个市级馆的联网并开展应用。承办国家图书馆数字图书馆推广工程理念普及培训班。

二是浙江网络图书馆平台运行稳定。2012 年 1 月，浙江网络图书馆手机版开通试运行，公共文化服务进入读者的“口袋”。2 月，开通浙江网络图书馆影视频道。2012 全年网络图书馆的点击量达到 1064 万余次，电子图书全文下载 60.7 万余册次，荣获全省宣传思想文化工作“三贴近”（贴近实际、贴近生活、贴近群众）优秀奖。

三是加强地方特色资源建设。浙江省申报的 4 个全国文化信息资源共享工程地方资源建设项目，通过文化部审查，正式立项。这 4 个项目分别是浙江革命风云人物专题片、浙江书院专题片、浙江戏曲多媒体资源库、畲族文化多媒体数据库。浙江人文数字地图项目，2012 年建设“浙江名人”和“方志”两个专题数据库。文化信息资源共享工程浙江省分中心先后下发《现代地方文献图书制作规范》、《浙江名人数据库元数据方案（讨论稿）》对人文数字地图建设进行指导。

四是创新数字资源服务模式。成立全国首个“数字文化讲师团”，开展数字文化下基层活动，逐步将浙江省共享工程建设重点从设施建设转向资源使用。在全省开展“数字资源推广使用年”系列活动，充分利用各种有效载体，加大宣传，营造全社会关注、使用数字资源的氛围，充分发挥网络图书馆及文化共享工程数字资源的作用。

【古籍保护工作】 注重古籍资源的保护利用。印发《浙江省“中华古籍保护计划”实施方案》；完成浙江古籍保护标志应用设计；下发《浙江省文化厅关于开展全省古籍普查项目申报工作的通知》，在全国率先以项目管理方式推进古籍普查工作；完成《浙江省古籍普查手册》第三版修订；组织专家对全省 25 家申报“浙江省古籍重点保护单位和保护达标单位”的单位进行实地考察，对全省 20 家单位申报《浙江省珍贵古籍名录》的 298 部珍贵古籍进行评审。

加大古籍保护宣传力度。在世界读书日举办古籍线装书装订和拓碑等古籍修复体验活动，读者学习折封面、修剪、打洞、穿针引线等线装书装订工序，并观看文献修复演示。向浙江大学公共管理学院学生介绍馆藏和讲解古籍版本知识，指导 9 名实习生的修复实践。

加强修复队伍的建设。派员参加文化部第三期全国文化行业高技能人才培训班；对湖州、黄岩等市县图书馆古籍普查培训员进行一对一的培训指导。

（施　莹）

非物质文化遗产保护

【概况】 2012 年，浙江省非物质文化遗产保护工作认真实施国家《非物质文化遗产法》和《浙江省非物质文化遗产保护条例》，认真落实《浙江省文化事业发展“十二五”规划》和《浙江省非物质文化遗产保护发展“十二五”规划》，夯实基础，统筹安排，立足浙江，着力提升，努力推进浙江非遗事业新发展。截止到 2012 年底，全省 11 个设区市均建立非遗保护中心，86 个县（市、区）建立非遗保护中心。

对申报人类非物质文化遗产和国家级非物质文化遗产“三连冠”先进集体和个人给予记功表彰。经省政府批准，记一等功 9 人，二等功 26 人，专家特别贡献奖 10 人，先进单位 18 个。

【实施浙江省文化遗产传承计划】 配合浙江省委做好文化建设十大计划的编制工作，编制完成《浙江省文化遗产传承计划》，并抓好具体部署和实施工作。编制出台《浙江省非遗保护发展“十二五”规划》，具体包括非遗抢救保护计划、活态保护计划、生态区建设计划、展示共享计划、生产实践计划、研究应用计划、制度建设计划、可持续发展计划“八大行动计划”。

【做好非遗项目的保护传承工作】 全面落实国遗项目“八个一”（一个保护方案、一个专家指导组、一个工作班子、一个传承基地、一个展示平台、一套完备档案、一册普及读本、一项配套政策）保护实施方案。全省 187 个国家级非遗名录项目，全部制订和完善“十二五”期间保护规划，一项一策，分类指导，并按照工作计划和步骤，切实履行保护传承的责任。

组织开展 2012 年服务传承人月活动，要求各地继续做好以“八个一”为内容的“服务传承人月”活动

(对传承人进行一次走访慰问,发放一笔传承人政府补贴,召开一次传承人座谈会,组织一次传承人体检活动,举办一次传承人技艺展示活动,组织一次传承人专题采访报道,落实一项传承传习措施,制订一年传习活动计划),创新服务内容、服务方式和服务手段,激发传承人开展传习活动的责任感和使命感,营造尊重传承人、支持传承人、服务传承人的良好社会氛围。

【开展全省国遗项目保护督察工作】 2012年3月,根据文化部《关于加强国家级非物质文化遗产代表性项目保护管理工作的通知》,组织全省各级文化主管部门对187项国家级非遗项目保护传承工作情况开展自查,省文化厅组织专家核查组对各市自查工作进行核查,核查项目全覆盖,核查率达到100%。

4月21日,文化部非遗司副司长马盛德率文化部非遗保护督查组一行到海宁市考察国家级非物质文化遗产项目传承保护工作情况。省文化厅组织召开浙江省国遗项目督查汇报会议,副厅长陈瑶作浙江省国家级非物质文化遗产代表性项目保护工作自查报告。督查组实地考察调研杭州市、海宁市等国遗项目保护工作的实际情况,对浙江省国遗项目保护工作表示肯定。

【省政府公布第四批浙江省非物质文化遗产名录】 2012年6月,省政府公布了第四批省级非物质文化遗产名录项目共202项,进一步推进了浙江省的非遗名录建设。在加强非遗项目申报的同时,省文化厅对前三批省级非遗名录项目保护传承情况进行调查,切实强化保护工作措施。

【推进县级区域非遗保护工作】 2012年2月23日,省文化厅公布余杭、海宁、开化等17个为省级非物质文化遗产保护综合试点县,出台《关于加强浙江省非遗保护综合试点县建设的指导意见》,推进美丽乡村建设中的非遗保护工作,通过省、县、村三个层面的着力强化和相互联动,促进非遗事业层级发展。

2012年4月19日,浙江省县级区域非遗保护工作现场会在开化县召开,各试点县分别交流介绍非物质文化遗产保护传承的做法和经验。省文化厅副厅长陈瑶出席会议并讲话。

2012年11月25日,浙江省美丽乡村建设中的非遗保护工作现场会在桐庐召开。省文化厅厅长金兴盛出席会议并讲话。与会20位村支书、村主任代表村民共同向全省发出《像呵护土地一样呵护文化遗产》的倡议。

链接　浙江省非物质文化遗产保护试点综合县名单

杭州:余杭区、临安市、桐庐县
宁波:鄞州区、余姚市、象山县
温州:乐清市、苍南县
湖州:南浔区
嘉兴:海宁市
绍兴:绍兴县
金华:永康市
衢州:开化县、龙游县
舟山:普陀区
台州:临海市
丽水:龙泉市

【加强非遗保护载体建设】 2012年11月,省文化厅召开浙江省非物质文化遗产传承教学基地工作经验交流会,对已公布的非遗传承基地、传承教学基地,传统节日保护基地等各类保护载体进行调研评估,提出指导,促进各类基地建设取得实效。

会同省教育厅组织开展第二批浙江省非物质文化遗产传承教学基地申报与评审工作,并组织专家考察评估组对候选基地进行现场考察评估,2012年底,公布浙江省第二批非物质文化遗产传承教学基地69个。

2012年11月26日,省文化厅、省旅游局联合发文公布建德市新叶村等35个行政村为第二批浙江省非遗旅游景区(民俗文化旅游村)。

链接　第二批浙江省非物质文化遗产传承教学基地名单

序　号	所在市	区、县(市)	申　报　学　校	传承项目
1	高校		浙江中医药大学	中医
2			浙江传媒学院	传统戏剧
3			浙江农林大学	茶文化
4			温州大学	温州鼓词
5			嘉兴学院	民间美术
6			浙江金融职业学院	古钱币文化
7			浙江科技学院	古村落文化

续表

序 号	所在市	区、县(市)	申 报 学 校	传 承 项 目
8	高校		浙江水利水电专科学校	水文化
9			浙江商业职业技术学院	传统木板水印印刷(扩项)
10			杭州万向职业技术学院	西溪文化
11			浙江工贸职业技术学院	刘伯温传说
12			浙江工业职业技术学院	黄酒酿造技艺
13			浙江农业商贸职业学院	绍兴菜烹饪技艺
14			浙江广厦职业技术学院	东阳木雕
15	杭州	萧山区	萧山区坎山镇光明中心小学	萧山花边
16		拱墅区	杭州市大关小学	江南丝竹
17		西湖区	杭州市西湖第一实验学校	龙坞彩灯制作技艺
8		余杭区	余杭区五常中心小学	五常十八般武艺
19		江干区	采荷一小教育集团	剪纸
20		临安市	临安市衣锦(实验)小学	钱王传说
21		桐庐县	桐庐县横村初级中学	剪纸
22		建德市	建德市大慈岩中心小学	新叶昆曲
23	湖州	吴兴区	吴兴区塘甸小学	湖剧
24		南浔区	练市镇练市小学	练市船拳
25		长兴县	长兴县林城镇天平中心小学	百叶龙
26		安吉县	安吉县溪龙乡中心小学	白茶炒制技艺
27	嘉兴	南湖区	嘉兴市秀城实验教育集团吉水小学	黑陶烧制技艺
28		海盐县	海盐县天宁小学	海盐滚灯
29		桐乡市	桐乡市河山镇中心学校	蚕文化
30	金华	婺城区	东市街小学	婺剧
31		永康市	永康职业技术学校	锡艺
32		浦江县	浦江县实验小学	浦江乱弹
33		武义县	武义县壶山小学	武义昆曲
34		义乌市	义乌市畈田朱小学	义乌道情
35		兰溪市	水亭畲族乡柏园学校	断头龙
36		东阳市	东阳市聋哑学校	东阳木雕
37	丽水	青田县	青田县职业技术学校	青田鱼灯
38		庆元县	庆元县江滨小学	廊桥文化
39		缙云县	缙云县七里小学	剪纸
40		缙云县	缙云县舒洪小学	婺剧
41		景宁县	景宁畲族自治县民族小学	畲族山歌
42		遂昌县	遂昌县湖山乡中心小学	武十番
43		龙泉市	龙泉市安仁中学	菇民防身术
44		松阳县	松阳县玉岩中学	松阳高腔

续表

序　号	所在市	区、县(市)	申　报　学　校	传 承 项 目
45	宁波	北仑区	宁波市北仑区梅山小学	水浒名拳
46		鄞州区	宁波市鄞州区五乡镇中心小学	内家拳
47		镇海区	澥浦中心学校	船鼓艺术
48		宁海县	宁海县第一职业中学	泥金彩漆
49		奉化市	奉化市技工学校	奉化布龙
50	衢州	龙游	龙游县湖镇初级中学	婺剧
51		开化	开化县马金中学	高跷竹马
52		常山	常山县五里中心小学	婺剧
53	绍兴	绍兴县	绍兴县富盛镇中心小学	绍兴莲花落
54		嵊州市	嵊州市越剧艺术学校	越剧
55		诸暨市	诸暨市浣纱小学	西施传说
56	台州	台州市	台州职业技术学院	武术(太极拳)
57		天台县	天台县白鹤镇鹤楼小学	皇都南拳
58		黄岩区	黄岩区新前街道中心小学	武术
59		三门县	三门县花桥中学	花桥龙灯
60		温岭市	温岭市职业技术学校	大奏鼓
61		玉环县	玉环县坎门第二初级中学	鱼龙灯
62	温州市		温州市金鼎美食培训学校	瓯菜烹饪
63		瓯北区	温州市特殊教育学校	细纹刻纸
64		苍南县	苍南县民族中学	点色剪纸
65		瑞安市	瑞安市开元职业中等专业学校	瑞安木活字
66		乐清市	乐清市乐成第二小学	细纹刻纸
67	舟山	定海区	定海区盐仓中心小学	舟山锣鼓
68		普陀区	舟山市普陀区沈家门第一小学	舟山锣鼓
69		普陀区	舟山市普陀区沈家门第四小学	渔民画

第二批浙江省非物质文化遗产旅游景区(民俗文化旅游村)名单

乡村名称	所属地区	乡村名称	所属地区
新叶村	杭州市建德市	鱼圻塘村	嘉兴市平湖市
荻浦村	杭州市桐庐县	渔民村	嘉兴市嘉善县
富泽村	杭州市淳安县	鄣吴村	湖州市安吉县
龙门古镇	杭州市富阳市	尚书圩村	湖州市安吉县
皋亭山风景区(皋城村、沿山村)	杭州市江干区	后坞村	湖州市德清县
三星村	嘉兴市南湖区	善琏村	湖州市南浔区
民主村	嘉兴市秀洲区	含山村	湖州市南浔区
庆云社区	嘉兴市海宁市	前童村	宁波市宁海县

续表

乡村名称	所属地区	乡村名称	所属地区
岭根村	台州市临海市	浔里村	衢州市江山市
高迁村	台州市仙居县	天池村	衢州市龙游县
里箬村	台州市温岭市	张宅村	温州市泰顺县
东极村	舟山市普陀区	蒲壮所城(金城村、龙门村)	温州市苍南县
干施岙村	舟山市普陀区	下垟村	丽水市云和县
外婆坑村	绍兴市新昌县	东弄村	丽水市景宁县
花园村	金华市东阳市	河阳村	丽水市缙云县
厚吴村	金华市永康市	月山村	丽水市庆元县
榉溪村	金华市磐安县	淤溪村	丽水市遂昌县
路里坑村	衢州市常山县		

【开展“文化遗产日”系列活动】 2012年文化遗产日期间，举办第七届浙江省非物质文化遗产节暨浙江省非物质文化遗产进校园活动季。系列活动包括浙江省“非遗进校园活动季”启动仪式、省非遗传承教学基地经验交流会、省非遗学科建设研讨会、全省优秀非遗校本教材评选、大专院校学生“走访传承人”大型主题访问活动、高校学生体验非遗活动等。6月8日，“浙江省非物质文化遗产进校园活动季“在浙江大学拉开帷幕，活动主题为“传统的青春，青春的传统”。

“非遗进校园活动季”由省文化厅、省教育厅、团省委、浙江日报、浙江广电集团联合部署开展。活动季期间还组织举办了浙江省大学生非物质文化遗产辩论赛、在杭高校大学生龙舟赛，“大学生走访传承人”大型主题访问等活动，召开浙江省高校非遗学科建设研讨会。

【加强非遗科研与编撰工作】 2012年出版浙江省国家级非物质文化遗产代表性项目丛书第二批国遗项目25卷。启动《中国非物质文化遗产普查报告·浙江卷》编撰工作，并报文化部非遗司初审。

【推进高校非遗研究基地建设】 鼓励各高校非遗研究基地开展非物质文化遗产学术研究和指导实践，2月21日，授予浙江师范大学浙江省非物质文化遗产研究基地“浙江省非物质文化遗产优秀科研基地”称号。4月9日，公布浙江海洋学院、温州大学为高校省非遗研究基地。

【推进全省非遗数字化建设进程】 4月13日，省文化厅公布桐庐县等12个非遗数字化试点县。召开浙江省非遗数字化试点县建设工作会，下发《关于加强非遗数字化试点县建设的指导意见》。截至4月底，浙江省已建设包括六大模块的浙江省非物质文化遗产数据平台(普查管理数据库，项目管理数据库，工作管理数据库，影像管理数据库，集成志书数据库、系统管理数据库)。举办非遗数字化平台试点县市培训班，加强非遗工作者业务素养和信息化技能培训。全省有11个市12个试点县市共297人接受培训。

【做好国拨非遗资金申报和非遗专项资金申报管理工作】 继续推进市县两级非遗保护中心建设、文化行政部门非遗处科建设；推进市县建立非遗保护专项资金。鼓励市县建设基层非遗馆。浙江省已建立市、县级非遗保护中心93个。根据文化部要求，做好2011年度国拨资金使用绩效检查和填报工作，并对2012年国拨资金使用提出指导。组织各市、县(市、区)申报2013年度省非遗专项资金，做好对2012年度省非遗专项资金项目经费的安排和使用管理。

【加大非遗保护宣传与展示交流】 积极做好浙江省参加全国非遗保护大展筹备和参展工作。4月28日至5月2日，2012中国(浙江)非物质文化遗产博览会在义乌国际博览中心举行。全国政协学习与文史委员会副主任周国富，文化部副部长、国家文物局局长励小捷，副省长郑继伟，省委宣传部副部长、省文明办主任龚吟怡，省文化厅厅长杨建新等领导出席开幕式。此届博览会有全国20个省(市)100个左右非物质文化遗产代表性项目参展。博览会期间开展“非遗薪传——浙江石雕中青年十大名师”评选和浙江省非物质文化遗产(曲艺)展演活动。

举办“人文浙江·传承非遗”网络寻访活动。5月，省委宣传部、省委外宣办(网信办)、省文化厅、浙江广电集团联合举办“人文浙江·传承非遗”网络寻访活动。在为期3个月的活动时间内，浙江在线和11个市级网络媒体开设活动专题网页，向网民广泛征集非遗项目。全省各地网民采访并制作视频短片上传网上进行宣传展示。主办单位综合网民投票结果和专家意见，评出11个特色项目参加浙江卫视影视娱乐频道2013春节贺岁档非遗主题晚会。

组织非遗项目赴西班牙马德里参加“天工遗风——浙江传统手工艺精品展”。进一步扩大非遗的影响力和传播力。

(钱彬欣)

文化市场管理、综合执法体制改革

【概况】 2012年，浙江省各级文化市场管理部门紧紧围绕迎接宣传贯彻党的十八大这一中心任务，以深化改革、完善管理、促进规范、推动发展为主线，进一步增强服务意识，规范行政管理，加强制度建设，在强化市场培育引导和完善管理机制等方面取得新成绩。

【转变作风深入调研】 2012年初，根据中央和省委领导的重要批示，浙江省文化厅派员专程赴缙云县等地进行调研，形成《关于进一步扶持民营剧团推动演出市场发展的报告》。省委书记赵洪祝在报告上批示：“省文化厅认真学习贯彻长春同志重要批示精神，就扶持民营剧团推动演出市场发展作专题研究，并提出四个方面的举措，很好。要认真抓好落实”。副省长郑继伟批示：“1、请税务部门研究支持民营剧团的税务政策；2、请财政研究适当增长专项补助资金并带动市县政府增加财政支持；3、请文化厅开展立法研究，可从政府规章着手”。接到省领导批示后，省文化厅立即组织开展立法调研工作，先后赴台州、衢州、湖州等地，通过实地走访、座谈、征求意见等形式，掌握民营演出市场现状，了解基层管理者、经营者的需求以及影响、制约民营文艺表演团体发展的“瓶颈”，在听取基层单位、专家学者和经营单位的意见、建议的基础上，草拟《浙江省民营文艺表演团体管理办法》，申报2013年省政府规章项目。

在全省开展艺术品经营单位、经营性艺术品网站和演出票务经营单位调查工作，了解相关经营状况，督促办理相关审批和备案手续。召开网吧连锁经营企业年度工作会议，开展全省网吧连锁企业年度认定工作，就网吧连锁管理及总量布局规划等工作听取14家省内连锁企业和4家全国连锁企业意见。2012年以来，不定期赴各地调研走访省管文化经营企业100余家。

根据文化部的部署要求，省文化厅于2012年6月在全省开展棋牌类网络游戏企业核查工作。对照省内网游企业名单，逐一上网核对经营内容，确定68家核查企业，集中开展统一核查。并专门召开部分棋牌类网络游戏经营企业座谈会，分析存在问题，听取意见建议。对省内初次核查不合格的17家企业，给予整改机会和时间，及时保持联系，解说相关政策，提供指导和帮助。最终全省棋牌类网络游戏企业均通过文化部的复核。

召开部分涉外网络文化经营企业座谈会，进一步了解掌握省内涉外网络文化企业发展的相关情况，推进企业“走出去”更好发展。

【规范许可优化服务】 2012年，将经营性互联网文化单位设立的审批、网络游戏经营单位设立的审批、中外合资经营、中外合作经营娱乐场所设立的审批和境内举办涉外商业性美术品展览的审批等四个事项委托舟山、义乌办理。将中外合资经营、中外合作经营娱乐场所设立的省级行政审批事项下放至各市、县(市、区)文化行政部门，以进一步增强市、县(市、区)经济社会管理和服务能力。同时，承诺将演出经纪机构设立审批等三个事项的办理时限提速30—50%，进一步提高效率，优化服务。

2012年以来，共办理企业设立前置许可、变更及相关事项许可1014件。3月，对经省级文化行政部门审批许可的部分文化企业换发许可证。140家演出经纪机构作审核换证，15家中外合资娱乐企业进行服务性换证，155家网络文化企业换发文化部新启用的许可证，本次换发许可证工作采用集中统一换证的方式，以简化的程序、较高的效率和认真周到的服务，受到换证企业好评。

9月25日至27日，省文化厅在杭州举办全省文化市场管理审批人员培训班，全省130余名管理审批人员参加培训，进一步提高管理服务水平。

5月，组织浙江省艺术品经营行业协会和浙江经济职业技术学会联合举办首届浙江省艺术品市场法制建设暨艺术品经营业从业人员资质培训班。5月至8月，组织浙江省艺术职业学院陆续举办民营文艺表演团体负责人培训班，越剧花旦、小生培训班，音乐专业人员（鼓板、主胡、琵琶）培训班，灯光、音响专业人员培训班和越剧花旦、小生骨干提高班等。7月，组织浙江省演出业协会举办演出经纪人资质考试培训班。9月，举办三期网络文化经营企业负责人培训。全年累计培训经营人员1100余人，并编印发放一批艺术品、网络文化培训教材。

【培育引导促进繁荣】 制定实施《关于加快文化市场繁荣有序发展的若干意见》，进一步降低门槛、放宽准入、简政放权、改进服务，促进发展。该文件的制定实施，对进一步繁荣文化市场，发挥文化在经济转型升级中的功能起到较好地推进作用。文化部“中国文化市场网”转载文件全文，并置于“公告栏”供各地借鉴。

7月至8月，继续对2011年度参加送戏下乡演出活动的民营文艺表演团体实行演出场次补助，共计183.5万元。11月至12月，在杭州举办喜庆十八大·民营文艺表演团体展演活动，首次为民营文艺表演团体搭建展示、交流、观摩平台，进一步提高浙江省民营文艺表演团体的演艺水准、办团水平和综合竞争力，促进民营文艺表演团体的规范化建设。

12月，江浙沪文化行政部门共同拟定《加快长三角网吧市场一体化建设的若干意见》，举行长三角区域网吧市场一体化建设签约仪式，文化部副部长王仲伟专此批示：“此举很好，符合改革方向，可作宣传。望在新的一年里，鼓励各地在构建统一的文化市场方面做更多探索”。

全省艺术品拍卖交易保持活跃势头，总成交额逾24亿元。5月4日至8日，组织浙江地区的10家诚信画廊以浙江团队名义整体参加“亚洲画廊艺术博览会—中日韩画廊精品展”。5月下旬，在全省组织开展艺术品市场法制宣传周活动。组织省内诚信画廊举办艺术品普及性展览活动，分发法制宣传资料2000余份。组织浙江省艺术品管理咨询委员会委员在杭州、宁波两市分别举行公众艺术藏品义务咨询活动。在全国诚信画廊复核及第四批诚信画廊评选活动中，浙江省原有12家诚信画廊成功通过复核，新推荐单位中又有6家入选，以总数18家位列全国第二。9月，组织全省诚信画廊参加文化部诚信画廊授牌仪式，浙江省艺术品经营行业协会期间还举办艺术品市场发展论坛。

制定《2012年度全省网吧总量布局规划》，鼓励网吧连锁化、品牌化、专业化发展。新规划加大对整合现有存量网吧的政策激励，并继续对取缔黑网吧成效显著的地区给予支持，网吧市场结构、布局更趋优化合理。

【强化组织协调职能】 2012年初，浙江省文化市场管理工作领导小组办公室分别召开全体成员会议和各市文化市场工作会议，要求各地、各相关部门围绕党的十八大等重大活动，抓好文化市场管理和“扫黄打非”工作。

2012年共编发《文化市场工作简报》24期、《浙江文化市场月刊》12期，完成《2011年浙江文化市场管理工作年鉴》组稿编撰工作，切实加强文化市场相关的信息收集、情况分析、上传下达等工作，抓好对各地工作的组织、协调和指导。针对重大节庆、重要活动和敏感时段，组织力量集中清理整治市场，依法严厉打击违法犯罪。

【健全管理责任体系】 2012年全省各市和列入统计的87个县（市、区）全部完成文化市场管理责任制建设，一个覆盖省、市、县三级的文化市场管理责任体系全面建成。同时，省级各成员单位着手对所承担任务逐一分解，明确工作部门和具体责任人，提出落实措施，完善工作机制，确保职责范围内的各项任务落到实处。

根据中央有关要求及浙江省文化市场管理和“扫黄打非”工作实际，经请示省领导同意，2012年增加省旅游局为新的省文化市场管理和“扫黄打非”工作领导小组成员单位，文化市场综合执法体制进一步健全，管理触角进一步延伸。

【整顿规范市场秩序】 在浙江省文化市场管理工作领导小组办公室的组织协调下，各成员单位始终保持执法力度，切实履行职责，紧紧抓住市场热点、难点，有针对性地解决市场主要矛盾和重点问题，以点带面，综合治理，形成齐抓共管的良好局面。

据不完全统计，2012年全省共检查各类文化经营场所17万余家次，取缔无证摊点1169家、黑网吧1203家，关闭违法和不良网站共计142个，注销网站备案号78个，停止域名解析29个，列入黑名单网站36个，删除低俗淫秽信息

1500余条，清理未备案网站近4.4万个，清理网站空壳主体9.2万个，空壳网站近13万个，收缴非法出版物121万余册（盘），查缴非法卫星接收设施和“网络共享”设备及其产品1200余套（件），拆除非法卫星电视接收设施7800座，罚没款16849310元，停业整顿172家，吊销许可证22家，侦破侵犯著作权、制贩传播淫秽物品、非法经营、其他非法出版物等刑事案件2400余起，批准逮捕“涉黄”、“涉非”犯罪案件175件225人，受理移送审查起诉2046件2595人，起诉1299件1595人。

（王　华）

文化市场执法

【概况】 2012年，浙江省文化市场综合行政执法工作以党的十八大、省十三次党代会、省“两会”营造良好文化市场环境为工作重点，加大文化市场监管力度，将日常检查与专项整治相结合，保护知识产权，严厉查处各类违法违规经营行为。继续加强队伍建设，提高人员素质，规范机构管理。重视规范性文件管理，加强文化立法。全省文化市场健康有序，取得一定成效。浙江省连续六年在文化部文化市场综合执法考评中位列第一。

【加强队伍建设】 抓好综合执法考评。2012年初，下发《关于印发2012年浙江省文化市场综合行政执法考评细则的通知》，对全省文化市场综合行政执法考评进行部署，明确考评范围、考评内容、考评对象、考评方式等。经过集中互评和统一汇总，于年底完成省级考评工作。与此同时，全省11个地区也根据省文化厅要求，完成对县（市、区）的考评工作。省文化厅对考评结果进行通报，对23个优秀单位和28名优秀个人进行表彰。

提高办案案卷质量。一是开展案卷评查。2012年初，下发《浙江省文化厅关于开展文化市场综合行政处罚案卷评查工作的通知》，制定《浙江省文化市场一般程序行政处罚案卷评查标准》，明确案卷评查的时段、评查范围和评查方式。12月，省文化厅对案卷评查结果进行通报。二是举办案件评析会。6月11日至15日，省文化厅召开二期全省文化市场行政处罚案卷评析会，文化部、上海市执法总队等领导专家应邀出席会议指导，全省各市、县（市、区）文化市场综合执法机构案审员参加会议。会议采用办案人员介绍、参会人员剖析、专家点评的模式，对从各地随机抽查的案卷进行点评分析，交流经验，探讨问题，效果明显。浙江省文化市场行政处罚案卷整体水平在文化部、各地法制办案卷评查中名列前茅。

加大执法培训力度。为进一步加强思想作风和业务技能，提升文化市场综合行政执法队伍综合素质，2012年举办多次培训，取得良好效果。4月，开办全省文化市场综合行政执法工作分管局领导培训班；5月，开办全省文化市场OA系统管理员培训班；7月，开办全省文化市场综合执法新进执法人员培训班；8月，开办全省文化市场综合执法机构负责人培训班。

举行技能比武活动。2012年第三届全省文化市场综合行政执法技能比武在杭州举行。比武人员以市为单位组队，各市6名参赛队员从各市、县（市、区）执法机构在岗执法人员中随机抽签产生，并且6名参赛队员中必须有1名执法机构负责人。为进一步调动全省执法队员学习的积极性，本届比武活动参加抽签的比例由上一届的50%提高至60%。集体及个人各获一等奖1名、二等奖2名、三等奖3名。

举办理论研讨会。举办全省第三届文化市场综合行政执法理论研讨活动。全省共有137篇论文参加评选，作者均为一线执法队员。经省文化厅初选，专家评审，共有20余篇研讨论文入围，评选出理论研讨集体一等奖1名、二等奖2名；个人一等奖2名、二等奖3名、三等奖6名、优秀奖14名。

【强化市场监管】 加大行政执法力度。浙江省文化厅每季度对全省各地文化市场执法情况及存在的问题进行通报，包括日常检查、案件办理、举报受理、行政处罚等情况进行统计分析。据统计，2012年全省共出动检查执法人员118336人次，共检查文化市场各类经营单位149521家次。全省共立案调查3733件，办结案件3941件，平均每名执法人员办案4.03件；行政处罚共警告2450家次，停业整顿142家，吊销许可证16家，收缴各类违法物品1110536件，罚款人民币16849310元。

做好党的十八大会议召开期间的文化市场监管工作。省文化厅下发《关于开展迎接党的十八大文化市场专项保障行动的通知》，7月至10月在全省范围内开展迎接党的十八大文化市场专项保障行动。省文化厅组织开展迎接党的十八大文化市场交叉执法检查行动。检查共分11组分批进行，检查组通过听取汇报、查看台帐、评查案卷、检查市场等方式，深入了解各地开展十八大专项保障行动情况。据统计，此次交叉执法检查共出动检查180人次，检查11个设区市的33个县(市、区)，检查经营单位140家次。

加强节假日期间监管。根据省文化厅《关于加强2012年元旦春节期间文化市场监管工作的通知》，各地对节假日期间文化市场监管工作进行部署，落实值班制度，将日常检查与专项整治相结合、单一执法与部门联合执法相结合、工作时间内检查与工作时间外检查相结合，加大市场监管力度，突出监管重点，营造祥和的节日氛围。

组织文化市场暗访。为确切掌握市场实际状况，以全国“两会”、十八大、省两会、省十三大等期间为重点，浙江省文化厅执法处组织多次暗访，对全省11个设区市及25个县进行暗访检查，检查经营单位近200家次。省文化厅还将暗访情况进行通报，并对问题较突出的县(市、区)发出整改意见书，要求各地根据通报情况，对存在的问题进行查处整改，进一步加大文化市场监管力度。

打击侵犯知识产权。根据《国务院办公厅关于印发打击侵犯知识产权和制售假冒伪劣商品专项行动方案的通知》，全省各地文化部门按照“整体推进、突出重点、打防结合、务求实效”的目标，广辟渠道、多措并举，形成“面上堵”、“线上查”、“网上控”、“点上打”的良好工作局面，取得阶段性的效果。据统计，专项整治期间，共出动检查1.7万人次，检查出版物经营单位1.9万家次，吊证3家，罚款77.8万元，没收非法出版物74.7万本(册、张、盒)。

开展动漫专项整治。根据《文化部、工商总局、广电总局、新闻出版总署、国家版权局关于开展动漫市场专项整治行动的通知》，制定《浙江省动漫市场专项整治行动方案》，成立省动漫市场专项整治行动领导小组，明确工作目标、工作重点和工作措施。全省各地积极开展专项整治行动，查处一批大案要案。省文化厅、丽水市、义乌市被文化部评为动漫专项整治先进单位，义乌市一动漫衍生品侵权案件被评为八大重大案件之一。

加强网络文化监管。继续推进“网络游戏未成年人家长监护工程”，督促网络游戏经营单位做到“四有”(有专人负责、有专线电话、有专区设置、有季度报告)。加强网络游戏内容管理。4月，省文化厅向全省网络游戏经营单位下发《关于上报网络游戏备案情况的通知》，对全省网络游戏备案情况展开调查。根据《文化部办公厅关于查处第十六批违法违规互联网文化活动的通知》和《文化部办公厅关于查处第十七批违法违规互联网文化活动的通知》，查处浙江省管辖内共计43家涉嫌违规单位。据统计，2012年全省共办理网络文化案件37件、互联网视听案件12件。

【规范举报受理机制】 2012年初，省文化厅及时转发文化部关于《印发文化市场举报办理规范》和《文化部办公厅关于进一步加强12318文化市场举报监督体系建设》、《文化部办公厅关于12318文化市场举报监督情况通报》。进一步规范举报(督办)受理工作机制，健全、规范省、市、县三级文化市场执法机构“12318”专线举报电话和网络举报工作，各级文化市场执法机构均有专人负责并及时向社会公布。

开发建设“浙江省文化市场12318举报网站”和“文化部12318全国文化市场网络举报系统”、厅长信箱、来信来访等渠道。全省各地都做到对交办的举报件及时查处并及时反馈，投诉举报案件办结率达100%，按时回复率达97%，对投诉举报人有反馈要求的都基本上能将查处情况及时反馈给本人。同时，省文化厅还适时对全省各地举报电话开通、受理工作情况进行抽查，及时解决存在问题，并将举报(督办)件受理情况列入年度考核内容。

据统计，2012年全省文化市场共受理(督办)各类举报2124件(督查受理184件、举报受理1940件)。其中，省文化厅办理举报(督办)案件296件。

【注重数据信息管理】 转发《文化部办公厅关于加强文化市场综合执法数据管理工作》的通知，要求各地认真贯彻落实，进一步做好文化市场综合执法数据管理工作。各地开展不同形式的文化市场综合执法统计工作培训，规范统计工作。及时做好全省文化市场和“扫黄打非”、省法制办和保护知识产权等其他各类统计报表的汇总上报工作。对全省文化市场行政执法数据进行定期分析，全面掌握全省文化文场执法情况，为领导及相关部门决策提供有价值的依据。

2012年，全省各地通过文化市场OA系统上报文化市场信息共计7073条，其中采纳的有5302条，平均每天发布信息约15条，供全省各地相互交流学习。编发《文化市场要讯》68期，编发《浙江省"扫黄打非"工作简报》20期。报送全国文化市场综合执法信息系统共95篇，收录到文化市场网有33篇。

2012年，升级改版浙江省文化市场信息管理系统，对功能模块进行重新整合，日常检查、案件办理、举报受理等工作均在网上办理。为全省市县执法机构统一配置移动执法终端装备，实现远程实时执法，可现场查询执法信息和录入检查记录。进一步完善全省视频会议系统，2012年共召开10余次视频会议。

【推进依法行政工作】 加强规范性文件管理。制定出台《浙江省文化厅行政规范性文件管理规定》，对行政规范性文件的定义、制定程序、备案程序等进行了明确规定。

加强文化立法。2012年4月27日，省人大常委会法制委员会主任胡虎林，副秘书长、法制工作委员会主任丁祖年率法制工作委员会全体成员到省文化厅进行立法调研。5月15日，副厅长田宇原召开省文化厅文化立法工作会议，形成《关于省文化厅文化立法工作情况的报告》。

（李慧萍）

"扫黄打非"工作

【概况】 2012年，浙江省"扫黄打非"工作领导小组办公室按照中央和省委、省政府的部署要求，根据《中央宣传部、中央政法委、全国"扫黄打非"工作小组办公室关于2012年"扫黄打非"行动方案》和第二十五次全国"扫黄打非"工作电视电话会议精神，以迎接党的十八大胜利召开，创造浙江省良好的社会文化市场环境为主线，突出重点领域、把握关键环节、坚持抓重点，文化市场管理和"扫黄打非"工作取得一定的成效。

【"扫黄打非"日常工作】 做好省"扫黄打非"工作领导小组办公室日常工作，部署落实各项工作任务，代拟省委办公厅、省政府办公厅《关于做好2012年"扫黄打非"和文化市场监管工作的通知》。全面推进文化市场管理和"扫黄打非"各项工作，部署落实各项工作任务。以健全文化市场责任制为突破口，深化综合执法改革，加强市场培育，完善规划管理，规范经营秩序，着力构建统一开放竞争有序的现代文化市场体系。

2012年初，浙江省召开文化市场管理（"扫黄打非"）领导小组成员会议，为确保做好"扫黄打非"各项工作，对浙江省全年的文化市场监管和"扫黄打非"作出总体部署。围绕保障党的十八大胜利召开这个中心工作，8月27日召开全省"扫黄打非"工作电视电话会议，对深化"扫黄打非"工作再部署、再动员，省委常委、宣传部长、副省长葛慧君出席会议并讲话。

【市场监管工作】 2012年8月8日，在义乌市召开迎接十八大专项保障行动部署会议。制定《浙江省迎接党的十八大深化"扫黄打非"专项督查行动方案》，由省文化厅、省广电局、省新闻出版局三厅（局）分管领导带队，在党的十八大召开前赴全省明查暗访，对文化市场及出版物市场进行全面督查。同时，组织11个市开展文化市场交叉执法、由各市文广新局负责同志带队，交叉对口检查全省文化市场。通过开展专项行动，切实做到监管责任到位、监管措施到位、监管效果明显，确保文化市场不出现严重问题、不发生重大群体和安全事件，不形成社会关注焦点，确保文化市场健康、安全、有序，为党的十八大胜利召开营造良好的社会文化环境。

举办集中销毁活动。在"4·26"世界知识产权日，举行2012年浙江省暨杭州市侵权盗版及非法出版物集中销毁活动，现场销毁各类侵权盗版的音像制品软件及电子出版物、非法图书、报纸、期刊、非法经营的游戏机等总量达近39万余件。同时，全省11个市"扫黄打非"办公室也联合行动，集中开展销毁活动，并在全省启动"绿书签"系列宣传活动，全省销毁的总量达152万余件。省市领导及各成员单位负责人260多人参加杭州主会场销毁活动。

【案件查办工作】 2012年，浙江省各级文化市场管理部门针对重大节庆、重要活动和敏感时段查处一批大案要案。破获杭州世纪联线涉嫌通过信息网络擅自向公众提供他人的录音录像制品一案，此案涉案人员已分别被判刑。破获浙江东阳"12·06"侵犯著作权案，涉案人员19人已移送东阳市检察院起诉。配合天津"扫黄打非"办破获天津"6·08"网络销售香港＊＊＊有害出版物案。据统计，2012年全省共破获各类涉网的刑事案件2311起，其中涉及到淫秽色情的案件54起，打掉犯罪团伙100多个，抓获犯罪嫌疑人40人。

（李慧萍）

文化产业与科技

【概况】 2012年，浙江省文化及相关产业实现增加值1581.72亿元，占GDP的比重为4.56%。文化科研工作进一步注重文化与科技的融合，加强文化基础性研究，以项目为纽带，促进文化产业的发展。

【对浙江新远文化产业集团有限公司年度管理考核】 经浙江省文化厅考核小组考评，浙江新远文化产业集团有限公司基本完成2012年度各项工作任务，浙江新远国际影城年度票房总收入突破4428万元。

【中国义乌文化产品交易博览会】 2012年4月29日至5月2日在义乌国际博览中心举行。共设国际标准展位3485个，展位数比2011年增加281个，同比增长8.8%；吸引来自国内25个省市及埃及、韩国、泰国等8个国家与地区1372家企业参展，企业数同比增长4.8%。实现经贸成交额45.17亿元，同比增长11.2%。其中，外贸成交额27.55亿元，同比增长10.69%。本届展会共有来自117个国家和地区的92395名境内外采购商参会，其中境外采购商为5782人，境外贸易团队36个。

【第八届中国国际动漫节】 4月28日至5月3日在杭州市滨江区白马湖生态创意城举行。61个国家和地区的461家中外企业参展，208万余人次参加动漫节的各项活动，签约项目165个，涉及金额104亿元，现场成交金额42亿元，总金额达146亿元。与上届动漫节相比，参展的国家和地区增长13%，总人数增长3%，参会企业增长8%，成交总金额增长14%，成为中国国际动漫节举办以来"规模最大、人气最旺、成交额最高"的一届动漫节。

【成立浙江文化艺术品交易所有限公司】 浙江新远文化产业集团有限公司联合有关企业共同组建成立浙江文化艺术品交易所有限公司。该公司于2012年12月18日举行开业典礼，省政协副主席王永昌、省政府副秘书长马林云、省委宣传部副部长来颖杰等领导出席。

【中国移动手机动漫"浙江专区"建立】 由浙江省文化厅指导，浙江省浙商文化促进会、杭州浩兮文化创意有限公司实际执行，联合中国移动手机动漫基地、中国移动通信集团浙江有限公司在中国移动手机动漫平台（wap.dm.10086.cn）共同建设的中国移动手机动漫"浙江专区"，包含了浙江原创动漫、杭州国际动漫节、漫游江南、动漫新力量、动漫美图、彩漫等多个版块，汇集浙江省原创动漫企业、个人名家作品。将浙江省的旅游、文化、商贸等资源用动漫的形式呈现在移动互联网这一平台上，让全国的移动用户可以随时随地打开手机，通过动画、漫画形式了解浙江当地的动漫新作、民风民俗、历史文学、旅游攻略、地方戏曲等信息。

【大力扶持文化企业】 2012年推荐杭州天目琴行、宁波音王集团等有上市需求的文化企业参加由文化部组织的金融服务培训班。新昌动漫企业美盛文化于2012年9月11日在深圳交易所上市，成为浙江动漫企业上市第一股。

杭州丰泽科技有限公司、杭州盛世龙图动画有限公司、浙江甲壳虫动漫产品有限公司、绍兴特立宙电脑动画有限公司通过国家动漫企业认定。

浙江大丰实业有限公司、龙泉市金宏瓷厂、台州市绣都服饰有限公司、浙江乐富创意产业投资有限公司等入选第五批国家级文化产业示范基地。

【成立浙江卓越浙商文化产业创业投资基金】 由浙江泰普森控股集团有限公司、浙江天目琴行有限公司、中球冠集团有限公司、浙江天之林控股有限公司、杭州格诚网络科技有限公司、温州文化商品市场、温州天视影视文化传播有限公司、鸿翔控股集团有限公司、浙江谢氏控股集团有限公司、浙江大丰实业有限公司、华鸿控股集团有限公司、浙江神雕雕塑工艺集团有限公司、浙江得力佳文具有限公司、浙江和信玩具有限公司、浙江甲壳虫印刷包装有限公司15家文化企业联合发起，成立浙江卓越浙商文化产业创业投资基金，募集资金1亿元，中国建设银行浙江省分行按1∶3比例配资，初期规模4亿元。浙江卓越浙商文化产业创业投资基金主要投资省内优势文化产业项目及优质文化企业。

【参展第五届青海国际唐卡艺术与文化遗产博览会】 2012年8月10日至13日，应青海省政府邀请，浙江省文化厅组织西泠印社、三尚艺术、浙江金海岸文化发展股份有限公司及杭州、宁波、绍兴、义乌等地20余家文化企业参展第五届青海国际唐卡艺术与文化遗产博览会，浙江展区面积达1200平方米。

【第三届“文化新浙商”评选揭晓】 2012“建行杯”最美浙江人·文化新浙商颁奖晚会于2013年1月12日在浙江省人民大会堂揭晓。浙江华策影视股份有限公司总经理赵依芳、达利丝绸（浙江）有限公司董事长林平、古京文化创意产业发展有限公司董事长李美赞等来自浙江省各地的10位企业家荣获2012年度“文化新浙商”称号。10个“文化产业创新奖”、10个“新锐奖”也于当晚产生。浙江省副省长王建满、浙江省政协副主席黄旭明、浙江省政协九届副主席徐鸿道等领导参加典礼并为获奖企业家颁奖。

链接 **文化新浙商名单**

毛戈平 杭州汇都化妆品有限公司董事长

叶亮 浙江金牛工贸有限公司董事长兼总裁

李美赞 古京文化创意产业发展有限公司董事长

沈志荣 浙江欧诗漫集团有限公司董事长

林平 达利丝绸（浙江）有限公司董事长

林贤隆 浙江世纪樱花实业有限公司董事长

金樟溪 浙江年年红家居有限公司董事长

赵依芳 浙江华策影视股份有限公司总经理

傅政军 浙江天格信息技术有限公司CEO

管建平 风雅颂扬文化传播集团（杭州）有限公司董事长

文化产业创新奖名单

王忠明 浙江科力印业新技术发展有限公司董事长

卢国俊 台州画廊有限公司董事长

朱升华 杭州枫林晚文化传播有限公司董事长

朱军岷 金星铜集团有限公司董事长

刘志江 浙江横店影视制作有限公司董事长

孙亚青 杭州王星记扇业有限公司董事长兼总经理

励怡青 华数传媒网络有限公司董事长兼总裁

林学凑 奥光集团有限公司董事长

黄河清 杭州高盛文化经营有限公司董事长

傅志愿 浙江沸蓝信息发展有限公司总经理

新锐奖名单

王奇 浙江大可城际广告有限公司总经理

杨忠敏 温州瓯塑文化艺术有限公司总经理

张强 浙江沃飞实业有限公司CEO

范月平 宁海大观园文化传媒有限公司董事长

赵志凌 浙江心海文化集团有限公司董事长

俞辉 浙江运发文化发展有限公司总经理

葛海才 浙江博通广告有限公司董事长兼总经理

喻小华 浙江科信科普发展有限公司董事长兼总经理

游小卫 浙江金尔泰玩具有限公司总经理

雷文军 杭州三基传媒有限公司总经理

【举办全省文化产业管理人员培训班】 2012年11月27日至30日，浙江省文化厅在杭州举办全省文化产业管理人员培训班。全省各市、县（市、区）文化广电新闻出版局分管领导、业务处（科）室负责人90余人参加培训。培训班对近年来的文化产业政策进行梳理、解读，对浙江省文化产业发展的目标和重点任务进行讲解，并邀请浙江大学、浙江工商大学、中国美院等专家、教授就文化产业品牌建设、艺术品鉴赏等内容进行专题讲课。

受西藏自治区文化厅委托，浙江省文化厅于2012年12月16日至22日在杭州为西藏自治区文化系统40余人开办文化产业培训班，培训班由浙江艺术职业学院具体承办。

【完成国家社会科学基金艺术学项目申报工作】 全省共组织受理国家社会科学基金艺术学2012年度项目申报项目156项，经过论证审核最终确定123项成功申报国家社科院基金艺术学项目。经全国艺术科学规划领导小组评审，有7个项目被列为国家社科基金艺术学年度课题。

【做好科研项目监督检查及编辑出版工作】 做好浙江省承担的国家社科基金艺术学项目、文化部艺术科学规划课题的中期监督、检查，以及成果鉴定、结题申请和有关著作出版等工作，确保浙江省承担课题的顺利、保质完成。加强对省文化厅年度文化科研项目的监督管理，完成8个厅级科研项目的结题验收工作。组织实施2012—2013年度的文化科研项目的受理申报、论证立项工作，资助经费30万元。出版《2012浙江文化产业品牌发展报告》、《2012年文化新浙商》等书籍。

（石海频）

对外对港澳台工作

【概况】 2012年，浙江省文化厅实施对境外文化交流项目775起7280人次。其中对外文化交流项目553起5903人次，对港澳文化交流项目98起410人次。项目总数中，引进662起5586人次，派出113起1694人次。

【“中韩友好交流年”开幕式演出】 2012年4月3日在韩国举办。浙江小百花越剧团一行55人演出韩国经典传统剧目《春香传》。文化部副部长王文章、中国驻韩大使张鑫森、韩国文化体育观光部第一次官郭荣镇、外交通商部半岛和平交涉本部长林圣男、韩国海外文化弘报院院长禹真荣等中韩两国政府、艺术界、友好团体代表近1000人观看开幕式演出。《人民日报》、新华社、中国国际广播电台、中国《文化报》等国内媒体及韩国KBS、阿里郎TV、韩联社和日本NHK-TV等媒体，对“中韩友好交流年”开幕式演出及相关活动进行采访和报道。

【浙江省文化分团赴日本参加浙静结好30周年活动】 2012年4月2日至8日，以省文化厅厅长杨建新为团长的浙江省文化（交响乐）分团赴日本静冈县参加浙江省与静冈县缔结友好省县关系30周年庆典活动。4日，庆祝浙静结好30周年交响乐演奏会在格兰西普会展中心举行。浙江交响乐团、静冈交响乐团和静冈爱乐管弦乐团默契合作。音乐会返场节目有静冈县知事川胜平太指挥两省县乐团演奏勃拉姆斯的《匈牙利舞曲第五号》，浙江省省长夏宝龙演奏中国二胡名曲《二泉映月》。随后，夏宝龙与乐队演奏根据日本歌曲《樱花》、《北国之春》和中国歌曲《茉莉花》、《月亮代表我的心》编配的乐曲联奏，把全场气氛推到顶点。6日，浙江交响乐团与静冈爱乐管弦乐团在静冈AOI音乐馆合作演出一场慈善音乐会。该场的演出门票无偿分送给静冈各界人士，参加音乐会的观众捐出的善款全部捐赠给日本大地震的灾民。庆典大会上，杨建新与静冈县文化·观光部部长下山晃司签订《浙江省与静冈县文化领域友好合作协议》，确定两省县将进一步推动在文化艺术、文化遗产、民俗文化、艺术节庆及其他相关文化领域的交流与合作。

【2012西班牙·中国浙江文化节】 2012年9月30日，2012西班牙·中国浙江文化节开幕式在马德里中国文化中心举行。中国驻西班牙大使朱邦造、西中友好交流协会主席赫苏斯、浙江省文化厅副厅长黄健全等300余名中西来宾参加。10月1日，浙江文化节的演展项目参加中国驻西班牙大使馆举办的国庆63周年招待会活动。演展项目有“5000年中国丝绸文化展”、“锦绣浙江——民俗风情摄影展”、“彩蝶女乐专场音乐会”等。西班牙工业、能源及旅游大臣索里亚，教育、文化及体育大臣沃特，教育、职业培训及大学国务秘书戈门迪奥等西班牙各界人士、各国驻西班牙使节、驻西班牙中资机构、旅西华人华侨及留学生代表1000余人应邀出席活动。10月25日，浙江文化节的另一主题活动“丝绸之路——中国古代丝绸艺术展”在西班牙国家装饰艺术博物馆开幕，该展由浙江省文化厅与西班牙文化教育和体育部联合主办，被纳入中欧文化对话年框架。朱邦造、西班牙教育文化和体育部美术推广副司长托雷斯和浙江省文化厅副厅长杨越光出席开幕式并致辞。

【浙江曲艺杂技总团有限公司赴意大利演出】 2012年1月13日至16日，浙江曲艺杂技总团有限公司一行28人赴意大利罗马参加“中国文化年闭幕式——罗马人民广场春节活动”。此次活动是2012年度浙江省海外“欢乐春节”系列文化活动的启幕。中国驻意大利大使丁伟、意大利国际合作和融入部长里卡尔迪、环境部长克里尼、罗马市长阿莱曼诺、罗马省督佩科拉罗、外交部全球事务总司副司长佩鲁吉尼等9位官员出席活动，观众达10万人次。丁伟向浙江演出团颁发演出荣誉证书。

【浙江昆剧团赴英国、法国演出】 2012年4月19日至27日，值莎士比亚诞辰448周年之际，应英国斯特拉福德市政府的邀请，浙江昆剧团一行35人赴英国参加莎士比亚诞辰纪念日庆典活动演出，推广中国“东方的莎士比亚——汤显祖”。4月28日至30日，浙江昆剧团应邀赴法国联合国教科文总部进行纪念昆曲申遗11周年专场演出。

【中国丝绸博物馆赴英国举办展览】 2012年3月31日至9月16日，中国丝绸博物馆赴英国诺丁汉市城堡博物馆举办“衣锦环绣——5000年中国丝绸精品展”。此次展览是2012年伦敦文化奥运“世界故事”的展览项目之一，由英国诺丁汉市政厅与中国丝绸博物馆联合举办。展出中国丝绸博物馆收藏的57组92件展品，观众达98万人。

【长兴百叶龙赴俄罗斯演出】 2012年8月28日至9月8日，浙江省文化厅组派长兴百叶龙艺术团一行66人赴俄罗斯参加文化部在俄举办的“中国文化节”活动。艺术团在莫斯科红场参加俄罗斯国际军乐节演出和庆祝莫斯科建城日庆典演出，共演出15场。俄罗斯总统普京出席“中国文化节”活动。观众16万人次。此活动获得俄罗斯观众和30多个国家代表团的广泛赞誉。

【赴澳门举办内地春节习俗展】 2012年1月19日至2月19日，浙江省非物质文化遗产保护中心赴澳门举办“诗风弦韵谱春色”2012年内地春节习俗展。习俗展由文化部港澳台办特别支持、澳门特区民政总署主办。澳门民政总署管理委员会主席谭伟文、咨询委员会主席良官汉、监察委员会主席司徒民义、中央人民政府驻澳门联络办公室文化教育部部长刘晓航、文化部民族民间文艺发展中心主任李松、浙江省文化厅副厅长陈瑶等出席开幕式并剪彩。春节习俗展以备年、祭奠祖先、除旧布新、迎禧接福、欢聚团圆为主题，涉及32项国家级、省级非物质文化遗产传统技艺、传统美术项目共292件展品。澳门民众18万人参观习俗展。

【签署《浙江省与香港特别行政区文化交流与合作协议书》】 2012年6月26日，浙江省文化厅厅长杨建新与香港民政事务局局长曾德成在香港签署《浙江省与香港特别行政区文化交流与合作协议书》。此协议书是内地继上海之后与香港特别行政区政府文化主管部门签署的第2个文化交流与合作协议。

【浙江省博物馆举办曹其镛夫妇捐赠中国古代漆器特展】 2012年1月13日，浙江省博物馆和曹其镛签署捐赠中国古代漆器的协议。10月27日，浙江省博物馆举办“曾在曹家——曹其镛先生夫妇捐赠中国古代珍贵漆器特展”。省文化厅厅长金兴盛陪同省委书记、省人大常委会主任赵洪祝，全国政协文史委副主任、省政协原主席周国富，省委常委、秘书长赵一德，副省长郑继伟等领导出席特展开幕式。

【浙江昆剧团赴香港商演】 2012年11月5日至13日，应香港志莲净苑邀请，浙江昆剧团一行55人赴香港参加香港回归祖国15周年纪念演出活动，演出新编剧目《未生怨》。演出受到香港民政局、中联办、香港财经事务及库务局等单位的关注。

【浙江歌舞剧院有限公司赴美国演出】 2012年10月31日至11月10日，浙江歌舞剧院有限公司携原创歌舞《华采东方》赴美国洛杉矶帕萨迪纳剧院演出，中国驻洛杉矶副总领事卞立新、美国华人社团联合会主席鹿强、美国浙江商贸文化联合会荣誉会长王俭美等出席观看。

【浙江艺术团参加德国石荷州音乐节】 2012年7月11日至17日，浙江省文化厅组派由杭州爱乐乐团、慈溪青瓷瓯乐艺术团和民间工艺家组成的艺术团一行47人赴德国参加第27届石荷州音乐节活动。中国是该音乐节的主宾国，此次浙江艺术团的演展项目被文化部纳入2012年德国“中国文化年”框架。同时，应柏林中国文化中心邀请，慈溪青瓷瓯乐艺术团和民间工艺家赴该中心举办演展活动。

【引进高水平外展项目】 2012年4月19日至6月16日，浙江省博物馆举办“古典与唯美——西蒙基金会收藏雕塑、绘画展”，展出近80件由墨西哥西蒙基金会提供的19世纪到20世纪初欧洲雕塑及绘画艺术作品。10月14日，浙江美术馆举办“彩墨乾坤——澳门艺术家作品浙江联展”。12月18日，浙江省博物馆举办“大元帆影——韩国新安沉船出水文物精华暨康津高丽青瓷特展”。浙江美术馆还举办“张书旂作品展”。

【浙港两地京剧名流会演】 2012年2月10日“浙港文化交流——弘扬国粹迎新春”浙港两地京剧名流会演在浙江话剧团剧院举行，来自浙江、上海、湖北、天津等地和香港京剧名家携手献上《失空斩》等经典名段。浙江省省委副书记、省长夏宝龙，省委常委、宣传部长茅临生等观看演出。香港特别行政区民政事务局局长曾德成专程抵杭参加会演活动。在浙期间，京剧名家们还参加与浙江大学票友京剧联欢等文化交流活动。

【出国(境)交流演展】 2012年，浙江省各文化机构出国(境)演展活跃，主要有：杭州剧院携大型原创音乐剧《断桥》赴韩国参加大邱国际音乐剧节，获最优秀剧目奖和最佳表演奖。浙江京剧团赴澳门举办“京韵乐濠情——中国京剧艺术表演专场”演出。浙江歌舞剧院有限公司赴新加坡、马来西亚演出《江南丝竹耀南洋》。浙江省博物馆赴韩国国立光州博物馆举办“浙江名宝展”，赴香港艺术馆举办“有情世界——丰子恺的艺术展览”。浙江省书画艺术代表团赴澳门举办“江南可采莲——浙江澳门艺术家作品联展”活动。

【对外学术交流与合作】 2012年，浙江省博物馆、浙江省文物考古研究所、中国丝绸博物馆、浙江自然博物馆、浙江艺术职业学院、浙江美术馆、浙江图书馆等单位分别与美国博物馆协会、哈佛大学、波士顿大学、美国印第安纳州博物馆、印度尼西亚林业部和国际鸟盟亚洲部、奥地利维也纳音乐学院、韩国光州国立全南大学、拉脱维亚国家图书馆等机构开展学术交流和合作。

【对外文化交流】 2012年，浙江演艺“走出去”开始突破传统的文化宣传与交流模式，走向国际化运营和市场化运作，将交流传播与市场营销结合，促进浙江文化艺术的国际影响力。全年浙江昆剧团、杭州越剧院、浙江歌舞剧院有限公司分别赴中国香港和新加坡演出，中国丝绸博物馆、浙江自然博物馆、浙江省博物馆分别赴英国、日本和中国香港展出。

【“浙江省对外对港澳台文化交流和文化贸易项目库”建设】 2012年浙江省文化厅启动“浙江省对外对港澳台文化交流和文化贸易项目库”的制作，在全省范围内征集对外对港澳台文化交流和文化贸易的精品项目，对入选的项目进行统一整理、编辑、翻译、制作宣传推介光盘。年内数据库完成初制。

【营业性涉外演出】 2012年，浙江省文化厅审核、审批的涉外涉港澳台营业性演出项目553个，演出人数4649人次。来浙演出的世界知名大型艺术团组有俄罗斯皇家芭蕾舞团、南非非洲脚印舞蹈团、美国费城国家交响乐团、奥地利施特劳斯爱乐乐团、维也纳节日交响乐团、乌克兰基辅芭蕾舞团、白俄罗斯国家模范芭蕾舞团等。

（张　雁）

附件：2012年省文化厅接待的重要来访团组

来访时间	团组名称 (团长职务)	团　长	人数	会见(宴请)
5月28日～6月4日	马德里中国文化中心代表团(西首相府前文教部主任)	玛丽娅·费尔南德·圣地亚哥·博拉尼奥斯	6	副厅长杨越光会见并宴请
6月24日～28日	毛里塔尼亚文化部长访问团	茜赛·布瓦德	3	厅长杨建新会见并宴请
8月4日～5日	土库曼斯坦副总理代表团	比亚古丽·努尔梅拉多娃	10	副省长郑继伟会见并宴请

文物保护

【概况】 2012年，继续以全面提升浙江省不可移动文物保护、利用和管理水平为目的，加大文物保护抢救力度。一是第三次全国文物普查圆满收官。历时五年的第三次全国文物普查于2011年底结束。2012年，省政府第三次全国文物普查领导小组召开总结表彰大会，举办浙江省“三普”成果展，编辑出版《浙江省第三次全国文物普查丛书》。依托普查成果，各地及时公布市县级文物保护单位和文物保护点，出台一系列保护办法和措施。二是世界文化遗产申报与管理工作亮点频现。杭州西湖文化景观于2011年6月成功列入世界遗产名录后，按照世界文化遗产保护管理的要求，努力建立健全遗产保护管理体系和遗产监测预警管理工作体系，全面提升遗产地的保护管理水平。2012年，省政府批准公布大运河省级保护规划，大运河市级保护规划也经沿线5个设区的市政府批准公布。申遗运河河道和遗产点的保护与整治工作进展顺利，保护整治方案编制工作全部完成，包括浙东运河西兴段、海宁市长安镇等情况较为复杂的点段在内的所有申遗点段进入施工阶段。为控制相关建设活动可能对运河保护和申遗工作造成的不利影响，一些县、市根据保护规划要求对辖区内已实施或即将实施的项目提出控制要求，落实具体协调方案。大运河展示标识系统设计和监测平台研究工作顺利推进，大运河资源调查成果整理出版与研究、申遗点段“四有”档案编制等其他申遗前期准备工作也如期开展、有序进行。浙江省还承担了大运河申遗部分全局性工作，省古建院承担了全国大运河展示标识系统总方案设计，杭州市运河综保委承接了大运河宣传片拍摄任务。根据国家文物局的统一部署，在全省范围内开展并完成《世界文化遗产预备名单》更新工作，在国家文物局公布的45处《世界文化遗产预备名单》中，浙江省名列前茅，共有7个项目被列入。三是继续推进文物保护管理工作。创新优化文物保护单位保护工程方案审批工作。全年上报国保单位保护工程立项9项，审批省级以上文物保护单位保护工程设计与施工方案99项，竣工验收杭州文澜阁等14处省级以上文保单位维修工程。加强文物保护单位保护规划编制，组织对通济堰、衢州府城墙等全国重点文保单位保护规划进行审查、论证。继续推进文物保护单位“四有”(有保护范围，有标志说明，有记录档案，有专门机构或者指定专人负责管理)工作，上报省政府111处省级以上文保单位保护区划划定方案。规范文物保护工程资质管理，审查、授予文物保护工程资质单位11家，开展资质单位年检工作。加强文物保护专业人员队伍建设，举办全省文物保护培训班，对30名地方各级文物系统的业务人员进行了系统的文物保护专业知识培训。四是继续重视大遗址保护与考古工作。依法实施桐庐小青龙遗址等29项考古发掘项目并取重要成果。余杭玉架山遗址入选“2011年度全国十大考古新发现”，良渚古城考古项目获得了国家文物局田野考古一等奖。承办全国考古工作会、中国考古学会年会、全国基建考古南方片协作会等全国性会议，举办了新世纪浙江考古成果展。召开全省考古工作会议。加强大遗址保护管理，组织实施宁波东钱湖、绍兴宋六陵等大遗址考古调查工作，推进良渚国家考古遗址公园建设。加强水下考古工作，国家水下文化遗产保护宁波基地象山工作站揭牌成立，象山渔山小白礁清代沉船水下考古发掘项目顺利实施并取得重要成果，上报舟山白节山海域水下文物重点调查项目，千岛湖水下古城遗址进行水下拍摄电视直播。五是协同省建设厅继续做好历史文化名城、名镇、名村保护工作。加快做好历史文化名镇、名村、街区保护规划的论证、审查及保护规划实施的监督工作。配合完成《浙江省历史文化名城名镇名村保护条例》的立法工作。召开了全省历史文化名城名镇名村保护暨《浙江省历史文化名城名镇名村保护条例》宣传贯彻工作会议。根据国家和省的有关部署，配合做好传统村落、历史文化村落的普查、保护和利用工作。

【良渚古城遗址考古荣获中国田野考古奖一等奖】 2012年4月6日，在全国考古工作会上，良渚古城遗址考古发掘工作被评为“2009—2010年度国家文物局田野考古奖”一等奖。此奖为浙江省文物考古研究所和杭州良渚遗址管理区管理委员会两家单位共同获得。这是良渚古城遗址继“2007年度十大考古新发现”、“2007－2008年度国家文物局田野考古奖二等奖”之后获得的又一奖项。

【余杭玉架山史前聚落遗址入选“2011年度全国十大考古新发现”】 2012年4月13日，“2011年度全国十大考古新发现”终评结果在北京揭晓。余杭玉架山史前聚落遗址被选为“2011年度全国十大考古新发现”。这是自1991年“全国十大考古新发现”评选活动开展以来浙江省的第十五项获选项目。玉架山遗址位于余杭经济开发区万陈社区，西距良渚古城约20公里。为配合余杭经济开发区建设，经国家文物局批准，省文物考古研究所与中国江南水乡文化博物馆合作，从2008年10月起，对玉架山遗址进行了全面的调查、勘探和发掘。经考古证实，总面积约15万平方米的玉架山遗址，是由六个相邻的环壕组成的良渚文化聚落遗址，表现了良渚文化社会基本单元的概貌，出土文物也非常丰富。这种由环壕组成的完整聚落形态，是良渚文化乃至长江流域史前文化的新发现，也是中国史前田野考古的一次新突破，为研究当时的社会性质、组织单元、人口数量等提供了全新材料。

【第三次全国文物普查圆满收官】 从2007年开始的浙江省第三次全国文物普查工作，经过5年努力，于2011年底全面完成各阶段的工作目标和任务，全省共调查登录不可移动文物73943处，其中新发现不可移动文物 61728 处。2012 年 5 月 3 日，浙江省第三次全国文物普查工作总结表彰大会在杭州召开。浙江省第三次全国文物普查领导小组组长、副省长郑继伟，国家文物局普查办副主任、中国文物信息中心总工刘小和，省普查领导小组副组长、省文化厅厅长杨建新，省普查领导小组副组长、省普查办主任、省文化厅巡视员鲍贤伦出席会议，省普查领导小组副组长、省政府副秘书长马林云主持会议。省普查领导小组成员、各设区市普查领导小组领导、各先进县普查领导小组组长、各设区市普查办负责人、先进集体和先进个人代表等共 200 人参加。会议总结了浙江省第三次全国文物普查工作情况和普查成果，表彰了全省 3 个先进县、30 个先进集体和 174 名先进个人。副省长郑继伟在会上讲话。与此同时，由浙江省第三次全国文物普查领导小组办公室主办，浙江省文物考古研究所、浙江自然博物馆协办的“浙江省第三次全国文物普查成果展”在浙江自然博物馆开幕，并在全省范围内巡展。为进一步巩固和宣传普查成果，还编辑出版了《浙江省第三次全国文物普查丛书》，省委书记赵洪祝、省长夏宝龙分别为丛书做出批示。

【浙江省副省长郑继伟考察大运河浙江段申遗工作】 2012 年 9 月 21 日，浙江省副省长郑继伟一行考察杭州大运河保护与申遗工作。省政府副秘书长马林云，省文化厅巡视员鲍贤伦，省文物局副局长吴志强，省政府办公厅教卫处处长吕伟强，省文物局文物处处长郑建华，杭州市运河综合保护委员会主任李包相，拱墅区人民政府副区长虞文娟，杭州市运河综合保护委员会副主任高小辉等陪同考察。副省长郑继伟一行先后考察富义仓、拱宸桥及桥西历史文化街区，并坐船考察杭州城区部分运河河道，听取杭州市运河综合保护委员会主任李包相、拱墅区人民政府副区长虞文娟关于杭州市大运河保护、整治工作的汇报。现场考察结束后，在临运河的扇博物馆召开了大运河浙江段保护工作汇报会，省文化厅巡视员鲍贤伦汇报浙江省大运河申遗工作进展和下一阶段的工作计划。副省长郑继伟就大运河浙江段申遗点段保护整治、保护规划编制以及大运河保护管理规范性文件的制订等方面工作做出指示。

【浙江省 7 个项目列入更新的《中国世界文化遗产预备名单》】 根据国家文物局的统一部署，从 2011 年 7 月起在全省范围内开展了世界文化遗产预备名单更新工作。经各地申报，省文物局组织专家对各地上报的项目材料进行论证评审，按照世界文化遗产的标准和《中国世界文化遗产预备名单》入选原则，在充分考虑各地政府申报意愿和申遗项目的价值、保存状况、工作进展等情况的基础上，于 2012 年 3 月向国家文物局申报 6 个项目列入《中国世界文化遗产预备名单》。2012 年 5 月至 6 月，省文物局配合国家文物局及相关专业机构完成了重设中国世界文化遗产预备名单专家评估考察工作。2012 年 10 月 22 日，国家文物局确定公布了更新的《中国世界文化遗产预备名单》，共 45 个项目，浙江省有 7 个项目入选。其中，单独申报项目 2 个，分别为良渚遗址（杭州市）、青瓷窑遗址（慈溪市、龙泉市）；跨省联合申报项目 5 个，分别为：大运河（浙江省），中国明清城墙：临海台州府城墙（临海市），江南水乡古镇：乌镇（桐乡市）、西塘（嘉善县）、南浔（湖州市）、新市（德清县），海上丝绸之路（宁波市），闽浙木拱廊桥（泰顺县、景宁县、庆元县）。11 月 27 日，全省《中国世界文化遗产预备名单》更新工作座谈会在杭州召开。会议传达了全国世界文化遗产工作会议精神，并结合国家文物局要求协调、部署了浙江省的预备名单更新工作。省文物局副局长吴志强主持会议并讲话。

【全省考古工作会议召开】 2012 年 11 月 1 日，全省考古工作会议在杭州召开。会议总结新世纪以来的考古工作成果和经验，明确下一阶段全省考古工作的目标和任务。在浙全体考古领队，全省考古研究机构、设区市及义乌市文物行政主管部门以及杭州良渚遗址管理区管理委员会、浙江大学文化遗产研究院负责人等近 60 名代表参加会议。省文物局副局长吴志强在大会上做了《把握机遇，开拓创新，努力谋求浙江考古事业新发展》的工作报告。

【省委、省政府总结表彰杭州西湖文化景观申报世界文化遗产工作】

为总结杭州西湖申遗成功的经验、表彰先进，2012 年 12 月 25 日，浙江省申报人类与国家级非物质文化遗产、杭州西湖文化景观申报世界文化遗产工作总结表彰大会在杭州召开。会上，省委、省政府对为杭州西湖文化景观申遗工作做出显著成绩和贡献的单位、个人进行了记功表彰。省委常委、副省长、宣传部部长葛慧君出席总结表彰大会并讲话。副省长郑继伟主持会议，并宣读省政府的表彰决定。受表彰先进单位8个、记一等功人员11位、记二等功人员26位、授予专家特别贡献奖人员3位。会议对被表彰的先进单位颁发了奖牌，对记功人员和授予特别贡献奖的专家颁发了证书、奖章。会上，杭州市副市长张建庭通报了西湖文化景观申报世界文化遗产工作。杭州市园林文物局局长刘颖代表先进单位作了交流发言。

（刘晓杰）

博物馆事业

【概况】 2012年，全省共有各类博物馆、纪念馆252家，其中文化文物系统博物馆为118家，行业性国有博物馆42家，民办博物馆为92家，新增加博物馆、纪念馆8家。

全省博物馆建设与管理取得新进展。颁发《关于加强博物馆新馆项目建设工作的若干意见》。组织专家对乐清市博物馆、苍南县博物馆、温州市瓯海区博物馆、绍兴兰亭书法博物馆、安吉吴昌硕纪念馆等建筑设计方案进行评审，对丽水市博物馆、金华市博物馆、磐安县茶文化博物馆建设及展陈进行论证，对中国美术学院民族艺术博物馆设计方案、海宁蚕桑丝织文化遗产生态园建设规划、旅游博物馆、教育博物馆、测绘与地理信息博物馆的建设提供技术咨询。组织开展2011年度博物馆年检工作。在国家文物局组织开展的国家一级博物馆定级评估申报工作中，浙江自然博物馆、中国丝绸博物馆、宁波博物馆被评定为国家一级博物馆，浙江省国家一级博物馆数量达到4家。

加大对民办博物馆建设支持和指导力度。启动国有博物馆对口帮扶民办博物馆工作，通过组织国有博物馆对民办博物馆的藏品保护、陈列展览、科学研究、人才培养等业务活动实施“一对一”的帮扶，并就帮扶工作对民办博物馆馆长进行相关培训，努力培育一批法人治理结构规范、专业水平高、社会影响力大的优质民办博物馆，推动民办博物馆与国有博物馆的合作与竞争。下发《关于国有博物馆对口帮扶民办博物馆试点工作的实施意见》。召开国有博物馆对口帮扶民办博物馆试点工作会议，确定8组结对帮扶博物馆项目。探索建立民办博物馆公共文化服务补偿机制，制订《浙江省民办博物馆补助资金管理办法》（草案），对免费开放、管理规范，运行有序和社会效益较好的民办博物馆给予支持，省财政共拨款518万元补助海宁谢氏艺术收藏馆等45家民办博物馆。此外，配合国家文物局《民办博物馆管理登记办法》课题开展调研，组织专家参与论证《宁波市民办博物馆条例》（草案）。

做好藏品保管工作，确保馆藏文物安全。制定并下发《博物馆藏品保管工作格式文本》。组织举办全省博物馆藏品保管培训班。审核通过黄岩博物馆馆藏书画修复保护方案、德清县博物馆馆藏书画修复保护方案、嘉兴博物馆馆藏书画保护修复方案等可移动文物的保护修复方案。做好馆藏文物借展事项审批，全年共批复文物借展14批次。组织专家对中国丝绸博物馆征集美国丽蒂娅·葛顿收藏的西方近现代时装藏品进行论证，并配合做好征集相关工作。

博物馆免费开放工作取得新成效。浙江省博物馆、浙江自然博物馆分别获得全国博物馆免费开放“最佳宣传推广奖”和“最佳网站服务奖”称号。组织开展全省首次“博物馆免费开放最佳做法”推荐表彰活动，浙江省博物馆、湖州市博物馆、东阳市博物馆获“综合示范奖”，中国丝绸博物馆、温州市博物馆、诸暨市博物馆等21家博物馆分别获得最佳宣传展示奖、最佳未成年人教育奖、最佳社会参与奖、最佳讲解导览服务奖、最佳文化产品推广奖5个单项奖。

深入推进博物馆陈列展览精品项目的实施。开展2012年度博物馆陈列展览精品项目评选工作，进一步完善项目评选机制，全省40多个陈列展览申报，经专家评议，浙江省博物馆“吴越胜览——唐宋之间的东南乐国”等10个陈列展览获精品奖，温岭市文化遗产中心“书写天地间——王伯敏的中国书画研究与创作”等14个陈列展览获单项奖。2012年，全省各级博物馆共举办展览800余个。

推动馆藏文物资源的整合共享。组织召开全省“加强馆际合作办展促进馆藏资源整合共享”专题工作会议。专项安排180万资金支持“龙行浙江”、“发现历史”、“浙江畲族文物展”等5个资源整合共享项目的展出。其中浙江自然博物馆的“龙行浙江”展整合东阳、江山、丽水、衢州、天台、临海、嵊州、缙云、兰溪等地的资源，在本馆展出后，又赴天台、嘉兴、衢州、宁波、永康展出，观众达45万人次。

展陈和教育是博物馆的核心内涵。省文化厅与省博物馆学会、绍兴县文广新局联合举办“新时期博物馆展陈与教育学术论坛”，中国博物馆协会、北京大学、复旦大学、南开大学、浙江大学，江苏、福建及浙江省部分博物馆的专家、学者和代表参加研讨会，会议收到近30篇论文。

文物保护科技区域创新联盟平台建设取得新进展。科技区域创新联盟启动“文化遗产数字化公共服务平台与产业应用示范”、“古代建筑基本材料（砖、瓦、灰）科学化研究”、“古代建筑营造传统工艺科学化研究”等3项国家科技支撑计划项目及课题。参加国家创新工程项目、“指南针计划”、“中华文明探源工程”、国家文物局重点科研基地课题、国家创新联盟课题的申报，并有多个课题获得立项。“浙江省科技考古与文物保护研究试验基地”落成，“纺织品文物保护国家文物局重点科研基地”正式挂牌，并在浙江理工大学设立相关实验室，示范应用基地“纺织品文物修复展示馆”建成开放。浙江省博物馆和浙江大学等单位合作申报的“数字博物馆关键技术系统及应用研究”项目被列入省重大科技专项计划重点项目。积极开展全省文物保护科技项目申报，有14个项目获得立项。成功举办“指南针计划”专项成果展《惠世天工——中国古代发明创造文物展》。推进科技援疆工作，与新疆维吾尔自治区文物局、浙江大学、塔里木大学共同签订《新疆文化遗产保护与研究战略合作框架协议》。

【启动第一次全国可移动文物普查】 根据《国务院关于开展第一次全国可移动文物普查的通知》精神，开展浙江省国有单位可移动文物收藏情况的摸底调查。成立“浙江省第一次全国可移动文物普查领导小组”，组建浙江省文物局第一次全国可移动文物普查工作办公室，并报国家文物局备案。向全省各级文物行政主管部门印发《关于做好第一次全国可移动文物普查启动准备工作的通知》，要求各地根据国务院通知，开展普查启动的相关前期准备工作，并积极争取当地财政部门的支持，将普查经费纳入当地财政预算；着手编制浙江省第一次全国可移动文物普查方案。

【履行社会文物管理职能】 转发《国家文物局关于进一步做好文物拍卖标的审核工作意见的通知》。全年共审核文物拍卖经营活动56场，审核文物拍卖标的37358件（套），撤拍文物标的477件，调查文物拍卖企业涉嫌违规经营活动4次。审核申报文物拍卖经营资质企业5家，新增文物拍卖企业3家，全省有文物拍卖企业35家。根据国家文物局《文物拍卖企业资质年审管理办法》的规定，开展全省文物拍卖企业资质年审，做好《文物拍卖经营许可证》的换发工作。配合国家文物局积极做好“文物进出境管理60年成果展”展品选调工作。配合杭州海关，浙江省博物馆接收香港曹其镛先生捐赠漆器藏品的进口审批工作。

【三家博物馆被评为国家一级博物馆】 2012年7月，国家文物局根据《全国博物馆评估办法》，组织开展第二批国家一级博物馆评估工作，于11月15日正式核定公布第二批17家国家一级博物馆。浙江省的浙江自然博物馆、中国丝绸博物馆、宁波博物馆榜上有名。

【举办全省博物馆藏品保管培训班】 2012年6月25日至28日在杭州举行。全省80余家博物馆、纪念馆的98名学员参加，浙江省文物局副局长陈官忠出席开班仪式并讲话。来自河北省博物馆、武汉市博物馆、国家文物局信息咨询中心、浙江省博物馆等博物馆藏品管理方面的专家、学者进行授课，内容包括博物馆藏品管理的意义、博物馆藏品管理的相关法规制度、博物馆藏品的基本分类、博物馆藏品的入藏流程与帐目登入、博物馆库房藏品的相关操作规范、博物馆藏品建档与档案的动态管理、“藏品信息管理系统”的后期维护与使用、博物馆藏品出入库制度与提用规范、博物馆藏品的基本科技保护等。

【中国·安吉生态博物馆开馆】 2012年10月29日，中国东部第一座生态博物馆——中国·安吉生态博物馆举办开馆仪式，整个馆群正式对外免费开放。安吉生态博物馆采用“一中心馆——十二专题馆——多个村落文化展示馆”的馆群框架结构，使安吉整个县域成为一座“没有围墙的博物馆”。

安吉生态博物馆中心馆位于安吉县城中心的昌硕公园，建筑总面积15141平方米，建筑工艺上采用太阳能、自然采光、水循环等一系列先进生态技术；馆内共分为生态厅、历史厅、铜镜厅、临时展厅四个部分。12个专题馆包括安吉竹文化生态博物馆、安吉白茶生态博物馆、上张山民文化生态博物馆、鄣吴竹扇文化生态博物馆、上马坎古文化遗址生态博物馆、郎村畲民生化生态博物馆、石龙林业生态博物馆、马村蚕桑生态博物馆、天荒坪生态能源博物馆和安吉现代竹产业生态博物馆。“多个展示点”

是指分散在各级乡镇村的展现地域文化特色的“民间博物馆”。

【海盐县博物馆新馆开放】 2012年9月28日，海盐县博物馆新馆开放。海盐县博物馆以海盐历史文物为依托，全面系统介绍海盐历史文化。博物馆平面主体采用正六边形，在保证博物馆建筑面积的同时形成一个六边形的中庭，将各个展厅联系起来。建筑面积约10000平方米。一至三层为展示空间，四层为馆藏文物库房、办公室等。博物馆展陈面积达到4500平方米，包括一楼的中庭，二楼的临时展厅和三楼的基本陈列展览。

（杨文庆）

文物安全

【概况】 2012年，全省文物安全工作着重于健全文物安全工作机制，加强文物安全执法检查与依法行政工作。召开省文物安全工作联席会议第一次全体会议，为有效发挥联席会议成员的协作配合、联合作业，共同做好文物安全工作打下了基础。启动浙江省辖区海域内文化遗产联合执法。联合文物安全工作联席会议部分成员单位，在全省范围内部署开展加强田野文物安全，依法查处、打击盗挖、盗掘、贩卖、走私出土文物的违法行为，遏制盗窃古墓葬行为猖獗的势头。

认真配合全国人大文物保护法执法检查工作。做好文物安全执法检查和重大文物违法案件查处工作。查处重大文物违法案件，先后调查了瑞安国保单位利济医学堂建设控制地带内违法搭建钢构建筑和庆元省保单位袅桥保护范围内违法建桥案。加强文物安全的信息通报，实施重大案件和安全事故督办制，协调省保单位安吉姚家大院和修谱大屋的修缮问题。

深入推进依法行政工作。根据国务院和省委、省政府关于推进依法行政、建设法治政府的各项要求，及时研究、部署年度依法行政重点工作。按时完成法规、规章草案征求意见的反馈。遵守政府信息公开制度，加强行政执法依据动态调整，根据机构职能调整和法律、法规、规章的“立、改、废”情况，开展行政执法依据梳理工作，及时做好局公示栏和省文物网的许可事项调整，做好取消和下放管理层级行政审批项目的落实和衔接工作。及时开展法制信息的定期报送工作。督促落实规范行政处罚裁量权工作，深入开展文物行政执法案卷评查工作。认真处理行政执法投诉举报案件和文物司法鉴定工作，预防和化解行政争议。落实行政规范性文件监督管理制度，定期开展行政规范性文件清理，强化行政规范性文件备案审查工作。做好行政执法证件到期换证、规范性文件清理后续工作、行政许可下放审批权限项目的梳理。

做好文博风险单位安全技术设施的新建、改造和更新。杭州工艺美术博物馆、临安市文物馆文物库房、余杭章太炎故居、平阳县博物馆、乐清林曦明艺术馆、嘉兴南湖革命纪念馆、绍兴博物馆越王城分馆、丽水摄影博物馆、庆元廊桥博物馆、温岭王伯敏艺术史学馆等安防工程通过验收。桐乡君匋艺术院安防扩建、衢州市博物馆安防更新工程、文成县文物馆等工程通过了审批。举办2012年度全省文博系统安防知识更新培训班。

【启动浙江省辖区海域内文化遗产联合执法】 4月25日，浙江省辖区海域内文化遗产联合执法启动仪式暨椒江区辖区海域内文化遗产联合执法应急预案演练观摩会在台州市椒江区大陈交通船码头广场举行。此次活动由浙江省文物局、浙江省海洋与渔业局和台州市椒江区人民政府联合主办，台州市椒江区文化广电新闻出版局、台州市椒江区海洋与渔业局联合承办。全省各涉海市、台州市所辖各县（市、区）文化（文物）和海洋行政部门有关领导、文物和海洋行政执法部门的干部参加了启动仪式和现场演练观摩。

国家文物局督察司副司长刘铭威，浙江省文化厅巡视员鲍贤伦，省海洋与渔业局副巡视员李学民，省文化厅副巡视员、省文物局副局长陈官忠以及椒江区委、区政府、区人大、区政协等部门的领导出席启动仪式，观摩指导演练活动，并为首批椒江区海洋文物保护义务监督员颁发聘书。

此次启动活动，标志着浙江省集中、统一、整体性的辖区海域内文化遗产联合执法行动正式开始。联合执法应急预案演练活动，整合了文化、公安边防、海监、渔政等部门的力量，为深化部门合作，开展联合执法，进一步规范合作机制打下了良好的基础。此次演练活动，在全国范围内尚属首次。

【稳步推进文物系统博物馆安防达标建设】 浙江省文物局、省公安厅积极推进文物系统风险单位安防达标建设。根据相关规划，并结合各地新馆安防工程建设、老馆安防工程更新换代，充分发挥省文物安全技术防范工程审核组的作用，严格依据国家和行业相关标准的要求，认真审核各地上报的安防工程设计方案，及时审批工程方案，并在工程期间进行中期检查，工程竣工后及时会同当地文物和公安部门把好工程验收关。为保障文物安全，对个别工程验收未通过，并存在一定安全隐患的博物馆，及时要求闭馆整改。2012 年，杭州西泠印社文物库房、临安市文物馆、余杭章太炎生平陈列馆、平阳县博物馆、乐清林曦明艺术馆、洞头县文物保护所、嘉兴南湖革命纪念馆、海盐县博物馆、绍兴博物馆越王城分馆、衢州市博物馆、温岭王伯敏艺术史学馆、丽水摄影博物馆、龙泉青瓷博物馆、庆元廊桥博物馆等安防工程通过了省级验收。同时一批新建馆及老馆的安防工程新建和改造方案通过了审查和审批。

【全国人大常委会执法检查组来浙江省检查文物保护法贯彻实施情况】 5 月 7 日至 14 日，全国人大常委会副委员长路甬祥率文物保护法执法检查组，对浙江省贯彻实施文物保护法情况开展执法检查。检查组由全国人大教科文卫委员会副主任委员李树文任组长，成员有全国人大常委会教科文卫委员会副主任委员吴恒，全国人大常委会委员、教科文卫委员会委员庞丽娟，全国人大教科文卫委员会委员马德秀，全国人大法律委委员吴晓华，全国人大代表谭艳、赵丰等。全国人大教科文卫委员会和国家文物局有关领导陪同检查。

5 月 8 日上午，浙江省贯彻实施《文物保护法》汇报会在杭州召开。全国人大常委会文物保护法执法检查组全体同志和省人大常委会副主任吴国华、副省长郑继伟出席汇报会，省公安厅、省建设厅、省民宗委、杭州海关、省文物局等单位负责同志参加。检查组组长李树文传达了吴邦国委员长关于 2012 年文物保护法执法检查的重要批示，介绍了这次执法检查的目的和总体要求，指出此次执法检查重点是文物安全、正确处理文物保护与经济建设及社会建设的关系、文物流通领域管理、文物执法能力建设和配套法规建设。

副省长郑继伟汇报了浙江省贯彻实施《文物保护法》总体情况。他表示，《中华人民共和国文物保护法》颁布 30 年来，特别是近年来，浙江省全面贯彻文物保护法以及相关法律法规，大力实施“浙江省文化保护工程”，坚持“保护为主、抢救第一、合理利用、加强管理”的工作方针，求真务实、开拓创新，政府保障力度、文物依法行政、公共文化服务、社会文物规范、科技创新联盟建设等多项工作走在全国前列。但与经济社会发展和文化强省建设的要求相比，文物保护工作还面临不少的困难和问题，包括一些地方认识不够到位，经费投入仍显不足，机构队伍不够健全，文物安全形势仍然严峻，文物流通领域管理乏力等。

随后执法检查组就民办博物馆发展、赋予第三次全国文物普查的登录文物以合法法律地位，加大对文物保护点、历史建筑等不可移动文物的保护力度，改进和完善涉及文物的重大建设工程项目前置许可制度，完善博物馆领域立法，加强文物流通领域管理，加大文物行政执法力度等方面听取了浙江省政府有关部门的意见和建议。

副委员长路甬祥充分肯定浙江在文物保护工作方面所做的努力探索和实践。他指出浙江作为沿海经济发达省份，存在地域面积较小，文物密集度高的特殊省情，工业化、城镇化进程迅猛，文物保护工作领域面临新的挑战和实际困难，贯彻实施文物保护法的任务依然艰巨而繁重。希望浙江坚持依法保护、科学保护，为中华文明的历史传承与创新作出应有的贡献。同时，进一步发掘文物的历史、艺术、科学、文化价值，进行爱国主义、民族精神和革命传统教育，体现文物事业服务社会、教育人民、惠及民生、激励创新的社会功能。

检查组先后考察浙江省博物馆武林馆区、杭州文物流通市场、绍兴八字桥历史街区、绍兴越文化博物馆，余姚河姆渡遗址博物馆、宁波博物馆、宁波民办博物馆、慈城历史文化名镇，阿育王寺、天一阁博物馆、嘉兴月河街区、南湖一大会址及良渚博物院、运河杭州段等地，深入了解文物保护法实施情况和存在问题，实地听取各方面意见和建议，并就文物法贯彻实施情况召开会议。

5 月 13 日，省委书记、省人大常委会主任赵洪祝与检查组座谈。

【全国重点文物保护单位瑞安利济医学堂建设控制地带内违法建筑被拆除】 3 月初，浙江省文物局接到群众举报，位于浙江省瑞安市全国重点文物保护单位利济医学堂建设控制地带内正在搭建面积达 1000 平方米左右、建筑高度超过文物本体的钢构建筑，省文物局迅速行动，前往调查处理。发现在紧靠利济医学堂东侧的围墙外的空地上，某房地产企业正在违法搭建面积达 1000 平方米左右、建筑高度超过文物本体的二层钢构建筑，建筑已近结顶。省文物局召集了由瑞安市人民政府、建设局、文化局、旧城办及房地产企业等单位参加的协调会,要求限期进行拆除。由于拆除工作会导致建设单位造成损失,当地政府部门采取拖延战术,未及时实施拆除。经省文物局多次协调、施压,违法建筑终于在5月底全面拆除,并恢复原状。这起严重的违法案件的成功查处,有力维护了《文物保护法》的严肃性。

【省级文物保护单位庆元枭桥保护范围内的违建被拆除】 2012年,在浙南庆元县省级文物保护单位枭桥的保护范围内,当地交通部门开始建造一座现代钢筋混凝土结构的桥梁。县文物监察大队发现后及时发出停工通知,但相关部门没有响应,并加速了建设进程。省文物局得到举报后,及时与当地文化行政部门取得联系,要求自我纠正又未见效。5月,省文物局会同省公安厅专程前往督办,并约见县政府相关领导说明违法建设工程的严重性,必须立即停工,限期于"文化遗产日"前拆除并恢复原貌。然而,政府部门依然我行我素,并加快了建桥的进程。

在此情况下,省文物局给县人民政府发出函件,责令限期停止违法建设,采取积极补救措施,同时将此违法案件情况向省政府作了汇报。经过省文物局半年努力,违法建造的桥梁终于拆除,并恢复了原貌。7月初,省文物局领导带队,率机关相关处室、省文物监察总队再赴现场查核违法建筑处置情况,并请多家省级平面媒体跟随采访。违法建筑的拆除并恢复原貌,在全省造成了文物守法、违法必究的良好声势。

【浙江省部署加强田野文物安全工作】 为认真落实郑继伟副省长在浙江日报报业集团《内部参考》第65期《萧山古墓葬被盗危及跨湖桥遗址》(继伟2012第262号)的批示精神,省文物局联合全省文物安全工作联席会议部分成员单位印发了《关于进一步加强田野文物安全工作的通知》,在全省范围内部署开展加强田野文物安全,依法查处、打击盗挖、盗掘、贩卖、走私出土文物的违法行为,遏制盗窃古墓葬行为猖獗的势头。案件频发地区,由文物和公安联合开展打击的专项行动,萧山、桐乡、安吉、余姚、松阳、龙泉等地成功破获一批田野文物盗掘案,数十位犯罪分子受到法律的惩处,在一定范围内遏制了田野文物盗案的嚣张气焰。

【举办全省文博系统安防知识更新培训班】 7月11日至12日,浙江省文物局在杭州举办2012年度全省文博系统安防知识更新培训班。全省文博系统负责安全防范工作的100多名人员参加了为期两天的专业知识和操作技能培训。此次培训班根据实际,设置安全技术防范与安全防范技术、安全防盗报警系统、电视监控技术及设备的主要功能与使用方法、安全技术防范系统工程的要求和注意事项等内容,还结合当前文物安全形势,对文博系统安全防范技术要求做出分析。培训期间,有关方面对免费开放博物馆观众流量智能统计与分析系统进行了演示。

【浙江部分沿海市、县建立辖区海域内文化遗产联合执法工作机制】 根据国家文物局、国家海洋局通知精神,温州、宁波、舟山、宁海、椒江等市(县、区)文广化广电新闻出版局、海洋与渔业局建立起辖区海域内文化遗产联合执法工作机制,成立文化遗产联合指导小组,建立文物、海洋部门联合执法工作机制,定期开展联合执法巡查,严厉打击不法打捞、偷盗水下文化遗产等违法行为。

(周向丽)

队伍建设与人才培养

【概况】 2012年,浙江省文化厅人事人才工作坚持服务于全省文化系统改革发展大局,继续推进改革、完善管理、优化队伍、改进服务,发挥较好人事人才工作的职能作用,为浙江文化强省建设提供组织保障和人才智力支撑。

【推动国有文艺院团体制改革】 根据省文化体制改革工作领导小组决策部署,做好浙江歌舞剧院、浙江曲艺杂技总团、浙江话剧团等3家改制院团深化改革,落实转换员工身份、建立新型劳动关系、核销事业单位编制等工作。在改革阶段性任务完成后,指导督促改制院团根据文化企业特点,逐步完善面向市场、增强活力的经营管理机制。认真做好浙江越剧团、浙江京剧团等2家院团分别与浙江小百花越剧团和浙江昆剧团合并组建浙江小百花越剧院和浙江京昆艺术中心的工作。省本级共撤销院团事业机构5个,核销事业编制395名。

为加强全省范围国有文艺院团体制改革的督查力度,省文化厅领导带队分赴温州、丽水、台州、绍兴等地展开调研。通过召开座谈会听取汇报、查阅资料、实地检查以及下发《对部分地市国有文艺院团改革进展情况的督查反馈》等方式，对该地及所属县（市、区）国有文艺院团体制改革任务完成进度、推进改革的主要做法、取得的成效和存在的问题，下一步工作举措和完成任务的时间安排等进行指导。

2012 年，全省 64 家（除浙江小百花越剧团、浙江昆剧团、浙江交响乐团、永嘉昆剧团 4 家列入“保留一批”的院团外）国有文艺院团体制改革工作按照文化部“五个一批”（转制一批、整合一批、撤销一批、划转一批、保留一批）的改革路径，全面完成任务。其中，转制 21 家、划转 14 家、撤销 29 家，该项工作在 10 月顺利通过文化部全国国有文艺院团体制改革复查验收工作组验收。浙江歌舞剧院有限公司、浙江曲艺杂技总团有限公司和省文化厅文化体制改革办公室被文化部评为全国国有文艺院团体制改革工作做出突出贡献先进单位；浙江话剧团有限公司董事长、总经理王文龙，浙江歌舞剧院有限公司声乐团团长邱昱和省文化厅人事处副处长杜毓英被评为先进个人。

【加强文化队伍建设】　完成省文化厅、省文物局机关和省文化厅厅属单位机构编制与职能调整工作。其中，省文化厅社会文化处更名为公共文化处，浙江音乐学院（筹）完成机构设立，浙江自然博物馆增挂省古生物化石保护研究中心牌子。增加中国丝绸博物馆、浙江省文化馆和评弹艺术保护传承机构的人员编制。做好省文化馆、省文化艺术研究院调整内设机构及中层领导职数工作。做好省级机关事业单位机构编制实名制信息采集、数据日常维护、人员入编审核及省属事业单位机构编制核查、清理规范工作。做好有关机构编制年报和公务员统计、企事业单位工作人员统计汇总工作。建立省文化厅属企事业单位中层机构和中层干部基本信息库。

根据省委组织部对选人用人制度自查整改的要求，对近年来省文化厅的干部工作进行总结，查找分析存在的问题，研究制定整改措施，包括加大干部人事法规政策的宣传和干部工作信息公开力度等，积极动员部署“万人评组工”（省委组织部开展的组织万人评价组织工作满意度）各项工作。配合省委组织部完成省文化厅领导班子届末考察工作和 2 名厅巡视员、1 名副巡视员的选配。完成省非物质文化遗产保护中心、浙江自然博物馆、省文化艺术研究院、省文化馆、省文物考古研究所、浙江京昆艺术中心、浙江小百花越剧院新一届领导班子的选配工作。充实浙江歌舞剧院有限公司、浙江曲艺杂技总团有限公司、浙江话剧团有限公司、浙江图书馆和浙江新远文化产业集团所属部分经营性事业单位的领导班子力量。完成省文化厅直属机关党委专职副书记和省文化厅机关内部 3 名调研员的选配，通过竞争性选拔产生 3 名副处长人选；3 名机关和参公事业单位工作人员晋升主任科员及以下职务；为 3 名主任科员及以下职务公务员、2 名军转干部分别办理转任和安置手续。继续做好干部交流、锻炼工作，完成第八批农村工作指导员选派，接收干部到机关处室、厅属单位和省级重点工程挂职锻炼等。

做好浙江艺术职业学院、中国丝绸博物馆领导班子的“一报告两评议”（省文化厅党组向全厅报告工作时，专题报告年度干部选拔任用工作情况，对干部选拔任用工作进行民主评议、对本厅领导进行民主测评）具体工作，加强对省文化厅厅属单位领导班子和领导干部的年度与聘期目标责任制考核，做好离任审计，将考核结果与干部任用、奖励和组织手段紧密结合，使监督管理落到实处。制定出台省文化厅机关处室年度工作目标考核试行办法。会同做好省政府对浙江省非物质文化遗产和西湖申遗工作先进单位、有功人员进行记功奖励以及全国与全省文物工作先进集体、个人评选表彰的有关工作。做好领导干部兼职和个人事项报告等信息申报工作，加强干部廉政风险防控。

优化省文化厅厅属事业单位岗位设置管理，提升绩效工资制度的效用。调整省文物考古研究所等单位的岗位设置方案，进一步优化事业单位人员结构。指导省文化厅厅属事业单位绩效工资方案实施，及时回应和解决实施过程中出现的问题，力争在现行制度框架内提升绩效工资制度的激励效用。继续做好各级专业技术资格的评价组织工作，对部分职称改革领导机构和评审执行机构进行调整充实。继续做好《浙江省图书资料中、高级专业技术资格评价条件（试行）》的条文修订和征求意见工作。省文化厅厅属单位推荐的 32 名专业三级受聘人员通过省人社厅组织的专业二级岗位拟聘人员评审，省级文化系统推荐通过率达到 97%。推荐浙江艺术职业学院院长汪俊昌入选 2012 年享受国务院政府特殊津贴人员，推荐省文物考古研究所副所长刘斌为省哲学社会科学“十二五”规划学科组专家人选。组织省151人才工程第一、二层次培养人员的推荐选拔、省级文化系统“国家高层次人才特殊支持计划”申报人选的摸底调查、2012年省“151人才”科技成果征集和入选省“151人才工程”第三层次培养人员满5年对象的综合考核评估工作。完成省委人才办部署的人才规划纲要重大人才工程和重大人才政策实施情况自查工作。对省属文艺院团住房困难人员进行统计，为解决文艺人才后顾之忧出力。做好国务院政府特殊津贴发放、省“151人才工程”入选人员科技活动资助经费评定工作。加强与省级文化系统人大代表、政协委员、党外干部和高级专家的联络。

开展省属文艺院团专业技术人员素质教育培训。组织省属院团观摩话剧《雷锋》，参加省文化厅直属机关党委举办的《继续坚定不移地走中国特色社会主义道路——党的十八大报告精神解读》专题辅导。利用领导干部网络学院和公务员网络学堂等学习平台，组织干部网上学习。完成2012年浙江省领导干部网络学院省管干部基本信息维护和处级领导干部网络学院信息采集工作，完善公务员网络学堂注册信息。做好机关干部学习培训工作，全年共有3名干部参加省直机关处级公务员任职培训，1名干部参加文化建设与发展专题研究班境外培训。在杭举办省级文化系统青年干部培训班。完成2012年两个项目——省文物局文化遗产保护、利用与管理赴法国培训及厅非遗处赴希腊研修班有关工作。有针对性地选调学员参加各级各类干部培训。其中，2人参加文化部第21期全国地市文化局长培训班，1人参加第一期全国转制院团经营管理人员赴美国培训班，1人参加文化部艺术院团经营管理人才高级研修班，2人参加文化部第三期全国文化行业高技能人才（文献修复专业）培训班，2人参加省外办英语日语特训班。

【举办省级文化系统青年干部培训班】 2012年9月，省文化厅在杭州举办省级文化系统青年干部首期培训班。厅党组副书记、副厅长金兴盛出席开班仪式并为培训班授课。来自省文化厅、省文物局机关各处室主任科员以下职务公务员和厅属各单位的优秀青年骨干近40人参加培训学习。

培训的主题是学习贯彻省第十三次党代会精神，落实《省文化厅关于〈浙江省中长期人才发展规划纲要（2010－2020年）〉的实施方案》和《浙江省文化厅关于加强省级文化系统培养选拔年轻干部工作的实施意见》精神，切实加强省级文化系统青年干部队伍建设，全面提高青年干部的政治、业务、人文素质，切实增强青年干部的责任意识、团队精神、创新能力和服务水平。

培训期间，浙江艺术职业学院院长汪俊昌、浙江图书馆研究馆员袁逸等专家分别为学员作《浙江文化产业发展特色与展望》、《你别无选择——谈读书》等专题讲座。

【完善人才引进机制】 转发省委组织部、省人力社保厅《关于进一步加强事业单位公开招聘工作的指导意见》，要求省文化厅厅属各单位遵循公开民主竞争择优的原则，确保事业单位公开招聘工作公开、公平、公正。做好浙江艺术职业学院、浙江省博物馆、浙江自然博物馆、中国丝绸博物馆、浙江图书馆、浙江省文物考古研究所、浙江图书馆、浙江交响乐团、浙江越剧团等单位公开招聘工作实施方案的审核、报批和招聘工作的监督指导等相关工作，上述单位共择优选聘20名工作人员。

【指导完成浙江省文化行业职业技能鉴定工作】 指导浙江艺术职业学院做好浙江省文化行业职业技能鉴定、《国家职业分类大典》（文化行业）新增职业描述信息采集工作。2012年11月，浙江省文化行业职业技能鉴定站对舞蹈演员、电影电视演员、歌唱演员（民族、美声）、书法、二胡、扬琴、小提琴、钢琴、文献修复等9个工种295人进行鉴定，提高浙江省文化行业职业技能鉴定的影响力。组织人员参加文化部在重庆召开的第三届文化行业职业技能鉴定工作会议暨第一期文化行业质量督导员培训班，并在会上作经验交流。

【其他各项人事业务工作】 规范社会组织审批和管理。做好设立申请的初审、指导和有关政策咨询答复工作。新批准成立浙江当代油画院、浙江林炎古陶瓷博物馆、浙江东方文化艺术院、浙江观吟艺术博物馆、浙江西湖雅舍、浙江惠缘艺术馆共6家民办非企业单位和浙江省丝绸文化研究会1个社会团体。对省文化厅主管的有关社会组织的换届、章程修订、法人代表变更、分支机构设立、注销清理等工作进行指导和审查，包括浙江省婺剧促进会换届、浙江省网吧行业协会会长与副会长调整、宁波博约博物馆基金会理事调整、浙江省文化艺术档案学会会长调整、浙江省非物质文化遗产保护协会设立分支机构以及浙江华夏文化发展基金会的注销清理等事项。举办省文化厅主管的社会组织负责人培训班，召开部分社团组织负责人座谈会。规范管理，沟通情况，交流工作，开展培训辅导。完成省文化厅主管的50个社会团体、民办非企业单位和基金会年检工作，动员指导厅管社会组织参加2012年度全省性社会组织评估工作。

加强人员出国（境）审查工作。做好因公出国（境）人员政审和团组行前外事纪律教育，提高出国（境）人员国家安全和纪律意识。全年共办理因公出国（境）团组政审62批次，682人次，行前教育42批次。做好因私出国（境）人员的审批管理工作，加强机关和系统各单位因私证照的登记造册和保管工作，审批因私出国（境）人员35人次。加强与杭州市出入境管理局的工作衔接，维护更新系统特定岗位报备系统的数据。

【老干部工作】 组织召开省文化厅（局）机关离退休老同志迎春茶话会。组织厅机关离退休老同志开展春季活动、重阳节活动、“三八”节活动。省文化厅领导走访慰问系统离退休老同志。做好“全国离休干部信息管理系统”维护和年终统计上报。为省文化厅机关离退休党员干部每月组织生活会做好服务，配合做好系统老干部合唱团有关工作。完成为离休干部申请特殊困难补助金、增配移动呼叫器、发放家政券、安排疗养体检和居家养老信息采集工作。省文化厅机关离休干部党支部被评为“五好”党支部。

（薛　建）

信息化建设

【概况】 2012年，省文化厅根据“数字浙江”发展战略和省信息化工作领导小组2012年工作要点的总体要求，发挥自身职能，全面推进文化信息化工作。

【强化网络信息安全工作】 一是召开专题会议，部署网络信息安全工作。6月21日，省文化厅组织召开省级文化系统网络安全与宣传工作会议。重点传达省委、省政府办公厅以及省网络与信息安全协调小组办公室关于互联网宣传管理工作相关文件精神；传达省委外宣办关于加强网站管理、加强党政机关微博客管理以及做好十八大期间网络与信息安全保障工作的相关文件；传达省保密局关于加强保密文件管理、做好保密系统防护工作的有关文件内容。同时，对省级文化系统各单位门户网站的安全情况进行点评，要求做好自查自纠工作，确保各单位的信息安全。9月18日，省文化厅组织召开全省文化信息工作会议。传达文化部关于做好重要信息系统等级保护工作的相关文件精神，再次强调新形势下深刻认识重要信息系统信息安全的重要性，抓紧、抓实、抓好各单位信息系统的安全工作，认真排查、有效防范，坚决消除各类安全隐患。

二是建立健全厅机关网络与信息安全管理体系。印发《浙江省文化厅网络与信息安全管理体系》，该体系包括网络与信息安全管理框架、网络与信息安全管理制度、网络与信息安全操作流程以及网络与信息安全相关记录表等四大部分，共计25项管理规定，5套管理流程和9个操作记录表。进一步明确省文化厅厅网络与信息安全的组织机构，并对日常安全管理、安全防护管理、应急管理、安全教育培训以及安全检查细则做出明确规定。

三是不断强化网络运行安全检查。增加配置提高信息安全防护能力，加设WEB应用防火墙，并根据实际情况不断更新安全规则库。2012年2月，在厅机关局域网部署2011ASM盈高准入控制系统，从内网接入控制、终端流量控制、弱口令管理和系统更新等方面进一步加强对内网的安全管理。同时根据业务系统的需要，部署双机热备或远程备份系统。加大网络运行安全情况监测频率与力度，即时升级完善安全检测的软件，对省文化厅机关个人终端统一安装、更新杀毒软件，并更新系统至最新；加强邮件服务器日志的巡查力度，随时调整反垃圾邮件规则，发现问题，及时处理，确保网络安全运行。2012年完成省文化厅门户网站的等级保护测评工作。同时，开展对全厅机关涉密计算机以及其他涉密载体的安全自查、清理工作，完成省文化厅机关涉密计算机内、外网物理隔离工作，对上网信息严格执行保密规定。

四是做好重要信息系统等级保护工作。建立《浙江省文化厅网络与信息安全管理体系》。其中《浙江省文化厅信息安全等级保护管理规定》和《浙江省文化厅网络与信息系统应急预案》明确重要信息系统的定级、评估、更改、备案以及应急处理的完整流程。为做好2012年特别是党的十八大召开期间的网络与信息安全保障工作，省文化厅严格按照规定上报网络与信息安全情况，根据省公安厅《关于开展十八大期间重要信息系统等级保护专项检查工作的通知》要求，召开省级文化系统网络与信息安全专题工作会议，确定省文化厅本次等级保护的检查范围，并根据要求全面开展自查工作。同时，加强对设备的巡查力度和对厅机关工作人员的安全教育，着重做好对专业信息技术人员的业务培训，提高省文化厅网络与信息安全的防范能力。

2012年，省文化厅局域网运行稳定，门户网站以及各业务系统运行正常，无重大网络安全事件发生，未在网上存储、传输涉密信息，未发生过失密、泄密事件。

【文化信息资源共享工程资源建设】 组织全省各市县支中心开展地方特色资源建设。2012年，浙江省文化厅下发《关于开展文化信息资源共享工程地方特色资源建设工作的通知》，部署2012年地方特色资源建设项目的申报工作，新立项23个资源库。为提高地方特色资源建设的系统性和整体性，全国文化信息资源共享工程浙江省分中心提出浙江人文数字地图的建设方案，组织全省各市级支中心开展浙江名人和浙江方志2个指定专题资源建设。向国家中心申报地方特色资源建设项目。根据全国文化信息资源共享工程地方资源建设指南要求，浙江省申报的《浙江地方戏曲多媒体资源库》、《畲族文化多媒体资源库》、《浙江革命风云人物专题片》、《浙江书院专题片》等4个项目获得立项。

2012年，省文化厅继续采购读秀知识库、万方数字资源系统、维普中文科技期刊等优秀数字资源库在全省文化共享工程系统的使用权，整合到浙江网络图书馆平台提供全省广大群众使用。浙江网络图书馆整合中外文献信息4.2亿条，电子图书240万种，电子期刊1万多种，期刊论文7000万余篇，学位论文80余万部，讲座、科技视频等2万多部。自2009年开通至2012年12月，浙江网络图书馆点击次数达2882余万次，电子期刊阅读下载1665余万篇，全文阅读93.1余万册，电子文献传递47.5万余次。2012年1月，浙江网络图书馆手机版(http://wap.zjelib.cn)开通试运行，2月28日，浙江网络图书馆影视频道开通，首批推出8000多部(集)6000多小时的视频节目，其中有浙江卫视知名的文化节目《西湖》、浙江小百花越剧院的新版越剧《梁祝》上线，提供点播。

【构建覆盖全省的数字图书馆服务体系】 召开浙江省数字图书馆推广工程工作会议，省文化厅、省财政厅联合下发《关于加强“数字图书馆推广工程”建设的实施意见》。《实施意见》提出浙江省“十二五”的总体目标是建设“一库一网二平台”。其中，“一库”指建设一个大型的分级分布式数字资源库群，要求省级数字图书馆数字资源量达200TB，每个市级数字图书馆数字资源量达60TB，每个县级数字图书馆数字资源量达10TB；“一网”是建设覆盖浙江省各级公共图书馆的分布式虚拟数字图书馆网，各级VPN网络互联的带宽不小于100M；“二平台”指数字图书馆的开放式信息服务平台和管理平台，包括支持手机、各类智能移动终端、数字电视等新媒体的服务平台。

创新数字资源服务模式。成立全省首个“数字文化讲师团”，开展数字文化下基层活动，逐步将浙江省共享工程建设重点从设施建设转向资源使用。在温岭大溪镇举办浙江省文化共享工程“数字文化讲师团”成立暨数字文化下基层启动仪式。在全省开展“数字资源推广使用年”系列活动。充分利用各种有效载体，加大宣传，营造全社会关注、使用数字资源的氛围，充分发挥网络图书馆及文化共享工程数字资源的作用。

省文化厅借鉴“云服务”的模式和理念，采用云计算技术，组织全省各级公共图书馆打造公共图书馆“云服务平台”，并组织开展相关软件平台的开发，完成浙江省公共图书馆统一用户管理系统和数字资源服务门户的开发工作。浙江省公共图书馆数字资源服务门户整合全省各市级图书馆及省馆的数字资源，并通过全省统一用户管理系统进行授权控制和访问服务；整合国家数字图书馆可授权访问的资源；整合古籍普查系统；提供全省联合书目和馆藏实时状态；整合信息专题、展览讲座等读者活动的预告、报道、录像视频等资料；整合非书资料系统；整合读者在图书文献管理系统上的各项信息。

【完成浙江省公共电子阅览室管理平台系统建设】 根据文化部、财政部《关于进一步加强公共数字文化建设的指导意见》和浙江省文化厅《关于印发加强公共电子阅览室建设实施意见的通知》精神，参照文化部办公厅《公共电子阅览室管理信息系统技术规范》要求，完成浙江省公共电子阅览室管理系统开发工作并在全省安装部署。

2012年4月，浙江省文化信息资源共享工程领导小组办公室下发《关于要求配置浙江省公共电子阅览室管理系统支中心服务器的通知》，对各支中心安装管理系统提出软硬件环境要求；下发《关于做好浙江省公共电子阅览室管理系统安装部署工作的通知》，制定详细的系统安装与培训计划，从5月开始，全省分市进行培训与安装。到2012年底，部署安装市级支服务器11个，县级支服务器68个，接入公共电子阅览室496个，接入终端计算机5011台。

【完善文化市场技术监管系统】 升级改版浙江省文化市场数字化监管系统，对功能模块进行重新整合。为全省市县执法机构统一配置移动执法终端装备，实现远程实时执法；开发建设浙江省文化市场12318举报网站，拓宽举报途径，并将12318举报网站与监管系统在后台数据对接。5月15日至18日，举办全省文化市场OA系统管理员培训班，分别就OA系统的实际操作应用、各地管理员职责权限、执法考试系统应用、新腾讯通使用、地理信息系统操作、视频会议系统及网吧技术监管平台应用做详细讲解。全省各市、县（区）的100余名OA系统管理员参加培训。

（施　莹）

文化设施建设

【概况】 2012年，全省文化设施基本建设投入资金11.49亿元。其中，国家投资5.94亿元，自筹资金1.45亿元，全年完成投资额5.84亿元，建成项目34个，竣工面积15.79万平方米。

【浙江小百花艺术中心项目建设】 浙江小百花艺术中心项目被列为浙江省政府重点建设项目。2012年先后完成初步设计方案调整审查及批复、场地平整、场内树木迁移，原有合同的谈判、审查、续签，施工监理、施工建设等项目的招投标工作，并在杭州市相关职能部门的支持下采取桩基先行的方式，于9月开始边进行施工报建、边进行土石方爆破挖运，以加快工程的建设进度。

【浙江音乐学院（筹）校区建设工程】 浙江音乐学院（筹）校区建设工程项目于2012年6月正式启动。项目完成立项、选址意见书、土地测绘、土地预审、可研编制、评估和批复等审批工作，并同步完成项目建设总体规划及工程设计的招投标工作和总体方案的优化完善、总平方案及学生公寓楼初步设计审查和批复。杭州市工程建设指挥部于2012年11月完成学生公寓部分施工图的图审、清单编制、及施工招投标工作，12月26日正式开工建设。

【浙江省级文化系统重大文化设施建设“四个一批”规划（试行）】 浙江省文化厅制订下发《浙江省级文化系统重大文化设施建设“四个一批”规划（试行）》，通过增加投入、整合资源、盘活存量、优化配置等措施，建成投用一批、改造提升一批、立项启动一批、谋划储备一批省级文化项目。规划涉及项目18个，总建筑面积992019平方米，总投资775270.11万元。

【一批省级重大文化设施建设项目筹备工作启动】 2012年，在省委、省政府关于加快推进文化强省建设的战略部署下，一批省级重大文化设施建设的选址考察及论证工作正式启动。浙江图书馆新馆、浙江自然博物馆新馆（院）、浙江省博物馆新馆、浙江省非物质文化遗产馆等重大文化设施建设的选址事宜，经由省政府省级重大文化设施建设专题会议明确，并由省委省政府组织成立省重大文化设施规划与建设领导小组进行谋划。各相关单位着手进行新馆建设、功能需求、设计任务等的前期调研、筹备。

【浙江图书馆和浙江音乐厅改造项目立项】 为提高省级文化场馆的观演阅读环境，提升公共文化服务的质量，确定对浙江图书馆曙光路馆区和浙江音乐厅两个场馆进行装修改造。浙江图书馆将进行多媒体视听室、报告厅、目录大厅等的改造；浙江音乐厅将进行舞台建声系统以及内部观众区域环境的改造。两个装修改造项目已完成可行性研究报告，并获省发改委的批准立项。

（何如如）

党工团工作

【概况】 2012年，省级文化系统党建工作按照围绕中心、服务大局的要求，认真组织学习贯彻党的十八大和省第十三次党代会精神，深入开展“之江先锋”创先争优活动，大力推进基层组织建设，不断加强党风廉政建设和反腐败工作，党、工、团形成合力，为文化强省建设提供坚强有力的思想、组织和作风保证。

【党的思想建设工作】 2012年，在省级文化系统广泛开展以服务型党组织为目标的基层党建工作示范点创建工作。创建活动中涌现了一批“发展强、党建强”的基层组织，为整个系统的改革发展提供正确的思想导向和良好的舆论氛围。

根据省委部署，4月下旬，在省级文化系统全面开展“我们的价值观”大讨论活动，共征集到15家厅属单位的价值观核心词20组，在此基础上，提炼出“尚德、崇文、惠民、创新”作为浙江省文化厅价值观核心词，并获得省级机关“十佳机关精神”的荣誉。3月底，省文化厅团委联合省级机关单位宣教片兄弟单位团委举办团员青年“我们的价值观”思辩活动，组织系统内两支代表队8位团员青年参加思辨会，省文化厅荣获二、三等奖；5月，省文化厅团委举办了“畅谈人生价值·推动文化发展”省级文化系统青年干部职工恳谈会。

11月，党的十八大召开。浙江省级文化系统各单位立即掀起学习宣传十八大精神的热潮。省文化厅党组带头组织宣讲十八大精神，省文化厅官网和《浙江文化》月刊专门开辟十八大学习专题。省文化厅党组理论中心组被省直机关工委评为省级机关先进单位。

【基层党组织和党员队伍建设】 3月初，在全省文化系统开展组织建设年活动，制定下发《关于全省文化文物系统在创先争优活动中开展基层组织建设年活动的通知》，各单位进行自查和分级评定。在此基础上，全省文化系统共评出“优秀”等级基层党组织248个，“较好”等级基层党组织214个，“一般”等级基层党组织26个并上报文化部。省级文化系统在反馈初评意见后，组织有关单位党组织整改完善，针对薄弱环节查漏补缺，解决基层党组织建设中存在的突出问题，推动50%以上的党组织晋位升级。在这次组织建设年活动中，省文化厅直属机关党委被省直机关工委评定为“好”等次。

完成省文化厅直属机关“两委”换届工作。11月23日，中国共产党浙江省文化厅直属机关第八次代表大会召开，大会审议通过厅直属机关第七届党委工作报告，选举产生第八届党委和第五届纪委。省委副秘书长、省直机关工委书记施利民到会祝贺，省文化厅党组书记、厅长金兴盛出席讲话。

根据浙江省文化体制改革的需要，为进一步加强基层党组织建设，2012年省级文化系统新组建浙江小百花越剧院党总支、浙江京昆艺术中心党总支、浙江省非物质文化遗产保护中心党支部；选配、调整10家单位党组织的15名党务干部。全年发展党员137名，预备期转正109名。根据省里统一要求，组织对省级文化系统76个党支部、1561名党员开展民主评议党员工作，共评出优秀党员99名、合格党员1462名。做好出席省党代会代表的选举工作，选出2名代表参加省党代会，并做好党代表提案的组织工作。做好党员统计和走访慰问工作，2012年初，对省级文化系统17位困难党员进行走访慰问，送出慰问金17000元。

【“之江先锋”创先争优活动】 一是推荐评选闪光言行。浙江省文物考古研究所副所长刘斌的闪光言行案例被评为省直机关和省委5月份“月度创先争优闪光言行之星”，并分别在浙江在线、浙江省机关党建网展示。4月25日，新华社、浙江日报等10家中央和省级新闻主流媒体到省文物考古研究所进行集体采访，并于5月3日集中推出相关宣传报道。5月23日，浙江省省委常委、组织部长蔡奇同志带队前往省文物考古研究所及良渚工作站开展调研，并于当晚发微博称赞考古工作者“甘于寂寞，淡泊名利，这群献身于发现历史、保护遗产的考古人值得敬佩！”省文化厅厅党组下发《关于开展向刘斌同志学习深入推进创先争优活动的通知》，要求全省文化系统向刘斌同志学习，大力弘扬以刘斌同志为代表的浙江省“考古人”精神。省文化厅团委发起以“我看考古人”为主题的微博大讨论活动，要求系统广大团员青年认真学习浙江考古工作者“甘于寂寞、默默坚守、低调务实、淡泊名利”的敬业精神，切实将系统创先争优的先进典型深植人心，将创先争优活动推向深入。大讨论活动共征集到微博百余条，并在此基础上评选出15条“给力评论微博”。

二是定期开展结对帮扶。3月上旬，省文化厅厅长杨建新率队赴台州、金华等地开展创先争优“蹲点调研”，并为路桥区委理论中心组作“深入学习党的十七届六中全会精神，建设文化强区”的专题辅导报告。随后，率队赴厅联系点天台县白鹤镇皇都村开展“创先争优·书画捐赠”文化下乡活动，帮助组建皇都农民书画院。副厅长田宇原和省级文化系统书画名家们挥毫泼墨，为皇都村书画院献上书画作品。

三是做好创先争优活动评选表彰工作。命名表彰省级文化系统“省级文化系统基层党建工作示范点”7个；表彰系统“创先争优活动先进单位”3个，“创先争优活动优秀共产党员”30名，“创先争优活动优秀党务工作者”6名，并在6月21日召开的省级文化系统创先争优活动评选表彰会上进行了表彰。此外，省级文化系统有1个先进基层党组织、3名优秀共产党员及1名优秀党务工作者获得省直机关工委表彰；1个先进基层党组织，优秀党务工作者1名及优秀共产党员1名获得文化部表彰。浙江京剧团《藏羚羊》剧组荣获省总工会颁发的浙江省“工人先锋号”荣誉称号，浙江歌舞剧院刘福洋荣获浙江省第九届“五四青年奖章”。

四是抓好长效机制建设工作。省级文化系统各单位充分运用网络、简报、宣传栏等载体，合力推动思想教育机制、组织管理机制、服务群众机制、考评激励机制、反腐倡廉机制等，并取得实效。

【党风廉政建设和反腐败工作】 2012年，省文化厅对省级文化系统党风廉政建设责任书进行修订和完善。3月上旬，厅党组举办2012年度党风廉政建设责任书签订仪式，厅长杨建新代表党组与厅属各单位负责人签订责任书，并对厅属各单位2012年度目标责任管理和党风廉政建设作具体部署和要求。

根据省纪委和省宣传纪工委的部署要求，开展“回头看”工作，进行查漏补缺。对廉政风险点是否准确，制定的防控措施是否切实可行，制度建设是否完善科学，权力运行是否阳光规范等进行重点查找。进一步规范权力运行，形成决策权、执行权、监督权相互制约协调的权力结构。指导、培育浙江图书馆作为省级文化系统岗位廉政风险防控机制建设工作示范点。根据该馆资金量大、人员多、风险高的特点，要求重点抓好预防、公开、监督和考核环节，通过加强资金风险防控和制度建设，管好钱、管好事、管好人。随着示范点创建工作的稳步推进，该馆廉政建设机制进一步健全完善，厅纪检组上报的关于浙图加强资金风险防控的信息被宣传纪工委选用，得到浙江省省委常委、宣传部长葛慧君的肯定和批示，要求在宣传文化系统推广。

2012年被文化部确定为全国文化系统开展惩治和预防腐败体系建设年。文化部制定下发《全国文化系统开展惩治和预防腐败体系建设年活动工作实施方案》。省文化厅直属机关党委对省级文化系统开展惩防体系建设年的相关工作进行部署，要求系统各单位围绕教育、制度、监督、改革、纠风、惩治6项任务开展建设年活动，努力构建具有时代特色、文化特征和部门单位特点的惩治和预防腐败体系。

10月，文化部纪检组、文化部监察局下发《关于报送文化反腐、制度反腐、监督和惩处工作情况》，要求对党的十七大以来浙江省省级文化系统反腐倡廉建设的有关情况进行总结。浙江省文化厅对近5年来组织勤政廉政主题剧目创作和巡演、重大节庆期间廉政剧目展演、发挥阵地优势组织勤政廉政主题展览展示、整合资源形成宣传教育的网络优势等各方面工作进行自查和回顾，对十七大以来建立的监督类、惩处类等有关制度进行全面系统的梳理，并对开展监督和惩处工作的有关情况进行总结。

2012年，共组织对浙江自然博物馆、浙江省文化馆、浙江省文化艺术研究院和浙江曲艺杂技总团有限公司4家单位进行法人代表经济责任审计；对700多件行政审批事项的受理、审核、审批等环节进行实时监控。省文化厅全年未收到黄牌、红牌警告；共收到信访举报件6件，均已按照有关规定进行调查核实。

【群团建设】 2012年，浙江省文化厅围绕“我们的价值观”大讨论，开展“畅谈人生价值·推动文化发展”大讨论活动，取得良好效果。在开展向刘斌同志学习的活动中，组织团员青年利用微博，积极回应省委常委、组织部长蔡奇对考古人的高度评价。10月，在兰溪市马涧镇举办“播撒希望·传递梦想”文化青年星光行动兰溪行活动，为马涧镇中心小学的同学们带去人偶剧《老猪和小猪》和专题讲座《浙江新文化运动的高潮——“一师风潮”》、《钱江潮——浙江现代革命历史》图片展。省级文化系统的优秀青年骨干们还通过杂技、戏剧、舞蹈、声乐、表演等才艺表演对同学们进行现场指导。系统工会换届后探索分组分片开展活动的机制，组织开展省级文化系统喜迎十八大“千人登山”活动、省级文化系统喜迎党的十八大摄影展等活动。致力于以完善职代会为基础的民主管理，指导厅属单位开展“职工之家”等建设，丰富文化系统职工的业余生活。

（周朝虹）

大事记

ZHEJIANG CULTURE YEARBOOK

2012年浙江文化大事记

1月

3日至6日　厅长杨建新赴北京参加全国文化厅局长会议，并列席全国宣传部长会议。随后，参加文化部在京举行的“春雨工程”全国文化志愿者边疆行工作总结会。

3日　副厅长杨越光观看浙江歌舞剧院《彩蝶雅乐》音乐会。

4日　副厅长陈瑶主持会议，对省非遗中心年度目标管理责任制进行考核。副厅长杨越光出席年度厅属文艺院团专业技术人员素质教育总结并讲话。

5日　副厅长、省文物局局长鲍贤伦主持会议，对中国丝绸博物馆和浙江自然博物馆的年度目标责任制进行考核。副厅长陈瑶在省文化馆领导班子聘期考核评议会上作动员讲话。副厅长杨越光在浙江昆剧团领导班子聘期考核评议会上作动员讲话。

6日　厅长杨建新参加文化部召开的国有文艺院团体制改革工作座谈会，并参加国家舞台艺术精品工程授牌仪式。副厅长杨越光察看西湖文化广场“两团一馆”(浙江越剧团、浙江曲艺杂技总团和浙江省文化馆)装修工程及安全施工情况，随后参加话剧《谁主沉浮》下部队演出活动。

9日　厅长杨建新陪同省委书记赵洪祝观看浙江美术馆“书风书峰”展览。随后，参加省文化厅机关干部读书会，并作辅导报告，副厅长田宇原、陈瑶、杨越光参加。副厅长、省文物局局长鲍贤伦出席西湖世界文化遗产数字化平台建设项目专家咨询会，并参加省文联全委会会议。副厅长陈瑶出席浙江花文化协会成立大会。

10日　厅长杨建新陪同文化部副部长王文章出席在浙江省举办的国家重点美术馆授牌仪式暨全国美术馆专业委员会年会。

10至11日　副厅长鲍贤伦赴舟山参加走基层文化为民活动。

10日至12日　副厅长田宇原赴苏州参加全国文化市场管理工作会议和全国网吧连锁推进工作总结会。

11日至15日　厅长杨建新参加省政协十届五次会议。

11日　副厅长杨越光主持会议，对厅属院团、浙江美术馆、浙江省文化艺术研究院、浙江省文化信息中心年度目标责任制进行考核。

12日至16日　厅长杨建新参加省十一届人大五次会议。

12日　厅长杨建新出席浙江自然博物馆《龙行浙江》龙年特展开幕并讲话。副厅长田宇原出席嘉兴文化市场综合执法工作总结会并讲话。

13日　厅长杨建新出席曹其镛夫妇捐赠中国古代漆器签约仪式并致辞，副厅长鲍贤伦主持。下午，厅长杨建新参加省人大预算专题审查会，接受人大代表对省文化厅2012年预算重点审查。

13日　副厅长、省文物局局长鲍贤伦出席省考古所班子聘期考核会并讲话。副厅长田宇原主持召开浙江新远文化产业集团有限公司年度经营管理目标责任制考核会，随后率检查组检查杭州市部分歌舞娱乐场所安全生产和规范经营情况。副厅长陈瑶出席“文化年货带回家”春节共享工程服务农民工活动启动式并讲话。副厅长杨越光参加省政协召开的“文化强省”建设专题座谈会，并走访慰问老同志。副巡视员陶月彪出席浙江美术馆中层负责人岗位竞聘专家测评会。

14日至15日　厅长杨建新参加省“两会”，并为省政协港澳华侨委员和特邀委员作“推进文化强省建设”专题辅导报告。副厅长杨越光赴景宁观看“千年山哈”少数民族会演。

14日至19日　副厅长陈瑶率团赴澳门参加春节民俗展。

16日　厅长杨建新、副厅长杨越光陪同省委书记赵洪祝，省委常委、杭州市委书记黄坤明和省委常委、宣传部长茅临生观看音乐剧《断桥》演出。副厅长田宇原主持审议浙江新远文化产业集团2011年目标考核工作。

16日至18日　副厅长田宇原赴厦门参加文化部召开的全国文化产业工作年会。

17日至18日　厅长杨建新在厅机关离退休老同志迎春茶话会上通报文化工作情况和要点，副厅长杨越光主持。副厅长、省文物局局长鲍贤伦出席省文物局机关老同志新春团拜会，副巡视员陶月彪参加。随后，走访慰问老同志。

19日　厅长杨建新主持召开厅局机关干部民主推荐大会，厅领导鲍贤伦、田宇原、杨越光、陶月彪参加。副厅长田宇原出席省文化市场管理（“扫黄打非”）工作领导小组办公室全体成员会并讲话。副厅长杨越光慰问老艺术家周大风、薛莺、魏峨。

20日　厅长杨建新、副厅长田宇原、副巡视员陶月彪分别慰问老同志。

29日　厅长杨建新参加省委、省政府在青山湖科技城义务植树劳动。厅长杨建新，副厅长鲍贤伦、田宇原、陈瑶、杨越光走访厅局机关各处室。副厅长田宇原慰问浙江新远文化产业集团有限公司班子和职工。

31日　副厅长鲍贤伦主持召开中国丝绸博物馆征集西方时装藏品论证会。

2月

1日　副厅长陈瑶出席省文化厅与省新华书店集团有限公司签订“浙江省送书下乡工程”图书供货合同。

2日　厅长杨建新接待来访的宁夏政府驻浙江办事处主任。副厅长田宇原参加省政府的“浙商文化论坛”协调会。

3日　厅长杨建新参加浙江省人民政府台湾事务办公室会议，会上浙江省博物馆与杭州市连横纪念馆签署接受台湾国政研究基金会捐赠藏品备忘协议。

4日　厅长杨建新陪同省委书记赵洪祝、省委副秘书长舒国增、省委宣传部常务副部长胡坚观看“新年演出季”浙江小百花越剧团《藏书之家》演出。

5日　副厅长杨越光陪同老领导吕祖善、周国富观看《藏书之家》演出。

5日至6日　副厅长陈瑶赴北京出席全国非遗生产性保护成果大展。

6日　厅领导杨建新、杨越光观看“春风引”浙江民族乐团元宵音乐会。

7日　厅长杨建新、副厅长陈瑶出席全国第三届大学生艺术展演活动开幕式。

7日至8日　副厅长田宇原赴北京向文化部汇报2012中国义乌文化产品交易博览会筹备情况。

9日　厅长杨建新参加全省宣传思想工作会议，随后陪同省政协主席乔传秀会见全国政协副主席孙家正。副厅长鲍贤伦、田宇原、陈瑶、杨越光，副巡视员陶月彪列席全省宣传思想工作大会。

10日　厅长杨建新参加省委书记赵洪祝主持召开的省第十三次党代会调研课题成果汇报会，并参加“文化力量与经济文明”论坛；随后参加省委统战部部长汤黎路会见香港特区民政事务局局长曾德成一行。厅领导杨建新、杨越光陪同省长夏宝龙观看“弘扬国粹迎新春”浙港两地京剧名流汇演。

11日　副厅长鲍贤伦会见内蒙古自治区文化厅副厅长安永锝一行。

13日至15日　省委常委、宣传部长茅临生，副省长郑继伟出席全省文化广电新闻出版局长会议并讲话，厅长杨建新部署全省文化工作。

13日　厅长杨建新、副厅长陈瑶出席全国第三届大学生艺术展演闭幕式。

14日　省委宣传部副巡视员何启明出席省文化厅领导班子民主生活会，厅长杨建新，副厅长鲍贤伦、田宇原、陈瑶、杨越光，副巡视员陶月彪参会并分别发言。厅长杨建新会见台北故宫博物院总经理何春寰一行。

15日　副厅长陈瑶与嘉兴市文广新局负责人研究中国（嘉兴）端午民俗文化节筹备事项。副厅长杨越光出席《浙江省文化事业投入预测与调控分析》研究课题成果汇报会。金永玲歌剧院在国家大剧院演出歌剧《祝福》，中央领导贾庆林、贺国强，文化部领导蔡武、董伟，省领导赵洪祝、乔传秀、茅临生、蔡奇等出席观看，副厅长杨越光陪同观看。

15日至17日　副厅长田宇原出席江浙沪演出业务洽谈会暨第五届长三角国际演出项目交易会，并考察上海网络文化市场。

16日至19日　厅长杨建新赴山西太原参加全国文化体制改革工作会议。

16日至17日　厅长杨建新、副厅长陈瑶、田宇原、杨越光分别率调研组赴安吉、磐安、浦江、杭州滨江区开展省级“改善发展环境”百组调研活动。

16日至18日　副厅长鲍贤伦出席全省文物局长会议并讲话，副巡视员陶月彪参加。

17日　副厅长杨越光会见美国费城交响乐团的代表。

18日　副厅长杨越光出席绍兴市政府举办的《同唱一台戏》现象暨明星版《梁祝》全国巡演研讨会并讲话。

21日　副厅长鲍贤伦主持

《浙江通志》文物部分编纂工作会议。副厅长陈瑶出席“非遗”进校园活动季磋商会。

22日　厅领导杨建新、杨越光出席全省对外对港澳台文化工作会议并讲话,副巡视员陶月彪参加。

22日至23日　副厅长陈瑶赴北京出席联合国教科文组织亚太非遗国际培训中心成立大会,并在保护非遗国际信息交流会上讲演。

22日至24日　副厅长杨越光赴北京参加文化部的全国文化纪检工作会议。

23日　厅长杨建新出席《浙江文化地图》出版座谈会暨首发仪式。副厅长鲍贤伦出席全国文物进出境管理工作座谈会。副巡视员陶月彪赴湖州商议文化遗产日浙江主场城市活动筹备工作。

24日　厅长杨建新参加省第十三届党代会报告起草小组会议,随后接待《浙江通志》副总编童芍素,协商浙江通志文化部分编纂事宜。副厅长杨越光参加省委对外宣传工作领导小组、互联网管理工作领导小组成员会议。

27日　厅长杨建新列席第十二届省委常委会,听取关于全国互联网宣传管理工作会议和全国文化体制改革工作会议精神及贯彻意见汇报。

28日　厅长杨建新出席“浙江城市文化个性与经济创新发展”研讨会并致辞。副厅长田宇原出席全省文化市场管理工作例会并讲话。

28日　副厅长陈瑶出席浙江网络图书馆影视频道开通暨《浙江藏书楼》专题片首发式。副厅长杨越光参加省政协文卫体委员会会议,研究省戏剧发展促进会成立会筹备事宜。

29日　厅长杨建新、副厅长鲍贤伦参加省政府第九次全体会议。副厅长田宇原调研杭州市文化企业“天下游戏”,并颁发“浙江省游戏游艺设备推荐采供单位”牌匾。

3月

1日　副厅长田宇原出席浙江省游戏行业协会成立大会并讲话。副厅长杨越光参加省委宣传部、省文明办的“弘扬雷锋精神争做当代雷锋”座谈会。副巡视员陶月彪参加“开展志愿服务”视讯会议。

2日　厅长杨建新,副厅长鲍贤伦,副巡视员陶月彪出席全省文物安全工作联席会议第一次全体成员会议。厅长杨建新会见埃塞俄比亚侨领。副厅长田宇原出席全省文化市场综合执法工作会并讲话。副厅长陈瑶参加省委宣传部“永远跟党走”2012年浙江省红色经典歌曲合唱大赛活动协调会。

5日　副厅长杨越光参加“戏剧谷”规划论证会。

6日　厅长杨建新参加全国文化系统体制改革工作电视电话会议并作典型发言,会后就浙江省文化体制改革工作作专题部署。副厅长田宇原、杨越光参加。厅长杨建新在2012年度《党风廉政建设责任书》和《目标管理责任书》签订会上讲话,副厅长陈瑶、杨越光参加。副厅长鲍贤伦出席全省促进馆藏资源整合共享专题会。

6日至8日　厅长杨建新带队赴台州路桥开展创先争优蹲点调研。

7日　副厅长杨越光参加省委宣传部召开的全省国有文艺院团体制改革进展情况汇报会。

7日至8日　副厅长陈瑶出席省创建公共文化服务体系示范区(项目)培训班。

8日至9日　厅长杨建新为台州市路桥区党政领导作专题报告,随后去磐安调研。

9日　副厅长田宇原参加全省清理整顿各类交易场所工作会议。副厅长陈瑶参加省委副书记李强主持召开的特色文化村保护与开发协调会。

10日　厅长杨建新在北京陪同省长夏宝龙会见浙江交响乐团部分演员,随后参观“华装风姿——中国百年旗袍展”;陪同省委书记赵洪祝及省出席两会代表委员在北京音乐厅观看浙江交响乐团《春林花多媚》演出。

12日至14日　副厅长陈瑶赴温州苍南督查全国公共文化示范项目。

13日　厅长杨建新向来省文化厅进行经济责任审计的审计厅审计组作述职报告。

14日至15日　副厅长杨越光出席江、浙、沪评弹工作领导小组会议。

15日　厅长杨建新参加越剧表演艺术家屠笑飞告别会。副厅长陈瑶陪同文化部社文司副司长李宏一行赴东阳商议全国农民工文化工作会务事宜。

16日至19日　文化部社文司副司长李宏率督查组来浙江省督查公共文化服务体系建设示范区(项目)和“三馆一站”免费开放进展情况,副厅长陈瑶参加。

19日　副厅长鲍贤伦在宁波“贯彻十七届六中全会精神,推进文化强市建设”专题研讨班上作

《遗产保护与城市发展》讲座。副厅长田宇原参加浙江省清理整顿各类交易场所工作汇报会。

20日　副巡视员陶月彪赴北京参加大运河保护和申遗省部际会商小组第四次会议。

20日至23日　副厅长田宇原赴安徽参加华东六省一市三届五次文化市场管理工作座谈会。

21日　浙江省戏剧发展促进会成立，省政协主席乔传秀等有关领导到会致辞并授牌，厅长杨建新主持，副厅长杨越光出席，并观看当晚的祝贺演出。

22日　厅长杨建新向来省文化厅调研的省政协副主席盛昌黎一行介绍浙江省的中华文化“走出去”情况，随后主持研究台北故宫博物院多媒体数码版《富春山居图》展览事宜，副厅长杨越光参加。

22日至24日　副厅长田宇原赴长沙参加全国“扫黄办”主任会议。

23日　副厅长鲍贤伦与上海博物馆签订《绘画大系》合作协议书。

24日至25日　副厅长鲍贤伦出席绍兴兰亭书法节活动。副厅长陈瑶赴景宁出席中国畲乡“三月三”活动。

26日　副厅长鲍贤伦、副巡视员陶月彪参加2012年度中国管辖海域内文化遗产联合执法专项行动启动仪式电视电话会。副厅长田宇原出席2012年度上报国家社会科学基金艺术学项目评审会。

26日至27日　副厅长陈瑶参加省文化创新团队评审会。

26日至30日　副厅长杨越光赴贵州参加文化部2012年度港澳台文化工作会。

27日　副厅长田宇原为省委党校党政干部论坛的学员讲解浙江文化产业发展情况。

28日　中央调研组来浙江调研，副厅长田宇原参加文化产业发展和文化企业国有资产监管情况专题座谈会。副厅长陈瑶参加“构建我省公共文化服务体系”民主监督活动动员会。

29日　副厅长陈瑶出席杭州市下城区、温岭市“文化走亲”视觉艺术大展开幕式。

30日　厅长杨建新、副厅长鲍贤伦出席章梫先生诞辰150周年书法作品展。副厅长鲍贤伦出席“中国铜镜研究会成员藏品集粹展”开幕仪式。副巡视员陶月彪赴北京参加关于配合文物保护法执法检查工作动员会。

31日　厅长杨建新接待文化部产业司司长刘玉珠。副厅长田宇原出席第三届文化新浙商新闻发布会。

4月

4日至8日　厅长杨建新参加省长夏宝龙率领的浙江省友好代表团赴日本参加浙江静冈结好30周年庆祝活动。

4日　副厅长鲍贤伦参加余杭区举办的玉架山遗址考古现场研讨会。

5日　副厅长杨越光召集商定杨小青导演艺术研讨会暨展演活动事宜。

6日　副厅长鲍贤伦陪同副省长郑继伟宴请文化部副部长、国家文物局局长励小捷一行。副厅长杨越光出席浙江艺术职业学院高职教育十周年回顾与展望研讨会并讲话。

6日至7日　副厅长鲍贤伦出席2012年全国考古工作会议并致辞。

7日　副厅长杨越光出席浙江美术馆的王憨山作品展开幕式；当晚观看浙江越剧团与浙江艺术职业学院联合招收的越剧男生班《希望》汇报演出。

7日至8日　副厅长田宇原赴丽水遂昌出席中国遂昌汤显祖文化节开幕式。

8日　副厅长杨越光观看首届国家级非遗(杭州小热昏)代表性传承人周志华《开心不开心》暨从艺五十周年曲艺专场演出。

10日　厅长杨建新、副厅长杨越光观看浙江话剧团新创儿童剧《琪琪的红舞鞋》首演。

11日　省委宣传部、省委组织部相关人员来省文化厅宣布干部任免，黄健全同志任省文化厅党组成员、副厅长。

13日　副厅长杨越光观看“新松计划”浙江艺职院的“一心一毅”关一毅舞蹈作品专场。

15日　厅长杨建新、副厅长陈瑶陪同文化部社文司司长于群、山东省文化厅副厅长李宗伟考察浙江美术馆。

16日　厅长杨建新参加全省宣传文化系统负责人会议。副厅长田宇原参加东阳横店影视文化产业实验区建设会议并出席全省动漫企业认定初评工作会。

16日至18日　巡视员鲍贤伦考察湖州历史文化名城保护工作。副巡视员陈官忠赴湖南长沙参加全国可移动文物修复保护工作会议。

17日　副厅长田宇原出席全省文化市场综合行政执法工作分管局领导培训班开班典礼。

17日至18日　副厅长杨越光

赴湖州参加全省宣传文化干部人才工作座谈会。

18日　厅长杨建新出席华夏文化遗产保护中心等举办的艺术展览开幕式。随后，观看蔡国强创作现场展示。巡视员鲍贤伦参加配合全国人大常委会《文物保护法》执法检查动员会并讲话，副巡视员陶月彪主持。

18日至20日　副厅长陈瑶赴衢州开化出席浙江省县级区域非物质文化遗产保护工作现场会。

19日　巡视员鲍贤伦出席西蒙基金会"古典与唯美"收藏展开幕式。副厅长田宇原参加全省电子商务工作会议暨领导小组第一次会议。

20日　厅长杨建新出席诸暨青山教育基金座谈会。巡视员鲍贤伦参加2012公祭大禹陵典礼。

21日　厅长杨建新、省委宣传部副部长来颖杰、副厅长陈瑶出席"4·23"世界读书日系列活动启动仪式暨首届沪浙皖青少年读者经典诵读邀请赛。副厅长黄健全出席中国文化传媒集团杭州发展基地揭牌仪式。

21日至22日　文化部非遗司副司长马盛德考察浙江省国遗项目保护传承情况，并出席在海宁市、杭州市西湖区召开的保护情况座谈会，副厅长陈瑶参加。

22日至23日　副厅长杨越光赴台州路桥区看望省文化厅下派干部，并接回在仙居县朱溪镇大洪村担任农村工作指导员的沈军甫。

23日　省政协副主席黄旭明、省委宣传部副部长龚吟怡、厅长杨建新、副厅长杨越光等观看浙江话剧团新创排的话剧《雷锋》。

24日　省委宣传部副部长龚吟怡、厅长杨建新参加2012年浙江省暨杭州市侵权盗版及非法出版物集中销毁活动并讲话，副厅长田宇原主持。副厅长陈瑶出席非遗研究课题评审会。巡视员鲍贤伦出席大运河保护与申遗暨西湖世界遗产保护交流座谈会并讲话。

24日至26日　副厅长杨越光赴福州参加2012全国文化厅局外事工作座谈会。

25日　副厅长黄健全参加浙江小百花艺术中心项目调整初步设计审查会并讲话。巡视员鲍贤伦出席浙江省辖区海域文化遗产联合执法启动仪式，副巡视员陈官忠参加。

26日　厅长杨建新向省政府地方志办公室赠送《浙江图书馆藏稀见方志丛刊》。副厅长陈瑶出席江干区"钱塘之韵"文化艺术节开幕式暨创建全国文化先进县启动仪式。

27日　厅长杨建新主持召开厅局机关部分副处长职位竞岗大会，11名机关干部参加竞争性选拔并作陈述。副厅长田宇原陪同省人大法工委赴宋城实地调研。副厅长陈瑶赴舟山出席群文活动机制建设会议。

28日　副厅长黄健全出席第八届中国国际动漫节相关活动。副巡视员陈官忠赴嘉兴出席钱君匋诞辰105周年纪念活动暨君匋艺术院改扩建竣工仪式。

29日至30日　第七届中国义乌文化产品交易博览会开幕，文化部副部长、国家文物局局长励小捷，副省长郑继伟、全国政协文史委员会副主任周国富等领导出席。厅长杨建新宣读赵洪祝书记贺信。厅领导杨建新、田宇原、杨越光参加非遗博览会开幕活动。

5月

2日　厅长杨建新、副厅长杨越光观看宁波市演艺集团音乐剧《告诉海》在杭州的演出。

3日　浙江省第三次全国文物普查工作总结表彰大会举行，副省长郑继伟出席并讲话，省政府副秘书长马林云主持，厅长杨建新宣读表彰通报并颁奖，巡视员鲍贤伦通报浙江省第三次全国文物普查工作情况，副巡视员陶月彪、陈官忠参加。会后，领导及与会人员参观"浙江省第三次全国文物普查成果展"。

3日　2010—2011年度浙江省文化工作表彰大会举行，省委常委、宣传部长茅临生讲话，副省长郑继伟宣读省政府表彰文件，厅长杨建新汇报浙江省文化工作。厅长杨建新参加浙江小百花越剧院全体大会并讲话，副厅长黄健全主持，副厅长杨越光宣读干部任免文件。当晚，有关省领导、厅领导观看浙江曲杂总团专场《再学雷锋》。

4日至5日　厅长杨建新、副厅长田宇原赴天台县白鹤镇皇都村参加省文化厅文化下乡"书画捐赠"暨"皇都农民书画院"成立仪式。

5日　厅领导杨建新、杨越光陪同省长夏宝龙一行考察调研浙江歌舞剧院。副厅长黄健全观看新疆生产建设兵团来浙江省慰问展演。

7日　厅长杨建新出席李岚清同志向省委宣传部捐赠13幅素描人物画像仪式。副厅长田宇原出席全省民营文艺表演团体团长培训班开班仪式并讲话。副厅长杨越光参加省文化精品工程第七批项目评审会。

7日至13日　巡视员鲍贤伦、副巡视员陶月彪陪同全国人大常委会执法检查组来浙江文物执法检查。

7日至8日　副巡视员陈官忠出席省文物局、新疆文物局、浙江大学、塔里木大学四方在乌鲁木齐举行的《新疆文化遗产保护与研究战略合作框架协议》签字仪式。

8日　厅长杨建新分别接待黑龙江省政协主席杜宇新一行和北京市文化局局长肖培一行。副厅长田宇原参加全省影视产业发展和创作生产工作会议。

9日　厅长杨建新出席“省级文化系统纪念毛泽东《讲话》发表70周年座谈会”并讲话，副厅长杨越光主持。副厅长田宇原接待文化部政策法规司副司长孙若风一行。副厅长陈瑶陪同文化部副部长杨志今、社文司司长于群、副司长李宏出席春雨工程“文化志愿者边疆行”启动仪式。

10日　厅长杨建新、副厅长陈瑶出席在东阳召开的全国农民工文化建设现场经验交流会。副厅长陈瑶出席文化部社文司举行的基层公共文化音响设备捐赠仪式。副厅长黄健全出席省级文化系统基层党建工作交流会并讲话。副厅长杨越光参加浙江省第十一届精神文明建设“五个一工程”作品评审会。

11日　厅长杨建新赴绍兴出席第十届江浙沪经典越剧大展演开幕式。副厅长陈瑶出席全国农民工基本文化权益保障理论研讨会。

12日至13日　厅长杨建新先后参加“艺术的价值观与资本”论坛和“王冬龄书展”。

14日　副厅长杨越光参加省级宣传文化单位组织工作满意度建设工作部署动员会。

15日　厅长杨建新向来浙江省考察的山西省文化厅副厅长赵克谦一行介绍非遗保护情况。

15日至16日　副厅长黄健全赴嵊州参加全省农村精神文明建设工作会议。副巡视员陶月彪出席在西安举行的“于右任书法精品回乡展”开幕式并讲话。副巡视员陈官忠赴嘉兴出席全省“5·18国际博物馆日”学术论坛。

16日　省委组织部来省文化厅宣布金兴盛同志担任省文化厅党组副书记、副厅长。厅长杨建新接待上海市政协教科文卫体委员会主任李宣海一行。

17日至18日　厅长杨建新赴深圳参加第八届中国(深圳)国际文化产业博览会。

17日　省人大教科文卫委员会副主任林吕建、省政协文卫体委员会副主任叶成伟、副厅长杨越光出席观看“新松计划”——《梨园师徒情》省属院团青年演员大拜师汇报演出。

17日至20日　副巡视员陈官忠参加全国博物馆“5·18国际博物馆日主场城市活动”。

18日　副厅长田宇原出席诸暨书画节，随后出席首个纪录电影国际大奖“新纪录奖”设立仪式。副厅长陈瑶在浙江省舞台舞蹈大赛暨“合作银行”第五届余杭艺术节开幕式致辞。副厅长杨越光观看浙歌民乐团“雅风心韵”周煜国民族器乐作品音乐会。副巡视员陶月彪赴宁波出席“中国海上丝绸之路八城市文化遗产精品联展”开幕活动。

19日　党组副书记、副厅长金兴盛参加浙江·江苏两省文化建设情况交流座谈会。巡视员鲍贤伦出席“纪念毛泽东同志《讲话》发表70周年浙江画院院藏作品精选展”开幕式。

20日　厅长杨建新召开会议分别研究省级文化系统重点文化设施项目的选址及概念方案制订工作、中国丝绸博物馆土地纠纷案后续处理工作，党组副书记、副厅长金兴盛，副厅长黄健全，巡视员鲍贤伦参加。副厅长黄健全、巡视员鲍贤伦参加《浙江通志》编纂培训班。

22日　厅长杨建新陪同省委书记赵洪祝赴杭州调研文化创意产业发展情况。副巡视员陶月彪赴湖州检查“文化遗产日”活动准备情况。副巡视员陈官忠接待来访的摩洛哥文化部文物局局长阿卜杜拉·萨利一行。

23日　厅党组书记、厅长杨建新，厅党组副书记、副厅长金兴盛，巡视员鲍贤伦陪同省委常委、组织部长蔡奇，常务副部长于跃敏一行赴省文物考古研究所调研创先争优活动开展情况。

23日　厅长杨建新出席浙江纪念毛泽东同志《讲话》发表70周年座谈会并发言，副厅长杨越光参加。副厅长金兴盛出席首届浙江省合唱节开幕并致辞，副厅长陈瑶主持。副厅长田宇原出席2012艺术杭州·第五届杭州艺术博览会开幕式并致辞。副厅长黄健全陪同省委书记赵洪祝观看杭州越剧团演出《红楼梦》。副厅长杨越光观看宁波演艺集团甬剧团演出《宁波大哥》。巡视员鲍贤伦主持召开全国和全省文物系统先进集体和先进工作者推荐初审会议。副巡视员陶月彪，副巡视员、省文物局副局长陈官忠参加。

24日　巡视员鲍贤伦主持召开全国和全省文物系统先进集体和先进工作者推荐初审会议，副巡视员陶月彪、陈官忠参加；随后，陈官忠出席博物馆免费开放省级最佳做法推荐专家评议会。

25日　厅领导杨建新、金兴盛向副省长郑继伟专题汇报省级文化系统拟进入之江板块文化城项目建议方案。副厅长田宇原出席浙江当代油画院成立庆典暨首届画展开幕式。副厅长陈瑶、巡视员鲍贤伦、副巡视员陈官忠出席在海宁举行的“中国蚕桑丝织文化遗产生态园”规划方案论证会。副厅长黄健全参加《浙江省政府志》（二稿）评审工作和《浙江通志·政府卷》编纂工作会议。

26日　厅长杨建新陪同国家图书馆馆长周和平、文化部非遗司司长马文辉考察富阳竹纸生产基地缘竹坊。

27日　党组副书记、副厅长金兴盛出席国学大师马一浮先生作品捐赠暨浙江大学马一浮国际人文研究中心成立仪式。

28日　厅长杨建新、副厅长田宇原出席《羡鱼草堂李云雷作品集》首发式暨作品展开幕式，随后出席何水法美术馆开馆仪式。厅领导杨建新、金兴盛召集会议，研究省考古所创先争优先进典型宣传报道和深化省级文化系统“万人评组工”工作。

29日　副厅长黄健全出席杭州市群众文化中心、非遗保护中心展示初步设计合同签订仪式。副巡视员陈官忠参加乐清博物馆新馆建设专家咨询会。

30日　省文化厅召开“畅谈人生价值、推动文化发展”省级文化系统青年干部职工恳谈会，厅领导杨建新、金兴盛、黄健全到会与文化系统青年交流。

31日　副厅长陈瑶赴北京出席端午文化节活动新闻发布会。副厅长杨越光赴宁波出席第七届全国儿童剧展演开幕式。巡视员鲍贤伦出席《浙江馆藏文物大典》编委会会议并讲话，副巡视员陈官忠主持。

6月

1日　厅长杨建新、副厅长金兴盛参加省长夏宝龙主持的浙江文化城选址调研。副厅长杨越光观看创先争优晚会演出。

2日　文化部艺术司副司长诸迪、省文化厅厅长杨建新出席2012全国美术馆高级管理人员（馆长）培训班开班仪式并讲话。

4日　厅领导杨建新、金兴盛向副省长郑继伟汇报重点文化项目建设情况，随后召集会议商议省文化厅重点文化建设项目事宜，副厅长黄健全参加。

4日至6日　省“扫黄打非”工作领导小组办公室主任、副厅长田宇原陪同全国“扫黄打非”联合督导检查组来浙江检查。副厅长陈瑶出席第二批省非遗传承教学基地初评会。

5日　厅领导金兴盛、黄健全赴之江区块考察文化建设项目选址情况。厅领导金兴盛、陈瑶、杨越光参加评弹表演艺术家王柏荫九十寿诞活动。

6日至10日　厅长杨建新参加省第十三次党代会。

6日　厅领导杨建新、金兴盛约见省国土资源厅厅长楼小东一行，商谈有关土地纠纷处理事宜，副厅长黄健全、副巡视员陈官忠参加。巡视员鲍贤伦出席浙江原始瓷考古研究中心挂牌仪式。

7日　副厅长田宇原为杭州市文化产业处级领导培训班讲课。副厅长陈瑶出席绍兴县非遗馆开馆仪式。副巡视员陈官忠出席“浙藏中国古代青铜佛像珍品展”开幕式。

8日　厅长杨建新陪同省长夏宝龙会见并宴请日本静冈县知事川胜平太。党组副书记、副厅长金兴盛出席浙江非遗节暨省非遗进校园活动季开幕并致辞，副厅长陈瑶主持。副厅长田宇原参加省人大法工委文化系统立法专题座谈会。副厅长黄健全向省委宣传部副部长龚吟怡汇报全省国有文艺院团体制改革工作。

8日　副厅长杨越光在浙江美术馆出席张书旂作品展开幕仪式，并向其家属颁发捐赠证书，随后出席全国美术馆高级管理人员（馆长）培训班结业典礼。巡视员鲍贤伦，副巡视员陶月彪、陈官忠出席浙江省文化遗产日文物主会场开幕式暨精彩浙江非物质文化遗产展演。

9日　副厅长陈瑶出席余杭区非遗保护月启动仪式。副巡视员陈官忠出席杭州博物馆开馆仪式。

10日　厅长杨建新出席“仙居县生态建设成果展”开幕式并致辞。副厅长杨越光观看越剧《倩女幽魂》。

11日　厅长杨建新参加省政协主席会议，随后到省社会主义学院为宗教界代表研修班讲课。副厅长陈瑶出席德清县钢琴文化馆开馆仪式。

12日　厅长杨建新参加省级

宣传单位学习宣传贯彻省第十三次党代会精神座谈会并讲话。厅长杨建新、巡视员鲍贤伦出席“社会责任”陈振濂综合书法展开幕活动。

12日至13日　副厅长陈瑶赴北京参加全国第四届少数民族文艺会演开幕式。

13日　厅长杨建新主持召开会议，专题学习省第十三次党代会精神，研究部署贯彻落实措施，厅领导金兴盛、田宇原、黄健全、鲍贤伦、陶月彪、陈官忠出席。

14日　厅领导杨建新、金兴盛、黄健全参加副省长郑继伟召集的浙江音乐学院（筹，暂名）项目建设专题会。副厅长陈瑶出席“耕山播海”浙江省经济欠发达地区农村文艺骨干系列培训启动仪式。副厅长杨越光出席浙江省与美国印第安纳州交流委员会协议签字仪式。巡视员鲍贤伦参加富阳市文化捐赠活动。

15日　厅长杨建新陪同省政协主席乔传秀视察东阳公共文化建设。党组副书记、副厅长金兴盛召开会议，研究落实省政府关于筹建浙江音乐学院专题会议精神，副厅长黄健全等参加。副厅长田宇原召开文化立法工作专题会议。副厅长杨越光赴慈溪审看青瓷瓯乐艺术团赴德国音乐节节目。

16日　厅长杨建新出席浙江省婺剧促进会会员代表大会并讲话。副厅长陈瑶赴舟山主持2012中国海洋文化节祭海谢洋大典仪式。

18日　副巡视员陈官忠出席杭州土火斋古陶瓷博物馆开馆仪式。

19日　厅长杨建新出席“祖国万岁”——倪益瑾风景艺术摄影展。巡视员鲍贤伦出席文物保护科技创新联盟理事会会议，副巡视员陈官忠参加。

20日　厅领导杨建新、陈瑶、杨越光出席非遗记功表彰和专家特别贡献奖人选初评会。厅领导杨建新、杨越光观看温州瓯剧团新排剧目《东瓯王》。副巡视员陈官忠出席省文保科技项目初审并讲话。

21日　厅领导杨建新、金兴盛参加省政府常务（扩大）会。厅领导杨建新、金兴盛、田宇原、黄健全、鲍贤伦、陶月彪出席省级文化系统庆“七一”暨创先争优表彰会。厅长杨建新为中国嘉兴端午民俗文化节开幕致辞并宣布开幕，副厅长陈瑶参加。副巡视员陈官忠赴缙云博物馆参加李震坚艺术展开幕活动。

22日　厅长杨建新陪同省委书记赵洪祝参观陈振濂书法展。

24日　厅长杨建新、副厅长杨越光会见并宴请来华访问的毛里塔尼亚文化部长茜赛·布瓦德一行。副巡视员陈官忠参加浙江大学文化遗产院“物联网在文物保护中的应用”研讨会。

25日至29日　厅长杨建新随省委统战部赴香港参加香港回归15周年庆祝活动。

25日至28日　党组副书记、副厅长金兴盛赴贵州省贵阳市参加2012年全国文化厅局长座谈会和全国国有文艺院团改革工作座谈会。

25日　副巡视员陈官忠出席纺织品保护新疆班培训结业典礼活动。

26日　副巡视员陈官忠出席安吉昌硕文化中心建筑设计方案专家论证会。

27日　副厅长黄健全率浙江音乐学院（筹）筹建班子会同杭州相关职能部门实地踏勘、商议选址方案及工作，随后出席全省创先争优群英盛典晚会。副厅长杨越光赴京观看参加第四届少数民族文艺会演的景宁歌舞剧《千年山哈》。

28日　副厅长黄健全陪同省宣传纪工委书记黄明辉一行到省文化厅调研运用科技手段加强重要岗位监督管理工作情况。副巡视员陶月彪出席中国嘉兴蚕桑丝织民俗文化论坛开幕式并致辞，随后出席“龙行浙江——浙江出土化石”特展（嘉兴）开幕活动。

28日至29日　副厅长陈瑶赴青田县、松阳县调研公共文化服务体系建设。

29日　副厅长田宇原赴东阳出席“浙中崛起”千亿投资系列工程开工典礼。副厅长杨越光赴苏州出席第五届中国昆剧艺术节开幕式。副巡视员陈官忠出席浙江美术馆“从延安走来”精品画展活动。

30日　厅长杨建新陪同台湾代表团参观浙江省博物馆，全国人大财政经济委员会副主任委员吕祖善导览并宴请台湾代表团。巡视员鲍贤伦出席浙江生态日纪念雕塑揭幕仪式。

7月

1日　厅长杨建新与台湾南投县政府代表商谈文化交流事项。

2日　厅长杨建新主持研究第六届台湾浙江文化节事项，副厅长杨越光参加。巡视员鲍贤伦出席杭州市西湖世界遗产标志揭幕仪式。

3日　省委常委、副省长、宣

传部长葛慧君到省文化厅调研，厅长杨建新专题汇报，厅领导金兴盛、田宇原、陈瑶、杨越光、鲍贤伦、陶月彪、陈官忠出席。厅党组副书记、副厅长金兴盛出席“新松计划”全省青年表演人才（花旦）高级研修班开班并讲话。副厅长黄健全接待来省文化厅沟通文艺院团改革事宜的杭州市委宣传部一行。副厅长杨越光去苏州观看浙江昆剧团参演全国昆剧节的《乔小青》和《临川梦影》。

3日　省政府下发关于筹建浙江音乐学院的批复（浙政函〔2012〕104号）。批复同意在整合现有艺术高等教育资源的基础上，筹建浙江音乐学院。学院选址杭州市西湖区之江板块象山区块，规划征地面积600亩左右。浙江音乐学院筹建期为2012—2015年，办学规模为全日制在校生5000人；学科门类以艺术学为主，少量兼涉管理学、文学、工学。

3日至4日　副厅长田宇原赴龙泉调研文化产业。

3日至6日　副巡视员陶月彪赴丽水调研文物安全工作。

4日　厅党组副书记、副厅长金兴盛主持召开浙江音乐学院（筹）项目建设推进工作例会。巡视员鲍贤伦接待中华文明探源记者团。

4日至7日　副厅长黄健全赴温丽台等地督查调研文化体制改革情况。

5日　厅长杨建新出席“惠世天工”中国古代发明创造文物展开幕并致辞，巡视员鲍贤伦、副巡视员陈官忠参加。副厅长杨越光会见新西兰国家博物馆国际关系部主任。

6日　“新松计划”全省青年戏曲演员大赛《春色满园》颁奖晚会举行，省领导周国富、姚克以及林吕建、龚吟怡、叶成伟出席并分别为获奖选手代表颁奖，厅长杨建新致辞，副厅长金兴盛宣读获奖文件，副厅长杨越光主持。省地方志编纂委员会副主任张曦、省志副主编童芍素一行来商谈浙江文化城项目建设事宜，副厅长金兴盛接待。副厅长田宇原出席全省民营文艺表演团体越剧表演专业培训班开班仪式。

7日　副厅长杨越光赴德清会展中心剧场观看《德清嫂》首演。

9日至11日　巡视员鲍贤伦赴北京参加全国文物工作会议。

10日　厅党组副书记、副厅长金兴盛向副秘书长马林云汇报浙江音乐学院（筹）项目建设相关事宜，副厅长黄健全参加。副厅长田宇原出席当代杭州·第五届杭州艺术博览会中青年当代艺术家推荐展宁波巡展开幕式。副厅长陈瑶参加省历史文化村落保护利用工作协调小组会议。副厅长杨越光会见台湾台中市文化局局长叶树姗。

11日　副巡视员陶月彪赴北京参加第四次全国文物援藏工作会议项目对接会。

12日　厅领导杨建新、杨越光、鲍贤伦、陶月彪、陈官忠等出席杭州西湖申遗评选表彰工作初评会。副厅长陈瑶赴德清调研乡村非遗馆建设。省委宣传部副部长来颖杰一行来省文化厅检查2011年度“两项资金”专项资金使用情况和绩效评价工作情况，副厅长黄健全出席。

13日　召开2012年度省文化厅艺术委员会第一次全体会议，厅党组书记、厅长杨建新，党组副书记、副厅长金兴盛颁发聘书并讲话，副厅长杨越光主持。副厅长陈瑶参加省对口支援工作领导小组第五次会议。副厅长黄健全赴金华、绍兴督查调研文艺院团改革情况。

16日　副厅长田宇原主持召开浙江省参展青海国际唐卡艺术节筹备会。

17日　省委副书记、省长夏宝龙到浙江美术馆参观“从延安走来”美术作品巡展，厅领导杨建新、金兴盛陪同。厅长杨建新为全省青年表演人才（戏曲花旦）高级研修班结业学员颁发结业证书并讲话，副厅长杨越光出席。副厅长田宇原赴台州出席“王德惠油画展·台州巡展”开幕式。

18日　厅长杨建新主持召开会议，研究浙江省文物考古研究所业务用房建设事宜，厅领导金兴盛、鲍贤伦等出席。副省长郑继伟听取浙江音乐学院筹建情况汇报，省政府副秘书长马林云，厅领导杨建新、金兴盛、黄健全等出席。副厅长陈瑶陪同文化部全国文化信息资源建设管理中心主任李宏一行到杭州图书馆、萧山图书馆考察。副巡视员陈官忠出席瓯海博物馆建筑方案专家论证会。

19日　厅长杨建新出席义乌中国小商品城集团与阿里巴巴集团战略合作签约仪式。国家行政学院来浙江进行“大部门体制改革”课题调研来省文化厅座谈，厅领导杨建新、杨越光出席。副厅长陈瑶赴温岭出席省文化共享工程“数字文化讲师团”成立仪式。

19日至20日　巡视员鲍贤伦参加全省中青年书法展评选。

20日　副厅长田宇原出席全省民营文艺表演团体培训班开班

仪式并讲话。副厅长黄健全出席省级文化系统安全工作会议并讲话。副厅长杨越光召集会议商议举办浙江省第四届曲艺杂技节相关事宜。

23日　厅领导杨建新、陈瑶、杨越光、鲍贤伦、陈官忠等出席杭州西湖文化景观申报世界文化遗产、浙江省申报世界非物质文化遗产与国家级非物质文化遗产“三连冠”两个表彰项目领导小组全体会议。副厅长田宇原出席省演出业协会理事会。

24日　副厅长田宇原出席全省文化市场管理工作例会并讲话。

25日　省委常委、组织部长蔡奇一行考察浙江小百花艺术中心建设工地，并专题研究和协调相关建设问题。厅领导金兴盛、黄健全和省发改委、省财政厅、省建设厅、省审计厅、省地税局等单位负责人陪同考察并参会。副巡视员陈官忠出席临海市博物馆新馆建筑方案评审会。

26日　副厅长黄健全出席《浙江通志》文化分卷编纂启动大会并讲话。省十一届人大常委会第34次会议第二次全体会议分组审议《浙江省历史文化名城名镇名村条例(草案)》，巡视员鲍贤伦列席。副巡视员陶月彪赴余杭调研文化遗产宣传普及工程试点情况。

26日至27日　副厅长陈瑶出席全省文化先进县(市、区)创建工作推进会并讲话。

27日　厅长杨建新出席宣传理论界学习贯彻胡锦涛总书记重要讲话精神座谈会。副巡视员陶月彪出席百位将军颂总理书法展开展仪式。

28日　副厅长田宇原出席在武汉举行的浙江·丽水文化精品武汉展览会开幕式。

30日　厅党组理论中心组召开学习会，专题学习贯彻胡锦涛总书记7月23日在省部级主要领导干部专题研讨班上的重要讲话精神，厅长杨建新主持，厅领导金兴盛、田宇原、陈瑶、黄健全、杨越光、陈官忠参加。

31日至8月1日　全省市级文化广电新闻出版局长会议在德清召开，厅长杨建新作工作报告，厅党组副书记、副厅长金兴盛主持并传达全国文化厅局长座谈会和全国文艺院团体制改革座谈会会议精神，副厅长田宇原、陈瑶、黄健全、杨越光，副巡视员、省文物局副局长陈官忠出席。

31日　副厅长黄健全参加“浙江论坛”报告会和全省文化体制改革工作座谈会。

8月

2日　厅长杨建新向省委常委、宣传部长、副省长葛慧君汇报工作。省政协乔传秀主席听取杨建新关于文卫体委工作汇报。副厅长黄健全陪同省宣传纪工委书记黄明辉一行到浙江图书馆调研省级文化系统廉政风险防控示范点建设情况。副厅长杨越光陪同省文化馆选派的农村指导员到帮扶联系点——仙居县朱溪镇岩前村驻村工作。

3日至10日　厅长杨建新陪同省政协领导赴内蒙古、山西考察民营文化建设。

3日　副厅长田宇原出席浙江美术馆“第四届全国青年美术作品展览浙江巡展”开幕式。副厅长杨越光会见南台湾交响乐团团长蔡淑媛一行并观看该团在浙江音乐厅的演出。

4日　副厅长陈瑶、杨越光分别会见来访的台湾澎湖县文化局局长曾慧香一行。副省长郑继伟会见并宴请来访的土库曼斯坦副总理努尔穆拉多娃·比亚古尔一行，副厅长杨越光参加。

4日至5日　副厅长杨越光陪同土库曼斯坦副总理努尔穆拉多娃·比亚古尔考察杭州大剧院等单位。

6日　副省长郑继伟、省政府副秘书长马林云听取浙江省申报人类非遗和国家级非遗“三连冠”、杭州西湖文化景观申报世界文化遗产工作两个表彰项目的推荐审核情况汇报，厅领导金兴盛、陈瑶、鲍贤伦等参加。副厅长陈瑶会见英特尔公司副总裁约翰·戴伟升(John E. Davies)，商谈公共电子阅览室建设合作事宜。副厅长黄健全赴海宁督查调研文艺院团改革情况。

6日至10日　副厅长杨越光出席文化部在西藏拉萨召开的第四次全国文化文物援藏工作会议。

7日　厅党组副书记、副厅长金兴盛参加省长夏宝龙主持召开有关重点项目推进工作会；随后，金兴盛召开传达该会议精神，研究浙江音乐学院(筹)项目建设后续推进工作会，副厅长黄健全参加。副厅长田宇原出席在义乌召开的2012年上半年度全省文化市场综合执法工作会并讲话。

8日　全省迎接十八大专项保障行动部署会议召开，副厅长、省文化市场管理(“扫黄打非”)工作领导小组办公室主任田宇原到会并讲话。副厅长黄健全出席省级文化系统2013年预算编制布置会并讲话。

9日　省委常委、宣传部长、副省长葛慧君听取文化城建设项目的情况汇报，厅党组副书记、副厅长金兴盛参加。副厅长陈瑶出席“春雨工程”——全国文化志愿者边疆行（西藏行）动员会。

10日　副厅长田宇原赴青海省西宁市出席青海国际唐卡艺术与文化遗产博览会开幕式。副巡视员陈官忠出席丽水市博物馆新馆陈列方案专家论证会。

12日　厅领导杨建新、杨越光出席浙江省与日本静冈县缔结友好省县关系30周年庆典音乐会。

13日　副巡视员陈官忠参加《丽水市博物馆陈列展览文本》专家讨论会。

14日　省级文化系统基层党组织、工会、共青团负责人读书会在桐庐举办，厅领导杨建新、黄健全分别专题讲座。厅党组副书记、副厅长金兴盛出席杭州市召开的浙江音乐学院建设有关前期工作专题会议。

14日至17日　厅党组副书记、副厅长金兴盛参加全省宣传文化系统专题读书会。

15日　副厅长田宇原赴京参加全国扫黄办会议。副厅长杨越光出席建德市婺剧团成立50周年庆典晚会。

15日至16日　副厅长陈瑶出席舟山海洋文化节闭幕式。

16日　厅长杨建新参加省政协民营文化调研；随后出席2012年全省艺术创作题材规划会议并讲话，副厅长杨越光主持。

17日　副厅长杨越光参加2012年全省艺术创作题材规划会议。

18日至27日　厅长杨建新率团一行5人赴伊朗、土耳其访问。

18日　副厅长杨越光观看浙江越剧团“新松计划”专场《群芳谱》演出。

20日　副厅长金兴盛传达全省宣传系统专题读书会精神，厅领导田宇原、陈瑶、黄健全、杨越光、鲍贤伦、陶月彪、陈官忠参加。

21日　省政协副主席徐辉一行来省文化厅调研浙江省文化产业发展情况，厅党组副书记、副厅长金兴盛主持座谈会，副厅长田宇原汇报情况。副厅长黄健全陪同中国民航局李家祥局长考察浙江省博物馆。副厅长杨越光参加全省对台交流工作会。

22日　厅党组副书记、副厅长金兴盛听取浙江省文物考古研究所业务用房建设项目汇报，副厅长黄健全参加。副厅长田宇原向省委常委、副省长、宣传部长葛慧君汇报全国“扫黄打非”会议情况并研究贯彻措施。副厅长陈瑶出席“子恺杯”全国漫画大展暨桐乡市第二届丰子恺漫画艺术节开幕式。副巡视员陈官忠赴义乌参加中国商贸文化博物馆建设专家座谈会。

24日　厅党组副书记、副厅长金兴盛出席省属艺术单位文艺精品创作座谈会并讲话，副厅长杨越光主持会议。副厅长陈瑶出席第四批浙江省非物质文化遗产名录项目情况新闻通气会。

27日　省“扫黄打非”领导小组召开电视电话会议，布置迎接党的十八大专项保障行动工作，副厅长田宇原传达全国会议精神。副厅长陈瑶出席全省公共图书馆馆长培训班在温州举行的开班仪式并讲话。

27日至29日　副厅长黄健全赴湖北宜昌参加文化部召开的全国文化系统惩防体系建设工作经验交流会。

28日　副厅长田宇原为参加全省文化市场综合执法机构负责人培训班的学员授课。

28日至31日　副厅长田宇原赴山东青岛参加全国文化市场综合执法规范化建设工作会暨省级文化市场管理工作领导小组办公室负责人座谈会。

29日　厅领导杨建新、陈瑶陪同省编办事业机构编制处领导赴省文化馆调研。省文化厅组织部分专家参与浙江省庆祝十八大优秀剧目展演选拔、省第二届优秀保留剧目评选。副厅长杨越光参加并提出要求。

30日　副厅长黄健全召集相关人员商议“两团一馆”装修工程推进工作。

30日至31日　全省文物局长座谈会在淳安召开，巡视员鲍贤伦，副巡视员陶月彪、陈官忠参加。

31日　厅领导杨建新、陈瑶、陈官忠听取省文化馆关于程允贤雕塑馆设计事宜汇报。厅党组副书记、副厅长金兴盛为浙江艺术职业学院暑期中层干部读书会讲课。

9月

1日　厅长杨建新参加在杭举办的中国文化报全国记者站站长工作会。

3日　省委常委、宣传部长、副省长葛慧君调研浙江文化城项目，厅领导杨建新、金兴盛参加。

3日至4日　副厅长杨越光赴金华及磐安县调研分类推进事业单位改革进展情况。

4日　厅领导金兴盛、陈瑶听

取亚太非遗博览会情况汇报。陈瑶出席2012年全省群文青年戏剧导演研修班结业汇报表演。巡视员鲍贤伦出席程泰宁建筑作品展开幕式。

5日　厅党组副书记、副厅长金兴盛为省级文化系统青年干部培训班讲课。

5日至8日　副厅长陈瑶出席第二届中国(山东)非遗博览会。

6日　“杨小青导演艺术研讨会暨展演活动”在杭州剧院开幕,厅领导杨建新、金兴盛、杨越光等出席,杨建新致辞,金兴盛宣读文化部艺术司贺信,杨越光主持,随后观看浙江小百花演出《陆游与唐琬》。

7日　厅长杨建新、巡视员鲍贤伦出席“浙皖两省政协书画精品展”开幕式。厅领导杨建新、田宇原、鲍贤伦出席浙江省博物馆“朱痕积萃”展开幕式。省文物局邀请国家青铜器文物鉴定专家来杭州进行涉案青铜器鉴定,副巡视员陈官忠主持。

7日至10日　副巡视员陶月彪赴长沙参加全国田野文物安全工作座谈会。

9日至14日　副厅长杨越光赴台湾参加台湾·浙江文化节。

10日　厅长杨建新召集会议,商议蔡大生·浙江青年歌唱家百场音乐会事宜。副厅长陈瑶出席文化部公共文化培训基地首期培训班开班仪式。副巡视员陈官忠出席中国丝绸博物馆基本陈列改陈方案讨论会。

11日至12日　厅党组副书记、副厅长金兴盛参加浙江宣传文化考察团赴江苏考察。

11日　副省长郑继伟审看浙江音乐学院(筹)校区建设工程总体规划及工程设计方案,厅长杨建新汇报。副厅长田宇原出席西泠印社与绍兴市文化产业项目签约仪式。副厅长陈瑶出席第一批公共文化服务制度设计研究子课题终审会。副巡视员陶月彪出席2012年《浙江文物》编审会并讲话。

12日　副厅长黄健全出席省党代会驻省直机关党代表工作会揭牌仪式。巡视员鲍贤伦主持召开《浙江通志·文化遗产卷》编纂会议,副巡视员陶月彪、陈官忠参加。副巡视员陈官忠组织召开涉案文物鉴定工作会。

13日　省长夏宝龙听取浙江音乐学院(筹)校区建设工程总体规划及工程设计方案介绍,厅领导杨建新、金兴盛参加。副厅长黄健全参加全省创先争优活动经验交流暨理论研讨会。副巡视员陈官忠出席浙江省博物馆“中长期发展规划”论证会。

14日　厅领导杨建新、鲍贤伦出席中国丝绸博物馆“沙鸣花开——敦煌历代服饰图案临摹原稿展”开幕式活动。厅领导杨建新、田宇原参加副省长郑继伟领办的重点建议工作座谈会。厅长杨建新出席文化部外联局与省文化厅主办的“10+3文化人力资源开发合作研讨班”欢迎活动。副厅长黄健全出席“颂长城、爱中华”主题演讲比赛活动。

14日至20日　厅党组副书记、副厅长金兴盛赴台湾参加台湾·浙江文化节。

15日至16日　“寻诗不觉入化境——杨小青导演艺术研讨会”、《粉墨丹青——杨小青导演作品集锦专场》闭幕演出先后举行。全国政协教科文卫体委员会领导陈晓光,省领导周国富,厅领导杨建新、黄健全、杨越光等出席。

16日　副厅长陈瑶在北京展览馆剧场观看音乐诗画舞台剧《鄞地九歌》。副厅长杨越光出席浙江自然博物馆举办的蛋化石特展暨国际学术研讨会。

17日　副厅长田宇原参加永嘉楠溪江文化产业项目论证会,之后,出席2012中国(东阳横店)影视“金牛奖”颁奖典礼。副厅长黄健全主持召开省级文化系统第八次党代会筹备工作会。副厅长杨越光出席“东盟10+3文化人力资源开发合作研讨班”结业式。

18日　副厅长黄健全出席全省文化信息工作会议并讲话。副厅长杨越光参加浙江省纪念“九一八”事变81周年座谈会。

19日　副厅长陈瑶出席国家级海洋渔文化(象山)生态保护实验区总体规划论证会。副厅长黄健全出席王玮画展。副厅长杨越光参加著名越剧表演艺术家陈佩卿遗体告别仪式。副巡视员陶月彪出席中国奉化雪窦山弥勒文化节活动。副巡视员陈官忠参加“新时期博物馆展陈与教育学术研讨会”。

20日　厅长杨建新出席省丝绸文化研究会成立大会,随后出席2012年全省美术工作座谈会并讲话,副厅长杨越光主持。副厅长陈瑶陪同全国政协“非遗的法律保护”调研组考察杭州工艺美术活态展示馆等6个非遗展示场馆。副厅长黄健全为省直机关工委举办的省级机关“永远跟党走”红歌选拔赛获奖单位颁奖。

20日至21日　全国“扫黄打非”工作小组副组长李长江赴浙江开展“两个专项行动”情况督查并

召开汇报会，副厅长田宇原参加。

20日至23日　副巡视员陈官忠陪同国家文物局“一级博物馆评估考核组”对中国丝绸博物馆、浙江自然博物馆、宁波博物馆、温州博物馆进行复核。

21日　省政协副主席斯鑫良召开浙江省非遗保护工作汇报会，厅领导杨建新、陈瑶汇报情况。副厅长杨越光参加第三届中国西湖国际魔术交流大会颁奖晚会暨国际魔术大师舞台魔术展演。巡视员鲍贤伦出席嘉兴“回望南湖”展开幕式，之后，陪同副省长郑继伟一行考察杭州大运河保护与申遗工作。

22日　巡视员鲍贤伦出席中国历史文化名街保护同盟成立大会。

23日　厅长杨建新参加“喜迎十八大群文展演活动”，并出席曾宓画展。

24日　副厅长黄健全出席省级文化系统党组织负责人会议并讲话。副厅长杨越光出席浙江省庆祝党的十八大优秀剧目展演新闻通气会并介绍情况。巡视员鲍贤伦主持召开《浙江通志·文化遗产卷(文物分卷)》编委会第一次全体会议并讲话，副巡视员陶月彪、陈官忠参加。

24日至27日　副厅长田宇原赴北京出席文化部举办的第四批国家级文化产业示范(试验)园区和第五批国家文化产业示范基地命名授牌活动。

24日至26日　副厅长陈瑶赴张家港参加国家公共文化示范区创建工作现场经验交流会、国家数字图书馆推广会议、全国“春雨工程”座谈会。

25日至27日　副厅长黄健全赴北京参加全国文化体制改革工作表彰大会。

25日至30日　副厅长杨越光随浙江小百花越剧团赴贵阳参加“东部文化西部行——浙黔文化交流活动”。

25日至27日　副巡视员陈官忠赴永康参加五金博览会。

26日　浙江绿城建筑设计有限公司人员来省文化厅商议浙江音乐学院(筹)校区建设工程规划设计方案优化完善思路和深化方案，厅领导杨建新、金兴盛参加。副厅长金兴盛出席“省级文化系统喜迎十八大摄影展”开展仪式并讲话。巡视员鲍贤伦列席省十一届人大常委会第三十五次会议第一次全体会议分组审议《浙江省历史文化名城名镇名村条例(草案)》会议。副巡视员陶月彪出席永嘉文化旅游节。

27日　副厅长金兴盛参观马锋辉写生展，随后出席2012年大运河文化艺术节。副厅长田宇原出席全省文化市场管理审批人员培训班并讲话。

28日　省人大常委会任命金兴盛担任省文化厅厅长并颁发聘书，巡视员鲍贤伦列席会议。副厅长田宇原参加全省宣传文化系统负责人会议。副厅长陈瑶出席衢州南宗祭孔大典。巡视员鲍贤伦出席浙江美术馆《兰亭书社双年展》活动。

28日　省领导夏宝龙、黄坤明、郑继伟听取浙江音乐学院(筹)校区建设工程规划及工程设计方案优化完善工作汇报、审看优化方案，省政协文卫体委主任杨建新，省文化厅党组书记、厅长金兴盛等参加。

29日　省委组织部常务副部长于跃敏，省委宣传部常务副部长胡坚来省文化厅宣布省文化厅主要领导调整，原厅长、省政协文卫体委主任杨建新，党组书记、厅长金兴盛分别讲话。副巡视员陈官忠出席中国丝绸博物馆“海宁蚕桑丝织文化园”项目方案讨论会。

10月

4日　杭州越剧团在省人民大会堂演出越剧《德清嫂》，拉开了浙江省庆祝党的十八大召开优秀剧目展演序幕。省领导黄旭明、胡坚、何启明，省政协文卫体委员会主任杨建新、副主任叶成伟，副厅长杨越光观看演出。

5日　浙江交响乐团在浙江音乐厅演出优秀剧目展演《名家名曲交响音乐会》。厅长金兴盛陪同省长夏宝龙出席观看。

8日　省文化厅原厅长、省政协文卫体委员会主任杨建新和厅领导金兴盛、田宇原、陈瑶、黄健全、杨越光、鲍贤伦、陶月彪、陈官忠座谈交流。

9日　厅长金兴盛、省政协文卫体委员会主任杨建新参加省文化厅离休干部活动。厅长金兴盛在《谁主沉浮》超百场演出活动上致辞，副厅长杨越光宣读表彰文件，省领导陈艳华，杨建新、王学文、何启明，省文化厅副厅长黄健全等出席。巡视员鲍贤伦参加上海美术馆陈燮君油画展开幕式活动。副巡视员、省文物局副局长陈官忠参加“纪念李叔同弘一法师圆寂七十周年”有关活动。

9日至10日　副厅长陈瑶赴丽水参加全省“深化千万工程，建设美丽乡村”现场会。

10日　厅长金兴盛参加文化

产业发展政策课题汇报会。副厅长陈瑶参加省第十二届老年文化艺术周开幕式活动。副厅长黄健全出席舟山市定海区“唱响定海”决赛晚会。副厅长杨越光审看浙江越剧团新拍摄戏曲电影《李三娘》。

10日至14日　副巡视员陶月彪、陈官忠赴福建考察世界文化遗产保护工作。

11日　省政协文卫体委员会主任杨建新、副厅长田宇原出席中国移动手机动漫“浙江专区”启动式并讲话。副厅长陈瑶参加全省文化馆馆长培训班并讲话，随后出席省第五届职工运动会开幕式。副厅长杨越光观看义乌婺剧团新排剧目《骆宾王》。

12日　省领导赵洪祝、葛慧君、龚正和省文化厅领导金兴盛、陈瑶、黄健全观看景宁畲族风情歌舞《千年山哈》演出。副厅长田宇原参加全省个体工商户转企业专题会和全省国资国企文化节闭幕式暨文艺汇演。副厅长杨越光观看“情系南湖”——2012严圣民嘉兴独唱音乐会。巡视员鲍贤伦出席宁波博物馆展览开幕活动。

13日　厅长金兴盛、副厅长陈瑶出席“非遗薪传——浙江传统陶艺塑艺精品展暨十大青年名师”颁奖仪式。

14日　省政协副主席陈艳华，老同志徐鸿道，厅领导金兴盛、杨越光观看浙江歌舞剧院有限公司《生命·舞迹》演出。副厅长杨越光出席“彩墨乾坤——澳门艺术家作品浙江联展”。

15日　厅领导金兴盛、黄健全参加省政府副秘书长马林云召开的浙江音乐学院（筹）建设事宜协调会。副厅长陈瑶参加2012国际盲人节大型公益活动启动仪式并讲话，随后出席中央文干院培训班开班仪式。副厅长黄健全参加全国创先争优活动总结交流会议。副厅长杨越光观看义乌婺剧团《鸡毛飞上天》。巡视员鲍贤伦出席跨湖桥遗址博物馆展览开幕式。副巡视员、省文物局副局长陈官忠出席全国民办博物馆馆长培训班开班仪式。

15日至16日　副厅长田宇原陪同全国“扫黄打非”督查组，对绍兴、杭州迎接党的十八大深化“扫黄打非”专项行动情况督查。

16日　厅长金兴盛出席“永恒的价值——中国艺术品收藏与鉴赏高峰论坛”大会。厅长金兴盛，副厅长杨越光出席观看浙江婺剧研究院的《穆桂英》演出。副厅长杨越光召集布置2012—2013新年演出季和春节期间送戏下乡等任务。

16日至19日　副厅长黄健全率调研考察组赴陕西、重庆、湖北等兄弟省市考察当地国有文艺院团改革及文化产业发展情况。

17日　厅领导金兴盛、田宇原、鲍贤伦出席浙江美术馆“百代风范——中国现代绘画艺术典藏大展”开幕式。厅领导金兴盛、田宇原听取浙商文化促进会工作汇报。副厅长田宇原主持省“扫黄打非”办召开督办清案结案会议。

18日　厅长金兴盛随省委宣传部部长葛慧君到德清调研。

18日至19日　副厅长田宇原出席台州市椒江区文化发展大会。副厅长陈瑶出席第二十一届全省图书馆馆长联席会。

19日　厅长金兴盛参加省委书记赵洪祝主持召开的加强机关党建和服务基层工作座谈会，随后参加省政府常务会。副厅长黄健全主持会议，研究确定公推直选省文化厅直属机关党委（纪委）领导班子候选人预备人选。厅长金兴盛、省政协文卫体委员会主任杨建新、副厅长杨越光观看浙江曲杂总团有限公司的《旗帜阳光》演出。

20日至21日　副巡视员、省文物局副局长陈官忠陪同国家文物局副局长宋新潮出席全国民办博物馆馆长培训班结业式。随后，宋新潮出席第二期全国民办博物馆馆长培训班闭幕并作报告，副巡视员陶月彪参加。

21日　副厅长杨越光观看永嘉昆剧团昆剧《金印记》演出。

22日　副厅长黄健全主持召开“两团一馆”装修工程碰头会。副厅长杨越光召集会议，研究文艺精品创作生产（2012—2017年）发展规划。

22日至23日　副厅长、巡视员田宇原带队赴嘉兴市、嘉善县督查十八大专项行动情况。

23日　省委常委、宣传部长、副省长葛慧君观看音乐剧《断桥》演出，厅领导金兴盛、黄健全陪同。副厅长陈瑶出席丝绸文化研讨会。副厅长黄健全出席董小明画展“半亩方塘·潋滟空蒙”开幕式。巡视员鲍贤伦赴安吉出席诸乐三艺术馆开馆仪式。

23日至11月1日　副厅长杨越光赴西班牙参加浙江省文化厅、中国丝绸博物馆与西班牙教育、文化、体育部共同举办“丝绸之路——中国古代丝绸艺术展”开幕活动，并赴匈牙利访问。

24日　厅长金兴盛陪同省委书记赵洪祝到浙江美术馆参观“百代风范——中国现代绘画艺术典藏大展”。随后陪同省委常委、副省长、宣传部长葛慧君，省政协副主席黄旭明，省军区司令员傅怡等观看宁波市演艺集团的音乐剧《告诉海》。副厅长陈瑶分别出席全国文化信息资源共享工程（中国文化报社）通讯员工作会议、2012浙江省新农村建设题材小戏会演。副厅长黄健全召集会议，研究国有文艺院团体制改革及文化产业发展事宜。巡视员鲍贤伦调研湖州申报国家历史文化名城工作并座谈。

25日　省委组织部干部考察组召开省文化厅领导班子届末考察工作动员会，厅党组书记、厅长金兴盛主持大会，厅领导田宇原、陈瑶、黄健全、鲍贤伦、陶月彪、陈官忠等参加。副厅长黄健全与预算执行进度排名后5家单位约谈。巡视员鲍贤伦出席世界文化景观国际峰会暨国际文化景观科学委员会年会。

26日　厅长金兴盛出席省委宣传部召开的文艺精品创作座谈会并作汇报发言，随后参加省政府第99次常务会议。副厅长田宇原出席中国龙游黄龙玉赏石文化博览会。副厅长陈瑶参加全国青年现代剪纸大赛。副厅长黄健全出席全省文化工作宣传暨中国文化报发行会。副巡视员陶月彪参加省重大项目联席会。

27日　曹其镛先生夫妇捐赠漆器补充协议签署仪式暨“曾在曹家——曹其镛夫妇捐赠中国古代珍贵漆器特展”开幕，省委书记赵洪祝，全国政协文史委副主任周国富，省委常委、秘书长赵一德，副省长郑继伟，老同志张蔚文、张浚生等出席。厅长金兴盛出席并致辞，巡视员鲍贤伦主持，副巡视员、省文物局副局长陈官忠参加。

28日　副厅长陈瑶出席在绍兴柯桥举行的浙江省第六届排舞大赛并讲话。

28日至29日　巡视员鲍贤伦，副巡视员、省文物局副局长陈官忠赴安吉出席生态博物馆暨全国生态博物馆建设论坛活动。

29日　厅长金兴盛出席安吉生态博物馆开馆典礼。副厅长田宇原参加浙江省清理整顿各类交易场所工作汇报会并发言。副厅长陈瑶出席浙江省非遗学科建设研讨会。

29日至11月2日　文化部政策法规司副司长李红琼率全国文化系统国有文艺院团体制改革复查验收（调研）工作组来浙江。工作组一行听取了浙江省和宁波市国有文艺院团体制改革和演艺企业发展情况的汇报，同时召开座谈会和实地走访，并赴嵊州考察，厅长金兴盛出席汇报会，副厅长黄健全陪同调研。

29日至31日　副厅长田宇原率督查组到宁波、余姚，舟山、普陀区开展迎十八大“扫黄打非”专项行动情况督查。

30日　厅长金兴盛、副厅长黄健全参加文化部召开的全国国有文艺院团体制改革经验总结交流视频会，当晚观看越剧现代戏《德清嫂》。厅长金兴盛、巡视员鲍贤伦参加省政府秘书长张鸿铭主持的中国丝绸博物馆土地入股问题协调会。副厅长陈瑶参加全国非遗培训基地培训计划讨论。副厅长黄健全参加文化部民营文艺表演团体调研座谈会。副巡视员陶月彪出席诸暨西施文化艺术节。

31日　省委常委、副省长、宣传部长葛慧君到浙江越剧团、浙江小百花越剧团、浙江交响乐团、浙江昆剧团、浙江曲艺杂技总团有限公司等单位走访考察，省委宣传部副部长龚吟怡，省文化厅厅长金兴盛陪同考察。厅长金兴盛出席浙江省第十一届精神文明建设“五个一工程”表彰大会。副厅长陈瑶参加古琴艺术展示活动。

11月

1日　副厅长陈瑶出席青田石雕文化节。巡视员鲍贤伦出席第二届浙江省县书协工作经验交流会。

2日　厅领导田宇原、杨越光、陈官忠参加厅科研项目管理领导小组评审会。副厅长陈瑶赴京参加海洋渔文化（象山）生态保护实验区总体规划论证会。副厅长杨越光观看杭州话剧团的多媒体舞台剧《梅兰芳》演出。

4日　厅长金兴盛出席“百年西泠·翰墨春秋”西泠印社大型系列活动暨饶宗颐先生书画艺术特展开幕式。省委宣传部常务副部长胡坚、省文化厅副厅长杨越光、省政协文卫体委员会副主任叶成伟观看“何占豪80华诞·浙江师生交响音乐会”。

5日　厅长金兴盛主持召开厅党组会议、厅长办公会议。省发改委暨省重点办在省文化厅组织召开浙江音乐学院（筹）校区建设工程总平方案及学生公寓初步设计审查会，厅长金兴盛到会讲话。随后，厅长金兴盛听取省级文化系统干部队伍情况汇报，副厅长杨越光参加。巡视员鲍贤伦，副巡视员、省文物局副局长陈官忠出席纺织品文物保护国家重点科研基地主任招聘会。副厅长黄健全对“两团一馆”（省越剧团、省曲艺杂技团和省群艺馆）装修工程进行现场督查。巡视员鲍贤伦出席浙江大学博物馆开工典礼。

6日　厅长金兴盛主持召开厅直属单位(艺术院团片组)建设工作座谈会,副厅长黄健全、杨越光参加。厅长金兴盛到省委宣传部与副部长龚吟怡沟通2013年省文化厅文化事业建设费项目预算安排情况。副厅长田宇原主持召开文化产业政策(浙江省动漫产业发展政策、演艺业发展政策)研究会议。副厅长杨越光会见文化部外联局副局长赵海生、非洲处处长松雁群一行。副厅长陈瑶参加省委常委、省军区政委王新海召集的军民共建文化示范村建设推进会。副巡视员、省文物局副局长陈官忠出席浙江省钱币学会第五届二次常务理事会。

7日　厅长金兴盛、巡视员鲍贤伦随副省长郑继伟赴安吉调研。副厅长、巡视员田宇原赴德清参加省委宣传部召开的文化发展座谈会。副厅长陈瑶参加义乌文化节。

8日　省文化厅机关组织全体党员、干部集中收听收看党的十八大实况。厅长金兴盛主持召开厅直属单位建设工作座谈会,副厅长陈瑶、黄健全、杨越光参加。副厅长田宇原出席西湖艺术博览会开幕式。副厅长陈瑶出席东阳木雕艺术节。副厅长黄健全参加安徽演艺集团董事长兼总经理张居淮一行来浙座谈会。副厅长杨越光在杭州大剧院出席观看由省文化厅主办的"何占豪80华诞作品交响音乐会"。

8日至12日　副厅长田宇原赴香港参加浙江昆剧团在香港举办的庆祝香港回归15周年演出活动。

9日　厅长金兴盛召集会议,听取艺术处有关工作情况汇报,重点研究舞台艺术精品创作规划、经费投入方式等。副厅长杨越光参加。副厅长陈瑶出席第五届秀洲·中国农民画艺术节暨2012嘉兴秀洲经贸洽谈会开幕式。副厅长黄健全召开省文化厅第八次党代会筹备工作会议。山东省第十届中国艺术节筹委会办公室一行15人来省文化厅学习考察。副厅长杨越光参加座谈。巡视员鲍贤伦、省文物局副局长吴志强出席"徐渭礼文书国际学术研讨会"。副巡视员陶月彪参加2013年立法计划项目论证会。副巡视员、省文物局副局长陈官忠参加中国博协专业委员会全国学术论坛开幕式。副厅长陈瑶听取浙江省文化强镇、文化示范村(社区)评审会工作汇报。副巡视员、省文物局局长陈官忠赴桐庐参加省非遗协会会长办公会议。

12日　厅长金兴盛向副省长郑继伟汇报省级重点文化设施建设情况,省政府副秘书长马林云、省政府办公厅教卫处处长吕伟强、省文化厅计财处副处长罗永祥参加。随后向省委宣传部汇报工作。副厅长陈瑶参加民俗文化旅游村评审。巡视员鲍贤伦参加杭州书法院成立大会。副厅长田宇原参加浙江昆剧团在香港举办的庆祝香港回归15周年演出活动。

12日至13日　副巡视员陈官忠赴河南郑州参加全国可移动文物普查实施方案研讨会。

13日　副省长郑继伟赴浙江曲艺杂技总团有限公司、浙江昆剧团、浙江京剧团、浙江越剧团调研,省政府副秘书长马林云、省文化厅厅长金兴盛陪同。厅长金兴盛听取中国丝绸博物馆馆长赵丰关于纠纷土地处置事宜的汇报。杭州市政府常务副市长杨戌标主持召开专题会议,研究浙江音乐学院(筹)后续建设推进工作,副厅长黄健全出席。副厅长杨越光看望周大风先生,晚上观看舞剧《千手观音》。巡视员鲍贤伦随全国政协文史和学习委员会副主任周国富赴绍兴兰亭调研。副巡视员陶月彪赴仙居出席仙居文化旅游节活动。

14日　厅长金兴盛主持召开厅属单位文博片组负责人座谈会。副厅长黄健全,巡视员鲍贤伦,副巡视员、省文物局副局长陈官忠,省文物局副局长吴志强参加。副厅长杨越光参加省委宣传部召开的"民间文艺人才"评审会。

15日　厅党组书记、厅长金兴盛主持召开厅党组会、厅长办公会议。副厅长、巡视员田宇原出席全省民营表演团体展演新闻发布会并讲话。副厅长黄健全召集会议,研究深化院团改革有关事宜。副厅长杨越光参加省委宣传部召开的发现"最美浙江人"、争做"最美浙江人"主题宣传活动工作会议。副巡视员陶月彪,副巡视员、省文物局副局长陈官忠赴天台山国清寺参加方丈升座庆典活动。

16日,副厅长黄健全主持召开省级文化系统党代会筹备工作会议。省委召开全省领导干部会议,传达贯彻党的十八大精神。厅长金兴盛,副厅长黄健全、杨越光,巡视员鲍贤伦,副巡视员陶月彪,副巡视员、省文物局副局长陈官忠参加。省文物局、省文物监察总队和省文物鉴定审核办公室三家单位举行大楼"职工之家"启用仪式,巡视员鲍贤伦为"职工之家"题匾并到会讲话,厅直属机关党委专职副书记胡雁到会祝贺。晚上,国家话剧院“教育部·文化部·财政部2012高雅艺术进校园”活动在杭州演出话剧《这是最后的斗争》，省委副秘书长、省直机关工委书记施利民，省直机关工委委员、副巡视员王义，省教育工委委员、省教育厅副厅长鲍学军，省文化厅党组成员、副厅长杨越光，省文联党组成员、书记处书记黄先钢等出席观看。

16日至18日　副厅长、巡视员田宇原率浙江文化艺术品交易所有限公司相关同志参加第七届中国龙泉青瓷·宝剑节暨绿色中国行活动。期间，浙江文化艺术品交易所有限公司与龙泉市宝剑、青瓷行业协会就合作事项进行了对接。

16日至2013年1月16日　副厅长陈瑶赴北京参加中央党校培训班。

17日　厅长金兴盛参加全省宣传文化系统学习贯彻党的十八大精神工作会议。

18日　首届浙江省合唱节颁奖晚会在杭州大剧院歌剧院举行，厅长金兴盛出席并讲话。巡视员鲍贤伦参加省书法家协会成立30周年系列活动。

19日　厅长金兴盛召集会议，研究省文化厅学习宣传贯彻党的十八大精神工作，副厅长黄健全参加。随后厅长金兴盛主持召开厅党组理论中心组扩大会议，厅领导田宇原、黄健全、鲍贤伦、陶月彪、陈官忠参加。副厅长杨越光赴北京参加全国优秀保留剧目表彰活动。

20日　省长夏宝龙主持召开专题会议，听取省文化厅关于重大文化设施建设的汇报，省委常委、宣传部长、副省长葛慧君，副省长郑继伟，省政府秘书长张鸿铭，办公厅主任王晓峰，以及省委宣传部常务副部长胡坚、省编委办主任鞠建林、省发改委主任孙景淼、省财政厅厅长钱巨炎、省国土资源厅厅长楼小东、省建设厅厅长谈月明、省文化厅厅长金兴盛、省政府副秘书长马林云、杭州市政府常务副市长杨戌标、省文化厅副厅长黄健全、巡视员鲍贤伦等参加会议。随后，省长夏宝龙与厅长金兴盛商谈重点文化设施建设工作。省委宣传部常务副部长胡坚、省政府副秘书长马林云在省委宣传部主持召开会议，研究浙江省重大文化设施建设领导小组及办公室的组建工作，并商议后续推进工作，厅长金兴盛参加了会议。省文化厅在浙江图书馆报告厅召开省级文化系统学习传达党的十八大精神大会，副厅长黄健全传达党的十八大精神。

20日　副厅长杨越光在北京参加文化部召开的第二届优秀保留剧目大奖表彰大会，浙江京昆艺术中心艺术总监林为林作为昆剧《十五贯》获奖剧目代表上台领奖。副巡视员陶月彪参加国家文物局文化遗产日主场城市活动方案讨论会。

21日　厅长金兴盛、巡视员鲍贤伦参加全省领导干部会议。随后，厅长金兴盛召集商议省文化厅今后五年重大文化设施建设项目事宜，副厅长黄健全参加。副厅长、巡视员田宇原接待江苏省文化厅领导。副厅长黄健全去西湖文化广场检查“两团一馆”工地装修施工情况。

22日　副厅长、巡视员田宇原出席第三届杭州艺术节。浙江省文化艺术档案学会2012年理事会议在杭州召开，副厅长黄健全出席会议并讲话。巡视员鲍贤伦参加浙沪豫女书家联展开幕式。副巡视员、省文物局副局长陈官忠出席新昌县文化旅游节开幕式活动。

22日至23日　副厅长杨越光听取浙江省公共文化服务创新奖、浙江省“文化强镇”评审会工作汇报。

23日　中共浙江省文化厅直属机关第八次代表大会在杭州召开，省委副秘书长、省直机关工委书记施利民出席会议并讲话。厅领导金兴盛、田宇原、黄健全、杨越光、鲍贤伦、陶月彪、陈官忠出席，厅党组书记、厅长金兴盛讲话，副厅长黄健全作《工作报告》。省国土资源厅总规划师盛乐山率省国土资源厅、杭州市国土资源局的相关同志前来省文化厅商议中国丝绸博物馆纠纷土地处置事宜，巡视员鲍贤伦参加了会议。

24日上午　厅长金兴盛接待文化部办公厅领导。“永远跟党走”——2012年浙江省红色经典歌曲合唱大赛颁奖仪式在省人民大会堂举行，副厅长杨越光出席颁奖仪式。

24日　巡视员鲍贤伦出席新昌县文化旅游节活动。

25日　副厅长黄健全接待文化部办公厅领导。

26日　浙江省美丽乡村建设中非遗保护工作现场推进会在桐庐召开，厅长金兴盛出席会议并讲话，副厅长、巡视员田宇原主持会议。副巡视员、省文物局副局长陈官忠向省政府办公厅汇报启动全国第一次可移动文物普查准备工作事宜。副厅长杨越光会见并宴请巴西“欢乐时光”艺术公司负责人莫妮卡女士一行。“喜庆十八大永远跟党走”——2012年浙江省红色经典歌曲合唱大赛汇报演出活动在省人民大会堂举行，省委常委、宣传部长、副省长葛慧君出席观看，厅长金兴盛陪同。“喜庆十八大·全省民营文艺表演团体展演”在浙江胜利剧院开幕。省委常委、宣传部长、副省长葛慧君发来贺信，省委宣传部副巡视员、省文明办副主任陈海良宣读贺信，副厅长、巡视员田宇原出席并讲话。副厅长杨越光赴绍兴观看嵊州越剧团越剧《马寅初》。巡视员、文博系列中评委主任鲍贤伦主持召开2012年度文博系列中评会。

27日　副省长郑继伟到浙江图书馆调研公共文化服务和新馆建设。省政府副秘书长马林云、省文化厅厅长金兴盛陪同调研。副厅长黄健全召集会议，商议深化院团改革有关问题。副厅长杨越光去省委宣传部汇报举办“新松计划”浙江省青年歌手大赛和2013新年演出季工作。省委宣传部副部长龚吟怡、副巡视员何启明和文艺处同志听取汇报。“2012浙江省非物质文化遗产保护工作培训班”在杭州举行，厅长金兴盛出席开班仪式并致辞，副厅长、巡视员田宇原主持开班仪式。音乐剧《桌的琴》在浙江音乐厅演出。原中共中央政治局委员、全国政协副主席杨汝岱，浙江省委常委、宣传部长、副省长葛慧君出席观看，厅长金兴盛陪同。

27日　召开浙江省艺术系列副高级专业技术资格评审会，副厅长杨越光任评委会主任主持会议。

28日　厅长金兴盛、副厅长黄健全参加省重点文化设施建设领导小组办公室会议。随后，厅长金兴盛主持召开厅长办公会议、厅党组会，并参加国家工商总局浙江省人民政府共同推进浙江广告产业发展战略合作协议签署仪式。副厅长、巡视员田宇原出席全省文化产业管理人员培训班并讲话。副厅长杨越光出席省级文化系统对外文化贸易和服务出口调研会。副巡视员、省文物局副局长陈官忠赴余杭江南水乡博物馆出席“丰子恺漫画作品展”开幕式。由省文化厅和省曲艺家协会、杂技家协会共同主办的浙江省第四届曲艺杂技魔术节开幕式在浙话艺术剧院举行，副厅长杨越光致辞并宣布开幕，省政协副主席黄旭明，省政协文卫体委员会副主任叶金伟出席开幕式并观看演出。

29日　厅长金兴盛，副厅长、巡视员田宇原出席第三届全省文化市场综合行政执法技能比武颁奖仪式。副厅长、巡视员田宇原出席非物质文化遗产保护工作培训班小结。副厅长黄健全陪同省委常委、宣传部长、副省长葛慧君赴安吉考察。副厅长杨越光召集会议，布置十八大宣传贯彻落实工作。副巡视员、省文物局副局长陈官忠与杭州市园文局会商“西湖文化遗产数字平台”重点项目的推进工作。省领导在省人民大会堂会见阿克苏地区党政代表团，副厅长黄健全参加。中国丝绸博物馆馆庆20周年系列活动“穿越——2012时尚回顾展”开幕式在中国丝绸博物馆举行，副巡视员、省文物局副局长陈官忠参加。

30日　中国丝绸博物馆建馆20周年庆典暨纺织品文物保护国家文物局重点科研基地挂牌仪式在杭举行，省委常委、宣传部长、副省长葛慧君，国家文物局副局长宋新潮，省人大常委会副主任徐宏俊等出席，厅长金兴盛致辞，巡视员鲍贤伦主持，副巡视员、省文物局副局长陈官忠参加。召开浙江省艺术系列美术专业高级专业技术资格评审会，厅长金兴盛任评委会主任主持会议。副厅长杨越光出席观看曲杂节曲艺专场。

30日至12月2日　巡视员鲍贤伦参加第四届中国兰亭奖评审。

30日至12月1日　副巡视员、省文物局副局长陈官忠接待国家文物局领导。

12月

2日　省委举办中央宣讲团党的十八大精神报告会，厅长金兴盛，副厅长田宇原、黄健全、杨越光，副巡视员陶月彪、陈官忠参加。

3日　厅长金兴盛召集会议，商议今后五年省级文化系统设施建设工作，副厅长黄健全参加。厅长金兴盛出席省第四届曲杂节闭幕式暨颁奖晚会并致辞，副厅长杨越光宣读获奖名单。

4日　厅长金兴盛陪同省委常委、宣传部长、副省长葛慧君赴临安调研农村文化礼堂。副厅长、巡视员田宇原出席省第三届文化市场综合行政执法理论研讨会并讲话。副厅长陈瑶参加全国文化志愿者服务工作会。副厅长杨越光出席“张漾兮百年艺术展”开幕，随后观看音乐组曲《东海之歌》演出。副巡视员陶月彪赴省博物馆等文博单位进行综合治理考核。副巡视员、省文物局副局长陈官忠调研长兴“新四军纪念馆铸币厂旧址”布展项目实施情况。

5日　副厅长黄健全出席阿克苏龟兹壁画展开幕式。巡视员鲍贤伦出席宁波“海上丝绸之路”文化节开幕式。副巡视员、省文物局副局长陈官忠出席全省国有博物馆对口帮扶民办博物馆试点工作会。

6日　厅长金兴盛参加全省领导干部会议，随后参加厅、局机关学习贯彻党的十八大精神专题报告会并作主题报告，厅领导黄健全、杨越光、陈官忠参加。副厅长黄健全出席浙江阿克苏宣传文化周开幕式。副厅长杨越光出席2011—2012年度国家舞台艺术精品工程拟申报剧目评选会议，并观看福建省芳华越剧团“李敏交响演唱会”。巡视员鲍贤伦出席浙江省第六届中青年书法展开幕活动。

6日至8日　副厅长、巡视员田宇原赴安徽滁州参加第四届文化部创新奖颁奖仪式暨第五届中国文化创新高峰论坛。

6日至7日　副巡视员陶月彪赴上海参加江浙沪地区网吧市场一体化建设签约仪式暨网吧连锁创新发展论坛。

7日　厅长金兴盛随省领导葛慧君、郑继伟赴杭州开展重大文化设施选址工作调研。

7日至8日　副厅长黄健全、杨越光参加省文化厅机关总支读书会。

8日　厅领导金兴盛、杨越光观看浙江歌舞剧院“新松计划”资助项目“幸福歌谣”金瑶独唱音乐会。副厅长杨越光、巡视员鲍贤伦出席“书学之路”中国美院书法专业创办五十周年文献展暨校友作品展开幕式。

10日　副厅长杨越光陪同中央考察组参观浙江省博物馆、浙江美术馆。

10日至14日　厅领导田宇原、黄健全、陶月彪、陈官忠参加省管领导干部学习贯彻党的十八大精神集中轮训。

11日　省长夏宝龙主持专题会议，听取省文化厅厅长金兴盛关于重大文化设施建设工作情况汇报，省领导葛慧君、郑继伟参加，省文化厅副厅长黄健全参加。厅长金兴盛出席浙江省大学生非遗辩论赛决赛并致辞。副厅长杨越光参加网络文化经营企业对外文化贸易调研会。

12日　副厅长杨越光参加全省视觉艺术创作优秀作品展开幕并讲话。

13日　厅长金兴盛出席浙江京昆艺术中心（浙江京剧团）京剧《飞虎将军》首演暨《宝莲灯》超1000场和《藏羚羊》超600场表彰大会并讲话，副厅长杨越光宣读表彰文件。副厅长杨越光还出席了省级文化系统党组织负责人学习贯彻十八精神座谈会并讲话。

14日　厅领导金兴盛、田宇原、杨越光、鲍贤伦、陶月彪、陈官忠参加省委传达中央有关文件精神会议。副厅长杨越光出席浙江京剧团创新剧目研讨会并讲话。

16日　副厅长杨越光出席京剧表演艺术家宋宝罗从艺90周年庆典活动。

17日　副厅长、巡视员田宇原出席西藏自治区文化产业培训班开班仪式并讲话。副厅长陈瑶参加全国文化信息资源共享工程十周年纪念活动暨颁奖仪式。省档案局考核组代表省政府现场考核省文化厅2012年档案工作责任制目标完成情况，副厅长黄健全参与。副巡视员、省文物局副局长陈官忠出席“龙泉现代青瓷展”开幕式，随后组织召开平阳县博物馆建筑方案评审会。

17日至21日　巡视员鲍贤伦参加省管领导干部学习贯彻党的十八大精神集中轮训。

17日至19日　副厅长黄健全赴海南参加2012年全国文化财务工作会议。

18日　厅长金兴盛，副巡视员、省文物局副局长陈官忠出席浙江省古生物化石收藏研究中心挂牌仪式。厅长金兴盛参加省委全委扩大会议和专项测评会议，之后，与副厅长、巡视员田宇原共同出席浙江文化艺术品交易所开业典礼。副厅长杨越光出席“2012群星璀璨·全国群众美术书法摄影优秀作品展”开幕式，随后出席“首届浙江戏剧奖·金桂表演奖”颁奖晚会并为获奖者颁奖。

19日　厅长金兴盛赴长兴考察文化建设和发展情况，随后审看浙江小百花新概念越剧《江南好人》彩排。副厅长、巡视员田宇原带领验收组开展浙江省非遗传承教学基地验收。副厅长杨越光主持评审文化走出去补助项目。副巡视员、省文物局副局长陈官忠召开浙江省博物馆中长期发展规划纲要论证会。

19日至20日　副厅长杨越光赴上海参加全国文化系统对外文化贸易工作会议。

20日　厅长金兴盛参加全省经济工作会并陪同省委常委、宣传部长、副省长葛慧君实地考察浙江省文化馆、浙江省博物馆、浙江自然博物馆等文化设施。厅长金兴盛出席厅直属单位建设大会并讲话，厅领导田宇原、黄健全、鲍贤伦、陶月彪、陈官忠参加。

20日至21日　巡视员鲍贤伦出席全省历史文化名城名镇名村保护工作暨《浙江省历史文化名城名镇名村保护条例》宣传贯彻会议并讲话。

21日　省委常委、宣传部长、副省长葛慧君召集相关部门研究农村文化礼堂建设问题，厅长金兴盛参加。副巡视员陶月彪率浙江小百花越剧院（浙江越剧团）送戏到上坑村。

21日至22日　副厅长杨越光赴珠海参加文化部召开的2012年全国艺术创作工作会议。

24日　厅长金兴盛听取浙江省演出业协会会长齐有为等同志工作汇报。副厅长黄健全检查督促西湖文化广场“两团一馆”建设，主持召开现场协调会，随后参加全省发展和改革工作会议。

24日至25日　副巡视员、省文物局副局长陈官忠赴京参加全国文物局长会。

24日至28日　副厅长杨越光参加省管领导干部学习贯彻党的十八大精神集中轮训。

25日　浙江省申报人类与国家级非遗、杭州西湖文化景观申报世界文化遗产工作总结表彰大会在杭州召开，省领导葛慧君、郑继伟出席并讲话，文化厅厅长金兴盛通报浙江省非遗相关工作，副厅长、巡视员田宇原，巡视员鲍贤伦出席。

26日　省委书记夏宝龙，省委常委、杭州市委书记黄坤明，省委常委、宣传部长、副省长葛慧君，省委常委、秘书长赵一德，副省长郑继伟，杭州市长邵占维等一行前往浙江音乐学院（筹）建设工程工地调研、审查建设方案，参加工程建设开工仪式，夏宝龙作重要讲话，文化厅领导金兴盛、黄健全参加。副厅长黄健全接待省资金绩效管理考核小组。

26日至27日　副巡视员、省文物局副局长陈官忠参加临海市博物馆新馆建设方案专家论证会。

27日　厅领导金兴盛、黄健全听取深化文化体制改革工作汇报。副厅长、巡视员田宇原出席温州市非遗馆开馆仪式。副厅长黄健全向来省文化厅检查工作的省信访局同志汇报相关工作。

28日　厅长金兴盛出席“长卷视界2012杭州·中国画双年展”开幕式，随后召开党组理论中心组第二次党的十八大精神专题学习会。厅领导田宇原、黄健全、杨越光、陶月彪参加。厅长金兴盛出席省第三届机关文化节闭幕晚会。副厅长杨越光观看《梵音》新年交响音乐会。巡视员鲍贤伦调研大运河申遗点杭州西兴过塘行码头保护整治工作。

29日　副厅长杨越光观看浙歌《华管繁弦春风度》浙江民乐团新年音乐会。

31日　副厅长黄健全召开会议，传达省委关于加强作风和廉政建设的“六个严禁”等内容要求。

文化事业和企业

ZHEJIANG CULTURE YEARBOOK

浙江省文物监察总队

【概况】 浙江省文物监察总队实有在编人员8人(核定事业编制8人,参照公务员管理)。2012年,浙江省文物监察总队围绕年初制定的各项工作任务,在开展执法巡查、案件查处、联合执法、理论研究等方面取得了成绩。

一、深入开展文物执法巡查工作

开展文物执法巡查,全年出动巡查共计440人次,检查文博单位220处(家)。指导各市、县(市、区)文物执法监察机构开展高频率、高质量的文物执法巡查工作,有效消除危及文物安全的各类隐患,遏制违法行为,确保文物安全。全省出动巡查共计14489人次,检查文博单位8051家次,发现涉嫌违法行为120起,发现安全隐患349处,整改到位338处。

二、加大对文物违法案件的督察力度

全年共督办文物违法案件11起。4月,赴瑞安市对在全国重点文物保护单位利济医学堂、省级文物保护单位观音寺石塔保护范围内的违章建筑进行现场督办,违章建筑被及时拆除;8月,赴兰溪市对在全国重点文物保护单位芝堰村建筑群保护范围内的群体性违法建设行为进行督察,要求当地做好对违法行为的查处工作,加大文物保护宣传力度,做好新宅基地的征地工作,改善文物保护单位原住户的居住条件,对故意损毁文物保护单位触犯刑法的,坚决依法予以打击。11月9日,当地公安部门逮捕了一名涉嫌犯罪者,事态得到有效控制。

各地文物执法监察机构继续做好文物违法案件的查处工作。全省共查处违法案件59起,罚款69.2万元,追缴文物1160件,拆除违法建筑24处,建筑面积近1.4万平方米。

三、组织文物执法监察工作交叉检查活动

组织开展各设区市之间的文物执法监察工作交叉检查活动。5月7日,全省各设区市之间文物行政执法监察工作交叉检查活动正式启动。此次交叉检查分三个月进行,共组织了10个检查组,对11个设区市的50多个市、县文物执法监察工作进行了检查,对242家文博单位进行实地抽查,根据有关要求,检查组对当地文物保护单位、国有收藏单位是否存在违法行为、安全隐患等情况进行了重点排查;对当地文物执法监察机构工作情况进行了检查,并反馈、交流检查情况。

四、承办全省文物执法监察人员业务培训

9月5日至6日,由浙江省文物监察总队承办,义乌市文广新局协办的全省文物(管辖海域文化遗产)执法人员业务培训在义乌举行。全省各市、县(市、区)文物执法监察机构执法人员约120余人参加培训。省政府法制办、中国海监台州支队、省文物局博物馆与社会文物处的专家授课。学员们学习了《中华人民共和国行政强制法》、海洋执法与海洋知识、古建筑保护与管理等相关课程。

组织部分市、县(市、区)文物执法监察人员,参加在上海举办的2012年度江浙沪文物行政执法培训会。受国家文物局的邀请,在国家文物局督察司和中国海监总队联合举办的培训班上,介绍浙江省开展管辖海域内文化遗产联合执法的实践经验及今后工作设想。

五、开展浙江省管辖海域文化遗产联合执法工作

做好浙江省管辖海域内文化遗产联合执法工作。4月25日,与椒江区文物监察大队组织策划的浙江省辖区海域内文化遗产联合执法启动仪式暨椒江区辖区海域内文化遗产联合执法应急预案演练观摩会在台州市椒江区大陈交通船码头广场举行,国家文物局督察司副司长刘铭威,浙江省文化厅副厅长、省文物局局长鲍贤伦,省海洋与渔业局副巡视员李学民,省文化厅副巡视员、省文物局副局长陈官忠以及椒江区委、区政府、区人大、区政协等部门的领导出席启动仪式,并观摩指导演练活动。9月,与中国海监浙江省总队在舟山、宁波部分海域,对海岛上文物保护单位、水下文物保护区进行联合执法巡查。巡查组从舟山沈家门出发,途径普陀区六横岛、象山县石浦镇、渔山岛和小白礁,历经航时12小时,航程195海里。检查文物保护单位、水下文物保护区6处。浙江省开展的管辖海域内文化遗产联合执法活动,开辟了文物执法监察工作新的领域,受到了国家文物局的赞扬。

宁波、温州、舟山、嘉兴、台州市及沿海县(市、区)文物执法监察机构与海监机构建立联合执法工作机制,开展联合执法巡查、组织执法业务培训等活动。

六、开展省文物行政执法网络监管平台试运行工作

根据省文物局《关于在全省开展浙江省文物行政执法网络监管平台试运行工作的通知》要求,安排专人负责平台的日常维护与指导工作,运行情况良好。据统计,全年有92家文物执法监察机构、364名执法人员参与信息录入，共录入执法信息97条，巡查日志4145篇，举报处理信息9条，案件查处信息15条。

七、加强对文物执法监察工作理论研究

受国家文物局委托，承担《文物行政执法巡查档案标准研究》课题编写工作。

八、组织案卷评比活动

浙江省参加国家文物局组织的2012年度全国文物行政处罚案卷评查活动，所选送的案卷2个荣获全国"十佳案卷"，2个荣获"优秀案卷"。此外，承办第二届全省文物行政处罚案卷评比活动。经专家评议，最终评出优秀奖3个，良好奖6个，鼓励奖3个。

全国文物执法动态监管与预警系统试点落户浙江 12月，国家文物局组织开展文物执法动态监管与预警系统研发和建模工作，浙江省成为中国首批文物执法动态监管与预警系统试点之一。

（郑李潭）

浙江省文物鉴定审核办公室

（国家文物进出境审核浙江管理处）

【概况】 浙江省文物鉴定审核办公室实有在编人员8人(核定编制数为9人)，其中具有高级技术职务资格5人，中级2人。2012年，根据职能，做好文物进出境管理、涉案文物鉴定、文物拍卖标的审核、各类文物鉴定等工作。

一、文物进出境管理

2012年，办理文物临时进境审核登记26起，249件(套)。文物出境(复出境)许可证核发9起，119件(套)。旧家具(新仿制品)出境许可104起，共计28852件，其中禁止出境33件。审核国有博物馆文物出境展览3起，查验文物211件(组)，分别是：中国丝绸博物馆赴英国诺丁汉博物馆"衣锦环绣——中国丝绸文化展"文物57件(组)、浙江省博物馆赴香港艺术馆"有情世界——丰子恺艺术展"文物100件(组)、中国丝绸博物馆赴西班牙马德里国家装饰艺术博物馆"丝绸之路——中国古代丝绸艺术展"文物54件(组)；审核浙江省博物馆引进韩国"大元帆影——韩国新安沉船出水文物精华暨康津高丽青瓷特展"文物285件。

二、涉案文物鉴定

2012年共办理各类涉案文物鉴定58起，鉴定各类器物2377件，其中认定三级珍贵文物11件，一般文物1654件，非文物710件，待定2件。另外确认新近追回的徐谓礼官牒文书2件与2011年鉴定的一级文物宋徐谓礼官牒文书为同一组文物。

实地勘察鉴定武义、上虞、余杭等地区被盗掘和破坏的古墓葬、古文化遗址、古建筑76座(处)，其中被盗的徐谓礼夫妇合葬墓及位于全国重点文保单位内的余杭区良渚街道小竹山盗掘现场等2处为具有重要历史、艺术和科学价值的古墓葬、古遗址；上虞梁湖镇宅里湖村唐家山被盗古墓葬等2处为具有比较重要历史、艺术和科学价值的古墓葬。

三、文物拍卖标的审核

2012年共受理文物拍卖申请55场次，审核拍卖标的37007件，其中属于文物拍卖标的24080件，允许拍卖的文物标的23677件，包括书画17187件、陶瓷器564件和玉杂器5926件，撤拍国家禁止流通或超资质范围文物403件。

四、国有馆藏文物定级鉴定

2012年9月份启动对浙江省博物馆馆藏书画文物的鉴定，经过三个多月的工作，共鉴定书画9531件，其中认定一级珍贵文物129件，二级珍贵文物796件，三级珍贵文物4212件。继续做好馆藏文物定级鉴定工作，组织专家分别对申报的香港曹其镛夫妇捐赠浙江省博物馆古代漆器，杭州工艺美术博物馆、杭州西湖博物馆、乐清市文物馆、宁波博物馆、遂昌县文管办等馆藏未定级或新征集的文物进行定级鉴定，共计3304件，其中确定一级文物41件，二级文物153件，三级文物939件。

五、待征集文物鉴定

2012年，对浙江省博物馆、中国财税博物馆、中国茶叶博物馆、杭州中国刀剪剑博物馆、杭州中国扇博物馆、杭州工艺美术博物馆(筹)、杭州南宋官窑博物馆、杭州碑林博物馆、绍兴市博物馆、绍兴县文保所、义乌市博物馆、余杭中国江南水乡博物馆等10余家国有文物收藏单位待征集文物进行初鉴工作，据不完全统计，共30批次、250件左右。应嘉兴市和衢州市文广新局的邀请，对倪禹功先生捐赠给嘉兴博物馆的219件文物和崔成志先生捐赠给衢州市博物馆的118件文物进行鉴定评估工作。应绍兴市文物局邀请，对个人申办"会稽金石博物馆"和绍兴金仕堡公司申办"越中艺术博物馆"的藏品进行鉴评。

国家文物进出境审核浙江管理处独立建制十周年座谈会 5月9日在杭州召开。到会的有文博界的老前辈，省文化厅、文物局及部分省直文博单位的领导、专家等。在座谈会上，大家回顾历史，对浙江省文物鉴定审核工作的发展历程进行梳理，总结独立建制以来取得的成绩，并向与会者赠送浙江管理处编辑出版的《慧眼丹心》纪念图册和《辨古识真》论文集。

独立建制十年来，在文物进出境审核中，共受理了各类文物及复仿制品（旧家具）进出境审核登记3200余起、共计近80万件，其中禁止出境630件。2007年9月，国家文物局对全国文物进出境审核机构和个人进行表彰，浙江管理处荣获“全国文物进出境审核工作先进集体”称号。

涉案文物鉴定共受理671起，鉴定物品45641余件，其中确认三级以上珍贵文物474件；现场勘查确认古墓葬、古文化遗址549处（座），有效维护了国家文物安全，为保护国家宝贵的文化遗产，严厉打击文物犯罪活动作出了贡献。

文物拍卖标的审核共受理489场次，审核文物拍卖标的204832件，其中撤拍国家禁止流通或超资质范围文物870件，协助文物行政执法及工商行政管理部门查处违规文物拍卖3场。有效地规范了文物拍卖市场秩序，使省文物拍卖市场健康发展。

为普及文物专业知识，专业人员经常应海关等单位的邀请，举办文物鉴赏讲座，并与省市县博物馆等文博单位联手进行不定期的公益性鉴定活动，为民服务，对民间收藏起到了一定的引导作用。

浙江省馆藏书画文物专项定级鉴定工作告竣 自2004年9月至2013年1月，受浙江省文物局委托，由浙江省文物鉴定审核办公室和省博物馆、省图书馆书画鉴定专家组成的鉴定组，经过近10年的努力和奋战，历经全省11个设区市、市县（区）80余家博物馆、文管会等文博收藏单位，过目鉴定书画藏品达60000余件，确定其中三级以上珍贵书画24532件（包括一、二级藏品3040件），全部都作了规范化的定级。厘清浙江省馆藏全部书画藏品和珍贵书画的总量、质量、特点以及分布区域和保存现状等基本情况，为展开的全国首次可移动文物普查奠定重要基础。

由于全省各地的书画藏品内容包罗万象，十分广泛，也具有浓厚的地方特色，涉及历代书画家数以千计，对所有藏品的全面掌握绝非易事。为防止重要书画在鉴定中的误定和遗漏，专家们在鉴定中对每件书画的真伪、年代、珍贵程度的判断和权衡十分慎重，经常需要查找资料、核对印鉴，具体分析研究。遇有少数经反复研究仍无法断定的作品，宁可暂时搁置以俟将来，决不轻作遽断，目的就是实事求是，客观公正，对鉴定结论做到最大限度的准确性。在此次彻底清理鉴定过程中，尽管特别重要的书画珍品大多已经前辈们过目鉴定，但仍然发现了一些原来不为所知、所重，或未曾明确的书画珍品，如省博物馆原先放置在参考品库中的石涛巨幅竹石图轴、清代名人书札册等一、二级书画珍品。

鉴定南宋徐谓礼及其夫人合葬墓 2012年1月4日，省文物鉴定委员会受武义县公安局聘请，组织专家实地勘察武义县熟溪街道胡处村龙王山砖椁石顶墓。盗坑长3米，宽2.5米，深2米，并见存较多条砖和石盖板一块，石盖板长1.4米，宽0.78米，厚0.28米。5月份经省文物考古研究所抢救性发掘清理，在该墓中发现卒于南宋“宝佑二年”（公元1254）徐谓礼圹志和卒于“淳祐戊申”（南宋淳祐八年，公元1248年）其妻林氏圹志。证实该墓确系南宋徐谓礼及其夫人合葬墓。追缴该墓被盗出土徐谓礼官牒文书一批，具有极其重要的历史、艺术和科学价值，被确认为一级文物。

（邓琪瑛）

链接 2012年全省文物鉴定审核统计表

一、文物出境许可

次　数	总　数	瓷　器	玉　器	书　画	金属器	杂　项	钱　币
9	119	33	22	34	0	30	0

二、文物临时进境审核

次　数	总　数	瓷　器	玉　器	书　画	金属器	杂　项	钱　币
26	249	54	26	62	16	91	0

三、古旧家具出境许可

次　数	总　数	上虞市	慈溪市	宁波市	象山县	温州市	鄞州区	杭州市	禁　出
104	28852	6978	13223	106	192		8353		33

四、文物出境展览审核

次　数	总　数	瓷　器	玉　器	书　画	金属器	杂　项	钱　币
3	211	0	0	100	0	111	0

五、文物入境展览审核

次　数	总　数	瓷　器	玉　器	书　画	金属器	杂　项	钱币
1	285						

六、文物复仿制品证明

次　数	总　数	瓷　器	玉　器	书　画	金属器	杂　项	钱币
1	1	0	0	0	1	0	0

七、涉案文物鉴定

次数								
	可移动文物	总　数	一　级	二　级	三　级	一　般	仿　品	待　定
		2377	0	0	11	1654	710	2
58	不可移动文物	总　数	重　要	较重要	一　般	不确定	备　注	
		76	2	2	71	1		

八、文物拍卖标的审核

场次	拍卖总数	文物标的数	允许拍卖文物标的	书　画	陶　瓷	玉杂器	撤　拍
55	37007	24080	23677	17187	564	5926	403

九、国有博物馆馆藏文物定级鉴定

单　　　位	总　数	一　级	二　级	三　级	一　般	待　定
杭州工艺美术馆(刀剪剑博物馆)	307		9	271	90	
杭州工艺美术博物馆(伞业博物馆)	9		1	5	1	2
杭州工艺美术博物馆(扇业博物馆)	324		3	115	206	0
杭州西湖博物馆	3			3		0
杭州西湖博物馆	46		4	44		0
乐清市文物馆	190			57		0
宁波博物馆	777		2	374	401	0
遂昌博物馆	1480	2	12	53	1062	0

续表

单　　位	总　数	一　级	二　级	三　级	一　般	待　定
嘉兴博物馆	1			1		0
浙江省博物馆	167	21	122	16	4	4
合　　计	3304	23	153	939	1764	6

浙江艺术职业学院

【概况】 浙江艺术职业学院实有在编人员292人(核定编制338人),其中具有高级技术职务资格94人,中级133人。2012年,浙江艺术职业学院以省级示范性高职院校建设和浙江音乐学院筹建为抓手,深化教育教学改革,强化专业特色,加强科研创作与社会服务,优化体制机制,提升党建与学生思想政治教育工作科学化水平,各项工作稳步发展。

一、启动浙江音乐学院筹建工作

落实浙江重大文化设施建设计划,在省文化厅的领导下,成立浙江音乐学院(筹)校园建设工程领导小组,在校址选择、建设方案制定、建设资金筹措、整体框架论证等方面开展调研,形成了系列筹建报告上报省委、省政府及相关部门。截至年底,新校园设计总平方案确定,学生公寓已先期开工建设,学科建设、师资队伍建设、重大学术项目建设等涉及办学内涵的重大建设计划均在同步进行中。

二、推进示范性高职院校建设

2012年6月顺利通过省教育厅、省财政厅联合组织的示范建设终期验收,被授予“浙江省示范性高等职业院校”。结合省级示范性高职院校建设,集中梳理、深入研究学院专业建设,提炼专业特色,加强特色专业和优势专业群建设。召开第四届教学工作会议,深入研究教学工作的新形势新问题,进一步明确增强学科专业内涵,创新教学管理的思路与举措。

加大实践教学力度,在各类重大专业赛事中获得佳绩。按照《浙江艺术职业学院2012—2013学年综合展演季暨毕业综合实践教学总体方案》要求,顺利完成展演项目20台31场,其中演出项目14台21场、展览项目6台10场。组织参加各类重大专业赛事,构建“以赛促教”、“以赛促学”机制,进一步提高教学成效。

三、增强科研与创作实力

加强各级课题管理,提升教师科研水平。全面梳理建院以来科研管理类规章制度。组织教师申报各级各类科研项目。加强高等艺术教育研究,举办学院高职教育十周年回顾与展望研讨会,举办“杨小青导演艺术研讨会”。开展非物质文化遗产保护研究,形成院内非遗研究论文汇编。整合院内外资源,强化精品创作。发挥艺术教育资源优势,组织系列研讨,开展音乐舞蹈诗《西湖十景》、《CHINA》等重点项目创作。开展电影创作,启动拍摄学院第二部电影《蝶吻》。开展学院首届微电影展播,展映学生作品19部。

四、加强社会服务与文化艺术交流

做好对外演出和文化队伍培训工作。学院青年实验艺术团参加“高雅艺术进校园”演出活动,全年赴省内高校和中小学演出8场,观众人数达8000余人次。开展文化管理干部培训,举办各级各类文化培训班共29个,达2059人次。完成2012届、2013届毕业生304人文化行业职业技能鉴定工作,创建并投入运行浙江文化行业职业技能鉴定网。开展社会艺术水平等级考试,共1.5万余人次参加考级。

五、优化师资队伍结构

基本完成专任教师、行政与教辅等岗位的补员工作。加强教师职称评审工作,有38位同志通过职称评审,新晋升教授3名、副教授8名,进一步优化学院师资队伍职称结构;加大专业带头人、青年骨干教师培养力度,构建教学梯队。1人被省政府授予首届省级优秀教师称号。举办2场“新松计划”资助个人专场演出。选派4名专业带头人赴台湾地区和新加坡考察学习,开展2轮全院专业带头人、青年骨干教师培训;加强培训、进修与实践锻炼,提高双师型教师队伍素质。

六、加强学生管理与思想政治教育

成立党的建设和思想政治教育研究会,举办年度暑期学生党建和思政工作研讨会;认真贯彻省教育厅《关于深入开展学校文明寝室建设的通知》精神,完善公寓基础设施配置,加强管理队伍配备,全面推进文明寝室建设各项工作；全面关心学生，做好奖助减免贷评定工作和心理健康教育；进一步探索和改革招生工作机制，加强招生市场调研、招生咨询与宣传，拓展招生渠道。完成2012年度附中及五年一贯制招生373人，高职招生1018人。与省内7所中职院校合作，完成了253个3+2招生计划；加强毕业生就业教育、指导和服务工作。2012届毕业生就业率为95.47%。

承办全国第三届大艺展戏剧专场

全国第三届大艺展于2月13日在浙江省人民大会堂落下帷幕。全国大艺展每三年举办一次，2012年由教育部与浙江省人民政府联合主办，浙江艺术职业学院承办戏剧专场。浙江艺术职业学院男子群舞《男儿》获舞蹈节目一等奖，小品《那个时候……》获戏剧节目一等奖。

高职艺术教育十周年回顾与展望专题研讨会 4月6日举行。会议回顾学院高职艺术教育10年的发展历程，多维度总结学院在内涵建设各方面所取得的成就，共同探讨在文化强国建设背景下艺术职业教育未来发展的宏伟蓝图。文化部科技司、省委宣传部、省文化厅、省教育厅领导和全国部分艺术类高职院校负责人出席会议。

"花样年华"全国大学生第三届短剧小品大赛获奖 决赛于6月在沈阳举行。浙江艺术职业学院小品《那个时候……》获得包括表演二等奖、剧本创作三等奖、个人最佳表演奖和导演奖在内的四个奖项。

浙江艺术职业学院被授予"浙江省示范性高等职业院校" 根据浙江省教育厅、浙江省财政厅6月下发的《关于公布省级示范性高等职业院校名单的通知》，包括浙江艺术职业学院在内的16所高职院校通过省级示范性院校建设检查验收，被授予"浙江省示范性高等职业院校"。

"新松计划"浙江省青年戏曲演员大赛获奖 7月6日，颁奖晚会在浙江省人民大会堂举行。浙江艺术职业学院学生李云霄获金奖，张亚洲获铜奖。

党建和思政工作会议暨党建和思政教育研究会第一次年会 7月25日至26日在富阳召开。大会就学院进一步提高党建和思政教育工作科学化水平进行研究和部署，举行学院党建和思政教育研究会成立揭牌仪式，制定《党的建设和思政教育研究会章程》。

"桃李杯"舞蹈大赛获金奖 8月18日至26日，由文化部主办的第十届"桃李杯"舞蹈比赛在安徽合肥举行。浙江艺术职业学院群舞《畲家女儿拍》获表演金奖，同时获原创教学剧目三等奖，实现浙江艺术职业学院在此项目上"零"的突破。

杨小青导演艺术研讨会 9月15日在浙江艺术职业学院举行，中国文联、文化部艺术司、中国剧协、省文化厅、省文联等单位领导，中国艺术研究院、中国戏曲学院等省内外艺术院团、文化科研单位等200余名专家学者参加研讨会。

红歌合唱大赛获奖 11月26日，"喜庆十八大，永远跟党走——2012年浙江省红色经典歌曲合唱大赛汇报演出"在浙江省人民大会堂举行。浙江艺术职业学院师生合唱《在灿烂的阳光下》获二等奖。在9月25日至26日举行的浙江省高校合唱节中，浙江艺术职业学院教工合唱团获教工组一等奖，学生合唱团获乙组混声合唱一等奖，学院获优秀组织奖，费小龙等师生获最佳指挥奖、优秀指导老师奖和优秀钢琴伴奏奖。

浙江音乐学院筹建工作 2012年，根据省政府《关于筹建浙江音乐学院的批复》（浙政函〔2012〕104号）及《专题会议纪要》（〔2012〕27号）精神，完成新学院立项审批、可研编制及前置条件办理、校园功能设计等重要工作。全面考察了中央音乐学院、中国音乐学院、上海音乐学院、天津音乐学院、西安音乐学院、南京艺术学院、中原文化艺术学院等，形成考察报告并编制浙江音乐学院设计任务书。12月26日，先期动工的学生公寓正式启动建设，省委书记夏宝龙等赴建设工地调研考察，省领导黄坤明、葛慧君、赵一德、郑继伟和杭州市市长邵占维等参加调研。学院根据本科艺术院校建设要求，围绕学科建设、师资队伍建设、高层次人才引进、机构编制、省市共建附中等问题，在院内多次展开大讨论，并形成相应建设方案上报省有关部门。

（余培敏　李旭芳）

浙江图书馆

【概况】 浙江图书馆实有在编人员226人（核定编制324人），其中具有高级技术职务资格58人，中级133人。2012年，浙江图书馆以创建文明岗、示范点为抓手，提升管理和业务水平，夯实自身实力；以“中心”和“联盟”为平台，发挥龙头馆作用，引领全省各级公共图书馆共同发展。

一、规范内部管理

以创建文明岗、示范点为契机，树先进、立典型，以点带面，进一步提升全馆管理水平和业务能力。2012 年，浙江图书馆获得全国文化文物系统先进基层党组织、省级青年文明号、中共浙江省宣传纪律检查工作委员会廉政风险防控工作示范点、省直机关基层党建工作示范点、省级文化系统基层党建工作示范点等荣誉称号。

将党风廉政建设写入部门年度目标管理责任书，与部门年度考核挂钩。全年制定或修订《浙江图书馆文献逾期费等费用减免的规定(试行)》、《浙江图书馆保存本书库及闭架书库安全管理制度》、《浙江图书馆加班管理办法(2012 年 5 月修订)》、《浙江图书馆车辆使用管理规定》、《浙江图书馆政府采购管理办法(2012 年 12 月修订)等 8 个馆级制度。

二、加强基础建设

启动新馆建设方案制定工作。配合上级有关部门做好新馆选址工作，起草新馆建设方案、新馆建成后整体调整方案和新馆建筑方案设计任务书等相关材料。

完成古籍善本库和阅览室恒温恒湿改造，在古籍库房、修复中心安装温湿度监测和报警系统，实现科学监测和管理，古籍文献保存条件和库房管理水平全国领先。对闭架书库 2006 年前的馆藏进行密集排架，增加库容。完成德清书库书报架采购与安装，部分报刊、图书已调整至德清书库。

完成二楼开架借阅区和一楼自修室、现报刊阅览室改造。二楼归并出入口，拆除隔断，形成大通间格局；调整架位，增加阅览坐席 105 个。对一楼自修室和现报刊阅览室进行地面、电插改造和布局调整，新增读者可用电源插座 260 个。

完成全馆 UPS 电源改造，更新存储系统，升级局域网核心设备，改善无线网布点，并采用统一用户管理平台进行门户认证的读者无线网连接认证模式。完成网站主页改版。按照全省公共图书馆 VPN 网络规划，完成全馆所有 IP 地址的变更和应用系统、数据库系统、数字资源系统的 IP 迁移。

三、巩固基础业务工作

2012 年，购置经费 2300 万元，采访各类文献 10.4 万种 22.3 万册。其中，接受呈缴、捐赠、交换书刊、联合国托存资料 7255 种，新购中文图书 7.8 万种 19.5 万册。购买数据库 36 个系列 187 个小库，其中新购数据库 3 个。

入藏各类文献 25.4 万册(件)。其中普通中文图书入藏 21.4 万册，报刊合订本 2.2 万册，视听文献 0.88 万件，盲文文献 772 册。

加快未编历史文献整理速度。完成历史未编文献分编、整理 45211 册。其中古籍 28519 册，民国文献 16692 册。完成修复轻度 5091 叶、中度 5875 叶、重度 3666 叶、特重度 335 叶。实施嘉业藏书楼雕版印书版片保护二期工程，全年完成刷印雕版 2.1 万片，印样装订 716 册。

注重地方文献征集的系统性和连续性，全年征集图书 1844 种 2212 册(其中年鉴 226 种)。加强地方文献的利用与整理。2 月起每月向读者推荐 20 种新到地方文献书目。完成《馆藏浙江新编地方志、地方年鉴目录》的编印，以提要和条目的方式编录地方志、年鉴 2364 种 4130 册。

加强数字资源建设规划，编制《浙江图书馆特色馆藏资源数字化建设(2013—2015)计划》。完善自建特色数据库，《新编地方志数据库》新增数据 175 册 9.5 万余页，完成数字化加工 178 种 191 册 91983 页。《浙江图书馆家谱全文数据库》完成数字化加工 365 种 78836 页。《馆藏拓片数据库》加工成册拓片 455 种 1600 册、单张拓片 406 种，共 107970 页。《浙江海洋综合数据库》增加数据 482 条、视频 11 个。新建《中国历代人物印鉴数据库》和《中国寺庙祠观造像数据库》，收录人物 1200 余位，印鉴 2 万余方；寺庙祠观像主 822 位，图像 3076 幅。

开展馆藏文献调研，完成《浙江图书馆文献信息资源建设调研报告》和《浙江图书馆馆藏发展政策》(初稿)。开展新读者证系统、图书馆信息管理系统调研、测试和试用工作。召开雕版保护工程专家论证会。

四、提升服务水平

全年接待读者 252.9 万人次(其中嘉业藏书楼接待 47 万人次)，流通人次 187.6 万，外借书刊 131.9 万册次。办理新读者证 2 万张，推荐书刊 5543 种，举办各种公益活动 199 场次。

网上服务呈上升态势。馆网站点击 751.8 万次。主要数据库点击 136 万次、检索 439 万次、下载 534 万篇次，下载量比 2011 年增加 28%。

进一步调整外借规则，1 月起推出现刊外借服务，扩大光盘外借范围。在做好读者常规培训的同时，开展数字资源进校园用户培训3次。通过设置专题书架，利用网站、微博、广场电子屏等信息渠道，开展书目推荐、书评、书展等活动。

继续做好以“文澜”系列为主要品牌的读者活动。“文澜讲坛”全年举办讲座54场次，“文澜展窗”举办展览11场次，“文澜读书”、“爱阅论坛”等举办读书活动24次。“文澜讲坛”通过邀请易中天、周国平、彭林、张家声等名人举办高端讲座，扩大了品牌影响力。为省厅局级领导干部开设“文澜读书会”，举办中国历史、世界史等讲座18讲。

通过建立合作机制，扩大活动辐射面。开展的系列读书活动被列入省委宣传部文明办推出的年度浙江省全民阅读重点活动。与浙江省作家协会合作开展资源共享文化惠民活动，开设“文澜讲坛——浙江作家与您面对面”系列讲座；设立“文澜读书——浙江作家作品研讨沙龙”及“文澜展窗——浙江作家成果展示交流中心”；由浙江省作协推荐浙江作家，分期分批到基层图书馆举行巡讲活动。

“世界读书日”前后，利用馆藏资源丰富阅读生活，关注不同群体的阅读生活，注重体验性阅读，推出各类读书活动17项。服务宣传周期间，举办展览、讲座、还书免责活动、捐书活动、数字资源进校园用户培训等宣传活动13项。《真诚服务 真心分享——浙江图书馆读者成果展》以展览、视频方式，选取浙江图书馆资源和服务案例，展示图书馆的重要作用。光明日报、新华每日电讯、人民网、新华网以及浙江新闻媒体如浙江卫视、浙江之声、浙江日报等都有报道。

重点抓好未成年人、视障人群和城市新居民（外来务工人员）服务，开展针对性活动。接待未成年人参观6批270人次。与浙江省中小学文学社联合会、钱江晚报等单位联合，举办“当好公民，做活雷锋”主题活动。承办第八届未成年人读书节，全省各地上下联动，进校园、进社区、下农村，举办未成年人“悦读之星”书法大赛等各类活动700余场，数百万未成年人参加。浙江图书馆获得省文化厅授予的第八届浙江省未成年人读书节组织奖和创新奖。依托全省文化共享工程平台，参与开展“网聚少年”2012暑期网络夏令营。联合开化县图书馆发起“关注 关爱 关心——为留守儿童捐书活动倡议书”，接受读者捐赠，为开化县华埠镇和马金镇的留守儿童建立“爱心图书室”。

依托浙江省视障信息无障碍服务中心，在做好阵地服务的同时，举办“新起点 新精彩”新春座谈会、“我的阅读生活”盲文读者演讲比赛、“游白堤 品诗歌”助残日主题活动等活动9次。连续3年策划举办国际盲人节大型公益活动，180名视障读者、40名志愿者以及残疾人联合会代表参加了文艺活动、视障电影讲解、视障服务志愿者培训等丰富多彩的活动，取得了良好的社会效益。视障信息无障碍服务中心成为2012年度杭州市民体验日活动10个“金城标”体验点之一。

加强城市新居民（外来务工人员）服务。针对外来务工人员开展“浙江图书馆助力春运购票”和文化年货带回家活动。与英特尔（中国）有限公司、浙江省开发区协会通力合作，推动“共建浙江省开发区公共电子阅览室”项目，在杭州经济技术开发区邻里社区等外来务工人员集中的公寓、社区、活动中心、企业，建立规范的公共电子阅览室。

以“发挥信息资源优势，塑造信息服务品牌，提升省图书馆服务形象”为目标，多渠道、多形式地开展深层次信息服务工作。依托浙江省联合知识导航网、浙江图书馆信息服务人大版、浙江省委服务之窗、浙江图书馆信息服务中心平台等8个平台开展信息服务。

加大“两会”信息服务力度。设立现场信息服务点，开通24小时文献查找服务专线电话。在全国“两会”期间，编辑《各省（自治区、直辖市）地方领导“两会”声音》供浙江省厅局级以上机关领导参阅。

在浙江省第十三次党代会召开期间，首次走进党代会，开展信息咨询服务，推出《时事观察》5个热点专题信息摘编，开通信息服务站平台，为“党代会”代表度身定制专题信息和数字资源，并现场提供浙江网络图书馆的使用培训。

加强为省委省政府提供决策信息服务工作。为省委书记夏宝龙所关注的政府部门精细化管理提供专题参考文献26篇。为省政府研究室提供关于“宽带提速”、“中日交流与合作”等专题文献105篇。为省委办公厅法治处提供参考文献65篇。为省政府研究室提供《调查与思考》专题信息《外媒评温州金融综改试验区》等。编制《时事观察》，发送至厅（局）级机关、市县政府。编制《经济洞察》专题，发送给省政协等机关。在十八大召开期间，为省委省政府提供《十八大舆情监测专报》7期。

五、实施重点文化工程

稳步实施中华古籍保护计划。组织开展首批省级古籍重点保护单位和珍贵古籍名录申报评选工作。分别组织专家对全省申报“浙江省古籍重点保护单位和保护达标单位”的25家单位进行实地考察和评审、对全省20家单位申报《浙江省珍贵古籍名录》的298部珍贵古籍进行评审。

推进普查工作进程。制定并实施《浙江省古籍普查项目管理办法》,杭州图书馆等16家单位申报的项目正式立项。分别在杭州和北京召开《浙江省古籍普查手册》研讨会。举办第三期浙江省古籍普查培训班,36位古籍业务人员参加。浙江省古籍保护中心4人次在全国古籍普查管理人员培训班上发言介绍、讲课。全年完成古籍普查5902部(含民国文献),其中浙江图书馆2995部。在台州市图书馆安装虚拟带库,建立浙江省古籍保护数据备份中心,增加普查数据的灾备能力。

加大古籍保护宣传力度。举办线装书装订和拓碑等古籍修复体验活动,对在古籍普查中发现的清代著名藏书家黄丕烈批校的古籍《吴都文粹续集》等开展宣传。为浙江大学公共管理学院学生介绍馆藏和讲解古籍版本知识,指导实习生修复实践。

加强修复队伍建设。派员参加文化部第三期全国文化行业高技能人才培训班。指导北师大、安徽农大学生等7人次开展修复实习和实践,应邀为浙江艺术职业学院、中国美术学院等院校授课、举办讲座。为浙江省博物馆、玉海楼等单位和个人提供修复服务。

完成全国民国时期文献保护试点单位申报,并在中美民国时期文献保护工作研讨会上作专题介绍。派员参加国家图书馆组织的民国时期文献普查工作培训,完成民国时期洋装书分编1431种1787册。

推进文化信息资源共享工程建设。浙江网络图书馆推出手机频道。全年点击量1064万次,电子图书全文下载60.7万册次、试读136.6万次,电子文献传递20.2万篇次,电子期刊论文下载489.3万篇次、浏览46.5万篇次。浙江网络图书馆荣获2011年全省宣传思想文化工作“三贴近”优秀奖,入选创新100例。

加强特色资源建设。《畲族文化多媒体数据库》、《浙江戏曲多媒体数据库》,《浙江书院》和《浙江革命风云人物》专题片等4个地方特色资源项目获共享工程国家中心立项。组织对60个2012年浙江省地方特色资源建设申报项目进行评审,通过浙江省古籍保护中心评审立项44个,其中浙江人文数字地图中的名人专题、地方志专题21个。完成《浙江名人数据库元数据方案》讨论稿。举办全省各市级支中心人文数字地图及立项地方特色资源建设项目建设平台培训班。开通浙江网络图书馆影视频道,频道上共有8000多部(集)6000多小时的视频节目。举办《浙江藏书楼》专题首发式。文化共享工程华数电视频道完成改版,充实视频内容。继续为省委组织部党员远程数字平台提供视频节目。

开展人员培训和宣传。组织开展12次网络培训。完成全省共享工程可持续发展调研报告。开展“我与网络图书馆”有奖数字阅读活动。新春期间,在万事利集团举行“文化年货带回家——2012春节浙江省文化共享工程服务农民工启动仪式”。举办2012年浙江省文化共享工程业务培训班,全省各市、县(市、区)支中心相关业务人员100人参加培训。承办2012全国文化共享工程《中国文化报》通讯员工作会议,全国文化共享工程各省级分中心的35名通讯员参加。《人民日报》、《中国文化报》、中央人民广播电台等多家媒体报道。

创新服务模式,成立全国首个“数字文化讲师团”,开展数字文化下基层活动,逐步将浙江省共享工程建设重点从设施建设转向资源使用。

开展浙江省“推广工程”规划、实施方案的制订工作。确定“十二五”规划的总体目标是建设“一库一网二平台”(“一库”指建设一个大型的分级分布式数字资源库群,“一网”指建设覆盖浙江省各级公共图书馆的分布式虚拟数字图书馆网,“二平台”指数字图书馆的开放式信息服务平台和管理平台),并召开2012年全省文化共享工程暨数字图书馆推广工程市级支中心工作会议。

完成与国家图书馆和杭州、宁波、温州、嘉兴、绍兴等5个市级馆的联网并开展应用。在完成浙江图书馆省中心节点与国家数字图书馆的虚拟网联通后,浙江省全部市级图书馆以省图书馆为中心节点,相继联接推广工程虚拟网络,并实施全省各级公共图书馆IP地址的统一规划。浙江的推广工程情况在文化部数字图书馆推广工程会议上作大会交流。

基本完成浙江省公共图书馆统一用户管理系统和数字资源服

务门户的开发工作。试点安装国家数字图书馆统一用户管理系统浙江省级节点，并与浙江图书馆用户管理系统联通，浙江图书馆用户可直接添加到国家数字图书馆用户管理系统中。

完成浙江省公共电子阅览室管理平台系统建设。浙江省公共电子阅览室平台——市县支中心公共电子阅览室管理信息系统及其终端管理系统完成招标。根据文化部办公厅下发的《公共电子阅览室管理信息系统技术规范》要求，完成浙江省公共电子阅览室管理系统开发工作；下发通知，对各支中心安装管理系统提出软硬件环境要求，在全省部署安装市级支中心服务器11个，县级服务器68个，接入公共电子阅览室496个，接入终端计算机5011台。

共建浙江省开发区公共电子阅览室。共享工程浙江省分中心(浙江图书馆)与英特尔(中国)有限公司、浙江省开发区协会三方共同推进，利用现代网络信息技术，在浙江省开发区内的企事业单位建设公共电子阅览室。

六、开展业界交流与合作

支持省内公共图书馆。充分发挥省馆作用，面向全省举办各类培训8次、业务研讨会2次，学术报告会2次，受训人员近700人次。

举办浙江省公共图书馆地方文献工作研讨会、OCLC编目工作经验交流学术研讨会，分别有120多位和30多位省内外图书馆业务人员参加。

举办"课题申报与实施"、"专业学术论文：选题、写作与投稿"2次学术报告会，来自全省各公共、高校图书馆的近230名会员听讲。

以联盟和中心形式带动市县馆发展。浙江省图书馆文献采编中心继续提供稳定的书目数据源，新增数据10万多条(比2011年增长58%)，79家地县馆下载数据11.6万条。

"浙江省公共图书馆信息服务联盟"在"两会"期间，联合省内9家公共图书馆共同编辑"两会"服务专题信息，形成24种专题信息。全省公共图书馆决策信息服务共享库作为信息服务联盟的重要内容，在全省性的"云服务平台"中整合创建。

全省公共图书馆网络技术联盟借鉴"云服务"模式和理念，采用云计算技术，组织开展相关业务处理平台软件的开发。完成全省公共图书馆信息专题建设和展览讲座建设两个业务系统的开发工作。

成立浙江省视障信息无障碍服务联盟，全省41家单位成为联盟首批成员馆。在兰溪市图书馆设立浙江省视障信息无障碍服务分中心，送去首批121册盲文读物。

根据《浙江省文化厅浙江省财政厅关于开展送戏送书送讲座展览下乡活动的通知》，浙江图书馆组织了40余位讲师、50余个讲座选题以及30余个主题的展览，共完成巡讲37场次、巡展85场次，35万人次参与。

完成浙江省公共图书馆地方文献工作首次考评。

加强国内外业务交流及合作。加强与省级图书馆的巡展活动，举办"山西古戏台"、"汉字发展史"等巡展，"传承雷锋精神，提升道德品质——纪念雷锋牺牲50周年图片展"、"请祖国检阅——新中国14次国庆阅兵"图片展也巡展至江苏江阴、山东济南、广西桂林、新疆昌吉等地。

承担国家知识产权战略实施工作文化专题调研座谈会。与文化部政策法规司、知识产权局保护协调司、中央宣传部版权局等单位专家组成的专题调研组，就文化信息资源共享中的知识产权管理运用召开专题调研座谈会。

与上海图书馆、上海市文献联合编目中心合作，举办"2012年上海市文献联合编目中心第十一届年会暨上海图书馆新增中文期刊展"，来自全国80家公共、高校图书馆的近200名代表参加。

参与举办2012全国图书馆媒体与阅读年会，来自全国图书馆界的专家、学者以及图书馆界代表近200人参加；参与举办全国中小型公共图书馆联合会2012年研讨会，来自全国各地的100余家公共图书馆、220余位图书馆馆长及代表、9家图书馆产品参展企业参加。

接待参加文化部第七期"10＋3文化人力资源开发合作研讨班"的代表。参加研讨班的东盟10国、韩国、东盟秘书处官员等约30位代表来浙江图书馆参观，并进行专题研讨。派员参加在芬兰召开的第78届国际图联(IFLA)大会。

七、人才队伍建设

制定《浙江图书馆2012年公开招聘人员实施方案》。正式引进3名本科学历工作人员。根据专项项目需要，招聘专科以上学历的编外人员6人(其中2人硕士学历)。

继续教育和职业培训相结合，推进业务素养的积累。经职称评定，5位同志晋升图书资料系高级职称。图书文献服务部4名新进人员和2名部门主管参加部门组织的为期一个月的专门培训。选送部分考核优秀职工到省外兄弟图书馆交流学习。

厅局级以上科研项目的立项与结题。省文化厅课题立项6项；作为第二申请单位，与国家图书馆、吉林省图书馆、北京方正阿帕比技术有限公司共同承担文化部国家文化科技提升计划“文化数字资源唯一标识符体系的建设与研究”课题的第“05”项子任务。文化部创新项目《UHF RFID图书馆应用模式研究》通过验收；参与国家标准项目《图书馆射频识别数据模型》工作组工作。省文化厅课题结题5项；调研课题完成4项。

浙江网络图书馆影视频道开通暨《浙江藏书楼》(DVD)专题片首发式 2月28日在浙江图书馆举行。浙江省文化厅副厅长陈瑶出席仪式。浙江网络图书馆影视频道应用目前先进的流媒体技术，把国家中心的视频节目、浙江省建设的节目进行了有效整合，全省各地可通过统一的平台进行访问。影视频道有8000多部(集)6000多小时的视频节目，分为讲座、纪录片、戏曲、影视、综艺、农业科技等10个大类。《浙江藏书楼》在查阅大量的日记、谱牒、档案卷宗、老照片等资料的基础上，通过走访研究专家、寻觅藏书楼主后人等方式，对浙江省内十一家藏书楼进行了抢救性挖掘，录制完成专题片13集，以翔实的史料钩沉、生动的影像画面与语言，解读藏书楼的历史，反映藏书楼的保存现状，是保存浙江历史文化的珍贵文献资料。

开展“当好公民 做活雷锋”微公益行动 3月3日，浙江图书馆、浙江省中小学文学社联合会等单位联合开展的“当好公民 做活雷锋——我们的微公益行动”在浙江图书馆启动。启动仪式特邀著名作家、长篇小说《雷锋》与《新雷锋故事》的作者黄亚洲，全国学雷锋先进个人、海军离退休干部刘德全和杭州雷锋纪念馆馆长马水泉出席，并参加由浙江图书馆“文澜读书·爱阅论坛”特别推出的“雷锋的故事”宣讲活动。此外，还组织开展参观雷锋逝世50周年图片展、浙图“小红帽”志愿者学雷锋体验等活动。“微公益行动”开展过程中，还邀请有关专家学者、公民榜样走进学校、图书馆、社区、企业、监狱等地宣讲交流，举办“我们的微公益行动摄影与征文大赛”等一系列活动。

首届沪浙皖青少年读者经典诵读邀请大赛 4月21日，在浙江图书馆举办“4·23世界读书日系列活动启动仪式暨首届沪浙皖青少年读者经典诵读邀请大赛”。大赛由浙江图书馆、上海图书馆、安徽省图书馆和浙江传媒大学共同举办，分小学组、中学组、大学组进行。三地选手诵读古今中华经典诗文和各地富有人文特色的名人美文，以赛会友，以诵传情。此次诵读大赛由长三角图书馆首次跨域合作开展，开启了省级公共图书馆、高校图书馆阅读推广跨域合作的新模式。

第八届浙江省未成年人读书节 5月16日在温岭市开幕。全省各地市公共图书馆、少儿图书馆馆长，各市、有关县(市、区)文广新局领导，温岭市各中小学校的教师和学生代表共700多人出席开幕式。此届读书节以“梦想激发阅读，阅读点燃梦想”为主题，开展为期一个月的活动。期间，全省各地上下联动，进校园、进社区、下农村，举办未成年人“悦读之星”书法大赛等各类活动700余场，数百万未成年人参加。

信息服务首次走进党代会 6月4日至10日，信息服务首次走进省第十三次党代会。一是开通信息服务站平台。平台包括专题信息、数字资源、电子图书等多项专门为“党代会”代表度身定制的信息内容，代表可远程利用浙江图书馆的特色资源与服务。二是为代表提供文献信息咨询服务。利用丰富的中外文文献资料和数字化信息资源，发挥馆内服务政府决策的专职部门和文献研究专家队伍优势，为“党代会”代表完善提案提供文献信息咨询服务。三是推出《时事观察》专题信息。对“聚焦现代化发展之路”、“社会主义核心价值观建设进程”等5个热点专题进行观点摘编。四是开展数字资源服务。通过浙江网络图书馆平台，为与会代表提供4.2亿条文献信息检索，110万余种全文电子书阅读以及7000余万篇期刊论文，并现场提供浙江网络图书馆的使用培训。党代会期间，共发放专题信息资料500余份，下载推荐电子图书30余册，完成事实查证2项。

启动全省文化惠民基层行大型公益讲座展览巡讲巡展 6月15日，“文化惠民 书香浙江”2012全省文化惠民基层行大型公益讲座展览巡讲巡展启动仪式在海盐张元济图书馆举行。省委党校教授郭亚丁作“中国共产党和西方政党的比较”首场讲座。由省公共图书馆讲座展览联盟组织的76个讲座展览资源(其中讲师资源43个，展览资源33个)，下发至全省11个地(市)96个县(区)级以上的公共图书馆。启动仪式后，省公共图书馆讲座展览联盟还根据各市、县(区)馆需求，开展巡讲巡展活动。

全省公共图书馆地方文献工作首次考评 6月至10月，开展全省公共图书馆地方文献工作考评。考评工作分试点考评、全面考评、考评抽查、汇总评议4个阶段，历时5个月。考评涉及面广、响应度高，各地各馆投入力度大，全省地方文献工作进一步提升。

成立全省首个"数字文化讲师团" 7月19日，全省文化共享工程"数字文化讲师团"成立暨数字文化下基层启动仪式在温岭市举行。讲师团由27个全省各文化共享工程中心骨干人员组成。成员经过演讲技巧、授课技巧、数据库内容及使用介绍、信息素养课程示范等培训后，陆续深入乡镇、街道(社区)以及企业，宣讲公共数字文化，推广使用优秀数字资源。启动仪式现场，讲师团成员为大溪镇干部群众讲授"数字文化下基层"第一课。此次活动由省文化厅主办，省文化共享工程领导小组办公室、温岭市政府承办，温岭市文化广电新闻出版局执行承办。文化部全国文化信息资源建设管理中心主任李宏，省文化厅副厅长陈瑶出席活动仪式并致辞。

首届全省公共图书馆展览创意设计作品大赛 9月27日至28日在浙江图书馆举行。大赛由省文化厅主办、省公共图书馆展览联盟承办，共有来自杭州图书馆、宁波市图书馆等19家省内公共图书馆的作品参赛。参赛作品具有鲜明的地方文化特色，内容丰富，涉及地方文化名人、民间民俗、文学、科普、石刻、饮食等题材。经评选，宁波市图书馆报送的展览作品荣获一等奖。

成立全省视障信息无障碍服务联盟 10月15日举行联盟成立签约仪式，杭州市下城区残疾人联合会、庆元县残疾人联合会、浙江图书馆、杭州图书馆、省华强中等职业学校等42家单位成为首批成员单位。联盟通过建立信息沟通机制，进一步加强盲文资源的共建共享、队伍的建设与培训、视障信息无障碍服务的协作与开展等工作，使浙江省视障服务由过去分散的单兵作战，走向抱团发展的道路，进一步提升全省视障人士服务工作的质量和水平。

启动开发区公共电子阅览室建设工作 11月1日，"共建浙江省开发区公共电子阅览室发布会"在杭州经济技术开发区白杨街道邻里社区文化中心举行。文化部全国文化信息建设管理中心主任李宏出席并致辞。全省各地开发区100多位文化干部参加发布会。此项目是由全国文化信息资源共享工程浙江省分中心(浙江图书馆)、英特尔(中国)有限公司、浙江省开发区协会三方共同推进的一个公益性文化项目。项目利用文化共享工程资源，探索文企合力共建公共电子阅览室的有效途径及模式，把公共文化服务延伸到开发区，满足外来务工人员精神、文化、信息技术素养提高的需求。发布会上，杭州经济技术开发区邻里社区、余姚经济开发区党群活动中心、嘉兴经济技术开发区振兴公寓、柯桥经济技术开发区朗莎尔维迪制衣有限公司、丽水经济开发区管委会等首批参与试点的5家单位签署合作意向书。英特尔(中国)公司向5家试点单位赠送了路由器和数字文化津碟，浙江图书馆赠送了《浙江藏书楼》(DVD光盘)。

(田顺芝)

浙江省文化艺术研究院

【概况】 浙江省文化艺术研究院实有在编人员28人(核定编制30人)，其中具有高级技术职务资格人员15人；具有博士学历人员9人、硕士学历人员5人。内设办公室、戏剧艺术研究所、文化产业研究所、公共文化研究所、文化艺术期刊编辑中心、艺术档案信息中心6个机构。2012年，该院以搭建学科建设、艺术创研、资讯传导等多层面工作平台为目标，在主动引领、指导全省文化艺术研究和创作工作，推进应用研究，强化智库作用等方面取得了重要进展。

一、调研活动深入开展

2012年，省文化艺术研究院重新组建了戏剧艺术研究所、公共文化研究所、文化产业研究所。全年完成"2012浙江戏曲剧种、剧团现状"课题调研、"浙江省属文艺院团改制转企"课题调研，与苍南县文广新局合作完成《苍南县农村宗祠改建文化中心制度设计研究报告》，针对省文化厅出台的《浙江省舞台艺术精品创作生产规划》，制定了《浙江省舞台艺术剧目创作精品工程实施方案》。

在全省选取公共文化建设具有代表性的12个县(市、区)，14个镇(乡、街道)以及20个村(社区),作为"十二五"时期公共文化服务的观测点,以对全省公共文化服务效能进行长期跟踪研究。12月7日,浙江省公共文化服务观测点建设启动大会在杭州召开。

二、开门办院特色彰显

开展全省艺术创作评论工作,与相关单位合作开展学术研讨。与永嘉昆剧团合作举办"新编昆剧历史剧《金印记》研讨会",与嵊州越剧艺术学校合作举办"滋兰九畹——越剧教育与传承发展研讨会",与浙江省戏剧家协会、浙江省舞台美术协会合作举办"境意无界艺语技汇——2012浙江舞台美术与科技高峰论坛",与上海越剧院合作承办"坚守·突围——纪念越剧改革70周年座谈会",参与衢州市西安高腔传习所新创剧目《孙膑与庞涓》作品研讨会。

建立全省文化艺术研究院(所)联席会议制度,推进全省文化艺术研究和创作工作,主持召开"浙江省文化艺术研究院(所)第一次联席会议",来自杭州、宁波、温州、金华、嘉兴、湖州、台州、衢州、丽水等地区的20余位文化艺术研究院(所)负责人参会。

三、学术研究取得突破

2012年,省文化艺术研究院课题立项有新的突破,共有1项国家社科基金艺术学项目、4项省社科规划课题、5项厅级课题立项。另外还有1项省社科规划课题《公共文化功能与区域社会文化循环效应》(编号:11YD70YB)结题。

学术成果取得新进展。全院共发表学术论文20余篇,出版著作2部。其中朱为总的《以时尚的心境诠释传统——看上海昆剧团全本〈长生殿〉随感》一文获2012年"田汉戏剧奖论文一等奖"。

四、编辑出版影响扩大

2012年,《中国文化报》浙江记者站在《中国文化报》上发表反映浙江文化强省建设的报道或专题文章共260余篇。《浙江文化月刊》全年完成13期150多万字、上千幅图的采编和采写任务,推出《纪念毛泽东〈在延安文艺座谈会上的讲话〉发表70周年传承〈讲话〉精神以文艺服务人民》、《浙江注重原创,"新松"茁壮》等一系列深度报道。

《文化艺术研究》正式加入中国期刊协会,全年1—4期累计编辑学术论文近百篇,约80万字。多篇论文被人大复印报刊资料全文转载。

《文化参考》推出"文艺精品创作专辑",搜集、整合北京、江苏、广东、安徽等省市文艺精品创作工作的相关信息,为浙江省文艺精品创作工作的开展提供参考。

文化艺术世界网在2012年更新新闻11500多条,并结合文化热点,推出14个专题,如"文艺之光——纪念毛泽东《在延安文艺座谈会上的讲话》发表七十周年"、"网络微文化面面观"、"浙江精神与价值观"等。

五、档案管理不断完善

完成浙江省首届婺剧音乐创作、演奏大奖赛,婺剧音乐创作研讨会,浙江省戏剧发展促进会成立大会,省艺委会等材料的收集整理编目;完成艺研院2011年全年各种活动、会议等材料收集整理编目,共17卷,228件。购置浙江省音像出版社出版的光盘制品1171盘,并进行整理编目上架,赴文化部民族民间文艺发展中心联系推进珍贵档案的数字化转换。

六、《浙江通志》编撰稳步推进

组织编纂人员参加由省方志办举办的《浙江通志》第二期编纂业务培训班;组织编纂人员赴山东、辽宁、河南、广东四省的方志办、艺研院所调研,就文化艺术类志书的编纂方法、工作机制等进行考察学习;组织召开多次篇目设计讨论会,在广泛听取各方意见的基础上,不断对篇目设计进行修改、完善,公共文化卷及舞台艺术卷的篇目设计通过省方志办组织的专家论证。

(艺研办)

浙江省博物馆

【概况】 浙江省博物馆实有在编人员145人(核定编制205人),其中具有高级技术职务资格48人,中级45人。2012年,浙江省博物馆在藏品征集保护、学术研究、展览展示、对外交流、宣传教育等各个方面扎实开展工作,较好地发挥了"中央地方共建国家级博物馆"的示范引领作用。

一、做好藏品征集、保管和保护

2012年,浙江省博物馆藏品征集在数量和质量上都有显著提高,藏品征集范围和渠道得到进一步拓展。全年共征集藏品303件(组),其中一级文物27件、二级文物132件、三级文物37件、一般文物37件和资料70件。全年使用征集经费450万元。

2012年度藏品征集工作的重点是接受香港著名浙籍实业家曹其镛先生夫妇所藏中国古代漆器的捐赠。曹先生夫妇有意将珍藏多年的160件(组)漆器捐赠国家。

在省委、省政府的重视下，在省文化厅、省文物局的直接指导下，双方经过一年多的联络洽商，终于促成这项义举。经浙江省文物局组织国内权威专家鉴定，这批捐赠漆器中珍贵文物达 154 件，其中一级文物 21 件，二级文物 118 件，三级文物 15 件。其中，宋元时期一色漆器、明早期剔犀漆器、明嘉靖万历戗金填漆漆器、以清代乾隆为代表的清中期漆器都是极为珍贵的文物精品，元代雕漆名家张成创作的剔红婴戏图盘更是堪称国宝级文物。接受此次捐赠，不仅从数量上增加了浙博的漆器藏品，更是极大地完善了馆内中国古代漆器的藏品结构，填补了多项空白，使浙江博物馆的漆器收藏位居全国前列。

2012 年，藏品和古籍管理工作有序开展。按照制度开展文物库房的管理工作。对各库的温湿度情况进行监测，确保库房设施设备正常运行。做好库房内的藏品整理、保洁等工作。完成新入藏藏品的登记、注册，并建立相应的帐目。完成 723 件文物的建档工作。做好藏品使用和服务工作。据统计，全年提用藏品 6022 件(次)，其中提供鉴定与定级 5286 件(次)，提供鉴赏与研究 96 件(次)，提供拍摄 635 件(次)，提供复仿制 5 件(次)。

在古籍管理方面，全年供馆内外查阅古籍 90 余种，500 余册。完成古籍书目与卡片编号的校对复核工作。完成首批“浙江省古籍重点保护单位”、“浙江省古籍保护达标单位”和《浙江省古籍名录》的申报。

配合省文物局，承办第二期全省博物馆藏品保管培训班，来自全省文博单位的 105 名学员参加培训。

继续开展文保科研基地建设和文物保护工作。保护、修复河姆渡出土木构件等馆内外文物共计 160 件(组)，委托完成近百件畲族文物的修复、清洗。发挥浙江省文保科研基地的技术优势，为嘉兴博物馆、湖州博物馆、衢州博物馆、安吉县博物馆、余姚博物馆、新昌县博物馆、浙江大学、上海博物馆等省内外单位制定文物保护修复方案或实施处理保护。

以“国家文化遗产保护科技区域创新联盟(浙江省)”为依托，对余杭茅山良渚文化独木舟保护修复工程进行协调和项目管理，完成独木舟保护修复方案的编写，并通过国家文物局专家组论证。完成独木舟舟体脱水保护设备的招标工作。

二、开展学术研究

文保类课题方面，浙江省重大科技专项“大型饱水木质文物的真空冷冻脱水研究”顺利通过验收并结题。完成中国文化遗产研究院委托的“‘南海一号’沉船现状评估与发掘保护预研究”。按计划进行浙江省文物保护课题“唐五代越窑青瓷的综合性研究”。按计划进行“文物的光环境保护研究”。以“国家文化遗产保护科技区域创新联盟(浙江省)”为平台，开展文物保护课题合作项目的调研和申报工作，完成“中国传统书画装裱粘合剂制备工艺研究”项目的联合申报。

社科类课题方面，按计划实施文化部科技创新项目“运用现代科技手段研究唐琴斫制工艺”、国家文物局文化遗产保护领域科学和技术研究课题“博物馆馆藏古琴的‘活化’保护与利用研究”和国家文物局“指南针计划”立项课题“中国古代瓷器输出及文化影响”。副研究馆员桑椹的“近代影印善本碑帖录”被公布为 2012 年度浙江省哲学社会科学规划立项课题。参与省委党史研究室主持的《中华人民共和国浙江抗日史》第一卷的编写工作。浙江省文化厅科研项目“浙江新石器时代陶器的三维信息无损采集及动态展示”完成结题。馆内的“吴越文化研究”、“浙派绘画研究”2 项课题完成结题；立项并启动“中兴纪胜——南宋风物观止”、“沙耆与中国早期油画研究”、“馆藏抗战时期文物的整理与研究”、“中国古代漆器艺术研究”4 项课题研究。副研究馆员李卫平的《博物馆的陈列展示》获“浙江省博物馆学人丛书”出版立项。

2012 年，结合展览成功举办“明代浙派绘画国际学术研讨会”、“2012 海上丝绸之路——中国古代瓷器输出及文化影响国际学术研讨会”、“纪念朱家济先生诞辰 110 周年学术研讨会”，与中国美术学院联合主办“黄宾虹与现代艺术思想史国际学术研讨会”，并承办“中国博物馆协会博物馆学专业委员会 2012 年会暨学术研讨会”。

2012 年来，浙江省博物馆业务人员积极参加学术活动，开展学术研究，撰写学术论文。据不完全统计，全年出版论著 5 部，在各类专业刊物上发表学术论文和学术文章 64 篇。

2012 年，编辑出版《东方博物》4 辑(第 42—45 辑)，刊登各类文章共 67 篇，约 80 余万字。巩固较成熟的青瓷、南方青铜器专栏，加强书画、文物举隅类栏目，还重点策划了考古专栏。深入挖掘和推介浙江文物及学术成果，并有计划地赴周边省市的文博机构和高校组稿，进一步扩大了刊物在全国文博界的学术影响力。

结合临时展览的推出，配套编印《惠世天工——中国古代发明创造文物展》、《浙派集英——明代浙派绘画珍品特展集》、《大元帆影——韩国新安沉船出水文物精华》、《翡色出高丽——韩国康津高丽青瓷特展》、《考古中华——中国社会科学院考古研究所成立六十周年成果荟萃》、《曾在曹家——曹其镛先生夫妇捐赠中国古代珍贵漆器特展》、《山哈风韵——浙江畲族文物特展》、《江南晨曦——良渚文化展》、《天趣逸情——馆藏明清花鸟画精品展》、《意在神全——西泠八家书画印精品展》、《唯印示信——馆藏印章展》、《古镜今照——中国铜镜研究会成员藏品集萃展》、《紫玉金砂——浙江长兴紫砂茗壶精粹》图录14种。编撰出版《十里红妆——浙东地区民间嫁妆器物研究》、《百情重觞——中国古代酒文化》、《以铜为鉴——中国古代铜镜艺术》、《丹漆随梦——中国古代漆器艺术》、《芳荼远播——中国古代茶文化》和《大雅久不作——寻觅朱家济先生》。编辑出版《明代浙派绘画国际学术研讨会论文集》。《走进浙江省博物馆系列丛书》(一套5种)被评为“2011年度文化遗产优秀图书”。

三、举办丰富多样的展览展示

2012年度馆内共举办各种展览17个，其中原创性展览10个，引进展览7个。完成外出展览23批(次)，其中赴国外境外展览或参展3批(次)，赴省外博物馆展览6批(次)，赴省内博物馆展览14批(次)。

2012年，推出“惠世天工——中国古代发明创造文物展”、“浙派集英——明代浙派绘画珍品特展”、“天趣逸情——馆藏明清花鸟画精品展”、“意在神全——西泠八家书画印精品展”、“唯印示信——馆藏印章展”、“曾在曹家——曹其镛先生夫妇捐赠中国古代珍贵漆器特展”、“大雅久不作——寻觅朱家济先生展”、“江南晨曦——良渚文化展”和“山哈风韵——浙江畲族文物特展”等一批原创、高质的临时展览。

加强与省内外文博机构的联系与交流，充分利用其它文博机构的资源，做好展览的引进和联合办展工作。引进或联办的展览有：“考古中华——中国社会科学院考古研究所成立60周年成果荟萃”、“世界遗产摄影展”、“紫玉金砂——浙江长兴紫砂茗壶精粹展”、“如翠似玉——龙泉现代青瓷艺术特展”和“朱痕积萃——中华珍藏印谱联展”等。

利用民间收藏资源，主动搭建交流展示平台，推出了“浙江民间收藏精品走进博物馆系列特展”之七：“古镜今照——中国铜镜研究会成员藏品集萃展”。

从国外引进“古典与唯美——墨西哥西蒙基金会藏雕塑、绘画展”、“大元帆影——韩国新安沉船出水文物精华暨康津高丽青瓷特展”两个高规格的文物艺术品特展。

利用馆藏资源，赴山西博物院、贵州省博物馆、苏州博物馆举办“丰子恺画展”、“良渚文化展”、“黄宾虹书画展”等极富地域特色的展览。

发挥省级博物馆作用，为省内市县博物馆免费巡展或提供展品。无偿向浙江美术馆、嘉兴市博物馆、衢州市博物馆、德清县博物馆、兰溪市博物馆、江山市博物馆、余杭博物馆、萧山博物馆、跨湖桥遗址博物馆、王伯敏艺术史学馆等12家单位提供展览或展品14批(次)。

继续进行孤山馆区陈列改造。项目委托省建筑设计研究院完成“计划建议书”及概算。文澜阁古建区陈列、主楼陶瓷陈列、西湖美术馆重新装修进入施工阶段。黄宾虹艺术馆、常书鸿美术馆陈列内容设计和形式设计完成，漆器艺术馆完成内容设计和陈列形式的概念设计。

四、多方开拓对外交流

馆藏交流方面。5月，赴香港艺术馆举办“有情世界——丰子恺艺术展”，将丰子恺《护生画集》中的一百页作品介绍给香港观众。2012年是中韩建交二十周年，也是浙江省博物馆与韩国国立光州博物馆缔结友好关系五周年。9月，赴韩国国立光州博物馆举办“浙江名宝展”，此次展览共展出文物200件，包括史前文物、青铜类文物、陶瓷类文物、佛教类文物、书画类文物、工艺类文物6个部分，是浙博出国举办文物展览规模最大、种类最丰富的一次。10月，馆藏文物赴日本东京国立博物馆参加“中华大文明展”。

人员交流方面。有日本国东市访问团、韩国国立公州博物馆访问团、台湾历史博物馆访问团、香港历史博物馆访问团、香港珠海学院文化考察交流团和毛里塔尼亚文化、青年与体育部部长茜赛·布瓦德、墨西哥驻上海总领事罗兰多·加西亚等国外或境外的团体、外宾对浙江省博物馆进行参访。浙江省博物馆派出代表团对美国印第安纳州立博物馆等国外、境外文博机构进行学术交流考察。

五、不断创新宣传教育形式

浙江省博物馆在2012年度相继获得全国“2011年度博物馆免费开放最佳宣传推广奖”和浙江省“2011年度博物馆免费开放最佳综合示范奖”。据统计，全年进馆参观观众148.2万人(次)(包括孤山馆区、武林馆区、西湖美术馆、黄宾虹纪念室、沙孟海旧居)。

通过组织多种形式的业务培训和交流，提高讲解员的业务水平和职业素养。为充分发挥爱国主义教育基地的作用，推出对未成年人团队免费预约讲解服务，并根据不同团队要求设计讲解接待方案。

志愿者队伍不断壮大，在册志愿者人数已达498人。志愿服务领域不断拓展，服务内容从较为单一的博物馆咨询、讲解服务，拓展为咨询导览、双语讲解、展厅古琴弹奏、观众调研等多个领域。加强对志愿者的管理和培训，组织开展志愿者讲解比赛、讲解点评等活动。全国人大财政经济委员会副主任委员、原浙江省省长吕祖善加入浙江省博物馆的志愿者队伍。吕祖善先后14次在浙江省博物馆进行志愿服务，为来馆参观的大中专学校学生、企事业单位职工、机关干部及台湾同胞讲解“越地长歌——浙江历史文化陈列”。

加强系列化、品牌化建设，努力办好“武林文博讲坛”。邀请国内外有一定学术造诣和社会影响的专家学者举办“跨湖桥文化的发现与探索”、“良渚文明的圣地”、“杭州出土的高丽青瓷”、“人体与神话：一个唯美的世界”、“为有牺牲多壮志——中国共产党在浙江的革命斗争”等公益讲座，同时组织馆内专家向社会推出“画之大者——黄宾虹书画艺术解读”、“冰玉先声——越窑青瓷的生产、交流和影响”、“海洋文明的曙光”等讲座。在“古典与唯美——墨西哥西蒙基金会藏雕塑、绘画展”期间，组织中国美术学院艺术人文学院30多名师生在展厅开展现场教学。

在“国际博物馆日”，赴中国计量学院举办为期3天的“越地长歌——浙江历史文化陈列”图片展。在第七个“文化遗产日”举办“小学生走进文化遗产日——我是文化遗产小使者”主题活动，“浙博伴你共成长”系列教育活动和“看展览、写感想、拍照片——《惠世天工》学生摄影征文活动”。这些活动充分发挥了爱国主义教育示范基地和“第二课堂”的作用。

成功举办第六回“武林雅韵”音乐会。在保留传统古琴演奏特色的基础上，融合了香道与茶道表演、创意书法、传统剪纸、畲歌演唱、楼塔细十番、昆曲等多种非物质文化遗产的艺术形式，并结合现代的沙画表演，使“武林雅韵”这一系列性的活动更具活力。

继续加强共建基地建设。与杭州市玉公桥社区、所巷社区、东园小学签订共建“爱国主义教育基地”协议，并赠送浙博主编的部分展览图录。与空军笕桥场站联合举办“浙江省博物馆文化进军营——中国人民解放军建军85周年纪念”图片展。组织武警杭州支队六大队十八中队40余名官兵参观了“惠世天工——中国古代发明创造文物展”。

推进与大众媒体、新兴媒体的广泛合作。将展讯发布扩展为持续性、专题性、多角度的深度报道，增强展览活动及浙江省博物馆的曝光度。

浙江省博物馆官网及时更新馆内及文博信息动态，完成全部馆藏一级文物的资料公布。据统计，2012年浙博网站访问量为120万人次。全年编印《浙博天地》12期。继续推出季度展讯导览、临时展览宣传折页、导赏手册和科普读物，供观众免费取阅。

开展为期3个月观众问卷调查活动，并形成《2012年度浙江省博物馆武林馆区观众调查报告》，为博物馆进一步改进服务质量、提升服务水平提供了第一手的参考资料。

六、继续完善管理机制

2012年9月，浙江省博物馆被中宣部、文化部、国家广电总局和新闻出版总署等四部委联合授予“全国文化体制改革工作先进单位”称号。

2012年，根据国家文物局《博物馆事业中长期发展规划纲要》，制订《浙江省博物馆中长期发展规划纲要(2011—2020)》。根据国家有关事业单位公开招聘制度，制定招聘方案及细则，成立招聘小组，严格按照规定的程序，公开择优招聘在编职工5人。创造条件，鼓励干部职工参加多种形式的学术研讨、业务研修和在职教育。

对全馆干部职工加强安全教育，定期进行安全演练，提高安全意识和防范能力，确保文物安全。修订完善《浙江省博物馆值班管理暂行规定》。做好日常巡查和安全隐患排查工作，尤其是加强重点要害部位的检查力度，做到及时发现隐患，及时整改落实。做好技消防设备的维护更新和安装调试工作。对于重大安全保卫工作，专门制订安全工作方案，有组织领导，有实施步骤，通过合理安排馆内保卫力量，完成了各类大型展览、活动、文物押运等安全保卫任务。全年安全无事故。

在行政管理方面，加强制度建设，修订完善《浙江省博物馆在编职工各类假期规定》、《浙江省博物馆考勤管理暂行办法》、《浙江省博物馆年休假管理暂行办法》等规章制度。认真做好文秘、保密、人事、外事、档案、老干部、职称评审等工作。

在财务管理方面，认真贯彻执行各项财务规章制度，依法进行会计核算、会计监督。完成2011年"文物征集费"预算绩效考评工作。完成《2012年厉行节约工作情况统计表》填报。完成财政票据管理使用情况检查工作，进一步规范票据的管理。合理安排收支预算，严格预算管理，充分发挥资金的使用效益。

在后勤保障方面，做好国有资产管理工作，完成各馆区的设施设备保养维护，进行孤山馆区主楼屋面修缮和省文保科研基地综合楼维修，确保高配用电全年安全正常运行，车辆管理安全无事故。完成各项展览和大型活动的服务保障任务。

做好馆内商店、观众休闲区的经营服务工作。重点配合"惠世天工——中国古代发明创造文物展"开发仿元代龙泉窑梅子青釉葫芦酒瓶、仿宋代菊瓣纹银盏、茶叶礼盒及铜镜杯垫等集美观与实用为一体的产品，创造良好销售业绩。通过与台北故宫博物院联合授权中金国礼发行《富春山居图》艺术黄金合璧典藏版，使分藏两岸的这一旷世名作以黄金艺术品的形式实现再次合璧。组织近年来开发的博物馆文化衍生产品参加"2012(国际)第五届博物馆及相关产品与技术博览会"，获得博览会的"最佳展示奖"。

《历代金石考古要籍序跋集录》获奖 1月17日，浙江省博物馆副研究馆员桑椹编纂的《历代金石考古要籍序跋集录》一书(五卷本)荣获"浙江省第十六届哲学社会科学优秀成果奖"基础理论研究类一等奖。

浙派集英——明代浙派绘画珍品特展 4月28在浙江省博物馆武林馆区开幕。此展经过近三年的研究和筹备，整合故宫博物院、上海博物馆等省内外14家博物馆的相关藏品推出的特展，是有史以来最为齐全也最为精彩的浙派绘画大集合，共展出57件(组)明代浙派绘画作品，较为完整地呈现浙派绘画艺术的精华。

惠世天工——中国古代发明创造文物展 7月5日在浙江省博物馆武林馆区开幕。此展由国家文物局主办，浙江省博物馆承办，是"指南针计划——中国古代发明创造的价值挖掘与展示"专项成果的第二届展览。该展览全面介绍了酒、茶、漆器、铜镜的起源、发展、文化和传播等信息，共展出文物312件(组)，其中向全国各地博物馆、考古所借展文物多达189件(组)，展出的一级文物多达138件(组)。展览还推出了手机自助导览、IPAD虚拟导览等数字化延伸服务。

浙江省博物馆中长期发展规划纲要专家论证会 9月13日在浙江省博物馆孤山馆区召开。省文化厅副巡视员、省文物局副局长陈官忠，省文物局博物馆与社会文物处处长杨新平，原省文物局副局长陈文锦，中国丝绸博物馆馆长赵丰、浙江大学文物与博物馆学系主任严建强等专家对规划的进一步修改完善提出了意见。

山哈风韵——浙江畲族文物特展 9月28日在浙江省博物馆孤山馆区开幕。以馆藏的畲族文物为基础，整合丽水市博物馆和景宁畲族博物馆的馆藏资源，策划举办"山哈风韵——浙江畲族文物特展"，并以该展览为首展，推出"全国少数民族文物系列特展"这一全新的展览系列。

曾在曹家——曹其镛先生夫妇捐赠中国古代珍贵漆器特展 10月27日在浙江省博物馆武林馆区开幕，浙江省省委书记赵洪祝，省委常委、秘书长赵一德，副省长郑继伟，原省政协主席周国富等领导参加开幕式并参观展览。展览以时代为主线，分为"素彩兼备——宋元漆器"、"千文万华——明代漆器"、"异彩缤纷——清代漆器"三个部分。展览所选宋元时期的一色漆器、元代"张成造"剔红婴戏图盘、明早期剔犀漆器、明嘉靖万历的戗金填漆漆器、以清代乾隆为代表的清中期漆器，都是极为珍贵的文物精品。

大元帆影——韩国新安沉船出水文物精华暨康津高丽青瓷特展 12月18日在浙江省博物馆武林馆区开幕。此次特展从展览的创意策划到展品挑选，从内容设计到形式设计，都是浙博专业人员主导进行，是浙博首次利用国外博物馆的藏品举办的原创性展览。配合本次展览，还同步举办“2012 海上丝绸之路——中国古代瓷器输出及文化影响”国际学术研讨会。

（魏祝挺）

浙江自然博物馆

【概况】 浙江自然博物馆实有在编人员 70 人（核定编制 75 人），其中具有高级技术职务资格 36 人，中级 22 人。2012 年，浙江自然博物馆稳步推进事业发展，完成了 2012 年度的目标任务。在全国博物馆免费开放 10 个最佳做法评选中荣获“最佳网站服务奖”，又获浙江省“最佳未成年人教育奖”、首个“浙江生态日系列活动优秀组织单位”，荣获“浙江省级治安安全示范单位”，被评定为国家一级博物馆。

一、展览展示丰富多姿

2012 年，相继推出“龙行浙江”、“2012 年两岸龙年特展”、“恐龙宝宝回家了——中国蛋化石特展”、“神秘辽西——辽宁中生代古生物化石展”、“关东瑰宝——东北野生动物展”、“绿野仙居——仙居县生态建设成果展”、“会飞的花——中国蝴蝶特展”、“英国野生生物摄影年赛 2011 年度获奖作品巡展”、“人类的亲缘——灵长类多样性和人类起源特展”、“世界自然遗产——江山江郎山油画写生展”、“浙江省第三次文物普查成果展”等临特展 22 个。同时，抓好基本陈列的日常维护工作。定期对三大主题陈列场景的展品、展示环境等进行全面的清洁和维护；对常设展览设备投影仪、灯光照明、残疾人电梯等进行检查和维修；对互动设备“恐龙的尾巴”、“陨石称重”、“日地距离”、“地球的诞生”、“动物的视觉”、“达尔文剧场”、“昆虫眼中的世界”、“鸟瞰浙江”等进行及时维护和修理，使展厅设备等完好率达到 95％以上。

继续加大科普下乡巡展力度，策划巡展 6 套，巡展 16 处，累计展出 115 场次。其中“龙行浙江——浙江出土恐龙化石”赴天台博物馆、嘉兴博物馆、衢州博物馆、宁波博物馆、永康博物馆展出，历时一年，观众达 30 余万人；浙江省未成年人教育 3 套巡展图版——“浙江鸟类”、“青春期健康教育展”与“龙行浙江”赴宁波、嘉兴、景宁、云和、衢州、缙云、天台、永康等地巡展，累计完成 106 场，受益学生 10 万余人；“2012 年两岸龙年特展”赴东阳博物馆、杭州良渚博物院展览，受益观众达 3 万余人次；“鸣虫特展”赴中国香菇博物馆、嘉兴博物馆展出，受益观众达 5 万余人次。

二、宣传教育形式多样

努力提升科普服务质量。每周组织科普队员进行普通话、礼仪等方面的练习，定期邀请专家为科普人员讲课，适时召开业务交流学习会；为观众提供大件物品寄存、残疾车婴儿车、常备药品等服务 1467 人次；向社会公开招募 10 名公共文化服务义务监督员，对开放服务和各项业务工作起到了较好的监督促进作用。全年共完成讲解 3674 场次，观众满意度达 98％。全年接待观众 134 万人次。

策划组织主题日科普教育活动。一是与杭州西溪国家湿地公园及小爱迪生杂志社在爱鸟周期间共同组织“万名儿童画百鸟”比赛和西溪湿地观鸟活动；二是与《都市快报》联合开展“5·18 国际博物馆日”夜间开放、夜宿、展厅寻“宝”等系列活动；三是开展“地球日”系列活动；四是成功组织“文化遗产日”自然藏品鉴定、“博物馆之友”启动等系列活动；五是生态日组织“环保小妙招”作品征集活动。各项活动均取得明显的成效。

努力推进未成年人教育活动。在做好传统项目“科普小讲堂”、“草根论坛”、“展厅猜谜”等活动的基础上，策划推出“咿呀学玩”、“碳循环”、“科普 DIY”等新项目。全年共举办各类活动 367 场次。此外，组织青少年科普队开展雁荡山地学之旅和下渚湖环保之旅活动，完成 2012 年海峡两岸中学生自然探索夏令营活动。荣获“2011 年度浙江省博物馆免费开放未成年人教育奖”。

加强志愿者队伍建设，编撰浙江自然博物馆志愿者风采录；召开“博物馆之友”恳谈会，制定博物馆之友章程，并向社会公开招募。截至 2012 年年底共有志愿者 630 人，完成服务时数 15600 小时，讲解 1388 场次，组织草根论坛、亲子活动及体验之旅 40 场次。

三、藏品工作扎实推进

藏品征集方面，全年新增藏品 9365 件，其中地球科学类 948 件，生命科学类 8416 件，藏画 1 件。地球科学类有圆形蛋、长形蛋共生蛋化石标本、成窝胚胎蛋化石、小型翼龙化石、非常珍贵的含头骨的大型禽龙化石标本等，具有极高的研究、展示和收藏价值。生命科学类有白臀叶猴、白颊长臂猿、川金丝猴、黑叶猴、红珊瑚等国家一级重点保护动物标本，南方红豆杉等国家一级重点保护植物标本，极为稀有的菊花珊瑚，来自美国、阿根廷、巴西和德国等国家和地区的贝类标本，以及海南山鹧鸪卵等标本，填补了馆藏空白。

藏品管理方面，做好藏品建档和新增藏品的鉴定和登记入库工作，2012 年度登记入库标本 5486 件，截止 2012 年年底，登记入总账的藏品共计 141106 件，其中生命科学类 126674 件，地球科学类 14300 件，藏画 132 件。做好藏品库房卫生清理、消毒保洁工作，定期抽样检测藏品，尤其对动物标本进行多次熏杀虫害处理，确保展品安全。对 9865 份动物组织标本进行整理登记并实施数字化管理。对展区动物、植物标本进行杀虫、药物投放及熏蒸等多次防范处理，未发生霉变虫蛀现象。

完成标本修理维护工作。完成恐龙化石、恐龙蛋等 30 余件标本的修理；复制达尔文翼龙、甘肃禽龙化石、浙江各地恐龙化石等 40 多件；剥制蛇类、鸟类标本 16 件；完成鲸鲨、野牦牛、藏野驴、大型鱿鱼标本的日常维护，完成参加巡展和外展的 500 多件化石的保护修复。

四、学术研究有序开展

2012 年，国家自然科学基金资助项目“城市化与鸟类繁殖适应研究”、“中国西南地区三叠纪蛇颈龙祖先类群一纯信龙类的个体发育和系统演化研究”、“龟类的起源和早期演化”和省自然科学基金项目“浙江和安徽光唇鱼系统分类研究”、“浙江特有极危动物安吉小鲵保护遗传学研究”等取得阶段性研究成果；省文化厅文化科研立项课题“开放式展区动物标本保持技术研究”、“馆藏珍稀动物组织标本低温保存技术研究”、“动物鸣声收藏的初步研究”、“虫蚀法动物骨骼标本制作技术研究”及“地学藏品的保管与保护研究”按计划推进；如期开展“西溪国家湿地公园生物多样性监测示范项目”、“百山祖国家级自然保护区生物多样调查”、“杭州江海湿地生物多样性调查”等项目的研究。

继续实施浙江生物多样性组织标本采集工作。对组织标本库管理系统进行数字化更新，全部实现数字化统一管理；通过多种渠道和方式努力扩大收藏量，除委托征集外，采集组织标本 62 件。

充分发挥两个实验室的作用。地学实验室制定管理规定，参与科普活动和实习活动，开展科学研究和实验数据采集等 100 余次；生物多样性实验室随着设备逐步配备到位，运行管理更趋规范科学，开展国家自然科学基金、省自然科学基金资助科研项目的室内实验工作，实验活动计 256 人次。

加强业务学习和学术研究。全年发表学术论文 29 篇、科普文章 5 篇，出版专著 8 部，参加国内外学术会议 35 人次、作学术报告 21 人次、科普讲座 21 场，邀请中科院院士周忠和等著名专家来馆作讲座。

成功举办“恐龙宝宝回家了”中国蛋化石特展暨第五届“恐龙宝宝与恐龙蛋”国际学术会议，来自国内外的古生物研究专家参加会议并做相关报告；省编委发文批复同意浙江自然博物馆增挂“浙江省古生物化石保护研究中心”牌子，并确定机构设置，配备负责人，于 12 月 18 日举行揭牌仪式。

四、安全保卫落实到位

切实落实安全保卫责任制。根据馆领导班子调整后分工变化的情况，及时调整综合治理领导小组、防火委员会、反恐领导小组和国家安全、反盗窃、保密小组及志愿消防队等 9 个组织。馆部与各部门签订安全责任书，加强对安全重点部位、重要岗位人员的教育和检查。被杭州市公安局列为安全防范工作评估试点单位并通过安全评估，安全保障部被杭州市公安局评为先进集体。

加强免费开放的安全管理工作。根据开馆三年来的运行特点及周边治安状况，认真分析工作中出现的新情况、新问题，对照《杭州市治安保卫重点单位安全防范工作评估办法》，加强组织领导，强化工作措施。周末及节假日馆领导轮流值班，分管领导每月一次夜间检查门卫、监控中心、消控室等重点防范部位，专职保卫干部每天多次巡视展厅，加强对低龄儿童、老年人、残疾人等参观群体的重点看护，加强对观众出入口、自动扶梯、展厅玻璃地面及闭馆清场的安全管理，做好防火、防盗、防破坏、防人身伤亡和反恐工作，并详细记录保卫工作日志。全年未发生重大安全事故。

开展安全防范教育和业务技能培训。组织全馆职工安全教育、灭火及应急疏散预案演练 2 次，及时对新进员工进行上岗前安全培训，组织志愿消防队、讲解员、保安员及物业服务人员等进行消防灭火训练，组织安保夜间防盗实战演练。全年召开综治工作会、安保工作专题会、保安人员会 14 次。此外，认真做好安防、消防系统设备工作，对消防设施及电气防火进行年度检测，根据消防系统保修期届满情况，及时招标择选维保单位。

五、行政管理进一步完善

稳步推进单位绩效工资制度实施工作，完善绩效工资实施方案，于 5 月份正式付诸实施；兼顾退休人员的利益，提高了退休人员的待遇；制定《浙江自然博物馆职工继续教育暂行规定》，鼓励职工参加继续教育和培训；举办中层以上干部培训班，邀请省委党校、浙江大学等学校的教授讲课；组织科普队员、保安人员业务培训，提高岗位业务工作能力；支持专业人员、管理人员参加各种研修班、培训班 107 人次。

做好信息报送工作，政务信息采用名列厅属单位第三，在省文化厅网站和文化信息网发布信息 200 余条，省文物局网站发布 80 余条；全年发文 60 号次。荣获全国免费开放最佳网站服务奖；网站发布本馆工作要闻 600 余条，全年网站访问量 220 万人次；做好图资档案工作，提供档案利用 80 人次/600 余卷件查询。

完成中国鸟类学史料中心的内装修和展柜购置工作，着手启动鸟类学史料的征集、收藏工作；委托专业维保公司对馆内的消防、安防、信息网络及空调、电梯、高配等设备进行检修、维护，保证设备正常运行；制定并完善《浙江自然博物馆车辆管理规定》，做好车辆日常维护保养工作，全年行车安全无事故。

承办“龙行浙江”新春贺岁特展 1 月 12 日，由浙江省文化厅、省国土资源厅、省文物局主办，浙江自然博物馆承办，衢州、丽水、天台等市县博物馆协办的“龙行浙江——浙江出土恐龙化石”龙年特展开幕仪式在浙江自然博物馆举行。省文化厅厅长杨建新、省国土资源厅副厅长潘圣明致辞并为开幕仪式剪彩，省文物局副局长陈官忠、浙江自然博物馆副馆长金幸生及志愿者代表黄林身参加剪彩。开幕仪式由馆长康熙民主持。

展览展出近百件恐龙和恐龙蛋化石标本，包括首次联袂展出的世界著名的达尔文翼龙雌雄个体的珍稀标本，以及数 10 幅野外实景发掘和恐龙生活场景复原油画等，讲述“浙江地理概要”、“浙江地质概况”、“浙江恐龙化石”、“浙江恐龙遗迹化石”、“浙江翼龙”、“恐龙概述”等科普知识。

浙江自然博物馆组成新一届行政领导班子 3 月 12 日，浙江自然博物馆召开全馆职工大会，省文化厅副厅长、省文物局局长鲍贤伦主持会议并宣布新一届行政领导班子组成人员：严洪明为浙江自然博物馆馆长，陈水华、金幸生为副馆长。省文化厅厅长杨建新作了讲话，对上一届领导班子在新馆筹备、免费开放、运行管理及博物馆功能发挥等方面所取得的成绩给予肯定，特别对康熙民为博物馆事业发展做出的贡献给予赞赏。同时对新一届领导班子从加强学习、恪尽职守、团结协作、强化管理、反腐倡廉五个方面提出了希望和要求。原馆长康熙民和新任馆长严洪明作了讲话。省文化厅人事处处长朱海闵，省文物局博物馆与社会文物处处长杨新平，省文化厅人事处副处长胡雁参加会议。

开展“世界地球日”宣传活动 2012 年 4 月 22 日是第 43 个世界地球日。浙江自然博物馆推出“走近恐龙，我想对地球说”——第 43 个世界地球日暨龙行浙江特别互动活动。

上午的活动以观众在绿色横幅上留下“我想对地球说”的感言形式拉开序幕。浙江省地矿所唐小明、省水文地质矿产研究所俞方明、省古生物专家委员会颜铁增等参与“自然之心·草根论坛——我们的地球 我们的家”活动，与观众一起回顾地球母亲的形成历史和发展现状，深思人类应该如何保护我们生活的家园。下午，举办显微镜标本观摩活动和垃圾分类亲子活动。最后，放映科普电影《世界自然奇观》。

浙江省第三次全国文物普查成果展 5 月 3 日在浙江自然博物馆开幕，由浙江省第三次全国文物普查领导小组办公室主办，浙江省文物考古研究所和浙江自然博物馆承办。浙江省第三次全国文物普查领导小组组长、副省长郑继伟，浙江省第三次全国文物普查领导小组副组长、省文化厅厅长杨建新，以及浙江省文物普查工作的相关领导、普查员等参观展览。

展览由普查概况、普查历程、普查成果三个部分组成，以图片、实物、影视等形式，全面回顾总结浙江省近五年的文物普查工作。从 2007 年 4 月开始的浙江省第三次全国文物普查工作，经过 5 年努力，于 2011 年 12 月全面完成各阶段的工作目标和任务，取得丰硕成果。据国务院第三次全国文物普查办公室最终审定确认，浙江省共调查登记不可移动文物 73943 处，包括新发现不可移动文物 61728 处，复查登记不可移动文物 12215 处。调查总数、登记总数、新发现数均为全国第一。杭州富阳市泗洲造纸作坊遗址、杭州市余杭区彭公水坝遗迹、浙东沿海近代灯塔群、台州市玉环县坎门验潮所旧址被评为第三次全国文物普查百大新发现。

喜获全国“2011年度博物馆免费开放网站最佳服务奖” 评选结果于2012年5月18日在广西南宁揭晓，浙江自然博物馆喜获全国“2011年度博物馆免费开放最佳网站服务奖”。浙江自然博物馆馆长严洪明出席颁奖仪式，并在博物馆免费开放最佳做法研讨会上介绍浙江自然博物馆在网站服务方面的具体做法和成功经验。

浙江自然博物馆网站创建于2001年，是浙江省文博系统最早创办的网站之一。网站在宣传科普知识，提高公众的自然科学文化素养和生态环境保护意识，引导青少年文明上网、绿色上网发挥了的助推作用。网站推出的720度基本陈列虚拟展览、自然论坛、少儿版面的游戏深受广大观众喜爱，在新馆免费开放后，网站日点击率达万余次，累计点击率近千万人次，在自然论坛上注册的用户达5万余人，发布的主题帖15万余个。网站多方位、多角度、细致入微的服务受到学生、家长、学校和社会各界的肯定。

推出2012年“文化遗产日”主题活动 6月9日是中国第七个“文化遗产日”。浙江自然博物馆围绕“文化遗产与文化繁荣”主题，结合馆内特色展品及专家资源推出了自然藏品鉴定、“博物馆之友”恳谈会、体验活动等一系列丰富多彩的主题活动。

浙江自然博物馆副馆长金幸生以及地球科学部、生命科学部共8位专家参与自然藏品鉴定活动，帮助观众解析自然藏品的历史与价值。活动现场大批藏友展示了自己收藏的三叶虫、鹦鹉螺、菊石、灵芝等自然类藏品，并与专家交流收藏故事与心得。

在“博物馆之友”恳谈会上，10余名社会各界关心热爱博物馆事业的有识之士作为代表参与讨论，就“博物馆之友”组织如何成为博物馆与社会的桥梁、如何发挥支持博物馆事业的作用进行交流。

“蝴蝶标本制作”、“化石模型制作”和“显微镜下的世界”三项体验活动由馆内专家指导，邀请小朋友通过互动学习的方式参与亲身体验。小朋友在活动中学到了自然知识，锻炼了动手能力，对环保概念也有了更深刻的认识。

荣获“浙江省2011年度博物馆免费开放最佳未成年人教育奖” 6月9日，在浙江省“文化遗产日”主场城市活动开幕式上，“浙江省2011年度博物馆免费开放最佳做法”获奖名单揭晓。浙江自然博物馆荣获“浙江省2011年度博物馆免费开放最佳未成年人教育奖”，馆长严洪明出席颁奖仪式。

自2009年7月免费开放以来，浙江自然博物馆接待观众300余万人次，其中未成年人观众达180余万人次。博物馆探索未成年人教育服务项目，目前已形成以生态教育为主题，互动参与为特色的八大类未成年人教育项目：一是开展各类节庆日主题教育活动；二是开展系列亲子教育活动；三是开展青少年科普小讲堂、专家讲科普、草根论坛等讲座类活动；四是开展趣味益智类活动；五是开展动手制作类活动；六是开展野外体验性活动；七是开展学生社会实践类活动；八是开展寒暑期冬令营、夏令营活动。其中，“小小讲解员”、“万名儿童画百鸟”、“杭州市小学生观鸟赛”、“展品猜谜”活动已编入《自然科学博物馆科学教育活动》一书，成为品牌活动项目。此外，“科普影院”、“青少年科普小讲堂”、“科普DIY”、“标本制作”、“两岸中学生自然探索夏令营”等活动也倍受青少年朋友的喜爱。

碧水蓝天 绿野仙居——仙居县生态建设成果展 6月10日在浙江自然博物馆开幕。此展由省文化厅、省农业厅、省环保厅、台州市委市政府主办，浙江自然博物馆、仙居县委县政府承办。省文化厅厅长杨建新、台州市副市长凌云、仙居县委书记单坚等领导出席开幕式并致辞，省人大常委会副主任程渭山宣布展览开幕。省台办主任裘小玲、省农业厅副厅长陈利江、省环保厅副厅长卢春中、省商务厅副厅长胡维康、省旅游厅副厅长许澎、有关厅局部门领导，以及台州市委市政府领导、仙居县委县政府领导、浙江自然博物馆馆长严洪明等参加开幕式。开幕式由仙居县委副书记、县长林虹主持。

展览由人间仙居、生态立县、生态文化、生态经济和守望仙居五个部分组成。展出部分珍贵动植物标本、恐龙化石和油菜花节场景，并布置无骨花灯、彩石镶嵌等极具地方特色的民间文化艺术品。此次展览是浙江自然博物馆生态系列展览的首场展出。

“亚洲恐龙协会”筹备会 6月21日在浙江自然博物馆召开，由中国、日本、蒙古、泰国和俄罗斯5个国家共同发起。中国科学院古脊椎动物与古人类研究所研究员董枝明先生、中国地质科学院地质研究所研究员季强先生、日本福井县立恐龙博物馆特别馆长东洋一博士、野田芳和博士、小川正彦先生、俄罗斯 Ivan Bolotskii 先生、蒙古 Rinchen Barsbold 先生、泰国 Pratueng Jintasakul、Varavudh Suteethorn 先生、浙江自然博物馆馆长严洪明、副馆长金幸生参加了此次会议。会议上各国专家就亚洲恐龙协会的正式名称、设立目的、活动形式和职位设置等方面进行讨论。会后各国专家在副馆长金幸生陪同下参观地学库房和标本修复室。

“会飞的花”——中国蝴蝶特展 8月15日至10月7日在浙江自然博物馆举办。此次展览由浙江自然博物馆独立筹划并推出，共展出中国分布的各科蝴蝶精美标本500余种。

此次展览特别开辟了活体蝴蝶展示区，通过营造花香蝶舞的生态场景，将上下翻飞、舞姿翩翩的活体蝴蝶带到观众面前，让观众与蝴蝶近距离接触。展览设置观众互动区，并举办配套科普讲座。观众可以参与展览知识答卷填写，赢取精美的展览配套图书《迷蝶——蝴蝶探秘》。

承办“恐龙宝宝回家了”——中国蛋化石特展 9月16日，由国家古生物化石专家委员会办公室、浙江省文化厅、浙江省国土资源厅和浙江省文物局主办，浙江自然博物馆和浙江省古生物化石专家委员会办公室承办，中国地质博物馆、中国地质科学院地质研究所和北京自然博物馆协办的“恐龙宝宝回家了”——中国蛋化石特展暨第五届“恐龙宝宝与恐龙蛋”国际会议开幕仪式在浙江自然博物馆举行。开幕式由国家古生物专家委员会办公室主任王丽霞主持，馆长严洪明致欢迎词，中国地质博物馆馆长贾跃明、省文化厅副厅长杨越光和省国土资源厅副书记潘圣明等先后致辞，并与学生代表一起为开幕仪式剪彩。来自美国、英国、加拿大、日本等地和中国的学者、古生物爱好者参加了开幕式。

展览介绍中国追缴流失国外化石艰难历程，回顾中国化石追缴的历史与成果，展出从美国追缴回来的一个由22枚窃蛋龙蛋窝，并介绍《古生物化石保护条例》的主要内容。展览以浙江自然博物馆收藏的恐龙蛋及相关化石为主，展品中包括中国的主要蛋化石类型，并介绍恐龙蛋化石的研究方法、恐龙蛋化石的分类等知识。

召开学术委员会、藏品征集委员会会议 10月19日，浙江自然博物馆馆长严洪明主持召开学术工作委员会、藏品征集工作委员会会议。省文化厅副巡视员、省文物局副局长陈官忠出席会议，并向外聘的馆学术委员会委员、浙江大学教授严建强、丁平颁发聘书。委员会成员冯飞、陈水华、金幸生、骆土泉、张方钢、杜天明、范忠勇、赵丽君、陈莹、何纯清、丁明参加会议，省文物局博物馆与社会文物处副处长金萍应邀参会。

会议审阅并原则通过《浙江自然博物馆学术委员会章程》，讨论“浙江自然博物馆藏品征集规划”。与会委员为浙江自然博物馆的建设和发展，特别是学术建设和藏品征集等建言献策。

浙江省古生物化石收藏研究中心揭牌 12月18日，浙江省古生物化石收藏研究中心揭牌暨浙江自然博物馆客座研究员聘任仪式在浙江自然博物馆举行。省文化厅厅长金兴盛，省国土资源厅党组副书记、副厅长、巡视员潘圣明，省文化厅副巡视员、省文物局副局长陈官忠，省文化厅人事处处长朱海闵以及中国科学院院士周忠和、中国地质科学院研究员季强、中科院动物研究所研究员蒋志刚等参加仪式。厅长金兴盛为客座研究员颁发聘书，潘圣明副厅长、陈官忠副局长为浙江省古生物化石收藏研究中心成立揭牌。参加仪式的还有浙江自然博物馆志愿者、博物馆之友、古生物爱好者，以及新闻界的朋友。仪式由浙江自然博物馆馆长严洪明主持。此次浙江自然博物馆聘任周忠和院士等8位国内外知名专家学者为客座研究员。仪式结束后，周忠和院士作“中国古生物学及其科学传播意义”讲座。

浙江自然博物馆为国家一级博物馆，也是省内唯一以生命科学与地球科学的标本收藏、研究、展示为主要业务活动的博物馆。浙江自然博物馆现有古生物藏品近2万件，收藏了浙江发现的绝大多数化石标本，征集了一大批珍稀恐龙、海生爬行动物化石标本，形成独具馆藏特色的资源体系，成为国内蛋化石收藏种类最多的博物馆。浙江省古生物化石收藏研究中心就是以浙江自然博物馆为依托，以馆内专业技术人员为主体，聘请国内外著名古生物专家为顾问，旨在成为浙江省古生物化石保护和研究的基地、国内外学术交流的平台和凝聚社会力量、对民众进行古生物化石保护宣传教育的场所。

“人类的亲缘——灵长类多样性和人类起源”专题展 12月25日在

浙江自然博物馆开幕。中国科学院动物研究所研究员、国家动物博物馆副馆长黄乘明，浙江大学生命科学学院教授、浙江省动物学会理事长丁平，浙江自然博物馆党总支书记冯飞先后致辞，并与省文物局博物馆处处长杨新平、省林业厅野生动植物资源保护和管理总站副站长陈华新、中国科学院动物研究所研究员李明、日本福井县立恐龙博物馆特别馆长东洋一为开幕式剪彩。参加开幕式的还有国家动物博物馆活动策划主管张劲硕、国家动物博物馆宣传策划主管陈迟，以及社区代表和新闻界的朋友。开幕式由浙江自然博物馆副馆长陈水华主持。

专题展分为“什么是灵长类”、“形形色色的灵长类动物”、“灵长类的社会行为”、“灵长类生活在哪”、“我国的灵长类”、“我们从哪来”、“感恩我们的近亲”、“保护我们的近亲”和“我心中的灵长类动物”9个部分，观众可以通过图版和标本系统地认识灵长类在多样性、身体结构、思维和智慧、活动行为、社会制度、自然保护以及我们人类的起源与演化等方面的知识和最新信息。

专题展由中国科学院动物研究所、中国动物学会、中国生态学会动物生态专业委员会、北京动物学会主办，国家动物博物馆、浙江自然博物馆、浙江省动物学会承办。

浙江自然博物馆获评国家一级博物馆 12月25日，第二批国家一级博物馆授牌仪式在北京举行，浙江自然博物馆、中国国家博物馆、中国丝绸博物馆等17家博物馆获此殊荣。浙江自然博物馆馆长严洪明作为代表参加授牌仪式。

（施波文）

中国丝绸博物馆

【概况】 中国丝绸博物馆实有在编人员40人(核定编制45人)。其中具有高级技术职务资格14人，中级11人。2012年是中国丝绸博物馆开馆20周年，一年来，中国丝绸博物馆取得了可喜的成绩。2012年正式列入国家一级博物馆行列；成功举办20周年馆庆活动；纺织品文物保护国家文物局重点科研基地正式揭牌；在陈列展览方面，“华装风姿——中国百年旗袍展”先后在北京、杭州和东莞巡展；在对外展览中，推出“超越历史和物质：中国丝绸艺术展”，并与“丝绸之路——中国古代丝绸艺术展”同期展出，实现展览方式的新突破；在科研工作方面，项目申报取得重大突破，国内合作进一步深化，国际合作全面铺开；对外宣传取得新突破，进一步扩大了在全国的影响。

一、不断创新陈列展览内容和形式

为配合中国丝绸博物馆开馆20周年庆典，“中国丝绸的故事”基本陈列得到进一步完善和创新，形成由历史文物厅、天蚕灵机非遗厅、纺织品文物修复展示馆和新猷资料馆组成的陈列体系。“天蚕灵机——中国蚕桑丝织技艺非物质文化遗产展示”反映人类非物质文化遗产项目“中国蚕桑丝织技艺”的传承保护内容，包括蚕桑、习俗、制丝、丝织、印染、刺绣技艺等，是博物馆全面系统传承、保护和展示人类非物质文化遗产的一次尝试。纺织品文物修复展示馆，集纺织品文物清洗、修复、保护、展示于一体，成为博物馆对外展示的新亮点。新猷资料馆是以朱新予和蒋猷龙两位纺织界老前辈命名的信息中心，对外提供丝绸之路、纺织人物、纺织史相关的有历史价值的书籍、论文集、档案、现代面料及设计稿、声像数字信息等纺织科研图情信息服务。

各类品牌展览也得到创新。全年在省内外共举办“把酒画桑麻画展”、“百年华装·丝情杭州——中华服装的遗产与繁荣”、“蚕月条桑——江南水乡蚕桑丝织主题摄影展”等10个临时展览；在国外举办了“从杭州到卢卡——穿越历史的丝绸之路”、“衣锦环绣——5000年中国丝绸精品展”、“超越历史和物质：中国丝绸艺术展”和“丝绸之路——中国古代丝绸艺术展”4个展览，并筹备了“锦绣撷英——中国丝绸艺术的历史和时尚展”、“海上魅惑——中国现代女性时装展”、“中国丝绸文化展”3个对外展览。

二、切实加强藏品征集和管理

全年新增藏品共3772套(件)，其中历史文物391件、现代藏品3381套(件)。2012年收藏工作重点有：一是著名敦煌艺术和艺术设计研究专家、工艺美术教育家常沙娜、黄能馥和已故的李绵璐三位学者捐赠的206张敦煌装饰纹样原稿。此稿对敦煌图案等研究和收藏具有重要的意义，填补了博物馆的收藏空白；二是从境外征集的320件19世纪末世博会清代面料和清代外销绸，充实了博物馆收藏体系；三是收藏116件蚕桑书法绘画作品，完善了博物馆美术作品的馆藏体系；四是收藏四川美术学院2099件上世纪60年代至90年代的纺织样本和蓝印花布等设计样稿，充实和提高了当代纺织样稿和样片的数量和质量；五是收藏32件由北京服装学院、香港理工大学、浙江理工大学、清华大学美术学院等知名高校师生设计的作品，数量上有新的突破。完成2012年入库的馆藏品以批次为特征的藏品编号系统。继续更新和完善藏品数据库软件，完成160余件2011年藏品档案信息；2012年对文物库房的工作室、文物库房的木柜等进行重新更换，并新增教工路面料库房，基本形成文物库房、当代服饰库房、当代面料库房和展具库四大库区，在一定程度上缓解收藏品储存空间的不足，改善藏品储藏设施条件。开展纺织档案资料收集工作，原中国丝绸协会秘书长王庄穆捐赠500余册图书；日本新亚健先生捐赠《染织》等期刊94册、图书52册；东华大学教授包铭新捐赠韩文服装书籍62册；院士向仲怀捐赠个人书籍6册；浙江凯喜雅股份有限公司捐赠1976年至1993年《美国时装》，1976年至1986年《巴黎时装》等国外原版服装期刊和图书共2696册，同时收集装订纺织名人论文集20册。

三、努力做好文物保护工作

基地建设方面。纺织品文物保护重点科研基地结合馆庆正式揭牌运行，同期还举办了首届学术委员会会议；不断完善大型科研设备，提升科研硬件配置。完成质谱、红外和多光谱成像系统，汉氏展柜的招标、安装和调试，全面投入使用，完成激光共聚焦显微镜、三维视频显微镜、便携式荧光光谱仪的市场调查、选型、询价和招标；初步建成纺织品文物科技标本库，开展纺织品文物标本、现代茧丝标本、现代皮毛标本和现代染料标本的收集整理工作，同时进行典型标本的分析测试，建立健全科学测试数据库；初步建成纺织品文物保护科技文献资料库；加强科研管理，对科研工作实行月报制度，对大型仪器设备制定专人管理制度；以科研基地为主体，共举办25次小型学术研讨会，通过交流增进了解，提高科研人员的综合素质。全年完成课题6项，在研课题3项，新立项课题7项，合作研究3项，重要课题申报2项。

文物修复方面。全年消毒无锡考古研究所大坟山M1墓丝织品、武义博物馆考古出土丝织品等498件，其中馆藏文物406件；清洗文物68件，其中馆藏文物23件；修复辽代鸽子纹锦袍、辽代大窠四海东青纹锦袍、元代海青衣、汉晋对鸟对兽“宜王”锦袍、绮地刺绣龟甲花卉纹囊、北朝列堞对虎纹锦翘头靴、红地簇四花卉纹锦枕等馆藏文物73件；完成保护修复镇江博物馆委托周瑀墓出土丝织品、嘉兴王店明墓出土纺织品、浙江省博物馆馆藏畲族文物等136件(套)；整理纺织品残片若干件。举办为期半年的“纺织品文物保护修复新疆学员杭州第一期培训班”，为新疆3个文博单位培养纺织品修复专业人员6名，包括修复技能及修复方案、报告编写能力的培训。

非遗保护方面。继续推进“中国蚕桑丝织文化遗产生态园”项目建设，重点进行整体规划方案的设计与论证，建立项目领导小组。5月25日在海宁举行“中国蚕桑丝织文化遗产生态园规划方案专家座谈会”，成立中国蚕桑丝织文化遗产生态园专家指导委员会；8月13日和10月7日先后在杭州举行“中国蚕桑丝织文化遗产生态园核心区城市设计方案竞选评审会”；12月3日成立由海宁市和中国丝绸博物馆组成的中国蚕桑丝织文化遗产生态园项目推进领导小组，海宁市委书记林毅任组长，中国丝绸博物馆馆长赵丰，海宁市副市长胡燕子任副组长。

四、开展学术研究和交流

2012年来，理论研究方面，出版专著5部：《中国丝绸艺术》及英文版《Chinese Silks》、《成是贝锦——东周纺织织造技术研究》、《中华丝绸文化》、《敦煌丝绸艺术全集(法藏卷)》(Textiles from Dunhuang in French Collections)、《锦程——中国丝绸与丝绸之路》。

在各类专业杂志和报刊发表研究、调研论文有：《唐代宝花狮纹锦织物的特点和复制》、《战国对龙对凤纹锦研究》、《出土丝织品固结成分分析以及揭展剂模拟保护研究》、《荆州楚墓和南昌明墓出土丝纤维老化降解状况分析》、《丙烯酸树酯Paraloid B72用于脆弱丝绸文物加固保护的工艺条件和加固效果评价》、《缥缈变化的“宋”罗》，The Silk from the Silk Road: Wild and Domestic, or Unraveled A Study on Tabby, Taquete and Jin with Spun Silk from Yingpan, Xinjiang, 3－4th Centuries, Innovative Design of Silk Art During the Republic of China (1912－1949) and Its Instruction on Modern Silk Design, Ecorative and applied art of Kazakhstan of the 19th and 20th centuries，《元代的杭州丝绸业之概貌》之《马可波罗游历过的城市：元代杭州研究文集》、《论孔子的服饰观及其社会教育意义》、《隋唐居室软饰织物研

究》、《自主创新与收藏同行——中国丝绸博物馆2011年展览工作实践与思考》、《博物馆开发移动智能终端软件趋势浅析》、《中国丝绸博物馆社教网络体系建立的实践》、《传承丝绸文化创新专业博物馆社教工作》、《生态博物馆的理念在文化遗产保护中的运用——以建设中国蚕桑丝织文化遗产生态园为例》、《处于变革世界中的博物馆：新挑战、新启示——2012国际博物馆日主题阐释》、《博物馆教育的原则与方法》、《城市生活与生态博物馆》、《高丽青瓷葡萄纹样的由来》等。

科研合作方面，参与国家文化遗产保护科技区域创新联盟（浙江省）的建设，加强与浙江省博物馆、浙江理工大学、浙江省文物考古研究所、浙江大学的科研合作。进一步深化国内合作。与故宫博物院合作开展"乾隆花园丝织品保护和复制的技术指导及项目监理"和"倦勤斋内檐装修丝织品的丝蛋白加固保护"科研项目，与浙江省文物考古研究所合作开展纺织品文物的现场保护，与新疆文物考古研究所合作开展小河墓地出土纺织品研究和保护，与中国美术学院开展"传统动物染料及染色工艺的保护与利用"。国际合作全面展开。与韩国传统文化大学合作开展嘉兴王店明代纺织品修复研究，与美国布莱恩特大学合作基于同位素技术的丝绸之路出土纺织品产地研究，与丹麦哥本哈根大学合作开展青铜时代欧亚毛织品比较研究，与波士顿大学合作开展丝绸之路出土纺织品染料研究，与大英图书馆签署国际敦煌项目（IDP）纺织品部分合作研究协议，在香港梦周基金会的资助下与香港、法国和美国等专家学者合作开展"天然染料数据库建设——以田野调查为重点"研究。

组织和参与一系列学术交流活动。一年来，先后有5批专业技术人员赴美国、菲律宾、丹麦、香港等国家和地区开展学术交流活动。蔡琴赴美国参加中美文博界博物馆的引领与创新等3个专题研讨会；赵丰先后赴美国、香港、丹麦进行学术交流；罗群和刘剑作为中国织造大师和织造学徒赴菲律宾北伊罗柯斯省参加"东盟——中国传统织造艺人困境论坛"；刘剑赴美国波士顿大学进行为期三个月的古代染料研究。

与此同时，有许多国外同行来馆进行合作交流。日本宫内厅正仓院事务所保存整理室田中阳子来馆就染织品的保存、修复及调查方法进行交流；日本自然染色协会会长伊豆藏明彦、新亚健等人两次来馆商议合作举办天然染色展览；新西兰国家博物馆国际关系部主任陈雯（Wen Chin Powles）来访进行人员、展览、信息共享等方面合作交流；香港历史博物馆馆长肖丽娟与香港文化博物馆馆长邹兴华来馆就未来双方合作进行探讨。

五、稳步推进社会教育和宣传

2012年，接待观众62万人次，其中外宾近40150人次；讲解次数935次。全年接待20批境内外重要来宾，其中有澳大利亚西澳洲下议院议长格兰特·伍德姆斯、毛里塔尼亚文化部部长茜赛·布瓦德、乌克兰内务部部长扎哈尔琴科、摩洛哥文化部文物局长阿卜杜拉·萨利等。

加强讲解员队伍建设，新聘3位编外讲解员，并组织实施了系统培训。制定《讲解员岗位责任书》、《讲解接待登记表》、《讲解接待观众反馈表》，从管理层面、自身层面以及观众层面对讲解工作进行规范；制定免费预约讲解制度，实行团体观众预约、零散观众随到随讲的免费讲解制度；组织社会教育人员到兄弟博物馆参观学习，提高社会教育人员的业务水平。

开展丰富多彩的社会教育活动。关爱小候鸟、丝绸文化大课堂、走进社区、学校巡回展、科普养蚕与手工制作等活动为大中学生提供社会实践平台。举办各种专题讲座："服饰搭配"、"青瓷风韵——永恒的千峰翠色"、"中国丝绸与装饰艺术"、"中华茶文化及其对外影响"、"无言的祝福——童服里的故事"、"寻找海路的丝绸遗存"、"百年旗袍解读"、"胜朝遗风——蒙元冠服及其影响"、"旗袍盘扣教室"、"对弗利尔美术馆中国纺织品收藏的重新认识"、"用现代科技之光照亮中国古代文明"、"明代丝织业研究漫谈"、"蒙元服饰及其装饰艺术"、"宗教与艺术的结合——良渚文化玉器解读"、"当代纤维艺术：定位、市场、前景——在欧洲展现纤维艺术的时机"等。举办小型学术研讨会：基于氨基酸的丝织品保存现状评估、博物馆丝织物氙灯加速老化实验方案、皮革类文物的保护研究概况、Micro－fading tester的设计及在纺织品文物色彩保护的应用、修复背衬材料系统化研究、中国传统织造工艺现状调研、纺织品污染病害调查及清洗剂研发进展、糟朽丝织品的丝蛋白加固机理研究等25个。

编印了《筚路蓝缕，以启桑林——中国丝绸博物馆建馆二十周年（纪念集）》、《中国丝绸博物馆馆介》、《中国丝绸博物馆2011年年鉴》、《中国丝绸博物馆简介》等宣传资料。重新设计和改版中国丝绸博物馆官方网站。结合博物馆的中心工作和重大活动，利用网络，通过报纸、期刊、电视、电台媒体开展宣传活动。“华装风姿——中国百年旗袍展”、“沙鸣花开——敦煌历代服饰图案临摹原稿展”和“中国丝绸博物馆二十周年馆庆典礼”等活动，在《中国文物报》《浙江日报》《钱江晚报》《明报周刊》（香港）等报刊上专版报道，在《三联生活周刊》杂志上作了专题报道。

六、逐步完善行政管理

开展国家一级博物馆定级评估申报工作，入选第二批国家一级博物馆名单。做好中国丝绸博物馆制度汇编——《中国丝绸博物馆作业指导书》、《中国丝绸博物馆程序文件》，并印刷成册。编制《中国丝绸博物馆员工手册》。按照《浙江省事业单位公开招聘人员暂行办法》规定，开展在编和非在编人员的公开招聘。加强人事基础管理工作，根据省文化厅的统一部署，进行事业单位在编人员实名制信息统计申报工作和人事档案个人基本信息核实上报工作。

做好消防安全工作，加强技防、消防管理和保安队伍建设。与馆属各部门及协作单位签订2012年度社会治安综合治理目标管理责任书，层层落实工作责任制。

严格遵守和执行国家财经法规、财务制度、政府采购制度，以及厅里颁发的各项财务规定，无财务违规违纪情况发生。加强项目经费使用管理，严格专款专用。加强国有资产管理，确保国有资产安全。

举行开馆20周年庆典 11月30日，中国丝绸博物馆二十周年庆典暨纺织品文物保护国家文物局重点科研基地揭牌仪式在中国丝绸博物馆举行。浙江省省委常委、宣传部部长、副省长葛慧君，国家纺织工业联合会会长王天凯，中国服装设计师协会会长李当岐，浙江省人大常委会副主任徐宏俊，国家文物局副局长宋新潮，浙江省文化厅厅长金兴盛，浙江省文化厅巡视员鲍贤伦，国家文物局博物馆与社会文物司（科技司）副司长罗静，新疆维吾尔自治区人民政府办公厅副主任姚晓君，江苏省文物局局长、南京博物院院长龚良，国家文物局学术会委员会主席王丹华，中国丝绸博物馆原总顾问黄能馥出席活动。出席仪式的还有来自国内纺织、丝绸、设计、博物馆和文物科技保护领域的领导和专家、浙江省和杭州市有关部门的领导和专家、在杭各博物馆馆长以及来自美国、法国、英国、丹麦、韩国和中国香港地区的专家学者和媒体代表。

庆典仪式由浙江省文化厅巡视员鲍贤伦主持，中国丝绸博物馆馆长赵丰、浙江省文化厅厅长金兴盛、国家文物局博物馆与社会文物司副司长罗静、国家纺织工业联合会会长王天凯分别致辞，国家文物局副局长宋新潮、省人大常委会副主任徐宏俊为纺织品文物保护国家文物局重点科研基地揭牌；省委常委、副省长、省委宣传部部长葛慧君宣布纺织品文物保护国家文物局重点科研基地启动运行。

馆庆期间还开展了一系列相关活动：新猷资料馆于11月28日开馆，“穿越——2012年度时尚回顾展”于11月29日开幕，11月30日召开纺织品文物保护国家文物局重点科研基地第一次学术委员会会议，举办“丝绸艺术与特色博物馆论坛”，12月2日召开“丝路之绸研究与保护”国际学术报告会等。

沙鸣花开——敦煌历代服饰图案临摹原稿展 9月14日至11月20日，在中国丝绸博物馆展出。展览由浙江省文化厅、浙江省文物局主办，中国丝绸博物馆承办，浙江省敦煌学研究会协办。

9月14日，“沙鸣花开——敦煌历代服饰图案临摹原稿展”开幕式暨常沙娜、黄能馥、李绵璐作品捐赠仪式在中国丝绸博物馆举行。常沙娜教授应邀出席开幕式，浙江省人大常委会副主任王永明、原全国人大常委毛昭晰、浙江省文化厅厅长杨建新、浙江省文化厅巡视员鲍贤伦、浙江省博物馆馆长陈浩、浙江省敦煌学研究会副会长许建平等嘉宾出席开幕式。在开幕式上，常沙娜还代表黄能馥和已故的李绵璐，将他们年轻时完成的206张画作，近400幅敦煌装饰纹样原稿，全部捐赠给中国丝绸博物馆。

本次展览共展出敦煌服饰和装饰图案临摹作品252张，实物作品近20件。展出的实物中有常沙娜设计的丝巾、陶瓷挂盘、面料设计以及2001年为国务院设计的敦煌系列茶杯。

开幕式结束后，举办“丝带上的明珠”学术座谈会，许多专家学者设计师以及敦煌爱好者到会聆听。常沙娜回忆了敦煌与新中国工艺美术设计的往事，并表达了对当下工艺美术设计的想法。会后，常沙娜为她的父亲常书鸿自传《九十春秋——敦煌五十年》现场签名。

穿越——2012年度时尚回顾展 11月29日在中国丝绸博物馆举行开幕式。展览由中国服装设计师协会、国家纺织产品开发中心主办，中国丝绸博物馆承办。出席开幕式的有中国丝绸博物馆原总顾问黄能馥，中国服装设计师协会主席、清华大学教授李当岐，新疆维吾尔自治区人民政府办公厅副主任姚晓君，浙江省文物局副局长陈官忠，国内著名服装设计师、博物馆和文物科技保护领域的领导专家以及来自美国、法国、英国、丹麦、韩国、香港的专家学者等嘉宾。

展览共有展品100余件，分五个部分。第一部分“逆向”，展示的是香港理工大学、北京服装学院、浙江理工大学等高校毕业生以及“汉帛杯”青年服装设计师设计大赛获奖的作品。第二部分“源本”，集中展示中国著名的服装和面料企业的产品。第三部分“科技”，反映高科技应用赋予传统纺织面料的优良性能。第四部分“花境”，展现以花为主题的服装和面料设计。第五部分“圆融”，展示历届中国服装设计最高奖“金顶奖”得主的作品。在开幕式上，还专门为来宾奉献了一台精彩的时装秀，展示2012年“金顶奖”得主曾凤飞、最佳男装设计师王玉涛和最佳女装设计师刘薇的作品。

华装风姿——中国百年旗袍展 3月8日至27日在北京中国妇女儿童博物馆举办。展览由中国丝绸博物馆、中国妇女儿童博物馆、中国美术学院主办。中央美术学院院长潘公凯、中国美术学院院长许江、中国美术馆馆长范迪安、全国妇联组织部长张黎明出席开幕式。开幕式由中国妇女儿童博物馆副馆长杨源主持，许江和赵丰在开幕式上讲话。

展览共分为五个单元：“推陈出新——旗袍的起源”、“历久弥新——旗袍的流变”、“中西合璧——旗袍的新语”、“妙手天成——旗袍的工艺”、“风华永恒——旗袍的今天”。展出的展品共计120余件旗袍，其中既有中国丝绸博物馆收藏的百余件近百年来的旗袍，以及与旗袍相关的老照片、广告画、生活用品，也有20世纪下半叶世界各地华人女性的旗袍和当代设计师设计的旗袍。

开幕式结束后举办了“中华女装学术论坛”。论坛由馆长赵丰主持，许江院长、范迪安馆长、杨源副馆长、杨玲副院长、李当岐教授、吴海燕教授、著名设计师张志峰等嘉宾出席论坛并探讨旗袍与中国女装的关系。

衣锦环绣——5000年中国丝绸精品展 3月30日至9月16日在英国诺丁汉城堡博物馆举办。展览由英国诺丁汉市政厅主办，英国诺丁汉城堡博物馆、中国丝绸博物馆承办。

诺丁汉市市长Michael Wildgust夫妇、诺丁汉市行政长官Leon Unczur、浙江文物局副局长陈官忠、中国驻英大使馆文化处一等秘书张力、诺丁汉特伦特大学副校长Ann Priest、诺丁汉城堡博物馆馆长Ron Inglis、中国丝绸博物馆馆长助理蔡琴等近300名嘉宾出席开幕式。诺丁汉市市长Michael Wildgust和浙江省文物局副局长陈官忠分别致辞。开幕现场还有当地华人表演舞狮、民族舞蹈和民乐演奏。

此次展览通过丝织本源、古代织绣和当代丝绸三大部分内容，展示色彩绚丽的战国至清代的织绣珍品、款式各异的历代服饰、当代丝绸艺术品、织机模型，并辅以手工木织机表演等互动项目。展览还介绍了丝绸与中国古代礼仪制度、科学技术、中外文化交流的密切关系，向观众展现博大精深的丝绸文化内涵。展览的展品主要来自中国丝绸博物馆收藏的57组/92件展品。

此次展览的举办得益于2012伦敦奥运会的举办。诺丁汉市政厅选择中国丝绸博物馆的丝绸收藏作为展示对象之一，与莱期特新城博物馆的“Suits & Saris”和北安普顿博物馆的“The World at Your Feet”共同组成英国东中部地区“世界服饰”（Dress the World）的三个展览，成为2012年伦敦文化奥运中“世界故事”（Stories of the World）的展览项目。

超越历史和物质：中国丝绸艺术展 9月30日至11月30日，在西班牙马德里中国文化中心举办。展览由浙江省文化厅、西班牙马德里中国文化中心主办，中国丝绸博物馆承办。

中国驻西班牙大使朱邦造夫妇、浙江省文化厅副厅长黄健全、西班牙马德里中国文化中心主任罗君以及来自西班牙各界的200多位代表出席开幕式。

展览共分为三个部分：第一部分“自然浑成”，以绘画、剪纸、皮影及灯彩等不同的民间艺术形式，表现人们栽桑养蚕的过程及与蚕桑有关的民俗文化。第二部分“天工之巧”，当代艺术家们在传统刺绣、织锦、缂丝、手绘等工艺的基础上，用新的设计思路对丝绸艺术作品进行形式和内容上的创新。第三部分“标新立异”，当代设计师以丝绸为灵感从各自不同的视角创作新颖的作品。

举办“关爱小候鸟”活动　7月29日，15位杭城户籍的小学生和15位外来务工子女共同参加由中国丝绸博物馆和杭州少儿图书馆联合举办的“小手拉小手、情暖杭少图——关爱小候鸟”活动。

活动中，孩子们结对参与互动游戏，观看博物馆老师的手工缫丝表演，动手体验手工丝绸扎染。

《中国丝绸艺术》英文版荣登《纽约时报》2012艺术书籍榜首　《中国丝绸艺术》是中国外文出版社和美国耶鲁大学出版社共同出版的“中国文化与文明”系列丛书中的一本。全书约42万字，主体部分共九章，依次讲述了“蚕桑丝织的起源与初兴——远古至战国时代的丝绸生产”、“融合创新　承前启后——隋唐五代时期丝绸艺术”等内容。各位专家、学者从文化史、艺术史的角度，对自新石器时代至20世纪初中国历代丝绸的织造技艺、艺术特色、生产格局、造作制度，以及政治、经济、文化、时尚和域外艺术对丝绸发展的影响做出系统解说。书中的650幅配图大多选自美、英、法、中国等国的文博机构及个人收藏，其中有许多都是此前从未发表过的。

《中国丝绸艺术》的出版是中国丝绸史上具有特殊意义的事件。该书是中外一流学者第一次集体尝试写作一本中国丝绸通史。该书的编辑和出版过程长达15年之久。

开展“党的光辉照我心，爱的阳光洒杨绫”主题志愿者活动　中国丝绸博物馆党支部策划了“党的光辉照我心　爱的阳光洒杨绫”主题志愿者活动，该馆的社教部党员携手大学生党员志愿者，与杨绫子学校的孩子结对，共同创作手工艺术作品并组织爱心义卖，义卖所得全部善款全部捐献给学生，用于艺术学习。

（俞敏敏）

浙江省文物考古研究所

【概况】　浙江省文物考古研究所实有在编人员58人（核定编制70人）。其中具有高级技术职务资格的39人，中级11人。

2012年，浙江省文物考古研究所全所职工紧紧围绕中心，服务大局，在各自的岗位上默默奉献，自觉自信，推动各项文物考古工作取得明显成效。2012年5月下旬，浙江省省委常委、组织部长蔡奇一行来所调研，了解创先争优活动开展情况，看望良渚工作站考古人员，实地察看莫角山遗址考古发掘现场以及良渚工作站整理库房，并发表“吃不了苦，考不了古”的微博，赞扬考古人淡泊名利、默默奉献的精神。随后，新华社、中新社、《中国文化报》、《中国文物报》、《中国新闻网》、《光明日报》、《浙江日报》、《钱江晚报》、《共产党员杂志》等媒体刊载考古人事迹。在浙江省纪念建党91周年暨创先争优活动表彰大会上，创先争优活动中涌现出来的考古工作先进代表刘斌荣获“浙江省创先争优优秀共产党员”称号。2012年，刘斌还被授予“全国文物系统先进工作者”、“浙江省创先争优闪光言行月度之星”、“省直机关第二届道德模范”等称号。浙江省文物考古研究所获“省级文化系统创先争优活动先进单位”，研究所党总支获授“省级文化系统基层党建工作示范点”。

一、考古发掘有序开展

浙江省文物考古研究所加强基本建设项目中文物工作的介入力度，做好大型基本建设项目工程中的考古调查、勘探与文物保护工作。

对金衢高速公路拓宽工程、浙能绍兴滨海热电二期、浙能乐清电厂三期、大唐江滨热电配套天然气管道工程、浙能长兴热电配套天然气管道工程、诸暨天然气工程、天然气热电联产抢建项目配套天然气管道工程（浙能常山、琥珀柯城、浙能金东、大唐江山、华电龙游）、杭平申线海宁段航道改造、临海方溪水库库区、浙江音乐学院、亿丰亿盛置业有限公司、浙江海远科技发展有限公司、金华御员园项目、丽水监狱、邱城遗址锦绣天地区块与德隆置业区块等20个高速公路、电厂、天然气、水利工程、房产大中型项目进行了考古调查和勘探工作，调查面积达656万平方米，勘探清理9400平方米。

对建设过程中无法实施原地保护的文物开展考古发掘工作。全年共考古发掘25个遗址（墓地），总计发掘面积5.24万平方米，清理各阶段墓葬、窑址、房址、灰坑等645座（个），出土各类文物5964件（组）。在史前考古方面，开展了龙游荷花山、余姚田螺山、桐庐小青龙、余杭玉架山、官井头、海宁皇坟头和象山姚家山7个遗址的抢救发掘工作。各遗址均有重要收获，其中荷花山遗址再一次证明了上山文化与跨湖桥文化存在地层叠压和文化发展关系；田螺山遗址首次在同一个聚落遗址内完整地发现代表河姆渡文化早晚4个不同阶段的木构建筑遗迹；小青龙遗址首次发现良渚文化中的联排式建筑；官井头遗址发现良渚文化时期的成组石砌遗迹；皇坟头遗址首次发现良渚文化时期的叠石圈遗迹。在历史时期考古方面，抢救性考古发掘良朋上马山、湖州杨家埠、长兴夏家庙、德清歌林小镇、拳头山、绍兴平水小家山、长兴夹浦环沉、武义徐谓礼等墓地，海宁长安闸坝，磐安岭干村明代造纸作坊，庆元潘里垄、湖州瓢山、德清尼姑山窑址等18处，获得许多考古新资料。

继续进行良渚古城考古勘探。完成对古城内北半部的钻探工作，建立登记所有探孔文字、坐标信息的探孔数据库。继续采用机钻系统钻探莫角山遗址，进一步明确莫角山的西部边界。

解剖发掘莫角山东坡、西坡以及大莫角山东南角。对莫角山遗址东坡的发掘清晰了莫角山东坡坡缘的结构、堆筑方式、与坡缘外侧的关系以及年代问题。在其11号灰坑中发现了大量碳化稻米遗存，为莫角山中心区的性质和人口规模的推测提供了新素材。对莫角山遗址西坡的发掘，揭示了莫角山遗址西边缘的小高台与姜家山间南北向凹陷带为良渚时期河道，为良渚古城城内河道网络的复原重建提供新资料。莫角山遗址上有三个高台，即大莫角山、小莫角山和乌龟山，三者之间早年经钻探发现有一面积较大的用砂土和黄土铺垫的活动广场。对大莫角山南坡的发掘基本了解了高台与广场的堆筑关系，确定了彼此的具体年代范围、建筑方式。

城外的扁担山遗址以及良渚水坝系统塘山段所在的罗村的发掘，也取得阶段性进展。对扁担山遗址的解剖发掘证明扁担山为东西向人工堆筑台地形居住址，与城东美人地遗址的性状与年代相似。对塘山遗址罗村段的发掘解决了塘山遗址的年代与堆筑方式问题。同时，对良渚水坝系统罗村周边范围进行钻探调查，对良渚水坝系统所在区域作进一步的遥感分析。

与良渚遗址管委会、陕西大地测绘公司共同合作，对良渚古城及良渚遗址保护区的120平方公里范围进行无人机航拍航测，成功获取理想的正射影像图，为良渚古城及其外围的调查研究，以及良渚遗址总体保护和规划奠定基础。

继续抓紧整理考古资料。2012年，整理平湖庄桥坟遗址发掘资料，基本完成所有出土的一千多件器物的修复、绘图以及墓葬描述。整理湖州钱山漾遗址第三、四次发掘遗物和材料，完成近千件出土遗物的修复、绘图等报告基础性工作，编写《钱山漾报告》，已完成约10万字。完成上山遗址的考古资料整理工作。对海宁小兜里与瑞寺桥遗址作初步整理。

做好文物移交工作。海宁达泽庙遗址与德清亭子桥窑址的文物移交完成方案上报。

二、文物保护顺利进行

配合开展浙江省大运河申遗工作。参与省文物局及运河沿线市县组织召开的大运河保护整治与申遗工作会议。指导运河沿线五市对大运河立即列入申遗点和河道的保护整治。参与水利部、省水利厅等运河保护利用相关考察，参加项目论证与指导，对部分具体项目实施跟踪服务。承办省大运河保护整治工作会议、发布保护整治工作指导意见讨论稿。继续收集、整理运河文献史料，实施运河相关资料的全面收集、异地转存工作。督促指导宁波、嘉兴、绍兴等地完成运河项目的“四有”档案工作。为《嘉兴运河遗产》等书籍出版撰稿。

考古调查大运河海宁长安段长安闸坝遗址。清理中闸、下闸及长安拖坝遗址，证实现存长安三闸为南宋遗迹。

配合中国文化遗产研究院编制《大运河申遗文本》和《大运河国家级保护规划》，提供技术协助。完成浙江省级《大运河浙江段遗产保护规划》的论证修改工作。参与制定的《大运河（杭州、嘉兴、湖州、绍兴、宁波段）遗产保护规划》获2011年度全国优秀城乡规划设计一等奖。

推进《浙江通志》编撰工作。参加文物分卷编委会议、召集主编和编辑会议，推动通志编辑工作。完成通志文物分卷编纂工作方案、编辑部工作方案和编纂体例的制定工作。派员参加省通志第二期培训，组织参与省通志第三期培训。实施通志文物分卷篇目制定工作。篇目大纲方案，经十多轮讨论与修改，初步定稿。

参与省水利厅通志运河卷相关工作，参加会议、考察、大纲撰写、篇目初审。参加省档案局通志档案卷篇目论证。参加省方志办组织的相关协作卷目的工作协调会议。

配合省文物局加强文物保护工程管理及其他工作。2012年完成文保规划、方案设计、施工图文件等审查、论证项目共计112处（次），出具施工意见函与勘察报告10份，现场考察指导或地方评审

60处(次),国保规划维修项目专项审查15处。结合方案审查或项目实施,赴实地检查68次,参加省文物局或县市文物部门实施的工程竣工验收53次。参加省局文保单位保护范围、建控地带划定项目招标、图集工作。复制文保单位“两划”图集所需的文档与图纸160套,接收、存档各地区“两划”图集所需的图纸与文档214套。分类整理国家级和省级文物保护单位“四有”档案325处并作电子备份。接收、整理省级历史文化名镇材料48套。清点整理并移交2011年度23处文保单位设计文本及施工图纸。

配合浙江省建设厅、省文物局开展名城名镇名村(含历史街区)相关工作。参加省文物局、省建设厅、省法制办、省人大常委会组织的《浙江省历史文化名城名镇名村保护条例》讨论,建言献策、完善条例。参加松阳老街整治方案评审,对保护与整治措施提出意见。配合第四批省级历史文化名镇名村申报及新一轮古村镇调查,提供资料与技术指导。为省建设厅组织的全省历史村落保护培训班授课。

承办2012年度全省文物保护培训班,培训省内30余位文保业务骨干。此次培训在以往文保培训模式基础上,分阶段强化了理论学习与实践锻炼,取得良好效果。参加台州市举办的“四有”培训班,并派员授课辅导。

三、科研学术成果丰硕

2012年,浙江省文物考古研究所继续开展杭州地区旧石器时代遗存调查,在建德、淳安等地获得旧石器旷野、洞穴遗址各1处。

继续开展浙中金衢地区早期新石器时代遗存调查与发掘。对龙游荷花山遗址和永康湖西遗址的分布做更全面的调查和探掘,荷花山“石块、石器遗存”的面貌得到更清晰的揭露。经过探掘,湖西遗址发现较丰富的具有原始栽培特征的小穗轴遗存,为稻作农业起源研究提供了宝贵资料。同时,在义乌、永康等地又发现2处早期新石器时代遗址。

继续开展“东苕溪流域原始瓷窑址的调查与研究”课题。调查德清县境内的原始瓷窑址,新发现窑址20处;考古发掘德清商代尼姑山窑址,发现商代龙窑1条,出土商代原始瓷标本2000多件。指南针项目“瓷之源”课题,2012上半年完成调查,完成撰写《东苕溪流域夏商窑址调查报告》并交出版社,相关单位开始各项测试工作,复原实验也已着手进行。

继续开展“战国秦汉时期安吉古城及周边墓葬群的调查与研究”课题。2012年对西苕溪以西,石冲水库以东,安城镇以北,笔架山以南,近50平方公里的范围进行调查及局部钻探。新发现大庄、墙山上、小觉寺遗址3处。在古城遗址南部及东南部的龙山、吴家山、骆驼山、李王山、笔架山及其西面的山前地带,在原有3个墓群登录编号土墩的基础上,新发现土墩250余座。对安吉古城遗址的试掘发现,遗址文化堆积丰厚,时代从战国延续至西晋。调查初步掌握古城遗址及外围更大范围内相关遗存的总体分布情况。

“绍兴越国贵族墓的调查与研究”课题2012年完成了印山大墓1:500比例测绘工作,并开始印山、香山、平水越国贵族墓地的实地调查与测绘。对2011年发掘的香山越国贵族墓葬、平水镇祝家山、2012年上半年发掘的平水镇小家山战国墓葬进行资料整理,其中祝家山和小家山墓葬已经完成线图清绘工作。

继续开展龙泉窑课题研究。调查宋元明窑址80多处,发现多个烧造黑胎厚釉青瓷的窑址,是近年来龙泉窑研究的突破性成果。召开“2012龙泉黑胎青瓷与哥窑论证会”,与会专家围绕龙泉窑黑胎青瓷的产品年代、宋代哥窑产地等问题进行专题论证,明确龙泉黑胎青瓷即是文献中的哥窑产品。

启动教育部重点基地重大项目“秦汉时期江东地区的文化变迁”课题,对课题相关的安吉上马山与湖州杨家埠墓地发掘资料开始初步整理。

继续开展“温州泽雅地区古代造纸工艺传承及遗产环境保护研究”课题,进行实地调研,收集考证资料、完善报告初稿,完成课题年度进度计划。同步考察全省现存古代造纸遗存。申报浙江省文物保护科技专项课题,《木拱廊桥结构传力机理研究》与《浙江地区古代城墙保存现状与工艺技术研究》得到立项批准并已开展工作。继续实施协作项目国家文物保护指南针课题《丽水通济堰价值挖掘与展示利用研究》以及水利部《钱塘江临江古海塘保护加固研究》相关子课题的研究,组织实施现场调查,撰写、提交研究报告。

围绕相关遗址的植物遗存调查,深入开展科技考古工作。完成中华文明探源工程子课题“良渚文化农耕经济研究”,提交《余杭美人地遗址植物遗存调查报告》。完成龙游荷花山遗址周围钻孔点和试掘坑剖面土样的植物硅酸体分析工作。完成平湖庄桥坟遗址植物种子、土壤孢粉与植物硅酸体分析的研究报告。完成钱山漾遗址植物种子、树木遗存、土壤孢粉与植物硅酸体分析研究报告。开展永康湖西遗址的植物遗存调查,部分完成绍兴香山大墓棺椁用材材质鉴定工作。

在考古报告、学术著作编撰与出版方面,完成《晚唐钱宽夫妇墓》、《浙江汉六朝墓报告集》、《起于累土:土台、土墩、土冢》、《武义南宋徐谓礼文书》、《浙江宋元墓志集录·丽水卷》、《玄翠孑霓——德清古陶瓷图录》等报告与著作的出版。《下家山》与《龙泉大窑枫洞岩窑址》均已交稿待刊。完成《塔山遗址》报告编写任务,约 40 万字,已交文物出版社待刊。《浙江汉墓》完成文字与图的编撰,正处理照片部分。《浙南商周石棚墓》完成文字内容,目前在处理图、照片资料。完成《浙江大运河文化遗产》(含《江南运河》、《浙东运河》)初稿编撰。

加强横向科研合作,推动科技考古合作项目深入开展。与故宫博物院合作开展“龙泉黑胎青瓷”课题研究。与南京大学地球科学与工程学院合作开展“良渚遗址群石料矿物及土壤环境测试分析”课题。与中国丝绸博物馆合作开展浙江省文物保护科技项目“浙江早期纺织技术研究——以出土纺织工具为主”。与浙江大学合作国家文物局课题“浙江中部新石器时代早期遗址出土的稻谷遗存及其环境背景”。与“创新联盟”成员单位浙江大学、中国丝绸博物馆、浙江省博物馆合作“潮湿环境下有机质文物的应急保护技术研究”。与余杭博物馆合作开展“玉架山遗址出土玉器无损分析研究”。继续参与浙大主持项目“考古遗址发掘数据采集与集成关键技术研究及应用”。

2012 年举办或共同承办研讨会 5 次,邀请国内外学者就玉架山遗址、钱塘江早期新石器时代文化、皇坟头遗址、龙泉黑胎青瓷与哥窑、秦汉土墩墓等相关问题作深入探讨。秦汉土墩墓遗存引起考古学界关注,《考古》杂志将以专号形式集中发表会议相关成果。与相关单位共同承办“2012 中国南方基建考古区域协作会”,就当前基本建设考古中所遇到的问题作交流和探讨。协助省局承办全国考古工作会议。与萧山博物馆合作举办“钱塘江新石器时代考古成果展”,与长兴博物馆合作举办“秦汉土墩墓考古成果展”。

成立浙江原始瓷考古研究中心。中心的成立有利于开展东苕溪下游地区原始瓷考古调查与发掘、考古资料整理与研究等相关工作,有利于开展学术交流与人才培训、展示原始瓷考古成果,是探索中国瓷器起源、加强国内外相关学术交流、合作的工作平台。

全年接待日本、韩国、美国、澳大利亚等国以及台湾地区专家学者 7 批 40 人,应邀派出 12 批 20 人次出访日本、韩国、美国、俄罗斯以及台湾地区作学术交流。全年撰写与发表学术论文、简报、书稿等 55 篇(部)。

(张建华)

荷花山遗址考古发掘 荷花山遗址位于龙游县湖镇镇邵家自然村南侧的一个山丘上,衢江南侧,海拔高程约 49 米至 64 米。因乡镇经济开发遭到破坏,于 2011 年 4 月被发现。2011 年 9 月至 2012 年 11 月,浙江省文物考古研究所、龙游博物馆对该遗址进行考古发掘。

2012 年发掘与调查发现遗址最深厚位置包含 7 个文化层堆积,发掘清理了灰坑、柱洞等遗迹现象和丰富的陶石器。从发掘出土的遗物分析,遗址的年代约距今 9000—7500 年左右。

初步复原陶器 20 多件,包括大口盆、平底盘(浅腹、深腹)、圜底盘、圈足盘、双耳罐等器形,陶质以夹炭红衣陶和细砂粗泥陶为主。从这些复原陶器和大量带有器形特征的陶片分析,遗址的年代约相当于上山文化晚期,但延续时间较长,西区晚期出现了不少跨湖桥文化的因素,如侈口微敛、沿外侧置对称舌形鋬的绳纹陶釜和圜底钵、锛形石锤、青灰岩石锛等,都具有跨湖桥文化特征。在上山文化晚期器物中,也具有自身的特色,如大口盆器耳的多样化、平底盘中出现筒腹较高的器形、圜底盘以及多镂孔的圈足盘等。

石器形态粗糙,但数量丰富。有磨石、石锤、穿孔器等,多数为鹅卵石简单加工而成,或直接使用留下了摩擦、锤击的痕迹。少量为精加工的磨制石器,如锛、镞等。文化层中发现大量的鹅卵石,当取自附近河滩、作为石器原料带入遗址的。

夹炭陶片中,同样羼和了大量稻壳,反映上山文化利用稻米资源的共同特征。为此,浙江省文物考古研究所科技考古室专门在遗址周围进行了钻孔调查,寻找这一阶段的农耕遗迹及其相关的环境资料,意图对钱塘江上游地区早期稻作农业的研究有新的突破。

荷花山遗址的遗存堆积存在片区分隔的不连续现象,这一现象在上山、小黄山遗址中已有显露，在保存较好的荷花山遗址中得到了更完整的体现。特别是西区探方中，发现一处“石堆”遗存，在百余平方米范围内鹅卵石密集分布，分层累积，其中杂有大量的粗石器，包括石磨盘、石磨棒、石锤、穿孔器等。这些迹象，对复原原始人类聚落生活内容，具有重要的研究价值。

荷花山遗址早期遗存内涵丰富，大口盆、平底盘、圈足盘、双耳罐、石磨盘、石磨棒、石片石器既具有上山文化特征，又具有自身的地域风格，是浙西地区迄今发现的年代最早的新石器时代遗址。

荷花山遗址是继上山遗址、小黄山遗址后，浙江省早期新石器时代考古的又一突破，再次证明整个钱塘江上游地区不但是浙江新石器时代文明的发祥地，也是中国乃至东亚地区最重要的稻作农业文明的重要发祥地之一。同时，荷花山遗址继上山遗址、小黄山遗址、青碓遗址之后，又一次证明了上山文化与跨湖桥文化存在地层叠压关系和文化发展关系，为研究浙江地区早期新石器时代文化的区域分布、源流关系，特别是上山文化与跨湖桥文化的发展关系提供了珍贵的资料。

（蒋乐平）

田螺山遗址考古发掘 2012 年 1 月至 12 月，浙江省文物考古研究所与河姆渡遗址博物馆联合对田螺山遗址进行考古发掘。2012 年的田螺山发掘，按不同年份的不同工作区域划分，是第 5 次发掘的后半阶段。

2012 年，在保护棚内的发掘工作重点向早期堆积继续推进。在保护棚内 1200 平方米发掘区的中部、东部 500 多平方米的范围内，初步清理出以排桩式基础为特征的河姆渡文化早期干栏式建筑典型遗迹，首次在同一个聚落遗址内完整地发现了代表河姆渡文化早晚 4 个不同阶段的木构建筑遗迹，即第一期的密集排桩式的建筑遗迹；第二期的挖坑埋柱式；第三期的挖坑、垫板立柱式；第四期的挖浅坑、垫烧土、石块、木条等杂物式。这一发现实现了河姆渡文化干栏式木构建筑探索的真正突破。

出土多件特殊遗物，如象纹雕刻木板、独木梯、双鸟木雕神器、木磨盘等，它们为见证河姆渡文化各方面超凡的技术和艺术水平增添了不可多得的材料。并发现了丰富的与村落建筑布局相关的各类生活遗迹、遗物，特别是多处鱼骨堆（坑）、牛头骨、鹿角、龟甲壳、稻谷壳堆、木屑堆、橡子和菱角储藏、处理坑等。

在田螺山聚落居住区西侧的古稻田发掘区内，再次揭示出河姆渡文化晚期稻田以及位于稻田边上、并与村落相连的用大量小木条、树枝条、细竹杆等材料纵向铺设的东西向小路。更加重要的是在早晚期两个阶段稻田堆积之间发现了厚度在 70 厘米左右的纯淤泥层，它确凿表明，在河姆渡文化中期，出现过一个阶段的明显海平面上涨过程以及稻作农耕环境退化的阶段性情况。在深 270 厘米的堆积中还揭示出一个清楚的早期田块的转角，以及边缘略微隆起似田埂的迹象。这些新发现为进一步研究河姆渡时期稻作农业技术状况以及与自然环境变迁的密切关系提供了珍贵视角。

田螺山遗址 2012 年出土的遗迹、遗物为科学系统地研究河姆渡文化，重新确认河姆渡文化在中国稻作农业起源、发展进程，以及干栏式建筑起源、中国南方史前聚落形态、南岛语族文化渊源等国内外重大学术课题积累了更加重要和丰富的材料。

（孙国平）

皇坟头遗址考古发掘 皇坟头遗址位于浙江省海宁市海昌经济开发区张家堰村，因开发区道路建设工程，浙江省文物考古研究所于 2011 年 3 月开始对该遗址进行抢救性发掘，已发掘面积 3700 平方米，2012 年发掘工作仍在继续进行中。

2012 年发掘发现崧泽至良渚文化的土台 4 个，土台之间相对独立布列。揭露比较完整的Ⅱ号土台面积约 600 平方米，现存土台高度约 2 米。土台最早在东端营建，并用石坎驳砌。然后经过 3 次以上向西南方向扩展的过程，形成东北—西南走向的土台。在全部土台上发掘清理了崧泽文化墓葬 2 座、良渚文化墓葬 110 座，良渚文化墓葬大部分年代处在良渚文化中期。共出土随葬器物 1500 多件，以陶器和石器为主，还有一些玉器、骨器等。陶器的基本组合为鼎、豆、双鼻壶，石器的种类有钺、镰、多孔石刀和以往旧称的“耘田器”等。相对于其它地点，皇坟头遗址石镰、“耘田器”的出土比例较高，尤其是在其他遗址少见的多孔石刀在皇坟头遗址有较多的出土，表明皇坟头遗址在良渚文化范围内具有自身鲜明的特点。

发掘的重要收获是发现了 17 个良渚文化时期的叠石圈遗迹。这类叠石圈通常分布在土台的边缘，层位学上可以确认它们属于良渚文化。叠石圈平面大致呈圆形，保存基本完整的直径在2.8～3.5米之间。它们用块石叠砌而成，个别叠砌在小石子铺成的层面上，大多叠石圈内外壁砌筑整齐，残存高度0.2～0.5米不等。叠石圈内的堆积中除有极少的陶片外无其他遗物。从平面分布状况和出土层位初步推断，叠石圈可能是良渚文化时期与墓地营建和丧葬制度有关的遗迹，这在整个良渚文化范围内还是首次发现。

（芮国耀）

良渚古城考古发掘 2012年1月至12月，浙江省文物考古研究所良渚工作站在原有工作基础上，继续进行考古勘探，并为了了解莫角山遗址的东西边界，以及大莫角山高台与整个土台的堆筑过程与关系，对莫角山东坡继续作发掘，同时对西坡以及大莫角山东南角进行了解剖发掘。在城内发掘同时，对城北的扁担山遗址进行了解剖，都取得了阶段性进展。基本搞清了莫角山东部边界的堆筑方式、使用过程以及年代。确认莫角山西部与姜家山之间原有南北向河沟隔开，因此才形成地貌上整齐边界。大莫角山与整个莫角山遗址，在修筑时统一设计规划，堆筑基础青灰土时即在大莫角山边缘留出围沟，然后分别起筑。扁担山遗址为人工堆筑的长条形居住地，其生活堆积与美人地以及卞家山遗址的年代一致。因此起码在良渚文化晚期，在良渚古城周边分布着成长排的居住高地，在城外形成围合之势。

2012年4月份，浙江省考古研究所、良渚遗址管委会与陕西大地测绘公司合作，对良渚古城及良渚遗址保护区的120公里范围（西至彭公乡，东至良渚镇，北至大遮山，南至大熊山）进行了无人机的航拍航测，成功获取理想的正射影像图，为良渚古城及其外围的调查研究，以及良渚遗址总体保护和规划奠定基础。

为进一步了解莫角山遗址的堆筑情况以及原始地貌，3月10日至4月28日，良渚工作站继续采用机钻对莫角山遗址进行系统钻探。此次共布10条机钻路线，钻孔95个，钻探总深度930多米，机钻孔皆深入到生土层，钻芯经现场分层，按统一格式编号、照相、填表登记并建立数据库，钻芯按编号集中收集保存。

通过系统机钻，进一步证实了2010年的钻探结果，即莫角山遗址是依托于西部自然山体，总体设计规划，底部统一用青灰土堆筑到一定高度，然后再用黄褐土夯筑，青灰土应取自于附近沼泽地，黄褐土则取自于自然土山。从钻探情况看，莫角山西半底部山体向北绵延至黄泥坎村一带，向南延伸至桑树头及原杭州市儿童福利院附近。这些断续的黄泥山很可能是莫角山以及城墙的堆土来源。

经过钻探也进一步明确了莫角山的西部边界。

良渚古城城内钻探。古城城墙自2007年发现以来，对于城墙内轮廓的准确边缘，城内遗址分布格局，城内水系分布等一直不清楚，为了解决这些问题，2012年与陕西龙腾钻探公司合作，继续对古城内进行铲探，截止到12月初，已经完成对古城内北半部的钻探。从现阶段的钻探结果来看，城墙内轮廓与外轮廓一样，都有马面的迹象，而内城河紧依城墙边缘环绕。所有探孔都做了详细的文字记录，并用RTK测绘坐标，最后统一输入专门的探孔数据库。

莫角山遗址东坡的发掘（城内）。2010年下半年至2012年上半年，为了解莫角山东坡坡缘的结构、堆筑方式、与坡缘外侧的关系以及年代问题，良渚工作站在东坡布10×5米的探方10个进行了长达一年多的发掘。经发掘证实莫角山东坡经过三个步骤堆筑而成：第一步，统一用青淤泥堆筑莫角山的大基础；第二步，用河里的较纯砂，在青淤泥面上铺一层浅灰砂土，加高一层灰黑色土；第三步，在浅灰黑色土面上，先堆筑莫角山的东侧外围边缘，堆筑方法是以板夯方式先堆筑一垄截面呈梯形的芯板，然后两侧分次夯实，形成多条以芯板为中心的夯层。东坡坡缘以东是生活废弃堆积，在生活堆积之上逐渐加高、扩大而形成新的生活面。

另外，在H11之中发现大量的碳化稻米遗存，推测可能是两次失火导致。经钻探，灰坑范围600－700平方米，厚达40厘米左右，据测算上部每50毫升土内含稻谷约60－70粒，下部含160－200余粒。以千粒重15克计算，这两次火灾造成的稻谷损失达2－3万斤。这批资料为莫角山中心区的性质和人口规模的推测提供重要线索，也为中国稻作农业课题的研究提供充分的素材。

莫角山遗址西坡的发掘（城内）。在莫角山遗址西边缘外有一小高台——姜家山，二者之间有南北向的一条凹陷带，结合数字高程模型图（DEM），推测中间这条凹陷带可能为一条河道，南北向外延伸连接内城河。期间对此区域还进行过机钻和铲钻，结果显示在莫角山西侧、姜家山东南部发现良渚时期的河道；另在莫角山东北侧坡缘处发现有一曲尺状分布的石头遗迹，总长65米，宽约1至2米。为了验证河道的有无、确定其走向、年代，了解石头遗迹的性质、结构、年代等问题，在2012年4至6月、11月至2013年1月，对这一区域进行发掘，总布方面积640平方米。通过上半年的发掘，基本上确定良渚时期河道的存在（G3），这为良渚古城城内河道网络的复原重建提供新的资料。

大莫角山南坡的发掘（城内）。莫角山遗址上有三个高台，即大莫角山、小莫角山和乌龟山，三者之间早年经钻探发现有一面积较大的用砂土和黄土铺垫的活动广场，为了解决高台与广场的堆筑关系、确定彼此的具体年代范围、建筑方式等问题，2012年8月至12月，在大莫角山南坡边缘布了南北向的一条长探沟，加上扩方，总发掘面积约270平方米。经过发掘认识到，大莫角山和南面的活动广场是同时建造而成的，中间预留有一条东西向的沟状遗迹，其下在青灰堆土之上发现有木板，两横三纵，纵向的为枕木，长2.6－3.54米，彼此等距间隔，横木架于其上向东西两面延伸，暴露长度约3.8米。大部分木头已朽成灰泥，只有少数残留。

沟状遗迹使用一段时间之后被有意填平，其上形成一生活面，上面发现有较多的柱洞、柱坑。由于发掘面积有限，关于沟状遗迹和木板的性质、用途问题还需要进一步的探讨。

扁担山遗址发掘（城外）。扁担山遗址位于良渚古城城北，成东西向长条形分布。与东部和尚地遗址对应。2012年11月在扁担山中部进行解剖发掘。经解剖发掘初步证明，扁担山为东西向人工堆筑台地形居住址。与城东美人地遗址的性状与年代相似。

塘山遗址罗村段的抢救性发掘（城外）。2012年8月，塘山遗址罗村段因村民在遗址上盖房，地基过深，遂派人进行现场清理。为了解决塘山遗址的年代及堆筑方式等问题，在地基靠东的地方布一南北向5×25米的探沟一条，发现一良渚时期的灰坑打破土垣。塘山遗址当属良渚时期。土垣的堆筑过程大致分为两个阶段，首先是大面积的平行状堆土，其后在其上堆筑一条条垄状的堆土带，彼此叠压；堆土中陶片很少，但都是良渚时期的。

在清理房子地基的过程中，发现一个汉代的大灰坑，其中出土大量的高温釉陶，包括弦纹罐、盘口壶、纺轮等，大多保存完整，但多有变形，疑似烧窑的残次品。这批釉陶对于了解当地的历史沿革和汉代制陶工艺是一批宝贵的材料。

（刘　斌　王宁远）

小青龙遗址考古发掘　小青龙遗址位于桐庐县，距离杭州西南约100公里，地处钱塘江中游的低山丘陵地区。遗址坐落在一西北－东南向的垄状岗地上，海拔54－60米。因海博大酒店工程建设，遗址面临破坏，2011年9月至2012年9月浙江省文物考古研究所与桐庐博物馆联合对遗址进行考古发掘。

遗址分南、北两区，发掘面积共3000平方米，北区清理良渚文化墓葬34座，建筑遗迹3处，沟槽2条，灰坑28个，南区清理良渚文化墓葬10座，灰坑6个，烧火坑1个，墓葬中共出土陶器、石器、玉器、漆木器等各类遗物200余件。

小青龙遗址是浙西地区首次发现的完整的良渚文化墓地，而且等级较高。高等级的墓葬位于北区的西部，大多为东北—西南向，方向在60°左右，成排分布，其中又以M6－M10－M7－M33－M30－M21这一具有中轴意义的墓列等级最高，这一列的6座墓葬均随葬有玉钺，而等级稍低的墓葬则多为西北一东南向成排分布在高等级墓葬的北部。墓葬中随葬品以玉石器为主，陶器一般每墓仅随葬双鼻壶1件，高等级墓葬多随葬玉钺和漆觚，这些都是小青龙良渚文化高等级墓葬最显著的特点。

建筑遗迹3处，沟槽2条，均位于北区墓地南部约10米处，其中以F1最为典型。F1为一多间联排式建筑，共由七个长方形单间组成（也可能为四间顺次排列），大约呈东西向一字排开，单间宽1.5—1.8米，进深3－5米，门向均朝西北。建筑方法为挖槽栽柱的方法，在房子的后部即南部则有意将基槽开挖成长方形深坑，所埋设的柱子也明显较房子其他部位的柱子粗壮。室内未发现活动面及其他生活设施。在F1左前方发现呈排分布的柱洞10个，F1后方发现基槽两条，以上遗迹可能都与F1相关。考虑到F1室内空间狭窄，未发现相关生活设施等情况，不排除其为杆栏式建筑的可能。

桐庐小青龙遗址的发掘，对于了解浙西山地丘陵地区的考古学文化面貌及这一地区与东部平原地区的史前文化关系有重要意义，联排式建筑在良渚文化中尚属首次发现。

（仲召兵）

瓦窑路窑址考古发掘 继2011年国庆期间于龙泉县小梅镇瓦窑路窑址发现龙泉窑黑胎窑址堆积坑后，2011年年底至2012年6月，小梅镇小学校舍建设过程中在瓦窑路窑址内发现窑炉迹象，因此，浙江文物考古研究所会同龙泉县博物馆报批国家文物局，对该窑址进行抢救性发掘。此次发掘清理残存的斜坡式龙窑窑炉遗迹一座，并在窑炉周围布方发掘，共布探方9处，探沟8条，发掘面积近300平方米。

探方和探沟的发掘结果表明，该处窑址除窑炉遗迹外，已无堆积地层发现，残存碎片极少。发掘的斜坡式龙窑残长10.6米，宽1.58—1.72米，方向252°，窑床坡度12°。仅残存窑前工作面、火膛、和一段窑室。窑炉侧壁残高仅0.5米。窑室底部残留部分匣钵，出土少量粉青釉黑胎青瓷，与窑炉外堆积坑内发现的开片玻璃釉黑胎青瓷大相径庭，为研究该窑址的性质，研究龙泉窑黑胎青瓷的内涵提供更加丰富的资料。

（沈岳明　徐　军）

潘里垄宋代窑址考古发掘 2011年9月至2012年7月，为配合竹口工业园区瓦窑山区块低山缓坡开发工程，由浙江省文物考古研究所、庆元县文物管理委员会办公室联合组成的考古队在庆元县竹口镇潘里垄清理了1处宋代窑址。

此次发掘的窑址编号Y2，发掘面积800平方米。清理出窑炉一处，为龙窑形制，残长26米、宽1.4米、高0.2—0.6米。窑具有M型匣钵、漏斗型匣钵、圆形垫饼、手捏垫柱、柱形垫圈等。产品以黑胎黑釉瓷盏为主，兼有少量擂钵、执壶、坩埚、罐、青瓷器等。黑釉瓷盏分束口、敞口、直口三种类型，品优者有兔毫纹。

潘里垄瓷窑址为浙江境内以烧黑釉瓷茶盏为主的窑址，其产品系建窑风格，时代为南宋早期。潘里垄窑址的发掘对研究建窑的分布地域、生产工艺及浙闽毗邻地区的窑业、文化交流具有重要价值。

（刘建安）

玉架山遗址考古发掘 玉架山遗址位于杭州市余杭区东部，西距良渚遗址群20余公里，遗址总面积约15万平方米。2012年2月至12月，浙江省文物考古研究所联合余杭博物馆考古发掘，发掘面积约4000平方米，清理良渚文化墓葬24座、房址1座、灰坑2座，出土各类遗物约300件。

在环壕Ⅵ周边寻找古水稻田的过程中，发现原环壕Ⅵ西壕沟的外侧存在着一处良渚文化堆筑土台，土台的东、南、西三面有壕沟，北面不详；面积约3000平方米。经过发掘，认为它是环壕Ⅵ在良渚文化中期之后的扩展部分，与环壕Ⅵ原应为一个整体。土台上清理良渚文化晚期墓葬18座（环壕Ⅵ共清理36座），陶器组合为鼎、豆、罐；石器主要为石钺，偶见石镞；玉器以管珠为主，其他还有璧、璜等。

（楼　航）

上马山古墓群考古发掘 2012年2月至12月，因安吉县天子湖工业园区的建设，浙江省文物考古研究所和安吉县博物馆联合继续对上马山古墓群进行抢救性发掘。2012年度共发掘土墩11座，清理墓葬42座，出土陶、瓷、玉、石、铜、铁器等各类随葬器物552件，其中两周时期土墩墓11座，战国竖穴土坑墓2座，西汉竖穴土坑墓24座，东汉砖室墓5座。

D141、D148两座土墩均为单纯的先秦时期的土墩，墩内10座墓葬时代为西周中期—春秋晚期，除一座石床墓外，其余均为平地覆土掩埋的土墩墓，出土的随葬器物以原始瓷器、印纹硬陶器为主，器物种类有原始瓷豆、碗、盂、杯、印纹硬陶坛、罐等，仅D141M1一座石床墓随葬了26件器物，其余各墓随葬品数量均在10件以下。

一座土墩（D140）是在已有先秦土墩的基础上经西汉再次利用形成的，墩内共发现墓葬3座，包括1座春秋时期的土墩墓和2座西汉初期的竖穴土坑墓，两座土坑墓均打破了土墩墓，导致土墩墓仅残存3件随葬品。

汉代竖穴土坑墓依然是发掘的重点，有5座土墩内墓葬均为单纯的汉代土坑墓。根据墓葬的平面形制结构，24座墓葬可分为三型，其中“凸字形”墓葬1座，带斜坡墓道的甲字形墓葬6座，其余17座平面均为长方形，随葬品的数量多则20—40件，少则10件左右，与三型墓葬的大小、等级相适应。出土的器物以陶器和釉陶器为主，器物种类有鼎、盒、壶、瓿、罍、罐等，其他出土的器物还有铜镜、铜釜、铁釜、铁剑、铁削、玉璧等。

D139是一座平面直径不足30米、高2米以下的中型土墩，墩内共发现时代相近的西汉中晚期竖穴土坑墓16座，墓葬排列紧密、井然有序，墓葬间绝无打破关系，有4对8座墓葬为两两并列的异穴合葬墓，13座墓葬墓向基本均为南北向，体现出明显的经过统一规划的墓地特征，土墩极有可能就是一个家族墓地，这一资料为研究湖州地区同类土墩内的墓葬的关系及土墩的性质提供了宝贵的资料。

（田正标　游晓蕾）

小家山墓地考古发掘　小家山墓地位于绍兴县平水镇四丰村蔡家岙北面。因绍兴县平水副城于此地建设，浙江省文物考古研究所与绍兴县文化发展中心联合组队，2012年2月至7月，对小家山墓地进行抢救性考古发掘，共清理墓葬37座，出土随葬品260余件（组）。

战国墓3座，均为土坑墓。出土原始瓷鼎、提梁盉、匜、鑑、罍、碗、盅、杯、印纹硬陶罐、坛等器。从器物分析，三座墓葬均为战国早中期。其中，M17是此次发掘的重要收获。该墓呈"甲"字形，由墓道和墓室两部分组成，全长13.26米，墓道长3.86米、墓室长9.40米。该墓虽被盗，但还出土了玉璜\玉扣饰、青铜矛、铜镦、原始瓷罍等随葬品。墓中出土的原始瓷罍腹径达42.4厘米，肩部装饰四个铺首衔环，其硕大的体型和特殊的装饰，在绍兴属首次发现。

在距M17西北角约10米处发现一该墓的器物陪葬坑。器物坑为竖穴岩坑，近东西向，共出土原始青瓷和印纹陶器45件。原始瓷大部分为仿铜礼器，有兽面鼎、盆形鼎、盖鼎、盂形鼎、提梁盉、匜、盘、鑑等。

三座战国墓的发现，丰富了越国战国时期的墓葬资料，对越国墓葬的分期、墓葬等级、墓葬习俗、随葬器用制度的研究，具有重要意义。

汉、六朝墓33座，分为土坑木椁墓、砖椁墓、券顶砖室墓等。墓葬保存状况不佳，除3座保存完整外，其余均被盗。出土随葬品有鼎、盒、瓿、罍、壶、罐、灶、井、铜镜、铜钱、铁釜、铁刀、铁剑、铁削、石黛板和石研磨器等器类。

汉代墓葬年代大部分为西汉晚期至东汉初，少量墓葬年代可到东汉晚期，墓葬大部分分布于山脊，没有明显的封土，这种分布和埋葬特点有别于环太湖地区的湖州、安吉等地同时期墓葬的埋葬习俗，此次发掘为汉代墓葬的分期与分区研究提供了实物资料。

六朝墓葬虽被盗一空，但出土了精美的墓砖纹饰、模印青龙、朱雀、玄武等的画像砖，有些墓葬还伴出纪年砖，年代确切。画像砖浙江地区少出，而北方地区多见。六朝墓的发现为研究浙江地区六朝墓葬的丧葬习俗、南北文化交流及民族融合提供了重要资料。

另有明代万历年间墓葬一座。

（黄昊德）

姚家山遗址考古发掘　姚家山遗址位于象山县丹东街道梅溪村姚家山自然村村西的小山丘山，距塔山遗址约500米。2012年3月至9月，为配合丹城—梅溪公路的贯通工程建设，浙江省文物考古所联合象山县文管会对姚家山遗址进行考古发掘，布10×10米探方14个，布5×10米探方5个，发掘面积约1500平方米。清理史前时期的竖穴土坑墓葬2座，清理商周时期红烧土遗迹一处，明清时期墓葬3座，明清时期窑2个。出土锛、凿、斧、刀、纺轮、箭头、磨石等50余件石器，完整的夹砂红陶豆1件，管状玉玦2件。姚家山遗址位于塔山遗址的东南，可能与塔山遗址是一个整体。姚家山遗址包含河姆渡文化晚期、商周时期乃至唐宋明清时期的文化堆积，史前和商周时期的堆积均有1米左右，保存状况较好。此次发掘出土的距今五六千年的管状玉玦，为塔山遗址中首次发现，另外还出土了商周时期的建筑遗迹，以及多种多样的石刀、石犁等遗物，这为象山地区史前文化的研究提供了不可多得的材料。

（杨　卫）

安吉古城遗址调查与勘探　古城遗址位于安吉县递铺镇古城村，平面近方形，四周为保存基本完好的土筑城墙，城墙外有护城河，城内东西长600米，南北宽550米，面积约33万平方米。2012年3月至6月，浙江省文物考古研究所与安吉县博物馆联合调查与勘探。2002年考古试掘发现，遗址文化堆积丰厚，时代从战国延续至西晋时期。古城遗址南、东北、西北三面直径约6公里的范围内，分别有龙山、笔架山、上马山三个墓群，墓葬分布十分密集，作为省、县级文物保护单位共登记土墩600多座，墓葬时代上至春秋、战国，下至汉晋，与古城遗址的存续时代基本对应。城址东北约800米处，有一座四周有环壕和部分土筑城墙的小型城址，城址面积约4万平方米。2009、2010年，先后在城址东侧和西北不远处发现山墩遗址和王家墩遗址，其中山墩遗址的文化内涵与古城遗址基本一致，而王家墩遗址经小面积发掘，初步了解遗址为崧泽晚期—商周时期有环壕的聚落。

为进一步了解古城遗址外围相关的遗迹情况，2012年度在西苕溪以西，石冲水库以东，安城镇以北，笔架山以南，近50平方千米的范围内进行调查及局部钻探。新发现大庄、墙山上、小觉寺遗址3处。在古城遗址南部及东南部的龙山、吴家山、骆驼山、李王山、笔架山及其西面的山前地带，在原有3个墓群登录编号土墩的基础上，新发现土墩250余座。

大庄遗址位于古城遗址西北角，距城墙西北角仅约100米，为高于地表的土台，平面呈长方形，面积约5000平方米，土台地表可见方格纹、席纹硬陶片，西南部断面发现有泥质灰陶绳纹板瓦，钻探发现土台为夯筑而成，应与古城存在极为紧密的关系。

墙山上遗址位于古城西北约1500米，为明显高出周边田地的台地。遗址平面近圆形，面积约1.8万平方米，中间现为水塘，台地地表可见米筛纹硬陶片，现有断面发现有丰厚的文化堆积，包含遗物有绳纹夹砂陶片、叶脉纹硬陶片及较多炭粒、红烧土颗粒等，村民早年采集的遗物有早至良渚文化时期的石钺，表明遗址的时代跨度为新石器晚期—商周，钻探发现文化层厚度局部达3米左右。此外，调查还发现山墩遗址东部约15万平方米范围内，也存在与山墩遗址内涵基本一致的文化堆积，表明山墩遗址的范围在原有调查的基础上有所扩大，总面积达30多万平方米，大体相当于古城遗址的面积。

此次调查初步掌握古城遗址及外围更大范围内相关遗存的总体分布情况，为古城及其他不同性质相关遗存空间关系的建立提供了基础资料，为大遗址框架的建立、古城遗址的科学保护和深入研究打下基础。

（田正标　游晓蕾）

官井头遗址考古发掘　2012年4月至12月，为配合良渚文化村房产项目，浙江省文物考古研究所对杭州市余杭区良渚镇官井头遗址进行了考古发掘，共计揭露面积5000余平方米，清理良渚文化成组石砌遗迹1处、墓葬58座、房址4处、灰坑8个，出土各类文物700多件。此外清理宋代砖室墓4座、汉代窑址1座、战国灰坑和灰沟6处。

良渚文化成组石砌遗迹是此次考古发掘的重要收获。遗迹主体为一个椭圆形的石砌水池，呈西南—东北向，水池口部直径3.6—7米，深1.5米。水池西南部有往南延伸的石砌排水沟，长18米。排水沟南端朝西弯折，被一宋代扰坑破坏。水池东北部外侧有较宽的石砌面，其中有一口石板加石块构筑的方形水井，距水池北缘约2米。井口边长0.9米，深1.3米。石砌遗迹采用山上开采的石块垒叠，棱角分明，大小不一。水池周边所垒的石块之间填土呈灰白色，可能含有某种粘合剂。这种既有排水设施，又有配套水井的石砌水池遗迹，是良渚文化考古史上的首次发现。

良渚文化墓地已清理墓葬共58座，墓坑长1.6—3.2米，宽0.4—1.4米，出土随葬品合计600多件。随葬品以玉器为主，陶器次之，石器少见。玉器器形有璧、琮、琮式管、璜、玦、圆牌饰、柱形器、梳背、镯、锥形饰、管、珠、泡等；陶器以鼎、豆、罐为基本组合，偶见盆、纺轮、甗、澄滤器、杯等；石器有钺、纺轮、锛、镞4种器类。墓葬头向绝大多数朝北，这与以往所见大多朝南的葬俗有明显差异。随葬30件以上玉器的贵族墓葬近10座，个别墓葬发现有新的玉器造型。M51是一座代表性墓例，墓坑长315、宽140、深60厘米。棺内外填土差异明显，墓底铺一层红斑土，棺外四边均有圆形护木。出土遗物共53件，其中玉器占48件，种类有镯、璜、梳背、玦、圆牌饰、锥形饰、管、珠、泡等，陶器为鼎、豆、罐、盆、缸。

官井头遗址的聚落布局大体以一条东北—西南走向的冲沟为界分东、西两区。西区又以成组石砌遗迹为界，西面为生活区，东面为墓地。东区的中部有房屋遗迹，其周围埋设墓葬，其中贵族墓分布在其东侧。两边墓地的时代接近，多数为良渚早期（有的可早至崧泽与良渚文化过渡阶段）。据开口层位和随葬品特征，初步判断墓地应有三个阶段的更迭。

官井头遗址虽然在以往框定的良渚遗址群之外，但经过2004年之后的一系列考古工作，现已探明大雄山丘陵南麓的文化堆积几乎连成一片，且从马家浜文化开始已有人类活动，崧泽文化、良渚文化乃至两者过渡阶段的遗存都较丰富。包括官井头遗址在内的大雄山丘陵南麓文化带，与当时的良渚遗址群应具有密切关系。官井头遗址的发掘对研究良渚遗址群的分布格局和发展脉络具有重要意义。

（赵　晔）

瓢山窑址考古发掘　瓢山窑址是在2011年"瓷之源"课题组调查时发现，位于湖州市埭溪镇东红村的瓢山上，共有两处，相距约400米左右，隔山岙相望。窑址发现时埭溪镇正在该地区进行土地平整项目，窑址部分已破坏。2012 年 5 月至 6 月，浙江省文物考古研究所会同湖州市博物馆进行抢救性发掘。

1 号地点位于山坡北坡，因开垦梯田而受严重破坏，地面散落大量陶片、烧结块、少量原始瓷标本，试掘发现文化层几乎不存，因此仅采集部分标本而未作进一步发掘。

此次的发掘主要针对 2 号地点。该窑址分布面积约 300 平方米。发掘面积近 100 平方米。清理了窑炉遗迹及丰富的地层堆积。

窑址堆积比较丰厚，最厚处近 1 米左右，可分成两个时期，早期为夏代晚期，晚期为商代。出土大量的产品标本。

发现并清理窑炉一条，已遭严重破坏，窑尾不存，保留部分火膛、两侧壁亦保存不佳，几乎完全破坏。残长 4.2 米、西头上坡处宽 2.9 米、东头下坡处宽 2.2 米，方向 105 度、坡度 22 度。窑炉底部土层中夹杂有少量的原始瓷与硬陶片，显示该窑炉经过多次修整再利用。

出土的产品标本基本为原始瓷与印纹硬陶，原始瓷形态相当原始，胎与硬陶一致：胎色较深，多呈灰黑色、青灰色、紫红色、土黄色等，且多不纯净，大多数胎呈夹心饼干状，内灰黑外土黄、内土黄外青灰色等；胎质较疏松，夹有大量的大小不一气孔，吸水率较高。火候较高，胎质较硬，除一部分生烧的外，几乎不见软陶。器型主要包括钵、三足盘、长颈罐、大翻折沿罐、豆、网坠形器、垫、拍等，施釉部位多位于器物朝上的部分，如三足盘的内侧、罐类器物的肩部及口沿等，釉层较厚都往往集中于器物的一侧局部、如罐的肩及颈、豆柄的一侧，施釉线不清晰，有釉与无釉处逐渐变薄过渡。多数器物釉层极薄，仅在局部釉的小范围内釉层较厚，向四周逐渐变薄而呈极薄的点状，厚釉处施釉不均匀，呈点状凝釉，玻化程度较高，玻璃质感强，但胎釉结合差，剥釉严重。釉色呈较深的黑褐色、棕褐色或青色的。而无釉的部分，包括硬陶，外表呈深色的的黑褐色或棕褐色衣或膜。硬陶包括素面与印纹硬陶两种，基本为长颈罐与翻折沿罐类器物，纹饰均为曲折纹。无论是原始瓷还是印纹硬陶，罐类大型小口类器物内腹不平，均有较多的凹窝，印纹硬陶凹窝更密集、更深。原始瓷外腹光洁，许多器物可看到外腹极细密的横向涂抹痕迹，口沿部分旋纹多数较为规则，也有不甚规则者，判定此类器物为手制泥条盘筑成型。小件器物如钵类内外腹均光洁，当为轮制成型。

瓢山窑址是目前发现并发掘的最早的原始瓷窑址，时代可到夏代晚期，原始瓷无论是胎还是釉均具有相当的原始性，某些特征上与硬陶更相似，是硬陶与原始瓷刚分野的一种形态。此次清理的窑炉亦是目前已知最早的龙窑炉遗迹，它与同一地区的北家山窑址、南山窑址构成瓷器起源及其初步发展的早期形态。

（郑建明）

尼姑山窑址考古发掘　尼姑山窑址位于德清县洛舍镇砂村宅前自然村的北边，西南与 2008 年初发掘的长山战国窑址位距约 500 米左右，与新发现的野猫山春秋晚期窑址相邻，2012 年“瓷之源”课题组在调查中发现。窑址坐落于洛舍镇开发区内，2012 年 7 月至 8 月，浙江省文物考古研究所会同德清县博物馆进行抢救性发掘。发掘面积近 200 平方米，清理残龙窑炉一座，产品标本若干。

尼姑山是一座比较低矮的馒首形小山，满山茶树，窑址位于山坡的北坡，堆积破坏严重，地层堆积不厚，且保存面积不大，保存的地层中有大量的红烧土烧结块以及少量的产品标本，包括印纹硬陶和素面硬陶两种，不见原始瓷，此窑可能纯烧陶器，不烧原始瓷。印纹硬陶标本器型主要是各种罐或瓮类器物，胎色红褐色为主，拍印纹饰多为粗大的菱形状云雷纹、菱形纹或折线纹（人字纹），但也有小而浅细的菱形状云雷纹。部分器物素面，表面有一层极薄的釉层，胎与硬陶接近。

窑炉保存不佳，仅存火膛部分，锅形下凹，青灰色烧结面，上坡窑床完全不存，从形态上分析，应该是龙窑炉。

从产品的纹饰、器型等方面来看，窑址的时代约在商代。

这是目前浙江东苕溪流域清理的第一条商代硬陶窑址，特别部分产品还有极薄的釉层，对于了解这一地区的陶器烧造技术及其与原始瓷之间的关系具有重要意义，也为该地区先秦时期的陶瓷业生产增加了一个新的类型。

（郑建明）

环沉遗址考古发掘　环沉遗址位于长兴县夹浦镇环沉村老 104 国道西边。为配合明珠路北延伸段的改建工程，2012 年 8 月至 10 月，浙江省文物考古研究所和长兴县博物馆进行抢救性发掘。共发掘面积 310 平方米。

根据地层堆积和平面遗迹的

分布情况看，该遗址的古代人类活动，大致可以分为两个阶段。第一阶段，发现房屋基址F1及打破基址的一条沟G1、二个灰坑。F1在三个探方中都有，西南两边被晚期大沟打断，东北两边往探方外延伸。基址的生活面已遭破坏，大量的柱洞保存较好，从柱洞剖面看，底部大多呈圆锥形或扁锥形。T2的柱洞排列较杂乱，T3的有比较规则的南北向三排，但无法确定房屋单元。G1打破房屋基址，基本呈东西向，其西端被晚期大沟打破，东端往探方外延伸。沟中出土大量的陶片及少量的印纹硬陶和原始瓷碎片。两个灰坑都打破房屋基址F1。H1位于T3的东北端，在T3内只一部分，大部分在探方外，形状不明。H2位于T3的中部，平面呈圆形，底部呈锅状。这两灰坑出土陶片不多，H2所出主要是夹砂红陶片，大多碎片较小，看不出器型，有几件圆锥形足。从这三个遗迹中出土的陶片和原始瓷片看，它们的使用年代相差不大，这一阶段大致与中原的商中晚时期相当。第二阶段，发现一口井J1，一条大沟，一座墓葬。井J1，土坑，砖砌内壁，井底出土五件硬陶质地的韩瓶，及一件青瓷四系罐（残）。判断其使用时代大致在宋元时期。大沟可能是晚期的一条小河道，打破F1、G1、J1，其西边往探方外延伸。在其填土中，既有早期的陶片，也有晚期的陶瓷片，在底部还有明清时期的青花瓷碎片。判断其使用年代，可能在明清时期。还有一合葬墓，其中上部已被扰动过，底部基本保存。两个长方形砖室，用青砖砌筑，随葬器物无存，其埋葬时代大致在明清时期。

出土的第一阶段商时期的遗物种类主要是陶器、石器、原始瓷等。陶器以泥质灰陶、夹砂红陶居多，三足的泥质灰陶盘数量较多，夹砂红陶鼎、釜、缸等的残片数量也不少，还有少量的夹砂红陶支座、陶拍，泥质灰陶豆等。印纹硬陶数量较少，大多看不出器型，能看出器型的是小罐，及一些罐类器物的腹片。拍印纹饰以简化云雷纹为多。原始瓷主要是豆和小罐两种器型，大多烧结不够好，釉面玻璃质感不强，有少量几件豆，圈足较高，釉层较薄，但施釉痕迹明显，有明显的玻璃质感，胎体烧结也较好。石器数量较少，器型有斜把的破土器，较完整，及石锛、石镰和石刀等。石器上大都有使用痕迹。

（孟国平）

浙江美术馆

【概况】 浙江美术馆实有在编人员36人（核定编制55人），其中具有高级技术职务资格的7人，中级12人。2012年，浙江美术馆以“文化强省”建设和“文化惠民”实施为己任，基本形成“以学术研究引领展览活动，以展览活动带动藏品征集，共同推动公共教育和交流推广活动，各项事业同步发展、全面拓展”的运行机制，各项工作取得明显成效。全年共举办各类展览46个，学术活动30多场次，出版画册、书籍20多种，征集和接受藏品捐赠14宗、共计2001件作品，藏品总数达到近万件。实施公共教育项目90余个，参观人数达50万余人次。

一、全面提升美术馆品牌建设

免费开放优质服务，“文化惠民”落到实处。2012年，进一步完善服务设施和措施，提供更加人性化的美术馆公共服务项目。除门票免费、展览免费、学术和公共教育活动免费外，着重推出“网上直播”、“专题网页”、“虚拟展厅”、“数字分享”、“观众互动”、“艺术影像库”等网络和数字类项目，所有网络资源均实行免费提供。继续做好浙江美术馆“流动美术馆”，送美术下乡、进社区和校园。2012年，在丽水松阳乡村举办了“邓小平——女儿心中的父亲：邓林摄影展”，在杭州下沙高教园区举办“2012浙江美术馆动画季《中国独立动画十年》放映会”，在浙江大学紫金港校区小剧场举行“实验场”活动之一的《回忆——饥饿剧场》高校巡演，在杭州师范大学举行“设计界”系列活动中的“现实的城市/梦想的城市”国际论坛活动。完善儿童美术天地、美术书店、艺术品商店，咖啡吧、艺术茶座、美术专业材料商店等配套服务项目，给公众提供优质的文化艺术与休闲相结合的公共服务。

打造专业强馆，扩大业内影响。浙江美术馆紧密联系全国美术界、美术馆界，策划举办了一系列档次高、规模大、影响广的学术展览活动和藏品征集项目。先后承办两次全国美术馆界的重要活动：1月份，承办文化部国家重点美术馆授牌仪式暨全国美术馆专业委员会2011年年会，共有46家美术馆参加了会议，文化部副部长王文章出席并为9家首批重点美术馆授牌。6月，承办为期一周的被列为“全国美术馆发展扶持计划”的2012年全国美术馆高级管理人员（馆长）培训班（第一期），共有来自全国16个省和地区的32家美术馆馆长参加，并且还有4个省的文化厅相关处室也派员参加培训。培训班通过专题讲座、圆桌论坛、研讨会、实地考察等多种形式，邀请国内外艺术界最具影响力的国际学者、知名专家主讲，涉及艺术理论、艺术收藏、展览策划等多个领域，展现当代美术馆管理的国际视野以及艺术策划的前沿思考。这两项重要活动的成功举办有效提升了浙江美术馆在业内的影响力。

扩大对外交流，树立国际形象。2012 年，联合国教科文组织副总干事汉斯，荷兰海牙市市长代表，马德里中国文化中心伙伴代表团，毛里塔尼亚文化、青年与体育部部长茜赛・布瓦德以及台湾地区澎湖县文化局等多个国家和地区派遣专人前来浙江美术馆考察访问，双方达成了进一步合作的意愿。加强与国内外美术馆、博物馆及其他艺术机构的联系与合作，引进了一大批艺术水准高、学术影响大、社会反响好的的优质外展，包括“少年心气——经典摇滚摄影展”、“彩墨乾坤——澳门艺术家作品浙江联展”等。同时，整合馆藏资源，推动浙江美术馆展览活动“走出去”，如赴澳门举办“江南可采莲——2012 浙江澳门艺术家作品联展”。

二、不断完善内部管理机制

浙江美术馆把制度建设摆在突出位置，坚持用制度管权管事管人。制定《浙江美术馆管理机制和人事制度（试行）》、《浙江美术馆机构设置和职能（试行）》、《浙江美术馆全员聘用制实施办法（试行）》、《浙江美术馆中层负责人岗位首次竞聘实施办法（试行）》等。

2012 年初，秉持“公平、公正、公开”原则，实行中层负责人岗位首次竞聘，在此基础上实行双向选择，竞争上岗，全员聘任。重视人才队伍建设，把员工“送出去”，向国内外同行学习先进的管理经验，提高业务能力水平。先后派遣员工参加了“文化管理在中国”、“全国美术馆专业人员培训”、“全国美术馆人才访问交流活动”等专业培训。

坚持以职工代表大会为基本形式的民主管理制度，保障职工参与美术馆管理和监督的民主权利。所有规章制度、改革方案、薪酬办法等，均由职工大会审议通过。所有招标项目，均按照上级规定进行。重大问题都经由集体研究，并广泛征求员工意见。工会先后开展庆祝“三八妇女节”活动、“步步高——浙江省文化厅工会第一片组职工喜迎‘十八大’千人登山活动”、组织观看 2012 杭州国际烟花大会等活动。充分发挥专业优势，精心组织本馆人员参加各类艺术展览，并取得优异成绩。在浙江省文化厅直属机关党委、厅工会主办的“省级文化系统喜迎党的十八大摄影作品展”中，美术馆选送的职工作品获三等奖和优秀奖。每年编辑出版浙江美术馆员工“万松留云”系列丛书，包括书画作品集、摄影作品和考察报告集、论文随笔集。所录内容均为浙江美术馆员工当年创作的书画、摄影和文字作品。

制定实施《浙江美术馆工作人员收入分配办法》。打破传统的平均分配方式，实行以岗位、绩效为主的分配方式，即按需付酬，奖优汰劣。实行工效挂钩、按岗定酬，按任务定酬，按业绩定酬，多种分配方式并存的岗位工资制度；制定符合单位自身特点的工资收入分配办法；适当拉开工资收入分配差距，对少数能力、水平、贡献突出的业务骨干和管理骨干，允许实行较高的内部分配标准，实行一流人才、一流业绩、一流报酬。

三、充分发挥学术引领作用

加强学术策划，提升学术展览品质。2011 年 11 月 28 日至 2012 年 2 月 7 日，浙江美术馆自主策划并组织实施的学术展览活动和藏品征集跨年项目“书风书峰：2011 浙江书法名家作品展”，以浙江历史上的文学名篇为创作内容，邀请和组织 12 位老一辈浙江书法家投入创作，发挥浙江书法创作人才高地优势，精心打造一批与时代相匹配的书法优秀作品，在书法创作和学术研究方面取得双重突破，并藉此丰富浙江美术馆藏品。年中，为迎接党的十八大胜利召开，落实文化部关于开展 2012 年全国美术馆馆藏精品展出季活动的安排，浙江美术馆推出“活泉映照——浙江美术馆藏品展”。展览通过大量馆藏写实主义作品，充分体现浙江美术在坚持传统的基础上，始终注重中西融合、兼容并进的风格特征。2012 年末，推出第二届“杭州・中国画双年展”，主题为“长卷视界・延续经典”。展览在新的时代背景下，直面中国画的生存状态，深刻反思中国画的百年发展之路，从中国画的继承、标新和本土建设出发，重新考量艺术的生存和发展的当代生态。

倡导开放的学术研究机制，制定浙江美术馆学术课题申报和项目研究机制，鼓励馆内人员开展美术史研究、藏品研究和美术馆学研究。承担《浙江通志・美术卷》的编纂任务。开展浙江美术史及现当代有重要影响的美术流派、美术家个案的挖掘研究。申报《白社及其群体研究》学术课题研究项目，在吴茀之、张书旂等项目上取得初步成果。做好藏品的学术挖掘与理论研究，提出《2012年度浙江美术馆馆藏研究课题项目选题》，包括现当代浙江版画研究、现当代浙江书法研究、现当代浙江油画研究、现当代浙江国画研究、现当代名家系列研究、民间艺术研究等，供相关人员遴选申报。

有效整合与利用各类学术资源，举办各类学术讲座、理论研讨会、座谈会。2012年，配合"蔡国强个展"、"张书旂作品展"、"王憨山作品展"、"从延安走来——纪念毛泽东同志《在延安文艺座谈会上的讲话》发表70周年美术作品展"，举办形式多样、内容丰富的学术讲座和普及活动，免费向观众开放。举办"瘦骨刀魂——张怀江先生版画艺术研讨会"、首届兰社书法论坛"书法无界：从全民化到全球化"、"大璞不雕——纪念林达川诞辰100周年油画艺术研讨会"等一系列的学术研讨活动。配合学术展览活动，编辑出版各类画册、书籍20余种，编印《浙江美术馆》馆刊4期。

四、大力实施藏品征集

坚持以浙江传统名家作品为重点的征集。2012年实施了吴茀之、张书旂等名家征集项目。吴茀之、张书旂是浙江现代著名的中国画家，是上世纪著名绘画流派"白社"的主要成员，在浙江乃至中国现代美术史上具有一定的地位和影响。征集吴茀之作品60件，画稿草图、文献561件(组)、藏品33件(组)。2月，在美国旧金山接受张书旂先生家属捐赠张书旂作品35件、创作手稿16件。这些藏品征集项目对浙派中国画体系的研究有着重要的学术价值。

坚持构建馆藏特色的专题项目征集。征集反映浙江美术发展历程，反映浙江美术优势和实力的美术作品，历来是浙江美术馆藏品建设的重点。2012年对张怀江和张漾兮等名家作品实施征集，其中征集张怀江作品513件(组)、张漾兮作品557件(组)，除版画作品外，同时征集"两张"的素描速写、画稿草图、水墨水彩等作品及文献。藏品征集后，在2012年初和年末分别举办了较大规模的捐赠作品展览。"两张两赵"整体项目征集对促进美术馆现代版画典藏体系的构建具有重要的意义。

坚持以接受捐赠为主、其他形式为辅的征集方式。2012年完成的大部分征集项目都是艺术家及其后裔向浙江美术馆捐赠的项目，其中张书旂作品捐赠项目是远在美国的张家后裔了解美术馆情况后，主动提出无偿捐赠的，这是浙江美术馆第一次在国外接受已故艺术家的作品捐赠。除接受社会捐赠外，开拓多渠道的征集，如在一些有影响的展览如"吾土吾民"油画展、"天工开物"工艺美术展等群展中，又如在蔡国强、王克举等个展中，以议购或"以捐代展"等形式征得当代重要艺术家的代表作品，大大丰富了馆藏。

五、成功举办各类展览

2012年，浙江美术馆共举办各种类型展览46个，其中申请展26个、自办展9个、联展4个、巡展2个、捐赠展2个、藏品展2个和交流展1个。

美术馆以重要主题展览为龙头，实现展览结构多元化。重点实施了一批有重大影响的艺术展览。由中华人民共和国文化部主办，文化部艺术司，浙江省文化厅，中国美术馆和浙江美术馆承办的"从延安走来——纪念毛泽东同志《在延安文艺座谈会上的讲话》发表70周年美术作品展浙江巡展"在浙江美术馆举行。此次巡展是中国美术馆馆藏的70年来创作的中国美术佳作首次集中在杭州亮相，展出近500幅佳作，展出的作品中有堪称现代中国油画民族化探索的典范作品吴作人的《画家齐白石像》、齐白石在生命最后一年的代表作《牡丹》等，也有艺术家彦涵和作家华山原合作的连环画《狼牙山五壮士》宣传海报等，更结合当代科技采用多媒体电脑为观众播放优秀国产动画片。展览的展陈设计也是一大亮点，通过对延安的实景拍摄和后期制作，将展厅还原成当年延安的面貌，巨幅的延安文艺座谈会合影照片矗立在美术馆中央大厅，还原延安时代的美术家形象。还有"百花沃土——纪念毛泽东《在延安文艺座谈会上的讲话》发表70周年浙江省美术作品特展"、"第四届全国青年美术作品展浙江巡展"等主题性展览，取得了很好的社会反响。

浙江美术馆历来注重以学术带动展览，自主策划了一批"曲高和众"的展览。"彼岸·潘玉良艺术展"和"天心地圆·弘一法师手迹展"这两个展览极具特色，备受大众喜爱；"张书旂作品展"以一位艺术家充满传奇的经历和一件半个世纪后重回故乡的作品《百鸽图》，全面展现了张书旂杰出的艺术成就；"屋漏痕·形式的承载"关注当代青年艺术家创作群体和状态，"王憨山作品展"重在发掘曾被社会忽视但极具风格的艺术家；"大美不言——祝大年作品展"则是对在陶瓷、工笔重彩、工艺设计等多个领域有突出贡献的老一辈艺术家的重新梳理、研究。展览策划和展陈设计中,"天心地圆·弘一法师手迹展"创下了几个第一:弘一法师的《断食日志》和数量庞大的信札原件第一次跟观众亮相;同样题材的展览规模第一;第一次为每件作品量身调制灯光。10位学生合唱《送别》为展览拉开序幕。这个展览适值弘一法师诞辰132周年,逝世70周年之际,社会上同时有举办弘一的学术研讨会,《弘一法师》话剧也同时期上演,这种专题性展览产生了巨大的社会效应。

浙江美术馆注重和观众的互动,让观众参与到展览中来。2012年开春举办的著名华人艺术家"蔡国强个展——春"中深刻地体现这点。艺术家选择在西湖湖心搭建平台,运用火药爆破现场写生创作,并有大量志愿者参与现场。创作结束后的作品"西湖",真实还原西湖沿线的山水风貌,是蔡国强迄今为止尺寸最大的火药画作在美术馆通高展厅以非常特别的环形覆盖整个展厅的形式展出。开幕式上小百花越剧团的8分钟丝绸表演,渲染了现场的氛围。

六、创新公共教育形式

利用优势资源,深化公共教育服务。2012年,浙江美术馆充分利用美术和美术馆资源,开展艺术讲座、工作坊、艺术电影放映等公共教育活动,实施各类公共教育项目90余个。对公共教育活动的类型及品牌项目进行拓展,新增设9个活动类别以及3个品牌项目。浙江美术馆从"品牌项目"和"重要展览"两个方面入手,提供丰富多彩的公共教育项目供观众免费参与。共设立"新年祝福"、"女人月影"、"动画季"、"怀旧中国风"、"实验场"和"设计界"6个品牌公共教育项目,包括讲座、工作坊、实验话剧、独立电影放映等。2012年来,尝试新的工作方法,为美术馆举办的重要展览项目策划相应的教育推广方案,配合"彼岸——潘玉良艺术展"、"瘦骨刀魂——张怀江作品展"、"王憨山作品展"、"蔡国强个展——春"、"张书旂作品展"、"祝大年作品展"、"活泉映照——浙江美术馆藏品展"、"刀锋民魂——张漾兮百年艺术展"等重要展览举办了一系列形式多样的教育推广活动,包括制作展览专题网页,提供重点作品的语音导览、触摸屏互动,推出展览宣传片,举办学术讲座、体验工作坊,以及开展观众作品征集、微博有奖问答等,既丰富了展览内容,也透过展览内容有针对性地普及了美育知识。

创新互动形式,拓展美术馆边界。2012年在浙江美术馆增设的活动类别与品牌项目中,有意识地丰富数字化公共教育项目,以便通过网络平台有效地拓展美术馆的边界。以美术馆官网、公共论坛、微博等网络平台为美术馆开展公共教育的新阵地,在原有活动类型"西湖论艺"、"西湖美术讲坛"、"美·人"艺术体验、"映·画"、"美人Q&A"、"语音导览"等传统公共教育形式的基础上增设网络及数字类项目"触摸屏导览"、"网上直播"、"专题网页"、"虚拟展厅"、"数字分享"、"微博有奖问答"、"观众互动"、"观众征集"、"艺术影像库"等9个网络与数字项目类别,不仅通过网页及微博介绍展览情况及重点作品,也以"自画像"、"写生"、"西湖"等具体展览的学术主题征集观众作品,在展览期间提供现场以及网络上的展示平台,并印制相关活动的优秀作品册,极大地提高观众的参与度。尤其是配合重要展览专门制作的中英文宣传片,将展览的学术主题或艺术家的艺术人生浓缩在8—10分钟的短片中,以形象、直观的方法展示给观众。2012年,美术馆不仅在公共教育活动类型上进行拓展,在活动内容上也进行了相应的提升。如特别推出的"实验场"系列活动,在为期一个月的时间里,推荐两部独立电影、一部实验话剧4D剧场以及一个多媒体舞蹈剧场,演出和放映均邀请市民免费观看,放映和演出结束后活动还专门安排导演与观众的交流环节。

充分利用网络平台,加强宣传力度。通过网站、微博向社会预告发布展览活动信息,相关教育推广活动实行网络报名,每月按时印发展讯,对重要展览活动开幕式、讲座、艺术家公开制作活动等进行网络现场直播,将艺术家专访、艺术讲座、专家导览、教育推广活动等制作成视频,专门开辟视频回放栏目,针对重要展览项目,在网站上开设专题,广泛收集信息,及时发布资讯。2012年刊发美术馆相关稿件200多篇,极大地提高了美术馆的社会认知度。加强官网网站管理,定期针对后台进行升级,并改造实现馆内触摸屏数字导览系统的无线管理。通过丰富网络互动形式,在官方微博中推出系列"有奖问答"、观众作品征集、提供高清壁纸下载等网络互动,浙江美术馆新浪微博的粉丝数已增至20万。

承办全国美术馆专业委员会2011年年会 2012年1月10日至1月12日,文化部国家重点美术馆授牌仪式暨全国美术馆专业委员会

2011年年会在杭州举行，活动由浙江美术馆承办。文化部副部长王文章，文化部艺术司副司长诸迪，浙江省文化厅厅长杨建新，全国美术馆专业委员会主任、中国美术馆馆长范迪安，全国美术馆专业委员会理事、中央美术学院院长潘公凯，浙江省文联主席、中国美术学院院长许江，中国国家博物馆副馆长陈履生，全国美术馆专业委员会秘书长钱林祥，文化部艺术司文学美术处处长、全国美术馆专业委员会秘书长安远远，浙江美术馆馆长马锋辉，中国博物馆协会副理事长、浙江省博物馆馆长陈浩等出席会议。在开幕式上，王文章、诸迪、杨建新、范迪安等分别讲话。参加会议的还有全国美术馆专业委员会理事会成员以及来自全国45家公立与民营美术馆的馆长等共计120余人。

王文章为中国美术馆、上海美术馆、江苏省美术馆、广东美术馆、陕西省美术博物馆、湖北美术馆、深圳市关山月美术馆、北京画院美术馆、中央美术学院美术馆（排名不分先后）等9家国家首批重点美术馆授牌。

2012浙江美术馆“女人月影”——德国电影中的女性形象 3月在浙江美术馆举办。活动由浙江美术馆与德国大使馆文化教育处合作共同主办。活动期间为市民介绍4部德国女性题材的电影，并举办德国著名现代舞蹈家碧娜·鲍许的专场放映会。

瘦骨刀魂——张怀江作品展 3月28日至4月15日在浙江美术馆展出。展览由浙江美术馆、中国美术家协会、中国美术学院共同主办。中国美术学院院长许江，原中国美术学院院长肖峰，浙江省文联党组成员、书记处书记高克明，中国美协版画艺委会主任、天津美术学院院长姜陆，浙江省版画家协会名誉会长、中国美术学院教授赵延年，浙江省版画家协会主席、中国美术学院教授赵宗藻，张怀江先生夫人陈朱廉，中国美术学院艺术人文学院院长曹意强，中国美协版画艺委会委员、中国美术学院教授张远帆，上海美协版画艺委会主任卢治平，浙江省文化厅艺术处处长尤炳秋，浙江美术馆馆长马锋辉，浙江省美协副主席兼秘书长骆献跃，中国美术学院版画系主任孔国桥，乐清市副市长方青等领导和嘉宾出席开幕式。展览共展出版画、速写、木刻原板等作品200余幅，由“时间·轨迹”、“生活·印记”、“黑白·力量”3个板块组成。

2012浙江美术馆“动画季”——中国独立动画 4月至6月在浙江美术馆举行，主题为“中国独立动画”。共举办了13场系列活动，邀请大陆、香港和台湾三地在国际动画界有所建树的10位独立动画导演进行讲座和专场放映会，举办《中国独立动画十年回顾》专场放映会，邀请法国动画协会主席Denis Walgenwitz、台湾国际动画节策划人和2012法国昂西动画节评审张嘉珍举办专题讲座并放映国际动画节近年来的优秀独立动画作品，还放映了《中国美术学院传媒动画学院2012届优秀毕业作品》，安排工作坊设置体验环节让更多普通观众了解动画制作的过程。

王憨山作品展 4月7日至4月22日在浙江美术馆展出，展览由浙江省文化厅、中国美术学院主办，浙江美术馆承办。浙江省文化厅副厅长杨越光，中国美术学院党委副书记傅肃琴，王憨山夫人谢继韫，湖南省双峰县县委常委、常务副县长邹学耀，湖南省双峰县县委常委、宣传部长彭云辉，浙江美术馆馆长马锋辉、浙江省美协副主席兼秘书长骆献跃，中国美术学院教授、中国书画名家纪念馆联会秘书长卢炘，湖南省湘潭齐白石纪念馆馆长王志坚，王憨山子女代表王雪樵等领导和嘉宾出席开幕式。展览共展出王憨山花鸟画作品120件，较为全面地展现了王憨山作品的艺术成就和风格面貌。

蔡国强个展“春” 4月20日至6月3日在浙江美术馆展出，展览由浙江美术馆主办。杭州市人大常委会主任、市委书记黄坤明，市政协主席叶明，浙江省文化厅厅长杨建新，中国美协副主席、中国美术学院院长许江，美院党委书记钱晓芳，杭州市副市长张建庭，市委副秘书长、市风景名胜区书记王水法，浙江省文化厅副厅长陈瑶，中国美院副院长宋建明，蔡国强的母亲万玉燕，美国国家档案署(Terry Boon)泰瑞·伯尼，浙江美术馆馆长马锋辉，浙江小百花越剧团团长茅威涛，劳力士代表(Martine Verguert)玛汀·维谷特，劳力士代表(Adrew Heren)安祖儿·赫伦，劳力士代表(Allan Wong)黄伟强，展览作者蔡国强等参加了开幕式。

“春”展共展出23件作品，蔡国强选择了杭州最有代表性的景物——西湖和钱江潮作为创作对象，作画的材质依然是火药，但纸张换成了杭州特产丝绸。蔡国强大胆尝试古人没有使用过的材料，再造了一个火药的江南山水。“春”展创下了多项纪录：360度表现西湖全景《西湖》，是蔡国强迄今为止尺寸最大的火药画；第一次在室外现场进行大型火药画创作；第一次在丝绸上用火药作画。

举行杭州纤维艺术三年展新闻发布会 4月26日在浙江美术馆举行。杭州市委宣传部副部长余新平，三年展学术委员会主席、中国美术学院院长许江，浙江美术馆馆长马锋辉，浙江省文化厅艺术处副处长徐坚，中国丝绸博物馆副书记蔡琴，三年展总策展人中国美术学院教授施慧，联合策展人英国伦敦大学经济技术学院计算机系视觉艺术学院教授詹妮斯·杰佛里斯，联合策展人美院纤维艺术系主任阿萨杜尔·马克洛夫等出席发布会。发布会由浙江美术馆副馆长斯舜威主持。

主办历史的“暗室”——周海婴早期摄影展(1946—1956) 5月8日至5月18日在浙江美术馆展出，展览由浙江美术馆主办。周海婴为鲁迅先生之子，一生创作了2万多件摄影作品，展览精选了周海婴先生从民国到新中国过渡时期摄影作品二百余幅，留下了弥足珍贵的影像文献。

承办百花沃土——纪念毛泽东《在延安文艺座谈会上的讲话》发表70**周年浙江省美术作品特展** 5月22日至6月2日在浙江美术馆展出，展览由中共浙江省委宣传部、浙江省文联、浙江省文化厅、中国美术学院联合主办。展览分四个部分展开。开篇“百花沃土”，以浙江当代花鸟、山水画名家合作的方式，创作“百花”“沃土”两幅巨作，向《讲话》献礼。第一部分展现的是《讲话》发表后中国革命文艺的新阶段胡一川、罗工柳、董希文、王式廓、江丰、倪贻德、黎冰鸿、莫朴、王流秋、彦涵、力群、沃渣、张怀江、张漾兮、郑野夫、刘开渠、王朝闻、萧传玖、程曼叔等艺术家的作品。第二部分呈现新中国成立后，肖峰、全山石、蔡亮、方增先、顾生岳、宋忠元、梁平波、赵宗藻、赵延年、王卓予等美术家秉承《讲话》文艺方针，所创作的经典的革命现实主义、社会主义现实主义的作品(1949－1977年)。第三部分呈现改革开放三十年的艺术家代表冯远、许江、刘健、尉晓榕、张远帆、曾成钢、龙翔、杨奇瑞、詹维克等的作品(1978－2011)。特展共整理111人的文献，第一部分“峥嵘岁月”27人，第二部分“万山红遍”56人，第三部分“百舸争流”28人，共整理147件作品，展览展出82件作品。

承办2012**全国美术馆高级管理人员(馆长)培训班(第一期)** 6月1日至6月8日在浙江美术馆举行。培训班由文化部艺术司、人事司共同主办，全国美术馆专业委员会、中国美术学院和浙江美术馆共同承办。文化部艺术司副司长诸迪、中国美术馆馆长、全国美术馆专业委员会主任范迪安、浙江省文化厅厅长杨建新、全国美术馆专业委员会秘书长钱林祥、中国美术学院党委书记钱晓芳、浙江美术馆馆长马锋辉等领导和嘉宾出席开班仪式。此次培训班有来自全国16个省区的各级美术馆馆长、文化厅局的领导和同志共计36人报名参加。培训班邀请到了文化部艺术司副司长诸迪，雷恩大学艺术史教授、外滩美术馆馆长Larys Frogier、中国美术馆馆长范迪安、中国美术学院跨媒体学院执行院长高士明、东京首都大学及名古屋艺术大学客座教授北川弗兰、中国美术学院艺术人文学院副院长杨振宇、中央美术学院美术馆馆长王璜生等国内外多位知名学者和艺术家。

张书旂作品展 6月5日至6月24日在浙江美术馆展出。展览由浙江美术馆和浦江县人民政府联合主办。展览展出张书旂先生作品百余幅。其中包括向富兰克林·D·罗斯福总统图书馆和博物馆借展的《和平的信使》(《百鸽图》)，以及台湾中国文化大学华冈博物馆40件藏品。

从延安走来——纪念毛泽东同志《在延安文艺座谈会上的讲话》发表70**周年美术作品展浙江巡展** 6月29日至7月29日在浙江美术馆展出，展览由中华人民共和国文化部主办，文化部艺术司、浙江省文化厅、中国美术馆和浙江美术馆共同承办。文化部艺术司副司长诸迪；中国美术馆馆长、中国美术家协会副主席范迪安；中国美术家协会副主席、浙江省文联主席、中国美术学院院长许江，浙江省文化厅副巡视员陈官忠，浙江省文联党组织成员、书记处书记柳国平，中国美术馆副馆长、中国美术家协会理论委员会副主任梁江，广东美术馆馆长罗一平，浙江美术馆馆长马锋辉等领导和嘉宾出席开幕式。该次展览是中国美术馆馆藏的七十年来创作的近500幅中国美术佳作集中亮相。整个展览共分五个部分，由“延安时代”开篇，200余件反映延安文艺座谈会和延安美术历史的文献、实物和影像，再现了《讲话》发表的历史情境和延安时代美术发展的整体面貌；紧接的四个篇章“源于生活”、“喜闻乐见”、“人民形象”、“百花齐放”则展现了《讲话》发表70年来中国美术的发展历程。

2012**浙江美术馆“实验场”——简单戏剧**　8月在浙江美术馆举行。活动推荐两部独立电影《现实是过去的未来》、《老狗》，一部实验话剧4D剧场《套娃》以及一个多媒体舞蹈剧场和纪录计划《回忆——饥饿剧场》。同时将《回忆——饥饿剧场》推荐至浙江大学进行巡回演出，扩大活动影响力。

第四届全国青年美术作品展览浙江巡展　8月3日至8月15日在浙江美术馆展出，展览由中华全国青年联合会、中国文联、中国美协主办，浙江美术馆承办。展览是“第四届全国青年美术作品展览”全国巡展的最后一站，共展出主办方从近万件全国送件中甄选出的国画、油画、版画、水彩、粉画、漆画、雕塑、综合材料等各类美术作品近300件。其中，在全部入选的526件作品中浙江军团获奖作品有50余件。

活泉映照——浙江美术馆藏品展　8月18日至9月4日在浙江美术馆展出。此展览是“文化部2012年全国美术馆馆藏精品展出季”参展项目之一。展览以“写生”为切入点，分“生韵河山”、“生命风致”、“生气华茂”、“生活强音”四个板块，同时，在四板块中以专题的形式分别插入吴冠中、周沧米、吴茀之、赵延年的作品。展出作品遴选浙江美术馆馆藏佳作中的山水风光、人物形象、花鸟静物和事件场景等方面的写生题材作品共200余件，包括国画、油画、版画、速写等多种形式。

2012**浙江美术馆“设计界”——建筑设计与城市生活**　9月在浙江美术馆举行，是浙江美术馆首次举办“设计界”活动。此届“设计界”活动围绕“建筑—城市”这一主题展开。与中联筑境建筑设计有限公司共同举办“筑境十年系列论坛”，包括“当代中国建筑创作现状及发展评析论坛”、“中外建筑师对话论坛”、“城市营造论坛”三个分论坛；与杭州师范大学、杭州法语联盟共同举办“现实的城市/梦想的城市”国际论坛，包括“现实的城市”、“转型中的城市”、“梦想中的城市”三场研讨会；邀请英国著名建筑事务所“Foster＋Partners”的合伙人 NG. MICHAEL、西班牙迈锐博建筑联盟的首席设计师 ROMAN DOMENECH 分别进行专场讲座；与杭州网小记者团共同合作，邀请中国美术学院建筑学院青年建筑师举办建筑设计亲子工作坊。

刘国辉画展　9月14日至9月25日在浙江美术馆展出。展览由中国美术家协会、中国美术学院、中国美术馆、中国画协会和浙江美术馆联合主办。原中共浙江省委副书记、浙江省文史研究馆馆长梁平波，省委宣传部副部长鲍洪俊、来颖杰，中国美协副主席、浙江省文联主席、中国美术学院院长许江，原中国美协副主席、原中国美术学院院长肖峰等出席开幕式。共展出刘国辉中国画、速写代表性作品近100件，全面展示了自上世纪八十年代至今，刘国辉的创作成就、教学理念和学术思考。其中包括大型历史画《岳飞奉诏班师图》，以及一幅创作了6年之久刻画了近150位美院学生、老师的52米人物画长卷。

无界：兰亭书法社双年展　9月28日至10月7日在浙江美术馆展出。展览由浙江日报报业集团和中国美术学院共同主办。展览邀请150位左右中国大陆、港澳台地区及日本、韩国、美国、法国、新加坡、加拿大、芬兰、巴西、印度、马来西亚、保加利亚、瑞士、奥地利等国家有较高知名度的书法艺术家参展，旨在突出学术研究，注重艺术展示，关注书法艺术的国际化，同时也致力于书法艺术的社会化、大众化。

彩墨乾坤——澳门艺术家作品浙江联展　10月14日至10月21日在浙江美术馆展出，展览由澳门特别行政区民政总署、浙江省文化厅主办，浙江美术馆承办。澳门民政总署管理委员会委员马锦强、浙江省文化厅副厅长杨越光、澳门民政总署文化活动处处长余永鸿、杭州海关现场业务处处长曹定龙、浙江美术馆馆长马锋辉、浙江省文化厅外事处调研员官明、浙江美术馆副馆长斯舜威、著名画家曾宓等出席开幕式。展览共展出澳门艺术家书法、绘画作品54件。包括书法、国画、油画、版画、水彩、综合材料等各个画种，涵盖现实生活、都市景观、情感表现、人文关怀等不同的题材和主题。

第三届中国(杭州)艺术品收藏与鉴赏高峰论坛暨中国现代绘画艺术典藏大展　10月17日至10月28日在浙江美术馆展出。展览由中国文联、浙江省委宣传部和杭州市人民政府联合主办。该展是第三届中国(杭州)艺术品收藏与鉴赏高峰论坛的核心项目。集结了“新京津画派”、“新海上画派”、“新岭南画派”、“新金陵画派”、“新长安画派”等现代流派的170余件作品。

(张丹阳)

浙江省文化馆

【概况】 浙江省文化馆实有在编人数51人(核定编制59人)。其中,具有高级技术职务资格的39人,中级9人。

2012年,省文化馆共策划组织实施了大、中型群文活动32次(项),举办美术、书法、摄影、民间工艺等展览20次(项),各类培训班、研讨会、年会197次,与基层联办活动、展览23次。

一、承办各类群众文化活动

承办首届浙江省合唱节。合唱节以“和谐的浙江、人民的节日、合唱的盛会”为主题,于5月23日纪念毛泽东同志《在延安文艺座谈会上的讲话》发表70周年之际在杭州庆春广场拉开序幕,11月18日举行颁奖晚会,前后历时半年,吸引全省中小学校、大专院校、机关事业单位、社会团体、企业职工与离退休人员等组成的近千支合唱团队参加比赛,51支合唱团进入现场决赛。合唱节期间还举行合唱指挥大师培训、合唱指挥高峰论坛等一系列活动,邀请国内外享有盛誉的合唱、指挥大师共话合唱艺术,研讨合唱的发展。浙江省省长夏宝龙还作了特别批示并题写节名。

承办“永远跟党走”2012浙江省红色经典歌曲合唱大赛决赛和汇报演出晚会。活动由省委宣传部、省直机关党工委、省文化厅等单位主办。从6月份开始,全省各地共举办100多场比赛,400多支合唱队、3万多人参与。晚会由《红色记忆》和《和谐家园》两个篇章组成,省直机关、高校、部队和各市的合唱队伍参加演出。

承办“群星璀璨”全国美术书法摄影优秀作品展。活动由文化部公共文化司、浙江省文化厅主办,于12月18日在浙江省宁波美术馆举行开幕式,是文化部公共文化司近年来首次主办的国家级群众作品综合联展,规格高,规模大,此次展览共评出美术、书法、摄影各金奖20件、银奖40件、铜奖60件,浙江省获金奖12件、银奖18件。

承办2012艺术花会——“花样年华”全国剪纸精品邀请展暨首届全国青年现代剪纸艺术设计大赛。活动于10月26在宁波慈溪举行。“全国剪纸精品邀请展”共收到来自15个省、自治区、直辖市的150位民间剪纸艺术家的200余件作品;“首届全国青年现代剪纸艺术设计大赛”共收到来自12个省、自治区、直辖市的68所大专院校、400余位青年师生的参赛作品416幅。同期举行的“中国民间剪纸艺术发展论坛”,共收到应征论文41篇。参展的许多作者都是国家级和省级的民间艺术大师。浙江省参加“2012花样年华——全国剪纸精品邀请展暨首届全国青年现代剪纸艺术设计大赛”,获一等奖1名,二等奖2名;并获中国民间剪纸艺术发展论坛论文一等奖2名,二等奖3名。此次展览在慈溪举办后,还在杭州等地巡回展出。

完成全国第三届大学生艺术展演活动承担的任务。此届艺术展演由教育部和浙江省人民政府共同主办。浙江省文化馆承担全国第三届大学生艺术展演活动舞蹈专场赛务组织工作和开闭幕式运行工作。省文化馆被省政府授予全国第三届大学生艺术展演活动筹办工作先进单位称号,刁玉泉、辛冠中、吴莉娜获得浙江省人民政府颁发的全国第三届大学生艺术展演活动先进个人称号;厉剑虹、何大钧和郭江锋获得全国第三届大学生艺术展演活动组委会颁发的全国第三届大学生艺术展演活动先进个人称号。

承办浙江省第三届社区文化艺术节。浙江省第三届社区文化艺术节暨第十一届音乐新作演唱演奏大赛于10月17日至18日在慈溪举办。大赛共收到全省158首音乐作品,入围参加决赛的有53首作品。承办2012年“美好家园”浙江省少儿美术优秀作品展。该展览于11月30日在杭州举行开幕式,以“美好家园”为主题,呼应了党的十八大提出的建设“美丽中国”的愿景。

举办浙江省第六届排舞大赛,于10月27至28日在绍兴柯桥举行,共有45支队伍进入现场决赛。

承办2012年浙江省新农村建设题材村歌演唱大赛。10月14日至15日,以“喜迎十八大,歌唱新农村”为主题的浙江省首届村歌创作演唱大赛在宁波镇海区举行。

另外,还协助文化部、省文化厅举办中国嘉兴端午民俗文化节开幕式,协助国家海洋局、省文化厅举办中国海洋文化节闭幕式等。

二、组织开展文艺展演，评选群众文艺精品

组织参加全国第十六届“群星奖”音乐、舞蹈类复赛，完成曲艺类重点作品加工、节目录制报送工作。浙江入围全国“群星奖”作品复赛的5件音乐作品是：男声独唱《小巷总理》、女声独唱《畲乡三月三》、男声组唱《南腔北调都是歌》、表演唱《大戏真好看》、男女组合《早春的脚步》；5件舞蹈作品分别是：群舞《山涧清音》、《十里红妆》、《青青竹》、幼儿舞蹈《溜溜的宝贝》、三人舞《芙蓉镇印象》。

组织承办浙江省“群星奖”项目选拔赛，包括浙江省第23届戏剧小品邀请赛、浙江省新农村建设题材小戏汇演和2012年第二届浙江省少儿组唱、表演唱大赛。小品邀请赛在缙云县举办，全省9个市代表队带来的20个新创小品节目参加比赛，参赛小品节目选材面广，视角更多的关注普通老百姓的生活，像教育问题、社区邻里关系等，将普通老百姓的情感融入其中。新农村建设题材小戏汇演10月24日在桐乡市举行。来自全省各地的包括越剧、婺剧、昆曲、睦剧、开化高腔和诸暨鹦歌调等在内的14个小戏剧目参加了会演。少儿组唱、表演唱大赛于11月10日在省文化馆小剧场举行，共有25个作品参加现场比赛。

承办浙江省第二届视觉艺术创作群体优秀作品展。此次活动自年初各地市分别举行预展，省文化馆组织专家评选和辅导。12月12日在台州市椒江区开幕。共评出优秀创作群体116个，获奖作品180件。

承办2012年浙江省中小学生艺术节活动。活动于2012年2月至10月在杭州举行。全省近3000名中小学师生同台竞技，交流提高，充分展现了校园文化的丰硕成果。

举办浙江省第四届“群星杯”古筝分级大赛。大赛由省文化馆、浙江省教育厅艺术教育委员会主办，来自浙江全省各地的700多位参赛选手进行了十二个级别的角逐。

举办“海伦”杯第八届浙江省少儿钢琴大赛。活动历时半年，1000多名选手经过全省11个市初赛和4个大区复赛，最后共有88名选手入围决赛。大赛特增设了一个新奖项——潜力奖，目的是引导和鼓励学习音乐的孩子、教师、家长更重视音乐的基础教育和创新能力的培养。

2012年，还举办了浙江省新农村建设题材舞台舞蹈大赛、浙江省青年艺术歌曲大赛。与浙江广电集团合作，完成了CCTV第五届小品大赛的选拔录像工作。参加广东全国首届渔歌邀请赛，获得金、银、铜奖各1名；组织参加“永远的辉煌”第十四届中国老年合唱节活动，获得二金一铜；组织参与第十四届中国上海国际艺术节“浦东洋泾杯”长三角地区社区优秀民乐团队邀请赛，获优秀组织奖；组织参加第十一届华东六省一市戏剧小品大赛，获得了一金三银的好成绩。

三、推进基层公共文化服务体系业务基础建设

从公益演出、公益讲堂、公益培训三方面着手，进一步实施免费开放。4月9日，浙江省文化馆免费开放区域共建系列活动启动仪式在杭州市拱墅区文化馆举行。同时，拱墅区文化馆作为“浙江省文化馆免费开放示范品牌基地”举行了授牌仪式。同日还举办浙江省免费开放业务工作联席会、免费开放机制论坛、浙江地方曲艺杭州专场的观摩与欣赏、宋胜林剪纸艺术展以及文化交流活动展。2012年，省文化馆探讨总分馆管理模式，初步形成三级联动、区域共建、运转有序、服务高效的文化馆（站）免费开放运行机制，相继举办“麦草馨香”——浦江麦杆画艺术展、“泥上风光”——浙江省工艺美术大师宓风光泥塑艺术讲座、江南印糕板藏品展暨民间收藏讲座等10多个民间艺术展览和讲座。

浙江民生公益大讲堂，从固定阵地到“走下去”，不断丰富内容，拓展受众面，更贴进生活，贴进民众。从年初的“说民生”到最后一讲“国学讲堂”，全年民生公益大讲堂进社区、进福利院、进外来务工子女学校、进老年活动中心等，举办了近40余场不同层面不同话题的专题性讲座，受众层面达5000人。

继续实施“星光计划”，面向弱势群体进行文化艺术免费培训。2012年与下城区教育局合作，成立“外来务工子女合唱团”，开设声乐、形体、视唱练耳、乐理等课程，对他们进行定期培训，并创造机会让他们参加演出活动。

抓好基层业务培训工作，进一步提高基层群文干部和文艺骨干的公共文化服务能力。

开展“耕山播海”浙江省经济欠发达地区农村文艺骨干系列培训活动。一是“走下去”辅导培训。针对经济欠发达地区的文艺骨干所制定的送文化活动项目，根据基层需求进行点单式服务，主要是为基层的农（渔）村的文艺骨干提供各类文化艺术培训辅导，涉及欠发达地区18个县，配送讲座达72场次，受众人数10000余人。二是“请上来”集中办班培训。其中包括浙江省乡镇（街道）文化员培训班、浙江省“文化良种”培育基地文艺骨干特色培训班、浙江省新农村建设题材诗歌、文学、故事写作培训班、浙江省农民画、渔民画创作培训班和全省农民画创作人员培训暨中国画创作提高班。

此外，协助省文化厅办好群文业务骨干培训、文化馆馆长培训班、各县（市、区）文广新局分管局长培训班和各县（市、区）文广新局社文科长（处长）培训。还配合相关群文活动，举办全省调研干部理论培训班、群文艺术档案培训班、浙江省群文戏剧青年导演研修班、浙江省第六期排舞师资培训班、第三届合唱大师指挥班等。

建立浙江省文化志愿者联合会。主要由省直属大队和杭州市区江干支队等7个支队组成，总人数达380多人。2012年9月底，专门对所有文化志愿者进行培训，学习文化志愿者应具备的服务理念、服务内容、服务礼仪以及相关的法律问题等知识。浙江文化志愿者在首届浙江省合唱节中首次亮相，工作有序，表现突出。

努力抓好全省社会艺术培训考级工作。完成上海音乐学院在浙江除宁波地区外所有省内地区的音乐考级工作，考级人数约4300人左右；完成舞蹈考级，共12个考级点约2000人；与上海音乐学院社会教育学院合作，在台州举办全省语言表演考级辅导教师师资培训班；拓展中国美术学院的美术考级，在杭州、嘉兴、宁波、义乌、金华、台州、丽水地区已设20个考级点，考级人数由2011年的3500人增加到目前的5000人左右。

四、创新民族民间艺术研究工作

举办浙江省最具地域特色文化符号网络评选、展示系列活动，增加民间艺术的影响力。2012年举办的浙江省最具地域特色文化符号（民间故事）网络评选活动，以“传播民间故事，丰富地域文化，挖掘民族瑰宝”为主题，通过浙江艺术网设参赛评选专页，向广大民间文学爱好者征集浙江省各市具有鲜明地域特色，并被当地广大群众认可的民间传说、民间故事，活动共评出最具地域特色文化符号（民间故事）22个。配合这次活动，在余杭区仁和街道举办浙江省首届地域民间故事（传说）少儿演讲比赛。11月26日，省文化馆协助省文化厅在桐庐县分水镇举办2011年浙江省最具地域特色文化符号（民间舞蹈）网络评选部分节目现场展演，进一步推动各地民间舞蹈的宣传。

举办民间艺术相关比赛和展览。2012“余音绕梁——浙江乡村古戏台艺术”摄影比赛，进一步发现、挖掘了民间戏台建筑艺术和传统戏曲艺术。比赛共收80余位作者的600余幅参赛作品，评奖后，报经省文化厅确定，最终40幅作品赴台参展，配合“台湾·浙江文化节”文化交流活动。2012浙江省“茶文化”剪纸艺术展，8月21日在金华市剪纸博物馆开展。共收到以“茶文化”为主题的剪纸作品190余幅，从中遴选出80余幅作品参加展览。同时举办浙江省“茶文化”剪纸艺术学术论坛。

强化学术研究，做好课题研究和专著出版工作。2012年，组织《中国节日志·春节浙江卷》课题修改加工会议，《浙江省最具地域特色文化符号网络评选·民间手工艺》一书编印完成，促进民间艺术研究工作的完整性和系统性，提高学术价值。另外，参与主办西施与珍珠文化研讨会。

通过专题培训辅导，更好地传承民间工艺。2012年来，重点做好浙江省新农村文化业务建设绣花鞋项目实验基地和杭州市美术职业学校“浙江省民间手工艺教学实验基地”的业务辅导培训工作。

五、推进群文理论研究

课题《浙江残疾人文化生活调查》已经出版。此课题涉及全省11个市，100多位调研干部参与，从残疾人文化生活的角度作调查分析，从精神文化层面来探究残疾人的生活现状，呼吁全社会共同关注残疾人的精神文化需求，提升残疾人的生活品质、文化享受和幸福指数，实现残疾人事业与经济社会文化的和谐发展。出版《浙江公共文化服务创新研究》。这是省文化厅“公共文化服务体系制度设计研究”系列课题中的一个。文化馆组织全省10余位调研干部组成课题组，分工合作，于2012年上半年顺利完成《浙江公共文化服务创新研究》书稿。该书对十余年来浙江省公共文化服务创新历程进行全面的梳理，概括了浙江公共文化服务创新的经验，提出浙江公共文化服务创新的发展趋势。王全吉主编文化部全国文化馆（站）干部培训教材之《文化馆（站）服务与管理》一书。参与《全国文化馆（站）优秀工作案例》、《文化馆（站）干部业务培训指导大纲》两本配套教材的编写，其中《文化馆（站）干部业务培训指导大纲》一书，由北京师范大学出版社出版。

举办第十四届公共文化论坛，指导、推进村级文化建设实践。2012年7月18日至20日，在杭州市余杭区举办"浙江省第十四届公共文化论坛"。论坛共收到论文234篇，参会作者60余人。与会群文理论工作者围绕"村级文化建设与公共文化服务体系构建"，加强村级公共文化服务品牌建设，强化村级文化考核，进一步推进村级文化建设发展，进行探讨交流。

组织参加全国群众文化理论大赛，参加由文化部社会文化司、中国文化报社、浙江省文化厅主办的全国农民工基本文化权益保障理论研讨会论文评奖活动，浙江省3篇论文获一等奖，8篇论文获二等奖，9篇论文获三等奖。参加中国群众文化学会主办的"群星璀璨20年"全国群文征文大赛，浙江省1篇论文获一等奖，4篇论文获二等奖，另有7篇论文获三等奖。参加中国群众文化学会"达州论坛"，浙江省2篇论文被评为一等奖，1篇被评为二等奖，4篇被评为三等奖。

组织文学赛事，展现浙江省新农村建设的新风貌、新成就。浙江省第三届乡村诗歌大赛和浙江省第六届新故事作品征文大赛，整体展示了我省群众诗歌和新故事创作的最新成果。与省群众文化学会联合主办的"文化惠民谱新篇"浙江省文化馆(站)建设征文大赛。

举办浙江省舞蹈论文比赛和浙江省戏剧论坛。2012浙江省群文戏剧创作论坛于9月20日至22日在嘉兴市南湖区举行。这次论坛进一步探讨新时期群众戏剧艺术新动向，拓宽了群众戏剧理论研究新空间。

强化群众文化信息工作。一是编辑《浙江公共文化》和《2011浙江省群文大事记》。《浙江公共文化》全年编辑出版4期，较为系统地宣传全省性的群众文化活动，报道文化工作的动态。

二是切实加强政务信息的宣传、报送工作。首届浙江省合唱节、"耕山播海"浙江省经济欠发达地区农村文艺骨干系列培训活动、浙江省第六届排舞大赛、免费开放区域共建启动仪式、西班牙浙江文化节等，分别在中国文化报、中国新闻社、浙江日报、今日浙江、浙江卫视新闻联播、浙江影视娱乐频道、钱江晚报、杭州日报以及浙江文化月刊等10多家媒体多次作了报道，扩大了群众文化的社会影响。2012年5月和6月，浙江省委书记赵洪祝就中国文化报对浙江文化建设的报道先后两次批示，表示"要充分发挥文化报的作用"。同时，文化馆认真做好省文化厅政务信息的报送工作，名列厅属单位第一。

此外，还承办了全省艺术档案论文比赛。

六、加强对外文化交流工作

配合省文化厅组织"戏韵流苏——浙江梨园百工展"和"余音绕梁——浙江乡村古戏台艺术摄影展"，赴台湾参加"第六届台湾·浙江文化节"活动。

配合省文化厅，组织"锦绣浙江——民俗风情摄影展"，赴西班牙参加"西班牙·浙江文化节"活动。

组织参加国际艺术节。一是组织温州市(女声)合唱团赴西班牙参加第30届西班牙康托尼格欧国际艺术节。在比赛中该合唱团获得女声组第五名、民歌组第六名的战绩，并作为优秀团队代表，受邀参加闭幕式音乐会表演。这是康托尼格欧国际艺术节举办30年来，中国成人合唱团获得的团队最好成绩，打响了温州合唱艺术品牌。二是组织浦江县文化广电新闻出版局民间艺术团赴法国参加第62届法国第戎国际民间艺术节。浦江县文化广电新闻出版局民间艺术团被授予最受观众喜爱大奖。

组织开展"文化志愿者边疆行"活动。省文化馆承担组织由文化部、中央文明办共同主办的2012年"春雨工程"——全国文化志愿者边疆行启动仪式活动，并组织全省部分文化馆群文干部赴西藏进行文化艺术讲座和交流。在新疆，施国庆、顾炯等同志进行了群众舞蹈方面的辅导；在西藏，张卫东等同志作了歌曲、歌词创作的讲座，并进行西藏歌曲创作采风，该项目受到文化部的表彰。赴藏的同志深入了解"春雨工程"——全国文化志愿者边疆行活动的开展情况，探讨"春雨工程"文化志愿者服务活动的运行机制，"文化志愿者边疆行大舞台"、"文化志愿者边疆行大讲堂"和"文化志愿者边疆行大展台"的活动形式以及文化下乡活动的群众需求、表演形式、节目内容、服务质量、艺术团队管理等一系列实际问题；和西藏自治区文化馆群文专家一起对免费开放工作的措施和免费开放工作呈现的新特征以及存在的问题进行研究和探索。

举办"文化非洲"读后感征文活动。承接"2011中国文化聚焦·浙江文化节"活动，结合2012年3月16日起《光明日报》、《浙江日报》、《人民网》等多家媒体全文刊登了云杉同志《文化的非洲》一文，举办以学习《文化的非洲》读后感为主题的征文活动，各地来稿踊跃，部分文章陆续在《浙江公共文化》上刊登。

此外，省文化馆还参与2012舟山群岛·中国海洋文化节闭幕式——首届中国海洋歌会外籍和台湾等地演员的邀请联络工作，马德里中国文化中心伙伴代表团来华访问的相关工作，并配合省文化厅赴澳门组织参加“江南可采莲”浙江澳门书画艺术家联展。

（周　平）

浙江省文化信息中心

【概况】 浙江省文化信息中心实有在编人员5人（核定编制6人），其中，具有高级技术职务资格的1人，中级4人。

2012年，浙江省文化信息中心按照浙江省文化建设及省政府信息化建设“十二五”规划要求，以服务省文化厅的中心工作为重点，严格遵守各项管理和运行制度，取得了一定的成绩。在文化部组织实施的“2012年度文化部政府网站群绩效评估”上，省文化信息中心负责管理维护的厅门户网站在参评的28个省级文化行政部门政府网站和29个文化部直属单位网站中，位居第二，获得“年度最佳奖”，并在浙江省政府2012年度电子政务建设考核评比中获得“门户网站建设优秀单位”荣誉。省文化厅获2012年度网络与信息安全通报先进单位，网络系统管理员苏清华获2012年度信息通报先进个人。省文化信息中心被省委宣传部评为“2012年度全省宣传系统网络交流平台建设工作先进单位”。

一、抓好业务建设

完成新机房的改建，完成对机关计算机机房的整体搬迁，并对已老化的基础网络设备进行更新。在省文化厅机关大楼实现无线网络的全覆盖，有效提升机关办公自动化水平。门户网站视频播放系统的改建启动。

浙江文化信息网的全面改版工作完成设计。

注重省文化厅门户网站、浙江文化信息网和中国越剧网的内容管理，及时、即时审核、发布信息，同时协助厅机关做好电子政务的相关工作。始终坚持全年365天每天安排人员值守，做到网站文化新闻采编日日有更新，且每日更新约80条，并及时上传省委宣传部“浙江省宣传系统网络交流平台”相关栏目，全年上传并被采用信息达1312条。全年共更新文化及政务信息46115条，其中门户网站文化信息20794条、政务信息370条；浙江文化信息网各类文化信息24516条；英文版信息435条。全省文化系统新闻投稿3120篇，用稿1312篇。

全年完成各类文化专题21个，其中时政类专题6个，包括“国家‘十二五’时期文化改革发展规划纲要”、“2010－2011年度全省文化工作表彰会”、“2012年文化遗产日”、“2012台湾·浙江文化节”、“科学发展 成就辉煌——十七大以来浙江文化建设成就综述”和“学习宣传贯彻十八大精神”；1个网上展厅，即“省级文化系统喜迎党的十八大摄影作品展”；制作了《大禹》、《调吊》、《海盐滚灯》等14个浙江省“非遗”项目文化专题。新增“图说浙江文化”栏目。及时更新省级公共文化系统服务资讯平台上厅属单位的各类公共文化服务信息，努力提升网站服务水平。2012年，在改版后的省文化厅门户网上增加了“一句话”栏目，全年一句话的量达到1355条，平均每天有4条。

管理好省文化厅新浪官方微博，2012年共发布微博151条，并对网民的提问及时予以答复。

二、强化信息安全

召开专题会议部署网络信息安全工作。在6月21日召开的省级文化系统网络安全与宣传工作会议上，及时传达上级有关加强网站安全管理及做好十八大期间网络与信息安全保障工作的文件精神。同时对系统各单位门户网站的安全情况进行点评，明确要求各单位切实做好安全自查自纠工作。在9月18日召开的全省文化信息工作会议上，传达了文化部关于做好重要信息系统等级保护工作的相关文件精神，切实抓好各单位信息系统安全工作，坚决消除各类安全隐患。

印发并实施《浙江省文化厅网络与信息安全管理体系》，根据实际情况及时更新安全应急预案，细化工作流程，修订工作记录表，建立健全工作台帐，进一步完善厅机关网络与信息安全管理体系。增加系统配置提高信息安全防护能力，加设WEB应用防火墙，并根据实际情况不断更新安全规则库。2012年2月，在厅机关局域网部署了2011ASM盈高准入控制系统，进一步加强对内网的安全管理。同时部署双机热备或远程备份系统，努力确保省文化厅网络应用始终处于安全环境下。

不断加大网络运行安全情况监测频率与力度，即时升级完善安全检测的软件，对厅机关个人终端统一安装、更新杀毒软件，并更新系统至最新;加强邮件服务器日志的巡查力度,随时调整反垃圾邮件规则,发现问题,及时处理。2012年完成对门户网站的等级保护测评工作。配合厅机关开展对全厅机关涉密计算机和其他涉密载体的安全自查、常规巡查和突击抽查工作,完成厅机关涉密计算机内、外网物理隔离工作。

为切实做好十八大期间的网络信息安全工作,9月份,在省文化厅范围内组织开展对厅机关各业务系统的安全检查,同时对部分厅属单位门户网站也进行安全扫描。8月至10月每两周上报重要信息系统安全检查进展,从11月1日至13日,每日向省网络与信息安全通报中心上报厅机关的网络与信息安全情况。

严格执行《信息编审管理制度》,中心负责的厅机关门户网站、新浪官方微博信息发布所有稿件按规定经过审定后上网,全年未发生涉密事故,未发现在办公网上处理机密的信息。每月根据厅机关网络与信息安全工作动态,及时分析上报当月网络与信息安全情况。

省文化厅机关网络系统全年安全运行无事故。中心管辖的计算机网络设备全年感染病毒计算机仅21台次,未发现服务器异常、系统入侵和网络攻击等安全情况。

三、深化绩效考核

坚持效率优先兼顾公平原则,认真实行绩效考核与绩效工资挂钩制度,切实完善考核办法,深化内部收入分配制度改革,以岗定薪,按绩取酬,根据岗位要求对工作人员实施绩效考核,根据考核结果,发放绩效奖金。

以绩效考核为契机,创新工作机制,加强工作管理,完善与单位工作职能相适应的各项规章制度,进一步深化落实岗位工作责任制,明确了岗位责任,理顺了工作关系,提升了管理水平,做到管理规范有序,工作合理安排,责任到人。

继续组织安排职工参加保密、人事、档案以及网络技术培训,努力提高职工的业务技能。

四、严格内部管理

注重单位规章制度建设,及时根据新情况制定、修订完善与单位职能相适应的人事、财务、分配、车辆管理等相关内部运行制度,并以这些规章制度为规范,严格管理。同时进一步强化国有资产管理制度,继续做好单位固定资产的登录工作。

建立健全各项财务制度,加强收入和支出管理,统筹安排各项资金,一切开支严格按财务制度、省政府专项经费管理及政府采购制度办事,实现管理规范化,制度化。一年来,中心严格按照年度预算执行,提高资金的使用效益,全年无财务违纪情况,预算资金执行率达96.11%。

制定单位档案备份及数字化管理工作计划;制定、完善相关规章制度,购置“数字化档案管理系统”软件,基本完成单位业务档案数字化工作。同时注重档案的利用,适当拓宽档案收集种类与内容,逐步把每年制作的网络文化专题制成纸质档案,加大信息覆盖面,还编制了《制度汇编》、《大事记》等汇编材料。

(金澄宇)

浙江省非物质文化遗产保护中心

【概况】 浙江省非物质文化遗产保护中心在编人员6人(核定编制8人)。其中,具有高级技术职务资格的5人。

2012年,紧紧围绕“保护为主、抢救第一、合理利用、传承发展”的方针和“政府主导、社会参与、明确职责、形成合力、长远规划、分步实施、点面结合、讲求实效”的原则,开展各项非遗保护工作,取得较好成效。

一、承办2012中国(浙江)非物质文化遗产博览会

4月29日至5月2日,由中国非物质文化遗产保护中心、浙江省文化厅、中国国际茶文化研究会、浙江省义乌市人民政府主办,浙江省非物质文化遗产保护中心、浙江省非物质文化遗产保护协会、浙江省茶文化研究会、浙江省义乌市文化广电新闻出版局承办的2012中国(浙江)非物质文化遗产博览会在浙江义乌国际博览中心举办。

此届博览会以“走进生活”为主题,展馆面积7500平方米,全国20个省(市)近400个国家级、省级非物质文化遗产精品项目及其代表性传承人、工艺美术大师携弟子和代表作品参展参演。

全国政协学习与文史委员会副主任、浙江省第十届政协主席周国富,文化部副部长、国家文物局局长励小捷,副省长郑继伟,文化部非遗司司长马文辉、文化产业司司长刘玉珠,省委宣传部副部长、文明办主任龚吟怡,省文化厅厅长杨建新、副厅长陈瑶,省新闻出版局局长陈坤忠等领导出席文博会开幕式,并参观中国(浙江)非物质文化遗产博览会。

博览会设置了一条近百米长的非物质文化遗产生活长廊,集聚全国20个省(市)100个最贴近生活的非物质文化遗产代表性项目，通过活态的现场演示，让观众亲身体验传统技艺的精妙；“浙江青瓷精品馆”集聚浙江青瓷中青年十大名师及其弟子的近300件青瓷精品，集中展示浙江省龙泉窑、南宋官窑、越窑、婺州窑等浙江青瓷古窑口的传统工艺，“浙江石雕精品馆”集聚浙江省青田石雕、昌化鸡血石雕、杭州石雕、温州石雕（泰顺石雕、乐清石雕）、金华黄蜡石雕等门类的6位国家级项目代表性传承人、工艺美术大师，33位省级以上非遗项目代表性传承人、工艺美术大师及其近百位弟子近200件精品力作。

二、承办首届浙江省传统名茶博览会

4月29日至5月2日，由中国非物质文化遗产保护中心、浙江省文化厅、中国国际茶文化研究会、浙江省义乌市人民政府主办，浙江省非物质文化遗产保护中心、浙江省非物质文化遗产保护协会、浙江省茶文化研究会、浙江省义乌市文化广电新闻出版局承办的“首届浙江省传统名茶博览会”在浙江义乌国际博览中心举办。

“浙江省传统名茶展销”、“浙江省传统茶具展销”等展销平台，使观众饱览非物质文化遗产的精粹；浙江省绿茶传统炒制技艺展演，集中展示浙江著名绿茶炒制传统手工技艺；由各市选送的11支茶艺表演队伍进行现场茶文化艺术表演，让来自全国各地的观众感受非物质文化遗产的深厚底蕴和独特魅力。

三、承办浙江省首届非物质文化遗产濒危曲艺展演

4月29日至5月2日，由中国非物质文化遗产保护中心、浙江省文化厅、浙江省义乌市人民政府主办，浙江省非物质文化遗产保护中心、浙江省非物质文化遗产保护协会、浙江省义乌市文化广电新闻出版局承办的“浙江省首届非物质文化遗产濒危曲艺展演”活动在浙江义乌国际博览中心举办。弹词、鼓曲、走唱等18个展演曲目的代表性传承人进行了精彩演出。郑关富、王玉英、倪齐全、宋小青、戴春兰、叶英盛获得“浙江传统曲艺保护传承特别贡献奖”；并评出“非遗薪传——浙江省传统曲艺展演”特别展演奖和优秀组织奖若干名。

四、承办非遗薪传——浙江石雕精品展暨中青年十大名师评选活动

4月29日至5月2日，由中国非物质文化遗产保护中心、浙江省文化厅主办，省非遗保护中心、省非遗保护协会承办的“非遗薪传——浙江石雕精品展暨中青年十大名师评选活动”在义乌国际博览中心举办。

活动共有127名国家级、省级非遗传承人、工艺美术大师及其弟子参加，展出近200件石雕代表作品。全省范围内具有代表性、地域性的青田石雕、昌化鸡血石雕、杭州石雕、温州石雕（泰顺石雕、乐清石雕）、金华石雕等项目参加展示。倪东方、张爱廷、林福照、周金甫、牛克思、钱高潮等被授予“浙江石雕传统技艺保护传承特别贡献奖”，马兵、叶品勇、张海政、陈小甫、林爱平、留大伟、戴春平、邵城鑫、叶小微、潘成松被评为“浙江石雕中青年十大名师”；同时评选出了“浙江石雕精品展”金奖31名，银奖42名，铜奖46名。

五、承办非遗薪传——浙江传统塑艺陶艺精品展暨中青年十大名师评选活动

10月12日至15日，由中国非物质文化遗产保护中心、浙江省文化厅主办，浙江省非物质文化遗产保护中心、浙江省非物质文化遗产保护协会、中国杭州文化创意产业博览会组委会办公室承办的“非遗薪传——浙江传统塑艺陶艺精品展暨中青年十大名师评选”活动，在杭州市和平国际会展中心举办。

中共浙江省委常委、杭州市委书记黄坤明，省委常委、宣传部长、副省长葛慧君，杭州市政协主席叶明，中国非物质文化遗产保护中心常务副主任李新风，联合国科教文组织亚太地区非物质文化遗产国际培训中心主任杨治，浙江省委宣传部常务副部长胡坚，省文化厅厅长金兴盛，副厅长陈瑶出席开幕式。省文化厅厅长金兴盛在开幕式上致辞。

此次活动主要有五大系列，一是浙江传统塑艺陶艺精品展示活动，集中展示31位省级以上非物质文化遗产代表性传承人、工艺美术大师携弟子及专业从艺人员130余人近年来创作的塑艺陶艺精品力作；二是“浙江塑艺陶艺中青年十大名师评选”活动；三是“浙江名家名师（陶艺）联袂创作”活动，浙江省著名书画家与紫砂工艺省级工艺美术大师珠联璧合，创作出精品力作；四是浙江传统塑艺陶艺现场活态演示，瓯塑、泥塑、紫砂、婺州窑项目在现场活态演示；五是浙江传统塑艺陶艺观众体验活动，观众在现场参与瓯塑、泥塑、米塑、婺州窑、紫砂工艺的制作。

参加此次展示的项目涵盖了全省范围内最具代表性的瓯塑、泥塑、米塑、绸塑、彩泥塑、酒坛堆塑、灰塑、矾塑、面塑、粮食砌、泥金彩漆、夹苎漆器和紫砂、黑陶、彩陶、婺州窑16项塑艺陶艺项目。

国家级非遗项目瓯塑代表性传承人、中国工艺美术大师周锦云被授予"非遗薪传"浙江传统塑艺陶艺传承特别贡献奖，宓风光、陈茅、董建民、黄才良、蒋兴宜、傅一平、吴伟华、张红姬、刘法星、王文俊荣获"浙江传统塑艺中青年十大名师"荣誉称号，吴小红、朱吕贵、徐复沛等31位作者选送的作品荣获金奖，王岳龙、沈巩强、王星军、陈龙等43位作者选送的作品获得银奖。

六、组织承办2012年非物质文化遗产保护系列培训

11月27日至29日，由省文化厅主办，省非物质文化遗产保护中心、省非物质文化遗产保护协会承办的2012浙江省非物质文化遗产保护工作培训班在杭州举行。全省各市、县（市、区）文化广电新闻出版局局长、副局长和各地非遗保护中心负责人共计180余人参加此次培训。

国家非遗保护工作专家委员会副主任周小璞，省文化厅厅长金兴盛、副厅长田宇原等出席开班典礼，厅长金兴盛、副厅长田宇原在培训班上讲话。

为期三天的培训中，国家非遗保护工作专家委员会副主任周小璞，亚太地区非遗国际培训中心主任杨治，省文化厅非遗处处长王淼，中国工艺美术大师国家级非遗代表性传承人陆光正等领导和专家分别就"非物质文化遗产保护形势与任务"、"联合国教科文组织《保护非物质文化遗产公约》和全球非遗领域能力建设战略"、"关于非物质文化遗产项目申报与信息化建设"和"浙江传统手工技艺的保护与发展"等作专题讲座。

七、召开浙江省非遗保护协会第6次会长办公会议

11月9日至10日，省非遗保护协会在桐庐召开浙江省非遗保护协会第6次会长办公会议。省政协文卫体委员会主任杨建新，省人大教科文卫委员会常务副主任陈永昊，省文化厅副巡视员陈官忠，省非遗保护协会顾问沈才土、齐有为，省非遗保护协会会长金庚初，副会长蒋建东、徐关兴、张卫东出席会议。杨建新就省非遗保护协会下一阶段工作提出要求。会议讨论并原则通过建立省非遗协会浙江塑艺陶艺专委会，建立省非遗协会省机电学院培训基地，省非遗协会龙泉青瓷基地、婺州窑基地、拱墅基地、普陀基地等相关决议。

八、抓好综合管理和队伍建设

2012年，建立浙江省非物质文化遗产保护中心党支部、浙江省非物质文化遗产保护中心工会组织。重视政治理论和专业理论学习，认真学习党的十七届六中全会和党的十八大精神，认真学习省第十三次党代会精神，努力提高中心人员做好非遗工作的责任心和自觉性。并加强规范管理，落实岗位工作责任制。加强民主管理和监督。认真做好政务信息工作，信息报送及时、准确。

根据《浙江省事业单位岗位设置管理实施办法》，按照中心岗位设置方案，做好人员的聘用工作。建立健全了更为有效的考核机制，强化考核实效，激发职工工作积极性。通过开展爱岗敬业教育、岗位培训和业务考核，引导和规范业务干部和职工行为，提升中心整体综合素质，推动了中心工作的全面开展。营造了良好的工作氛围，增加凝聚力。

组织参加第五届青海国际唐卡艺术与文化遗产博览会 博览会于8月10日至14日，在青海省西宁市举办。浙江省非遗项目十竹斋模板水印技艺、辑里湖丝等项目参加展示活动。

组织参加山东第二届中国非物质文化遗产博览会 9月6日至10日，组织参加由文化部和山东省人民政府主办，文化部非物质文化遗产司、中国非物质文化遗产保护中心、山东省文化厅承办的第二届中国非物质文化遗产博览会。省文化厅副厅长陈瑶出席开幕式。

浙江省龙泉青瓷、南宋官窑、十竹斋木版水印、王星记扇子、金华火腿、义乌丹溪酒、八都麻绣、百子灯、楫里湖丝、永康九狮图等近百件具有浓郁地方特色的非遗精品参展参演。浙江展示厅以推进非物质文化遗产生产性保护为主线，以江南传统建筑为风格，展厅内既有静态非物质文化遗产精品的展示，又有非遗传承人精湛技艺的活态演示，中央电视台还对浙江省参展的十竹斋木版水印项目进行了专题采访。

博览会期间，文化部副部长王文章，非遗司司长马文辉、副司长马盛德在省文化厅副厅长陈瑶的陪同下参观了浙江展厅，并与浙江省参展的非遗传承人、工艺美术大师进行交谈，对浙江近年来非物质文化遗产保护工作所取得的成绩作出了肯定。

组织参加云南第三届"中国（福保）乡村文化艺术节"非物质文化遗产刺绣展示系列活动 9月21日至

25日，浙江省国家级非遗项目乐清黄杨木雕、瓯绣等项目参加了此次非遗展示系列活动。活动以刺绣为主，穿插手工制作技艺项目和作品展示。来自全国13个民族的110多位传承人参加展览。国家文化部常务副部长、党组副书记赵少华，云南省委书记秦光荣出席开幕式。

组织参加天津第二届全国非物质文化遗产展示会 9月28日至10月2日在天津美术馆开幕，来自浙江、天津、北京、江苏等全国29个省、市、自治区的106项国家级和省级非遗项目参加展示，浙江省龙泉青瓷、乐清细纹刻纸、乐清黄杨木雕、瓯塑、王星记扇子等8个项目参加展示活动，国家级非遗代表性传承人周锦云、中国工艺美术大师叶萌春、非遗传承人林顺奎等国家级和省级项目传承人、工艺美术大师在现场演示和讲解非遗传统绝艺。

组织参加安徽首届中国(黄山)非物质文化遗产传统技艺大展 11月7日至11日，参加由文化部、安徽省人民政府主办，中国非遗保护中心、安徽省文化厅和黄山市人民政府承办的首届中国(黄山)非物质文化遗产传统技艺大展。

浙江省龙泉青瓷、东阳木雕、张小泉剪刀、绍兴花雕、王星记扇子等5个项目受邀参加。

展览分非遗传统技艺展示和非遗传统技艺作品精品展两大部分，静态展览与动态演示、特色展示与商品展销、主体展示与群众互动有机结合，是此次非遗展会一大特色。

（许林田）

浙江小百花越剧院（浙江越剧团）

【概况】 浙江小百花越剧院(浙江越剧团)实有在编人员94名(核定编制数150名)，其中具有高级技术职务资格的55名，中级21名。内设机构7个。2012年5月3日下午，省文化厅在浙江音乐厅召开浙江小百花越剧院干部职工大会，宣布由浙江小百花越剧团和浙江越剧团合并而成的浙江小百花越剧院领导班子正式组建。2012年浙江越剧团在各方面工作都取得良好成绩。

一、推行传统剧目的创作复排和电影创作

坚持越剧男女合演特色，坚持舞台艺术创作和影视艺术创作是浙越一贯的办团方向。2012年，创作舞台剧《五市街风情》(《九斤姑娘》的姐妹篇)。创作“新松计划”青年演员折子戏专场《群芳谱》和以浙越新生代男演员为打造核心的青春版《胭脂》。

完善电影《李氏三娘》的后期制作，跟进电影《李氏三娘》的宣传营销工作。通过了浙江广电总局，国家电影总局的内容和技术两道重要审核。

完成省文化厅“新松计划”2013新年演出季越剧音乐会《越华如水》的创作任务。

二、努力完成各类演出任务

2012年，承办全省青年戏曲演员“新松计划”大奖赛。

2012年，共完成公益性演出130场左右，其中送戏下乡30场，雏鹰计划50场，高雅艺术进校园9场，老人越剧周10场，驻场演出40场，覆盖了老中青三代观众群体。

主动对接市场，通过与剧场、演出商、企业合作的运作新模式，带动积极性，演出场次和经济效益明显增加。单场演出收入突破15万元、20万元大关。2012年，共完成演出场次217场，演出收入达到600万元左右。

完成重点演出活动。2012年9月，参加第六届台湾·浙江文化节，分别在台北中山纪念堂和苗栗国际文化观光局中正堂演出《九斤姑娘》。10月，《九斤姑娘》参加省文化厅主办的“喜迎党的十八大”展演活动。赴台湾演出前，作为国家舞台艺术精品工程资助剧目，第二届中国越剧艺术节金奖剧目，《九斤姑娘》还参加了杨小青舞台艺术回顾展演。

三、重视人才培养

剧团采用艺校培养，向社会“送出去、请进来”等多种方式，做好人才培养工作。落实省艺校五年制男生班的公开招聘工作，选送娄勇欢、黄剑勋、陈梦薇赴中国戏曲学院深造学习，选送张斌赴上海音乐学院深造学习，推荐马央央、裘锦媛参加省文化厅举办的高级艺术人才研修班学习，还积极准备引进艺术拔尖人才，健全专业艺术人才和主创队伍配备。

四、健全综合管理

在文艺体制改革的大背景下，向上级主管部门提出保护全国唯一一家越剧男女合演团的事业编制的申请，得到了主管部门和政府的支持。从一个已被国家列入改企名录的单位，重新回归事业单位行列。

2012年，在人事管理上，建立按岗聘用、竞聘上岗制度，全面实行聘约管理；根据省人力社保厅的统一部署，平稳推进本单位的绩效工资制度实施工作，充分发挥收入分配的激励导向作用，全面兑现了离退休老同志的离退休工资待遇；严格公开招聘纪律，完善招聘环节，确保选人、用人的平等择优，客观、公正、有效地完成了14名男生的公开招聘工作。

在财务管理上，做好财务核算和会计监督工作，严格遵守国家财务会计制度、税收法规和省文化厅颁发的各项财务规定，做到各项资金收付安全、准确、及时。对每项固定资产从购置、登记、审批、入库、使用及管理均有管理制度和责任人，以确保国有资产的安全和完整。严格按照政府采购制度规定的采购方式和程序进行申报和采购。在全省青年戏曲演员大赛和“台湾·浙江文化节”赴台交流演出中，浙江越剧团作为参赛（演）和经费执行单位，在以上两项活动中及时、合规地拨付各项活动资金，确保了整个项目的顺利实施。

在西湖文化广场的装修工作中，委派两位同志进行驻场管理并具体处理事务。抓紧设计与浙江红岩文化发展有限公司的合作项目，积极发挥西湖文化广场古典小剧场的效益，建立杭州越剧驻场演出高规格、高质量、高消费窗口。

在安全保卫方面，做好日常安全教育、重点部位检查制度、假日值班制度，建立安全自查评议小组，对单位各项安全稳定为重点的综合治理进行认真排查。全年没有重大责任事故发生，单位职工无违法案件记录。单位社会治安综合治理工作在专人负责下实现连年达标的良好成绩。

坚持职工代表大会和团务公开制。召开“职代会”，审议通报剧团的各年度工作情况、年末奖金分配方案及单位重大事项，保证全团职工的知情权、参与权和表达权。2012年底，通过了新一届工会组织和职代会的改选工作。

按照国家有关政策规定，配合有关方面做好离退休人员、妇女、儿童、环境卫生、计划生育、节能减排等项工作，关心职工生活。全面兑现离退休老同志的离退休工资。

五、加强党总支工作

完成浙江小百花越剧院党总支的组建工作。认真参加省文化厅和上级组织统一安排的各类学习和培训。落实党风廉政建设责任制。

加强对演职员的道德教育。邀请杭州市社科院教授周鹰、浙江外国语学院教授王云主讲《地域文化与艺术创作》、《欣赏、发现、创造——美学漫谈》等课程；组织参加由浙江省委党校郭亚丁教授在浙江图书馆作的《继续坚定不移地走中国特色社会主义道路——十八大报告精神解读》专题讲座；组织青年团员参观雷锋纪念馆、参观浙江省博物馆“越地长歌”等专项陈列；组织团员青年开展价值观大讨论；积极参加由省直机关团工委组织开展的“喜迎十八大、迎接党代会、再创新业绩”省直青年情景剧大赛并获三等奖。创排宣传党十八大精神的越剧男女声小组唱《开创新纪元》。

（吴菜菜）

浙江小百花越剧院（浙江小百花越剧团）

【概况】 浙江小百花越剧院（浙江小百花越剧团）实有在编人员88名（核定编制110名），其中，具有高级技术职务资格的53人，中级23人。

2012年，浙江小百花越剧院（浙江小百花越剧团）在创作生产、演出营销、人才培养及其他各项工作中均取得良好成绩。

一、认真完成各类演出任务

1月，赴三门剧院下乡演出《陆游与唐琬》、《琵琶记》、《五女拜寿》；赴黄岩九峰公园下乡演出《陆游与唐琬》、《五女拜寿》及折子戏专场；农历新年期间《陆游与唐琬》、《藏书之家》在杭州剧院演出标志着剧团第五届中国式新年音乐会成功举办。2月，在德清会展中心演出《五女拜寿》、《胭脂》。3月，《陆游与唐琬》、《藏书之家》赴上海东方艺术中心参加名家名剧月演出。4月，赴舟山海滨影剧院演出《五女拜寿》、《红丝错》、《胭脂》；赴石家庄河北艺术中心演出《藏书之家》；在“那些年，我们一起追的越剧”的主题下，《西厢记》原生代演员“封箱”巡演拉开序幕。全年完成北京、杭州、深圳三站演出，场场爆满。5月，赴诸暨壁玉村演出《五女拜寿》、《红丝错》、《胭脂》；赴绍兴大剧院演出《琵琶记》、《西厢记》。6月，赴中国计量学院、湖州新世纪外国语学院、湖州艺术与设计学院演出越剧精品折子戏。8月，赴天津大剧院演出新版《梁祝》；浙江省政协礼堂演出越剧精品折子戏专场。9月，参加由文化部艺术司、中国剧协、浙江省文化厅、浙江省剧协等主办的“杨小青导演作品展演”，分别演出《陆游与唐琬》（全剧，开幕首演剧目）、《春香传·端阳歌》、《西厢记·传简》（折子戏，“杨小青导演作品展演”专场集锦闭幕式）；新版《梁祝》

应邀首次赴贵州演出，"东部文化西部行·小百花贵州之旅"取得成功。11月，赴成都华美紫馨国际剧院演出新版《梁祝》；赴宁波逸夫剧院演出《梁祝》、《陆游》。

2012年超额完成省文化厅的演出场次与票房收入的考核指标，共完成各类演出106场(厅考核年演出场次指标为85场)，完成原定指标的124.7%(超额完成24.7%，即21场)。全年完成演出收入计518.46万元(厅考核年票房收入为502万元)，完成原定指标的103.28%(超额完成3.28%，即16.46万元)。同时，还完成农村、校园、钱江浪花演出等公益性演出场次。

二、对外文化交流活动再创新高

认真实施"文化走出去"的战略部署，加强对外文化交流的力度，向世界展示"小百花"的品牌魅力。

2012年3月31日至4月5日，在中国对外文化集团公司党委书记、演出团团长孙晓红，省文化厅外事处处长、演出团副团长李莎等带领下，浙江小百花越剧团再次赴韩演出《春香传》。此次与上海评弹团和韩国板索里合作共同演绎了韩国古典文学名著《春香传》，第一次在舞台上融合了越剧、评弹、板索里三个中、韩两国的非物质文化遗产项目，打造出一台跨越国界、跨越时代的综合戏曲文化舞台作品。中华人民共和国文化部部长蔡武、韩国文化体育观光部部长崔光植发来贺信。中华人民共和国文化部副部长王文章、韩国文化体育观光部第一次官郭濚镇、中华人民共和国驻韩国大使张鑫森出席开幕式并讲话。韩国外交通商部韩半岛和平交涉本部长林圣男、韩国海外文化弘报院院长禹真荣、韩国国立中央博物馆馆长金英那等中韩两国政府、艺术界、友好团体代表200余人出席活动。剧团青年演员夏艺奕作为活动的中方主持人，出色完成任务。中韩各界人士近千人观看开幕式演出。

戛纳电影节期间，由浙江省委宣传部、浙江影视集团、浙江省文化厅、浙江小百花越剧团、中国国际文化传播中心等联合出品，当代著名表演艺术家、浙江小百花越剧团团长茅威涛领衔主演，中国当代著名戏剧导演艺术家郭小男执导的新版越剧电影《梁山伯与祝英台》亮相戛纳，并入围"导演双周"单元。电影节期间，由中国电影频道推荐，戛纳电影节组委会安排了在法国当地时间5月20日晚八点进行新版越剧电影《梁山伯与祝英台》的展映。法国著名导演费利普·弥勒亲自为该片制作导引短片，向法国观众介绍东方版的"罗密欧与朱丽叶"的爱情故事。这是浙江本土制作的电影第一次走进国际电影节的舞台，是继上世纪五十年代周恩来总理携带《梁祝》彩色电影登陆日内瓦之后，越剧电影《梁祝》再一次走进国际电影节的舞台，也是中国戏曲电影这一独特的中国电影类型片第一次走向国际舞台。

三、努力实现剧种转型突破

2012年，剧团重点创作剧目《江南好人》展开全面深入的排练创作工作。新概念越剧《江南好人》改编自德国著名戏剧家贝尔托特·布莱希特寓言戏剧名作《四川好人》。著名剧作家曹路生与导演郭小男共同将这一发生在"四川"的寓言故事移植到秀美江南，除名剧作、名编剧、名导演，以及艺术顾问世界戏剧家协会名誉主席(德)曼弗莱德·贝尔哈兹，文学顾问中国著名布莱希特戏剧研究专家丁扬忠之外，还特聘当代著名舞美设计黄楷夫，著名越剧作曲家翁持更、刘建宽、胡梦桥，著名灯光设计王瑞国、著名服装设计王秋平、著名形象设计师毛戈平等人担任该剧主创团队。

《江南好人》一剧，在保留原剧作拷问社会、关注民生、叩击道德、逼仄人性的社会、人文、哲学高度的同时，将婉约的越剧与丝绸、评弹、小调等江南元素融汇其中，创造了一部全新的江南风情寓言剧。

11月21日，《江南好人》全球首演新闻发布会在北京国家大剧院举行，国家大剧院副院长兼新闻发言人邓一江、导演郭小男、小百花越剧团团长、该剧领衔主演茅威涛、文学顾问、布莱希特戏剧研究专家丁扬忠、舞美设计黄海威出席发布会，新剧主题曲《忆江南》MV同时发布。2012年12月19至25日，《江南好人》于长兴县越剧基地完成合成彩排工作，浙江省文化厅厅长金兴盛、副厅长杨越光，原厅长沈才土到长兴大剧院观看演出。

四、加强人才培养

继续集中组织专业技术人员参加素质教育，坚持将其作为一项长期的战略性的人才培养系统工程。根据省文化厅的部署，举办"省属院团专业技术人员素质教育培训"专题讲座：2月14日，参加原浙江省省长吕祖善的讲课《人文熏陶·约会博物馆》；6月23日，在剧团排练室听取费勇教授《做一个完整的人》的授课；10月20日在浙江美术馆参观"天心月圆——弘一法师手迹展"；12月17日，在浙江图书馆接受党的十八大精神学习辅导。通过丰富多样的讲座，全团80

多名专业技术人员连同20多名“小百花越剧班”的随团学员们的综合素质得到全面的提高。

“小百花班”继续实施“团带班”教学实践模式。剧团团委派专人对该班进行管理，在学员完成职业艺术学院课程学习的同时，由“小百花”资深演员亲授技艺，并邀请京剧、昆剧名家们给学生授课。

完成“新松计划”成果展活动。在“新松计划”中拜王文娟老师为师的剧团王派青年演员夏艺奕在团部安排下，参与接待外宾、领导、送戏下乡、校园演出等各类重要活动，在演出实践中充分展示了拜师的优秀成果。2012“新松计划”全省青年戏曲演员大赛自5月20日开赛以来历时2个月，经初赛、复赛、决赛，剧团青年演员以及“小百花”班的学员圆满完成比赛任务。

五、“小百花艺术中心”建设项目稳步推进

2012年，“小百花艺术中心”项目建设工作稳步推进。4月，省委常委、组织部长蔡奇作为省重点工程浙江小百花艺术中心项目联系人，携省市有关部门负责人考察剧团”艺术中心“项目建设情况，听取省文化厅和项目业主单位关于项目推进、建设进展、亟需解决的重点问题及下步工作计划等情况汇报。召开由省委组织部、省委老干部局、省发改委、省财政厅、省建设厅、省审计厅、省地税局、省消防总队、省电力公司、省文化厅，杭州市建设、规划、园文、城管、环保、公安、人防、交通等部门和浙江小百花越剧团，项目代建单位等有关负责人参加的综合会议，强调严格按照项目建设时间表，加快协调工程建设，确保完成2012年工程投资额度。

六、获得多项艺术大奖

2012年9月《红丝错》荣获浙江省文化厅颁发的“优秀保留剧目”称号。在2012“新松计划”全省戏曲演员大赛中青年演员李云霄（与艺校合办班）荣获一等奖；章灯园荣获三等奖。青年演奏员严之强荣获浙江省民族管弦乐学会、琵琶专业委员会、扬琴专业委员会颁发的“西湖杯”浙江青少年琵琶·杨琴演奏大赛琵琶专业青年组“金奖”。职工张文元荣获浙江省文化厅直属机关委员会、省文化厅工会颁发的省级文化系统喜迎十八大摄影作品展二等奖，孔立萍荣获优秀奖。

（徐 旭）

浙江歌舞剧院有限公司

【概况】 浙江歌舞剧院有限公司实有在岗员工258人。其中，具有高级技术职务资格的60人，中级49人。2012年，公司进一步完善各项制度建设，推动管理水平上新台阶，达到艺术创作和票房的双丰收。用中国元素和文化符号抢滩国际市场，《华采东方》与《江南丝竹耀南洋》海外巡演获巨大成功。在第八届“荷花奖”现代舞比赛及第十届全国声乐比赛中，均创佳绩。2012年实现年度演出收入2123万元。全年完成301场演出场次（其中歌舞223场、民乐78场）。

一、努力拓展国内外市场

2012年，成功竞标多场全国性大型文艺晚会，不断拓展国内演出市场。同时利用文化走出去工程这一平台，成功实现境外商演。

原创歌舞《华采东方》赴美商演，首次涉外商演带来可观票房，洛杉矶单场票房高达13万美元。

浙江民族乐团《江南丝竹耀南洋》东南亚巡演获成功。这是浙歌改制后浙江民族乐团的第一次商业演出。马来西亚首相署第一部长丹斯里许子根博士特地为演出致词并揭幕，对于民乐演出来说，如此“高票房、高规格、高评价”极其不易。

策划、导演并制作的第三届全国大学生艺术节闭幕式获得成功，得到教育部的充分肯定，成为唯一一家获得浙江省教育厅20万奖励的单位。

完成由文化部、浙江省人民政府主办，浙江省文化厅、嘉兴市委市政府承办的2012中国·嘉兴端午民俗文化节开幕式晚会。

生动演绎体现“共美好 更美好”愿景的第八届中国（苏州）太湖开捕节开幕式，展现吴越民俗风情。参与第四届温州艺术节开幕式的歌舞表演。

二、艺术创作辟新程

浙歌舞蹈团在第八届“荷花奖”当代舞、现代舞比赛中，三人舞《起舞》获得表演三等奖，群舞《自由》获得“十佳作品”奖。在2012华东六省一市专业舞蹈比赛中，《红色英雄》荣获评委会大奖；《起舞》荣获创作、表演一等奖；《啊！草原》荣获创作、表演三等奖；《琵琶欲语人相随》荣获创作、表演三等奖；《雀语声声》荣获创作、表演三等奖。

在2012浙江省舞台精品艺术展演的大舞台上，浙歌歌舞团团长刘福洋执导和领舞的《生命·舞迹》舞蹈专场在省人民大会堂首度献演获好评。在《生命·舞迹》获得成功之后，浙歌舞蹈团推出第二季的《生命·舞迹》——“三新二意”，“新的思路”、“新的发展”、“新的追求”，呈现出全然不同的生命体验与心灵感悟，让人耳目一新，以民间舞为强项的浙歌在现代舞的发展上取得了突破。

新排励志音乐剧《桌的琴》弘扬正能量，获“庆祝党的十八大召开2012年杭州市新剧节目汇演”优秀剧目奖、优秀剧作奖、优秀导演奖、优秀表演奖、优秀青年演员奖、优秀音乐奖。对浙江省首部原创音乐剧《蓝眼睛 黑眼睛》复排青春版，进校园演出20多场。

浙江首次进入金钟奖决赛的青年声乐演员金瑶获浙江省文化厅“新松计划”支持，举办杭州独唱音乐会——“金色梦想 幸福歌谣”。并得到了上海爱乐乐团伴奏，著名歌手沙宝亮和海政文工团的副团长吕继宏助阵。

浙歌合唱团参加7月份在美国辛辛那提举办的第七届世界合唱节，荣获两项银奖。

三、人才培养见成效

舞蹈团团长刘福洋荣获浙江省第九届“五四青年奖章”。在“中国舞蹈国际大赛”中，白晶获民族舞组别表演、创作金奖，李翹荣获优秀指导老师荣誉称号；刘福洋、吴嘉雯分获青年舞蹈家荣誉称号。

浙歌声乐团团长邱昱被评为中国文化部体制改革先进个人。第十届全国声乐比赛，张哲获得美声组二等奖，最佳新创作品演唱奖。王昭彰、薛雷入围第29届“上海之春国际音乐节”决赛，获得民族组优秀奖的好成绩。“正荣杯”第七届长三角青年歌手大奖赛上，陈臻、张劼倩获金奖，吴小涵获银奖，范铁、耿菲菲获铜奖。在新加坡举行的第四届国际华人艺术节（中国声乐国际大赛）比赛中，刘思远、郝梦媛、罗渊文荣获流行组金奖，金瑶荣获民族唱法特别金奖，郝梦媛、王伍伟、刘思远、罗渊文获组合金奖，薛雷、王靖获民族唱法银奖，王伍伟、谢雨获流行唱法银奖，满添获美声唱法银奖。在台湾举行的第四届新加坡华人艺术节（中国声乐国际大赛）比赛中，杜丽平荣获流行唱法特别金奖，张劼倩荣获民族唱法金奖，周夕铌荣获民族唱法银奖，吴小涵荣获美声唱法铜奖。青年歌手唐琳参加由中国大众音乐协会“中国音乐文化促进会”主办的“放歌中华”全国大型音乐展评，荣获金奖。

四、认真履行国有院团职责

全年完成公益性送戏下乡24场，完成高雅艺术进校园41场，定点驻场演出50场。

“彩蝶女乐专场音乐会”献演“2012西班牙·中国浙江文化节”开幕式。这是马德里中国文化中心迎来的第一个重大文化活动，中西友协、中西企业、华人华侨等各界嘉宾近300人应邀出席，中国驻西班牙大使朱邦造和浙江省文化厅副厅长黄健全分别致辞。“彩蝶女乐专场音乐会”作为文化节系列活动之一，连续两晚在马德里中国文化中心举行。

在嘉兴大剧院举办“情系南湖——2012严圣民嘉兴独唱音乐会”。音乐会特邀中国著名指挥家曹丁先生执棒，浙江交响乐团伴奏，演职人员达到200余人。

合唱团完成了省文化厅举办的《海峡两岸文化交流演出》专场。接待法国友好合唱团并进行联合演出。

浙江音乐厅坚持“为百姓赏心，办美妙乐事”的赏心乐事品牌建设工作。在春节期间坚持举办“惠民”的系列演出，为平民提供舞台艺术的锻炼空间，同时还引进境外的知名乐团和艺术家来音乐厅进行高雅音乐演出，丰富杭城的文化生活，为爱乐者提供交流平台。全年演出用场近150场。

五、深化各项管理制度改革

进一步完善全员业务考核制度，以此带动全院用人机制、创作机制、演出机制、分配机制等配套制度的深化改革，全员签订岗位职责合同；进一步完善人才培育制度，促进更多青年演员快速成长，并在全国重要赛事和演出中脱颖而出；进一步完善演出津贴制度、演出利润奖励制度，提高演出社会效益和经济效益。

完成转企改制所带来的人事管理工作，完成退休人员参加浙江省社保统筹的前期工作，完成在职人员的社保转移等工作。同时，完成2012年度职称评定工作。

合唱团创新管理模式，实施退役制和招回制。退役制和招回制的实施，对合唱团的思想建设、组织建设和业务建设都带来了实质性的改变，团风团纪有明显提升。

（戴　立）

浙江交响乐团

【概况】 浙江交响乐团实有在编人员72名（核定编制数105名）。其中，具有高级技术职务资格的34人，中级20人。

2012年实现“国内创一流，国际扩影响”五年工作目标，乐团艺术实力得到进一步增强，社会影响持续扩大，各方面工作都呈现出良好态势。

一、人才引进和培养取得成效

2012年通过招聘，录用了近

23名演奏员。新招聘演奏员中，研究生8名，有海外留学、工作经历的9名，台湾地区人员1名，匈牙利人员1名。年轻演奏员占乐团2/3，乐团平均年龄为38.8岁，一大批年轻演奏人才成为乐团的中坚力量。乐团首席、代理首席和各声部首席、副首席基本都由年轻优秀演奏员担任。2012年3月，演奏员巴彦蒙赫在德国举办的“2012弦之音(Saitenklang)”国际低音提琴比赛中经过激烈角逐，荣获第二名。

乐团艺术实力的提高，除了引进人才外，还有两方面的因素：一是严格进行年度业务考核制度、切实抓乐队训练。2012年的业务考核，特邀了德国汉堡交响乐团弦乐、铜管、木管的4名声部首席担任评委，对全体演奏员进行科学、公正的考核，并有针对性地举办大师公开课。考核与岗位聘任、聘任工资挂钩，有效促进了演奏员业务进取心。10月，邀请著名指挥家、大提琴家吴和坤来乐团开大师班，改善了弦乐声部的业务能力。二是在聘用上打破论资排辈的陋习，坚持能上能下的岗位聘任制度。不论身份，不论资历，只要是业务优异者，团部就敢于压担子，因此形成了乐团良好的风气并积聚了积极向上的正能量。也使乐团在经费不足的情况下能够招到人才并留住人才。

二、艺术活动丰富多彩

作品创作有新成果。新创作及改编的小作品有《朝天子》、《二凡》、《拔根芦柴花》、爵士乐《蓝绒鞋》、《茉莉花》等，大作品是根据马勒《大地之歌》改编的、增加了中国民族乐器的室内乐版。完成了以浙江历史、人文和现代化建设为主题的大型交响乐《山海经》的案头创作。

全国“两会”期间赴京演出。3月10日晚，在北京音乐厅举办《春林花多媚》交响音乐会。由艺术总监汤沐海执棒，为参加全国“两会”的代表、委员和观众演奏了一台中西合璧的交响盛宴。其中中国音乐作品有王天明的新作《朝天子》、著名笛子演奏家蒋国基的《二凡》、著名笛子演奏家戴亚的《幽兰逢春》、著名二胡演奏家于红梅的《穆桂英挂帅》。西方古典音乐作品是安东尼·德沃夏克的《第八交响曲》。浙江省委书记赵洪祝等领导观看了演出。3月11日晚，在北京主办中央音乐学院教授、著名作曲家唐建平的作品音乐会。这是乐团为当代中国优秀作曲家搭建的展示平台。该场音乐会由中国人民解放军军乐团音乐总监于海担任指挥。浙江省省长夏宝龙陪同原中共中央政治局常委、国务院副总理李岚清，中共中央政治局委员、国务委员刘延东，全国人大常委会副委员长严隽琪，文化部副部长杨志今等“两会”代表出席音乐会。

参演“第三届中国交响乐之春”。此届“中国交响乐之春”由文化部艺术司、国家大剧院和中国音乐家协会、中国交响乐发展基金会共同主办。参演乐团包括国家交响乐团等全国12个交响乐团。主办方首次将音乐会上半场曲目体现乐团特色的原创民族乐曲，下半场西方经典交响乐作品的“浙交演出模式”作为此届展演新规。4月20日晚，乐团艺术总监汤沐海指挥乐团演奏了《朝天子》、《西湖梦寻·水月·鱼乐》、笛子演奏家蒋国基的《三五七》、鲍元恺的《第三交响曲》第四乐章及拉赫玛尼诺夫的《第二交响曲》。

乐团自办音乐季演出23场，取得了训练乐队、提高乐队的音乐表现力的预期目的。同时，音乐季配合重大节庆日及庆祝十八大胜利召开举办了专题音乐会。乐团音乐季也已成为杭州观众喜闻乐见的音乐演出品牌。观众购票率和上座率继续保持了平均95%以上的好势头。

“高雅艺术进校园”演出27场。2012推出的“我们的家园”主题音乐会，依然受到校方和学生们的欢迎。同时，为适应大、中、小学、学龄前4个年龄段学生不同的审美需求，完善了校园+学龄前音乐会的体系，使演出更具适应性。

商业演出取得成绩。全年演出117场，票房收入348.9796万元。

三、文化交流彰显成效

4月参加浙江省与静冈县结好30周年庆典活动。4月4日下午与静冈交响乐团和静冈爱乐管弦乐团合作，进行庆典仪式的演出。同时，为省长夏宝龙二胡独奏《二泉映月》完成伴奏任务。4月6日，再次和静冈爱乐管弦乐团举行联合亲善演奏会，并将演出收入所得捐献给日本大地震的灾民。

作为浙江省与静冈县结好30周年系列活动，8月2日至7日，应日本静冈县文化会展中心的邀请，一行32人赴静冈，参加了静冈县第五届“音乐广场”演出。小提琴演奏员卢闻强应邀与日本小提琴演奏家大谷康子、长尾春花一起，合作演奏了奥地利作曲家克莱斯勒的经典名作。乐团演奏员和著名笛子演奏家蒋国基还在特设的主舞台上演奏《拔根芦柴花》、《二凡》和《云雀》。静冈知事川胜平太先生前来观看演出。8月中旬,日本静冈县爱乐管弦乐团、静冈县合唱团一行百余人来到杭州,与乐团共同演出"浙江省与静冈县缔结友好省县30周年庆典音乐晚会"。

(张　翀)

浙江京昆艺术中心(浙江京剧团)

【概况】 浙江京剧团实有在编人员81人(核定编制数100人)。其中,具有高级技术职务资格的33人,中级28人。

2012年5月16日下午,省文化厅在浙江音乐厅召开浙江京昆艺术中心干部职工大会,宣布由浙江昆剧团和浙江京剧团合并而成的浙江京昆艺术中心领导班子正式组建。

2012年,浙江京剧团本着传承发展、开拓创新的办团理念,可持续发展的办团方针,实施科学和谐建团,完成剧团的各项任务。

一、完善绩效工资制度

2012年浙江京剧团根据上级领导及省文化厅相关文件精神,全年实施了绩效工资的发放,真正完善了2006年工资改革后的岗位绩效制度,充分发挥了收入分配的激励导向作用。同时,完成第三次聘任工作,岗位设置工作在实际工作中顺利展开。

在加强岗位管理的同时,剧团对思想教育也是紧抓不放。剧团全体成员认真学习贯彻十八大精神,参与各类素质教育相关课程,不断提升自我思想道德素质和专业技术水平。

二、打造演出新品牌

从2012年2月4日开始,连续两个周末,在莫干山路的"京韵坊"实验剧场,浙江京剧团推出"相约'京韵坊'浙京周末驻场演出"活动。每周末推出不同的京剧专场节目。2012年年底,剧团在周末推出了浙京青年男演员京剧专场。主推的四位演员从2008年的"龙腾虎跃"专场开始崭露头角,经过四年的磨练与学习,表演技艺日趋成熟稳健。此次专场正是他们的一次集中汇报,四位演员在杭城观众面前充分展示了京剧文丑、武生、老生等行当的独特艺术魅力。周末驻场演出让浙京的诸多青年演员通过"京韵坊"这块演出平台,得到更多实质性的锻炼和成长。

三、人才培养结硕果

2012年共有12位青年演员获得各项国家级、省级的"表演金奖"和"表演银奖",成果喜人。

2012年3月,成功举办浙江京剧团优秀青年演员罗戎征在北京长安大戏院的个人京剧表演专场——《江南俏花旦》。5月,由浙江京剧团创意编导并承办的《梨园师徒情》——省属院团青年演员大拜师汇报专场演出在杭州顺利举办。浙江京剧团罗戎征、安丽娜、金敏等优秀青年演员在刘长瑜、王芝泉、陈幼亭等名师的指导下,通过几年的刻苦磨练和虚心学习,无论是专业技艺领域还是综合素质方面都取得了极大的进步。

剧团新创京剧《藏羚羊》在京参加全国少数民族文艺大会演,夺得包括会演最高奖"优秀剧目金奖"在内的10多项大奖,受到了国家民委和省文化厅的通报表扬。

剧团优秀青年演员相继在浙江省"新松计划"青年戏曲大奖赛、第七届全国青年电视京剧演员大奖赛,以及由国家文化部主办的"全国京剧优秀折子戏展演"等赛事中摘金夺银,充分展示了浙京的新生力量。

四、《宝莲灯》、《藏羚羊》巡演反响强烈

2012年,浙江京剧团新编神话京剧《宝莲灯》在新市、杭州、嘉兴、宁波、萧山、安吉等地巡回演出。全年《宝莲灯》一剧巡演1000多场,社会反响强烈。另一部新创剧目《藏羚羊》在浙江德清、宁波,上海嘉定、南汇等地演出150多场,同时荣获全国少数民族文艺会演包括"优秀剧目金奖"在内的16项全国奖项、第九届上海"全国优秀儿童剧展演"最高奖"最佳剧目金奖"、"浙江省庆祝党的十八大召开优秀剧目展演""优秀演出奖"和2012年浙江省"五个一工程"奖。

五、加强对外交流

2012年2月11日晚,"浙港文化交流——弘扬国粹迎新春"浙港两地京剧名流汇演在杭州举行,来自浙江、香港、上海、湖北、天津等地的京剧名家携手献上《失空斩》、《请神降妖》等经典名段。此次汇演的所有演出事宜全部由浙江京剧团来担任,演出班底也由浙江京剧团来组合配演。浙江省省长夏宝龙、省委常委、宣传部长茅临生等莅临观看。

7月,应澳门特别行政区基金会的邀请,浙江京剧团和中国京剧艺术基金会联合组建中国京剧艺术团,于7月5日至7月10日赴澳门演出。团长翁国生担任艺术团的总导演和艺术总监,率领浙京50多位优秀的京剧演员在澳门永乐大戏院和澳门教业中学先后演出了大型神话京剧《哪吒》、《菊苑芬芳》、《国色天香》等三台大戏。澳门华文学会会长穆凡中先生表示:"这才是真正江南风格的京剧南派武戏,非常有特色,带给了澳门观众耳目一新的艺术感觉。"

六、《飞虎将军》首演成功

《飞虎将军》是2012年浙江京剧团重点打造的新创历史京剧。该剧作为"浙京武戏三步曲"的收官之作,以历史上的著名悲剧人物"李存孝"为蓝本,通过揭示其悲剧命运来借古喻今。剧本从创作到演出,汇聚了一大批国内戏剧界的知名专家学者。该剧先后被评选为2011年浙江省"舞台艺术精品工程项目"戏剧创作项目第一名、2012年浙江省"文化创新团队重点创新项目"和2012年浙江省"舞台艺术精品工程优秀剧目"的榜首,以及2011—2012年"国家舞台艺术精品工程大奖"30台入选作品奖。

《飞虎将军》于12月13日在杭州剧院举行首演。翌日,浙江省文化厅邀请来自全国各地和浙江省的戏剧界专家会聚一堂举行为期一天的"浙京创新剧目研讨会",共同研讨浙江京剧团在艺术实践和办团过程中所逐渐形成的"浙京模式",并为浙京的发展趋势及近些年来所创作的诸多京剧创新剧目出谋划策。

七、公益性演出全年不断

2012年初,开展"新春演出季"活动。在剧团京韵坊剧场演出了6场经典传统剧,分别为两场折子戏,两场《白蛇传》和两场《桃花村》。4月,排练京剧程派名剧《锁麟囊》,并在京韵坊实验剧场和省政协大礼堂先后进行了三场演出。6月,浙江京剧团《宝莲灯》、《国色天香》两剧组进入全省各大校园落实"高雅艺术进校园"的演出。11月,浙江京剧团神话京剧《孙悟空大破玄虚洞》专门为来自巴西的戏剧专家代表团举行专场演出。

2012年,浙江京剧团的综艺戏曲晚会《国色天香》、《美猴王》还多次参加了各地县的演出惠民活动。

(宋　婧)

浙江京昆艺术中心(浙江昆剧团)

【概况】 浙江昆剧团实有在编人员87人(核定编制90人),其中,具有高级技术职务资格的55人,中级12人。

2012年,浙江昆剧团在剧目创排、人才培养、演出传播、剧团建设等方面进行了卓有成效的工作,取得良好成绩。

一、完成全年目标管理任务

第五届中国昆曲艺术节取得好成绩。剧团演出的昆剧大戏《乔小青》和《临川梦影》双双荣获此届昆剧艺术节"优秀剧目大奖";乔小青扮演者胡聘获"优秀表演奖";程伟兵、毛文霞、白云、鲍晨获"表演奖";两剧的作曲周雪华和司鼓王明强分获"优秀作曲奖"和"优秀鼓师奖"。

创作《未生怨》和《琥珀匙》两部新编昆剧。《未生怨》是与香港志莲净苑联合出品,根据佛典故事原著,由林为林编剧、导演的原创昆剧。该剧作为中华人民共和国香港特别行政区庆贺香港回归十五周年演出剧目,在香港志莲净苑实景首演,连演三场。该剧入选2012年度浙江商业演出展览文化产品出口指导目录。《琥珀匙》是剧团入选《浙江省舞台艺术精品创作生产规划》的新创剧目。该剧描述了钱塘女桃佛奴与苏州男胥先吹相识动情定鸳盟,到桃女偿债被骗而洁身自守、胥男始终不弃、千里追情的悲喜经历,颂扬了人世间矢志不渝的动人情感。

超额完成全年演出场次和票房收入指标。参加文化惠民,送戏下乡、高雅艺术进校园、雏鹰计划、新春演出季等演出,共完成商业性和公益性各类演出266场,超额完成演出场次年指标;完成票房收入146万元,多收入46万元。全年演出实现了两个效益的最佳结合。《西园记》参加浙江省庆祝党的十八大召开优秀剧目展演,获"优秀剧目展演奖"。《雷峰塔传奇》以无障碍的表演形式,参加第二十二次全国助残日演出,让更多听障人士了解昆曲,感受高雅艺术,受到浙江省残疾人福利基金会的赞扬。

出访英国、法国、港澳台,中国昆曲唱响联合国教科文组织巴黎总部。4月,应邀到英、法访演。在英国莎士比亚故乡,连演4场《牡丹亭》,并与莎剧《哈姆雷特》片断同台献艺,开启了跨国界文化交流新模式。团长林为林被授予斯特拉福德市荣誉市民称号。

4月28日晚,在法国巴黎联合国教科文组织总部,为30余个国家的大使、文化使节以及当地侨领、侨胞近千人,进行了一场纪念昆曲申遗11周年专场折子戏演出。林为林主演《狮子楼》、《吕布试马》、《游园惊梦》和《前亲》四个折子戏。浙昆是中国昆曲首访世界"非遗"评选总部的艺术院团。

4月29日,中国常驻联合国教科文组织代表团大使尤少忠和巴黎中国文化中心主任殷福,联名致信省文化厅,给予嘉奖表扬。同时,还受到当时在英国访问的温家宝总理的关注。浙江省委书记赵洪祝在《2012 浙江昆剧英、法聚焦——昆剧文化推广欧洲工作总结》上批示："浙江昆剧团此次赴英国、法国交流访演，剧目精彩，艺术精湛，作风严谨，取得了成功，赢得了多方赞誉，可喜可贺。下一步，要继续挖掘文化资源，扩大文化交流，提升浙江文化的影响力。"

9 月、11 月和 12 月，分别组团赴澳门、香港、台湾访演。在澳门，昆剧（林为林）与京剧（裴艳玲）、粤剧（罗家英）名家同台交流；在香港，以志莲净苑中天王殿为背景，联合首演原创昆剧《未生怨》。香港民政局局长曾德成、省文化厅副厅长田宇原、志莲净苑代表梁柔芬先后致辞，香港康文署官员、现任特首梁振英夫人、包玉刚夫人、李嘉诚家属和刘德华、谭咏麟等政要、名流观看了演出。在台湾，作为第六届"台湾·浙江文化节"的压轴演出，三场经典折子戏为文化节划上了圆满的句号。

三部经典剧目又获新殊荣。《十五贯》、《公孙子都》、《西园记》是浙昆建团以来具有标志性意义的三部经典剧目。2012 年，《十五贯》以累计演出 1528 场的业绩，被文化部评为"第二届优秀保留剧目大奖"；《公孙子都》、《十五贯》双双摘得"国家昆曲艺术抢救、保护和扶持工程（第二轮）·十大昆曲经典剧目"称号；《十五贯》、《西园记》还入选"浙江省第二批优秀保留剧目"行列。

二、人才培养呈现新气象

大胆启用新人，"万字辈"演员走上一线舞台。无论是 2012 年新排的《未生怨》、《琥珀匙》，还是重排的《乔小青》，"万字辈"演员担纲主演，整体亮相。同时，通过"新松计划"培养的作曲（程峰）、舞美（谢树青、姜丽）等新人，在艺术创作实践中，不断经受磨练，得到提高。

四位"万字辈"青年演员被昆剧名家收为徒弟。在第五届中国昆剧艺术节，文化部举办的"名家传戏——当代昆曲名家收徒传艺工程"启动仪式上，剧团"万字辈"演员白云、曾杰、毛文霞、王静分别被昆曲名家王芝泉、汪世瑜、岳美缇、梁谷音收为徒弟。

实施"新松计划"。5 月 17 日，在省文化厅举办的《梨园师徒情》——"新松计划"省属院团青年演员大拜师汇报演出中，师承汪世瑜的毛文霞、曾杰和师承王世瑶的田漾、朱斌汇报演出了昆剧经典折子戏《拾画》和昆丑小戏《风筝误·前亲》片断。

5 月 18 日，纪念昆曲申遗成功 11 周年，在杭举行"生旦净末丑——浙昆优秀青年演员'新松计划'专场展演"，曾杰、胡娉、胡立楠、鲍晨、王静、薛鹏、白云分别献演精彩折子戏。

6 月 26 日，在省文化厅举办的 2012"新松计划"全省青年戏曲演员大赛决赛中，剧团参赛的四名演员毛文霞、朱振莹、胡娉、王静全部荣获一等奖。

7 月中旬，选送胡娉、张侃侃参加 2012 年"新松计划"第七期全省青年表演人才（戏曲花旦）高级研修班。经半个月的严格训练，如期结业。

12 月 18 日，在首届"浙江戏剧奖·金桂表演奖"颁奖晚会上，剧团杨昆荣获"金桂表演奖"，取得角逐下届"中国戏剧梅花表演奖"的入场券。

三、党建工作富有成效

2012 年，剧团党支部组队赴丽水地区进行"喜迎十八大——送戏下乡、文化助残展演"活动；认真完成京昆两团（浙江京剧团和浙江昆剧团）整合重建工作，选举产生了中共浙江京昆艺术中心总支委员会；如期完成基层组织建设年各项工作，并被评为最高等级"好"；坚持社会主义核心价值观的宣传教育，组织进行了一次"我们的价值观"大讨论，提炼形成了本团价值观的核心词为"敬业、和谐、求真、务实、尚德、扬善"；林为林和王世英等参加全国文化系统思想政治工作课题研究，撰写《坚持在昆曲传承创新中，大力弘扬社会主义核心价值观》的课研论文；认真履行 2012 党员承诺书、《党风廉政建设责任书》、法人代表"一岗双责"制和领导班子民主生活会制度；在建立浙江昆剧团重要岗位风险防范机制的前提下，完成了剧团惩防体系建设工作总结。

2012 年，发展新党员 4 名（俞锦华、毛文霞、李琼瑶、鲍晨）；1 人（林为林）被评为首届浙江省德艺双馨中青年文艺工作者；1 人（周锋）被评为省级文化系统优秀共产党员；4 名党员代表（王世英、励栋煌、郭鉴英、林为林）出席省文化厅直属机关第八次党代会。4 名职工的摄影作品入选省文化厅"喜迎十八大摄影作品展"并全部获奖，1 人（李小炎）获一等奖；3 人（吴凝、毛文霞、汤建华）获三等奖。

四、推进剧团管理工作

继续深化剧团内部机制改革，经职代会审议通过，实施《浙江昆剧团演出补贴上调方案》和《关于本团创作人员的奖励办法和措施（草案）》，切实改善创作、演职人员的工作、演出待遇，有效地促进了艺术创作与生产。退休老同志尚余的 15% 生活补贴费，也于 11 月份全部发放到人。

按照省文化厅统一部署，重视“省属院团专业技术人员素质教育”集中培训（集体授课和观看话剧《雷锋》）。认真完成《国家级“非遗”代表性项目——昆曲保护工作自查报告》。就招收“代字辈”昆剧演员演奏员事宜进行调研论证。

人事工作，坚持实行全员岗位聘用制、专业职称评聘分离制、绩效工资分配制和职工年度考核制，使人事管理动态化、科学化，促进队伍稳定，充满活力。

财务工作，严格执行国家各项财经法规，日常经费管理、专项资金的立项预算、绩效审计、年度审计均按规定行，全年无财务违纪情况。剧团被省文化厅评为2012年度预算编制先进单位。

实行政府采购制度，规范国有资产的安全管理，加强“超市”出租房的房租收取与安全监督，坚持节假日值班和安全检查制度，确保单位全年无安全事故。社会治安、综合治理工作达标。

（励栋煌）

浙江话剧团有限公司

【概况】 浙江话剧团有限公司内设机构4个，在职职工人数67名。

2012年，浙江话剧团紧紧围绕“出戏、出人、出效益”的目标，继续推进转企改制，推动剧团科学发展，开拓进取，努力作为，各项工作取得了新进展新突破。

一、艺术生产成绩斐然

坚持“立足儿童剧，发展话剧，两条腿走路”、“冲精品，拓市场，强管理，促发展”的整体发展战略，努力创作更多群众喜闻乐见、反映生活和社会主流价值的作品，力推主旋律话剧、小剧场话剧、优秀儿童剧三个品牌。

精心修改主旋律话剧《谁主沉浮》，入选国家舞台艺术精品工程重点资助剧目。在该剧入选国家舞台艺术精品工程（2010－2011年度）资助剧目后继续在全省开展巡演活动，一边演出一边加工修改提高，2012年《谁主沉浮》入选浙江省第11届精神文明建设“五个一工程”作品，获全国戏剧文化奖话剧金狮剧目奖，入选国家舞台艺术精品工程重点剧目，实现了浙江话剧历史性的突破。

创作推出主旋律话剧《雷锋》。该剧由浙江省作家协会名誉主席、著名作家黄亚洲编剧，浙江省新生代导演孙晓燕担任导演，雷锋由优秀青年演员魏鹏扮演。该剧在杭州连演7场，广受好评。还创排了小品《雷锋在哪里》，参加由浙江省直机关团工委举办的省直机关纪念建团90周年暨“喜迎十八大、迎接党代会、再创新业绩”省直青年情景剧比赛获特等奖。

市场化运作集束推出小剧场话剧。2012年，创作推出《嫁给经济适用男》、《女人初老》、《偏偏遇见你》。这些作品切合时下热点，兼具杭州地域特色，反映都市青年在恋爱、婚姻、工作等方面的困惑，以诙谐的调笑引发人们深刻的思考。

推出2部儿童剧，《琪琪的红舞鞋》获第七届全国儿童剧优秀剧目展演优秀剧目奖。儿童剧《琪琪的红舞鞋》，由中国儿童艺术剧院著名导演钟浩执导。通过爱跳舞的女孩琪琪的经历给有梦想的孩子以启迪。原中国儿童艺术剧院院长欧阳逸冰观看演出后，对该剧鲜明的艺术个性表示赞赏。6月，《琪琪的红舞鞋》赴浙江宁波参加第七届全国儿童剧优秀剧目展演，获得优秀剧目奖。在年初还创作推出经典儿童剧《小蝌蚪找妈妈》，用新颖的方式重新演绎小朋友耳熟能详的经典故事，教育孩子们要珍惜与妈妈在一起的时光，对陶冶未成年人的情操具有积极的意义。该剧在杭州、福州、瑞安节假日亲子场演出了10多场。

二、场次票房获双丰收

2012年，全年演出剧目丰富，有《谁主沉浮》、《雷锋》、《幸福.com》、《替身情人》、《暧昧不起》、《轻度深爱》、《画皮》、《心灵游戏》、《只爱你一天》、《嫁给经济适用男》、《偏偏遇见你》、《女人初老》、《奇妙的穿越》、《小蝌蚪找妈妈》、《小猪快跑》、《琪琪的红舞鞋》、《老猪和小猪》等17部话剧、儿童剧，全年演出728场，其中商业演出248场，公益演出480场，票房收入755.15万元，其中，商演收入430.65万元，公益性收入324.5万元，观众人次近70余万。

《谁主沉浮》剧组继续在全省开展巡回演出活动，同时参加由浙江省教育厅、省文化厅、省财政厅、省广电局、省文联主办的“高雅艺术进校园”活动，参加浙江省新春演出季、喜迎十八大话剧演出周、庆祝十八大召开优秀剧目展演、衢州首届话剧节等演出活动，送戏进军营到驻杭73023部队红军团、驻岱山73232部队慰问演出。2012年10月9日，省文化厅特地为该剧举行演出超百场表彰仪式，副厅长杨越光宣读了表彰文件，厅长金兴盛致辞，省政协副主席陈艳华、省委组织部、省委宣传部等相关部门的领导到会祝贺。

注重开拓商演市场的力度，制订全年演出计划。2012 年以上海作为打开话剧演出市场的试水城市，首次尝试在上海话剧艺术中心戏剧沙龙驻场，原创小剧场话剧《轻度深爱》在上海连续演出两周共 12 场。上海的话剧观众反响热烈，场场爆满，许多观众还与浙话青年演员在微博上互动交流。借由《轻度深爱》这一项目的启动，浙话还将与上海话剧艺术中心展开密切的合作与交流，逐渐摸索出一套符合市场规律的运营方针。9 月，联合衢州市委宣传部、衢州市文广局、衢州日报社举办 2012 年衢州首届话剧节，政论体话剧《谁主沉浮》、儿童剧《小蝌蚪找妈妈》和《奇妙的穿越》在衢州市工人文化宫演出。在衢州设立话剧艺术推广中心，拓展衢州地区的演出和艺术培训业务。同时，加大与浙江演出经纪机构的合作，一批都市情感话剧《轻度深爱》、《只爱你一天》等在嘉兴、绍兴、宁波、舟山、温州等地商演不断。

演出市场理论研究有收获。经过市场考察与调研，决定主推以反映都市情感为主的小剧场话剧。成立李伯男戏剧工作室，持续推出话剧演出季，精心培育专业的话剧市场，在国内小剧场界已有一定的影响。注重演出市场的理论研究。2012 年 5 月，重庆日报记者专门采访总经理王文龙，发表了人物专访《让观众第一次走进剧场很关键》。之后，浙话小剧场话剧市场开拓的理论研究文章先后在《2012 中国剧院团演艺产品推介大会会刊》、浙江日报人文世界 · 艺术评论版中发表。9 月，浙江话剧团有限公司作为唯一的一家省级院团成为中国戏剧文化管理协同创新中心的首批成员单位，与中央戏剧学院签订了合作意向书，中央戏剧学院将以学术研究的优势力量，秉承“协作开放、优势汇聚、联合创新”的合作纲领与浙话深入开展全方位的合作。

2012 年，木偶剧演出实行目标管理责任制，送戏进校园到杭州、上虞、金华等地商业演出，共演出 164 场，其中商业演出 114 场，雏鹰演出 50 场。人偶剧《老猪和小猪》10 月 26 日参加省文化厅团委、兰溪市团市委、兰溪市文化广电新闻出版局主办的“播撒希望、传递梦想”文化青年星光行动，为兰溪市马涧镇的小朋友演出，青年演职员还为当地马涧镇小的文艺爱好者进行辅导活动，增强孩子们的文化艺术兴趣，受到了热烈欢迎。《老猪和小猪》剧组还参加百大集团 23 周年庆典。

持续开展“雏鹰计划万里行”、“高雅艺术进校团”和“送戏下乡”演出活动，将 480 场高水准的艺术表演送到了基层校园、乡镇。3 月，在路桥演出时，举行儿童剧《奇妙的穿越》公益演出专场暨“雏鹰计划万里行”活动品牌提升启动仪式，浙江省教育厅基教处副处长刘惠玲、省文化厅艺术处副处长薛亮、路桥区委常委、宣传部长应再泉，副区长吴莘超等出席。浙话还向 10 名路北小学的贫困学生捐助每人 1000 元的助学金。

三、深化改革激发活力

2012 年，从培养人才队伍、理顺体制机制、强化企业管理等方面入手，着力打造企业软实力，推动企业科学健康发展。省文化厅厅长金兴盛在文化部简报第 45 期《浙江话剧团转企改制激发活力》上批示：“浙话转企改制所激发的活力和浙话人所展现的创新、务实精神，是浙江省文艺院团体制改革的一个好典型。”

力推“浙话新势力”品牌。暑期邀请中央戏剧学院表演系台词教授徐平博士来团给青年演员上课，针对演员的实际情况、具体条件，一边进行体能训练，一边让演员学习、掌握正确的发声、发音办法。9 月 5 日上午，举行浙话“新松计划”青年演员语言基本功专场汇报演出，省文化厅副厅长杨越光、艺术处处长尤炳秋、副处长徐坚及浙江艺术职业学院、浙江传媒学院的表演系老师前来审查、观摩。在 2012 年创排的《雷锋》、《嫁给经济适用男》、《女人初老》、《偏偏遇见你》、《小蝌蚪找妈妈》、《琪琪的红舞鞋》中，不少新进团的演员担任了主要角色，3 年 20 多台各类大戏的创作演出给年轻演员提供了很好的舞台实践机会。浙话年底业务考核实行末位淘汰制，激励青年演员平时努力基训，不断提高自己的艺术修养和表演水平。同时，通过报纸、杂志、电台、电视台、网站等传媒的宣传，加大明星包装、品牌提升与宣传力度，经过几年演出季的推广和大量的舞台实践，“浙话新势力”在时尚的爱剧人士中小有名气，拥有一批自己的“粉丝”。2012 年，有 1 位青年演员获第七届全国儿童剧优秀剧目展演优秀表演奖；有 3 人获全国戏剧文化奖话剧金狮奖。浙话关于育好用好演艺专业人才的经验材料被收入新世纪出版社出版的《国有文艺院团体制改革典型经验选编》。《浙江日报》也登载了《“浙话新势力”脱颖而出》一文。

2012 年，剧团继续进行改制扫尾工作，办理了 14 位提前退休职工的退休手续。做好参加养老保险统筹过程中全团演职员、提前退休人员、改制前离退休人员的思想政治工作，完成在职职工的养老保险转移和参保工作，完成离退休职工的养老保险统筹工作。10月30日，文化部政策法规司副司长李红琼率文化部全国文化系统国有文艺院团体制改革复查验收（调研）工作组来团检查指导工作，剧团顺利通过验收。王文龙总经理被文化部评为全国国有文艺院团体制改革工作突出贡献个人。《浙江话剧团转企改制激发活力》一文被浙江省委办公厅、文化部办公厅采用。

浙话艺术剧院（剧场）实行经营目标责任制，2012年力推周末剧场，做到月月有话剧，月月有儿童剧。除驻场演出本团的剧目外，还承接引进不少有影响的演出与活动，如上海话剧艺术中心的话剧《钱多多备嫁记》，浙江省委宣传部、省文化厅举办的庆祝十八大召开优秀剧目展演、浙江曲艺节和杭州市新剧（节）目汇演等。全年对外接待会务52场，演出72场，营业收入178.52万元。

2012年，相继修订健全了公司岗位职责、分配制度、财务管理制度、财务报销制度、现金管理制度、公务用车制度、考核制度等，依法依制度加强剧团的各项管理。浙话党支部在基层组织建设年活动中被省文化厅直属机关党委考评为“好”；政务信息名列厅属单位总分第二名；被评为2012年度省级文化系统部门预算编制先进单位和2011年度省级文化系统部门决算报表编制先进单位、2011年度省级文化系统综合治理先进单位。

（胡海芬）

浙江曲艺杂技总团有限公司

【概况】 浙江曲艺杂技总团有限公司在职人员109人。2012年公司在全面完善改制任务，顺利完成新老班子接替的同时，完成演出场次1814场，演出收入504万元。

一、加强艺术生产和业务建设

2012年，创作大型杂技晚会《旗帜阳光》，创作小品《宝马》，创作中篇弹词《香屣迷踪》，创作一台曲艺专场《共产党员·再学雷锋》。

10月18日到19日，大型杂技主题晚会《旗帜阳光》作为庆贺党的十八大召开献礼作品，参加浙江省庆祝党的十八大召开优秀剧目展演。

完成上级有关部门及省文化厅交办的钱江浪花、雏鹰计划、送戏下乡、驻场演出等公益性的演出和各项指令性演出任务共197场。主要有杂技剧《丑小鸭》、《天堂风情》、《旗帜阳光》、综艺晚会《校园的笑声》、滑稽戏《究竟谁是爹》、曲艺专场《再学雷锋》、消防安全宣传、曲艺小品等节目赴义乌地区、三门、嘉善、泰顺等地演出。

参加全国和省的各项艺术活动。1月，参加慰问武警浙江总队新兵的演出；2月，参加新年演出季的活动，“2012红星曲艺群星会”综艺晚会；3月，参加第七届中国曲艺牡丹奖浙江节目选拔、2012浙江省曲艺创作会、浙江省首届故事会比赛；4月，接受国家级非遗名录项目保护传承情况核查，承办由中共建德市委、建德市人民政府、建德市总工会主办的“建德市职工庆祝“五一”国际劳动节暨颁奖文艺晚会”大型综合演出；5月份，承办招商银行杭州分行十五周年行庆表彰晚会，参加第七届中国曲艺牡丹奖全国曲艺大赛杭州分赛区比赛，参加省政协、省委宣传部主办的送文化下乡“走进基层走进群众”文艺演出；6月，在上海和杭州举办庆贺苏州弹词艺术家王柏荫先生90寿诞活动及蒋派经典《玉蜻蜓》、《白蛇》专场演出；7月，参加第五届中国苏州评弹艺术节比赛活动；9月，杂技节目参加了内蒙古第二届鄂尔多斯国际那达慕大会闭幕式演出，承办第三届中国西湖国际魔术交流大会；10月，杂技专场、曲艺专场、评弹专场参加浙江省庆祝党的十八大召开优秀剧目展演演出；11月，参加第十届中国武汉国际杂技艺术节比赛；3月至5月，8月至11月，参加驻场演出季演出；11月，承办并参加浙江省第四届曲艺杂技魔术节比赛；12月，承办浙江省慈善总会主办的浙江慈善“与我同行”演出。

拓展演出市场业务，进行了各类商业大型演出。承办金华移动2012年新年集团客户“感恩 主题答谢晚会”文艺晚会（共10场）、苏州市湘园特种精细化工有限公司建厂二十周年庆典演出、仙居县元宵晚会演出、杭州地区2012年万场文化活动下基层演出、宁波市鄞州区“天天演”文化惠民工程演出、北仑区政协迎中秋联谊会演出、泰顺县龟湖廊桥落成庆典文艺晚会演出。协办浙江省慈善总会、现代联合集团主办的慈善嘉年华感恩答谢晚会等各项活动。

二、开展对外文化交流活动

受省文化厅委派，公司《头顶技巧》节目参加德国斯图加特2011世界圣诞马戏节暨2012新年演出活动。

应中国驻意大利大使馆的邀请，受浙江省文化厅委派，1月12日至16日赴意大利参加“意大利·中国文化年”闭幕式暨欢乐春节演出。

应台湾文化交流发展促进会的邀请，1月19日至2月1日赴台湾参加“第六届台湾·浙江文化节浙江曲艺杂技总团春节巡演”演出。

优秀青年评弹演员黄海华、吴静慧在奥地利首都维也纳参加“相约维也纳”奥地利中国艺术节最后一晚“庆典之夜”的演出。

杂技节目《头顶技巧》应英国ITV电视台第二次邀请，赴英国参加ITV电视台制作的电视娱乐节目“红与黑”的节目录制。

蒋亚平、王晨参加在英国黑池的第25届FISM世界魔术大会比赛。

三、全团获奖佳讯频传

2012年5月9日，总团有限公司曲艺团卞红兴荣获由中国曲艺家协会主办的“送欢笑 到基层”惠民文化活动先进个人称号。3月23至26日，第七届中国曲艺牡丹奖浙江节目选拔、2012浙江省曲艺创作会、浙江省首届故事会比赛，是韵获浙江省首届故事会比赛第二名。5月15至16日，长篇苏州弹词选回《玉蜻蜓·苏婆献计》、中篇苏州弹词选回《五姑娘》、小品《两双鞋》参加第七届中国曲艺牡丹奖全国曲艺大赛杭州分赛区比赛，黄海华、刘帅获新人提名奖，王承荣获新人入围奖、陆路平荣获文学奖入围奖。7月6日参加第五届中国苏州评弹艺术节比赛的中篇弹词《香屣迷踪》荣获中篇书目奖；长篇书目《玉蜻蜓》荣获长篇书目传承演出奖；蒋希均创作(改编)的中篇弹词《香屣迷踪》荣获优秀中篇创作(改编)奖；王承表演的中篇弹词《香屣迷踪》荣获优秀表演奖；黄海华、颜丽花表演的中篇弹词《香屣迷踪》荣获表演奖；黄海华、吴静慧演出的长篇书目《玉蜻蜓》荣获长篇书目传承演出奖；王柏荫传承的长篇书目《玉蜻蜓》荣获长篇书目传承演出奖。10月26日至11月1日，杂技《墨荷·蹬伞》参加了由武汉市人民政府、文化部外联局、文化部艺术司、中央电视台和中国杂技家协会、中国对外文化集团联合主办的第十届中国武汉国际杂技艺术节，获艺术节成人组“黄鹤金奖”。10月，杂技专场《旗帜阳光》获浙江省庆祝党的十八大召开优秀剧目展演奖。11月28至12月3日举行的浙江省第四届曲艺杂技魔术节比赛上获48个奖项。魔术演员蒋亚平赴英国黑池参加FISM国际魔术联盟第二十五届世界魔术大会比赛，获得了手彩类第四名的成绩。

四、加强人才队伍建设

培养后备干部和各类专业技术人才，优化队伍结构，提高整体素质。安排专业技术人员参加厅属文艺院团专业技术人员素质教育的集体授课项目。参加青年艺术人才培养“新松计划”。加大对年轻干部的提拔力度，落实培养选拔年轻干部的工作。

公司夏季集训活动中贯穿了“省属院团专业技术人员素质教育活动”，全公司演职人员，集中接受为期三天的课程培训；公司实施省文化厅“新松计划”的重点培养对象参加全国性和国际性的比赛都拿到大奖。苑文祥、罗丹菁的杂技《墨荷·蹬伞》参加中国武汉国际杂技艺术节获成人组“黄鹤金奖”，王承表演的中篇弹词《香屣迷踪》参加第五届中国苏州评弹艺术节比赛获得优秀表演奖。刘帅、王承、陆路平参加第七届中国曲艺牡丹奖全国曲艺大赛杭州分赛区比赛大赛分别获得新人提名奖、新人入围奖、文学奖入围奖。

开展党员“闪光言行”活动，组织观看文化系统喜迎十八大摄影作品展，参加省文化厅团委主办的“播撒希望、传递梦想”文化青年星光闪烁兰溪行的活动。使更多的年轻人明确当代青年创先争优、岗位立功的责任。

(杨　惟)

浙江新远文化产业集团(及下属单位)

【概况】 2012年，浙江新远文化产业集团有限公司实现全年营业收入22413.05万元，实现净利润总额600万元，年交纳税收1531.99万元，计提折旧1960.53万元。

一、电影产业稳步发展

新远国际影城和新远下沙影城两家影院全年营业收入共计5900万元，比2011年增长74%。其中新远国际影城票房收入达4482万元，利润总额1015万元，全省票房排名从2011年的第六名跃升为第二名。新远下沙影城自2012年4月19日起试营业，以不足600座的规模创下740万元的票房业绩。此外，集团全力推进新天地新远影城项目前期工作，借助星光院线既有资源平台，进一步筹划影院网点布设，开展新项目洽谈，逐步完善产业链格局，扩大市场份额及品牌影响力。

二、探索资本运作新模式

新远集团控股的浙江文化艺

术品交易所全力打造文化产权和艺术品交易信息采集、登记托管、项目推荐和中介服务平台，架构起艺术品交易、知识产权转让和文化产业投融资等三大业务模式，被省政府正式列入“1＋X”金融市场体系平台，在市场运作和项目经营上取得良好表现。12月18日文交所在西湖文化广场C区开业，标志文交所正式开始全面运营。浙江新远投资管理有限公司谋划资本对接，探索完成曼陀罗文化艺术基金注册，成功募集翡翠、石墩等艺术品基金，截至2012年底管理资产2500万元，取得良好效益。

三、演艺产业经营稳中求新

杭州剧院和浙江胜利剧院稳定经营，继续提升演出品牌价值。两家剧院全年共计承接演出290场，累计接待观众28.6万人次。杭州剧院继续做好文化卡发行管理，原创音乐剧《断桥》已完成超百场巡演，荣获省第十一届精神文明建设“五个一工程”奖，第六届韩国大邱国际音乐剧节最优秀剧目奖和最佳表演奖；胜利剧院实施错位经营，成功承办重要文艺活动，“小伢儿金舞台”等品牌效益渐显，取得业界良好反响。集团以剧院为演出阵地，汇集综合演艺经纪资源，认真谋划浙江省剧院院线组建合作方案及经营发展路径，为打造演艺产业链奠定基础。

四、明确重点项目建设思路

杭州电影拍摄基地启动原有租赁户清退的法律程序，并着手进行水、电、消防和外部环境改造，筹划以自主经营为主的运营模式，全面规划，着力推进项目建设改造。杭州剧院改扩建二期已委托杭州市规划设计院完成一系列土地和规划指标，待选址论证审批后即可启动实质性谈判和开发。同时，集团深入酝酿改造建设有关问题，明确自行开发和与杭州大厦中央商城联动开发两个方案。西湖文化广场C区公共空间引入各类经营业态，已租赁完毕，经营管理形势平稳并取得较好的经济收益。

五、谋划文化科技资源整合

浙江舞台设计研究院谋划结构调整和转型升级，努力实现股权清晰，谋求突破企业转型；文艺音像出版社有限公司实施精品战略，狠抓出版质量，获第二十一届浙江树人出版奖，并取得从事互联网出版业务资格，迈出传统出版向数字出版的重要一步；天合文化发展有限公司通过增值业务服务挖掘卡拉OK企业的潜在商业价值，打造符合娱乐行业自身特点的网络、平面、生活等品牌媒体。此外，集团对网吧连锁、电子游戏业务及游戏软件、影视动漫等衍生产品的市场前景和运作模式进行了探索。

六、提高内部管理科学水平

完善内部管理，落实目标责任制，明确职责分工，完善管理制度，严格开展年度经营管理考核工作；加强党工团组织建设，学习贯彻十八大精神，开展价值观大讨论，指导产业单位进行基层党组织负责人调整选配；设立由职工出资的帮扶基金和党员义务服务队，荣获2011年度天水街道优秀志愿服务单位称号；指导工会开展读书、培训和文体竞赛活动，指导团委开展建团90周年主题团日活动；培育充实企业核心文化，全面启用集团OA办公系统，着力培养员工的主人翁精神和责任意识，进一步充实丰富文化企业核心价值内涵。

（李　琤）

【浙江文艺音像出版社有限公司】

2012年末浙江文艺音像出版社有限公司在职人员13人，专业技术人员9人（高级职称2人，中级职称7人）。2012年，正式出版音像电子类节目83个。其中，出版的《老董－董柯娣演唱专辑》CD获得浙江省第21届树人出版奖；《中华人民共和国第八届残疾人运动会开（闭）幕式》DVD、《老董——董柯娣唱腔专辑》CD、《百年昌顺——绍剧泰斗筱昌顺唱腔集锦》CD获第二届优秀音像出版制品电子出版物编辑奖；《开创－邓小平与中国特色社会主义》DVD－ROM获2012省重点项目资助；《农家乐·戏曲大家唱——越剧卡拉OK唱段精选（4）》等5个节目获“三农”重点出版工程项目资助。

国家新闻出版总署于2012年11月12日下发了《关于同意浙江文艺音像出版社有限公司从事互联网出版业务的批复》（新出审字〔2012〕925号），同意浙江文艺音像出版社有限公司从事互联网出版业务。

（赵益凤）

【浙江舞台设计研究院有限公司】

2012年末浙江舞台设计研究院有限公司在职员工121人，其中高级职称12人，中级职称36人，内设机构6个。2012年，进一步深化公司内部改革，积极开拓市场，取得了一定的成绩。

一、拓展主营业务

2012年建筑工程主要有崂山区市民文化中心演艺剧场设计及施工工程，青田县文化会展中心舞台机械、舞台灯光系统工程，盐城市国投商务楼大会堂工程舞台机械系统设备采购、安装及其相关服务项目，修水县文化艺术中心舞台机械系统安装工程。

2012年设计项目主要有海林市会展中心剧院，肥城市职业教育中心校礼堂，无锡文化艺术学校新校区实验剧场舞台工艺设计，江南影视艺术职业学院大剧院舞台专项工程咨询设计项目。

二、规范工程管理

在工程管理上，完善一系列规章管理制度，并检查落实，在安全生产和质量管理上实行责任制，按"谁主管、谁负责"的原则，从管理层到施工现场层层落实，公司领导定期或不定期到现场检查、监督，发现问题当即处理。确保工程质量达到优质，工期符合建设单位要求，实现工程建设的经济效益、社会效益和环境效益的三效合一。其中援疆项目"新疆阿克苏柯平文化中心"剧场项目顺利完工并通过验收，获得新疆建筑"天山杯"。

三、加强企业文化建设

2012年继续做好培训工作，保证一周一堂专业技术讲座，一季度对学习成果做一次考核，鼓励员工不断学习，更新知识结构，考取本专业的各项证书，增强广大员工对学习的浓厚兴趣和业务知识理论水平。2012年共有4人取得助理工程师资格、1人取得中级工程师资格、1人取得高级工程师资格。

四、加强对外交流

努力寻求与国际剧院设计大师和管理团队进行合作，在理念与技术上和国际接轨。与法国著名建筑设计师安德鲁就济南省会文化艺术中心项目多次进行设计交流沟通，并就中国剧院发展现状和趋势进行了全方面的探讨。与匈牙利ZDA设计公司配合完成南山文化艺术中心设计任务，其间攻克了多处技术难题，使项目顺利推进。与英国TPC剧院顾问管理公司建立紧密联系，深化廊坊文化艺术中心舞台设计上的合作。和德国GERRIETS公司、法国Serapid公司等国际著名舞台设备供应商建立紧密联系，疏通进口元器件的采购渠道，降低采购成本。组织参加第二十一届中国国际专业音响、灯光、乐器及技术展览会。

（胡若文）

【杭州剧院】 2012年，杭州剧院实有在编人员36人（核定事业编制65名），人事代理合同工53人，内部机构3个。全年收入总额考核指标为1750万元，全年实现总收入2152万元，超额402万元；净利润总额0.47万元，房租收入679万元，缴纳税金271万元，完成修购基金提取80万元，演出场次完成162场，年度演出观众总人次22.2万。杭州剧院出品的音乐剧《断桥》全国巡演106场，荣获浙江省第十一届精神文明建设"五个一工程奖"、第六届韩国大邱国际音乐剧节最优秀剧目奖和最佳表演奖（女主演）；杭州剧院被浙江省商务厅认定为2012年度浙江省文化出口重点企业；12月25日，在浙江省与日本静冈县友好协议整体框架下，杭州剧院与静冈县会展艺术中心GRANSHIP签署了增进文化艺术领域交流的友好合作协议；杭州剧院总经理柯朝平被推选为中国国际演出剧院联盟执行主席。

一、强化内部管理促服务

2012年12月，修订、完善《杭州剧院职工考核、奖惩办法》（2013版）、《杭州剧院全员聘用制实施方案》（2013版）；顺利完成第三轮全员聘用工作；加强编内职工工资管理，执行编内人员岗位设置及绩效工资的实施，事业单位绩效工资制度正式实施；处置报废、报损资产45项，新增资产19项，其中包含舞台设备、通讯设备及通用设备等；改造舞台地板、舞台仓库、后台化妆间及票房二楼办公室及整体卫生间冲水自动化，加强剧院硬件设施建设；转换外围车辆管理模式，委托专业公司经营管理，提高对外服务水平。

二、探索文化卡推广新渠道

与杭州银行、浙江在线、西湖之声等单位接洽关系，寻求跨界深度合作，为文化卡量的上升摸索渠道。拥有文化会员卡1800张，开卡使用1300张，会员全年观看65场演出，领取44902张演出票，领票最多的会员所领演出门票价值3万余元。出版《演艺风》会员会刊6期，发行量3000册/期，为各界领导及会员观众提供杭城最新演出资讯，剧院发展动态，台前幕后，观演知识等，打造良好的观演互动平台、演出宣传渠道、艺术展示窗口。

三、稳固发展品牌项目

公益性"周末音乐大讲堂"系列音乐会，全年举办25场，观众27250人；精品"演出大舞台"，全年举办19场，观众23556人。

四、大力引进高水平演出

引进世界三大顶尖芭蕾舞团之一的乌克兰基辅芭蕾舞团《天鹅湖》，票房收入86394元。引进刘晓庆主演的话剧《绝代风华》。与浙江省电影家协会合作举办"波兰电影周"，引进波兰7部优秀资料影片，演出8场，观众6534人次。

五、承办"杨小青导演艺术作品展演"

9月，承办"杨小青导演艺术

作品展演”，挑选越剧《陆游与唐琬》、越歌剧《简爱》、京剧《将军道》等6部较能全面反映杨小青导演艺术特点的作品进行集中展示。6场演出观众6818人次，上座率80%。其中，闭幕式“粉墨丹青”汇集了越剧、昆剧、京剧、瓯剧、绍剧五大剧种，梅花奖、文华奖等众多得主，上座率95%以上。

六、代理剧目全国巡演

主营业务由单纯的剧场经营拓展到演出项目的代理、巡演和推广，传统的剧院经营有了创新和突破。杭州剧院作为杭州歌舞剧院《茶与咖啡》音乐会全国巡演的总代理，签约30场，年内已完成12场巡演。

七、培养演出专业人才

培养项目经理运作能力，完成常规分配的演出项目之外，每个项目经理独立运作2个演出项目。从选择项目、演出合同谈判到宣传策划、演出接待等各个环节均由项目经理全权负责，按照工作流程进行独立运作。邀请广州大剧院品牌营销经理讲解品牌营销公关战略，提高职工对剧院整体品牌营销的认识和概念。整合资源，有效运用企业资源，全年获得冠名赞助共104万元。

（孙　宇）

【浙江省演出有限公司】 2012年末公司实有在职人员8人，5个部门。2012年，浙江省演出有限公司共邀请了近40个境外项目和10个境内项目，在全省演出63场，其中高雅音乐类演出36场，舞蹈类演出17场，演唱会10场。

2012年，公司除日常演出承办工作外，在演出投资方面取得了一定的经济效益和较好的社会效益，如马友友丝绸之路音乐会、李玉刚演唱会、林忆莲演唱会、中国好声音巡回演唱会等。全年营业额近千万元，观众达到十多万人。

3月，公司邀请美籍华人音乐家马友友到浙江省演出。借助《都市快报》等媒体的大力宣传和公司团队的专业化操作，演出创造了150多万的剧院单场票房纪录。

5月，公司和《都市快报》共同承办西湖音乐节并邀请数个国外乐队参加演出。

7月和8月，公司投资引进台湾艺人黄小琥到南京和杭州举办个人音乐会。积累了外省演出操作的经验。

12月，公司参与投资并承办中国好声音巡回演唱会。12月1日和9日分别在南京和杭州举行。

12月7日，同时举办了两场演出，分别是杭州体育馆的曲婉婷个人演唱会和杭州大剧院的韩国歌剧《春香传》。

12月15日，投资主办的林忆莲演唱会在黄龙体育馆举行。

12月29日至2013年1月12日，公司为上市公司新湖中宝举办了“2012新湖艺术节”，组织了韩寒话剧《光荣日》、赖声川话剧《暗恋桃花源》、俄罗斯明星版芭蕾《天鹅湖》、英国圣保罗交响乐团和维也纳斯特劳斯交响乐团共计5场演出。

（尤兴华）

【浙江省对外文化交流有限公司】 2012年末在职人员11人(其中具有中级职称2人)，内设5个职能科室。

2012年公司引进和主、承办来自外国和港、台地区的艺术表演团组共计84批(大小演出1600多场)。其中邀请来浙江省举办和参加各类大型文艺晚会和举办个人演唱会的外国和港台艺人8批；参加各类中小型演出的外国和港台团组、个人59批；外国乐队舞蹈团17批。

一年来主、承办的演出活动有联合团省委举办的2012大学校园文化节，浙商扶残助学慈善会，浙商创投基金年会，苏打绿长春演唱会，曲婉婷杭州演唱会，马来西亚歌手梁静茹演唱会、蔡琴个人演唱会等。先后邀请了张惠妹、周杰伦、李宗盛、李圣杰、范玮琪、黄品冠、游鸿明、雷宇扬、李玖哲、梁汉文、理查德克莱德曼，费翔等著名外国和港台艺人参加各地剧场和娱乐场所举行的各类嘉宾演出活动；为满足各地高档次娱乐场所的文化需求，公司还引进了马来西亚、比利时、法国、哈萨克斯坦、吉尔吉斯斯坦、墨西哥、美国、菲律宾、俄罗斯、泰国等国乐队及舞蹈团到酒吧驻店演出。

（金　炼）

【浙江省文化实业发展有限公司】 2012年末共有在职员工18人。其中具有高级技术职务资格的2人，中级5人，初级6人。公司内设6个机构。

2012年，在舞台工程业务方面取得较好成绩。舞台事业部中标浙江胜利剧院、嵊州越剧艺术中心、浙江小百花越剧团等舞台工程项目的设计、设备采购、施工、售后服务及浙江文化大厦户外玻璃贴膜广告制作发布等。

原创漫画工作室自主创作长篇漫画故事，出版了《天之Aria》原创长篇漫画第一集，第二集创作编绘完稿，完成《涂鸦王》休闲益智网游项目创意策划、框架构思,进行了技术深化与基础模块研发。

（舒　萍）

【浙江胜利剧院】 2012年末实有在职人员28名,内设机构3个。2012年全年实现总收入931.78万元,全年支出914.40万元(包括计提修购基金),全年演出128场次,观众6.4万人次,放映电影373场次。

一、加强内部管理

加强民主监督,坚持每月召开监审委会议。规范内部考勤,引入人脸识别考勤机对夜班工作人员进行考勤。推进剧院内部事务公开制度,在业务招待费使用和项目投资情况等方面加大公开力度。修订完善《剧院舞台、场务、票房工作意见反馈表》。认真落实社会治安综合治理责任制,与各部门责任人及各租赁单位签订综治协议或安全协议,重大节假日加强安全检查。全年未发生安全责任事故,获评浙江省"安康杯"竞赛优胜班组称号。

二、推进"金舞台"文化惠民项目

2012年"金舞台"项目演出53场次,观众平均上座率超过80%。参加演出的既有省内外专业剧团,如浙江越剧团、浙江曲杂总团、上海萧雅文化艺术有限公司、舟山越剧团、绍兴小百花越剧团等;也有省内外各地民营剧团及戏迷剧社,如杭州越剧艺术研究会、嵊州市文化馆、北京小百花越剧团、宁波北仑夕阳红艺术团等。建立剧院戏迷会员制,累计发放戏迷卡3000余张。"金舞台"项目推行低票价,面向群众、面向市场,满足了广大群众精神文化需求,扩大了戏剧观众群体。

为满足众多杭城老戏迷的需求,8月至9月推出"经典越剧电影回顾"免费观看活动。

三、承办浙江省民营文艺表演团体展演

11月26日至12月22日,成功承办"喜庆十八大·浙江省民营文艺表演团体展演"活动。该展演活动由省文化厅组织主办、胜利剧院和省演出业协会共同承办,汇聚11个市的12个民营剧团(包括钱江浪花艺术团)在胜利剧院连续演出12场,观众累计达7417人次,平均上座率达91%。在德清县越剧团《德清嫂》开幕演出时,省委常委、副省长、宣传部长葛慧君发来贺信,省委宣传部副巡视员、省文明办副主任陈海良宣读贺信,省文化厅党组成员、副厅长、巡视员田宇原致辞。

四、完成其他各项演出任务

1月至2月,承办浙江舞台艺术新年演出季演出10场。5月30日至6月26日,接待2012"新松计划"浙江省青年戏曲演员大赛初赛、复赛、决赛演出共12场。接待浙江曲杂总团全年驻场演出32场、浙江昆剧团下半年驻场演出5场。10月13日至19日,接待浙江省喜迎党的十八大优秀剧目展演中的4台演出。

五、构建和谐劳动关系

开展关爱职工活动。5月、7月,组织全体职工外出学习考察并进行职工素质教育培训;重阳节组织离退休职工外出游览观光。节假日走访慰问离退休老同志;看望慰问生病职工;组织全体职工一年一次体检活动;开展职工登山、跳绳比赛等文体活动,激发员工对剧院的认同感和归属感。

（朱霞敏）

【杭州电影拍摄基地】 2012年末杭州电影拍摄基地实有在编人员27名(核定事业编制人员40名),内设机构6个。2012年完成营业收入265.17万,房租收入247.76万,资产负债率74%,在执行绩效工资制度后人事费用大幅增长的情况下,实现经济减亏,职工队伍稳定和谐。

一、努力开拓经营业务

电影基地从房租和停车费用两方面入手,寻找新的经济增长点。一方面通过谈判,提高原租户的租赁价格,另一方面进行资源整合,对所有房屋进行清理,将部分仓库和被他方占用的房屋加以整修。

车辆管理收入为12.45万元。经过进一步合理规划、招租,2012年基地园区增加停车位20个。同时,进一步完善车辆管理制度,严格执行,确保了车辆停放的有序管理。

树立经济意识,努力减少支出。办理养老保险转移手续,减少养老保险金支出13万余元;合理退税12万余元;加强资金管理,及时催缴,保证租金不拖欠、不欠账,准时到位;及时沟通,保障外借人员资金及时回收,减少财务费用;落实办公用品领用制度,控制日常办公费用,减少不合理开支。

二、谋求新的发展空间

根据建立文化创意园区的工作思路,2012年开展了清退工作。与长期租赁单位浙江华川专修学院进行谈判,为后续清退工作打开局面;根据基地具体人员、土地等情况,以不同时间为改制基准日进行改制成本测算,同时分析梳理和尝试解决改制和开发中可能遇到的瓶颈与难点;学习和借鉴其他文化创意园的成功经验,分析、测算和调研发展文化创意园的优势与不足。

三、加强经营管理工作

加强政治思想学习。通过组织职工收看电视，参加学习讲座等方式学习党的十八大报告。加强专业知识学习，做好工资管理系统、工资数据库的操作与申报工作，水电系统改造的设计与预算工作，档案“三龄两历”的审核工作等。

加强内部管理。2012年重新调整了机构和岗位设置，增设投资开发部，原7个部门精简为6个；完成岗位二次聘用工作；完成固定资产清理工作，摸清家底状况。

进一步完善落实并严格执行决策“三重一大”制度、财务报销制度、收入分配方案、租房单位安全和综治工作责任书签订制度、车辆管理制度等一系列制度。

四、维护职工权益

2012年，在资金紧张的情况下重视维护职工权益。妥善解决了2011年底前退休的所有人员的公积金全额欠款和2012年退休人员的一半欠款；安排全体职工体检；执行离休人员高龄补贴并及时发放到位。此外，召开职工大会，向职工报告当年经营状况，未来工作思路。平时工作遇到重大决策意见，及时提交职工大会审议，保障职工权益。

（陈　靓）

【钱江浪花艺术团】 2012年末，钱江浪花艺术团在职工作人员（包括演职人员）26人。2012年钱江浪花艺术团继续做好下基层农村的巡演工作，巡演任务主要围绕十八大主题展开。全年演出230场，受益观众超50万人次。

2012年1月，钱江浪花艺术团与浙江边防总队合作巡演，进海岛，慰问基层，为浙江省武警边防官兵们送去文艺演出。2012年，钱江浪花艺术团多次前往陆军73022及73023部队，和他们一起欢送退伍老兵、迎接新兵，共同庆祝十八大。2012年底，钱江浪花艺术团慰问乔司监狱的执勤干警，为他们送上新春文艺演出。

10月8日，钱江浪花艺术团党的十八大主题巡演活动正式开始。首场宣传演出在杭州市江干区开幕。巡演分为三个阶段：第一阶段的演出在丽水、温州、台州、宁波、绍兴、湖州、杭州等地区展开，至11月28日，共演出22场。第二阶段的宣传演出主要在绍兴、湖州、金华、杭州等地举行，从11月29日至12月18日，20天的时间里共演出29场。12月18日，钱江浪花艺术团在浙江胜利剧院举行了“浪花里飞出欢乐的歌”汇报演出。第三阶段的巡演从12月19日至2013年春节，主要在全省各地的乡镇、广场展开。

2012年7月20日至23日，钱江浪花艺术团在杭州举行了第七届爱心夏令营活动。从200多名结对学生中挑选了10名在一学年中各方面表现较优的孩子来杭参加夏令营活动。截至2012年底，与钱江浪花结对的学生都参加过夏令营活动。钱江浪花艺术团共资助学生37名，其中31名学生已考上大学或已在工作。浙江日报为此专门采访了3名结对学生，于12月13日刊发了《大篷车与爱同行》的特别报道。

2012年，钱江浪花艺术团和浙江省总工会继续合作。5月至10月，先后在金华、嘉兴、舟山、绍兴、宁波、台州、湖州、杭州、温州、丽水等地区巡回慰问基层企业、工地职工演出10场。8月4日至8日，与浙江省总工会一起，共赴新疆，慰问援疆干部、人才及其家属。

2012年6月25日至7月20日，继续与FM93交通之声合作，进行“文明出行”交通安全宣传巡演，在全省11地市主城区及周边地区共巡演18场。加盟浙江卫视我爱记歌词主力领唱、省小百花越剧团、杭州歌舞团等演出。

2012年，艺术团演员队伍不断完善壮大，签约的演员已涵盖唱歌、主持、小品、相声、魔术等多个领域。

（王　慧）

市(区、县、市)文化工作

ZHEJIANG CULTURE YEARBOOK

杭州市文化广电新闻出版局

【概况】 内设14个处室;8个下属单位。2012年末人员共424人(其中:机关81人,事业单位343人;高级职称73人,中级职称144人)。

2012年,杭州市文化广电新闻出版局贯彻科学发展观,围绕市委、市政府提出的"创文化名城、建文化强市"发展战略,认真有序履行职能,完成各项年度目标任务。

一、公共文化服务扎实推进

杭州少儿图书馆完成改造装修后正式对外开放。杭州市群文中心、非遗展示中心完成展示内容策划并展开初步设计;市广电监测中心完成监测用房基础工艺及装修设计招标,展开设计工作;杭州图书馆浣纱馆主体工程基本完成改造;杭州艺校迁扩建项目前期工作得到推进。2012年杭州图书馆的读者流通人次335.9602万人次,新增图书11.8347万种,34.5706万册。杭州少儿图书馆改建开放后,接待少年儿童及其家长20.5万人次,外借文献21.4万册次,举办少儿读者活动303场次。组织开展新一轮统筹城乡文化设施专项规划编制工作,初步形成《杭州市文化设施专项规划评估与修编》中间成果。高新区(滨江)文化中心、经济技术开发区群众文化艺术中心开工建设,富阳市文化中心、临安市图书馆等区、县(市)文化设施建成并投入使用。完成国务院下达的县级城市数字化多厅影院建设目标任务。实现广播电视"户户通"、"户户响",城镇有线电视数字化、网络化双向改造达到100%。万场文化活动下基层工程组织开展元宵灯会、第四届"欢乐农家"乡镇文艺汇演、第五届大众艺术健身系列活动、第六届"风雅颂"民间艺术展示等群文活动2万余场,其中市本级为乡镇(街道)、村(社区)配送各类演出546场。2012年万场文化活动下基层工程开展"你点我演"文化惠民活动,该项目2012年获第五届杭州文艺突出贡献奖项目类奖。文化信息资源共享工程建成20个乡镇(街道)、10个村(社区)基层点的公共电子阅览室。杭州数字图书馆三大平台总访问量达136.9万次,数字资源浏览量为492万次,下载量近29万次。联创公共电子阅览室管理软件安装工作实现杭州地区12个支中心全覆盖。公共电子阅览室新增及新升级14个乡镇(街道)点和10个社区点,累计建成357个。基层文化阵地工程完成20个乡镇(街道)分馆建设,创建25个示范性乡镇(街道)综合文化站、128个文化示范村(社区),评出198个文化示范户;下城区朝晖街道等9个单位获省文化强镇称号,余杭乔司街道和睦桥村等17个单位获省文化示范村(社区)称号。杭州市已建成村(社区)级文化活动室2944个,覆盖率达到97.68%。文化扶贫工程为一、二类地区30个村级文化活动室配送文化活动器材,开展"文化走亲"活动123场次。广播电视对农节目服务工程市、县两级广播电视台共开办对农节目60档。农村电影放映"2131"工程为农村群众放映公益电影27638场,观影人数达538万余人次。广电低保工程为45773万户困难家庭减免入网和收视费用902万元。服务水平得到提升。深化群文运行机制,"你点我演——送戏下基层"项目获第五届"杭州文艺突出贡献奖"。杭州市2016个行政村实现农家书屋全覆盖。桐庐县江南镇环溪村等3家农家书屋获全国示范农家书屋称号,淳安县文昌镇西河村李发梅等2人获全国优秀农家书屋管理员称号,评选出市级示范农家书屋140家。保障特殊人群文化权益,杭州图书馆盲文分馆、音乐分馆开展无障碍视听赏析等活动,上城区向低保(残保)户、外来务工者家庭、企业职工等发放文化惠民活动券;拱墅区在全市首推5家"工地图书馆"。

二、创新创优项目成果突出

杭州市文化建设获三项国家级荣誉:杭州市获"全国版权示范城市"称号;杭州国家数字出版产业基地正式授牌;杭州图书馆"文澜在线"项目获第四届文化部"创新奖"。第六届西湖读书节以"让阅读嵌入生活"为主题,开展百万书券惠民、儿童阅读推广、全民掌上阅读、西湖书市等系列活动,百万人次近百家单位参与。2012年杭州市新剧节目汇演集中了23台评奖和展示演出项目，涵盖音乐剧、越剧、歌舞剧、杭剧等11种艺术门类，推出公益门票7000余张。10月12日至18日，中国民族管弦乐协会扬琴专业委员会、浙江省音乐家协会、杭州市音乐家协会、杭州市演艺业协会，杭州艺术学校、浙江省扬琴专业委员会、杭州西湖国学馆共同举办了“2012首届中国扬琴艺术节”。此次艺术节，开展了“第七届中国扬琴年会”、“2012杭州中国扬琴邀请赛”和“2012中国扬琴高峰论坛”等系列活动。“双百”电影进社区（广场、工厂、工地）活动在178个社区（广场）、28家工厂（工地）和2家院校，放映国内外优秀影片64部计240场次，观影人数达5万余人次。《淳安海夫人》、《叩问青春》获第八届全国戏剧文化奖大型剧本银奖，木偶剧《金凤凰》获全国儿童剧展演优秀剧作奖，越剧《大道行吟》获曹禺剧本奖提名；萧山区莲花落表演艺术家方剑林获第七届中国曲艺“牡丹奖”，淳安县“淳安秋千”项目获第十一届中国民间文艺山花奖（民间绝技）银奖。余杭区《芙蓉镇印象》、《蚕房里的笑声》，上城区《药堂里的小学徒》、下城区《秋雨》、西湖区《西泠印象》等作品在2012年浙江省舞台舞蹈大赛中获奖；《绝色杭州》、《绿云》等5件作品入选杭州市第十一届精神文明建设“五个一工程”奖，《天下第一疏》、《花影律动》等6部作品入选2012年度杭州市“文化精品工程”扶持项目。杭州广播电视台连续报道《“最美妈妈”吴菊萍》等320件作品获市级广播电视政府奖，13件作品获省级广播电视政府奖一等奖。2012年经杭州市文化广电新闻出版局归口报批、承办和跨部门、跨地区组织实施交流项目170起、2591人次，开展重点文化交流合作项目20个。杭州文化旅游赴意大利交流活动列入文化部“2012中欧文化对话年”框架，成功主办纪念中英建交40周年“克莱夫·巴达摄影回顾展”（杭州站）活动。杭州爱乐乐团赴德国参加中德建交40周年纪念活动，西泠印社“百年西泠百年印”展览赴土耳其参加“中国文化年”活动，杭州艺术学校赴新加坡和台湾参加访演。2012年重点培育商业性演出展览项目4个。杭州市文广新局和余杭区文广新局获浙江省政府表彰的申报人类非遗和国家级非遗工作先进单位。有44个项目入选新一批省级非遗名录，总数达167个；通过国家级非遗项目专项核查，杭州市38个国家级名录项目总体保护状态良好。杭州市手工艺活态展示馆等6家单位入选省非遗宣传展示基地，临安、桐庐、余杭入选省非遗保护综合试点县，萧山区坎山镇光明小学等7所学校入选省级教学传承基地，建德新叶村、桐庐获浦村、淳安富泽村、富阳龙门古镇和皋亭山风景区5家单位入选省第二批非遗旅游景区（民俗文化旅游村）。开展非遗实物和老物件征集工作，已公开征集到作品18件。举办杭州都市经济圈民间手工技艺展和传统非遗类戏剧曲艺巡演。

三、文化管理服务有效加强

2012年，出台杭州市《关于加快文化市场繁荣有序发展的若干意见》实施意见，提出清理审批标准、执行国家规定的设立标准、实施鼓励政策、扶持民营演出团体、培育新兴文化市场、深化行政审批制度改革等六个方面的措施。开展行政执法案卷评查，案卷质量得到提升。制作《说理性行政处罚文书（示范文本）》及操作规范。推行行政指导工作，基本实现由“事后监管为主”向“全程指导型”转变。开辟法律图书角，设立法律文献专柜，推进“法制教育项目化建设”；开展普法宣传教育活动，举办“我的财产我做主”等市民法治讲座，获2012年度市“12·4法制宣传优秀奖”。开展网上“阳光办案”工作，依法、合理、有序地向社会公众公开行政处罚主体、法律依据、违法事实、裁量情形、行政处罚措施等行政处罚信息。推进行政审批事项进入阳光平台，216件行政审批事项全部实行“统一受理”、“一站式服务”、“一次性办结”和送达。坚持日常监管和集中整顿相结合，开展“打黄扫非”、文化市场无证照整治、互联网和手机传播淫秽色情及低俗信息整治等专项行动，加强对网吧、电子游戏经营场所及校园周边文化市场整治力度。共出动执法检查7436次2.4万余人（次），检查文化市场经营场所2.8万余家（次），立案查处930件，集中销毁各类非法物品39万余件；受理各类举报470件，举报办结率100%，回复率100%。2012年杭州市文化市场行政执法总队会同消防部门开展局系统消防安全重点领域专项整治行动、文化市场消防安全“打非治违·消除火患”专项行动、第十一个“安全生产月”活动、十八大全市文化市场消防安全保卫工作等工作。

四、文化产业形象良好展示

主办第五届杭州艺术博览会和中青年当代艺术家四城市巡展，集中展示国内外30余家艺术机构的5千余件当代艺术作品，涵盖架上绘画、雕塑陶艺、装置艺术、影像艺术等门类，共有3万多名专业人士及艺术爱好者到场参观。举办“文化同根·和谐中华——浙江省与台中市两岸女画家艺术交流展”等活动，推荐6家画廊申报文化部诚信画廊。修定《杭州市星级文明网吧评定办法》，推行星级文明网吧评定工作，有36家单位获此称号；落实网吧总量布局规划，发挥13家落地连锁网吧的示范带头作用。加强游艺娱乐场所管理，制定《杭州市第二期游艺娱乐场所布局规划实施意见》。出台《关于扶持民营书店健康发展的暂行办法》，给予16家民营书店300万元资金扶持；开展民营艺术院团送戏下乡活动；组织推荐民营艺术院团参加省民营文艺表演团体展演；举办艺述英国——摄影回顾展、2012东西方生活文化交流·对话德意志等活动。

五、文化队伍素质逐步提升

制定年度青年文艺家发现计划，2012年招聘及引进专业人才25人。加强文化人才培训，选送5名文化人才赴上海戏剧学院等国内高校深造，举办专业技术人员继续教育学习班，有300余人参加，杭州市图书馆、杭州艺术学校等派员赴俄罗斯、新加坡、美国等地交流学习。全系统获市“十佳公务员”1人，市“131”中青年人才培养计划第二层次培养人选1人，市政府津贴荣誉1人；全国广电系统先进集体1个、先进个人1名；省文化创新团队1个。开展“进村入企、服务基层”大走访活动和“效能亮剑”专项行动，加强作风效能建设；2012年受理信访696件，办结率和回复率达到100%。

【大事记】

1月

11日至12日 杭州市文广新局召开了市文化广电新闻出版系统会议。杭州市文广新局班子全体成员、处以上领导干部、局属各单位党政主要负责人，各区、县(市)文广新局局长及两区五县(市)分管广电工作的副局长以及两区五县(市)广播电视台台长参加会议。对口联系的民主党派负责人、曾担任局级领导的离退休老同志、杭州文广集团和华数公司的分管领导受邀参加。会上，杭州市文广新局原党委书记、局长陈建一传达近期召开的全国宣传部长会议和文化、广电新闻出版战线全国性会议、市委十届十二次全会精神，对深入贯彻落实十七届六中会精神进行再动员，并对2011年工作进行总结，对2012年工作进行部署。

18日 《中国新闻出版报》以“杭州数字出版基地形成三大特色”为题进行报道。

2月

2日 杭州市文广新局原党委书记、局长陈建一来到上城区吴山广场主灯区检查灯会布置工作，陈建一局长与上城区文广新局负责人和灯区负责人一起检查各灯组的线路走向，灯架结构，固定措施和人流疏散通道等，并就元宵期间防火、防电、防风、防雨、防踩踏事件等情况提出要求。

13日 《中国新闻出版报》以“杭州形成数字出版组团式发展新模式”为题，进行报道。

29日 杭州市文广新局党委召开会议传达市第十一次党代会精神，并组织机关干部开展会议精神的学习。局党委提出要把学习贯彻党代会精神作为当前最重要的任务，迅速在全系统掀起学习贯彻的热潮；要把学习贯彻党代会精神与扎实做好本部门工作相结合，谋划新发展，推出新举措，为杭州打造“东方品质之城，幸福和谐杭州”开好局，迈好步。

3月

3月初 北京舞蹈学院与杭州艺术学校正式签订《教学实习基地协议书》，并由专程前来的学院副院长郭磊向杭州艺术学校授牌。

6日 杭州市文广新局原党委书记、局长陈建一带领局办公室、市场处和杭州图书馆、杭州文化馆负责人等来到建德航头镇溪沿村开展进村走访活动。局长陈建一主持召开由村两委成员、党员代表、群众代表、大学生村官和村文化员等20余人参加的座谈会，听取意见，共谋发展良计。局长陈建一一行还走访了溪沿村的致富能人和贫困户等，送上党和政府对基层群众的关心和支持。

3月下旬 杭州市文广新局组织召开了全市文化市场管理和行政执法工作会议，市各区、县(市)文广新局、执法大队分管领导参加会议，杭州市文广新局原副局长、市文化市场行政执法总队长王茂康出席会议并讲话。会议部署了近期和年内全市文化市场管理和行政执法的重点工作。

3月下旬 杭州图书馆首个中日文化交流项目“千弘与小豆豆”画展在儿童借阅中心拉开帷幕。日本驻上海领事馆首席领事丸山浩一先生、杭州市人民政府外事办公室巡视员孟铁原先生等中日嘉宾出席开幕式，日本前驻华大使阿南惟茂先生和杭州图书馆馆长褚树青分别致辞。杭州市文广新局副局长何平出席并主持开幕典礼。

4 月

4 月初 杭州市文广新局原党委书记、局长陈建一率领局机关文化市场和广播影视管理部门的同志走访了一家刚从地产转行以电影和电视剧开发制作为核心业务，同时涉足演艺经纪、影视教育、电影院线、跨媒体传播、影视广告以及影视产品开发等方面的文化产业集团——同方联合影业集团。

4 月上旬 由中国图书馆学会、德国歌德学院、杭州图书馆主办，杭州市图书馆协会承办的“图书馆科学管理与服务创新研讨班”在杭州图书馆举办，来自全国各图书馆的 160 名代表参加了研讨。研讨班上，德国不莱梅市图书馆馆长芭芭拉. 莉森介绍了德国图书馆和不莱梅市图书馆的基本情况。杭州图书馆馆长褚树青、浙江大学信息资源管理系副教授李超平、上海社科院信息研究所所长王世伟分别作了“图书馆馆长实务”、“图书馆宣传推广”、《公共图书馆服务规范》的编制背景与条文解读的专题报告。

23 日 在第 17 个世界读书日，由杭州市推进学习型城市建设领导小组办公室和西湖读书节组委会主办，杭州市文化广电新闻出版局、杭州市教育局、团市委、杭报集团等部门承办的第六届西湖读书节在杭州图书馆拉开序幕。杭州市委常委、宣传部长翁卫军莅临开幕式并宣布第六届西湖读书启动，杭州市政府陈小平副市长，浙江省新闻出版局副局长范春梅，浙江省作协名誉主席黄亚洲等出席开幕式。中国电信、中国移动、淘宝网等企业相关负责人以及社区代表、读者代表、学生代表、军队代表等 350 余人参加开幕式。中共浙江省委常委、杭州市委书记、市人大常委会主任黄坤明为此届读书节发来贺信。

29 日 杭州国家数字出版产业基地授牌仪式在浙江省人民大会堂举行。国家新闻出版总署副署长孙寿山为杭州国家数字出版产业基地授牌并讲话。杭州市政协主席叶明出席仪式并致辞。杭州市副市长陈小平主持仪式。仪式上还为基地八个功能园区进行了授牌。

29 日 第八届中国国际动漫节开幕式在杭州市白马湖举行。开幕式上，由中国国际动漫节执委会主办，中国国际动漫节节展办公室承办，杭州市文化馆执行承办的第八届中国国际动漫节彩车巡游表演精彩亮相，并在滨江区长江南路进行首场巡游。本届动漫节彩车巡游表演分为四大板块：《相聚杭州》、《动漫盛会》、《动漫天堂》、《相约杭州》。

5 月

14 日 应台湾台中青年高级中学邀请，杭州艺术学校艺术团赴台“文化走亲”正式启动。

15 日 杭州市文广新局党委副书记、副局长钟文静一行来到位于杭州国家数字出版产业基地数字娱乐出版园区内的杭州集文数字科技有限公司走访调研。副局长钟文静听取了杭州集文数字科技有限公司总经理王芳对该企业基本情况、产品和人才培养情况的介绍，并就企业的未来发展提出要求。

18 日至 21 日 第八届中国（深圳）国际文化产业博览交易会在深圳举行。杭州国家数字出版基地组织华数数字出版园区、数字娱乐出版园区、滨江动漫出版园区、人民书店出版园区、淘宝电子书、杭州集文数字科技有限公司等重点园区和重点企业组团参加此次文博会，并获第八届中国（深圳）国际文化产业博览交易会优秀展示奖。

21 日 浙江省委常委、宣传部长茅临生在《杭州图书馆近年来的创新探索和具体实践》一文上作了重要批示。

23 日 “2012 艺术杭州 · 第五届杭州艺术博览会”在杭州和平国际会展中心拉开帷幕。此届艺博会共有来自国内外的 30 多家艺术机构参加展出，设 1 个推荐展、8 个主题展。

6 月

6 月初 杭州市文广新局举办杭州市群众文化中心、杭州非物质文化遗产保护中心（简称“文化两中心”）展示内容策划、展示初步设计、展示效果监理合同签约仪式，杭州市副市长陈小平出席并讲话，杭州市文广新局原党委书记、局长陈建一致辞，浙江省文化厅副厅长黄健全、杭州市发改委、杭州市财政局、杭州市奥体指挥部等有关部门负责人出席仪式，杭州市文广新局副局长麻捷主持仪式。

7 日 百位意大利画家画杭州艺术巡回展（杭州展）开幕。杭州市政府副市长陈小平、杭州市政府副秘书长张连水出席开幕式。

9 日 杭州市第六届西湖读书节——“心有书香——童年的幸福指数”儿童阅读推广活动在杭州图书馆启动。杭州市文广新局副局长钟文静，中国儿童文学研究会会长、文化部妇委会主任、原国家清史办主任石雅娟，浙江少儿出版社副社长、著名儿童文学作家孙建江，著名儿童文学作家、安徽大学儿童文学院教授、阳光姐姐伍美珍，著名儿童文学作家、评论家北京出版集团策划总监安武林等领导及儿童文学作家李海生等到会并致辞。

6月上旬 由文化部主办的第七届全国优秀儿童剧演出奖和优秀编剧评选在宁波揭晓，杭州市艺术创作研究中心国家一级编剧沈经纬和赵阳创作的童话木偶剧《金凤凰》获优秀演出奖，沈经伟和赵阳获得优秀编剧奖。

28日 杭州市文广新局举行党内先进表彰会暨党风廉政建设报告会。杭州市文广新局党委书记、局长钮俊代表局党委讲话，党委副书记、副局长钟文静宣读局党委关于表彰2011年度先进基层党组织、优秀共产党员和优秀党务工作者的决定，对杭州市艺术学校等2个基层党支部、李香珍等2名党务工作者及戚晓光等10名共产党员予以通报表彰。

6月下旬 第四届中国国际版权博览会在北京举行。杭州市版权局组织中国电信天翼阅读基地、之江创意园、杭州数字娱乐园、淘宝电子书、华数集团、杭州市版权中心、滨江动漫基地7个单位组团参加，并获首届CICE金慧奖“最佳组织奖”。

7月

2日 浙江省新闻出版局督查组在单烈副局长的带领下一行4人，专程检查了杭州市开展印刷复制发行监管专项行动工作进展情况。杭州市文广新局副局长钟文静，局印刷管理处、执法总队负责同志陪同检查。

2日 杭州市文广新局组织召开2011年度杭州市广播影视政府奖颁奖暨作品评析会。杭州文广集团各频道、频率，两区五县(市)广播电视台的近80名业务骨干参加了会议。浙江省广电局宣传管理处处长林勇毅、杭州市文广新局巡视员王建、杭州市文广集团副巡视员白奇潜出席会议并为获奖代表颁奖。

7月下旬 在浙江省文化厅副厅长陈瑶、省文化厅非遗处处长王淼的带领下，杭州市文广新局一行三人赴德清县与该县文广新局进行两地非遗保护工作经验交流。交流中，德清县文广新局局长姚明星介绍了该县以行政村为中心建设乡村非遗馆的情况，杭州市文广新局副局长何平介绍了杭州市非遗保护方面政策制定、名录建设等工作。

8月

3日 杭州市文广新局组织召开杭州市政府换届以来，杭州市文广新闻出版系统第一次年中工作会议。杭州市文广新局党委书记、局长钮俊代表市局党委作了讲话。局班子成员，机关处以上干部，杭报集团、文广集团和华数集团有限公司有关负责同志，局属各单位和区、(县)市文广新局、广播电视台负责同志参加会议。

10日 由杭州市文广新局等四家单位主办的“2012经典艺术进社区”活动拉开序幕。活动以展览的形式在上城区东街6号艺术中心、江干区庆春广场、滨江区、西湖文化广场、萧山区湘湖景区等街道社区进行巡展。此次活动引进和复制世界各大博物馆印象派经典藏画100幅，包括世界著名画家梵高、达芬奇、雷诺阿、莫奈等世界级名家的经典作品。

9月

9月初 浙江省广电局副局长华宣飞、浙江省广电局安播指挥调度中心主任昂朝明、浙江省广电监测中心副主任方土富一行在杭州市文广新局副局长钟文静陪同下，对杭州市广播电视安全播出工作进行了调研和抽查。副局长华宣飞先后实地走访了杭州文广集团、华数集团和市广电监测中心，听取了各单位关于广播电视安全播出工作的汇报，对中心机房等重点部位进行检查。

5日至7日 由杭州市文广新局副局长张朋带队，各相关区、县(市)文广新局分管领导，具体科室负责人及图书馆负责同志参加的学习考察组一行20余人前往湖州、安吉等地就农家书屋工程建设、使用和管理情况进行学习和交流。

15日 文化部第七期“10+3文化人力资源开发合作研讨班”专题研讨考察活动在杭州图书馆举行。此次研讨考察活动的主题是“亚洲图书馆的资源共享和合作发展”。杭州市文广新局何平副局长、杭州图书馆褚树青馆长，文化部外联局以及省文化厅相关部门领导，东盟十国、日本、韩国、东盟秘书处官员、代表等50余人参加考察及研讨活动。

9月 第四届中国戏剧奖·曹禺剧本奖揭晓，杭州市艺术创作研究中心编剧余青峰创作的越剧《大道行吟》获提名奖。中国戏剧奖·曹禺剧本奖是目前戏剧文学类国家级最高奖项，由中国文联和中国剧协联合主办，每两年评选一次。此次评选最后评定出8部获奖作品，12部作品获提名奖。该剧由杭州越剧院排演，曾于2009

年参加第十一届中国戏剧节，获优秀剧目奖。

9月底 中国新闻出版研究院数字出版研究所所长王飚一行4人受新闻出版总署委托，来杭调研杭州国家数字出版基地建设情况，杭州市文广新局副局长张朋等陪同调研。调研组先后召开了数字出版基地建设座谈会，考察了滨江白马湖核心园区和滨江动漫出版园区内的浙江中南卡通股份有限公司。

10月

10月初 由杭州市文化广电新闻出版局主办、杭州城市文化艺术交流中心承办的"相约杭州·筑梦西湖·文化中国"系列活动"激励一代人"——中国巡展杭州首站，在西湖博物馆启幕。

10月初 由中国民族管弦乐协会扬琴专业委员会、浙江省音乐家协会、杭州市音乐家协会、杭州市演艺业协会，杭州艺术学校、浙江省扬琴专业委员会、杭州西湖国学馆共同举办的"2012首届中国扬琴艺术节"，在杭州拉开帷幕。此次中国扬琴艺术节，开展了"第七届中国扬琴年会"、"2012杭州中国扬琴邀请赛"和"2012中国扬琴高峰论坛"等活动。

30日 "庆祝党的十八大召开2012年杭州市新剧节目汇演"开幕式在红星剧院拉开帷幕。浙江省委常委、副省长、宣传部长葛慧君，浙江省委宣传部副部长龚吟怡，浙江省文化厅党组书记、厅长金兴盛，杭州市政协副主席叶鉴铭，浙江省新闻出版局副局长范春梅，原杭州市政协党组书记、副主席沈者寿，原杭州市人大常委会副主席陈重华等领导出席开幕式并观看了开幕演出越剧现代戏《德清嫂》。杭州市副市长陈小平宣布开幕，杭州市文化广电新闻出版局党委书记、局长钮俊主持开幕式，杭州市委宣传部副部长杨志毅致欢迎辞，杭州文广集团党委书记、董事长方建生，杭州市文联党组书记、主席陈一辉，杭州市文化广电新闻出版局副局长麻捷、张朋等出席。

10月 浙江省广电局党组书记、局长张宝贵实地检查了杭州市卢米埃影城的安全放映情况，并听取了杭州市影院安全防范措施的落实情况。杭州市文广新局党委副书记、副局长钟文静就党的十八大期间杭州市加强电影放映监管、确保安全播放以及杭州市影院建设等情况向检查组作了汇报。

11月

3日至7日 杭州艺术学校和韩国庆尚大学推出《舞韵传情》专场演出和"舞蹈专家座谈会"。杭州市人民对外友好协会、杭州市外事办公室、杭州市文化广电新闻出版局、大韩民国临时政府杭州旧址纪念馆、杭州西湖博览会组委会等领导出席并观看演出。

15日 杭州市版权局、杭州市教育局在杭州采荷一小钱江苑校区联合举办版权知识进校园——《版权达人》漫画宣传读本进校园首发仪式。杭州市文广新局副局长张朋、杭州市教育局副书记应建华出席首发式，全市八城区教育局版权宣传辅导老师、杭州采荷一小师生及有关媒体记者等300余人参加了仪式。

19日 由杭州图书馆和美国青树教育基金会共同主办的"公共图书馆、学校图书馆、民间图书馆服务与社会教育国际学术研讨会"在杭州图书馆开幕。文化部公共文化司巡视员刘小琴，杭州市副市长陈小平，浙江省文化厅社文处处长戴言，杭州文化广电新闻出版局局长钮俊，美国青树教育基金会主席赵耀渝，中国图书馆学术研究委员会主任吴慰慈，中国图书馆学术研究委员会常务副主任、文化部国家公共文化服务体系建设专家委员会副主任李国新，中国图书馆学会常务理事吴晞，上海图书馆、上海科技情报研究所副馆长周德明，2011—2012美国图书馆协会主席莫利·拉斐尔，2011—2012美国公共图书馆协会主席玛西娅·华纳等国内外图书馆界资深专家出席。来自美国、英国、丹麦、越南等国外图书馆馆长和专家30余人，以及国内省级、副省级图书馆馆长，图书情报界专家、学者，乡村图书馆工作人员、教育工作者等200余人参加。

22日 杭州市人大常委会副主任徐苏宾一行调研杭州市非物质文化遗产保护工作。调研组先后视察了杭州市国家级非物质文化遗产"王星记扇制作技艺"、"铜雕技艺"、"胡庆余堂中药文化"等项目的责任保护单位，以及浙江省非物质文化遗产旅游经典景区——西溪国家湿地公园。副主任徐苏宾与杭州市政府副市长陈小平共同听取了杭州市文化广电新闻出版局和相关单位关于杭州市非物质文化遗产保护工作的情况汇报。

8日至20日 由杭州市文化广电新闻出版局主办，浙江星光院线与各影院承办了"喜迎十八大——优秀国产影片展映"活动。星光院线旗下观影人次达到8万余人，放映场次达3700场，总票房295万。

29日 杭州市农家书屋工作总结表彰会议暨第六届西湖读书节闭幕式在杭州图书馆举行。杭州市人大副主任徐苏宾、浙江省新闻出版局副局长范春梅出席闭幕式,杭州市副市长陈小平出席并讲话,各区、县(市)政府分管领导,杭州市文化广电新闻出版局、杭州市教育局、共青团市委、杭报集团、杭州文广集团、各区、县(市)文化广电新闻出版局、图书馆单位负责人参加了闭幕式。

11月 由杭州市文广新局等四家单位共同承办的“百场电影进社区、百场电影进广场(工厂)”活动,于11月中旬落下帷幕。该活动8月份启动,历时两个半月,5个流动电影放映队分别在各城区的178个社区与广场、28家工厂与工地和2家院校,共放映国内外优秀影片64部、计240场次,观影人数达5万余人次。

12月

4日 在杭州召开杭州市新闻出版系统印刷管理工作会议。各区、县(市)文广新闻出版局分管副局长和印刷管理科室负责人共30余人参加会议,杭州市文广新闻出版局副局长张朋出席会议并讲话。

11日 杭州市文广新局举行了“版权工作站”授牌仪式,在杭州西湖数字娱乐产业园等9个文创园区设立版权工作站。2012年5月,国家版权局确认杭州为“全国版权示范城市”称号。

12日 杭州少年儿童图书馆改造工程竣工暨开放庆典在少儿馆举行。杭州市政协副主席汪小玫,杭州市关工委常务副主任曾东元,杭州市关工委副主任顾树森,浙江省作家协会名誉主席、浙江省文学志愿者中心会长黄亚洲,浙江省政府参事、浙江省文学志愿者中心首席顾问桑士达,杭州市政府副秘书长徐一超,杭州市文化广电新闻出版局党委书记、局长钮俊,杭州市教育局副书记应建华,杭州市文化广电新闻出版局副局长张朋,团市委副书记赖明诚,浙江省文化厅社文处副处长倪巍、浙江省图书馆副书记徐洁等领导出席庆典仪式。

(王山河)

杭州区、县(市)文化工作概况

【上城区文化广电新闻出版局(体育局)】 内设职能科室4个,直属单位3家,人员32人(其中:机关10人,事业22人、中级职称4人、高级职称1人)。有群众文化业余团队400余支,队员10000余人,并建有区级群众文化业余团队联合会组织。

2012年,上城区文化广电新闻出版局深入实施文化体育惠民工程,努力构建公共文化体育服务体系,满足人民群众不断增长的文化体育活动需求,进一步推进区文化体育工作再上新台阶。一、开展文化活动,满足群众文化需求。举办2012年“南宋古都·经典上城”元宵灯会活动、2012年新春团拜会文艺演出、上城区廉政主题文艺汇演、第二届上城区文艺团队联合会艺术节暨第九届“城市一家人”文化艺术节、上城区第二届社区运动会暨上城区第九届社区艺术节、“军地携手,唱响上城”第十二届区歌手大赛、纪念龚自珍诞辰220周年诗书画活动、庆六一少儿文艺活动等62场次文化活动。二、组织惠民活动,完善公共文化服务体系。为上城区35支特色体育团队和晨晚练点文艺团队赠送音响器材。开展群众性的书法基础知识、老年舞蹈、瑜伽、排舞、数码基础摄影、钢琴、少儿围棋等各类文化辅导培训200余期。向区低保(残保)户、外来务工者家庭、辖区企业职工和教育、卫生等系统人员发放文体惠民活动券。推进“居家文化”惠民服务工作,试运行3个月来,居民群众和辖区单位捐书流量6581册,借阅流量1318人次,文体活动298次,文体培训59次,各类讲座109次。召开辖区文体设施资源共享工作座谈会。三、创作文艺作品,提升群众文化品味。由区文广新局自编、自导、自演的廉政教育情景剧《规矩》获杭州市公职人员岗位廉政教育情景剧大赛一等奖。大型原创舞蹈《药魂》参加浙江省舞台舞蹈大赛获创作金奖、表演金奖。湖滨街道东坡路社区地书表演项目被选入参加杭州市品质生活国际体验日启动仪式,作为体验日活动十大总点评节目被表彰。望江街道成立了全国首家街道级“葫芦丝俱乐部”。四、传承厚重文化,继续深化非遗文化保护。制订《上城区各级非物质文化遗产传承人保护政策》、《上城区非物质文化遗产名录申报认定奖励(扶持)暂行办法》和《杭州市上城区非物质文化遗产“十二五”保护发展规划》。《南宋遗韵——上城区非物质文化遗产名录精粹》编撰工作顺利推进。采取保护、传承、利用、开发等形式,推动上城非物质文化遗产保护与利用的创新建设。奎元馆宁式大面传统制作技艺、吴越人家蓝印花布制作技艺和南宋官窑传统烧制技艺3个项目入选第四批浙江省非物质文化遗产名录。2012 年 3 月 16 日，浙江省副省长郑继伟在《浙江省政府专报信息》上刊登的“传承历史文脉 打造经典上城——上城区非物质文化遗产保护和利用工作显成效”信息上作出重要批示，对区文广新局的非遗保护工作给予高度评价。区文广新局参与配合御街·二十三坊等一批历史街坊打造，挖掘历史形态遗存。五、严格依法行政，促进文化市场健康发展。2012 年共受理和办结文化经营行政许可和备案事项 173 项。完成游泳场所夏季开放工作。深化权力阳光运行，推进网上审批和审核“一条龙”制度，简化办事流程，完成原有电子游戏机经营场所的整改验收和新增设场所设立及文化体育经营场所年检年审工作。共完成各类文化经营行政许可项目 111 项。加强文明城市复检和春节国庆等重要节日期间文化市场监管。开展打击非法书报刊专项整治行动，整治互联网和手机媒体传播淫秽色情及低俗信息专项行动，共出动检查 1120 人次，检查各类经营单位 1789 家次，查办案 29 起，未发生一起行政复议案件，对 18 家文化经营单位的违法、违规行为予以警告。收缴罚没款 3.50 万元整，收缴各类非法书刊 300 余册，非法音像制品及电子出版物 6000 余张，收缴非法游戏机（板）50 余台（块）。受理举报 34 起，办结率及满意率均为 100%。加强对文化市场从业人员的教育培训。

（徐贤丰　张雪梅）

【下城区文化广电新闻出版局（体育局）】 内设职能科室 4 个，直属单位 4 个。2012 年末人员 39 人（其中：机关 8 人，参照公务员管理 12 人，事业 19 人），具有高级技术职务资格的 3 人，中级 5 人。

2012 年，下城区文广新局全面推进文化先进区建设，加强文体事业发展，提升公共文化服务力，较好地完成了全年的各项工作任务。一、“创先”工作强化推进。成立局系统创建工作领导小组，把“创先”工作作为主要工作来抓。制定下发《创建省级文化先进区行动计划》、《下城区创建浙江省文化先进区实施方案》。打造两大“精品文化工程”，出品反映下城精神的“花儿组合”十年原创金曲专辑《谁到下城不动心》。打造朝晖公园为“下城区文化主题公园”。深化公共体育服务长效机制，新创建 31 家星级体育健身俱乐部，不断完善三级体育服务网络。二、惠民工程优化提升。抓好区文体中心、城北体育公园（场馆部分）的开放、运作和规范管理；继续推进“二馆一站”免费开放。对下城区八个街道综合文化站进行全面调研和整改、提升。开展系列图书流通点建设，新建图书流通点 15 个，全区共建有图书流通点 51 个。开通 58 个“一证通”社区图书点，“一证通”覆盖率达 80%。新建 5 个社区健身苑点，全民共享的“15 分钟文化圈”、“10 分钟体育健身圈”日益完善。三、基层文化创新创优。推进辖区图书馆、文化馆免费开放常态化开展；打造公益性文化活动品牌，创新“读讲看动联”五位一体和“公共体育服务长效机制”。6 月启动“非遗成果惠民生”——下城区非遗展示月，在浙江省首推“非遗项目体验点”，通过开放辖区内首批 6 个国家级、省市级优秀非遗项目，向市民发放 8000 张体验券等形式，让市民共享非遗成果。创新推出陈振濂“民生书法”系列活动，用艺术家的手笔描写百姓的民生故事。4 月启动“社区悦读，图书漂流”活动，探索政府主导、社会捐助、群众受惠的公益活动新模式，共得到捐赠图书 2 万余册，总价值达 25 万余元。举办 2012 年“风从东海来 阳春西湖情”杭州下城·台州温岭“文化走亲”视觉艺术大展等各类“文化走亲”14 场。2012 年开展送演出 50 场，送讲座 6 场。四、品牌活动蓬勃开展。组织举办 2012 下城区“繁华时尚、灯灿人和”元宵灯会，开展各类闹元宵活动共计 82 场次，广场主灯区接待赏灯群众 29 万人次。6 月开展无限极 2012 世界行走日（中国）杭州站活动，组织近 7000 名市民沿上塘河两岸健步行走。在 8 月 8 日全民健身宣传日，与杭州瑞臣健康管理有限公司共同发起全民健康走活动。开展“亲子游园趣味运动会”、“全民健身 你我同行”、“强身健体共开心 男女老少同运动”等一系列全民健身比赛活动、科普宣传、咨询辅导等。举办第九届乒乓球邀请赛，2012 年开展企业退休人员登山、徒步健身走等健身活动近 100 场次。开展国民体质监测工作，在全区抽样 1200 人进行监测，国民体质合格率达 92%。五、非遗保护成效明显。出台《下城区 2012—2015 年非物质文化遗产保护规划纲要》，进一步明确十二五期间下城区非物质文化遗产保护的工作目标、主要任务等。成功申报“木版水印技艺”、“手工纺织技艺”、“鹰爪功”3 个非遗项目为第四批浙江省非物质文化遗产名录。顺利通过浙江省文化厅对下城区国遗项目的督查工作，编写的《科学传承与有机开发相结合合力打造国家级非物质文化遗产项目——国家级非物质文化遗产代表性项目(杭州织锦技艺)保护督查工作材料汇编》获省市专家好评。开展“服务传承人”活动,并召开“下城区非物质文化遗产传承人、项目负责人、民族民间艺术家座谈会”。推选辖区王星记扇制作技艺、杭州刺绣(宫廷绣)、十竹斋木版水印技艺等优秀非遗项目参展2012中国(杭州)工艺美术精品博览会,共获金、银、铜奖16项。六、楼宇文化提升内涵。将楼宇文化建设纳入下城区公共文化服务范畴,在辖区楼宇建立10个(企业)图书流通点,配送图书万余册。每年对2—3个楼宇进行职工体质测试。通过“文明大讲堂”的有效载体,邀请各领域专家学者为楼宇职工举办“美丽女人——女职工素质工程流动课堂”、“快乐工作与情绪压力应对”等讲座。举办楼宇文化节和音乐、舞蹈等业务培训辅导,提升职工艺术修养,丰富企业职工文化生活。七、市场管理规范有序。市场审批按照“有序准入、有效管理、可控发展”的原则,依法审批,2012年接待群众2000多人次,受理各类行政许可审批229件。开展整治网吧、游艺娱乐、出版物、动漫市场、网络文化企业以及查处非法地卫安装使用、印刷违规经营行为、无证娱乐场所、音像制品盗版侵权等工作。2012年共出动检查人数1200人次,检查场所1016家次,开展联合执法12次,签订安全生产责任书132份,立案查处61起,依法移送案件1起,配合公安部门查处刑事案件12起,收缴非法出版物1682本,收缴非法音像制品20136张。

(何月祥　吴　哲)

【江干区文化广电新闻出版局(体育局)】 内设职能科室5个,直属单位5个,2012年末人员49人(其中:机关10人,参照公务员管理12人,事业27人),具有高级技术职务资格2人、中级11人。

2012年,江干区文化工作以启动全国文化先进区创建、迎接省体育强区复评为主线,精心组织、狠抓落实,各项工作取得了新成效。一、创建工作扎实推进。举办“钱塘之韵”文化艺术节开幕式暨创建全国文化先进区启动仪式,编发《创建全国文化先进区工作简报》35期。2012年安排2000万文化专项资金。出台《关于加快文化强区建设的实施意见》及《文化强区十大工程实施方案》,文化工作绩效考核位列浙江省第四。江干区文化中心管理运作模式获评浙江省文化创新项目。九堡镇新江花园社区上榜“浙江省文化示范社区”。成功创建市级示范综合文化站2个、市级文化示范社区8个、市级文化示范户10户。二、优化文体阵地网络。推进片区级文体中心项目建设,丁桥新城体育中心立项并完成设计招投标,九堡东城文体中心进入建筑方案招标阶段。完成区体育中心游泳馆维修工程。实施基层文体设施提升工程,2012年新建基层文体设施81处。至2012年12月,江干区已建全民健身苑(点)421个,人均公共体育场地面积达1.8平方米。三、文体活动亮点纷呈。举办元宵灯会、首届浙江省合唱节、“中国夏衍电影周”等大型活动。实施“钱塘文化惠民工程”,2012年配送大型文化演出57场、送文艺演出到基层150场、送讲座展览下乡6场、开展“文化走亲”活动32次、数字电影下乡336场。2012年累计举办文体活动2456场、放映电影1487场。开展特殊人群文化定向配送,向全区近300户有未成年人的低保困难家庭发放文化消费大礼包。组队参加省市各类比赛20余项,并在杭州市首届体育大会上取得金牌榜第二的成绩。区体育局获评国全民健身活动优秀组织奖、杭州市群众体育先进单位。四、品牌培育取得突破。打响“钱塘文化”活动品牌,举办“钱塘之韵”文化艺术节、“钱塘文化创新项目奖”评选、“钱江杯”体育赛事等活动。举办夏衍研究会建会十周年暨“中国夏衍电影周”活动。皋亭山景区被评为浙江省非物质文化遗产旅游景区,“皋亭山传说”入选省第四批非物质文化遗产名录,杭州市采荷第一小学入选省非遗教学传承基地,反映钱塘江地域特色文化的民间文学专著《钱塘江民间故事》正式出版发行。五、队伍建设不断加强。落实文化站编制及人员待遇等相关问题,在杭州市率先落实各街道、镇图书分馆专职管理员8名。定期组织文化站站长工作例会及基层文化干部业务培训,2012年培训基层各类文化干部200名、三级以上社会体育指导员529名。扶持精品团队的发展,评选出28支区级星级示范团队,10支团队入围杭州市星级团队。2012年各类区级团队开展活动150余次,创作表演作品获得全国、省、市奖项30余项。其中,“钱江影会”创作的作品荣获文化部“2012群星璀璨·全国群众摄影优秀作品展”金奖。六、文化市场监管有序。加强对文化市场从业人员及行业协会的管理,制定杭州市首份“网吧”协会“行业公约”。在杭州市率先完成政府机关办公软件正版化安装。结合全国城市"文明程度指数测评"，开展迎接党的十八大文化市场专项保障等20余项专项整治和联合执法行动，共出动检查946人次，检查文化、新闻出版、广电、体育经营场所1636家次；取缔非法经营点7个，查缴游戏机18台、非法音像制品54000余张；查处率、结案率均达100%。

（关佳晶）

【拱墅区文化广电新闻出版局（体育局）】 内设职能科室4个，直属单位7家，2012年末人员59人（其中：机关16人，事业43人；具有高级技术职务资格3人，中级11人）。有群众文体业余团队300余支，队员10000余人。

2012年，拱墅区文广新局围绕打造"运河文化带"和建设"运河文化名区"战略目标，主动融入"文化新拱墅"建设，开展了以下工作。一、立足"一山一水"，策划实施八大活动。举办第六届"全民健身新春运河健走"活动，省、市体育部门领导及区委主要领导亲临现场与百姓一起用健走方式迎接新年。举办"2012运河之春龙腾盛世"元宵灯会，活动历时3天，灯会总观灯人数近20万。组织举办"大运河文化节"，9月27日在北新关举行以"喜迎党的十八大·共襄运河新华章"为主题的开幕式晚会；策划组织《运河之歌》的征集活动，征歌活动共收到了北京、上海、四川、江苏、广东等省市375位作者的387件作品。10月20日，"杭州银泰城杯"2012年中国龙舟公开赛年度总决赛在拱墅运河段举行。来自香港、广东、浙江、山东、湖南、海南的16支龙舟队伍近500名运动员参加了比赛。10月28日，以"运河润古都，活力扬拱墅"为主题的区第六届运动会开幕式在区体育场举行，来自拱墅区本土的20支业余文体团队近1000名全民健身活动爱好者参加开幕式。参加比赛的运动员总计达3000余名。以"活态传承，重在落实"为主题开展第七个文化遗产日系列活动，系列活动持续2个月，含民间剪纸艺术交流活动，民间艺术展示、展演活动，"家有珍藏 与你共享"运河鉴宝之旅，大师进校园、非遗入课堂等活动。策划组织首届半山立夏节。举办以"家庭亲子"为主题的半山公园运动嘉年华，共有300百余名运动员参赛。二、以"一园一带多点"为抓手，进一步完善设施布局。启动"江墅铁路遗址公园"提升改造工程，在候车室等部分场地，以陈列布展的方法来展示"江墅铁路"与"拱墅运河段"的历史，12月底正式对公众开放。完成红建河体育健身带场地设施的布设工作，新建5处健身场地，其中有半场篮球场3片、五人制足球场一片、溜冰场一个、室外乒乓球场2个、地掷球场2个、健身（舞）场2片，以及4千米健走（跑）道。2012年共新建、改建基层健身点29处（社区），新增、更换器材407件，其中新建康桥街道蒋家浜社区等17处健身点、新增器材262件；改建祥符街道孔家埭社区等12处健身点、更新器材145件。另外，区体育大厦完成验收投入使用；城北文体中心于进入土建阶段；运河广场南楼修复工程与北楼的重建工程有序推进；西塘河运河中央公园进入整体规划阶段。三、以"五大项目"为载体，打造服务民生新举措。坚持公共文化服务的公益性，推出"五大新项目"。与辖区杭州金海岸演艺集团共同推出"拱墅金海岸民星大舞台"。提升运河大讲堂，举办有关人文素养和家庭教育的9场文化公益讲座，馆内听众加上网络直播共服务5000余人次。在杭州市首家推出以外来建设者为主要服务对象，小型阅览室为平台的"工地图书馆"，2012年建成5家工地图书馆。选用本土文艺名人、辖区团队的中坚力量作为文化馆免费培训的特聘老师，正式启动"草营8号"公益性培训基地这一创新服务项目。通过9个月时间的实践，共有社区群众（包括外来务工人员、未成年人）2000多人次走进文化馆接受培训、4000多社区文艺骨干和热心群文的志愿者参与了省、市精品文化节目的观摩和交流、10000多人次通过文化馆这一平台共享了拱墅区文化发展的成果。开展"新阅读"图书馆基地项目，此项活动被列为2012年杭州市精神文明以奖代拨项目。同时，开展文化交流、走亲活动，5月组织团队赴桐庐参加"中通之夜——首届桐庐百姓日"文艺演出活动；8月，古运河之声艺术团将自编自导自演的"山河情"2012年暑期赏清凉文艺晚会送到天目山镇白鹤村。推进文体惠民工程，落实2012年"全市电影免费放映工程"；开展不同人群的国民体质监测，完成2000个样本的抽测；新开通"一证通"基层服务点3个，拱墅区共有"一证通"基层服务点70个，"一证通"馆际图书物流21250册。四、以切实履职为基础，提升基层服务水平。指导、协助兄弟部门、基层单位开展各类文体活动，策划、组织区2012新春团拜会文艺活动；协助区总工会举办庆"五一"文艺汇演；协助区土管局举办第43个“世界地球日”文艺演出；协助区文创办策划“运河之美”民间手工工艺大赛开幕式；协助区民政局举办“喜迎十八大和谐拱墅人”电视晚会；为小河之春艺术节、米市巷街道第十七届“共建杯”文艺汇演、康桥街道第二届群众文艺汇演、大关街道草根文化节、半山街道“秋风秋韵、情满半山”金秋文化节等活动提供业务指导；协助区政法委举办第二届政法系统运动会；对大关、拱宸桥、祥符、上塘、小河、康桥街道运动会进行业务指导和帮助。同时，指导、帮助街道、社区创建省、市体育先进街道、社区；省级先进综合文化站；指导古运河之声艺术团等10支团队申报参评杭州市群众文化星级示范团队。小河街道、祥符街道被评为杭州市示范综合文化站；米市巷街道沈塘桥社区等6个社区被评为杭州市文化示范社区。开展区文化馆团队扶持工作。5月，中央电视台CCTV《夕阳红》栏目组对老年艺术团大关民乐队进行了专访；古运河之声艺术团的大型民族管弦乐合奏曲目《运河情》，在第十四届中国上海国际艺术节“浦东洋泾杯”长三角地区优秀民乐团队邀请赛中获金奖；《运河女儿家》参加“2012年杭州市文化遗产日系列活动闭幕式暨第六届杭州市风雅颂民间艺术展演”活动获银奖；文化馆摄影沙龙成员参加“2012最美拱墅”摄影展活动，其中10人的作品获优秀奖。对运河码头进行了重点的普查、采访、摄影、录像等工作，完成《运河南端说码头》一书的初稿。区图书馆2012年共办理借书证5593张，持证读者达3.3万余人。共组织读者公益活动80余场，35000多人参与。同时，区图书馆购买、交换、征集、复印地方文献资料100余种，收集运河特色文献200余种。运河博物馆接待观众约30余万人次，团队110批。博物馆的自有品牌“运河探索之旅”系列品牌活动——童心绘运河，获杭州市青少年第二课堂出题活动创新奖。围绕“运河申遗之旅”主题开展了20场大中型活动，参与人数约1万人次。专辟临时展厅，共开展8场临展，参与人数约10万人。参与大运河文化节第六届“运河文化论坛”，收藏了全国沿运河22个城区的政协捐赠的作品、纪念品，其中有北京活性炭雕“燃灯塔”、山东临清贡砖、河北沧州铁狮子、杭州《湖墅八景十八米书法长卷》等，并予以展出。9月，国家发改委委托中央电视台赴博物馆专程拍摄宣传专题片，在“联合国应对气候变化大会”现场的中国角播放。区文体中心服务功能不断完善，配合、协助相关部门举行文体活动和比赛，协办了浙江省健身气功新功法培训班、杭州市桥牌比赛、区六运会围棋和象棋比赛等。同时体现公益性场馆的普惠性，乒乓球场除法定节假日外白天对居民免费开放，并常年为抗癌协会会员提供活动场地。4月，杭州电视台等新闻媒体对文体中心场馆免费开放的举措进行了专题报道。区体育馆利用场馆优势开展游泳、羽毛球、篮球、散打、武术、国际象棋、中国象棋、围棋、少儿拉丁、中国舞、少儿街舞等活动，开馆以来共接待15万人次来馆参加体育锻炼，区体育馆游泳池被评为杭州市2012年先进游泳场所。青少年体育俱乐部开展青少年游泳项目培训，挖掘、培育青少年体育人才，8月，杭州市体育后备人才基地(游泳项目)正式落户区体育馆。运河文化广场继续发挥“拱墅客厅”作用，共开展各项公益活动80余场次，受益人数达10余万人次。区体总团结带领各体育社团、协会参加各级赛事。组队参加省国际传统武术大赛、省女子体育节，获7金7银；组队参加市首届体育大会、市老年人运动会，获两个团体总分第一、两个团体总分第二、一个团体优胜奖，被评为2012年杭州市群众体育先进单位。区老年体协被评为浙江省老年人先进体育协会。参加和开展各类业务、知识培训，与卫生局和各街道体育分会共同举办健身讲座，为社会体育指导员及居民进行健康知识及急救知识培训，实施模拟心肺恢复功能技能操作，共办培训班11期；对全区17个健身气功站点进行马王堆导引术培训，800余人参训；浙江省健身气功新功法培训班46人参训；杭州市老年体协健身球教练员培训26人参训；举办秧歌、排舞教练员培训班，共有100余人参加；木兰协会、武术协会利用文体骨干和国家级教练员进行健身气功、排舞、秧歌、长绸扇、太极拳剑等项目培训，1800余人参加培训；对区域内各街道、社区及共建点的图书服务人员开展业务培训200余人次，同时，常年对基层点的工作人员进行业务指导、难点咨询。

五、以坚持“两手抓”为原则，文化市场繁荣有序。出台《拱墅区群众文体团队扶持办法》、《拱墅区优秀文艺作品奖励办法》、《拱墅区关于引导和鼓励社会力量兴办公共文化的实施办法》等系列政策。区文体中心引进演艺公司金海岸；对现有场地进行改造和利用，已着手对运河广场的“南楼”进行改造、修复、提升；同时引入社会力量，和桥西历史街区“老开心”茶馆进行合作。加强文艺精品创作，完成话剧剧本《运河人家》、音画《湖墅三叠》、《运河组歌》、《运河号子》等作品。做好文化市场行政审批许可工作，2012 年共受理审批行政许可 76 件，制作文书 76 件，其中网吧许可 26 件、出版物市场许可 30 件、印刷市场 10 件、营业性演出 2 件，娱乐许可 6 件，营业场所 2 件，办结率 100%。受理咨询 760 起，实现零举报投诉。重点围绕“扫黄打非”和十八大其间的文化市场安全保障，加大巡查频率，错时执法，定期开展集中整治和交叉执法，大队共出动执法检查人员 731 人次，检查文化经营场所 1025 家次，会同区公安、工商联合执法 5 次，立案 55 件；开展印刷企业专项整治行动、无证照电子游戏机房专项整治行动、中小学教辅材料专项整治行动、十八大其间防插播行动、文化商城集中治理等。召开文化市场经营业主大会，进行动员和部署。六、内强素质，外树形象，打造风清气正的干部队伍。打造风清气正的干部队伍，2012 年，区图书馆、博物馆联合党支部获市、区两级 2010—2012 年创先争优先进基层党组织称号。调整、增补拱墅区文广新局机关支部成员和局纪检监察工作小组成员，工作组不定期、经常性地对全局的行风效能建设情况进行检查；同时，还聘请来自全区各部门、各行业的 16 名行风效能监督员，对行风效能建设进行监督检查。

（杨正平　陈　琳）

【西湖区文化广电新闻出版局（体育局）】 内设职能科室 5 个，直属单位 6 个。2012 年末在职人员 56 人（其中机关 15 人，事业 41 人，具有高级技术职务资格 4 人，中级 6 人）。

2012 年，西湖区文化广电新闻出版局全面实施文化支撑战略，各项工作取得新进展，文化事业取得了累累硕果，再次被国家体育总局表彰为全民健身活动先进单位；在浙江省区县市文化事业综合考评中名列第 15 名；被浙江省体育局授予体育现代化区试点单位；获杭州市群众体育先进单位、广播电视安全播出先进单位和体育行政执法先进单位等多项荣誉和表彰。此外，“船拳”、“龙坞彩灯”两个项目被浙江省政府命名为浙江省非遗名录；“西山游步道”被评为省运动休闲旅游优秀项目；古荡、蒋村两个单位被评为省文化强街道，西溪、灵隐、翠苑、古荡、转塘、蒋村等 6 个综合文化站被评为省特级综合文化站，所有综合文化站均达到二级以上。一、全力推进文化“6 个 100”工程建设。文化事业“6 个 100 工程”被列入 2012 年政府为民办实事项目，“6 个 100 工程”即：完成建设 100 个村社文化室（图书室）、落实 100 名村社宣传文化员、开展 100 场群众文化活动、培育 100 支特色文化团队、开展 100 场大讲堂活动、培育 100 名文艺带头人。区政府出台《关于进一步加强村社文化室（图书室）建设的实施意见》，明确了村社文化室（图书室）建设的标准、要求。完成 100 名专职宣传文化员的录用工作，并组织了上岗前集中培训和分片的业务强化培训。组织开展元宵灯会、“三送三到”文艺演出、全国大学生艺术展演之青春大舞台活动等大型群众文化活动。制定下发《西湖区特色文艺团队评选标准》，评选出 100 支特色团队进行重点培育、扶持。制定下发《西湖区文艺带头人评选标准》，评选出 100 名群众文艺骨干、本土文化专家、非遗传承人、民间艺人等作为西湖区文艺带头人。二、着力提升公共文体服务水平。文体基础设施覆盖城乡，不断夯实 15 分钟服务圈。区文化馆共组织承办各类演出活动 76 场，创作文艺作品 3197 件。组织、参演演出（活动）161 场，获各级、各类奖项 126 项，其中国际级 4 项、国家级 17 项、省级 37 项、市级 64 项；区图书借阅量 2012 年达 103.8 万册次，到馆读者累计 36 万人次以上，累计配送图书、电子读物 19.21 万册次，赠阅期刊近 3000 册次。11 个综合镇街综合文化站均达到省二级以上，其中 3 个为省一级站，6 个为省特级站。镇街文化站均免费对群众开放，共组织活动或培训 1000 多场次。建成 119 个村社图书室，完成杭州市城乡公共文化设施共享工程。组织或参演（大型文体活动）112 场，其中，承办西湖国际茶文化博览会、国际健身气功联合会成立大会等大型活动 52 场。2012 年送文化下乡（下基层）53 场，送电影下基层 728 场。开展“文化走亲”异地文化交流活动 5 场，参加市级以上文艺交流和比赛 76 场。三、尽力保护和传承西湖历史文化。修缮三墩镇大港桥，安装朱熹县山题刻周边围栏，及时防护了“清虚洞天”石刻和朱熹县山题刻。挖掘农耕文化、西溪文化、西湖龙井茶文化，做好“三江两岸”、“西溪谷”、“老和山”、“东江嘴村”等历史文化的调研工作。开展文化遗产日西湖区非遗项目展示活动，共有 17 个非遗项目参加展示。五、合力强化文化市场的监督与管理。规范和优化行政审批流程，实施首席代表授权制。所有审批权限100%授权，实行一审一核制。规范游艺娱乐场所、游泳场所等行政审批工作，星级网吧评定、游艺娱乐场所经营权产生等工作，均严格遵循公开、公正、公平的原则。2012年，行政审批办结1378件，其中行政许可事项299项(出版物161件、打字复印59件、娱乐17件、网吧44件、演出团体4件、营业性演出14)，其他1079件。严格市场执法，2012年共出动执法1122人(次)，检查文化经营单位1644家次，立案55起，罚没款158100元，停业整顿1起，没收非法出版物2664册。

(何向阳　寿昊征)

【高新区(滨江)社会发展局】 内设文化综合科1个职能科室，下属区文化馆1个文化事业单位。2012年末人员16人(其中：机关5人，事业4人，具有高级技术职务资格的2人，中级1人)。

2012年，杭州高新区(滨江)文化广电新闻出版工作突出文化惠民，彰显文化和谐，加强文化管理，坚持文化传承，推进文化创新，不断满足人民日益增长的文化需求。一、推进区文化中心建设。区文化中心建设项目完成项目建议书、土地预审、环评报告、科研报告、节能报告、项目概念设计方案专家评审等工作，10月16日举行开工典礼。2012年有5个社区完成文体设施“五个一工程”，长河街道白马湖社区、江山社区，浦沿街道六和社区、彩虹社区，西兴街道温馨社区、马湖社区等6个社区争创杭州市文化示范社区。二、满足群众基本文化需求。会同三街道文化站、滨江书画院，组织书法爱好者开展送春联下乡进社区活动，送出春联2600余对。组织4场新春文艺演出活动，邀请杭州市杂技(魔术)总团到各街道演出。举办元宵灯会活动，从农历除夕开始至正月十六结束，历时半个多月时间。2012年全区共放映电影1000场。完成文化产品配送服务文化送戏进村到社区政府采购工作，有9家单位报名，6家单位入围。组织开展文化送戏到社区进村活动启动仪式，送戏60场。协同区委宣传部组织开展“喜迎党的十八大”为主题的文艺演出。7月20日，配合区人力社保局举办“构建和谐滨江，演绎幸福生活”为主题的企业退休人员文艺汇演。完成区第三届机关运动会开幕式的文体表演。参加杭州市第四届大众艺术健身比赛，浦沿街道排舞《美丽的神话》获排舞类金奖，区中老年舞蹈队《扬鞭催马送粮忙》获综合类银奖。参加杭州市首届“新杭州人”歌手比赛，选送的《姑娘村长》获银奖、《城里城外》、《军中绿花》获铜奖。三、推进文化市场安全有序。对全区歌舞娱乐场所进行清理整顿。对全区具有演出资格经纪人机构进行走访。召开区文化市场管理工作联席会议。加强互联网文化市场监管。召开网吧、娱乐场所、游泳场所经营单位的负责人安全生产会议6次。与网吧、歌舞娱乐场所签订《安全生产责任书》。截至2012年11月上旬，出动检查人次2691次，检查单位833家次，联合执法9次，收缴非法出版物2852册(张)，取缔非法摊点7个，非法大篷演出5起，立案18宗，罚款2.6万元，受理举报17起，抄告相关部门9起。做好依法行政许可工作，截至2012年11月7日共受理各类文化行政审批48件。四、加强基层文化骨干队伍建设。举办“喜迎十八大文艺送基层”区文艺骨干培训。来自区内企业、村、社区及部分文艺爱好者等80多人参加培训。做好“走基层、送文艺”相关工作，深入中南集团、华联集团、正泰太阳能科技有限公司等多家区内大中型企业及部分社区、村，进行走访、调研。开展“送文艺进村入企”活动，深入社区、村、企业，开展针对性的文艺培训。举办文艺培训30余学时，培训人数达500人次。组织开展全区星级业余文化队伍考评工作并申报杭州市文化星级业余团队。举办全区舞蹈、戏曲(曲艺)大赛，全区有27支代表队参加。

(饶有春)

【杭州经济技术开发区社会发展局】 内设10个职能科室，下属7个直属单位，2012年末人员56人(其中：机关20人，事业12人，具有高级技术职务资格的3人，中级4人)。

2012年，杭州经济技术开发区印发了《杭州经济技术开发区文化和体育发展规划(2011—2015)》。根据要求，开发区在增强经济硬实力的同时，不断提升文化软实力，加快推进公共文化服务、群众性与竞技性体育的发展，为加快建设下沙新城，实现开发区“三大转型”，提供精神文化动力。一、公共设施网络加快推进。2012年，开发区社会发展局开展了科技文化交流中心(含图书馆、科技馆、青少年宫等功能)、开发区群众文化艺术中心（区文化馆）、开发区体育中心等大型场馆的前期规划调研。开发区群众文化艺术中心（开发区文化馆）动工建设。项目中含开发区文化馆馆舍面积6000平方米，室外活动场地2000平方米。推动白杨街道综合文化站、下沙街道文化体育站的标准化创建和各项文化工作。2012年，创建下沙街道上沙社区，白杨街道海天社区2个市级文化示范社区，新建杭州市公共图书信息“一证通”基层服务点3个，截至2012年12月，建立乡镇（街道）、社区（村）“一证通”工程基层服务点10个，整个服务体系年服务量逾10万人次。二、文体活动丰富多彩。2月23日至27日，举办“开发建设二十载，和谐新城民生祥”元宵灯会，正月十五元宵节当天，观灯市民超过12万。举办开发区第四届“下沙之韵”摄影大赛。承办“放歌天堂，点燃梦想”杭州市首届新杭州人歌手大奖赛，来自全市14个区、县（市）40余支团队参与比赛，下沙代表队选送的4名歌手获1金1银2铜的成绩，开发区社发局获大赛优秀组织奖。开展“送文化电影进社区”、全民健身日特色文体项目展示等文化惠民活动。举办开发区首届机关、企事业单位羽毛球联赛，第三届篮球联赛，沿江湿地“千人健康跑”活动。开展送文化、电影进社区的文化惠民工程，在大型广场、社区、外来人口公寓等区域组织20场文艺演出和200场电影活动。9月至11月，社发局共举办3期文化骨干培训。参与2012年市级星级示范团队的评选工作，共有3支团队被评为星级示范团队，其中下沙云水社区艺术团、领里社区景泰蓝工作室被评为二星级团队，下沙高教社区艺术团被评为一星级团队。下沙街道湾南社区活力健身队代表开发区参加杭州市大众艺术健身比赛获银奖。三、大力发展竞技体育。4月16日，杭州市体育局批准下沙中学和下沙第二小学为杭州市射箭项目“市队联办”体育后备人才基地。实施体育传统项目学校创建工作，创建文海实验学校的自行车、下沙第一小学的羽毛球、学正小学的跆拳道等项目，其中文海实验学校自行车项目已创建为“浙江省阳光体育后备人才基地”，为国家青年队输送2名、省队输送15名运动员。文海实验学校、下沙第一小学和下沙第二小学成为杭州市校园足球首批试点学校，共有80余名运动员在训，参加了杭州市校园足球联赛，并组织开展了开发区校际联赛。2012年共审核申报篮球、田径、健美操、无线电测向等项目的二级运动员16名。完成省级运动员注册19名，市级运动员注册55名。组织运动员参加各类运动会、比赛、活动，其中全国比赛获9金、10银、6铜，省级比赛获16金21银13铜，市级比赛获6金3银4铜。开发区学林街小学被列入刚果（布）国家乒乓球队训练交流行程之一。10月23日至28日，2012年世界体育电子竞技大师赛在杭州经济技术开发区举办，来自7个国家的48位选手参加了比赛。6月21日至23日，由国家体育总局射击射箭运动管理中心、全国射击射箭重点城市联合会主办，杭州市体育局、杭州经济技术开发区管委会承办，杭州市射击射箭运动中心、杭州市射击协会、开发区社会发展局、下沙中学、下沙二小、下沙街道高沙社区协办的全国射击射箭重点城市射箭比赛在下沙中学举行。来自沈阳、青岛、杭州等14个代表队参加了甲、乙两组24个项目的比赛。下沙中学队代表杭州市参赛，获9金9银6铜共24枚奖牌。四、群众体育工作蓬勃开展。提升全民健身经费投入，将投入全民健身工程更新维修、维护经费提升至4.8万元，将全民健身工程设施投保费用提升至4.8万元，向对外开放体育设施的学校发放5万元的经费补助。下沙街道湾南社区成功创建杭州市五星级体育社区，白杨街道景园社区、月雅苑社区创建杭州市四星级体育社区。2012年新增群体活动广场2处，社区群众体育活动点4处。组织基层群体骨干参加省、市组织的培训班。举办2期专家讲座、1期三级社会体育指导员培训班等群体队伍培训活动，2012年共培训文体骨干150余人次，取得证书的三级社会体育指导员48人。截至2012年12月，有三级社会体育指导员193名，户籍人口拥有体育指导员比例为1.5‰。8月14日，由开发区社会发展局主办，下沙、白杨街道承办的全民健身特色体育项目展示暨文化进社区启动仪式在城建文化馆广场举行。来自街道、社区的200多名文体爱好者展示了排舞、功夫扇、健身球操和太极拳等优秀的全民健身项目。9月，开发区羽毛球协会成立，共吸纳区内团体会员7个，个人会员70多名。10月13日，由区社发局主办，羽毛球协会承办的开发区首届羽毛球联赛在浙江金融学院体育馆隆行。11月3日至9日，开发区第三届机关、企事业单位篮球联赛在中国计量大学和学正小学体育馆举办。此次篮球联赛由开发区社发局主办，开发区篮球协会承办。11月24日，2012爱在下沙“金隅”杯沿江湿地健康跑活动举办。此次活动由开发区社发局主办，下沙新城网、金隅房地产开发有限公司承办。4月至8月，杭州市首届体育大会召开，开发区代表队获4块金牌、8块银牌、7块铜牌，获了大会“优秀组织奖”，同时被市政府评为群众体育工作先进单位。五、进一步规范文化市场管理。2012年共受理许可57件，办结率达100%。完成开发区80家出版物、8家音像制品和75家打字复印经营场所的年检(换证)工作。完成开发区内所有游艺娱乐场所机型机种的审核贴标工作，完成开发区第二期游艺娱乐场所规划布点和组织实施工作，共发展7家场所。

承办浙江省开发区文化建设现场会 11月1日至2日，浙江省开发区文化建设现场交流会在杭州经济技术开发区举行，来自浙江省11个地市的外经贸局、文广新局及51个开发区共100多名代表参加会议。会议通报浙江省开发区“富阳开发杯”标语口号评选活动获奖名单并进行颁奖，杭州经济技术开发区选送的作品获二等奖。会上，浙江省文化厅介绍全省公共文化服务体系建设情况，杭州、宁波、温州等地6个开发区在会上作经验介绍。代表们前往开发区白杨街道内的邻里社区、和达创意设计园进行参观。浙江省五家开发区在下沙签约试点共建开发区公共电子阅览室。杭州经济技术开发区党工委副书记邵立春作题为《打造文化金名片 提升新城软实力》的经验交流。

(杜　寒　徐　璟)

【萧山区文化广电新闻出版局(体育局)】 内设7科室，下属9个直属单位。2012年末人员208人。其中机关20人，事业188人(参公18人)，具有高级技术职务资格的24人，中级68人。

2012年，萧山区文体工作围绕建设文明幸福新萧山的战略目标，突出文化惠民、强化文化管理、坚持文化传承、推进文化创新，各项目标任务全面完成。一、围绕服务民生狠抓文体设施建设。推进区级文体设施建设，合理布局区级文体设施网络。拓展基层文体设施阵地，在原有公共图书服务三级连锁体系的基础上，新投入资金1500万元建设农家书屋，平均藏书量达到1660册；成功创建全国示范农家书屋1家，省级2家，市级28家，光明日报头版作典型报道。开展基层文化建设，创建省级文化强镇3个、省级文化示范村(社区)2个、市级乡镇示范综合文化站4个、市级文化示范村(社区)16个。二、围绕协调发展完善公共文化服务体系。参与策划第三届中国(国际)跨湖桥文化节。依托遍布全区的镇街品牌文化艺术团和村企文体俱乐部，参与“向文明幸福进发”百场文艺巡演，萧山区近200个文艺团队、1500余名群众演员参与演出，108个企业、村社区的9万余名群众观看演出。推出萧山区首届村级文艺团队大赛，28个镇街的优秀村级宣传文化员分三片组织开展“技术比武”。联合部门、镇街举办河上民俗文化节、义桥渔浦文化节及新年音乐会、元宵灯会等特色群众性文化活动。莲花落表演艺术家方剑林获第七届中国曲艺“牡丹奖”。“河上龙灯胜会”获杭州市第六届“风雅颂”民间艺术展金奖。音乐剧《桌的琴》、绍剧《新香罗带》在杭州市新剧节目汇演中，获优秀剧目奖、优秀剧作、优秀导演和优秀音乐等多项奖励。绍剧折子戏《打神告庙》进入浙江省“新松计划”青年折子戏大赛复赛。萧山区公共图书馆服务连锁体系，累计接待读者212万余人次，图书流通154万余册次，完成新借书证办理2万余本。各支分馆图书流通50余万册次，图书物流9万余册次。湘湖讲堂举办讲座51场，大型活动13场，参与人数达1.3万人次。湘湖讲堂、周末“墨韵书香”影院成为具有广泛影响力、辐射力和知名度的文化传播阵地。文化共享工程支中心三期建设顺利推进。三、围绕健康有序强化文化市场监管。开展文化市场专项整治、集中治理、联合执法和“扫黄打非”等行动。利用高科技监管平台强化文化市场监管。推进萧山区政府机关使用正版软件工作，开展各类整治行动34次，集中销毁“扫黄打非”违法物品13万余件，执法检查1148次，出动执法人员4606人次，检查各类场所5746家次，依法取缔无证照文化经营场所193家，查缴违法经营物品6.6万余件，立案查处159起。执法大队在杭州市文化市场综合行政执法考核中，成绩位列全市第一，获杭州市文化市场行政执法技能比武团体一等奖，同时被评为杭州市文物行政执法工作优胜单位、浙江省文化市场综合行政执法优秀单位。落实联席会议制度、信息通报制度和联合检查执法制度。组织召开文化市场协作机制联席会议13次，组织实施联合执法74次。召开各片区镇街文化市场管理工作交流会，加强对农村地区及城郊结合部的文化市场监管。四、围绕保护传承加强文化遗产保护。出台《萧山区进一步加强文物保护工作的若干意见》，每年落实文保经费1000万元，把地下文物保护列为建设项目审批前置条件。朱凤标故居维修方案通过专家评审。维修文保单位（点）历史建筑近20处。跨湖桥遗址博物馆保护厅除湿改造工程和独木舟脱水保护工程有序推进。完成湘湖柴岭山土墩墓的考古发掘，出土文物近1000件。围绕文化遗产日和国际博物馆日，举办各类主题展览，共举办展览活动110次，观众106万人次。推进博物馆青少年第二课堂基地建设，2012年送展览到22个学校，学生参观人数达20余万人次。举办史前遗址博物馆馆长高峰论坛和跨湖桥独木舟出土10周年纪念大会、钱塘江流域史前考古学术研讨会等活动。完成中央电视台《探索·发现》栏目《三探跨湖桥》专题纪录片拍摄。公布第一批区非遗传承人名录。落实非遗传承人送温暖“八个一”活动。结合文化遗产日举办萧山区第三届非遗——农耕文化展。楼塔细十番、浦阳翻九楼等通过国家级非遗项目专项核查。绍兴莲花落、茶亭伤科列入第四批省级非遗名录。创建省级、市级非遗教学传承基地各1个。五、围绕导向引领推进广电影视工作。做好“两会”、党的十八大、国庆等重要保障期的安全播出。推进广电低保数字化工程，对已具备有线电视安装条件并自愿安装的低保户100%免费收看有线电视。创建“无小耳朵”活动，该项目通过省市考核验收。被评为浙江省广电惠民工程示范单位。2012年，放映电影6816场，数字电影覆盖率达100%，观众达207余万人次。完成体彩销售总额2.4亿元，销售总额位列杭州市县（市、区）第一。六、围绕求真务实加强文化队伍建设。优化领导班子和干部队伍职能，明确责任分工，完善监管考核机制，加强文化队伍规范化管理。优化基层文化队伍服务能力，加快村级宣传文化员队伍建设，举办市级、区级村级宣传文化员培训班各2期。绍剧团体制改革有序推进。组建城厢、市北、临浦、瓜沥、义蓬5个文化市场行政执法中队，有义蓬、市北、临浦3个中队正式挂牌并运转。

（董玉刚）

【余杭区文化广电新闻出版局（体育局）】 内设职能科室8个，直属单位13个。2012年末在编人员210人（其中：机关44人，事业166人；具有高级技术职务资格17人，中级74人）。全区登记在册的业余文体团队553支，拥有各类业余文体骨干17000余人。

2012年，余杭区文广新局扎实推进余杭文化的进一步发展与繁荣。余杭区玉架山史前聚落遗址被评为“2011年度全国十大考古新发现”；余杭区被国家文物局确定为“全国文化遗产知识宣传普及工程试点县”；余杭区文广新局被浙江省人民政府授予“浙江省申报人类非物质文化遗产和国家级非物质文化遗产工作先进单位”；余杭区获2011年浙江省基层公共文化服务绩效考核第一名；新编越剧《洪昇》获杭州市精神文明建设“五个一工程”奖、杭州市优秀文艺作品再奖励；余杭滚灯传承人汪妙林入选国家级非物质文化遗产项目代表性传承人。一、公共文化体系建设取得明显成效。争创浙江省公共文化服务体系示范区。开展省文化强镇、文化示范村（社区）、体育先进社区、村级体育俱乐部、“余杭区文化明珠村（社区）”等创建工作。新建一批体育健身公园、篮球场、乒乓球场等设施。举办第五届余杭艺术节，2000余人参与演出，观众达8万余人次。“与您相约·周末剧场”完成40场文艺演出。组织开展新年音乐会、元宵灯会、“百场演出、千场电影、万册图书”下基层等活动。指导帮助镇（街道）、村（社区）举办艺术节。赴江西广丰、舟山嵊泗等地开展“文化走亲”活动。二、文化遗产得到有效保护。开展“服务非遗传承人月”活动，走访慰问非遗项目代表性传承人，推动传承人进校园活动。“余杭滚灯”传承人汪妙林被文化部命名为第四批国家级非遗项目代表性传承人。编制完成余杭区“十二五”非遗规划和塘北村蚕桑丝织文化生态保护实验区规划。举办余杭区第七个非遗保护月系列活动。余杭区被浙江省文化厅确定为浙江省非遗保护综合试点县，塘栖书场、江南水乡民俗风情展示馆被省文化厅公布为浙江省非物质文化遗产宣传展示基地。三、文艺创作喜获丰收。越剧《洪昇》获杭州市精神文明建设“五个一工程”奖、杭州市优秀文艺作品再奖励。三人舞《芙蓉镇印象》获浙江省舞台舞蹈大赛创作、表演双金奖，进入全国群星奖决赛。越剧《陆羽问茶》参加杭州市新剧目汇演，获“剧目奖”、“优秀剧作奖”等9大奖项。杭摊《西湖春秋》在长三角摊簧戏汇演中获优秀表演奖。余杭区文化馆副馆长冯小娟和余杭区选送的蔡敏在第四届国际华人艺术节“中国声乐国际大赛”上均获金奖。四、文化市场繁荣稳定。组织开展网吧、娱乐场所、演艺场所等公众聚集场所的文化市场平安建设专项行动;组织开展以保护知识产权为主题的“绿书签行动”、电子游戏经营场所专项整治、网吧“零点行动”、清剿火患行动等。推进行政执法、行政许可等工作的规范化、程序化建设。五、体制机制进一步创新。以“划转”的形式对余杭小百花越剧团进行改革,撤销原“杭州市余杭小百花越剧团”,成立“杭州市余杭小百花越剧艺术中心”。完善文化市场行政执法中队工作机制,提升执法能力。区文物行政执法案卷获全国文物行政处罚案卷评查优秀案卷。引导和鼓励社会力量兴办公共文化,对国家盲人门球训练基地、塘栖书场、江南水乡民俗风情展示馆和双溪禅茶文化有限公司非遗展示馆、书画艺术馆等项目进行场馆运行经费补助。

(唐立春　钱姝洁)

【建德市文化广电新闻出版局】
内设4个科室,有6个下属单位。2012年末在职职工64人,其中艺术、图书、群文、文博等系列在职专业技术人员39人。有文化经营单位395家,文物保护单位97家。

2012年,建德市文广新局进一步推进文化事业的全面发展。一、全面提升公共文化服务体系建设。重点对大同、寿昌、航头三个综合文化站进行改造提升。制订并下发《关于开展乡镇(街道)综合文化站绩效考评的通知》,对建德市乡镇(街道)文化进行综合考评。建德市文化馆举办各类公共文化服务活动和培训400余场、各项赛事30场,受益人数达8万余人。组建文化志愿者队伍,共有在册队员20余人。成立农民画创作、摄影创作等基地8处。开展文化馆干部“联乡结村”活动。建德市图书馆本馆新增图书15165余册、音像制品2925本、期刊2500册。2012年底总藏书量达44.9万册。外借持证读者共有1.56万人,新增读者1079人。2012年共接待读者20.6万人次,借还图书23.5万册次。接待重点读者咨询926人次。开放电子阅览室免费上机服务,2012年共计接待上机读者2.1万人次。图书馆网站新增访问读者4115人,总访问2.97万人次。举办《新安讲坛》8期,举办“世界读书日”系列读者等活动45次。开通市民卡借阅服务功能,建德市民可持市民卡到图书馆开通书刊免费借阅功能。二、开展“送、种、育、引”文化活动。2012年送戏下乡125场,送书30万册,送电影3432场,为乡镇(街道)综合文化站和优秀文化团队共配送价值59万余元的文化活动器材。推广排舞活动,开展排舞师资培训百余场,共组建各类排舞团队200余支。精品排舞队在第四届杭州市大众艺术健身比赛总决赛中获金奖,在浙江省第六届排舞大赛中获青年组金奖。制定出台《建德市扶持群众文化团队实施意见》文件,扶持群众文化团队发展,2012年共评选出一级群众文化团队10支,二级群众文化团队20支,三级群众文化团队30支。与江干、桐庐、淳安等地开展“文化走亲”6次,7月份在大慈岩镇举办“建德、兰溪、龙游三界文化联谊活动。三、群众文化活动丰富多彩。共举办各类企业、机关、校园等主题鲜明的文化活动400余场次,包括“三江两岸·美丽家园”少儿绘画大赛、“三江两岸·新安江传说”少儿故事演讲比赛、第十五届中国·17度建德新安江旅游节百姓“一起度”狂欢节等群众文化活动。举办“喜迎十八大”同类题材的大型展活动50余场次。传统节庆文化节日成为各地的文化品牌,如杨村桥草莓节、三都镇的柑桔节、航头的仙桃节、新安江的开茶节、大洋河蟹节、大同竹笋节、大慈岩荷花节等,还有乾潭万乐节、寿昌二月十、大慈岩李村二月二、新叶三月三等。“百姓大舞台”举办各类活动23场。打造龙舞文化品牌,出台《扶持奖励精品舞龙团队暂行办法》,共评选出一级精品舞龙队1支,二级精品舞龙队3支,三级精品舞龙队5支。6月,下梓《板凳龙》参加杭州市“风雅颂”民间艺术展演,获银奖;10月,寿昌镇的五龙献瑞获“陆家杯”全国舞龙邀请赛金奖。建德婺剧加强对外文化交流,先后赴新加坡、台湾、香港进行演出。举办第十五届中国·17度建德新安江旅游节闭幕式暨“大佳之夜”建德市婺剧团成立50周年庆典演出。四、继续推进文物保护和非物质文化遗产保护工作。编辑出版《建德古韵》和《建造古窑址》。建德市文物普查队被评为浙江省第三次全国文物普查先进集体。完成10处2011年跨年度普查维修任务。确定27处绝对、重点保护修缮对象的维修工程和50处一般保护对象的翻修工作。完成70余处一般保护对象的抢救性修缮。开展传统村落调查,确定26个古村落为保护对象。与浙江省考古研究所配合,确定了建德市的5处旧石器时代点。参加杭州市文化遗产日活动，传统手工技艺项目青石雕、蛋雕参加“吴越天工”——杭州都市经济圈民间手工技艺展；承办“建德对话”——非遗传承工作研讨会；新叶昆曲、畲族山歌、提线木偶等非遗项目参加“武林遗韵”——杭州市第二届传统戏剧曲艺巡回演出。开展第五个“服务传承人月”活动，抓好传承基地建设。李家中心小学校、大同民族小学、大慈岩中心小学列为非遗传承教学基地。完成省、杭州市非物质文化遗产传承教学基地申报工作；大慈岩镇新叶村列为第二批省非遗旅游景区；公布建德市第五批非遗名录。五、保障文化市场的有序发展。2012 年共受理办结行政许可和备案 171 件，梳理和规范行政许可事项，共有 39 项行政许可事项和 20 项非行政许可事项，完成印刷企业年度核验工作。建立“横向到边、纵向到底”的网络化监管模式。2012 年共出动 359 次、1250 人次，检查文化市场各类经营单位 1409 家次，立案查处 59 起，共计罚没收款 90671 元。开展扫黄打非专项行动，清查印刷复制、出版物零售单位；开展中小学教辅、教材整治行动、网吧超时营业和接纳未成年人整治行动、中高考保驾护航行动和黑网吧、无证照游戏房联合整治活动；开展文化市场清剿火患行动、打非治违专项整治行动等。联合公安、工商、消防等部门组织建德市文化市场经营单位业主和从业人员开展法律法规、安全生产、禁毒等培训 9 期；发挥文化市场义务监督员队伍作用，2012 年组织检查文化市场 4 次。

加快构建市、镇、村三级图书服务体系 建德市市图书馆连续两年被评为杭州市服务民生类“满意科室（站所）”。2012 年新建乡镇图书分馆 10 家，截至 2012 年 12 月，共有 13 家乡镇图书分馆正式挂牌，并向社会群众实行免费开放，以文化志愿者的形式为每个乡镇图书分馆招募一名管理员，做好分馆的日常管理工作。投入 250 余万元，新购图书 30 余万册，在 2012 年 6 月底之前建成农家书屋 232 个，完成农家书屋全覆盖的工作目标。

农村电影放映“菜单式”服务得到领导肯定 2012 年广电惠民工程创新工作思路，把“倾听农民群众呼声愿望，提高农村电影放映服务实效”作为农村电影放映工程的目标，推出农村电影放映“菜单式”服务，实现从“政府送什么百姓看什么”向“百姓需要什么政府送什么”的转变，该做法得到浙江省广播电影电视局党组书记、局长张宝贵的高度评价：“建德农村电影放映“菜单式”服务做法值得深化总结和推广，要深入调研，帮助提升，作为试点抓出成效，适时交流推广普及”。

《天下第一疏》打响建德婺剧品牌

建德市婺剧团与杭州艺术创作中心合作创作新戏《天下第一疏》，该戏在杭州市“喜迎党的十八大新剧节目汇演”闭幕式上演出，获杭州市新剧目汇演优秀剧目金奖，并被列入 2012 年度杭州市“文化精品工程”扶持项目。

历史建筑合理利用取得成效 建德新叶贻燕堂修缮好后作为新叶土曲酒作坊展示馆、高垣吴氏宗祠修缮后作为老年活动室对外开放、寿昌洪家祠堂修缮以后建成寿昌历史文化展厅和图书馆分馆、大同溪口翁氏宗祠修缮好成立村级老年活动室、村级图书室、村民休闲中心等，让传统历史建筑在新农村文化建设中发挥作用。

扎实推进村级宣传文化员队伍建设 编印《建德市村级宣传文化员培训手册》，2012 年共举办村级宣传文化员培训班 19 期，参训人员达 800 人次。下发《关于开展 2012 年建德市宣传文化工作示范村（社区）、先进个人评选活动的通知》，2012 年 12 月评选出宣传文化工作示范村（社区）31 个，优秀村级宣传文化员 54 名。挖掘村级宣传文化员的特长，举办全市村级宣传文化员才艺大赛、才艺展示等活动。

（翁　玲）

【富阳市文化广电新闻出版局】 直属事业单位 6 个，局机关科室 4 个，局系统在职人员 128 人，其中艺术、群众文化、图书馆、博物馆等高级专业技术职称 27 人，中级专业技术职称 44 人。

2012 年，富阳市文化广电新闻出版局围绕年度工作目标，大力推进各项文化事业。一、文化工作全面推进，获得多项“文化示范”荣誉称号。2012 年，开展各类文化活动 4800 场，其中组织公共性文化活动 1300 余场，参与人数 5.5 万余人，观看人数 57 万余人次。全市 25 个乡镇（街道）综合文化站功能及配套设施进一步完善。渔山乡墅溪村获“浙江省文化示范村”称号；富春街道盘龙山社区获“浙江省文化示范社区”称号；高桥镇综合文化站、里山镇综合文化站获“杭州市示范乡镇（街道）综合文化站”称号；富春街道城西社区、胥口镇里坞村、大源镇贬口村、新桐乡江洲村、常安镇大田村、常绿镇大章村村、场口镇场口村、春江街道八一村、鹿山街道陆家村、新登镇昌东村、湖源乡新一村、洞桥镇文村村等12个行政村获“杭州市文化示范村(社区)”称号。受降镇十月村胡莉春等15户家庭被评为“杭州市级文化示范户”。二、公共文化服务体系建设进一步完善。1月，首期“富阳市农村专职宣传文化员培训班”开班，全市25各乡镇(街道)近300名新聘农村专职宣传文化员接受业务培训。5月，富阳市图书馆与富阳市市民卡管理中心联合推出便民新举措，将市民卡开通图书借阅功能。2012年6月底，完成82个农家书屋的建设任务。全市276个行政村实现农家书屋全覆盖。富阳市文化中心项目2012年7月正式启用。文化中心总建筑面积39802平方米，总投资26515万元，总用地面积为15亩。10月，“2012年杭州市村级宣传文化员培训班”在富阳影剧院举办，杭州市文化馆馆长张莉等4位老师前来授课，富阳市各乡镇(街道)的村级宣传文化员接受业务培训。11月，杭州市图书馆报告厅举行“杭州市农家书屋工作总结表彰会议暨杭州市第六届西湖读书节”闭幕式，富阳市农家书屋工程建设受表彰，大源镇贬口村等25个农家书屋获“示范农家书屋”称号，渔山乡周春娣等25位农家书屋管理员获“杭州市优秀农家书屋管理员”称号，富阳市图书馆胡敏等3人获“杭州市农家书屋工程建设先进个人”称号。12月，富阳市博物馆、美术馆、档案馆“三馆合一”工程举行奠基仪式。2012年，富阳市图书馆接待读者31.5万人次，书刊外借85.8万册次，新建基层图书流通点22个，配置图书18000册，并对217个村级图书室管理员进行业务辅导。完成新登、大源、场口三个省级中心镇图书分馆建设，并通过浙江省文化厅检查验收。另有高桥镇、里山镇、胥口镇、渔山乡等4个乡镇也完成建设工作。为东洲街道、永昌镇等14个乡镇(街道)共享工程基层点管理员举办业务培训班12期。三、开展丰富多彩的群众文化活动。2012年举办各类文艺演出160余场次，组织各类美术、书法、摄影比赛28次，新故事、群文理论等征文比赛6次，组织摄影、美术、书法骨干外出采风、新故事题材研讨会10次。对外开设古筝演奏、文学创作、少儿戏曲、排舞培训班20期，学员2000多人，到基层企事业单位、乡镇(街道)社区、农村辅导文艺节目70余次。2012年在省级以上赛事获奖5个，发表作品6件；杭州市级获奖10个，发表作品22件。1月，举行“万家灯火平安夜——富阳市2012迎春警民联合晚会”。2月，举行“金龙闹元宵、开心猜谜语”庆元宵系列活动。同月，中央电视台四套国际频道《远方的家——沿海行》栏目组赴湖源乡窈口村拍摄当地历史文化专题节目；全国第三届大学生艺术展演活动——“青春大舞台”现场展演活动在龙门镇举行。2月至7月，富阳市举行法治文艺作品创作大赛，收到参赛作品89件。3月，富阳市“法治文化进村入企”巡演正式启动，首场演出在富春街道秦望广场举行。4月，富阳市第二届“富春江读书节”启动。3月至6月，富阳市举办全市梅花锣鼓大赛。5月，举行“送你一朵康乃馨”——2012年富阳市庆祝母亲节特别节目。同月，富阳市文化馆举办第六期排舞培训班，来自全市各乡镇(街道)的排舞骨干接受专业授课。5月至9月，富阳市举办第五届乡镇(街道)文艺汇演。6月，富阳市开展“文化遗产与文化繁荣”为主题的文化遗产日系列活动。同月，富阳市举行鲍贤伦《春江花月夜》书法作品捐赠仪式暨《富阳历史文化丛书》首发式；中央电视台《走遍中国》栏目探访龙门镇，开展为期一周的《千年迷宫镇》节目摄制；富阳市举行喜迎十八大暨庆“七一”文艺晚会。7月，“文明之花 共育共享”——富阳市创建省示范文明城市文艺晚会在秦望广场举行。同月，富阳市文化中心大楼正式启动；“廉洁让富阳更阳光”——富阳市岗位廉政教育情景剧大赛在市老年大学举行。8月，台湾枫香舞蹈团赴龙门古镇举办交流演出。9月，“富阳市2012年度地下文物保护培训班”在高桥镇举行，各乡镇(街道)综合文化站负责人参加培训。同月，富阳市文化馆组织的富阳排舞队参加第四届“杭州市大众艺术比赛”获银奖。同月，富阳市文化馆选送的歌手在“放歌天堂，点燃梦想”——杭州市首届“下沙杯”新杭州人歌手大赛中获银奖。11月，浙江省首届运动休闲旅游节暨富阳市2012富春江运动节开幕式及主题晚会在秦望广场举行。12月15日，由杭州市文广新局主办，杭州市文化馆、富阳市文广新局和受降镇政府联合承办的“2012年杭州市‘欢乐农家’乡镇文艺汇演”决赛在富阳影剧院举行。杭州越剧三团赴富阳市各乡镇(街道)村(社区)，以及台州市黄岩区、台州市路桥区、杭州市萧山区等地巡回演出156场，观众25万余人次。2012年，富阳市共开展大型的“文化走亲”活动5次，观众数1万余人。四、重视文物保护和非物质文化遗产保护工作。完成东梓关安雅堂等21处农村历史建筑修缮工作。配合杭州市考古研究所在富春街道青云桥村和环山乡环一村戴家岭两处工地进行考古勘探和清理发掘。完成对曹氏宗祠等40余处文物保护单位、文物点的消防安全检测。开展文化征集工作，编辑出版文物图集及富阳市第三次全国文物普查成果图集。受降厅、双烈园、郁达夫故居、蒋忠烈士墓、新登塔山烈士陵园、两浙公所等爱国主义教育基地全年共接待参观者约5万人次。富阳市文物馆对富春街道青云桥村茶叶山一处被盗古墓进行考古勘探和清理发掘，出土青瓷小碗、陶碗等器物数件。富阳市政府将富阳市政协收藏的455件现代书画作品移交富阳市文物馆（暂存于市档案馆）。完成暂存于东山村延寿院和新登镇圣园碑林的100余块古碑的拓制工作。至2012年12月，文化征集小组共征集到新登镇、洞桥镇、常绿镇、场口镇等地的传统农耕用具、生活用具共162件（套），征集到民国时期和现代重修宗谱35部以及乾隆、宣统时期的契约若干。富阳市文广新局负责起草制订了《富阳市非物质文化遗产保护发展“十二五”规划（2011～2015）》，以及《关于加强我市国家级非物质文化遗产名录项目保护工作的意见》，提交市政府。推进非遗名录体系建设，共有16个项目被公示后推荐为第五批富阳市级非遗保护项目，成功申报国家级非遗传承人两名，富阳市孙权传说、梓树布龙、富阳纸伞制作技艺、龙门九月初一庙会、活金死刘习俗5个项目被浙江省文化厅公布为浙江省第四批非遗保护名录；龙门古镇被评为省级非遗旅游景点；富春四小、湖源中心小学被评为杭州市级非遗教学基地。开展非遗宣传系列活动，组织参加浙江省、杭州市级非遗参赛活动。组织编撰非遗出版物，富阳市非遗保护中心组织人员编撰出版《造纸的传说》、《富阳原书纸》等各类非遗教材进课堂。开展服务与管理传承人活动，组织媒体采访报道非遗保护项目和非遗传承人。

央视国际频道聚焦山村文化 2月，中央电视台中文国际频道（CCTV－4）《远方的家——沿海行》栏目组赴富阳市湖源乡窈口村进行当地历史文化专题拍摄。栏目组对窈口素面、豆腐皮制作等传统工艺，窈口村女子板龙队表演，以及当地的友于堂、农耕博物馆、新四军纪念馆等历史建筑进行了拍摄。6月12日，CCTV－4《走遍中国》栏目组赴富阳市龙门镇，开展为期一周的《前年迷宫镇》节目摄制工作。栏目组根据《三国志》、《孙氏宗谱》和《龙门镇志》等记载，探访了龙门古镇的三国东吴文化及孙氏源流，考察了孙权故里的古镇遗风。

出版《富阳历史文化丛书》 6月，举行鲍贤伦《春江花月夜》书法作品捐赠仪式暨《富阳历史文化丛书》首发式。中共富阳市委书记姜军等出席首发式。《富阳历史文化丛书》由富阳市文广新局负责召集各个门类的专门编辑人员组建编辑部，历时两年多完成资料搜集和编纂。整套书分《历代名人》、《山水风光》、《民俗文物》、《名优特产》、《民间文艺》、《文艺选粹》6辑。

《富春茶龙》民间艺术展上获金奖 6月17日，富阳市文化馆选送的杭州市级非物质文化遗产保护项目（传统舞蹈表演类）《富春茶龙》参加在杭州西湖体育馆举行的“2012杭州市文化遗产日系列活动闭幕式暨第六届“风雅颂”民间艺术展演晚会”，并获金奖。

举办第二届富春江读书节 从3月开始，富阳市推出以“读书育人、全民提高”为主题的富阳市第二届富春江读书节。读书节涵盖启动仪式、富阳市“魅力书香”摄影大赛、富阳市易书会暨全面捐书活动、“游富春精品线路、抒爱我家乡豪情”征文比赛、名家讲座、“送图书、献爱心”、“好书和重点期刊推荐”等系列活动。

（童凌水）

【临安市文化广电新闻出版局】 内设职能科室5个，下设直属单位5个。2012年末人员94人（其中：机关19人，事业75人，具有高级技术职务资格的6人，中级24人）。

2012年，临安市文化广电新闻出版局围绕建设文化高地、创建体育强市目标，认真落实年初提出的各项任务，文体工作取得了新业绩。一、文化阵地建设有序推进。临安市图书馆新馆建成投用，钱王宗庙进入室内陈设方案论证阶段，市文体会展中心体育馆完工，吴越文化遗址公园、市博物馆项目也有序推进。53个村级“文化礼堂”建设工作得到葛慧君、翁卫军等省、市领导的批示，并获得“2012年浙江省公共文化服务创新奖”一等奖。新建镇街图书分馆3个，完成农家书屋全覆盖工程；新创省级文化示范村1个，杭州市示范乡镇综合文化站1个、文化示范村10个。二、文化惠民活动丰富多彩。围绕第三届“钱王文化艺术节”，举办文化活动500多场次。送戏下乡400场，送图书下乡10万册，送电影下乡3336场。与兄弟县（市、区）间开展“文化走亲”活动20余场。临安市图书馆接待读者17万人次，借还图书40万册次，举办读者活动30场次。三、文艺培训创作卓有成效。2012年举办免费开放的文艺培训400余次，培训人数达6000余人次，内容涉及20个种类，涌现出了一批优秀作品，其中在杭州市级以上获奖或参展的近90件。民间艺术《横街辫辫龙》参加杭州市第六届“风雅颂”民间艺术展演获金奖，村歌《我的泥川我的家》在浙江省首届村歌创作演唱大赛上获得创作金奖、表演金奖、优秀辅导奖和最佳网络人气奖，《潜川手狮》参加2012年第八届中国国际动漫节巡游活动，《临安水龙》参加浙江省龙舞大展演活动。图书馆选送的作品中有6幅在全国少儿童谣绘画创作大赛中获一等奖。青山铜管乐团在央视、人民网、China Today进行了报道。四、文化遗产保护有效增强。临安市被列入浙江省非物质文化遗产保护综合试点市（县）；出台了《加强我市国家级非物质文化遗产名录项目保护工作的意见》；编纂出版了《钱王传说集成》、《鸡血石雕》。有9个项目被公布为省级“非遗”名录；完成临安市第五批“非遗”名录、第三批“非遗”传承人申报、评审工作，新确定8个项目和5位传承人。举办“壬辰年恭祭钱王”活动，“科技三钱”之子和全国各地600余名钱氏后裔到钱王陵园参加了公祭仪式；组织开展第七个文化遗产日系列活动。完成历史建筑维修项目32处。实施了康陵、方克猷夫妇墓环境整治和修葺。《临安吴越国王陵保护规划》、《功臣塔保护规划》通过省专家组评审。《临安吴越国秘色瓷》专题片在央视四套《国宝档案》栏目上播出。《临安印记——不可移动文物调查实录》交付西泠印社排版。3件馆藏瓷器赴北京故宫博物院参展“洁白恬静——定窑瓷器国际学术研讨会”。临安市文物馆办公场所及文物库房搬迁新址。钱王陵园5月1日起向全社会免费开放。五、广播影视新闻出版监管有力。确保重大节日、重大活动和敏感时期广播电视的安全播出，完成180家印刷企业经营许可证及6家电影放映、地面卫星接收许可证的年检工作。送电影下乡3336场。基本完成低保户有线电视费减免工作，涉及18个镇、街道的3299个低保户。开展专项检查和培训工作，巩固政府机关正版软件使用率。六、文化市场管理开拓前行。2012年出动执法人员1004人次，检查276次，检查经营单位1034家；受理举报21件；办理案件68件；收缴非法音像制品3506张，非法出版物1042本，取缔无证游戏房13家，无证歌厅6家，联合查处黑网吧20家。设立行政许可科，进驻市行政服务中心。2012年办理行政审批事项48项。组织经营单位培训20余次。七、党建工作进一步强化。开展“走、转、改”、“进村入企大走访”、“创先争优”、为外来人口“送文艺温暖”、“阳光爱心家园”和“阳光爱心书屋”等主题实践活动。落实基层党建及党风廉政工作责任制，加强思想、组织、纪检、统战、老干部和工青妇工作。

（吴晓武　朱燕宏）

【桐庐县文化广电新闻出版局】 内设职能科室6个，直属单位8个。2012年末人员109人（其中：机关15人，事业94人；具有高级技术职务资格19人，中级38人）。

2012年，桐庐县文广新局围绕年度工作目标，文化事业取得长足发展。一、文化体制改革。2012年6月，完成杭州越剧二团改制工作，成立桐庐越剧演艺有限责任公司，并筹备成立桐庐越剧传习中心。二、文化阵地建设。2012年，由民营资本投入的桐庐晨光国际影城和桐庐时代金球电影有限公司相继开业，二座影城均有6个数字电影厅，按国家五星级标准建设，与城北桐庐时代电影大世界形成县城南北都有影城的新格局。完成全县183个行政村的农家书屋建设。三、群众文化活动。2012年，组织大型群众文化活动近60场，举办中心广场文化活动30场，举办艺术展览展示30场，送文化下乡200多场，送电影下乡2400场次，为各乡镇街道分馆、农家书屋、企业职工书屋等送书碟182572册张，举办桐江人文讲堂10期。元旦、春节、元宵三大节日期间，组织各乡镇街道和县级层面的新年晚会、元宵灯谜活动、非遗展示、灯彩表演活动等各类文化艺术活动180余场。5月6日，桐庐首个百姓日期间，组织中心广场文艺演出，民间艺术展演及巡游，免费看电影，免费越剧演出，自行车骑游，中心镇篮球赛，体育馆、图书馆等公共文化场所免费开放等各类县级层面大型文体活动13项。9月启动桐庐县第九届群众文艺调演，经过各乡镇、街道、企事业单位的报名和参与，共选出机关场15个节目，乡镇场18个节目进入到12月30日的总决赛。由富春江镇人民政府选送、富春江镇文体站表演的舞蹈《春江四季》等5个节目获本届群众文艺调演乡镇场的金奖；由桐庐县教育局选送、叶浅予中学表演的双人舞《向往》等4个节目获机关场的金奖；江南镇人民政府等13个单位被评为优秀组织奖。由财政地税局表演的情景剧《假如》、县人民医院表演的朗诵剧《请相信我》和江南镇人民政府窄溪戏迷演唱队表演的戏歌舞《日出江花》获得本次文艺调演的创作奖。四、文化遗产保护。由桐庐十大神剪王德林和刘莲花制作的《新富春山居图》剪纸长卷于11月10号送往奥地利维也纳中心展出，并被联合国维也纳中心收藏；参加2012年浙江省“茶文化”剪纸艺术展，获得一等奖1个、二等奖3个、三等奖3个。合村绣花鞋参加澳门春节内地非遗展览、台湾非遗展览以及第七届义乌文博会并获优秀演艺奖。开展第五批县级非遗保护名录的申报工作，重点挖掘保护开发《桐庐富春江婚俗》，共有16个非物质文化遗产项目列入第五批县非遗保护名录。桐庐县成为浙江省非遗保护综合试点县和省非遗数据库建设试点县，6月起全面开始非遗数据库建设，并在县政府网建立桐庐非遗网。5月27日至6月，桐庐县非物质文化遗产保护中心开展第七个文化遗产日系列活动，共举行“武林遗韵”——杭州市第二届传统戏剧曲艺巡回演出、桐庐县第七个“文化遗产日”非遗重点项目展示、“陌上花开”——温岭桐庐浦江剪纸精品展、桐庐民间传统（端午节）展示等8个庆祝活动。11月25日至27日，浙江省美丽乡村建设中非遗保护工作现场推进会在桐庐县召开，江南镇获浦村获第二批浙江省非遗旅游风景区（民俗文化旅游村）称号，桐庐县作美丽乡村非遗保护工作典型经验介绍。2012年，第三次全国文物普查工作完成，行政村普查到达率100%，新发现文物点959处，公布为县级文物保护单位55处。完成30幢重点历史建筑维修和215幢一般历史建筑维修任务。地下文物遗产方家洲遗址完成考古发掘工作。小青龙新石器文化遗址从2011年9月开始正式考古发掘至2012年8月历时11个月，按计划完成野外考古发掘工作，该遗址发掘面积达2800平方米，清理墓葬40余座，出土了一批按秘玉钺、镯式琮、玉璧等良渚文化时期重器。五、文化市场管理。2012年，桐庐县有文化、广电、新闻出版、文物、体育经营单位454家，其中文化经营单位238家，印刷经营单位200家，体育经营单位8家，卫星电视广播地面接收设施单位8家。办结100件行政许可项目。县文化市场行政执法大队出动检查443次，出动执法人员1479人次，检查文化经营单位1947家次，收缴各类非法出版物560余本，非法音像制品1170多张，非法印刷品600多件，卫星电视地面接收设备5套。开展专项整治行动26次，开展联合执法行动20次，取缔“黑网吧”、“黑游戏机房”15家，无证出版物、音像经营单位12家。行政处罚案件立案47件，结案47件，无一行政复议和诉讼，共收缴罚没款人民币113300元，内容涉及网吧、娱乐场所、印刷企业、广播电视等多个领域。六、文化事业成果。2012年，开展《浙江省社会文化数据动态填报系统》网上填报工作，通过填报、查漏、对照、再填报，对系统中的公共文化投入、公共文化设施规模、公共文化队伍、公共文化活动等22大项逐一完善。7月，浙江省基层公共文化服务绩效考核结果公布，桐庐在全省90个省（区、市）中排名第三位，在杭州五县（市）中位列第一。开展歌曲创作工作，通过网络、媒体等多种方式向全国发布征集县歌的征稿启事，征集到以歌颂桐庐为主题、展示桐庐崭新形象的歌曲40余首。其中，由王樟松作词，夏林青谱曲的《扬帆梅蓉》获浙江省首届村歌创作和表演大赛两项金奖，12月15日参加2012年杭州市“欢乐农家”乡镇文艺汇演获金奖。“人文桐庐”专题图书《叶浅予与故乡桐庐》《品读人文桐庐》相继出版。越剧《花溪情歌》获杭州市第十一届精神文明建设“五个一工程”入选作品奖。

（章勤玉）

【淳安县文化广电新闻出版局】 内设职能科室4个，直属单位5家。2012年末人员47人（其中：机关9人，事业38人；具有高级技术职务资格11人，中级12人）。

2012年，淳安县文化、广电、新闻出版事业持续发展。一、文化基础建设加快推进。县文化中心建设前期工作启动，进入实质性操作阶段。实施乡镇综合文化站提升工程，完善功能设置，配备器材设备。推进农家书屋建设，截至6月底完成436个行政村（社区）农家书屋建设任务。实施图书“一证通”基层服务点建设，完成了姜家镇图书分馆建设，开通了23个乡镇及69个中心村、特色村及乡镇政府所在村图书“一证通”，启动了市民卡借书服务。推进社区文化设施提升改造，完成了千岛湖镇南苑社区文娱室装修、新塘社区文化休闲公园景观建设、塘边社区文化公园等改造提升工程。实施“停模转数”工程，完成了县城千岛湖镇停模转数用户2.9万余户。创建市级乡镇示范综合文化站1个、市级文化示范村（社区）10个、市级文化示范户15户。二、群众文化活动广泛开展。举办纪念建党91周年文艺晚会、淳安县农村文艺汇演暨基层文化干部才艺展示、大型图片展等“喜迎十八大”系列文化活动。推进“幸福舞台”特色文化活动，举办全县青年歌手大赛、“水秀天下·激情飞扬”秀水广场启用综艺晚会、经典戏曲剧目展演等大型群众文化活动，开展了“美丽乡村”乡镇节庆文化活动27场。开展“相约千岛湖”名团名家展演，承办“雏鹰计划万里行”50场课本剧演出活动。组织开展杭州市交响乐团与瑶山乡幸福乐队“文化走亲”，“幸福舞台”之文昌镇赴千岛湖镇“文化走亲”，淳安、建德、江干三地“文化走亲”专场，李家坞社区赴千岛湖镇茂畈村“文化走亲”等六场“文化走亲”活动。三、文化惠民工程深入实施。开展“百千万”送文化下乡活动，2012年组织送戏下乡138场，送电影3100余场，送图书15万册。实施基层文化队伍“百千万”培训工程，2012年举办村级宣传文化员、乡镇文化员、文化市场经营业主等培训5次，培训人次达1200余人次；启动“百姓课堂”公益性文艺培训，举办排舞、民族民间舞蹈等培训20期，培训人员达500余人次。实施广电惠民工程，免收6281户低保户和5970个一、二级残疾人视听费。做好“村村响”工程的维护管理，全县村级广播“村村响”工程运行基本正常。四、文化遗产保护扎实深入。实施农村历史建筑综合保护工程，完成了第三轮19处农村历史建筑修缮任务，启动了第四轮17处农村历史建筑修缮工作。公布了第六批8处县级文物保护单位，明确其保护范围及其建设控制地带。完成了第三次全国文物普查扫尾工作和5处文物保护单位的标志碑竖碑工作。青溪龙砚、海瑞传说列入省级非遗名录，千岛湖镇富泽村被命名为“浙江省非物质文化遗产旅游景区”（民俗文化旅游村）。开设了“睦剧名段欣赏”电视栏目，2012年摄制播放睦剧名段9部。推进非遗资料建档工作，完成省非遗数据库数据录入。建立地方文献呈缴本制度，收集地方文献300余种800余册，对《遂安杨氏宗谱》、《雅墅姜氏宗谱》等5部老家谱进行了数字化。开展第七个文化遗产日宣传活动，举办文化遗产保护成果图片展。组织参加市民间传说少儿故事大赛、市“都市经济圈”民间手工技艺展，承办了“武林遗韵”——杭州市第二届传统戏剧曲艺巡回演出。五、文化艺术创作再创佳绩。“淳安秋千”参加第十一届中国民间文艺山花奖（民间绝技）大赛获银奖；“八都麻绣”参加第二届中国“非遗”博览会，获优秀参展项目奖；创编睦剧小戏《满月酒》参加省新农村建设题材小戏会演，获表演金奖、创作银奖、导演奖三个奖项；“人偶旱船”参加杭州市第六届《风雅颂》民间艺术展演获银奖。组织参加杭州市首届“下沙杯”新杭州人歌手大奖赛获银奖。六、市场管理安全有序。推进行政审批制定改革，行政审批进驻行政服务中心，统一对外服务，实行审批首席代表制度和“一体化”审批程序，启用审批专用章，审批权限授权到位，一审一核率达到80%以上。规范行政许可案卷文书，完成文化经营许可证审核换证工作和游艺游戏机贴牌工作。加大文化市场监管，2012年集中开展了迎接党的十八大文化市场专项保障行动、文化市场“清剿火患”、打击盗版工具书、打击盗版音像制品等11项专项整治行动，共出动861余人次，检查场所1005家次，办理各类行政处罚案件34起，收缴非法音像制品2万余盒，共拆除非法卫星接收设施25座，罚款13.35万元。受理各类群众举报7件，办结率、满意率100%。

（刘　政）

宁波市文化广电新闻出版局

【概况】 内设职能处室 11 个和机关党委，直属事、企单位 13 个。2012 年末人员 610 人（其中：机关 60 人，事、企业 550 人；具有高级技术职务资格 126 人，中级 188 人。）

2012 年，文化事业和文化产业呈现良好的发展势头，文化强市建设迈出新步伐。

一、以象山“小白礁Ⅰ号”沉船水下考古发掘央视直播为代表，文化遗产保护亮点纷呈

象山“小白礁Ⅰ号”水下考古发掘项目是浙江省首个水下考古项目，也是国家文物局 2012 年唯一的水下考古重点项目，累计出水各类文物标本 554 件，中央电视台推出了 4 场《直击“小白礁Ⅰ号”水下考古》直播特别节目，新华社、大公报、人民网等 60 多家媒体进行了报道。水下考古期间，中国水下考古宁波基地象山工作站正式挂牌。完成第三次文物普查，余姚市获浙江省第三次全国文物普查先进县，市文保所、鄞州区文管办、市财政局获浙江省第三次全国文物普查先进集体，河姆渡遗址博物馆获全国文物系统先进集体。接受全国人大《文物保护法》执法检查，检查组对宁波文物工作进行了积极评价。大运河（宁波段）、青瓷窑遗址、“海上丝绸之路”3 项文化遗产重新入选《中国世界文化遗产预备名单》，大运河（宁波段）点段整治工程全面实施，保护与申遗规划由宁波市人民政府颁布，9 个中国“海上丝绸之路”城市联席会议达成了联合申遗《宁波纲领》，上林湖越窑遗址申遗工作办公室批准设立。承办全国民办博物馆馆长培训班。非遗“三位一体”评估体系初步建立，《海洋渔文化（象山）生态保护实验区总体规划》通过文化部验收，11 册《甬上风华——宁波市非物质文化遗产大观》全部出版完成并被美国国家图书馆收藏，市文化广电新闻出版局、象山县文化广电新闻出版局被省人民政府授予“申报人类非物质文化遗产和国家级非物质文化遗产工作先进单位”。

二、以音乐剧《告诉海》等获全国“五个一工程”奖为代表，文化产品创作与生产再获丰收

音乐剧《告诉海》、电视剧《向东是大海》、动画电视系列剧《少年阿凡提》、纪实文学作品《主义之花》4 部优秀作品获全国第十二届精神文明建设“五个一工程”奖。儿童剧《神奇的田螺壳》获第七届全国优秀儿童剧展演优秀剧目奖，甬剧《宁波大哥》获中国现代戏研究会突出贡献奖，并和姚剧《五月杨梅红》等 11 部作品一起获省“五个一工程”奖。鄞州区与中央歌剧院合作创排的《鄞地九歌》受到文化部部长蔡武批示肯定。宁波电视台《江南话语》栏目在“中国广播影视大奖”评比中获优秀栏目大奖，5 件电视作品、3 件广播作品分获国家金帆奖、金鹿奖，52 件作品获省广播电视政府奖。群星合唱团在浙江省合唱比赛中获一等奖，6 件音乐舞蹈作品获省群星奖一等奖。

三、以宁波博物馆荣膺国家一级博物馆为代表，公共文化服务更加丰富

2012 年 12 月，国家文物局公布宁波博物馆为全国第二批 17 家国家一级博物馆之一。2012 年，宁波市各大博物馆实施“双百”计划，公共图书馆继续深化零门槛服务，文化馆创新载体推进免费开放，江东区试水文化经营场所免费向社区居民开放。2012 年各级文化部门共组织举办精品展览、公益讲座、高雅艺术演出各 500 多场，送电影下乡 25000 多场、送戏下乡 2500 场，为 1100 多艘渔船新装广播电视，行政村全部建立农家书屋，新建近百家乡镇（街道）公共电子阅览室。北仑区白峰镇双岙村等 2 家农家书屋被新闻出版总署授予 2012 年全国示范农家书屋，群星展厅、天一讲堂、燎原工程、音王惠民产品 4 个项目荣获“浙江省公共文化服务项目创新奖”，21 家单位成为省“文化强镇”和“文化示范村”。宁波市“零门槛公共文化服务打造书香宁波”专题在中央电视台《新闻联播》播出。

四、以举办首届阿拉音乐节等为代表，城乡文化活动更趋活跃

11 月 30 日至 12 月 7 日，举办宁波首个大型城市音乐欢唱活动——“2012 阿拉音乐节”，“乐玩越年轻”万人欢唱会等八大音乐系列活动吸引了两万多名群众参与，

10余万各界群众受益。2012年，宁波市承办第七届全国优秀儿童剧展演、“唱响中国”北仑演唱会、“激情广场”爱国歌曲大家唱”、“群星璀璨”全国群众美术书法摄影优秀作品展等多项国家级大型文化活动，并举办第四届全民读书月、第五届中国（宁波）农民电影节、纪念宁波市甬剧团成立六十周年、第十二届宁波“海上丝绸之路”文化节以及第四届中华慈孝节、第六届中国梁祝爱情节、第三届中国（宁波）国际港口文化节、2012中国（奉化）雪窦山弥勒文化节、第十届中国徐霞客开游节、第十五届中国开渔节、第九届慈溪市艺术节等品牌节庆活动。江东的“快乐365”计划、海曙的“城市广场文化惠民”、江北的“星期六·相约老外滩”、镇海的“雄镇大舞台”、奉化的群众文化“三个一”等活动深入开展。

五、以宁波市广播电视监测中心正式启用为代表，一批影响发展的难题得到破解

10月26日，宁波市广播电视监测中心正式投入运行。2012年，宁波成为国家“三网融合”第二批试点城市，全市广电有线网络基本实现“同城一网”目标，宁波中波发射台搬迁工作进展顺利。4台“24小时自助图书馆”投入使用，11个县市区的公共图书馆均配备流动图书车。文化市场综合执法改革不断深化，重点破解城乡结合部市场管理、网络市场监管和卫星镇市场监管三大难题，文化市场违法违规举报率降至4.5%，总体良好率90%以上。

六、以大丰实业等骨干企业培育为代表，文化产业发展势头迅猛

2012年9月，浙江大丰实业有限公司被文化部授予“国家文化产业示范基地”。6月，海伦钢琴股份有限公司在深交所创业板上市。广博集团等12家文化企业入选商务部、中宣部、财政部等6部委共同认定的2011—2012年度国家文化出口重点企业；梁祝文化产业园等13家企业15个项目获中央文化产业专项资金3006万元扶持。成路纸品等8家企业成为宁波市第三批文化产业示范基地，电影公司等2家企业成为宁波市服务业之星，全市电影票房达到2.3亿元。一批文化企业参加深圳文博会、义乌文博会、杭州动漫节、甬港文化合作论坛等合作交流平台。镇海、宁海、象山、海曙、高新区等地新出台文化产业发展政策并设立文化产业专项资金，一批特色产业园区初步形成。

七、以“重大文化基础设施项目”入围近十年宁波市发展最给力十大重点工程为代表，文化项目建设加快步伐

宁波大剧院、宁波音乐厅、宁波美术馆、宁波博物馆、宁波书城、宁波帮博物馆等一批重大文化项目相继投入使用。2012年12月，“重大文化基础设施项目——着力打造百里三江文化长廊”被评为宁波市近十年“发展最给力十大重点工程”之一，市文化广电新闻出版局被市政府表彰为年度重点工程先进集体。2012年，总投资32.5亿元、总建筑面积约32万平方米的宁波市最大的文化设施项目——宁波东部文化广场完成外观大楼建设，项目工程已投入内部装修。宁波市艺术剧院（凤凰剧场）改造项目前期设计和拆迁工作基本完成。中国水下文化遗产保护宁波基地（中国宁波港口博物馆）进入实质性施工阶段，保国寺整体改造提升工程一期项目完工，二期项目和宁波博物馆提升工程获批立项。江北区文化艺术中心建成并对外开放，北仑区—宁职院图书馆、镇海文化艺术中心等重点文化项目得到推进。

八、以宁波获全国文化体制改革示范地区为代表，文化体制机制改革不断深化

2012年，宁波市两次被中宣部、文化部、国家广电总局、新闻出版总署四部委授予全国文化体制改革先进地区、全国国有文艺院团改革突出贡献地区，宁波市演艺集团有限公司、市文化市场行政执法总队被授予全国文化体制改革工作先进单位。2012年市、县两级国有文艺院团改革完成，宁波演艺集团2012年演出场次达501场、演出收入达3241万元。推进文化行政审批制度改革和标准化建设，全市文化审批件办结时间由件均7.8天提速到3.6天，窗口的办结时间由件均0.8天提速到0.22天，连续三年考核排名全市第一，并获市行风政风争先创优奖。

九、以甬台两地共同举办沈光文诞辰400周年活动为代表，对港澳台及对外文化交流不断扩大

6月至12月，甬台两地通过诗会、书画、祭典、论坛、座谈、研讨等多种形式，开展纪念沈光文诞辰400周年纪念活动。10月29日沈光文纪念馆正式开馆。11月7日宁波市文化代表团应邀赴台在台南善化庆安宫参加祭祀典礼并达成了《甬台两地文化交流意向书》。舞剧《十里红妆·女儿梦》和青瓷瓯乐《越风瓷韵》先后赴台演出，大型景观剧《宁波的故事》亮相韩国丽水世博会，天一阁博物馆40余件馆藏明清扇面艺术品在法国鲁昂、意大利维罗纳巡展，小百花越剧团赴香港参加2012中国戏曲节，演艺集团在非洲塔马塔夫市举办的第五届米萨卡国际舞蹈节上演绎《梁祝》，奉化布龙应邀为英国伦敦奥运年进行文化巡演。2012年，由各级文化部门组织的对外文化交流活动近20项。

十、以市政府对市文广新闻出版局进行通报嘉奖为代表，文化自身建设有新的加强

2012年5月，市人民政府专门发文对在非遗保护中作出显著成绩和积极贡献的市文广新闻出版局给予通报表彰。2012年，宁波市文广新局被市委、市政府表彰为第七轮市级文明机关、目标管理考核先进单位，局机关党委被表彰为市直机关"双强"示范点，4名领导干部得到市委提拔或转任重要岗位。宁波广电集团推出电视剧《向东是大海》等精品，并受市政府通报嘉奖；余姚市文广新局在该市人大常委会和人大代表满意度测评中得分位居首位。《天一文化》月发行量突破1.2万册，新创办《天一文荟》、《天一文苑》，《宁波文化网》在全市政府网站综合评估中排名第十，年总访问量超过150万人次。

【大事记】

1月

6日 宁波市文化市场行政执法总队"胡某擅自从事互联网视听节目服务及通过信息网络擅自提供他人的作品、表演、录音录像制品案"、宁波市鄞州区文化市场行政执法大队"浙江世纪风采文化传播有限公司擅自变更营业性演出节目案"被文化部评为2011年全国文化市场十大案件及重大案件。

11日 宁波市"四明颂歌——宁波广电系统红色经典朗诵大赛颁奖典礼"在宁波电视台大演播厅举行。

11日 宁波市演艺集团国家二级演员、主演甬剧花旦孙丹在宁波大剧院举办"放飞梦想"个人独唱音乐会。

18日 宁波博物馆与上海刘海粟美术馆联合举办"沧海一粟——刘海粟美术精品特展"。

25日至29日 由宁波市文化广电新闻出版局主办，宁波剧院、宁波市文化馆承办的"天然舞台"进行为期5天的新春广场综艺表演。

2月

6日 由宁波市文化广电新闻出版局、宁波市发展和改革委员会主办的"八星争辉"宁波市首届卫星城市试点镇文艺汇演在余姚市泗门镇举行，来自全市8个试点镇的13个文艺节目参加汇演。

11日至3月31日 由中共宁波市委宣传部、宁波市文化广电新闻出版局主办，宁波市演艺集团有限公司承办的演出季在宁波市区、鄞州、余姚、慈溪、象山、宁海、奉化、北仑、镇海献演，近50场经典剧目陆续送往基层。

16日 国际航海博物馆协会主席、荷兰鹿特丹航海博物馆馆长卢梅杰等一行参观访问浙东海事民俗博物馆（庆安会馆）。

17日 在全国文化体制改革工作会议上，宁波被授予"全国文化体制改革工作先进地区"称号，受到中宣部、文化部、国家广电总局、新闻出版总署的表彰。

23日 全国文物进出境管理工作座谈会在宁波召开。国家文物局副局长宋新潮、浙江省文物局局长鲍贤伦、副市长成岳冲出席会议，海关总署派代表与会。来自全国23个省（自治区、直辖市）文物行政部门分管文物进出境管理工作的负责同志和17个国家文物进出境审核管理处的负责同志参加了会议。

28日 宁波博物馆设计者王澍荣获2012年普利兹克建筑奖。

3月

8日 宁波市考古研究所的考古队员赴上海参加上海松江广富林遗址抢救性考古发掘。

11日 国家商务部司长廖建新在宁波市副市长刘海泉陪同下视察宁波博物馆。

16日至19日 由文化部社文司副司长李宏、北京大学信息管理系教授李国新、中国城市规划设计研究院城市规划标准归口办公室主任鹿勤等10余位领导和专家组成的文化部赴浙督导组，来宁波市鄞州区督查国家公共文化服务体系示范区创建工作并对该区的创建工作给予充分肯定。

24日 由宁波市文化广电新闻出版局主办，宁波市非物质文化遗产保护中心、象山县文化广电新闻出版局、象山县石浦镇人民政府承办的"宁波市龙年放龙鹞风筝大赛"在石浦宋皇城沙滩举行。来自宁波各县（市）区的10支代表队参赛。

24日至25日 日本德川博物馆理事长德川齐正率领日本茨城县代表团一行在余姚市相关领导的陪同下考察了王阳明故居、朱舜水纪念堂、四先贤故里碑、朱舜水纪念碑及余姚博物馆。

30日 "唱响中国"宁波演唱会在北仑体艺中心举行。演唱会由《红·飘扬》、《金·收获》、《蓝·

畅想》等3个篇章，由20首“唱响中国”活动的终选入围歌曲以及3首具有宁波本土特色的歌曲组成。谭晶、阎维文、刘和刚等一批著名歌唱家来甬献唱。

4月

6日 宁波市海域内文化遗产联合执法行动正式启动，宁波市文化广电新闻出版局、宁波市海洋与渔业局正式签署《关于合作开展水下文化遗产保护工作的框架协议》。

9日 国家文物局批准全国重点文物保护单位《它山堰总体保护规划》。宁波市文化艺术研究院（甬剧传习中心）与宁波电视台《讲大道·生活版》合作录制甬剧演唱桥段。9日晚在宁波电视台文化娱乐频道播出了第一期。

25日 宁波市开展2012年侵权盗版及非法出版物集中销毁活动，集中销毁盗版、走私音像制品，盗版计算机软件及电子出版物，非法及盗版书刊等9万余件。

26日 浙江省政协副主席盛昌黎率领调研组到宁波专题调研公共文化服务体系建设情况。

28日 由宁波市文化广电新闻出版局主办，市文化馆承办的“天然舞台”2012年宁波市业余文艺团队汇演暨农村文化广场建设成果展演拉开帷幕。该活动持续13天。

4月28日至5月3日 宁波市组织卡酷动画制作有限公司等10多家企业参加第七届杭州国际动漫节。

4月29日至5月2日 宁波市工艺美术行业协会32家企业、市印刷行业协会6家企业以及浙江大丰实业有限公司参加第七届义乌文博会。

5月

9日 2012年“春雨工程”——全国文化志愿者边疆行活动在宁波启动，文化部党组成员、副部长杨志今出席。鄞州区被确定为全国首个“春雨工程”培训基地。

11日 国家水下文化遗产保护宁波基地象山工作站正式揭牌。

18日 由宁波博物馆、余杭博物馆和良渚博物院主办的“良渚玉韵——良渚文化玉器精品展”在宁波博物馆开展，共展出123件（组）良渚文化玉器精品。

18日 由蓬莱、扬州、宁波、福州、泉州、漳州、广州、北海八城市文化（文物）局联合主办的“跨越海洋——中国‘海上丝绸之路’八城市文化遗产精品联展”在宁波博物馆举行，历时一个月，共接待观众4万人次。

20日至27日 宁波市歌舞剧院有限公司一行70余人携大型民俗风情舞剧《十里红妆·女儿梦》赴台湾演出，分别在台北市中山纪念馆演出两场及高雄市劳工育乐中心演出一场。

23日 甬剧《宁波大哥》获中国戏曲现代戏研究会突出贡献奖。

5月31日至6月15日 由国家文化部主办、国家文化部艺术司和宁波市人民政府承办的第七届全国儿童剧优秀剧目展演在宁波举行。来自全国各地的26台参演剧，分别在宁波逸夫剧院、鄞州文化中心大小剧场、镇海海俱文化中心、北仑影剧院等5个剧场上演。

6月

1日 宁波博物馆和墨西哥驻上海总领事馆联合举办“和谐之彩——纪念中墨建交40周年墨西哥现代艺术展”，展期1个月。

20日 浙江省第四批非物质文化遗产名录公布，宁波市有28个项目列入省级非遗。

24日 央视对“象山小白礁一号沉船”水下考古发掘工作进行了三场现场直播，新华社等60多家媒体参与报道。

25日 毛里塔尼亚文化部长Cisse Boide一行参观考察了天一阁、保国寺博物馆等。

27日 由浙江省文化厅举办的“新松计划”全省青年戏曲演员大赛决赛举行，宁波市演艺集团小百花越剧团徐晓飞表演的《玉卿嫂》、甬剧团演员张欣溢表演的《半把剪刀》获银奖，小百花越剧团孙琴、厉丹红分别凭借作品《山伯临终》、《范进中举》获铜奖。

27日 余姚市文物监察大队梁弄中队成立。

7月

1日 宁波市演艺集团有限公司最新创排的大型音乐剧《告诉海》在北京梅兰芳剧院上演。

4日至8日 宁波逸夫剧院举办未成年人暑期儿童剧公益演出，由浙江儿童艺术剧团演出梦幻童话剧《奇妙的穿越》20场，邀请全市小朋友免费观看。

4日 由宁波市天一阁博物馆与台湾中华书学会联合主办的“翰墨亲缘——2012宁波台湾两地书画交流展”在天一阁书画馆开幕，甬台两地40位知名书画家会聚一堂，切磋技艺。该活动是宁波市“纪念沈光文诞辰400周年系列活动”之一。

7日 宁波市文化艺术研究院组织召开“特约编剧”签约座谈会。

13日 宁波市文化市场发展联合会召开一届四次常务理事会，会议对秘书处人员进行了调整，同意曹岳详同志辞去秘书长职务，由董华明副会长代理秘书长职务。

16日至25日 宁波市在韩国举办第五届海外文化周，歌舞秀《宁波的诉说》在丽水世博会上进行了10余场演出，国内外主流媒体对该活动进行了大篇幅报道。

20日至25日 宁波市文化艺术研究院甬剧老艺人抢救性保护工程工作小组赴上海展开首次采访工作。工作组分别采访了著名甬剧艺人柳中心、著名编剧天方，并通过其他相关人员了解了徐凤仙及贺显民的艺术生涯；此外，还搜集到一批老的说明书、剧照、唱片及油印剧本等实物。

23日 宁波市文化信息中心成立。

26日 央视《新闻联播》栏目对宁波市文化市场综合执法体制改革所取得的成效进行专题报道。

31日 宁波市图书馆将4000册图书送到象山海岛部队91681部队和73251部队63分队，为其建立流动图书馆。

8月

10日 宁波市首次组织江东和丰瓷、镇海女红等项目赴西宁参加由青海省人民政府主办的第五届青海国际唐卡艺术与文化遗产博览会。

18日至31日 宁波博物馆举办“中国电影资料馆经典电影展”，以全天巡回播放的形式免费向公众推出中国电影资料馆收藏的经典动画电影39部，展映期间，日均观影人数450人次。

26日至29日 宁波市在新疆库车县举办“2012年宁波库车经贸文化交流周”，期间举办“天一讲堂”进库车（新疆库车县）、文化产业发展报告会、文化产业合作开发研讨会、两地对口支援座谈会暨签约仪式、两地文艺院团联合慰问演出、“书藏古今、港通天下”主题展览等六大文化援疆工作。

9月

8日 宁波市文化艺术研究院建立“特约编剧”制度，并组织召开首期“特约编剧”剧本研讨会。

9日 第十届全国政协副主席、中国工程院院士、原中国工程院院长徐匡迪一行，在宁波市市长刘奇等人的陪同下，视察保国寺古建筑博物馆和宁波博物馆。

10日 由浙江省政协科教委常务副主任、省社科联名誉主席胡祖光率领的省政协社会界、新闻出版界委员一行10余人来宁波考察非物质文化遗产保护和传承工作。

15日至16日 由中国电影发行放映协会和宁波市人民政府主办的第五届中国（宁波）农民电影节在宁波举行。电影节由开幕式、《忠诚与背叛》影片全国农村首映式、全国农村电影创作座谈会、最受农民喜欢的影片和最受农民喜欢的男、女演员评选等八大项活动组成。

16日 由宁波市文化广电新闻出版局主办，宁波市文化馆承办的宁波市第四届小品、小戏、曲艺比赛在鄞州文化艺术中心剧场举行。来自全市各县（市）区及高校社团、社会团体的13支代表队，带来新近创作的20余个优秀小品、小戏、曲艺作品。

17日至19日 2012甬港文化合作论坛在宁波举办。此次活动共有来自港澳两地和内地近200名嘉宾，达成项目合作意向30个。

24日 全国第十二届精神文明建设“五个一工程”奖颁奖仪式在中央电视台举行，宁波市歌舞剧院有限公司创排的大型音乐剧《告诉海》获“五个一工程”奖。

25日 天一阁博物馆“袖里翰香——百年书楼的风雅”扇面艺术展在法国鲁昂雅克·维永图书馆、意大利维罗纳朱丽叶博物馆分别进行为期一周的展出。

27日至28日 在浙江省文化厅主办、浙江省公共图书馆展览联盟承办的全省公共图书馆展览创意设计作品大赛中，宁波市图书馆获一等奖。

10月

16日 由宁波市委宣传部、市文明办、市文化广电新闻出版局联合主办的第四届宁波市农村“种文化”活动成果展演在慈溪市龙山镇举行，来自全市各地的13支农民文化队伍参加了文艺演出。

16日至24日 2012年度第二届全国民办博物馆馆长培训班在宁波博物馆开班，国家文物局、浙江省文物局及市文化广电新闻出版局相关领导出席开班仪式。

17日至18日 由浙江省文化厅、慈溪市人民政府主办，浙江省文化馆、慈溪市文广局承办，慈溪市文化馆执行承办的浙江省第三届社区文化艺术节暨浙江省第十一届音乐新作演唱（演奏）大赛（决赛）在慈溪举行，全省51支队伍参赛。

19日 甬剧《宁波大哥》、音乐剧《告诉海》参加省迎接十八大精品剧目展演。

23日 法国驻上海总领馆文化领事Marion Bertagna女士一行参观宁波逸夫剧院、宁波大剧院、宁波博物馆等文化场所，对接2013年中法文化交流工作。

24日至28日 宁波小百花越剧团赴港演出交流，在香港文化中心大剧院演出4场。

29日 位于鄞州区石碶街道星光村的沈光文纪念馆正式开馆。

29日至30日 浙江省文化厅副厅长田宇原带领督查组，检查宁波市深化“扫黄打非”专项行动、开展党的十八大文化市场保障行动等工作。

31日 余姚市举办第二届国际阳明学研讨会。

11月

4日至10日 由宁波市副市长张明华率领的纪念沈光文诞辰400周年主题活动代表团赴台开展系列文化交流活动。在台期间共开展了甬台两地书画笔会暨沈光文研究专辑新书发表活动、沈光文诞辰400周年祭祀仪式等7项文化交流活动。

16日至20日 由宁波市文广新闻出版局、宁波中华文化促进会共同主办，宁波市天一阁博物馆承办的“琴梦红楼”隋牟书画展在天一阁举办。

22日 《中国新闻出版报》综合报道宁波“扫黄打非”和文化市场行政执法工作经验。

20日至12月2日 宁波市甬剧团建团60周年庆典系列活动举行，期间《风雨祠堂》等六台经典大戏在宁波逸夫剧院进行展演。全国人大常委会副委员长路甬祥、省委常委、市委书记王辉忠为宁波市甬剧团建团60周年题词。

12月

5日至30日 第十二届宁波“海上丝绸之路”文化节举行，共包括“和韵天下”、“海丝寻往”、“千年之约”、“百年传承”、“欢乐名城日”等5大版块25个项目。浙江省文化厅巡视员鲍贤伦等领导出席了12月5日晚开幕式并致辞。

7日 宁波首届2012阿拉音乐节在鄞州区体育馆举行，期间举办了“乐玩越年轻”万人欢唱会等八大系列活动。

7日 宁波博物馆被国家文物局正式评为国家一级博物馆。

17日 天一阁博物馆与香港大学饶宗颐学术馆建立学术交流与合作关系。

18日 文化部公共文化司、浙江省文化厅主办，浙江省文化馆和宁波市文化广电新闻出版局、宁波市文化馆承办的“2012群星璀璨——全国群众美术书法摄影优秀作品展”在宁波美术馆开幕。

21日 根据奥尼尔原著《安娜·克里斯蒂》改编的新甬剧《安娣》在演艺集团举行开排仪式。

23日 文化部正式公布第四批国家级非物质文化遗产项目代表性传承人名单，在共498人的名单中，宁波市有4人榜上有名，分别为宁海平调传承人叶全民、甬剧传承人杨柳汀、宁波金银彩绣传承人许谨伦和宁波泥金彩漆传承人黄才良。

31日 宁波市文化广电新闻出版局主办的2013年宁波新年音乐会在宁波大剧院上演。此次音乐会由中国歌剧舞剧院演出，中央歌剧院院长、著名指挥家俞峰担纲指挥。

. **31日** 2012年，宁波城市电影票房总收入达到2.3亿元，比2011年的1.7亿元增长了28.3%。

（项芳丽）

宁波区、县(市)文化工作概况

【海曙区文化广电新闻出版局】 内设文化科(挂审批科)，直属单位4个。2012年末人员29人(其中：机关12人，事业17人，具有高级技术职务资格6人，中级4人)。

2012年，海曙区文化广电新闻出版局根据年初确定的各项任务目标，坚持文化创新，夯实基础，突出重点，不断推动全区文化大发展大繁荣。一、着力加快公共文化服务体系建设，增强海曙文化惠民能力。融入“四季海曙”等广场文化活动项目，推出“欢乐广场 幸福海曙”城市广场文化惠民工程。举办“家门口文化”等走“平民路线”的群众参与类活动、以“四季海曙”广场公益演出为载体的高雅文化引进类活动、以企业引进为主的市场化运作类活动。截至11月，共举办各类群众性文化活动500余场，公益性文化讲座193场，展览39场，送电影进基层73场。开展“阅读大使”工程，联合天行书友会等民间组织，面向社区及商务楼宇开展公益性群众文化服务项目，开展“读书月”和举办各类文化讲座等活动。区体育中心建设项目按计划推进。建设16家社区数字文化服务中心。云丰社区、芝红社区、北郊社区、秀水社区等18个社区建成社区公共数字文化服务中心。在天一广场、环城西路沃尔玛超市门前建立24小时街区自助图书馆。参加宁波市文化示范街道、文化示范社区创建活动，白云街道、鼓楼街道被评为市第二批文化示范街道，新街社区、万安社区、澄浪社区、徐家漕社区、青林湾社区、云丰社区等6个社区被评为市文化示范社区。《爱的星空》被评为宁波市精神文明建设“五个一工程”奖；歌曲《向幸福出发》入选市精品工程重点扶持项目，获浙江省第十一届音乐新作演唱大赛表演金奖；群舞《小裁缝》、组合唱《南腔北调都是歌》通过省“群星奖”评选，组合唱《南腔北调都是歌》参加了第十六届全国“群星奖”音乐类复赛。与中国残联合作，共同投资电影《一生有爱》在全国院线上映。和本地影视公司——宁波默默影视公司联合出品的励志电影《荒唐协议》也在央视电影频道播出。该片剧本获2012年好莱坞编剧大赛的喜剧类电影剧本入围奖项。二、着力提升文化产业发展体系实力，助推区域经济转型升级。2012年第1至第3季度，文化创意产业新增618家，全区从事创意等产业企事业法人单位4905家，占全部法人单位34.3%，实现文化产业增加值超15亿元，占GDP比重4.4%，全区163家限上文化创意产业实现营业收入81.85亿元。3月，《海曙区环月湖文化（旅游）产业发展战略行动计划》出台。并制订《海曙区加大文化产业发展扶持的实施办法》。建立全区文化产业发展月度新增企业统计制度，对当月新增的注册资金在500万元以上的企业进行重点走访、监控。市委宣传部专程到海曙区作文化产业统计体系调研。相继启动鼓楼步行街文化产业提升项目和郡庙—天封塔历史街区文化产业提升项目。其中，鼓楼步行街文化产业提升项目纳入宁波市文化产业专项资金2012年重点扶持项目，争取到30万元的政策资金扶持。帮助宁波海曙迈艾思文化传播有限公司、宁波市光影动漫科技发展有限公司、宁波市龙渊影视策划有限公司等3家文化企业申报银行金融支持。与宁波宁房公司和海城公司加强工作联系，提供服务，为莲桥街商业文化项目和南塘老街二期项目引进文化企业牵线搭桥。在2012宁波购物节期间与海城公司共同策划，举办七夕庙会，并送露天电影到老街。引进被誉为“国内鉴宝界领军人物”的蔡国声先生在盛世花厅建立个人工作室。2012甬港经济合作论坛期间，“宁波UME颐高国际影城项目”正式落户海曙区。三、着力推进遗产保护工作，不断提升文化传承能力。完成大运河（宁波海曙段）保护和申报世界文化遗产工作；开展全区辖各级文保单位、点使用、租用情况的调查工作，起草《关于进一步加强海曙区域内城市基本建设项目中文物和历史建筑保护、管理的意见》、《海曙区区辖文保单位（点）保护利用统筹管理办法》等。在《海曙通讯》、“数字海曙”开辟“曙色之行”、“文物保护小常识”等专栏，编印《文物保护法律法规读本》。完成全区第三次全国文物普查工作报告，参加浙江省第三次全国文物普查成果展。启动历史文化旅游互动计划，打造“藏书圣地、风尚海曙”都市文化旅游品牌。6月，与《东南商报》等联合推出海曙历史文化旅游互动活动。组织“浙东文化一日游”、“走读海曙·品味宁波”海曙历史文化百人一日游等活动。开辟历史文化街区、藏书圣地、名人故居、天一商圈等都市文化旅游线路。5月，组织国家级非物质文化遗产代表性项目——四明南词参加2012中国（浙江）非物质文化遗产博览会“非遗薪传”——浙江省非物质文化遗产（曲艺）展演。介入并配合做好月湖历史街区保护和更新、莲桥街文化商业综合区、南塘河历史街区二期、鼓楼步行街文化提升项目、郡庙—天封历史街区改造等项目的推进。选址重建董孝子庙，改造后的大革命陈列遗址纪念馆于12月对市民开放。宁波市文广新局办理的宁波江东慈甬拆迁工程有限公司涉嫌擅自拆除市级文物保护单位南门袁氏居宅建筑群部分建筑案被国家文物局评为“2012年度全国文物行政处罚案卷评查十佳案卷”。成功处理浙江省临海市古建筑工程公司擅自拆除宁波市文物保护点惠庆医院部分建筑案，责令当事人停止违法行为，恢复原状，做出罚款人民币11万元的行政处罚。四、着力加强文化市场审批监管服务，提高市场综合管理水平。开展春季中小学教辅材料出版发行专项检查、动漫市场专项整治、“清剿火患”专项行动等大型专项整治工作。截至2012年11月，海曙区共出动执法人员1495人（次），检查文化经营场所1700家次。配合工商行政管理部门取缔“黑网吧”1家；联合公安部门取缔流动无证经营音像摊商7家，收缴非法出版物共计12044件，其中图书153册、电子出版物513件、音像制品11378件；整治电子游戏机厅3家，对2家网络图书经营单位违规行为进行了立案查处；受理举报9起，立案44起，结案44起，收缴罚款21万余元，责令停业整顿2家次，移送公安机关追究刑事责任9人。完成《联合审批歌舞娱乐场所设立的办事指南》。截至11月，文化窗口共接待786人次、受理申请167件，办结167件。所有事项未出现超期办结现象，办结时限比承诺时限提前80%，比法定时限提前95%，群众对窗口服务的满意率达100%。

（仇　磊）

【江东区文化广电新闻出版局】 内设职能科室3个，下属事业单位4个。2012年末人员共52人（其中：参照公务员编制9人，事业19人，企业24人；具有高级技术职务资格的4人，中级13人）。

2012年，江东区文化工作围绕打造都市文化特色区的总体目标，坚持把品位与特色作为都市文化特色区建设的灵魂，以“基础提升年”、“品牌建设年”、“作风改进年”三大主题年活动为抓手，各项工作稳步推进。一、公共文化服务不断完善。制定出台《江东区一体化公共图书馆服务体系建设实施意见》、《江东区图书馆街道、社区分馆管理暂行办法》。区图书馆完成升级改造，图书纳入RFID智能化管理系统，馆内安装自助借还图书设备，建立并开通全市首家新型图书馆公共电子阅览室管理系统，2012年接待读者74万人次，借还图书73万余册，获浙江省公共图书馆“两会”信息服务工作优秀奖和省地方文献工作优秀组织奖，被评为市公共图书馆总分馆建设先进单位。江东区建设一体化公共图书馆服务体系30万居民共享10分钟“阅读圈”的做法被《中国文化报》专题刊登。建成街道社区分馆40家，街道一体化公共图书馆建设和公共电子阅览室建设均实现100%，新城社区公共电子阅览室被评为全国首批文化信息资源共享工程公共电子阅览室示范点。完成文化馆过渡馆舍装修、验收工作。服务艺术剧院（凤凰地块）项目文化馆建设。白鹤街道创建成为省级文化强镇（街道），百丈街道划船社区创建成为省级文化示范社区。完成省级街道综合文化站定级评估复评工作，6个街道被评为省特级综合文化站。完成3个市级文化示范街道和6个市级文化示范社区的创建工作。开展“快乐365”文化惠民行动。以“开心综艺”、“民星擂台”、“移动展厅”、“百姓课堂”、“阿拉书吧”、“社区电影”六大板块为主要内容，将演出、展览、讲座、电影等活动送到街道、社区、企业、机关、校园、楼宇、产业园区，共开展活动800余场次，累计惠民15万余人次。开展文化经营场所免费向社区开放活动并召开免费开放现场会。加强对企业的鼓励和引导，10家KTV和7家网吧实施向社区群众无偿开放，接纳群众1.5万余人次，活动被《浙江日报》、《宁波日报》等省市媒体宣传报道，《江东区试水“文化经营场所免费开放，惠及万千居民”行动》创新项目获2012年宁波市文化工作创新大奖。鼓励和引导社区开展“欢乐共享广场舞”活动，为广场舞团队免费提供音响等设施设备72套和共享资源下载服务。成立江东区民星艺术团，参与辖区群众文化活动和文艺赛事。共有业余文艺团队600余支，参与人数近3万人。各街道打造特色文化活动，如东郊街道的“文化课堂在身边”企业文化活动；福明街道的“道德讲堂”感恩文化活动；白鹤街道的“云鹤大舞台”墙门文化活动；百丈街道的划船社区第七届精神文明成果展；东胜街道的“Hi东外滩”特色文化活动；明楼街道的“创意舞台·和之风”都市文化主题活动；东柳街道的都市睦邻文化节等。成立江东区文艺精品工程建设领导小组，出台《优秀文艺作品扶持奖励办法》，设立专项资金。着重对《小巷总理》等文艺精品进行加工再创作，歌曲《小巷总理》获浙江省“群星奖”并入围全国“群星奖”复赛，歌曲《笑脸墙》获浙江省“五个一工程”奖，电视剧《背后》、动画片《当当与酷巴》以及歌曲《笑脸墙》、《小巷总理》4部作品获宁波市“五个一工程”奖，江东区获组织工作奖。男声独唱《金字招牌》获省第十一届音乐新作演唱（演奏）大赛决赛创作和表演铜奖。甬剧小戏《社区的早晨》获宁波市第四届农村“种文化”活动优秀展演奖。参加宁波市第四届美术、书法、摄影作品展，获1个金奖，3个铜奖和5个优秀奖。扶持、指导文化企业创作文化产品，元鼎时代制作出品的21集电视连续剧《背后》在上海台等电视台播出。尚方影视制作出品的26集动画电视剧《当当与酷巴》在湖南卫视首播。撰写完成《江东区城市主题文化建设研究》调研报告，获市宣传思想调研课题二等奖。编印完成《江东文物普查图录》，开展工业遗产调查研究，撰写《工业遗产保护开发调查及对策研究——以江东为例》调研报告。与民和集团、宁波华夏七千年文化有限公司等有意向建设民间博物馆的企业进行沟通协商，对民和清·龙袍博物馆进行指导评估并给予批复。加强辖区文物建筑安全保护，2012年开展文物保护单位（点）巡查327次，检查率达100%。庆安会馆入选中国大运河申遗的遗产点。印刷出版《甬上风华非物质文化遗产大观（江东卷）》，在东柳小学成立区非物质文化遗产剪纸传承基地，在四明中学开展“刺绣进校园 喜迎十八大”活动。以“读书明智、品味人生”为主题，举办江东区第四届“书香江东”读书节，开展“你点书、我买单”活动。开展2012年和丰创意节，期间举办意大利专题设计对接活动、创意企业融资签约仪式等 10 大系列活动，意大利金圆规奖落户宁波。以“城市·发现与挽留”为主题，承办第三届阿拉宁波摄影节，开展大型摄影作品展，洛阳、大连、南京、宜昌、哈尔滨、珠海、宁波等 10 个城市组建中国名城摄影联盟并召开成立大会，举办影友联谊会，邀请人民摄影报社长、总编辑霍玮作专题讲座，北京电影学院博士生导师宿志刚工作室上公开课，活动参与人数达 20 万人次，《人民摄影报》专题刊登 2 次。制订《关于加快引进培育重点文化产业的通知》。草拟促进文化产业发展的扶持意见。成立江东区文化产业促进会，设立并开通产业促进会官方微博，举办创业家沙龙活动。协调区有关部门和街道梳理了规(限)上文化企业名录库。建立文化产业部门、街道、园区工作例会机制和重点文化企业领导联系制度，确立了 21 家企业作为重点联系企业。成立宁波文化广场服务工作小组，建立每月工作例会制度，组织召开宁波文化广场服务对接工作会议 3 次，开展组团服务 2 次，建立现场办公室。和丰创意广场被评为浙江省文化发展“122”工程首批重点文化产业园区。由东胜街道牵头建立宁波书城工作例会制度，举办服务工作会议 2 次。开展市文化产业专项扶持资金项目、企业融资需求项目、文化产业示范基地等申报评选工作，向宁波市推荐 7 家企业申报融资需求项目，4 家企业申报专项资金扶持项目，3 家企业申报第三批文化产业示范基地，12 家企业参加 2012 年文化企业融资洽谈会，尚方影视作为重点推介企业参加杭州动漫节等活动，推介瓷方向陶瓷发展有限公司参加深圳文博会，作品《圆一缘》获中国义乌文博会工艺美术铜奖。“宁波科学探索互动体验项目”被列入 2012 年度第一批市文化产业专项资金扶持项目。宁波市新华书店被评为市文化产业示范基地。尚方影视获 2012 年度市原创动漫奖和发展专项资金，并列入宁波市 A 类重点动漫企业名单。联手爱奇艺网络平台打造爱奇艺动漫嘉年华，开展“金花瓣”优秀作品展播等活动，“中国动漫指数”在江东区发布。江东区文化产业 2012 年文化创意经济实现营业收入 11.5 亿元，同比增长 5.7%。和丰创意广场签约企业共 104 家，总签约率为 72.42%，其中文化创意签约 57 家，签约面积 45516 平方米，重点企业有国内顶尖产品设计公司——深圳浪尖工业设计公司、意大利戴达罗(DEDALO)国际设计中心等。宁波金逸国际影城于 5 月正式投入运营，宁波文化广场 CGV 国际影城外装修(幕墙)面层基本完成。飞越时空大剧院有限公司被评为省首批重点文化企业，与宁波工程学院人文学院结对并成立实践基地。开展部分文化经营事项联审联批试点工作，首个联审事项实现提速 60%。宁波市文广新局获 2012 年全市文化行政审批比武二等奖。一行政许可案卷被评为 2012 年度宁波市文化系统行政审批“十佳许可案卷”。海上国际影城等 7 家单位被评为宁波市民满意的文化消费场所。开展歌舞娱乐、网吧、出版物市场专项整治行动，2012 年共出动执法人员 1402 人次，检查场所 2035 家，查处各类案件 49 起，取缔“黑网吧”11 家，市场良好率 97.6%。江东区文化市场行政执法大队被评为 2012 年度浙江省综合文化市场行政执法考评优秀单位和宁波市文化市场行政执法优秀单位，获宁波市文化市场行政执法技能比武二等奖。新成立书报刊分会。推进网吧等级管理工作相关经验做法被《浙江文化市场》宣传报道。探索运用科技手段提高执法效能，在全区网吧建立“电子文化执法”系统。在原有网吧、演出场所督查员的基础上，形成一支近百人的以“五老”人员为主体，区、街、社三级联动的文化市场义务监督员队伍。

（谢雯雯）

【江北区文化广电新闻出版局】 内设文广科 1 个职能科室，直属文化馆、图书馆、文化市场行政执法大队、文管所、广电中心 5 个事业单位。2012 年末人员共 140 人(其中：机关 5 人，参公 9 人，事业 47 人，企业 79 人；具有高级技术职务资格 1 人，中级 12 人)。

2012 年，江北区文广新局以打造“文化强区”和区委区政府“四个江北”建设战略为目标，突出文化引领、文化惠民工作重点，坚持文化事业和文化产业“双轮驱动”两手抓，努力满足人民群众日益增长的精神文化需求，全面推动文化广电各项工作。一、以弘扬慈孝文化为宗旨，成功举办第四届中华慈孝节。举办中华慈孝节文艺晚会、文化·旅游产业发展论坛、“星期六·相约古县城”、慈孝文化企业之旅、慈孝文化网络之旅以及“慈孝文化日”系列活动等六大主体活动。慈孝文化公园(一期)竣工，园内重点布局铸铜雕塑“董黯汲水”、水桶造型“慈孝日倡议纪念碑”、汉白玉石雕“羊羔跪乳”等蕴涵慈孝元素的景物。举办2012"欣捷杯"全国网络慈孝微拍大赛，活动期间，微博粉丝数量达15万多人，微拍大赛参加人数近1500人，上传活动照片1000余张。开展"五慈五爱"主题教育活动，设立慈孝公休日、组织慈孝家庭评选、助老济困送温暖、空巢独居老人过集体生日、健康体检等活动。二、以文化惠民工程为主导，全面推进公共文化服务体系建设。投入近亿元、建筑面积达7000多平方的区政府实事工程——区文化中心竣工并投入使用，布局上分为文化馆、图书馆、共用部分三块。洪塘街道文化中心投入使用。慈城镇勤丰村成功创建浙江省文化示范村，洪塘街道、慈城镇成功创建宁波市文化示范街道（镇），外滩社区等6个社区（村）成功创建宁波市文化示范社区（村）。开展"星期六·相约老外滩"活动，2012年共举办61场文化活动。开展"喜迎十八大·放歌江北岸"爱国歌曲大家唱群众歌咏活动。举行全民读书月活动，开展江北区千场电影百场戏剧进农村活动，2012年放映电影708场，演出戏剧100场。承办宁波市基层文艺团队汇演——"江北区基层文艺团队专场"，获市基层文艺团队汇演优秀展演奖。配合区中心工作，策划举办"和谐拆迁 为民惠企"文艺巡演。加强"种文化"基层文艺培训，累计培训达230多课时，培训人数达到1000多人次。开展"小候鸟文化服务"和"送你一本课外书"活动，为企业员工子女和外来民工子弟学校赠送书籍。为企业、商家建立图书流动站，配送图书达3000余册。三、以发展文化产业为目标，稳步助推区域经济转型升级。举办以"宜思江北，文化磁城"为主题的2012宁波江北文化·旅游产业发展论坛，有300余名文化、旅游和地产客商参加论坛。论坛聘请香港著名导演文隽、首都广播电视节目制作业协会、中国电视艺术家协会演员工作委员会为江北区影视传媒产业发展顾问，影视传媒、文化产业、文化旅游类等5个项目进行现场签约，北京大学文化产业研究院副院长陈少峰等3位专家学者做主旨演讲。开展扶持文化产业发展的政策调研，慈城镇出台《影视文化创意产业扶持政策》。开展全区文化产业摸底调查，建立重点文化产业企业名录。推进"一街道（镇）一产业园区"建设，"创意1956"二期工程扎实推进。组织省级非遗项目——慈城水磨年糕手工技艺和江北区重点文化产业企业参展2012年义乌文博会。四、以繁荣精神文化产品为目的，大力开展精品文艺创作。广播剧《和你一起走》获浙江省"五个一工程"奖。曾获中国民间文艺山花奖的《慈城年糕的文化记忆》日文版出版。长篇报告文学《扫出一片晴朗》获宁波市"五个一工程"奖，《一方水土》、《慈风孝行》等作品列入宁波市精品文艺工程项目，纪实文学《再寻麒麟童·宁波籍京剧大师周信芳》一书出版。小戏《婆婆碰到娘》获宁波市第四届戏剧小品、小戏、曲艺比赛表演金奖、创作银奖。独唱《蝴蝶吻》获浙江省第十一届音乐新作演唱、演奏决赛铜奖。排舞《美丽的神话》获第六届浙江省排舞大赛老年组金奖。五、以传承优秀传统文化为宗旨，大力加强文化遗产保护工作。推进大运河（江北段）申遗各项筹备工作，成立江北区大运河（宁波江北段）申遗工作领导小组，召开江北区大运河保护与整治工作会议，完成孔浦压赛堰周边垃圾清理、慈江大闸边上违章搭建拆除、小西坝维修加固和通行道路的修建等工作。朱贵祠陈列改造项目完成，并向社会免费开放。完成倪家大屋、许家墙门、陈宅迁移，生宝路金宅、凌宅、老安仁庙、唐家墙门修缮，恢复重建省稼桥徐宅、耕读人家、砖雕台门。省级非遗项目"慈城水磨年糕"技艺参加2012年中国义乌文博会，副省长郑继伟参观了该项目；举办第四届"非常庙会"走进江北老外滩——非遗展示活动，市、区33个非遗项目参加。举办"非遗体验之旅"——暑期中学生非遗实践大课堂活动。江北区惠贞书院非遗传承教学基地，入围宁波市申报2012年浙江省省级传承教学基地。成立区非物质文化遗产保护协会。六、以建立长效监管机制为重点，有效保障文化市场繁荣稳定。2012年共组织召开网吧、印刷、出版物、娱乐场所经营业主会议7次，出动执法检查372次，出动执法人员1507人次，检查网吧、歌舞娱乐场所、出版物批发市场和音像制品零售出租店等文化市场经营场所1156家次，联合市、区执法巡查19次，查处违规经营单位45家次，立案处罚37起，收缴非法音像制品20637张、卫星地面接收设施3个，协助工商取缔或实施断网"黑网吧"52家，电脑79台，查扣非法经营的电子游戏机30台，集中销毁非法音像制品10000张。七、以广电创新发展为方向，大力发展推广数字电视各项业务。完成高清平台建设，实现全区高清信号全覆盖，免费向广大用户传输18套高清节目和一套3D节目。完成中心双向核心网平台的搭建，开展姚江花园和宁馨园两个网改试点样板小区建设。开通天合家园一、二期、姚江花园和宁馨园等20多个配套小区的高清双向数字化信号，双向网覆盖用户达4万余户。完成北环西路宁波北出口至长兴东路段有线光缆改道、铁路北站编组站，宁波城北绕城高速江北洪塘段、荪湖度假区线路迁移等区重大项目网络建设。进行中心机房到洪塘、慈城的环网建设。截至2012年12月，中心在册用户近10万户，其中数字电视用户近7万户。

（叶　明）

【北仑区文化广电新闻出版局（体育局）】 内设4个职能科室，有5个直属事业单位。2012年末人员57人（其中：机关11人，事业46人，具有高级技术职务资格4人，中级10人）。

2012年，北仑区文化工作立足新起点，把握新形势，探索新路径，强化责任主体，文化事业得到进一步发展。一、公共文化服务体系日益完善。开展省级公共文化服务体系示范项目创建工作。推进全区基层文艺团队的建设工作，全区共有各类业余文艺团队600家，文艺志愿者1500余名。北仑漆画创作群体、北仑书法沙龙、北仑海晨影像社获浙江省第二届视觉艺术优秀创作群体。图书馆新馆建设完成外部施工，进入内部装修阶段，图书及家具采购工作有序进行；港口博物馆建设全面开工；文化中心前期论证有序进展；继续抓好省级文化示范点和市级基层文化宫创建工作，申报省级文化强镇1个，省级社区文化建设示范点1个，市级文化示范乡镇（街道）2个，市级文化示范村（社区）10个。新建企业文化俱乐部16家。开展电影放映2131工程，消灭文化空白村，全年送电影下乡1300场；继续实施送戏工程，送戏下乡演出500场；开展海享舞台演出400场、快乐戏台演出24场；送书下基层1万册。与台州仙居县建立山海协作关系。开展街道（乡镇）文化交流活动23次。推动文化信息资源共享工程、公共图书服务延伸工程、公益性文化培训工程的实施。文化馆组织文艺沙龙150余次，下基层辅导200余次，港城文化长廊展览25期；图书馆新建图书流通站4家，未成年人阅读基地1家，基层辅导21次，农家书屋建设覆盖率达100%，2012年接待读者22.1万人次，其中白峰双岙村农家书屋获全国示范农家书屋称号；博物馆创建分馆，九峰乡土文化馆建成开馆，全馆年接待观众6.1万次。利用群文学堂、九峰讲坛、仑博讲坛等开展讲座30期。舞蹈《青青竹儿》参加在青岛举办的全国群星奖复赛，宁波走书《兵站的故事》参加全国“群星奖”浙江选送节目选拔；歌曲《送花》获宁波市“五个一工程”奖；小品《隐私》在宁波市第四届小品、小戏、曲艺展演中获表演金奖、创作银奖，说唱《唱新闻》获创作、表演双银奖。举办第三届中国宁波国际港口文化节开幕式及晚会、“唱响中国”宁波北仑演唱会等系列文化活动；策划组织2012浙江当代漆画展、第五届社区文化艺术节、第七届金莺歌手大奖赛（青年组）、“企业文化月”系列展示活动等，区级海享大舞台全年演出40场，（街道）乡镇海享舞台演出500场。完成第七届全国优秀儿童剧展演北仑点演出任务，被文化部授予组织工作奖。数字电影营业额达100万。二、文化遗产保护工作成绩显著。围绕“我们的节日”开展一系列传统文化和民俗文化教育普及活动。举办“龙腾狮跃闹元宵”全国龙狮大联动北仑分站赛活动，组织“我们的节日·清明节”暨第四届“春之约”诗歌朗诵会，策划端午节系列文化活动等。沃家狮象窜、灵峰寺葛仙翁信俗两个项目新入选第四批浙江省非物质文化遗产名录，《甬上风华——宁波市非物质文化遗产大观·北仑卷》正式出版，北仑职高设立区非物质文化遗产综合传承基地。完成第三次文物普查，普查成果巩固扩大，编辑出版《“千秋古韵”北仑区第三次全国文物普查重要发现》，核定公布胡氏墓园石牌坊等4处不可移动文物为北仑区第十三批区级文物保护点。投入400万资金，组织实施项氏宗祠等历史古迹的修缮保护工程。三、文体市场健康有序发展。2012年文化执法大队累计出动检查1631人次，检查文化经营单位1813家次，查处办理案件30起。配合工商等部门查处无证黑网吧105家。联合公安等部门查处无证非法音像制品摊点23个，查获非法音像制品38000余张，确保文化市场的健康有序发展。开展“扫黄打非“集中行动、网吧专项整治、以校园周边为重点的出版物市场整治、娱乐场所违禁曲目专项整治；抓好文化市场的安全专项检查，对存在问题的单位采取“回头看”的方式督促整改落实，屡次未整改的依法严惩。开展迎接十八大文化市场保障行动。做好全国文明城市创建测评工作。

中青文化广场开工 4月28日，宁波中青文化广场奠基典礼举行。浙江省政协副主席徐辉，中国青年出版总社社长续文利，中国青年出版总社副社长、中国青少年音像出版社社长袁晓华，市委常委、区委书记、开发区管委会主任陈利幸，市政协原副主席华长慧，市委宣传部常务副部长张松才，区人大常委会主任王银泽，区政协主席刘新华，区委常委、宣传部长杨劲，副区长、开发区管委会副主任张国平，宁波中青文化广场开发有限公司执行总裁姚卫民等出席奠基典礼。杨劲主持典礼。

中国宁波国际港口文化节开幕 10月20日，由国际城市与港口协会、中国港口协会、宁波市人民政府共同主办，北仑区政府、宁波经济技术开发区管委会、宁波港集团公司、宁波保税区管委会、大榭开发区管委会、梅山保税港区管委会联合承办的以“和谐共享海洋时代”为主题的第三届中国宁波国际港口文化节在北仑体艺中心开幕。浙江省委常委、宁波市委书记、宁波市人大常委会主任王辉忠，市委常委、市委秘书长王剑波，市委常委、北仑区委书记、开发区管委会主任、保税港区党工委书记、大榭开发区管委会主任陈利幸，中国港口协会秘书长朱建海，宁波市人大常委会副主任翁鲁敏，市政协副主席王建康，市长助理林静国出席开幕式。另外，还有来自20多个国家的国际友人出席。

北仑与仙居县结成文化“亲家” 3月12日，北仑区和台州仙居县签订“山海文化协作”协议，两地文化部门约定，通过建立山海文化协作关系，进一步推进两地山海文化的资源共享和优势互补，加强跨区域间的文化交流和文化协作，推进区域文化共同繁荣发展。浙江省文化厅公共文化处处长戴言出席签字仪式。

（朱静霞）

【镇海区文化广电新闻出版局】 内设7个职能科室，下属单位7个。2012年末人员74人，其中机关18人，事业56人（事业参公7人），具有高级技术职务资格的3人，中级12人。

2012年，镇海区文广新局全面谋划“文化强区”建设，各项工作有节奏、有亮点、有成效，为全面实施“六大战略”、全力建设“六大示范区”提供了有力的思想保证、精神动力、舆论支持和文化条件。一、加强公共文化服务体系建设。启动文化建设“三个百分百工程”[100%镇（街道）建有单独设置的综合文化站，100%行政村建设面积不少于200平方米、社区不少于300平方米的文化活动室（中心）；100%镇（街道）、（村）社区建有标准配置的公共电子阅览室公共图书分馆]。推进镇、街道综合文化站达标建设，完成庄市街道综合文化站扩建工程，做好镇、街道综合文化站第五次评估定级工作。推进城乡一体化公共图书馆服务体系建设，开通流动图书车服务，做好24小时自助图书馆系统开通的前期准备工作，落实专项经费进行先期试点，购置1台“24小时自助图书馆”借还机及相关门警系统等配套设备。推进村社区图书分馆和公共电子阅览室工作，40%村（社区）34个建成标准配置的公共电子阅览室，40%村（社区）建成公共图书分馆。推进公共图书馆、文化馆（站）、美术馆、博物馆的免费开放和服务工作。2012年12月，宁波帮博物馆接待观众15万人次，讲解接待团队625批次；海防历史纪念馆共接待社会各界人士134321人次，团队279批次；区图书馆新增藏书23047册次，图书借阅204324人次，图书外借180152册次，办证2395张，全区下乡送书共有20个点，总计送书12000册。开展文化示范乡镇、村（社区）创建工作。招宝山街道白龙社区和骆驼街道贵驷社区被命名为浙江省文化示范社区，庄市街道和蛟川街道被评为宁波市文化示范乡镇（街道）；招宝山街道顺隆社区、庄市街道兴庄路社区被评为宁波市文化示范社区；骆驼街道东钱村、蛟川街道俞范村、九龙湖镇长宏村、蟹浦镇余严村被评为宁波市文化示范村。2012年，镇海区拿出73.53万元奖励公共阅读设施建设。二、进一步深化文化惠民工程。启动政府文化服务外包“天天演”文化惠民工程，“雄镇大舞台”专业剧场组织宁波市小百花越剧团、杭州市杂技团等优秀专业剧团下村演出140场次，受益群众近30万人次；举办音乐剧《告诉海》、越剧、甬剧和第七届全国儿童剧优秀剧目展演等高雅艺术展演活动16场；推进“万场电影千场戏剧”进农村活动，放映电影660场，演出戏剧100场；举办“心源”王惠定诗书画印艺术展、“五月风”纪念毛泽东同志《在延安文艺座谈会上的讲话》发表70周年书法美术摄影联展、“信义行天下 赤诚报家国——改革开放以来宁波帮史记特别展”、“王承天画展”、“回家——导演张子恩、画家张梁父子绘画展”等40场；举办“道德讲堂”、“弘扬民族精神 传承中华文化”、“心理健康与调适”等专题讲座36场。开展“雄镇大舞台”群众文化活动，2012年组织举办各类文化活动352场次。组织举办以“弘扬道德文化·打造厚德之城”为主题的第二届社区文化艺术节，全区29个社区、80多支文艺团队，1000多名社区文艺骨干参加了比赛和展演，受益群众近3万人次。8月6日，在区人民大会堂广场举行“和谐旋律”镇海区社区器乐比赛。9月1日至10月10日，由镇海区委宣传部、区文化广电新闻出版局联合主办的“雄镇大舞台专业剧场”杂技专场，邀请杭州杂技总团演艺有限公司，到全区六个乡镇（街道）的部分行政村、社区，表演了31场精彩杂技。9月11日，镇海区举行第二届残疾人文艺汇演。汇演由市残联、区残联及区文广新局主办，区文化馆协办。9月13日和9月21日，镇海区举办2012年新民间广场舞蹈比赛，比赛分社区和行政村两场举行。全区六个镇（街道）共有17支队伍参加社区场，20支队伍参加行政村场。9月28日，镇海区举行2012年公民道德宣传月启动仪式暨迎国庆“爱国歌曲大家唱”合唱比赛。12月25日，《蒋思豫百岁书法集》在镇海举行首发式。组织参加在宁波中山广场举行的“五月的花海”——镇海区业余文艺团队专场演出并获宁波市业余文艺团队汇演优秀展演奖；承办浙江省首届村歌大赛。广播连续剧《热血丹枫》、《他心中有座高山》获中国广播剧协会专家奖金奖；广播连续剧《镇海雄关》获省、市“五个一工程”奖，历史小说《雄镇海战》获市“五个一工程”奖；庄市街道光明村的合唱《光明引领奔小康》和九龙湖村的女声表演唱《九龙恋歌》参加浙江省首届村歌大赛分别获金奖；蛟川街道的女声小组唱《五彩的甜蜜》参加浙江省第十二届新人新作大赛获创作表演双金奖；招宝山街道总浦桥社区合唱节目《红梅赞》获浙江省红色经典歌曲合唱大赛铜奖；骆驼街道中街社区的舞蹈《雀舞港城》和蛟川街道银凤社区的舞蹈《银凤晓月》参加2012“舞动幸福”宁波市社区居民舞蹈大赛分别获金奖；徐家明的行书作品获宁波市第四届美术书法摄影优秀作品展书法类金奖，李浙东等6位作者的作品获银奖，王荆等6位作者的作品获铜奖，区文化馆获优秀组织奖；相声《拼爹时代》、小品《女婿上门》、说唱《旅游乐》参加宁波第四届小品小戏曲艺会演分别获创作表演银奖和铜奖。骆驼街道的民间舞蹈《凤舞朝阳》获宁波市2012年度农村种文化文艺展演奖。9月22日，镇海区蛟川街道文化艺术团到“中国经编名镇”马桥，开展“文化走亲”活动。三、加强历史文化遗产的保护和传承。公布七里屿灯塔、抗战阵亡将士纪念碑、蛟川书院、刘聘三故居等不可移动文物为区级文物保护单位；协助宁波植物园、庄市街道做好对叶澄衷墓址、菱漕祠堂等7处已被列入“三普”名录的不可移动文物的跟踪保护工作；做好规划编制中的文物保护工作，参与《镇海区庙戴村民集居点、觉渡集中居住区建设规划》、九龙湖镇思源亭区域高压线架设论证方案的编制。组织“文物宣传大篷车”、“5·18国际博物馆日”、“中国文化遗产日”等下乡专题宣传活动，展示“三普成果图板”80块，分发各种宣传资料2100多份，接待市民文物法规咨询300余人次，免费鉴定各类民间藏品文物60余件。出版《甬上风华——宁波市非物质文化遗产大观·镇海卷》一书，公布招宝山风物传说等一批非物质文化遗产区级名录，召开全区非物质文化遗产保护传承工作推进会。开展“元宵灯会”、“端午文化节”、“冬至民俗文化活动周”等“我们的节日”传统文化活动，开展非物质文化遗产日系列活动，包括广场宣传、法规咨询、民间藏品鉴定、非物质文化遗产保护项目展示等。四、维护文化市场的健康发展。2012年共受理行政许可75件，新办结案件40件，组织各类专项整治联合行动25次，检查文化经营场所1300余家次，查处涉黄案件6起，收缴非法光盘45000余盘，查处黑网吧74家。五、加快文创产业项目引进步伐。成立由区委书记任组长，各有关部门负责人任组员的文化提升领导小组，出台《关于加快文化创意产业发展实施细则》，设立文化产业发展专项资金2000万元，引入杭州银行等金融机构。建立文化创意产业目标考核机制。做好影视、动漫、网游等重点文化创意企业的落户审批、专项扶持资金申报，镇海区大愚动漫设计有限公司被市局认定为重点动漫游戏企业，获发展专项资金扶持。组织4家企业参加宁波文化产业总裁高级研修班。举办2012甬港文化创意产业合作论坛，宁波市国家大学科技园文化创意产业园开园。2012年共新引进文化创意企业201家，完成年度目标任务的134%，合计注册资金4.5亿元，其中注册资金500万元—1000万元项目17个，注册资金1000万元及以上项目23个。

六、加强人才队伍建设。完善区、镇(街道)、村(社区)三级宣传文化干部队伍建设,探索基层文化干部职称考核审报工作机制。推动区宣传文化专业人才队伍建设,加强“四个一批”人才培养和“六个一批”推荐工作,李浙东获镇海区首届优秀人才奖,李晓军获宁波市青年文艺之星称号,蔡泉根被列为镇海区“三思三创”十大典型人物之一。10月17日,举办全区基层公共文化队伍培训班。对掌握专项文化技能、专业上的造诣、行业内公认、社会上有影响、具有奉献精神的民间艺术家、非物质文化遗产代表性传承人和有突出贡献的群众性文艺工作者进行培养和扶持。

镇海区举行首届小品小戏曲艺比赛　9月12日,首届小品小戏曲艺大赛在人民大会堂举行,此次活动由中共镇海区委宣传部、文化广电新闻出版局主办,宁波保利置业有限公司协办,区文化馆和曲艺家协会承办。全区各镇、街道推出《小村官有大智慧》、《水落石出》、《三姐妹比福气》、《社区的早晨》、《妈妈的眼泪》、《幸福背后》等10个原创节目,形式有小品、独角戏、说唱和相声。

两岸四地中华文化联谊活动开幕　9月17日,由九三学社中央文化工作委员会、宁波市文联、九三学社宁波市委员会联合举办的龙年“两岸四地”中华文化(书画·音乐)联谊活动在宁波帮博物馆开幕。此次邀请展汇集“两岸四地”书法家创作的127幅书法与绘画名作。当天下午,在宁波美术馆举行了“两岸四地”书画名家笔会,近20余位书画名家、文艺界知名人士以笔会友、切磋技艺。当天晚上,龙年音乐戏曲晚会在宁波音乐厅举行。

中国金融数字文化城奠基　9月19日,总投资50亿元、镇海区引进的最大文化创意产业项目——中国金融数字文化城举行奠基仪式。这是集“金融、科技、文化创意”三大板块于一体的高端文化产业基地。预计2017年建成。

浙江省首届村歌创作演唱大赛在镇海举行　10月14日至15日,由浙江省文化厅、镇海区人民政府主办的省首届村歌大赛决赛在镇海区举行。比赛以“赞颂美丽农村、歌唱幸福生活”为宗旨,分初赛、复赛、决赛三个阶段。来自全省各地11支代表队的42个节目入围决赛。镇海区庄市街道光明村表演唱《光明引我奔小康》和九龙湖镇九龙湖村女声组唱《九龙恋歌》获省首届村歌创作比赛金奖。

全国京剧名票折子戏展演在镇海举行　10月20日,全国京剧名票折子戏(片段)展演在镇海区人民大会堂举行。周信芳先生亲传弟子屠传声、京剧名家叶盛华弟子李晶、京剧名家李名岩先生弟子袁青、中央电视台《过把瘾》节目状元奖得主金文蔚等京剧名票友上台献艺。他们演出了《徐策跑城》、《金龟记·行路》、《霸王别姬》、《瑶池宴》等10出折子戏片段。

(吕国琴)

·相关链接·

《宁波市非物质文化遗产大观镇海卷》首发

12月4日,镇海区召开《甬上风华——宁波市非物质文化遗产大观镇海卷》首发式暨非物质文化遗产保护传承工作推进会,镇海区非物质文化遗产保护中心同时成立。与会领导为省、市、区非物质文化遗产传承人、传承基地颁证授牌,并举行《甬上风华——宁波市非物质文化遗产大观镇海卷》首发式。该书涉及民间文学、传统技艺、民间艺术、民间习俗等七大类非物质文化遗产项目内容,收录了镇海72个非物质文化遗产项目,介绍了16位非遗传承人的情况。

【鄞州区文化广电新闻出版局(体育局)】　内设5个职能科室,下属12个直属单位。2012年末共有工作人员124人(其中:机关20人,参公13人,事业91人,具有高级技术职务资格的19人,中级34人)。

2012年,鄞州区文化体育工作按照《文化质量提升战略三年行动计划》要求,高起点高水平推进文化发展,成效明显。2012年鄞州区公共文化服务获浙江省综合评估第一;文化产业发展总量和质量全市领先;WCBA鄞州赛区被国家体育总局评为全国体育竞赛最佳赛区。一、公共文化建设成效显著。“国家公共文化服务体系示范区”创建中期督导高标准通过。10月15日,举行国家公共文化服务体系示范区创建工作再推进会,副区长夏素贞出席会议。全区23个乡镇(街道)的文化工作分管领导、文化站长,区级文化部门的中层以上干部及其它相关区级单位的负责人共70余人参加会议。编发示范区创建工作简报20期,刊登示范区创建专版报道《中国文化报》、《浙江日报》、《都市快报》、《宁波日报》、《东南商报》、《现代金报》各1版，《鄞州日报》10版，新华社、光明日报、工人日报、浙江日报、宁波日报等国家、省市级媒体对鄞州区创建亮点工作予以多次报道，各类报道达100余篇。分城区街道、中心镇（卫星城）、近郊镇和特色镇乡四类对公共文化明珠镇创建展开分类指导。2012年有5个镇乡（街道）通过明珠镇创建验收，其中A级3个（横溪镇、云龙镇、钟公庙街道）、B级2个（洞桥镇、龙观乡）。截至12月，除7个镇乡（街道）已创建成功外，还有8个镇（街道）正在创建当中，其中集士港镇、东吴镇、瞻岐镇文化中心已结顶，古林镇、石矸街道、章水镇、姜山镇、五乡镇已开工建设。出台《鄞州区公共文化场馆运行考核奖励办法》。2012年成功创建省级文化强镇、文化示范村各1家；新创建市级文化示范镇（街道）3个，文化示范村18个。各类文艺作品在各艺术门类比赛中获国家级奖项2件、省级8件、市级7件。群舞《十里红妆》获2012浙江省"群星奖"舞台舞蹈大赛创作金奖、音乐金奖、表演金奖，组唱歌曲《早春脚步》获浙江省"五个一工程"奖，这两个作品均入围全国十六届"群星奖"决赛。宁波走书《一张假钞票》获第四届全国曲艺大展一等奖，国家级非遗项目宁波走书《戏迷招亲》获第七届中国曲艺牡丹奖东莞分赛区节目提名奖，入选中国曲艺牡丹奖总决赛。2月23日，由区委宣传部、区文广局和鄞州越剧团共同打造的多媒体越剧《杜十娘》在中央电视台戏曲频道九州大戏台首播。启动"鄞州文化体育信息专用整合展示系统"建设工程，对鄞州文化体育网进行全新改版，新建3个子网站（区文化馆子网、区文管办子网、区非遗网子网），并实现鄞州文化体育网这一主站与系统内其它已建网站的全面资源整合。4月10日，以"书香伴我成长，经典浸润人生"为主题的2012年鄞州区未成年人读书节启动仪式在鄞州高级中学举行，全区1000余名师生代表参加了启动仪式。读书节期间开展经典诵读大赛、科普系列讲座、名家进校园、征文演讲、童谣征集、文明小博客、校园特色读书活动成果展等系列活动。二、"天天系列"基层公共文化惠民工程全面推进。推出七大"天天"系列基层公共文化惠民工程。提升"天天演"的品牌知名度，增加演出场次、提升演出品质，针对新鄞州人、儿童等特定群体实施文艺演出和服务的精确化投送。2012年向外来务工人员聚集的滨海创业中心定向输送10场演艺节目；引进第七届全国儿童剧优秀剧目展演10场演出，并获组织工作奖；策划一台反映鄞州十年变迁的《阳光路上》歌舞综艺主题晚会赴各镇乡（街道）巡演。开展全区第三次业余戏曲团队综合评估定级，筛选出31支业余戏曲团队纳入"天天演"采购范围；10月在区文艺中心小剧场推出"天天演"周末戏曲群星大舞台。2012年"天天演"共演出1110场次，惠及观众120万余人，其中区文艺中心演出69场，赴基层演出1041场。在演出档次分布上，专业团体省级以上演出19场、地市级演出205场、县（区）级演出432场，业余团队演出454场。出台《鄞州区"天天乐"村（社区）级娱乐培训中心实施方案》及配套方案《关于"天天乐"村级娱乐培训中心电影光盘的配送办法》，已建立110个"天天乐"农村文化娱乐中心，在娱乐中心基层百姓既可免费观看优质电影，又可参与文化活动、接受免费培训等。由区电影公司统一负责各娱乐中心优质电影节目等的配送、流通，2012年已向各娱乐中心配送电影节目3595部。选送的"音王惠民产品"获评浙江省公共文化服务项目创新奖特别贡献奖。2012年出台鄞州区《"天天读"图书共享工程实施方案》、《公共电子阅览室专项资金使用管理办法》等，建立公共电子阅览室《场所管理制度》、《管理人员工作职责》、《上网管理制度》和《图书借阅制度》等制度，建立农家书屋与公共电子阅览室合二为一的"天天读"图书普享工程102家。与中国电信宁波分公司签订《关于"数字阅览室"项目合作协议》。"图书漂流"进宁夏活动获评2012年"春雨工程"——全国文化志愿者边疆行示范项目。推出"天天看"电影惠民工程，2012年鄞州区"农村电影放映工程"放映露天电影5188场次，观众191万余人次；"爱教电影进校园"活动放映爱教电影422场次，17万余名学生观看了影片；4月把高桥影剧院免门票模式扩展到全区11个乡镇影剧院，2012年放映免费影院电影3170场次，观众66万余人次；在欧琳集团、广博集团、望春工业园区、滨海创业中心四地设立免费电影放映基地，每周在各基地放映2－4场免费电影，累计放映710场，观众12万余人次；暑期在基层推出"文化广场电影纳凉"活动，7月至9月除下雨等天气因素外每晚都在钟公庙街道、古林镇等5个乡镇（街道）文化广场各放映一场免费电影。2012年"明州大讲堂"加大讲座进基层力度，讲座地点拓展为“走进学校、走进企业、走进社区（农村）、走进军营、走进机关”的“五进”形式。2012年共举办系列讲座49场，听众2.1万余人次，其中仅有17场在区图书馆举办，其余均直接送入基层。2012年出版首册反映五年来经典讲座内容的讲座集《明州大讲堂》，并把每期讲座制作成视频放到文化共享工程网上。2012年区文化馆共开展各类公益培训班74期，业务干部下基层辅导156次。在经济开发区管委会开辟设立文化馆文化艺术培训基地。2012年新建更新92条健身路径，新建各类球场52个，其中85%以上的行政村（社区）建有标准篮球场，并对全区体育设施进行安全检查、修缮，配齐健身社会指导员。新发展区图书馆分馆42家，新建汽车图书馆服务点4个，上门服务492次，至此区图书馆分馆达113家、汽车图书馆服务点达63个。举办“明州展廊”、“星光展览”、“赵雪林精品熨斗展”、“新疆美术作品展”等各类专题展览46场。举办“红帮裁缝”免费量体裁衣活动12期，为市民免费裁衣241套（件）。推出“送印刷年检下乡”服务，把年检点从区行政服务中心搬到5个乡镇。新出台《鄞州区村落（社区）文化员队伍建设奖励办法》等。三、精心组织各项大型文体活动。1月19日，由区文广局、区总工会、区外来务工协会联合举办的“情系广博 爱满员工”2012广博集团年终表彰大会暨新春联欢会在广博工业园举行。5月9日承办由文化部、中央文明办主办的2012“春雨工程”全国文化志愿者边疆行活动启动仪式，启动仪式上鄞州区被确定为全国首个“春雨工程”培训基地。4月27日，举办首届新鄞州人文化节。文化节期举办“电影周”、“活动周”、“服务周”等系列活动，共为滨海新鄞州人送去免费电影10场、大型文化讲座3场，举办大型文体赛事3场。6月13日闭幕式上与滨海创业中心签订《鄞州公共文化服务协议书》，并在滨海设立区文化馆文化艺术培训基地、职工文化家园滨海分园等6个文化服务常驻基地。8月15日至19日，在钱湖天地广场政企联合举办首届宁波“海上丝路”城市音乐节。9月16日，作为文化部主办的“大地情深”国家公共文化示范区创建城市群众文化进京展演剧目，鄞州区与中央歌剧院共同打造的大型音乐诗画舞台剧《鄞地九歌》在北京展览馆剧场首演。财政部部长谢旭人、文化部副部长励小捷、浙江省文化厅副厅长陈瑶以及市、区领导陈伟俊、张明华、陈佳强、陈国军、王自强、陈振国、沈剑波、夏素贞等观看了演出。这种央地联手、创新机制打造群众文化精品的合作模式获文化部部长蔡武、副部长杨志今的批示肯定。2012年鄞州区先后承办ITF国际女子暨ATP国际男子网球挑战赛、亚洲青少年花样滑冰挑战赛（鄞州站）、全国公安部警卫系统网球邀请赛、2011－2012年WCBA鄞州主场赛、全国围棋段位赛、全国小学生趣味网球大赛（鄞州站）等国际国内重大体育品牌赛事。四、群体活动和竞技体育蓬勃发展。组织举办区首届围棋等级赛、区第九套广播体操比赛、区首届千人武术大展示等群体活动与赛事20余次，承办全国公安部警卫系统网球邀请赛、华东地区第五届穿越“四明山心”自行车爬坡赛等国家、省市级比赛10余次，各镇乡（街道）也结合自身特点举办100余次全民健身活动，此外还开展鄞州区首届“健身达人”评选活动，共选出20名鄞州区首届“健身达人”。组队参加全国老年人气排球赛获团体第二；参加省首届女子体育节，获一等奖31个、二等奖14个，并获强县（区）组团体一等奖；参加市中小学生系列赛，揽获金牌38枚，其中网球赛获团体总分第一。此外，区体育局被授予中国国际象棋协会成立50周年特别贡献奖；区体育中心被推荐为2012年全国全民健身活动先进单位。新创建省村级体育俱乐部21个、省城市体育先进社区5个、省体育健身俱乐部2个、省青少年体育俱乐部3个，1所学校成为宁波市首批非奥运项目训练基地。五、文化遗产保护工作扎实推进。文物保护“四有”工作有序开展，2012年鄞州区（中国大运河）浙东运河鄞州高桥段和童第周故居两处共11处不可移动文物被公布为省级文保单位；405处各级文保单位（点）均树立保护标志碑，并有专人兼职看管；鄞州区全国和省级重点文保单位均建立“四有”档案数据库。天童寺、阿育王寺、它山堰等遗产点作为“海上丝绸之路”一部分，高桥运河遗产点作为“中国大运河”浙东运河段一部分，已正式进入《中国世界文化遗产预备名单》。完成宁波帮严氏建筑群、李惠利故居、周薇故居、周氏闾门等17处区级文保单位（点）的文物维修方案设计工作；完成沈氏宗祠、樟水革命烈士墓的文物维修及沈光文纪念馆布展工作；开展鄞江古城的考古勘探和梁祝公园开发过程中的抢救性考古工作；对史弥忠墓道、它山堰等不可移动文物的周边环境进行整治。起草《鄞州区历史文化名镇名村保护和申报办法》，召开城中村新庄村落文化研讨会。出台《鄞州区业余文保员管理办法》。在全区各镇乡（街道）开展“全民共享博物馆文化·流动博物馆基层服务鄞州行”活动、“聚焦鄞州遗产”2012 宁波文化遗产摄影大赛。汇编一套 65 卷的“三普”成果资料，并编撰区第三次全国文物普查丛书《历史的回声》（共四册）。区文管办获评浙江省第三次全国文物普查先进集体。成立鄞州区非遗保护联合会，公布鄞州区第四批非遗名录共 8 项。命名鄞州区第三批非遗传承基地和代表性传承人各 15 个。举办、承办、联办各类“非遗”保护、传承活动 27 次，“非遗”培训班 6 期。宁波走书传承人沈健丽参加“非遗薪传——浙江省非物质文化遗产（曲艺）展演”获优秀展演奖；区文化馆编著的《宁波走书现代作品集》一书正式出版。“中国博物馆文化之乡”品牌实现品质再提升。2012 年新开民办博物馆 2 座（沧海农具陈列馆、鄞州陶瓷文化艺术馆），至 12 月鄞州区已建（在建、筹建）博物馆、陈列馆、艺术馆达 36 座（国有 13 座、民办 23 座），其中已建成 22 座、在建 7 座、筹建 7 座。2012 年各博物馆举办临时展览 38 次，向各民办博物馆发放补助资金 285.26 万元。2012 年已开放博物馆共接待参观者 207 万余人次，其中民办博物馆接待 19 万人次。六、文化产业呈现蓬勃发展态势。2012 年鄞州区动漫作品在国家广电总局备案数达 7881 分钟。有 2 家动漫企业（浙江宣逸网络科技公司和宁波莱彼特文化传媒有限公司）首次亮相世界级展会“2012 东京国际动漫展”。2012 年 4 家企业（广博集团、旷世智源、宣逸网络、音王集团）入选 2011－2012 年度国家文化出口重点企业名单；4 家企业（广博集团、音王集团、水木动画、宣逸网络）入选浙江省文化产业发展“122”工程首批重点文化产业园区、企业名单；3 家企业（旷世智源、万达国际电影有限公司、乐歌视讯）入选第三批宁波市文化产业示范基地。鄞州国家动漫游戏原创产业基地获评浙江省“122 工程首批重点文化产业园区”。引进高层次人才国内影视知名编剧、制作人马军骧，并在鄞州区注册成立宁波盟玖影视文化传播有限公司。区文广局获评宁波市动漫产业发展专项资金扶持——引进知名动漫游戏企业落户奖。2012 年新开唛霸娱乐会所、浙海蓝辰会等 KTV14 家，新增面积 21087 平方米；新开游戏厅 3 家，新开网吧 6 家，新增电脑 1022 台；新开书刊、音像超市连锁门店 15 家，新增印刷包装企业 25 家。调研制定《关于扶持民营书店健康发展的暂行办法》。拓展两种书店经营新模式，2012 年 8 月区新华书店将报告厅改造成集精品图书、文房四宝、音乐器材、发烧影碟、休闲书吧等经营为一体的“阅读沙龙区”，每月邀请文化名人举办“悦读沙龙”讲座，2012 年已举办 5 场；12 月 18 日位于南部商务区的首家“悦读时光”书吧试行业，该书吧以图书经营为主，结合传统茶道、香道。七、文化市场监管工作有序开展。文化部表彰 2011 年度全国文化市场十大案件及重大案件办案单位，鄞州区文化市场行政执法大队办理的浙江世纪风采文化传播有限公司擅自变更营业性演出节目案被评为重大案件。2012 年重点开展“扫黄打非”专项行动、全国文明城市指数测评迎检创建、十八大文化市场专项保障行动、印刷复制发行监管专项行动、“打非治违”专项整治行动、演出市场监管等活动。2012 年区文化市场行政执法大队共出动执法人员 2273 人次，检查各类文化经营场所 2830 家次，整改各类消防安全隐患问题 124 个，办理行政处罚案件 43 起，取缔大型无证照歌舞娱乐场所、大型无证照销售图书摊贩各 1 个，吊销文化经营许可证 2 起，市场整体良好率达 97.8%。开展政府机关正版软件使用推广工作，通过公开招标集中采购了金山办公软件（WPS OFFICE 2012 专业版）的场地授权，并在区级各有关部门、直属机构展开正版办公软件安装工作，共有 36 家单位完成安装，累计安装电脑 2074 台。举办各类文化市场和安全生产法规业务培训班 22 期，培训人次达 2400 余人。

辽宁农民来鄞州文化结亲　2 月 19 日，有着“农民春晚导演”之称的辽宁省朝阳县雹神庙村农民李春军和 11 名村民“演员”，应邀到鄞州区邱隘镇进行文化交流活动。2 月 20 日，雹神庙村“春之韵”艺术团与邱隘和雅艺术团共同演绎了一台晚会。晚会开始之前，两个民间文化团队互换团旗，签订《南北文化合作协议》。

鄞州成为全国首个“春雨工程”培训基地　鄞州作为全国首批创建国家公共文化服务体系示范单位，在 2012“春雨工程”——全国文化志愿者边疆行活动启动仪式上，被确定为全国首个“春雨工程”培训基地，将承担为边疆民族地区基层文化干部提供学习考察、培训实习等全面配套服务。

首期“周六悦读沙龙”启幕 8月11日，鄞州书城三楼，几十个来自宁波各地的读书人、写书人、藏书人相聚一堂，听知名学者戴松岳谈古论今，彼此交流读书与人生的领悟。这是区新华书店精心打造的新城区全新公共文化交流平台“周六悦读沙龙”的首期活动。

首届宁波“海上丝路”城市音乐节成功举办 8月15日至19日，在鄞州区钱湖天地广场举办首届宁波“海上丝路”城市音乐节。本次音乐节由鄞州区中河街道、区文广局、区旅游局、区商贸局共同主办，宁波世纪泰丰集团有限公司、宁波东麟文化发展有限公司承办。采用“政府扶持、企业举办、媒体宣传、社会力量搭台”的运作模式，以“公益性”为主旋律，所有入场门票均通过各种途径免费派送给广大市民。

2012全国图书馆媒体与阅读年会在鄞州举行 9月12日至15日，2012全国图书馆媒体与阅读年会在鄞州区（宁波大学园区）图书馆举行。来自全国图书馆界的专家、学者，宁波地区公共图书馆馆长及全国图书馆界代表近200人齐聚鄞州参加了本次会议。中国图书馆学会阅读推广委员会主任吴晞、省图书馆学会秘书长袁逸、鄞州区副区长夏素贞等领导出席13日的开幕式。本次阅读年会围绕主题“阅读推广——图书馆服务永恒的主题”，开展大会主题发言、分会场主题讨论、论文征集、颁奖与讲评等系列活动。

鄞州区文化促进会成立 10月16日，鄞州区文化促进会正式成立。文促会是由鄞州区域内热心中华文化的个人和单位自愿结成的区域性、联合性、非营利性的社会组织，以弘扬传统文化、建设精神家园，挖掘地域文化、发展文化事业为宗旨。文促会拥有区文化行业协会、区非遗保护联合会等百余家团体会员及80余位个人会员。

（陶渊良）

【余姚市文化广电新闻出版局（体育局）】 内设职能科室6个，直属事、企单位11个。2012年末人员279人（其中：机关31人，事业248人；具有高级技术职务资格36人，中级94人）。

2012年，余姚市文化广电新闻出版局以建设更高水平的文化强市为战略目标，以维护人民群众的基本文化权益为宗旨，文化事业和产业发展的各个领域实再上新台阶。一、扎实开展各项工作，在多个领域实现新突破。2012年，余姚河姆渡遗址博物馆被评为全国文物系统先进集体，全民健身中心被评为国家级全民健身活动中心。余姚开展“公共文化服务配送，政府花钱买戏丰富基层文化建设”的做法，刊登在1月13日的《人民日报》要闻版上。余姚马渚镇作为农村文化市场监管工作的先进基层典型，在中央电视台7月26日的《新闻联播》栏目中做经验推广。在公共文化服务领域，余姚被评为浙江省“文化走亲”先进单位；余姚完善公共文化服务体系的做法获浙江省公共文化服务创新奖。在文艺精品创作方面，姚剧《五月杨梅红》获浙江省第十一届精神文明建设“五个一工程”奖。在文化遗产保护利用方面，余姚被授予“浙江省第三次全国文物普查先进县”和“浙江省非物质文化遗产保护综合试点县（市）”称号。二、秉持文化惠民理念，建立健全公共文化服务体系。抓好以图书馆、文化馆、姚剧保护传承中心为主的公共文化中心建设工程的前期准备工作。朗霞街道创建为浙江省文化强镇，三七市村创建为省级文化示范村，梁弄镇等3个乡镇创建为宁波市文化示范乡镇（街道），兰墅桥村等17个村（社区）创建为宁波市文化示范村（社区）。改造提升泗门镇、牟山镇、大岚镇等3个集镇综合文化中心，以及16个村（社区）文化宫。建成10家企业文化中心。乡镇（街道）公共图书分馆和农家书屋实现全覆盖。组织举办春节团拜会、“八星争辉”宁波市卫星城市试点镇文艺汇演暨元宵灯展、“我们的节日·端午”群众文化展演和传统小吃展示、中秋节戏曲晚会等特色文化活动。国庆期间，开展90场次不同形式的文化活动，参与人数超过10万。组织举办余姚市第二届全民读书节、“格莱美杯”2012年余姚市歌曲演唱大赛、新余姚人才艺大赛、余姚市舞蹈精英大赛、第二届余慈姚剧演唱大赛、2012年余姚市超级戏迷（戏曲）大赛等活动。余姚各乡镇（街道）开展品牌文化活动。市文化馆、博物馆等公共文化单位改善服务、提升品质，做好免费开放接待工作。2012年，市文化馆免费开放接待群众15600人次。四明阁非遗展演馆共开展各类展演活动380余场次，免费开放受惠群众超过5万人次，四明阁“天天有戏看”活动在《中国文化报》进行宣传。市图书馆接待读者17万余人次，个人外借图书36万余册次，举办各类读者活动27次。全民健身中心接待健身市民104.8万人次。河姆渡遗址博物馆、余姚博物馆、王阳明故居纪念馆等城区文物开放点共计接待参观人数110万人次。河姆渡遗址博物馆和王阳明故居被评为“宁波市社会科学普及示范基地”，河姆渡遗址博物馆获“浙江省2011年度博物馆免费开放最佳做法——最佳讲解导览服务奖”。2012年，共完成公共文化服务配送演出658场次，其中，“阳光文化直通车”配送演出344场次，由涉及5类演出团体的22个演出单位在全市135个配送点进行演出，宁波市“千场戏剧进农村”演出280场次，为有关部门和单位代办各类演出34场次。组织开展送电影下乡3396场。抓好“周末文化”系列活动，直接受益群众达3万余人次。加强全市文化员、文化团队和文艺骨干等文化队伍建设。组织文化馆长、图书馆长和文化站长参加宁波市公共文化服务体系建设培训班。举办全市村（社区）宣传文化员、基层文艺骨干业务培训班。推荐文化员、文化站长分别参加全国基层文化队伍示范性培训和浙江省乡镇（街道）综合文化站站长培训。2012年共累计培训人数达到350人次。组织文化馆、艺术剧院的专业人员与40支业余文艺团队开展“一对一”的结对帮扶活动。扶持培育58支示范性业余文艺团队。建成越剧名家王志萍工作室。二、注重文化品质提升，扩大文化名城影响力。姚剧《五月杨梅红》获浙江省“五个一工程”奖，并赴杭州参加省优秀剧目展演；音乐作品骨笛与打击乐《梦幻中的河姆渡》和歌曲《高速时代》分别获浙江省第十一届音乐新作演唱（演奏）大赛创作、表演双金奖和双银奖；小品《温暖》获宁波市第四届戏剧小品、小戏、曲艺比赛表演、创作双金奖；姚剧小戏《红玫瑰》获宁波市第四届戏剧小品、小戏、曲艺比赛表演银奖、创作铜奖；舞蹈《女兵》获宁波市社区舞蹈大奖赛银奖；艺术剧院倪乐辉获全国第二届笛子邀请赛专业组银奖，张琦、黄飞、叶奇芳等人获浙江省青年戏曲演员大赛三等奖。2012年，组队参加全国拔河锦标赛、浙江省第七届农民运动会、浙江省首届女子体育节、宁波市第八届农民运动会等赛事。其中，小曹娥农民拔河队在全国拔河锦标赛中获1个第三名、2个第四名、5个第五名；陆埠干溪村门球队获首届全国农村门球大联动总决赛冠军。在伦敦残奥会上，余姚黄家埠选手王益楠获3金1银1铜。做好青少年训竞工作，2012年新增训练传校4所，向上级训练单位输送体育苗子23人。做好浙江省古籍普查和修复工作，加强库房规范化管理，共完成3000册古籍普查任务，完成钱币整理5000枚。实施全国文保单位黄宗羲墓和浙东抗日根据地旧址群的保护规划编制。推进大运河申遗工程，完成“四有”记录档案和保护标志碑制作，完成遗产点段的整治清理工作。制订《关于进一步加强文物建筑消防安全的通知》。开展对全市古建筑文保单位、文保点、历史风貌建筑的安全检查。健全和稳定文物保护组织，聘请154名业余文保员，义务从事辖区内文化遗产的日常安全管理工作。完成舜江楼、通济桥、汲修书屋、严氏宗祠、孝子祠堂、符氏宗祠、朱家大厅等维修工程。完成王阳明生平史迹陈列改造工程和河姆渡遗址二期展示设施整修工程。开展田螺山遗址考古发掘工作。配合宁波考古所做好南宋右丞相史嵩之墓葬的挖掘和后续保护工作。筹建河姆渡文化学术研究中心。编印完成第一期《国际阳明学研究中心简讯》，召开第二期国际阳明学研讨会。举办博物馆藏友座谈会、姚江文博讲坛、“名邦遗珍—余姚民间典藏系列展—青瓷特展”、“我心中的河姆渡”征文书画比赛等系列活动，召开“美丽与魅力同行——文化遗产保护与美丽乡村建设成果展示与推进会”。举办“明清瓷器特展”、“未亡的恐龙——辽西古生物化石科普展”以及“余姚历史人物画展”等临时展览7个。开展“让历史告诉我们”、“阳光少年成长乐园”以及“河姆渡文化进校园”等主题社教活动。余姚草编、余姚十番、车子灯、精武拳（械）技、大隐石雕等5个项目入选浙江省第四批非物质文化遗产名录。余姚土布制作技艺应邀参加2012中国（浙江）非遗博览会，木偶摔跤应邀参加第七届浙江省非物质文化遗产节暨浙江省非遗进校园活动季开幕式展演。公布第四批余姚市级非物质文化遗产保护名录。出版《甬上风华——宁波市非物质文化遗产大观·余姚卷》和浙江省非物质文化遗产代表作丛书《余姚姚剧》。组织举办余姚市宗祠文化研讨会。姚剧表演专业班编排青春版古装戏《白蛇前传》。三、加强文化市场管理，文化产业发展繁荣有序。加强日常监管，做好元旦、春节、寒假及“两会”期间文化市场监管工作。抓好人员密集场所消防安全隐患集中排查行动、“扫黄打非”专项整治行动、保护知识产权专项行动、演出市场专项整治行动、印刷复制企业专项检查等专项整治。2012年共出动执法检查人员1550人次，检查各类文化经营单位2571家次，开展联合执法40余次，立案50起，共处罚款186800元。制订出台《关于继续深化农村文化市场监管工作的通知》。开展文化市场破解难题活动，重点做好城乡结合部的文化市场整治工作。在梁弄镇成立省内首个农村文物监察中队。2012年共计受理各类审批服务事项190件，办结190件，按期办结率100%，群众满意率100%。共新设立文化经营单位89家，新增投资超过1.2亿元。全市文化市场年生产总值达45亿元。总投资4000万元的余姚市金桥奇石艺术馆和总投资5000万元的余姚市四明山书画院建成并对外开放。新增3家姚江书吧和2家农村出版物小连锁网店。浙江河姆渡动漫文化发展有限公司创作的《嘻笑一家亲》和《动物行星大探险》总投入572万元，已开始播映。与余姚市人民财产保险公司协调，制订《余姚印刷包装企业保险统保方案》。加强与民生银行的合作，扩大对印刷企业的融资规模。体育彩票销售收入达到1.42亿元。市新华书店图书销售额达到6483万元，实现利润480万元。市姚剧保护传承中心共演出494场，演出收入超过456万元。

第九期非洲国家新闻官员和记者研修班成员参观河姆渡遗址博物馆 7月26日，第九期非洲国家新闻官员和记者研修班到河姆渡遗址博物馆参观。本期研修班是由国务院新闻办公室和商务部共同主办、国务院新闻办公室干部培训中心实施的，共有来自埃塞俄比亚、尼日利亚、利比里亚等18个非洲国家的46位政府新闻官员、主流媒体负责人及记者参加。

“王阳明廉政思想学术研讨会”在余姚博物馆举行 9月24日下午，由余姚市纪委、余姚市文化广电新闻出版局和国际阳明学研究中心共同举办的“王阳明廉政思想学术研讨会”在余姚博物馆举行，来自余姚市纪委、市文广局、市史志办、市文保所、市书画院、市电大的共16位代表出席会议并作了发言，中共余姚市纪委副书记诸跃波，余姚市文广局党委书记、局长熊培军等参加会议，余姚市文广局党委委员、纪检组长徐和庆主持。

·相关链接·

余姚推进文化遗产保护与美丽乡村建设联姻

2012年6月8日，作为中国文化遗产日的一项主题活动，余姚市农办、余姚市文化广电新闻出版局、鹿亭乡党委政府主办“美丽与魅力同行”文化遗产保护与美丽乡村建设成果展示与推进会，进一步探讨文化遗产保护与美丽乡村建设互相促进的意义。与会人员参观考察晓云村（大方桥、褚氏宗祠）、石潭村（龚氏宗祠、石潭板桥）、中村（白云桥、仙圣庙），然后在鹿亭乡政府会堂举行推进会。宁波市农办副主任周建飞，宁波市文化广电新闻出版局副局长孟建耀出席活动。余姚市委副书记、市长奚明讲话。余姚市常委、宣传部部长潘银浩主持。

（方其军）

【慈溪市文化广电新闻出版局（体育局）】 内设5个职能科室，直属单位10家。2012年末人员150人（其中：机关在编21人，参公13人，事业116人，具有高级职称的11人，中级32人）。

2012年，慈溪文化工作紧紧围绕完善服务体系、传承地域文化、优化市场环境三大主题，为慈溪“打造品质之城、共建幸福家园”提供有力的文化支撑。一、围绕完善服务体系，提升公共文化服务能力。推进省公共文化服务体系示范区创建，完成创建基础性准备工作，成立慈溪市创建省公共文化服务体系示范区工作领导小组，组织人员赴鄞州、张家港等地考察学习，启动市公共文化服务中心建设，完成创建工作手册和宣传片制作方案。完成宁波市政府民生实事项目指标，共引进举办高端文化展览45场、文化讲座48场、文化演出50场、组织文化活动600场，送电影下乡4996场、送戏下乡320场。完成慈溪市政府惠民项目指标，共举办“百姓课堂”培训135期次、“举办百场戏剧进农村”演出680场、为基层配送“天天乐”流动音响设备120套，围绕重点节庆创排民间文艺节目百余个，扶持农村文化队伍千余支。实现镇（街道）图书馆分馆、标准化公共电子阅览室和农家书屋村（社区）全覆盖，并在全省试点建设首个“移动数字农家书屋”。创建浙江省文化强镇3个、省文化示范村（社区）2个，创建宁波市文化示范乡镇（街道）3个、宁波市文化示范村（社区）15个。“三北讲坛”通过“浙江省社科普及示范基地”考核验收，并被命名为“宁波市社会科学普及基地”。举办第九届慈溪市艺术节，举行六大类26项800余场文化艺术活动。2012年组织报送的各类作品在宁波市市级以上赛事中获奖（入展、发表）211件次，其中宁波级74件次，省级81件次，全国级56件次，《阳光窗口》获宁波市“五个一工程”奖，《为幸福导航》获浙江省第十一届音乐新作演唱（演奏）大赛创作、表演双金奖，《文件夹》获浙江省第23届戏剧小品邀请赛创作、表演双金奖。二、围绕传承地域文化，扩大慈溪文化对外影响。完成第三次全国文物普查，“三普”图录出版。引导镇（街道）将文物保护单位（点）维修工程纳入城乡建设规划，完成近10处文物点的修缮工作，文物完好率达到95%以上。完成新公布各级文保单位标志碑和说明牌的安装。全市文保员增加至134人。市博物馆2012年征集各类文物近20件，受赠文物3件，装裱修补古画62件，举办临时展览3期。完成新博物馆两大陈列的大纲论证、新馆陈列文物初步遴选及新馆布展方案审查。市博物馆、上林湖越窑遗址、龙山虞氏旧宅、浙东抗日根据地旧址等开放单位2012年接待海内外观众近5万人次。新增6个省级非物质文化遗产项目。出版《甬上风华·宁波市非物质文化遗产大观·慈溪卷》。上林湖越窑遗址列入重新公布的中国世界文化遗产预备名单，专门成立上林湖越窑遗址申遗办公室。青瓷瓯乐艺术团于4月应邀赴台湾演出、7月受省文化厅组派赴德国交流演出，瓯乐还参加了中日韩三国外长会议招待展演和省领导接待斐济总理的招待演出，应邀赴北京参加中央电视台“喜迎十八大·中国民族民间歌舞乐大典”展演录制。青瓷瓯乐《嘻瓷逗乐》获浙江省第十一届音乐新作演唱（演奏）大赛创作、表演双金奖。瓯乐音画《上林瓷风》完成文本第二稿修改。三、围绕优化市场环境，助推文化产业持续发展。完成行政审批标准化体系建设，提高行政审批的效率和透明度，将各类审批事项的审批时限均提速百分之九十以上。出台《慈溪市文化市场义务监督员管理办法》。推出“开展一场法规知识竞赛、制作一部法规宣传动漫、建设一个短信互动平台、抓住一份重点监管名单”的“四个一”活动，此工作做法在宁波市“扫黄打非”和文化市场管理工作会议上进行交流。建立文物监察电子数据档案，处理违法事件3起，培育专业化监管队伍开展互联网视听节目传播网站检查，查获和取缔非法网站视听传播网站3家。组织开展文化产业相关调研，推动《慈溪市引进市外文化产业奖励办法（试行）》、《关于加快文化产业发展的若干实施意见》等政策出台。开展招商引资，参加慈溪市现代服务业招商推介会（厦门），并与北京世纪飞歌国际文化传媒有限公司达成并签署注册资金2000万元的投资意向书。为重点文化企业争取上级各项优惠政策，推荐并指导企业申请融资需求“担保风险金”、宁波市印刷企业“行业示范奖”等奖项评比。森鹤乐器股份有限公司成功申报国家文化出口重点企业。首部由慈溪本土企业出品的电影《爱谁谁》在全国各大院线放映。时代电影大世界等4家文化消费场所入选宁波市“市民满意的文化消费场所”。开展知识产权保护专项执法行动、“扫黄打非”各项专项整治行动、迎接党的十八大文化市场专项保障行动等各类专项执法行动十余项。2012年共出动执法人员10659人次，检查经营单位2636家次，受理群众举报22件，开展联合执法25次，取缔无证经营单位77家，收缴侵权盗版音像制品26500余盒，收缴非法图书8650余册，鉴定公安部门送交出版物216000余盒，取缔文化市场非法经营行为320家次，办理行政执法案件62件（构成刑事追诉标准的移送案件8件），罚没款263222元。

慈溪举办第九届市艺术节　第九届慈溪市艺术节于9月28日开幕，历时近两个月，以“打造品质之城、共建幸福家园”为主题。艺术节由开幕式、精品文艺赛事、展览、舞台艺术精品展演、群众文化活动、闭幕式等六大类26项800余场形式多样的文化艺术活动组成，包括第八届慈溪市农民“种”文化文艺大展演，浙江省第十一届音乐新作演唱演奏大赛，“台湾映像”民族音乐会，中华戏曲名家精品演唱会，舞龙舞狮、水火流星等特色民间表演等。有1000余位业余文艺骨干参加表演，有2000余位观众参与互动展示。

慈溪青瓷瓯乐亮相德国国际音乐节　受浙江省文化厅组派，慈溪市青瓷瓯乐团于7月10日至16日赴德国参加石荷州国际音乐节。瓯乐团挑选了《春晓》、《月下笛》、《戏瓷斗乐》等15个曲目，还改编了德国民歌《春天来了》，邀请上海音乐学院何占豪教授指导。7月12日在德国柏林中国文化中心举行首场演出，7月14日至15日在德国石荷州展演。中国驻德国大使馆公使黄国斌，驻慕尼黑总领事马晋生，柏林中国文化中心主任贾建新、石荷州国际音乐节艺术总监兼指挥罗尔夫·贝克等嘉宾，分别亲临现场与德国观众一起欣赏“越风瓷韵”音乐会。

（潘燕乃）

【奉化市文化广电新闻出版局（体育局）】 内设职能科室6个，下属事业单位7个。2012年末实有在编人员126人（其中：机关24人，事业102人；具有高级技术职务5人，中级技术职务15人）。

2012年，奉化市文广新局着力加强公共文化服务体系、特色文化品牌体系、现代文化产业体系建设，文化的凝聚力、民生服务力、经济推动力和对外影响力不断增强，各项工作取得明显成效。一、文化设施建设得到新完善。完成莼湖、尚田综合文化站建设。新建农家书屋53家，全市所有行政村农家书屋覆盖率达100%。深化公共图书馆总分馆建设，实现100%镇（街道）建成总分馆；推进公共电子阅览室建设，全市9个镇（街道）建成标准化公共电子阅览室，占镇（街道）总数的81%。开展文化示范乡镇、村（社区）创建工作。新创建省级文化示范社区1个，宁波市级文化示范乡镇2个、文化示范村（社区）11个，奉化市级基层文化宫30个。推进文化信息资源共享工程，提升行政村（社区）基层点覆盖率，基本形成覆盖全市社区、乡镇和大部分村的基层文化信息网络。二、文化活动呈现新亮点。组织开展宣传贯彻十七届六中全会精神、迎接党的十八大系列文化活动。与宁波市演艺集团共同举办“2012‘天然舞台’”文化周活动，上演音乐剧《告诉海》和越剧《烟雨青瓷》、《孟丽君》、甬剧《借妻》、《半把剪刀》等剧目，受益人数达万余人。举办2012奉化市春节文艺晚会暨第二届文化使者“种文化”成果汇演和春节团拜会。协同有关部门举办庆祝中国共产主义青年团成立90周年文化活动、“大地之约”国土宣传文艺晚会、“三八”国际劳动妇女节文艺汇演、庆“五一”劳模颁奖文艺晚会、计生宣传文艺演出、“博爱万人行”文艺演出等文化活动。推进“千场电影百场戏剧进农村”活动，完成农村电影放3012场、戏剧进农村演出250场的计划任务。举办2012中国·奉化桃花节暨第十届萧王庙桃花笔会、2012中国（奉化）水蜜桃旅游文化节、溪口镇“剡溪流动风景线”文艺演出、莼湖镇第六届腰鼓大赛等活动。组织溪口镇业余文艺团队参加宁波市“天然舞台”并获优秀团队奖，溪口镇参加“八星争辉”宁波市卫星城市试点镇文艺汇演活动获金奖。三、文化品牌建设取得新成效。举办奉化市首届“巴人读书节”活动，开展“读书，让生活更美好”百人书法现场大赛、“传承雷锋精神，提升道德品质”雷锋图片展及“我与雷锋精神”征文大赛、“读书·励志·成长”新奉化人演讲比赛、奉化市十佳“藏书家庭”、十佳“悦读之星”评选等一系列活动，启动“凤麓讲堂”的开讲仪式，邀请中国明史学会会长、中央电视台《百家讲坛》主讲人之一的商传以及中共党史专家石仲泉等专家学者作客凤麓讲堂。启动“文化欢乐行”活动，为大堰、江口等镇（街道）的乡村送书、送文艺表演达二十多场次。开展由奉化市文广新局主办，市文化馆联合北仑、慈溪、镇海、海曙文化馆举办的“五馆联动·美丽文化”——宣传党的十八大“文化走亲”活动。举办由著名艺术家金采风嫡传弟子张明惠主演的两部高清越剧电影《沈园情》、《盘夫索夫》奉化首映式。举行市“和乐大舞台”启动仪式暨第三届“种文化”成果展演。四、文化遗产保护跃上新台阶。整理出版《奉化市非物质文化遗产大观》、《甬上风华——宁波市非物质文化遗产大观·奉化卷》等书籍。奉化高级中学舞龙队参加英国伦敦奥运年文化巡演活动、浙江省第七届农民运动会以及文化部、浙江省人民政府主办的“嘉禾万事兴”全国端午民俗歌舞展演等活动。完成省级以上文保单位“四有档案”数据申报工作及宁波文化遗产网各级文保单位（文保点）数据申报工作。出版“三普”成果《历史的见证》。国保单位万斯同墓维修工程中墓道、石堪砌筑已基本完成。完成新公布文保单位及文保点标志牌树立工作。完成市公交总公司地块考古发掘工作，完成考古重点勘探面积达50000平方米、发掘面积300平米，共清理出东晋至清代墓葬10座，明清窑址2座，明代水井1座，清代灰坑2处，还出土各类遗物标本44件。举办“民国遗景”毛丁、单大禹民国文物捐存展、“蒋介石与近代中国”国际研讨会。五、文化产业发展迈出新步伐。通过《奉化市文化产业发展规划》评审。加强对文化产业的引导，实施网吧和游艺娱乐场所的总量和布局规划，制定《奉化市2012年游艺娱乐场所总量和布局规划实施方案》。编制评审通过全市旅游业发展总体规划。六、文化市场监管形成新机制。奉化市委市政府办公室下发《2012年奉化市“扫黄打非”和文化市场监督工作实施方案》，由副市长陈彩凤带头，组织力量进行“扫黄打非”和文化市场管理专项检查。组织召开“扫黄打非”和文化市场管理工作会议。确定江口街道为城乡结合部重点监管街道。推动出版物小连锁和网吧连锁化，已设立出版物小连锁3家。开展文化市场专项整治行动。完成文体窗口承担的文化、文物、广播影视、新闻出版、体育五大类56项单个行政审批事项标准发布编写工作；推进行政审批服务标准化建设。全市近500家歌舞厅、卡拉OK厅、电子游戏厅、网吧、印刷复制单位、演出团体及演出场所等经营单位负责人签订了安全生产责任承诺书。

（阮敏娜）

【象山县文化广电新闻出版局(体育局)】 内设5个科室，有10个下属单位。2012年末共有工作人员210人(其中：局机关在编10人，编外6人，下属单位在编129人，编外65人；共有正高职称1人，副高职称10人，中级职称20人，初级职称72人，管理14人)。

2012年，象山县文化工作取得了显著的进展。一、文化设施建设稳步推进。象山书城项目正式动建，2012年完成总投资3400多万元。县博物馆装修工程启动。镇乡(街道)综合文化站基本实现对外开放。创建村落文化宫63家，覆盖率达到72.8%，建成农家书屋106家，实现行政村全覆盖。推进“广播电视进渔船”，2012年完成任务1087艘。推进民办博物馆建设，龙宫休闲文化园主体大楼已经结顶，大旸艺术馆完成选址工作。4月9日，象山书城开工典礼在书城工地举行。县领导罗来兴、王安静、胡建萍等出席开工仪式。4月28日，石浦镇上金鸡村举行农民会所落成典礼。7月10日，位于县综合文化活动中心的新青少年宫正式启用。8月17日，象山剧院3个小影厅开业。二、举办各类文化活动。举办“三月三·踏沙滩”民俗活动、开渔节活动、“文化杯”艺术比赛、“学习贯彻十八大·文化惠民半岛行”启动仪式等大型文化活动40余场，引进新年音乐会、音乐剧《告诉海》等高雅艺术9场，举办花卉节、竹笋节、西瓜节等农民文化活动100余场，开展镇乡(街道)、村级“文化走亲”交流活动50余次，完成送电影下乡2376场，送戏下乡580场。塔山讲堂创新开设“名家论坛”和“市民讲堂”两组栏目，累计举办各类讲座18场，共举办图书流动车进县府、农民读书沙龙等各类读书活动15次。县文化馆“群星展厅”举办谢才华“四大名著”人物剪纸作品展、丹山书画会作品展等各类展览活动16场。石浦文化馆实行“一月一鉴赏”，开展美术、摄影、书法等各类艺术讲座、鉴赏会12场次。县文化馆开展各类公益培训20余期，培训人员1500余名。1月1日，上海文广民族乐团在象山综合文化中心剧院举办新年音乐会。2月5日(正月十四)，石浦渔港举行元宵灯会。全县490余支文艺团队活跃在基层。在由中华民族文化艺术国际联合会等联合举办的第十六届香港世界青少年“金紫荆花奖”音乐、舞蹈、乐器艺术大赛上，石浦文化艺术学校选手表演的群舞《爵士芭蕾》获最高奖和编导最高奖，《京韵花翎》获大金奖。3月15日，县文广新局召开戏剧进农村工作会议。浙江省文化厅确定象山县为浙江省非物质文化遗产保护综合试点县。截至2012年12月，象山县拥有国家级非物质文化遗产名录6项，省级名录10项，市级名录33项；拥有国家级传承人1人，省级5人，市级传承人26人；拥有省级教学传承基地2个，市级传承基地24个，县级传承基地35个。3月24日至25日，“三月三·踏沙滩”民俗文化节在石浦皇城沙滩举行。县委常委、宣传部长罗来兴出席并宣布文化节开幕。4月25日至27日，绍兴小百花越剧团在象山剧院演出《狸猫换太子》、《双枪陆文龙》、《三看御妹》等剧目。6月9日，浙江卫视“启力中国梦想秀”超级目的地车队来到省“非遗”传承基地——象山才华剪纸艺术馆，中国民间工艺美术家、象山剪纸大师谢才华是该栏目寻访的宁波第一个民间追梦人。象山县文化馆创作编排的唱新闻《长年葱》于6月参加第七届中国曲艺牡丹奖全国曲艺大赛(东莞·中堂赛区)，获节目入围奖，同时获文学提名奖。6月21日，由北京电影学院、中国电影评论学会、象山县人民政府主办的“第二届九分钟原创电影大赛颁奖典礼”暨“第三届九分钟电影锦标赛”新闻发布会举行。国家广电总局电影局局长童刚，中国电影评论学会会长章柏青，北京电影学院院长张会军、副院长谢晓晶，著名导演谢飞、管虎、田壮壮等参加本次颁奖典礼。县委常委、宣传部长罗来兴出席颁奖典礼和新闻发布会并讲话。7月1日，浙江省文化厅公布2012年浙江省舞台舞蹈大赛获奖名单，县文化馆选送参赛的双人舞《出海的日子》获表演金奖和创作银奖7月，象山县申报的象山剪纸、船模艺术、象山“七月半”等3个项目，被浙江省人民政府列为第四批省级“非遗”名录。7月17日至19日，在江苏太仓举办的CBDF国际标准舞青少年组别全国公开赛上，县文化馆培训中心老师黄永丰选送的选手均取得好成绩。7月20日，全县第二届“文化杯”戏曲演唱大赛和器乐演奏大赛在县综合文化活动中心举办。8月10日，第五届青海国际唐卡艺术与文化遗产博览会举行。象山杨氏古船舫船模制作传承基地首次选送8件船模作品代表宁波市在展区展出。8月14日，中央电视台七套《乡土》栏目组到象山县拍摄“十佳魅力县市”展播节目。8月，第三届“我爱祖国全国青少年才艺电视展演”落幕。由象山凯旋跆拳道俱乐部星满天舞蹈坊老师王丽丽编创的《扬帆娃娃》获金奖，王丽丽获“最佳编舞教师”称号。9月，在西安第四届“节庆中华奖”颁奖盛典上，中国(象山)开渔节获“节庆中华奖”之“最佳环境友好奖”。9月14日，由宁波市文化广电新闻出版局主办，北仑区文化广电新闻出版局、宁波市文化馆承办，北仑区文化馆执行承办的宁波市优秀视觉艺术群体展开幕式暨颁奖活动在北仑区训练馆举行。象山县茅洋女子农民画团队获优秀群体奖，象山海岛青年摄影联盟获最佳特色群体奖，象山县文化馆获优秀组织奖，象山县文化馆业务干部周万能获个人优秀组织奖。9月下旬，宁波市文化广电新闻出版局公布宁波市文化示范乡镇(街道)和宁波市文化示范村(社区)名单，象山县的泗洲头镇、黄避岙乡2个乡镇获宁波市文化示范乡镇称号，丹东街道田洋里村、丹西街道杨蓬岙村等18家行政村获宁波市文化示范村称号。三、确保文化市场有序发展。2012年共组织检查348次，出动人员1201人次，检查各类经营场所1489家，受理举报10个，立案调查41件，办结案件39件，停业整顿8家次，没收非法出版物6000余册。组建以文化站长、人大代表、政协委员、教师、社区村民代表、“五老”干部等人员为主的文化市场义务监督员队伍。开展文化经营场所平安创建活动。2012年共受理各类事项481件，办结481件，其中新批经营单位25家，变更63家，年检换证393家。引导网吧行业加快结构调整和服务提升，推进连锁化发展和现有网吧的整合工作。4月26日世界知识产权日，县文化市场行政执法大队对2011年以来查获的20000余册(盘)盗版音像制品、盗版及非法书报刊进行集中销毁。执法大队检查城区新华书店、音像店、出版物出租店，缴获中心城区建设路一家出版物出租店的900余册非法及盗版出版物。7月开始，县文化执法部门联合有关部门开展暑期网吧市场的专项整治工作。7月份，执法部门共组织检查22次，出动人员110人次，检查文化经营场所236家，立案查处接纳未成年人进入营业场所2家，查处未按规定核对、登记上网消费者有效身份证件4家。9月，由县文广新局牵头，文化市场执法大队、爵溪街道文化站等部门组成文化市场联合检查组，对爵溪文化市场进行执法检查。共检查网吧等娱乐场所49家，清理流动违规商贩21处。四、大力开展文物保护工作。水下考古工作队完成“小白礁1号沉船”遗址南部和中部约140平方米范围的揭露清理。姚家山遗址挖掘工作完成。何恭房祠堂、墙头立三中学旧址等一批文化遗存得到保护维修。完成14个乡镇所有文保单位、文保点的文物安全检查工作，共投入巡查237人次，完成文物保护单位(点)巡查133处，巡查率达到84%。反映全县第三次全国文物普查成果的汇编书籍《蓬岛遗珍》出版发行，联合相关专家编写《塔山遗址》，并完成稿件。4月至5月，象山县文管会对大徐的吴乾养墓道石刻、黄避岙的陈岙青瓷龙窑遗址、贤庠的贺威圣烈士墓、高塘的潮汐水电站、定塘的镇潮庙以及鹤浦的蟹厂武圣庙民俗遗址等文保单位进行检查和修补。5月28日启动维修工程，修复立三中学旧址的大门、校舍和观海楼。6月，何恭房祠堂维修工程完成项目招标。7月10日，象山渔山海域小白礁一号沉船遗址完成第一期挖掘工作。7月，全县范围历史文化村落入村普查走访工作结束。西周镇土下村发现宋代墓。县文广新局于7月5日启动殷夫故居维修工程。县文物办于3月启动姚家山遗址发掘工作，至9月结束，共发掘13个探方和1个探沟，面积1400平方米。10月11日，宁波文物部门和海事部门对东门灯塔进行联合授牌。宁波市文物保护管理所、上海海事局宁波航标处等相关领导出席仪式。五、推动公共图书馆建设。2012年，实现100%乡镇(街道)建成总分馆，60%的乡镇(街道)建成标准化公共电子阅览室，创建全县首个盲人阅览室，新创图书流动站7家，总数达到133家，实现驻象部队军营图书流动站全覆盖。塔山讲堂开设“名家论坛”和“市民讲堂”两组栏目，共举办各类讲座18场，举办图书流动车进县府、农民读书沙龙等各类读书活动15次。县文化馆“群星展厅”举办谢才华“四大名著”人物剪纸作品展、丹山书画会作品展等各类展览活动16场，石浦文化馆开展“一月一鉴赏”活动，开展美术、摄影、书法等各类艺术讲座、鉴赏会12场次。3月18日，象山县图书馆少儿室开展以“携手并进架起知识的桥梁”为主题的图书交换活动。5月16日，县第八届未成年人读书节开幕式暨“父母的童年”大型连环画展在县人民广场举行。读书节期间还举办水滴爱心慈善“书·爱”图书捐赠等系列活动。5月27日，第六届“陈汉章读书节”开幕式在东陈乡举行。县委常委、宣传部长罗来兴宣布读书节开幕，县领导林胜国、邱金岳、胡建萍，《国学大师陈汉章》的作者、杭州师范大学教授钱英才等参加开幕式。象山县阅读学会、象山县教育局于2012年7月至9月联合举办象山县未成年人“我的家乡我的家”暑期实践活动征文大赛。10月，徐庄初先生向图书馆捐赠一批图书文献。县图书馆对这批图书进行编目，并设立专架进行收藏保管。11月11日，象山新华书店专门设置“喜迎十八大主题书籍”展销专区，包括《曾经的辉煌——我们在新世界生存的关键》、《喜迎党的十八大知识竞赛500题》、《向中国共产党学习(复兴战略篇)》等70多种图书。2012年12月30日，位于县文化活动中心的象山县图书馆中心分馆正式对外开放。

·相关链接·

小白礁一号沉船遗址发掘

象山渔山海域小白礁一号沉船遗址是全国第三次文物普查中发现，2010—2011年国家水下考古中心组织水下考古专业人员对该沉船进行水下探方调查，证明该沉船为清中期运输船，载有瓷器和石板等商品，2012年小白礁沉船一号发掘工作列入国家文物局重点考古项目。2012年5月，中国水下考古中心和宁波市人民政府、象山县人民政府在宁波联合举行国家水下考古中心宁波基地象山工作站挂牌暨小白礁沉船一号遗址发掘启动仪式。决定小白礁沉船一号发掘由国家水下考古中心宁波基地组织实施，象山工作站做好具体行政协调、后勤工作，中央电视台新闻频道、国际频道现场直播发掘工作。至7月10日顺利结束了第一期发掘工作。此次发掘工作调查了沉船船体情况，并出土70余件文物。期间(即6月26日—8月29日)中央电视台对小白礁沉船一号发掘工作进行了现场直播工作。

（黄全吉）

【宁海县文化广电新闻出版局】 宁海县文广新闻出版局内设5个职能科室，下辖1个参公事业单位和6个企事业单位。2012年末人员131人(其中：机关21人(参公8人)，事业64人，企业46人；具有高级技术职务资格的11人，中级24人)。

2012年，宁海县文广新闻出版局深入实施公共文化服务普惠、文化产业振兴、文化品牌培育、文化遗产保护、文化市场繁荣、人才队伍建设等工作，切实增强文化软实力，为建设滨海生态县，打造人居幸福地提供强有力的文化支撑。一、围绕幸福宁海建设，繁荣发展文化事业，构建更加均等、更加惠民的公共文化服务体系新格局。开展文化示范乡镇、村(社区)创建工作。创建省级文化强镇1家，省级文化示范村1家，市级文化示范乡镇2家，市级文化示范村18家，县级村落文化宫50家。完成公共图书馆分馆和农家书屋创建工作。新创建公共图书馆乡镇分馆5家，农家书屋82家。加强基层文化阵地使用考核，建立健全基层文化阵地管理使用办法。举办2012年县春联会、第十届中国徐霞客开游节中华游圣开游大典、第五届社区文化艺术节、县首届戏剧节、县首届道德模范——“我身边最可敬的人”颁奖典礼、中国农民电影节开幕式、县20首道德歌曲传唱活动、宁海之夏”戏曲纳凉晚会等大型文艺演出活动。文化惠民活动“千场戏剧进农村”送戏下乡360场次，“万场电影进农村”送电影下乡4224场，“天天演”共演出100场，遍及全县18个乡镇街道。“正学讲堂”共举办14期，听众超过7000人次；“群文讲堂”共举办5期，听众将近1500人次；文化馆公益培训16期，受惠群众1500余人次；图书馆、文化馆、文物办、非遗中心共举办各类展览32次，观众超过30000人次。组建基层文化管理员队伍，全县364个行政村各配备1名基层文化管理员，并开办“首批基层文化管理员上岗培训班”。开展宁海县第一次基层文化普查。举办全县各乡镇街道文化站长、群文带头人文化素养和管理培训班。

二、围绕新兴宁海建设，扶持发展文化产业，创造更有生机、更具实力的文化产业新态势。实施文化项目“12345”战略。大观文化园项目建成并运行；“十里红妆”博物馆项目得到推进；东方艺术博物馆项目，占地面积39亩，总建筑面积10680平方米，总投资5000万元，已进入土地挂牌阶段；印刷产业园物流区块项目完成前期准备工作；海洋科普博物馆项目进入陈列布展阶段，大佳何古船博物馆完成概念性设计方案。县平调中心新成立的小百花越剧团共完成演出200场，演出收入120万元；人民剧院收入共计46万余元；宁海影都共放映电影3213场，观众人数17300余人，收入约56余万元，会议场租收入约21万元；县新华书店开展浙江省未成年人读书节、县方孝孺读书节等各类读书活动，销售额达2960万元，同比增长20%。县新华书店获2012年海豚传媒公司春季销售一等奖、第3届经纶杯百日销售竞赛规模奖、2011—2012年度连锁经营业务竞赛鼓励奖、2012年中小学文教图书发行先进奖等。三、围绕品质宁海建设，加强文化研究和创作，提升更富魅力、更具影响力的文化名城新内涵。越剧《十里红妆·风雨情》，先后在宁波邵逸夫剧院和宁海剧院上演。舞台舞蹈《王者之风》获省群星奖舞蹈比赛表演金奖和创作银奖。大型风情歌舞《十里红妆·宁海风》于10月29日大观文化园“十里红妆旅游剧场”首演。县平调中心演员吕娅娜获“新松计划”浙江省青年戏曲演员大赛一等奖，胡琼琼获二等奖。少儿排舞《猫咪牛仔》参加省第六届排舞大赛获少儿组金奖。小品《追爱》和小戏《牵手》获宁波市第四届戏剧小品小戏曲艺比赛“一金一银”和“两铜”。摄影作品《戏聚和谐》和《胡氏宗祠古戏台》获浙江省2012“余音绕梁——浙江乡村古戏台艺术”摄影比赛三等奖。打造宁海民俗文化品牌，成立十里红妆工艺品公司、婚庆公司、古建文化公司、演艺公司等，创编大型越剧《十里红妆·风雨情》和风情歌舞剧《十里红妆·宁海风》。发展泥金彩漆和清刀木雕产业。出台《关于加强古建筑保护管理的实施意见》；编排大型戏剧《古戏台》。打造宁海戏剧文化品牌，做好大型新编越剧《十里红妆·风雨情》提高工作，编排大型平调传统剧《金莲斩蛟》。《家住石头村》获浙江省首届村歌创作演唱大赛双金奖。舞台舞蹈《王者之风》获浙江省群星奖比赛表演金奖，创作银奖。舞蹈《激情舞》获浙江省第六届排舞大赛少儿组一等奖。县“婆婆妈妈排舞队”获浙江省首届女子体育运动节排舞比赛铜奖。京剧票友俱乐部赵时娟、张赛娇、邵海燕等获第二届浙江省戏曲票友大赛个人双银等。在宁波市第四届美术书法摄影优秀作品展中获一银二铜。排舞《金风吹来的时候》获宁波市“种文化”演出优秀展演奖。四、围绕历史宁海建设，加大文化遗产保护力度。完成第三次全国文物普查工作，公布第六批县级文保单位和文保点10处，完成县域内不可移动文物点628处（古遗址71处、古墓葬24处、古建筑452处、石窟寺及石刻2处、近现代重要史迹及代表性建筑79处）的资整编工作，完成《宁海县第三次文物普查资料汇编》、《宁海县第三次全国文物普查野外调查报告》、《缑乡古韵》等编撰工作。制定出台《关于加强古建筑保护管理的实施意见》。许家山石头村被评为第一批中国传统村落和浙江省第四批历史文化名村。启动13处文物保护单位保养性维修工作，完成国保单位下浦魏氏宗祠古戏台、双枝庙古戏台、潘家岙古戏台、胡氏宗祠，省保单位柔石故居、西岙南宋惠德桥，县保单位山头烽火台、茶院乡道士桥烽火台等重点文保单位的维修工作，潘天寿故居陈列提升工作即将完成，柔石故居完成修缮并通过验收。组建非遗专家委员会，成立非遗保护协会。组建县级非遗项目名录审评专家库，并召开成立大会。完成非遗信息化平台建设工作，推进非遗“三位一体”保护工作，完成第四批县级非物质文化遗产项目名录的申报、审定工作，并公布第四批县级非物质文化遗产项目名录共12项。《甬上风华·宁波市非物质文化遗产大观宁海卷》、国遗项目丛书《宁海十里红妆婚俗》于5月出版。举办前童正月十四夜元宵行会和西岙正月十八夜行大龙习俗活动，并邀请文化部及省非遗专家前来非遗采风。端午期间举办“宁海县少儿剪纸技艺展”活动，征集作品二百余幅，并选送作品“百鸟图”参加宁波市“2012巧手金剪子秀传统手工技艺展”获金奖。“文化遗产日”期间，开展全县中小学学生棕叶编织和剪纸传习活动、宁海非遗进杭高校活动和传统曲艺“走书”演出活动等。“宁海之韵”——“2012年宁海平调宁海行”专场巡回演出获第十届中国“山花奖”的宁海平调耍牙颁奖仪式、《宁海平调音乐》首发式在潘天寿广场举行。组织参加非遗薪传——浙江传统塑艺陶艺精品展暨中青年十大名师评选活动，黄才良创作的双龙天球瓶获金奖，陈龙创作的双龙长提桶、胡亮亮创作的圆果盘获银奖。省级非遗代表性传承人黄才良获“浙江传统塑艺陶艺中青年十大名师”称号。宁海平调耍牙绝技获中国民间文艺最高奖山花奖。宁海十里红妆博物馆馆长何晓道获中华文化促进会“2012中华文化人物”称号。宁海前童古镇入选浙江省首批“非遗景区”。胡伟华荣立省政府申报国家级非遗二等功。清刀木雕、西岙抬龙入选浙江省第四批非遗名录。县一职高被定为省级非遗传承基地。五、围绕平安宁海建设，强化文化市场监管，打造更繁荣、更有序的文化市场新局面。开展“扫黄打非”行动和出版物市场专项行动、动漫市场专项整治。加强对网吧、游戏娱乐、演出、歌舞娱乐、艺术品市场的检查执法。2012年共出动执法人员1112人次，开展执法检查372次，检查经营单位1274家次，取缔无证地摊27个，收缴非法音像制品953盒、非法出版物1634本（册），立案处罚21家。建立一把手负总责，班子成员分工负责的领导目标责任制，并与下属单位和各文化经营场所签订责任状。开展安全生产月活动。开展每季一次的歌舞网吧行业负责人会议和经营业主消防安全培训工作。完成元旦、春节、寒假及县“两会”期间文化市场监管和人员密集场所消防安全隐患集中排查工作。开展安全隐患排查工作，每月每家经营户都要进行自查并上报排查情况，安全隐患排查上报率要求达到100%。《宁海前童古镇旅游发展有限公司擅自变更县级文物保护单位前童大祠堂文物保护工程设计方案的重要内容进行施工案》获浙江省文物行政处罚案卷评比良好奖。宁海县文广新局审批窗口被评为市标准化建设窗口。《宁波利诚印刷有限公司行政许可案卷》获市十佳许可案卷。《宁海县城关兴宁网吧接纳未成年人进入营业场所案》获市十佳行政处罚案卷。宁海县文广新局在2011年市文化市场管理（“扫黄打非”）工作绩效评估中被评为管理优秀单位。宁海县文广新局在2011年度宁波文化市场行政执法工作考核评估中被评为优秀单位。

（叶红仙）

温州市文化广电新闻出版局

【概况】 内设12个职能处室，直属单位17个。2012年末人员771人(其中：机关51人，执法支队24人，事业696人；具有高级技术职称98人，中级153人)。

2012年，温州市文化广电新闻出版局围绕“六城联创”的战略部署和文化强市建设的总体目标，以“五型机关”(责任型、服务型、效率型、学习型、廉洁型机关)建设为载体，抓重点、攻难点、求亮点，更加自觉、更加主动地推进全市文化建设，各项工作取得明显成效。

一、加强专业文化建设

2012年，温州市筹建戏曲艺术研究基地，确定瓯剧艺术研究工程的相关课题和戏曲艺术研究生培养及瓯剧戏曲全日制大专班办学等项目。瓯剧新剧目《橘子红了》、越剧新剧目《长安残月》完成创排的前期工作。中国戏曲南戏故里行电视专题片《南戏八百年》拍摄完成并在电视台播出。永昆新戏《金印记》参加第五届中国昆曲艺术节评比演出，获优秀剧目奖。平阳木偶剧《金凤凰》获第三届上海国际木偶艺术节获优秀剧目奖、表演奖、木偶造型奖、舞美设计奖4项大奖。温州市被授予中国合唱协会(温州)合唱基地。温州市女声合唱团在第30届西班牙康托尼格欧国际艺术节合唱比赛上分别获女声组第五名和民歌组第六名的成绩；温州市男声合唱团获第十一届中国国际合唱节男声组第一名、首届浙江省合唱节第一名、2012年浙江省红歌合唱比赛第一名。

二、促进社会文化发展

第四届温州艺术节以“艺术的盛会·群众的节日”为宗旨，从5月开始至11月结束共历时6个多月。艺术节期间举办艺术节开闭幕式、纪念毛泽东延安文艺座谈会讲话70周年表彰大会与主题晚会、第五届排舞大赛、温州歌坛争霸赛等活动与赛事，组织各类演出接近百场，新创原创剧目节目300多个，评比奖项365个，参与活动、演出、比赛的演职员达5000人次，观摩各项活动的观众达10万多人次，部分大型活动通过电视媒体或网络转播，间接受众数百万人次。组织举办2012“相约春天·文化大展演”活动。举办“龙腾盛世·幸福温州”为主题的大型元宵灯彩展。在温州大剧院上演越剧《梁祝》和瓯剧《东瓯王》。在2012温州拦街福活动期间，组织民族民间艺术演出和展示活动30场。以“阅读改变视野，文化美好生活”为主题举办“春之声”温州山水诗文朗诵会、读书会、专题讲座等系列活动。2012年，温州市选送的各艺术门类在浙江省文化厅举办的各类大赛中获金奖30多项，音乐《畲乡三月三》、舞蹈《山涧清音》、《大戏真好看》等3个节目入选全国群星奖复赛。推进广电“一省一网”整合发展和数字电视整转工作，2012年共整转农村用户68.3万户，占农村用户总量的79%。实施数字电影进农村“2131”工程，开展广电“进渔船”工作，完成农村电影放映52320场次，完成3个县(市)“进渔船”616艘。大剧院精品剧目演出季完成演出97场。周末剧场完成演出54场。建成农家书屋1688家。人均公共图书馆藏书数从2011年0.53册增到0.83册，同比增长56.6%。2012年送戏下乡2011场，送书下乡23万册，市图书馆书刊外借册次2012年突破200万册次。

三、规范文化市场管理

将省政府下放市本级的34项行政许可，除明确规定由市本级审批的13项外，其余21项行政许可中的9项、13项非行政许可中的5项直接下放到各县(市)、部分区及市级功能区。缩短行政审批时限，2012年受理申请件919件，办结率100%，提前办结率99.1%。审批处已连续11个季度被评为示范或红旗窗口，被市政府授予全市行政审批服务工作先进单位。推广文化市场网格化管理模式，各县(市、区)加强文化市场监管。组织开展春节期间出版物市场集中整治、查堵政治性非法出版物和有害信息专项行动、侵权盗版专项治理“剑网”行动、迎接文明城市检查专项行动、网吧市场专项整治等专项整治行动。2012年，全市文化市场共出动检查19725人次，检查经营单位18657家次，立案773起，查获非法出版物地下批发窝点41起，收缴各类非法物品23万多件，罚没款430万多元，进一步规范文化市场经营秩序。

四、广泛开展文化交流

5月、8月、12月，分别在南宁、济南、广州举办“温州文化周”，期间举办摄影图片、美术、书法、篆刻、工艺美术品等展览及相关文艺活动。5月，温州市越剧团经典剧目《荆钗记》首次纳入保利院线演出，先后在安徽合肥、江苏无锡等城市进行商业巡演。瓯剧《东瓯王》分别在杭州、台州等剧院演出，南戏改编的越剧《荆钗记》、《拜月记》和《白兔记》分别赴宁波、绍兴等地巡演。10月，瓯剧经典剧目《高机与吴三春》分别赴丽水市与金华市进行“文化走亲”演出。举办“墨池逸兴·全国书法名家邀请展”和“第十二届书画作品展”。9月，“敦煌雁荡情缘——温州书画院赴兰州书画交流展”在兰州画院（兰州美术馆）举行，温州市78幅书画作品参展。10月，“南昌画院赴温州书画作品交流展”在温州书画院举行。12月，由中国艺术研究院、温州市人民政府联合举办的“2012中国（温州）书画大展系列活动”在温州博物馆举行。

五、大力发展文化产业

出台《温州市文化产业发展“十二五”规划》，认定浙江创意园为首批市级文化产业园区；制定《温州市市级文化产业发展专项资金使用管理实施细则》，下发2011年度市文化产业发展专项扶持资金，24家文化企、事业单位获得资助。举办第五届温州国际动漫节，组团参展2012深圳文博会，展示温州文化产业品牌形象。6月，挂牌成立温州影业公司。2012年全市新增民资影院6家（市区4家），总投资额约7800万元。温州雁荡院线全年票房收入1.67亿元，放映电影16.7万场，观众371.2万人次。

六、文化设施建设

制定下发《温州市城市公共文化设施专项规划》，构建公共文化基础设施体系。推进各项工程项目建设的相关工作，市文化艺术大楼工程项目于8月进场施工，市越剧团周转房项目已完工并投入使用，完成温州书画院改建工程并对外开放；市少儿图书馆馆舍修理于10月份全面开始装修。龙湾文化馆、图书馆，瑞安、洞头、苍南图书馆，平阳文化中心（文化馆、图书馆）和博物馆过渡工程已建成并投入使用；完成泰顺文化中心、瓯海文化中心主体工程建设，开工建设文成县文化中心、永嘉县文化中心。2012年提升整合或新建乡镇文化中心20个，建成县级图书馆乡镇分馆22个，建设农村新社区文化中心226个。全市已建成农家书屋1688家，完成率100%，农家书屋网络申报完成率100%，已完成全市农家书屋全覆盖的目标任务。全市每万人拥有公共文化设施面积达1733平米。

七、文化遗产保护管理

编制《温州市申报国家历史文化名城文本》，于11月上报省政府。制订东瓯王庙重修及周边环境整治规划、东瓯园建设规划，修编《温州历史文化名城保护规划》、《历史文化街区保护整治规划》。完成《省级历史文化村一水碓坑村、黄坑村环境整治规划及实施方案（一期）》等一批国保、省保单位保护规划的编制工作；公布各级文物保护单位，划定保护范围与建设控制地带；开展苍南矾矿、泰顺廊桥申遗的前期工作。夏鼐故居、温州非遗博物馆、南戏博物馆、谢灵运纪念馆、温州数学名人馆正式对外开放。开工修建东瓯王庙、东瓯王墓，同期进行周边环境整治。完成仰义王宅、沧河巷金宅、飞鹏巷陈宅等3处文保单位腾空修缮布展工程的项目建议书、可研编制和立项。夏承焘旧居、永嘉战时青年服务团旧址、新四军驻温通讯处旧址等3处文保单位的腾空修缮工程已进入房屋征收阶段。温州子城城墙州治府衙修建及周边环境整治、江心屿历史地段保护整治、永昌堡抗倭遗址修复、泽雅传统造纸技术保护传承示范等工程有序推进。温州华盖山古城墙修复工程于8月开工。国安寺塔佛教主题文化公园石塔已修缮，佛教主题文化公园建设已报立项。制订瓯瓷、瓯塑、木雕、石雕等“两瓯两雕”以及温州龙舟文化、清明文化等非遗项目的保护传承规划。制定非遗保护管理办法，开展百项非遗“守望行动”，确定十大重点非遗项目保护方案。制订《温州市非物质文化遗产保护管理办法》，组织端午习俗及温州传统文化展示系列活动。制订名城创建宣传工作方案，在“5·18国际博物馆日”、“6·9中国文化遗产日”期间举办名城创建系列宣传活动；举办文化遗产节、东瓯文化学术研讨会等系列活动；邀请国家名城保护专家谢辰生、阮仪三、陈志华等专家来温考察、讲座；新编历史剧《东瓯王》在市“两会”期间进行公演并赴杭州、台州等地巡演；完成《温州通史》编纂大纲、《温州历代志书目录》、《馆藏古籍地方文献要目》、《温州历史文化人物年谱纪事》等相关专题资料目录的整理，完成《温州戏曲史》、《温州民俗史》、《温州近代交通史》的专题史资料长编的编写；完成历史文化名人评选活动；举办“蒲华书画精品展”、“温州石雕艺术展”、“王俊宇萧作品展”、“吴佐仁书画展”、“当代温州传统工艺美术成果展”等展览。

八、推进新闻出版印刷管理

推进政府机关和企业软件正版化工作，完成省政府下达的目标任务。完善报刊审读机制，把已编入国内统一连续出版物号、已登记注册的报刊《温州日报》等七报一刊列入审读范围，2012年编发《审读动态》8期和《审读专报》2期。

【大事记】

1月

5日 美国费城国家交响乐团在东南剧院举行新年音乐会。

6日 温州市文广新局举办“星辰计划·星光灿烂”施丽君独唱音乐会。

10日 温州市地方文献工作会议暨民间文献征集项目启动仪式在瓯海举行。

17日 由温州市委宣传部、市文广新局、温州广电传媒集团联合主办的“2012温州春晚”在温州大剧院举行。

18日 温州市委正式出台《中共温州市委关于认真贯彻党的十七届六中全会精神，大力推进文化强市建设的决定》(温委〔2012〕4号)以及6个配套文件。

18日 温州书画院新大楼启用暨“迎春书画展”开幕仪式在墨池公园举行，温州市人民政府副市长仇杨均出席开幕仪式并宣布温州书画院新大楼正式启用。

2月

2日 温州市政府第66次常务会议审议通过《温州市城市公共文化设施专项规划(2011—2020)》。

4日至7日 以“龙腾盛世·幸福温州”为主题的大型元宵灯彩展在世纪广场开展。

8日 中国共产党温州市第十一次代表大会开幕，浙江省副省长、温州市委书记陈德荣作工作报告。

15日 温州市政协主席包哲东专题调研历史文化名城创建工作，市委社工委书记余梅生、副市长章方璋、市政协副主席戴祝水一同视察。市创建国家历史文化名城领导小组办公室副主任、市文广新局局长吴东陪同调研并作工作汇报。

18日 温州市文化艺术大楼举行奠基开工仪式。温州市委常委、宣传部长胡剑谨宣布开工，副市长仇杨均讲话，市文化广电新闻出版局局长吴东介绍工程情况。市人大、市政协、市发改委、市住建委、市城投集团、鹿城区政府等单位有关负责人出席仪式。仪式由市政府副秘书长叶世强主持。

22日 温州市文广新局、市海洋与渔业局联合发布《关于建立我市辖区海域内文化遗产联合执法工作机制的通知》。

29日 温州市文化工作会议召开。温州市委常委、宣传部长胡剑谨讲话，副市长郑朝阳对下步工作进行部署，市文化广电新闻出版局长吴东作工作报告。会议由市政府副秘书长陈向东主持。

3月

1日 《温州通史》编纂工程完成首部专题史——《温州曲艺史》，该书由温州著名戏曲理论家沈沉先生编著。

6日 汇聚温州越剧团青春力量的大戏《拜月记》正式亮相。

9日 温州市人民政府副市长郑朝阳调研市文化工作及部分名城创建工程项目。

13日至14日 温州市委常委、宣传部长胡剑谨在市文化系统开展调研时强调，要把握机遇，紧紧围绕“三体系一名城”建设这个重点，全面推动温州文化大发展大繁荣。市文化广电新闻出版局局长吴东等领导陪同调研。

16日 温州大剧院爱乐合唱团成立。

25日 由温州市委宣传部、市文广新局主办的“宣传市第十一次党代会精神专题文艺巡演”正式启动。活动持续约一个月的时间，以舞台车送戏下乡的形式在各县(市、区)展开。

29日 浙江省委常委、宣传部长茅临生考察温州市文化工作，并实地走访温州大剧院、市图书馆和市博物馆等公共文化设施。市委常委、宣传部长胡剑谨，市文化广电新闻出版局局长吴东陪同考察。

30日 温州大剧院管理处成立理事会，标志温州市文化事业单位法人治理结构试点工作正式启动。

4月

6日 由温州市选送的《南戏八百年》系列电视专题片在2012年浙江省电视文艺政府奖评选中获电视文艺专题片一等奖。

12日 温州市文化艺术创作会议召开。市文广新局和温州大学签署温州市戏曲艺术研究基地建设、戏曲艺术研究生培养及瓯剧戏曲全日制大专班办学等3个项目的合作协议；市越剧团与著名剧作家、国家一级编剧张思聪先生签署大型越剧《长安残月》的剧本创作协议。

13日 温州市委市政府召开县级广播电视网络“一省一网”整合工作推进会并出台《关于加快县级广播电视有线网络“一省一网”整合发展的实施方案》。

16日至5月6日 首届“中国当代工艺美术双年展”在中国国家博物馆举行，温州市瓯塑、黄杨木雕、石雕等3大工艺美术共20余件作品赴京参展。

18日 泰顺县出台《泰顺县文化遗产保护办法》。

19日 浙江省政协副主席盛昌黎一行到温州调研文化工作。温州市政协主席包哲东、副市长郑朝阳、市政协副主席夏克栋等领导陪同调研或参加座谈。

23日 温州市副市长郑朝阳到温州美术馆、温州百工城和温州文化艺术大楼等工地现场调研文化设施建设工作。

23日 温州市图书馆联合温州市朗诵艺术学会共同举办“春之声——温州山水诗文朗诵会”。

27日 温州越剧团的经典剧目《荆钗记》牵手保利院线开启长三角5个城市的巡演。

29日至5月2日 2012中国（浙江）非物质文化遗产博览会在义乌国际博览中心举行，温州市米塑、绸塑、蓝夹缬技艺、细纹刻纸、黄杨木雕等非遗精品齐聚义乌参展。

5月

5日 浙江省副省长、温州市委书记陈德荣调研文化产业发展时强调，要坚持以先进文化为引领，留住瓯越文化根脉，创建历史文化名城，大力发展文化产业，不断满足人民群众文化需求，推进文化大发展大繁荣，使温州成为具有独特魅力和竞争力的城市。

8日 国际知名专家学者朱鸿林教授应邀在龙湾区举办“国际视野下龙湾明代文化现象”学术讲座。

10日 “赵瑞椿《永嘉旧事》油画细密画长卷展”在浙江美术馆开展。

11日 洞头县“海霞”合唱团成立。

12日 中国温州·韩国牙山书法作品联展在温州书画院拉开帷幕，来自韩国牙山的78件书法作品和95件温州作品联袂亮相。

14日 国家文物局文物信息咨询中心总工程师刘小和一行到温州市泰顺县考察文物保护工作。

18日 温州市各地组织举办各类活动庆祝第36个国际博物馆日。

19日 温州市第八届未成年人读书节开幕式暨2012年度“我爱我家”知识竞赛在文成县举行。

22日 浙江省新闻出版局局长陈昆忠调研温州市印刷产业发展情况和农家书屋建设情况。

23日 “南宁·温州文化周”启幕。

25日 温州市召开文艺事业突出贡献奖表彰大会并举行专题文艺晚会，庆祝毛泽东同志《在延安文艺座谈会上的讲话》发表70周年，市委常委、宣传部长胡剑谨，市人大常委会副主任卓高柱，市政府副市长郑朝阳，市政协副主席夏克栋，市委宣传部常务副部长徐顺聪等领导出席活动，市文广新局局长吴东主持表彰大会。

28日 温州市委副书记、市长陈金彪在副市长郑朝阳、市政府秘书长詹永枢、副秘书长郑秋文、市文广新局局长吴东的陪同下，实地督查市文化艺术大楼项目建设。

28日至29日 以“新时期 新理念 新课题——十二五时期中小型公共图书馆的建设与发展”为主题的全国中小型公共图书馆联合会2012年研讨会在温州召开，来自全国各地的100余家公共图书馆、220余位图书馆馆长及代表、8家图书馆产品参展企业共同参加此次研讨会。

29日至31日 浙江省政协、省委宣传部组织文艺界委员和艺术团成员开展的“走进基层，走进群众”送文化下乡活动到文成县和泰顺县，为当地群众献上文化大餐。

30日 温州市政协委员和有关专家开展历史文化名城创建工作督查活动。副市长郑朝阳，市政协副主席余梅生参加督查。

6月

4日 温州市图书馆首家机关分馆——市人力社保局分馆正式开馆。

6日 由中国非物质文化遗产保护中心主办的“中华非物质文化遗产传承人薪传奖”颁奖仪式在北京举行。温州市非物质文化遗产代表性传承人林邦栋（中国剪纸之乐清细纹刻纸）、周锦云（瓯塑）、和王笃纯（乐清黄杨木雕）3人获奖。

9日 由温州市文化广电新闻出版局、团市委、市志愿者协会共同设立的市文化志愿者服务总队正式成立。

9日 夏鼐故居、温州南戏博物馆正式揭牌对外开放。

18日 浙江省委宣传部常务副部长胡坚在温州市委常委、宣传部长胡剑谨，市文广新局党组副书记、副局长李震的陪同下参观夏鼐故居。

22日 浙江省委常委、副省长、温州市委书记陈德荣和市领导葛益平、胡剑谨、王立彤、王祖焕、郑朝阳等，率有关部门负责人，赴鹿城区实地察看谯楼子城片、城西沧河片、庆年坊片及南塘风貌街现状，调研历史文化街区保护开发工作。

23日 浙江省委常委、副省长、温州市委书记陈德荣，市委副书记、市长陈金彪在市委常委、秘书长葛益平，市委常委、鹿城区委书记王立彤陪同下视察省级文物保护单位夏鼐故居。

25日 来自台湾的陈碧宗先生向温州博物馆捐赠6件台湾原住民服饰绣品。

26日至27日 "永远跟党走"浙江省红色经典歌曲合唱大赛市地组南片赛区选拔赛在温州大剧院举行。

27日 浙江省委宣传部副部长、省文明办主任龚吟怡在温州市委宣传部部长胡剑谨、市文广新局副局长陈朴忠陪同下参观温州博物馆。

30日 温州影业有限公司举行成立暨授牌仪式。温州市委常委、宣传部长胡剑谨为温州影业公司授牌，市政府副市长郑朝阳、副秘书长郑秋文、市文广新局局长吴东、副局长柳升高等领导出席仪式。

7月

4日 由温州市文广新局主办、温州书画院承办的"瓯江缘·十二位全国著名画家邀请展"开幕。此次展览共展出12位著名画家的137幅国画作品。

6日 新华社、中国日报、中国文物报、人民日报海外版、科技日报等多家中央媒体深入瓯海泽雅"纸山"，就国家"指南针计划"专项"中国传统造纸技术传承与展示示范基地建设"试点项目的建设情况进行采访。此次活动是由国家文物局组织，中国文物报社联合10多家中央新闻媒体，开展的"中华文明探源工程科普宣传"实地采访活动。

7日 第五届中国昆剧艺术节在苏州落幕。永嘉昆剧团的参评剧目《金印记》获优秀剧目奖。

10日 温州市文广新局召开庆祝建党91周年大会。

10日 温州市召开"扫黄打非"暨文化市场管理工作会议。市委常委、宣传部长胡剑谨出席会议并讲话，副市长郑朝阳主持会议，副秘书长郑秋文出席会议，市"扫黄打非"工作领导小组办公室主任、市文化广电新闻出版局局长吴东作工作报告。

20日 瓯剧团当家花旦蔡晓秋，拜师昆曲大师张洵澎，这是温州市文艺人才培养"星辰计划"的一项重大内容。

23日 温州女声合唱团在第30届西班牙康托尼格欧国际艺术节上分别获女声组和民歌组两个组别比赛的第五名和第六名。

26日 为期8天的"纪念竺摩法师百年诞辰"系列活动拉开帷幕，内容包括"雁荡岭南情缘——竺摩、黎明书画作品展"、纪念竺摩法师百年诞辰座谈会、"竺摩法师与20世纪澳门文化"讲座等。

29日至8月4日 温州市举办为期1周的"春风行动"基层文化站长培训班。全市各中心镇、街道文化站长（负责人）共110人参加培训。

30日 温州市政协主席包哲东、副主席徐育斐一行到温州书画院观看"纪念竺摩法师百年诞辰·雁荡岭南情缘——竺摩法师、黎明书画作品展"。

30日至8月1日 由浙江省文化馆、平阳县文广新局、平阳县风景旅游管理局主办的"浙江省书画名家走进南雁"采风活动在南雁镇举行。

8月

2日 浙江省新闻出版局副局长黄柏青率省局执法指导监督处有关人员对温州市出版物市场监管暨"扫黄打非"工作情况进行调研。

5日 著名书法家陈忠康应温州书法家协会和温州书画院之邀为温州市70多位兰亭奖参赛者作现场讲座指导。

6日 温州市文广新局召开党组理论学习中心组（扩大）会议，传达学习胡锦涛在省部级主要领导干部专题研讨班上的讲话，以及陈德荣在市委十一届二次全体（扩大）会议上的报告。

7日 温州市政府第9次常务会议审议并原则通过《关于加强历史文化村落保护利用的实施意见》。

8日至10日 浙江省农家书屋验收组王建才副调研员一行到温州市验收督查家书屋工程建设。

13日 浙江省重点建设项目——文成县文化中心建设工程正式开工。

17日 温州市副市长郑朝阳调研谢灵运纪念馆建设项目。

17日 丽水市文广新局局长周一红率领由该市建设局、发改委、规划局、财政局等单位相关负责人组成的考察团，到温州市考察国家历史文化名城创建工作。

20日至21日　阮仪三、鲁晨海、朱光亚等全国知名教授深入楠溪江古村落考察，对楠溪江古村落的定位、现状、旅游开发潜力以及近20年来永嘉县的工作成果和经验教训等方面进行实地调查，并就重点古村落的保护利用规划编制举行研讨会。

21日　第四届温州艺术节拉开帷幕。

23日　温州市人大常委会主任陈笑华对东瓯王庙二期建设工程进展情况进行督查。

22日至25日　“地方文献和史料发掘：以浙江温州为中心”2012年学术研讨会暨《温州通史》第三次编纂工作会议在泰顺召开。

26日　为期5天的“济南·温州文化周”正式开幕。

27日至28日　浙江省文化厅主办的2012年全省公共图书馆馆长培训班在温州市举行。省文化厅副厅长陈瑶，温州市文化广电新闻出版局局长吴东等领导出席开班仪式，全省各县（市、区）级图书馆馆长近100人参加了此次培训。

28日　温州市委常委、宣传部长胡剑谨率队督查全市窗口单位和文化市场的文明城市创建工作。

10日至19日　温州市文广新局在上海戏剧学院举办“星辰计划”戏曲表演高级研修班。来自市越剧团、市瓯剧团、永嘉昆剧团、乐清越剧团等剧团的22名学员参加了此次培训。

9月

9日　浙江电视台公共·新农村频道《流动大舞台》走进文成县玉壶镇东溪社区。

10日　泰顺县少儿艺术团成立。

11日　温州市文物工作座谈会召开。

11日　温州市图书馆举办“公益课堂”试点班。

15日　“泰顺廊桥研究保护中心”通过泰顺县机构编制委员会批复。

21日　“敦煌雁荡情缘——温州书画院赴兰州书画交流展”在兰州画院（兰州美术馆）开幕，温州市78幅书画作品参展。

25日　温州市举行推进公共文化服务均等化研讨会。

27日　浙江省委常委、宣传部长葛慧君在温州市委常委、宣传部长胡剑谨和市文化广电新闻出版局局长吴东等领导的陪同下考察温州市文化工作，并实地走访市博物馆、温州大剧院和市图书馆等公共文化设施。

28日　由温州市委市政府主办、市委宣传部、市文广新局等单位承办的第四届温州艺术节举行开幕仪式。市委常委、宣传部长胡剑谨宣布艺术节开幕。

9月　温州市人民政府向浙江省人民政府正式上报《温州市申报国家历史文化名城文本》。

10月

10日　市少年儿童图书馆朱自清旧居分馆对外开放。

11日　“南昌画院赴温州书画作品交流展”在温州书画院开幕。

15日　温州市委副书记、市长陈金彪调研国家历史文化名城创建工作。

17日　国家新闻出版总署直属机关党委常务副书记孙文科、国家新闻出版总署直属机关党委宣传部副部长邹兵一行到温州市苍南县就非公经济党建工作情况进行调研。

18日　百度百科温州博物馆数字馆正式对外开通。温州博物馆数字馆下设宋塔遗珍、瓯越古韵、窑魂瓷光、学人墨迹、翰墨流芳5个分馆，集中展示温州博物馆百余件代表性珍贵藏品。

19日至21日　瓯剧传统经典剧目《高机与吴三春》赴丽水、金华开展“文化走亲”活动。

22日　闽浙木拱廊桥入选中国世遗预备名单。

24日　“墨池逸兴·全国书法名家邀请展”开幕，共展出中国书协主席张海等58位书法名家的作品。

27日　北京大学世界遗产研究中心专家组阙维明教授一行6人抵达矾山，开展为期1周的温州矾矿“申遗”技术咨询及相关调研工作。

10月　苍南县各中心镇单独设置综合文化服务中心。

11月

7日　中国合唱协会（温州）合唱基地授牌仪式在温州大剧院举行。

12日　由平阳县文广新局精心打造的童话木偶剧《金凤凰》获第三届上海国际木偶艺术节获优秀剧目奖、表演奖、木偶造型奖、舞美设计奖4项大奖。

18日　温州市男声合唱团获浙江省首届合唱节成人组冠军。

19日　温州市举行温州歌坛争霸赛评出温州歌坛“四大天王”、“五朵金花”，获温州歌坛“四大天王”的是王靖、张小孟、陈波、朱聪聪；“五朵金花”的是施丽君、刘婕、朱琴燕、徐丽芳、钱瑞华。

27日　原中共中央政治局委

员、全国政协原副主席杨汝岱一行到温州考察文化工作。浙江省政协原主席刘枫、省政协原副主席龙安定、市政协主席包哲东、市政协副主席章方璋陪同考察。

29日 谢灵运纪念馆和数学名人馆试开馆并向社会公众免费开放。

30日 浙江省广电局局长张宝贵率队调研洞头广电工作。

30日 第四届温州艺术节举办闭幕式晚会。温州市委常委、宣传部长胡剑谨致闭幕词，市领导卓高柱、郑朝阳、夏克栋出席闭幕式，并为获奖者颁奖。

12月

6日至7日 温州市第十四届公共图书馆馆长联席会议在苍南召开，全市13个市县级公共图书馆馆长参加会议。

11日 温州市歌舞艺术总团正式成立，该团隶属于温州市文化广电新闻出版局，团部设在温州市文化馆，由文化馆承担专业艺术指导，是一个非职业的社会艺术团体。

11日 温州市委常委、宣传部长胡剑谨调研永嘉昆曲。

12日 温州书画院举办庆祝建院二十周年华诞典礼暨温州书画院第十二届书法美术作品展开幕式。

12日 代表中国书法艺术界最高成就奖的第四届兰亭书法奖·艺术奖正式揭晓，温州市著名书法篆刻家林剑丹获此殊荣。

17日 温州市人民政府公布确定“高友玑传说”等54个项目为温州市第六批非物质文化遗产。

17日至19日 温州市文化广电新闻出版局举办“春风行动”基层文化员专业技能培训班，103名来自全市各乡镇（街道）、新社区的文化员和文艺骨干参加培训。

18日 首届浙江戏剧奖——金桂表演奖颁奖晚会在杭州举行，温州瓯剧团当家小生方汝将荣膺浙江戏剧最高奖“金桂奖”，并以第一名的成绩获得全国戏曲最高奖“梅花奖”的参评资格。

22日 由中国艺术研究院、温州市人民政府联合举办的“2012中国（温州）书画大展系列活动”在温州博物馆开幕。

25日 文成县毛泽东像章文化博物馆举行开工仪式，中共中央宣传部原副秘书长兼老干部局局长李长喜等出席仪式。

27日 温州市非物质文化遗产馆举行开馆仪式正式对外开放。

27日 荟萃瓯窑瓷器精品的典藏专著《中国陶瓷·瓯窑》在温州博物馆举行出版首发式。

30日 “2013年温州市新年合唱音乐会”上演。

（苏义彪）

温州区、县（市）文化工作概况

【鹿城区文化广电新闻出版局】 内设职能科室4个，综合执法机构1个，直属单位4个。2012年末人员91人（其中：局机关31人，事业68人；具有高级技术职务资格12人，中级24人，初级13人）。

2012年，鹿城区文广新局大力推进“十件实事”的落实，认真努力，破难攻坚，扎实工作，积极推进区文化事业和文化产业向健康、有序、和谐的方向发展。一、凝心聚力，克难攻坚实现新突破。温州市歌舞团确定为文化体制改革单位。区文广新局向区委、区政府提交鹿城区区级文化单位体制改革实施方案，区编办发文撤销温州市歌舞团。完成编外临聘人员的遣散和在编人员的分流工作。二、整合资源，公共文化体系凸显新亮点。出台《温州市鹿城区公共文化服务基础设施建设三年行动计划（2012—2014年）》，并制作《温州市鹿城区公共文化服务设施分布图》。完成区文化馆（鞋都）群众活动基地改造工程及区图书馆改造工程。创成1个省级文化示范村、3个市级文化示范村，建成社区文化服务中心6个，农家书屋52个，实现全区农家书屋行政村全覆盖。区图书馆共有藏书43218册，持证读者1508人，借阅量6383人次，安装2台社区图书自助借还机。完成七都、双屿、仰义等街道和藤桥镇119个行政村农村广播村村响工程的安装调试及人员培训工作。三、增加供给，公共文化产品契合新需要。举办鹿城区首届文化艺术节，承办江心屿金秋文化节及市第四届文化艺术节相关活动项目。开展区域间“文化走亲”活动10场。全区共组织文艺下基层演出93场，观众9万多人次；送书下乡2万余册，共计20多万元；送电影1537场，观众15.03万人次。创建的藤桥南岸电影示范放映点通过验收。2012年，获省级奖项13个、市级奖项18个。其中女子群舞《湖光倩影》，入围华东六省一市专业舞蹈大赛决赛；男声组唱《龙舟诵》获浙江省群星奖；女声表演唱《老街坊》获省第十一届音乐新作演唱（演奏）大赛决赛创作金奖、演唱金奖、辅导金奖；小品《妈妈不在家》获省第23届戏剧小品邀请赛创作、表演金奖；群舞《溪·戏》获2012年省舞台舞蹈大赛创作金奖、表演银奖、音乐创作银奖；温州莲花《洗脚》获省第四届曲艺杂技魔术节优秀作品奖、创作单项奖、表演金奖。四、传承创新，非物质文化遗产实现新发展。完成《浙江省非物质文化遗产代表作丛书》——《彩石镶嵌》、《温州莲花》的编写。出版发行鹿城区第三次全国文物普查成果《瓯域寻踪》。开展“非遗”进机关、“非遗”进校园活动。组织温州石雕、温州莲花、温州鼓词、绸塑、温州米塑和莲花经典曲目《高机卖绡》参加2012年中国（浙江）非物质文化遗产博览会，传承人戴春兰获特别贡献奖，叶少微获“浙江省十大中青年名师”称号，陈忠达获演唱特别奖，温州石雕作品获2项金奖。组织绸塑、米塑、彩泥塑参加浙江省“非遗薪传——浙江传统塑艺陶艺精品展暨中青年十大名师”评选活动，绸塑“五虎将”、米塑“温州年夜饭十大热菜”、彩泥塑“罗汉”获金奖，米塑“大师像”获银奖。五、修缮保护，历史文化名城展现新魅力。江心屿历史地段保护整治工程完成外立面设计方案，设计方案提交区旅游局组织实施；“温州名小吃食街”项目，在市区学院路“天一角”美食广场，增加列入“非遗”名录的名小吃的传承、展示等内容，拟定名小吃食街的展示方案；区创名办发文成立夏承焘故居等3处文保点腾空工程安置工作小组，同时召开工作小组会议。市发改委对3处文保点腾空工程进行立项，并进行未经登记的建筑认定等前期工作。六、规范整治，文化市场监管取得新成效。2012年受理办结各类审批文化经营项目296件（数据截止11月27日），办结率达100%；完成501家单位年度审核，完成35家音像制品经营单位年度核验换证工作。联合区“扫黄打非”成员单位公安、工商等部门开展查堵工作，查堵政治性非法出版物18件次，2012年未发生政治性非法出版物在鹿城区传播的事件。处理“3·26非法出版物案件”等重大案（事）件。2012年，出动执法人员1675人次，检查文化市场经营单位2796家次，查获违法违规单位113家，立案92件，结案89件，销毁非法制品12233张，查扣非法图书48600余册，非法音像制品3000余盒，罚没款近100万元，取缔无证娱乐场所56家，联合取缔“黑网吧”500余家。2012年，在安全检查中共发现隐患53家，责令整改53家。七、强化基础，基层文化队伍展现新面貌。实施基层文化队伍素质提升工程。组织全区文化干部赴厦门大学开展为期1周的文化培训，举办以基层文化干部为主体的200多名社区（村）文化干部培训班，举办文化经营单位法人代表及主要负责人法规培训班暨消防安全会议，470多家单位（661人）参加培训。组织业务干部分片分组到农村、社区、学校、企业给予不同的专业辅导，2012年举办培训班21期，讲座2期，受益群众818人。鹿城区成立区级文化志愿者大队、各街道（藤桥镇）成立区级文化志愿者中队、80个社区成立区级文化志愿者分队，企业、学校、社区业余团队等成立文化志愿者队伍。

（蒋爱华）

【龙湾区文化广电新闻出版局】内设职能科室4个，直属单位5个。2012年末人员40人（其中机关14人，事业21人，企业5人；具有高级技术职务资格的2人，中级10人）。

2012年，龙湾区文化广电新闻出版局积极开展各项工作，推进文化事业不断发展。一、开展丰富多彩的社会文化活动。龙湾区文化广电新闻出版局获2012年度温州文化系统先进集体称号。2012年，龙湾文广新局开展省级文化示范区、市级文化示范村、社区文体服务中心、农家书屋创建。创建省级文化示范村1个、市级文化示范村2个、社区文体服务中心26个、省级标准农家书屋67家。截至12月，龙湾有省级文化示范村（社区）5个、市级文化示范村25个。开展“百场（戏曲）千部（电影）万册（书刊）下乡”、非遗成果进校园，成立区曲艺团、建立永中词场等文化活动。2012年共送各类送戏下乡活动82场，送各类图书下乡6000册（本），音像制品1200种，送数字公益电影下乡2100场，获2012年全市农村数字电影放映工作先进集体。承办区“龙湾龙年龙文化盛会”系列活动、区第七届音舞节及6场优秀节目街道广场巡演活动、市第八届曲艺汇演、区第二届竞技龙舟大赛及传统龙舟巡游活动、11场舞台车广场文艺汇演和河泥荡主题文艺演出等。二、积极推进各项文化行政工作。龙湾区文化广电新闻出版局先后获市、省“依法行政”示范单位称号。龙湾区文化广电新闻出版局实行连锁网吧考核评分（试行）制，实现文化市场管理由行政手段向全面法制化管理的转变。开展“扫黄打非”、二次专项行动、校园周边整治行动等专项行动。2012年共出动执法检查4579人次，检查经营场所1014家次，查处违规家次34次，立案调查案件28件,已办结案件19起,上缴罚款102000元,收缴非法物品以及移交公安鉴定的非法出版物共计24848件。推进行政审批服务事项标准化建设,落实市、区两级事权下放工作。设立"一户一档"制度,审批档案分门别类,归档规范。2012年共收办件320件,办结320件,办结率100%,在龙湾区行政审批中心考绩考核中获7面红旗,并获区模范红旗窗口,被区纠风办作为区级优秀单位申报市级"群众满意基层站所(服务窗口)"。2012年,龙湾区出现一批龙头文化企业,温州市首家IMAX影院龙湾区万达影城、源大青年创意园、红连文创园相继落户龙湾。1月至12月,龙湾区制笔行业实现产值16.02亿元,累计增长6.3%;体育器材及配件制造行业实现产值4.37亿元,累计增长2.8%;文化商品市场实现产值6亿,累计增长0.1%;包装装潢及其他印刷实现产值2.79亿元,同比增长9.6%;影院产值437.4万元。制订年度文化人才培训计划和分片辅导制度;举办2012年区综合艺术培训班等各类培训。建立健全文化系统信访举报工作目标管理责任制。两件区重点信访积案得以化解。三、扎实做好文化设施建设。至2012年12月,龙湾区建成区级文化中心1个、区级图书馆1个、文博馆1个、文化馆1个、市民活动中心1个,民间图书馆4个、民办博物馆2个,农家书屋89个,街道综合文化活动中心6个,其中省级东海明珠乡镇3个、一级综合文化站1个(灵昆)、温州市金海岸文化网工程6个、信息资源共享工程乡镇分中心4个、社区文化服务中心22个、图书馆馆外流通点15个。全区现有省级文化示范村(社区)3个,市级文化示范村(社区)14个,文化信息资源共享工程文化服务网络村(社区)14个,形成区、街道、村(社区)三级公共文化设施服务网络,建成村落30分钟文化圈和社区15分钟文化圈。2012年,龙湾区图书馆新馆建筑面积12000㎡,已结顶。区政府投巨资对区文博馆外立面进行改造,并在户外增设大型LED显示屏。区市民活动中心占地26亩,总面积10000㎡,已投入使用。区政府重点建设区文化综合体,总建筑面积3万平方米,总投资额为45000(万元)。2012年,龙湾区农村广播"村村响"工程已完成并通过验收。四、深入开展历史文化名城创建工作。推进永昌堡抗倭遗址、国安寺塔等各项重大工程项目。完成汤和庙、张璁祖祠、徐将军墓等一批文保点的维修工作。推进国安寺塔申报国保工作;国遗项目"汤和信俗"通过省文物厅核查组检查;龙湾南拳进入省"非遗"保护项目。打造龙湾非遗宣传展示基地,组织非遗进校园,在区实验中心建设区非遗展示厅;开展非遗生产性保护与开发创新项目,支持市级非遗项目"镶嵌漆画"、"古建筑木雕"进入市场,引导省级非遗项目"玻璃银光刻"制作企业商标,走市场化;公布龙湾区第三次全国文物普查不可移动文物名录;主办庆祝第七个"文化遗产日"系列活动;在保护王瓒家庙的基础上建设特色项目——王瓒书院碑林。围绕"古堡文化"、"名人文化"、"民俗文化"三大文化品牌,强化品牌品位培育;编辑文物普查成果《厚重龙湾》、历史文化名人《姜立纲书法集》、《陈宜中集》等地域文化研究成果。2012年,龙湾区文化广电新闻出版局作为"中国书法之乡"主创单位之一,参与全区"中国书法之乡"创建工程,推进"书法之乡"创建各项工作。2012年龙湾区获"中国书法之乡"这块国字号文化金名片。8月3日,龙湾区第三次全国文物普查不可移动文物名录公布。11月,编印文物普查成果《厚重龙湾》。3月,龙湾区先后完成马初翁墓、姜家坦遗址、王闇墓等一批7处文物保护点的标志碑树立工作;4月,龙湾区组织人员完成全区木构文物保护单位和文保点的消防安全检查及灭火器增换工作,增设灭火器80余只,更换1000余斤粉末。五、开展形式多样的文艺活动。8月30日,举办龙湾"龙年龙文化"盛会系列活动之龙湾区第七届音乐舞蹈节,有来自全区各相关部门和街道的21支队伍150多名参赛队员参加。9月20日,由温州市文化馆、龙湾区文化广电新闻出版局、龙湾区文学家艺术界联合会共同承办,温州市曲艺家协会协办,龙湾区文化馆、龙湾区曲艺协会执行承办的温州市第八届曲艺汇演在龙湾区文化馆上演。本届汇演共有龙湾、瓯海、瑞安等8个县(市、区)选送的15支代表队参赛。10月23日,由龙湾区文广新局主办,永中街道办事处、区老龄委办公室协办,龙湾区文化馆、区曲艺协会、镇中社区承办的龙湾区曲艺团永中词场授牌仪式暨重阳节曲艺汇演活动在镇中社区举行。2012年,龙湾区的音乐、舞蹈、书法等共获国家级奖8人次,省级奖10人次,市级奖15人次。张利安、陈佐作品入展全国第三届青年书法展;张利安、邱朝剑作品入展全国第二届册页书法展；马青原获全国乌海杯书法展优秀奖；项建勇作品入展孔子艺术奖全国书法大赛；邱朝剑、马青原作品入展赵孟頫杯全国书法大赛；区文化馆阳光艺术团以创新手法编排的排舞《加勒比海盗》获浙江省第六届排舞大赛中老年组金奖；罗峰艺社获浙江省第二批视觉艺术优秀创作群体奖（书法类）；张利安获浙江省第二届视觉艺术创作群体优秀作品展书法类金奖；王晖获浙江省第二届视觉艺术创作群体优秀作品展书法类银奖；邱朝剑获浙江省第六届中青年书法展银奖；陈显丰获浙江省第六届中青年书法展铜奖；张利安、项建勇、章文、马青原、曹俊作品入展浙江省第六届中青年书法展。舞蹈作品《加勒比海盗》获市排舞大赛冠军、省大赛金奖；音乐作品《你的微笑》、《娘儿亲》获市第十五届音舞节两个银奖；舞蹈作品获市城市舞蹈大赛银奖；组织黄石村拼字龙灯队参加市第四届艺术节开幕式，戏剧小品《转型》获两个银奖；叶芳林的木雕作品获市“东瓯王像”大赛金奖。

（袁蓓蓓）

【瓯海区文化广电新闻出版局】 内设职能科室4个，直属单位5个。2012年末人员54人（其中机关9人，事业43人；具有高级技术职务资格的2人，中级技术职务资格的6人，初级7人）。

2012年，瓯海区文化工作紧紧围绕文化强区建设的总目标，以公共文化服务体系构建、历史文化名城创建、文化产业发展为抓手，全面推进各项事业发展。一、推进文化基础设施建设。截至2012年12月，行政中心区馆三馆（区图书馆、区文化馆、区博物馆）新馆建筑已竣工。截至2012年，全区11个镇街全部建成综合文化站，并通过浙江省第五次乡镇综合文化站评估（二级文化站5个，三级文化站6个）。建成省级“东海文化明珠工程”5个，分别是梧田街道办事处、南白象街道办事处景山街道办事处、新桥街道办事处、娄桥街道办事处。市级“金海岸文化网工程”5个，分别是泽雅镇、仙岩街道、娄桥街道、瞿溪街道、潘桥街道。2012年，建成瓯海区191个（其中新社区79个）农家书屋，社区文化服务中心24个。二、开展丰富多彩的群众文化活动。2012年瓯海区文化馆与全区各文艺社团共承办各类文艺演出127场。举办“春来瓯海绿满园”——区两会大型文艺演出、“绿文化节”文艺演出、“八一”赴部队慰问演出、“千年纸山 琦君故里”首届瓯海纸山文化节开幕式暨文艺晚会、“欢度新春 幸福瓯海”区宣传十八大精神文艺下乡巡演等。开展“共同的家园”、“月月有节庆、镇镇有特色”系列文化活动。送戏下乡137场。共送图书52900册次。2012年举办广场文化活动10场，送讲座展览下乡55场，分别与文成、鹿城、平阳举办“文化走亲”活动6场，在仙岩、郭溪开展“非遗进乡村”系列活动，放映数字电影及公益广告各2500场。编辑刊印宣传画册《瓯韵书香》。举办全区文艺社团才艺大比拼活动，并整合优秀社团文艺节目组成一台文艺演出到全区各镇、街道进行文艺巡演。举办“与雷锋精神同行”读书学习活动、公益讲座进校园、“快乐阅读分享成长”大型公益讲座、“让阅读点燃梦想”侨乡留守儿童服务、阳光夏令营等未成年人系列活动。2012年文化馆创作的文艺精品共获省级金奖2个，银奖3个，市级金奖4个，银奖4个，铜奖2个。声乐作品《梅雨潭的绿》获浙江省“五个一工程”奖，《安居乐业》获浙江省第十一届音乐新作演唱（演奏）大赛表演金奖，舞蹈《味香忆儿时》获温州市第十五届音舞节创作表演两项金奖等。三、加强文化队伍建设。成立由舞蹈、声乐、曲艺等爱好者组成的文艺创作团队，50多名创作人员共创作具有瓯海地方特色的文艺作品70多件，其中有14个作品在省市各类大赛上获奖；由区文化馆牵头成立创作基地。举办两期全区性的舞蹈、声乐培训班，由省市专业教师授课，培训学员150人；在各街道（镇）举办11期培训班，培训学员1500人。四、抓好文化市场管理。2012年，瓯海区文化市场行政执法大队重点开展“扫黄打非”、“无证无照文化经营场所整治”、“文化市场净化工程”等专项行动。执法大队出动执法检查324次，出动执法人员1306人次，检查经营单位1393家次，取缔无证KTV13家，无证电子室39家，无证音像店19家，无证书店3家，收缴游戏机线路板125块，非法音像制品3万余张，非法出版物3148本。一般程序行政处罚案件立案查处30起，另有28起经营非法音像制品涉嫌侵犯著作权的案件移送公安处理。文化市场行政执法大队先后获国家版权局授予的有功单位、省新闻出版局授予的案件办理有功单位、区法制办授予的“法制建设基层站所示范点”等荣誉称号，同时获全市文化执法队伍技能比武第三名，3位同志被授予有功个人。五、开展非物质文化遗产保护工作。2012年，非遗中心成功申报1项浙江省非物质文化遗产项目、5项温州市级非物质文化遗产项目，竹丝灯、鼓词、百鸟灯、米醴琼造酒技艺、米塑5个项目申报入选温州市第五批非遗名录，其中百鸟灯入选浙江省第四批非遗名录。郭溪街道景西社区的九龙灯参加温州市第四届艺术节开幕式演出，并应邀参加中央电视台播出的2012年中华龙舟大赛(温州站)开幕式表演。编辑完成《金瓯古韵》。在瓯海区非遗数字库，录入非遗普查线索数据近2万条、项目调查表条近1千份、以及其他相关数据等，建成瓯海非遗数字平台。对重点国家级非遗项目彩石镶嵌进行改良，制作出小而精的彩石镶嵌案头摆件、壁挂。4月至5月，非遗中心举办“非遗进社区”活动6场。六、发展公共文化事业。2012年，瓯海区图书馆共外借文献135000册次，73400人次，有效借书证数为2089个。举办各类读书活动40余场，直接参与读者6.4万人次，推出新书推荐10期。购置新书54000册，订购报刊269种。征集地方文献476种，1011册，征集复制拍摄民间历史文献750件，截至2012年12月，瓯海区图书馆馆藏文献总量(纸质)达129763册。图书馆流通点总数60个。2012年新增设基层图书流通点20个，共送书91次，送书总量达到52900册次。截至2012年12月，建成公共电子阅览室2个、共享工程基层服务点33个。瓯海区图书馆新明瓯分馆于4月23日开馆。全馆免费开放服务，每周开放40小时，馆内藏书1万册，报刊100种，供读者使用电脑25台，设有图书外借室、报刊阅览室、电子阅览室、培训室。2012年开放8个月，共计到馆12400余人次，外借图书4330册次，举办公益讲座6场，未成年人活动9次，新书推荐3期。1月10日在瓯海召开温州市地方文献工作会议暨温州市民间文献征集项目启动仪式。1月，完成泽雅庙后村、仙岩穗丰村、潘桥仙门村的采集工作，9月，完成泽雅、南白象、梧田、茶山、丽岙、潘桥、瞿溪共18个村的采集工作，共拍摄复制包括族谱、科仪、碑刻、契约等文献750多种。2月6日(农历正月十五)，在联众华庭广场举办瓯海区壬辰年“闹元宵猜灯谜”灯谜活动。5月，瓯海区图书馆举办第八届未成年人读书节，开展“学习雷锋”系列活动、“让阅读点燃梦想”侨乡留守儿童服务活动、暑期阳光夏令营系列活动、公益讲座进校园系列活动，直接参与活动人数2.3万人次。未成年服务活动“让阅读充满爱，关爱侨乡留守儿童”案例参加2012年中国图书馆学会年会·中国图书馆展览会，在第26分会场“免费开放下县级图书馆建设与服务创新思辨”会上做专题发言。七、做好文物保护工作。4月，《遗珍·瓯海区第三次全国文物普查成果选粹》正式出版。全书共304页，近600幅图片，编印1000册。开展第三次全国文物普查，复查与新发现不可移动文物1423处，其中按标准规范登录472处，信息点登记950处。仙岩历史文化遗产专题展示馆于4月27日正式开馆。推进泽雅传统造纸生态博物馆与“指南针计划”示范基地建设，修缮改建完成“意纸斋”艺术家工作室与泽雅纸山民俗文化专题展示馆，并于12月6日正式开馆。建设完成陈傅良与永嘉学派纪念馆的陈列布展，2012年12月竣工，陈列的内容包括“永嘉学派”专题陈列室与“陈傅良”专题陈列室。2012年，完成黄坑村黄氏老宅、水碓坑村造纸设施的修缮。完成《省级历史文化村——水碓坑村、黄坑村环境整治实施方案(一期)》、《温州市瓯海区瞿溪老街街区保护整治规划设计》的编制。完成《瓯海区文物保护利用总体规划》、《泽雅传统造纸生态博物馆(四连碓造纸作坊)环境整治规划》等专项规划、文物维修方案的编制与设计；完成全国重点文物保护单位四连碓造纸作坊(三期)、浙南一大会址一灵佑殿、刘基庙、文曲桥、镜湖亭、琦君故居等文物保护单位(历史建筑)的维修工程以及潘桥抢修工程。坚持每周不少于一个半天的的文物安全巡查，2012年共出动检查人员120人次，检查98家次。两次开展瓯海区砖木结构文保单位安全排查整治专项活动。配合基本建设工程，发现文物及时抢救清理。6月9日，举办全国第七个“文化遗产日”活动，活动主题为“活态传承，重在落实”。瓯海区文化广电新闻出版局、瓯海区文博馆举行“第三次全国文物普查成果展”活动，组织编写文化遗产日的公益广告。

(陈建林)

【瑞安市文化广电新闻出版局】 内设科室7个，直属单位9个。2012年末人员262名(其中：局机关26人，执法人员26人，事业210人；具有高级技术职务资格的14人，中级38人)。

2012年，瑞安市文化广电新闻出版局坚持以创建“全国文化先进市”为载体，狠抓落实，克难攻坚，较好地完成了各项工作任务，进一步推进了文化强市建设。一、“创先”重点项目有新突破。博物馆完成续建工程；会同滨海新区完成瑞安文化园建设项目设计。玉海街道完成综合文化站改建工程，高楼镇综合文化站开工建设，湖岭镇完成项目设计。创建温州市级新社区文化服务中心30个、农村文化信息资源共享工程100个。新增省级文化示范村1个、温州市文化示范新社区2个。市图书馆2012年新增馆藏文献23335种56414册(盘)，数字化谱牒143种172册；建成塘下、马屿2个镇街图书分馆；新建图书流通服务站9个(累计达到41个)。召开瑞安市农家书屋工程暨文化设施建设推进会。温州市文化广电新闻出版局局长吴东到瑞安督查指导农家书屋工程建设。2012年，建成258个农家书屋工程，瑞安市文化广电新闻出版局被评为浙江省农家书屋工程建设先进单位。二、解决文化供需“两方面矛盾”有新成效。深化周末剧场惠民服务，开展“五进”(学校、社区、军营、企业等)活动，完成52场演出任务。举办“种、送文化”活动231场。公共图书办理读者证1万多个，接待读者112万人次，图书外借通流155万册次，阅览流通134万册次。农村数字电影放映9103场次，推进“广播电视进渔船”工程，安装渔船231艘。开展文艺辅导培训，举办全市基层文化队伍群文艺术培训等各类培训班20个，参训人员达5500人次。5月，温州市文化广电新闻出版局党组副书记、副局长李震到瑞安督查指导基层公共文化设施建设和广电“一省一网”整合发展工作。6月，温州市委常委、宣传部长胡剑谨一行莅临瑞安市图书馆调研指导。三、“三大行动”深入实施。一是实施公共文化服务提质行动。创作一批文艺精品，获国家级奖项3项、省级29项、温州市级12项。推行图书借阅惠民举措，延长借书期限，取消读者证工本费，阅览室免证、免押“零门槛”向社会开放，开展读者服务活动109场，播放公益电影322场。二是实施文化形象提升行动。举办第七个“文化遗产日”系列活动，开展瑞安市“非遗”项目广场“献艺”活动，24个“非遗”项目参展；举办瑞安市第三次全国文物普查成果展，展出展板82块。打造木活字印刷术、中国曲艺之乡、南戏故里等系列文化金名片。组织木活字印刷术项目参加“中国非物质文化遗产生产性保护成果大展”。“木活字印刷技术”项目入编《非主流——浙江非物质文化遗产笔记》。出版发行《浙江省非物质文化遗产代表作丛书·木活字印刷术》；在瑞安开元高中重点设立2个“木活字印刷术”培训班，学校被评为浙江省非遗传承教学基地、省优秀传统文化教育普及活动先进集体；在马鞍山实验小学新设“瑞安市非遗传承教学基地”；成立文化良种——温州鼓词演唱基地(莘塍街道下村)；组建文化馆曲艺团；创办藤牌舞俱乐部，“藤牌舞”视屏节目获浙江省传承非遗活动最佳拍摄奖。协助中央电视台(7台)摄制组拍摄《蓝夹缬技艺》。瑞安市非遗保护中心协助中央电视台(4台)摄制组拍摄《中国传统工艺》木活字印刷技艺部分。省文化厅国遗项目保护督查组秦钧、崔伟文到瑞安检查国家级非遗项目保护工作。召开瑞安市非物质文化遗产保护工作会议。新增省级非遗名录3项，温州市级8项、代表性传承人7名，瑞安市级6项、代表性传承人19名，评选出瑞安市首批优秀民间文化人才30名。瑞安卖技(民间文学)、瑞安纸马雕版印刷术(传统技艺)、南屏纸制作技艺(传统技艺)被列为第四批浙江省非物质文化遗产名录。瑞安提线木偶(传统戏剧)、莲花(曲艺)、瑞安悟鸡拳(传统体育、游艺与杂技)、瑞安木雕(传统美术)、蓑衣编制技艺(传统技艺)、瑞安糟烧制作技艺(传统技艺)、瑞安纸扎技艺(传统技艺)、圆木制作技艺(传统技艺)被列为第六批温州市非物质文化遗产名录。浙江省人民政府表彰“浙江省申报人类非物质文化遗产和国家级非物质文化遗产工作先进单位和记功人员”，瑞安市非物质文化遗产保护中心被评为先进单位，瑞安市文化广电新闻出版局局长黄友金被评为二等功人员。新增瑞安市文物保护单位25处，上报浙江省珍贵古籍名录11部；制作全市文保单位、文保点标志碑和标志牌，划定全市文物保护点保护范围和建设控制地带；编辑出版《瑞安市不可移动文物分布图》、《瑞安市第三次全国文物普查不可移动文物名录》等刊物。三是实施文化产业发展提速行动。推行文化产业审批即办制，实施审批放权，优化投资环境。2012年完成新闻出版业年检年审件457件，受理审批件209件。完成固定资产投资额15004万元。2012年文化产业增加值占GDP比重达到了6.1%。开展出版物市场、娱乐演出市场、校园周边文化环境等专项整治活动。2012年组织检查686次，出动3190人次，检查文化经营单位

2973家次，取缔各类无证经营单位164家；受理举报47起，立案102件；文化市场良好率达95%以上。瑞安市文化广电新闻出版局被评为瑞安市安全生产优秀单位、消防安全先进单位。四、"四个保障"得到强化。一是机制保障。制订出台瑞安市文化体制改革实施方案，成立瑞安市文化系统事业单位体制改革工作清算组，组建文化发展公司和越剧团有限公司，完成企业预登记。实施全员绩效考核工作。二是政策保障。出台《关于推进文化强市建设的决定》，以及《关于加快文化产业发展的实施意见》、《文化精品项目扶持奖励办法》、《关于加强文化人才队伍建设的实施意见》等配套政策。11月，温州市文化广电新闻出版局副局长柳升高调研瑞安文化市场。在文化设施、文化园区建设用地优先、审批简化、规费减免等方面，加大文化发展政策扶持力度。三是资金保障。落实基层文化设施建设补助政策。四是人才保障。开展文艺人才培养"星辰计划"、"四个一批"人才选拔等工作；加强与浙江艺术职业学院的培训合作，开展基层文化队伍培训工作。五、"五项活动"精彩纷呈。一是举办党的十八大主题系列文化活动；二是打造中国古诗词演唱基地，举办了"中国古诗词艺术歌曲演唱会"，"中国古诗词演唱第一人"姜嘉锵先生亲临授课指导；三是举办"瑞安市第二届排舞大赛"，有32支队伍，近700名选手参加比赛，共有12支队伍获金奖；四是承办第四届温州艺术节群文小戏小品比赛；五是组织优秀节目赴泰顺、鹿城、洞头、永嘉、宁海开展"文化走亲"活动。

举办瑞安市中国古典诗词艺术歌曲演唱会 5月10日，瑞安市举办"中国古诗词艺术歌曲演唱会"，瑞安籍著名男高音歌唱家姜嘉锵先生参加演出。该活动由瑞安市委宣传部和瑞安市文化广电新闻出版局主办，温州市文化广电新闻出版局副局长陈朴忠，瑞安市政协主席白一帆，市委常委、市委宣传部部长黄益友，副市长钱定荣，市政协副主席王翠珠等观看了演出。

（项玲珑）

【乐清市文化广电新闻出版局】 内设职能科室5个，直属单位7个。2012年末人员260人（其中：机关21人，参公27人，事业212人；具有高级技术职务资格15人，中级49人。）

2012年，乐清市文化工作紧抓重点、突破难点、创新亮点，努力在新的历史时期开创率先发展、科学发展、和谐发展的新局面。一、艺术生产硕果累累。女声独唱《畲乡三月三》获全国少数民族题材音乐大赛金奖，并入围全国第十六届"群星奖"决赛；《满山杨梅红艳艳》获浙江省首届村歌创作演唱大赛金奖；《月下的小村庄》获浙江省第三届社区文化艺术节暨第十一届音乐新作演唱（演奏）大赛金奖；《多明诺》获浙江省第六届排舞大赛金奖；农民美术、书法、摄影展上，乐清市选送的视觉作品获1金2银3铜4优秀的成绩；越剧《章纶》获温州市第十二届戏剧节优秀新剧目奖，李美凤获高则诚表演奖；朱琴燕、陈瑞乐分别获温州歌坛争霸赛"五朵金花"、"最美声音"荣誉称号；女声独唱《梦回大唐》、男女声组合《月下的小村庄》、群舞《等……》获温州市第十五届音乐舞蹈节金奖；《江山如画》、《且吟春语》获温州市第九届城市社区舞蹈大赛金奖；乐清市合唱团获第二届温州市合唱节金奖。国家级非遗传承人林邦栋、王笃纯获"中华非物质文化遗产传承人薪传奖"。省级工艺美术大师吴尧辉、牟湘波、张伟成、潘锡存等4人被评为中国木雕、石雕艺术大师。国家级工艺美术大师高公博被评为亚太地区手工艺大师。乐清市王少楼、许宗斌、张腊娇、陆贞芳等4人获温州市"文艺事业突出贡献奖"。组织乐清市非遗精品参加各类大赛和展览：陈余华的9件和林邦栋的1件细纹刻纸作品参加2012年澳门"内地春节习俗展演"；非遗中心馆藏乐清龙档赴温州参加在世纪广场举行的"龙腾盛世·幸福温州"元宵灯展；陈余华11件作品参加"中国非物质文化遗产生产性保护成果大展"；王笃纯、陈余华携作品参加2012中国义乌文化产品交易博览会·2012中国（浙江）非物质文化遗产博览会；省级工艺美术大师潘锡存作品《四季吉祥》浙江石雕精品展获金奖；10月12日至15日，叶胜隆携弟子三人参加浙江传统塑艺陶艺精品展，叶胜隆作品《周仓》获金奖，叶小良《祖国亲》、张庭《曙光》、张晓铳《仁王》获银奖。二、举办丰富多彩的社会文化活动。文化艺术节于6月18日启幕，为期3个月，包括市首届文化遗产节暨全国第七个文化遗产日系列活动，市第八届音乐舞蹈节，优秀文艺精品展览系列活动，文化讲座、比赛活动，"一镇（街道）一品牌"创建活动等五大板块。配合温州市群文活动，举办第二届新乐清人演讲大赛、"我爱我家"家庭读书知识竞赛、"兴乐杯"青少年书法大赛、温州市第八届“英语之星”电视大奖赛乐清赛区初赛等，并选送优秀选手参加温州市各类演讲、读书比赛，王少民获第六届新温州人演讲大赛亚军，王一宸家庭获温州市“我爱我家”读书竞赛三等奖。举办“梅溪讲堂”系列讲座、文化馆公益课堂。举办温岭市地方文献图片展、雁荡山摩崖石刻图片展等展览，“活力城南”大型文艺晚会、“美丽芙蓉”社区“文化走亲”大型文艺晚会等演出37场。2012年，共组织以春节、重阳节、禁毒、计生宣传、安全生产等为主题的慰问演出258场，送书下乡276289册，送春联下乡2000余幅，送数字电影下乡8376场。共举办“周末剧场”13场。建成农家书屋236个。虹桥镇西溪村农家书屋被评为全国农家书屋示范点。实行文化馆、图书馆、博物馆展厅面向社会免费开放。10月，周昌谷艺术馆完成装修布展，并举行开馆仪式，共接待200多位嘉宾。开馆期间，举办“云生大泽·周昌谷艺术展”、“指向深处·周昌谷艺术研讨会”、“友生雅谊”创作笔会、“书画其昌·周昌谷艺术馆征集作品展”等系列活动；出版《雁荡之子——周昌谷传》、《周昌谷诗文集》、《指向深处——周昌谷研究文集》（上）（下）、《周昌谷书画集》、《书画其昌》、《周昌谷印集》等6本开馆系列丛书。三、积极开展“非遗”工作。2012年，乐清市入选浙江省非物质文化遗产保护综合试点县。王十朋传说、山歌（乐清撞歌）、鼓词（温州鼓词）、石雕等4项非遗项目入选第四批省级非遗名录。乐清黄杨木雕大师虞金顺、高公博入选第四批国家级非遗传承人；王新棋等16人入选为温州市第二批非遗传承人；乐成二小入选第二批省非遗传承教学基地。做好乐清市非物质文化遗产的挖掘、整理和研究工作，建立完备的非物质文化遗产档案和数据库。完成《山海古风——乐清市非物质文化遗产代表性项目汇编》的编撰出版工作；参与《乐清龙档》、《非主流——浙江非物质文化遗产笔记》、《乐清之最》等书籍的项目整理和编撰工作。做好文化遗产日系列活动，组织开展“非遗进校园”、“非遗进社区”、市图书馆馆藏剪纸作品展览、国遗传承人走进《乐视会客厅》、王笃纯大师作品展、首届乐清市非物质文化遗产传承教学基地学生作品联展、文化遗产研讨会等活动。四、大力推进文化设施建设。市图书馆、博物馆建设工程11月2日完成结构封顶。该项目被温州市创杯专家小组评定结构为优良。市文化中心综合体工程年度投资12000万元，其中影城和文化馆分别于12月23日、30日完成结构封顶。新建大荆、柳市等2个中心镇综合文化中心，北白象、芙蓉等2个图书馆中心镇分馆，32个城乡新社区文化服务中心，5个流动图书馆流通点。虹桥镇溪西村被评为浙江省文化示范村，白石街道、乐成街道双双跻身温州市文化强镇，虹桥镇岀前社区、北白象镇磐石社区、芙蓉镇芙蓉社区、清江镇南塘社区、虹桥镇城南社区等5个社区入选温州市文化示范新社区。五、大力发展文化产业。贯彻落实《乐清市“十二五”文化产业发展规划》和《乐清市关于大力推进文化强市建设的决定》。配合乐清市委宣传部出台《乐清市关于加快发展文化产业的意见》，做好文化产业园区的认定和命名工作。六、积极开展文物保护工作。组织新建博物馆建设工程专家会审，完善设计方案；林曦明艺术馆的技防改造工程通过验收。修改完成《南阁牌坊街立面整治方案》和《高氏家族墓地保护规划》上报省文物局。启动历史建筑保护维修工程；完成2处国保单位、6处省保单位的保护范围与建控地带数字地形图上报省文物局；启动新公布文保单位的保护范围与建设控制地带的划定工作，完成近30处省保、市保单位地形测绘和第六批省保单位保护范围划定工作；启动第六批省保单位万桥、百岁亭四有档案记录工作。推进国保单位南阁牌楼群等一批历史名胜古迹的抢救性保护与合理开发；完成蒲岐城北门抢救维修和林氏宗祠、二六支部旧址、白象塔、能仁寺大镬、余鼎三故居、瑶岙城墙等文保单位修缮前期工作；配合相关部门，做好雁荡大龙湫第一桥、四都王十朋坟庵屋维修准备及蔡湖南墓迁移维修工作；完成国保单位南阁牌楼群及多处市级文保单位、古村落的标志牌树立工作。对柳市峡门村的明代古墓群和晋代古墓开展抢救性保护，完成出土器物修复和墓碑拓片；配合重大基建项目开展文物考古调查，协助省考古所做好乐清磐石电厂、南岳浙南电厂三期工程前期考古调查工作。七、加强公共图书馆建设。2012年市图书馆新增藏书28382册（片），总藏量355699册（片），总流通236620人次，图书外借213624册（片），新增图书借阅证1602个，借阅证总数15504个。2012年送书下乡达19949种，29916册。新建图书馆中心镇分馆2个，图书流通点5个。截至2012年，全市共建有图书馆分馆5

个，图书流通点42个。八、进一步规范文化市场管理。将乐清市辖区内的文化经营单位划分为11个单元网格，建立全覆盖、全过程、全方位的网格化监管模式。2012年共出动检查2565人次，与公安、工商联合执法7次，检查营业场所2263家次，立案128起，取缔非法营业性演出、无证游戏室、流动音像摊点31家，黑网吧7家。查缴非法音像制品19634盒，非法书报刊2063册，电子游戏机线路板64块，游戏机58台，地面卫星接收设施82套，3D电视棒89个，共受理举报22起。开展娱乐场所、网吧市场、印刷企业、演出市场等领域专项整治行动。组织开展重点时段专项监管、校园周边环境整治行动、“4·26”保护知识产权广场宣传活动、侵权盗版及非法出版物集中销毁活动、打击非法接收卫星电视节目专项行动，贯彻落实“清剿火患”行动、剑网行动，开展辖区内海域文化遗产执法巡查。与公安、工商、文明办、电信等部门组成网吧评比小组，对乐清市100多家网吧场所进行评比，共评选出13家2011年度星级网吧。规范行政审批，编制规范行政许可裁量权细化标准表。2012年，共受理行政审批件541件，办理541件，其中即办件315件，承诺件226件，办结率100%，提前办结率90%。

2012年发表多部乐清学者著作 2012年，发表《乐清油画集》（张文兵主编，西泠印社出版社出版）、《南宋大贤王十朋》（全彩漫画本，线装书局出版）、《恍兮惚兮》（短篇小说集，东君著，浙江文艺出版社出版）、《虹桥古韵》（张国谦、周明涛主编，中华书局出版）、《中雁荡古今诗词选》（赵章盛主编，中国文联出版社出版）、《自由出入唐诗三百说》（郑庆新著，中国文化出版社出版）等6种乐清学者著作。

（周凡群）

【洞头县文化广电新闻出版局】 内设4个职能科室，直属单位1个，分支机构5个。2012年末人员55人（其中：机关8人、事业47人；具有高级技术职务资格的4人，中级11人）。

2012年，洞头县文化广电新闻出版局积极推动文化事业再上新台阶。一、启动省级文化先进县创建，不断明确海岛文化工作新任务。制定印发《中共洞头县委 洞头县人民政府关于创建浙江省文化先进县的实施意见》，成立以党政一把手为组长的省级文化先进县创建工作领导小组，召开全县创建省级文化先进县动员大会。二、深化文化惠民，不断提升海岛群众文化生活新水平。组织举办贺“两会”迎“新春”暨纪念洞头解放60周年文艺晚会、第二届洞头县文化艺术节、激情演绎广场等一系列大中型文化活动。打造文化下乡等公益文化活动品牌，共组织开展广场文化演出15场，送戏40场、送电影1116场、送春联3000多幅、送音响器材21套等文化下乡惠民活动。优化市民活动中心对外开放项目，开展“童玩空间”、“快乐小屋”、“绘本阅读讲堂”、“趣味烘焙DIY活动”等免费公益培训及活动。三、夯实阵地建设，不断完善公共文化服务新格局。开工建设县市民活动中心二期工程，完成县图书馆、文保所搬迁工作。县图书馆启动RFID全新借阅系统。督促各乡镇（街道）综合文化站建设，霓屿、元觉、东屏、大门对外免费开放，鹿西完成主体工程。实施农家书屋工程，完成全部60个农家书屋基层点建设任务。实施“广电进渔船”工程，安装184艘渔船。推进省市县文化创建工作，创成2011年度市级金海岸文化工程1个、市级文化示范村和信息共享工程基层点共2个。四、加强队伍建设，不断拓展文化产品供给新内涵。实施“星辰计划”、“春风行动”，组织社区（农村）文化骨干开展排舞、渔民画等培训工作，创作小品、声乐、渔民画等作品参加省市赛事活动，获第四届温州市艺术节创作二等奖1个、三等奖3个，表演二等奖1个、三等奖3个；成立洞头县首支合唱团体——“海霞”合唱团，在温州市第二届合唱节中亮相并获银奖。推进“一乡一韵、一村一品”特色村居创建工作，评出2011年度特色村居4个。五、弘扬海洋民俗文化，不断开创文化遗产保护新局面。举办“文化遗产日”系列活动，确定县实验小学和东屏小学为“洞头县非物质文化遗产传承基地”；组织“七夕”成人节、“妈祖平安节”等民俗文化活动及洞头—苍南、洞头—景宁等“文化走亲”活动，并邀请专家交流座谈妈祖文化。举办中国·洞头“海洋的呼唤”海洋动物故事演讲、漫画大赛等活动，由洞头县邱国鹰主编的《洞头海洋动物故事集》获第三届浙江省民间文艺“映山红奖”民间文学作品奖一等奖。完成三盘海蜇行等7家文保单位安全整治及文物库房安防设备安装工作，编制完成洞头县省级文保单位保护范围和建设控制地带图集。六、规范行政执法，不断构建文化市场管理新秩序。完善网格细化管理、行政执法考核评议、行政执法责任追究、重大行政处罚备案等执法制度，建立健全12318举报处理机制和综合执法监督体系。提升行政许可效率，提前办结率达100%。重新梳理“一审核准”项目，保留行政许可项目34项、非行政许可事项13项。完成三级社会管理和公共服务权限调整工作，将音像制品经营许可和书报刊零售许可权限下放到街道（乡镇）。开展“扫黄打非”、“取缔无证无照”等专项整治工作，开展安全生产培训、演练工作。

（卓桂枝）

【永嘉县文化广电新闻出版局】
内设职能科室7个，直属单位6个。2012年末人员210人（机关32人，事业178人；具有高级技术职务资格的11人，中级53人）。

2012年，永嘉县文化广电新闻出版局开展作风建设年、创优争先、创建五型机关等活动，完成全年任务。一、推进公共文化服务体系建设。县公共文化活动中心于10月份开工建设，县图书馆临时过渡用房开工建设。全县10个中心镇除鹤盛外，所有镇综合文化站开建或已完成建设并对外开放，其中沙头、大若岩和巽宅完成建设，岩坦、碧莲、岩头完成主体工程着手装修，桥下、枫林、乌牛正在建设中。建成社区文化服务中心20个、中心镇图书分馆3个（沙头、巽宅、大若岩）。图书馆送书下乡15700册，开展“未成年人读书节”系列活动，送讲座进校园16场，送展览下乡3场。昆剧团送戏下乡54场，越剧团送戏下乡52场，民营剧团送戏下乡70场，文艺团队送戏下乡34场，共完成送戏下乡210场。创建省级文化强镇1个（沙头镇）、市级文化强镇2个，省级文化示范村1个，市级文化示范村3个，县级文化示范村54个。图书馆总藏书量为239612万册；入库编目（购置图书）23686册，新增藏书23686册；新订报刊656种；接受社会各界捐赠藏书365册次；举办各类读者活动（含讲座、展览、辅导培训）25场次，参与人数40000余人次；新增读者借阅证2408个；送书下乡28次，帮助创办农村、学校、企业等基层图书馆（室、分馆）6家；中心镇3个分馆；20个社区图书室；共计29个图书分馆（图书室）。夯实永嘉文化共享阅读平台，援建20个基层社区公共电子阅览室；图书馆共接待读者数26.5万余人次。二、加强非遗保护工作。开展非遗传承活动，举办国家级非遗名录温州莲花及省级非遗名录定位和南拳等培训班各1期，共培训学员近50多人。完成“苏同德堂中医药文化”、“永嘉艺海木雕”两个市级传承基地申报工作，召开永嘉昆曲、永嘉木雕和永嘉苏同德中医药文化等3项非遗项目创新专题研讨会。永嘉昆剧做好对外交流活动。6月28日至7月8日参加第五届中国昆剧艺术节。剧目《金印记》获“优秀剧目奖”；王振义、由腾腾获“优秀表演奖”；黄光利获“优秀笛师奖”；永昆传统折子戏《折桂记·牲祭》、《荆钗记·见娘》、《单刀赴会》、《钗钏记·相约、相骂》获“优秀展演剧目”。8月，参加浙江省“新松计划”青年演员大奖赛，获银奖。10月21日，《金印记》参加浙江省“庆祝十八大召开优秀剧目展演”。10月26日，参加第四届温州艺术节暨温州市第十二届戏剧节，《金印记》获“新剧目特别大奖”；王振义、由腾腾获“高则诚奖”，冯诚彦、张胜建获“优秀表演奖”等多项大奖。配合完成市委宣传部主办的“温州文化周”全国巡演活动。加强剧目创作，重点编排《白兔记》、《金印记》、《八义记》、《一捧雪》等剧目；《张协状元》入选文化部评选的十部昆曲精品剧目。做好昆曲公益演出，下乡演出54场，进校园演出20场。三、做好文物保护工作。完成第三次全国文物普查各项工作任务。全县正式登录不可移动文物3581处，县文物馆被评为省、市文物普查先进集体。完成永嘉县传统历史文化村落普查工作，筛选出30个古村落申报省级历史文化村落。编辑出版第三次全国文物普查成果《楠溪古韵》一书。启动可移动文物普查工作，出台方案，建立机构，并落实专项经费。做好文物维修。组织验收国保单位司马第大屋和省保戴蒙书院修缮工程；完成枫林圣旨门楼等县保单位的维修工程。申报省级文物保护专项补助项目3个，申报市级文物保护专项补助项目2个。公布楠溪江明代宗祠建筑群、红十三军军部旧址等17处省保单位保护范围和建控地带并上报省政府；完成溪口李氏大屋等10处省保单位说明文字及标志碑和说明碑；建立31名文保员队伍，签订安全责任书。征集瓯瓷16件，名人书画95件，名俗文物10件，古铜镜3件，林曦明书画高仿制作192件。做好瓯窑窑址标本采集、整理工作，多次到岩头等瓯窑集中所在地采集新标本。四、加强文化市场行政执法。2012年出动1612人次，检查经营单位1284家。取缔22家“黑网吧”、16家无证电子游戏室、63个音像摊点、6家无证书摊、35个地面卫星接收设备销售点、17个无证演出大棚、查封2家无证歌舞娱乐场所，收缴非法音像制品83604张(盒)、非法书刊5810余册、电子游戏机20台、卫星天线“小耳朵”78面。受理举报17件，立案调查案件44件，办结案件44件，其中破获大要案12起；撰写动态工作信息48条，被多级媒体采用。获国家版权局授予的“全国查处侵权盗版案件有功单位二等奖”奖励，并获县政府通令嘉奖；被评为“温州市文化市场综合行政处罚案卷办理先进单位”，获永嘉县重点中层科室干部不定期督考第一名的佳绩。五、做好广播电视管理。健全安全播出领导协调机制，开展应急演练，加强国庆、十八大期间电视安全播出的督查和日常监管。开展打击非法卫星电视地面接收设施专项整治行动2次，分发宣传资料1000多份，查扣卫星天线“小耳朵”85套，自行拆除“非法地卫”设施15套。六、做好新闻出版工作。做好农家书屋工作，获全省农家书屋建设先进集体。投入专项资金360万元，建成农家书屋137个，实现农家书屋全覆盖。每个农家书屋配置图书1200种1500册和报刊杂志55种以上，桌、椅、柜等硬件设施配备齐全，做好“一二三四”规范工作，即给每个农家书屋配好1枚公章、2个牌子、3个制度、4本登记簿，并加强与县图书馆和中心镇图书分馆的对接联网。全县投入资金156万，安装各类正版软件总计1342套，完成政府机关36家单位的电脑软件调整工作，并通过省市验收。完成162家印刷企业和复印打字店的年检核验，走访永嘉县印刷企业68家，加强监督检查。七、广泛开展群众文化活动。举办各类文艺晚会、展览、比赛13场次，协助承办晚会及展览10余场。包括2012年春节联欢晚会暨第二届农村文艺汇演颁奖晚会、第五届民间职业剧团传统戏汇演、第四届群众歌手大赛、温州森林旅游节开幕式、楠溪江山水文化旅游节、原创音乐演唱会等活动。2012年共有30多项文艺精品获国家、省市奖项。昆曲小戏《刘二嫂打呼噜》在浙江省新农村建设题材小戏小品大赛中获创作、表演金奖，最佳导演奖、优秀组织奖；青年歌手徐丽芳获温州市第四届艺术节“五朵金花”称号；舞蹈《老水车的故事》在省“群星奖”获表演、创作金奖；在市第十五届音舞节中，永嘉县的歌曲《水袖》、《梦回永嘉》、《楠溪之恋》等获创作、演唱类奖项。开展文艺骨干培训，实施文艺人才培养的“群星计划”。在声乐、舞蹈、摄影、美术等领域共组织培训10多场，共有1000多人参加。成立文化志愿者团队76支，文化志愿者骨干100多人，总人数达3800多人，形成县级、乡镇、社区三个层面的文艺梯队。开展“文化走亲”9次，苍南、玉环等地到永嘉县开展文艺演出，永嘉县组织戏剧赴鹿城、瓯海等地“文化走亲”。开展省级文化先进县创建工作。编辑《创建文化先进县简报》9期，《永嘉文艺》2期；制定《创建省级文化先进县实施方案》。

（李安乐）

【平阳县文化广电新闻出版局】 内设职能科室7个，直属文化单位6个。2012年末人员231人(其中：机关31人，事业200人；具有高级技术职务资格的22人，中级70人)。

2012年，平阳县文化工作切实抓好“强基惠民”工程，扎实推进历史文化名城创建、文化设施建设、文化惠民工程、文化精品打造、文化市场管理、文化产业发展等重点工作，呈现出整体推进、重点突出、亮点纷呈的良好发展态势，全县文化综合实力迈上了新台阶。一、名城创建工作强力推进。启动省级历史文化名城创建“四个二”(即坡南、城东两个历史文化街区的改造修缮，博物馆、县文化中心两个历史文化载体的建设，腾蛟、顺溪两个历史文化名镇的创建，苏步青、黄公望两大历史文化名人的宣传)工程。坡南历史文化街区、顺溪镇进入浙江省第四批历史文化街区、名镇行列。完成坡南历史文化街区、腾蛟历史文化名镇和顺溪历史文化名镇保护方案省级部门专家论证会。启动坡南街区电管道铺改造和铺设、给排水改造、河道清淤等工程。完成南门街区、东门街区保护规划设计方案文本以及东门街区保护项目纪录片初期拍摄。编制完成鸣山历史文化名村保护规划设计方案；县人大第十五届一次常委会议审议通过陈经邦(陈经正)、林景熙、黄公望、宋恕、刘绍宽、黄溯初、谢侠逊、苏步青、马星野、张鋆为“平阳十大历史文化名人”。确定平阳历史文化名人乡土教材编发方案和编创人员。完成平阳县十大历史文化名人雕塑设计初稿。苏步青励志教育馆建设于9月19日举行奠基仪式。纪录片《一代数学宗师苏步青》在中央电视视十套《人物》栏目播出。出版《苏步青与平阳教育》一书；完成卧牛山文化园入口招投标工作，基本完成棋王碑林改造工程建设。

开展赤岩山名人诗画谷方案设计再征求意见工作；完成老街改造试点地段（亭子路）立项、老街提升优化工程立项以及苏振音宅委托修缮方案设计。完成带溪两岸生态景观园二期工程立项和谢侠逊故居修缮政策处理等工作。完成顺溪古镇第一期给排水、雨水、强弱电地埋施工图设计和旅游集散中心地质勘探、可研等前期工作。顺溪老大份保护维修工程已完成屋面、梁架、雕花门窗等物件的维修，12 月完成。另外有五幢古民居维修方案已报请省文物局审核；平阳文化中心（博物馆）建设方案完成第四轮审核和修改，并通过《新平阳》向社会各界征求意见。《顺溪古建筑群保护规划》公布实施，完成昆阳镇坡南街、东门街、解放街南段（通福门至新桥头）等街区历史建筑调查登记认定工作。完成钱仓金钱会起义纪念馆土建工程、内部陈列展示工程施工；完成龙山头巨石文化生态园（一期工程）改造现场勘察和保护工程方案施工图设计并报省文物局审批。基本完成林树中美术馆捐赠作品的收集和装裱工作。平阳童谣、高机与吴三春传说、畲族民歌入选第四批浙江省非遗名录，五十丈粉干制作技艺、五枝拳等 6 个项目入选第五批温州市非遗名录。林启旺等 18 人入选第二批温州市非遗代表性传承人，16 位非遗传承人获平阳县首轮乡土人才称号。创建非遗传承（教学）基地 7 处，非遗展示馆免费开放。举办温州鼓词会演、元宵节鳌江划大龙民俗文化活动、和剧暑期培训班和十七巧板作品展，举办单档布袋戏周末剧场免费演出活动。组织参加义乌文博会，非遗中心获“非遗薪传——浙江省传统曲艺展演”优秀组织奖。非遗书目《平阳木偶戏》已整理完成出版。二、公共文化设施明显改善。县木偶戏保护传承中心排练厅、视觉艺术展览厅投入使用。创建省级文化强镇、文化示范社区（村）3 个，中心镇综合文化中心 3 个、图书分馆 4 个、社区文化服务中心 60 个、图书流通点 6 个。全县 64 个示范农家书屋、64 个标准农家书屋于 6 月全部投入使用，并通过省、市两级验收。斥资 2000 多万元、建筑面积 2000 多平方米，拥有 4 厅、630 个座位的平阳首家多厅影院——鳌江影城正式投入使用。三、文化惠民活动有声有色。开展“百场演出、千场电影、万册图书”送文化下乡活动，2012 年累计送戏 200 场、电影 6060 场、图书 301800 册，开展群众性文化活动 200 多场，举办“乡村艺站”12 站，开展广场文化活动 62 场次、送讲座展览 72 次、“文化走亲”7 场。先后举办第二届文化庙会、庆“五一”暨劳模表彰文艺演出等大型主题晚会以及平阳县十大历史文化名人图片展、“上海二苏”暨雪堂书画院作品展等专题展，打造“文化艺术节”、“乡村艺站”、“月月活动周”、“每周一课”、“文化走亲”、“未成年人读书节活动”、“会文讲坛”等特色文化品牌。举办第四届文化艺术节、首届社区文化艺术节、第八届平阳县未成年人读书节活动、“幸福社区”家庭才艺秀、送图书进社区活动、送电影进社区活动、“桑榆之乐”中老年歌唱比赛等。推进有线电视网络双向化改造和数字化整体转换工程，累计投入资金 9239 万元，完成总投资额的 93.5%，2012 年投入 3959 万元，完成年度投资额的 85.2%；完成昆阳、鳌江、水头等地 150 多个小区、街道的有线网络双向化改造工作，覆盖用户 125414 户；整转有线电视用户 110795 户，发放机顶盒 164020 个；发展互动电视用户 2544 户，上网宽带用户 1116 户。四、文化精品创作成果丰硕。创作音乐作品 4 个、舞蹈 4 个、小品 3 个、戏剧 3 个。童话木偶剧《金凤凰》获浙江省第十一届精神文明建设“五个一工程奖”。该剧目代表浙江省参加第三届上海国际木偶艺术节暨邀请赛，获优秀剧目奖、表演奖、木偶造型奖、舞美设计奖 4 项大奖，同时获全国儿童剧优秀剧目展演优秀演出奖、编剧奖和演员角色奖；群舞《雁山回声》获 2012 年浙江省舞台舞蹈大赛创作、表演和音乐创作 3 项银奖；小品《京巴小白》获第十一届华东六省一市戏剧小品大赛创作、表演银奖；排舞作品《蓝色婚礼》获浙江省第六届排舞大赛青年组、少年组金奖；校园人偶剧《谁是大王》获浙江省中小学生艺术节创作、表演金奖；《放歌三月三》获中国畲族三月三征歌活动入围奖；歌曲《背月亮》、《快乐成长》参加省新人新作及少儿组唱比赛；一批舞蹈、声乐、器乐、小品等作品参加第四届温州市艺术节，廉政木偶剧《知县·轿夫》获市第十二届戏剧节获剧目奖，舞蹈《风舞竹动》获创作、表演双银奖，声乐《我的平阳我的家》获辅导、表演金奖，器乐《龙舟祭》获创作、表演双银奖等。打造新编传统剧《白蛇传》、环保主题木偶剧《小猴快跑》、木偶小品《嫦娥邀月》等剧目，拍摄完成电影《木偶情缘》，并在温州市首播。加强对外文化交流，应邀赴新疆、呼和浩特参加“草原拥抱大海”演出、“济南·温州文化周”交流活动。五、文化市场持续繁荣稳定。组织开展娱乐场所、网吧、印刷、“扫黄打非”、无证无照等专项检查。落实事权下放工作，将音像制品经营和书报刊零售、出租许可，以委托代办的方式放到乡镇直接审批。2012年年检年审文化企业527家，新批印刷企业21家、歌舞娱乐场所3家、电影放映场所1家。2012年累计出动检查2015人次，检查经营单位1823家次，查处取缔无证照文化经营场所132家（处），行政处罚立案53起，组织开展16次专项整治行动。加强互联网视听节目服务行业监管，以法院庭外和解方式处理电信涉嫌擅自从事互联网视听节目服务案件。推行文化市场网格化管理，建立起全覆盖、全过程、全方位的网格化监管模式。六、文化产业发展步伐加快。列入县工业建设项目的印刷企业标准厂房建设的温州大草原印业有限公司、平阳县郑楼富利胶印厂、温州万兴制版有限公司等3家企业，共投入7150万元，建成占地31.2亩，建筑面积达26185平方米的标准厂房，已全部投入使用。鳌江影城正式投入运营。出台文化强县“1+2”实施方案；培育建设3个文化产业园区；做强做优30家文化重点企业。组织全县文具企业、台挂历印刷企业参加中国义乌文博会、中国温州（金乡）台挂历展览会、华东印刷机械展销会和深圳礼品展销会，举办中国（平阳）四届商务礼品节。与中国民生银行温州分行合作，成立小微企业互助合作基金，支持中小企业发展。加强人才建设，举办大型培训讲座，开展经营业务和法律法规专题培训。七、文化体制改革取得突破。平阳县以文艺院团改革为重点，推进文化体制改革。抓好平阳剧院改制克难攻坚工作；平阳县木偶剧团正式更名为平阳木偶戏保护传承中心。完善平阳县小百花越剧团转企改制方案；推进公益性文化单位内部人事改革；平阳县文化发展投资有限公司挂牌成立。成立招商引资工作领导小组，研究制订文化系统招商引资项目数据库。推进“一省一网”工程，拟定《平阳县广播电视有线网络“一省一网”整合发展实施方案》，与浙江华数广电网络股份有限公司签订合作框架协议。

（陈余良）

【苍南县文化广电新闻出版局】 内设6个职能科室，直属单位7个。2012年末人员187人，其中公务员46人、机关工勤1人（行政编制54人）、事业人员140人。

2012年，苍南县文化广电新闻出版局以创建全省、全国文化先进县为目标，进一步解放思想，开拓创新，为全县加快发展、转型发展、科学发展提供有力的文化支撑。一、文化设施建设加快推进。县重点民生工程文博馆项目，2012年完成投资任务5000多万，整体工程进度顺利结顶。启动乡镇文化站提升工程，2012年全县投入资金500多万元，完成灵溪、金乡、矾山等3个乡镇的文化中心的修缮和服务职能的提升。建成龙港、金乡2个省级图书分馆和灵溪、金乡、矾山等3个市级图书分馆。全县已有32个示范社区文体中心通过市里验收。三是农村文化阵地得到加强。完成农家书屋工程，在全县农村社区和行政村共完成333个农家书屋建设。在全市农家书屋建设考核验收中，苍南县名列全市第一，龙港江浦社区农家书屋被评为省级农家书屋示范点。推进宗祠改建文化中心示范项目，全县改建宗祠70多个，通过验收合格62个，其中新改建的28个宗祠全部改建成功并正式对外开放。二、群众文化活动亮点频出。2012年累计举办各类大型广场文化活动20多场。举办新春合唱音乐会、温州市瓯越三月三畲族风情旅游文化节、首届“中国·苍南海峡文化交流暨妈祖诞辰1052周年”文艺晚会以及龙港舥艚开渔节、温州五凤开茶节、马站四季柚采摘节演出等大型广场文化活动。6月，联合矾山镇、温州矾矿在矾山举办庆祝第七个“中国文化遗产日”暨温州矾矿遗址申报世界工业遗产启动仪式系列文化活动，活动期间举办奇石展、矿石展和摄影展等。开展贴近社区群众的大型广场文化活动，自农村社区转并联以来，苍南县共举办小型的读书活动、书画展览、文艺演出等社区文化活动100多场。苍南县已组建舞蹈俱乐部、民乐团、合唱团、诗社、书画社、健身队等各类民间文艺团队200多个，队员达6000多个。陈家宅舞龙队代表县参加温州市第四届文化艺术节开幕式，业余文艺团队“精英摄影沙龙”获浙江省群文创作精品与群文群体“八个一百”评选活动的优秀创作群体奖。打造节庆文化微舞台、民俗文化微舞台、社区文化微舞台和企业文化微舞台，在各乡镇、社区设立“微舞台”80多处，开展各类文化演出活动180余场，参演百姓近2000人次，观众超过8万人次。这一做法被省文化厅评为2012年度全省公共文化示范项目创新奖。三、公共文化服务得到提升。开展文化“三下乡”、“文化走亲”、广播电视进渔船、广播电视“村村通”、“广播电视低保”和数字电视整体转换等各项文化惠民工程。2012 年，全县共送戏下乡 200 多场次，其中舞台车下乡演出 90 多场，送书下乡 6 万多册，送电影 9000 多场，开展“文化走亲”活动 10 多场次，安装卫星接收设备 340 套，转换数字电视用户 12 万户。开展县、乡镇、社区(村)图书馆(室)建设，着力打造县、镇、村三级图书网络。龙港、金乡、灵溪、宜山、矾山等乡镇已连接全市图书网络，实现通借通还。图书产品流向农村基层。做好文献采编、借阅服务和阅读指导工作，新馆开馆以来，办理有效证件 1 万个，读者图书借阅册次达 14 万多次。做好数据统一管理和市二级以上分馆“通借通还”工作，维护好县图书馆自动化管理系统与温州市图书馆的对接。举办首届苍南县读书节，活动期间共举办“走进春天”读书活动图书漂流、“读好书唱好歌”比赛等 20 项活动。开办苍南图书馆“玉苍讲坛”、“红杜鹃学堂”等各类报告会、讲座 20 多场。四、艺术作品创作精品迭出。萧云集的《长角苗》、萧禾嘉的《假球》入选《中国摄影艺术年鉴》(2011 卷)，苍南县文化广电新闻出版局选送的少年歌手林红帆和陈晓婕在国家级比赛中获金奖；选送《南宕好风光》、《乡村情趣》等原创作品参加省级文艺赛事，获创作、表演双金奖，县合唱团参加“浙江省红色经典歌曲合唱大赛温州赛区选拔赛”中获并列第四名，并进入浙江南片区大赛，获南片区第三名；选送情景剧《雨中曲》；歌曲《畲家妹子》、《爱驻五彩礁》、《柳笛轻轻吹》、《瓯江情孕》、舞蹈《借我任意门》等原创作品参加温州市第五届文化艺术节系列活动，获多项创作金奖和表演金奖。2012 年，苍南县共获 15 个国家级奖项，66 个省级奖项和 51 个市级奖项。举办温州油画名家写生作品展、省民俗风情摄影展、《瓯风文韵》书画作品展“爱我苍南”新春摄影展、苍南县民族工作图片展、2012 苍南县少儿书法美术摄影大赛获奖作品展等 20 多场文化展览。五、文化遗产保护不断加强。完成张琴墓、蒲城城隍庙门台、西晏公殿古戏台和蒲壮所城东瓮城东南角城墙坍塌和城东段城墙北侧敌台等重点文保单位的维修、抢修工作，完成蒲城张琴故居、华宅、九间宅、福德湾传统民居修缮及石板路改造等名人故居、古民居的维修工程。启动吴荣烈故居(一期)、福德湾西厅郑氏民居、金乡方宅等的维修和碇步头谢氏民居公厕的改扩建工程。做好蒲壮所城保护规划文本修改和倪祠保护维修编制工作。启动苍南县第一次可移动文物普查前期准备工作，制定苍南县第一次可移动文物普查方案。完成温州矾矿博物馆的基本展厅、文化遗产图片展、民间民俗文物展等部分陈列布展等工作，并于 6 月 18 日正式对外开放。完成林夫纪念馆、观美席草展览室等展示馆的布展工作。启动温州矾矿申报世界工业文化遗产工作，成立“申遗”领导小组，动员、指导矾山当地社会力量成立“温州矾矿遗址申请世界工业遗产促进研究会”。做好非遗传承工作，完成非遗名录、传承人申报工作，新增“提线木偶戏”、“米塑”等 10 项省级非遗名录和 20 个市级非遗传承人，蒲壮所城和鲸头成功申报省级非遗风景区。完成民族中学教学基地和全县中学生素质教育传承基地建设。拍摄以非遗为题材的电影故事片《夹缬之恋》、举办“苍龙劲舞”民间民俗汇演、送戏下乡、选送特色非遗项目参加温州“拦街福”、温州元宵大型灯展等活动。编辑出版非遗代表作专著《玉苍遗韵》。开展苍南历史文化研究，挖掘整理苍南县历史文化资料，出版内部刊物《苍南历史文化》4 期。2012 年，苍南被列为浙江省非物质文化传承示范县。六、文化市场有序健康发展。制定出台《苍南县文化产业发展实施意见》，举办第十四届龙港印刷工业博览会和第七届中国(温州·金乡)台挂历暨文化用品展览会，组织印刷包装企业参加广州印刷包装展、国际印刷暨包装展和德国德鲁巴世界印刷展，掌握最新科技信息。扶植数字媒体、电子商务、软件开发和动漫游戏等数字文化服务业，加大对温州市牵手网络科技有限公司和温州市浩大网络科技有限公司两家互联网公司资金和政策支持。提升行政审批效能，推行即办制，开辟“快速通道”。实行审批权限的下放，将音响制品零售、出版物零售和出版物出租备案等项目的审批权限下放到乡镇。完成文化经营场所、上网服务场所年检年审和广播电视电影发行放映许可证换证以及印刷企业年检年审工作。开展全县艺术品经营单位备案登记工作。开展文化市场集中清理活动、出版物市场专项检查活动和集中整治淫秽色情出版物及信息专项行动。开展娱乐场所专项整治工作，下发《关于开展全县无证无照娱乐场所专项整治通知》(苍政办〔2012〕131 号)文件，取缔一批无证无照娱乐场所。6 月 5 日，联合工商、公安、消防、安监、环保等部门联合开展查处取缔无证无照娱乐场所经营行为专项行动，副县长林小同亲到现场部署工作。加强安全播出监管工作，完成春节、全国“两会”、十八大等重要保障期安全播出任务。2012年，共出动检查347车次，出动检查人员1417人次，检查各类文化经营单位1243家次，立案调查135件，罚没款累计约126万元。七、文化队伍建设得到加强。推进基层文化机构改革，制定出台《关于加强宣传文化队伍建设的实施意见》，明确恢复乡镇综合文化中心独立法人资格，出台乡镇文化站的“三定”方案。举办摄影、排舞、声乐、书法、美术和图书管理等各类培训班20期，培训各类文化干部、文艺骨干、文艺爱好者达2000多人次。特邀中国美术学院博士生导师章晓明教授到苍南举办油画专题讲座、特邀著名指挥家蓬勃教授为合唱爱好者举办合唱指挥短训班。2012年刊出内部刊物《沧海》4期。建立苍南县文艺创作人才库，。打造高素质的文化团队，开展“我们的价值观大讨论”活动，在全局内开展“我们的价值观”演讲赛。健全机关科室工作职责，推行首问责任制。

（吴丽君）

【文成县文化广电新闻出版局】内设职能科室4个，下属单位8个。2012年末人员65人（其中：局机关12人，下属单位53人；具有中级技术职务资格的14人）。

2012年，文成县文化广电新闻出版局全面推进文化建设。一、加强文化阵地建设。8月13日，文成县文化中心开工仪式在文成宾馆对面建设工地举行。中共文成县委书记汪驰宣布开工令，温州市文广新局副局长陈朴忠出席开工仪式并致贺辞，县四套班子领导和嘉宾为县文化中心项目培土奠基。截至2012年12月，县文化中心完成投资5021万元。建成珊溪、南田2个县图书分馆，启动玉壶、西坑等4个中心镇文化站建设，完成33个社区文化中心建设，完成100家农家书屋创建任务，创建省级文化示范村1个（百丈际镇西段村），市级文化示范新社区3个（樟台、东溪、二源社区），累计建成村级文化活动室330个。4月23日，文成县文化工作会议召开，县委常委、宣传部长刘金红，副县长雷宇出席会议。二、开展多项群众文化活动。举办（协办、承办）县第二届音舞节、培头村第五届“三月三”畲族风情旅游节、首届“社区文化节”、省政协省委宣传部来文成县送文化下乡、浙江电视台《流动大舞台》走进侨乡玉壶、庆祝十八大文艺晚会等大型文化活动20余场。2012年组织送戏下乡198场、送书下乡43657册、送讲座展览12场、“文化走亲”5场、“乡村小舞台，村社一台戏”平安建设宣传巡回演出活动35场。三、大力扶持优秀作品创作。选送舞蹈《山涧清音》参加浙江省舞台舞蹈大赛获创作金奖和表演金奖，并参加全国“群星奖”复赛。编排《激情舞》参加省排舞大赛获三等奖。舞蹈《情醉女儿鼓》获市第八届社区舞蹈大赛表演银奖。在温州第四届艺术节上，文成县选送的作品获16个奖项，其中一等奖1项，银奖5项。在省农民美术书法摄影展中，文成县选送的作品获摄影金奖1项、铜奖1项、优秀奖2项。在“瓯江行”丽水摄影大展中，县摄影家协会24幅作品获奖，其中《飞天》获特级佳作奖。在市级以上刊物上发表诗歌、论文281篇，其中国家级91篇，省级24篇，市级166篇，现代诗《我把故乡丢了》获首届中国“红高粱”诗歌奖。四、积极抓好图书事业。2012年接待读者43000人次，外借书刊42000册次，新增图书34025册，2012年末总藏书量为168257册，截至2012年12月有电子书刊20万册。举办、承办第八届浙江省（文成）未成年人读书节活动、温州市第八届未成年人读书节开幕式暨“我爱我家”读书竞赛活动、“喜庆十八大，书香飘农家”农家书屋阅读讲演比赛、首届全民“伯温读书节”、“图书杯”幼儿童歌会；开展“爱的传递”向留守儿童送书活动、“同享一片蓝天，情系特殊儿童”社会实践活动；并邀请国学经典解读专家——温州大学苏勇强教授为文成县学生解读《论语》。五、积极推进广电事业。推进农村电影“2131”工程，2012年完成2676场的数字电影放映任务，其中故事片2138场，科教片350场，学生场188场，观众人数达24万，中心村覆盖率98%，行政村覆盖率100%。加强安全播出工作，调整安全播出协调领导小组成员，制定《文成县广播电视安全播出实施方案》，开展安全播出应急预演和安全播出大检查工作，排查广播电视整网改建工程5个，网络传输主干线6条，重点播出部门14个，并获2012年度浙江省广播影视安全播映先进集体奖。六、规范文化市场管理和行政执法。抓好行政许可工作，对全部审批项目及设立依据、办理流程、办理时限等逐一进行梳理、规范、优化，受理行政许可事项23件，非许可事项73件，全部在承诺时限内提前办结，实现办结率为100%、提前办结率100%。做好文化市场执法工作，开展查堵有害出版物专项行动、4·26出版物专项整治、“打非治违”专项行动、迎接党的十八大文化市场专项保障行动和文化市场经营场所安全生产大检查大整治活动，2012年共出动执法人员600多人次对市场进行日常监管，立案9件，结案9件。在市文化市场执法技能比武活动中，县文化市场行政执法大队获第四名。七、积极开展文化保护工作。公布文成县第三次全国文物普查不可移动文物名录831处，完成谢林大宅院二期维修工程，编制《大会岭、道岭古道保护规划》、《玉壶中美合作所—上新屋维修方案》、《文成县特色文化村保护与发展规划》，指导召开“太公祭”保护协会成立筹备会议，做好刘基祭祀管理委员会换届注册工作和黄坦糖、龙川粉丝、龙川素面的创新项目保护工作，划定第六批省保单位保护范围、建设控制地带，并上报省文物局。建成“刘伯温传说”、“太公祭”展示馆，完成《刘伯温传说》的发放工作，联办“文成县社科普及活动暨刘基诗词·全国百名书法家作品展”，举办第四届“刘伯温传说”讲故事大赛和辩论赛，完成刘基文化挖掘与弘扬课题调研工作，确定刘基文化普及本编写方式等，并在文成新闻网（网站）、《今日文成》（报纸）等媒体上连载，与温州大学研究生部合作建立“研究生实践基地”。八、推进干部队伍建设。建立文成文化信息网站，开展文化工作宣传。县文广新局被县委、县政府评为2012年度考绩工作优秀单位、党建工作考绩二等奖、考绩工作进等升位进步奖、重点工程建设先进单位、安全生产工作先进单位、争取上级资金先进单位、会计核算工作先进单位。

（谢　鸣）

【泰顺县文化广电新闻出版局】 内设职能科室4个，下属单位10个。2012年末人员83人（其中：机关10人，执法大队10人，事业单位63人；具有高级技术职务资格1人、中级技术职务资格的16人）。

2012年，泰顺县文化广电新闻出版局以创建省级文化先进县为目标，充分发挥文化部门职能，强化工作措施，狠抓工作落实，文化事业和文化产业取得全面发展，泰顺文化软实力和竞争力进一步提升。一、专业文化建设得到长足发展。泰顺县获市级以上奖项的文学、声乐、舞蹈等作品24件，其中在温州市第四届艺术节中获3金2银4铜。对社区文化管理员和文艺团队骨干开展各类培训活动，培训1864人次。二、开展各类社会文化活动。协办瓯越“三月三”畲族风情节、“泰顺百家宴”、“第四届中国廊桥文化旅游节”等特色重大文化活动，组织举办“迎新春、送祝福”主题文艺活动、全县中小学生诗词朗诵比赛等系列读者活动，协办“慰问外来务工人员综合类晚会专场”、“2012年泰顺青年歌手大赛”等大型文化活动10场。组织开展“祥和泰顺·美好乡村”和“春暖山城，阳光计生”、“廉政文化进农村”等主题送戏下乡巡回演出88场，完成送数字电影进农村放映2570场，新建10个图书流通点、新增送书下乡5000册。联合文成、瑞安、平阳、苍南等县市开展“文化走亲”活动4场。三、做好文化遗产保护工作。做好闽浙木拱廊桥申报世界文化遗产预备名单相关前期工作。组织开展泰顺廊桥的实体保护和技艺传承。6月，国家文物局到泰顺进行现场考察工作。11月17日，由浙江省泰顺县、景宁县、庆元县，福建省寿宁县、周宁县、屏南县、政和县联合申报的“闽浙木拱廊桥”被列入《中国世界文化遗产预备名单》。制定出台《文化遗产保护办法》，启动国保廊桥（仙居桥、三条桥、永庆桥、刘宅桥、薛宅桥、文兴桥）保护规划和省级文物保护单位张氏厝屋、登云桥维修方案的编制，开展交洋土楼修缮工程。巡查各级文保单位116处次，并在全县18处省级以上文物保护单位的单体建筑统一挂上“12318”文物保护监管举报电话牌。组织举办“5·18博物馆日——泰顺古窑址瓷片、瓷器展览和“6·9文化遗产日——泰顺县文化遗产图片展”等展览活动。完成第四批国家级非物质文化遗产名录项目和国家级非遗项目传承人申报，开展第二批县级非物质文化遗产项目代表性传承人评审工作。组织举办第七个“文化遗产日”活动系列活动和第四届文化遗产摄影比赛。组织泰顺县非遗项目参加对外宣传展示活动。会同摄制组举办非遗题材影片《廊桥1937》首映式活动。四、推进文化阵地建设。县公共文化中心（县文化馆、文物库房）开展内部装修工程建设。泰顺影剧院完成一期改造工程。完成三魁镇、仕阳镇、雅阳镇、罗阳镇、仙稔、松垟等6个文化中心建设，开展筱村镇、司前镇等2个文化中心前期工作，完成司前镇、仕阳镇等2个市级图书馆中心镇分馆建设任务。完成10个社区文化服务中心建设，建成63个行政村农家书屋。2012年新购图书8168册,外借图书51868册(其中少儿分馆36392册),办理读者证768本(其中少儿分馆542本),接待读者60000多人次。五、推动文化产业发展。继续推进中国廊桥博物园项目建设。泰顺廊桥文化园、泰顺石产业园、泰顺畲族风情园和温州泰顺国际影视文化产业综合体等项目进展顺利。推进"扫黄打非"和文化市场专项整治行动,2012年共出动检查537次1654人,检查网吧、歌舞娱乐、出版物、印刷等文化市场经营单位1489家次,取缔无证无照经营单位17家,查获违法违规单位35家,立案29起,结案29件,并联合公安、工商、消防等部门开展文化市场培训班5期、宣传活动4次,组织开展文化市场集中应急演练1次,举行文化市场非法物品集中销毁活动,共销毁依法收缴的非法物品25000多件。

(陈小东)

嘉兴市文化广电新闻出版局

【概况】 嘉兴市文化广电新闻出版局(文联)机关(含市文化市场行政执法支队)内设10个职能处室，48名在职工作人员(其中公务员24人，参照公务员管理群团单位3人，参照公务员管理事业单位18人)。下属单位共有9个，正式事业编制共115人(其中：具有高级技术职务资格21人，中级62人)。

2012年，嘉兴市文化系统紧紧围绕文化强市建设工作目标，全面推动文化改革发展，各项重点、特色工作齐头并进，取得丰硕的成果。

一、深化公共文化服务体系建设，进一步改善文化民生

推进公共文化服务体系示范区创建基础工作，“嘉兴市城乡一体化公共图书馆服务体系建设”项目通过了文化部首批示范项目中期督导，完成《嘉兴市城乡一体化公共图书馆服务体系管理体制、协同机制、城乡统筹机制研究》、《群众自发性文艺团队建设与扶持研究》等一批国家级、省级研究课题的结题工作。“嘉兴市城乡一体化公共图书馆服务体系建设”项目被评为2012年度浙江省“十佳民生工程”。海宁市制订出台《示范区创建实施规划》；嘉善县“以县带镇、打造乡村艺术团建设嘉善模式”项目已建成各级文艺队伍506支，文艺骨干9000多人；平湖市“欢乐平湖，城乡互动”公共文化项目2012年共计演出102场，参与观众14.15万人次，投入资金达187.34万元。截至2012年12月，嘉兴市公共文化服务体系示范镇(街道)达到14个。通过建立网络信息服务平台，提供免费培训、讲座、展览、演出等各类公共文化服务，2012年共接受城乡居民预约服务4万多人次，举办各类展览、讲座、培训、辅导、活动、演出1059场，直接受益群众40余万人次。文化部部长蔡武、副部长杨志今，省委宣传部部长茅临生，嘉兴市市委书记李卫宁、市长鲁俊、市委常委、宣传部长陈越强先后对此项工作做出重要批示。《中国文化报》在头版头条以《在这里，与文化真情相约——浙江省嘉兴市创新公共文化服务方式纪实》为题进行报道。“文化有约”服务项目获首届浙江省宣传思想文化工作创新奖，并在浙江省宣传思想工作会议上被表彰。推进全市图书馆乡镇分馆的提升完善和村(社区)分馆建设，新建村(社区)分馆60余个。创建文化示范乡镇、村(社区)，全市省级文化强镇达5个，省级文化示范村(社区)达16个。在第五次全省乡镇综合文化站评估定级中，嘉兴市省特级文化站为11个，省一级文化站为25个。全市共建成834个农家书屋，被评为全省农家书屋工程建设先进单位。2012年，全市广场文艺演出1041场次，观众117万余人次；歌舞戏曲下乡演出1622场次，观众134万人次；农村公益电影放映1.4万余场次，观众226.7万人次；市、县两级图书流动45.2万余册；举行公益性培训2778次，参加人数13.5万人次。

二、打造文化特色品牌，进一步扩大地方文化影响

打造端午民俗文化节活动品牌，承办端午民俗文化节开幕式暨全国端午民俗歌舞展演、端午祭暨子胥庙会以及“情韵端午”、“五色端午”、“锋彩端午”、“影像端午”等四大特色文艺活动。举办2012中国·嘉兴国际漫画双年展暨首届漫画节，有36个国家近2000余副作品参加展览，开展嘉兴国际漫画双年展、中国国际漫画嘉兴论坛等13项艺术交流活动，与保加利亚加布罗沃市签订漫画友好交流协议，中国美协授予嘉兴全国首个中国漫画创作基地。嘉善县打造“善文化”品牌，举办“善文化”系列活动。南湖区合唱节、秀洲区农民画艺术节、平湖市西瓜灯节、海宁观潮节等一批老牌节庆文化品牌影响力进一步提升。举办第六届乡村文化艺术周、第十届“社区之声”文艺调演、迎春团拜会、迎新春文艺广场演出、第六届嘉兴市调龙灯大赛、“文化走亲”系列演出等群众文化活动。秀洲区开展“新农村嘉年华”、“现代田园新秀洲”两大群众文化活动；海盐县开展“我们一家人”文化走亲活动；海宁市开展“亲上亲，潮乡情”文化走亲活动、“潮乡大舞台”2012年度“种文化”展示系列活动、“潮乡”系列主题展演活动三大系列活动。

三、巩固名城保护成果，进一步开创文化遗产保护新局面

推进大运河(嘉兴段)申遗工作，嘉兴市政府先后出台《大运河(嘉兴段)遗产保护和整治工作指导意见》、《大运河(嘉兴段)遗产保护规划》、《大运河申报世界文化遗产嘉兴点段整治方案》，启动长安闸、长虹桥、文生修道院、分水墩等一批保护整治项目。完成申遗点段"四有"档案编制、申遗文本和宣传片摄制工作。嘉兴市文化广电新闻出版局获2012年全国文物系统先进集体称号。制订出台《关于加强嘉兴市古桥保护工作的意见》。开展嘉兴市新塍古镇、新篁古镇等保护规划编制指导工作。2012年，海宁市长安镇、平湖市新埭镇获省级历史文化名镇称号。举办中国蚕桑丝织民俗文化论坛，召开《中国端午节》丛书编纂中期报告会，举办钱氏"清芬堂"纪念馆开馆仪式暨钱鏐文史研讨会、朱生豪百年诞辰系列纪念活动及学术研讨会，完成了《嘉兴传统美术》、《嘉兴民间文学》、《粉墨江南——卞家班暨杭嘉湖水路京班纪略》编纂出版工作。

四、加大文艺精品扶持力度，进一步激发文艺创作活力

开展第八届嘉兴市文学艺术成果奖评选工作，评选出视觉和表演两大艺术门类的获奖作品35件。开展2012年度嘉兴市文化发展工程重点特色扶持项目申报与评选工作。各县(市、区)也通过各种政府奖励措施，优化文艺创作生产环境。2012年全市共有300多件文学、视觉艺术、歌舞作品获得省级以上各类奖项。

五、加快文化产业发展步伐，进一步优化发展环境

组织嘉兴市35家文化企业参展义乌文博会。选送4家企业参加"文化新浙商"评选活动。参与2012嘉兴市创业创新洽谈会暨重点项目(北京)推介会，并与6家中央文化企业建立良好关系。配合做好嘉兴文博会有关工作，搭建产销平台。全市已有多厅影院22家，总银幕数达102块，其中3D设备达72台。2012年，全市城市影院放映达11.3万场次、观众达225万人次、票房收入达7867.8万元，比去年增长46.3%。海宁市与华策影视共同成立中国(浙江)影视产业国际合作实验区。海盐逐步形成以浙江海利集团为龙头，海利文化创意园区、百步文化印刷创意园区、绮园文化休闲区和南北湖高档文化休闲区"点、线、面"结合的发展布局。嘉善县2012年共签约引进重点文化产业项目11个，总投资达10.13亿元。

六、加强文化、广电、新闻出版行业规范管理，进一步提升服务水平

调整嘉兴市本级文化市场管理体制，做好游艺娱乐场所的总量和规划布局工作。开展"扫黄打非"和网吧专项整治行动，净化文化市场，嘉兴市文化市场执法支队获国家版权局打击侵权盗版有功集体二等奖，并在浙江省技能比武中取得团体第一名的成绩。开展全市报刊核验工作与审读工作，2012年编发报纸审读通报34期，内部资料审读通报12期，被评为全省报刊审读工作先进单位；推进农村出版物发行小连锁网店建设；推动软件正版化工作；开展第二届嘉兴市"十强"印刷企业评选活动。开展乡镇广播电视站规范化创建和广播电视相关信息系统安全等级认定工作，评出特级站17个，一级站20个；开展广电政府奖评选和全市广电新闻节目抽评工作；实施农村公益电影和广场电影放映工作，举办嘉兴市第四届大学生电影节；海宁广播电视台获全国广电系统先进集体称号。

【大事记】

1月

1月至6月 嘉兴市委宣传部、市文化广电新闻出版局与中国民俗学会签订《关于合作编纂、出版〈中国端午节〉丛书意向书》。由民俗学、社会学、人类学和历史学等专业的学者和学生组成的7个调查组在嘉兴市范围内对端午习俗文化资源进行以村落为主的田野调查活动。

2月

7日 嘉兴市政府副市长、市大运河遗产保护与申遗工作领导小组副组长柴永强专题调研大运河(嘉兴段)遗产保护和申遗工作。

10日 嘉兴市召开大运河遗产保护与申遗工作领导小组会议，总结前一阶段嘉兴段运河遗产保护与申遗工作进展情况，研究部署下一阶段重点工作。嘉兴市申遗领导小组副组长、市政府副市长柴永强出席会议并讲话。

20日 嘉兴市发改委组织召开文生修道院修缮工程设计评审会议，嘉兴市建委、市财政局、市文化局、市民宗局、市交通局、市环保局、嘉城集团、嘉实集团、天主教杭州教区、浙江省古建筑设计研究院等单位有关负责人参加评审会。

3月

9日 受文化部委托，浙江省文化厅督查组一行，对嘉兴市创建"城乡一体化公共图书馆服务体系建设”国家项目进行督查。

14日 嘉兴市召开大运河遗产保护和申遗工作推进会，嘉兴市发展改革委、市财政局、市建委、市交通运输局、市水利局、市文化局、市环保局、嘉城集团等申遗领导小组有关成员单位负责人参加会议。

16日 嘉兴市大运河申遗办组织省市有关文博专家，就大运河（嘉兴段）文化遗产展示方案进行会商。

19日至22日 浙江省文物监察总队一行对嘉兴市本级、平湖市、海盐县、海宁市和桐乡市的全国重点文物保护单位及部分省级文保单位进行执法巡查。

4月

1日 由浙江省非遗保护办、嘉兴市旅游局、嘉兴市文化局、南湖区政府联合主办的“九龙舞凤桥”浙江省龙年龙舞大展演在嘉兴市南湖区凤桥镇梅花洲景区举行。表演节目有江南船拳、凤舞、平湖九彩龙、浦江板凳龙、安吉竹叶龙、龙游脱节龙、坎门花龙、奉化布龙、临安水龙、龙游滚花龙、长兴百叶龙等。

1日 由嘉兴博物馆和绍兴县博物馆联合推出的“润洁秀雅——越窑青瓷精品展”在嘉兴博物馆开展。此次展出的越窑青瓷由绍兴县博物馆提供，大部分为国家二级或三级珍贵文物，共计55件（组）。

17日 嘉兴市召开大运河遗产保护和申遗工作推进会。嘉兴市大运河申遗领导小组各成员单位有关负责人参加会议，嘉兴市政府副市长柴永强出席会议并讲话。国家大运河保护和申遗专家组成员、浙江省文物考古研究所文保室主任张书恒在会上作了题为《江南运河（嘉兴段）遗产价值与申遗策略》的讲座。会后，前往海宁长安镇，对长安闸保护和整治项目进行现场督查。

20日 举行钱氏清芬堂纪念馆开馆仪式。嘉兴市领导张志伟、柴永强出席开馆仪式，钱氏后裔、原中联部部长、原人民日报社社长钱李仁等100余人应邀参加了开馆仪式。下午，来自全国各地钱镠文史研究会的专家们举行钱氏文化研讨会。

24日 嘉兴市2012年侵权盗版及非法出版物集中销毁活动在嘉兴中山影城广场举行。活动由嘉兴市文化广电新闻出版局局长、市“扫黄办”主任王鸣霞主持。嘉兴市政府副市长柴永强出席仪式并讲话，嘉兴市委常委、宣传部长陈越强宣布活动开始。参加活动的还有市“扫黄打非”工作领导小组成员单位、各县（市）“扫黄打非”工作领导小组及办公室的领导，市区公安、工商、城管、文化部门的执法人员及音像、书刊经营业主和学生代表。

5月

3日 嘉兴市政府办公室制定出台《关于印发城乡一体化公共图书馆服务体系创建实施意见的通知》（嘉政办发〔2012〕52号）。

4日 嘉兴市委常委、市委秘书长孙贤龙在市文化局局长王鸣霞的陪同下对嘉兴市文物保护工作进行调研。

12日 全国人大常委会副委员长路甬祥等领导一行视察南湖革命纪念馆等。浙江省人大常委会副主任吴国华、嘉兴市委书记李卫宁、嘉兴市人大常委会副主任张志伟陪同参观。

15日至17日 由浙江省文物局、浙江省博物馆学会、嘉兴市南湖风景名胜区管委会主办，南湖革命纪念馆承办的“浙江省2012年‘5·18’博物馆学术论坛”在嘉兴举行。浙江省文物局副局长陈官忠、浙江省博物馆学会会长康熙民、嘉兴市人大常委会副主任张志伟、嘉兴市政府副市长柴永强、嘉兴市政协副主席王淳、市文化（文物）局局长王鸣霞、南湖风景名胜区管委会主任陈士洪出席开幕式。来自全省各地文博系统各单位的领导和专家学者共100多人参加。

15日 由嘉兴市文化广电新闻出版局、嘉兴文物局主办，嘉兴博物馆承办的《游龙舞凤 奇趣横生——纪念沈曾植逝世九十周年书法联展》在嘉兴博物馆开幕。

23日 由嘉兴市文化新闻广电出版局、嘉兴市文物局主办，嘉兴博物馆承办的“鸣虫特展”在嘉兴博物馆开幕。

9日至12日 嘉兴市歌舞团组织参加在印尼东爪哇省首府苏拉巴雅市举行的第13届玛嘉帕希国际旅游节。

5月至8月 嘉兴市举办第八届未成年人读书节活动。

6月

1日 省级文物保护单位金九避难处重新开馆。

4日 嘉兴市政协主席刘冬生一行参观考察油车港镇龚宝铨故居及张绍忠旧居等名人场所。

8日 嘉兴市文化广电新闻出版局（市文物局）召开市本级文物保护志愿者工作总结表彰大会。会议组织观看《我们的文化 我们的遗产》及《大运河——我们的母亲河》专题片。

9日 嘉兴市文化广电新闻出版局举办的2012年文化遗产日

宣传系列活动开幕仪式暨“把酒画桑麻”书画展在市文化馆举行。遗产日当天，举行了《越韵吴风——嘉兴市非物质文化遗产·嘉兴传统美术》、《彰显与重塑——2011年端午习俗国际学术研讨会(嘉兴)论文选》赠书仪式以及“把酒画桑麻”书画展。

20日 “浙江省第三次全国文物普查成果展”在嘉兴市图书馆开展。

21日至24日 由国家文化部、浙江省人民政府主办，浙江省文化厅、中共嘉兴市委、嘉兴市人民政府承办的2012中国·嘉兴端午民俗文化节在嘉兴市举行。此次节庆活动由11项活动组成，参加此次节庆活动的演员、嘉宾、运动员达8000人次，参与群众近100万人次。嘉兴市文化广电新闻出版局参与承办开幕式暨全国端午民俗歌舞展演、端午祭(伍相祭、神龙祭)暨子胥庙会、《中国端午节》丛书编纂中期报告会等节庆文化活动。

25日 浙江省政府发文公布全省202个项目为第四批浙江省非物质文化遗产名录，嘉兴市海盐钱氏传说(民间文学)、花鼓戏(传统戏剧)、嘉善宣卷(曲艺)、南湖船拳(传统体育、游艺与杂技)、舞方天戟(传统体育、游艺与杂技)、秀洲农民画(传统美术)、平湖糟蛋制作工艺(传统技艺)、海宁三把刀制作技艺(传统技艺)、新塍传统糕点加工技艺(传统技艺)、杭白菊传统加工技艺(传统技艺)、姑嫂饼制作技艺(传统技艺)、施氏针灸(传统医药)、做社(民俗)、潮神祭祀(民俗)、嘉善淡水捕捞习俗(民俗)、护国随粮王信习俗(民俗)、七月七香桥会(民俗)、乌镇香市(民俗)等18个项目被列入。

26日 浙江省第四批历史文化街区名镇名村正式公布，嘉兴市平湖新埭镇和海宁长安镇被评为省级历史文化名镇。

27日 嘉兴市政协副主席王淳率市政协文教卫体委员会负责人、市政协文艺界别组委员代表实地视察子城、城隍庙、三塔、岳王祠等文物古迹。

27日至30日 由文化部非物质文化遗产司、浙江省文化厅、嘉兴市人民政府主办的2012中国蚕桑丝织民俗文化论坛在嘉兴举行。

28日 由浙江省文化厅、省国土资源厅、省文物局主办，嘉兴博物馆、浙江自然博物馆共同承办，衢州、丽水、天台等市县博物馆协办的“龙行浙江——浙江出土恐龙化石”龙年特展在嘉兴博物馆开展。

6月10日至9月30日 嘉兴市文化广电新闻出版局、市教育局、共青团嘉兴市委员会联合举办嘉兴市第五届“石榴奖”校园文化艺术节。

7月

2日 嘉兴市中小学生声乐比赛在嘉兴大剧院小剧场举行，共有参赛声乐节目22个，海盐县高级中学表演的男声小合唱《渔阳鼙鼓动起来》、南湖区秀城实验教育集团吉水小学表演的《对弈童年》等6个节目获石榴奖金奖。

4日 中华人民共和国人力资源和社会保障部与国家文物局联合发文(人社部发〔2012〕42号)，公布嘉兴市文物局等全国50家文博单位获全国文物系统先进集体称号。

5日 嘉兴市中小学生校园剧(课本剧)表演比赛在嘉兴大剧院星光小剧场举行，共有参赛节目15个，嘉兴市南溪中学表演的《三个课代表》、嘉善县第二实验小学表演的《爱心》获石榴奖金奖。嘉兴市中小学生绘画、书法、摄影比赛共收到应征作品155幅，评出获奖作品111幅，其中石榴奖金奖17幅、银奖37幅、铜奖57幅。

12日 嘉兴博物馆和嘉兴市教育局关工委联合举办“走进博物馆——我和恐龙做朋友”少年儿童绘画比赛，17所小学和幼儿园100多名小朋友参加比赛。

28日 嘉兴博物馆特邀浙江自然博物馆副馆长金幸生做“龙行浙江——浙江出土的恐龙化石”专题讲座。

30日 十一届全国政协副主席、九三学社中央副主席王志珍视察褚辅成史料陈列室和金九避难处。

8月

9日 嘉兴市文化广电新闻出版局根据《嘉兴市人民政府办公室关于印发城乡一体化公共图书馆服务体系创建实施意见的通知》(嘉政办发〔2012〕52号)精神，决定在市本级公共图书馆总分馆分步实施RFID项目。

26日 国际古迹遗址理事会副主席郭旃一行考察嘉兴市运河申遗点长虹桥。浙江省文物局副局长吴志强、嘉兴市文化局副局长陈建江，以及嘉兴市秀洲区文化局、王江泾镇政府等相关职能部门的同志陪同考察。

9月

4日至6日 嘉兴市文化广电新闻出版局文物处、嘉兴市文物监察支队及嘉兴市文物保护所相关成员组成的检查组，集中开展“2012文物安全隐患排查整治专项行动”。

10日　嘉兴市组织召开迎接党的十八大、深化“扫黄打非”专项行动工作会议。市文化市场管理（“扫黄打非”）工作领导小组成员单位负责人，各县（市、区）领导小组组长、领导小组办公室主任参加。市政府副市长、市“扫黄打非”工作领导小组副组长柴永强主持会议。

19日　嘉兴市公布涉及传统音乐、传统舞蹈、传统戏剧、曲艺、传统体育、游艺与杂技、传统美术、传统技艺、传统医药、民俗等9大类的39名传承人，为第二批嘉兴市非物质文化遗产项目代表性传承人。

21日　由嘉兴市委宣传部、深圳市文联、深圳市政协文教体卫委员会等单位联合主办的“回望南湖——陈浩书法篆刻展”在嘉兴博物馆开幕。共展出陈浩先生近30年来不同时期的书法篆刻作品100余件（组）。

28日　南湖革命纪念馆推出新馆建成开放以来第一个长期展览“关怀与鼓舞——党和国家领导人对嘉兴南湖的关怀”。

10月

11日　嘉兴市文化广电新闻出版局组织召开市本级网吧市场管理工作座谈会。

24日　王蘧常学术馆举行开馆典礼。

25日至30日　嘉兴市委宣传部、市文化广电新闻出版局举办第六届嘉兴市乡村文化艺术周，由浙江省“文化走亲”四城市交流演出暨第六届嘉兴市乡村文化艺术周开幕式晚会，新农村排舞大赛，农民美术、书法、摄影大赛，村级民间文艺队伍精品节目展演暨第六届嘉兴市乡村文化艺术周闭幕式4项活动组成。

29日　由嘉兴市文化广电新闻出版局主办，嘉兴市图书馆和嘉兴市文物保护所承办的朱生豪百年诞辰纪念活动暨《朱生豪译莎士比亚戏剧手稿》首发式在嘉兴市图书馆举行。来自全国各地的30多位莎学专家、戏剧专家、朱生豪研究者、翻译家参加活动。下午，举行纪念朱生豪百年诞辰学术研讨会。

11月

2日　由嘉兴市文明办、市文化广电新闻出版局、市委社工办联合主办的第十届嘉兴市“社区之声”文艺调演活动在嘉兴市国际中港城（南湖区）广场举行。经大赛评委会评选，共评出15个奖项。

5日　由中国美术家协会、嘉兴市政府主办，中国美协漫画艺委会、浙江省美协、嘉兴市文化广电新闻出版局、嘉兴市文联承办的2012第六届中国·嘉兴国际漫画双年展暨首届漫画节揭开帷幕。全国政协常委、中国文联副主席、中国视协主席赵化勇，中国美术家协会分党组书记、常务副主席吴长江，省文联党组成员、书记处书记高克明，嘉兴市领导鲁俊等出席仪式。双年展共收到作品1197件，有36个国家629位作者参展。开幕式上还举行了中国漫画创作基地授牌仪式，嘉兴与国际漫画之城保加利亚加布罗沃市签约建立“国际漫画友好交流关系”。

22日　第二批浙江省非物质文化遗产旅游景区（民俗文化旅游村）公布，嘉兴市南湖区三星村、秀洲区民主村、海宁市庆云社区、平湖市鱼圻塘村、嘉善县渔民村5个村（社区）名列其中。

24日至30日　由嘉兴市政协主办，市台办、市文化广电新闻出版局、市文联承办的“跨越海峡”——嘉兴·台湾摄影作品交流展在台湾高雄举办，共展出100多幅摄影作品。期间，还举行座谈交流会，并签署两地摄影协会交流合作协议。

11月　嘉兴市承担的《群众自发性文艺团队建设与扶持研究》、《公共图书馆服务体系管理体制、协同机制、城乡统筹机制研究》两个课题，经浙江省公共文化服务体系建设制度设计研究领导小组评审，通过验收。

12月

17日　浙江省文化厅公布2012年度浙江省公共文化服务创新奖获奖名单及省公共文化服务项目创新奖先进个人名单。海盐县文化员下派制度获一等奖、“文化有约”——嘉兴市公益性文化场馆免费开放深化工程获二等奖、桐乡市桐城民星大舞台获三等奖；桐乡市文化馆褚红斌获浙江省公共文化服务项目创新奖先进个人。

17日　浙江省文化厅命名表彰浙江省文化强镇28个、浙江省文化示范村（社区）105个，嘉兴桐乡市崇福镇被授予浙江省文化强镇称号；南湖区东栅街道云阳社区、秀洲区新塍镇西吴村、平湖市新仓镇中华村、嘉善县陶庄镇翔胜村、嘉善县干窑镇干窑村、嘉善县大云镇缪家村、海盐县沈荡镇白杨村、海宁市盐官镇红友村、桐乡市龙翔街道元丰村9个村（社区）被授予2012年度浙江省文化示范村（社区）称号。

20日至26日　浙江省文化厅、省教育厅公示第二批浙江省非物质文化遗产传承教学基地候选名单。嘉兴市秀城实验教育集团吉水小学(黑陶烧制技艺)、海盐县天宁小学(海盐滚灯)、桐乡市河山镇中心学校(蚕文化)3所学校名列其中。

21日 嘉兴市政府批准确定海宁市斜桥镇、桐乡市崇福镇、海盐县于城镇、平湖市林埭镇、南湖区凤桥镇、嘉善县罗星街道、秀洲区油车港镇7个镇为第二批嘉兴市公共文化服务体系示范镇(街道),并在嘉兴市三级干部大会上予以表彰。

23日 嘉兴市人民政府下发《关于加强古桥保护工作的通知》。

26日 “纪念蒲华诞辰一百八十周年座谈会”在嘉兴蒲华美术馆举行。

28日 经浙江省评估组评估,嘉兴市共有特级文化站11个,一级文化站25个,二级文化站20个,三级文化站13个,不上级文化站4个。

12月 嘉兴市城乡一体化公共图书馆服务体系建设在由中共浙江省委宣传部、浙江大学、浙江广播电视集团联合举办的“浙江省十佳民生工程”评选中,获浙江省2012年度十佳民生工程称号。

12月 嘉兴市完成大运河申遗专题片《嘉兴母亲河——大运河》摄制工作。

12月 嘉兴市文物保护所正式出版《嘉兴市本级不可移动文物名录》。

(潘筱凤)

嘉兴区、县(市)文化工作概况

【南湖区教育文化体育局】 内设8个职能科室,直属事业单位4个。2012年末人员59人(其中:机关12人,事业47人)。

2012年南湖区文化工作围绕构建“五彩南湖”,打造“江南水乡”现代田园城区的目标,全力构建公共文化服务体系,精心打造特色文化品牌,不断推动文化事业发展。一、全面提升公共文化服务能力。南湖区、社区文化活动中心(室)创建率达100%。区省级文化示范村(社区)达7个(其中东栅街道云阳社区为2012年新创建),嘉兴市公共文化服务体系示范镇2个(其中凤桥镇为2012年新创建),市级“民间文化艺术之乡”2个,市级文化示范村(社区)18个。规范村(社区)图书分馆的建设,全区有镇图书分馆5家,村(社区)图书分馆14家。先后投入45万余元为46家农家书屋配备书籍和报刊。举办群文干部、文体骨干培训班207期。实施文化惠民实事工程,投入25万元为50家文化小广场配备了便携式拉杆音箱和光碟。做好文化信息共享工程的督查工作和对基层文化阵地的考核验收工作。二、大力促进群众文化建设再上台阶。承办中国城市合唱周——全国第二届教师合唱节。做好“第十届‘南湖之春’文化经贸活动”相关文化活动。办好“一镇(街道)一品”文化艺术节和南湖区第三届城乡文体十大联赛。2012年,全区各类戏剧歌舞演出189场,参与人数224063人;广场文化活动共举办了185场,参与人数251232人;农村数字电影放映1386场,观众达260326人;组织区属团队及各镇、街道文化下乡演出达116场,受益群众达124082人。举办南湖区第六届校园文化艺术节、南湖区庆祝“六一”国际儿童节暨文艺汇演、嘉兴市区第二十四届“吴越·萌芽杯”少儿书画大赛等活动。出台《南湖区合唱团队星级考评管理办法》(试行)和《南湖区群众文艺团队星级考评管理办法(试行)》。2012年,命名首批“星级团队”64支。三、扎实做好非遗和文物保护工作。做好“嘉兴掼牛”、“江南船拳”、“余新泥猫”等项目的保护和传承。截至2012年12月南湖区共有国遗项目1项(掼牛),省遗项目3项(灶画、三塔踏白船、南湖船拳),市遗项目10项。承办首届“中国掼牛”全国邀请赛,举办市级非遗项目嘉兴黑陶烧制工艺传承培训班。组织各镇、街道文化站长、文保志愿者开展文物保护工作专项培训,并协助市文保部门开展辖区内86个文保单位和文保点的维修与保护。同时配合市文保部门做好大运河的申遗工作,加大新农村建设中古镇、古村落的保护力度。

举办中国城市合唱周——第二届全国教师合唱节暨第十届南湖合唱节 中国城市合唱周——第二届全国教师合唱节暨第十届南湖合唱节于8月16日在嘉兴大剧院举行。来自全国各地的39支教师合唱团参加比赛,嘉兴市南湖“师韵”合唱团、湖北省武汉市教师合唱团、上海市老教师合唱团等队伍获金奖。此外,合唱节还颁发了10个特别奖项——4个优秀新作品奖、3个优秀钢琴伴奏奖和3个优秀指挥奖。

举行全国爱情诗大赛 由浙江省作家协会《诗江南》杂志社、嘉兴市南湖区委宣传部主办的“月河·月老”杯全国爱情诗大赛于8月22

日至24日在南湖区新嘉街道月河街区举行。期间举办了江南爱情诗高峰论坛、颁奖典礼、诗歌朗诵会等活动，共收到全国20多个省、市、自治区800多名参与者呈送的3000多首爱情诗稿。著名诗人舒婷、著名朗诵艺术家丁建华等一批全国著名的诗人、评论家、教授亲临现场指导。

举办首届“中国掼牛”全国邀请赛 首届“中国掼牛”全国邀请赛于6月2日在南湖凌公塘主题公园中国斗牛馆举行，共有来自上海、河南、浙江的5支掼牛队伍参加了比赛。开幕式上举行了嘉兴职业技术学院和南湖新区管委会高校与地方之间传承地域文化合作协议书签约仪式和《南湖武魂》一书的首发式，并由徐鸿道先生为“中国斗牛馆”（金庸先生题写）揭牌。

举行“九龙舞凤桥”浙江省民间精品龙舞大展演 由浙江省非遗办组织的“九龙舞凤桥”浙江省民间精品龙舞大展演于4月1日在凤桥镇举行，活动邀请了长兴百叶龙等9个国家级或省级非遗项目参演。

（陶　嫣）

【秀洲区教育文化体育局】 内设9个职能科室。下属单位3个直属单位。2012年末人员46人（其中：机关18人，事业28人；具有高级技术职务资格的18人，中级8人）。

2012年度围绕文化建设目标，开展了一系列重要活动。一、公共文化服务体系不断完善。完成区政府民生工程“文化共享工程”各项目标任务。秀洲区所有公益性文化场馆，包括区文化馆、区图书分馆、镇（街道）文化活动中心、镇图书分馆、村（社区）文化活动中心，及新建成的秀洲·中国农民画艺术中心新馆实行免费开放。洪合镇综合文化站建设项目开工。建成新塍镇西吴村、洪合镇新王桥村等10个村（社区）示范文化活动中心。完成送电影、歌舞戏曲下乡1600场以上。举办村级文化辅导员培训班、农民画创作培训班、摄影培训班、排舞培训班，培育文体骨干和优秀文体团队，评选出10支优秀文体团队。开展综合文化站评估定级工作，对秀洲区共7镇（街道）综合文化站进行评估定级，共评出特级站1个、一级站2个、二级站2个、三级站2个，上等级文化站占全区镇（街道）综合文化站总数的100%。通过综合文化站评估定级工作，规范镇、街道综合文化站建设。区文化馆、王店镇政府、新塍镇文化站、新城街道秀和社区、油车港镇合心村获评嘉兴市文化工作先进集体。油车港镇申报嘉兴市公共文化服务体系示范镇。新塍镇西吴村申报浙江省文化示范村。完成农家书屋工程建设。完成所有行政村的农家书屋建设挂牌工作，每个农家书屋配置可供借阅的实用图书不少于1200种、1500册，报刊不少于30种，电子音像制品不少于100种（张），区、镇（街道）两级财政共投入资金130多万元。新建10个图书馆村分馆。二、“画乡”建设成效显著。举办第五届秀洲·中国农民画艺术节。分别举行现代化田园新秀洲——傅尔宁音乐作品专场歌舞晚会、时代·田园——全国农民画大赛作品展、全国农民画衍生产品创意作品展、第二届秀洲·中国廉政农民画邀请赛作品展、开幕式以及3个常设展（即农民画历史发展陈列展、农民画后备人才基地优秀作品展、秀洲农民画衍生产品展）。总投资4200万元，总建筑面积约12000平方米的新秀洲·中国农民画艺术中心在艺术节开幕式上举行揭牌仪式。来自全国36个画乡的200多名代表参加艺术节。艺术节共收到农民画参赛作品1000多幅，农民画衍生产品参赛作品200多件。在全国农民画大赛作品展中，秀洲区获金奖2幅、银奖3幅、铜奖3幅、优秀奖2幅、入选21幅。继续推进农民画基地建设，新命名5个农民画个人画室。召开农民画个人画室工作座谈会。开展“十佳农民画后备人才基地”评选活动。选送农民画作品参加2012中国东丰·农民画艺术暨全国农民画展览、“六合杯”老石话廉政——中国廉政农民画大赛、南京六合第二届全国农民画展、长三角地区中国农民画联展、浙江省“把酒画桑麻”书画展、2012年浙江省视觉艺术创作群体展、浙江省“未来之星”少儿书画大赛等省级以上活动，共入选农民画作品46幅。赴上海宝山区美兰湖国际美术馆举办秀洲·中国农民画艺术节馆藏作品暨油车港农民画展，参展作品225幅。三、群众文化活动蓬勃开展。持续打造“新农村嘉年华”、“现代田园新秀洲”两大区级系列群众文化活动品牌。举办第七届“新农村嘉年华”系列活动，分别举行文化遗产专题文艺演出、文化遗产实物展、文化遗产摄影展、秀洲农民画书画展、秀洲排舞大赛。举办第二届“现代田园新秀洲”系列活动，分别举行“唱响秀洲”镇（街道）歌征集比赛、“影像秀洲"摄影展、"最美秀洲"综合性文艺演出。开展"一镇一品"文化活动，新塍镇举办第十四届"鳌山灯会"文化节，王江泾镇举办2012中国江南网船会，王店镇举行2012朱彝尊文化节，洪合镇举办第九届"歌舞新家乡"才艺擂台赛，油车港镇举办第七届"麟湖之声"文化节，新城街道举行第九届"畅想新城"都市文化艺术节，高照街道举办第六届"艳阳高照"文化艺术节。与区残联联合举办"我要歌唱"——秀洲区残疾人喜迎党的十八大文艺汇报演出，与区新居民事务局联合举办"融入新家园，共享幸福城"秀洲区新居民文艺汇演。朱彝尊研究会分别举办读书会和学术讲座。四、校园文化建设全面加强。举办首届校园文化艺术节，分别举行"水乡笛韵——章诗怡笛子独奏音乐会"，"魅力校园 展我风采"——秀洲区第二届中小学校校园主持人大赛，"七彩校园 童心向党"——中小学生（幼儿）书画比赛，"唱响童音 歌满校园"——秀洲区中小学生合唱大赛，"菁菁校园 快乐舞台"——中小学社团活动展评等活动。组织作品参与省、市校园文化艺术节。秀洲实验小学获评浙江省第四批艺术教育特色学校。组建秀洲区教师艺术团。在教师节期间举办教师艺术团成立专场演出。艺术团参加由省委宣传部等部门主办的"永远跟党走"——2012年浙江省红色经典歌曲合唱大赛决赛。五、文化市场管理规范有序。区编委批复同意设立文化市场管理科、文化体育市场行政执法大队，并核定人员编制。成立区文化市场管理（"扫黄打非"）工作领导小组，并召开第一次全体会议。规范文化市场行政审批工作。加强日常监管和集中治理。秀洲区现有各类文化经营单位210家。对新城、高照2个街道范围内的文化经营场所进行排查。暑假期间，对游泳场所硬件实施、求生员配备、安全制度落实等方面进行督查。开展迎接十八大文化市场系列整治行动，分别开展非法卫星电视广播地面接收设施销售联合专项整治，查缴10余台非法卫星地面接收设施及500余张盗版音像制品；开展文化市场联合执法检查行动，督查新城街道、新塍镇部分文化经营场所。六、文化遗产保护进一步加强。加强文物监管，对喜阶桥、思家桥、多稼桥、步云桥等文保单位（点）进行维修。新增寨基浜33号姚氏民居、陡门茧站、高照粮站旧址3处市级文保点。做好运河王江泾段整治，促进大运河申报世界遗产工作。加强历史文化街区保护。充分发挥文物志愿者队伍作用，加强文保单位（点）的日常巡查和监管。加强非遗保护传承，开展第七个文化遗产日系列活动、第五个非遗传承人月活动。召开非遗传承座谈会。新增七月七香桥会、农民画、新塍传统糕点3项省级非遗名录。申报国家、省、市级非遗传承人，新增市级非遗传承人7个，享受省、市非遗传承人补助6人。

（沈伟伟）

【海宁市文化广电新闻出版局】 设职能科室8个，直属单位10个，2012年末人员171人（其中：机关19人，事业152人；具有高级技术职称资格11人，中级56人）。

2012年，海宁市文化工作围绕年度目标，在各方面有了长足进展。一、公共文化服务水平有新提高。2012年7月16日，浙江省公共文化服务体系示范区创建工作第二次联络员会议在海宁召开。海宁市、余杭区、慈溪市、长兴县、绍兴县、诸暨市、临海市第一批省级公共文化服务示范区创建单位的负责人参加会议。浙江省文化厅社文处处长戴言出席并主持会议。袁花镇、黄湾镇（尖山新区）、许村镇新建综合文化站，全市建设5个村（社区）图书分馆和12个村（社区）公共电子阅览室。10个村文化阵地室升中心，26个村文化阵地提升档次。市行政中心、体育场、文化馆等单位完成了广场（场地）灯光亮化和改造工作，并免费向市民开放。开展"文化有约"活动，建立"文化有约"公共文化服务平台。2012年面向社会实施免费培训169次，受训人数5423人；免费观影529场次，观众7465人次；免费演出30余场，观众4万余人；免费活动展览114次，参与人数8万余人。7月30日至8月8日，"潮乡大舞台"海宁市2012年"种文化"系列展示活动在市体育场举办。整个系列活动连续演出10天，共有演出节目127个，参演演员1800余人，共投入资金80余万元。4月至11月，开展海宁市"公共文化服务年"公益培训活动，2012年共举办"海宁花灯"长训班、图书管理培训班、第六套"排舞"培训班等13期，共培训文化站干部、业余舞蹈骨干、村（社区）新居民业余声乐爱好者、文化阵地专职管理员等400余人。二、群众文化活动主打"服务牌"。制定下发《海宁市"公共文化服务年"系列活动方案》，共开展"亲上亲，潮乡情"海宁市2012年"文化走亲"活动、"潮乡大舞台"海宁市2012年"种文化”展示系列活动、“潮乡”系列主题展演活动三大系列18项活动。开展系列“送文化”下乡活动200场，组织农村“2131”电影放映2800场；开展送书下乡280次、送书67486册。开展“文化走亲”活动230余场，有6个镇(街道)走出海宁开展“文化走亲”活动。开展海宁市“公共文化服务年”公益培训13期，共培训400余人。举办紫微讲坛10期，听众2670余人。三、精品创作活动注重“接地气”。古筝与打击乐《丫丫戏皮影》获浙江省第十一届音乐新作演唱演奏大赛创作金奖、表演金奖；排舞《世外桃源》获浙江省第六届排舞大赛青年组金奖；市潮韵合唱团获浙江省合唱大赛成人组银奖；盐官镇红友村参加浙江省首届村歌节获表演、创作银奖。四、文化遗产保护有新成效。推进国家级历史文化名城申报工作。组织大运河(海宁段)遗产保护与申遗工作，开展“做考古、清淤泥、修古建、抓保洁、整环境、堵污染、拆违章”等一系列整治工作。完成历史建筑普查野外调查工作，历时7个月，共登记历史建筑信息790处，重点登记信息73处。开通“海宁市文化遗产保护网站”以及《海宁日报》专版、大型户外广告牌、文化墙等。2012年，海宁市被列入浙江省非物质文化遗产保护综合试点县(市、区)。海宁市文化广电新闻出版局被浙江省人民政府授予“浙江省申报人类非物质文化遗产和国家级非物质文化遗产工作先进单位”称号，记海宁市非物质文化遗产保护中心副主任张丽娟个人二等功。制定出台《海宁皮影戏“八个一”保护措施实施方案》和《硖石灯彩“八个一”保护措施实施方案》。共开展海宁皮影戏送戏下乡(社区)演出50余场，非物质文化遗产进校园(社区)活动7次，举办非物质文化遗产传习班2期，在春节(元宵节)、清明节、端午节、中秋节等传统节日和文化遗产日举办各类民俗文化活动6次，征集剪纸、敲鼓亭、缫丝车、民间衣帽服饰等实物资料1400件，完成15部海宁皮影戏传统剧目的录音录像和《海宁剪纸图集》编纂出版。开展非物质文化遗产进校园活动。加大传承人服务与传承队伍培养力度。五、对外文化交流活动丰富多彩。2012年组织境外文化交流2次，境内文化交流21次，共获奖项9个。组织海宁皮影戏参加第21届国际木偶艺术节、浙江省第四届曲艺杂技魔术节；组织蚕桑丝织技艺参加中国非物质文化遗产生产性保护成果大展，组织硖石灯彩参加浙台旅游合作大会、2012年澳门“内地春节习俗展演”等活动。硖石灯彩作品《和合彩舟》获第八届中国(深圳)国际文化产业博览会银奖，《文渊阁》获2012年义乌文化产品交易博览会铜奖，《工艺瓶》获2012浙江旅游商品大赛铜奖。海宁皮影戏《水漫金山》获浙江省第四届曲艺杂技魔术节优秀剧目奖。海宁皮影戏《火焰山》获第21届国际木偶节“最佳传承奖”。10月25日“喜迎十八大、文化惠民生”——浙江省“文化走亲”绍兴专场演出暨第六届嘉兴市乡村文化艺术周开幕式在海宁举行。六、公共图书事业蓬勃发展。2012年，接待读者1231873人次，图书借阅流通2367796册次，新增借书证19942张。完成文献购置经费310万元；新增入编图书21161种，874459册(不含电子资源)。征订报刊杂志2259，其中报纸375种，期刊1884种；装订报纸、杂志11121册，并入藏。收集地方文献332种，928册；接收赠送图书文献128种，222册。修补图书2421册次。举办紫微讲坛10期，听众2670余人。组织放映资源共享工程优秀视频资源639场次，观众8997人次。新增5个村级分馆顺利开馆。推出12项免费开放项目，涵盖图书借阅、期刊阅览、电子阅览、数据库使用、共享工程、读者培训、送书下乡、讲座、展览以及各类阅读推广活动等方面。开展各类阅读活动106次，参与读者41255人次。其中，总分馆联动活动9次，总馆独立活动29次，分馆独立活动68次。七、文化市场管理健康有序。2012年，全市共有各类文化经营单位686家，其中歌舞娱乐场所48家，营业性演出场所7家、营业性演出团体2家，电子游戏场所17家，网吧67家，音像制品零售43家，电影放映5家，图书出版物经营单位77家，印刷经营单位(户)420家等。2012年新增文化经营单位23家。每月出刊一期《海宁市文化市场工作简报》。2012年共出动文化市场执法检查446次，共出动执法人员1340人次，检查各类文化经营单位(户)2843家次，查获违法经营单位(户)156家次，立案处理33件，办结案件35件，罚款10.27万元，没收非法所得1834元，依法收缴非法音像制品12万张、非法书报刊3100册，收缴游戏机电路板51块，取缔黑网吧23家、无证电子游戏室16家、无证出版物经营点75个、非法销售地面卫星设施24家，依法查扣非法销售卫星电视接收天线148只、卫星电视解码器147台。文化监管软件“净网先锋”服务器在线率达95%，客户安装率100%。印发《开展网吧及校园周边环境治理专项行动实施方案》，开展网吧文明星级评创工作，分步实施网吧及校园周边环境治理专项行动。

海宁市历史建筑普查野外调查工作启动 海宁市历史建筑普查野外调查工作于2011年9月正式启动，历时10个月，至2012年9月，对海宁市范围内历史建筑进行了普查。普查共登记信息点787处，包括历史建筑信息739处、盐官古城风情街内风貌建筑登记48处。登记739处历史建筑信息中，重点登记70处，一般登记669处。其中，复查“三普”登记点101处，新发现638处。历史建筑登记点739处中，传统民居635处，井26处，桥梁18座，工商业建筑34处，其他近现代代表性建筑26处。

考古发掘收获颇丰 2012年，配合浙江省考古所对皇坟头遗址进行考古发掘，共发掘面积3700平方米，清理墓葬100多座、“叠石圈”17个和3条由石块铺成的道路，出土陶器、石器、玉器等器物1500余件。

缫丝技艺和拉丝绵技艺参加“中国非物质文化遗产生产性保护成果大展” 2012年2月5日至15日，海宁蚕桑丝织技艺中的缫丝技艺和拉丝绵技艺参加由文化部等16个部门共同主办的“中国非物质文化遗产生产性保护成果大展”。

海宁皮影戏《火焰山》获第21届国际木偶节“最佳传承奖” 2012年5月27日至6月3日，海宁皮影戏参加在成都举办的第21届国际木偶联合大会暨国际木偶节，海宁皮影艺术团表演的《火焰山》获该届木偶节“最佳传承奖”。

浙江省非物质文化遗产传承教学基地建设经验交流会在海宁举行 2012年11月1日至2日，浙江省非物质文化遗产传承教学基地建设经验交流会在海宁市举行，来自全省11个地市的非物质文化遗产工作者和传承教学基地代表60多人参加会议。

（姚玲燕）

【平湖市文化广电新闻出版局】 内设职能科室9个，分支机构1个，直属单位10个。2012年末人员113人（其中：公务员16人，参照公务员管理10人，事业编制87人；高级职称11人，中级职称29人）。

2012年，平湖市文广新局进一步贴近实际、贴近基层、贴近群众，努力开创平湖文体事业发展新局面。2012年，平湖市文广新局（体育局、文物局）获浙江省文物系统先进集体、嘉兴市文化工作先进集体、2012年度县（市、区）体育工作目标考核优秀奖、嘉兴市业余训练工作考核（2011—2012年）进步奖等荣誉。一、开展群众文化活动。2012年，送百场文艺下基层，完成送戏下村275场次，观众35.485万人次；送千场电影下基层，放映电影1644场次，观众达31.03万人次；送万册图书下基层，在全市46个馆外服务点送书117次，共计送书24946册（不包括镇街道图书分馆送书）。2012年6月至9月，在全市95个村、7个农村社区开展“欢乐平湖、村村演”活动，实现每村一台戏。2012年“欢乐平湖、百村演”，共计演出102场，参与观众14.15万人次，参加演出的文艺骨干6646人，演出节目1355个，其中新创作节目633个，共计投入资金187.34万元。在2012平湖西瓜灯文化节期间，举办村级精品文艺展演活动。二、繁荣文艺创作。2012年，共创作各类文艺作品280余件，其中发表和获奖作品100余件，舞台文艺作品20余件。涌现出《轻轻对你说》、《梅花三弄》、《以疼痛的姿势注视》、《最美的诗》等原创小说、诗歌，撰写完成《平湖市党员文化志愿者服务社会的创新研究》、《推进城乡一体化公共文化服务体系建设》、《纪念馆开展爱国主义教育的实践与思考》等重点论文。三、发展公共图书事业。2012年，共分编新书47272册，馆藏文献总量达569762册，新办理各类借阅证18757张，接待读者892408人次，外借图书656761册次。7月，升级总分馆公共电子阅览室管理系统，节假日利用共享工程资源为市民免费放映影视作品833场次。2012年举办讲座21场，“朱彝尊《鸳鸯湖棹歌》专题书法展暨嘉兴市第八届妇女书法展”等展览11次。3月3日“爱耳日”、9月15至21日全国“科普日”期间，举办展览、知识竞赛、播放科教片、制作专题网页、宣传栏等各类宣传科学知识的活动。平湖市图书馆先后被授予浙江省文化厅“两会”信息服务工作优秀服务奖、嘉兴市文化工作先进集体、平湖市巾帼创新团队、平湖市社会科学普及示范基地。四、加大文化遗产保护和管理力度。完成“南混堂弄——鲍家汇”申报平湖市历史文化街区和“鲍家汇50号民居”等30处不可移动文物申报平湖市第一批历史建筑的文本资料，并予以公布；平湖市人民政府成立了“平湖市申报浙江省历史文化名城工作领导小组”；向省人民政府递交了《关于平湖市申报第三批浙江省级历史文化名城的请示》；编制完成《创建浙江省历史文化名城申报文本》共六册，并呈送省人民政府、省住房建设厅和省文物局；拟草《平湖市创建浙江省历史文化名城实施意见》。2012 年 6 月，新埭镇创建为浙江省第四批历史文化名镇。加强不可移动文物的日常监管，完善文物保护单位的“四有”工作。完成中山林纪念塔、运港大队大礼堂、清溪桥、马厩庙大桥、界泾桥等的修缮保护工作。五、加强文化市场管理。2012 年，全市共有依法设立的文化市场经营单位 616 家，其中网吧 73 家，歌舞娱乐场所 84 家，游艺娱乐场所 20 家，演出场所 9 家，演出经纪机构 3 家，文艺表演团体 2 家，书店 40 家，音像店 42 家，印刷企业（含打字复印单位）326 家，电影放映 7 家，游泳场所 10 家。2012 年度，全市文化市场经营单位（网吧、娱乐场所、演出场所）实现营业额 8514.1 万元，实现利润 1730.3 万元。印刷企业实现工业值 21.21 亿元，实现利润 1.13 亿元，上缴税金 0.26 亿元。2012 年市文化市场开展行政执法工作，共出动检查人员 1045 人次，检查文化市场经营单位 1831 家次，开展联合行动 31 次，取缔各类无证经营单位 70 家次，收缴非法音像制品 50597 盒（张），集中销毁非法赌博机等 1200 台。受理 OA、市长电话等举报 7 起，立案 74 件，结案 74 件（一般程序 73 件，简易程序 1 件），罚没款 39000 元，移交公安部门追究刑事责任案件 55 件。六、发展广播电视事业。2012 年，平湖市有电影城 2 处（平湖银河电影城、平湖新世纪电影城），放映厅 9 个，座位 1060 个，从业人员 27 人，建筑面积约 3100 平方米，2012 年观众 27.7 万人次，放映电影 14463 场次，营业额 943.1 万元。放映广场电影 149 场次，受益观众 5.7 万人次；为学生反映电影 97 场次，学生观众 4.85 万人次。农村电影工作实施农村数字电影“2131”工程，2012 年全市 9 个镇（街道）106 个行政村共放映公益性农村电影 1644 场次，市、镇两级财政（各 50%）共补助资金 79.32 万元，放映电影 564 部，受益观众 31.03 万人次。

接收陆维钊珍贵遗物 2012 年，接收陆维钊子女第二次向平湖捐赠其父珍贵遗物，其中：古籍图书 1129 册，珍本《皇清经解》（清道光九年广东学海堂刻本，清大学者阮元辑）全套 360 册；《皇清经解续编》（清光绪十四年南菁书院本，近代学者王先谦辑）122 册；康熙年间编的《当湖县志》诗文分册，皆为填补平湖藏书之空白。同时捐有 91 封近现代名人信札，两件陆维钊的书法精品（用碑意写《兰亭序》和《圣教序》临本），以及陆维钊先生学习工作证件原物。

举办第六届全民读书月 5 月 16 日，第六届全民读书月（暨第八届未成年人读书节）在新埭镇启动，全民读书月共分 5 大系列 37 项活动（创新系列 3 项、讲座系列 4 项、展览系列 7 项、比赛系列 9 项、活动系列 13 项）。

（丁乐军）

【桐乡市文化广电新闻出版局（体育局）】 内设职能科室 8 个，直属单位 12 个。2012 年末人员 126 人（其中：公务员 32 人，事业 94 人；具有高级技术职称 6 人，中级 32 人）。

2012 年，桐乡市文化广电新闻出版局围绕“人文名城”的战略目标，在文化设施建设、繁荣发展群众文化、挖掘保护文化遗存和加强文化市场管理等方面取得了成绩。一、深入实施文化惠民工程，阵地建设稳步推进。配合振东新区加强对文化中心建设项目监管，内部设计装修和布展陈列工作启动；君匋艺术院改扩建工程完工；图书馆新馆建设启动，完成选址；176 个行政村的农家书屋实现全覆盖。12 月 12 日，浙江省文化厅〔2012〕72 号文件公布，由桐乡市文联、市文化馆主办的《桐乡文艺》在全省群众文艺刊物评比中获得一等奖。12 月 22 日，《桐乡历史文化丛书》第一辑获嘉兴市精神文明建设“五个一工程”奖。二、积极培育业余文艺力量，举办丰富多彩的文化活动。实施文化人才培训计划，开展排舞培训 460 期，共 8000 多人受训。组织文艺赛事，屡获全国性大奖。开展“民星大舞台”活动。举办风雅桐乡“一镇一品”展演活动，打造“一村一艺”。4 月份开始，启动大型公益排舞推广活动，挑选排舞骨干力量组成桐乡排舞队，先后获全国排舞挑战赛一等奖、“洪峰”杯全国排舞邀请赛金奖等荣誉。5 月 15 日，“于右任书法精品回乡展”在陕西省西安碑林博物馆举行。展览由浙江省文物局、陕西省文物局主办，西安碑林博物馆、桐乡市人民政府和君匋艺术院联合承办。4 月 17 日至 18 日，由桐乡市文化广电新闻出版局和浙江传媒学院桐乡校区举办的“丰子恺艺术进大学”活动在传媒学院桐乡校区举行开幕式，桐乡市和桐乡校区领导、丰子恺先生亲属、桐乡文艺界人士和传媒学院学院学生共300余人参加活动。3月31日至4月7日，由第二届“徐肖冰杯”全国摄影大展组委会主办的全国青年摄影工作坊在桐乡举行。三、落实遗产保护规划，启动重点文物保护工程。制定《桐乡市历史文化街区及古建筑保护规划》、《桐乡市历史文化村落保护建设规划》、等。重点启动全国重点文物保护单位罗家角遗址保护工程。参与大运河申遗行动。对境内113处文物保护单位进行实地巡查。开展传统村落摸底工作，35个村落列入传统村落名录。4月16日，桐乡市博物馆工作人员在龙翔街道皂林村工业园区发现了一座墓葬，据初步断代，推断为宋代墓葬。四、非物质文化遗产保护落到实处，收获颇丰。桐乡被命名为省非遗数字化建设试点县。成立桐乡市非物质文化遗产保护中心。与浙江传媒学院举办“桐乡故事非遗走进大学”展示互动等活动。高杆船技和含山轧蚕花完成国家级非遗项目验收。花鼓戏等5个项目被列为第四批浙江省非物质文化遗产名录。9月16日，“传统的青春，青春的传统”大学生非物质文化遗产辩论赛在浙江传媒大学桐乡校区开赛。此次辩论赛是省文化厅联合省教育厅、团省委、浙江日报社、浙江广电集团等单位共同举办的“非遗进校园”系列活动之一。7月17日，第四批浙江省非物质文化遗产名录正式公布，桐乡市有5个非遗项目进入该名录。至此，桐乡市的省遗项目数量跃升为18项。10月16日，在中国非物质文化遗产保护中心、浙江省文化厅主办的“非遗薪传——浙江传统塑艺陶艺精品展暨中青年十大名师”评选活动中，桐乡市非遗传承人沈华良的灰塑作品《点宝分金》获银奖。五、文化产业打造新项目，出现新突破。规划建设文化传媒创意产业城（运河文化产业城），以传媒学院等高等院校为核心、其他创意文化产业发展为重点，打造集教育、影视制作、艺术培训、体验交流为一体的创意产业基地。六、加强文化市场管理，规范审批程序。规范行政许可项目审批程序，全市共有各类文化经营场所540家，其中新批29家、变更20家，处罚49家。开展专项整治活动，在全市范围内开展文化市场知识产权保护专项执法行动，查获侵犯著作权案9起；组织开展全市文博场所、出版物市场专项检查。

《种菜诗唱和诗》等原迹现身北京匡时拍卖行　1月，明末清初著名诗人吴之振后裔珍藏的《赠行诗》、《种菜诗唱和诗》等14件原迹现身北京匡时拍卖行。由于这套拍品与桐乡地方文化史渊源深厚，匡时公司邀请桐乡市博物馆、收藏家协会、吕留良研究会等专业研究人员赴京参加作品观摹研讨，并与中华书局、北京大学、中国书协等多位专家学者共同交流。新华通讯社等知名媒体对此次活动作专题报道。

王尧祥等3人参加中华书局百年华诞庆祝大会　3月22日，中华书局成立100周年庆祝大会在北京人民大会堂举行，胡锦涛总书记、温家宝总理致信祝贺，中共中央政治局常委李长春到会讲话并会见与会者。桐乡市委常委、副市长王尧祥，市文化局副局长张琳，市图书馆（陆费逵图书馆）馆长盛群速参加了庆祝大会。中华书局的创始人为桐乡人陆费逵，他是中国近代著名的出版巨匠。

举行“子恺杯”第九届全国漫画大展　8月22日至9月15日，由桐乡市人民政府与中国美术家协会漫画创作委员会联合举办的“子恺杯”第九届全国漫画大展暨桐乡市第二届丰子恺漫画艺术节在桐乡举行。第九届全国漫画大展组委会共收到来自全国各地的漫画作品1200余件。

越剧小戏《驻村风波》获全省新农村建设题材小戏会演金奖　10月24日，由浙江省文化厅主办的2012浙江省新农村建设题材小戏会演在桐乡市科技会展中心大剧院举行。来自全省各地群艺馆、文化馆的14支代表队参加会演，桐乡市文化艺术服务中心创作表演的越剧小戏《驻村风波》获得表演金奖、创作银奖；来荣祥获个人表演金奖。

举行第二届“徐肖冰杯”全国摄影大展开幕式暨颁奖典礼　10月27日，第二届“徐肖冰杯”全国摄影大展开幕式暨颁奖典礼在浙江传媒学院桐乡校区举行。浙江省副省长陈加元，嘉兴市委副书记、市长鲁俊，中国摄影家协会分党组副书记王郑生，徐肖冰家属代表等出席。

（颜剑明）

【海盐县文化广电新闻出版局（体育局）】　内设机构职能科室6个，

直属单位12个。2012年末人员110人。（其中：机关18人，事业92人；具有高级技术职务资格的11人，中级27人）。

2012年，海盐县文化工作围绕年度目标，取得了显著的成绩。一、开展群众文艺活动。2012年，举办2012春节文艺演出、“喜迎十八大、欢度国庆节”文艺演出、纪念新四军澉浦战斗67周年文艺演出、县广场舞大赛等活动；协办2012县总工会职工文艺演出、县卫生系统“5·12”国际护士节文艺晚会、县新居民才艺比赛等。6月，县文化馆与嘉兴市歌舞团开展“善待自然，美丽家园”嘉兴市“文化有约”海盐巡演活动。2012年共开展各类文化演出188场，受益群众46万人次。组织开展器乐、舞蹈、戏曲、美术、书法、文学、群文理论、图书馆业务知识等免费培训118期，培训人数3877人次。开展送书下基层活动，2012年送书82531册。各镇（街道）图书馆分馆每年开展读书活动5次以上。举办2012中国·海盐南北湖文化旅游节。开展迎元宵猜谜活动，图书捐赠交流活动，“4·23”世界读书日宣传活动，数字资源宣传活动，浙江省第八届未成年人读书节系列活动，全国第三个“敬老月”系列活动，设立莫言专柜、矛盾文学奖专柜活动等，共有25.8万余名读者参与。8月14日，2012年海盐县“全民健身日”全民健身公益大培训启动仪式在海盐县体育馆举行。海盐县副县长唐晓青、县体育局副局长王少波出席启动仪式。二、抓好文化基础设施建设和文化惠民工程。2012年，抓好九项工程、镇（街道）综合文化站、镇（街道）图书馆分馆和村（社区）图书分馆建设工作。张元济图书馆新馆、县博物馆新馆、张乐平纪念馆等建成开放，张元济图书馆旧馆改建工程开工。全县5镇4街道文化站均完成由浙江省文化厅组织的评估定级工作，全县有一级文化站2个、二级文化站1个、三级文化站5个。澉浦镇综合文化站建设继续推进；西塘桥街道文化中心建设启动；通元镇文化中心重新布局改造。加强“美丽乡村”文化阵地建设，县委、县政府出台《加强村级组织建设的若干意见》，县文化局出台《加强村级文化建设实施意见》。加强村（社区）图书分馆建设，县财政增加购书经费60万元（年购书经费达160万元），全县有村（社区）图书分馆7个。每个分馆配备3000册图书，30种以上杂志和5台计算机，按照一卡通模式管理，与县总馆和镇（街道）分馆联通。县文化馆被文化部命名为国家一级文化馆，天宁小学被省文化厅授予“海盐滚灯省级传承教学基地”称号，沈荡镇白洋村被评为省级文化示范村，于城镇被评为嘉兴市文化示范镇。2012年，举办各类培训12期，培训对象主要是镇图书分馆管理员和中老年读者。三、开展非物质文化遗产保护。成立海盐县非物质文化遗产保护中心。做好国家级非物质文化遗产项目——海盐滚灯的县级自查工作，并通过省、市两级检查。5月，组织人员参加中国蚕桑丝织民俗文化论坛征文活动，海盐县有2篇征文入选活动交流论文集。6月，组织开展以“用真心保护，用行动传承”为主题的海盐县非物质文化遗产展演活动。推荐天宁小学申报成为浙江省非物质文化遗产传承教学基地；推荐五梅花传承人朱松观申报成为市级非物质文化遗产传承人。开展第二批省优秀民间文艺人才上报工作，确定朱文通、周巧观、朱和明等10人入选第二批省优秀民间文艺人才海盐县推荐名单。四、抓好文化保护与管理工作。县博物馆于2012年6月建成（除专题馆外），9月28日免费对外开放。加强业余文物保护队伍建设，通过检查、考核、评选，表彰30名优秀业余文保员。6月和12月，分别对部分业余文保员开展文物知识和文物法规培训。全县有业余文保员119名。加强文物安全管理，推进文物“四有”（有保护范围、有保护标志、有记录档案、有保护管理机构）工作。加强文物防盗、防火、防台等安全工作，多次与县文物监察大队、县民宗局、县消防大队等部门联合开展文物安全检查。妥善处置“两新”工程建设中所涉及的文物。对全县不可移动文物的保护标志牌、树牌及保存情况进行排摸，开展保护范围和建设控制地带范围划定工作。五、大力发展文化产业。形成以浙江海利集团为龙头，海利文化创意园区、百步文化印刷创意园区、绮园文化休闲区和南北湖高档文化休闲区“点、线、面”结合的发展布局。总概算800多万的绮园电影大世界于12月18日正式对外开放。全县已有城市多厅影院3家，影院放映厅达13个。以汉坊印刷城和浙江云广印业为龙头的印刷业，年产值共计14亿余元，全县拥有印刷企业250家。2012年全县图书零售批发接近6000万元，浙江省出版协会和上海出版协会首次到海盐县开展交流活动。体育彩票销量达40880642元。5月，组织全县51家文化产品企业参加2012

年第七届中国义乌文化产品交易博览会，接待参观人员2000多人、成交额200多万元。配合县委宣传部做好参展嘉兴市文博会工作，共组织7个企业参加嘉兴市文化产品交易博览会以及嘉兴市文化产品项目洽谈会。六、做好文化市场管理和新闻出版工作。出台文化市场许可和执法相关制度。推行文化执法首次违规责令改正制度。做好文化市场行政审批工作；做好文化娱乐、网吧、电影、出版物、印刷业经营单位年检审核和设立、变更的审核工作；制定歌舞娱乐场所设立的“五部门联审”标准化文本；开展对限额电子游艺场所名额，采取公开阳光审批制度；开启“省市两级审批事项全程代理”的绿色通道；开展行政审批上门助残服务，对两家残疾人店进行年检上门服务；开展对印刷业年检的上门服务。开展专项行动，2012年共出动执法检查285次，检查人员912人次，检查文化经营场所824家次；发出责令整改通知书24份；受理各类举报18件；收缴各类非法音像制品盘3045(盒)、非法图书712册，卫星地面接收设施9套；会同相关部门开展联合执法31次；取缔无证经营场所24家；办理案件21件，其中结案20件，移交公安部门1件，罚没款92632元。聘请和培训文化市场“五老”义务监督员队伍、组建网吧、娱乐场所消防志愿者队伍等。

浙江省文化惠民基层行大型公益讲座展览巡讲巡展活动启动　6月15日，2012浙江省文化惠民基层行大型公益讲座展览巡讲巡展活动启动仪式在海盐县张元济图书馆举行。本次活动由浙江省文化厅主办，海盐县人民政府和浙江图书馆承办。浙江省文化厅社文处处长戴言，省图书馆副馆长贾晓东等出席并为启动仪式剪彩。启动仪式之后，浙江省委党校郭亚丁教授作关于《中国共产党与西方政党的比较》的专题讲座。

举行《海盐文化志》首发仪式　2月22日，《海盐县文化志》首发仪式在张元济图书馆三楼报告厅举行。嘉兴市文化局副调研员孙祥伟，海盐县副县长唐晓青，县委宣传部副常务部长曹晓铭出席仪式。《海盐县文化志》是海盐历史上首部文化专志，也是浙江省第三部专以记述县域文化历史的志书。全书分概述、大事记、专志三部分，设11卷30章97节，共65万字，图片近300幅。

浙江省非遗数字化平台试点工作会议在海盐县召开　3月26日至27日，浙江省非遗数字化平台试点工作会议在海盐县召开。省文化厅非遗处处长王淼、海盐县副县长唐晓青等领导出席此次会议，全省11个地市和12个试点县的有关领导和业务人员共50多人参加此次会议。

《张元济全集》出版座谈暨第四届张元济学术思想研讨会召开　4月26日，海盐县举行纪念张元济先生诞辰145周年“《张元济全集》出版座谈暨第四届张元济学术思想研讨会”，本次活动由商务印书馆、上海市文史研究馆、中国社会科学报社、县人民政府联合主办，县文化广电新闻出版局承办，得到商务印书馆、上海市文史研究馆、中国社会科学报社、浙江省新闻出版局、嘉兴市委、市政府等各级领导和专家的支持。来自北京、上海、浙江等各地100多名专家、学者对关于张元济先生以及张元济思想的18篇论文座谈发言。

第二届“三毛杯”全国漫画大赛作品展在海盐开展　第二届“三毛杯”全国漫画大赛作品展11月6日在海盐张乐平纪念馆开展，共展出102件漫画作品。该大赛于2012年7月启动，共征集到参赛作品780件，通过初选和专家评审，评出优秀作品20件，入选作品76件，另外征集到名家特邀作品6件。

（石　芸）

【嘉善县文化广电新闻出版局】
内设职能科室6个，直属单位11个。2012年末实有编内人员115人(其中：机关12人，事业84人，其他19人；副高级5人，中级34人)。

2012年，嘉善县文化系统加大文化惠民力度，巩固全国文化先进县的建设成果，使全县文化事业取得了新的进展。一、完善基层文化阵地建设，丰富群众精神文化生活。县、镇(街道)、村(社区)文化阵地已实现全覆盖，建成镇(街道)综合文化站9个，其中省特级站1个、省一级站6个、省二级站2个，建成镇(街道)图书馆分馆9个，村级图书分馆5个，建成镇村篮球场268片，健身路径330条，村(社区)文化中心(室)153个，其中精品示范工程68个，占全县行政村的57.6%。陶庄镇翔胜村、干窑镇干窑村和大云镇缪家村被命名为省级文化示范村；姚庄镇渔民村参加浙江省“美丽乡村”建设现场会接受浙江省非物质文化遗产文化旅游景区的授牌。截至2012年12月，共有省级文化示范村8个，市级特色文化镇3个，市级民间文化艺术之乡3个。已建成图书流通站15个，图书流通点17个，各镇（街道）新华书店“农村小连锁”实现全覆盖。村（社区）农家书屋建设实现全覆盖。2012年投入采购图书经费255.6万元，新增馆藏近20万册，配送到各镇（街道）18.8万册，馆藏总量达511349册。二、拓展群文创作服务领域，提高群众文艺整体素质。“信合”群星艺术团与嘉善县农村合作银行签约。开办公益培训24班次，培训1200人次。形成“一镇一品”、“一镇多品”的文化品牌体系。开展业余文艺团队“五星级”考核评定，做好“以县带镇、打造乡村艺术团建设嘉善模式”课题研究。组织开展“全国村歌采风欢乐行走进嘉善”，举办县首届村歌大赛，举办首届嘉兴市社区文化论坛。举办高式雄书画展暨上海书画名家书法迎春展、上海书画院“书画同源”作品展、元季四家故里书画家美术书法作品邀请展等展览。“周末大舞台”2012年演出25场，观众4万人次。开展“喜迎十八大，弘扬善文化”嘉善县文艺进村下社区百场演出。“2131”工程放映电影1544场次，观众40万人次。创作原创艺术作品111件，汇编成作品集《脊梁》，完成“江南水乡最后一个渔村”的文化课题。三、加强基层文体队伍建设，文艺精品力作不断涌现。全县已建成镇、村（社区）文艺队伍506支，文艺骨干9059人。有县级文化志愿者650名，2012年度累计参加各类文化志愿服务16200余人次。落实《关于支持和鼓励文艺创作的补贴与奖励办法》等政策，列支专项经费用于创作奖励。实施“名家精品”工程，支持和鼓励创作各类主题鲜明的作品。实施《嘉善地方文化丛书》的编纂工作，成立工作小组，制定编纂实施方案和《丛书》的主题框架，完成首批编纂项目招投标工作，并进入具体编写阶段。举办“历史的记忆”——渔文化研究专著《江南水乡最后一个渔村》专家论证会。组织开展第七届文学艺术“红杜鹃奖”和2011年度新农村题材优秀文艺作品评选活动，评选出“红杜鹃奖”和“红杜鹃”提名奖共10件，新农村题材优秀文艺作品13件。2012年，各类文艺作品获省级以上奖项或展出、发表等共85项，文艺作品《脊梁》举办首发仪式，周向阳摄影作品《最后的窑工》公开出版，朱个短篇小说《屋顶上的男人》、夏烁短篇小说《水上漂》分别发表在《人民文学》、《上海文学》上，赵溶《流逝的三个老兵》入选第十届全国水彩·粉画展，朱自尊的系列漫画获第四届伊朗法吉国际漫画大赛荣誉奖，叶蔚《苗年印象》获第五届中国原生态国际摄影展三等奖，《爱如桃花恋太阳》、《幸福日子万年长》获浙江省首届村歌创作演唱大赛的创作金奖和表演银奖，“信合”群星艺术团编排的舞蹈《雪梅》获中国舞蹈国际大赛（新加坡）青少年舞蹈群舞金奖。12月20日，洪溪村16名农民篮球宝贝“辣妈宝贝”参与中央电视台七套“2012·三农记忆——中央电视台年度三农事件推介活动”节目录制。四、加强文化遗产保护力度，丰富城市历史文化内涵。开展文保单位“四有”工作，初定3处省级文保单位、17处县级文保单位的保护范围及建设控制地带，完成42个文保点竖立标志牌的前期准备工作。吴镇墓申报国家级文保单位。开展“5·18”国际博物馆日和“6·09”中国文化遗产日系列活动，举办薪火传承——嘉善县第三次全国文物普查成果展览。做好文物征集工作，共征集文物、民俗工艺品106件。开展“晒晒我家老宝贝”活动，展示展出500多件民俗物品。举办非物质文化展示活动，集中展示43个传统手工艺技巧。开展嘉善田歌保护传承系列活动，邀请省市县专家学者出席第二批国家非物质文化遗产项目《嘉善田歌》书稿论证会，开展苏、浙、沪毗邻地区田山歌论文征集活动，汇编《苏浙沪毗邻地区田山歌论文集》。五、加大文化市场监管力度，规范文化市场发展秩序。部署开展“黑网吧”专项整治工作。加强文化市场专项整治和日常巡查工作力度，全县登记在册各类经营场所共519家，2012年出动文化市场执法人员500余人次，检查经营单位680家次，行政立案52件，取缔非法流动演出9起。加强酒吧营业性演出市场管理。开展净化出版物市场、打击侵权盗版、保护知识产权专项整治行动，取缔无证销售非法音像制品摊点40处，查获非法音像制品39271张，捣毁批发非法音像制品窝点1处，依法向公安部门移交案件40起。加强对全县非法生产、销售、安装、使用卫星地面接收设施情况的排查、整治工作，出动执法人员64人次，取缔销售网点42处。2012年文化窗口受理办结404件审批事项，其中新批19件，被嘉善县纪委授予“二星级服务民生满意办事窗口”和嘉兴市纪委授予“一星级服务民生满意办事窗口”。六、巩固广电市场管理，确保广播电视全年播出安全。全县广播自办对农栏目每周12档，电视台自办对农节目每周3档，广播覆盖率达85%。实施“嘉善应急广播网”建设。加强全县卫星电视地面接收设施管理工作。姚庄镇人民政府被评为2011年度浙江省创建无“小耳朵”乡镇（街道）工作先进集体，3名工作人员被评为省级先进个人。七、推动文化产业转型升级，实现文化大发展大繁荣。文化创意园新引进浙江嘉鸿视觉影像文化传播有限公司、嘉善陶艺文化中心等2家文化创意企业。组织文化创意企业参加2012年第七届中国义乌文化产品交易博览会、2012中国国际旅游商品博览会、首届长三角（嘉兴）文化产品交易博览会等展销会。文化创意园2012年接待与培训人员15000人次，企业经营收入850余万元。孙道临影城放映电影3218场，票房收入410万元。孙道临电影艺术馆通过2A景点考核。有体彩网点50家，2012年销售总额3976万元。嘉善籍漫画家朱自尊与嘉善双云体育用品厂合作推出文化创意产品——漫画明星足球。

（鲁　祎）

湖州市文化广电新闻出版局

【概况】 内设6个职能处室，另设有局纪检监察室、局机关党委2个机构。机关核定编制25名，其中县处级领导7名，副调研员2名，科级干部9名。局下辖事业单位7家，另下辖公司2家，湖州文化发展集团、湖州农村数字电影院线有限公司。2012年末，全市专业技术人员413人，其中正高级人才12人，副高级人才34人，中级人才186人。

2012年，湖州市文化广电新闻出版工作着力增强文化公共服务力、文化核心竞争力、文化工作执行力，文化发展创新力，文化人才支撑力，为加快湖州文化强市建设、现代化生态型滨湖大城市建设提供了强有力的文化支撑。

一、公共文化服务体系完善

推进吴兴区文化馆、图书馆的规划建设，以及德清县文化中心、德清县图书馆新馆等文化设施建设。南浔大剧院顺利开演。湖州市图书馆、文化馆免费开放，其中市图书馆流通与借阅人次（册次）均超100万。赵孟頫故居旧址纪念馆、沈家本纪念馆、民国文化馆、赵延年捐赠作品常设展览“刀木人生：赵延年艺术陈列”等顺利开馆。鼓励和扶持民办博物馆建设，起草《湖州市促进民办博物馆建设意见》，现有各类博物馆（展示馆）26家。推进农村文化“八有”保障工程与“农村文化大舞台”工程建设。湖州市913个行政村实现农家书屋全覆盖，安吉县上墅乡上墅村获2012年全国示范农家书屋称号，已建成农村大舞台600余个。推进农村数字电影提升工程，截至2012年12月已改建或建成固定放映点近37个。新创建文化强镇3个，省级文化示范村（社区）6个，创建市级文化示范村45个，市级文化示范社区5个。开展送戏、送书、送电影下基层等活动，推进基层文化的发展和繁荣。2012年送戏1274场，送展览275场，送电影13956场，送书187465册。完成第十七届“湖城春晓”广场演出以及首届艺术节等活动，推出湖州文化广场“月月演”活动12场。音乐厅推出公益儿童剧演出，湖城近2万名中小学生免费观看；市县博物馆推出“挥麈烟岚——任重千里行”画展等10余个临时展览，共接待观众30万人次。自主策划“发现：湖州市考古成果展”。湖州大剧院打造名剧、名角、名团，完成各类演出、会议、活动达180多场，观众达10万多人次，平均观众入座率达86%。其中引进商业演出60场，国家级6场，涉外演出16场。

二、文化特色项目持续打造

完成《群众文化区域联动常态化、经常化机制建设研究》课题，并通过文化部专家终审。2012年共开展全省范围内的“文化走亲”活动360余场，参与演出文艺节目3200余个，参与演员8600人次，吸引观众22万余人次。与新疆柯坪地区开展两地间的“文化走亲”。“扇舞清风——湖州博物馆馆藏明清扇面精品展”先后在衢州博物馆和武汉博物馆展出。8月，长兴百叶龙作为文化部指定的唯一的一个演出节目赴俄罗斯参加第五届国际军乐节演出。湖州市各图书馆策划和开展各类读书活动，有“品读人生，幸福生活”为主题的第二届“书香湖州”全民阅读年活动，“梦想激发阅读，阅读点燃梦想”为主题的第八届浙江省未成年人读书节（湖州地区）活动等。还有市馆的“韵海”系列、“农民工文化之家”、少儿“阳光阅读总动员”、德清馆的“文化大巴”、长兴馆的“五全服务”品牌。推进“三个三”下基层辅导工作，重点对98个文化活动相对薄弱村进行免费业务辅导和培训，2012年累计实施辅导的文化工作人员900多人次，接受文化辅导的基层群众达上万人次，辅导创作基层文化作品150多个。该项目被浙江省文化厅评为2012年度公共文化服务创新项目。

三、文艺精品创作繁荣发展

举办2012年度基层文艺骨干培训班和2012年度乡镇（街道）综合文化站站长培训班，近500人次的文化站长或文艺骨干参加了戏曲、舞蹈、音乐等艺术门类的专业培训。推进书法培训班、摄影沙龙等各类常规性培训活动的开展，新开展古筝、琵琶等公益性的乐器培训。加强农村业余文艺团队建设，全市实现85%以上的行政村建有1支以上的业余文体团队，共建有基层文艺团队900多支。组织人员赴移沿山庄等进行文化采风。创作排练声乐作品《蚕花廿四分》，并于浙江省非遗精品展演日首演；声乐作品《姑娘村长》获华东六省一市红歌大赛创作大奖和表演银奖，被评为省“五个一工程”奖；湖州三跳《三张火车票》获中国曲艺节创作表演双金奖，入围中国戏曲牡丹奖大赛，并获节目提名奖。德清县打造大型现代越剧《德清嫂》，赴国家大剧院等地巡演。

四、文化遗产保护传承良好

制定《湖州市申报国家历史文化名城第一阶段重点工作任务分解表》，梳理出11大类38项重点工作任务。研究毗山遗址考古公园建设的可行性，小西街保护性修缮整治工作的方向。初步确定湖州历史文化名城定位和申报国家历史文化名城文本编制。举办文化遗产日浙江省主场城市活动，湖州主场城市开展了4个类别的10项活动。推进大运河（湖州段）保护和申遗工作。完成南浔历史街区和頔塘故道整治方案的编制，整治工作同步启动。推进江南古镇联合申遗工作。11月，南浔区南浔镇、德清县新市镇等6个古镇被列入“江南水乡古镇”《中国世界文化遗产预备名单》联合申遗名单中。安吉县启动国保单位安城城墙、古城遗址以及省保单位龙山·笔架山墓群3个专项保护规划的编制工作。完成鹤和小学、义皋范家大厅等维修工程。启动白莲桥、寿安桥等古桥的维修。启动国家重点工程太嘉河工程试验段元通塘桥的迁建工程。南浔区获港村及安吉县鄣吴村被公布为第三批省级历史文化名村。会同有关部门开展湖州市古村落调查和推荐工作。全市共上报古村落79个。长兴和安吉两县联合承办“秦汉土墩墓国际学术研讨会”，并举办“起于累土——秦汉土墩墓考古成果展”。德清县博物馆和省考古所共同设立的“浙江原始瓷考古研究中心”正式挂牌。邱城遗址环境整治项目中旅游集散中心项目得到省文物局的审批。推进传承基地与展示馆建设管理，截至2012年12月，有省级传承基地1个，市级传承基地3个。在衣裳街历史街区古戏台处，成立湖州市湖剧传习所，并定期开展传习活动与展示展演活动。组织开展湖州市第五批非遗项目的申报工作，共31项。开展“含山轧蚕花”、“新市蚕花庙会”、“乾元龙灯会”等民俗活动。举办全市非遗数字化建设培训班。

五、文化产业发展逐步加快

推进文化发展集团组建工作，并进入实质性操作阶段。牵头组织全市40家文化企业赴义乌文博会参展，涉及湖笔、竹制品、紫砂等10多个行业门类，订购交易类展位20个、展示类展位40个，实现展会成交额22.48万元，并与金华、重庆、台湾、印度等地采购商达成交易意向，意向成交金额330万元。同时，湖州市还获展会组织一等奖。制定行业投资引导政策，明确娱乐产业投资导向。截至2012年12月，湖州市量贩式KTV已达21家，其中中心城区6家。湖州市第一家连锁网吧企业—浙江博乐网络科技有限公司于6月通过验收，投入运营。指导、推动市中心城区和织里等中心镇开设多厅数字化影院。全市已拥有12家数字化多厅影院，幕布达到56块，2012年票房收入突破4000万元，观影人数超过1000万人次。2012年6月，市三县广播电视台分别与浙江华数签订网络整合发展合作协议。

六、文化市场安全有序

开展文化市场安全、出版物市场、印刷企业、动漫市场、城郊结合部文化市场等专项整治行动，共出动执法人员1078人次，出动次数240人次，办理一般程序案件34起。实施网络文化市场义务监督员队伍建设“三员”（即监督员、联络员、评论员）制度。2012年办理非法网络案件1起，成功处置上级督办的涉网案件10起。成功处置吴兴区东林镇古钱币事件，及时追回有关文物，及时处置“重建骆驼桥碑”和织里镇古桥被拆事件。召开全市文化市场管理（“扫黄打非”）工作领导小组会议以及全市文化市场管理工作例会和安全生产工作会议等。与经营业主签订《湖州市文化市场安全生产管理责任书》。联合关工委起草并下发《进一步加强文化市场义务监督员队伍建设》的通知。3月，湖州市政府机关软件正版化工作通过省检查组的督查验收（湖州市共购买正版软件4674套，其中office2850套，wps1824套）。

【大事记】

1月

5日　湖州召开市委六届十四次会议，专题研究文化工作，并出台《中共湖州市委关于推进文化改革发展“八大行动”建设文化强市的意见》。

8日　长兴百叶龙应邀参加央视2012网络春晚，央视1—4套、3D频道、高清频道以及网络媒体面向全球播出。

19日　湖州市文物部门推出“文保乡村行”。首选道场乡菰城村作为此项活动的试点。

2月

8日 国际古迹遗址理事会副主席郭旃、浙江省文物局副局长吴志强一行考察湖州市大运河申遗及历史文化名城保护工作。

14日 台湾中央研究院近代史研究所刘文星博士将嘉靖《湖州府志》的一个复本无偿赠送市图书馆古籍地方文献部。

3月

5日至6日 浙江省"加强馆际合作办展，促进馆藏资源整合共享"会议在湖州召开。来自浙江省文物部门相关人员60余人参加。

15日 2012年湖州市文化广电新闻出版工作会议召开。

16日 中国现代著名版画家、美术教育家赵延年先生将木刻原作、木刻原版、水墨漫画、速写等1000多幅美术作品捐赠给家乡湖州，89岁的赵延年先生亲临在杭州举行的作品捐赠仪式。

3月16至5月27日 长兴举办首届百村排舞比赛，来自全县各村的120支队伍参赛。

29日 由湖州市宣传部、湖州市申报国家历史文化名城办公室共同主办的"让历史告诉我们——文化寻源"活动在湖州博物馆正式启动。

3月 湖州市图书馆流通部受到浙江省巾帼建功和双学双比活动协调小组的表彰，获省级"巾帼文明岗"称号。

4月

12日 湖州市召开全市文化市场管理("扫黄打非")工作领导小组会议。

16日 浙江省政协常委、文卫体委副主任林晓峰率省政协监督调研组来湖，就湖州市公共文化服务体系建设进行调研。

16日至17日 浙江省文化厅副厅长、文物局局长鲍贤伦一行来湖，就湖州市申报国家级历史文化名城和相关保护工作进行考察指导。

19日 湖州市召开大运河保护和申遗工作推进会。

23日 由德清县委宣传部、县文广新局和杭州越剧院联合制作出品的大型现代越剧《德清嫂》开排。该剧由杭州越剧院"明星班底"和德清民间的"草根班底"共同出演。

4月 湖州市博物馆文博馆员程厚敏获湖州市劳动模范荣誉称号。

5月

1日 湖州市文化广场启用仪式暨"月月演"首场广场文艺演出在湖州凤凰公园二期开演。

15日 由湖州市关工委、市文明办、市文广新局、市教育局、团市委、市妇联主办的第八届浙江省未成年人读书节(湖州地区)在市图书馆启动。

6月

1日 大运河联合申遗办副主任姜师立率大运河督查调研组来湖州市南浔区督查调研大运河(南浔段)保护与申遗工作。督查调研组先后考察了頔塘故道及辑里湖丝馆、张氏旧宅、嘉业堂藏书楼、小莲庄等重要遗产点。

5日 2012年浙江省文化遗产日活动暨湖州市申报国家历史文化名城新闻发布会在湖州市行政会议中心举行。

6日 德清县博物馆和省考古所共同设立的"浙江原始瓷考古研究中心"正式挂牌。

8日 长兴"紫玉金砂——浙江长兴紫砂茗壶展"浙江省巡回展首展开展。

6月9日至7月18日 "发现——湖州市考古成果展"在湖州市各地展出。

10日 由中央文明办主办，中国志愿服务基金会和浙江省文明办承办，湖州市委宣传部、市文明办、团市委、市文广新局、等多家单位共同协办的湖州市"关爱他人、关爱社会、关爱自然"志愿服务活动正式启动。启动仪式后，中央文明办志愿服务工作组副巡视员王朝彬等领导，视察了湖州博物馆文物保护志愿者服务站工作。

11日 德清钢琴文化馆建成开馆。

12日至15日 第七届中国曲艺牡丹奖全国曲艺大赛南方片分赛区比赛在广东省东莞市中堂镇举行。湖州市参赛的曲艺节目湖州三跳《三张火车票》获牡丹奖节目提名奖。

16日 在"浙江省2011年度博物馆免费开放最佳做法"评选活动中，湖州市博物馆获最佳综合示范奖。

20日 湖州市三县广播电视台分别与浙江华数签订网络整合发展合作协议。

20日 湖州市第一家连锁网吧企业——浙江博乐网络科技有限公司通过验收，投入运营。

7月

1日 中国书法家协会主席、著名书法家张海一行在浙江省住房和城乡建设厅厅长谈月明陪同下，到双林镇考察基层文化建设工作。

8日 以德清县公民道德建设为题材的现代越剧《德清嫂》在德清会展中心首演。

8月

3日至11日 当代著名国画

艺术家任重先生个人画展“挥麈烟岚——任重千里行”在湖州展出。该展共汇集展出任重先生近作及十年内各个时期具有代表性作品70幅，题材涵盖花卉、翎毛、隐逸、释道、婴戏、山水、楼台、舟楫、走兽、清供等。

12日　湖州市召开大运河(湖州段——頔塘故道与南浔古镇)保护整治方案专家审查会。中国文化遗产研究院、浙江省文物局、浙江省文物考古研究所、浙江省古建筑设计研究院的领导和专家等参加会议。

13日至14日　金华市政府办组织相关部门，专程来湖考察博物馆场馆建设。代表团在参观湖州博物馆“吴兴赋”展览、“赵孟頫故居旧址纪念馆”后与湖州有关部门进行座谈交流。

14日　湖州市图书馆“农民工文化之家”首个馆外服务点在农民工聚居区——湖州市经济技术开发区杨家埠镇罗师庄社区警务室挂牌成立。

25日至26日　湖州市民营戏曲汇演在市衣裳街古戏台拉开序幕。

27日　由住建部、国家文物局组成的调研组来湖州，就湖州市申报国家历史文化名城工作进行调研。

28日　长兴百叶龙艺术团到达俄罗斯。当地电视台采访长兴县文广新局(体育局)局长陈亦祥，艺术指导部小眉老师与俄方导演就演出细节进行交流。

30日　浙江省人大教科文卫专委会主任陈永昊一行到长兴考察调研紫砂行业情况。

9月

1日至8日　长兴百叶龙作为中国对外交流的友好使者和唯一的中国艺术代表团在莫斯科演出。

15日　湖州市国家级非物质文化遗产项目辑里湖丝制作技艺参加第二届中国非物质文化遗产博览会。

18日至19日　现代越剧《德清嫂》在国家大剧院首演，近千名中外来宾观看了演出。

20日　湖州市首届艺术节在湖州市文化广场开幕。

21日至22日　杭州市、嘉兴市的群文工作者到湖州进行“文化走亲”。

20日　浙江省政府咨询委员会主任章猛进参观赵孟頫故居旧址纪念馆。

22日　中央巡视组在省委常委、省纪委书记任泽民等陪同下参观赵孟頫故居旧址纪念馆。

26日　在扬州召开的2012中国·扬州世界运河名城博览会暨世界运河大会开幕式上，湖州市参加了《大运河保护与申遗城市联盟关于保护大运河遗产的联合协定》的签字仪式。

9月26日至10月10日　德清安泰时装公司“叠人塔”项目赴西班牙进行文化交流。

27日　安吉县上墅村农家书屋代表浙江省23家全国示范农家书屋参加全国农家书屋建设总结大会，国家新闻出版总署领导亲自授牌。

28日　第六届中国湖州国际湖笔文化节暨中国湖州国际生态(乡村)旅游节第十三届全国极限运动大赛开幕式文艺晚会在太湖举行。

29日　赵延年艺术馆在湖州开馆。

9月　浙江省委宣传部和省统计局联合发布《2011年浙江省文化发展指数(CDI)报告》：社会公众对湖州市的道德环境和文化生活的满意度较高，据此形成的公众评价指数达到104.30，居全省首位。

10月

24日　浙江省住房与城乡建设厅党组书记、厅长谈月明一行会同省文化厅巡视员鲍贤伦等来湖州，调研湖州市申报国家历史文化名城的工作情况。

28日　排舞《美丽的神话》获浙江省第六届排舞大赛中老年组金奖。

29日　中国东部第一座生态博物馆——中国·安吉生态博物馆开馆。国家文化部和省、市相关领导，国家文物局、博物馆和多个省、市、县博物馆馆长与国内外专家、教授等数百人出席活动。

11月

2日至4日　新疆柯坪与湖州共同举行“文化走亲·携手共进”文艺演出。

5日至6日　全国政协文史学习委副主任周国富来湖调研濒危剧种(湖剧)抢救性保护与传承工作。

5日至8日　由中国社会科学院考古研究所、浙江省文物考古研究所主办，长兴和安吉两县联合承办的“秦汉土墩墓国际学术研讨会”在安吉县召开。同时，还举办“起于累土——秦汉土墩墓考古成果展”。

6日　安吉地方文化系列丛书首发式举行，该丛书共10本5个套系。

17日至20日　德清举办第三届游子文化节。

11月　南浔区南浔镇、德清

县新市镇等6个古镇被列入“江南水乡古镇”《中国世界文化遗产预备名单》联合申遗名单。

12月

3日 安吉县第一首自主作词曲和演唱的村歌《美畲山》在浙江省首届村歌创作演唱大赛上获创作和表演金奖。

3日 湖州市农村文化“八有”保障工程现场会在吴兴区召开。

9日 湖州市“学习贯彻十八大精神，开创科学发展新局面”文艺宣传巡回演出启动。

15日 浙江省第四届曲艺杂技魔术节在杭州举行，湖州文化馆创作的曲艺节目湖州三跳《三张火车票》入围决赛并获节目金奖。

12月 湖州“三个三”基层辅导项目被省文化厅评为2012年度公共文化服务创新项目。

12月 长兴“一乡一品”农事节庆文化活动项目获省2012年度十佳民生工程。

（梅　菊）

湖州区、县(市)文化工作概况

【吴兴区文化体育局】 内设职能科室5个，直属单位3个。2012年末人员15人(其中：机关9人，参照公务员法管理8人，事业4人；具有中级技术职务资格1人)。

2012年，吴兴区文化体育局有效发挥文化对经济转型发展的重要作用，有力促进了全区文化事业科学发展。一、以提升“吴兴之星”品牌为重点，带动群众文化开展，提升群众文化活动品质。开展“吴兴之星”主题擂台赛，包括卡拉OK演唱大赛、戏迷擂台赛、舞龙大赛、舞狮大赛、排舞大赛等；截至2012年12月共举行各类“文化走亲”55场；开展送戏下乡119场；深化“十百千万”工程、送书下乡、送戏下乡工程，开展基层文化活动1078场，送电影3157场，落实送书下乡40000册。举办“吴兴之星·新吴兴人之声”演唱大赛。联合区发改委“节能减排”行动组织“万户家庭节能减排宣传文艺演出”。联合区安监局“安全生产宣传月”开展“安全生产大型文艺演出”。联合区国土资源分局“国土文化宣传月”组织“绿色国土、美丽家园——国土管理宣传月”暨“吴兴之星”文化巡演活动”7场，并制作国土文化宣传片，在全区100个行政村进行了播放。二、加大投入，大力抓好精品创作。新创作8个文艺作品参加湖州市第五届南太湖音乐舞蹈戏剧节舞蹈、声乐、戏曲三大类节目竞赛，获4金、5银、7铜。新创作的《飞腾的稻穗龙》在浙江省首届村歌创作演唱大赛中获创作、表演双金奖以及优秀辅导奖、最佳网络人气奖。舞蹈《飞墨》在湖州市中老年舞蹈大赛中获金奖，排舞《加勒比海盗》在湖州市首届排舞大赛中获金奖。此外，在市民营戏曲团队汇演等市首届文化艺术节的系列活动中获优秀组织奖。同时，有12个精品节目参加吴兴区建区十周年文艺汇演。三、加强文化阵地建设。已经新建幸福舞台19个(此外还有2个在建)，实现农家书屋全覆盖(155个)，湖州市农村文化“八有”保障工程现场会在吴兴区召开；从597个群众健身点中筛选确定首批55个群众排舞教学点，并进行统一配备音响设施、统一配发健身服装、统一安排教练指导。组织培训乡镇、街道文化站干部147人次，培训基层文化活动积极分子7000人次。申报省级文化示范村2个(织里镇伍浦村、东林镇泉庆村)、市级文化示范村(社区)9个。四、推进非遗信息化建设。购置转用设备，将2008年非遗普查原始资料进行数字化、标准化处理。1个国家级和11个省级非遗名录和省级非遗项目代表性传承人11名等完成录入，全区1087个普查员也已录入完毕，2.8万余条非遗线索完成全部录入。完成各项申报工作，确定5个首批区级非遗教学传承基地，指导“老恒河玫瑰米醋制作工艺”等15个项目申报市级第五批非遗名录，成功争取塘甸小学申报省级非物质文化遗产教学传承基地项目。组织3名选手代表湖州市参加省首届地域民间故事少儿演讲比赛，获金雀奖1名，铜雀奖2名。组织湖州三跳、湖州琴书、天工羽毛扇3家单位参加2012中国(浙江)非物质文化遗产博览会。配合市局举办非遗展览及互动参与活动，在湖州市第四届戏曲展演暨浙江省十大城市戏曲大赛湖州地区选拔赛中2个作品获最高奖项(优秀演出奖)。

（邱震远）

【南浔区文化体育局】 内设办公室、文化艺术科、文化市场科(审批科)、体育科4个科室。下属事业单位5个，分别为南浔区图书馆、南浔区文化馆、南浔区文化市场行政执法大队、南浔区文物保护管理所和南浔区大剧院管理中心。2012年末局机关及下属事业单位共有人员50人(其中：机关6人，事业26人，高级职称1人，中级职称1人)。

2012年，南浔区文化事业呈现繁荣、健康、向上的发展态势，区文体局先后被授予申报人类非遗和国家级非遗工作先进单位、省非遗保护试点综合县（区）、湖州市第三次全国文物普查先进集体等荣誉称号。一、群众文化蓬勃开展。2012年共举办新青年音乐会、迎新春文艺晚会、戏曲专场等文艺演出15场。举办群众广场歌会、迎新春广场健身舞交流晚会、文体特色团队新春展示秀等广场文化活动45场。元旦、春节、元宵节等传统节日期间，组织开展春联福字送温暖、剪纸赠送、民俗风情展、迎新春越剧票友会、民间艺术踩街等传统节庆民俗文化活动。2012年共组织开展基层文化活动232场，放映电影3146场。开展评弹演唱会、“江、浙京剧票友迎春演唱会”等“文化走亲”活动67场。二、民俗文化亮点突出。练市小学通过浙江省文化厅验收，成为南浔区第一个非遗（练市船拳）传承教学基地。中国湖笔文化馆经省非遗专家组的验收被确定为浙江省非物质文化遗产宣传展示基地。完成非遗丛书——《双林绫绢织造技艺》的前期编撰。善琏村、含山村入选第二批浙江省非物质文化遗产旅游景区。荡口马灯、荻港陈家菜、千金剪纸、善琏滩簧、十房媳妇及双林商号歌申报第五批市级非物质文化遗产名录。三、文艺精品提质提量。创作舞蹈、音乐、戏剧、快板等19个作品，其中小戏《龙凤砖》在省新农村小戏大赛中获创作表演一金一银，排舞《快乐大妈》获市首届排舞大赛金奖、省第六届排舞大赛中获二等奖及最佳活力单项奖。南浔乡村咔嚓班获省第二届视觉艺术优秀创作群体。四、文化设施基础夯实。2012年新建、提升和完善农家书屋100个，送书下乡11000册，光盘1000张。南浔图书馆2012年共接待读者132000人次，提供书籍138423册次。开通无障碍通道、开辟“爱心书架”、“爱心座位”等做法受到省爱心城市创建考核组肯定。开展南浔地方文献地的征集工作，建立南浔地方文献征集的常态化机制，共征集地方文献390种，1296册。举办亲子儿童剧“功夫熊猫”、“箫音雅韵———迎重阳越剧专场”、“艺术无国界，公益在行动———舞动南浔斯里兰卡歌舞团歌舞演出”等各类大型演出15场，承接会议14场。五、文化市场平稳有序。启动十八大文化市场安全保障“123”工程。开展南浔区文化市场消防安全实战演练；举行南浔区文化市场暨“扫黄打非”整治集中销毁仪式，集中销毁近年收缴的涉黄或盗版音像制品4000盘（张），非法出版物250册，非法游戏机10台、游戏主板15只。联合区关工委召开南浔区文化市场义务监督员工作会议，对关工委“五老人员”和乡镇义务监督员代表进行座谈和慰问。2012年新增村（社区）义务监督员182人，基层义务监督员网络化建设达到70%。2012年共出动文化检查人员2362人次，检查网吧、游艺、歌舞、印刷、出版物、广电、文保等单位536家次，立案查处14家，收缴各类非法出版物200册，盗版音像制品3500片，其中淫秽色情音像1000张，发放《上网文明服务卡》10000余张，使文化市场良好率达到96%。六、文物保护成效显著。推进大运河（南浔段）保护申遗工作。基本完成申遗点段南浔镇历史街区和頔塘故道的“四有”工作（包括建立记录档案、树立保护标志、研究划定保护区划、落实保护管理机构）；完成大运河（南浔段）保护整治方案的编制、论证和上报。开展江南水乡古镇联合申遗工作，将“江南水乡古镇—南浔”申报列入中国世界文化遗产预备名单。推进“三普”第三阶段工作，配合做好南浔区第三次全国文物普查不可移动文物名录公布工作。完成历史文化名城创建相关文物资料的组织、上报工作。做好垂虹公园建设工程、古镇主出入口改造工程等项目相关设计方案的审核、上报工作。协助南浔古镇管委会做好庞氏旧宅的保护修缮工程，指导刘湖涵教育基金会做好小莲庄挂瓢居的整修保护，启动南浔经济开发区圣驾桥修缮工程。完成省、市文物保护单位（共51处）的“四有”档案编制工作，南浔区文保单位档案资料库初步建成。

（杨　燕）

【德清县文化广电新闻出版局】 内设职能科室8个，直属单位4个。2012年末人员93人（其中：机关18人，参公13人，事业62人；具有高级专业技术职务资格4人，中级15人）。

2012年，德清县文体工作围绕年初既定目标，抓重点、攻难点、出亮点，着力完善公共文化服务体系，努力培育地域文化特色，加快发展文化产业，努力在文化建设上实现新崛起。一、群众活动有序开展。2012年完成各级各类文艺演出1084场，其中，文艺专业团体演出74场，广场活动107场，基层文化活动903场。围绕春节、中秋、国庆等重大节日举办“升华之夜”

迎春文艺晚会、开发区迎中秋国庆暨泰普森第四届职工文艺汇演等群众喜闻乐见的文化活动，与总工会、残联、教育、发改委、安监、有关企业联动，举办不同主题的文化活动。举办中国·德清第三届游子文化节。策划德清县第十一届运动会开幕式文艺演出。协助新疆柯坪县访问团办好“文化走亲”德清县专场演出；举办第四届原创歌舞大赛。2012 年共开展“文化走亲”94 场，获 2012 年度浙江省、湖州市“文化走亲”活动先进集体一等奖。安泰时装公司“叠人塔”表演赴西班牙进行文化交流。打造乡镇文化活动品牌，如乾元“乾龙灯会”、新市“羊肉黄酒节”、新安“围巾会市”、三合“防风文化节”、雷甸枇杷节、筏头年猪饭等。对农村数字电影放映工作进行改革创新，新增乡镇集镇、社区（居委会）、企业和广场等 173 个放映点，购置 200 部商业片丰富电影放映内容，约 3.48 万人次的新居民观看，2012 年共放映公益性电影 2178 场，观众人数达 52.3 万人次。举办德清县首个全民读书月活动，期间举行了“我读书我快乐我智慧”经典诵读演出、“广场图书馆”、中小学生现场书画表演等一系列活动。二、文化基础设施建设逐步完善。推进重点项目建设，落实新图书馆建设工程，钢琴文化馆已向公众开放，乾元镇创建为“省级文化强镇”；落实为民办实事项目，启动 3 个乡镇文体中心新一轮建设，建成村文体活动室 18 个、乡村大舞台 32 个，农家书屋实现全覆盖；推进村级文化阵地建设，开展农村固定室内电影放映点建设，打造“三九坞裸心｜乡”等一批特色文化村，武康上柏村创建“省级文化示范村”，全县有省级文化示范村 8 个、市级文化示范村 66 个。县博物馆以基本陈列展览为基础，引进临时展览，举办精品展览，组织流动博物馆“五进”展出，创办《灿烂的德清历史文化》宣传专刊。县图书馆创新读者服务方式，新增图书流动点 14 个，深入社区乡镇开展办证借阅服务；举行德清县首个全民读书月；开通文化大巴，组织读者赴杭图、省图交流；走进县“两会”，为代表委员提供各类专题、课题信息检索，获 2012 年全省公共图书馆“两会”信息服务优秀服务奖；2012 年共接待读者 15013 人次，流通图书 250453 册次。县文化馆开展文艺免费开放培训，开展公益文化艺术培训 30 余场，开展“走转改”活动，参与辅导群众文化节目创编。三、文艺精品创作力度加大。推出大型现代越剧《德清嫂》，被列入浙江省重大文化精品工程项目。2012 年 7 月 8 日，《德清嫂》举行首演，得到文化部副部长董伟的肯定。9 月 18 日至 19 日，《德清嫂》在国家大剧院首演，19 日由国家文化部邀请国内戏剧顶级专家对《德清嫂》进行研讨。10 月 4 日，《德清嫂》作为浙江省 19 部迎接十八大优秀剧目展演的首场演出，在省人民大会堂上演。浙江省委常委、宣传部长葛慧君观看演出。12 月 3 日，在央视戏曲频道全场播出。《德清嫂》另一班底——草根班于 8 月 6 日在筏头乡东沈村首演，并在全县十二个乡镇（开发区）巡演，观众达 1.5 万人次。扶持和推动文化精品参加省、市比赛，歌曲《春风热线》入选省第十一届精神文明建设“五个一工程”，摄影作品《寒渚拾墨》获“万园杯”生态浙江摄影作品展评优秀奖，实验学校蒲公英合唱团获省合唱节童声组三等奖，《松雪画会》、《德清余英书法沙龙》分别获省第二批视觉艺术优秀创作美术类和书法类群体奖，油画《高原霓裳》入选湖州市第八届油画展。四、非遗、文保工作成果显著。打造非遗展示的“德清现象”，2012 年德清县文广新局被评为“浙江省申报人类非遗和国家级非遗工作先进单位”，受到省人民政府表彰。筏头后坞村获第二批“省民俗文化旅游村”称号。“舞阳侯会”入选第四批省级非遗名录项目，申报第五批市级非遗名录，截至 2012 年 12 月已入选国家级非遗名录 2 项，省级名录 7 项，市级名录 28 项。创作、排练原生态无伴奏合唱《蚕花廿四分》，入选“精彩浙江”非物质文化遗产精品展；“双龙戏珠风筝”在 2012 年澳门内地春节习俗展上展出，张志刚的羽毛风筝获邀参加杭州都市经济圈传统手工技艺展。实施第五个“服务传承人月”活动，走访慰问县内 65 周岁（含）以上的 14 名省、市级非遗代表性传承人。浙江省原始瓷考古研究中心落户德清，德清窑作为“瓷之源”写进新编《中国陶瓷史》，举办“德清窑”专题展览。新市古镇被列入《中国世界文化遗产预备名单》。完成省级文保单位德清古桥群四座宋元古桥修缮保护工程，启动馆藏第四批 30 件书画修复。开展文物安全专项检查，2012 年巡查各级文物保护单位 400 余处（次）。建立“小小讲解员”队伍，开展文物认护。“流动博物馆”获浙江省博物馆免费开放最佳社会参与奖。新鉴定博物馆馆藏三级文物 38 号（件）。2012 年举办各类临时展览共八期，专题讲座、免费鉴宝各一期，编辑出版

《灿烂的德清历史文化》宣传专刊十一期，开设德清博物馆官方微博。五、文化市场繁荣有序。对演出场所及歌舞娱乐场所进行排查，开展各类专项整治行动，2012年共出动1005人次，检查2226家次，查处违规111起，其中立案处罚79起，结案77起，罚款275253元，没收非法音像制品1020盒（片）、非法出版物102册，取缔无证37起，受理举报13起，排查整治安全隐患21起。执行《德清县文化市场安全生产监督管理工作规范（试行）》，组织安全生产大抽查、排查治违等专项整治行动。做好文化市场的审批与监管。2012年共办结审批事项98起，印刷企业年度核验198家，出版物发行单位年度核验67家，文化娱乐场换证160家。六、文化产业有效发展。2012年德清县实现文化产业增加值16.22亿元，同比增长34.6%，占GDP比重的5.3%。把发展文化产业作为今后5年转型升级的重要支撑点和新的增长点，排出12个“十二五”期间重大文化产业实施类项目。打造“中国钢琴音乐谷”品牌；培育以泰普森为龙头的休闲文化用品生产企业，打造“中国户外休闲之都”；发展“休闲度假德清”文化旅游品牌内涵；推广以裸心谷为代表的“洋家乐”，开辟高档生态文化旅游新业态。“中国钢琴音乐谷”、泰普森休闲用品有限公司2家单位入选浙江省文化产业发展“122”工程。建立完善重大文化产业项目数据库，梳理出16个重点招商项目；8月，浙江省政府6个重点A类旅游项目之一、总投资60亿元的德清开元森泊旅游综合体项目开工建设，“中国钢琴音乐谷”由省里牵头召开规划论证会，其前期项目——钢琴文化馆建成开馆。

（朱国辉）

【长兴县文化广电新闻出版局】 内设职能科室12个，直属单位8个，2012年末人员103人（其中：机关16人，参照公务员法管理14人，事业73人；具有高级技术职务资格8人，中级技术职务资格22人）。

2012年，长兴县文化广电新闻出版局以新农村文化建设为重点，加快推进文化升华，加快提升城市品位。一、注重提升，创建工作有力推进。开展省级公共文化服务体系示范区创建工作。完成县级城区创建任务，完成14个乡镇（街道）综合文化站的评估定级，建成幸福乡村大舞台180个、村文化活动中心220个，创建文化示范村（社区）省级2个、市级10个。二、注重创新，文化活动丰富多彩。2012年共组织开展大型文艺演出53场、基层群众文化活动1000多场，放映电影17402场次，百叶龙参加县内外重大演出42场次。解放军空政文工团、国家歌剧舞剧院、浙江省歌舞团、上海滑稽戏演出团等国内知名艺术团体到长兴演出，举办各类节庆文化活动，如新年音乐会、新春曲艺专场、元宵焰火晚会、端午民俗文化实景演出等。举办首届百村排舞大赛，有120支队伍参赛；举办千人摄影大赛。举办“一乡一品”农事节庆文化活动，如泗安花木节、洪桥河蟹节、吕山湖羊节、林城梅花节、和平桃花节等，并获省2012年度十佳民生工程。参与湖州市“文化走亲”活动，与德清、绍兴、新疆柯坪等省内外各兄弟县区进行文化交流。百叶龙应邀参加第五届中国茶商大会、第二届全国新农村文艺汇演、2012全国舞龙邀请赛等大型文艺演出24场，其中赴北京参加央视2012网络春晚，央视1—4套、3D频道、高清频道以及网络媒体面向全球播出；赴莫斯科参加第五届俄罗斯国际军乐节，得到中国驻俄大使馆、省委、市委以及文化部和省文化厅的一致表扬。新建农家书屋100个，开展全民读书活动。长兴图书馆总藏书432016册，接待读者超100万人次。组织面向企业职工的“读书分享会”、面向成人读者的有奖书目推荐、面向少儿读者和家长的漫画作品展等“世界读书日”系列活动40多场，书法大赛、绘本教学观摩、《爱上阅读》专题讲座等未成年人读书节系列活动20多场，科普知识探秘、才艺表演、科技夏令营等少儿科普读书系列活动30多场，蝶宝宝绘本馆举办绘本活动60余场，“让好书漂流，建爱心书屋”活动共收到机关、学校及各企事业单位捐赠图书19716册。“新市民天天公益影院”为广大新市民提供交流平台和读者服务；举办书香进企业、进校园活动，其中虹星桥小学分馆被评为省示范性图书室。三、注重保护，文化遗产有效传承。完成第三次全国文物普查任务，公布不可移动文物名录，划定所有县级以上文保单位的保护范围和建设控制地带。2012年开展文物巡查300多次，文物工作安全无事故。配合重点工程建设，协助省考古队完成夏家庙土墩墓群、环沉遗址、石泉古墓等抢救性考古项目，其中雉城五峰村南山岭抢救性考古发现的西汉晚期“中字型”土坑棺椁墓在省内尚属首次；完成新四军苏浙军区旧址、五里渡斗门、锁界桥、畎桥等文保单位的维修保护工作。《长兴一百万年》史迹展向社会免费开放；开展文物考古成果展、个人收藏与养护义务咨询、革命传统教育报告会等活动40多场次。百叶龙、紫笋茶制作技艺通过国家级非遗项目复查验收，紫砂馆、紫笋馆被评为省非遗传承展示基地，天平小学被评为省非遗教学传承基地；培养南太湖小传人30个，上报市级非遗项目9个；文化馆非遗展厅接待观众6万多人次。小浦镇“五庄白龙”、槐坎“观音诞”、南太湖“吴十万的故事”等新增为县非遗名录。长兴紫砂以及林城旱船、刘井村狮舞等优秀非遗项目多次参加省、市非遗展示展演活动，董建民、蒋兴宜、傅一平、吴伟华等获浙江省陶艺“十大名师”称号。四、注重招商，文化产业稳步发展。开展文化产业特别是文化创意产业的招商工作，到北京、上海、杭州、昆山、广州等地开展文化招商。大剧院影城2012年发展会员4000多名，上映中外影片241部10791场，观众人数19.4万人次。百叶龙电影大世界8月开业，上映中外影片95部3680场，观众人数达到5.2万人次。两大影城每月定期发放1000张电影兑换券，组织农民工子弟免费看电影。农村数字电影实现全覆盖，每村每月放映一场电影，2012年放映电影2931场，观众约49万人次。百叶龙通过省服务名牌、省著名商标复评，并完成中国驰名商标与省知名商号申报工作；百叶龙公司被省委宣传部列入浙江省文化产业发展“122”工程首批重点企业名单。展览馆完成全面改版，2012年共接待参观团体237批次，并完成市爱国主义教育基地复评和省党史教育基地申报工作。紫砂馆、紫笋馆相继开展儒家茶礼、佛家茶礼、紫笋茶艺、乌龙茶艺等专业培训。和睦塘文化发展有限公司被评为县现代服务业重点企业，2012年共接待观光游客15万多人次。投入650万元，完成江南银行旧址维修布展项目并正式对外开放。启动江南红村省特色文化主题饭店和国家三星级旅游饭店的创建工作。组织开展入团入党仪式、寻访革命足迹、当个小小讲解员、“当一回新四军战士”夏令营、红色之旅亲子团、社会实践小分队等特色教育活动。2012年接待游客50多万人次，其中未成年人10余万人次。五、注重服务，文化市场繁荣有序。2012年共完成审批事项共72件、变更35家，完成187家印刷业企业、215家新闻出版业经营单位、106家文化娱乐业经营单位的年度核验工作。实地调研文化市场经营情况，制定文化市场发展初步规划；组织娱乐场所、印刷业负责人进行安全消防、法律法规及经营管理培训1100多人次。开展“扫黄打非”、十八大专项保障等行动；查处网吧、电子游戏经营场所接纳未成年人等违法经营活动；定期开展文物、体育、广电执法巡查。2012年共开展联合执法27次，出动检查1525人次，检查经营场所1962家次，办结案件52起，收缴非法音像制品1384张、非法出版物1478本，拆除“小耳朵”70余只。文化市场进行安全动态监管，在文化市场经营场所内设置安全宣传板、电子屏等793块，召开安全生产会议12次，组织消防安全大演练4次，开展全面消防安全检查15次，完成隐患单位整改38家。六、注重培养，人才队伍不断壮大。2012年向社会公开招聘文化执法人员（参公编制）1名，引进音乐制作、文史等编外人员4名，其他文艺专业编外人员10名。组织全县基层文体骨干进行排舞、舞龙、音乐、摄影等业务培训1万多人次，其中组织参加全省社文处（科）长培训、图书馆馆长培训、乡镇（街道）综合文化站站长培训等活动30人次，浙江省民营文艺表演团体团长培训9人次，浙江省越剧表演等专业培训36人次，市文化站长培训21人次。辅导创编群众性舞蹈《幸福泗安》、《吕山鱼灯》、《红扇》、《腊月红》、《茶恋》等，其中《腊月红》、《茶恋》参加浙江省金融系统文艺比赛分获市一等奖和省铜奖；创作歌曲、舞蹈、小品（戏）等各门类作品参加市第五届南太湖音舞节，其中歌曲《漾荡河边的童谣》获表演、创作双金奖，舞蹈《红雪》、小品《团圆饭》获表演、创作双银奖；桃源山庄艺术团、槐坎乡金钉子舞蹈队、夹浦镇滨湖村排舞队参加市首届排舞大赛分获金、银、铜奖，其中排舞《美丽的神话》获省第六届排舞大赛金奖。红霞、康乐等艺术团推选的越剧、黄梅戏参加湖州市第四届戏曲比赛获展演奖，红霞艺术团参加市民营戏曲团队汇演获优秀奖。文化馆柳世林撰写的《坚守乡土舞蹈的“精魂”》、《让民间传统舞蹈成为农村建设的一道风景》分获省群众舞蹈创作论文评奖活动金奖、银奖，纪念馆孙佳荣获市十佳金牌导游大赛冠军、省导游大赛二等奖、省旅游行业能手、省青年岗位能手和省巾帼建功标兵等荣誉称号。

（林　健）

【安吉县文化广电新闻出版局】 内设办公室、文艺科、文物科、广电科、许可科、文化市场执法大队、产业科7个职能科室，直属单位9家。2012年末人员113人（其中：机关18人，事业95人；具有高级技术职务资格的5人，中级25人）。

2012年，安吉县文化广电新闻出版系统紧扣文化兴业惠民主线，主动作为，不断增强文化软实力，促进全县经济社会又好又快发展，各项工作成效显著。一、重点文化建设项目取得重要进展。10月29日，举行中国·安吉生态博物馆中心馆落成典礼暨中国生态博物馆安吉论坛。文化部党组成员、故宫博物院院长单霁翔，国家文物局社会与文物司副司长张建新，浙江省文化厅厅长金兴盛，浙江省文物局局长鲍贤伦以及来自全国10多个省市有关领导、专家200余人参加落成典礼和安吉论坛活动。10月22日，诸乐三艺术馆竣工落成，并举行纪念诸乐三诞辰110周年笔会活动。制订出台《关于加快促进中国美丽乡村农民数字电影院建设的实施意见》、《安吉县2012年乡村数字电影院建设实施方案》和《安吉县美丽乡村农民数字电影院（厅）放映管理办法》等措施。共建成11家乡村影剧院。完成吴昌硕纪念馆建筑方案设计和概算编制，并于2012年12月动工建设。新增孝丰、梅溪2个图书分馆建设；完成章村、梅溪、孝丰3个文体站提升工程；完成10个乡村大舞台建设任务。二、公共文化产品供给丰富多彩。组织承办大型广场文化活动10余场，如县残联第二十二次全国助残日"大型文艺晚会、安吉县劳动模范模范集体表彰会暨庆"五一"职工文艺晚会、庆"五一二"国际护士节广场文艺晚会和"喜迎十八大，唱响美丽乡村"竹乡之夜戏曲演唱会等，观众达5万余人；举办潘渭滨、曹寿槐书画联合展；举办以乡镇为单位的各类节庆活动，如皈山乡第三届尚书文化旅游节、孝丰镇孝文化节、天子湖镇书画文化节、景坞村知青文化节和高庄村甲鱼文化节等。举办安吉地方文化系列丛书首发式，丛书共10本5个套系，包括《天目茗水 安且吉兮》、《安吉风》、《故鄣遗韵》、《诸乐三写生画稿》和《中国竹书画碑林碑刻集》。加强对乡镇综合文体站设施配套、乡镇文化员配备、群众文化活动开展等方面的综合考核。新增3个省文化示范村（社区）、9个市级文化示范村（社区）和15个县级文化示范村。孝丰镇成为浙江省文化强镇，鄣吴村被评为浙江省历史文化名村，尚书干村、鄣吴村通过省级民俗旅游文化村认定。实施农村电影"2131"工程，推进农村影剧院建设。全县有线（数字）用户达14万户，其中城区入户率达99%，农村入户率98%。完成"村村响"目标任务。开展"万册图书千场电影百场戏"进社区、进学校、进企业、进农村"四进"活动。开展各类文化活动310场，送戏下乡110场、送书下乡10万余册、放映电影2712场，观众达58万人次。2012年新增加69个村（社区）农家书屋、62个"书香飘竹乡"工程示范点。上墅村农家书屋建设被国家新闻出版总署评为2012年全国示范农家书屋，代表浙江省23家全国示范农家书屋赴天津参加全国农家书屋建设总结大会，并得到总署领导亲自授牌。竹叶龙参加嘉兴市生态文化旅游节暨南湖桃花节开幕式表演；选送《送信》、《民女名叫冯素珍》、《汉宫惊魂》3个节目参加湖州市第四届戏曲展演及浙江省十大城市戏曲大赛湖州地区选拔赛获优秀展演奖；选送安吉特色节目参加湖州市第二届农民文化节；创作歌曲《美畲山》入围浙江省首届村歌大赛决赛；组织节目参加湖州市第四届南太湖音乐舞蹈戏剧节。完成乡镇间"文化走亲"10场。完成外县走出去、请进来"文化走亲"8场。三、文化遗产保护取得新进展。完成《安吉县文化遗产保护管理办法》（送审稿），修编《安吉县文物古迹保护利用总体规划（2005－2020）》；委托浙江省古建筑维修院编制国保单位安城城墙、古城遗址和省保单位龙山（笔架山）墓群保护专项规划。安城城墙、古城遗址被国家发改委列入国家"十二五"文化和自然保护设施建设规划项目。11月，中科院考古研究所和浙江省考古研究所联合举办秦汉土墩墓国际学术研讨会。完成五福、良朋楚墓出土的漆木器脱水保护和修复工作。对天子湖工业园汉墓群继续进行抢救考古发掘，2012年共发掘古墓葬100余座，出土文物及标本500余件。完成安城城墙三期一标段维修工作和省保单位吴昌硕故居之修谱大屋维修工程，启动县保单位董氏民居的维修保护工作。成立安吉县非物质文化遗产保护中心；完成《安吉县非遗大观》编撰初稿。建立安吉县非物质文化遗产数据库；会同有关乡镇，村在已建36个非遗馆的基础上，对10家重点非遗馆进行提升。创作歌曲《美畲山》和《梦回千年》参加浙江省非遗歌曲创作大赛，其中《美畲山》获创作和表演金奖。解决安城古城农整安置点涉及省保单位控制区建房问题、11省道改造涉及省保单位灵芝塔控制区修建公路问题和天子湖上马山农民拆迁安置点古墓发掘问题。参与天子湖省际产业转移区建设项目、梅溪龙山影视基地项目、11省道马家渡至椅子塔省道建设项目、天目路北段延伸安乐段项目等工作。四、大力扶持文化创意产业的发展。组织企业参与各类评先和资金申报，其中天乐古韵文化创意发展有限公司获2011年度湖州市服务业优强企业称号，良朋文体用品厂、嘉尚文化传播有限公司获2011年度安吉县服务业优强企业称号；天迦山书院、皇家永利娱乐会所、广告策划中心、金点广告等4家单位共获县服务业专项奖励资金34.2万元。完成安吉县首批文创产业示范园区（企业）的认定工作，对安吉昌硕故里文化乡村旅游区等8家园区（企业）进行授牌和表彰。编印《中国美丽乡村·安吉教科文卫项目推介手册》；组织企业参加义乌文博会、深圳文博会和杭州文博会。义乌文博会期间，中国·港口竹非遗文化产业村园区选送的作品《孔子》、毛坯堂根雕馆选送的作品《片刻的宁静》"分别获工艺美术奖铜奖和优秀奖。杭州文博会期间，以"全竹生活"、"慢居竹意"为主题的特色展馆得到文化部、省政府、省文化厅等各级领导的高度评价，初步达成意向订单740万元。完成竹·生活跨界创意设计大赛作品81项专利申报工作。天使乐园、中国音画乡村·安吉（龙山）生态影视基地开工建设。安吉宋茗御茶园、浙江安吉申博生态农业观光园、南无山休闲养生谷等项目建设有序推进。推动建设集文化产品展示交易、文化休闲购物、娱乐、餐饮于一体的安吉文化一条街建设，现已完成施工图设计。规划打造良朋文体创意产业园，开展竹博园扩建工程；亚斐灯具厂新厂开工，并利用废旧大会堂建造竹生活创意馆；浙江万事商旅信息科技有限公司正式落地运营。五、继续加强文化市场监管。组织开展行政许可案卷学习，整理编印《行政审批事项册》；建立从申请、收件、受理、公示、审查到许可的审批程序；清理规范各类审批表格，实行各类事项审批程序模块化管理；加快台帐建立和案卷管理。退出月审批情况报告制度，开展许可案卷评查活动。共受理各类事项申请58件，其中许可设立22件、变更21件、备案45件。在县级层面建立以县文化市场行政执法大队为主体的监管力量，在乡镇层面由各乡镇文体站落实市场监管的工作职责，在村（社区）层面建立了文化市场义务监督员巡查队伍。截至2012年12月，共有文化市场义务监督员201名，"五老"志愿人员16名，文保志愿者72名。对县域内电子游戏厅进行排查整治；对歌舞娱乐、演出等场所进行监督；对营业性演出场所进行清查；做好网吧专项治理工作，2012年联合公安、工商开展专项整治4次；打击和整治非法销售、擅自安装和使用卫星电视接收设施行为，收缴非法地面卫星接收设备53座。共出动检查2651人次，检查经营单位813家次，检查网吧484（家）次，歌舞娱乐场所242（家）次，图书出版市场102（家）次，音像市场34（家）次，印刷企业91（家）次，收缴非法音像制品及盗版书报刊2500余（盒）张，实施各类行政处罚案件33起。六、积极开展机关效能建设。专题召开系统作风效能建设会议，出台文化系统各项制度，以博物馆案例为教训开展专题廉政教育活动，并参观县预防腐败教育基地，开展全县宣传文化系统读书会、半年度系统读书会。组织8个文化服务指导组，到乡镇、村对风情小镇项目和重大文旅项目进行指导服务，划片包干对一些重点村文化建设进行专业性指导。

（邱晓云）

绍兴市文化广电新闻出版局

【概况】 内设职能处室9个，直属单位9个。2012年末人员448人（其中：机关25人，事业292人，企业131人；具有高级技术职称87人，中级118人）。

2012年，绍兴市文广新闻出版以建设"文化强市"为目标，以文化民生为根本，以深化改革为动力，推进文化事业和文化产业繁荣发展，文化综合实力和各项文化发展主要指标迈上新台阶。绍兴市被评为全国文化体制改革工作先进地区；市文广局被评为全国"扫黄打非"先进集体，获第七届中国义乌文化产品交易博览会展会组织特等奖，被省政府授予2012年度浙江省非遗保护先进单位；中国轻纺城被国家版权局授予全国版权示范园区（基地）；绍兴市2家农家书屋被国家新闻出版总局评为全国示范农家书屋；市直文广系统1人获全国广电系统劳动模范称号，2人被省政府记功。

一、以承办电影节为抓手，重大文化活动高潮迭起

9月26日至29日，举办第21届金鸡百花电影节。期间，承办了电影节开幕式、闭幕式、红毯秀三大主题活动及中国电影论坛和电影科技之光论坛等各项专题活动和各类影展活动、电影惠民活动。92场影展活动遍及市区各影院、酒店、学校和社区广场，历时一个多月156场的电影系列惠民活动，让14万群众受益。组织拍摄本土越剧电影《沈园情》参加电影节展映，并进入上海、杭州联合院线公映。建成开放绍兴电影博物馆，编辑出版《绍兴与中国电影》。明星版《梁祝》全国巡演成为中国戏曲推广的样板。2月，文化部艺术司、浙江省文化厅、绍兴市人民政府共同在绍兴主办"同唱一台戏"现象暨越剧明星版《梁祝》研讨会。举办第十届江浙沪经典越剧大展演，邀请北京、上海、绍兴三地的戏迷演出团参与展演，活动历时一个半月，展演近50场，剧目多达40余台。期间，绍兴大剧院推出"文化惠民卡"。配合市委、市政府中心工作，完成兰亭书法节、公祭大禹陵典礼等重大节会活动。组织实施援疆文化交流项目"多浪鉴湖情，绍阿共建颂"大型文艺演出。组织开展杭嘉湖绍"文化走亲"、绍兴市原创作品展演、第三届绍兴市排舞比赛、第六届绍兴市乡镇（街道）文艺汇演、第二届绍兴市器乐（西洋乐）大赛。组织"永远跟党走"——红色经典歌曲合唱大赛暨第五届绍兴市合唱比赛、迎接十八大广场文艺汇演、迎接十八大书画美术摄影展、《绍兴藏家书画藏品交流展》等活动。

二、以文化民生为宗旨，公共文化服务全面提升

绍兴市新文化中心进入内部装修阶段。建成开放何水法美术馆。参与实施市区基层文化设施新三年扶持计划，完善提升3个开发区33家单位的文化设施。全市5家乡镇（街道）成功创建绍兴市第六批文化示范乡镇（街道）。绍兴市农家书屋建设工程完成全市行政村覆盖。实施农家书屋质量提升工程，全市农家书屋信息上网率达100%。越城区玉屏村、斗门镇荷湖村被评为全国示范农家书屋，2位管理员获全国优秀农家书屋管理员称号。农村出版物发行"小连锁"工程方面，新建小连锁店13家，投入建设资金168.3万元，经营面积达1014平方。实施"广电低保"工程和广播电视"户户通"工作，推动有线电视数字化，全市98%以上的有线电视用户已经转换成数字电视。全市完成送书下乡139024余册，送演出下乡1391场，送电影下乡27216场，送展览下乡141场，开展"文化走亲"87场。绍兴图书馆新增免费开放场地1000平米，免费服务项目达13个，形成"全民阅读月讲座"、"越文化系列讲座"等一系列公益品牌。实施公益性免费培训，开展以健身舞蹈、曲艺沙龙、戏迷沙龙、公益性培训等为内容的"公益性文化套餐"，"市民学堂"深入社区举办免费艺术讲座。开展"百场绍剧下基层"，"百场电影进社区"，"绍剧进校园"，"非遗进校园"，"市民学堂进社区"，"文化演艺大巴"、"汽车图书馆"进农村、进企业、进机关、进学校、进新区、进"高墙"等系列文化活动。开通图书馆"一卡通"服务，读者可以凭借"一卡通"借阅证在绍兴市范围内6家公共图书馆实现图书通借通还和数字资源共享。联合开通“绍兴电视图书馆”。全市20多万有线电视用户可通过机顶盒点击收看127部精彩讲座视频，140部书画欣赏、少儿读物、文明与创造等视频节目，2万多张文化遗产、古建筑等传统文化知识图片。实行政府购买文化服务的新运行模式。截至12月，绍剧研究院演出104场，演出剧目20台，观众100多万人次。“绍剧周末剧场”以10元低票价面向普通市民，2012年演出49场。

三、以出人出作品为目标，文艺创演成果丰硕

越剧明星版《梁祝》、绍剧《孙悟空三打白骨精》应邀于9月进北京国家大剧院演出。越剧现代戏《马寅初》首演获广泛好评。完成绍剧新编历史剧《东山再起》的剧本创作。复排《大破天门阵》，重排传统戏《芦花记》。组织《薛刚反唐·打太庙》、《龙虎斗·大斗》等参加上海人民广播电台戏剧曲艺广播《星期戏曲广播会》现场直播节目专场演出。举办绍兴市青年折子戏大赛、第四届绍兴市青年歌手大奖赛。承办浙江省中职学校校园文化建设成果展示活动。2012年全市文广系统获省级一等奖以上奖项144个。其中，绍剧《生命的飞翔》、戏曲电视剧《一钱太守》获浙江省“五个一工程”奖。新编神话剧《八戒别传》获第十三届中国上海国际艺术节优秀剧目奖，姚百青获第22届上海白玉兰戏剧表演艺术主角奖。绍剧新戏《百岁出征》获首届“浙江戏剧奖·金桂表演奖”。绍剧《孙悟空三打白骨精》被列入浙江省优秀保留剧目。莲花落《绝办法》获第七届全国曲艺牡丹奖表演奖。绍兴词调《陆游与唐琬》获全国第七届曲艺牡丹奖浙江省选拔赛提名奖。参加浙江省青年戏曲演员大赛，3名选手获一等奖，4名选手获二等奖，3名选手获三等奖。绍兴艺术学校音乐表演专业已通过省级示范专业的评估，戏曲表演专业获批绍兴市级特色专业和绍兴市首批非物质文化遗产教学传承基地创建单位。教师在省级以上核心期刊发表专业性学术论文达50余篇（其中3人在国家级专业论文评选中获奖），师生在省级以上专业类比赛中获奖达50人次。与浙江绍剧研究院联合开设绍剧五年制中专班（表演、演奏专业），招收学生20名，定向培养绍剧艺术梯队人才。加强与绍兴文理学院的办学合作，开设了六年一贯制舞蹈、音乐和戏曲等艺术类表演班（总计100名，学历为中专）。

四、以保护传承为原则，非遗保护工作成效显著

制定实施绍兴市非遗代表性传承人、传承基地考核办法。全市共命名69个各类市级非遗传承基地，有21所学校被列为市级教学传承基地创建单位。绍剧省级传承人章宗义、刘建扬成为第四批国家级非物质文化遗产项目代表性传承人。在绍兴市非遗中心建立中国艺术研究院曲艺研究所一绍兴曲艺科研教学基地和绍兴市非物质文化遗产传习所。开设绍兴平湖调、绍兴词调、绍兴摊簧三大曲艺项目普及性培训班。绍兴市文广局被省政府授予2012年度省非遗保护先进单位，文化馆（绍兴市非遗中心）2位同志获省非遗保护一等功、二等功个人。新昌外婆坑村被评为浙江省第二批非物质文化遗产旅游景区（民俗文化旅游村）。全市共有20个项目及1个扩展项目被列入浙江省第四批非物质文化遗产名录。组织开展会稽山二次古香榧田野调查工作，编写出版《会稽山历史文化荟萃》一书。邀请国家级、省级专家参与会稽山古香榧申遗专家研讨会。邀请国家图书馆馆长周和平到绍兴作“加强非物质文化遗产保护，建设中华民族共有精神家园”的主题讲座。举办文化遗产日水乡社戏系列民俗活动、“绍兴摊簧专场演出暨传统曲艺进校园”活动等。组织绍兴花雕、安昌扯白糖、绍兴词调等九大非遗项目参加中国（浙江）非物质文化遗产博览会获多个金奖。组织绍兴花雕、嵊州竹编等非遗项目参加杭州都市经济圈民间手工技艺展。组织绍兴花雕、嵊州泥塑作品参加“非遗薪传——浙江传统塑艺陶艺精品展暨中青年十大名师评选活动”，有3件作品获金奖，2件作品获银奖，1人获浙江传统塑艺中青年十大名师荣誉称号。

五、以增强管理职能为手段，文化产业得到快速发展

制定完善国有文化企业经营者年薪制考核办法。市文化发展集团公司实现票房收入2200万元，接待观众68万人次。市文物公司拓展公司的经营渠道和经营方式，实现文物销售580万元，收购609万元，利润130万元。绍兴大剧院实施政府购买文化服务的新运行模式。参与制定市委市政府《关于加快文化强市建设的若干政策意见》和《绍兴市十二五文化产业发展规划》。走访调研多家文化企业。做好文化产业政府推动和服务工作，组织企业参展第七届义乌文化产品交易博览会、第八届深圳文化产业博览交易会、第八届青海国际唐卡艺术与文化遗产博览会。绍兴市文广新局获第七届中国义乌文化产品交易博览会展会组织特等奖。会同市委宣传部组织开展绍兴市文化产业园区（基地）评选活动，协助市委宣传部筹建绍兴市文化产业促进会，协助省文化厅组织开展“2012年度文化新浙商”评选活动，绍兴市推选5位候选人。组织文化企业申报国家文化产业示范基地和动漫企业认定和省文化产品出口重点企业。

六、以市场净化为标准，文化市场进一步繁荣有序

制订2012绍兴文化市场管理（“扫黄打非”）工作重点。增补文化市场管理小组成员单位。修订出台《绍兴市文化市场行政处罚自由裁量权执行标准》。开展“扫黄打非”2个专项行动。市“扫黄打非”领导小组2次召开专题部署会议，制订出台6个专项整治工作方案，组织开展4次专项联合整治行动，对全市“扫黄打非”工作进行3次督查。全国“扫黄办”暨浙江省“扫黄办”督查组于10月实地检查绍兴市出版物市场，抽检2家印刷企业。部署开展金鸡百花电影节文化市场专项保障行动、迎接十八大文化市场专项保障行动和一系列文化、广电、新闻出版专项整治行动。市直共出动执法人员1899人次，出动检查650次，检查经营单位3405家次，查处违法违规经营单位129家次，立案查处70件，办理简易程序案7件，取缔无证经营场所（摊点）56个，收缴各类非法出版物6296件。市文广局获全国“扫黄打非”先进集体，绍兴市文化市场执法支队被评为全省广播影视行政执法先进集体，并获第五批浙江省“青少年维权岗”。

七、以安全播出为首责，广电管理职能进一步增强

签订安全播出责任状，组织开展全市迎十八大广播电视安全播出专项督查。会同市县601办公室、公安局等部门在绍兴县远郊住宅小区进行插播信号实战演练。绍兴市文广新局获建党90周年全省广电安全播出专项组织奖，绍兴文化发展集团公司董事长季凌被人劳部、广电总局授予全国广电系统劳动模范称号。开展打击非法“网络共享”网站及设备产品专项整治行动和非法销售卫星地面接收设施专项整治行动，检查非法地卫设施销售点11个，查缴非法销售的卫星接收天线62个及其他卫星地面接收设备若干。加大广播电视对农节目的监督考核。组织开展全市广播电视新闻、社教、青少年、文艺、播音主持、广告、学术论文和节目技术质量政府奖评选活动。诸暨市获浙江省对农栏目优秀奖、嵊州市、新昌县获对农栏目鼓励奖。

八、以知识产权保护为抓手，新闻出版管理工作进一步强化

完成全市政府机关软件正版化工作（全市投入资金842万元，购买正版软件9495套，升级金山软件695套），并通过省级验收，完成全市14家上市企业软件正版化工作。承办全省“知识产权宣传周”活动启动仪式，中国轻纺城被国家版权局授予全国版权示范园区（基地）。开展全市印刷产品评比、推荐、参评活动。在第九届中国包装印刷产品质量奖评比中，绍兴市选送的28件印刷产品获3个金奖、4个银奖、6个铜奖和8个优秀奖。组织开展全市出版物发行市场、打击侵犯知识产权和中小学教材、教辅印刷市场等专项检查行动。组织开展全市企业报审读和业务交流培训。绍兴报刊审读工作获省新闻出版局表彰，绍兴市文广新局被评为省优秀报刊审读单位。

九、以提升发展活力为根本，文化体制改革取得重大突破

完成国有文艺院团体制改革。8月，浙江绍剧团、绍兴小百花越剧团、嵊州越剧团、新昌调腔剧团等4家单位划转为公益性保护传承机构，诸暨越剧团、上虞越剧团转制为企业。绍兴市文广新局副局长金一波被评为全国文化体制改革先进个人。推进全市县市“一省一网”整合工作。8月，绍兴县、上虞、嵊州、新昌、诸暨全部签订协议。通过整合文化系统资源，组建绍兴文化发展集团有限公司。完成绍兴市文物公司的转企改制工作，成立国有独资的有限责任公司，按现代企业制度规范运作。完成绍兴图书馆、绍兴市文化馆、绍剧艺术研究院、绍兴艺术研究院等公益性文化事业单位的绩效工资改革。

【大事记】

1月

9日　绍兴市文广新局被全国“扫黄打非”工作领导小组命名为2011年度全国“扫黄打非”工作先进集体。

9日　绍兴市委常委、宣传部长尹永杰做客绍兴图书馆“越州讲坛”。

16日　举行绍兴文化发展集团有限公司挂牌仪式。绍兴市文广新局局长李永鑫主持，市委常委、宣传部长尹永杰，副市长丁晓燕出席授牌仪式。

23日　绍兴图书馆“一卡通读者证”开通，读者持证可在绍兴地区任何一家公共图书馆实现图书通借通还，并享受数字化服务。

30日　绍兴市副市长丁晓燕在李永鑫、金一波等绍兴市文广新局领导的陪同下，专程赴诸暨市阮市镇金岭村，看望慰问春节期间坚持送戏下乡的浙江绍剧团的演职人员。

30日　《绍兴市非物质文化遗产代表性传承人考核办法》、《绍兴市非物质文化遗产传承基地考核办法》印发。

2月

10日　绍兴市文广新局对《绍兴市文化市场行政处罚自由裁量权执行标准》进行修订。新《标准》针对15类192项违法行为，按照违法情节，设置691档处罚裁量。

13日　绍兴市演出有限公司（绍兴大剧院）、绍兴县小百花艺术中心等10家单位被市文化强市领导小组、市委宣传部授予首批绍兴市文化建设示范点。

13日至14日　浙江省人大常委会委员、教科文卫委副主任委员陈永昊一行4人到绍兴市就公共文化服务体系建设、加快发展文化产业、深化文化体制改革、加强人才队伍建设等四方面的情况进行专题调研。

19日　由文化部艺术司、浙江省文化厅、绍兴市人民政府共同主办、绍兴市委宣传部、绍兴市文广局承办的“同唱一台戏”现象暨越剧明星版《梁祝》研讨会在绍兴市举行。文化部艺术司司长董伟、中国演出家协会主席李牧、中国演出家协会常务副主席朱克宁、中国戏剧家协会分党组书记、副主席季国平、省文联党组书记、副主席吴天行、省文化厅副厅长杨越光，市领导谭志桂、丁晓燕等出席了研讨会。

2月

2月　绍兴市演出有限公司越剧明星版《梁祝》剧组被确定为第二批绍兴市重点创新团队；绍兴影业有限公司被评为2011年度绍兴市服务业龙头骨干企业20强。

3月

7日　绍兴市文广新局会同工商、公安等部门联合开展打击“黑网吧”专项整治行动。

8日　绍兴市文广新局在系统内开展以“营造环境、服务发展”为重点的“走基层、转作风、改文风”活动和“进村入企”大走访活动。

10日至13日　绍兴市文广新局局长李永鑫一行9人赴新疆阿瓦提县开展文化考察调研，并在阿瓦提县刀郎文化广场举办“绍兴市水乡风情摄影展”。

25日　绍兴书法文献馆（位于绍兴图书馆内）免费开放，市领导施淑汝、冯建荣、陈伯怀、市书协主席袁长寿、浙江图书馆馆长应长兴、绍兴市文广新局局长李永鑫等出席开馆仪式。

27日　浙江省国遗督查组到绍兴核查“大禹祭典”、“绍兴水乡社戏”等15项国家级非遗项目的保护与传承工作。

28日　由绍兴市政府、市委宣传部主办，市文广局、市财政局、市教育局、市文联承办的“百场绍剧下基层”惠民演出活动启动仪式暨绍剧进社区巡演首场演出在市区世茂广场举行。

29日　浙江省副省长郑继伟在省府办《专报信息》第196期“深挖潜能整合资源绍兴市实现行政村农家书屋全覆盖”上批示：绍兴市实现2188个行政村农家书屋全覆盖，可喜可贺。希望进一步加大工作力度，充分发挥农家书屋在农村公共文化服务和精神文明建设中的作用。

4月

17日　浙江绍剧团国家一级演员姚百青以其在新编神话剧《八戒别传》中的出色表演，获第22届上海白玉兰戏剧表演艺术主角奖，饰演高翠兰的祝红英获配角提名奖。

29日至5月2日　绍兴市文广新局组织部分文化企业参加第七届中国义乌文化产品交易博览会。绍兴市文广新局获义乌文博会展会组织特等奖。

5月

5日　著名绍剧表演艺术家王振芳（十三龄童）剧目（流派）展演月活动启动仪式在绍剧艺术中心举行。

11日　第十届“置业房产杯”江浙沪经典越剧大展演在绍兴大剧院开幕。浙江省戏剧促进会会长、省政协原主席周国富，省文化厅厅长杨建新，市领导张金如、谭志桂、陈长兴、尹永杰、魏伟、车晓端、丁晓燕，陈伯怀等出席开幕式并观看演出。

15日　绍兴市副市长丁晓燕在市文广局副局长胡华钢的陪同下，视察绍兴图书馆。

16日　绍兴市委常委、组织部长吴晓东，副市长丁晓燕到绍兴市文广新局宣布绍兴市文广局主要领导调整的决定：李永鑫同志调任市府副秘书长（正局级），杨志强同志任绍兴市文化广电新闻出版局党委书记、局长。

25日 绍兴市文广新局副局长陈卫民带领市文化市场行政执法支队支队长，局社文处、广电处、新闻出版处、审批处、文市办、产业处的多位处长走进绍兴电台“行风热线”直播间，通过电波与广大市民进行互动交流，探讨文广新事业发展前景。同时，听取市民对绍兴市文化广电新闻出版工作的意见和建议，接受市民的咨询和投诉。

25日 国家图书馆馆长、原文化部副部长周和平应邀来到浙江农业商贸职业学院，为该校师生做了“加强非物质文化遗产保护 建设中华民族共有精神家园”的主题讲座，拉开绍兴市非物质文化遗产进校园活动季序幕。

26日 国家图书馆馆长、原文化部副部长周和平应邀到绍兴图书馆“越州讲坛”，作题为“加强非物质文化遗产保护 建设中华民族共有精神家园”的学术讲座。绍兴市政府副秘书长李永鑫主持讲座，文广系统300多名干部职工人参加。

6月

5日 绍兴市人大调研文化建设工作，实地走访特立宙等文化企业，绍兴市文广局局长杨志强向人大调研组汇报近年来全市文化建设情况。

10日至13日 国家级非遗专家刘锡诚、祁庆富、陈勤建，省级非遗专家顾希佳等应邀到绍兴，了解古香榧相关传统技艺、传说故事、信仰习俗等内容，并到古香榧集聚区嵊州市通源乡，实地参与当地围绕香榧举行的一系列感恩、祈福、祭神仪式，共同为古香榧非遗申报工作把脉。

14日 绍兴市与新疆阿瓦提县文化交流项目“多浪鉴湖情 绍阿共建颂”大型文艺演出在阿瓦提县文化艺术中心举行，绍兴市文广新局副局长金一波带队参加，演出了绍剧猴戏《新花果山》、越剧名段《梁祝·十八相送》、舞蹈《墨韵》、绍剧绝活《变脸》等经典节目。

22日 由中共绍兴市委宣传部、绍兴市文化广电新闻出版局、绍兴市教育局主办的“永远跟党走”——红色经典歌曲合唱大赛暨第五届绍兴市合唱比赛在绍兴剧院落幕。

24日 绍兴艺术学校通过省三级中等职业学校督导评估。

25日 浙江省人民政府公布第四批浙江省非物质文化遗产名录(共计202项)，绍兴市21个项目入选。

7月

3日 绍兴市政协副主席陈伯怀一行到绍兴市文广新局调研文化工作，绍兴市文广新局局长杨志强向政协调研组汇报近年来绍兴市文化建设情况。

5日 杨越忠任绍兴市文化广电新闻出版局党委副书记、副局长。

6日 2012“新松计划”浙江省青年戏曲演员大赛落幕。绍兴市3名选手获一等奖，4名选手获二等奖，3名选手获三等奖。

8日 “绍兴市非物质文化遗产传习所”、中国艺术研究院“绍兴曲艺科研教学基地”在绍兴市非物质文化遗产保护中心挂牌成立。

13日 绍兴市副市长丁晓燕带领市府办、市文广局、海关缉私分局等部门负责人到绍兴市邮政局、铁路绍兴客运站等地调研“扫黄打非”工作。

13日 浙江省文化厅副厅长黄健全率领省文化厅督查调研组到绍兴市督查调研文艺院团体制改革工作。

18日 “2012艺术杭州·第五届杭州艺术博览会中青年当代艺术家四城市巡展”在绍兴市文化馆开幕。浙江省文化厅副厅长田宇原、绍兴市委副书记王文序出席开幕式并致辞。

28日至29日 经典绍剧《孙悟空三打白骨精》在国家大剧院戏剧场献演。全国人大常委、教科文卫委员会副主任委员金炳华，全国人大常委、法律委员会副主任委员刘锡荣，文化部艺术司司长董伟，中国剧协书记季国平等领导在中共绍兴市委常委、宣传部长尹永杰，绍兴市政府副市长丁晓燕，绍兴市文广新局局长杨志强的陪同下观看演出。

30日 绍兴市文广新局公布绍兴市非物质文化遗产传承基地名单。绍兴市文化馆等9个单位为绍兴市非物质文化遗产综合性传承基地，绍兴文理学院越文化研究院等8个单位为绍兴市非物质文化遗产研究性传承基地，大禹陵等29个单位为绍兴市非物质文化遗产展示性传承基地，绍兴市越城区越中石雕工艺厂等22个单位为绍兴市非物质文化遗产生产性传承基地。

8月

2日 新编绍剧《代天巡狩》在绍剧艺术中心举行开排仪式。绍兴市文广新局局长杨志强、副局长金一波，编剧徐立根、导演沈斌、作曲陈顺泰、技术导演刘军及浙江绍剧团全体演职员参加开排仪式。

7日 绍兴会稽山古香榧群第二次田野调查动员暨专题培训会议召开。各县(市)文广局、非遗中心及11个古香榧群集聚乡镇的

40余名分管领导、调查员参加会议。中国文联研究员、国家非物质文化遗产保护工作委员会委员刘锡诚老师应邀作专题辅导。

13日　经绍兴市编制委员会绍市编〔2012〕90号文件批准，浙江绍剧团更名为浙江绍剧艺术研究院，经费纳入财政保障，机构和人员性质不变。属公益二类。

9月

4日　绍兴市“扫黄打非”工作领导小组召开专题部署会。会议由市“扫黄打非”工作领导小组办公室主任杨志强主持，绍兴市“扫黄打非”工作领导小组全体成员单位、市委宣传部相关处室、市文广新局相关处室、绍兴市文化市场执法支队负责人参加。绍兴市委常委、宣传部长、市“扫黄打非”工作领导小组组长尹永杰出席会议并作讲话。

8日　由绍兴市文广新局主办，诸暨市文广新局、诸暨市大唐镇人民政府、绍兴市文化馆承办的第三届绍兴市排舞比赛在大唐镇中心学校体育馆举行，来自全市各地20支代表队的近500名选手参加比赛。

10日至30日　文化、公安、工商、城管等多部门组成联合检查组，对绍兴市出版物市场、印刷复制企业、网吧和非法卫星电视开展4次联合专项整治。

14日　绍兴市副市长丁晓燕在市文广新局副局长杨越忠的陪同下检查市区文化市场。

16日　绍兴艺术学校戏曲表演(越剧)专业获批绍兴市市级特色专业，同时，该专业又被绍兴市教育局和绍兴市文广局认定为绍兴市首批非物质文化遗产教学传承基地创建单位。

10月

8日　2012级绍剧传习班举行开学典礼。该班系绍剧表演(演奏)5年制中专班，招收表演专业学生17名、音乐演奏专业学生3名，由政府出资培养，学生学费全免。

9日　浙江省政府发文表彰全省申报人类非物质文化遗产和国家级非物质文化遗产工作先进单位和记功人员。绍兴市文广新局获省非物质文化遗产工作先进单位称号。

13日　杭州市“文化走亲”至绍兴，拉开2012年杭嘉湖绍“文化走亲”活动的序幕。

14日　绍兴图书馆与中广有线绍兴分公司联合开发的“绍兴电视图书馆”在绍兴市数字电视平台上开通。

15日　全国“扫黄办”暨浙江省“扫黄办”督查组一行10人在督查专员夏守达带领下，到绍兴督查“扫黄打非”两个专项行动工作落实情况。督查组对绍兴“扫黄打非”工作给予充分肯定。

11月

1日　绍兴市委常委、宣传部长尹永杰，副市长丁晓燕带领市委宣传部、市文广、财政、统计、人力社保、文联等部门以及越城区领导实地调研金德隆文化创意园。

5日　绍兴市文广新局副局长金一波获全国文化体制改革先进个人。

7日　绍兴市召开“五老”网吧义务监督员会议，首次对甘如正、王彩华等16位优秀“五老”网吧义务监督员进行表彰。

13日　绍兴市副市长丁晓燕到绍兴市文广新局调研文化产业发展工作。

29日　邀请浙江省委党校郭亚丁教授在绍兴图书馆“越州讲坛”作“党的十八大精神解读”专题辅导讲座，市直文广系统200多名党员干部参加。

11月　绍剧现代戏《生命的飞翔》、戏曲电视剧《一钱太守》获浙江省第十一届精神文明建设“五个一工程”奖。

12月

7日　第二批绍兴市优秀群众文艺团队、优秀群众文化活动品牌评选结果揭晓。全市共评出5个群众文艺团队和5个群众文化活动品牌。

11日　绍兴市文明办、市文广新局联合发文命名越城小熊网吧等10家网吧为2012年度绍兴市区“文明网吧”。

17日　嵊州市黄泽镇被省文化厅评为2012年度浙江省文化强镇，越城区府山街道越都社区等7个村(社区)被省文化厅评为2012年度浙江省文化示范村(社区)。

20日　绍兴市“绍剧”代表性传承人章宗义和刘建杨被评为文化部第四批国家级非物质文化遗产项目代表性传承人。绍兴市共有国家级非遗项目代表性传承人14人(在世12人)。

23日　何水法美术馆开馆仪式在绍兴举行。浙江省委常委、副省长、宣传部长葛慧君宣布何水法美术馆开馆。省政协副主席陈艳华、市委书记张金如致辞。绍兴市委副书记、市长钱建民代表绍兴市接受何水法先生捐赠的作品并向其颁发收藏证书。诺贝尔文学奖得主莫言等致贺信。市领导陈长兴、魏伟、车晓端、陈伯怀，法国国家艺术交流协会常务副主席江可凌，马来西亚第一现代美术馆代表韦美娜及来自全国各地的艺术界人士参加开馆典礼。副市长丁晓燕主持典礼。

28日 绍兴县杨汛桥镇综合文化站等4家文化站被省文化厅评为特级综合文化站，越城区府山街道综合文化站等26家文化站被省文化厅评为一级综合文化站，绍兴市开发区东浦镇综合文化站等49家文化站被省文化厅评为二级综合文化站，绍兴市开发区灵芝镇综合文化站等32家文化站被省文化厅评为三级综合文化站。

29日晚 新编绍剧《百岁出征》在绍兴大剧院举行首场公演。浙江省政协副主席黄旭明、省剧协主席黄先钢、省政协办公厅巡视员邱宇尔、绍兴市人大副主任车晓端、副市长丁晓燕、市政协副主席陈伯怀等领导与北京、上海、浙江省的戏剧专家一起观看演出。

（袁　巍）

绍兴区、县(市)文化工作概况

【越城区文化体育旅游局】 内设职能科室4个，直属事业单位2个，镇街文体站8个。2012年末人员33人(其中：机关11人，事业22人)。

2012年，越城区文化体育旅游局立足实际，突出重点，服务群众，文化事业取得了较好的成绩。一、公共文化服务逐步完善。出台《绍兴市越城区人民政府关于加快服务业发展的若干政策意见》(越政发〔2012〕21号)、《关于加强文化建设的实施意见》(越委〔2012〕30号)。全区8个镇街完成评估定级工作，其中皋埠镇、鉴湖镇、府山街道达到一级综合文化站，其余5个镇街评为二级综合文化站。全区新增上报8个镇街的15个镇街、村(社区)活动中心，列入市级文化惠民工程项目。开展农家书屋建设，东湖镇、鉴湖镇已创建万册农家书屋，其中鉴湖镇玉屏村被国家新闻出版总署评委全国示范农家书屋称号。府山街道越都社区被评为浙江省文化示范村(社区)。二、节会品牌活动精彩纷呈。2月，举办越城区第三届社区元宵灯会和“弘扬民族文化，品阅古越风韵”为宣传主题的非物质文化遗产宣传展演活动。活动期间，接待人数逾10万人。4月，吼山桃花节开幕，有8.2万人前来观赏。5月至7月开展以“共享愉悦健康 同创文明和谐”为主题的越城区第六届文化体育节，共有10余个区级部门单位、各镇街及区级相关协会参加，内容涉及青年歌手大奖赛、地方曲艺进古街巡演、农民龙舟赛、摄影、篮球、乒乓球比赛、舞蹈展示、“关爱健康体魄、才艺比拼等活动。开展主题为“看千年社戏，品水乡风情”的庆祝活动。在钟堰庙、马太守庙、城市广场古戏台组织开展水乡社戏系列民俗活动。8月“金鸡百花”电影节期间，在城市广场开展“喜迎金鸡百花电影节，共唱经典电影主题曲”演唱活动。三、文化惠民工程深入人心。开展“文化进村庄、戏曲送万家”喜迎十八大文化下乡惠民系列活动。1月至2月，开展越城区2012年“文化下基层”公益性文化惠民演出活动。分赴群贤小学、市老年福利院、育才小学、市聋哑学校、群英小学等地进行多场慰问演出。启动“一镇一街道一品牌、“一村一社区一特色”文化惠民建设工程，打造特色文化品牌。2012年送戏下乡90场，送电影下乡528场，送图书下乡10000册。四、基层队伍建设效果显著。完善基层各级文化设施管理单位各类管理、服务、考核制度。实施农村文化素质提升工程，指导乡镇街道文艺团队建设，组织全体镇街文化员参加全市文化素质培训，举办区级文化指导员摄影培训，群众排舞培训，第四届社区元宵灯制作等培训活动。在全市第二届器乐(西洋乐)比赛中，越城区6支参赛曲目分别获独奏组2个一等奖、1个二等奖、1个三等奖；重奏组1个三等奖和合奏组1个三等奖。在市第三届青年歌手大赛中，越城区代表队获一等奖1个，二等奖3个，三等奖2个，取得团体总分第一名的成绩。

（林　姗）

【诸暨市文化广电新闻出版局】 内设5个职能科室，直属单位8个，镇乡(街道)文化站27个。2012年末人员222人(其中：机关15人，参照公务员管理12人，事业154人，文化站事业41人；具有高级技术职务资格30人，中级85人)。

2012年，诸暨市文广新局深入实施文化强市战略，按照年初制定的目标不折不扣抓落实，全面推进文化建设各项工作，取得了良好成效。一、全面动员，创建浙江省公共文化服务体系示范区活动扎实启动。出台《诸暨市创建浙江省公共文化服务体系实施方案》，召开创建示范区动员大会，开展创建工作业务培训会，制订印发百分制考核细则；诸暨市入围省首批公共文化服务体系示范区创建名单。开展课题研究，确定示范区创建课题研究方向——群众在公共文化服务体系建设中主体作用研究。二、抓好载体，“我们的文化”系列活动全面展开。开展“我们的文化”系列群众主体性文化活动，组织“我们的舞台我们演”、“我们的风采我们秀”、“我们的节日我们乐”、“我们的课堂我们学”、“我们的团队我们评”等系列群众主体性文化活动。“我们的团队”系列已评选出10支“十佳团队”和10支优秀团队给予奖励、扶持；“我们的舞台”系列已完成文化下乡演出200场，县市级“文化走亲”10场，镇乡间走亲54场，观众总人次近19万；“我们的风采”系列已开展第六届“十佳青年歌手”大赛、第六届书画艺术节、全市书画大赛、第五届群文作品创作大赛等活动；“我们的舞台”已开展“菲达壹品杯”全市第三届“舞动诸暨”排舞大赛、第五届镇乡文艺调演等活动；“我们的课堂”系列已由文化馆举行排舞、书画、合唱、器乐等培训共30期、1700多人次、举办专题性讲座10期、500多人次，图书馆开办读书讲座2期，“藏书楼的前世今生”展览在全市巡展。“我们的文化”作为一个创新课题引起专家和媒体的关注，国家公共文化专家邬志南已作为2012年的重点课题项目展开研究，《光明日报》、《浙江宣传》都做了专题报道。三、突出主题，群众性文化惠民活动有效实施。参与中国·诸暨第五届西施文化节活动的筹备，举办“中国有个祝大年”祝大年美术作品展、浙江省古琴艺术系列展示、西施与珍珠文化研讨会、第三届“舞动诸暨”排舞大赛等文化节之系列文化活动。基层文艺骨干千人培训工程已进行15期免费培训，举办文化专题讲座5期，培训学员近1200人次。建设镇级图书分馆5家，已建农家书屋468家，已建农村图书连锁店4家。农村“2131”电影放映工程累计放映7400场次，累计放映学生电影1768场次，市民影院累计放映4500场次，观众70000人次，周末剧场演出56场，接待观众39000人次。诸暨市图书馆2012年共接待读者18.75万人次，借阅图书22.25万册次，新办理借阅证4820本。开展2012年送书下乡工程，共选购图书20000余册。诸暨大剧院、城西教材配送中心新建工程按进度顺利实施。四、注重基础，促进文化精品创作与文艺人才培育。2012年，诸暨市被中国书协授予“中国书法之乡”称号。创排的大型越剧《祥林嫂》在杭州、绍兴公演期间。担纲主演的楼明迪在首届浙江戏剧奖·金桂奖角逐中获金桂奖表演奖。传统鹦歌调小戏《鸡飞狗跳》在浙江省新农村建设题材小戏汇演中获创作金奖、表演金奖、优秀导演奖，歌曲《沉鱼》在第十一届浙江省音乐新作创作演唱演奏大赛中获创作银奖、表演金奖和优秀指导老师奖，《加勒比海盗》在浙江省第六届排舞大赛中获少儿组银奖、《蓝色婚礼》获青年组银奖，《激情舞》在绍兴市第三届排舞大赛中获中年组银奖，音乐快板《美丽的捐款》在第五届浙江省特教学校艺术汇演中获创作奖；34件书法、美术和文学作品在全国、省、市各类比赛及报刊获奖或发表。诸暨市的文艺理论研究方面，有8篇论文分别在全国、省、市各类比赛及报刊获奖或发表。越剧团演员黄红燕在绍兴市青年演员大赛近百出折子戏中获戏曲表演艺术“十佳青年演员”。陈晔获绍兴市第三届青年歌手比赛“最佳活力歌手”奖和美声组一等奖。五、多措并举，文化遗产保护不断加强。“西路乱弹”成功申报第三批国家级非遗项目；举办黄良起捐赠碑刻拓本展览及黄良起碑刻拓本捐赠仪式。开展以“用真心保护，用行动传承”为主题的第七个“文化遗产日”系列宣传活动。邀请中央电视台11频道拍摄组到诸暨拍摄了《越中三贤》系列专题片。投入130余万元的省级文物保护单位俞秀松烈士故居及烈士陵园整修工程完工。王冕故居修缮陈列布展工程、马剑应氏宗祠、东白湖吴大宗祠等修缮工程基本完成。直埠姚氏故居、江藻王氏宗祠、澧浦蒋氏宗祠等建筑修缮工程得到推进；第一家民间博物馆诸暨越艺博物馆在牌头开馆；“冠军香榧”被列入浙江省香榧采摘技艺生产性传承基地，《诸暨市非物质文化遗产系列丛书·诸暨对联集成》正式出版，东白山七夕传说等7个民间艺术项目公布为第四批诸暨市非物质文化遗产代表作名录，黄良起等7人公布为“金石碑刻”等5个非遗项目的代表性传承人，18个市级非物质文化遗产传承基地建成；民间收藏捐赠方面，分别接受著名金石碑刻家黄良起先生捐赠的历代碑刻拓片104件、钱汉东教授、孙奇威先生共同捐赠的宋代湖田窑明器7件、陈桂琴、陈秋琴女士捐赠的清代雕花八脚床1张。六、规划实施，“文化农村”建设初见成效。规划实施三大乡村文化景观区建设项目和41个“一镇一品（景）”工程建设项目。赵家香榧林自然文化，东和十里坪传统文化和东白湖历史文化三大文化景观区基本形成。俞秀松烈士故居和陵园整修、斯宅民国史迹陈列馆、山下湖臻贝艺术馆、牌头枫塘人文景观建设工程、岭北周四厅堂保护工程等一批"一镇一品(景)"项目基本完成，进入工程验收阶段。七、规范运行，文化市场管理有效提升。成立文化市场管理办公室，修订完善文化市场长效管理机制，完成市文化市场管理工作领导小组成员单位的调整，建立镇乡(街道)文化市场管理工作领导小组及工作责任制。与相关执法单位建立协作管理联动机制；开展网吧、印刷企业、娱乐场所、出版物市场等专项检查治理活动，出动执法人员1132人次，检查各类文化经营户2019家次，收缴非法音像制品7655张(盒)、非法图书出版物5700余册。查获侵权音像制品案件54件，收缴各类侵权音像制品68000余张，52名违法经营者被公安机关采取了刑事强制措施。八、抓好落实、文化体制改革基本完成。已完成有关文化单位体制机制改革。8月，转制后的诸暨市越剧团有限公司完成工商注册登记。9月，诸暨市国有资产监督管理委员会作出《关于诸暨市电影发行放映公司改制的批复》，12月，完成工商注册登记程序。九、加强扶持，文化产业发展势头良好。探索以行业协会组织推动文化产业发展的路子，培育文化产业块状。推动文化企业参展国内大型文化展览活动，组织太子龙、巨马游艺、东伟等31家文化企业参展义乌文博会，共设参展位47个；引进市场投入1.5亿元的诸暨市文化艺术品市场开业。十、强化机制，文化队伍建设效能不断增强。加强系统党组织建设、党风廉政建设和干部队伍建设，开展"创先争优"、"进村入企"、"干部联系群众"等执行力建设年各项活动；建章程立制，完善机关内部管理；组织文化系统青年职工开展"我的价值观"大讨论和专题宣传。

(徐可良)

【上虞市文化广电新闻出版局】 内设3个职能科室，下辖8个直属单位，20个乡镇(街道)文化站。2012年末人员151人，其中：机关11人，事业140人(包括执法大队9人参照机关公务员)。具有高级技术职称资格28人，中级技术职称资格56人。

2012年，上虞市文广新局紧紧围绕打造"创新上虞、精致上虞、人文上虞、幸福上虞"的总体目标，以"加快文化建设，推动文化繁荣"为努力方向，着力推进文化强市建设，促进文化大发展大繁荣。一是文化阵地建设扎实推进。施行《上虞市城乡公共文化阵地管理办法》，每年安排350万元，用于市、镇(街)、村公共文化阵地的管理和运作。完成全市所有乡村农家书屋建设，投入经费191万元，送书9.6万册。开展"乡镇(街道)综合文化站提升行动"、"优秀文化示范点建设行动"、"文化队伍建设行动"、"一村一品特色文化展示行动"等创建。二、文化队伍建设抓紧抓实。从2012年开始，市财政每年安排30万元用于各级示范性文艺团队的补助奖励。通过举办专业培训班、组织各级竞赛等形式加强文化队伍的思想建设和业务水平提高。为全市的文艺团队、文艺骨干搭建展示的平台。2012年"立足农村，服务农民"，农民自编自演的节目有30多个，参与人数超过10万。三、群众文化活动不断繁荣。完成电影下乡5547场，送戏下乡126余场，完成9万册图书的采购、分类编目及派送工作。以"虞舜文化节"为载体，举办全市青年歌手大奖赛、第三十一届"娥江之春"暨"诚信上虞"专题文艺晚会、庆祝全国第七个非物质文化遗产日活动、浙江卫视中国蓝上虞"四季仙果"之旅大型歌会、浙东新商都虞舜文化周、第二届排舞大赛等大型二十余场。在全市举行"孝义、诚信、责任"巡回文艺演出21场。安排300万元，在全市推行"阳光文化惠民"行动。建立"公共文化服务中心"，成立"阳光文化直通车"，每年安排200场左右的公共文化产品配送到乡村、社区。启动"阳光文化爱心卡"行动，印制"文化爱心卡"10000张(20元/张)，惠及1000户外来务工人员及低保家庭。四、文化遗产保护切实加强。完成梁湖"三普回头看"各项工作，入村率为100%，覆盖率为100%。投资507万元，完成著名乡贤经叔平的生平事迹陈列馆的布展和开放；曹娥庙壁画清洗、孝德文化展厅和二期修缮工程；竺可桢故居维修及生平事迹陈列等系列工程。落实1000万元，完成清水闸保护和环境整治工程和萧曹运河担山村至曹娥坝段保护修缮的前期准备工作。做好第五个"非遗服务传承人月"活动。完成国遗项目保护工作自查报告和自查材料汇编，并整理出相关辅助书籍、光盘等近百本(份)。组织申报绍兴市非遗基地共14个。五、文化市场管理日益规范。共检查各类文化经营场所1445家(次)，立案查处32起，取缔非法大棚演出10起，取缔无证电子游戏室14家，共收缴非法音像制品8010张，非法书刊893册。组织全市40余名文化企业负责人赴上海复旦大学培训。出台《上虞市加快文化产业发展奖励办法》，兑现产业扶持资金75万元。初步完成文化产业青瓷文化、龙山文化两个文化创意园规划、设计。六、文化体制改革稳妥推进。市越剧团改制工作顺利进行。成立上虞市越剧艺术责任有限公司，并进行企业工商登记注册，同时撤销上虞市越剧团；原事业单位在编人员，人事关系挂靠上虞市公共文化服务中心；原事业单位在编人员，原则上由新公司全部录用，并依法调整劳动关系；公司按照现代企业制度的要求，依法建立规范的企业法人治理机构，实行董事会领导下的总经理负责制。

（喻芝琴）

【嵊州市文化广电新闻出版局】 内设职能科室7个，直属单位11个，乡镇街道文化站21个，经济开发区文化站1个。2012年末人员316人，其中：机关16人，事业284人（包括执法大队12人参照机关公务员），企业16人（新华书店）。具有高级技术职称资格47人，中级技术职称资格77人。

2012年，嵊州市文广新局以改善文化民生为重点，致力"打造精品、创出亮点、干出特色"，推进文化工作繁荣发展和文化强市建设。一、嵊州越剧彰显故乡魅力。市越剧团完成改制工作，划转为"嵊州市越剧艺术保护传承中心"，受到文化部复查验收（调研）组肯定。参加第六届"台湾·浙江文化节"活动。赴江西乐平、湖北武汉和省内温州、台州等地开展"越剧走亲"活动，2012年演戏110多场。创排大型现代越剧《马寅初》在绍兴市举行首演，并做好晋京汇演和进高校巡演的各项准备。"60周年团庆越剧演唱会"在央视11套播出4次。嵊州越剧艺校与省艺术职院联办"五年一贯制"大专班如期开班。编排《春的呼唤》汇报演出，2012年承担市接待演出80多场，参加第十四届上海国际艺术节"天天演"、浙江省·静冈县2012绿茶博览会专场演出、"越乡龙井"走进济宁大型推介会文艺表演等，新排《五女拜寿》并开展巡回汇报演出。举办建校50周年系列活动，通过庆典大会、校史馆开馆、校本教材首发式、越剧教育传承发展研讨会等活动。举办"相约越乡"全国越剧票友流派擂台赛、"戚毕"流派江南行"嵊州专场"、第三届全国越剧票友折子戏擂台赛和第三届百姓"越坛明星"戏迷擂台赛，以及越剧戏迷角大汇演等多种群众越剧文化活动。市戏迷协会、戏剧家协会、民营剧团演出行业协会完成换届，新成立越剧戏迷联谊会。嵊州市越剧新花在"新松计划"浙江省青年戏曲演员大赛中获一、二等奖各1名，2人获中国少儿戏曲"小梅花"称号。越剧博物馆在"国际博物馆日"期间举行台湾越剧皇后吴燕丽珍藏品捐赠仪式，共征集到珍贵文物、史料380多件（套）。开展《马塘村在越剧孕育诞生中的作用》课题研究。在黄泽镇举办"瑞音娟然·范瑞娟的越剧人生"展览。策划参与开展"袁雪芬90诞辰系列纪念活动"，完成袁雪芬铜像制作并落成揭幕。2012年征集到文物史料600多件，接待公众参观62100人次。二、公共文化体系更趋完善。完成三江街道、仙岩镇文化中心"提升工程"和黄泽镇文化中心改扩建工程。全省综合文化站评估定级通过绍兴预验收。《嵊州市创新文化站管理机制》工作经验入选《浙江省公共文化建设案例汇编》。民资投入1100万元的三界镇南街村文化活动中心落成投入使用。黄泽镇被评为首批省文化强镇。三界镇南街村成为嵊州市第9个省文化示范村（社区）；上南庄村被评为绍兴市首批文化建设示范点；农家书屋建设工程通过省级验收，嵊州市做法得到省新闻出版局肯定并在全省推广。建成市图书馆黄泽、长乐、甘霖三个分馆并投入使用，实施市馆分馆"一卡通"读者证。开展全民阅读活动，举办"第八届未成年人读书节"系列活动。地方文献数据库建设通过省级验收。增设市图书馆"视障阅览室"推出全方位无障碍服务。全市共发展7家市新华书店乡镇连锁分店。三、文化惠民服务注重实效。开展送图书进军营、进企业、进校园、进看守所、进敬老院等活动，2012年送书21000册，送电影下乡5500场，送戏138场次。嵊州市被评为浙江省文化走亲先进集体。开展文化站长、文化指导员等基层文艺骨干培训，指导开展广场、社区、企业、校园文化活动。组织策划元宵"祥龙舞春"灯展灯谜竞猜、邻里节开幕式等大型群众文化活动；指导有关部门举办或参与联办"三八妇女节"百花迎春文艺演出、第三届乡村旅游节开幕式暨广场文艺晚会、"规划嵊州·美化越乡"文艺晚会、第六届全运会开幕式《青春飞扬》大型文体表演、浙江（嵊州）森林旅游节暨绍兴市第四届森林休闲节，以及首届农民吹打大赛等文化活动；指导黄泽、长乐、三界、谷来等乡镇开展桂花节、农民文化艺术节、首届赏樞观光节暨舜文化节等节会活动。崇仁镇赵马村和长乐镇福全村、上南庄村等文化特色村建设和文化活动做法，在嵊州市召开的全省农村精神文明建设工作会上作经验交流。四、文化遗产保护传承扎实推进。小黄山遗址、华堂王氏宗祠申报“国保单位”获国家文物局批准。《崇仁村古建筑群保护规划》获国家文物局通过并由省政府发文公布。签订《2012年嵊州市文物安全责任书》，实行“文物安全责任追究制”。命名嵊州古香榧群为市级文保单位。完成马寅初墓、袁雪芬故居、天章塔等17处各级文保单位(文保点)的修缮工作。开展藏品交流，选送4件文物参加4次省级以上特展。配合做好历史文化村落普查，确定全市古建筑村落48个、自然生态村落16个和民俗风情村落3个。浦桥潮神节和嵊州古戏台营造技艺入选省第四批非遗名录。嵊州越剧、嵊州竹编、嵊州吹打通过国家级非遗名录复查。嵊州根雕、嵊州竹编被评为浙江最具地域特色民间手工艺。艺术村获“浙江省非遗宣传展示基地”称号。嵊州市文广新局和市非遗中心、施家岙、渔溪村等12家单位分别被评为绍兴市非遗综合性传承基地、研究性传承基地、展示性传承基地和生产性传承基地。越剧艺校通过省级非遗传承教学基地验收。组织参加义乌文博会、浙江非遗博览会、杭州都市经济圈传统手工技艺展和浙江传统塑艺陶艺精品展等活动并获诸多荣誉。开展古香榧群集聚地田野调查，承办绍兴市会稽山古香榧群非遗申报专家研讨会和香榧祭祀、祈福、感恩活动，做好《会稽山古香榧田野调查汇集本》，配合央视七套在嵊拍摄古香榧群申报专题片。在第七个全国“文化遗产日”，举行《嵊州对联集成》《嵊州文物典藏》首发式，颁发第三批绍兴市非遗项目代表性传承人证书，组织开展非遗实物展示和文物古玩免费鉴别，举办越剧传承演唱会，发放宣传资料2万余份。挖掘整理非遗成果精髓，出版《剡溪蕴秀异》、《就字论字·字谜集》、《嵊州文脉律韵》等5本专著。完成非遗数字化保护平台建设。成立市民间吹打协会，开展“嵊州吹打”曲谱征集活动。五、文化产业发展更富特色。初步形成演艺娱乐业、工艺美术业和文化旅游业为主的具有越乡特色的产业格局。民营剧团演出为主的民间演艺业，成为嵊州文化产业最大的特色和优势。成立民营剧团党支部。以根雕、仿古木雕、竹编为代表的民间工艺产业得到传承、创新与发展。嵊州市文化产业初步形成三大集聚区域：一是艺术村的民间工艺企业园；二是黄泽镇湖头村为中心的仿古家具企业区；三是黄泽镇渔溪村的戏剧服装生产基地。六、文化市场监管依法规范。签订《2012年嵊州市文化市场管理(扫黄打非)安全责任书》。组织开展“4·26世界知识产权日”宣传周活动，集中销毁2010年以来查缴的非法音像制品20856张，开展打击侵犯知识产权、查堵政治性非法出版物、扫除淫秽色情等系列活动。2012年共出动执法人员1198人次，出动检查462次，检查经营单位2293家次，查获违法违规行为183个，取缔无证经营场所(摊点)10个，收缴各类非法出版物(音像制品、电子出版物、书刊)7924张(盒、部、册)，罚款216590元。实现申请远程化、资料无纸化、审批网络化。2012年共受理各类申请事项98件，办结率100%。完善文化市场行政执法体系。加强执法队伍素质和执法能力培训，组织参加绍兴市文化市场行政执法技能比武并获团体二等奖，案卷纠错、执法取证项目获优胜奖。

(黄士波)

【绍兴县文化广电新闻出版局】 内设6个职能科室，直属单位4个，2012年末人员183人(其中：机关19人、事业164人，具有高级技术职务资格39人)。

2012年，绍兴县文化广电新闻出版局紧扣“突出转型升级，致力科学发展”工作主题，大力实施“名家名品”工程，加快构筑公共文化服务体系，各项文化事业得到新发展，呈现出八大亮点。一、全民才艺PK大赛激情上演。组织开展“欢乐乡村·全民才艺PK大赛”，共产生10名选手进入到总决赛。二、潘家富获第七届中国曲艺牡丹奖表演奖。第七届中国曲艺牡丹奖评奖结果揭晓，绍兴县的莲花落青年演员潘家富凭借绍兴莲花落《绝办法》，获第七届中国曲艺牡丹奖表演奖。三、城乡公共文化阵地长效管理工作顺利进行。县委、县政府讨论通过《关于城乡公共文化阵地长效管理实施意见》。绍兴县文化广电新闻出版局出台《对村(社区)文化阵地专职管理员实施考核奖励的通知》与《2012年镇(街道)、开发区文化工作岗位目标责任制倒扣分考核细则》等配套文件。四、文化产业政策惠民深入开展。绍兴县单独出台《关于加快文化产业发展的若干政策意见》，从2012年开始，县财政每年安排1500万元的文化产业发展专项资金支持文化产业跨越式发展。五、新编《狸猫换太子》赴京展演献礼党的十八大。受文化部邀请，绍兴小百花携新编《狸猫换太子》在北京梅兰芳大剧院参加2012全国优秀剧目大展演。六、净化文化市场，创新管理模式。加强对全县，特别是城区文化市场的管理。会同县关工委在全县实施文化市场网格化监管。在集镇和重点区域划分成2—3个网格；四街道以社区为单位，将柯桥城区划分为22个网格，每个网格落实1—2名人员，形成文化市场监督管理长效机制。七、加强非遗保护，注重普及弘扬。绍兴县成为被纳入省非遗保护综合试点的一个县（市）。建立县非遗保护工作领导小组，开展保护规划编制、品牌项目培育、非遗展示宣传、特色文化弘扬、生态整体保护等工作。八、加快示范区创建，考核名列前茅。6月，2011年度浙江省基层公共文化服务绩效挂钩奖励资金考核结果公布，绍兴县基层公共文化服务绩效考核总得分63.49分，获全省79个县、市地区总排名第二名的成绩。

（祝永浩）

【新昌县文化广电新闻出版局】 内设职能科室4个，下属单位9个，乡镇（街道）文化站16个。2012年末人员133人，其中：机关10人，事业106人（包括执法大队11人参照机关公务员），企业17人（调腔剧团）。具有高级技术职称资格4人，中级技术职称资格31人。

2012年，新昌县文化广电新闻出版局不断夯实文化基础、加快推进文化民生、全面繁荣文化事业、大力发展文化产业，扎实推进各项工作。一、全力构建“文化粮仓”工程，繁华农村文化。5月，县图书馆举办县第五届未成年人读书节活动，共开展馆外流动知识讲座约20余期，受教育农民和学生约4000余人次。送书下乡共计25次，图书流动总近29000册次，馆外服务读者约13000人次。各机关、企事业开展赠书活动，赠送全县各村农家书屋各类书籍12500余册。8月，农家书屋工程建设通过省级验收。省专项工作检查小组对新昌县农家书屋工程建设组织验收督查，实地查看大市聚镇西山村、澄潭镇丰瓦村二个村书屋建设和服务运行情况。二、全面发展文化事业，蓬勃开展文化活动。参与策划2012中国茶叶大会暨第六届新昌大佛龙井茶文化节。开展“文化遗产日”各类宣传和庆祝活动活动。此次庆典包括指导调腔艺校青年学生参加浙江省青年戏曲演员大赛，搜集出版发行《新昌县对联集成》，在城区各地段悬挂“文化遗产日”宣传横幅等。申报新昌县调腔剧团、张氏骨伤医院等5家单位为绍兴市首批非遗传承基地，申报梅渚镇中心小学为“浙江省非物质文化遗产传承教学基地”。编排调腔剧目参加“绍兴市2012年水乡社戏大型展演活动”。组织《甄清官》全县、市巡演。组织青年歌手参加绍兴市第三届青年歌手大赛。组织选手参加绍兴市文广局主办的“绍兴师爷讲故事”比赛，少年组3位选手分别获一、二、三等奖。组织调腔折子戏《北西厢·游寺》《目连戏·男吊》等剧目参加绍兴市第七个文化遗产日展演活动，赴湖州参加省级“非遗日”会演。7月，县调腔剧团组织选手参加绍兴市青年戏曲演员折子戏大赛。县调腔剧团学生组9名选手获奖，其中一等奖2人，二等奖4人，三等奖3人。三、全面提升公共文化供给力度。组织文化馆、调腔剧团等单位送戏下乡，开展“阳光文化山里行”文化品牌活动。累计送戏下乡130场。实施农村电影放映工程，累计放映3045场。开展送书下乡服务，累计送书下乡30000册次。为西山村组建文艺演出队2支，为全县优秀业余文艺团队配送文化器材。推动美盛文化创意股份有限公司成功上市。明确文化休闲旅游业、动漫影视业、丝绸文化业、茶文化业等四大重点发展产业，工艺美术业、文化会展业、信息传媒业、设计服务业和教育培训业等五大支持发展行业。组织美盛文化创意股份有限公司、达利丝绸有限公司、新昌天功坊砖瓦有限公司3家单位参展义乌文博会。四、狠抓文化市场管理，营造风清气正的文化环境。2012年，出动检查373次，出动检查人员786人次，检查经营单位1443家次，开展各类专项检查11次，受理举报8次，办理行政处罚案件21件，案件种类包括文化类、新闻出版类和广电类。开展“4·26”侵权盗版音像制品及非法出版物集中销毁活动，共销毁音像制品487张（盒）、书报刊1256册、赌博游戏机17台、电路板9块。

（潘晓英）

金华市文化广电新闻出版局

【概况】 内设职能处室7个，直属单位8个。2012年末人员289人（其中：机关24人，事业265人；具有高级技术职务资格98人，中级87人，初级80人）。

2012年，金华市文化工作抓重点、破难点、求亮点、创特色，更加自觉、主动地推进全市文化建设，文化的凝聚力、民生服务力、经济推动力和对外影响力不断增强，各项工作取得明显成效。

一、公共文化设施进一步完善

金华市文化艺术中心、中国婺剧院等重点文化设施加快推进，市非遗展示馆确定建设地址，完成设计方案和招标工作。婺城区文化图书馆完成装修投入使用。义乌加大新图书馆配套设施建设。东阳构建"30分钟文化活动圈"，加强农民工文化阵地建设。推进乡镇综合文化站建设工程扫尾工作，市本级新建11个乡镇文化站通过验收，全市所有文化站开展评估定级工作。推进村级文化活动室建设。开展省市级文化示范村（社区）创建工作，完成了1个省级文化强镇、13个省级、35个市级文化示范村（社区）的创建工作。推进"两馆一站"免费开放工作。完成送戏下乡1131场，送图书下乡59万余册，送电影下乡4.55万场，送讲座展览269场，开展"文化走亲"活动64次，其中市区完成送戏70场，送电影9223场。共开展基层文化队伍素质提升项目建设223期，参加人数达4.13万余人。

二、各类文化活动丰富多彩

举办金华市春节团拜会暨文艺联欢会、2012年庆元宵系列文化活动、金华市第八届未成年人读书节活动、纪念建党91周年暨创先争优活动总结表彰大会文艺演出、"纪念金华市被国务院列为国家历史文化名城五周年——百幅照片忆名城摄影展览"、"金华老照片民俗照片展"和"传承雷锋精神，提升道德品质——纪念雷锋牺牲50周年图片展"。举办金华市第二届少儿器乐大赛、"美丽乡村，幸福故事"大型宣传活动，开展"唱响美丽乡村"金华市首届村歌大赛，承办金华市第八届体育运动会开幕式文艺演出。10月15日至26日，市本级举行"喜迎十八大"文化系列活动暨金华市第十届文化艺术节；婺城区举行"喜迎十八大"大型民俗文化踩街秀活动；东阳市举办以"喜迎十八大"为主题的全市19个镇乡街道文艺汇演；永康市举办"喜迎十八大"永康市第四届中老年文体艺术节；兰溪市举办"喜迎十八大"全省龙舟邀请赛、全市合唱节等活动；武义县组织开展100多场以"喜迎十八大，唱响新武义"为主题的文化下乡活动。

三、传统艺术弘扬富有特色

开展以"传承婺剧经典、挖掘婺剧特色"为主题的"婺剧大讲堂"活动，邀请徐如英、葛素云等12位婺剧老艺术家开设专题讲座。邀请朱元昊、张建敏、许永芳等11位著名婺剧表演艺术家进行教唱活动，同时进行《婺剧名家教唱》拍摄工作。开展"婺剧进校园"活动，联合市婺剧促进会、市教育局举办金华市第二届中小学婺剧汇演，共有39所学校800多名师生参与。举办浙江省"新松计划"青年戏曲演员大赛金华赛区初赛暨第二届"婺星争辉"婺剧青年演员挑战赛初赛。举办"婺迷争辉"首届婺剧戏迷擂台赛，有来自金华、杭州、丽水和衢州4个地区的200多位婺剧戏迷参加比赛，并与央视戏曲频道合作，总决赛实况在《过把瘾》栏目中播出。在浙江省"新松计划"青年戏曲演员大赛上，浙江婺剧团的杨霞云、楼胜和义乌婺剧团的季灵萃获前三名。以著名婺剧表演艺术家陈美兰为带头人的新剧目创作团队获浙江省重点创新团队（文化创新类）荣誉称号，陈美兰当选党的十八大代表。《昆仑女》入选浙江省第二批优秀保留剧目。浙江婺剧艺术研究院青春版婺剧《穆桂英》入选浙江省"五个一工程"精品剧目，参加文化部在北京举办的迎接党的十八大全国优秀剧目展演和浙江省迎十八大献礼演出。完成《著名婺剧表演艺术家吴光煜》的撰写工作，协助撰写《金华艺术名人集》中的婺剧名人谭德慧、王杰夫，完成国家社会科学基金艺术学课题《浙江婺剧研究》专著。举办"婺文化大讲堂"系列讲座第13至19期。编辑出版《婺文化丛书》六批共72部，婺文化研究团队完成著作1部，开展课题研究9

项，发表专业论文14篇，获浙江省高校科研成果三等奖。

四、群众文化成果丰硕

《花嫁娘》、《山窝里飞出畲娃的歌》获省第十一届“五个一工程”歌曲创作奖，女声小组唱《山口逢春》、男声独唱《现代农业龙抬头》在省首届村歌创作演唱大赛上获创作、表演双金奖，歌曲《等待》在省第三届社区文化艺术节暨第十一届音乐新作演唱（演奏）大赛中获创作、表演双金奖，《弯弯歌》、《shilili哦啦哩》和《採呀採》等3个少儿声乐作品获3个创作金奖和2金1银表演奖。浦江乱弹《竞拍选票》参加全国“群星奖”评比；舞蹈节目《婺韵》获浙江省舞台舞蹈大赛创作金奖和音乐创作银奖；视觉艺术《机体一号》参加“亚洲艺术博览会”及“通告·当代艺术展”，被国际大收藏家、前瑞士驻华大使希克收藏。11月22日，与市直机关工委联合举办市直机关文化艺术大讲堂活动。

五、非物质文化遗产保护稳步推进

在浙江公布的省级第四批非遗名录中，金华市有22个项目入选，累计省级名录达122项。规范非遗传承载体建设，将非遗传承基地细分为非遗传承教学基地、生产性保护基地、宣传展示基地和传统节日保护基地四类，公布17家第二批市级非物质文化遗产传承基地，8所学校被列为第二批省非遗传承教学基地。建立健全市级非遗代表性传承人保护工作机制，婺剧代表性传承人陈美兰、张建敏，东阳木雕代表性传承人吴初伟入选第四批国家级非遗代表性传承人公示名单，公布首批金华市非物质文化遗产项目代表性传承人共183名。10月，市文化广电新闻出版局被省人民政府授予浙江省申报人类非物质文化遗产和国家级非物质文化遗产工作先进单位。举办“百艺相约兴名城”等系列宣传活动；永康“九狮图”参加中国非物质文化遗产生产性保护成果非遗精粹广场展演；组织22个非遗精品项目参加2012中国（浙江）非遗博览会，获金奖3个。东阳市花园村、永康市厚吴村、磐安县榉溪村入选第二批浙江省非物质文化遗产旅游景区（民俗文化旅游村）。

六、文化交流和展示活动成果显著

浙江婺剧团完成市政府在深圳、北京、上海等地举行的迎春贺岁团拜会演出任务，参加民政部副部长罗平飞、二炮首长慰问驻金部队演出等活动。2月，浙江婺剧团受文化部委派，历时半月赴南美阿根廷、厄瓜多尔参加中阿建交40周年庆祝活动和厄瓜多尔艺术盛会的巡游展演活动，省委书记赵洪祝、省长夏宝龙分别作出重要批示。8月，浦江民间艺术团参加第62届法国第戎国际民间艺术节，浦江乱弹《花头台》等11个节目在国际民间艺术节亮相。9月15日至23日，应新加坡牛车水人民剧场基金管委会的邀请，浙江婺剧艺术研究院（浙江婺剧团）参加2012新加坡华族文化节。

七、文化产业加快发展

在全市范围开展文化产业调研，提出12条加快文化服务业发展的政策意见供市政府决策。确定一批重点文化产业企业和重点项目作为金融部门扶持对象。12月，与市建行等金融机构签署战略合作协议。开展全市重点文化企业评选和文化新婺商评选工作，评选出20家重点文化企业和10家文化新婺商。实施东阳文化产业全域化发展，义乌文博会等文化会展业成果丰硕。武义通过中国文教用品、扑克牌生产基地考评验收，获中国文教用品生产基地（二针二钉、扑克牌）荣誉称号。新创办乾湖艺术区，金华市美协艺术委员会、0579油画部落、艾青文学院等多家单位以及14个各类工作室入驻园区。

八、文化市场监管工作得到加强

开展十八大专项保障行动、“扫黄打非”专项行动、打击非法出版物专项行动以及网吧市场、电子游戏室专项行动等。实行“宣传教育在前，行政处罚在后”的人性化管理，聘请“老干部、老专家、老教师、老模范、老战士”组成市区网吧义务监督员，强化“12318”举报电话制度。2012年，累计出动执法人员10654人次，检查文化经营单位13853家次，举报受理294件，立案382件，警告254家，罚款200余万元。

九、文艺院团改制任务顺利完成

金华市列入国有文艺院团改制任务的有浙江婺剧团、兰溪市婺剧团、义乌市婺剧团、东阳市婺剧团4家单位。2012年1月，按照“划转一批”的要求，撤销浙江婺剧团的文艺院团建制，经市编委办批准，设立浙江婺剧艺术研究院。2012年6月，浙江省文化厅浙文〔2012〕63号文件批复同意金华市文广新局所报的浙江婺剧团划转方案。兰溪市、东阳市和义乌市基本完成剧团改制任务。

【大事记】

1月

19日 2012年金华市政府春节团拜会文艺演出在市文化中心举行。

1月 完成2011年金华市文化艺术中心建设工程项目交接的相关工作。

2月

6日 联合金华市委宣传部组织举办2012金华"龙腾盛世闹元宵"布龙展演活动，在市区江北西市街、江南兰溪街两条步行街以及市人民广场举办彩灯展。

8日 完成首批金华市非遗项目代表性传承人评选、认定工作，并公布103名首批市级非遗项目代表性传承人。

23日 金华市首个纯艺术园区乾湖艺术区在金华市婺城区乾西乡湖头揭幕成立，金华地区15位优秀青年油画家入驻艺术园区，并有3家艺术机构挂牌。

3月

12日至18日 由金华市文化广电新闻出版局和央视戏曲频道联合拍摄的7期"让婺剧走进快乐戏园"系列节目在CCTV－11频道《快乐戏园》栏目播出。

3月 确定2012年市直重点文化活动项目，完成制定2012年群众文化活动细化方案。

3月 向金华市文物局、市财政局征询金华市非遗馆建设意见，并向市政府提出市非遗馆建设方案。

4月

11日至13日 召开金华市非物质文化遗产数字化保护建设培训会。

5月

2日 举办"美丽乡村，幸福故事"大型宣传活动启动仪式，同时，正式启动金华市首届村歌大赛。

2日 第七届义乌文博会落幕。由金华市文化广电新闻出版局选送的工艺美术作品获金奖2个，银奖3个，铜奖5个；同时，在2012中国（浙江）非物质文化遗产博览会上，金华市共获金奖3个、银奖3个、铜奖3个，优秀演示奖18个，义乌道情国家级代表性传承人叶英盛获浙江传统曲艺保护传承特别贡献奖，兰溪滩簧获特别展演奖。

10日 全国农民工文化建设现场经验交流会在东阳市召开，文化部副部长杨志今、副省长郑继伟出席会议并讲话。文化部社文司司长于群，全国总工会宣教部巡视员包常春，省文化厅厅长杨建新等领导出席会议。东阳经验在会上作了交流。

6月

1日至3日 "婺剧名家教唱"系列活动在浙江师范大学举行。郑兰香、张建敏、朱元昊等11位婺剧界知名表演艺术家手把手地教唱婺剧戏迷。

2日至4日 浙江省婺剧进校园现场会暨金华市第二届中小学婺剧汇演在金华市人民大会堂举行，金华市39所中小学的节目参加演出。

11日 下发《关于公布金华市第二批非遗传承基地的通知》，共命名非遗传承基地17家。

28日 金华市纪念中国共产党建党91周年暨创先争优群英大会文艺演出在市文化中心举行。

6月 在省"新松计划"青年戏曲演员大赛上，来自浙江婺剧团的杨霞云、楼胜和义乌婺剧团的季灵萃勇夺前三名。

7月

6日 应文化部邀请，由浙江婺剧团、义乌市婺剧团、东阳市婺剧团共同组台的婺剧"昆腔"折子戏《火烧子都》、《挡马》、《小宴》和《辰州打擂》专场，在中国第五届昆剧节亮相。

11日至12日 陪同金华市人大、市政府和市政协等领导赴湖州、杭州、丽水考察大剧院的运行管理模式，研究制定中国婺剧院运行管理模式。

7月 以金华市政府办名义下发《农家书屋和村邮政整合建设的通知》。

8月

2日至3日 在东阳举办金华市第二届公共文化服务创新论坛。

12日至16日 赴衢州、丽水、台州、温州、缙云开展"文化走亲"活动。

13日至14日 联合金华市财政部门对市直乡镇文化站建设情况进行督查，并对10个已完成建设的文化站进行验收。

8月 金华市农家书屋工程建设工作通过省级验收，并取得验收分全省第一。

9月

11日 举办金华市第五次乡镇综合文化站评估定级工作培训班。

20日 由浙江婺剧团和建德市婺剧团组成的浙江婺剧艺术团，在新加坡牛车水人民剧场举行折子戏专场表演，为新加坡观众献上《文武八仙》、《吕布试马》、《白蛇前传》、《野猪林》、《八仙过海》等婺剧经典曲目。

28日 组织举办喜迎十八大"唱响美丽乡村"金华市首届村歌

大赛暨“美丽乡村 幸福故事”大型宣传活动颁奖晚会。

10月

13日 组织浙江婺剧艺术研究院(浙江婺剧团)创排的婺剧《穆桂英》,赴北京参加文化部组织的“讴歌伟大时代,艺术奉献人民”2012年全国优秀剧目展。16日,赴杭州参加浙江省庆祝党的十八大召开优秀剧目展演。

15日至26日 举办金华市第十届文化艺术节,活动内容有金华市第四届排舞大赛、2012青少年舞蹈展演和喜迎十八大《唱响美丽乡村》金华市第十届文化艺术节主题晚会等。

25日至26日 与武义县人民政府、浙江师范大学联合举办2012中华明招文化研讨会。

27日至28日 在金华市人民大会堂举行“婺迷争锋”首届婺剧戏迷擂台赛决赛,来自衢州、杭州、金华、丽水赛区的60名选手参赛,最终选拔出21名选手参加和中央电视台戏曲频道联合举办的“婺迷争锋”总决赛。

11月

6日 与央视戏曲频道联合举办“婺迷争锋”首届婺剧戏迷擂台赛总决赛,邀请京剧表演艺术家黄孝慈、越剧表演艺术家吴凤花、婺剧表演艺术家张建敏等5位戏曲名家担任评委,决赛由著名主持人赵保乐主持。

13日 赴上海国际艺术节举办杨霞云婺剧折子戏专场演出。

14日 与上海戏剧杂志社联合举办杨霞云婺剧折子戏专场座谈会。

11月 完成金华市首批重点文化企业20家、文化新婺商10名的初评工作。

12月

28日 举行金华市首批重点20家文化企业、10名文化新婺商授牌暨支持文化产业发展战略合作协议签约仪式。签约仪式上,金华市文化广电新闻出版局与中国银行金华市分行和中国建设银行金华市分行签署战略合作协议,并进行文化企业和银行的金融产品对接活动。

12月 完成金华市区特色文化示范基地的申报工作,共有“乡村文化大本营”公共文化服务综合体等8个项目。

12月 完成金华市首届视觉艺术优秀创作群体和创作作品的评选工作,共评出10个优秀创作群体,美术类、书法类、摄影类优秀作品一等奖11个,二等奖23个,三等奖34个。

（琚丽萍）

金华区、县(市)文化工作概况

【婺城区教育文化体育局】 内设职能科室4个,下设直属事业单位6个。2012年末从业人员26人(其中:机关4人,事业22人;具有高级技术职务资格3人,中级技术职务资格12人)。

2012年,婺城区文化部门围绕区委、区政府提出的大力推进文化强区建设工作总目标。一、加强公共文化服务体系建设。婺城区文化图书馆分设为婺城区文化馆和婺城区图书馆,两馆搬入新址。蒋堂等8个乡镇(街道)通过省市验收;白龙桥等5个乡镇已经完工,进入验收申报程序;竹马等3个乡镇(街道)在建。婺城区21个乡镇街道文化站进行“评估定级”工作,完成市级交叉评估和复评。总结第一批农家书屋建设工作的经验,全区540家农家书屋全部通过市级验收。婺城区文体局被评为省农家书屋建设先进单位。二、深入开展群众文化活动。举办竹马首届农民春晚、迎“七一”系列文化活动、第三届桂花节等7次大型文化活动,举办“茶花节摄影比赛”等4次摄影采风和展示活动。组队参加“金华市三八节民俗展演活动”等4次市级大型文化活动。启动文化“三下乡”活动,新建6个图书流通点。完成送书1854册,送戏65场,送电影2637场。与金华电视台合作,开展“走基层、促发展”农村文化行活动。三、推进非物质文化遗产保护。10月,婺城区编委批准设立婺城区非物质文化遗产保护中心。区政府公布婺城区非物质文化遗产名录,认定“金华山歌”等14个项目为婺城区非遗保护代表性项目,王风等6人为金华市非遗项目传承人。6月“婺城摆胜”被公布为金华市非遗传承基地。汤溪茶罐窑和婺城根雕在义乌文博会双双获得工艺美术类铜奖;在汤溪城隍庙和汤溪小学举行2012文化遗产日纪念活动和校园非遗文化艺术节。四、加强文物保护管理工作。对金店狮子炉、上阳存义堂、中戴花厅、后王王氏宗祠等文保单位、文保点进行抢救性维修。古方洞山塔已完成塔体维修,纠偏工程进入尾声,黄绍竑别墅维修进入前期准备工作。第三次全国文物普查工作也顺利扫尾,基本摸清了文物家底,共登记了719处不可移动文物,有古遗址57处、古墓葬24处、古建筑532处、石窟寺及石刻8处、近现代重要史迹及代表性建筑98处。配合区规划局、农办等部门开展历史文化名镇、名村和街区保护工作，加大古村落保护力度。加强文物调查及考古发掘工作，"疑似王柏墓"得到妥善处理。五、强化文化市场管理。2012年共出动执法检查人数643人(次)，检查文化经营单位1221家(次)，查处违规经营单位64家，市场良好率为93%。其中立案14家，当场处罚3家，罚没款18000元。取缔无证地摊游商6家，收缴盗版VCD光盘980张，收缴不健康书报刊200册。受理12318电话举报4次。撰写上报文化市场信息34篇，省文化市场OA系统刊用其25篇。

(郎亚红)

【金东区教育文化体育局】 内设职能科室7个，直属事业单位3个，2012年末人员24人(其中：机关9人，事业15人；具有高级技术职务资格3人，中级7人)。

2012年，金东区文体工作呈现出前所未有的良好局面。一、积极推进公共设施建设。投入2000多万元新建的8个乡镇综合文化站大楼均已启用，通过乡镇文化站评估定级检查。投入120万元对施光南音乐厅进行增加数字影院功能的改造，举办正式揭牌仪式并已举行两场迎新春放映活动。与金华外国语学校共同建成金东区公共图书馆，建筑总面积3600多平方米，投资700多万元。在491个行政村建成图书室，实现农家书屋全覆盖的总目标，并于2012年6月通过市级验收。二、不断提升文化惠民工程。2012年，金东区教育文化体育局以"欢乐新春"、"绿色金东、美丽家园"、庆祝建党91周年《迎风飘扬的旗》文艺演出为主题，组织流动舞台车送戏下乡文艺演出109场，送文化下乡演出149场。开展地区间"文化走亲"，赴兰溪、武义、磐安、丽水莲都4县市开展文艺演出活动。送书下乡16万册，设立5个农村图书流通点，开展"全民阅读、共享书香"读书活动和市民文化素质拓展活动，做好2012"爱读书·爱环保"读者主题征文活动。做好农村数字电影放映工作，2012年放映农村数字电影3900场次，完成放映任务100%，放映覆盖率100%。三、举办各类群众文化活动。2012年，举办"文化进警营"慰问公安干警文艺晚会、乡镇文艺汇演、源东乡"桃花大舞台"农民"民星秀"活动、民间民俗文艺汇演等7场晚会。组织金华市第二届少儿器乐大赛金东选拔赛、文化员才艺大赛、群众才艺大赛、乡镇文艺赛、"美丽乡村行"摄影大赛等5项比赛和"恒飞杯"美术书法摄影展，庆国庆迎十八大书画摄影展，"红心之恋"草莓展销会，"为什么我的眼里常含泪水"艾青诗歌、故居图片展，"大仙故里，佛手飘香"图片展，"桃园风景，美如传奇"图片展等77场大、中、小型展览活动。各乡镇(街道)文化站结合当地经济特色和民俗特点，举办"华美婺剧，锦绣梨园"、"欢乐大舞台，和谐一家亲"、"友谊地久天长"等40多场乡镇走亲串门文艺汇演。四、涌现出一批优秀文艺精品创作。2012年，打造"施光南农民合唱团"、"施光南民族乐团"两大文艺品牌。组织文艺工作者对富有民间地域特色的艺术进行挖掘创作。2012年金东区文艺作品获国家级奖项1个，省级奖项6个，市级奖项5个。原创歌曲《山口逢春》获金华市首届村歌比赛金奖，后又在浙江省首届村歌比赛中获创作、表演双金奖；大型歌伴舞《似水真情》获金华市争先创优群英会金奖；排舞《美丽的神话》获浙江省第六届排舞大赛老年组银奖。方生洪创作的《暖冬》获"翰墨新象"全国中国画展优秀奖；郑惠媛创作的《秋晖》、《晴雪图》、《秋日胜春朝》、《剑林》，周慧阳创作的《凝韵》、《一帘秋梦》，金丰群创作的《影动》、《高枝》，邢惠明创作的《朝圣之路》，吴鸥创作的《岁月留痕》均入选国家级各类知名书画展。王芳的美术作品《海风追逐的记忆之二》、《乡村之恋》、《回家系列之一、之二》入选省级优秀作品展。五、抓好文物保护和非遗传承。2012年，编辑出版《金东文物精粹》一书。启动区、镇、村"动态三级保护网络"，同时将将文物保护纳入镇乡(街道)年终工作考核范围。2012年共出动人员近400人次，完成全区111处文物保护点巡查任务，建立健全电子档案。受理举报5起，整改有重大安全隐患的文物点6起，破获牛腿被盗案件1起。多方筹措维修经费90多万，完成塘雅镇下仓总管殿、曹宅镇龙一村张氏宗祠、岭下镇汪宅村花厅、鞋塘七份厅等重点文物保护单位维修项目。经浙江省人民政府〔2012〕55号文件公布，孝顺镇"让河迎花树"和比德弗国际武校"大成拳"项目被列入省非物质文化遗产名录。启动并完成国家级非物质文化遗产《金华道情》的师徒传承协议签订仪式，非遗传承教学基地(金华道情曙光小学、大成拳比德弗国际武校)组队参加金华市非遗展演活动，均获二等奖。孝顺镇南仓村已建立"迎花树"和"农耕文化"非遗保护展厅。

六、促进文化产业和文化市场的稳定发展。在施光南音乐广场、花木城、澧浦苗木市场等场所举办花木展览销售和相应的文化、艺术展示活动。吸纳入园企业37家，主要由媒体公关、文化创意、软件外包、电子商务、现代物流等企业组成。印刷出版和复印企业年产值数亿元。推荐上报的古婺窑火、非凡传播、陆建斌等企业和个人获得市重点文化企业和文化新婺商的荣誉称号。开展“扫黄打非”和“打非治违”专项行动，共出动执法人员512人次，检查各类经营单位978家次。取缔无证的书、音像摊摊点，收缴非法音像制品2745张；取缔无证大篷演出1处，“黑网吧”2个，无证游戏厅10家；共立案16起，上缴罚没款75000元。

（傅剑锋）

【兰溪市文化广电新闻出版局（体育局）】 内设6个职能科室，下辖8个直属单位。2012年末全系统共有在职专业文化干部、职工194人，其中具有中级以上专业技术职称人员为54人，具有大专以上文化程度人员为91人。

2012年，兰溪市文化体育工作以深入开展“追赶跨越、重振雄风”主题实践活动为抓手，解放思想，改革创新，各项文化事业取得了新成效。一、周密部署，深入开展“追赶跨越、重振雄风”主题实践活动。成立文化系统主题实践活动领导小组，制定下发活动实施方案，开展“三清、三化、三送”、“追赶跨越、重振雄风”大讨论等活动。制定文化大推进行动实施方案，开展“舞动兰溪”、“唱响兰溪”系列群众文化大舞台活动。二、创新举措，大力提升公共文体服务水平。筹资50万元对原博物馆进行整体改造，初步建成面积达500平方米的非遗展示馆；完成文化共享工程支中心、公共电子阅览室和盲人阅览室建设，成立浙江省首个视障无障碍信息服务分中心。为诸葛等基层文化站配送文化设备，创建省级文化示范村1个、金华市级文化示范村5个，完成赤溪街道省级体育强镇乡创建目标任务，创建体育先进社区2个、小康体育村80个，在灵羊岛建立金华市首个青少年户外活动营地。农家书屋建设工程被列为市重点为民办实事项目，兰溪市文化局配合兰溪市政府组织召开农家书屋和村邮站共建现场推进会。三、凸显特色，积极打造群众文体活动品牌。举办2012年龙腾狮舞庆元宵活动。完成主题宣传文艺演出活动。完成市委新春茶话会、总部经济茶话会、创先争优总结表彰文艺晚会等宣传活动；参与枇杷文化节、杨梅节活动，完成宣传演出任务。开展“舞动兰溪”广场舞引领推广活动；举办“唱响兰溪”草根戏曲票友大赛、本土歌手演唱会和迎十八大首届兰溪合唱节。2012年4月18日，由政协兰溪市委员会主办，兰溪市文化局、文联协办，兰溪市博物馆承办的“政协委员文化月”活动举行开幕仪式。金华市政协领导，兰溪市人大、市政协、市文化局、市文联领导及相关部门负责人出席开幕式。此次活动先后举办徐乐收藏展、书画作品展、郑世有根雕艺术展、兰江黄蜡石收藏展等4次展览。5月，由兰溪市文化局主办、兰溪市图书馆承办、兰溪市新华书店和第八中学协办的兰溪市第八届未成年人读书节在兰八中正式启动，此次读书节从5月16日正式启动至6月13日结束，读书节活动期间，兰溪市图书馆组织开展中华国学经典、经典文学推荐阅读，“梦想激发阅读，阅读点燃梦想”书友交流——“爱上图书馆，爱上书香味”争当小小图书馆管理员，“悦读之星”未成年书画作品征集等一系列针对未成年人的读书活动。9月举办浙江兰溪首届龙舟邀请赛，全省有12支龙舟队参赛。11月27日，由兰溪市委宣传部、兰溪市文化局主办的兰溪市十八大精神文化宣传月活动启动仪式在兰溪市府广场举办。兰溪市委副书记蔡艳、市委宣传部长黄胜可、人大副主任胡向东，兰溪市文化局局长蓝峰、文联主席陈军、兰江导报总编辑钟晓灵及全市书画爱好者、市民共300余人参加活动。12月5日至15日，由兰溪市文化局主办、兰溪市图书馆承办的“阳光下的书芽儿”——未成年人阅读姿态摄影大赛作品展在兰溪市图书馆广场举办，共展出120幅精彩的未成年人阅读姿态摄影作品。12月12日，由兰溪市政府和浙江省美术家协会共同主办的陈军国画陶艺作品大展在兰溪市博物馆开展，该次展览共展出陈军艺术作品300余件。开展送文化下乡活动，共为农村基层放映电影4502场次，送戏、送文艺表演100余场次，送图书3763册。四、注重传承，扎实推进文化遗产保护工作。实施以国保单位长乐金大宗祠、芝堰光裕堂为主的各项文物修缮工程，完成诸葛积庆堂等文物维修工程的方案编制、工程招标等工作；确定公布第六批市级文保单位。重点对兰溪摊簧等三个国保非遗项目进行自查提高，通过了省非遗检查组的考核验收；把全市非遗信息分类整理入库，基本实现“数字非遗”；公布兰溪市第五批非遗代表作名录及传承基地。五、优化服务，切实加强文化市场管理工作。完成358家文化市场经营和新闻出版经营单位的年度登记工作，办理行政审批事项70件，受理审批了兰溪市首家连锁经营网吧。组织开展娱乐场所防毒、禁毒宣传，文化市场所消防安全教育及演练等培训活动；多次组织开展专项检查行动；开展“扫黄打非”工作。共出动执法人员5135人次，检查各类文化经营单位1550家，查处违规经营行为案件40件，取缔黑网吧1家、无证摊点12处，收缴各类非法音像制品869张（片），盗版图书400余册。2012年，兰溪市文化市场行政执法大队被评为浙江省文化市场综合行政执法工作优秀单位。六、突出重点，深入推进全民健身工作。实施《全民健身条例》。改善基层体育设施状况，普及全民健身设施；组织开展全国第五套健身秧歌舞教练员、三级社会体育指导员等培训活动；举办浙中西老年人乒乓球邀请赛、杭金衢羽毛球联赛、全民健身日环岛全民健身跑等群众性的体育健身活动。兰溪市体育局被评为2011年度全国全民健身活动先进单位。组队参加金华市第八届运动会的各项比赛。七、全力以赴，完成省级示范文明城市创建工作。兰溪市委、市政府提出创建省级示范文明城市的工作目标。召开文化系统创建动员会和文化市场业主教育宣传会；组织开展文化市场创建“零点行动”、娱乐场所专项检查等行动；做好社会文化环境组相关牵头工作，完成待审核材料组档工作；分解落实创建验收迎检工作任务，对重点测评验收环节确定专人一对一负责。

国家发改委稽查特派员张康民一行莅临兰溪市博物参观 4月21日，国家发改委稽查特派员张康民一行莅临兰溪市博物参观，浙江省发改委稽查办主任金菊萍、金华市发改委副主任徐元生等省市领导陪同。

举行庆祝“5·18”国际博物馆日暨沙孟海书法主题展活动开幕仪式 5月18日上午，由兰溪市文化局主办、兰溪市博物馆承办的庆祝“5·18”国际博物馆日暨沙孟海书法主题展活动开幕。此次沙孟海书法主题展为期20天，展示了浙江省博物馆提供的40余件沙孟海墨迹妙品，包含大量的书法、篆刻、文稿等内容。

举行第二届兰溪枇杷节浙江村邮助农产品进城“浙乡邮礼”全省配送启动仪式 5月22日，由浙江省邮政公司、兰溪市人民政府主办，兰溪市文化馆、金东区文化馆承办的第二届兰溪枇杷节浙江村邮助农产品进城“浙乡邮礼”全省配送启动仪式在兰溪市女埠街道穆坞村举行。省政府副秘书长谢济建、省邮政公司总经理鞠勇，金华市副市长黄小杭，兰溪市领导吴国成、朱瑞俊、刘成芝、邵茂良、何吉军、朱恒德等出席了启动仪式。来自省市各地的记者和千余名当地群众观看演出。

浙江省新闻出版局领导莅临检查农家书屋工程进展情况 5月24日，省新闻出版局党组书记、局长陈昆忠，省新闻出版局党组成员、办公室主任孙旭东，省新闻出版局市场处处长于晓梅一行来兰检查农家书屋工程建设进展情况，金华市副市长林丹军、金华市文化广电新闻出版局局长钟世杰，兰溪市市委书记吴国成、市委副书记蔡艳、副市长陈艳、宣传部长黄胜可以及兰溪市文化局局长张靓、党组成员童成洪陪同检查。检查组先后检查了兰溪市诸葛镇万田村、诸葛村和兰溪市上华街道马鞍徐村的农家书屋工程建设情况，陈昆忠对兰溪市农家书屋建设工作给予肯定，对工程建设中出现的细节问题提出了整改指导意见，鼓励要加快建设进度，争取早日达到农家书屋全覆盖。

浙江省视障信息无障碍服务中心兰溪分中心成立 7月30日上午，“浙江省视障信息无障碍服务中心兰溪分中心”在兰溪市图书馆成立，这是浙江首个视障信息无障碍服务分中心，浙江图书馆副馆长徐晓军与兰溪市文化局局长张靓为兰溪分中心揭牌。同时，兰溪市图书馆还建立了浙江省首个县、市级公共图书馆盲人阅览室，金华市少儿图书馆、金华市图书馆馆长周国良与兰溪市残联理事长鲍桂林为兰溪市图书馆盲人阅览室开放揭牌。首次开放的兰溪分中心和盲人阅览室专门为盲人读者准备了百余册盲文读物和近5000余篇盲人有声读物。徐晓军代表浙江图书馆向兰溪市图书馆捐赠了盲人盲文流通读物。

（何惜云）

【东阳市文化广电新闻出版局】 内设职能科室4个，直属单位11个，2012年末共有职工185人，其中机关14人。

2012年，东阳市文广新局积极开展各项工作，大力推进文化事业的发展。一、做好公共文化阵地建设。做好创建国家级文化产业示范园区的前期准备工作。协调落实恐龙文化博物馆的筹建事宜。推进市婺剧团、剧院、电影公司3个单位的文化体制改革。提升基层文化设施，加快构建“30分钟文化活动圈”，2012年共创建特级文化站2个，一级文化站4个。创建村级区域文化活动中心20个，省级示范村1个、金华级示范村7个、东阳级示范村10个。2012年举办各类培训13次，指导各镇乡街道开展培训30余次，参训人数15000余人。赠送排舞碟片1000张；编印《新农村文艺》2期，共6000册。二、完善农家书屋工程建设。建立农村图书指导员制度，市图书馆员的每位管理人员对口负责联系一个乡镇（街道）。全市389个行政村已达到省农家书屋工程建设标准。2月16日，省检查组对东阳市农家书屋工程建设情况进行检查验收。三、鼓励和引导民间资本投资广播影视产业。引入社会资金1300万元，于10月初建成拥有5个影厅，500多个座位，采用高档数字化设备，技术水平国内领先的放映场所，与温州新国光影视投资集团合作经营电影放映业务。四、加强组织引导，活跃群众文化生活。举办2012年元宵戏曲演出专场文化活动；“两会期间”为人大代表、政协委员组织专场演出晚会。5月，开展“文化服务月”活动，各文化指导员统一下乡，对各镇乡、街道文化干部进行指导。8月份，举办第二十二届“东城之夜”暨外来民工青年歌手大奖赛、东阳市首届文化艺术节，并举办第八届“未成年人读书节”系列活动。10月，承办市首届婺剧文化艺术节及“金天地”杯戏迷演唱大赛。11月，承办“喜迎十八大”“创一流业绩、建强市名城”镇乡街道文艺汇演。加强文化茶坊的管理，2012年举办了道情、花鼓、戏曲专场90多场，书画讲座1次，公益性培训15次，群众自发娱乐活动80多次，戏曲交流40多次，每日到茶坊进行文化娱乐消遣的群众约100多人。2012年举办综合性公益演出365场。开展送“文化下乡”活动，2012年送戏下乡245场次，送书下乡10万册次，放映农村公益电影8904场，观众约1006760人次。举办非遗展览5次，公益讲座36次，书画讲座21次。公演反腐倡廉婺剧《残月》。五、深化农民工文化活动中心的服务活动。深入全市10个农民工文化活动中心进行培训辅导。2012年5月9日至11日，全国农民工文化建设现场经验交流会暨“海天杯”农民工权益保障理论研讨会在东阳市召开。文化部副部长杨志今、浙江省副省长郑继伟和人力保障部、全国总工会等领导，各省市文化厅分管厅（局）长和社文处长、新疆建设兵团及5个计划单列市的分管局长和社文处长、新闻单位记者共计230余人参加会议。副部长杨志今、副省长郑继伟发表讲话。会后，省委书记赵洪祝，省委常委、宣传部长茅临生等领导先后批示，肯定东阳市保障农民工基本文化权益的做法与经验。六、“文化走亲”热烈火爆。8月，举办市首届文化艺术节，兰溪、三门、武义、遂昌等兄弟县市连续4个晚上到东阳市进行“文化走亲”专场文艺演出。9月、10月，组织文艺节目赴三门、遂昌、武义等地进行“文化走亲”，举办三门——东阳书画摄影联展。引导乡镇（街道）和村居（社区）之间的“文化走亲”活动。东阳市镇际、村际之间共开展“文化走亲”50多场次。七、文物保护和非物质文化遗产保护工作积极推进。完成9处省（市）级文物保护单位（保护点）的修缮工作。召开市第三次全国文物普查工作总结表彰大会，表彰9个文物普查先进集体和15位先进个人，并公布文物普查成果。抢救性发掘古墓葬3处。东阳市博物馆接待海内外观众20万人次，在6月9日举行的“文化遗产日”浙江省主场城市活动中，获浙江省2011年度免费开放最佳做法综合示范奖。开展非遗三级名录体系完善与保护工作。3月，组织东阳木雕、针刺无骨花灯、中国结、面塑等项目参加金华市历史文化名城日的非遗展示；6月，组织开展“文化遗产日”宣传展示活动，成立东阳市非遗保护专家库，共有53名专家入库；7月，蔡宅高跷、东阳酒酿技艺、东阳道情被列入省第四批非物质文化遗产项目名录；10月，吴初伟被文化部公示为东阳木雕国家级非物质文化遗产代表性传承人。11月，组织8件木雕作品参加首届中国（黄山）非物质文化遗产传统技艺大展，冯文土的壁挂《清明上河图》获金奖。东阳广厦建设学院和市聋哑学校的省级非物质文化遗产传承教学基地、花园村的第二批省级非遗旅游景区都已通过省文化厅评估；冯文土大师创作室、东风竹编厂、东龙酒业有限公司、东阳砖雕厂被认定为金华市级非物质文化遗产生产性保护基地；东龙酒业有限公司、巍山镇巍山社区、东潮木雕厂、湖溪镇后东村杜立孝棕艺作坊等4家单位被认定为东阳市级非遗传承教学基地。八、文化市场秩序进一步规范。组织开展重大节日期间文化市场专项整治、网吧专项整治、游艺娱乐场所专项整治、出版物市场专项整治、"清剿火患"专项整治等一系列活动。2012年出动执法人员981人次，检查各类文化经营场所1740家次，取缔无证游戏20家，处置达到追刑标准的贩销音像制品案36起，书刊案4起，没收各类非法音像制品36581盘(张)，非法书刊10390多册。

(单国炉)

【永康市文化广电新闻出版局】 内设职能科室2个，直属事业单位5个，镇(街、区)文化站16个。2012年末人员98人，其中机关9人，事业61人，乡镇文化员28人。

2012年，永康市文化工作得到长足发展。一、文化基础设施建设稳步推进，推动城乡公共文化服务一体化、均等化。2012年创建省级文化示范村1个，金华市级文化示范村4个，永康市级文化示范村(社区)16个。2012年新建标准化农家书屋119个，85个图书流通站达到农家书屋的标准和要求，其他村达到全覆盖的建设任务。省农家书屋工程建设领导小组对永康市农书屋建设情况进行考核验收，验收合格。二、积极组织策划各类文化活动。开展一系列节庆日活动，包括迎新春文艺晚会、永康网络春晚、露天电影放映等，参与江南街道第五届永祥竹笋节、首届美丽乡村石柱行、市残委第22个助残日开幕式文艺演出、江南街道第六届杨梅节、第五届中国方山柿文化旅游节、第12届后吴民俗文化旅游节、第四届新永康人文化艺术节、第四届中老年文体艺术节、丽州之夏广场演出等系列活动，结合第六届西溪蜜梨节、第二届中国永康(唐先)红富士葡萄节、第八届上考红糖文化节、"花川建材杯"庆祝十八大文化艺术节等活动，组织开展腰鼓、龙舞、第五届全市农村文艺汇演和全市首届铜管乐队展演邀请赛。指导市文化馆、图书馆、市影剧公司开展送戏100场、赠书1.2583万，送电影下乡6000多场，讲座3场，展览21场，受益观众人数33.6486万人次，送电影进校园388场，受益学生161055人。组织开展农家书屋培训1期200名，文艺骨干培训4期500人。图书馆2012年累计图书借阅24.5万人次，借阅册次45万册，采编图书2.5万册，地方文献部共收集永康人作品1000多种，提供市民阅读3000多人次；文献查阅量达1000多人次。培训图书馆管理员300多名。举办"永康市第八届未成年人读书节"活动。与各单位合作举办司法讲座、健康讲座、养生讲座、传统文化讲座等20场；举办书画展、普法漫画展、婺剧展、人民小学书法展、西街幼儿园画展等10多场；开展消防培训、写作培训、管理员培训等多次。获"浙江省青少年法制教育基地"、浙江省扶残助残爱心城市创建"先进单位"、金华市级"社会科学普及示范基地"、永康市"创先争优基层党组织"、浙江省地方文献工作示范基地等称号。文化馆举办和承办各类文艺演出等活动近40次。博物馆共举办临时展览21期，参观的观众有33.6486万人次。承办市政府组织的"永康市第三次全国文物普查工作总结表彰会议"，对7个市先进集体和24名先进个人进行表彰。三、坚持科学保护与合理利用一起抓，进一步形成文化遗产保护工作新局面。向社会公布永康市第三次全国文物普查不可移动文物名录。为新公布的27处市级文物保护单位划定保护范围和建设控制地带；为全市文保点更换和重订保护牌。开展湖西遗址试掘工作，已初步试掘2次，出土陶器、石器、有级文物若干，并对出土文物及时进行整理修复。截至10月底，单位共在浙江文物网、金华文物网、《文化工作情况》等载体上发表信息18篇。下乡到方岩镇独松村、唐先镇石桥头村等地调研拍摄老式婚嫁仪式习俗和迎龙灯活动资料照片。邀请专家，到江南街道拱瑞下村研讨改进提升历山寿狮项目。走访调研锡雕、铜艺和浙江荣盛达锡制品有限公司永康锡雕馆。组织人员到方岩岩下村方岩纸花制作者白珑珑家拍摄方岩纸花渲染色制作工艺及流程。对铜钱棍老艺人胡冬妹的铜钱棍唱本进行抢救性录音。组织人员到方岩镇独松村拍摄录制方岩庙会之胡公出位仪式。做好浙江省历史文化民俗风情村落普查江南街道迎花烛项目。九狮图参加中国非物质文化遗产生产性保护成果大展广场花会表演，共演出16场。组织锡雕、方岩纸花和永康肉麦饼等三个项目，参加金华市"3·18历史文化名城日"传统手工技艺活动的活态展示。组织铜艺、钉秤、磨剪刀等三个传统手工技艺项目，参加省文化厅在义乌文博会举办的2012中国(浙江)非物质文化遗产博览会非遗活态生活长廊展示。组织永康中学、永康职技校参加金华市非遗传承教学基地成果展演

（年检）。继续开展“百工图”展板宣传等活动。推进调研挖掘推荐申报工作，唐先镇石桥头村（九狮图）被列为第二批金华市非遗宣传展示基地；方岩镇政府（永康方岩庙会[重阳节]）被列为第二批金华市传统节日保护示范基地；浙江荣盛达锡制品有限公司（永康锡艺）被列为第二批金华市非遗生产性保护基地；浙江荣盛达锡制品有限公司（永康锡雕馆）被列为第二批金华市非遗宣传展示基地。组织开展慰问服务传承人，永康十佳“百工名匠”评选，开展“醒感戏”保护传承演出，举办第七个“文化遗产日”等活动，编撰《永康市非遗大观》，组织举办省传统五金文化传承发展论坛。四、确保文物安全。截至10月，完成唐先镇、西溪镇、舟山镇、花街镇和江南街道等10个镇（街、区）的文物执法巡查工作；共巡查97次，对全市15处省保、75个市级文物保护单位和部分文物保护点进行了一次执法巡查，并在文保单位周边张贴了严禁燃放烟花爆竹的公告；接到群众举报5次；下发整改通知书7份。五、认真抓好安全生产工作，确保文化单位零事故。组织开展《十八大专项保障行动》，签订《党的十八大消防安全保卫战责任书》，召开永康市印刷行业协会理事、电子游戏、网吧会议、2012年度全市扫黄打非工作会议。开展芝英、前仓等印刷复制行业重点区域大检查。开展歌舞娱乐场所的十八大、“双节“前安全生产大检查大整治活动。出台《出版物市场专项检查行动》、《电子游戏（游艺）场所专项整治行动》。开展由社文委牵头的文化、公安、工商联合检查行动。组织开展《打假治劣保知专项行动》，配合公安局打击无证音像摊点81次，鉴定非法音像制品10万余张。制定并实施《2012元旦春节期间整治行动方案》、《暑期网吧、电子游戏专项整治行动》、《永康市多部门联合学前校园周边环境专项整治行动》、《文化市场博览会、国庆期间专项行动保障方案》。开展创建国家卫生城市工作。截至11月5日，共出动检查389人次，检查经营单位659家次，取缔无证音像摊点57家次，取缔无证书报摊7家次，取缔无证电子游戏室13家次，取缔无证演出大篷9家次，收缴非法音像制品8401张（合），收缴非法书报刊251册，收缴游戏电路板55块，现场捣毁电子游戏机60台，共办理案件29起（其中8起为简易程序），收缴罚没款人民币185000元。移交公安处理赌博机73台。共受理审批事项108件：其中行政许可项目107件（包括文物修缮10件，印刷41件，娱乐场所23件，营业性演出6件，网吧13件，出版物10件，音像3件，文艺表演团体设立1件）；非行政许可项目1件（不包括年审516件，艺术考级活动备案1件），办结率达100%，4月、8月、10月均获行政服务中心优胜文明窗口流动红旗。

（董巧云）

【武义县文化广电新闻出版局】

内设职能科室4个，直属事业单位4个，2012年末人员57人（其中：机关11人，事业45人；具有高级科技职务资格2人，副高7人，中级16人）。

2012年，武义县文化广电新闻出版局紧紧围绕“建设文化强县”目标，创新理念，扎实工作，各项工作取得了良好成效。一、公共文化基础建设稳步推进。2012年投资925.3万元，完成全县544个村的农家书屋建设，并通过省验收组的检查验收。完成10个村级文化信息共享基层点建设和40个共享工程村级基层服务点视频放映设备的采购工作。做好叶一苇艺术馆第三展厅筹建工作，完成叶一苇艺术馆第三展厅设计方案。完成乡镇文化站馆舍建设，完善各乡镇文化站文化器材的配置。经第五次全省乡镇综合文化站评估定级，武义县桐琴镇文化站被评为一级站，柳城、壶山、白洋、大田4个文化站为二级站，泉溪、熟溪、王宅、西联、茭道、俞源、履坦、新宅8个文化站为三级站。投资271万元，在壶山公园、湖畔公园建设群众文化活动舞台。由省广电局补助价值50万元数字电影播放设备，人峰文化有限公司投资30万元，对原电影院进行数字化改造，并于9月份对外营业。武义县博物馆新建工程正式列入政府投资重大项目和县政府2012年度《十大前期项目》。工程建设期限三年即2012年至2014年，占地面积15000平方米，建筑面积8000平方米。二、公共文化服务活动丰富多彩。开展“唱响壶山、舞动熟溪”群众文化系列活动。组织开展全县民间乐队大PK、“幸福武义”摄影大赛等活动。以民星讲堂为平台，免费举办戏曲小品创作、群文舞蹈、美术（剪纸）、摄影、拉丁舞、书法等培训班，2012年参加培训人员达2000多人。组织开展百场送文化下乡巡回演出活动。开展农村社区文化活动，如闹元宵、擎龙灯、迎大蜡烛等文化活动。与婺城、金东、东阳、浦江、舟山市普陀区开展“文化走亲”。办好温泉节

"爱迪圣源杯之夜"专场文艺演出，在火车站广场连续举办熟水之韵文艺百花会，举办婺州窑精品展、全县农民书法大赛、第三届美术作品双年展、武义昆曲《潘漠华》演出晚会等系列文化活动。温泉节期间，各类文化活动参演群众达2000多人，观众10万人以上。县图书馆、文化馆从2012年1月1日起全面实行免费开放。从7月份开始，县图书馆推出晚上开放服务。举办第八届未成年人读书节。开展"武川讲坛"进校园活动。开展"送百场戏剧、千场电影、万册图书"下乡活动，2012年完成送演出下乡157场，送电影下乡3800场，送图书下乡42200册。三、历史文化遗产保护力度不断加大。举办中华明招文化研讨会和徐渭礼文书学术研讨会。中华明招文化研究院挂牌仪式暨明招文化研讨会于10月25日至26日举行。全国人大财政经济委员会副主任委员吕祖善，省政协文化卫生体育委员会主任杨建新，浙师大党委副书记张先亮，台湾中华吕祖谦学术研究协会副理事长吕钟江和专家学者80多人出席研讨会。徐谓礼文书共17卷于2012年7月追回，徐渭礼文书学术研讨会于11月8日至10日举办，共有来自内地、香港、台湾两岸三地的80余位领导及学术界专家出席，其中包括中国宋史研究会会长邓小南教授、中华书局历史编辑室主任李静等。由著名学者及历史教授包伟民和知名考古学家郑嘉励合著的《武义南宋徐谓礼文书》在会上首发。做好徐渭礼文书保护管理工作，完成第三次文物普查档案编制。投入修缮补助资金50余万元，对"汤氏宗祠"等二十多处文保单位、文保点进行了修缮。首家民办博物馆、省重点建设项目璟园古民居博物馆开工建设，项目总投资4亿元。加强对国保单位2处，省保单位9处的巡查、维护、修缮工作。壶山小学申报浙江省非物质文化遗产传承教学基地通过省级考核评估。寿仙谷中药文化被列入2012年公布的浙江省第四批非物质文化遗产名录。国家级非遗项目"俞源村古建筑群营造技艺"通过考评验收。对省级非遗项目"七夕节接仙女、武义昆曲、叶法善传说"等拨出专项经费。武义县图书馆影印收藏历史上编撰的《武义县志》7部，《宣平县志》5部。举办纪念何德润先生逝世100周年座谈会。四、文化市场管理工作稳步推进。抓好党的十八大文化市场专项保障行动。健全完善文化市场管理制度。加强文化队伍规范化建设。促进文化产业繁荣发展，2012年6月，武义县被中国轻工业联合会、中国文教体育用品协会授予"中国扑克牌生产基地"荣誉称号。

（方　韵）

【浦江县文化广电新闻出版局】
内设4个职能处。下属单位11个。2012年末人员84人(其中：机关13人，事业71人；具有高级技术职务资格的4人，中级25人)。

2012年，浦江县文化广电新闻出版局着力增强先进文化的凝聚力、公共文化的服务力、文化产业的竞争力、文化发展的创新力、区域文化的影响力和文化人才队伍的支撑力，各项文化工作取得了较好成效。一、研究出台"文化强县"相关政策。完成《浦江县文化事业和产业发展十二五规划》；制定浦江县《关于加快文化发展的若干政策意见》(讨论稿)。提出财政每年安排文化发展专项资金2000万元。制定《鼓励社会资金参与公共文化服务体系建设办法》。对浦江县公共文化服务体系建设现状的进行调研。出台扶持浦江书画的相关政策，组织书画"展销周"，开展"书画之乡"交流。二、有效推进文化重点建设项目工作。仙华文景园工程前期工作稳步推进；仙龙广场完成供地手续，办理了《建设工程规划许可证》，启动施工建设；仙墨湖的设计通过初步审查，经费概算通过财政评审，完成施工图设计和审查；完成文化活动中心招标工作；完成书画会展中心建筑设计方案，启动仙龙广场第二次景观设计。启动上山遗址公园及博物馆建设工程建设。《上山遗址总体保护规划》通过国家级论证，规划内容已获省政府的批准。开展《上山遗址及博物馆工程项目建议书》的报批及项目立项等工作的论证，并确定设计单位，开展遗址公园及博物馆设计工作。三、文化基础设施日趋完善。全县有乡镇文化站15个，万册以上乡镇图书馆8个，农村图书流通站13个，村文化活动室302个，村图书室(农家书屋)105个，实现中心村为单位的全覆盖，农村文化示范户200个。省级文化示范村(社区)6个，市级文化示范村(社区)20个，县级文化示范村(社区)84个。实施文化信息资源共享工程建设，已建成县级支中心1个，基层服务点429个，乡镇、村覆盖率达100%。基本建成覆盖全县的农村数字电影发行放映网络，建立"放映中心"214个。实施广播电视"村村通"、"村村响"工程，全县所有行政村、20户以上的自然村实现了有线电视联网，行政村实现广播“村村响”。四、公共文化服务能力不断加强。开展“百千万”送文化下乡活动，组织“浦江乱弹展演”、“腰鼓队踩街”、“老年文化活动展演”、“少儿文艺展演”、“元宵文艺晚会”、农民文化艺术节等系列活动，开展百场文艺下乡演出；免费为农村农民放电影3800余场；开展“我为新农村建设献图书”活动，“十一五”以来，共计捐献各种图书36万册。全县的书画场馆，文化馆（站）、图书馆实现了免费开放。五、非物质文化遗产保护成效显著。完成非遗普查工作，共发现非物质文化遗产线索18955条，完成普查项目1200余个。浦江剪纸、浦江板凳龙、浦江迎会、浦江乱弹、麦秆剪贴、郑义门营造技艺等6个项目被列入国家非物质文化遗产保护名录，浦江滚地龙等11个项目被列入省非物质文化遗产保护名录，仙华山传说等39个项目被列入金华市非物质文化遗产保护名录。建立浦江剪纸、麦秆剪贴、浦江食文化等12个传承基地。截至2012年12月，有国家级代表性传承人2名，省级代表性传承人6名。组织浦江迎会表演团赴新加坡参加第35届国际妆艺大游行、非遗博览会表演；创作编排的浦江乱弹《孝亲敬老歌》进京参加中央电视台的“红叶风采”节目演出。组织浦江迎会、浦江乱弹、溪东板凳龙参加“第八届”全国残疾人运动会开幕式文艺演出等等。8月，县民间艺术团参加“第62届法国第戎国际民间艺术节”，先后在法国逢塔耶、沃居艾和第戎等地共演出10多场。六、文物文博事业稳步发展。浦江县共登录不可移动文物1175处，其中新发现1003处，复查172处。共有全国重点文物保护单位2处，省级文物保护单位3处，县级文物保护单位52处。国保单位“郑义门古建筑群”实施了“江南第一家”保护利用工程，投资5000万元完成首期开发。完成《省级历史文化村镇嵩溪保护规划》；编制以民主路（后街）为中心的历史文化街区、县级文保单位鸿渐堂、严家廿四间头（清乾隆中期建筑）；白马嵩溪第五批中国历史文化名村，虞宅乡新光村被省政府列入第四批浙江省历史文化名村。先后投入资金500余万元，完成了白马土库、席场桥、江东县政府旧址、郑宅王氏宗祠、杨里杨氏宗祠、潘周家周家大厅等30余处文保单位（点）的修缮工程。七、强化文化市场综合执法。开展文化市场各项系列专项整治活动，对网吧进行跟踪监控，打击利用电子游戏机赌博行为。对《焦点访谈》曝光演出低俗节目的浦江剧院，开展停业整顿，并罚款10万元。联合相关部门出台《关于进一步加强演出市场管理工作的细则》。2012年，就浦江天慧商务酒店有限公司增设娱乐经营项目的行政许可事项举行了联合听证，对新增的游戏室指标也进行了公开听证。

（宋泮君）

【磐安县文化广电新闻出版局】 内设职能科室4个，下设机构1个（文化市场行政执法大队），局属单位4个。2012年末人员48人（其中：机关公务员14人，事业人员34人。事业单位高级职称7人，中级职称11人）。

2012年，磐安县文化广电新闻出版局围绕年初制订的工作思路，团结奋进、抢抓机遇、负重拼搏、创新创业，较好地履行了职责，取得了显著的成效。磐安县文化广电新闻出版局被评为浙江省农家书屋工程建设先进单位，2011年度浙江省“文化走亲”先进单位，金华市非遗保护工作先进单位，2011年度浙江省创建无非法卫星电视接收设施乡镇工作先进集体。磐安县尖山镇尖山村农家书屋被评为全国示范农家书屋，磐安县文化广电新闻出版局局长潘玲玲被评为浙江省农家书屋工程建设先进个人，磐安县玉山镇马塘村农家书屋被评为全省示范农家书屋，磐安县方前镇后朱村朱法焕被评为浙江省优秀农家书屋管理员。一、文化基础设施建设取得进展。茶文化博物馆开工建设，该馆总投资1300万元，包含原玉山古茶场建筑及新建区块两部分，新建区块总面积1202.5平方米，新建单体建筑3幢，其中展厅655.96平方米、办公楼445.74平方米、茶厅100.8平方米。二、农家书屋工程建设得到推进。投入500多万元新建农家书屋215个。《浙江日报》刊登磐安县农家书屋建设情况，省新闻出版局专报刊发磐安县主要做法。三、大力发展文化站建设。投入160万元为15个乡镇文化站配备了音响、乐器等文化活动器材，开展乡镇文化站评估定级活动，深泽乡综合文化站被确定为三级站。文化村（室）建设。2012年新建村文化活动室114个（累计文化活动室321个），创建省级文化示范村1个，市级文化示范村5个。四、开展多样的群众文化活动。举办第六届药交会文艺演出活动、“喜迎十八大”广场文化周、第四届全县农民文艺汇演、县首届排舞大赛等县级大型文艺活动，举办金东区、东阳市等走进磐安文艺晚会，开展永康、宁波等县域外文化交流活动，指导全县19个乡镇都举办了一次农民文艺会演。8月，举办“文化主题月”活动。2012年完成送戏170场、送电影2500场、送图书12000册、送讲座22次、送展览164次、培训文化骨干1180人次。五、做好文化遗产保护。榉溪孔氏家庙对外开放，完成省级文物保护单位昌文塔的修缮和清德堂内的电线套管，编制第六批省级文物保护单位双峰清德堂、黄余田杨氏宗祠、梓誉下厅民居的工程修缮方案及工程施工图，对尚湖岭干造纸厂进行初步发掘，协助央视《远方的家》栏目摄制组实地拍摄《传统文化的活化石》、《磐安炼火·神秘的火上舞蹈》、《磐安榉溪：活着的孔氏文化》等节目。2012年新增5个省级非物质文化遗产保护名录，创建“赶茶场民俗文化”和“炼火文化”两个市非物质文化遗产传承基地，请国家级专家对“祭孔典礼”的音乐、服装、舞蹈等内容进行挖掘、提升并举办“祭孔典礼”，出版《磐安县文物地图集》、《磐安赶茶场》、《磐安县非物质文化遗产代表作丛书之民间文学》3本书。六、涌现了一批优秀文艺作品创作。小戏《借鼓》获2012年浙江省新农村建设题材小戏会演创作金奖、表演银奖、优秀演员奖及优秀组织奖，小品《我们要过节》和快板《安全责任重如山》，分别获金华市优秀法制文艺作品三等奖和优秀奖，情景剧《信任》、《我们要过节》获全市岗位廉政教育情景剧脚本创作奖，歌曲《水乡·春天的家园》获得“江南音乐奖”，女声组合《寻梦乡村》获“唱响美丽乡村”金华市首届村歌大赛特别奖，作品《心愿》和《择》均在《浙中农村文艺》中发表。草根作品不断涌现，如小品《心愿》、快板《品质山城秀美乡村》、婺剧小戏《磐安人家》。另外，还有基层文艺作品，如安文镇的《老妈妈》、九和乡的《非诚勿扰》、盘峰乡的《喜庆十八大》、越剧表演《九斤姑娘》等。七、抓好文化市场管理。截止2012年12月，共有依法设立的各类文化经营单位151家，其中网吧25家，音像制品25家、电子游戏6家、娱乐场所7家、文艺表演团体4家、电影放映1家、印刷20家、出版物23家、打字复印40家。经变更的文化经营场所共8家。在文化执法方面，共出动检查人员510人次，检查各类经营场所522家次，共立案11起，简易程序2起，取缔无证34家，收缴音像制品2883张，书报刊76册，联合公安、工商收缴无证电子游戏51台，联合工商收缴地卫设施8套，所有行政处罚案件实现“零复议、零诉讼”。

（郑文斌）

衢州市文化广电新闻出版局

【概况】 内设6个职能处室，2011年底设立二级局市文物局（副县级），内设2个职能处室。下辖7家单位。2012年末人员167人（其中：机关33人，事业134人；高级岗位60人，中级岗位36人）。

2012年，衢州市文广新局围绕年度工作目标，大力发展文化事业。

一、积极推进文化强市建设

4月，市委市政府召开全市文化发展大会，确立文化强市建设目标任务。市委出台《关于大力推进文化强市建设的实施意见》，市两办出台《衢州市文化强市建设规划（2012－2020）》、《衢州市文化强市建设若干政策》、《文化产业发展扶持和奖励办法》、《文艺精品创作扶持和奖励办法》等文件，设立文化人才"香樟奖"、文艺精品"南孔奖"、新闻工作"华岗奖"、对外宣传成果"金桂奖"等奖项。组织动员3400余人开展全市文化资源普查，对公共文化设施、旅游文化、文化产业等9类文化资源进行摸底普查，为文化强市规划与政策制订提供决策依据。

二、开展丰富多彩的文艺活动

9月27日，"守望·四省通衢"——第九届浙闽赣皖四省四市民间艺术节文艺晚会在衢州举办。联办四市（衢州、南平、上饶、黄山）的相关领导与非遗专家，以及来自11个国家和地区的孔子学院院长等，观看了演出。由中共衢州市委宣传部、衢州市文化广电新闻出版局联合主办，市文化馆承办的"衢州市首届群众视觉艺术作品展"在博物馆展出。本次展览征集到作品864件，经评选展出美术、书法、摄影三个部分共84件作品。6月9日，"永远跟党走"——2012年衢州市红色经典歌曲合唱大赛在衢州学院会堂举行，15支合唱队参加比赛。

三、大力发展公共文化事业

完成为民办实事工程，2012年完成送戏1002场、送书148979册、送电影21820场，培训文艺骨干8646人，送讲座展览69次。健全城乡公共文化设施，全市同时拥有村文化室和1个以上文体队伍的行政村数占比达86%。完成第五次全省乡镇综合文化站评估定级工作，常山县天马镇综合文化站被公布为一级站，13个文化站被公布为二级站，40个文化站被公布为三级站。《民工文化报》被文化部确定为2012年农民工文化服务示范项目。"流动博物馆"进校园活动成为全省博物馆服务工作典型，在中央电视台《新闻联播》播出。2012年市级公共图书馆、博物馆、文化馆共组织各类展览50余个，接待观众读者46.5万余人次。2011年12月30日至2012年3月6日，市博物馆展出了"衢州市首届黄玉·黄蜡石精品展"。该展览由市文化广播电视新闻出版局和市观赏石协会主办。展览向衢州市广大市民征集近400件展品，种类包括观赏石、料石和雕件三部分。9月20日，市博物馆耗资30万元引进"商代江南——江西新干大洋洲出土文物精品展"。该展览共分为《器以藏礼——青铜礼器》、《鏄铙之声——青铜乐器》、《刀光剑影——青铜兵器》、《巧夺天工——青铜工具》等7个展区。展示了长江以南地区的青铜文明，展出商代青铜器共计124件（套），其中属于国家一级文物珍品的有30件。12月9日至12月19日，由中国西藏文化保护与发展协会、西藏自治区文化厅和衢州市人民政府共同主办的"勉冲·罗布斯达唐卡精品展"在市博物馆展出。衢州市委常委、副市长彭德成在开展仪式上致辞，衢州市人大常委会副主任童建中，衢州市政协副主席欧阳建华，中央统战部《中国西藏》杂志社，浙江省委统战部，中央统战部机关服务中心、秘书处，上海洋帆实业公司等相关领导参加开展仪式。12月18日，由市文广局、衢州绿色产业集聚区、衢州市工商联与红五环集团共同举办的"工业立市创业创新——'走进红五环'大型企业历程展"在市博物馆一楼展厅开展，为期3个月。5月16日，由市文物保护管理所、市民间文艺家协会主办的炎帝诞辰祭典活动在衢州市神农殿举行。来自衢州市各界人士2800余人参加祭典，此次祭典主题是"华夏同根 和合天下"。12月25日，第四届赵抃廉政文化节暨"衢州市建立健全惩治和预防腐败体系2008年——2012年成果展览"在赵抃祠展出。

四、认真开展文化遗产保护工作

衢州第三次全国文物普查工作于2012年完成各阶段工作。全市整理普查档案1000余册，并报送省普查办参加省“三普”成果展；74篇文章入编省《“三普”文集》、《普查日记》、《“三普”先进事迹》及《普查概览》；178处不可移动文物入编省“三普”新发现丛书。江山市文化广电新闻出版局、龙游县文化广电新闻出版局被评为浙江省第三次全国文物普查先进集体，赵世飞、陈昌华等9位同志被评为浙江省第三次全国文物普查先进个人。普查全市的文物保护单位、历史文化名城（名村、名镇）及文博机构情况。全市有不可移动文物7926处，其中古遗址329处，古墓葬337处，古建筑4667处，石窟寺及石刻48处，近现代重要史迹及代表性建筑2537处，其他8处。历史文化名城（名镇名村）7处，其中国家级3处，省级4处。全市共有各类文博机构21个，其中文保所（文物办）4个，国有博物馆（纪念馆）7个，民办博物馆（纪念馆）7个，收藏协会组织3个。9月29日，由市商务局、市文广新局共同举办的以“传承民俗文化，促进绿色消费”为主题的2012衢州中秋民俗文化节系列活动拉开帷幕。“中秋民俗文化与中华老字号传承与保护”研讨会在中秋民俗文化节启动仪式后举行。浙大跨文化研究所所长、教授吴宗杰，省公安厅原副巡视员、非遗专家朱志华，商务部中华老字号专家库专家丁慧敏，省老字号企业协会常务副秘书长解建光等40余位专家学者参加研讨会。6月4日，衢州市人民政府发文公布第四批衢州市非物质文化遗产名录项目共29个。2012年12月，经过市文广新局推荐申报，全市有3个单位被列入第二批浙江省非物质文化遗产传承教学基地，分别是：龙游县湖镇初级中学（婺剧）、开化县马金中学（高跷竹马）、常山县五里中心小学（婺剧）。4月19日，浙江省县级区域非遗保护工作现场会在衢州市开化县召开。省文化厅副厅长陈瑶，衢州市政府副秘书长徐须实，开化县县长谢剑锋，副县长汪晖、赵虹等出席会议。会议由省文化厅非遗处处长王淼主持。7月30日至8月2日，市婺促会、市教育局、市文广新局共同主办的衢州市2012年“婺剧进校园”试点学校骨干音乐教师培训班开班，来自全市各中小学（幼儿园）共30余名骨干音乐教师参加培训。

五、大力发展文化产业

4月29日至5月2日，组团参加义乌文博会，共组织根雕、彩陶、西砚、宣纸等19家企业30个展位，其中江山西砚有限公司徐则文的嫦娥奔月获组委会工艺美术奖一等奖，市文广新局获本届展会优秀组织奖三等奖。组团参加厦门第五届海峡两岸文博会，全市涉及工艺美术类、创意动漫、玩具、非遗、职业教育共14家单位23个展位参展，并获最佳展示三等奖。9月22日至30日在衢州会展中心举办2012中国衢州黄蜡石珠宝（书画）博览会暨黄蜡石（观赏石）精品展，来自全国各地共298家产商来衢州参展，9天成交额达1900余万元，共评出黄蜡石（观赏石）精品金、银、铜奖76件，其中衢州获金奖4件。

六、做好广播电视管理工作

确保元旦、春节、“五一”、“两会”和省、市党代会、中秋、国庆等重要保障期广播电视的安全播出。做好广播电视有线网络“一省一网”整合工作和广播电视全覆盖工程。做好广播电视全覆盖工程，完成开化县16个具备条件的护林站点的覆盖任务。开展广播电视广告播出专项整治。推出54档对农广播节目和39档对农电视节目。全市完成“低保户”免费收看有线数字电视33000余户。积极开展电影反邪教宣传教育活动，完成电影反邪宣传教育2056场。2012年完成农村电影放映21800余场。市、县文化行政综合执法支队的执法人员对市区持有《接收卫星传送的电视节目许可证》的宾馆饭店、机关企事业单位进行专项检查。进行全市范围“小耳朵”专项整治1次，发放宣传资料15000份、公告9000份，播出广播电视新闻45条次，编辑简报27期。出动人员282人次，查缴拆除“小耳朵”153座，用户自行拆除3388座。

七、促进新闻出版管理工作进一步发展

打击各类非法出版物及侵犯知识产权和治理有偿新闻、假记者等行为。加大文化市场行政执法力度，处罚16户，收缴盗版光盘2300余张（盘），非法出版物5400余册。加强对图书报刊、音像制品和电子出版物等经营单位的检查，查处并取缔有关单位擅自出版的《男人》杂志、《最衢州》报纸、《衢州商贸报》等非法出版物。实施农家书屋工程建设，各级投入经费4020万元，采购图书263.8万册、音像制品18.9万盘，订购各类报纸4.38万份。全市1748个行政村实现农家书屋全覆盖，达标率达98.97%，受惠人数约170万。开展版权保护宣传和版权服务工作，为70多家企业讲解知识产权保护有关知识。完成全市县级以上政府机关软件正版化工作，全市各级政府共投入软件正版化工作经费268万元，市本级及6个县（市、区）的287个机关部门（或单位）的11797台计算机实现正版化，其中实施升级8151套、新购3646套，并全部杀毒软件。协助市中级人民法院调解、审理版权纠纷案件148起。

【大事记】

2月

11日 中共中央政治局常委、中央纪律检查委员会书记贺国强，省委书记赵洪祝等领导来衢州市博物馆调研指导工作。

4月

2日 原中央民进党主席、原全国政协副主席张怀西，市政协主席俞流传等领导来衢州市博物馆调研指导工作。

5日、12日 衢州市政府第20次常务会议和市委常委会议先后对《衢州市文化强市建设规划（2012－2020年）》、《衢州市文化艺术精品创作扶持与奖励办法》做了专题研究，并原则通过。

4月 浙江省政协“构建浙江省公共文化服务体系”专项集体民主监督组到衢州市进行专项民主监督。监督组现场查看了市图书馆、市博物馆等公共文化服务设施，听取了全市公共文化服务体系建设情况汇报。

5月

18日 中央电视台《新闻联播》节目播出了衢州博物馆“流动博物馆”进校园活动剪影。

25日 召开衢州市文艺创作推进会。

6月

6月 全面完成第三次全国文物普查工作，本次全国文物普查工作自2007年9月以来，历时五年。衢州市共整理普查档案1000余册；74篇文章入编浙江省《“三普”文集》、《普查日记》、《“三普”先进事迹》及《普查概览》；178处不可移动文物入编省“三普”新发现丛书。

8月

9日 举办“龙行浙江”—浙江出土恐龙化石展，展出近100件恐龙和恐龙蛋化石标本、数十幅野外实景发掘和恐龙生活场景复原油画等展品。

9月

22日至30日 在衢州会展中心举办2012中国衢州黄蜡石珠宝（书画）博览会暨黄蜡石（观赏石）精品展，来自全国各地的黄蜡石、奇石、珠宝、书画、观赏石，黄龙玉共298家产商来到衢州参展，其中衢州黄蜡石展位22个，9天成交额达1900余万元，共评出黄蜡石（观赏石）精品金、银、铜奖76件，共评出金奖10件，其中衢州获得金奖4件。

24日 应西班牙巴塞罗那“亚洲之家”的邀请，衢州市西安高腔传习所在西班牙巴塞罗那剧院连演3场。

29日 组织举办第九届浙闽赣皖四省四市民间艺术节晚会。

12月

24日至25日 举办第五届衢州市群众文艺汇演，该次汇演分为音乐舞蹈专场和戏剧小品专场，衢州市各县市区文化馆组织编排的24个精品群文节目参加了演出。

（吕　琨）

衢州区、县（市）文化工作概况

【柯城区文化局】 内设文化市场管理科、文化文物科2个职能科室，直属柯城区文化市场行政执法大队（非遗保护中心、文物监察大队）、区文化馆（图书馆）2个单位。2012年末人员11人（其中：机关6人，事业5人；具有中级技术职务资格的3人，高级技术职称的1人）。

2012年，柯城区文化工作围绕文化强区建设的总体目标，以加强公共文化服务体系和文化产业发展体系建设为重点，以全面实施文化惠民工程为抓手，自觉主动地推动各项文化工作，取得了明显成效。一、抓阵地，公共文化服务软硬件更加完善。7月19日，柯城区委七届三次全体（扩大）会议召开，通过了《关于大力推进文化强区建设的实施意见》。区政府出台《柯城区文化强区建设规划（2012－2020年）》、《关于加快文化强区建设的若干政策》。创建完成100个群众文化广场。从3月开始，历时3个月，投资600多万元，完成278个行政村的农家书屋建设任务，通过省市级验收。花园街道上祝村被评为省优秀农家书屋、华墅乡刘坂村郑崇春被评为省优秀农家书屋管理员。以“美丽乡村 书香满院”为活动主题开展农家书屋读书征文、星级农家书屋和优秀管理员评选及颁奖晚会等活动。二、抓繁荣，群众文化活动更加精彩。郑利民的论文《阡陌丹青映三衢》参加第二届全国农民画展论坛获入选奖；潘红青的《十七届六中全会精神与非物质文化遗产保护——试谈非物质文化遗产保护与开发的对策》获衢州市群文调研论文一等奖。沟溪农民参加2012年全国农民画等大赛获银奖2人，铜奖2人，优秀奖4人，入选奖9人。府山街道选送的《梦中的妈妈》在省第三届千人排舞比赛中获一等奖。文化馆干部余晋参与编排指导的少儿组唱《好酷的长鼻子大哥哥》获浙江省第二届少儿组唱、表演唱大赛表演金奖。开展文化“百千万”工程。累计组织送戏下乡演出任务194场次；市文化大篷车演出29场次；“文化走亲”6次；送电影下乡3700场；举办3期排舞初级班和提高班（170人次，共1020课时）、1期业余团队婺剧器乐提高培训班（45人次，共1890课时）、1期农村实用人才婺剧（西安高腔）培训班（70人次，共5600课时），全区共有285人次享受了8510课时的公益类群文活动免费培训套餐。打造“唱响幸福柯城”合唱节群众文化品牌，举办2012年柯城区合唱节，共有39支合唱团队参加。组队参加2012年衢州市红色经典歌曲合唱大赛和省红歌合唱比赛，教育系统“春这声”合唱团获省级银奖。举办2012年柯城区排舞大赛。举办柯城区2012年新春团拜会文艺演出，参与省人大新春团拜会演出、浙江卫视新春晚会、市党代会文艺演出等区级以上的大型活动3场次；举办周末文化广场演出活动，2012年城区29个社区自办的广场文化演出活动达300多场次。姜家山乡举办首届农民歌手大赛，航埠镇、华墅乡、沟溪乡等乡镇开展群众排舞大赛。荷花街道实施“义工家园”、“一居一品”等特色文化品牌战略目标，举办义工文化节。府山街道打造儒家文化、孝文化、廉文化、医文化、爱国主义教育文化、戏曲文化等富有魅力的区域特色文化品牌。沟溪乡参与省级、国家级大型文化活动以及各类展演、展示、展览，共有22件余东农民画作品在6个省级、国家级农民画展览中获奖，其中银奖2个，铜奖3个，优秀奖5个，入选奖12人次。花园街道组织开展第三届“农民读书节”廉政文化进农家文艺演出、喜迎十八大重阳节文艺演出、周末文化广场等群众文化活动。七里乡编排情景剧《桃源七里的故事》，并且亮相省委组织部的新春联欢晚会。石室乡办好“围棋谷文化节”，期间举行大型汉服表演、达人才艺秀、纪念徐徽言诞辰919周年祭祀活动、“两富讲坛”进围棋谷等活动。万田乡办好“女儿节”各项传统活动，成立乡、村两级德孝基金会，举行万田乡孝心模范评选等一系列活动。新新街道共主办大中型文化活动9场。三、抓传承，文物与非遗保护工作更加自觉。举办国家级非遗项目九华立春祭活动。成功将女儿节、古琴制作技艺申报为省级非物质文化遗产保护项目名录。4月，在义乌举行的中国（浙江）非遗博览会上，古琴制作技艺获金奖。6月8日，举办文化遗产日宣传活动暨柯城区民间剪纸作品展览，华墅小学的校本教材《巧手剪纸》被评为浙江省优秀非物质文化遗产学校读本一等奖。谋划柯城区非遗展示馆（女儿节孝文化展示馆）项目，完成场馆的硬环境装修。完成全区第三次文物普查收尾工作，做好上报统计数据、整理各种资料、成果参加浙江省“三普”成果展览等后续工作。启动省级文物保护单位石梁麻蓬天主教堂维修项目，完成项目的维修设计方案。开展市级以上文物保护单位保护碑设立工作，为22个省市级文保单位设立了保护碑。四、抓特色，文化产业稳步推进。编制文化产业重点项目库。谋划中国围棋谷、中华孝文化产业园、中国莹白瓷研制中心等一批文化产业项目。推进文化产业项目的落实。中国围棋谷（柯城）园区项目、衢州火神瓷业有限公司已被列入浙江省文化产业发展“122”工程首批重点文化产业园区、企业名单。编制《柯城区关于促进文化产业发展的若干政策》。五、抓市场，文化市场管理更加规范。开展扫黄打非专项整治系列行动。2012年执法大队共出动检查人次198人次，检查场所66家次，查处违法网吧3家，罚款数额1万1千元。开展全区电子游艺市场整治行动。开展网吧市场专项整治。1月至4月开展“春节、寒假及两会期间网吧市场专项整治行动”。

（江　曦）

【衢江区文化广电新闻出版局】 内设3个职能科室，局属下设单位5个，2012年末人员25人（其中：机关编制人员10人，事业编制14人；具有高级技术职务资格的3人，具有中级技术职务资格的6人）。

2012年，衢江区文广局解放思想，服务大局，拉高标杆，务实推进，各项工作取得了新进展、新成绩。一、突出文化惠民，基层公共文化服务全面深化。举办“学习雷锋、爱心衢江、女性风采”衢江区庆三八歌咏大赛、“颂扬雷锋精神，争做杰出职工五一颂”文艺晚会、“最美衢江人”主题文艺活动暨“十大爱心模范”颁奖典礼、“浪漫玫瑰、激情五月”衢江区“玫瑰红五月”系列活动、“绿色中国行——走进衢江”颁奖盛典文艺晚会等10余场大型文化活动。组织群众参与各类文化活动，先后组织参加全省首届村歌大赛，选送的作品《最美金牛村》获表演银奖、创作银奖，《水墨村庄》获表演铜奖、创作铜奖，参加浙江省首届“未来之星”少儿书画大赛并分获二等奖、三等奖，选送节目参加市电信杯“校园婺剧展演赛”，其中《一对紫燕双双飞》、《姐妹易嫁》分获银奖，选送作品《女儿梦》、葫芦丝合奏《有一个美丽的地方》参加中共衢州市第六次代表大会晚会演出、衢州市两会文艺晚会演出等各类文艺活动，与残联合作举行多场“助残公益行动”演出。做好乡镇文化站、送戏、送书、文化低保、优秀业余团队、综合文化站设备配备六大项目包装工作，拥有村文化室和1支以上文体队伍行政村比例达到80.8%。筹措农家书屋建设资金370余万元，建成农家书屋272个，实现农家书屋行政村全覆盖。完成全区文化资源普查工作。实施文化“百千万”工程。组织开展“税收、发展、民生”大篷车税收宣传走进乡村活动、“庆国庆迎十八大东风小康走进乡村活动”、“十八大精神进万家欢欣鼓舞你我他”十八大宣传等文艺演出活动，完成送戏下乡140场，送电影下乡3800场。做好弱势群众的公共文化服务。开展“文化走亲”和送讲座展览下乡活动，共赴柯城、遂昌、江山、开化、龙游等地开展“文化走亲”6次，送讲座展览下乡7次。开展婺剧（戏剧）进校园、进基层活动，先后在峡川、云溪等地建立婺剧培训基地，并于11月29日在区实验小学举办“全区婺剧（戏剧）表演大赛”。开展了书法、葫芦丝、婺剧等培训活动，参训对象达1000余人次。与衢江区职业中专开展合作，推动衢江区职业中专舞蹈、戏剧、葫芦丝兴趣班建设。二、突出传承利用，文化遗产保护工作不断加强。完成建立全区的文物普查档案、文物普查工作报告、不可移动文物名录、成果保护利用规划、文物分布图、出版计划和文物普查丛书等编印工作。对举村翁源小宗祠等一批文物点进行维修。雷文伟同志获省第三次全国文物普查先进个人荣誉，并被衢州市委办公室、市政府办公室授予“衢州市十佳文艺工作者”称号。完成对黄甲山塔、巽峰塔、骏惠堂等专项经费申报工作，争取专项经费275万元。骏惠堂修缮工程设计方案通过省文物局专家审查，黄甲山塔修缮工程设计方案正在评估，巽峰塔修复工程开工，吴氏宗祠第二期维修工程通过省专家验收组验收。协同区国土局、区农办分别完成大洲片传统村落调查、资料上报和历史文化村落调查工作，共上报传统村落23个、历史文化村落21个。、开展“一村一品”历史文化特色村创建活动和衢江区历史文化村落保护利用总体规划编制工作，先后制定《衢江区“一村一品”历史文化特色村创建行动计划》、《衢江区历史文化特色村“一村一品”行动考核办法》。举办杨炯文化节。抓好第五批区级非遗的申报工作，完成衢江区非遗十二五规划的制定和非遗数据库建立，做好国遗项目城隍信俗（《杨炯出巡》）资料收集、整理前期工作，以及全旺楼山后村申报省级文化特色村非遗项目挖掘工作。三、突出产业发展，文化市场秩序繁荣有序。做好广电新闻出版监管工作。开展地面卫星接收设施专项整治工作，协同工商、公安等单位，打击非法销售、安装、使用卫星电视广播地面接收设施的专项行动，全区地卫拆装协议比例达84.2%，已拆装数占协议数比例的100%。完成81家新闻出版经营单位的年度核验工作，受理行政许可事项29件，办结率达100%。开展政府机关软件正版化工作，获市级优胜单位（集体）和先进个人荣誉。开展文化环境等整治行动，受理公安移交、群众举报、日常检查案件7起，查处7起，警告7家，联合执法6次，没收非法书刊48册，取缔无经营场所3家，取缔非法演出大篷8家。先后组织大洲厨刀、双桥粉干、吴氏仿古工艺3个项目参加第七届义乌文博会，浙江久久红玫瑰科技有限公司、浙江艾得龙竹炭制品有限公司、浙江民心生态科技有限公司等三家企业参加第五届海峡两岸文化产业博览交易会。四、突出机制创新，文化队伍建设进一步加强。开展以“进村入企、助推发展、强化服务”为主要内容的大走访活动，共收集各类问题29个，已帮助解决3个，提交上级8个。共谋划文化项目5个，其中衢江水上娱乐城、东方古玩城被列入区重点项目库。推进简政放权和审批流程再造两项工作，推行首问首办负责制、服务承诺制、工作落实和督促检查责任制3项制度，出台措施规范行政许可行为，推行《音像制品经营许可证》和《出版物经营许可证》两证合并的行政许可工作措施。完成区委、区政府交办的“两南”改造拆迁工作；原乡镇放映员参保审核确认工作完成，做好议案、提案办理工作。加强人才队伍建设，共有7名优秀人才（其中高级职称1人)调入文化队伍。举办文化员、农家书屋管理员、各类文化技能培训班5次,共培训人员330余人次。

(吴燕珍)

【江山市文化广电新闻出版局】 内设职能科室4个,直属单位6个,2012年末人员79人(其中:机关11人,事业68人;具有高级技术职务资格的21人,中级32人)。

2012年,江山市文化广电新闻出版局积极开展各项文化惠民活动,以繁荣文艺创作为重点,以文化市场管理和文化遗产保护为抓手,各项工作取得了明显成效,文化事业取得了长足发展。一、夯实文化基础。4月26日,召开文化强市建设大会,出台《关于大力推进文化强市建设的若干政策意见》,并设立1000万元文化强市专项资金。11月20日,江山市第十五届人大常委会第六次会议审议了江山市文化产业工作。为全市20个乡镇综合文化站配送了近200万,30多种文化站专用器材。送戏下乡140场,送电影下乡4100场,送图书下乡2.1万册。新建图书馆流通点9个,汽车图书馆下乡68次,为乡镇、村等基层图书馆提供业务辅导和技术援助70余次。5月召开农家书屋推进会,并召开农家书屋督查会。探索农家书屋建设模式;开展"让读书成为习惯"全民读书周活动启动仪式,动员广大市民向农家书屋捐赠书籍;对农家书屋管理员进行集中培训。12月17日,举行创建省文化先进市动员大会,成立江山市创建省文化先进县(市)工作领导小组,印发江山市创建浙江省文化先进市实施方案,市政府与各乡镇、街道签订《创建省文化先进市工作目标管理责任书》。二、繁荣文艺创作。江山婺剧团与金永玲艺术团合作的歌剧《祝福》,于2月15日在国家大剧院上演。2012年,江山婺剧团编排的《祝福》、《江姐》、《洪湖赤卫队》等经典作品在省内外巡回演出200余场。推出"文化让城市更美好、文化让生活更幸福"六大系列活动,包括"让世界听到中国幸福乡村的声音"江山市全民合唱节、"让我们看到你的灵动舞姿"舞蹈创作大赛、"让我们听到你的天籁之音"歌手大赛、"让世界看到幸福江山的精彩"江山市首届视觉艺术展、"让历史告诉我们"文物展览、"让书香润泽心灵"经典美文诵读赏析活动。5月11日,在大陈乡村歌广场举行的开唱仪式。12月,江山市全民合唱节获2012年浙江省公共文化服务创新奖二等奖,局长赵敏被评为2012年浙江省公共文化服务创新奖先进个人称号。精选节目参加衢州市党代会和衢州市两会文艺晚会、第二届绿牡丹开茶节等活动的演出;策划并承办"推进科学跨越、共建幸福江山"广场文化活动周;配合中央电视台《远方的家——北纬30°中国行》、《乡村大世界》等栏目组在江山的拍摄工作;参与"地质世界、幸福江山"公益宣传活动;12月3日举行陈宏君音乐作品演绎会;12月4日承办第二十七届三山艺术节;组织策划江山市廉政文化进万家系列活动暨歌剧《江姐》专场演出。三、推进文化遗产保护。组织江山市西砚堂雕刻厂、仙霞竹编作坊、长台小学、江山和睦彩陶工艺厂4家单位参加2012中国义乌文化产品交易博览会,江山市西砚堂雕刻厂"飞天"作品获组委会金奖;开展"让历史告诉我们"——喜庆第七个文化遗产日暨"中国古代铜镜展"开展仪式;组织"江山手狮"参加6月8日在湖州市文化广场举办的浙江省2012年"文化遗产日"湖州主会场非遗精品展演活动,;廿八都浔里村入选浙江省第二批非物质文化遗产旅游景区(民俗文化旅游村)。三卿口传统制瓷工艺入选浙江省第四批非物质文化遗产名录。全国重点文物保护单位三卿口制瓷作坊保护工程(一期)立项申请获国家文物局批准,文物保护规划获国家文物局和省人民政府的同意。江山文广新局获2012年度全省文物工作先进集体称号。完成省保单位大公殿、杨氏宗祠的修缮扫尾工程和市保单位四都镇傅竹园村牌坊的修缮工程;省保单位汪氏宗祠、大公殿、杨氏宗祠通过省文物局专家组的竣工验收;完成仙霞关关帝庙经堂、仙霞古道—清溪锁钥门亭、七里桥、五路亭、清湖染坊、清湖盐仓、贺村坝后戴氏宗祠等修缮方案的编制工作,完成清溪锁钥门亭、七里桥、五路亭、贺村坝后戴氏宗祠招投标工作。清溪锁钥门亭及五路亭、戴氏宗祠修缮工程动工。对省保以上文保单位巡查档案进行建档,组织开展文保单位巡查活动。召开全市文保员工作会议。在江山市博物馆举行"安全与我同行"消防演练。博物馆补充招聘讲解员。四、净化文化市场管理秩序。2012年,江山市文化市场行政执法大队共受理各类举报21起,其中,电话13起,书信3起,对话平台5起。共检查经营单位516家次,出动检查人员786人次。立案5起,其中,电子游戏1起,印刷1起,网吧3起,网上办案5件,结案率100%。全年共开展市场专项检查行动6次：元旦、春节之际开展无证照电子游戏经营场所查处专项整治行动；3月开始开展印刷业专项整治；6月，开展中、高考期间文化市场整顿，7月至9月开展江山市保卫党的十八大消防安全大排查大整治行动；8月至9月开展卫星电视传播秩序专项整治；9月11日至12日，开展网吧超时经营专项检查。1月至3月，组织开展全市新闻出版行业经营单位年检年审工作，全市共有286家新闻出版行业经营单位按照要求参加了年检年审家。7月，承办全省文化市场管理工作例会、文化市场规划管理研讨会、网吧连锁管理现场会。五、提高科学管理水平。开展"走基层、种文化、孕幸福"活动，深入基层、深入农村、深入企业进行课题调研。5月8日至5月10日，组织全市文化干部和60个乡镇文艺骨干、60个农家书屋图书管理员进行为期3天的业务培训。5月18日，组织全市文化干部、各乡镇音乐文艺骨干参加2012年"耕山播海"浙江省农村文艺骨干培训暨江山市全民合唱业务培训。6月14日，举行"江山市舞蹈创作大赛动员大会暨舞蹈创作"讲座。举行"增光添彩行动"启动仪式暨"文化有我更精彩"演讲比赛。设立"入党提示牌"。7月4日组织局机关支部党员开展庆七一祭扫烈士陵园活动。开展文化系统"寻最美坐标做最美文化人——我们的价值观大讨论"活动。组织干部职工观看电影《忠诚与背叛》、《泰坦尼克号》3D版。与各下属单位签订《2012年度党风廉政建设目标管理责任书》。举行"最美文化人故事会"。7月，组织全局人员赴海南参加民俗文化考察活动。召开以"安全与我同行"活动为主题的局党委扩大会议，11月5日，在博物馆现场举行"安全与我同行"消防安全综合演练。

（周江晶）

【常山县文化广电新闻出版局】 内设职能科室5个，直属单位5个，2012年末人员55人（其中：机关8人，事业6人，直属单位41人；具有高级技术职务资格3人，中级13人）。

2012年，常山县文化广电新闻出版局全面开展文化常山建设，进一步推进文化大发展大繁荣。通过共同努力，各项工作取得了较大进展。一、大型文化活动丰富多彩。举办2012年"祥龙报春·和谐常山"春节元宵系列文化活动。包括"一展"（迎春书画展）、"二演"（社区文化艺术节文艺演出、戏剧展演）、"三灯"（舞龙灯、挂灯笼、亮灯带）。整个系列文化活动参加人员达20多万人次。主办常山摄影群首届摄影展；建设完成县非遗展览展示馆，实现全面布展和数字化播放。开展"千支排舞队·万人跳排舞"流动文化馆培训和"丹心向阳·放飞梦想"全县排舞大赛。4月开始，开展"千支排舞队·万人跳排舞"流动文化馆培训，受众达5000余人次。9月4日至10月30日，全县15个乡镇（办事处）和10多个部门组建的80余支排舞队伍，1500多名排舞爱好者参加"信用联社杯——丹心向阳·放飞梦想"全县排舞大赛。6月9日，在县城街心公园举办庆祝中国第七个"文化遗产日"系列宣传活动。举办"2012中国·常山胡柚文化节"开幕式文艺演出活动。协助承办2012年浙江省第三届残疾人文化艺术周和县第二届残运会文艺演出。参与开展全市文体员培训班、舞蹈培训班等活动。创办县残疾人康复文化活动中心图书室并进行揭牌。二、基层文化活动有声有色。举办"一乡一节"群众文化活动17场。开展"送"文化下乡活动，共送戏下乡102场，观众达8万余人次；送电影下乡3021场次，观众达148.6万人次；送书下乡12300余册，新建县残联、县青少年活动中心等5个图书流通点，在县培智学校投入资金8万元，建成了首个特教示范图书阅览室；全年开展送讲座展览下乡7场；开展"文化走亲"交流活动达18次，其中县际间"走亲"活动3场。完成2011年度"文化走亲"活动先进单位评选工作。常山县文化广电新闻出版局成功入选2011年度浙江省"文化走亲"先进单位。三、文艺创作成果显著。由县文化馆专业干部创作的音乐作品《好人》，被推选参加浙江省第十一届精神文明建设"五个一工程"评选；创作的《山里的那座油坊》和《好人好村好家园》两首音乐作品入围浙江省首届村歌大赛网络评选，均获"浙江省首届村歌创作大赛"银奖。由县文化馆专业干部创作编排的排舞节目《展翅飞翔》和《非洲宝贝》参加2012年全省第六届排舞大赛，均获银奖。其中，《非洲宝贝》还获大赛最佳服饰奖。6月，与县教育局联合组建的文峰合唱团参加"永远跟党走"——2012年衢州市红色经典歌曲合唱大赛，获大赛金奖，并代表衢州市参加"永远跟党走"2012年浙江省红色经典歌曲合唱大赛市地组南片赛区选拔赛和全省首届合唱节比赛，两次大赛均获三等奖。县文化馆专业干部创作的音乐作品《红尘江南》、《最美爷爷》、《美丽常山》，群舞《柚乡鼓舞》，小品《搬家》等5个文艺作品参加衢州市第五届群众文艺汇演，获3个金奖、7个银奖。四、文化队伍实力不断增强。组织人员参加上级部门组织的业务培训。6月12日至14日，省文化馆两位群文老师到常山县开展"种"文化培训辅导，先后在东案乡集镇和县老年大学开展排舞和现代舞培训辅导，共有200余名文艺教师、排舞爱好者参加。7月13日，由省文化馆组织数名文艺专家和老师到常山县进行以"耕山播海"为主题的音乐、舞蹈、摄影等系列文艺培训辅导活动，全县各乡镇160余名文艺骨干参加。2012年，全系统共新招考录用和调入人员5名。建立健全本系统干部职工工作目标考核体系及相关制度。组织实施文广新系统荣誉干部(职工)评定表彰制度。五、文化设施建设稳步开展。为全县342个行政村的农家书屋均配齐了1500册图书、100本光盘、30份报刊杂志、4个书柜、1套桌椅、1个报刊架和灭火器等设施，直接受惠群众达15万人。建成中心镇图书分馆——辉埠镇图书分馆。在县文峰广场文化馆门墙上方，建成全市各县(市、区)第一个文广新系统LED大屏幕。为全县村级文化活动室和业余文艺团体赠送价值28万元的音像设备和乐器。六、文化融入工程有效推进。启动开展赵家坪"四贤"文化墙建设。撰写《四贤文化墙·忠简图谱》等文字材料，完善和修订"四贤"文化墙图文创作方案。促进中国观赏石博览园、中国常山胡柚博览园和中国常山油茶文化博览园的规划建设。组织开展全县省、市、县特色文化村(社区)提升检查工作。启动开展三衢山赵公岩文化的挖掘、利用工作；成功开展非物质文化遗产旅游景区创建工作，路里坑村(包括三衢山)被省文化厅、省旅游局公布为第二批浙江省非遗旅游景区(民俗文化旅游村)。七、文化遗产保护措施有力。完成县第三次全国文物普查工作。完成各类数据上报、档案整理及相关资料汇编的印制、报送工作。完成"常山县第三次全国文物普查成果"展板制作。开展完成《常山县第三次全国文物普查工作报告》、《常山县不可移动文物名录》、《常山县不可移动文物分布图》、《常山县第三次全国文物普查成果——古民居》、《常山宗祠》等五册普查成果汇编的编撰工作。开展项目包装，先后完成"徐氏旧宅"一期维修、"王氏宗祠"局部抢修和前期测绘等5个文物维修项目经费申报工作。完成省级文保单位"徐氏旧宅"维修方案的编制及报审和"里择祠"维修竣工验收工作，"里择祠"偏房亦按照批准的维修方案完成维修。省级文保单位"王氏宗祠"完成测绘及维修方案的编制和报审。完成县非物质文化遗产普查数据录入工作，经申报，被确定为省级非遗数字化建设试点县，并配合市文广局在县图书馆举办衢州市非遗数字化建设培训班。新增"琼奴与苕郎"、"新桥十番锣鼓"、"洗马舞"、"武当太乙拳(宋氏门)"等4项省级非遗项目。编辑出版历史文化丛书(共11册)，包括《人文寻踪》、《古代诗词》、《古代文选》、《非遗集锦》、《文物览胜》、《名胜古迹》、《民间故事》、《民俗大观》、《常山奇石》等9册，及非遗连环画《王琼奴》、常山民俗风情集《喝彩歌谣》等两部作品。完成总投资约45万元的新昌乡传统榨油技艺传承基地建设工作，开展传统木榨油开榨活动；县五里小学通过浙江省非物质文化遗产传承教学(婺剧)基地验收。八、文化产业发展初见成效。开展《常山县文化创意产业专项规划设计》编制工作，并于12月完成评审稿。完成县影剧院数字化多厅改建工程建设。与投资方杭州金桂置地有限公司达成投资协议，并签订影剧院数字化多厅改建(常山金马国际影城)工程合。九、文化市场执法监管规范有序。开展"扫黄打非"工作，清查全县出版物经营场所及印刷企业，打击经营非法出版物、淫秽色情及盗版出版物的违法行为。加强网吧及娱乐场所检查监管，将网吧及娱乐场所违规接纳未成年人、消防安全等作为整治工作的重点；配合公安、工商部门及时查处和取缔"黑网吧"、无证无照游戏机场所。开展文化市场经营业主安全知识培训；加强与相关部门联动，协同公安、消防等部门共同做好文化市场消防安全工作。组织召开全县广播电视安全播出专题工作会议，与县广电总台、县内户外大屏幕(包括各宾馆饭店对外的电梯口的大屏幕)用户单位签订安全播出工作责任书，开展非法地面卫星电视接收设施专项整治。2012年共出动检查人员277人次，检查经营单位505家次，受理电话举报4次、通过机关效能110投诉2次，联合相关部门执法11次，配合工商取缔黑网吧7家，收缴非法音像制品、出版物578盒(册)，立案查处违规网吧6起，拆除非法地面卫星电视接收设施137只。十、行政许可规范施行。共实施行政许可审批项目38件，其中，新审批8件（出版物、游艺娱乐场所、印刷业各2件、营业性表演团体1家、广播影视1家），换证25件（出版物8件、歌舞娱乐场所3件、网吧14件），注销5件（出版物1件、印刷业2件、音像制品1件、打字复印1家），暂停基本上无经营场所的营业网吧8家。

（邹志锋　吴　婷）

【开化县文化广电新闻出版局】 内设科室4个，下属事业单位6个。2012年末人员63人（其中：机关9人，事业54人；具有高级技术职务资格4人，中级22人）。

2012年，开化县文化广电新闻出版局抓住重点，服务大局，各项工作都取得了新的成绩。一、抓融合，文化发展新局面不断开拓。开展文化资源普查，形成《开化文化资源汇编》，绘制开化主要文化资源分布图，完成钱江源文化资源挖掘利用和文化旅游相融问题研究调研课题，指导帮助有关乡镇深度挖掘乡村旅游资源，完成41个历史文化村落和26个传统文化村落调查，形成《开化县历史文化村落保护与利用规划》（2012－2020年）。完成华东旅交会期间文艺晚会、开馆闹台、馆内表演3项演出，做好根博园国家5A级景区创建工作，协助完成《回到原点》电影摄制组在开化的取景拍摄。二、抓阵地，公共文化服务体系日趋完善。抓好省三年特别扶持项目建设。完成全县41个行政村的重点综合性文化室和苏庄、张湾、马金3个乡镇综合文化站建设，池淮镇文化站建设已经开工。桃溪村获“省级文化示范村”称号，华埠镇枫树底社区获“省级文化示范社区”称号。开化县图书馆获全省公共图书馆地方文献工作考评特色资源奖，开化县文物监察大队获2012年度全省文物执法监察工作成绩显著单位。255个行政村的农家书屋到达全覆盖。县文广局获“浙江省农家书屋工程建设先进单位”；城关镇桃溪村农家书屋获“全国示范农家书屋”称号，华埠镇永丰村农家书屋管理员获“全国优秀农家书屋管理员”称号；大溪边敦南村农家书屋获“浙江省示范农家书屋”称号，苏庄镇余村农家书屋管理员获“浙江省优秀农家书屋管理员”称号。启动创建浙江省文化先进县工作。三、抓繁荣，群众文化活动丰富多彩。选送的舞蹈《船娘·喜嫁》获“群星奖”舞台舞蹈大赛铜奖；男生组唱《香火草龙》获浙江省首届村歌创作演唱大赛表演铜奖、创作铜奖；开化高腔《亲情茶园》获2012浙江省新农村建设题材小戏会创作银奖、表演银奖、优秀演员奖；《新新农家》获浙江省第三届社区文化艺术节暨第十一届音乐创作演唱（演奏）大赛创作金奖、表演金奖、辅导金奖，《梦中的老家》获创作银奖、表演银奖、辅导银奖；歌曲《钱江源颂歌》参加浙江省文化厅“乐起钱潮”钱塘江之歌征集活动，获听潮奖。韩志勇获全市十佳基层文化工作者称号，蓝萦获全市十佳文艺工作者称号。2012年共送戏送演出下乡118场，送电影到农村3106场，送书下乡16320册。指导和协助全县乡镇、部门开展中秋民俗文化节、第二届余玠文化节、教师节文艺晚会等各类文化活动。在全县各乡镇开展以“喜庆十八大，共建美家园”为主题的文艺巡演。组织开展“文化走亲”交流活动，配合市农家乐大篷车送戏下乡、最美系列专题演出队到开化县巡回演出；开展文艺下乡培训辅导，传统文化进校园等工作。四、抓传承，文物与非遗保护工作成效明显。抓好各级文物保护单位、保护点的日常巡查和维修指导工作，完成省文保单位塘坞乡正大村、大溪边乡墩南村、公淤村三座祠堂维修规划编制；完成汪氏宗祠修缮工程施工；做好第三次全国文物普查后续文物保护工作；调查整理开化乡土建筑相关情况；制定《霞山省级历史文化名村保护工作计划（2012.8—2013.12）》；参与开化县化婺德中心县苏维埃政府（开化一区苏维埃政府）旧址的恢复重建工作；加强对霞山历史文化名村、姜坞等古村落、特色文化村保护和利用的指导帮助。做好霞山古民居抢救性保护项目的前期工。开化县被列入浙江省非物质文化遗产保护综合试点县之一，承办浙江省县级区域非遗保护工作现场会，6个非遗项目（狮象灯舞、跳马灯；传统家具制作技艺、齐詹记冻米糖制作技艺；大溪边祈水节、保苗节）列入第四批省非物质文化遗产保护名录，马金中学（高跷竹马）列入第二批省级非遗传承教育基地。五、抓项目，文化产业与文化宣传全面提升。谋划文化项目，助推开化书城、明清家具博物馆、动漫创意体验城建设。会同财政局积极帮助根博园、甲壳虫分别申报财政部文化产业发展专项资金一般项目的项目补助和贷款贴息，协助做好材料整理报送工作。组织根雕企业参加义乌文博会，组织甲壳虫参加第五届两岸（厦门）文化产业博览会。编写出版《开化文化十个十》、《开化文化志》等，完成2013年非遗挂历出版印刷；谋划并启动《开化民间故事集》、《开化文化旅游导航》等书编撰工作。完成开化县电影发行放映公司改制。六、抓市场，文化市场管理力度加强。加强文化市场的日常巡查，文化市场执法大队出动执法人员235人次，检查网吧、娱乐、出版物、音像、印刷等文化市场经营场所410家次。举行2012年'扫黄打非'暨侵权盗版非法出版物集中销毁活动"，销毁各种盗版非法出版物共计7100余件。开展"扫黄打非"专项行动，加大政治性非法出版物和侵权盗版活动的查处力度。召开全县娱乐场所和网吧工作会议，与业主签订责任书。做好十八大期间文化市场安保工作，召开迎接党的十八大深化"扫黄打非"专项行动暨广播电视安全播出工作会议，开展全县安全播出演练。

（汪　佳）

【龙游县文化广电新闻出版局】 内设职能科室4个，直属单位3个，2012年末47人（其中：机关14人，事业33人，具有高级技术职务2人，中级14人）。

2012年，龙游县文化工作围绕县委县政府的"文化古都 产业新城 山水龙游"的发展定位，全面推进文化建设。一、公共文化服务体系逐步完善。1月份起，县图书馆实行免费开放，2012年接待读者量为61376人次，图书流通为83927册次，送书下乡1.5万册。建成溪口镇和湖镇镇2个中心镇图书分馆。推进乡镇综合文化站的标准化建设，对第一批10个乡镇综合文化站配送了音响设备等硬件设备。农家书屋在全县262个行政村实现全覆盖，藏书量达53万多册，报刊杂志8860份，音像制品2.9万张，直接受益群众约32万人，8月份通过省农家书屋工程领导小组的验收，龙游县文化广电新闻出版局获浙江省农家书屋工程建设先进单位。溪口镇寺下村被评为省级文化示范村。县、乡（镇）、村三级公共文化服务逐步完善。二、群众文化活动丰富多彩。2012年共举办、承办、协办大中型群众文化活动40次。举办龙游龙年元宵舞龙大赛，各乡镇文化站组织当地龙狮民舞兴春节、闹元宵，共有11个乡镇的16支舞龙（狮）队参加比赛；协办001集团迎新春联欢活动、供电局的庆元宵联欢活动、交警大队的"关爱生命 平安出行"文艺晚会、贺田村的"美丽乡村创建"颁奖晚会、教育局的"放飞梦想"文艺晚会、县纪委的"清风廉韵"主题文艺晚会、公安系统文艺晚会、文明办和宣传部的"龙游社区达人秀"文艺选拔赛；举办建德、兰溪、龙游三界联谊活动、芝溪家园"畲族山歌大赛"、湖镇镇婺剧演唱（奏）大奖赛和罗家乡"开茶文化节"、龙游县导游才艺大赛等；联合举办"爱我中华 扬我军威——热烈庆祝中国人民解放军八一建军节暨文艺晚会"，联合衢江区文化广电新闻出版局开展了"文化走亲"活动；举办龙游县第四届"美阁·新阳光"家居文化节暨首届"余绍宋奖"书画大赛、"九木同行"九木堂壬辰雅集水墨展以及"喜迎十八大——海内外'龙文化'书法展"等。2012年送戏下乡150场，送电影下乡3100场次。三、文艺精品创作连结硕果。舞台剧《谁都不能少》参加省创先争优群英盛典主题晚会汇审演出并入围八强，于6月在浙江卫视播出；舞蹈《母亲的伞》参加2012年省舞台舞蹈大赛群星奖现场决赛；编排音乐快板《醉美龙游》，挖掘开发民间歌谣，重新创作歌舞节目《小雪花》，《滚花龙》、《脱节龙》参加省文化厅举办的"九龙闹枫桥"活动，获"特色舞龙队"称号；吴芝瑛的剪纸《品茶图》获2012浙江省"茶文化"剪纸艺术展一等奖。姜新花参加浙江省"婺迷争锋"比赛，获"十大婺星"荣誉称号。四、文物保护扎实有效。公布青碓遗址、刘章墓、何立大商号等71处第四批县级文物保护单位，其中古遗址14处，古墓葬6处，古建筑50处，石窟寺及石刻1处。截止2012年12月，龙游县有全国重点文物保护单位1处、省级文物保护单位22处43点、县级文物保护单位147处156点、县级文物保护点91处；中国历史文化名村1个、省历史文化街区1个、省历史文化名村3个。三门源村入选首批中国传统村落名录，志棠村入选首批省级历史文化村落保护利用重点村。荷花山遗址考古发掘工作基本结束，出台《青碓、荷花山遗址保护管理办法》。2012年共完成了湖镇镇希塘村"吴氏宗祠"、社阳乡青塘坞村"劳氏宗祠"、小南海镇茶圩里村"吴氏宗祠"等15个文物修缮项目、18个文物保养项目。省保单位"华岗故居"、"应氏民居"修缮方案通过省文物局审批。截至2012年12月，在龙游民居苑通过产权置换，实行异地迁建保护的古建筑有41幢，新华社、浙江日报、钱江晚报等媒体聚焦该县文物保护工作。五、非遗工作有新突破。《硬头狮子》《貔貅》《小雪花》等节目参加《守望·四省通衢》四省四地非物质文化遗产节目展演，获三个金奖；《硬头狮子》、《滚花龙》参加浙江省“人文浙江·传承非遗”网络寻访活动。天池村入选第二批浙江省非物质文化遗产旅游景区，湖镇中学通过浙江省非遗教学传承基地验收，万爱珠被评为皮纸制作技艺国家级非物质文化遗产项目代表性传承人。徐兆云的《龙游融合非遗元素建设美丽乡村》、吴建国的《探寻龙游湖镇传统舞蹈的文化意义》和《在新农村建设中对古文物保护的研究与探索》入选《中国民间艺术之乡全集·专文》一书。六、文化市场监管安全有序。深化“打非治违”专项行动，开展两次市、县联动广播电视安全播出反插播演练，联合公安、邮政局等部门开展“扫黄打非”集中专项行动。2012年执法检查共出动811人次，检查727家次，收缴非法光碟10139张，非法游戏机78台，查处无证无照经营户12家，查处非法地卫设施79套。开展文物安全隐患排查整治专项行动，制止4起文保单位保护范围内建房事件，前期介入或制止11起古建筑拆除或买卖事件，共收缴入库出土文物8件。龙游县文物监察大队获年度全省文物执法监察工作成绩显著单位。七、文旅融合助推产业发展后劲。举办第三届中国·龙游黄龙玉赏石文化博览会，参评的精品近400件，有省内外20余家媒体报道，参观人次近10余万人次。紫檀国学博览园项目已完成主体结构的建设。八、文化宣传四进央视。央视十套《探索与发现》摄制组以国家非遗项目“龙游皮纸”为切入点，拍摄了龙游拍摄传统造纸45分钟专题片；中文国际频道“北纬30°中国行”摄制播放《寻宝之旅，秘境龙游》专题片；中央电视台大型户外访谈节目《乡约》向全国观众介绍富硒莲、千古谜、黄龙玉、拉力赛四张龙游文化旅游的金名片；央视“舌尖上的中国”摄制组来龙游拍摄龙游发糕等传统风味小吃专题片。

（方燕飞）

舟山市文化广电新闻出版局

【概况】 舟山市文化广电新闻出版局内设7个职能科室，下辖13个直属单位。2012年末人员270人(其中：机关23人，事业210人，具有高级技术职务资格的31人，中级66人)。

2012年，舟山市坚持海洋文化主题，立足“文化事业繁荣、文化市场规范、文化产业发展”三项基本工作职能，较好地完成了各项工作任务。据省委宣传部和省统计局文化发展综合指数评估，舟山市文化发展总指数列全省第三位，“免费开放的公共文化服务机构”、“每百万人拥有获省级以上‘五个一工程奖’文化作品数量”等多项指标居全省首位。

一、完善公共文化服务体系

启动公共文化服务体系示范区创建准备工作。推进普陀区创建浙江省公共文化服务体系示范区和定海区创建国家公共文化服务体系示范项目工作。定海区“文化零距离”大型公共服务项目获省公共文化服务创新奖，岱山县衢山镇获省文化强镇称号。舟山海洋文化艺术中心启用，海山文化大厦建成，推进舟山海洋数字图书馆、普陀大剧院、岱山海洋文化体育中心、嵊泗灯光球场舞台等工程建设，全市美术馆、公共图书馆、文化馆（站)免费开放，在全省新一轮综合文化站评估定级中，舟山成为全省唯一上等级综合文化站全覆盖的市；全市共建成省级标准农家书屋249家，建成率达122.7%，全覆盖渔农村。市图书馆、博物馆参观人次、借阅率、到馆率都有大幅度提高。市图书馆新增4家馆外图书流通站，流通配送图书11541册次，其中赠送图书3936册，采集地方文献共计99种，171册(盘)。完成《舟山地方文献联合书目提要》的出版发行；开发、整理、加工信息情报源，编制完成《2011年馆藏全国报刊舟山资料篇目索引》，共收篇目5440余篇；编印《舟山信息摘报》12期，计4800份。市博物馆在做好4个基本陈列正常开放的基础上，举办“舟山民间佛像藏品展”、“馆藏扇面册页展”、“舟山市第三次全国文物普查成果展”等4个临时展览，引进“浙江省全国文物普查成果展”。《舟山博物馆典藏·历代古砖百品》、《舟山文博论丛》出版。通过征集、捐赠等方式2012年新增各类藏品展品157件，包括当代书画名家精品7幅，渔盐业工具27件，瓷器10件，碑、匾7块、木器、家具、服饰等杂项103件；制作海洋生物标本3批，计199种。10月首次参加上海崇源拍卖公司的“秋拍”，在省鉴定中心专家的指导下拍得海派名家书画6件。市艺术剧院2012年引进演出团体24个，演出109场；市电影公司放映电影6960场，观众285000人次，票房收入突破1000万元。以市本级“市民系列”群文品牌，定海区“文化零距离”，普陀区“人文大讲堂”、“百姓大舞台”、“文化大展厅”，岱山县“百姓文化节”，嵊泗县“美丽海岛·有我更精彩”等品牌为依托，开展各类展览、演出、培训活动，参与群众40万余人次。举办群文活动1000余场，讲座、展览200余场；“文化走亲”71场。举行市纪念建党91周年暨创先争优活动“我们的旗帜”主题颁奖晚会、全市首届基层文化人才职业技能大比武、“新区启航 真情相约”第九届社区文化艺术节、全市小品曲艺新作汇演、“舞动新区·喜贺十八大胜利闭幕文艺晚会等活动。文化辅导方面，派出声乐、舞蹈、器乐、戏剧干部深入各乡镇、社区、企业、学校、机关单位开展艺术辅导、培训50余期。市艺术剧院“艺海拾贝”周末剧场自2011年9月推出以来，共演出62场。舟山影城假日免费专场、和谐社区公益电影放映活动和阳光电影卡等受到群众欢迎。“广电进渔船”工程完成年度计划任务的106.6%，有2979艘渔船安装了船载卫星电视接收设施。2012年，全市送戏下乡416场，观众328220人次；放映电影5090场，观众963506人次；举办各类培训676期，培训人员14180人次；配送图书123796册次；送讲座、展览149场，观众37470人次。

二、提升舟山海洋文化名城影响力

改编话剧《海的女儿》为大型现代越剧《海兰花》，将原嵊泗县嵊山小学党支部书记，优秀共产党员杨兰娟的事迹再次艺术地展现在舞台上。与普陀山管委会等单位共同打造文化旅游演出项目《金玉观世音》。市艺术剧院与萧雅合作的4部越剧，演出40余场，其中《新巡按斩父》作为文化部2012年全国优秀剧目参演剧目和为党的十八大献礼剧目，进京演出。2012年有美术、书法、摄影、音乐、小品等84件作品获省级以上奖项。2012舟山群岛·中国海洋文化节举办与海洋经济、海洋文化、文化产业相关的活动18项，有11个国家和地区、15个沿海城市、20余万群众参与，被人民网等评为首批中国最具影响力十大品牌节庆之一，并被国务院文件列入批准的节庆活动。

三、加强文化遗产保护、管理与利用

舟山白节山海域水下考古调查被列入国家文物局2012年重点项目，取得国家专项资金支持。完成第三次全国文物普查任务，共登记不可移动文物849处，其中复查245处，新发现604处。舟山群岛沿海的白节山、唐脑山、鱼腥脑、洛伽山、大菜花山、太平山、半洋礁等七座近代灯塔入选由国家文物局主持编撰的《第三次全国文物普查百大新发现》。定海区的岑港镇里钓山村和金塘镇大鹏岛，由省人民政府核定公布为省级历史文化名村。出台《关于加强我市非物质文化遗产保护工作的意见》。制定完成舟山市5个国遗项目的"八个一"保护方案。舟山螺钿镶嵌制作工艺等6个项目入选第四批省非遗名录，普陀区传统木船制造技艺传承人岑国和入选第四批国家级非遗代表性传承人，浙江海洋学院成为省级非遗研究基地，普陀区成为省非遗保护综合试点县，定海区成为浙江省非遗数字化保护试点县。普陀区的东极镇东极村、展茅街道干施岙村入选浙江省文化厅和浙江省旅游局公布的第二批浙江省非物质文化遗产旅游景区（民俗文化旅游村）。

四、促进海洋文化产业发展

2012年，普陀岑氏木船作坊入选国家级文化出口项目目录，渔民画和"绿眉毛"古代帆船模型等文化产品受邀参加2012年世界博览会，其中渔民画被中国馆指定为馈赠各国贵宾的礼品。组团参加2012年中国义乌文化产品交易博览会，展位数达40余个，参展产品50余种，2件产品获工艺美术类银奖，4件获铜奖。在2012年中国（深圳）国际文化产业博览交易会上，舟山海洋文化产品意向签单额总计逾千万元。研究制定文化创意产业发展扶持政策。对全市100多家企业及项目进行调研，完成《文化创意产业调研报告》（初稿）和《文化创意产业扶持政策》（初稿）。开展重点文化产业企业、重大文化产业项目摸底调查工作，共筛选全市重点文化产业企业78家、重大文化产业项目43个。强化行业监管，有效规范文化市场秩序和社会文化环境。

五、强化文化市场综合执法

2012年，舟山市共出动执法人员2830人次；检查各类经营单位4551家次；立案32件，结案29件，罚款171572元；收缴物品6377件。舟山市文化市场行政执法支队获2012年度全国文化市场重大案件办案单位。发挥市广电监测中心职能作用，组织开展安全检查，举行安全播出联合演练，启动并开展视听节目评议工作，受到省广电局通报表扬。推进全市"一省一网"整合及有线数字电视整转工作，截至2012年12月，舟山市有线数字电视整转率达84%，市本级城区和农村以及各县（区）的城区有线数字电视整转工作基本完成。印刷企业"五项制度"建设得到落实，软件正版化工作取得实质推进，全市共103个政府部门参加软件正版化推进工作。

2012舟山群岛·中国海洋文化节 于6月16日在舟山市岱山县岱东镇"鹿栏晴沙"拉开序幕。此届舟山群岛·中国海洋文化节由国家海洋局和浙江省人民政府联合主办，舟山市政府、浙江省文化厅、浙江省海洋与渔业局、浙江省旅游局和中国海洋报社共同承办，历时2个月，包括开幕式休渔谢洋大典、中国海洋文化论坛、渔民秀、国际游艇展、全国当代水墨艺术家邀请展等18项活动，涵盖海洋产业发展、海洋资源保护、文化体育旅游、船舶与海洋工程、海洋文化研讨等各个方面。共有11个国家和地区，15个沿海城市、20余万群众参加。

第十届中国普陀山南海观音文化节 10月22日举行的"台湾南海观音普陀山寻根之旅"拉开了观音文化节的帷幕，包括第四届中国普陀山佛教用品博览会、"同愿、同行、和天下"观音文化节大型音诗画、中国普陀山慈航广场佛教用品专业市场招商洽谈会、"佛顶顶佛"朝拜法会、"弘法演说"讲经法会、"慈悲普陀，大爱至深"普陀山—深圳"千人斋"旅游推介会等系列活动，于12月底结束。此届观音文化节由舟山市人民政府主办，普陀山风景名胜区管理委员会、舟山市民族宗教事务局、普陀山佛教协会、普陀山旅游发展股份有限公司承办。

第十四届中国舟山国际沙雕节 9月26日在朱家尖开幕，此届沙雕节将沙雕文化与电影文化相结合，用沙雕演绎电影经典场景和人物。沙雕展区长200米，宽55米，总堆沙量为2.3万立方米。9月10至24日，来自中国、美国、荷兰、加拿大、捷克和西班牙等国的35名沙雕手用15天时间在一万多平方米的区域完成“沙雕电影梦幻之旅”的创作。内容分为舟山沙之影城入口、电影历史博物馆、超级英雄过山车、惊悚鬼屋、冒险乐园、名誉之墙、中国戏院、好莱坞餐馆、未来世界、怪物之山10个区域。此外，游客还参与了东海音乐节、沙滩体育嘉年华、现场沙雕创作体验等配套活动。此届沙雕作品的展示将持续到2013年7月。

【大事记】

1月

12日 舟山市第二届文化奖颁奖典礼暨文化系统年度总结表彰大会在舟山剧院举行。经评选，舟山市图书馆等5家单位和《唱响定海·全民K歌赛》等3个项目获第二届舟山市文化奖集体奖，周波等3人获第二届舟山市文化奖个人奖，音乐作品《我从海上来》等16件文艺作品获第二届舟山市文化奖成果奖。

17日 舟山市委常委、市委宣传部长江建国，市政府副市长陈松菊在市文化广电新闻出版局局长邱平海、副局长金涛及文化、公安、消防等相关部门人员陪同下，对舟山市文化市场经营场所进行节前安全生产检查。

1月 浙江省文化厅公布2011年文化市场综合行政执法考评结果，舟山市文化市场行政执法支队获全省文化市场考核成效显著单位。

2月

5日 舟山市市长周国辉对《我市电子游戏（游艺）经营秩序整治工作的汇报》作出指示：文化市场的健康是文化市场管理的底线。对群众反映的问题要及时处理、回应。群众不仅是文化活动的主体，也应当成为依法行政的顺风耳、千里眼，这样才能构筑起有效的常态化的监督管理机制。

8日 舟山市开展国遗代表作丛书之《观音传说》评审。

9日 舟山市文化市场行政执法支队被浙江省广播电影电视局评为2011年度全省广播影视行政执法工作先进集体，普陀区文化市场行政执法大队队员徐栋被评为先进个人。

14日 舟山市文艺工作者参加市第六次党代会文艺演出。

16日 浙江省农家书屋工程建设协调小组对舟山市2011年度农家书屋工程建设情况进行督查验收。

21日 舟山市文化广电新闻出版局召开党组中心组理论学习（扩大）会。

27日 舟山市文化、工商部门联合开展非法销售卫星电视广播地面接收设施整治工作，查获擅自销售的卫星地面接收设施5套。

28日 非物质文化遗产研究基地建设工作座谈会在浙江海洋学院人文学院召开。

3月

7日 舟山市委常委、宣传部长周伟江，副部长周开龙等一行调研舟山市文化工作，实地了解市文化馆、市图书馆、市博物馆、市艺术剧院、市电影公司、市广电监测中心等部门的工作开展情况和新城海洋文化艺术中心工程建设进展情况，并听取了关于全市文化工作的汇报。

16日 舟山市广播电视安全播出工作会议召开。

19日至20日 浙江省文化厅国家级非遗项目核查组一行四人来舟山市检查国家级非物质文化遗产项目保护情况。

20日 舟山市文广系统工会召开2012年工作座谈会。

21日 舟山市文化广电新闻出版局召开局系统科级干部聘任工作宣传动员会。局党组书记、局长邱平海作动员讲话，局纪检组长郭建民主持会议。

22日 2011年度舟山市群文理论研讨会在定海召开。全市群文工作者代表及部分论文作者共60余人参加会议。会上颁发了2011年度优秀群文论文、优秀学会工作者和2010年度文艺百花奖。

28日至29日 舟山市对普陀山国家级风景名胜区内的文物保护单位进行安全巡查。

4月

5日 舟山市启动第二批舟山市“老字号”、“百年老店”评选活动。

9日 2012年度全市文物工作会议召开。

11日 舟山市2012年度非遗专家座谈会召开。舟山市文化广电新闻出版局召开科级干部聘任工作情况通报会，完成局系统新一轮科级干部聘任工作。

12日 舟山市文化广电新闻

出版局正式启动第三批市级非遗传承基地申报认定工作。舟山市公共图书馆地方文献资源建设会议在市图书馆召开。

16日 舟山市副市长王忠志实地走访了市文化馆、市图书馆、市博物馆、市艺术剧院、市电影公司等单位和新城海洋文化艺术中心。

16日 舟山市正式启动舟山海域文化遗产联合执法工作。市政府副市长王忠志，省文物执法总队总队长吕可平，省海洋与渔业执法总队副总队长王益凤，省公安边防总队副参谋长魏世银，市政府副秘书长江跃儿，市文化广电新闻出版局局长邱平海，市海洋与渔业局副局长刘志刚，市公安边防支队支队长叶建华等领导出席启动仪式。

23日 第七届中国普陀佛茶文化节开幕。

28日 浙江省群众文化活动机制推广现场会在舟山市召开。

28日 市属文化市场经营单位安全生产和管理工作会议在市娱乐协会召开。

28日 舟山市文广新局组织70余名党员干部赴定海干石览镇新建社区参观学习。

4月29日至5月2日 第七届中国义乌文化产品交易博览会在义乌国际博览中心举行，舟山市参展团参加展销活动。

4月 舟山市开展出版物市场专项检查和侵权盗版及非法出版物集中销毁等活动。共销毁书刊近3万册，音像制品（电子出版物）近2万张，游戏机30台，并发放宣传单、绿书签等近千份。

5月

10日 舟山市文广新局召开市直文化系统党风廉政建设工作会议暨廉政党课。

12日 舟山博物馆、舟山市博物馆协会在定海海山公园举办“5·18”国际博物馆日大型宣传活动。

18日至21日 舟山市参加第八届中国（深圳）国际文化产业博览交易会。

21日 舟山市政府办公室颁发《关于加强我市非物质文化遗产保护工作的意见》（舟政办发〔2012〕73号）。

24日 舟山市文广新召开全市文广系统纪检监察工作会议。

28日 舟山市副市长王忠志调研市文化工作。市政府副秘书长周开龙，市文化广电新闻出版局局长邱平海，市旅游委主任干松章，普陀山管委会副主任丁宏斌，市文化广电新闻出版局副局长金涛、纪检组长郭建民陪同调研。

28日 浙江省社科普及示范基地评估小组对市图书馆省级社科普及示范基地进行实地考察评估。

29日 浙江省政协调研组调研舟山市公共文化服务体系人才队伍建设工作，并实地考察普陀区展茅街道文化站。

6月

2日至3日 舟山市越剧团与越剧名家萧雅合作复排的经典越剧《何文秀传奇》、《状元未了情》在北京长安大戏院舞台上演。

4日 浙江歌舞剧院“彩蝶女乐”在舟山举行了一场主题音乐会“彩蝶雅乐”。

5日至6日 舟山市文广新局对普陀区虾峙镇和六横镇进行中心镇图书馆建设核查。

7日 舟山市召开广播电视视听评议工作会议。

9日 舟山市非遗保护部门开展文化遗产日各类宣传展示活动。此活动由市文化广电新闻出版局、市教育局主办，市非物质文化遗产保护中心、普陀区文化广电新闻出版局和普陀区教育局联合承办。

25日 舟山市渔农村基层文化骨干培训班开班，共有40余名基层文化骨干参加。

28日 舟山市政协六届一次提案集体面商会（公共文化）在舟山市文广新局召开。市政协副主席黄洁明参加会议。

29日 舟山市纪念建党91周年暨创先争优活动“我们的旗帜”主题颁奖晚会在市艺术剧院举行。梁黎明、周国辉、刘爱世、张兵、马国华、周伟江、胡海良、张明超、苗振清、钱军、王忠志、李善忠、刘宏明、王忠、陈松菊等市领导出席活动。晚会由市委创先争优活动领导小组、市委组织部、市委宣传部和市委两新工作委员会主办，市委创先争优活动领导小组办公室、市文化广电新闻出版局、舟山日报社承办，市文化馆执行承办。

6月 浙江省文化厅公布浙江省非遗干部读书征文评选结果，舟山市有4篇征文获二等奖，市文化广电新闻出版局被省文化厅评为征文活动优秀组织奖。

6月至7月 市文物监察支队对全市文物保护单位进行巡查。

7月

1日 舟山市艺术剧院赴军营为舟山91557部队官兵送去演出。

5日 浙江省人民政府公布第四批浙江省非物质文化遗产名录，舟山市有6个项目入选。

13日 浙江省新闻出版局督

查组一行5人来舟山市督查打击侵权盗版和软件正版化工作。

13日 舟山市政协副主席江建国专题视察普陀鲁家峙文化创意园区建设情况。

18日 2011年度浙江省广播电视政府奖作品评比全部揭晓。舟山市共有23件作品获各类奖项,其中一等奖1个、二等奖7个、三等奖15个。

19日 舟山市文广新局召开2012舟山群岛·中国海洋文化节闭幕式中国海洋歌会工作会议。会议由副局长李敏霞主持,局长邱平海出席会议。

19日 2012年的首次“走读昌国——舟山市文化遗产零距离体验活动”在定海区小沙镇举行,近40位市民参与。

24日 浙江省公共图书馆地方文献工作考评组莅临市图书馆检查。

25日 舟山市委副书记、政法委书记张兵赴市文化馆“市民大展厅”观看“庆祝舟山群岛新区批复设立一周年”舟山书法大展。

27日 舟山市文广新局党组举行2012年第四次理论中心组学习专题报告会,邀请浙江海洋学院教授顾协国作题为“以社会主义核心价值体系建设为中心,推进精神富有现代化浙江建设”的专题报告。局党组副书记、副局长李国芳主持学习会,局理论学习中心组成员、机关干部、局属单位副科级以上领导干部90余人参加学习会。

31日 “市民大舞台”走进普陀山,庆祝中国人民解放军建军85周年。

7月 舟山市部署开展迎接党的十八大文化市场专项保障行动工作。

7月 舟山市对全市的村(社区)文化活动中心挂牌工作进行督查。

7月 浙江大学数字娱乐产业研究中心博士后调研队到舟山市进行海洋文化产业调研。

8月

6日 舟山市文化、公安、工商职能部门联合开展娱乐场所和经营服务场所禁毒集中整治行动。

9日至10日 浙江省农家书屋工程建设协调小组验收舟山市农家书屋工程建设情况。

10日 舟山市文化广电新闻出版局召开基层党组织建设工作会议。

15日 全国首个中国音乐家创作采风基地在浙江舟山群岛新区正式挂牌。中国文联副主席、中国音协分党组书记、驻会副主席徐沛东,市人大常委会副主任冯淑仙,市人民政府副市长王忠志,市政协副主席沈旺,市人民政府副秘书长周开龙,市委宣传部副部长、文联主席薛剑平,市文化广电新闻出版局局长邱平海出席挂牌仪式,市委宣传部副部长郭和宽主持。

16日 浙江省文化厅副厅长陈瑶在舟山市文化广电新闻出版局局长邱平海的陪同下,考察了舟山新城海洋文化艺术中心。

21日、30日 舟山市对重点印刷企业生产经营情况进行调研。

22日 舟山市广播电视工作座谈会召开。

23日 舟山市文化广电新闻出版局党组举行2012年第五次理论中心组专题学习会,市委业余讲师团成员、局文化遗产处处长邵思明作《非物质文化遗产保护概述》专题讲座;局党组理论学习中心组成员、机关各处处长(主任)、直属单位党政主要负责人及局群团组织负责人共35人参加了学习会;党组书记、局长邱平海主持学习会并讲话。

27日 舟山市召开文化市场管理工作会议。

28日至31日 舟山市组织对全市文化经营单位进行专项交叉执法行动。共检查网吧、印刷、游戏游艺、歌舞娱乐场所等文化经营单位58家,收缴非法光盘80张,非法书刊4本。

8月 舟山市公布定海区的“瑞和”糕饼店成为舟山第二批“老字号”,舟山瀛洲海洋食品有限公司(舟山海鲜系列传统加工技艺)、普陀区海浪花艺术团(翁洲走书)、浙江舟富食品有限公司(舟山海鲜系列传统加工技艺)等3家单位成为第三批市级非遗传承基地。

8月 舟山市文广新局组织开展行政许可案卷评查工作,对2011年6月1日至2012年5月31日期间办理完结的70件行政许可案卷进行梳理、补充和订正。

8月 舟山市文广新局全面部署关于台风、强降雨等灾害性天气的安全清查工作。

9月

12日 “2012连线浙江——中外媒体四大国家战略举措采访考察”舟山站活动走进舟山,美国侨报、加拿大环球华报、新华社、香港大公报、中国国际广播电台等18家国内外媒体对舟山市海洋文化进行宣传报道。

14日 浙江省公共图书馆地方文献工作考评组对舟山市岱山县图书馆开展地方文献抽查工作。

22日 舟山群岛新区“农行杯”首届戏曲票友大赛复赛在定海举行。

24日　舟山市政协副主席蒋宝华率政协文史和学习委员会20位政协委员对市名人故居进行视察，实地走访刘鸿生故居、蓝府大院，并听取市文广新局关于名人故居保护现状的汇报。市文广新局局长邱平海、副局长李敏霞等陪同调研。

24日至26日　舟山市参加省管辖海域内文化遗产联合执法行动，对六横双屿岛海域、象山渔山岛小白礁海域进行巡查。

26日　舟山市文广新局对局属各单位开展节前安全检查工作。

26日　舟山市召开市文化市场管理（“扫黄打非”）工作领导小组成员单位联络员工作扩大会。

27日　舟山市委常委、宣传部长周伟江在市文广新局局长邱平海、副局长金涛及市公安局、市消防支队、市工商局、市（区）文化市场行政执法部门有关人员的陪同下，对临城新区、普陀区的文化市场经营场所进行安全生产检查。

27至28日　浙江省非遗传承教学基地考察组对舟山市第二批浙江省非物质文化遗产传承教学基地申报学校进行实地检查评估。

9月　舟山市制定出台“广电进渔船”安全管理规定。

10月

19日　舟山市召开2013年推进软件正版化工作协调会。

10日　由中共定海区委组织部、中共定海区委宣传部、定海区文化新闻出版局、定海区文学艺术界联合会联合主办的“唱响定海·海洋之韵综艺PK”赛落幕。

12日　舟山市首届基层文化人才职业技能大比武在定海文化广场进行总决赛。

17日　由舟山市越剧团与越剧名家萧雅合作复排的经典越剧《新巡按斩父》在舟山剧院首场公演。

17日　舟山市图书馆向视障读者推出“听书器”外借服务。

18日　舟山市文广新局党组书记、局长邱平海、副局长李国芳到市行政审批服务中心文广新闻窗口进行调研及现场办公。

18日　舟山市传统木船制造技艺传承人入选第四批国家级传承人推荐名单。

26日　舟山市戏剧小品曲艺新作汇演在舟山剧院举行。

30日　由浙江省文化厅副厅长、巡视员、省“扫黄打非”工作领导小组办公室主任田宇原带领的省迎接党的十八大深化“扫黄打非”工作督察组对舟山市迎接党的十八大深化“扫黄打非”工作进行督察指导。市政府副市长王忠志、市政府副秘书长周开龙、市委宣传部副部长郭和宽、市“扫黄打非”工作领导小组办公室主任金涛，市公安局、市工商局、市海关缉私分局、普陀区政府、普陀区文化广电新闻出版局等相关部门领导出席会议。

30日　由舟山市文化广电新闻出版局主办、市文化馆承办的舟山市第九届社区文化艺术节节目汇演在白泉镇金山社区文化中心举行。

10月　舟山市全面开展新一轮综合文化站评估定级复查工作。

10月　由商务部、中宣部、文化部、广电总局和新闻出版总署五部委联合评选的2011至2012年度国家文化出口重点企业和项目目录揭晓，舟山市普陀岑氏木船作坊的中华古帆船研究制作中心项目榜上有名。

11月

8日　舟山市文广新局局长邱平海、纪检组长郭建民一行来到市文化市场执法支队开展调研工作。

9日　舟山市文广新局召开全市企业报审读工作座谈会。

13日　舟山市文广新局召开局系统部分青年骨干座谈会。局长邱平海，局纪检组长郭建民，局组织人事处负责人及局系统20余名青年文化干部参加此次座谈。

13日　舟山市审计局审计组一行到舟山市文广新局开展2011年文化事业发展专项资金专项审计整改落实“回头看”工作。

14日　舟山市文广新局召开2013年度各县（区）正版软件推进会。

15日　在浙江省首届村歌创作演唱大赛中，舟山市选送的三件作品，嵊泗县五龙乡田岙村的小组唱《这里是东海渔村》、定海区文化馆的女声表演唱《为了蓝土地的微笑》、普陀区勾山街道南岙村的女声表演唱《南岙放歌》获创作、表演双项金奖。舟山市文广新局获评优秀组织奖。

18日　浙江省文化厅在全省选取46个在公共文化建设上有代表性和示范意义的区域作为公共文化服务观测点。舟山市定海区、定海区金塘镇、普陀区虾峙镇、普陀区虾峙镇灵和社区、普陀区六横镇龙山社区5个区域名列其中。

19日至23日　舟山市举办2012年全市文化市场执法人员业务技能培训班。

21日至25日　舟山市文广新局主办的“伟大时代·风采千岛”庆祝十八大胜利召开主题宣传活动在全市范围展开。

23日　舟山市文广新局召开学习贯彻党的十八大精神工作会

议。党组书记、局长邱平海传达了党的十八大精神和全市领导干部大会精神，局领导班子成员金涛、郭建民、郑金友和机关全体干部职工、局属单位中层以上干部、部分离退休老干部120余人参加会议。会议由党组副书记、副局长李国芳主持。

26日 舟山市文广新局参加“行风热线”节目。

11月 舟山市文广新局完成2013年部门预算编制工作。

11月 舟山市电影公司开展反邪教“电影下乡”宣传教育活动。

12月

3日 由舟山市残疾人联合会、浙江海洋学院、舟山市文化广电新闻出版局、舟山市残疾人专门协会联合举办的“携手同行 共铸爱心”舟山市庆祝第二十一个“国际残疾人日”文艺晚会在浙江海洋学院举行。

7日 舟山市文广新局组织纪检干部、党务工作者学习党的十八大精神，传达了全市纪检监察系统干部会议情况。

10日 浙江省副省长、舟山市委书记梁黎明一行前往舟山市图书馆新馆检查指导开馆前的准备工作，市文广新局局长邱平海、副局长金涛等陪同。

12日 舟山市文化、公安部门联合在临城开展“铲赌患、正风气”集中销毁赌博机行动。全市文化、公安职能部门的执法人员参加此次行动，共销毁各类赌博机604台。

12月 浙江省文化厅下发《浙江省文化厅关于开展文化市场综合行政处罚案卷评查工作的通知》(浙文法〔2012〕26号)，舟山市获2012年文化市场综合执法行政处罚案卷评查三等奖。

（张　迦）

舟山区、县(市)文化工作概况

【定海区文化新闻出版局(体育局)】 内设职能科室7个，直属单位6个。2012年末人员59人(其中：行政14人，事业41人，参依照4人；具有高级技术资格0人，中级7人)。

2012年，定海区文化新闻出版局进一步提升定海文化软实力，为助推舟山群岛新区建设、构建幸福宜居新定海提供强有力的精神动力和文化支撑。一、文化基础设施建设力求实效。定海区图书馆正式交接运行，采用定海区图书馆、舟山市图书馆定海分馆“两块牌子、一套班子”的挂牌方式，统一由定海区文化新闻出版局管理。北蝉乡、长白乡、马岙镇完成综合文化楼主体工程建设。册子乡、小沙镇完成省级文化强镇前期准备工作。截至2012年12月，全区公共文化设施总面积达到68459.4平方米，15个乡镇(街道)均建有综合文化站，其中一级站1个，二级站10个，三级站4个。119个社区文化室设置率均达100%。二、群众文化品牌深入人心。定海区策划并实施“文化零距离”大型民生服务项目，优化整合“唱响定海”大型群众文化活动、“百姓课堂”文化公益培训、“文化超市”网络服务平台等多个群众文化品牌。推出“海洋之韵综艺PK”活动，该活动由“家和”、“春潮”、“秋实”等三大板块组成，146场赛事覆盖全区15个乡镇、118个社区和926个网格，有12000余人次登台献艺，观众有近30万人次。4月，全省群众文化活动机制推广现场会在定海举行。2012年，“文化零距离”大型民生服务项目获省文化厅公共文化创新奖，并被推荐为全国“群星奖”评选。三、公共文化服务不断丰富。组织开展以“解放思想创新业 两创四敢促跨越”、“展海洋文化新风采 当新区建设排头兵”等为主题的送戏下乡活动96场，“文化走亲”200余场次，送书万余册，农村电影放映工程送电影下乡1512场次，10月8日正式接手的定海图书馆已接待读者12741人次，借阅图书共计58014册次，办证人数627人。举办“旗帜·飘扬”定海区庆祝建党91周年暨创先争优表彰文艺晚会。定向开展美术书法、音乐舞蹈、戏剧曲艺、文学等专题公益培训500余期次，受益人数万余人次。组织全区各乡镇文化员、文艺骨干参加浙江省第六期排舞师资培训班、全市基层文化员排舞培训、2012年度全省基层文化队伍素质提升工程省本级培训、2012年度全省民营文艺表演团体团长培训等系列培训，同时组织基层文化骨干参与全市首届基层文化人才职业技能大比武，获声乐类、戏曲类、视觉艺术类一等奖。四、网络服务渠道不断拓宽。2012年9月，“文化超市”网络服务平台正式上线。自试运行起，已举办书法、花鸟画、山水画、歌曲演唱、化妆礼仪、排舞编创、越剧表演、摄影等公益培训500余期(次)，10000余人次受益。另送出图书10000余册，演出90余场，惠及城乡群众十余万人次。该平台正式开通以来，点击总量达12万余人次，被省文化厅推荐为第二批国家公共文化示范项目，参加文化部评审。先后开通定海文化新浪微博、腾讯微博、浙江在线微博。“定海非遗保护”新浪微博也已开通。五、“非遗”保护传承提炼古城人文。定海区政府发文公布区级第五批非遗保护名录14项、扩展名录2项、代表性传承人4名、传承教学基地2个，另新增第三批舟山市非物质文化遗产传承基地2个。截至2012年12月，已建立起国家、省、市、区四级名录保护体系。定海区被列为“浙江省非物质文化遗产保护信息平台试点县”。该信息平台已输入普查信息（线索一览表、普查项目调查表等）共计14058条（项）。继续编辑《定海记忆》丛书，《定海民间故事精选（方言音频版）》和《舟山锣鼓演奏技法大全》（附教学光盘）即将出版。运用定海区非物质文化遗产精品节目巡回展演、精品项目巡回展示、保护成果巡回展览等多种形式，在解放街道、金塘镇、干石览镇、跨海大桥观光平台等地开展活动。组织非遗保护项目的产品和传承人，外出展演、展览、交流活动，夏雨缀、钱兴国在“2012年工艺美术大师作品暨工艺美术精品博览会”上获二金一银；还在“第七届中国义乌文化产品交易博览会”上，获一银三铜；洪国壮等参加“中国首届水上民歌展演”，获金奖；孔建荣在浙江省传统武术锦标赛暨浙江省中国武术段位通段赛上获两块金牌和“优秀运动员”称号。六、海洋文化产业开拓经济增长点。起草制定全区文化产业发展扶持政策，并进行招商引资。海缘影视、定海神针、红钳蟹等海洋文化企业相继落地，中国戏剧谷被列为省文化产业发展“122”工程首批重点培育文化产业园区，青龙山文化园、文化创意园区二期等项目规划初步完成。七、文艺创作彰显海洋文化魅力。《兰亭集序》条幅获第四届中国书法兰亭奖佳作奖，摄影《泥浴》入选上海第11届国际摄影艺术展，5幅渔民画入选第二届全国农民画展；4幅漆画入选第三届全国漆画展，其中1幅获优秀创作奖；10幅作品参加长三角地区中国农民画联展，获银奖、铜奖各一个；《浙江制造业新生代农民工文化生活调查报告》等3篇群文理论文章获省级一等奖；音乐作品《为了蓝土地的微笑》获浙江省首届村歌大赛表演、创作双金奖；舞蹈作品《今晚有戏》获浙江省舞台舞蹈大赛创作、表演双银奖，《那个年代那份情》获创作、表演双铜奖；小品《“菜”专家》获2012年浙江省戏曲曲艺大赛创作、表演双铜奖；东海小龙女排舞队获浙江省第六届排舞大赛银奖。策划组织“文化人走文化路·看文化定海”主题活动，编辑出版《看文化定海》一书。推出文艺精品《定海作家丛书》第三辑（6本）、《定海新渔民画精选》《定海青年书法作品选》等图书。八、依法行政护航文化体育市场。提供“一站式”、“一条龙”服务，实行审批、发证限时办结制，2012年共办结227件。强化市场监管，依法查处违法违规行为，2012年共出动检查人员954人次，检查歌舞娱乐等文化经营场所972家次，立案查处违法违规经营行为17件，罚没款人民币138672元，受理举报26次，未发生一起行政复议和行政诉讼案件。行政审批和行政执法各有1个案卷被区法制办评为2012年度“十佳”案卷。

（庄建超　李　华）

【普陀区文化广电新闻出版局】 内设7个职能科室，7个直属单位。2012年末人员162人（其中：行政11人，参依照9人，事业142人；具有高级技术职务资格的6人，中级39人）。

2012年，普陀区文化广电新闻出版局围绕“三大体系”建设，深入实施文化“八项工程”和“十大行动计划”，谋规划、抓重点、强基础、求创新，各项工作取得明显成效。一、公共文化服务水平进一步提升。推进普陀大剧院和鲁家峙文化创意园区等重点文化工程。推进乡镇综合文化站标准化建设，完成全区12个乡镇（街道）公共电子阅览室和文化信息资源共享工程分中心建设。启动全区公共图书馆城乡一体化建设，建立12个乡镇（街道）图书分馆。实现全区75个社区和104个行政村文化活动中心全覆盖。建成104家行政村农家书屋和40家特色农家书屋，被省新闻出版局评为浙江省农家书屋工程建设先进单位。实施“2012全民文化艺术发展年”活动，举办区级文化活动46场次，各级各类基层文化活动153场次。发挥文化馆、图书馆、博物馆的文化主阵地作用，拓展免费开放服务项目，开展“百姓走进文化馆”和“一卡通借阅”。2012年送文化下乡85场次，送图书下乡5万余册次，送电影下乡1706场次，送讲座展览下乡12场次，开展“文化走亲”活动20场次。打造三大公共文化服务品牌，举办“百姓大舞台”7场次，“人文大讲堂”13场次，“文化大展厅”12场次。实施青年文艺人才“新松计划”，培养4名优秀青年创作、表演人才，2012年培训基层文化能人225人次，业余文艺团队达363支12192人，开展文化志愿服务达11330人次。二、文化遗产保护工作卓有成效。完善文保单位"四有"建档工作，完成全区29家文保单位建档。推进海洋文化系列博物馆体系建设，5个民办博物馆和专题博物馆正式挂牌成为普陀博物馆分馆。制定出台《普陀区非物质文化遗产保护综合试点工作方案》。成功申报普陀区为浙江省非遗保护综合试点县，东极和干施岙为第二批浙江省非物质文化遗产旅游景区（民俗文化旅游村）。开展名师带徒工作，组织传统木船制造技艺、翁洲走书等16个名录项目的代表性传承人收徒传艺，推进"非遗进校园、到社区、下船头"工程，在全区9所中小学设立传习课程。举办第七个全国文化遗产日活动，编印《普陀水产品传统加工技艺》、《普陀传统木船制造技艺》。三、文化产业发展态势良好。普陀岑氏木船作坊的中华古帆船研究制作中心被列入2011至2012年度国家文化出口重点项目。组织文化企业参加文化产业博览会，普陀渔民画和"绿眉毛"古代帆船模型等文化产品登上韩国2012年世博会。举办首届普陀区精品文化产品展评活动。四、文化市场管理服务水平日渐提升。推出预约服务及延时服务制、审批办证"一窗式"受理服务机制，2012年共办理各类业务164件，办结率100%。打击网吧超时经营、超范围经营活动及网上传播有害文化信息等违法违规经营行为，开展打击侵权制假专项整治行动，2012年共出动检查人员724人次，检查网吧等文化经营单位1685家次，立结案15件，收缴非法音像制品4437盘（张）、游戏板66件、电视棒和卫星接收器11件，取缔无照电子游戏厅27家、非法兜售音像制品和出版物游动地摊10家，责令整改非法安装IPTV用户6家次。

（陈洁琼）

【岱山县文化广电新闻出版局】 内设职能科室6个，直属单位6个。2012年末人员190人（其中：机关11人，事业179人；具有高级技术职务资格的5人，中级36人）。

2012年，岱山县文化广电新闻出版局围绕海洋文化名县建设目标，抓重点、破难点、求亮点，文化活动丰富多彩，广电宣传成绩斐然，文化市场繁荣稳定，各项工作取得明显成效。一、公共文化设施日臻完善。推动县级大型文化设施建设，县海洋文化体育中心进入装修施工阶段，县文化广电综合大楼完成地下室基础工程。推进基层文化设施建设，启动乡镇综合文化站评估评级工作，衢山镇创建为省文化强镇，开展第四批县级示范文体活动室创建活动，实现全县渔农村社区省级农家书屋全覆盖。探索流动文化设施建设和乡镇文化站开放机制，为各乡镇购置了一套广场K歌流动音响器材，补助乡镇文化站配置专职工作人员。二、群众文化活动丰富多彩。举办2012岱山县百姓文化节系列活动，包括"百姓秀岱山"琴棋书画才艺展示大会、船头号子、"我是K歌王"大赛等项目，自4月开幕到12月落幕，共举办各类演出62场，内容涉及歌舞、书法、美术、戏曲等艺术形式，受众达7万多人次。组织开展庆祝党的十八大系列活动、海洋文化节系列活动、春节、元宵广场系列文化活动、全民读书日等主题活动，2012年各类文化活动超过100场次。三、文化惠民工程扎实推进。新聘请外岛片17位"种文化"辅导员，实现本岛、外岛乡镇的全覆盖；举办全县基层文化队伍综合技能培训班，培训400多人次；开设百姓艺术课堂，在兰亭社区、岱西镇文化中心、金海重工分别建立艺术基地。开展"送文化"活动，2012年共送戏下乡59场次，送图书（流通）18000册，送电影1200场次，观众11万多人次，举办大讲堂6场次、各类展览12场次，向业余文艺团队赠送各类音响器材19套，建立长涂镇长西社区等13个图书流通站，在县图书馆设立盲文及盲人有声读物专柜。先后引进法国爱乐乐团新年音乐会、省歌舞剧院彩蝶飞舞民乐演奏会、喜迎十八大"党旗飘扬"大型文艺晚会等4场活动。四、文艺精品创作硕果累累。渔民号子《拔篷号子》、《拔锚号子》获中国第六届原生民歌优秀演唱奖，《拔锚号子》获全国渔歌邀请赛银奖。小小说《原始积累》获第十届全国微型小说（小小说）年度评选一等奖。小品《代理》获2012舟山市小品曲艺新作汇演创作、表演双金奖，《程序》代表浙江省参加华东六省一市戏剧小品大赛。岱山作家协会（群岛诗群）获舟山市文化奖评选集体奖，周波获个人奖。五、文物保护工作得到加强。做好岱山县第三次全国文物普查档案编制工作。组织开展全县各级文保单位文物安全勘察活动，对大舜庙后墩遗址、宋朝宫等文保单位进行检查修缮。做好文物保护宣传工作，2012年首次走进学校和社区举办宣传活动。召开全县业余文物保护员座谈会，聘请16名业余文保员。六是博物馆工作取得新成绩。履行行业指导监管职能，组织开展博物馆讲解员业务培训和安全隐患大检查，县海洋文化博物馆通过省爱国主义教育基地复评，获“浙江省最佳社区参与奖”，2012 年共接待国内外游客 9 万余人次，灯塔博物馆近 1.5 万人次。强化博物馆的藏品资源意识，2012 年灯塔博物馆收藏一座从定海虾峙门退役的航标灯。七、非遗保护工作持续推进。制定岱山县非物质文化遗产管理办法和国家级非遗项目“舟山渔民号子”“渔民谢洋节”“八个一”保护措施。组织开展舟山渔民号子挖掘培训及创作，在高亭中心学校开展渔民号子进课堂活动，同县旅游局合作建立渔民号子传承展示基地。组织开展非遗为民服务活动，2012 年在仙洲公园非遗展演基地上演布袋木偶戏 50 场次，受益观众近万人次。浙江舟富食品有限公司入选第三批市级非遗传承基地。组织船模、布鱼挂件等非遗产品参加 2012 中国义乌文博会，“岱山海盐制作工艺”、“书雕”非遗项目专题在舟山电视台渔农村天地栏目中播出。八、文化市场监管明显加强。配合省级示范文明县城创建工作，将日常检查与专项整治相结合，严厉查处各类违法违规经营行为。连续开展迎接党的十八大文化市场专项保障行动、网吧、游艺娱乐场所、印刷企业、地面卫星等专项整治行动。2012 年共出动执法人员 700 余人次，检查文化市场经营场所 1400 余家次；立案查处违规经营单位 5 家，罚款 2.2 万元；取缔黑网吧 2 家，收缴电脑 31 台；取缔无证游戏室 2 家；取缔无证地摊 8 家，收缴盗版音像制品 5500 多盘；会同公安、消防、工商、城管等部门开展联合执法行动 15 次；办结上级交办举报 4 起。

（张　锐）

【嵊泗县文化广电新闻出版局】 内设职能科室 6 个，直属单位 7 个。2012 年末人员 118 人（其中：机关 16 人，事业 102 人；具有高级技术职务资格 2 人，中级 30 人）。

2012 年，嵊泗县文化广电新闻出版局开拓文化工作新思路，创新工作新理念，不断加大海岛文化基础设施建设投入力度，丰富城乡群众文化活动，全县各项文化事业取得新进展和新成效。一、加大投入、合理布局，公共文化基础设施建设进一步完善。推进菜园镇创建完成市海岛百花乡镇各项建设工作；2012 年配赠设备器材充实到嵊山镇、枸杞乡和黄龙乡综合文化站设施建设；投入 220 万元对县灯光球场舞台实施改造。建立农家书屋 22 家，覆盖率达到 100%，同时还赠送图书 4284 册、电子音像制品 30 多种、报刊杂志 30 多种。二、整合资源、创新载体，全县文化惠民工作开展得有声有色。海洋文化中心效应明显。发挥“两馆一院”服务职能，实施文化馆、图书馆、影剧院免费开放工作。2012 年县图书馆接待阅览和借阅 28679 人次；县影剧院共举行演出 34 场次，其中引进国外、省级剧团演出 12 场，同时对小厅数字化电影放映工作进行全方位的策划、宣传，共放映 494 场，观众达 18535 人，放映收入 63.6 万元。组织开展“文艺进社区”、“文化下乡”、“体育进社区”、文化进军营、进企业等公益性文化活动，2012 年送戏下乡演出 55 场，受众人数达 27000 多人次，数字电影下乡放映 379 场，送图书下乡 10497 册，建立新增流动图书点 2 个，同时还帮助个别企业改善职工图书阅览条件。三、打造品牌、繁荣创作，突显海洋文化的精品力作不断涌现。开展以节庆文化、社区文化和主题文化为特色的群众性文化活动。2012 年主办、承办、协办各类大中型群众文化活动 33 场次，摄影、美术、书法、剪纸等展览 6 次，讲座 32 场。举办 2012 舟山群岛·中国海洋文化节“龙腾盛世”嵊泗舞龙大会；深化“一乡一品”基层群众文化活动，如菜园镇举办第八届渔农民艺术节、黄龙乡举办第九届“蛟龙腾飞”渔民开捕节。在五龙乡举办“走进东海渔村 体验微城慢生活”—2012 美丽海岛主题旅游周活动启动仪式。2012 年共有 35 余件作品在市级以上获奖、展出。舞蹈《阿哥团的花布兰》、《香溢糟鱼鲞》在 2012 年浙江省“群星奖”舞台舞蹈大赛中分别获创作银奖和表演银奖；舞蹈《亲亲小岛》获浙江省“群星奖”并入围全国“群星奖”评选作品；渔歌《这里是东海渔村》在浙江省村歌大赛中获创作金奖和表演金奖；嵊泗渔歌《摇橹谣》在 2012 年广东省渔歌精英赛暨全国渔歌邀请赛中获金奖。嵊泗渔民号子《拔蓬号子》、嵊泗渔歌《东西南北风》参加中央电视台《2012 年中国民族民间歌舞乐盛典》节目的录制，并在中央电视台（音乐台和高清台）播出。摄影作品《东方大港——洋山之夜》、《嵊山渔港》被“国家地理”杂志选中，刊登于“中国国家地理”第二期；剪纸作品《听海》在“辉发杯”全国剪纸大赛中获铜奖。剪纸作品《心中的茶》在浙江省“茶文化”剪纸艺术展中获一等奖。开创县内各乡镇间文化交流的新局面，先后开展嵊山镇与菜园镇戏迷沙龙大家唱嵊山分站成立演出交流活动、五龙乡与菜园镇音乐纳凉晚会“文化走亲”、菜园镇与五龙乡剪纸爱好者“文化走亲”等活动。开展余杭赴嵊泗“文化走亲”文艺演出、嵊泗赴余杭“文化走亲”文艺演出以及嵊泗崇明摄影作品“文化走亲”等活动。投入30万元制作嵊泗渔歌CD和《东海谣》音像专辑各5000盒。2012年，海洋剪纸工作室、渔文化创研室和文联艺术阁相继挂牌。四、凝聚合力、落实责任，文化遗产保护、传承和利用措施到位。对各乡镇提出开展属地文保工作要求，并对相关文物保护单位进行保护范围与建设控制地带的划定工作。完成嵊泗县第三次全国文物普查不可移动文物登记表、不可移动文物名录、普查工作报告以及普查档案的印刷工作，《列岛遗踪》的编制工作已初步完成。配合国家考古中心、市水下考古工作站深入渔村开展调查及水下考古探摸工作，并对嵊泗县海域的水下文物资源保护做好巡查和信息网络工作。实施全县文物标志牌的修缮工作。完成全县民间艺人普查工作任务，共普查全县民间艺人204名，艺术团队21个；开展非遗数字化工作平台建设工程；依托第七个“文化遗产日”，先后开展“海洋剪纸艺术传承培训基地”授牌仪式、渔俗文化进校园活动、“端午文化内涵与价值”讲座以及“走近历史，品读嵊泗——嵊泗县文化遗产零距离体验活动”第三季黄龙片等活动。五、突出重点、完善机制，文化市场管理工作进一步规范。联合工商、公安等相关职能单位集中开展“扫黄扫非”、校园周边环境整治、营业性演出监管和游泳场所等各类文化市场重点领域的专项整治行动。2012年共出动执法人510人次，检查各类文化经营场所1165家次，处罚违法违规经营单位1家次。加强文化市场经营单位的规范化建设，推进文化市场“创国卫”各项工作的落实。制定落实行政审批制度。2012年共受理审批、变更各类文化经营项目27件，办结率达到100%。每件承诺平均天数为20天，每件办理平均天数为5天，每件提前办理平均天数为15天，提前办结率为100%。

（曾　燕）

台州市文化广电新闻出版局

【概况】 内设6个职能处室，下属单位7个。2012年末人员92人（其中：机关23人，事业69人；具有高级技术职务资格的11人，中级12人）。

2012年，台州市文化广电新闻出版局紧紧围绕文化大市建设的总体目标，以加强公共文化服务体系和文化产业发展体系建设为重点，以全面实施文化惠民工程为抓手，推动各项文化工作，取得明显成效。

一、市级公共文化基础设施日趋完善

完善台州市图书馆的功能布局。无障碍图书馆和24小时图书馆建设项目完成设备安装、调试工作，于12月对外开放。地方产业图书馆完成家具、相关专业图书和数据库的采购工作。加快市区各公共图书馆借阅系统的改造升级，除路桥以外市区范围内公共图书馆实现"通借通还"。加快台州市博物馆的各项筹办工作。10月，历史陈列文本《山魂海魄》（暂名）和民俗陈列文本《大地的情怀》（暂名）初稿完成。11月，先后三次召开陈列文本论证会，组织文物博物、民俗、社科、民间收藏等方面专家进行论证修改。启动台州籍书画名家作品征集工作，收获很多名家作品。开展陈列布展设计、精装修设计以及安防设计等项目的准备工作。在全市部署实施基层文化设施达标工程。推动县（市、区）新建、改扩建一批符合省定建设标准和功能的文化馆、图书馆、博物馆（艺术馆）、乡镇综合文化站和村级文化活动室。截至12月，9个县（市、区）在建和筹建的大型文化设施工程项目达14个，总投资超过11亿元。2012年全市新增公共文化设施面积52920平方米，每万人文化场地面积数增加88平米。

二、公共文化服务体系建设不断推进

启动公共文化服务示范乡镇创建工作。7月，召开全市公共文化服务体系建设工作会议，市委常委、宣传部长张燕和台州市副市长叶海燕叶与会并作讲话。将全市9个县（市、区）的30个乡镇（街道）列入首批重点培育计划，并部署公共文化服务体系示范乡镇评选工作。办好《台州文化有约》宣传折页。2012年刊印12期公共文化服务指南。重点打造"农民文化节"、"城市艺术季"、"广场文化月"和"人文台州大讲堂"等系列公益文化品牌。其中2012台州城市艺术季暨第五届艺术节活动于5月正式启动，内容含高雅剧目精品荟萃、本土团队风采展示等四大板块共23个专场展演活动，时间横跨6月至11月。上演的精品剧目包括孟京辉作品——话剧《恋爱的犀牛》、"美国温第安纳管乐团音乐会"、"中国古琴名家音乐会"等。10月25日，第七届农民文化节活动由市委办公室、市政府办公室发文启动，活动内容涵盖欢庆十八大主题活动、"美丽乡村"文艺创作活动、地方特色文化展示活动、舞龙大赛等。公益性文化讲座和展览方面，"人文台州大讲堂"2012年共举办讲座48场、公益展览25场，听众和参观人数超40000多人次。市县文化馆组建由文艺专家组成的"台州文化专家讲师团"向基层免费提供订单式的授课和培训服务，自成立以来已累计授课50场次，受众突破8000人次。2012年，全市累计完成1858场演出、38790场电影、142780册图书和97场公益展览的下乡任务。

三、文化产业得到进一步发展

实施《台州市文化产业发展规划》，重点发展文化旅游、新闻传媒、演出娱乐、印刷服务、文化会展、工艺美术等六大产业，并将创意设计作为重点培育产业，形成"6＋1"的文化产业模式。联合市委宣传部、市发改委开展"1135工程"申报工作，对全市范围内优选的40家重点企业、20个重点项目和16家重点园区进行甄选，并对入围的企业和项目实施定期联系和重点扶持。会同市商务局等部门出台市级文化出口重点企业认定标准，确认台州景想科技、得力佳文具等21家单位为首批市级文化出口重点企业，并为入选企业争取提供通关便利、因公出境审批、用汇额度等方面的便利化服务。7月，台州市绣都服饰有限公司被文化部评为国家级文化产业示范基地。台州市台商文化促进会于11月9日由市民政局正式批准成立，吸引了75位来自文化企业、学术机构和金融机构等行业的负责人和专家参加。联合浙江省浙商文化促进会、台州日报报业传媒集团共同开展2012文化新浙商台州地区评选活动，选出2012“十大”文化新台商，并推荐15人参加2012文化新浙商的评选活动。鼓励民营资本购买或租赁生产性企业富余厂房和办公楼来设立集约化经营的文化产业园区，并在房租补贴、行政服务和金融支持等方面予以倾斜。截至2012年12月，已有台州文化创意园、台州心海文化生态园等6家建成或在建，总面积达5万多平方米，吸引各类文化企业300余家，吸收就业2600人次。联合开发区管委会、市财政局、市发改委等部门开展市场准入、土地使用、税收优惠等方面配套政策的调研和落实。由台州市文广新局牵头起草的《关于鼓励民办文化加快文化产业发展的若干政策意见》多次征求各方面意见后上报市委宣传部。

四、文化遗产得到进一步发掘和保护

做好《台州文献丛书》编纂整理工作。制定出台扶持台州乱弹剧团发展的计划，包括资金补助、剧目创新、人才引进和市场培育计划等。理顺管理和治理架构，组建浙江台州乱弹剧团。多次组织剧团赴德国、新西兰等地进行文化交流。10月，大型情景纪实剧《我的乱弹我的团》在椒江剧院上演。制定《台州市非物质文化遗产保护的若干实施意见》(意见征求稿)。

五、文化市场保持平稳态势

加强市场监管，开展专项整治行动。市政府和台州市文广新局先后制定下发《台州市迎接党的十八大文化市场专项保障行动工作方案》、《全市文化市场“打非治违”专项行动实施方案》。召开全市文化市场管理和“扫黄打非”工作领导小组会议。相继开展查堵反制政治性有害出版物、“打非治违”、迎接党的十八大文化市场专项保障和“打非治违”集中开展“回头看”活动等专项整治行动和多次全市交叉执法检查行动，重点打击政治性非法出版物、淫秽色情出版物和侵权盗版文化产品等。专项整治期间，全市执法机构检查各类出版物类经营场所1185家次，查缴非法出版物15余万件，集中销毁各类非法出版物、具有赌博功能的电子游戏机、非法卫星地面接收设施等总计10余万件。部署、组织广播电视安全播出综合演练，启动“零检查”、“零报告”制度。

【大事记】

1月

22日 “中国年的记忆——中国民间传统年画”作品展开展。

28日 制定出台《2012年度县市区经济社会发展目标责任制考核》文化事业部分的考核办法。

2月

1日至13日 台州乱弹剧团参加新西兰2012年元宵灯会展演活动。

5日至15日 针刺无骨花灯入选全国非遗保护成果展。

3月

5日 台州市农家书屋工程建设推进会在椒江召开。

30日 临海市被列为浙江省非物质文化遗产保护综合试点县。

4月

11日 台州地方文化进校园现场推进会在临海举行。

12日 台州市文化文物系统在创先争优活动中启动基层组织建设年活动。

5月

10日 部署开展台州市文化市场“打非治违”专项行动。

12日 台州市博物馆启动台州籍书画家作品征集活动。

17日 2012“天台国际济公文化旅游节”开幕。

17日至19日 台州市非物质文化遗产数字化平台建设工作会议在三门召开。

19日 中共中央政治局委员、中央书记处书记，中央组织部部长李源潮一行莅临台州市椒江图书馆考察。

21日 《台州文献丛书》古籍点校整理工程启动招标。

6月

18日 由浙江省浙商文化促进会、台州市文广新局、台州日报报业传媒集团联合举办的2012年文化新浙商台州地区评选活动启动。

25日 开展公共文化服务体系示范乡镇创建活动。

7月

5日 召开台州市公共文化服务体系建设工作会议。

10日 召开台州市文化市场行政处罚案卷评析会。

17日 “中国古琴名家音乐会”在台州市总工会小剧场内上演。

28日 台州市首家民办书画艺术专题博物馆——台州心海书画艺术博物馆建成开放。

30日 椒黄路三区社区广场舞大赛在台州市体育中心举行。

8月

6日 《台州文献丛书》(古籍)出版印刷第一期招标启动。

9日 台州市民营剧团业务骨干培训班结束。

10日 和台州市海洋与渔业局联合在椒江召开台州市“广播电视进渔船”工作推进会。

22日 组织台州文化广电系统干部开展党风廉政集中教育活动。

9月

25日 台州市戏剧(小品、小戏)、曲艺比赛在玉环举行。

27日 台州市第四届音乐新作演唱演奏大赛在温岭开幕。

10月

20日 第二届“黄河大合唱”全国邀请赛上，台州市星星合唱团指挥刘燕玲获优秀指挥奖，作品《回家》获优秀作品奖。

23日 台州市十八大文化市场安全工作会议召开。

30日 《台州文献丛书》编委会文化研究编辑部在台州学院成立。

11月

6日 台州市城市艺术季之台州乱弹大型情景纪实剧《我的乱弹我的团》在椒江剧院上演。

13日 台州市博物馆陈列文本专家研讨会在椒江召开。

12月

5日 台州心海文化集团获中国文化产业最具创新奖。

24日 台州市第七届农民文化节开幕。

25日 台州市无障碍阅览室正式开放。

26日 “工行之夜”台州市2012新年音乐会在市文化艺术中心举行。

28日 朱扬水彩画作品展在台州市文化馆1楼展厅开幕。

（张中斌）

台州区、县(市)文化工作概况

【椒江区文化广电新闻出版局】 内设职能科室4个，直属单位8个。2012年末在职人员142人，其中行政人员14人，事业人员128人；拥有技术职称的有116人，其中高级职称10人，中级职称32人。

2012年，椒江区文化广电新闻出版局紧紧围绕“加快文化转型、建设文化强区、打造首善之区”的战略部署，出台《关于大力推进文化强区建设的决定》，一手抓文化事业的全面繁荣，一手抓文化产业的健康发展，各项工作取得新的进展。一、惠民工程有力推进。2012年共完成送演出下乡124场，送电影下乡2603场，送图书下乡14076册，送展览9场。启动新建2家省级标准的综合文化站和3个文化广场；完成275家农家书屋建设任务，实现全覆盖，并被评为“浙江省农家书屋工程建设先进单位”，其中下陈街道牛轭村农家书屋被评为“全国示范农家书屋”；“广电进渔船”工程已全部完成。二、群文水平整体提升。结合传统节庆，相继举办新年音乐会、迎新春广场文艺展演、元宵猜灯谜暨广场文艺展演等一系列活动外，配合开展“永远跟党走”——2012年浙江省红色经典歌曲合唱大赛活动、区“创先争优群英会暨七一表彰大会”等活动，承办钱大礼、王德惠等书画名家作品展、全省第二届视觉艺术创作群体优秀作品展等，举办首届“枫山艺术节”，并获全国“十大民俗类节庆”奖。国家级研究课题《社会力量参与公益文化事业的政策研究》结题。排舞《展翅飞翔》、女声独唱《梦回家乡》、小品《谁在我家》等33件作品获省市级奖项。三、文化产业稳步发展。制定出台《关于加快文化产业发展的若干扶持政策(试行)》，首次设立500万元专项扶持资金，编制《台州市椒江区文化产业发展规划(2011—2020)》等政策文件。台州绣都服饰有限公司被评为“第五批国家级文化产业示范基地”；椒江区台州绣都服饰有限公司董事长卢学法、台州画廊有限公司董事长卢国俊、心海文化集团董事长赵籽霖在“文化新浙商”的评选中分别获“文化产业特殊贡献奖”、“文化产业创新奖”、“新锐奖”。台州画廊被文化部评为“全国诚信画廊”。心海艺术博物馆已建成对外开放；台州心海文化集团在第三届中国企业形象建设年会上被评为“中国文化产业最具创新奖”。推进文化体制改革，完成台州乱弹剧团整体划转改制任务。四、文遗保护成效明显。公布区第三批文物保护单位和文物保护点、第四批非遗名录的名单；新成立台州乱弹传承保护中心。海东方乱弹剧团完成文化部选派赴新西兰元宵灯会展演，并正式更名为浙江台州乱弹剧团；章安古文化保护开发机构已建立；省级文保单位戚继光纪念馆维修工程方案通过省文物局审批。配合台州三套春节特别节目《走进椒江海洋文化》、大型文献纪录片《荆川先生》、央视中文国际频道《走遍中国》栏目、中央四套《快乐汉语》节目等新闻媒体的摄制工作。五、文化市场安全有序。2012年开展农村集贸市场、卫星电视地面接收设施、教辅、教材市场、暑期文化市场等专项整治工作，共出动1259人次，检查875家经营场所，收缴各类非法出版物2236本，非法音像制品194270张，取缔非法销售点29家，收缴地面卫星接收设施139套。加强社会艺术水平考级活动管理，查办动漫、网络游戏、视听节目类的3起网络文化案件。探索海域文化遗产联合执法新模式，举行辖区内海域联合执法应急预案演练，被省文物局通报表彰，并被评为“2012年度文物执法成绩显著单位”。

（陈泓锗）

【黄岩区文化广电新闻出版局】 内设职能科室4个，直属单位7个，乡镇、街道文化站19个。2012年末在编人员115人(其中:机关12人，事业103人；具有高级技术职务资格6人，中级20人)。

2012年，黄岩区文化广电新闻出版局创先争优，狠抓落实，主动作为，充分履行文化部门工作职责，完成了各项工作任务并取得一定的成效。一、加大公共文化服务供给力度。2012年累计文艺下乡演出200场次，送电影下乡2876场次，送图书下乡11000册，送展览下乡9场。开展“种文化”活动，2012年组织文化馆业务干部培训乡镇文化员及农村文艺骨干160余人次；组织开展6场“文化走亲”活动。二、推动农家书屋工程建设。截至6月，全区544行政村均完成农家书屋建设任务。区文广新局被省新闻出版局评为2012年度全省农家书屋工程建设先进单位。三、实施“文化阳光”工程。在春节期间开展“文化阳光”活动，向外来务工人员免费发放电影券200余张，向本地残疾人员赠送免费电影卡200余张；送优秀影视作品进7所民工子弟学校放映22场，为外来民工子弟举办书法、音乐免费培训班等。四、加强公共文化设施服务。在全区开展乡镇综合文化站评估定级工作；实施图书馆、文化馆、陈叔亮书画馆、黄岩名人馆等免费开放工作。启动图书馆新馆筹建工作，已完成规划选址、项目建议书编制、项目预立项等工作。五、积极开展群众性文化活动。组织举办第十五届新春双钢琴音乐会和第七届系列钢琴音乐会、元宵戏曲晚会、区第十一届社区艺术节暨春节广场文艺展演等群众文化活动。开办第二期“机关文化超市”，提供山水画、声乐、舞蹈等菜单式服务，有400余名区级机关干部职工参加培训。举办第四届未成年人读书节系列活动和9期黄岩文化论坛暨“九峰书院大讲堂”。六、精心组织主题文化活动。以宣传省第十三次党代会精神为主题，在乡镇、街道开展巡回演出。组织开展“喜迎十八大”系列文化活动，举办传统越剧专场演出、文艺精品展演、歌手大赛预决赛、广场电影“你点我放”和书法、美术、摄影作品展活动等。举办“永远跟党走”宣传十八大精神文艺晚会。七、做好文化遗产保护工作。完成区第三次全国文物普查各类普查材料汇总上报工作；4件灵石寺出土文物送至浙江省博物馆，参加赴日本的展出，灵石寺塔28件出土文物参展“宋元时期浙江塔藏文物展”。启动中共台属特委机关旧址易地重建工作。对图书馆五部馆藏珍贵古籍进行杀虫灭菌处理，做好馆藏古籍普查项目申报工作，“王棻专题数据库”通过省文化厅共享工程资源库建设立项。向区政府推荐审定公布第三批区级文物保护单位35处。八、推进非物质文化遗产保护。开展第七个全国“文化遗产日”宣传活动，在黄岩第一职业技术学校举办非物质文化遗产进校园活动；组织黄岩翻簧竹雕参加2012中国(浙江)非物质文化遗产博览会和2012年中国(杭州)工艺美术精品博览会，黄岩区翻簧艺人的作品分别获银、铜奖；做好省文化厅对黄岩区申报的非遗传承教学基地——新前街道中心小学验收考察；《沈宝山中药文化》被省政府公布为第四批浙江省非物质文化遗产名录。九、文化市场持续健康发展。清理权力事项，理清行政权力具体事项的名称和法律依据，规范行政权力裁量权；完成全区企业报、打字复印和出版物零售企业年检换证工作；规范行政许可受理程序，现场勘查129家包装装潢企业、55家打字复印企业和61家其他印刷品印刷企业；开展迎接党的十八大文化市场专项保障行动和“打非治违”专项行动，2012年共出动执法人员1054人次，检查文化经营单位1131家次，办结行政处罚案件51件，收缴各类非法音像制品4289盒(张)、非法书报刊1083本(册)、电子游戏线路板147块，取缔无证经营电子游戏场所20家，取谛黑网吧5家，取缔大篷演出6起。

（何　宁）

【路桥区文化广电新闻出版局(体育局)】 内设职能科室5个，直属单位6个。2012年末在编制57人(其中:机关11人，参公7人，事业39人；具有高级技术职务资格的2人，中级10人)。

2012年，路桥区文化广电新闻出版局大力发展文化事业，各项工作得到长足进展。一、推进文体基础设施建设。路桥图书馆项目建设结束。横街镇、新桥镇新建综合文化站。路桥中学游泳池完成改造整修，并于8月份正式对外开放。2012年共完成了21个小康体育村的创建工作。二、制定并实施村级文化基础设施建设三年行动计划。制定出台《路桥区关于启动村级文化基础设施三年建设计划的实施意见》。2012年，全区共完成96村的创建任务。三、开展形式多样的群众文化活动。举办新年音乐会、新春团拜会和“闹元宵”等系列文体活动，开展各项文体活动20多项。开展文化“三下乡”活动，共送演出140场，送书12000册，电影2610场，健身器材400多件和篮球架10副到基层。组织举办路桥区基层文化俱乐部文艺汇演、路桥区“第八届浙江省未成年人读书节”等各类活动。组织举办南官人文大讲堂、蔡啸书场、“翰墨雅集”—文化沙龙、越剧进校园等特色文化活动。四、举办第四届商都文化艺术节。组织策划、举办中国（路桥）第四届商都文化艺术节。该届艺术节从11月19日开始，到29日结束。艺术节期间，举办“商都路桥”大型主题文艺晚会、“舞动商都”广场舞大赛、“人文商都”教育系统文艺晚会、“时尚商都”商城时装秀、“活力商都”金融系统礼仪大赛等系列群众性文化活动，参与演出的演员和文艺骨干达一万多人，观看群众达到20多万人次。五、组织丰富多彩的群众体育活动。举行路桥区第十七个全民健身月活动和第四个全民健身日活动。组织举办路桥区第二届职工运动会、路桥区万人步行健身活动、路桥区第七届男子篮球联赛等大型体育活动。与教育联合，举办中小学生篮球比赛、路桥区第六届青少年科技体育大赛、路桥区第二届青少年风筝大赛、路桥区中小学生足球比赛等系列体育比赛。组织参加台州市首届体育大会，路桥区324名运动员参加了29个项目的比赛。六、文艺创作成果丰硕。横街新南村合唱团的合唱《我爱新南村》参加浙江省文化厅主办的首届村歌创作演唱大赛获金奖；路桥莲花《雨夜出诊》参加台州市2012年戏剧（小品小戏）曲艺比赛获创作铜奖、表演金奖；小品《九品官》参加台州市2012年戏剧（小品小戏）曲艺比赛获创作铜奖、表演银奖；在台州市第四届音乐新作演唱大赛上，《我就这样望着你》获创作银奖、演唱铜奖，《我的深情为你守候》获创作铜奖、演唱银奖，《关山月》获创作金奖、演唱金奖。七、实施“广播电视进渔船”工程。制订《路桥区“广播电视进渔船”工程建设工作方案》。2012年共完成130艘海洋捕捞船只安装卫星电视设备任务。八、进一步规范文化市场管理工作。重点开展校园周边环境专项整治、网吧游戏厅等文化娱乐经营场所专项整治、印刷企业专项检查和文化市场“打非治违、消除火患”等一系列专项整治行动。2012年共检查文化经营单位1953家次，其中网吧555家次，印刷企业699家次，音像店154家次，书籍报刊杂志店166家次，娱乐场所331家次，文物保护点42家次，电影院6家次。查处违法经营案件35起，移交公安机关3起，罚没人民币18.12万元。收缴非法音像制品6500余张，非法书籍报刊3500余本，取缔无证电子游戏厅12家。受理举报7次，全部查处办结。在2012年台州市文化市场行政执法人员比武中，路桥区文化行政执法人员获集体第一名和个人第一名。九、开展文物保护和文化遗产保护工作。投入经费320万（省拨80万，市拨30万，区拨210万），完成新桥爱吾庐的一期维修并顺利地通过了省文物考古研究所的五凤楼验收。整理灵山遗址出土文物，完成灵山出土木桶的脱水和化学定型的处理。编辑出版《路桥十里长街》、《拷绢》和《气象谚语》。《路桥灰雕》完成定稿。《路桥文化遗产概要》正在编撰。十、促进竞技体育发展。加强体育后备人才队伍建设。组织参加各项省级锦标赛和其它各类赛事，2012年路桥区获6金8银9铜的好成绩。

（汪　跃）

【临海市文化广电新闻出版局】 内设职能科室6个，直属单位9个。2012年末人员141人（其中：公务员15人，参照公务员12人，事业114人；具有高级技术职务资格高级6人，中级30人；博士2人，硕士2人）。

2012年，临海市文化广电新闻出版局围绕年度目标，开拓进取，大力发展文化事业，在各方面实现了显著的突破。4月23日，紫阳街被评为中国历史文化名街。11月17日，国家文物局正式公布调整后的《中国世界文化遗产预备名单》，台州府城墙作为“中国明清城墙”组合之一被列入。2012年，临海市获浙江省文物系统先进集体、浙江省第三次全国文物普查工作先进集体、台州市2012年文化市场综合行政执法技能比武先进集体、台州市双拥模范先进单位。临海江南长城节获“2012年节庆中国榜最负盛名主题文化旅游节”称号；岭根村被评为第二批省非物质文化遗产旅游景区（民俗文化旅游村）。文广新局方雪燕被省委省政府评为浙江省“新农村”建设优秀指导员，文广新局朱云辉被浙江省浙商文化促进会授予2012浙江省“文化商人”称号，两水村周金法被省文化厅评为浙江省优秀农家书屋管理员。一、文物保护成绩显著。开展城墙突出普遍价值研究，争取国家文物局同意临海市申遗，参加南京申遗工作会议，与“中国明清城墙”组合城市共同委托南京大学文化遗产研究所编制申遗文本。3月，承办江苏、陕西等5省6市参加的申遗文本编制结题会议，临海市委书记柯昕野、市长蒋冰风出席并发表讲话。加强城墙树碑展示、环境整治和遗址公园建设前期研究。6月，通过国家文物局专家对临海市的现场考察和项目评估；11月17日，台州府城墙作为“中国明清城墙”组合之一被列入《中国世界文化遗产预备名单》。11月，台州府城墙被列入国家世界文化遗产预备名录。11月21日至22日，承办由浙江省文物局、中国古都学会城墙专业委员会主办的组合申遗8个城市51名专家、领导参加的中国古城墙保护与申遗学术论坛，讨论遵循世遗《公约》规定，设立联合工作平台，通过《关于“中国明清城墙”入选〈中国世界文化遗产预备名单〉的临海共识》。完成3座岭根村名人故居的维修；拟制订《桃渚城保护管理办法》（征求稿），开展桃渚城维修保护工作；加强典籍出版整理工作，开展馆藏170幅书画的高精度扫描工作，启动《台州文献丛书》编纂工作，编审首期《台州丛书》甲集、乙集，整理完成《嘉定赤城志》、《赤城集》、《台学源流》、《道南书院录》4部文献的点校工作。《台州府县志人物索引》（附《台州会县志人物传传目》）进入出版程序。二、公共文化体系不断完善。申报创建省级公共文化服务体系示范区，通过专家评审，临海市列入省创建名单。启动博物馆（新馆）工程，该工程位于体育馆中心西侧地块，总投资15376万元，规划用地25亩，总建筑面积21000平方米；实施“百家文体广场”建设，2012年投入200多万元，完成19家文体广场工程；启动4个镇（街道）图书馆分馆的建设。开展文化先进村竞赛活动，对评为年度文化先进村的行政村，分别奖励3万元、2万元、1万元。至2012年12月，拥有全国文化先进社区1个、浙江省“东海文化明珠乡镇”12个、“省文化示范村”4个，“省文化示范社区”2个。三、文化活动丰富多彩。举办“永强之春”越剧演出、崇和门广场综艺演出、电影周和元宵大型灯会等活动。举办鼓乐表演大赛、“种”文化成果展示、农村摄影展、农村题材文艺创作笔会等“2012年农民文化节”系列活动。举办2012年临海市“山海清风”廉政文艺调演活动。承办“台州市第七届农民文化节暨‘文化走亲’专场文艺晚会”。举办公益性群众文化辅导活动，涵盖音乐、舞蹈、戏曲、美术、摄影等专题讲座和7个专业10个培训班，共培训学员2000人次。2012年完成送书下乡任务近10830册，送电影10200场，送演出206场，展览5场次，网站访问量达6万余人次。三、非物质文化遗产影响深远。截至2012年12月，临海市拥有2项国家级非物质文化遗产名录，分别为白水洋镇黄沙狮子（传统舞蹈类）、古城街道临海词调（传统戏剧类）；18项省级非物质文化遗产名录（其中传统戏剧类2项，民间舞蹈类3项，民间美术类3项，传统手工技艺类6项，民间文学类3项，传统医药类1项），36项台州市非物质文化遗产名录；创建2个省级非遗传承基地和11个市级非遗传习所。白水洋、上盘镇被文化部授予“中国民间文化艺术之乡”称号。上盘镇中心小学命名为浙江省非物质文化遗产教学传承基地，回浦实验小学被命名为“浙江省艺术教育特色（临海词调）学校”。2012年临海市非物质文化遗产展示中心公布为浙江省非物质文化遗产宣传展示基地。四、文化产业发展生机勃勃。兑现《加强现代服务业发展实施意见》等文化优惠政策，扶持资金达200多万元。新增文化企业20多家，培育文化创意产业基地1家。参加中国·义乌文化产业博览会；完成临海电影公司、台州影剧院、台州越剧团三家单位体制改革。江南长城影视公司和香港卫视达成拍摄和投资意向协议，准备拍摄以戚继光为题材的电视剧。民营剧团发展到46家。六、文化市场健康繁荣。推广积分制管理，完善“八方联动管网吧，真情关爱未成年人”活动方案。2012年共出动巡查人员6512人次，检查文化经营场所1522家次，收缴非法出版物5214册，非法报纸1600多份，取缔流动大棚团非法演出5场次，查处违规文化经营场所28家。

创建台州独家省非遗保护综合试点市　2012年5月，浙江省文化厅确定16个省非物质文化遗产保护综合试点县(市、区)名单，临海市作为台州市唯一试点单位入选。临海市文广新局通过“挖”(即系统挖掘非遗项目)、“育”(即全面培育非遗人才)、“种”(即积极搭建活动平台)、“养”(即健全社会力量参与保护机制)等四步曲，把非遗工作推向新的发展阶段。

申报世界文化遗产工作取得新进展 修订《临海历史文化名城保护规划》、《临海历史街区保护整治规划》、《台州府城墙文物保护规划》，提高文化遗产科学化、专业化保护水平。加强城墙保护管理，充实古城文化内涵。修复龙兴寺、文庙等古建筑，紫阳街成为浙江省第二条中国历史文化名街。制订出台《台州府城墙保护管理暂行办法》、《关于台州府城墙加盟中国明清城墙申报世界文化遗产工作领导小组成员单位的职责分工》，建立督查考核体系。

·相关链接·

临海市民营剧团创新草根文化传播模式

探索民营剧团创新发展道路，从资金、市场、服务等方面予以倾斜、支持，打造农村文化建设生力军。截至到2012年12月，全市民营剧团发展到46家，总量为台州市第一。临海市民营剧团经常活跃于全省各地农村文化市场，吸引了全省各地优质演职人员的加入。特别是临海市长城艺术团作为一个不发固定工资、松散型、公益性的民办非企业文艺团体，创新艺术与时政、报道、广告“四合一”宣传形式，创新开展多方位的文化、旅游联姻和菜单式文化服务。剧团自2006年成立，截至2012年12月，共出动演职人员12000多人次，拥有《演员资格证》数量为全国民营剧团最多；曾先后两次作为浙江省唯一参会的民营剧团，在中国剧院(团)论坛上作典型发言。

（陈　煜）

【温岭市文化广电新闻出版局】 内设职能科室4个，局属单位5个。2012年末人员166人(其中：机关18人，参照公务员17人，事业131人；具有高级技术资格7人，中级23人)。

2012年，温岭市文化广电新闻出版工作致力于公共文化服务体系建设、文化产业发展、文化遗产保护以及文化市场监管。一、积极推进公共文化建设。全市新增公共文化设施面积15389平方米，每万人拥有市镇两级公共文化设施面积556.57平方米。市博物馆工程完成方案优化、扩初评审，进入招投标阶段。市新文化馆、新图书馆工程完成立项审批、选址规划及用地预审，进入初步设计阶段。完成市文化馆展厅免费开放改造。泽国镇、松门镇新建综合文化站投入使用，温峤镇新建综合文化站已结顶，石桥头镇文化主题公园建设进展顺利。台州规模最大的镇级图书分馆—泽国分馆(月湖书院)、台州首家企业图书分馆—宝利特图书分馆、温岭首家工业园区图书分馆—城南竹坑工业园区图书分馆、市看守所图书分馆相继开馆，共建立9家乡镇分馆、5家部门分馆。建成74家示范性农家书屋。建立民工子弟学校校外文艺辅导员制度，组织文化业务骨干为城东、城西、温峤民工子弟学校学生免费授课。设立农村电影固定放映点，针对节假日黄金档，采用多种宣传方式加大电影宣传力度。2012年共完成送戏下乡251场，送图书下乡20544册，送数字电影下乡8000场，送展览下乡28场，送春联下乡1200幅，“菜单式”种文化培训下乡1173人次。推进广播电视进渔船工程，640艘渔船安装了卫星电视接收设备。搭建“千团百佳”平台，以元旦、春节、中秋等传统节假日为重点，开展广场节庆文化活动。开展“舞动温岭”、“印象温岭”、“欢乐温岭”、“唱响温岭”四大系列文化活动，举办歌咏、广场排舞、戏剧、书法、美术、摄影等8门类60场次较大规模的“千团百佳”系列文化活动。举办浙商之夜迎新音乐会、温岭市第三届“乡村旅游节”开幕式文艺演出、“庆五一”劳动之夜文艺晚会等28场次较大规模的文化活动。开展8个门类文化艺术课程免费培训，引进台州首家“24小时自助图书馆”，全面启用少儿图书分馆，图书免费借阅近42.7余万册次。举办温岭市全民读书月之“阅读温岭征文比赛”、“图书漂流”等多项活动。举办方城六人画展、于右任书法展、钱法成书法展、黄宾虹山水画展等大型精品展览。建立全市公共文化活动月公布制度，定期在温岭报、温岭新闻网、虎山论坛等网络媒体公布公共文化活动动态。初步形成“相约东辉”广场文艺演出、“村落社区文艺汇演”、“民营职业剧团展演”、“十佳越剧票友大赛”、“静态作品月月展”等公共文化活动品牌。搭建“文化走亲”平台，开展多镇联动文化巡演活动。举办石文化开幕式文艺晚会和石文化讲坛。《春天的歌声》等6件作品获省级奖项，《关山月》等16件作品获台州市级奖项。《温岭文化》、《海风》、《阅读温岭》等文化刊物定期编辑出版。中国学术期刊、万方、维普三大数据库资料下载量2012年达到166万篇。市图书馆获全国首家万方数据库“科技文献使用示范基地”荣誉称号、省文化厅两会优秀服务奖。《数字文化资源生产与服务》课题通过评审。二、促进文化产业健康发展。编制《温岭市文化产业发展“十二五”规划》。推进文化创意产业发展，千禧·阳光文化创意园、温岭市动漫大道有限公司、台州市海鹰文化创意有限公司先后在温岭市注册成立，台州首个拥有中国巨幕影厅的新时代影院正式开业，锦屏新天地影院已开工建设，数码休闲娱乐综合体—数码动漫游乐城已进入实质设计阶段。三、文化遗产保护成效显著。完成国家级文保单位新河闸桥群北闸维修工程，启动并完成市级文保单位月洞桥异地重建工程。对温岭碉楼、三甲庙戏台等文保单位进行抢救性修缮。报请市政府公布新一批文保单位与保护点及温岭第三次全国文物普查登记名录。完成王伯敏艺术史学馆防洪一期工程。在市职技校启动非遗传承基地建设，并通过省级基地的验收。策划“大奏鼓”、“小人节”两个国遗项目展厅，并通过了省文化厅对“大奏鼓”、“小人节”两个国遗项目保护与传承工作的检查。完成温岭非遗数据库的录入。启动《温岭历史文化丛书》点校工作，编写《第三次全国文物普查丛书》、《温岭方言》、《温岭民间习俗》，出版《大奏鼓》一书。组织“触摸历史文化 感受美丽家乡”—温岭中小学生零距离体验历史文化遗产、传统手工技艺学习、走读石塘、亲历“小人节”等活动。石塘镇里箬村被评为省级非遗民俗旅游村。四、文化市场行政审批日益规范。制定出台《行政审批中有关产权证明问题的规定》，完善《首问责任制》、《一次性告知制度》、《限时办结制度》等制度。重梳审批流程，境外、境内卫星电视广播地面接受设施的审查时限从10个工作日提至6个工作日办结，出版物零售企业或其他单位、个人从事出版物零售业务的审批时限从7个工作日提至4个工作日办结。创新审批方式，加大网上审批力度，推出预约上门服务、提前介入服务。公开游艺娱乐场所择优评分标准、总量与布局规划，以公开、透明方式落实3个游艺娱乐场所的设立指标。2012年共受理行政审批172件，办结172件，办结率100%，回访办事群众满意率为99.65%。获台州市文广新局2012年行政许可案卷评查集体优异奖。五、文化市场监管进一步加强。组织开展全市无证无照“春雷行动”、“打非治违”行动、文化市场暑期整治“闪电行动”、义务监督员“净晨行动”、迎接党的十八大文化市场专项保障整治行动等。2012年共出动执法人员406次共1457人，检查经营单位2006家、文保单位85处。现场责令改正225家，抄告消防等相关部门12家，查处非法出版物场所32家，收缴非法音像制品近145837张，非法书刊36800多册本，游戏赌博机近1210台，取缔无证经营190家次，黑网吧70家，吊销《网络文化经营许可证》1家，立案78件，办结50件，罚款60万元。

举行第八届浙江省未成年人读书节暨温岭市全民读书月活动启动仪式 5月16日，第八届浙江省未成年人读书节暨温岭市全民读书月活动启动仪式在温岭市行政中心举行。浙江省文化厅社文处处长戴言、浙江图书馆馆长应长兴、台州市文化广电新闻出版局副局长李玲玲及温岭市领导周先苗、张学明、许黎野、陈维立等出席仪式，温岭市常委宣传部部长林慷主持仪式，各界嘉宾、代表共1000余人参加仪式。

浙江省文化共享工程“数字文化讲师团”成立暨数字文化下基层启动仪式在温岭市举行 7月19日，浙江省文化共享工程“数字文化讲师团”成立暨数字文化下基层启动仪式在温岭市大溪镇举行。文化部全国文化信息资源建设管理中心主任李宏、浙江省文化厅副厅长陈瑶出席仪式并致辞。李宏主任为与会代表授“浙江省文化共享工程数字文化讲师团”旗帜，浙江省文化厅社文处戴言处长介绍“数字文化讲师团”有关情况，仪式由浙江图书馆副馆长刘晓清主持。台州市文化广电新闻出版局副局长李玲玲、温岭市副市长许黎野、温岭市文化广电新闻出版局局长吕志令等领导同“数字文化讲师团”全体成员及温岭市百余文化干部参加了仪式。本次活动由浙江省文化厅主办，浙江省文化共享工程领导小组办公室、温岭市政府承办、温岭市文化广电新闻出版局执行承办。

举办浙江省首个县(市)级文博会

12月8日至10日，2012温岭文化产品交易博览会(简称文博会)在温岭市会展中心举办。台州市政府副秘书长茅国春、台州市文化广电新闻出版局局长郑楚森及温岭市领导周先苗、李斌、王加潮、张国荣、许黎野、陈维立等出席开幕式。此次文博会由温岭市政府主办，温岭市文化广电新闻出版局承办，以“身边的文化”为主题，共设国际标准展位 350 个，展览面积 8000 多平方米。设置数字动漫展示，戏曲展演洽谈，特价图书展销，民间工艺品、古玩收藏展示交易，书画展示交易，重点文化企业展示等六大展示交易区。共有参展企业 120 家，其中温岭市本土企业 90 家，共吸引 5 万余人次参与，成交金额达 300 多万元。

（叶沫一）

【玉环县文化广电新闻出版局】
内设 7 个职能科室，下属有 7 个事业单位、1 个参公单位和 1 个国有企业单位。2012 年末人员 91 人，（其中：行政 8 人，事业 83 人；具有高级技术资格 7 人，中级 19 人）。

2012 年，玉环县文化工作以创建全国文化先进县为契机，加快公共文化服务体系建设，大力实施文化惠民工程，规范文化市场管理，加强文化遗产保护，较好完成了年初制定的各项工作任务。一、群众文化活动广泛开展。组织举办天台山佛道音乐会、新春舞龙大赛、第三届农民文化节、台州市戏剧大赛、老年书画展等节庆活动，开展喜迎十八大系列活动、“文化玉环”摄影比赛、台州市篆刻邀请展等主题活动。以举办文艺晚会、戏曲演唱会、书画作品交流展等形式，加强与平阳、苍南、龙泉、永嘉等县际文化交流，同时，乡镇（街道）间的“文化走亲”也普遍开展。二、文化惠民工程深入实施。2012 年完成送演出下乡 180 场、送电影下乡 3204 场、送书下乡 82300 余册（含农家书屋建设 62000 多册）、送培训约 6000 人次，送展览讲座 13 个，超额完成了既定目标。玉环大剧院与省电影公司合作，2012 年共放映 668 场，观众人数约 41866 人次，放映票房收入约 146 万元，同时利用民间资本新建雷亚电影城。完成 276 个行政村的农家书屋工程建设，并通过省里检查验收。推进“广电进渔船”工程，争取省、县两级财政补助，为 180 艘渔船解决海上看电视问题。开展万人共读电子书活动，开设电子图书网站，提供 65 万册的电子图书借阅服务，并实现各分馆与县图书馆间的图书及各类数字资源共享。三、文化遗产保护扎实有效。完成第三次全国文物普查工作，公布首批县级非遗项目代表性传承人（11 人）和传承教学基地（1 个）、成立“坎门花龙”传承活动中心，开展非遗进校园活动。组织坎门花龙参加“九龙舞凤桥”浙江省龙年龙舞大展演、组织灯塔社区的《鳌龙鱼灯》参加 2012 年“春雨工程——全国文化志愿者边疆行”启动仪式等对外交流活动。四、文化市场管理规范有序。规范完成新增 4 家游艺娱乐场所的审批工作；对社会关注度较高的 19 项审批项目进行提速增效；组织优秀文化单位参加第七届义乌文博会；完成县越剧团的改制工作；对文化经营单位开展 3 期 580 人次的安全教育等各类上岗培训，并签定安全生产、禁毒等相关责任状；开展“扫黄打非”统一行动，对文化市场违禁物品进行集中销毁活动，共销毁 23 万余张非法音像制品，1 万余册非法出版物和 200 余件电子游戏机；2012 年共出动执法人员 1054 人次，检查各类文化市场经营单位 1510 家次，立案查处 46 件，受理举报 43 件，立案率和查处率均 100%。五、机关作风建设不断加强。开展“我们的价值观大讨论”、基层组织建设年、创先争优等活动，发挥广大党员干部的先锋模范作用。举办各种学习会、讨论会，进行批评与自我批评；组织实施领导干部四项专项清理和“七个严禁、七个一律”承诺活动；组织开展“纯洁党性 廉洁履职”的廉政党课。汇编《机关工作制度》，做到用制度管人，按制度办事。

（徐旭升）

【天台县文化广电新闻出版局】
内设职能科室 4 个，下属事业单位 7 个。2012 年末人员 131 人（其中：机关 10 人，参照公务员 10 人，事业 111 人；具有高级技术职务资格 1 人，中级 14 人，初级 7 人）。

2012 年，天台县文广新局扎实开展各项工作，努力促进文化事业和文化产业繁荣发展。一、活跃群众文化活动。开展文化三下乡活动，2012 年共送戏下乡 313 场，送书 9117 册，送电影 3737 场，送展览（讲座）41 个，在 2012“中国旅游日，首游天台山”系列活动中举办全国休闲农业精品大奖赛，佛道音乐会、第 19 届上海国际茶文化旅游节闭幕式、茶文化之旅和天台国际济公文化旅游节大巡游等大型文化活动 45 场。组织与椒江、桐乡、绍兴、黄岩等地开展“文化走亲”活动。建立文化人才库，加强对文化人才的培训，2012 年共培育乡土文化人才 284 人，培养农村文化管理人才 380 人，培训农村业余文艺骨干 1230 人；白鹤镇繁荣村被评为 2012 年浙江省文化示范村;在浙江省首届村歌比赛中,天台县选送的《美丽的桃源我的家乡》、《桥南社区文明花》、《云的故乡》3首村歌均获演出、创作二等奖。二、加强文化基础设施建设。2012年新增建筑面积4734.71平方米(其中白鹤镇文化站中心镇图书分馆500平方米,平桥影剧院1440.8平方米,苍山影剧院1533.91平方米、天台名人美术纪念馆1260平方米)。县新图书馆初步设计、可行性报告已基本完成。完成农家书屋建设任务,天台县文广新局被评为全省农家书屋工程建设先进单位,白鹤镇皇都村被评为全国示范农家书屋。三、推进传统文化保护工作。完成《2010年一2011年天台县传统文化建设扶持办法》的评定工作,并与财政联合发放传统文化辅助资金。完成"干漆夹苎技艺"、"济公传说"两个国家级非遗项目的自评,通过考核验收。云雾茶制作技艺等4项被列入第四批省级非遗名录。建立县非遗数字化信息平台,并完成国家、省级非遗名录等录入工作。开展非遗保护传承工作,建立非遗传承基地,制作46个非遗展板。编撰《非物质文化遗产丛书》。四、强化文化市场执法。开展"扫黄打非"、安全生产、网吧、娱乐场所等专项行动。2012年共出动稽查人员2192人次,检查各类经营场所941家次,查处网吧等各类违规经营单位30家(其中网吧21家,音像制品1家,印刷企业1家,广电3家,简易案件4家),联合公安、工商等相关部门开展网吧市场、出版物市场、演出市场、电子游戏(游艺)场所、文化市场专项整治等集中整治行动15次,收缴盗版音像11356张、盗版书刊680册。五、加强审批服务工作。改进服务方式、提高服务效率、开展便民服务,2012年共审批29家,其中互联网上网经营场所法人变更10家,经营地址变更2家,娱乐场所法人变更5家,娱乐经营场所改建1家,印刷企业设立3家,印刷企业(打字复印)4家,出版物(音像制品)设立2家,文艺表演团体设立2家。六、推动文化产业工作。调研佛雕产业,着手佛雕文化产业园的选址、规模、资金等前期准备工作。走访文化产业重点企业,落实文化产业重点企业联系制度,加大招商引资力度。打造具有天台特色的文化产业品牌。组织3家文化企业(天台石文化研究会、天台山艺术葫芦有限公司、天台山木雕厂)参加义乌文博会,天台山木雕厂的作品《茶祖·陆羽》获铜奖,天台山艺术葫芦有限公司的艺术葫芦获优胜奖。

(姚梦莹)

【仙居县文化广电新闻出版局】 内设职能科室4个,下属事业单位10个。2012年末人员131人(其中:机关13人、事业118人,具有高级技术职务2人,中级21人)。

2012年,仙居县以大力推进文化强县建设为中心,不断开创文化大发展大繁荣的新局面。一、发展方向进一步明确。2012年7月,仙居县委、县政府出台《关于大力推进文化强县建设的决定》。二、群众文化活动进一步繁荣。利用元宵节、杨梅节、油菜花节等重大节庆和传统节日,举办文艺演出、民间艺术展示、展演等大型活动。1月9日至3月15日,下乡宣传文化迎春、鸿运龙年——"阳光爱琴海之夜"新春文艺晚会共计15场;14个节目参演,共参与演职人员30余人。3月27日,在仙居县双庙乡举办2012"仙居·第五届浙江油菜花节";4月2日,举办2012仙居·第五届浙江油菜花节"春天歌会";4月6日,协助浙江卫视现场拍摄2012"流动大舞台·走进仙居油菜花节"。5月17日,由3000多名师生参加的第八届仙居县未成年人读书节暨实验小学第九届艺术节启动仪式在仙居县实验小学操场举行。参加启动仪式的领导有县委常委宣传部长陈扬、县人大常委会副主任张建平、县关工委主任姚善庆等。5月24日,举办仙居县科技活动周文化下乡文艺演出。5月31日在县新车站广场承办了2012·仙居县邻居节启动仪式暨南峰街道社区文化大联动文艺晚会。6月15日,在步路乡西炉举行2012年浙江"六月杨梅红"系列活动暨仙居杨梅开采仪式。12月24日组织节目参加台州市第七届农民文化节开幕式暨"黄岩电力杯"全市舞龙大赛,仙居县参加的节目《卷地龙》获金奖。2012年送戏215场,送电影3872场,送书16817册,送展15次。三、文化活动阵地进一步扩展。2012年新建百姓大舞台35个,创建五星级基层文化俱乐部8家,新建提升俱乐部20家,新组建公布基层文化特色活动项目(团队)20个,新建各类农家书屋241家。安岭、横溪两个乡镇综合文化站年底前已结顶。6月1日,仙居县图书馆仙居县第四小学分馆开馆仪式在仙居四小举行。该分馆由仙居县图书馆提供图书10000多册、书架32只、阅览桌15张、阅览椅100只、图书管理系统,仙居四小提供图书馆场地和管理人员。四、非遗保护进一步加强。组织国遗项目仙居花灯(包括组灯近100盏）、彩石镶嵌（《黄大仙》局部）参加在浙江省自然博物馆举行“生态仙居”大型展览。在第七个全国“文化遗产日”来临之际举办仙居县文化遗产日广场活动暨仙居县非遗进校园活动季。6月，仙居花灯教学传承基地县职业技术学校学生制作的仙居花灯在全国职业院校学生技能作品展洽会获学生优秀技能作品（项目）一等奖。五、文物保护工作进一步突破。南峰塔和福应山塔、古越族岩画群2处文物保护单位申报第七批全国重点文物保护单位。保护文物资源，对因火损毁的县级文物保护单位文明楼遗址进行规划修复。开展5处新公布为省级文保单位的“四有”档案建设，已完成测绘、电子地图的绘制以及保护范围的划定等工作。六、文化产业领域进一步拓宽。探索文化与旅游、文化与影视、文化与工艺、文化与节庆相结合的特色文化产业发展路子，推进特色文化产业的发展。七、文化体制改革进一步细化。县委、县政府对文化体制改革领导小组进行调整和充实，由县委常委、宣传部长担任领导小组组长。多次召开改制单位的职工大会。搞清改制单位的财产、所欠债务和所欠缴的各项保险，并进行逐项核算。县委常委会召开专题会议研究，明确县越剧团人员安置问题。八、文化市场管理进一步规范。2012年共办理各类政许可165件，其中承诺件165件，新审批各类经营场所42家、变更各类经营场所11家。办件平均提前率79.19%，平均法定提前率91.47%，办结率100%；办理的165件中共涉及9个项目，其中许可出版物零售32家、许可音像制品零售、出租4家、营业性演出1场、网吧变更6家、娱乐场所许可、变更2家、许可打字复印店4家、包装装潢印刷企业许可、变更2家，其他印刷品印刷企业变更3家，办理年检换证111件。

（秦　钧）

【三门县文化广电新闻出版局】 内设职能科室5个，直属单位7个，14个乡镇文化站。2012年末，局机关干部14人，下属单位事业89人，具有高级技术职务资格的有7人，中级18人。

2012年，三门县文化广电新闻出版局以创建省级文化先进县为抓手，以满足人民群众精神文化需求为出发点和落脚点，以完善六大平台为着力点，文化事业建设取得了显著成绩。一、公共文化设施平台不断健全。召开省级文化先进县创建工作动员大会，举办浙江省文化先进县（市、区）创建工作推进会。总投资约1.1亿元的三门剧院工程，于2012年11月开工建设，浙江启明博物馆主体工程完工。健跳、六敖两乡镇的图书馆分馆开始建设，前期已投入60多万元资金；投资300万、建筑面积1500平方的海游镇文化活动中心已初步确定选址；投资200万的健跳镇文化大楼项目已完成初步方案设计和地质勘探工作，并已落实资金100万；六敖镇入选首批省级文化强镇。投入资金120万，新建文化中心村10个，243个农家书屋，8个馆外图书流通点，行政村村级文化俱乐部覆盖率达100%。投入20多万对损毁比较严重的12个农村文化俱乐部进行修缮，并添置必要的文化设施。二、文化供给平台逐渐完善。做好“文化三下乡”、“百姓文化节”、“百姓大舞台”等传统品牌项目。2012年完成送各类文艺演出150场次，送电影3208场次，送图书20000余册；举办各类文艺演出、展览、评奖活动42次；美术、书法、摄影、音乐、戏剧、舞蹈、理论等各个领域艺术作品在市级以上获奖的共218件（篇），其中，国家级23件（篇），省级105件（篇），市级90件（篇）；编印《三门文化》季刊4期、三门章梫奖书法作品集、李先琦摄影作品集。三、文化惠民方式多样化。举办“幸福三门 欢乐元宵”2012年民俗文化大巡游暨大型广场文艺晚会、第三届百姓文化节系列活动及浪花奖舞蹈大赛等活动，引进浙江小百花越剧团、浙江越剧团等知名文艺团体，开展送戏下乡活动。在各乡镇，开展“花桥缢蛏节”等各具特色的乡镇节庆活动。组织聘请25位文化艺术界人才，成立三门文化讲师团，讲师团多次受邀到亭旁镇、六敖镇农业观光园区、沿海工业城和三门核电等单位开展文化指导、交流活动。邀请浙江话剧团剧组，免费为广大学生演出40场课本剧专场。面向特殊群体，健全文化低保服务计划，建立沿海工业城外来民工文化活动中心、蛇蟠乡海岛渔民之家等文化低保工程，举办第八届未成年人读书节活动及“悦读之星”书法大赛，开展“文化强国之华夏之光”、“文化强国之时代之魂”等大型图片展。鼓励民间力量从事公益性文化活动并给予适当补助，有5家民间剧团参与了40场文化“三下乡”演出；补助社会效益明显的立光图书馆5万元。三门县首创的“文化超市”项目，被评为省公共文化服务创新奖二等奖。四、文化交流活动频繁。开展乡镇间、县域间文化交流、走亲活动，7月以来，举行乡镇“文化走亲”20场，县域“文化走亲”21场。其中与天台、玉环、临海、宁海和东阳等地举办的“文化走亲”活动，加强和促进了区域间的文化交流。三、文化产业建设平台逐步拓展。做好三门文化产业规划编制工作。制定《三门县文化产业发展规划》，通过评审并由县政府发文。推进三门县文化体制改革工作，成立由宣传部长任组长，县政府分管领导任副组长的文化体制改革工作领导小组，起草3家单位改制的实施方案，并已提交县政府常务会议研究。推进特色博览业发展，开展民间早期生活生产用具社会征集活动，共征集各类渔俗、民俗、农耕实物800余件，已落实好民俗馆的选址工作。四、文化遗产展示平台不断充实。在“文化遗产日”举办为期1个月的“三门优秀民间民俗展览暨馆藏展”，共展出各项民间早期生产用具和生活用品120余件及馆藏文物100余件。另外，还举办文物普查成果图片展板展示，发放宣传手册。对全县各文保单位进行安全排摸，添置安全设施，确保古建筑本体安全。推进文保单位(点)调查保护和管理工作，完成浙江省文物保护单位——三门宗祠群、祁家祁宅、明抗倭古城保护标志说明碑树立；完成俞氏家庙、东屏陈氏宗祠、包家包氏宗祠、后林陈氏宗祠等18处文保单位(点)的修缮补助。配合做好传统村落调查登记工作。举办文化遗产日宣传咨询活动、三门县文化遗产展示、花桥龙灯进校园等活动，在三门县城区各主要街道悬挂有关“文化遗产日”宣传口号标语，并在全县进行文化遗产专场展演。推进非遗研究成果整理工作：出版书籍《琴江传说》；《海风渔火》已完成统稿编写，《高枧古亭抬阁》、《三门遗风》等书籍也正等待出版。创建非遗传承基地，2012年新建小坑七星拳传承基地。截至2012年12月，全县共建立三门石窗、花桥龙灯、小坑七星拳、三门唐韵木根雕四个非物质文化遗产基地，其中，花桥龙灯申报了浙江省非物质文化遗产进校园传承基地。广发《三门县图书馆征集地方文献启事》、《征集三门籍著作启事》，在各乡镇设立地方文献征集联络点，并定期前往各单位、乡镇收集各类资料，做好地方文献征集、编目、保存、宣传工作。地方文献征集工作位列全市考核第二。五、文化市场保障平台得到拓展。做好文化市场管理网络规范化建设。制定审批项目标准文本，简化审批环节、流程，实施规范化审批，推进便民服务。2012年，共办结行政审批案件36件(承诺件34件、即办件2件)，共接待上门咨询群众280多人次，现场踏勘50场次，做到年零投诉。开展出版物市场、网吧市场、动漫市场、游艺娱乐场所、歌舞娱乐场所、地面卫星接收设施等文化市场专项整治会动。成立县文广新局党的十八大消防安全保卫战工作领导小组，举办安全培训班，举行消防安全演练。2012年，县文化市场行政执法大队共开展文化市场安全大检查4次，出动车辆60台次，人员200多人次，对全县100多家文化经营单位摊点进行了全面检查。与各文化市场经营单位签署《2012年度安全生产目标管理责任书》共109份。充分发挥网吧义务监督员、网吧协会、娱乐行业协会的作用，加强对经营者的法律培训。六、文化人才培养平台作用明显。文化部门出台内部考核制度，坚持和完善每周一晚学习制度，并将平时的工作成效纳入年终考核体系。鼓励、支持专职文化人员参与文化职称评定。共举办各类讲座培训20余次，邀请南京师范大学阎增耀、省图书馆袁逸等18位专家学者进行专题讲座。2012年，培训文化员、文化特派员、文艺骨干、村级文化管理员共510人。健全文化管理员队伍管理制度，选定30个重点行政村的文化管理员开展试点。组织文艺骨干深入基层发掘文化人才，在各乡镇开展排舞、秧歌、腰鼓、交谊舞和广场舞等项目的教学。建立健全激励机制，通过以奖代补形式扶持、壮大“草根大舞台”等民间表演团队，对获国家级奖项的民间表演团队奖励10万元，省级的奖5万元。

（徐群利　潘灵燕）

丽水市文化广电新闻出版局

【概况】 内设机构8个，直属事业单位7个。2012年末核定编制114人（其中市局机关23人，事业91人）。

2012年，丽水市文化广电新闻出版局以科学发展观为指导，紧紧围绕全面建设小康社会和生态文明建设目标，文化广电新闻出版各项工作扎实开展。

一、加强公共文化基础设施建设

市图书馆新馆建设项目确定设计单位，方案修改等前期工作有序开展。市博物馆新馆土建工程全部完成，陈列布展设计文本通过专家论证。各县（市、区）“两馆”建设成效明显，景宁县文化中心已投入使用，松阳县文化中心项目已建成，莲都区文化中心正在建设。省级标准乡镇文化站新建、改造6个，新建（开工）中心镇图书分馆7个，莲都区碧湖镇、松阳县古市镇等5个图书分馆完工。建成173个省标村级文化活动室，全市总覆盖率达到85%以上。建成182个村文化中心（乡村戏苑），省级文化示范村（社区）建设稳步推进，缙云县仙都街道仙源村等8个村被评为省级示范村。

二、活跃群众文化活动

新建“瓯江天天乐”文体活动点587个，市本级安排扶持资金50余万元，采购了近300套设施送到各县（市、区）、市直机关。全市送戏下乡1399场，送讲座、展览下乡242场，送电影下乡2.8万场，结合农家书屋工程建设送书下乡82.9万册。开展以第五届乡村文化艺术节为主的全市性、全县性大型群众文化活动，“绿谷风”文化大篷车、“绿谷大舞台”广场文化活动、“绿谷之声”音乐会系列活动继续开展。

三、健全公共文化服务机制

文化馆、图书馆和博物馆免费开放制度全面推行，全市共27万余群众享受免费服务，“百姓大舞台”、“艺术百味”、“未成年人读书节”、景宁畲乡文化卡等免费开放活动品牌初步形成。景宁畲乡文化卡、市文化馆优秀青年服务团队、“百姓大舞台”公益活动等获省、市文化工作创新奖。市图书馆接待读者21.2万人次，书刊外借11.3万册次，图书馆网站点击率19.4万人次。丽水大剧院举办经营性演出43场，举办“百姓大舞台”公益活动10期，1.3万余人参与。开展各专业培训辅导，全市共培训276次12573人次，对基层社区、农村、机关企事业单位文艺骨干进行文艺辅导100余次。组织开展美术、舞蹈、书法等培训班，举办艺术讲座。重视社会弱势群体的公共文化服务。重点加强农民工文化建设，配合市人大开展代表视察公共文化服务活动，组织丽水大剧院等单位到丽水经济开发区开展赠票等服务活动。在农家书屋建设基础上启动“少儿之家”建设，聘请农村中的“五老”、大学生志愿者等参与建设、管理，提升服务水平。

四、推进文艺精品创作

组织大型畲族风情舞蹈诗《千年山哈》代表浙江省参加第四届全国少数民族文艺会演并获表演金奖、编剧奖、舞美奖、最佳节目奖等9个奖项，并赴杭参加浙江省庆祝党的十八大召开优秀剧目展演。同时，《千年山哈》与歌曲《青春是一首歌》一同获浙江省精神文明建设“五个一工程”奖，缙云县少儿舞蹈节目《溜溜的宝贝》入围全国“群星奖”。全市群文系统获省级优秀奖以上76个，其中获全国奖项13个。1000余件文艺作品参加全国、省、市级展出，400余件作品在各类刊物上发表，多篇理论文章和个人专集出版。在全市第二届瓯江文化奖评选中，全市文广出版系统共获得1个突出成就奖、2个突出成就提名奖、2个优秀成果奖。组织开展“绿谷杯”原创歌曲大赛、美术工作年会和油画创作会等各类创作采风活动。

五、扩大文化对外交流

开展国际、省际、县际和乡村际“瓯江文化走亲”活动，其中遂昌昆曲十番《牡丹亭》赴英国斯特拉夫德市和考文垂市进行文化交流，并入围“首届浙江省宣传思想文化工作创新奖”提名。市本级与金华、温州三地相互组织文化会亲活动，丽水的“秀山丽水、千年古韵”非遗专场文艺演出、金华市婺剧“精品折子戏”、温州市瓯剧《高机与吴三春》在三地文化场所互动演出。全市各地在不同层次开展了153场文化会亲活动。组织6名选手赴台湾参加南投“美人腿”节活动，均获不同奖项。丽水市被中国书法家协会正式命名为全国书法创作培训基地。举办瓯江文化艺术精品展14场、“艺术百味”名家讲座5期。

六、深化文化体制改革

国有文艺院团体制改革基本完成。完成了庆元艺术中心、青田县越剧团、缙云县婺剧团、龙泉市文艺工作队和畲族民间艺术团5家国有文艺院团体制改革任务。推进“一省一网”改制，9县（市、区）全部以全资的方式加入了浙江华数公司，做好与浙江华数公司的各项对接，推进丽水广电有线网络“一省一网”工作。全市10家电影公司改制全部完成。

七、加强文化遗产保护

第三次全国文物普查工作完成。全市共普查登记不可移动文物8185处。编辑出版文物普查6个专题丛书、市本级文物普查名录和全市文物普查名录，编制了全市普查工作报告。完成文物普查建档归档工作，全市共建文物普查档案662卷。全市一批先进集体和个人受省文化遗产委员会表彰，其中遂昌县被评为先进县。丽水市省级历史文化名城申报工作启动，龙泉市、松阳县着手申报国家级历史文化名城。省政府公布的第四批省级历史文化街区、名镇名村中，龙泉市小梅镇，莲都区曳岭脚村，龙泉市大窑村、下樟村，松阳县吴弄村、山下阳村、靖居村、横樟村成为新一批省级名镇名村。全市共有国家级历史文化名镇1个、名村1个，省级历史文化名城2个、名镇1个、名村15个。完成《处州府城墙保护修复方案》论证和报批工作，配合省文物局组织通济堰保护规划省级论证，市规划委员会讨论通过《丽水市江滨文物古迹保护规划》、《刘祠堂背街区保护规划》。市政府出台《丽水市民办博物馆管理办法》，组织赴宁波、衢州等地考察民办博物馆建设。市文物保护管理所挂牌分设。公布丽水市第五批非物质文化遗产名录、第三批市级传承人和首批市级传承基地，开展丽水市首届“十佳非遗传承人”评选。举办丽水市“处州板龙”摄影大赛、处州板龙摄影展并收集各县（市、区）板龙资料。配合省文化厅做好15个国遗项目督查工作。开展全市非遗信息化建设工作，推进各县（市、区）非遗数字化平台建设。

八、加快发展广播电视事业

全市乡镇有线数字电视整转率为100%，双向化改造乡镇完成率为85%。大部分县（市）已进行农村有线数字电视的拾遗补缺工作，重点推进网络双向化改造工作。全市91%的乡镇安装了广播远程控制系统。全市广电对农节目增档提质，超出考核标准30档。新闻宣传工作创新创优，获省新闻奖一等奖2个、二等奖5个。实现广播电视安全播出，完成“两会”和十八大等重要保障期安全播出。实现“零插播”、“零停播”。全市数字影院从原来的4家10个厅增加到10家16个厅。

九、加强新闻出版工作

农家书屋工程实现全覆盖，全市2851个行政村共建成书屋2897个，其中新建2319个，完善578个，共投入资金4774.78万元。编发《报刊审读与管理信息》12期。开展内部报刊编辑人员专业培训和采风活动。印刷业管理进一步规范，做好知识产权宣传保护工作，联合市法院、工商局、科技局等相关部门召开“4·26”知识产权保护新闻发布会。进一步加强印刷业规范管理，做好企业软件正版化工作，鉴定非法出版物近5万张（盒）。

十、加强文化市场管理

开展“扫黄打非”专项治理行动，全市出动文化、公安、工商等文化市场管理检查人员5644人次，检查各类文化经营场所7925家次。全市共立案查处147件，文化市场举报受理56件，行政罚款33.7万元，收缴各类非法出版物45809（盒、张），集中销毁非法出版物39225张（册），捣毁销售侵权盗版出版物窝点26个，关停非法网站6个，没收卫星电视地面接收设施84台、接收机56台、波段降频器49只，查处取缔“黑网吧”10家，查扣电脑主机59台、路由器、摄像头、交换机等附属设备23套。

十一、推动文化产业发展

组团参加2012年义乌文博会，参展企业37家，展位57个，到丽水馆参观近5万人次，现场成交金额52.5万元，意向订单142万元。丽水市参展团被组委会评为展会组织二等奖，推荐评比的工艺美术作品获金奖2个、银奖1个、铜奖3个。7月28日至30日，在武汉国际会展中心承办浙江丽水文化精品武汉展，5200余平方米展馆展出了1080件艺术精品，有5万余武汉市民前往参观交流。国家、省、市、县50多家媒体全方位宣传报道了展会盛况。现场成交展品817件，价值120多万元，达成意向订单展品212件，价值1000余万元。

【大事记】

1月

2日 丽水市文广新局在丽水大剧院举办新年音乐会，邀请法国爱乐乐团来丽演出，庆祝丽水大剧院开办一周年。

4日 丽水市文广新局副局长吴利明调研丽水市博物馆新馆建设工地、丽水摄影博物馆，并召开工作座谈会。

5日 丽水摄影博物馆举行“丽水·南川摄影艺术作品联展”开展仪式。

8日 丽水市文化馆在丽水大剧院举办2012年“绿谷之声·创新流派”新年音乐会。

10日至15日 丽水市组织成立3个检查组，对全市文化市场（扫黄打非）、文物普查建档归档和安生生产工作进行综合检查考核。

10日 丽水市网吧行业协会召开换届大会，共有网吧77名会员单位参加。

12日 丽水市博物馆陈列展览脚本讨论会在浙江省文物局召开。

14日 大型畲族歌舞剧《千年山哈》在丽水大剧院合成演出。

17日 丽水市文广新局及其下属有关单位参加市直机关组织的“党员为民服务一条街”活动。

29日 丽水市文广新局机关工作人员参加市委市政府组织的义务植树活动。

29日至30日 丽水市文广新局领导到局直属各单位开展新春慰问。

1月 丽水白前村出土的“丽水浙江龙”首次在浙江自然博物馆举办的新年特展“龙行浙江”进行公开展示。

2月

1日 丽水摄影博物馆举办“2012全国知名油画家古堰画乡写生作品展”。

3日 丽水市推进广电网络“一省一网”工作会议召开。

6日 绿谷大舞台闹元宵文艺专场晚会在纳爱斯广场举行。

7日 丽水市农家书屋建设领导小组检查组到全市各地检查农家书屋建设工作。

10日 由丽水市建设（规划）局、文广新局组织召开的省级文物保护单位处州府行春门城墙保护修复方案深化设计论证会在丽水城市规划展览馆举行。

13日 丽水市委常委、宣传部长陈建波到庆元松源镇五三村调研农村基层文化场所建设和活动开展情况。

18日 2012丽水市书法工作会议在松阳县召开。

22日 丽水市文物保护管理所在市文物监察大队的配合下，对辖区岩泉街道文化站基建工地发现的古墓葬进行抢救性清理工作。

2月 公布11个首批丽水非物质文化遗产传承基地。

23日 丽水市文物工作会议在莲都区召开。

28日至29日 《通济堰保护规划》省级专家论证会在莲都区召开。

2月 丽水市公共文化服务体系建设考核组到各县（市）就农村公共文化服务体系、数字电视整转、农家书屋工程等工作进行考核。

2月 丽水市政府公布16个项目为第五批非遗名录。同时，还公布4个非遗扩展项目名录。

3月

3月 浙江省经信委公布第一批浙江省省级产业示范基地名单，全省共有37个基地入选，其中丽水市3个，云和县木制玩具产业示范基地入选其中。

8日 2012年丽水市农家书屋工程建设任务部署会在遂昌召开。

14日 国家总署督查组到丽水市遂昌县实地督查农家书屋建设情况。

14日 丽水市县级台广播电视监测通道建设项目完工。

15日 设计人员进入黄景之律师事务所旧址进行测绘。

16日 中共浙江省委宣传部常务副部长胡坚一行参观丽水摄影博物馆。

14日至16日 丽水市文广新局组织市直有关部门赴宁波市、鄞州区和余姚市考察民间博物馆建设情况。

20日至21日 丽水市文化广电新闻出版局局长座谈会在庆元召开。

22日至23日 丽水市文化市场管理和“扫黄打非”工作会议在松阳县召开。

24日 景宁县举办以“牵手新畲乡、相拥两岸情”为主题的2012中国畲乡“三月三”活动开幕式。全国人大常委会原副委员长司马义·艾买提宣布开幕。国家、省、市以及台湾代表团参加活动。

25日 位于畲族文化中心的景宁畲族自治县图书馆新馆舍正式投入使用。

25日 丽水市电影工作会议在青田县召开。丽水市文广新局副局长陈建光在会上作讲话。

25日至26日 中国书法家协会副秘书长戴志祺率专家组一行到丽水，对丽水市申报创建中国书法家创作培训基地进行考察，并召开汇报会。市委常委、宣传部长陈建波，市委常委、副市长廖思红陪同考察、出席汇报会。

27日　松阳县在浙南茶叶市场举办第五届中国茶商大会·松阳银猴茶叶节暨松阳恢复县制30周年庆祝大会开幕式文艺晚会。

28日　丽水市文广新局副局长陈建光一行到莲都区小黄弄村开展“进村入企”走访调研活动。

28日　第二届“庆元生态日菇乡水韵”文艺晚会在县菇城剧院上演。

29日　丽水市文物保护管理所分设挂牌仪式正式举行。丽水市市委常委、市人民政府副市长廖思红、市文广新局局长赵碧华、浙江省文物考古研究所副所长王海明研究员等相关部门的领导和专家参加。

26日至4月30日　“中国第十四届国际摄影展览精选作品展”在丽水摄影博物馆开展。共展出100多幅获奖作品。

31日　举办丽水市收藏协会会员大会，文化、民政等民间组织主管单位领导和丽水市近百名收藏协会会员参加了大会。

3月　浙江省国遗督查组到丽水市检查国遗项目。

4月

1日　举行广电有线网络“一省一网”合作框架协议统一签约仪式。市委常委、宣传部长陈建波，市委常委、市人民政府副市长廖思红出席会议。

9日　丽水市委书记卢子跃到缙云县调研婺剧文化发展工作。市委常委、常务副市长陈瑞商，市委常委、宣传部长陈建波，市委常委、副市长廖思红，市委常委、秘书长朱继坤陪同调研。省婺剧促进会会长李林访出席座谈会。

9日　丽水市歌舞团暨浙西南畲族歌舞团授牌仪式在文化馆举行。市委常委、副市长廖思红为丽水市歌舞团授牌，市委宣传部副部长任韩高出席仪式，市文广新局局长赵碧华致辞，市文广新局副局长李志伟主持仪式并宣读丽水市歌舞团成立的批准文件。

4月　丽水市电影有限公司在全市范围内开展“关注森林防火”电影宣传月活动。

4月　由遂昌县委副书记、县长何卫宁带队的遂昌县政府代表团、浙江昆剧团前往英国莎士比亚故乡斯特拉福德市、考文垂市，演出4场《牡丹亭》。

4月　韩国长兴香菇产业研究专家团一行5人到庆元县参观香菇博物馆，并进行香菇文化交流。

23日　丽水市各地图书馆开展世界读书日活动。

23日　丽水市文化分管局长会议在缙云召开。

23日至25日　丽水市非遗数字化平台工作会议在缙云县召开。会议期间，省文化厅非遗处4位专家进行非遗数字化平台的使用和整体实施推进工作的培训。

24日　丽水市侵权盗版及非法出版物集中销毁活动在丽水市万象山公园举行。共计销毁盗版音像制品34402片，非法出版物4823册。

25日　中央电视台第四频道工作人员到缙云县拍摄专题片“中国书法五千年”——李阳冰小篆书法。

28日　丽水市博物馆和市文物保护管理所分别开展“五一”期间文物安全工作大检查。

29日　丽水市组织33家文化企业参加义乌文博会，共设展位35个。

4月　第三次全国文物普查先进名单中，丽水市获1个普查先进县、3个普查先进集体及18名普查先进个人等多项荣誉。

4月　丽水市文保所启动第四批市级文物保护单位的万年桥、顾宅抢险加固工程。

5月

2日　浙江省书协青田刻字创作基地揭牌仪式在温溪镇举行，中国书协理事、中国书协刻字研究会副主任王志安，中国书协理事、浙江省书协刻字研究会主任沈岩松，丽水市文广新局副局长李志伟等领导和来自全省各地的近100多位书法家、刻字艺术家和爱好者参加了揭牌仪式。

8日　浙江省创建无非法卫星电视接收设施乡镇(街道)工作领导小组办公室主任常志良一行，到丽水检查开展创建无非法卫星电视接收设施乡镇(街道)工作情况。

9日　召开丽水市地方报刊“新闻图片”辅导培训会和地方报刊管理工作会议，全市地方企业报、期刊主办单位负责人(主编)和编辑参加。

10日　丽水市第八届未成年人读书节暨莲都小学第八届读书节启动仪式在莲都小学举行。此次未成年人读书节的主题是：梦想激发阅读，阅读点燃梦想。

16日　国家文物局中国文物信息咨询中心总工程师刘小和一行到缙云县考察调研国家级重点文物保护单位——仙都摩崖题刻。

17日　丽水市文化广电新闻

出版局组织新任领导欢迎会，市委组织部干部综合组织史办公室主任张继南在会上宣读市委任命决定：周一红任丽水市文广新局党组书记、局长；原丽水市文广新局党组书记、局长赵碧华改任丽水市人大常委会民族华侨工作委员会（外事办）主任。

18日 丽水摄影博物馆举办“打开珍藏的记忆”丽水老照片展。

18日 丽水各地文物部门开展各类宣传活动，各地博物馆与广大市民进行互动。市本级博物馆举办“打开珍藏的记忆——丽水老照片展”、“丽水市文物精品图片展”、义务“为民鉴宝”、文物法律法规现场咨询以及出版发行《瓯江文化——文博专刊》博物馆日纪念专辑等系列活动。

20日 丽水市第五届乡村文化艺术节暨全市龙舞大赛在莲都区举行。中共丽水市委常委、宣传部长陈建波宣布开幕，丽水市人大常委会副主任刘国安、丽水市政协副主席何赤峰参加开幕式，丽水市人民政府副秘书长邱务土在开幕式上讲话，市文广新局局长周一红主持开幕式。

21日 丽水市图书馆与丽水军分区共建流动图书室，并举行揭牌仪式。

23日 丽水市文广新局局长周一红一行到市博物馆、市文物保护管理所调研文物工作。

23日 浙江省文物安全技术防范工程审核组在丽水召开摄影博物馆安防工程验收会。审核组通过听取汇报、审查竣工资料、实地检查。经综合评估，同意摄影博物馆安防工程通过验收。

24日 丽水市广播电视安全播出暨技术例会召开。

26日 丽水图书馆在电子阅览室举办“趣味猜谜迎六一”活动。

28日 丽水市举行“中国书法家丽水创作培训基地”命名授牌仪式。中共丽水市委书记、市人大常委会主任卢子跃，市政协主席虞红鸣、市人大副主任刘国安出席授牌仪式，丽水市委常委、宣传部长陈建波主持仪式。

29日 丽水市文广新局局长周一红一行到市文化馆调研群众文化工作。

29日至31日 丽水市人大常委会副主任刘国安率市人大科教文卫工委、市经信委和市文广新局有关领导到丽水经济开发区、龙泉市、缙云县工业园区实地了解企业文化设施建设，调研农民工文化活动开展情况。

31日 丽水市召开文化体制改革和“扫黄打非”工作会议。市委常委、宣传部长陈建波出席会议并讲话。会上，副市长梁细弟回顾了文化体制改革和“扫黄打非”工作，分析了面临的现状及存在的问题，并对今后工作作了部署。

31日 丽水市文化广电新闻出版局机关在市行政中心会议室召开年度第五次中心组理论学习会。

5月 由团长巴特·都米尼卡斯带队的全球环境基金评估团到青田，对全球重要农业文化遗产项目——青田稻鱼共生系统保护项目开展中期评估。

5月 丽水市文化馆、市戏剧曲艺家协会在景宁举行戏剧干部培训暨作品加工会，来自全市的30余名戏剧小品、小戏创作骨干参加。

5月 丽水市第七届原创歌曲大赛歌词创作采风加工会在畲乡景宁举行，来自全市各县（市、区）的30余名音乐创作骨干参加了会议。

5月 丽水市完成了154个乡镇应急广播远程控制系统建设工作。

6月

1日 丽水市文广新局局长周一红到丽水大剧院管理处调研。

4日 浙江省文物局副局长吴志强、文物处处长郑建华，省考古研究所所长李小宁及省社科院、浙江大学有关教授赴丽水对金温铁路扩能改造工程涉及省级文物保护单位厦河塔保护问题进行了现场勘察。

5日 丽水市文广新局局长周一红一行到市图书馆调研读者服务和新馆筹建工作。

5日 《处州府城行春门城墙保护方案》通过由浙江省文物局组织的专家评审。

6日 丽水市本级业余文保员培训会议召开。丽水市文广新局文物处、文物监察支队相关人员及10余名业余文保员参会。

5日至6日 国家文物局组织专家组到庆元考察木拱廊桥申报《中国世界文化遗产预备名单》工作。

7日 丽水市首届“十大优秀非遗传承人”评选结束。此次活动从4月开始，最后评选出田纪青、陈成科、沈新培、张爱廷、胡森、夏成信、徐朝兴、雷建光、蓝陈启、鄢连和为丽水市首届“十大优秀非遗传承人”。

9日 丽水市文保所、博物馆、文化市场执法支队、收藏协会共同举办第三次全国文物普查成果展。同时开展为市民免费鉴宝，向市民传授收藏经验等文化遗产日宣传活动。

10日 由丽水市文广新局主办，市非物质遗产保护中心等5家单位承办的“处州古韵”诗歌朗诵会暨首届“十大优秀非遗传承人”颁奖仪式在南明湖畔公园举行。

12日 丽水市人大常委会党组书记、副主任金建新带领市人大代表专题视察开发区公共文化服务情况。市文广新局局长周一红等有关部门负责人陪同视察。

15日 丽水市第三次全国文物普查总结表彰大会召开。副市长梁细弟出席会议并作讲话，市文广新局局长周一红主持会议。各县(市、区)领导小组组长、文广新局局长和分管副局长、文管办主任、文保所所长、博物馆馆长参加会议。

15日 丽水文化精品武汉展览会筹备工作会议在市行政中心会议室召开，副市长梁细弟出席会议并作讲话。

15日 丽水市文化市场行政执法支队在市文化馆报告厅和嘉乐迪量贩歌城召开消防安全知识培训会暨娱乐场所消防演练现场会。市区130余家网吧、娱乐场所业主及消防安保负责人共200余人参加会议。

26日 丽水大剧院与开发区社发局联合举办“让高雅艺术走进开发区”——丽水大剧院赠票仪式。

26日 丽水市级文保单位万年桥、顾宅抢险加固工程竣工并通过市文物主管部门的验收。

26日 景宁畲族自治县大型畲族风情舞蹈诗《千年山哈》在北京梅兰芳大剧院演出。浙江省委常委、常务副省长龚正，全国人大法律委员会副主任刘锡荣，全国人大法工委副主任王胜明及丽水市副市长梁细弟等观看了演出。

28日至29日 浙江省文化厅副厅长陈瑶到青田县、松阳县调研文化建设工作。

30日 丽水市博物馆举办“丽水市博物馆浓情送展进社区”活动，制作“丽水博物馆馆藏精品图片”和“丽水摄影精品图片”两个流动展览。

6月 浙江省文物局公布的2011年度博物馆免费开放最佳做法评选中，丽水市摄影博物馆入选最佳社会参与奖。

6月 在第七个文化遗产日主场城市举办的浙江省“公众眼里最美历史文化名城”摄影展中，丽水市陈拥军、傅为新、潘世国、梁晓华、叶高兴等16名摄影家的29幅作品入选，其中陈拥军的《龙泉青瓷》获金奖，傅为新的《山村祭祀》、潘世国的《山村木偶戏》获银奖。

7月

2日至6日 丽水市6家文物部门配合浙江省文物局完成入选《浙江馆藏文物大典》的35件藏品拍摄任务。

4日 丽水市文广新局局长周一红到市中播台迁建工程现场调研。

4日 “红心向着共产党”绿谷之声合唱团专场音乐会在丽水大剧院举行。市委常委、宣传部长陈建波，市人大常委会副主任刘国安，市政协副主席何赤峰等市领导，浙江省合唱协会理事长潭丽娟，市文广新局局长周一红等有关部门领导出席音乐会。

5日 浙江省文化厅副厅长黄健全、人事处处长朱海闽等一行4人，到丽水督促调研文艺院团体制改革工作。

5日 丽水市文广新局召开贯彻落实省第十三次党代会精神专题学习会。邀请市委党校党委书记、常务副校长、教授阙忠东主讲，局机关和直属各单位全体党员参加。

5日至6日 丽水市公共图书馆第五届馆长联席会议在青田县召开。

6日 在北京举行的第四届全国少数民族文艺会演上，代表浙江省参加会演的景宁大型畲族风情舞蹈诗《千年山哈》获表演金奖，其中《三月歌会》、《学师系带》获节目奖，浙江代表团获优秀组织奖。

6日 丽水市文广新局局长周一红一行就文保单位观音阁的保护利用进行现场调研。

8日至10日 丽水市副市长梁细弟带领市委宣传部、市工商联、市文广新局等有关单位负责人及相关人员，赴武汉市指导落实浙江·丽水文化精品武汉展览会筹备工作。

11日 金华市政府副秘书长郭金仪率人大、政协、纪委、发改委、国资委、编委、文化等部门领导，到丽水市考察大剧院运营管理、营销筹划等情况。丽水市政府副秘书长邱务土与有关部门领导陪同参观丽水大剧院、市文化馆，并召开剧院运营管理工作座谈会。

12日 “岁月留痕”——浙江省民俗风情摄影大展丽水巡回展和处州板龙摄影展在丽水摄影博物馆举行。

16日 丽水市电视台第2频道栏目组到丽水市博物馆拍摄入选《浙江省馆藏文物大典》的6件珍贵文物。

18日 丽水军民共庆建军85

周年文艺晚会在丽水大剧院举办。

19日　丽水摄影博物馆推出“纬度的表情”——中德地理风光摄影师四人联展。

24日　中国根艺美术大师李陈标的根艺精品观音像无偿捐赠，放置在观音阁内供市民观赏。

25日　丽水市级文物保护单位观音阁首场文化惠民婺剧《巡按斩父》上演。

28日　由丽水市委、市政府主办的浙江·丽水文化精品武汉展览会，在武汉国际会展中心开幕。

7月　浙江省政府公布浙江省第四批非物质文化遗产名录，丽水市共有八大门类21个项目入围。

8月

1日　丽水市“少儿之家”现场会在莲都区北埠村召开。

8日　婺剧“精品折子戏”专场演出在丽水大剧院举行。

7日至8日　浙江省农家书屋工程建设领导小组检查验收组到丽水市庆元、景宁检查验收。

9日　《丽水市博物馆陈列展览文本》省、市专家讨论会在摄影博物馆召开。

9日至11日　丽水市广播电视宣传例会暨对农节目考评研讨会在遂昌召开。

14日　丽水市在青田县召开全市广播电视“户户通”工作座谈会。

15日　丽水市文广新局召开全市文广出版系统信息宣传、微博工作会议。会议邀请市委办信息处、市府办信息处、市信息中心相关人员开展党委信息、政务信息、政务微博培训。同时部署下一阶段全市文广出版系统信息宣传、微博工作任务。

16日　市政府组织省级历史文化名城创建考察组赴湖州、温州两地进行考察学习。

17日　2012年丽水市文化系列专业技术职务评审会召开，17位专家评委对全市申报文化系列专业技术资格人选进行了评审、推荐。

14日至17日　由市政府带队，市级有关单位组成考察小组赴杭州、无锡、湖州、温州等地学习考察博物馆陈列展览工程管理、建设经验。

20日　丽水市政协副主席庄志清到市博物馆调研新馆建设情况。

22日　2012年世界自由式轮滑锦标赛在丽水大剧院开幕。

28日至29日　丽水市文化广电新闻出版系统工作会议召开。

31日　丽水市政协副主席何赤峰一行到市文广新局调研文化工作。

8月　丽水市组织农家书屋工程考核组一行赴各县（市、区），经济开发区开展农家书屋工程建设工作检查。

8月　丽水市文广新局组成检查组对8个县（市）进行地方文献资源建设工作督查。

8月　浙江省2012年第一批通用性电视对农节目录选名单公布，丽水市9个电视对农节目录选。

8月　丽水市组织人员参加“2012年台湾南投县第六届‘美人腿’节”活动之公主决赛。

8月　浙江省广播电视对农节目服务工程建设考核及对农节目政府奖评比结果揭晓。在对农节目服务工作考核中，丽水市2个县（市）获优秀奖，7个县（市）获鼓励奖；在政府奖评比中，5个县（市）获三等奖。

9月

3日至4日　丽水市文广新局纪检组长周杰到缙云县壶镇旸村“尚书坊”、遂昌县长濂村古建筑群等文保单位调研文物保护工作。

6日　丽水市第五届乡村文化艺术节“农民草根达人秀”在景宁县畲族文化中心举行。

7日　丽水市文广新局副局长叶锦伟到市博物馆调研新馆建设情况，并就下一阶段工作作出部署。

11日　丽水市博物馆组织全体干部职工举办消防安全知识讲座。

13日　丽水市广播电视安全播出协调领导小组成员会议召开。

14日　丽水市广播电视新闻协作会议在青田石门洞伯温古村召开。

15日　浙江省政府办公厅党组成员、应急办主任傅晓风一行到遂昌县调研农村应急广播工程实施及农村应急广播远程控制系统建设工作。

19日　2012丽水市首届视觉艺术创作群体优秀作品展在文化馆举行。

19日　丽水市博物馆“丽博学堂”第一期“博物馆藏品管理”开课。市文广新局纪检组长周杰出席首期“丽博学堂”。

17日至18日　2012年广播电视安全播出暨技术例会在景宁召开。丽水市文化广电新闻出版局副局长陈建光出席会议并讲话。

20日　丽水市文物工作会议在缙云县召开。

26日　全国文化体制改革工

作表彰大会在北京人民大会堂举行。丽水市电影有限公司董事长兼总经理娄卫高作为全国文化体制改革工作先进个人代表参加表彰大会。

25日至26日 丽水市文广新局与市报刊学会联合举办地方报刊编辑人员"图片新闻"采风活动。

26日 丽水有线数字电视发展优秀论文评审会召开，共23篇论文获奖。市文广新局副局长陈建光出席评审会。

26日至27日 由浙江省住建和规划厅、省文物局组成的历史文化名城申报工作指导组一行到丽水进行调研和指导。

28日 "绿谷之声"2012年丽水市中小学音乐教师"喜迎国庆·祝福祖国"器乐展演赛在文化馆举行。

28日至29日 浙江省文改办副主任、省广播电影电视局局长张宝贵一行到丽水调研县级电影公司转企改制、数字化影院全覆盖以及"一省一网"巩固提升工作，并召开座谈会。

9月 浙江省人力资源与社会保障厅、省文化厅、省文物局联合发文，表彰全省文物系统17个先进集体和20名先进工作者。景宁县文物保护管理所和遂昌县文物管理委员会办公室获评浙江省文物系统先进集体。

9月 丽水市"扫黄打非"工作领导小组办公室到全市各地开展迎接党的十八大深化"扫黄打非"专项行动督查工作。

10月

10月 丽水市文化广电新闻出版局做好国庆期间的安全播出工作。

10日 浙江省"建设美丽乡村、深化千万工程"现场会在丽水大剧院召开。

12日 "两代表一委员"《丽水市博物馆陈列展览文本》意见征求会召开。

12日至15日 "非遗薪传——浙江传统塑艺陶艺精品展暨中青年十大名师"评选活动在杭州市和平国际会展中心举行。丽水市参展的松阳、遂昌黑陶项目共获1金6银3铜，松阳的省工艺美术大师刘法星获"非遗薪传——浙江传统塑艺陶艺中青年十大名师"荣誉称号。

15日 丽水市第五届乡村文化艺术节小戏小品大赛在遂昌县影剧院上演。

15日至16日 丽水市文广新局副局长陈建光组织督查组到云和、庆元、龙泉等地督查公益电影放映、数字影院建设、电影发行放映单位转企改制和广播电视有线网络"一省一网"整合、广播电视安全播出、广播电视全覆盖工作。

15日至17日 浙江省"扫黄打非"专项行动督查组到丽水市督查"扫黄打非"工作。

16日 由丽水市发改委牵头，组织市财政局、国土局、文广新局等相关部门赴衢州考察民办博物馆建设。

17日 丽水市文化广电新闻出版局组团赴金华参加"文化走亲"活动。

19日 温州市"文化走亲"节目瓯剧《高机与吴三春》在丽水大剧院上演。

19日 丽水市文广新局纪检组长周杰带队的市文物安全隐患排查整治专项行动检查组对景宁县进行文物安全隐患排查整治检查指导。

22日 丽水市文广新局局长周一红，副局长陈建光、叶锦伟，纪检组长周杰与20多位离退休老同志及其家属共度重阳节。

23日 浙江省文化厅会同省教育厅组成的非遗传承教学基地考察组，对丽水市遂昌、松阳、龙泉、庆元、景宁、青田、缙云等地非物质文化遗产传承教学基地申报学校进行实地检查评估。

23日 丽水市编办主任朱国镇一行在市广电新局副局长陈建光，人事处处长朱美琴陪同下，到市广电监测中心调研人员编制情况。

23日 唐雪根画家"丽水情·唐雪根答谢丽水人民油画展"在市文化馆举行。

24日 丽水大剧院举行2012年秋季消防疏散演习活动。

25日 丽水市文保所在市级文保单位观音阁开展消防安全知识培训讲座。

26日 丽水市召开民办博物馆管理研讨会。

30日 丽水市广播电视对农节目研讨例会在松阳举行。

11月

1日 丽水市文化馆展览厅举行丁德焕微书展。

1日至3日 浙江省广播电影电视局电影处处长谢谦，省电影公司副总经理蔡文忠、总工郑金田一行到丽水市调研指导电影工作。

5日 丽水市文广新局、市安委办、市消防队、市旅游局联合开展人员密集场所的安全管理工作。

6日 丽水市公共文化服务体系建设务虚会在景宁县召开。

8日 丽水市文广新局组织全体干部职工收看中共十八大开幕式。

8日至9日 丽水市文广新局副局长叶锦伟到遂昌、松阳等地检查指导十八大召开期间的文化市场监管工作。

9日 丽水市文博系统业务讲座在丽水摄影博物馆举行。

13日 由丽水市委宣传部、丽水市文化广电新闻出版局主办，丽水市第五届乡村文化艺术节民族民间舞蹈大赛在龙泉举行。

15日 丽水市“庆祝十八大，瓯江天天乐”展演系列活动排舞专场表演在市区纳爱斯广场举行。市委常委、宣传部长陈建波在开幕式上致辞并宣布活动开幕。

15日 丽水市政府召开第10次常务会议，审议通过《丽水市民办博物馆管理办法》。

15日 丽水市第二期婺剧表演艺术培训班在丽水职业技术学院开班。

16日 丽水市“献礼十八大”徐君陶中国画作品展开幕式在文化馆举行。

17日 国家文物局公布更新的《中国世界文化遗产预备名单》中，丽水市的龙泉大窑龙泉窑遗址包含在浙江青瓷窑遗址项目内，景宁、庆元廊桥和泰顺廊桥捆绑在浙闽木拱廊桥系列。

18日 丽水市首家五星级多厅影院——西城时代电影大世界举行开业典礼，省广播电影电视局局长张宝贵，市委常委、宣传部长陈建波出席典礼并为影城开业剪彩。

20日 丽水市文化广电新闻出版系统开展廉政警示教育活动。

20日 丽水市政府副秘书长王炜一行在市文广新局副局长叶锦伟陪同下，到市图书馆进行新馆建设项目调研。

21日 丽水市副市长梁细弟在市文广新局周一红局长等陪同下调研丽水申报省级历史文化名城工作。

22日 丽水市文广新局局长周一红、纪检组长周杰在市文保所、市南明山景区管委会相关部门陪同下就南明山摩崖石刻保护情况进行实地调研。

23日 由丽水市文联、上海市虹口区文联主办，庆十八大“百花争艳”浙江丽水·上海虹口国画联展在丽水市文化馆开展。

25日 丽水市收藏协会邀请省收藏协会民间鉴宝专家、市本土鉴定专家、丽水市电视台绿谷采风栏目组、市文物部门联合举办民间收藏公益鉴宝活动。

27日 由丽水市委宣传部与市文广新局联合主办，“高举伟大的旗帜”——党的十八大精神文艺宣传下基层活动在大港头镇拉开帷幕。市政府副市长梁细弟在启动仪式上致辞，市委常委、宣传部部长陈建波宣布活动正式启动。

28日 丽水市文广新局在文化馆召开局机关中层干部竞争上岗和市本级公开选拔局管后备干部动员大会。

11月 丽水市成立以市文广新局副局长林莉为组长的乡镇综合文化站评估复核小组。

12月

1日 丽水市第七届原创歌曲大赛决赛在文化馆举行。

2日 丽水市“庆祝十八大，瓯江天天乐”展演系列活动戏曲专场在纳爱斯广场举行。

4日 丽水市副市长梁细弟到丽水市博物馆调研工作。

5日 丽水市莲都区公用事业管理所在市区灯塔街与丽青路交界处进行社区基础设施改造工程中发现一座双穴明代石郭墓。在随后的抢救性清理中，只发现棺木残片和大片碳沫，未发现陪葬品。

5日 丽水市文化馆举办“庆十八大·2012丽水油画展”。

6日 丽水市第五期文博大讲堂举办。

6日 丽水市“庆祝十八大，瓯江天天乐”文体广场展演系列活动莲都排舞专场在纳爱斯广场举行。

12日 浙江省第二届视觉艺术创作群体优秀作品展开幕式在台州书画院举行，丽水市共获22个奖项。

12日 丽水市文广新局召开了非遗工作者“我的这十年”征文评审会。

12日 丽水市第五届乡村艺术节闭幕式暨全市乡村文艺汇演在纳爱斯广场举行。

13日至17日 丽水市举办以地方传统戏剧表演技艺为主的全市特色文化人才培训班。

13日 《丽水市博物馆陈列展览文本》“华侨之乡”专题研讨会在青田召开。

17日 丽水市婺剧促进会第二次代表大会召开。会议听取和审议第一届婺剧促进会工作报告，并选举产生第二届婺剧促进会领导班子。市人大常委会副主任武昌当选新一届会长，市文化广电新闻出版局局长周一红当选常务副会长，市文化广电新闻出版局副局长林莉当选副会长兼秘书长。

18日 丽水市文物鉴定组配合遂昌县公安部门对王村口镇山前村土名“长更”山上被盗掘的墓葬进行实地勘查鉴定。

18日 “山·海·人”嘉兴·丽水山海协作艺术交流展在丽水摄影博物馆开幕。

23日 丽水市电影公司经过改造升级后正式开业。

24日 丽水市委副书记、市长王永康，副市长梁细弟等实地调研丽水市省级历史文化名城申报重点项目保护建设情况。市文广新局局长周一红、纪检组长周杰等陪同调研。

24日 丽水市委副书记、市长王永康，副市长梁细弟一行在市文广新局局长周一红、纪检组长周杰等陪同下到丽水市图书馆调研。

25日 浙江省申报人类与国家级非物质文化遗产、杭州西湖文化景观申报世界文化遗产工作总结表彰大会在杭州召开。丽水市申报人类与国家级非物质文化遗产工作受省政府表彰，龙泉市政府、庆云县文广新局被评为先进单位。

12月 丽水市文广新局纪检组长周杰带领局文物处、市博物馆相关人员赴景宁畲族博物馆、景宁晓琴畲族民间陈列馆，走访"丽水市民间十大收藏家"雷献英，实地考察受帮扶的晓琴畲族馆的馆舍格局、藏品管理、展示服务等帮扶项目情况，就国有博物馆对口帮扶民办博物馆工作开展调研。

（徐菊珍）

丽水区、县（市）文化工作概况

【莲都区文化广电新闻出版局（体育局）】 内设机构5个，分支机构12个。2012年末在岗人员167人（其中：具有高级技术职务资格7人，中级55人）。

2012年，莲都区文化工作围绕"推动市区发展，打造'三大'莲都，建设文化强区"的目标，扎实推进各项工作。一、抓好文化设施阵地建设。区文化中心主体工程已结顶，完成综合楼及剧场外墙装饰工程施工和内墙粉刷等工作。完成双黄、岩泉综合文化站工程建设，白云、大港头综合文化站建设项目稳步推进。共建成100平方米以上的村（社区）文化活动室313个，覆盖率达到87.4%；共建设农家书屋340个，其中行政村333个，建在乡镇文化站和社区内7个，覆盖率100%，配送书籍41万余册，报刊5千多册，光盘、音像制品70多个品种。白云街道城西村被评为省级文化示范村。新创建活动点107个，其中城区39个，乡镇68个，活动点累计227个，向各活动点赠送专用设备，组织开展文体设备使用培训和"天天乐"排舞培训。二、开展多种文化活动。开展处州白莲历史文化调研，收集、整理和创编丽水风味民间特色传说。举办莲都区首届处州白莲文化节、"莲子采摘节"、"荷花摄影节"，建设"荷花第一镇"，编制"处州白莲"文化宣传册。协助举办和主办首届处州白莲文化节、第五届"欢乐莲城"乡村文化艺术节、第十九届"新桥竹柳"三月三畲族歌会、丽水市龙舞大赛、莲都区天天乐排舞比赛、雅溪灯会等大型群众文化活动53场。开展金东、遂昌、宁波、龙泉等与莲都的"文化走亲"活动18场次。开展"天天乐"文体活动广场主题歌征集活动。三、推进文化惠民工作。完成送戏下乡163场。推进"文化低保"工程建设，共向"文化低保村"送电影50多场，送演出10多场，同时下拨20多万专项补助资金，为19个文化低保村和3个企业赠送文体设施。2012年莲都"文化低保"项目获丽水市文化工作创新二等奖。四、做好艺术培训，涌现一批获奖作品。推出"四系列"公益培训活动，2012年共培训业余文艺骨干和文艺爱好者565人次；实施艺术家深入生活主题实践"走、转、改"活动，文化馆业务骨干选送文化讲座下基层13次；选派159名文化干部参加省市举办的各类文艺培训。举办2012年莲都区文体干部文艺作品加工会，共培训文化员31人，文化馆干部32人，业余骨干5人，非遗保护志愿者11人。举办第二届莲都区"山花烂漫"文体干部自创节目等比赛。2012年文化干部创作的音乐、小品、舞蹈、摄影、论文等作品有135件在国家、省、市、区级各种文艺刊物上发表或获奖，其中国家级23件，省级35件，市级29件，区级48件。五、推进文化体制改革。制定《莲都区文化经营单位体制改革方案》。撤销莲都区电影公司和丽水剧院，核销区电影公司事业编制42名，核销丽水剧院事业编制17名。成立莲都区文化事业服务中心和丽水市莲城影视文化传媒有限公司，将莲都区电影公司和丽水剧院两家参改单位的在职人员安排到莲都区文化事业服务中心和丽水市莲城影视文化传媒有限公司就业。六、规范文化市场审批工作。实行依法审批，2012年办理娱乐场所设立审批7家、娱乐场所变更审批1家、涉外营业性演出备案2件、营业性演出场所备案1件、受理咨询及其他服务30余项。七、文物保护工作得到进展。申报省级历史文化名村，老竹镇曳岭脚村被省政府公布为第四批省级历史文化名村；开展国保单位《丽水通济堰保护规划》的编制和论证报批等工作；联合中国水科院、浙江省考古所、浙江大学遗产研究院开展《丽水通济堰的价值挖掘与展示研究》课题研究，申报入选国家文物局关于古代创造发明的“指南针计划”项目；开展市保单位下南山村古民居群的修缮加固工作，对古民居的地面、墙体、门窗、屋面等进行修缮，修整村内卵石道路，疏通排水沟等，通过“全省美丽乡村建设现场会”验收；对乡村现存的宗祠建筑进行了抢救维修。八、开展非物质文化遗产保护。《通济堰营造技艺》、《鼓词（丽水鼓词）》、《吹打（丽水吹打）》和《太平庙会》被浙江省人民政府公布为第四批浙江省非物质文化遗产名录。完成丽水市首届“十大优秀非遗传承人”申报工作，夏成信和王浣清分别入选丽水市首届“十大优秀非遗传承人”和“十大优秀非遗传承人提名奖”。《岱后采茶灯传承基地》列入丽水市首批传承基地。组织开展莲都区第五批非物质文化遗产名录的申报和评审工作，建立省、市、区级非遗名录体系。开展“文化遗产日”、“服务传承人月”、《非遗法》宣传月系列活动共 13 次，举办非遗骨干业务培训班、讲座共 7 期，下基层辅导培训 6 次，举办全区性培训班 1 次，参加培训骨干 271 人，其中 14 位骨干经市局考核，领到合格证书。完成 18 类 2611 个项目调查表非遗数字化平台建设工作，并导入省非遗数字化平台。举办莲都区非遗工作者“我的这十年”征文活动，经过筛选共推荐 9 篇优秀文章参加浙江省和丽水市非遗征文评选活动，经市文广新局的评审，莲都区获一等奖 1 名，二等奖 2 名，三等奖 2 名，并获丽水市优秀组织奖。

（程凯娅）

【龙泉市文化广电新闻出版局（体育局）】 内设职能部门 5 个，直属单位 9 个。2012 年末在岗人员 106 人（其中：高级职称 3 人、中级 29 人）。

2012 年，龙泉市文化广电新闻出版局扎实开展“文化产业发展年”，着力推进文化融合发展战略，坚持文化事业与文化产业并举，文化惠民与文化发展并重，不断促进龙泉文化事业的发展。2012 年 5 月，龙泉市被省人民政府命名为浙江省文化先进市。2012 年龙泉市文化广电新闻出版（体育局）被国家体育总局评选为全国全民健身工作先进单位。一、打造文化惠民网。2012 年，提高乡镇（街道）综合文化站和村级文化活动中心硬件和软件建设，村级文化活动场所投入资金 940 多万元。各文化场馆和文化活动中心、站（室）全部实现免费开放。将农家书屋工程建设纳入到村级便民服务中心建设管理体系。全市 444 个行政村实现农家书屋全覆盖。2012 年送戏、送演出下乡 150 多场，送电影 2800 多场，送书、送讲座、送展览 20 多次。组建各类业余文化团队 1018 支、22000 多人，组建文学、戏曲、音乐、舞蹈等文艺协会 22 个，人数近 2000 人。二、推动五城联创。2012 年 7 月 6 日，龙泉市召开“五城联创”动员大会，国家级文化先进市、国家级历史文化名城、省级体育强市创建工作正式启动。三、活跃文化活动。2012 年举办大型系列主题公益活动“绿色中国行—走进龙泉”暨第七届中国龙泉青瓷·龙泉宝剑文化旅游节，“叶适故里 春光黄南”龙泉市首届乡村漫游节，“神奇屏南、养生福地”——2012 年丽水·龙泉秋实节暨龙泉市乡村漫游节，举办“百姓大舞台”10 期。开展对庆元县、遂昌县、莲都区、平阳市、景宁县 5 个县市的“幸福龙泉 魅力龙泉‘文化走亲’”活动，丽水市第五届乡村文化艺术节民族民间舞蹈大赛等文化活动。四、推进文艺创作。2012 年摄影作品《安仁板龙灯》获丽水市非物质遗产摄影作品大赛金奖，青瓷《手拉坯》在丽水市第五届乡村文化艺术节“农民草根达人秀”大赛中获银奖，小品《追求》在丽水市第五届乡村文化艺术节小戏小品大赛中获创作二等奖、表演二等奖，大梅口丰收金龙”在丽水市第五届乡村文化艺术节开幕式暨全市龙舞大赛中获银奖，舞蹈《瓷韵》在丽水市第五届乡村文化艺术节民族民间舞蹈大赛中获金奖等。五、莫言获诺贝尔文学奖。2012 年 10 月 11 日晚 7 时，龙泉管氏后裔，著名作家莫言获诺贝尔文学奖，成为首位获此奖项的中国籍作家。六、加强文物保护。2012 年 11 月 7 日至 9 日，“2012 龙泉黑胎青瓷与哥窑论证会”在龙泉举行，来自中国科学院、故宫博物院、国家博物馆、北京大学、浙江省博物馆、浙江省文物考古研究所等的 20 多位专家参加论证会。2012 年 4 月，大窑龙泉窑遗址联合上林湖越窑以浙江青瓷窑址为申报项目，由龙泉市人民政府和慈溪市人民政府提出申请，交浙江省文物处初审，上报国务院文物部门审批。11 月，国家文物局正式公布最新的《中国世界文化遗产预备名单》，大窑龙泉窑青瓷遗址入选。2012 年 10 月 12 日，龙泉青瓷研究会成立。2012 年 10 月 22 日，浙江省文物局转发国家文物局关于大窑龙泉窑遗址保护规划的批复（浙文物发

〔2012〕377 号）文件，国家文物局《关于大窑龙泉窑遗址保护规划的批复》（文物保函〔2012〕1905 号）原则同意大窑龙泉窑遗址保护规划。2012 年 10 月 27 日，由磁州窑博物馆、耀州窑博物馆、龙泉青瓷博物馆、慈溪市博物馆及杭州南宋官窑博物馆五馆联合主办的“宋金瓷话－－五馆馆藏瓷器精品展”在杭州南宋官窑博物馆展出，此次展览共展出各馆文物展品 200 余件，其中龙泉窑青瓷 34 件。11 月 11 日至 18 日，在龙泉青瓷馆临展厅与标本中心特举办中韩陶艺交流活动，共展出韩国知名陶瓷艺术家的代表作品 98 件，及龙泉青瓷大师代表作品 108 件。12 月 17 日龙泉青瓷博物馆在浙江省博物馆孤山馆区举办“如翠似玉——龙泉现代青瓷艺术特展”，共展出清代、民国、上垟瓷厂作品 6 件，当代大师、非遗传承人作品 44 件。2012 年 4 月 29 日至 5 月 2 日中国义乌文博会在义乌国际博览中心举行，龙泉市组织龙泉青瓷、龙泉宝剑参展，现场交易达到 30 多万元，达成意向订单 200 余万元。2012 年 7 月 28 日至 30 日，龙泉市文化广电新闻出版局组织参与由丽水市委、市人民政府主办，丽水市文化广电新闻出版局承办的浙江·丽水文化精品武汉展览会。共展出龙泉青瓷艺术瓷、日用瓷精品共 60 件；展出龙泉宝剑精品 40 件。现场成交展品 16 件，价值 60 多万元，达成意向订单展品 40 多件，价值 300 余万元。七、推进非遗保护。2012 年 10 月，浙江省政府发文表彰全省申报人类非物质文化遗产和国家级非物质文化遗产工作先进单位和记功人员，龙泉市政府获先进单位，原龙泉市文化广电新闻出版局局长黄国勇荣记一等功。2012 年 12 月，经浙江省文化厅公布，龙泉市被列为非遗试点县级市。2012 年 2 月，锦安花鼓戏等 3 项被公布为丽水市第五批非遗项目名录。6 月，菇民防身术被公布为浙江省第四批非遗项目名录。2012 年，新增国家级非遗传承人 2 名、国家工艺美术大师 2 名、高级工艺美术师 17 名。2012 年 1 月，龙泉市宝溪传统龙窑烧制展示基地、龙泉市青瓷文化展示馆被公布为浙江省非遗宣传展示基地。2012 年 2 月，龙泉市中小学素质教育中心、龙泉市安仁中学被公布为丽水市首批非遗传承基地。金宏瓷厂被命名为文化产业示范基地。2012 年 9 月，龙泉市青瓷文化企业——金宏瓷厂被国家文化部命名为第五批文化产业示范基地。八、加强文化（文物）市场监管。截至 2012 年 12 月，龙泉市共有文化经营单位 122 家，其中互联网上网服务单位 27 家、歌舞娱乐场所 10 家、游艺娱乐场所 9 家、出版物（音像制品零售、出租单位）20 家、印刷企业 49 家、文艺表演团体 7 家。2012 年共出动执法人员人次 394 人次，检查文化市场经营户 556 家次，销毁音像制品 3009 盒，书报刊 200 本。立案处罚案件数 18 件。

（张　雄　柯土荣）

【青田县文化广电新闻出版局（体育局）】 内设机构 3 个，直属事业单位 6 个。2012 年末在岗人员 71 人（其中：行政 8 人，事业 63 人；具有高级技术职务资格 3 人，中级 16 人）。

2012 年，青田县文化广电新闻出版局围绕培育文化青田、打造文化名县新目标，加快完善公共文化服务体系，为全县文化产业发展、文化事业繁荣和群众文化生活水平的不断提高作出了新的贡献。一、开展核心价值观宣传，提高先进文化凝聚力。加快推进经营性文化事业单位体制改革，研究制订《青田县越剧团撤销建制及人员安置方案》和《青田县电影发行放映公司改革方案》，已获县政府审核批准。举办全县中小学生田径运动会、篮球赛、乒乓球等传统赛事；组织举办“劳动光荣·工人伟大”——五一国际劳动节纪念大会暨职工文艺晚会、庆祝中国共青团建团 90 周年暨青田县青春榜样颁奖晚会、举办木兰健身协会成立十周年文艺汇演等文化活动。举办书画、美术、篆刻、摄影等艺术作品展览，开展文物保护法、非遗法、知识产权法，以及文化市场法律法规等宣传咨询活动。二、推进服务体系建设，提高公共文化服务力。推进基础设施建设，累计投入 471.1 万元，采购书柜 1140 个、多功能阅览桌 2898 张、书报架 414 个、图书 40.8 万册、报刊 1.242 万册、音像制品 3.801 万张。加快县文化会展中心、乡镇文化中心建设进度，县体育中心工程项目建设前期已基本完成，夏康体育馆安装了门厅电子屏，全面翻新了馆内木地板，图书馆外立面欧陆风情改造主体全部完成。举办“激情广场·舞动侨乡——民间艺术闹元宵”、迎春文体系列活动、“中国人寿杯”乒乓球赛、“财税杯”全县乒乓球邀请赛、迎七一暨原创歌曲演唱大赛、原创戏剧小品大赛等文体活动；开展文化“三下乡”，共送书 42 万元余册（含农家书屋）、送戏 186 场、送电影 4200 多场次。指导海口、山口、温溪、石溪、黄垟等 5 个乡镇开展“省级体育强镇”申报创建工作；建成“瓯江大家乐·青田天天乐”文体广场50个，面积达到10万多平方米；举办三期广场健身舞蹈培训班，全县200多名业余文体骨干参加了培训。三、实施项目带动工程，提高文化遗产传承力。青田石雕项目入选国家级非物质文化遗产生产性保护示范基地；配合有关部门开展民俗风情村落、传统村落调查，并整理相关文字、照片资料及时上报；组织县职业技术学校申报省级“非遗教学传承基地（青田鱼灯项目）”；组织张爱廷申报国家级非遗代表性传承人，并被列入文化部公示名单；组织张爱廷、叶则东、吴贵权等人参加丽水市首届“十大优秀非遗传承人”评选，其中张爱廷入选，叶则东获提名。整理青田石雕项目相关资料，上报省非遗处与红旗出版社《非主流——浙江非物质文化遗产笔记》撰编组；编印《青田涉台文化文物史料》；开展庆祝第七个“文化遗产日”活动，举办文化遗产保护成果展，发出全民参与保护倡议书；组织青田石雕省级以上工艺美术大师及弟子，携作品参加义乌文博会·浙江石雕精品展暨浙江石雕中青年十大名师评选；组织青田石雕参加北京非遗大展、深圳文博会、丽水文化精品武汉展。举办第二届青田石雕技艺大比武，500多名从业人员参与少儿篆刻表演、高级组、初级组的石雕技艺比拼；加强陈诚故居和刘府祠的使用管理；完善龙现吴氏旧宅等修缮工程设计方案修编基础勘探工作，做好吴乾奎旧居开工修缮和陈慕华故居修缮的前期准备工作；督促章村乡山茶油榨制技艺、海溪乡青田鱼灯非物质文化遗产展示馆建设；做好《陈琪文集》首发式暨“陈琪与世博文化”讲座。四、加强文化市场培育，提高文化产业竞争力。构建石雕文化展示交流平台。体育彩票新增5个网点，总数达到36个，1月至10月全县体育彩票销量已达2375万元（其中电彩2072万元，即开型体育彩票303万元），销售额占全市14.97%。加强行政执法监管，2012年共出动执法人员486人次，开展行政监察228次，检查各类文化经营场所834家次（其中网吧633家次、娱乐场所110家次、电子游戏86家次），没收各类非法音像制品20000多张；办理行政处罚案件16件，罚没款71950元。开展文化市场各类经营单位核查和演出市场专项执法检查，取缔2个非法大棚演出团体；完善广播电视安全播出应急预案机制，举办室外线路被破坏和信号源被破坏（插播）等模拟演练。引导和推动文化产业发展，适当放宽商业用房内设立文化娱乐场所的准入条件。五、彰显青田特色风采，提高区域文化影响力。举办青田县“激情广场·舞动侨乡”民间艺术闹元宵活动，活动期间，组织发动全县80多支民间艺术表演队伍在农村巡回表演，并筛选出10多个非遗保护项目的表演队伍，集中县城华侨广场参加民间艺术闹元宵展演，并进行踩街巡游。组织举办首届迎“七·一”原创歌曲演唱大赛，全县各乡镇、街道的35位歌手参加此次比赛。举办第四届中国·青田石雕文化节暨第八届中国名石雕刻精品展。六、完善文化工作机制，提高文化发展创新力。成立领导小组，制定优化发展环境年活动实施方案和《“八要八不要”行为规范》；开展青田精神大讨论、领导干部大接访、进村入企大服务活动、行政效能大提升、建设环境大整治等5项行动。开展基层组织建设年活动和红星争辉行动。办理党代表、人大代表和政协委员的议案提案。

（项一伟）

【云和县文化广电新闻出版局（体育局）】 内设机构4个，下属6个单位。2012年末全系统在职人员49人（其中：局机关11人，事业单位38人；具有高级技术职务资格6人，中级15人）。

2012年，云和县文化广电新闻出版局（体育局），围绕建设“山水童话”特色的现代化生态休闲旅游名城战略部署，以“文化活动人人参与，文化成果人人共享”为宗旨，整合文化资源，搭建服务平台，加快推进“文化强县”建设，促进文体事业全面发展。一、公共文化服务体系扎实推进。2012年新建乡村戏苑10个，农村文化活动室25个，农家书屋112个，改扩建了凤凰山街道文化站。截至2012年12月，全县有100平方米以上的村级文化活动室121个，农家书屋169个，乡村戏苑20个，文化信息资源共享工程布点124个。凤凰山街道巧云村被评为省级文化示范村。组织百余名相关文化员、管理人员进行管理及图书保养方面的业务培训。2012年新增“童话广场大家乐”50个。加强对文化馆、图书馆、体育馆、标准运动场的管理与维护，并免费对外开放。至2012年12月，图书馆总藏书量18万册，2012新增馆藏15329册。2012年累计共接待读者12万人次，集体借书20多次，共计5千多册。县文化馆投入近40万元对舞蹈室、音乐室等基础设施进行资源整合，阅览室已免费开放，舞蹈室等已部分开放。制定文化“春泥”计划。图书馆举办“科技大篷车三维立体图片”、“与雷锋精神同行”图书展、“童话云和”摄影展等15个专题活动；文化馆举办暑期少儿戏曲、舞蹈、音乐、声乐等5个培训班，招收学生200余人。二、群众文化活动精彩纷呈。继续开展送百场戏、千场电影、万册图书下乡活动，推动公共服务向农村和社区流动。共完成送戏下乡演出102场，送电影下乡1512场，送图书下乡26413余册。举办“云和梯田开犁节”、“畲族三月三赶歌节”、“春泥计划”培训成果展演、中国第十四届根艺石艺博览会大型歌舞晚会、“民间民俗文化艺术月”等16场节日节庆活动。配合机关、校园、社区、企业开展读书节、机关文化节等文化活动。原创歌曲《畲家三月三》参加“中国畲族三月三”主题征歌评选活动，获歌曲创作入围奖，《梅湾村里的农家乐》参加浙江省首届村歌创作演唱大赛获表演金奖、创作银奖，包山花鼓小戏《福妈嫁囡》参加“浙江省第三届农民文化艺术节启动仪式文艺展演”获表演金奖、优秀组织奖，论文《浅论包山花鼓戏福妈嫁囡的艺术特色》参加2012年浙江省群文戏剧创作论坛征文获一等奖。另外，还有如《茶乡姑娘等着你》、《我的名字叫云和》等一系列优秀作品获市级各项荣誉。三、文化市场井然有序。2012年，开展网络市场的专项治理工作，与网吧经营场所签订《云和县网吧业主守法经营承诺书》，共整治了7家违规网吧。开展5次“扫黄打非”专项治理行动，共收缴盗版音像制品2300余张（盒）、盗版图书200余本；取缔无证违规经营书摊、音像摊点7家。共出动执法人员18人次，取缔无证销售地卫设施非法窝点8家，没收地面卫星接收设施28套。对省保单位和部分县保单位进行巡查，并将检查发现的问题安全隐患通报相关部门，2012年共出动检查34人次，重点抽查了云和县省级文物保护单位4处，县级文物保护单位19处，发现存在安全隐患的文保点2处。四、文化遗产保护工作成绩显著。完成第四批省级名录、第五批市级名录、第三批市级传承人和市级首批传承基地申报工作。包山花鼓戏被列入市首批传承基地项目；沙铺山歌、云和迎神习俗项目两位传承人被评为市级传承人；城西小学被列入包山花鼓戏传承基地；云和讨火种习俗项目被列入第四批省级名录。同时，完成梅源梯田开犁节、云和讨火种习俗等项目的文本及申报片工作。完成浙江省非遗信息平台一期建设任务。开展地方特色文化挖掘与研究工作，编辑出版《云和民间故事集》一书。第七个“文化遗产日”期间，开展系列宣传活动，赴城西小学开展包山花鼓戏市级传承基地挂牌仪式。完成雾溪“宋氏宗祠”、沙溪“仙母宫”等文保护单位和文保点的维护、修缮工作。启动省级文物保护单位“石门桥”修缮工程的前期工作。2012年共组织日常安全巡查8次。开展2012年文物安全隐患排查整治专项行动。做好“云和银矿遗址”申报第七批全国重点文物保护单位的有关工作。完成《云和县紫线规划》、《云和县城市文化主题建设项目策划案》的编制以及传统村落调查等工作任务，委托杭州华策规划建筑设计有限公司，完成后垟村“毛氏宗祠”、程宅村“程氏宗祠”等文保单位及文保点修缮方案的编制。五、体育活动蓬勃发展。2012年，共举办县内大、中型体育活动12场。举办首届“云和湖垂钓节”暨云和湖垂钓大赛、首届农村实用人才农业技能大赛等一系列比赛。共增建6个水泥篮球场，安装20条健身路径。推进实施“春泥计划”，免费培训外来民工子女、下岗职工子女、困难职工子女百余名。在省跆拳道锦标赛中，云和县获得2块铜牌。在参加市级各类比赛中，云和县共获21金19银27铜。

（廖和燕）

【庆元县文化广电新闻出版局（体育局）】 内设机构4个，下属事业单位9个，乡镇中心文化站6个。2012年末全局编制95个，在岗职工88人，其中高级职称2人，中级职称37人。

2012年，庆元县文化工作得到长足进展。一、举办丰富多样的群众文化活动。庆元县月山、大济等地群众自发举办多台各具特色的文艺晚会。开展“送戏、送图书、送电影”三下乡活动，共组织各类文艺演出120余场，放映流动电影3650余场，流通图书10000余册，观众人数达20余万人次。开展迎新春团拜会、元宵戏曲晚会、解放思想大讨论专场演出、廉政文化进企业、“松水春澜”企业文艺汇演、“喜迎十八大·首届广场舞大赛”、“喜迎十八大·百场红色电影下基层”等活动。策划举办读书进校园活动。实施“2131工程”，组织开展送电影进校园、进农村、进企业活动。实施文化指导员包片辅导制度，选派专业文艺骨干深入社区和各乡镇、村进行指导。二、开展送文化下乡村活动。组织文艺工作者利用“文化大篷车”，到全县乡村、社区、企业等地开展文艺巡回演出，2012年送戏下乡120场，观众4万多人次。2012年送电影下乡3650余场，观众达60万人次；开展爱国主义教育为主题的“数字电影进校园”活动，为全县40所中小学校放映电影300多场次，观影学生达17万余人次；开展为低收入农户集中村送电影工作，送电影444场。2012年共向各乡镇、村及学校送书10000余册。三、推进文化阵地建设。共新建挂牌农家书屋359家，配备书架1500多个，书桌1200余张，椅子4500多条，图书40余万册，音像制品3.7万份，报刊5000多种。竹口镇中心村农家书屋被评为“全国示范农家书屋”，屏都街道五三村、荷地镇苏湖村等五个农家书屋被评为“市级优秀农家书屋”。将原有的奥斯卡影厅改造为数字影院，并加盟浙江时代院线，该影院在9月7日开始试营业。四、开展文化遗产保护工作。香菇博物馆、廊桥博物馆共接待游客40多万人次。香菇博物馆被评为第四批“浙江省社会科学普及示范基地”。由庆元县、泰顺县、景宁县和福建省寿宁县、周宁县、屏南县、政和县联合申报的“闽浙木拱廊桥”正式被列入《中国世界文化遗产预备名单》。以“国际博物馆日”、“文化遗产日”、“全国法制宣传日”等为契机，在县城主要街道开展非遗图片展和三普成果展，分发文化遗产保护宣传资料，并开展“唱灯”、“二都戏”等非物质文化遗产项目展演。做好文物普查第三阶段成果转化利用工作；开展100件馆藏文物数据库管理系统建设；对龙庆高速公路及连接线沿线和大济历史文化保护区进行文物调研工作；完成举水云泉寺钟鼓楼、大济古民居、双门桥、半路亭桥等县级文物保护单位的修缮；完成第七批国家级文物保护单位、第六批省级文物保护单位和第七批县级文物保护单位申报材料的编制。公布第一批庆元县非物质文化遗产代表性传承人，举办“廊桥艺人”培训班，开设廊桥技艺传承培训基地；完成国家级保护名录《木拱桥的营造技艺》的编纂，申报省、市级非物质文化遗产保护名录。五、抓好文化市场管理。注重对经营业主的宣传、引导和服务工作，召开网吧业主会议。在重大节日期间对人员密集场所开展安全专项检查；开展专项整治行动，共出动检查人员1500多人次，检查经营场所556家次，受理举报11起，查处违规经营单位15家，立案10起(其中网吧违规8起、音像制品经营店立案1起，卫地立案1起)，罚款2万元，共收缴各类物品3000多件，其中非法音像制品(DVD、VCD、CD、磁带)2500多张，非法书刊500多册；取缔无证游戏室7家，收缴电子游戏机12台，游戏机电路板9块。联合公安、工商等部门开展的无证联合检查中，收缴赌博机300多台，收缴涉嫌淫秽音像制品800多张(已由公安部门收缴)。六、鼓励支持文化艺术创作。创作《桂花飘香》、《山里山外》等小品6个，编排《走向复兴》、《三月里的楼溪水》等作品7个。其中由吴宗祥作词、吴峰作曲，毛海秀演唱的歌曲《梦回廊桥》，获浙江省第十一届新歌新曲演唱演奏大赛创作、演唱铜奖。自编自演的小品《桂花飘香》获丽水市小品调演铜奖，小品《考试》获丽水市水利系统调演铜奖。

（杨　清）

【缙云县文化广电新闻出版局(体育局)】 内设机构7个，下属单位6个。2012年末人员121人，其中高级技术职务资格8人，中级34人。

2012年，缙云县文化广电新闻出版局扎实推进群众文化繁荣、文化遗产保护、文化市场管理等重点工作，全县文化事业发展态势良好。一、文化服务阵地日趋完善。开展县级文化设施三馆一中心(县文化艺术中心、图书馆、体育馆、地质博物馆)的前期工作。七里、东渡、大源等3个乡镇创建为“省体育强乡(镇)”；完成57个体育小康村、12个村级文化活动室、15个乡村戏苑、118个农家书屋及60个天天乐广场建设。完成县图书馆壶镇分馆的建设。仙都街道仙源村被评为省文化示范村。二、城乡群众文化活动红红火火。组织举办以“树婚育新风·建幸福家园”为主题的送文化下乡活动，完成送戏132场、送电影4990余场、送书12155余册。举办“缙云县婺剧大会演”、缙云仙都轩辕黄帝祭典活动婺剧“品会场”等婺剧表演活动和全县第二届广场舞大赛。承办省第二十届戏剧小品邀请赛。协助相关单位举办婺剧演唱大赛和全县中小学生婺剧演唱比赛；指导协助各行政村举办农民“春晚”、新春联欢晚会等活动，春节期间，全县举办各类庆祝活动68余次。2012年共组织全县基层文艺骨干开展广场舞、婺剧知识等业务培训8期，计1261人次。三、文艺创作屡获佳绩。2012年6月缙云县选送的少儿舞蹈《溜溜的宝贝》获全国群星奖入围复赛节目。在浙江省第二十三届戏剧小品邀请赛获创作和表演金奖。在全省小戏汇演中获创作银奖、表演银奖。缙云县草根达人丁炳峰展示的绝技绝活在全市农民草根达人秀活动上获大赛金奖,婺剧表演唱《一对紫燕双双飞》获大赛银奖;在丽水市第五届乡村文化艺术节小戏小品大赛上,缙云县参演作品《没有侥幸》分别获创作铜奖、表演银奖。四、公共文化服务深入人心。开展图书服务工作,2012 年新购图书近 2 万册,订阅报刊 200 多种,新增光盘、音像资料等电子文献 1100 余件;年度装订入藏报刊 20 种,收集入藏企业报纸 11 种,入藏地方文献资料近 300 种 400 多册,入藏书刊资料 0.9 万册,截至 2012 年 12 月,馆藏总量为 18.69 万册。建设“缙云特色剪纸”、“仙都黄帝文化楹联”两个特色文献数据库。新增借书证 692 个,累计有效借书证达 3453 个。年接待读者共 10 万余人次,流通图书 11 万册次。开展“世界读书日”、“图书馆服务宣传周”、“第八届未成年人读书节”等群众性特色阅读服务。启动黄帝文化数据库建设。开展农家书屋管理员培训等业务辅导 400 余人次。新建基层图书馆流通点 1 个,依托 18 个乡镇(街道)的图书流通配送分中心向各基层图书流通点配送流通图书 3 万余册。县图书馆获全省公共图书馆“两会”信息服务工作优秀奖、丽水市第一批社会科学普及基地等荣誉。开展农村电影放映工作,累计完成农村电影放映 4990 余场。五、文化市场管理成效明显。开展“扫黄打非”、“净化出版物市场整治行动”、“绿色护考月专项行动”和“印刷企业专项检查”等文化市场专项整治活动。有效整治歌舞游艺娱乐场所、网吧违规接纳未成年人、无证经营等问题。2012 年共出动执法人员 1196 余人次,检查娱乐场所、游戏室、印刷企业等各类文化经营单位 1170 余家次,收缴盗版书籍 2351 本、非法音像制品 4240 盒(张),取缔无证书刊、音像地摊 24 家次。查扣电子游戏电路板 34 块,卡拉 OK 点歌器 6 套,打鱼机 8 台,苹果机、老虎机等 12 台。取缔无证场所 8 家,拆除大棚演出 5 个。共出动检查人员 90 人次,巡查文保单位及县文保点 67 处,开展壶镇九进厅消防安全培训安全生产演练。做好广播电视行政监管工作,建立监测情况报告制度,完成各个节假日、两会等安全保障期的安全播出任务。开展卫地联合执法 3 次、检查宾馆饭店接收卫星电视节目和 VOD 点播节目 6 次。出动检查人员 73 人次,拆除卫地设施 2 套。依法取缔非法销售点 7 家。六、文化遗产保护扎实有效。完成“前路慕义桥”、“西岸吕氏宗祠”、“中共一大会址”等文物的修缮任务。完成东渡镇西源村麻氏宗祠、三溪乡厚仁村项氏宗祠、胡源乡榧树根村虞氏宗祠等近 10 座古建筑的保护修缮,着手做好县级文物保护单位“旸村尚书房及尚书坊”一期修缮工程项目前期工作。配合省考古所做好“丽缙五金科技产业集聚区”即“低丘缓坡改造工程”(壶镇李庄、胡宅口、西山沿一带)的前期调查、勘探等工作。开展博物馆安防及库房建设,投入资金 30 万元,增设文物库房的恒温、恒湿控制系统设备和环境监控系统。举行“澄怀——纪念浙派人物画代表李震坚诞辰 90 周年书画艺术展”、“紫玉金砂——长兴紫砂名壶特展”、“庆祝缙云县总工会成立 60 周年全县职工书画大展”等活动。县博物被确定为第一批“丽水市社会科学普及基地”。举办丽水市非遗数字化平台建设与培训工作会议,开展非物质文化遗产数字化建设,全面完成了本县非遗数据库上传工作。组织召开全县非遗传承工作座谈会、慰问非遗传承人、“浙江省非物质文化遗产摄影优秀作品展”、第七个“文化遗产日”非遗宣传系列活动,与《今日缙云》联合采访报道缙云优秀非遗项目。开展省非物质文化遗产教学基地和省非物质文化遗产旅游景点申报工作;承办浙江省摄影家协会与县委宣传部联合举办的民俗文化摄影大赛。完成第三批县级非物质文化遗产传承基地的评选和命名工作;缙云县田纪青、刘夏英分另被评为市首届“十大优秀非遗传承人”和“十大优秀传承人提名奖”。

(陈　浩)

【遂昌县文化广电新闻出版局(体育局)】 内设职能科室 5 个,下属单位 5 个。2012 年末在职人员 54 人(其中:局机关 10 人,下属参照公务员管理事业单位 7 人,事业 37 人;具有高级技术职务资格 5 人,中级 16 人)。

2012 年,遂昌县文化广电新闻出版局(体育局)围绕文化名县建设总目标,牢牢把握先进文化的前进方向,加强基础设施建设,提升公共文化服务能力,丰富群众文化生活,加强文化市场管理,各项工作全面有序开展。一、打造汤显祖文化品牌。举办“2012 中国遂昌汤显祖文化节”，整个活动持续4天时间，以“汤显祖出国、《牡丹亭》回家”为主题，由2012中国遂昌汤显祖文化节开幕式、汤显祖一莎士比亚文化交流合作新闻发布会、遂昌民间艺术巡展、各剧种《牡丹亭》遂昌汇演、2012中国县域旅游经济论坛遂昌峰会、汤显祖文化讲坛开播、“班春劝农”典礼、全国、省部级劳模首发团仙县遂昌健康之旅、昆曲《牡丹亭》赴英演出等9个活动组成。2012年4月19日日至28日，组织文化交流考察团访问莎士比亚故乡，汤显祖经典名著《牡丹亭》在莎士比亚出生地斯特拉福德、考文垂上演，与斯特拉福德市签订《关于推进文化交流友好合作框架协议》，确定今后遂昌县与斯特拉福德市推进双边文化交流合作；共同举办2014年汤显祖——莎士比亚文化国际学术研讨会和2016年汤显祖、莎士比亚两位世界文化名人逝世400周年相关纪念活动等。二、开展丰富多彩的文化活动。在乡镇间、县际、省际和国际四个层面开展“文化走亲”活动，打造“五行遂昌，一诺千金”品牌。2012年共开展“文化走亲”46场，其中县内走亲29场，省内走亲8场，省外走亲7场，国外走亲2场。遂昌县文化广电新闻出版局被省文化厅评为2012年度浙江省“文化走亲”先进单位。开展送文化下乡活动，组织送戏下乡120场，送书下乡10399册，送电影下乡1708场，送各类文化器材价值累计100余万元。春节期间，年前开展送春联、送摄影下乡活动，年后开展婺剧专场、越剧专场、排舞展演、戏曲票友演唱会、“春泥计划”汇报演出等系列活动。组织举办遂昌县美术双年展、杨可杨版画展等活动。举办石练班春劝农节、金竹原生态山茶油开榨节、大柯摄影文化节、北界红提节等节庆活动。组织开展群众视觉艺术创作，遂昌美术创作群体被省文化厅授予浙江省第二届视觉艺术优秀创作群体称号。三、扎实推进文化基础设施建设。利用省财政补助乡镇文化站器材配置的政策，为全县乡镇文化站配备了价值100余万元的音响、计算机、投影仪、电视等设备。完成农家书屋工程建设，共建成书屋214家，投入资金206.9万元，实现行政村、社区全覆盖，被省新闻出版局评为浙江省农家书屋建设先进单位。完成21个村文化活动室，61个“大家乐”文化广场活动点，10个乡村戏苑创建工作。遂昌县全民健身中心项目动工，总投资2.75亿元，年内完成投资1.3亿。妙高街道东峰村被授予省级文化示范村称号。在全省基层公共文化工作绩效考核中，名列第18名，获省文化厅奖励。四、加强人才队伍建设。2012年通过公开招考形式录用4名乡镇文化员，截至2012年12月，全县20个乡镇共有专职文化员31名。定期举办各类文化培训班。2012年共组织文化骨干队伍培训46期，培训学员1982人，培训内容包括越剧、昆曲、婺剧、器乐、茶艺、腰鼓、舞蹈、美术、排舞等。与宣传部、县委党校共同举办全县宣传委员、文化员培训班。五、文化遗产保护工作井然有序。完成第三次全国文物普查工作，遂昌县第三次全国文物普查队获“浙江省第三次全国文物普查实地调查阶段先进集体”荣誉称号，遂昌县获“浙江省第三次全国文物普查先进县”荣誉称号。完成黄沙腰李氏大屋、北界苏氏大屋修缮方案。开始对长濂村滋德堂、宝俭堂和赤山古塔的古建筑进行维修。对蕉川乡土建筑、黄沙腰李氏大屋、苏村苏氏大屋的保护范围和建设控制地带进行重新划定。完成文管会文物库房的安防工程，完成汤显祖纪念馆清代建筑前院改建工程，对馆舍进行了全面维修。遂昌白曲酒传承基地、遂昌班春劝农传承基地被公布为丽水市首批非物质文化遗产传承基地，淤溪村被列为第二批省级非遗旅游景区（民俗文化旅游村），湖山小学被评为省级非遗教学基地。遂昌竹编画作者周予同赴台湾参加第二届“两岸竹艺论坛”展演，遂昌黑陶、昆曲十番和昆曲茶艺三项文化精品参加“浙江丽水文化精品武汉展览会”，举办“2012年茶园礼树节暨浙西南传统武术联谊会”活动。六、强化文化市场监管。加大文化市场执法检查力度，共出动113次，出检321人次，检查经营单位371家次。在重点时段开展专项保障行动，共开展各类专项行动15次，出动检查235人次，检查经营单位201家次。与工商、公安部门联合行动取缔黑网吧15处，电脑99台，取缔游戏娱乐场所5处游戏机6台。开展“扫黄打非”工作，共收缴上交盗版音像制品1600余张。

（徐雪峰）

【松阳县文化广电新闻出版局（体育局）】 内设办公室、综合科、文市办、党务办、文化市场行政执法大队、体育中心、县文化产业办公室。下属单位有：图书馆、文化馆、博物馆、剧院。2012年末，全系统共有编制72人，在编人数70人，其中行政在编11人，参照在编10

人,事业在编49人。

2012年,松阳县文化广电新闻出版局着力创建"文化先进县",全力构建"田园松阳"文化品牌,不断满足和谐社会建设目标需求和人民群众日益增长的文体需求,文化的凝聚力、民生服务力、经济推动力和对外影响力不断增强,各项工作取得明显成效。一、文化阵地日益完善。县文化中心项目即将验收,数字影院投入使用,完成县博物馆临时展厅陈列装修工程;县图书馆提升工程竣工;室内篮球训练馆、气排球馆投入使用。完成古市镇图书分馆改扩建工程;完成16个乡镇文综合化站设备器材配备以及检查验收工作,创建省级体育强镇(乡)4个,农家书屋工程实现全县行政村全覆盖。累计建立图书流通站点65个,"茶乡天天乐"活动广场80个,乡村戏苑20个,小康体育村219个,拥有1个以上文体队伍行政村比例79.8%。二、文化活动蓬勃开展。举办第五届中国茶商大会《春绿松阳》文艺晚会、文化踩街活动,丽水市暨松阳县第五届邻居节文艺晚会等一系列节庆活动;打造松阳第五届农民文化节活动品牌,开展"乡乡一台戏"、特色民俗节庆活动、农民器乐大赛、农民歌手大赛、小品大赛、排舞大赛等系列活动。由县选送的小品《门》获浙江省第二十三届戏剧小品最佳导演奖、创作金奖、表演银奖。2012年举办各类主题宣传教育送戏3次,组织各类演出130场次,开展"文化走亲"活动10场,开展各类讲座展览8次,累计送电影下乡1900场,送书下乡26000册。三、文化遗产重放光彩。做好省级文物保护单位的日常管理与修缮。城隍庙修缮工程、黄家大院二期修缮工程已经完成;开展古村落调研工作和古村落历史建筑改造工作,指导全县开展宗祠、廊桥的修缮工作,累计完成宗祠修缮33座,廊桥11座,出版发行《松阳古村落》一书。结合"文化遗产日"、茶叶节、农民文化节等活动,开展非遗项目展演和民俗节庆活动,初步形成了以传承人保护、非遗基地建设、活态展演为核心的非遗传承模式。四、体育事业蓬勃开展。构建服务体育健身的组织网络,开展松阳县第八届全民运动会暨首届残疾人运动会、乒乓球赛、广场舞蹈等体育健身活动。在2012年浙江省皮划艇锦标赛中,松阳县获2金7银3铜。6月至10月举办县第八届全民运动会暨首届残疾人运动会,运动会共设置了田径、篮球、气排球、象棋等17个大项,共有来自全县121支参赛队伍,3300余名运动员参与比赛(另有120余名残疾人运动员参加)。五、文化产业稳健起步。初步完成《松阳县文化产业发展规划》的编制,推进一批摄影、写生、影视等视觉艺术创作基地,抓好中国写生学院、中国陶艺村、吴越农耕文化园、旭日陶艺创意园和四都摄影基地提升工程等五大项目建设。扶持企业做大做强,抓好项目的宣传推介工作。7月,在武汉举办的浙江丽水文化精品展上展出松阳玉石。六、文化市场稳定有序。加大对违法违规经营的打击力度,2011年12月至2012年11月,执法大队共出去检查643人次,检查经营单位773家,查获违规单位41家次,实施行政处罚16件,受理群众举报件4件,其中立案处理17件,停业整顿1家,收缴非法出版物书刊35册,取缔无证游商摊点3个,市场良好率94.7%。

(郑玲玲)

【景宁畲族自治县文化广电新闻出版局(体育局)】 内设办公室、社会文化科、文化遗产科、广电新闻出版科、行政审批科、文化市场管理办公室、体育科。下属单位9个。2012年末,全系统共有编制77人,在编人数64人,其中行政在编9人,参照在编5人,事业在编50人。

2012年,景宁县文化广电新闻出版和体育工作按照年初确定的工作目标,以人民的第一文化需求为导向,以深入实施"文化名县"战略为目标,立足本职,创新有为,全县文化活力得到激发,文化服务力得到增强,文化美誉度得到提升。一、以文体项目申报为抓手,全县文化活力得到激发。开展"文体项目申报制"。承办2012年浙江省全民健身浙南片区"种文化"畲乡风情运动会,参会人数550人。承办全市青少年足球比赛、全市法院系统篮球赛、全市老年人地掷球赛等大型赛事。承办丽水市第五届乡村文化艺术节农民草根达人秀活动。开展2012中国畲乡三月三第六届畲乡传统体育节暨体育一条街活动。举办全县第四届运动会。体育部门完成5个省级体育强乡(镇)的创建工作。文化部门常年举办各类节庆晚会15场,配合各类主题宣传开展文艺活动12场,观众人数达8万之多。推出"凤舞畲山大舞台"系列活动并举办60多场。启动"文化入企携手兴工"大型系列活动,开展送戏进企、送教进企200场、送电影进1600场。全县业余群众文体团队有376个,2012年群众自发组织的演出近千场。各乡镇(街道)、村也纷纷开展各类民俗节庆活动,如大际抢猪节、章坑尝新节、雁溪摄影文化节、汤北汤氏文化节、景南仁孝文化节等。二、以畲乡文化卡为抓手,全县文化服务力得到增强。发放畲乡文化卡,凭卡可免费参观畲族博物馆、借阅图书、免费参与文化部门主办的各类文化培训班、免费到县乡村公共体育场馆参加各类活动等。畲乡文化卡被评为2012年度浙江省公共文化创新项目一等奖。2012年,集畲族博物馆、图书馆、文化馆为一体的畲族文化中心正式对外免费开放。2012年,县乡镇文化站覆盖率达95%,村活动室覆盖率达85%,农家书屋覆盖率达102%,岗石村农家书屋管理员被评为“2012全国农家书屋优秀管理员”。畲乡影视传媒公司于11月完成数字影院的改造工程。县文化部门从原来的“办文化”向“重策划”“重指导”转变,组织人员深入相关乡镇村指导策划“景南仁孝文化节”、“雁溪谢神节”、“汤北汤氏文化节”、“章坑尝新节”“李宝开寨节”等系列节庆活动。加大对县城重点部位、重点环节网吧的巡查频率,打击网吧经营者接纳未成年人、不严格核对身份证及超时经营等违规行为。重点监管节庆演出,打击色情低俗演出活动。开展游艺娱乐市场专项整治行动。重点检查音像电影市场,打击侵权盗版影视音像制品。开展打击网络节目违规行为和“地卫”设施非法安装及使用活动。开展校园周边环境整治专项行动。截至2012年11月,文化市场执法大队共出动执法人员352人次,检查全市文化经营单位672家,查处违法经营案件27起。其中立案查处10起,罚款人民币2万余元,收缴非法音像制品452张,非法书报刊284件。受理举报案件都能及时给予回复。三、以世遗申报为抓手,全县文化美誉度明显提升。完成省保敕木山畲族民居的抢救性维修工程,进入工程审计等后续工作。完成大漈时思寺整体维修方案审批,已进入招投标阶段。完成澄照雷潘两姓行宫、雁溪何马二仙宫的维修方案设计。完成雷潘两姓行宫的立项申请,已进入招投标阶段。完成省保莲川大地桥的整体维修工程。全面铺开省保东坑下桥的维修工程。现场指导国保时思寺、省保章坑接龙桥、潘家大院、芎岱岭脚、大漈护关桥等临时维护工程。“九龙鱼灯”、“菇民防身术”等6个非遗项目被浙江省政府列入第四批省级非物质文化遗产名录。景宁县东坑下桥、章坑接龙桥、大赤坑桥等三条木拱廊桥被列为浙江省的廊桥,于11月正式被国家文物局确定公布为2012年更新后的世界文化遗产预备名单。东弄村被公布为第二批省级非物质文化遗产旅游景区。组织开展2012年景宁畲族博物馆小小讲解员培训班活动。举办“518国际博物馆日”暨“我为畲族博物馆献一宝活动”,共获赠文物32件。举办第三次全国文物普查成果图片展、非物质文化遗产摄影展、浙江畲族文物特展、畲族刺绣展等11个主题鲜明的临时展览。开展第七个“文化遗产日”系列活动。启动非遗传承进畲寨活动。召开全县非遗传承人、业余文保员工作会议,与非遗传承人、业余文保员签订目标责任书,同时发放补贴。大型畲族风情舞蹈诗《千年山哈》参演第四届全国少数民族文艺汇演,获表演金奖、节目奖、编剧奖、最佳演员奖等奖项。10月,被评为浙江省“五个一工程”奖,被列入由省委宣传部、省文化厅举办的浙江省喜迎党的十八大召开优秀剧目展演之一。组织以畲族特色为产业开发的民族企业参加2012义乌文博会、丽水武汉文化精品展、丽水上海文化精品展、中国浙江畲族服饰设计大赛等大型会展。

·相关链接·

“百姓大舞台”——让丽水市民文化进入“剧院时代”

近年来,丽水市文化广电新闻出版局借助丽水大剧院的阵地,推出了“百姓大舞台”活动。“百姓大舞台”是丽水市文广新局打造的文化惠民公益活动。自举办以来,先后策划开展了“戏曲票友”、“军民联欢”、“古韵风华”“与爱同行”、“就要逗你乐”等主题活动。恪守纯公益原则,不向参演单位和个人收取任何费用,不向观众收取任何费用,通过报纸免费发放门票。先后刊发报纸新闻近20篇,电视报道30多条,微博千余条。百姓大舞台共举办18期,先后有2000多人次公益演员登台演出,有近两万人次观众进入丽水大剧院欣赏演出,有30多家企事业单位先后参与演出。

（叶巍娥）

义乌市文化广电新闻出版局

【概况】 内设科室5个，下属事业单位6个。2012年末人员226人（其中：机关18人，事业208人）。

2012年，义乌市文化广电新闻出版局深入开展“两创两提”主题活动，推进文化强市建设和“两区六城”建设。一、文化事业较快发展。2012年为群众免费送戏309场，送电影6976场，放映各类主题幻灯片13.09万片次，观众200余万人次。开展辅导业余文艺团队、企业文化骨干培训900余人次，开办组织各类业务培训班45期，培训5000余人次。推进农家书屋建设，实现农家书屋全覆盖。举办第七届中国义乌文化产品交易博览会，展览面积达6.8万平方米，设国际标准展位3485个，共有来自117个国家和地区9.2万名客商参会，实现展览成交额45.17亿元。义乌文博会被文化部列入“十二五”时期重点培育扶持文化展会。二、群众文化活动丰富多彩。举办义乌“信达杯”青年歌手演唱大赛、纪念毛泽东《在延安文艺座谈会上的讲话》发表70周年专题晚会、“在阳光下成长”儿童节专场文艺晚会、全市非公企业文化建设文艺汇演、“辉煌三十年”大型主题晚会、“唱响义乌，走进企业”大型巡演活动等全市文化活动、赛事20余项。三、文艺精品工程成效显著。市婺剧团与廿三里街道合作创排新编婺剧《骆宾王》。婺剧现代戏《鸡毛飞上天》参加由省委宣传部、省文化厅主办的“庆祝党的十八大召开优秀剧目展演”活动，获优秀展演剧目，在央视戏曲频道播出15次。折子戏《小宴》应文化部邀请参加第五届中国昆剧艺术节获优秀展演剧目奖。义乌花鼓《圣火》入选文化部年度双优作品征文最佳作品奖。道情《狄青比武》获省非遗薪传曲艺展演特别贡献奖。国家级非遗项传承人叶英盛参加全国曲艺类非物质文化遗产保护成果学术交流展演获银奖。四、“文化品牌”工程繁荣发展。2012年，举办各类特色文化节20余个，打造上溪乡村旅游节、大陈春笋节（鉴评会）、第四届城西农家乐休闲旅游节、东河田藕赛藕会、赤岸杨梅采摘节、江东社区文化节、稠江企业文化节、义亭红糖节、佛堂“十月十”民俗文化节、稠城社区文化节、苏溪孝义文化节、城西魅力山村生态旅游文化节、丹溪养生文化节等一批融合当地文化资源优势的特色文化节。五、文化交流不断深入。市婺剧保护传承中心受邀赴土耳其、香港演出，剪纸非遗传承人受邀参加德国文化节活动。2012年组织各类“文化走亲”活动60余场。举办高层次文艺精品展览（演），先后举办“荆楚风韵”全国中国画名家邀请展、“东坡遗韵”全国中国画名家邀请展、“义乌市优秀书画作品展”、“非物质文化遗产——婺剧百年图片展”、“金玉满堂——南京出土金银玉器珍品展”、“爱心之光”书画名家走进义乌等展览，参观人数超过5万人次。六、文化遗产保护成绩斐然。完成市第三次全国文物普查工作，成果汇编出版《义乌文物图集》和《商城古韵》，义乌市文化广电新闻出版局获浙江省和金华市第三次全国文物普查先进集体称号。至2012年，全市有全国重点文物保护单位2处、省级11处、义乌市级文保单位106处、市级文保点344处。实施文物维修工程，2012年投入文物抢修专项资金810多万元，实施后叶村慕椿堂、华溪中裕祠、宗宅村宗氏家庙、田心村培德堂、杨三村培善堂、赤岸一村冯氏祠堂6项古建筑抢修保护工程。定期组织开展文物维修工程例会和工地巡查，对市级以上文保点开展消防安全大检查，发放灭火器，与住户签订安全生产责任书并开展消防知识培训。组织非遗活动，开展春节走访慰问非遗代表性传承人、新春“文艺直通车”民间艺术展演、包清明粿、端午节庆等活动。2012年，木活字印刷术、剪纸等12项非遗项目参加浙江中国非遗活态展示活动。傅大士传说、义乌枣加工技艺、红曲传统制作入选第四批省级非遗名录，截至2012年12月，义乌市累计有国家级保护项目1项，省级保护项目12项，金华市级保护项目33项，义乌市级保护项目61项。建成国家级保护项目“金华道情”和“金华火腿传统加工技艺”传承基地2处，“丹溪红曲酒酿造技艺”生产性传承基地1处。大陈罗汉班和稠城街道南蜜枣加工技艺获批金华市非遗传承基地。畈田朱小学成功申报非遗教学传承基地。七、文化阵地建设不断完善。2012年，启动新文化馆、博物馆新馆等文化基础设施建设工程。上溪、城西、镇街文化站新建、扩建工程进展顺利。创建省级文化示范村2个，省级镇街综合文化站9个。新图书馆藏书量56万册，年订阅期刊869种1114份，报纸301种412份。办理新借书证9426本，验证7530本。外借书库读者18.61万人次，报刊阅览部阅览读者18.41万人次，接待到馆读者28万余人次，总流通27.52万余册次。完成100万元购书经费的图书采购工作，2012年新加工图书4500余册。开展义乌籍人士著作陈列馆工程前期工作，新增27名义乌籍人士，征集106种284册著作。共有465人的2616种3979册著作（作品）入藏市图书馆。新增绣湖流通站、怡乐新村流通站2个图书流通站，其中绣湖流通站配书5000余册，怡乐新村流通站配书2000余册。2012年，落实农家书屋建设及办公经费820万元。八、文化市场监管有力。2012年，全市共有文化生产经营单位（户）1万余家，从业人员30多万，其中核心类的文化经营单位网吧138家，演出团体18个，演出场所24个，歌舞娱乐场所48家，电子游戏14家，电影放映单位7家，出版物批发27家，出版物零售196家，音像制品批发6家，音像制品零售20家，印刷企业770家。形成了多元化市场格局。共勘查场地306人次，完成审批、变更、备案等事项913起，重大事项依法向社会公示25次，举行听证1次，再提速行政审批项目2个。共组织各类培训30余次，参训人员达到10000人次。出动执法检查2874人次，检查各类文化市场经营单位2426家次，查处各类违规经营单位（个人）348家次，取缔非法音像、书刊摊点24个，取缔未经批准“大蓬”演出32家，取缔无证经营娱乐场所10家，无证印刷企业3家，拆除非法安装的地卫设施139个，联合工商部门取缔“黑网吧”11家，查缴非法书刊15万余本（册），非法音像制品14万余张，收缴各类侵犯知识产权物品12183件（个），全年立案120起，结案120起，其中重大案件7起，移交司法机关追究刑事责任案件1起，吊销娱乐经营许可证案件6起，全年罚没款累计92万余元。

·相关链接·

第七届中国义乌文化产品交易博览会

4月29日至5月2日，第七届中国义乌文化产品交易博览会（以下简称“第七届义乌文博会”）在义乌国际博览中心举行，由文化部、浙江省人民政府主办，浙江省文化厅、浙江省文化产业促进会、义乌市人民政府承办。展会以“提升文化内涵，壮大文化产业”为宗旨，以“打造文化产品交易平台，推动文化产业跨越发展”为主题。“第七届义乌文博会”展览面积6.8万平方米，共设国际标准展位3485个，同比增长8.8%。来自国内25个省市及埃及、韩国、泰国、坦桑尼亚、匈牙利、纳米比亚等8个国家与地区1372家企业参展，企业数同比增长4.8%。同时，设国际商贸城、义乌数码城、出版物中心、古玩市场等分会场，实现展会与市场的良性互动。义乌市场7万个商位与文博会的3485个展位共同展示了超过170多万种商品。实现展览成交额45.17亿元，同比增长11.2%，其中外贸成交额27.55亿元，同比增长10.69%，占总成交额60.99%。本届展会共有来自117个国家和地区的92395名境内外采购商参会，其中境外采购商为5782人，境外贸易团队36个。

（全安娜）

文献资料

ZHEJIANG CULTURE YEARBOOK

中宣部等四部门关于表彰全国文化体制改革工作先进地区的决定

中宣发〔2012〕4号

各省、自治区、直;直辖市党委宣传部、文化厅(局)、广播影视局、新闻出版局:

2011年以来,各地各部门以邓小平理论和“三个代表”重要思想为指导,深入贯彻落实科学发展观,围绕迎接宣传贯彻党的十七届六中全会,按照胡锦涛总书记“三加快一加强”总要求,按照中央关于深化文化体制改革、推动社会主义文化大发展大繁荣的部署,紧紧抓住文化体制改革重点领域和关键环节,强力推进、狠抓落实,推动文化改革发展取得显著成绩。为表彰先进,发挥典型示范作用,推动文化体制改革深入开展,经中央文化体制改革和发展工作领导小组审定通过,决定对已基本完成中央确定的文化体制改革任务、文化事业和文化产业发展成效明显的17个省(区、市)和148个市(州、盟)予以通报表彰。

希望各地区各部门学习借鉴全国文化体制改革工作先进地区的宝贵经验,加大力度、加快进度、巩固提高、重点突破、全面推进,力争完成中央确定的文化体制改革阶段性任务,进一步推动文化体制机制创新,推动公共文化服务体系建设,推动文化产业跨越式发展,推动创作生产又好又多文化产品,推动中华文化走向世界,以优异成绩迎接党的十八大胜利召开。

2012年2月14日

附:

全国文化体制改革先进地区名单

北京市、天津市、河北省、山西省、辽宁省、上海市、江苏省、浙江省、安徽省、山东省、湖北省、广东省、海南省、重庆市、贵州省、陕西省、宁夏回族自治区。

河北省石家庄市、承德市、张家口市、秦皇岛市、唐山市、廊坊市、保定市、沧州市、衡水市、邢台市、邯郸市;

山西省太原市、大同市、朔州市、忻州市、吕梁市、阳泉市、晋中市、长治市、晋城市、临汾市、运城市;

内蒙古自治区通辽市、兴安盟;

辽宁省沈阳市、大连市、鞍山市、本溪市、营口市、辽阳市、铁岭市、朝阳市、盘锦市;

黑龙江省哈尔滨市、大庆市、鸡西市;

江苏省南京市、苏州市、无锡市、常州市、镇江市、扬州市、泰州市、南通市、盐城市、淮安市、宿迁市、徐州市、连云港市;

浙江省宁波市、嘉兴市、湖州市、绍兴市;

安徽省合肥市、淮北市、亳州市、宿州市、蚌埠市、阜阳市、淮南市、滁州市、六安市、马鞍山市、芜湖市、宣城市、铜陵市、池州市、安庆市、黄山市;

福建省福州市、厦门市、莆田市;

江西省九江市、新余市、赣州市、吉安市;

山东省济南市、青岛市、淄博市、东营市、潍坊市、泰安市、威海市、日照市、莱芜市、临沂市;

湖北省武汉市、黄石市、十堰市、襄阳市、荆门市、孝感市、咸宁市、随州市、恩施土家族苗族自治州、仙桃市、天门市、潜江市;

湖南省长沙市、衡阳市、株洲市、岳阳市、常德市、张家界市、益阳市、郴州市;

广东省广州市、深圳市、珠海市、佛山市、惠州市、东莞市、中山市、江门市、肇庆市、清远市;

广西壮族自治区河池市;

海南省海口市、三亚市;

四川省成都市、遂宁市、宜宾市、达州市、雅安市、眉山市、甘孜藏族自治州;

贵州省贵阳市、遵义市、六盘水市、安顺市、毕节市、铜仁市、黔东南苗族侗族自治州、黔南布依族苗族自治州、黔西南布依族苗族自治州;

云南省保山市、丽江市;

陕西省西安市、宝鸡市、咸阳市、渭南市、铜川市、延安市、榆林市、汉中市、安康市、商洛市;

甘肃省嘉峪关市。

中宣部等七部门关于加强残疾人文化建设的意见

残联发〔2012〕7号

为深入贯彻《中共中央关于深化文化体制改革、推动社会主义文化大发展大繁荣若干重大问题的决定》(以下称中央《决定》)精神,落实《中共中央国务院关于促进残疾人事业发展的意见》(中发〔2008〕7号)要求,在社会主义文化大发展大繁荣的历史机遇中全面推进残疾人文化事业发展,现就进一步加强残疾人文化建设提出以下意见。

一、充分认识加强残疾人文化建设对于推动社会主义文化大发展大繁荣的重要意义

(一)加强残疾人文化建设的重要意义。

残疾人文化是社会主义文化的重要组成部分,是弘扬人道主义思想、讴歌自强精神的励志文化;是倡导平等友爱、包容互助的和谐文化;是践行社会主义荣辱观的道德文化;是建设社会主义精神文明的人文文化。

多年来,在党和政府的高度重视和亲切关怀下,我国残疾人文化事业取得了显著成绩,成功举办了北京残奥会,在上海世博会设立残疾人主题馆——生命阳光馆,建成融多种功能于一体的中国盲文图书馆,持续举办了五届残疾人艺术汇演,中国残疾人艺术团作为“爱与美的使者”,在国家人权保障事业和对外交流中发挥了重要的作用。残疾人文化、体育已经成为展现社会主义精神文明建设成果、宣传社会主义核心价值体系的重要平台和窗口。

加强残疾人文化建设,不仅能够丰富残疾人的精神世界,而且有利于残疾人提高自身素质,陶冶道德情操,改善生活状况,实现自我解放;有利于培育自尊自信、理性平和、积极向上的社会心态,促进和谐友爱人际关系的建立;有利于加强社会公德、职业道德、家庭美德和个人品德教育;有利于凝聚包括残疾人在内的广大人民群众的精神力量,进一步加强社会主义核心价值体系建设。

目前,从总体上看,残疾人文化建设与广大残疾人日益增长的精神文化需求相比还有很大差距,主要反映在:残疾人均等享有公共文化服务的难度比较大,内容与质量需进一步充实和提升;残疾人参与文化活动的特殊需求尚未引起社会普遍关注;残疾人参与文化生活的环境条件有待进一步改善;基层残疾人文化活动相对匮乏,特别是农村残疾人文化生活基本空白;残疾人文化创业需要予以特别扶持。我们必须重视这些问题,采取有效措施,加强残疾人文化建设。

(二)残疾人文化建设的指导思想和总体要求。今后一个时期,残疾人文化建设的指导思想是:以邓小平理论和“三个代表”重要思想为指导,深入贯彻落实科学发展观,坚持社会主义先进文化前进方向,以建设社会主义核心价值体系为根本任务,以为残疾人提供基本的均等的文化服务、满足残疾人精神文化需求为出发点和落脚点,按照中央《决定》和中发〔2008〕7号文件精神,全面加强残疾人文化建设。

总体要求是:以进一步建立和完善残疾人公共文化服务体系为主体,以残疾人文化服务设施为补充,以基层乡镇(街道)综合文化站、村文化活动室、社区文化中心为依托,以残疾人文化、体育工程项目为载体,坚持重心下移,为残疾人提供基本文化服务;以文化事业单位体制改革为契机,制定特殊优惠政策,进一步加大残疾人文化产品的研发和供给,促进残疾人特殊文化艺术发展,鼓励残疾人文化创业,扶持残疾人文化艺术产业发展。

二、为残疾人提供均等的公共文化服务

(三)切实纳入城乡公共文化服务体系建设大局。各级党委、政府、有关部门在规划和建设公共文化服务体系过程中,要切实将残疾人文化建设纳入其中,给予特别指导和支持,统筹安排,同步实施;国家公共文化、体育设施建设、文化信息资源共享、农村电影放映、农家书屋等文化惠民工程建设项目,要充分考虑残疾人的特殊需求,在项目设计、组织落实过程中,针对残疾人的实际困难和特殊需求,提供必要的服务内容和参与条件。

（四）为残疾人提供基本、均等的文化服务。加强对残疾人的公共文化服务是实现残疾人文化权益的基本途径。文化馆等各类公共文化服务设施和爱国主义教育示范基地等要免费向残疾人开放或给予优惠，并提供无障碍服务；中国盲文图书馆要充分发挥示范性、指导性和综合性盲人文化资讯服务中心作用；各级公共图书馆要建立盲人阅览室，配置盲文读物及相关设备；支持乡（镇、街道）、村（社区）设立残疾人阅读专柜（角）；各级文化馆、乡镇（街道）综合文化站、村文化活动室、社区文化中心要积极为残疾人提供参与文化、体育活动的场地，增加残疾人文化、体育活动内容；要积极创造条件，推动市（地）级以上广播电台开设残疾人专题节目；扶持省、市（地）两级电视台开播“手语栏目”；继续推进影视作品和电视作品加配字幕；各级残疾人综合服务设施中要设立残疾人文化、体育活动场所，配置文化、体育活动用品用具；组织编制城乡无障碍设施建设规范、残疾人文化体育设施设备和器材标准等技术法规；要采取项目补贴、定向资助等形式，加大残疾人特需文化、体育产品的研发与供给；各种文化、艺术活动，要鼓励、吸纳残疾人广泛参与，重视残疾人创作和残疾人题材的文艺作品，并根据具体情况给予特别扶持。

三、为残疾人提供个性化文化服务

（五）就近就便开展残疾人文化活动。要按照共建共享的精神，整合各种社区文化资源，鼓励在现有公共服务设施中开辟残疾人能够便于参与、设施无障碍、场所固定、形式有效的文化活动场所。在残疾人日常活动的社区范围内，组织开展丰富多彩健康有益的基层残疾人文化体育活动，使残疾人能够就近、就便参与。

（六）深入开展“残疾人文化周”活动。“残疾人文化周”是开展基层残疾人文化活动的有效载体。要按照集中与分散、定期与日常相结合的原则，积极开展多种形式、有利于残疾人陶冶情操、愉悦身心、寓教于乐的文化体育活动；要不断丰富活动内容，创新活动形式，扩大残疾人参与的覆盖面；要进一步加大经费保障力度，使文化周活动成为广大残疾人展示特殊艺术才能、集中参与文化活动的重要平台。

（七）扩大“残疾人文化进社区”项目覆盖面。“残疾人文化进社区”试点项目，在为基层残疾人提供必要的社区文化条件，引导残疾人加强学习、提高素质方面取得了显著效果。要在试点基础上，积极开展“残疾人文化进社区”项目建设，为基层残疾人提供必要的文化、体育活动用品，提供基层残疾人参与文化生活的基本条件。

（八）推进残疾人自强健身工程。创作并推广适合残疾人身心特点的体育健身方法和项目；为基层残疾人体育活动场所和残疾人综合服务设施配置适宜的器材器械；利用“残疾人健身周”、“全国特奥日”等重要节点，选择残疾人喜闻乐见的、富有民族民间特色的体育活动项目进行展演、交流，同时提供健身咨询指导、体质测定等志愿服务。

（九）建设残疾人文化服务设施。进一步落实中央《决定》有关完善面向残疾人的公共文化服务设施的精神，针对残疾人的特殊需求，各地根据实际情况，积极推进残疾人文化活动服务设施建设。

四、深化文化体制改革，发展残疾人文化产业

（十）深化文化体制改革。各级残联所属文化事业单位，要按照中央关于深化文化体制改革的精神和要求，进一步理清发展思路。坚持一手抓公益性文化事业、一手抓经营性文化产业，始终把社会效益放在首位，加快进行体制改革，实现社会效益和经济效益的有机统一；各宣传文化机构，要重视残疾人的文化需求，加强残疾人题材文化艺术作品的创作与出版，为广大残疾人提供更多更好的精神文化产品；探索残疾人文化艺术产业投融资渠道，引导多种资本投入、发展残疾人文化事业。

（十一）扶持残疾人文化产业发展。按照分类指导、区别对待的原则，扶持以残疾人群体为主要受众的文化企业，落实残疾人文化产业财政、税收、金融、用地等政策；各地中小、微型企业创业优惠政策要将残疾人文化艺术创业纳入其中；要积极搭建残疾人文化创业平台，扶持残疾人文化创业发展；要将残疾人文化创业与残疾人自主创业和集中就业有机结合，使之成为残疾人就业体系的重要组成部分；各级残联就业培训机构，要积极组织开展残疾人文化艺术创业从业能力的培训；要探索建立残疾人文化艺术产品销售平台，不断拓宽销售渠道；同时，各类产业园区、景区、商区，要为残疾人创造条件，鼓励残疾人发挥特殊艺术才能，积极参与文化创业；国家对残疾人文化艺术人才共同创办或参与人数较多的各类文化创业、工艺美术、特殊艺术等企业、团体，按规定享受相关扶持政策。

五、加大保障力度，推动残疾人文化建设同步发展

（十二）保障残疾人文化权益。财政部门要将包括残疾人在内的主要公共文化产品和服务项目、公益性文化活动纳入公共财政经常性支出预算，继续加大对残疾人文化和体育事业的支持力度。

六、鼓励社会力量参与残疾人文化建设

（十三）发挥社会专业机构的指导作用。“全国残疾人读书指导委员会”要进一步发挥各级图书馆的专业指导作用，指导残疾人更好地阅读学习，提高残疾人的文化素质；社会各专业服务指导机构要按照残疾人的实际需求，以讲座、交流、培训等多种形式为残疾人提供指导和服务；各级文学艺术家协会要积极吸纳具备条件的残疾人会员加入，培养残疾人特殊文化艺术人才。

（十四）动员社会力量推动残疾人文化事业发展。要进一步加大宣传力度，增强社会各界对残疾人文化需求和文化艺术才能的了解，营造良好的社会环境；坚持开展“文化助残公益行动”，广泛吸纳各类新闻、出版行业参加，为残疾人提供更多的精神文化产品；采取贷款贴息、税收优惠等措施，鼓励、引导社会爱心组织、企业关注、支持、参与残疾人文化服务，共同推进残疾人文化艺术健康发展；积极发挥文化助残志愿者队伍作用，为残疾人参与各种文化活动提供帮助，建立志愿文化助残的协调、激励机制，更好地为残疾人提供文化服务。

七、加强人才团队建设，促进对外文化交流

（十五）加强残疾人文化人才队伍建设。各级残联要进一步充实宣传文化部门的工作力量；基层乡镇（街道）综合文化站专职人员、城乡社区公共文化服务岗位人员负责残疾人文化体育活动的组织，乡镇（街道）残联、城乡社区残协专职委员负责联络配合；鼓励符合条件的残疾人积极报考乡镇综合文化、城乡社区公共文化服务岗位；要加大培训工作力度，建立自上而下、分级负责的残疾人文化体育管理人员和残疾人文化艺术、体育人才、教练员培养培训机制；残疾人文化工作者、特殊艺术人才的评奖、职称评定、培训、资助等工作，按国家相关规定纳入文化人才队伍建设范畴。

（十六）促进残疾人文化艺术团体建设。要扶持各类残疾人文化艺术团体和残疾人特殊艺术人才培养基地建设，满足各类特殊艺术人才成长成才需要；中国残疾人艺术团作为对内对外的一个文化窗口要给予特别的扶持政策，在财政投入、人才输送和就业安排等方面给予保证；有条件的省可以建立残疾人艺术团，采取配备专职管理人员，临时抽调演员、定期训练的形式运行，负责残疾人特殊艺术人才的发掘培养任务；特殊艺术人才培养基地要突出品牌化和连贯性，鼓励形成“一地一品”的特殊艺术品牌。

（十七）加强文化体育对外交流。实施残疾人文化走出去工程。改革开放以来，中国残疾人事业取得的飞速发展是经济社会发展和人权保障的生动体现，要通过多渠道、多形式、多层次的残疾人特殊艺术、体育对外文化交流充分展现我国文明、开放、进步的形象；国家组织的各种对外文化交流活动要将残疾人文化艺术、体育作为重要组成部分，吸纳其参展交流；地方残联要积极配合地方外宣办，在对外交流中展示本省残疾人事业发展成果；要把政府交流和民间交流结合起来，充分发挥残疾人文化艺术独特的感召力和宣传功能。

八、切实加强领导，精心组织实施

（十八）建立残疾人文化事业领导协调机制。有关部门要高度重视残疾人文化建设，切实加强领导。各地要建立有关部门分工负责、残联组织积极协调的残疾人文化建设领导机制，结合本地区实际，制定建设规划，明确职责要求，确保残疾人文化建设在公共文化服务体系建设中统筹兼顾，同步实施；各宣传文化主管部门在推进文化建设过程中，要广泛听取残疾人建议，吸纳残联组织共同推进。

（十九）完善目标考核体系。国家公共文化服务体系建设要把残疾人文化建设纳入评价考核体系；国家公共文化服务体系示范区建设要明确残疾人文化建设的内容和要求；要把残疾人文化建设作为文明城市、文明村镇创建和社会主义新农村建设的评估指标，作为残疾人“两个体系”建设的重要内容，要进一步量化评估标准，保障残疾人精神文化生活与物质生活同步改善与提高。

（二十）切实发挥残联组织作用。各级残联组织要进一步提高对残疾人文化工作重要性的认识，深入了解各类残疾人特别是农村残疾人对精神文化生活的新期待，探索创新残疾人文化服务的新途径、新载体。各级残联应主动提供残疾人文化体育活动要求。要充分发挥各专门协会作用，鼓励、支持专门协会组织开展适合不同类别残疾人参与的文化体育活动，丰富残疾人精神文化生活。要寓教于乐，把加强残疾人文化建设、丰富残疾人文化生活和推进社会主义核心价值体系建设、加强残疾人思想道德建设结合起来，通过组织各种形式的宣传文化活动，在广大残疾人中进行形势政策教育、国情教育，弘扬爱国主义、社会主义、集体主义思想，引导广大残疾人树立社会主义荣辱观，自觉履行公民责任和义务。残联组织要团结带领广大残疾人一起，为推动残疾人文化事业加快发展，实现社会主义文化事业大发展大繁荣作出更大的贡献。

二〇一二年三月二十七日

组织部等十六部门关于进一步加强老年文化建设的意见

全国老龄办发〔2012〕60号

我国已进入人口老龄化快速发展时期，加强老年文化建设是积极应对人口老龄化的一项重要战略任务，也是社会主义文化建设的重要内容。为深入贯彻落实党的十七届六中全会精神，加快推进老年文化建设，根据《中国老龄事业发展“十二五”规划》（国发〔2011〕28号）和《国家“十二五”时期文化改革发展规划纲要》（中办发〔2011〕40号）的部署，现就加强老年文化建设提出如下意见。

一、加强老年文化建设的重要性和紧迫性

1. *加强老年文化建设是推动社会主义文化大发展大繁荣的必然要求。*随着我国人口老龄化的快速发展，60岁以上老年人口将逐步占到总人口的三分之一，老年人精神文化需求越来越丰富，参与文化活动的热情越来越高涨，老年文化建设在社会主义文化建设总体布局中的地位和作用越来越重要。加快老年文化建设，满足老年人文化需求，丰富老年人精神生活，增强老年人精神力量，是推动社会主义文化大发展大繁荣的内在要求，是构建不分年龄、人人共享老龄社会和谐文化的重要任务，对于推进经济社会科学发展，实现家庭和睦、代际和顺、社会和谐，具有重要意义。

2. *加强老年文化建设是积极应对人口老龄化的重要举措。*人口老龄化是我国21世纪现代化建设面临的重要国情。积极应对人口老龄化是国家的一项长期战略任务。文化是人民的精神家园，是凝聚人民战胜困难的精神力量。加强老年文化建设，有利于促进社会主义核心价值体系建设，坚定中国特色社会主义共同理想，在全社会形成敬老爱老助老的社会氛围，为积极应对人口老龄化、促进经济社会全面、协调和可持续发展，提供坚强思想保障和强大精神动力。

3. *加强老年文化建设是保障老年人文化权益的迫切需要。*近年来，党和政府高度重视并采取一系列政策措施，着力推进老年文化建设，老年文化、教育、体育事业得到较快发展，老年文化活动蓬勃开展，老年人精神文化生活得到较大改善，基本文化权益得到较好保障。同时也要看到，老年文化建设与人口老龄化发展和老年人日益增长的精神文化需求还不完全适应，主要是：老年文化建设的社会氛围不够浓厚；公共文化设施为老服务功能有待进一步完善，老年人均等享有基本公共文化服务的质量尚需进一步提高；对老年人特殊文化需求关注不够，老年文化产品和服务供给不足；农村老年人文化生活和活动阵地相对匮乏，甚至使封建迷信和非法宗教活动有了可乘之机。这些问题必须引起高度重视，采取有效措施，切实加以改进。

二、老年文化建设的指导思想、目标任务和基本原则

4. *指导思想。*高举中国特色社会主义伟大旗帜，以邓小平理论和“三个代表”重要思想为指导，深入贯彻落实科学发展观，坚持社会主义先进文化前进方向，以建设社会主义核心价值体系、强化中国特色社会主义共同理想为根本任务；以保障老年人基本文化权益，满足老年人日益增长的精神文化需求为出发点和落脚点；以增强全社会积极老龄化意识，优化老年文化建设发展环境为重要支撑；以老年人广泛参与的文化创建活动和丰富多彩的老年文化产品为主要载体，促进老年文化建设实现新跨越、新发展。

5. 目标任务。根据国家积极应对人口老龄化的战略部署，到2020年基本形成老年文化建设新局面。社会主义核心价值体系建设深入推进，“敬老爱老助老”主题教育活动深入开展，孝亲敬老社会氛围更加浓厚；适应老年人需要的文化产品和服务更加丰富，老年人普遍均等享有基本公共文化服务；老年文化事业全面繁荣，老年特色文化活动广泛开展，老年文化队伍不断壮大，老年文化产业快速发展，老年文化建设在丰富老年人精神文化生活、推进老龄事业科学发展中发挥重要作用。

6. 基本原则。

——坚持文化引领，服务大局。坚持社会主义先进文化前进方向，弘扬中华民族优秀传统文化和时代精神，引导老年人开展各种健康、有益、科学的文化活动，在全社会形成积极向上的精神追求和健康文明的生活方式。

——坚持统筹协调，共建共享。老年文化建设融入基本公共服务体系建设和经济社会建设的全局，统筹安排，整体推进，在促进基本公共文化服务均等化的基础上，根据老年人特殊需求开展文化服务。

——坚持以人为本，服务老人。尊重老年人主体地位，关切老年人实际需求，采取多种措施为老年人提供多层次文化服务和产品。

——坚持重心下移，面向基层。加快城乡老年文化建设一体化发展，深入基层、贴近生活、服务群众，推进老年文化活动在城乡基层社区广泛开展。

三、树立积极老龄化理念，彰显新时期老年文化建设的时代性

7. 树立积极的老年文化观。老年文化是社会主义先进文化的重要组成部分，是社会主义精神文明的重要内容。要树立积极的老年文化观，大力弘扬以爱国主义为核心的民族精神和以改革创新为核心的时代精神，准确把握当今时代文化发展的新趋势和老龄化社会精神文化建设的新要求，把老年文化融入社会主义核心价值体系建设全过程，发挥老年人在社会主义精神文明建设中的积极作用，为实现人口老龄化条件下社会主义现代化建设的宏伟目标，提供强大精神动力。树立积极老龄化理念，以积极的态度、积极的政策、积极的行动应对人口老龄化。全社会要正确对待和积极接纳老年人，尊重老年人的社会价值，扩大老年人社会参与，弘扬中华民族传统美德，营造敬老爱老助老的良好氛围。广大老年人要树立终身发展理念，保持自尊自爱自立自强的精神风貌，将老年期作为人生发展的重要阶段，积极面对老年生活、保持身心健康、参与社会发展、提高生活品质。

四、充分发挥公共文化为老服务功能，切实保障老年人基本文化权益

8. 加强老年人文化活动基础设施建设。充分考虑人口老龄化发展趋势和老年宜居环境的要求，将老年文化建设纳入基本公共文化服务体系和城乡规划。以公共财政为支撑，按照城市文化活动设施用地和老年人设施规划标准，遵循公益性、基本性、均等性、便利性的要求，加快老年文化设施建设。推动跨部门项目合作，实现统筹规划、资源整合和共建共享。增强基层公共文化体育设施的适老功能，努力提高基本公共文化服务均等化的可及性。新建或改造老年人文化体育活动设施，要符合涉老工程建设标准和无障碍设施建设标准。根据老年人生理特点和特殊需求，配备适合老年人的文化体育用品和用具，为老年人参加文化体育活动提供便利。进一步加强参观游览场所、宾馆饭店、餐饮企业、公共交通的老年服务设施、设备建设。国家重点文化惠民工程项目要为老年人提供必要的服务内容和参与条件。

9. 加大老年人公共文化服务供给。各级各类博物馆、美术馆、科技馆、纪念馆、公共图书馆、文化馆等公共文化服务设施，向老年人免费或优惠开放；鼓励影剧院、体育场馆、公园、旅游景点等公共场所为老年人提供优惠票价；减免老年人参观文物建筑及遗址类博物馆的门票。老年人免费享有影视放映、文艺演出、图片展览、科技宣传等公益性流动文化服务，免费享有健身技能指导、参加健身活动、获取科学健身知识等全民健康服务。有条件的公共文化体育设施可以根据服务区域老年人口规模和需要，开辟适宜老年人文化娱乐的活动场所，适当增加面向老年人的特色文化服务项目。有关部门的内部老年活动场所要创造条件，争取向社会开放，吸引更多老年人参加活动。各类公共场所要因地制宜为老年人开展文化活动提供便利。

10. 加快城乡老年文化建设一体化发展。合理配置城乡文化资源，公共文化资源要更多向农村和中西部、贫困地区倾斜，增加农村文化服务供给，缩小城乡文化发展差距。扩大文化信息资源共享、农村电影放映、农家书屋建设等文化工程在农村老年人中的覆盖率，支持和帮助农村老年人参与文化活动。鼓励文化单位面向农村提供流动服务和网点服务，扶持文化企业加强基层和农村文化网点建设，支持演艺团体深入农村举行演出。文化科技卫生“三下乡”、“送欢乐下基层”等活动要关注农村老年人文化需求，适当安排面向农村老年人的专题专场。各级宣传文化部门和工、青、妇等群团组织要广泛开展志愿文化服务活动，为农村空巢、失能、留守老年人和老年妇女等特殊困难群体提供公益文化服务，进行精神慰藉和心理疏导。

五、深入开展老年人特色文化活动，丰富老年人精神文化生活

11. 深入开展宣传思想文化活动。老年文化建设要按照宣传思想文化工作的统一要求，坚持弘扬主旋律、提倡多样化，以科学的理论武装人，以正确的舆论引导人，以高尚的精神塑造人，以优秀的作品鼓舞人。深入开展社会主义荣辱观宣传教育，积极探索用社会主义核心价值体系引领社会思潮的有效途径。根据老年人特点，把宣传思想工作与开展健康有益的文化体育活动结合起来，与帮助老年人解决思想和实际问题结合起来，做到寓教于乐。要发挥基层党组织的战斗堡垒作用和基层老年人协会的自我教育功能，发挥老党员和离退休老干部、老战士、老专家、老教师和老劳模等群体的先锋模范和带动辐射作用，做好新形势下老年人思想工作，坚定广大老年人建设中国特色社会主义的理想信念，增强对改革开放和现代化建设的信心，引导老年人自觉贯彻执行党的路线、方针、政策。发挥老年人在优秀传统文化和思想道德建设中的重要传承作用。

12. 着力推进品牌老年文化活动。不断提高老年文化活动的品牌意识，继续开展和推出一批主题活动、系列活动、精品活动。老龄部门要继续深入开展全国“敬老月”活动和“敬老文明号”创建活动，举办“红叶风采”重阳节文艺晚会和老年人文化艺术节，为老年人提供更多精神文化产品；推进“银龄行动”，鼓励老年人继续参与经济社会发展。文化部门要举办好“中国老年合唱节”、“群星奖”评选等大型群众性文艺活动，支持老年文化团体开展活动，为老年人参与文化活动搭建平台。体育部门要办好全国性和区域性老年人体育健身大会，不断创新适合老年人特点的体育健身项目和方法，广泛开展经常性的老年人体育健身活动。民政部门在城市社会福利院、农村敬老院、老年公寓、日间照料中心、托老所等养老服务机构管理中，对老年文化建设的基础设施、活动内容、服务方式等要作出相应规定。各级妇联继续开展“巾帼助老行动”，在“巾帼社区服务工程”中拓展老年文化活动内容，有条件的地方可开设老年妇女活动中心、老年妇女课堂和老年妇女咨询热线，为广大老年妇女办实事、解难事。打造老年旅游文化品牌，积极开发老年旅游产品，不断完善针对老年人旅游的导游讲解、路线安排等特色服务。进一步抓好军队干休所文化活动中心建设，组织离退休干部开展健康有益的文化体育活动，丰富离退休干部的文化生活。

13. 广泛开展群众性老年文化活动。立足基层社区，坚持小型分散与相对集中相结合，坚持活动内容广泛性与活动形式多样性相结合，在开展社区文化、村镇文化、校园文化、家庭文化等群众性文化活动中，组织面向老年人的文化体育活动。各级文化馆和各类老年活动中心、文化广场、老年人协会活动站作为主要活动场所，要组织开展老年人读书、健身、上网等活动，对老年人自发、健康的文化娱乐健身活动给予支持和指导。有条件的场馆可组织老年人定期开展文化讲座和文化活动，对老年人相对集中的单位和机构提供送书上门等服务。各级艺术表演团体要把为老年人演出纳入工作计划，在重大节日活动中优先为老年人安排演出慰问活动并形成制度。

14. 大力发展老年教育。老年人有继续受教育的权利。大力发展老年教育，是贯彻终身教育理念、提升全民素质、构建学习型社会的必然要求，是社会发展进步的重要标志。文化教育部门要把老年教育纳入终身教育和社区教育体系，加强领导，统一规划。充分利用社区教育资源，开展适合老年人特点的知识型、休闲型、保健型文化教育活动。创新老年教育课程，积极为老年人创造良好的学习条件和学习内容。加强老年教育设施建设，推进各级各类老年大学、老年培训中心、老年远程教育机构的健康发展。各级党委老干部工作部门和政府有关部门要进一步提高老年大学、老干部大学的办学质量和水平，鼓励有条件的单位、机构举办老年大学；基层单位和学历教育机构可以为老年人提供学习机会和场所，方便老年人就近参加学习。文化主管部门要做好各级各类非学历老年大学的规划、审批和管理工作，制定优惠政策和管理办法，鼓励社会参与发展老年教育，开展多种形式的老年教育活动。探索老年大学教育内容与模式，适应时代发展要求，采取老年人喜闻乐见的教学方式，进行科学文化知识普及，开展养生保健、文学艺术和实用技能培训，提高老年人社会适应能力和生命健康品质。

六、推动老年文化产品创作和产业发展，加快文化体制改革创新

15.推动老年文化产品的创作生产。适应时代的发展变化，与健全公共文化服务体系有机结合，大力提高老年文化产品和服务的供给能力。宣传、文化、广播影视、新闻出版等部门要把老年题材纳入文学艺术创作，舞台艺术生产，电影和电视剧制作，报刊、图书、音像电子与网络出版计划。重点规划、扶持一批体现老年主题的创作项目和文化工程，着力打造一批思想性、艺术性和观赏性相统一，深受老年群众喜爱的优秀文化作品。引导老年网络文化发展，制作适合互联网和手机等新兴媒体传播的优秀老年文化作品，运用现代科学技术增强老年文化的吸引力、感染力。

16.加快文化体制改革创新。老龄系统和有关部门要深化文化管理体制改革，加快政府职能转变，推动政企分开、政事分开，理顺与文化企事业单位的关系。推进老年文化事业单位改革，突出公益属性、强化服务功能、增强发展活力，增强面向市场、面向老年人提供服务的能力。发挥市场在老年文化产业发展中的重要作用，鼓励社会力量参与老年文化建设，进一步落实相关政策，扶持老年文化产业发展。

七、大力营造浓厚的孝亲敬老社会环境，加强老龄宣传工作

17.弘扬孝亲敬老的传统美德。孝亲敬老是中华民族的传统美德，是公民的基本道德行为准则。要在全社会深入开展社会公德、职业道德、家庭美德、个人品德建设，特别要加强面向青少年的孝亲敬老道德教育。要深入推进“敬老爱老助老”主题教育活动，通过评选敬老爱老助老模范人物和模范单位，广泛宣传先进典型事迹，树立典型，表彰先进，在全社会弘扬中华民族孝亲敬老的传统美德，进一步营造敬老爱老助老的社会氛围。

18.加强老龄宣传工作。要围绕中心、服务大局，丰富内容、创新载体，推进老龄宣传工作深入开展。中央和地方各级党报、党刊、电台、电视台要加大老龄宣传工作力度，办好老年人文化生活专版、专栏，经常安排刊播老年公益文化广告，重点新闻网站和涉老政府部门网站要开设老年频道、网页，及时回应社会关注和热点问题。注重发挥移动多媒体、网络等新兴媒介的优势，打造先进快捷、覆盖广泛的老龄宣传平台。老龄系统各级各类新闻媒体要发挥骨干作用，加强资源整合和优势互补，组织各种形式的宣传文化活动，形成老龄工作和老年文化建设协调发展的良好社会环境。

八、加强老年文化建设的保障措施

19.加强老年文化建设的组织领导。各地要充分认识人口老龄化发展的严峻形势，高度重视老龄工作，加强老年文化建设，把老年文化建设纳入重要议事日程和老龄工作责任目标考核体系。相关部门要充分发挥各自优势，明确在老年文化建设中的职责任务，齐抓共管，密切配合，形成合力，确保老年文化建设在公共文化服务体系建设中同步实施，同步发展。老龄工作机构要发挥综合协调职能，建立工作机制，及时沟通情况，保证任务落实；要加强调查研究，深入了解新形势下老年人精神文化生活的新变化和新期待，探索老年文化服务的新载体、新路径和新方法，推进老年文化建设创新发展。

20.加大老年文化建设的投入保障。各级政府根据经济发展状况和老年人口规模及需求，在推进基本公共服务体系和公共文化建设中，统筹安排老年文化建设工作，进一步加大公共财政对老年文化建设的投入力度，切实保证重点老年宣传文化活动项目资金，逐步探索建立投入保障机制和资金增长机制。在推进社会养老服务体系建设中，统筹考虑老年人的精神文化需求，进一步丰富、完善各类养老服务机构、社区老年活动中心（站、点）的文化体育服务功能，着重加强农村老年人文化设施建设。研究制定金融机构支持老年文化产业发展的相关政策，鼓励、引导社会力量提供老年文化产品和服务。

21.加强老年文化队伍和文化团体建设。各级老龄部门要进一步加强老龄宣传队伍建设，充实工作力量。要促进老年人文化艺术团体建设，扶持各类老年人文化艺术团体和老年大学开展老年文艺人才培养工作。发挥老年文化专业人才和业余爱好者的积极作用，构建一批结构合理、门类丰富、素质优良的文化人才队伍。重视老年人在非物质文化遗产传承中的作用，加强对老年非物质文化遗产项目代表性传承人的保护和帮扶力度。发挥各类老年群众组织，特别是基层老年人协会的文化服务功能，充分满足老年人的文化需求。

2012年9月13日

文化部关于加强非物质文化遗产生产性保护的指导意见

文非遗发〔2012〕4号

各省、自治区、直辖市文化厅(局)，新疆生产建设兵团文化广播电视局，各计划单列市文化局：

为进一步规范、加强非物质文化遗产生产性保护，根据《中华人民共和国非物质文化遗产法》(主席令第42号)和《国务院办公厅关于加强我国非物质文化遗产保护工作的意见》(国办发〔2005〕18号)精神，现就非物质文化遗产生产性保护提出以下指导意见：

一、充分认识开展非物质文化遗产生产性保护的重要意义

非物质文化遗产生产性保护是指在具有生产性质的实践过程中，以保持非物质文化遗产的真实性、整体性和传承性为核心，以有效传承非物质文化遗产技艺为前提，借助生产、流通、销售等手段，将非物质文化遗产及其资源转化为文化产品的保护方式。目前，这一保护方式主要是在传统技艺、传统美术和传统医药药物炮制类非物质文化遗产领域实施。

在有效保护和传承的前提下，加强传统技艺、传统美术和传统医药药物炮制类非物质文化遗产代表性项目的生产性保护，符合非物质文化遗产传承发展的特定规律，有利于增强非物质文化遗产自身活力，推动非物质文化遗产保护更紧密地融入人们的生产生活；有利于提高非物质文化遗产传承人的传承积极性，培养更多后继人才，为非物质文化遗产保护奠定持久、深厚的基础；有利于继承弘扬优秀传统文化，推动优秀传统文化繁荣发展，满足人民群众的精神文化需求；有利于促进文化消费、扩大就业，促进非物质文化遗产保护与改善民生相结合，推动区域经济、社会全面协调可持续发展。

各级文化行政部门应充分认识非物质文化遗产生产性保护的重要意义，增强责任感和紧迫感，积极探索，加强引导，进一步推动我国非物质文化遗产生产性保护工作深入开展。

二、正确把握非物质文化遗产生产性保护的方针和原则

非物质文化遗产生产性保护要坚持以科学发展观为指导，按照《中华人民共和国非物质文化遗产法》的规定，认真贯彻“保护为主、抢救第一、合理利用、传承发展”的方针。在非物质文化遗产生产性保护工作中，坚持以人为本、活态传承原则，坚持保护传统工艺流程的整体性和核心技艺的真实性原则，坚持保护优先、开发服从保护原则，坚持把社会效益放在首位，社会效益和经济效益有机统一原则，坚持依法保护、科学保护原则。

三、科学推进非物质文化遗产生产性保护工作深入开展

(一)坚持正确导向。非物质文化遗产生产性保护是一种保护方式，出发点和落脚点都是非物质文化遗产的保护和传承。因此，应当坚持非物质文化遗产生产性保护的正确导向，严格遵循非物质文化遗产传承发展的规律，处理好保护传承和开发利用的关系，始终把保护放在首位，坚持在保护的基础上合理利用，尊重非物质文化遗产生产方式的多样性，坚持传统工艺流程的整体性和核心技艺的真实性，不能为追逐经济利益而忽视非物质文化遗产保护和传承，反对擅自改变非物质文化遗产的传统生产方式、传统工艺流程和核心技艺。

(二)合理规划布局。加强对非物质文化遗产生产性保护的调查研究与整体规划，编制促进非物质文化遗产生产性保护的行动计划，将非物质文化遗产生产性保护纳入本地区经济社会发展规划。重点培育一批国家级非物质文化遗产生产性保护示范基地，积极探索和总结非物质文化遗产生产性保护的做法和经验，充分发挥国家级非物质文化遗产示范基地的示范、带动作用。发掘东中西部地区各自优势，规划建设各具特色的非物质文化遗产生产性保护示范基地，彰显区域特色和民族特色。

(三)健全传承机制。要研究非物质文化遗产生产性保护的特点，建立健全符合非物质文化遗产自身规律的传承机制。制定非物质文化遗产生产性保护传承人培养计划，建立传承人培养激励机制，增强代表性传承人履行传承义务的责任感和荣誉感；为代表性传承人开展生产、授徒传艺、展示交流等活动创造条件，提供服务；对年老体弱的代表性传承人，抓紧开展抢救性记录工作，详实记录代表性传承人掌握的精湛技艺和工艺流程；对传承工作有突出贡献的代表性传承人给予表彰、奖励；对学艺者采取助学、奖学等措施，鼓励其学习、掌握传统技艺；遵循非物质文化遗产项目生产方式的个性和特征，鼓励和支持代表性传承人设立个人工作室等。

（四）落实扶持措施。要统筹规划，加强天然原材料、珍稀原材料的保护，处理好天然原材料、珍稀原材料保护与利用的关系，依照相关法规制度为传承人使用天然原材料、珍稀原材料提供帮助和支持；鼓励和支持传承人在传承传统技艺、坚守传统工艺流程和核心技艺的基础上对技艺有所创新和发展；鼓励和支持传承人在制作传统题材作品的同时创作适应当代社会需求的作品，推动传统产品功能转型和审美价值提升；支持和帮助代表性传承人开展产品宣传，利用报刊、电视、网络等媒体宣传非物质文化遗产代表性项目及其产品的文化内涵和审美价值；积极为代表性传承人提供技艺展示、产品销售的渠道和平台。

（五）加强引导规范。深入开展调查研究，掌握本地区适合生产性保护的非物质文化遗产代表性项目生存发展状况，根据不同状况采取相应的引导、规范措施。对适合生产性保护但处于濒危状态、传承困难的代表性项目，要优先抢救与扶持，记录、保存相关资料，尽快扶持恢复生产，传承技艺，督促开展相关工作；对有市场潜力的代表性项目，鼓励采取“项目＋传承人＋基地”、“传承人＋协会”、“公司＋农户”等模式，结合发展文化旅游、民俗节庆活动等开展生产性保护，促进其良性发展；对开展生产性保护效益较好的代表性项目，要引导传承人坚持用天然原材料生产，保持传统工艺流程的整体性和核心技艺的真实性，促进该项遗产的有序传承；对开展生产性保护取得显著成绩的代表性项目，要及时总结，推广经验；对忽视技艺保护和传承或者过度开发、破坏传统工艺流程和核心技艺的，要及时纠正偏差，落实整改措施，加强管理和规范。

（六）建设基础设施。要充分发挥政府职能，合理布局，有计划地建设一批非物质文化遗产生产性保护基础设施，为代表性传承人提供必要的生产、展示和传习场所。鼓励开展非物质文化遗产生产性保护的企业、单位和个人根据自身条件建设非物质文化遗产展示馆（室）和传习所，鼓励社会力量参与非物质文化遗产生产性保护设施建设。充分发挥已有设施的作用，积极开展宣传、展示、传习等活动，有计划地征集非物质文化遗产项目代表性传承人的代表作品，妥善保存和科学展陈传统工艺精品、传承人代表性作品。

（七）发挥协会作用。要充分发挥传统工艺美术等已有行业协会的积极作用，鼓励成立非物质文化遗产相关行业协会，支持协会开展非物质文化遗产的宣传、展示、教育、传播、研究、出版等活动，鼓励协会制定有关非物质文化遗产代表性项目在原材料、传统工艺流程和核心技艺方面的相关标准和规范，支持协会开展行业管理、行业服务、行业维权等工作，通过行业自律和行业监管，推动非物质文化遗产生产性保护健康发展。

（八）营造良好氛围。非物质文化遗产生产性保护与人民群众的生产生活密切相关，许多非物质文化遗产项目具有鲜明的地域特色、民族特色，依存于传统民俗节庆活动之中。要鼓励开展各种健康有益的民俗文化活动，尊重和支持民众在民俗文化活动中开展非物质文化遗产生产性保护实践；充分利用“文化遗产日”和传统民俗节庆，开展非物质文化遗产生产性保护宣传展示活动，营造非物质文化遗产生产性保护的良好社会氛围。

四、建立完善非物质文化遗产生产性保护的工作机制

（一）坚持政府引导。坚持政府对非物质文化遗产生产性保护的价值引导、政策引导和舆论引导，组织开展非物质文化遗产生产性保护知识和成果宣传，利用现有的优惠政策和出台新的优惠政策扶持非物质文化遗产生产性保护，为非物质文化遗产生产性保护营造环境、创设条件和提供服务。

（二）鼓励社会参与。积极采取措施，鼓励个人、企业和社会组织积极参与非物质文化遗产生产性保护，多渠道吸纳社会资金投入非物质文化遗产生产性保护；鼓励建立社会中介组织，使其成为非物质文化遗产生产性保护与社会需求、市场需求联系的桥梁与纽带。

（三）发挥专家作用。鼓励专家结合非物质文化遗产生产性保护工作实际开展理论研究和实践研究，充分发挥专家的指导、咨询和参谋作用，为非物质文化遗产生产性保护提供学术支持和实践指导。

（四）加强指导检查。加强对国家级、省级非物质文化遗产生产性保护示范基地的管理，制定相关管理办法；建立非物质文化遗产生产性保护绩效评估机制，对生产性保护实施情况进行指导和检查，及时发现问题，总结经验，改进工作；对非物质文化遗产生产性保护成绩突出的地区或单位予以鼓励。

二〇一二年二月二日

2012年文化系统体制改革工作要点

办政法发〔2012〕2号

2012年是深入学习宣传贯彻党的十七届六中全会精神、落实《国家“十二五”时期文化改革发展规划纲要》的重要一年。文化系统要坚持以邓小平理论和“三个代表”重要思想为指导，深入贯彻落实科学发展观，坚持中国特色社会主义文化发展道路，认真落实中央文化体制改革和发展工作领导小组会议要求，以圆满完成国有文艺院团体改革阶段性任务为重点，以做大做强改革单位、巩固拓展改革成果为着力点，以提高文化改革发展组织领导工作科学化水平为保障，全面完成2012年文化系统体制改革工作任务，促进文化事业和文化产业又快又好发展。

一、健全政策保障体系，全力推进国有文艺院团体制改革

会同有关部门制定专门文件，加大对国有文艺院团的扶持力度，确保上半年完成既定改革任务。会同中宣部制定国有文艺院团体制改革验收标准，对各地国有文艺院团体制改革工作进行全面验收，并将验收结果报送中央文化体制改革和发展工作领导小组。表彰改革先进地区、单位和个人。就国有文艺院团改革发展的特殊性开展专题研究，深入阐述对转制院团给予特殊扶持的理论依据和实践意义。继续争取转制院团改革发展扶持资金，对改革先进院团予以奖励。推动文化产业发展专项资金重点向转制院团申报的项目倾斜，增加资助金额，扩大支持范围。在国家非物质文化遗产保护专项资金及传承人抢救性保护项目中，优先扶持列入国家级非物质文化遗产保护单位的转制院团。加大改革政策和典型经验宣传力度，营造深化改革的良好舆论氛围。制定培育骨干演艺企业工作实施方案，选择一批改革到位、成长性好、实力和竞争力强的国有演艺企业进行重点培育。加强服务演艺企业的行业组织建设，健全演艺中介机构。开展演艺企业等级评定和演艺从业人员职业资格认证，构建演艺企业考核测评体系，推动演艺业健康有序快速发展。推动保留事业体制的国有文艺院团实行企业化管理，增强面向市场、面向群众提供服务的能力。

二、继续推动经营性文化单位体制机制创新、做大做强国有文化企业

深入推进全国文化系统经营性事业单位转企改制，推动转制单位完善法人治理结构，形成符合现代企业制度要求、体现文化企业特点的资产组织形式和经营管理模式。积极协调相关部门，推动解决转制单位土地处置问题，注销转制单位事业法人，落实财税优惠政策。指导中国数字文化集团有限公司完成签订劳动合同、加入企业社会保险、核销事业编制和注销事业单位法人等各项转制工作。加快推进文化部系统5家集团公司和全国文化系统有实力的文化企业进行股份制改造和上市融资工作，打造文化领域骨干文化企业。分类分批推进文化系统非时政类报刊出版单位体制改革。

三、巩固文化市场综合执法改革成果，创新文化市场管理体制

全面完成文化市场综合行政执法机构组建，配合有关部门推动副省级以下城市综合文化行政责任主体组建和完善工作。发布文化市场综合执法标准规范，细化执法流程，明确执法标准和程序，进一步推进综合执法工作的制度化、规范化建设。会同中宣部等有关部门对各地文化市场综合行政执法改革进行验收，召开全国文化市场综合执法改革总结大会。建设统一高效的全国文化市场技术监管系统，逐步形成“权责明确、规范、监督有效、保障有力”的文化市场综合执法体制。

四、深化公益性文化事业单位改革，完善公共文化服务体系

科学界定文化事业单位的性质和功能，推动公益性文化事业单位改革与国家关于事业单位改革的总体部署相衔接。全面推进文化事业单位人事、收入分配、社会保障制度改革，明确服务规范，加强绩效评估考核，推行聘用制度和岗位管理制度，健全岗位目标责任制。建立公共文化服务指标体系和绩效考核机制，开展乡镇文化站和社区文化中心评估试点，促进公共文化机构规范化建设。推动图书馆、博物馆、文化馆等建立健全公共文化服务公示制度，拓宽服务领域，完善绩效考评。完善博物馆、纪念馆免费开放，推动图书馆、美术馆等免费开放。加快推进国家公共文化服务体系示范区（项目）创建工作。将农民工文化服务纳入公共图书馆、文化馆考核体系，推动各地文化馆（站）、图书馆开设“农民工夜校”，促进全国文化信息资源共享工程现有基层服务点开展相关服务。

五、完善和落实文化产业政策，推动文化产业跨越式发展

争取出台文化创意内容生产税收优惠和促进数字文化产业发展的政策文件。加快推进文化科技创新，争取国家科技计划对演艺娱乐、动漫游戏等领域的技术研发予以支持。推动特色文化产业发展，出台指导性文件，引导各地深入挖掘当地可供产业开发的特色文化资源。拓展大众文化消费市场，提供个性化、分众化的文化产品和服务，培育新的文化消费增长点。推动中央财政文化产业发展专项资金和地方专项资金将贷款贴息和保险费补助支持常态化、机制化。加强文化产业基地、园区建设，开展第五批国家文化产业示范基地和第四批国家级文化产业示范园区的命名工作。

六、加强对文艺创作生产的引导，营造促进文化健康发展的良好环境

继续实施国家舞台艺术精品工程等重大工程，发挥文化精品工程的示范作用。加快设立国家艺术基金，重点对艺术创作与生产、巡演展演展览、艺术人才培养等进行扶持。完善文化产品评价和激励机制，认真做好优秀保留剧目大奖、文华奖等奖项的评选工作，充分发挥文艺评奖的激励、导向作用。组织好迎接党的十八大全国舞台艺术精品展演、全国地方戏曲精粹展等重大文化展演活动，为优秀文艺作品的展示搭建平台。加强文化艺术科学研究，充分发挥国家社科基金艺术学项目的导向作用，推出一批有重大影响的研究成果。

七、加强对外文化交流，推动中华文化走向世界

发挥非公有制文化企业、文化非营利性机构的积极作用，开展多渠道多形式多层次对外文化交流。推动中国文化中心的建设进度，形成更为合理的海外布局。完善支持文化产品和服务“走出去”的相关政策措施和支撑体系，改进文化出口奖励机制，推动出口方式多元化，促进出口模式转型升级，通过资本运营逐步实现产业化经营。积极参与国际文化事务和国际规则制订，增强国际话语权，鼓励代表国家水平的各类学术团体、艺术机构在相应国际组织中发挥建设性作用。引导国内文化单位同国外知名文化机构开展项目合作与人员交流，借鉴、引进和吸引国外优秀文化成果，促进国内文化建设和艺术创新。

八、提高文化改革发展组织领导工作科学化水平，为落实各项任务提供坚实的组织领导保障

根据改革发展进展情况和实际需要，适时调整组织领导工作的侧重点和突破口，增强组织领导工作的科学性系统性。进一步明确文化部和地方文化行政部门改革工作机构的职能，统筹推进文化体制改革和发展相关工作。加强与相关部门的协调，建立常态化的沟通机制。加强文化体制改革调研工作重点联系点建设，探索建立文化改革发展工作创新示范基地。充分发挥中央文化管理干部学院文化体制改革与发展研究中心等机构的职能作用，深入开展文化改革发展理论与实践研究，为文化改革发展工作提供智力支持。

国家非物质文化遗产保护专项资金管理办法

财教〔2012〕45 号

第一章 总 则

第一条 为了规范和加强国家非物质文化遗产保护专项资金(以下简称专项资金)的管理,提高资金使用效益,根据《中华人民共和国预算法》、《中华人民共和国非物质文化遗产法》和国家有关法律、行政法规的规定,结合我国非物质文化遗产保护工作实际,制定本办法。

第二条 专项资金由中央财政设立,专项用于国家非物质文化遗产管理和保护。专项资金的年度预算根据国家非物质文化遗产保护工作总体规划、年度工作计划及国家财力情况核定。

第三条 专项资金的管理和使用坚持统一管理、分级负责、合理安排、专款专用的原则。专项资金用于补助地方的,适当向民族地区、边远地区、贫困地区倾斜。

第四条 专项资金的管理和使用严格执行国家有关法律法规和财务规章制度,并接受财政、审计和文化等相关部门的监督检查。

第二章 专项资金的分类和开支范围

第五条 专项资金分为中央本级专项资金和中央对地方专项转移支付资金,按照开支范围分为组织管理费和保护补助费。

中央本级专项资金包括文化部本级组织管理费和中央部门所属单位保护补助费,中央对地方专项转移支付资金为中央财政对各省(区、市)保护补助费。

第六条 组织管理费是指组织开展非物质文化遗产保护工作和管理工作所发生的支出,具体包括:规划编制、调查研究、宣传出版、培训、数据库建设、咨询支出等。

第七条 保护补助费是指补助国家级非物质文化遗产代表性项目、国家级代表性传承人、国家级文化生态保护区开展调查、记录、保存、研究、传承、传播等保护性活动发生的支出。具体包括:

(一)国家级非物质文化遗产代表性项目补助费,主要补助国家级非物质文化遗产代表性项目相关的调查研究、抢救性记录和保存、传承活动、理论及技艺研究、出版、展示推广、民俗活动支出等。

(二)国家级代表性传承人补助费,用于补助国家级代表性传承人开展传习活动的支出。

(三)国家级文化生态保护区补助费,主要补助国家级文化生态保护区相关的调查研究、规划编制、传习设施租借或修缮、普及教育、宣传支出等。

第三章 专项资金的申报、审批和拨付

第八条 中央本级专项资金申报审批程序:

文化部本级组织管理费由文化部按照部门预算管理的有关规定报财政部审核,经法定程序批准后纳入文化部部门预算。

中央部门所属单位申请保护补助费,由中央部门按照部门预算管理的有关规定列入本部门预算并按规定时间报财政部,同时还应当于每年6月30日前向文化部报送申请材料。文化部对申请材料进行审核,提出专项资金补助建议方案报财政部,财政部按照部门预算管理的有关规定审核后下达中央部门。

第九条 中央对地方专项转移支付资金申报审批程序:

各省(区、市)申请保护补助费,应当由申报单位提出申请,经地方各级财政和文化主管部门逐级申报。省级财政和文化主管部门进行审核汇总后,于每年10月31日前联合向财政部和文化部提出下一年度资金申请。凡越级上报或单方面上报的均不受理。其中,国家级代表性传承人补助费由省级财政和文化主管部门直接上报财政部和文化部。

文化部对申请材料进行审核后,提出专项资金补助建议方案报财政部,财政部审核后会同文化部下达省级财政和文化主管部门。

第十条 专项资金预算下达后,按照国库集中支付有关规定拨付。

第四章 专项资金的管理、使用和监督

第十一条 保护补助费的申报单

位必须具备以下条件：

（一）具有独立法人资格；

（二）具有固定的工作场所；

（三）具有专门从事非物质文化遗产保护的工作人员；

（四）具有科学的工作计划和合理的资金需求。

第十二条　专项资金预算一经批准，必须严格执行，一般不做调整。如遇特殊情况确需调整的，应当按本办法规定的申报程序报财政部审批。

第十三条　用专项资金购置的固定资产应当按照国家国有资产管理的有关规定，纳入单位的固定资产账户进行核算与管理。

第十四条　纳入政府采购的项目应当按照国家政府采购的有关规定执行。

第十五条　项目结转结余按照财政部有关规定使用。

第十六条　项目实施完毕，省级文化和财政主管部门负责组织对项目进行验收，并将验收结果报文化部和财政部备案。财政部和文化部可视情况组织复查。

第十七条　建立健全专项资金使用的监督检查机制和绩效评价制度。财政部和文化部可根据项目实施情况，组织或委托有关机构进行监督检查和绩效评价。

第十八条　有下列情形之一的，财政部和文化部根据国家法律和行政法规的有关规定给予暂停核批新项目、停止拨款、收回专项资金等处理，并依法追究有关人员的责任：

（一）弄虚作假申报专项资金的；

（二）擅自变更项目实施内容的；

（三）截留、挪用和挤占专项资金的；

（四）因管理不善，给国家财产造成损失和浪费的。

第十九条　接受国家级代表性传承人补助费的个人未按规定开展相应的传习活动，或者将补助资金用于传习活动无关的其他事项的，财政部和文化部可以视其情形，作出核减、停拨补助费或者收回已拨补助费的处理。

第五章　附　则

第二十条　本办法自发布之日起施行。财政部、文化部2006年7月13日印发的《国家非物质文化遗产保护专项资金管理暂行办法》（财教〔2006〕71号）同时废止。

国家“十二五”文化和自然遗产保护设施建设规划

发改社会〔2012〕1549号

前　言

本规划所称国家文化和自然遗产，是指在科学研究、自然多样性保护、历史、艺术和审美角度具有国家意义的文化、自然或文化和自然混合型的遗产，既包括以物质形态存在的遗产，也包括以非物质形态存在的文化遗产。根据我国现行保护管理政策，国家文化和自然遗产保护主要针对国家级风景名胜区、全国重点文物保护单位、国家历史文化名城和中国历史文化名镇名村、国家级非物质文化遗产、国家级自然保护区、国家森林公园、国家地质公园以及各类珍贵可移动文物。

国家文化和自然遗产具有重要和特殊的价值：一是它们蕴含丰富的历史、文化、科学和美学信息，是人类探索自然奥秘、保护自然和文化多样性、传承古代文明、陶冶个人情操的重要资源基础，是我们进行现代化建设的珍贵资源禀赋。二是国家文化和自然遗产通常是一个国家特有的、与身份认同和国家形象密切相关的垄断资源，是增进国家认同感、增强文化自信、提升民族凝聚力的重要因素，也是国家综合实力的重要组成部分。三是国家文化和自然遗产是我国优秀传统文化的重要载体，凝聚着中华民族自强不息的精神追求和历久弥新的精神财富，是民族文化的基本元素，是发展社会主义先进文化、涵养民族精神、建设中华民族共有精神家园的深厚基础和重要支撑。

我国幅员辽阔、山河壮丽，文明源远流长、影响深远，是世界上公认的遗产大国。根据遗产特性和管理部门的不同，目前我国已形成了相对独立的多个保护体系。为加强国家文化和自然遗产保护，统筹不同体系的遗产保护工作，集中财力物力，突出重点、分类解决不同文化和自然遗产类型面临的不同紧迫问题和突出矛盾，完善国家文化和自然遗产保护的基础设施，改善保护利用条件，提升遗产保护管理的整体水平，根据《中华人民共和国国民经济和社会发展第十二个五年规划纲要》、《中共中央关于深化文化体制改革推动社会主义文化大发展大繁荣若干重大问题的决定》、《国家"十二五"时期文化改革发展规划纲要》、《中华人民共和国文物保护法》、《中华人民共和国非物质文化遗产法》、《历史文化名城名镇名村保护条例》、《风景名胜区条例》、《国务院关于加强文化遗产保护的通知》等相关法律法规、政策文件，特编制本规划。

第一章　指导思想、基本原则和总体目标

"十一五"期间，在党中央、国务院的高度重视下，我国文化和自然遗产保护工作取得了突出成绩。遗产保护的基础设施条件和周边环境风貌得到了很大改善，国家遗产地概念的提出，从宏观层面系统、整体地对遗产地保护工作进行统筹规划，对厘清遗产边界、推动不同类型遗产融合发展发挥了积极作用。国家文化和自然遗产保护范围得到扩展，非物质文化遗产被纳入遗产保护范围，遗产的合理利用开始得到重视，相关法律法规逐步完善。尽管我国遗产保护工作取得了重大进展，但随着经济社会快速发展带来的大规模基础建设和城市化进程的加快，建设性破坏问题日益突出，遗产的保护利用设施总体上仍然短缺，非物质文化遗产等新兴遗产类型的保护工作亟待加强，不同遗产类型之间交叉重叠导致的多头管理问题也需逐步理顺。为统筹遗产资源的整体保护，避免一些地区就遗产保护多头申请、建设内容重复等问题，需要对国家珍贵文化和自然遗产的保护基础设施建设统筹考虑。

一、指导思想

以邓小平理论和"三个代表"重要思想为指导，深入贯彻落实科学发展观，立足于继承和弘扬中华民族优秀传统文化、推动社会主义先进文化建设，立足于保障遗产的永续利用、促进遗产保护与经济社会的协调发展，坚持保护为主、合理利用的方针，以完善保护性基础设施和核心区域环境整治为重点，加强规划、加大投入、科学指导、强化管理，力争通过几年的不懈努力，使我国各类重要文化和自然遗产的保护基础设施水平得到明显改善，历史环境和传统风貌得到有效保护，为我国悠久历史文明的传承、民族和地域文化特色的延续、战略资源及生物多样性和生态系统的保护提供坚实保障，推动我国文化和自然遗产保护事业全面发展。

二、基本原则

（一）保护第一、合理利用：在国家文化和自然遗产保护工作中，必须坚持保护第一，坚持把国家和民族的长远利益放在首位，坚持把社会效益和生态效益放在首位，严格保护遗产资源的真实性和完整性。同时，根据遗产和环境承载情况，充分开发遗产资源的文化、教育、科普、旅游等功能，科学利用，避免过度开发和盲目开发，有效发挥遗产保护利用在带动地方经济发展、促进就业、提高当地人民生活水平方面的积极作用。

（二）分类指导、突出重点：针对不同类型遗产面临的突出问题，统筹利用国家文化和自然遗产保护投入，实施分类指导。对那些价值特别突出、观赏性较强的国家遗产地，要在做好保护工作的基础上，积极开发展示利用手段，进行合理必要的设施建设；对广泛分布的全国重点文物保护单位，重点解决保护过程中面临的突出问题、急迫问题，进行抢救性保护；对历史文化名城名镇名村，在保护历史文化街区、镇村原有历史风貌的基础上，重点解决街区及镇村的基础设施建设和环境整治，改善当地居民的生活条件；对非物质文化遗产，重点探索进行生产性保护传承、与旅游结合等动态保护方式。

（三）互惠共赢、协调发展：遗产保护工作必须同所在区域的经济社会发展相协调，纳入所在地城乡规划，充分考虑遗产所在地居民的合理利益诉求，与人民群众生产生活有机结合，做到经济效益、社会效益和生态效益相统一，促进遗产保护事业可持续发展，实现遗产保护与地方经济社会发展的互惠共赢。

（四）统一规划、多方参与：中央负责制定全国总体规划，明确指导原则、支持范围和重点，安排补助投资，对规划实施情况进行督导检查；地方根据中央规划要求，制定具体项目保护方案，落实保护资金和配套措施，确保规划整体目标的实现。各级政府要依据遗产资源特点，积极出台相关政策，吸引社会资本参与遗产保护和合理利用。

（五）完善法治、加强管理：坚持依法行政，不断完善遗产保护的相关法律法规，在管理中严格执行相关法律法规和政策文件，使保护和利用工作有法可依，有法必依。善于利用先进技术手段，不断拓展遗产保护和利用手段，加强遗产资源管理水平，增强监管能力。充实

各级管理队伍和技术人员，并与落实经费、完善装备等工作同步推进。

三、总体目标

通过规划实施，统筹加强不同类型国家文化和自然遗产保护，集中财力物力，突出重点、分类解决不同遗产类型面临的不同突出矛盾；使国家重大文化和自然遗产地保护利用设施得到进一步完善，遗产利用渠道进一步拓宽；全国重点文物保护单位存在的危及遗产自身安全的突出问题得到有效解决，具有较高科研价值的文物标本和珍贵可移动文物的保存保管条件得到提升；国家历史文化名城的历史文化街区、中国历史文化名镇名村的保护性基础设施条件和周边环境得到有效改善，原有历史风貌得以保持，成为当地历史文化的重要载体；支持非物质文化遗产的保护利用设施建设，找到一些具有推广价值的非遗保护传承方式，再造有利于非遗传承的社会环境；使我国文化和自然遗产的总体保护状况得到一个明显提升，形成比较完善的保护体系，实现国家文化和自然遗产的有效保护和可持续利用。

第二章　主要任务和建设内容

一、国家文化和自然遗产地

重点完成200处国家文化和自然遗产地（包括长城、丝绸之路、大运河三处包含多个遗产点的线性文化遗产）的保护利用设施建设，改善遗产地基础设施条件，支持合理的展示利用设施建设和环境整治，提升参观接待能力，充分发挥遗产地在科普教育、环境保护、爱国主义和优秀传统文化教育方面的积极作用。

主要建设内容包括：看护管理用房、科普展示用房及设施；消防设施、安防监控设施；核心区内的历史环境风貌恢复（含不协调建筑的拆除、整改，居民点的调控搬迁，“三线”下地，给排水铺设改造等），道路整修，环境整治与景观绿化美化，垃圾污水处理收集等；地质灾害防治；必要的参观步行道等；原则上不支持公路建设。

二、抢救性文物保护

重点解决599个全国重点文物保护单位面临的最突出、最紧迫的保护问题，改善全国重点文物保护单位的保护状况。根据可移动文物分布特点，全国统一规划布点，依托于全国重点考古科研单位和保护单位，新建或改扩建62个文物标本库房或文物展示用房，满足观赏价值较低但研究价值较高的各类文物标本和重要遗址出土的大量文物的集中保护、收藏和研究需要。

对全国重点文物保护单位，主要建设内容包括：必要的看护用房或保护展示棚、安防监控设施、消防设施、核心保护范围内重要部位的土地平整、排水供电系统、防洪工程、必要的护栏、界碑或界桩等。对于可移动文物，主要是建设标本库房和保护展示用房，并配备必要安防、技防及环境控制设备。

三、历史文化名城名镇名村保护

重点解决209个国家历史文化名城的历史文化街区、中国历史文化名镇名村保护设施建设，消除安全隐患，改善居民生活的公共设施条件，保护当地居民的合理利益，保持历史文化街区和历史文化村镇的生机和活力。

主要建设内容：在保持道路的历史格局和空间尺度基础上，采用传统的路面材料及铺砌方式进行整修；对街区、镇村内的供排水管道、电力电信线路等进行改造，架设路灯；配置消防栓、灭火器、消防水池等消防设施，建设垃圾污水的收集处理、公厕等环卫设施；对街区、镇村的出入口、标志性建筑周围、驳岸、水埠、戏台等公共空间进行必要的景观环境整治，对开放空间进行绿化美化。

四、非物质文化遗产保护

从国家级非物质文化遗产名录中筛选100个具备与旅游开发、生产经营、展示利用等进行有效结合的保护传承项目，支持其进行生产性保护，积极探索非物质文化遗产动态保护的方式和途径，再造非物质文化遗产的保护传承环境。

主要建设内容：针对处于旅游线路上的非物质文化遗产资源集中地区，并已纳入当地文化旅游范围的传统音乐舞蹈戏剧、游艺杂技等适合表演的非物质文化遗产，建设适当规模的室内小型剧场或者露天剧场。针对民间美术、传统手工技艺、传统医药药物炮制等适合开展生产性保护的项目，结合当地相关的企业或个体生产者生产，根据项目具体需求，建设生产制作展示、传习培训等的准公益性场所。针对植根乡村的节庆活动、民俗等非物质文化遗产类型，结合乡村文化大院、乡村公共文化场地等建设，建设非物质文化遗产传承表演场所。此外，各地还可根据自身非物质文化遗产特点，探索其他具有可持续性的非物质文化遗产保护传承方式。

第三章　项目储备库建设及项目管理办法

一、项目储备库建设

该规划实施项目储备库制度。

（一）入库条件

1.国家文化和自然遗产地：包括世界自然文化遗产、国家级风景名胜区、全国重点文物保护单位、国家级自然保护区、国家森林公园、国家地质公园中整体保护情况较好、自然科学价值和人文价值较高的重要遗产地。

2.抢救性文物保护：已公布的2351处全国重点文物保护单位中选择存在突出紧急问题、急需支持的项目；某一类型文物标本存量较大且具有较强的专业实力支撑的全国重点考古科研单位；拥有重要遗址遗存并出土大量珍贵文物的县级文物保护单位。

3.历史文化名城名镇名村：在已公布的118座国家历史文化名城的历史文化街区、350个中国历史文化名镇名村中，选择保护性基础设施状况较差、急需支持的项目。

4.非物质文化遗产：在已公布的1219项国家级非物质文化遗产名录中，选择艺术性、观赏性较强或具备一定生产性保护条件的非物质文化遗产项目。

（二）入库程序

1.项目申报。所有申报项目，需由省级发展改革部门按有关部门职责分工，分别会同国土、环保、建设、文化、林业、文物等部门按项目入库条件严格筛选项目，联合上报国家发改委。

2.专家评审。在各地申报的基础上，由国家发展改革委和国土、环保、建设、文化、林业、文物等部门组织专家，本着向中西部适当倾斜的原则，对申报项目进行严格审核。

3.项目入库。专家审核符合要求的项目，经全国统筹平衡后纳入国家文化和自然遗产保护设施建设项目储备库。

4.考虑到非物质文化遗产保护利用设施建设的试点特点，具体项目由各地根据本规划要求和当地国家级非物质文化遗产的特性，按年度研究提出，由国家发展改革委会同文化部审核后确定。项目库中不列出具体项目名称。

二、项目库管理

经专家和部门审核，入库项目共计1170项。项目库实施动态化管理。规划实施2年或3年后，对入库项目执行情况进行评估，根据实施情况对入库项目进行适当调整补充。对实施条件已经发生变化的或地方上已经先行建设的项目，退出项目储备库，所在省（区、市）按照项目入库程序补充申报项目。

三、项目管理办法

（一）项目审批

国家文化和自然遗产保护项目应符合遗产保护总体规划，可研报告审批应严格遵照基本建设程序要求，履行规划、环评、土地预审等相关手续，并按照相关法律法规，在可研批复前就建设内容征得省级相关行业主管部门同意。

（二）资金申请

年度所需安排的具体项目和补助投资，由各省、自治区、直辖市和计划单列市发展改革委，分别会同国土、环保、建设、文化、林业、文物等行业主管部门，从规划项目库中筛选前期条件完备的项目，提出年度资金安排建议，经国家发展改革委会同有关部门审核平衡后，编制年度投资计划并按规定下达。

年度资金申请报告应按规定，附项目的可研报告批复和省级以上相关行业主管部门关于项目建设内容符合保护规划、同意建设的批复文件，以及项目真实性声明、地方政府配套资金承诺。涉及全国重点文物保护单位，应附国家文物局对建设方案的批复文件。入库项目在“十二五”期间无法按要求完成前期工作的，不予安排。

（三）资金管理

各级发展改革部门要会同有关行业主管部门统筹规划，整合相关资源，认真做好资金使用和工程质量的管理工作，采取各项措施确保工程质量和建设进度。要严格保证中央投资专款专用，确保资金安全，严禁挤占挪用。地方政府要积极承担配套资金责任，保证各方面配套资金按时足额到位。

（四）项目建设管理和监督检查

国家发展改革委将会同行业主管部门在项目实施过程中对建设情况进行抽查和评估，并根据各地工作积极性和项目实施成效，对规划项目库和中央投资安排作出相应调整。对切实重视遗产保护、积极加大投入、实施效果显著的省份，将予以倾斜扶持。

各有关省（区、市）发展改革部门和有关部门要加强项目建设全过程的监督检查，及时掌握项目进展和资金落实情况，按时向国家发改委和相关行业主管部门报送规划执行情况。要进一步督促落实项目法人责任制、招标投标制、工程监理制和合同管理制，加强对工程建设项目招标投标工作的指导和监管，加强施工现场质量监督检查和审计等工作。年度建设项目完成后，各省、自治区、直辖市和计划单列市发展改革委要会同有关部门对项目进行验收，并将有关情况报送国家发展改革委及相关行业主管部门。

第四章　补助标准和投资测算

一、资金来源

国家文化和自然遗产保护设施建设的责任主体是当地人民政府。根据地方申报情况，符合申请入库条件的项目总投资超过160亿元。地方政府负责落实建设资金，中央视各地财力予以适当补助。鼓励地方政府利用城投债、外国政府贷款等多种渠道筹措建设资金。

二、中央投资补助标准和资金需求测算

考虑到各地区经济发展水平和财力的差异，为更好发挥中央投资效益，规划根据不同地区确定中央投资补助比例。

西部地区（含东、中部地区享受西部政策的区域及集中连片特困地区）项目：中央补助按75%控制，其中西藏自治区、四省藏区和南疆三地州项目可视情况适当提高中央投资比例。

中部地区（含东部地区享受中部政策的区域）项目：中央补助按60%控制。

东部地区：中央补助按30%控制。

根据上述补助标准测算，约需中央补助投资80亿元。

考虑到实际安排资金的可能性，根据每年中央预算内投资总量情况，逐年安排，滚动实施。如储备项目在“十二五”时期不能按需安排，则规划建设任务展期执行。

第五章　保障措施

一、法规保障

“十二五”期间，我国将进一步完善以《中华人民共和国文物保护法》、《中华人民共和国非物质文化遗产法》、《中华人民共和国森林法》、《中华人民共和国文物保护法实施条例》、《风景名胜区条例》《历史文化名城名镇名村保护条例》、《古生物化石保护条例》等法律法规为核心，以《博物馆管理办法》、《世界文化遗产管理办法》、《文物保护工程管理办法》、《城市紫线管理办法》等专项法规、部门规章和地方法规为骨干的法规保障体系，完善行业标准和规范，营造依法行政、依法决策、依法管理的遗产保护法律环境，提供有力的法律保障。

二、组织保障

要加强国家相关职能部门之间的沟通与协调，建立有效的规划协调机制，做好遗产规划与经济社会发展规划、土地利用规划和城乡规划之间的衔接。要研究建立国家文化和自然遗产综合管理体制的可行性，统筹协调保护区域重叠的不同类型遗产的保护工作，逐步理顺管理机制。

三、人才保障

要进一步加强遗产保护工作从业人员的管理和培训，建立职业资格制度、定期培训制度和奖惩机制，充分调动管理人员积极性，造就一批具备遗产保护、管理、开发利用经验的专业技术人才、科技创新人才和复合管理人才。要把遗产保护与青少年教育相结合，进一步加强与学校的联系，建立遗产保护发展与学校教育、课外活动和社会实践相衔接的体制和机制，寓教于乐，提高青少年的综合素质，积极培养遗产保护志愿者，同时也为遗产保护提供人才储备。

四、资金保障

“十二五”期间，遗产保护设施建设专项资金的设立，将有力地保证本规划设施建设项目的顺利开展。同时，要进一步完善以中央专项资金与地方资金相结合、鼓励和吸纳社会资金投入遗产保护的投资机制，努力扩大遗产保护设施建设的投资规模，推动遗产保护设施建设规模由量变向质变的发展。

第六章　预期建设成效

本规划实施完成后，国家文化和自然遗产保护将主要取得以下成效：

一、基础设施水平显著提高。规划完成后，规划支持的遗产保护项目基本实现保护性基础设施比较完善，防灾减灾设施比较完备，道路、给排水、电力等设施达到满足居民日常生产生活和旅游接待的需要。

二、周边环境得到有效改善。通过环境整治和必要绿化美化，保护好特定空间格局和历史环境，使遗产周边环境与遗产保护相协调，当地居民的生产生活环境得到较大改善。

三、重要遗产的保护利用迈上一个新台阶。通过重要遗产的保护和展示利用设施建设，拓展遗产利用方式，使珍贵遗产更为贴近生活、贴近群众，增强遗产服务广大人民群众精神文化需求的能力。非物质文化遗产的保护利用方式得到拓展，传承环境进一步优化。

四、遗产保护成为促进文化建设和社会发展的助推器。

随着规划任务的完成，遗产保护状况得到较大改观，当地民众的遗产保护意识不断增强，使我国丰富的文化和自然遗产资源在传承中华民族优秀传统文化、增强民族认同感、促进和谐社会建设等方面发挥出应有的重要作用。

中共浙江省委办公厅　浙江省人民政府办公厅
关于加强历史文化村落保护利用的若干意见

浙委办〔2012〕38号

为认真贯彻党的十七届六中全会以及省委十二届十次全会精神，更好地保护、传承和利用好我省历史文化村落传建筑风貌、人文环境和自然生态，彰显我省美丽乡村建设的地方特色，现就加强历史文化村落保护利用提出如下意见。

一、充分认识加强历史文化村落保护利用的重要性和紧迫性

历史文化村落包括古建筑村落、自然生态村落和民俗风情村落等。古建筑村落是指现存古民宅、古祠堂、古戏台、古牌坊、古桥、古道、古渠、古堰坝、古井泉、古街巷、古会馆、古城堡等历史文化实物和非物质文化遗产比较丰富和集中，能较完整地反映某一历史时期的传统风貌和地方特色，具有较高历史文化价值的村落。自然生态村落是指古代以天人合一理念为基础，村落选址、布局、空间走向与山川地形相附会，村落建筑与自然生态相和谐，农民生产生活与山水环境互交融，自然生态环境、特种树木以及相应村落建筑保护较好的村落。民俗风情村落是指根据特定民间传统，形成有系统的婚嫁、祭典、节庆、饮食、风物、戏曲、民间音乐舞蹈、工艺等非物质文化遗产，传统的民俗文化延续至今，为当地群众所创造、共享、传承，并有约定俗成的民俗活动的村落。

优秀传统文化凝聚着中华民族自强不息的精神追求和历久弥新的精神财富，是发展社会主义先进文化的深厚基础，是建设中华民族共有精神家园的重要支撑，也是一个区域、一个村落的魅力所在。省委、省政府历来高度重视历史文化村落的保护、传承与利用工作，在新农村建设过程中，一大批历史文化村落得到培育和建设，一大批历史文化遗产得到有效保护和利用。但是，随着工业化、城市化、新农村建设进程的加快，历史文化村落的存有环境发生了很大变化，连片且上规模的历史文化村落越来越少，一些健康的民间习俗逐渐消逝。各地各部门要从对国家和历史负责的高度，充分认识保护历史文化村落的重要性，进一步增强紧迫感和责任感，把保护、传承和利用历史文化村落及传统优秀文化作为农村经济社会发展的重要支撑，作为美丽乡村建设的重要内容，切实加大对历史文化村落与存有环境的保护力度，悉心保护历史文化村落的建筑形态、自然环境、传统风貌以及民俗风情，让它们古韵长存、永续利用，使这些珍贵的历史文化遗产更好地传承给后人。

二、加强历史文化村落保护利用的指导思想、总体目标和基本原则

（一）指导思想。深入贯彻落实科学发展观，全面落实党的十七届六中全会以及省委十二届十次全会精神，深入实施“八八战略”和“创业富民、创新强省”总战略，按照“保护为主、抢救第一、合理利用、加强管理”的方针，围绕“修复优雅传统建筑、弘扬悠久传统文化、打造优美人居环境、营造悠闲生活方式”的目标要求，以“千村示范、万村整治”工程建设为载体，把保护利用历史文化村落作为建设美丽乡村的重要内容，在充分发掘和保护古代历史遗迹、文化遗存的基础上，优化美化村庄人居环境，适度开发乡村休闲旅游业，把历史文化村落培育成为与现代文明有机结合的美丽乡村。

（二）总体目标。在全面摸清历史文化村落现状的基础上，科学编制保护利用规划，科学制定扶持政策，力争到2015年，全省历史文化村落保有集中县规划全覆盖，历史文化村落得到基本修复和保护，彻底改变一些历史文化村落整体风貌毁损、周边环境恶化的状况。

（三）基本原则

1.因村制宜，彰显特色。按照因村制宜的要求，以古建筑保有相对比较集中、自然生态优美、民俗风情独特的村落为重点，研究制定个性化的保护与维修方案，采取原址修缮等保护方式，有序推进各项工作。确因自然环境改变或不可抗拒自然灾害影响，难以在原址保护的古建筑,可以适当进行迁移异地保护,涉及历史建筑、文物保护单位的应依法履行报批程序。迁移异地保护的新址环境应当尽量与迁移前的环境特征相似,尽量安排在同一县域范围内;迁移过程中应当尽可能保留全部原状资料和历史信息;不允许仅为了商业目的和旅游观光而实施迁移工程。

2.保护优先,适度利用。必须在坚持保护优先的前提下,进行科学有序的商业利用,适度发展乡村文化休闲旅游业,努力实现"保护促利用、利用强保护"的良性循环。对被认定为历史文化村落保护对象的,不宜大规模整村推进农房改造建设。切忌盲目引进开发商,单纯按商业营利的需要搞破坏性开发建设。

3.以人为本,合理整治。必须正确处理好保护保全与提高农民群众生活品质之间的关系,既高度重视古建筑的保护,又热切关注群众民生,合理安排整治项目,科学整治村庄环境,使生活在古建筑中的农民群众同样能享受现代文明的生活。

4.政府主导,农民主体。各级政府要在历史文化村落保护利用中充分发挥主导作用,把增进农民群众利益作为历史文化村落保护利用的出发点和落脚点,尊重农民群众的知情权、参与权、决策权和监督权,做到历史文化村落保护利用依靠农民、保护利用成果全体农民共享。

三、加强历史文化村落保护利用的主要任务

(一)综合保护古建筑与存有环境。按照统筹兼顾、综合保护的要求,整体保护好历史文化村落丰富的古建筑遗存和古朴的村落风貌。既要注重保护好历史文化村落古建筑群的整体建筑,又要悉心保全零散的建筑构件。各地要结合浙江省第三次全国文物普查结果,依法及时将历史文化村落中的具有一定保护价值的优秀传统建(构)筑物公布为文物保护单位或历史建筑。协调保护历史文化村落的周边环境风貌,恢复历史文化村落布局精妙合理、村落与自然融为一体的存有环境。

(二)深入发掘和传承优秀传统文化。围绕建设优秀传统文化传承体系,坚持物质遗产与非物质遗产保护共进,优秀传统文化与自然生态文化保护兼顾,保护利用与普及弘扬并重,提高历史文化村落抢救保护和开发利用水平。加大对传统艺术、传统民俗、人文典故、地域风情等非物质文化遗产的发掘力度,彰显村落建筑文化、农耕文化、水利文化、生态文化等物质文化的独特魅力。加大优秀传统文化的传承力度,通过发展农家乐休闲旅游业、举办农事节庆活动、开展丰富多彩的群众性文体活动等方式,展示历史文化村落丰富多彩的文化景象。加大对优秀传统文化思想价值的挖掘和阐发,古为今用,推陈出新,广泛开展优秀传统文化教育普及活动,发挥优秀传统文化的教育、教化功能。

(三)科学整治村落人居环境。坚持历史文化村落保护与改善农民居住条件并重。按照一村一品、一村一韵、一村一景的要求,结合农房改造建设和农村土地综合整治理治,实施差异化的村庄整治建设项目,科学整治村庄环境。把修缮古民居、拆除古村内不协调建筑等纳入农房改造建设项目。把优化历史文化村落街道景观、修复村内古道纳入村内道路硬化项目。根据古建筑的实际,采取多户联建的办法,因地制宜开展生活污水治理。做好农村垃圾"减量化、资源化、无害化"处理工作,改善历史文化村落环境面貌。搞好村庄绿化,加强风景林建设和古树名木保护,显现历史文化村落的田园意境。

(四)有序发展乡村文化休闲旅游业。坚持保护保全与科学利用互促共进,把培育历史文化村落的文化休闲旅游项目作为农家乐等乡村休闲旅游业发展的重点,完善现代商贸服务设施,培育和发展古村休闲旅游、民间工艺作坊、乡土文化体验、传统农家农事参与等历史文化休闲旅游产业。引导和激励农户利用自有的古民居,发展药铺、手工艺业店铺、茶馆、私房菜馆等农家乐特色经营户。在历史文化村落保护利用中,大力发展集体物业经济,积极探索发展壮大村级集体经济新路子。

(五)继续做好历史文化名村的保护工作。全省历史文化村落中有一部分是国家级、省级和市县级历史文化名村。要按照国务院《历史文化名城名镇名村保护条例》和《浙江省历史文化名城保护条例》的要求,做好这些历史文化名村的保护工作,严格实施保护规划,保持和延续其传统格局和历史风貌,维护历史文化遗产的真实性和完整性。对于其他符合省级历史文化名村条件的历史文化村落,要积极组织申报省级和市县级历史文化名村,从而将这些历史文化村落纳入依法管理的轨道。

四、加强历史文化村落保护利用的政策措施

(一)科学编制规划。县(市、区)人民政府要在深入调查的基础上,因地制宜地编制历史文化村落保护利用规划。对一些古民居分布较多、古建筑价值较大、自然生态环境独特的历史文化村落，要单独编制保护建设规划，规范古民居建筑拆迁、新建建筑用地审批等管理。对一些规模较小、零星的古建筑村落，坚持历史文化遗存保护优先，正确处理好改善农民人居环境与保护古民居的关系，结合村庄整治、农房改造、灾害避险、农家乐休闲旅游等工程编制建设规划，统筹推进古建筑保护。

（二）加大资金投入。建立“政府主导、社会参与、群众自筹”的历史文化村落保护资金筹措机制。各级政府要将历史文化村落保护利用作为美丽乡村建设的重要内容，加大投入力度。将历史文化村落保护利用与异地搬迁、农村危旧房改造、农民饮用水、乡村文化中心、乡村体育、绿化示范村、现代商贸服务示范村、农村电气化、历史文化名村保护等工程有机结合起来，有效整合相关项目资金，形成保护利用的合力。鼓励和支持社会力量采取捐资、投资、合作开发等办法，参与历史文化村落的保护利用。

（三）加强用地保障。加大对历史文化村落保护利用用地的支持力度。地方各级人民政府在建设用地计划安排上，要对历史文化村落保护利用用地给予倾斜和保障。把历史文化村落保护利用工作和农房改造、农村土地综合整治项目相结合，将城乡建设用地增减挂钩拆旧腾出来的建设用地指标优先满足历史文化村落的农民建房、基础设施和公共服务设施建设等需要。对经有关部门认定确有保存价值的古民居，其户籍常住人口依法批准建新房的，允许其以旧换新或产权置换，给予一定的经济补偿后移交村集体或当地政府保护修缮利用。

（四）营造良好氛围。加大历史文化村落保护宣传力度，通过广播、电视、报刊、网络等媒体和举办各类展览、讲座、专题报告等形式，面向社会和公众开展保护历史文化村落的宣传活动，营造好历史文化村落保护利用工作的良好氛围，使全省上下特别是广大农民群众充分认识保护好历史文化村落这一祖先留下的宝贵遗产，对继承和弘扬优秀传统文化，促进经济社会全面协调和可持续发展的重要意义，不断增强保护意识，发挥好主体作用。

五、加强对历史文化村落保护利用工作的组织领导

各级党委、政府要高度重视历史文化村落保护利用工作，把历史文化村落保护利用纳入各级社会主义新农村建设考核内容，作为美丽乡村创建先进县重要评价指标。省、市和历史文化村落保有集中县要建立由党政负责人牵头，农办、建设、文化、规划、文化、文物、财政、国土资源、民政、水利、环保、林业、旅游等部门参加的协调小组，统筹协调相关工作，整合相关项目资金，加强专门技术力量和人才队伍的培训，集中力量做好历史文化村落保护利用工作。各级农办要发挥综合协调和组织牵头作用，切实承担政策研究、计划制订、检查督查、项目验收等工作。各级规划、建设部门具体负责历史文化村落保护利用规划管理工作，依法对历史建筑做好保护与监督管理工作，会同各级文物部门加强对古建筑等保护利用的技术指导。各级文物部门依法对已属于文物保护单位的古建筑做好保护与监督管理工作。各级文化部门要收集历史文化村落中的非物质文化遗产实物和资料，依法做好保护和传承工作。各级财政部门要加大资金投入和整合力度，明确保护利用的项目重点，落实好历史文化村落保护利用的相关扶持资金。各级国土资源部门要多渠道筹措用地指标，加强历史文化村落土地监管，为历史文化村落保护利用提供用地服务和保障。各级民政、水利、环保、林业、旅游等相关部门要认真履行职责，加强协作，形成合力。省农办要会同建设、文化、文物等部门，抓紧研究制定历史文化村落的认定条件，组织市县全面开展历史文化村落的普查，并建档立库，为开展历史文化村落保护利用工作打下扎实基础。

关于公布浙江省文化产业发展“122”工程首批重点文化产业园区、企业名单的通知

各市、县（市、区）委宣传部、省直有关单位：

党的十七届六中全会和省委十二届十次全会以来，全省各地以高度的文化自觉，采取各种有效措施，大力推动文化建设，文化产业

呈现出快速发展的良好态势。为进一步扶持培育文化市场主体，充分发挥重点文化产业园区、企业的示范、引领和辐射作用，努力提升全省文化产业的总体实力与水平，根据《关于印发浙江省文化企业“百强振兴计划”浙江省文化产业重点园区拓展计划浙江省文化企业上市助推计划的通知》（浙文建〔2011〕2号）精神，在各地各有关单位积极推荐和严格遴选的基础上，经省委宣传部部务会议讨论通过，现将首批认定的101家重点扶持文化企业（其中示范文化企业21家、重点文化企业80家）、27家重点培育文化产业园区（其中示范文化产业园区5家、重点文化产业园区22家）和21家重点助推上市文化企业名单予以公布（详见附件）。

希望各重点文化产业园区、企业要以此次认定公布为契机，深入学习贯彻省第十三次党代会精神，进一步加强管理，拓展业务，扩大规模，增强实力，充分发挥全省文化产业发展领头羊作用。各地和各级主管部门要进一步加大培育扶持和指导服务力度，制定出台专门政策，加快推动文化与科技、金融的融合，不断提高重点文化产业园区、企业的核心竞争力，为加快建设文化强省，实现“两富”现代化浙江作出更大贡献。

附件：

1. 首批浙江省重点扶持文化企业名单

2. 首批浙江省重点培育文化产业园区名单

3. 首批浙江省重点助推上市文化企业名单

中共浙江省委宣传部

2012年6月13日

附件1：

首批浙江省重点扶持文化企业名单

（101家）

浙江省示范文化企业（21家）

浙江日报报业集团

浙江广播电视集团

浙江出版联合集团有限公司

浙江在线新闻网站有限公司

浙江省电影有限公司

浙江新远文化产业集团有限公司

杭州日报报业集团

杭州文化广播电视集团有限公司

西泠印社集团有限公司

华数数字电视传媒集团有限公司

浙江华策影视股份有限公司

杭州宋城旅游发展股份有限公司

新长城文化创意集团有限公司

浙江中南卡通股份有限公司

宁波日报报业集团

宁波广播电视集团

温州日报报业集团

温州广播电视传媒集团

乌镇旅游股份有限公司

美盛文化创意股份有限公司

横店集团控股有限公司（文化产业部分）

浙江省重点文化企业（80家）

浙江大学出版社有限责任公司

杭州红星文化大厦有限公司

浙江星光电影院线有限公司

思美传媒股份有限公司

风雅颂扬文化传播集团（杭州）有限公司

杭州金海岸文化发展股份有限公司

杭州嘉德威钢琴有限公司

万事利集团有限公司

浙江盘石信息技术有限公司

浙江博采传媒有限公司

杭州印象西湖文化发展有限公司

杭州顺网科技股份有限公司

中博展览股份有限公司

杭州南广影视制作有限公司

杭州乐港科技有限公司

杭州神采飞扬娱乐有限公司

网易（杭州）网络有限公司

杭州漫奇妙动漫制作有限公司

杭州玄机科技信息技术有限公司

杭州萧山古籍印务有限公司

杭州开源艺术品有限公司

浙江华鹰控股集团有限公司

华宝斋富翰文化有限公司

宁波江东飞越时空大剧院有

限公司

海伦钢琴股份有限公司

宁波康大美术用品有限公司

贝发集团股份有限公司

广博集团有限公司

宁波千玉水晶工艺品有限公司

宁波音王集团有限公司

宁波水木动画设计有限公司

浙江宣逸网络科技有限公司

宁波民和影视动画股份有限公司

浙江大丰实业有限公司

得力集团有限公司

浙江普达海控股集团有限公司

象山滨海影视开发有限公司

浙江思珀整合传播有限公司

大东集团有限公司

温州华龙雕刻有限公司

奥光集团有限公司

温州立本实业有限公司

曙光印业集团有限公司

新雅投资集团有限公司

丝绸之路控股集团有限公司

湖州市善琏湖笔厂

长兴百叶龙演出有限公司

嘉兴麦宝科技信息有限公司

嘉兴市南湖名胜发展有限公司

浙江西塘旅游文化发展有限公司

浙江华震数字化工程有限公司

浙江海利控股集团

浙江世纪风采文化传播有限公司

绍兴市演出有限公司

绍兴特立宙电脑动画有限公司

绍兴乔波冰雪世界体育发展有限公司

浙江阮仕珍珠股份有限公司

达利丝绸(浙江)有限公司

金华比奇网络技术有限公司

浙江天格信息技术有限公司

华谊兄弟影视文化有限公司

浙江东阳中国木雕城有限公司

浙江画之都油画股份有限公司

浙江神雕雕塑工艺集团有限公司

衢州弘明文化传播有限责任公司

衢州火神瓷业有限公司

衢州醉根艺品有限公司

舟山普陀印象旅游文化发展有限公司

舟山国际沙雕有限公司

台州工艺美术馆有限公司

台州市绣都服饰有限公司

台州汉唐茶文化有限公司

台州景想科技发展有限公司

古京文化创意产业发展有限公司

台州传统工艺博物院

浙江讯唯网络发展有限公司

浙江龙泉披云青瓷文化园有限公司

浙江新云木业集团有限公司

浙江木玩世家玩具有限公司

景宁畲族自治县畲山凤民族工艺品开发有限公司

附件 2:

首批浙江省重点培育文化产业园区名单

(27 家)

浙江省示范文化产业园区(5 家)

杭州高新区国家动画产业基地

杭州白马湖生态创意城(杭州滨江区)

西溪创意产业园(杭州西湖区)

杭州数字娱乐产业园(杭州西湖区)

浙江横店影视产业实验区(东阳市)

浙江省重点文化产业园区(22 家)

浙报理想(连锁)文化创意产业园

杭州山南国际创意产业园(杭州上城区)

之江文化创意园(杭州西湖区)

运河天地文化创意园(杭州拱墅区)

宁波和丰创意广场(宁波江东区)

鄞州国家动漫游戏原创产业基地

浙江创意园(温州鹿城区)

楠溪江文化创意产业园(永嘉

县）

湖州多媒体产业园（湖州吴兴区）

中国钢琴音乐谷（德清县）

嘉兴国际创意文化产业园（嘉兴南湖区）

中国蚕桑丝织文化遗产生态园（海宁市）

环迪荡湖文化创意产业园区（绍兴越城区）

嵊州市文化创意产业园

中国围棋谷（衢州柯城区）

“中华龙谷”文化产业园（龙游县）

中国戏剧谷（舟山定海区）

仙居中国工艺礼品文化创意产业园

莲都区古堰画乡

龙泉青瓷宝剑园区

青田县石雕文化产业集聚区

云和木制玩具产业基地

附件 3：

首批浙江省重点助推上市文化企业名单

（21 家）

华数传媒网络有限公司

浙江中南卡通股份有限公司

思美传媒股份有限公司

美盛文化创意股份有限公司

杭州金海岸文化发展股份有限公司

新长城文化创意集团有限公司

东阳青雨影视文化有限公司

浙江画之都油画股份有限公司

西泠印社拍卖有限公司

浙江大丰实业有限公司

杭州十九楼网络传媒有限公司

浙江时代电影大世界有限公司

中博展览股份有限公司

浙江盛天影视文化发行有限公司

宁波民和影视动画股份有限公司

东阳唐德影视制作有限公司

宁波音王电声股份有限公司

浙江泰普森休闲用品有限公司

湖州今童制衣有限公司

温州正栩影视制作有限公司

2012 年浙江省体制改革要点

浙政办发〔2012〕55 号

2012 年是实施“十二五”规划承上启下的重要一年，也是加快转型发展的关键一年，进一步加大改革攻坚力度、建立健全促进转变经济发展方式的体制机制意义重大。根据中央和省经济工作会议要求，按照省体制改革“十二五”规划部署，现就 2012 年体制改革提出如下要点：

一、总体要求

以邓小平理论和“三个代表”重要思想为指导，坚持科学发展主题和加快转变经济发展方式主线，全面实施“八八战略”和“创业富民、创新强省”总战略，按照“调结构、抓转型，重投入、兴实体，强改革、优环境，惠民生、促和谐”的工作思路和“干在实处、走在前列”的工作要求，围绕转型升级推进经济体制改革，围绕保障和改善民生推进社会体制改革，围绕文化大发展大繁荣推进文化体制改革，围绕服务型政府建设推进行政管理体制改革，加快构建有利于科学发展的体制机制，为推进经济社会加快发展、高质量发展提供有力的体制保障。

二、重点任务

（一）加大改革试点探索。

1. 推进义乌国际贸易综合改革试点。建立健全部、省、市三级联动的试点推进机制，贯彻落实国务院试点重点工作分工方案，深入推进试点三年实施计划，着力在构建“市场采购”新型贸易方式并制订实施与之相适应的海关、税务、工商、检验检疫、外汇等监管措施和办法，打造义乌商贸服务业集聚区、海关特殊监管区域等国际贸易发展平台，完善国际贸易服务体系，推进小商品市场转型发展等方面取得实质性进展。

2.完善海洋经济发展示范区体制机制。创新宁波—舟山港管理体制，完善海洋新兴产业发展、重要海岛开发利用与保护机制，推进象山、洞头海洋综合开发与保护等省级试验区建设，建立海洋经济发展示范区建设统计监测评价制度。

3.创新舟山群岛新区规划建设体制。编制实施舟山群岛新区发展规划，制订出台推进舟山群岛新区建设的政策意见，创新新区行政管理体制，着力在设立舟山保税港区，争取国家对外开放、用地用海、财政税收、金融创新等政策支持方面取得实质性突破。

4.全力推进温州市金融综合改革。全面启动温州市金融综合改革试验区建设，围绕国务院确定的12项主要任务，研究编制实施方案，重点在民间融资规范化、中小企业金融服务创新、多渠道破解“两多两难”问题、信用建设和风险防范等四个方面先行先试。

5.深入推进转变经济发展方式综合配套改革试点。进一步完善国家发展改革委改革联系点制度，健全上下联动、合力推进的试点工作机制，完善试点考核督查制度，着力在推进经济发展方式转变方面率先取得实质性突破，加强对试点经验的总结，积极争取上升为国家试点。全面实行发展方式转变综合评价制度，建立14个省级产业集聚区产业引导和项目准入机制。深化国有资产管理体制改革，推进省属国有企业股份制改革，加快优质资产上市，打造一批现代大型企业集团。

6.扎实推进各类专项改革试点。完善省部合作机制，全面深化国家及有关部委在我省实施的各类试点。加快推进丽水市农村金融改革试点，继续推进文化体制改革、国家13项教育体制改革等试点，认真做好中农办农村改革试验联系点工作，积极创建杭州国家自主创新示范区，争取杭州、宁波、绍兴高新区“新三板”扩容等列入国家试点。

（二）着力推进重点领域改革突破。

7.深化民营经济转型发展体制改革。研究制订贯彻《国务院关于鼓励和引导民间投资健康发展的若干意见》（国发〔2010〕13号）的具体政策措施，落实免征小微企业行政事业性收费、金融支持中小企业发展的一揽子政策举措。制订出台鼓励和支持企业兼并重组的政策意见，支持民营企业联合重组、参与国有企业改制重组、开展境外并购。研究制订支持浙商创业创新的实施细则，营造有利于浙商回归创业创新的体制环境。

8.推进地方金融制度创新。加快实施“中小企业金融服务中心”和“民间财富管理中心”建设行动计划。推进第二批10家农信社股份制改革，扩大小额贷款公司、村镇银行、农村资金互助社试点。大力发展股权、债券、基金等直接融资方式，扩大未上市公司股份转让试点。推进金融创新示范县（市、区）试点。开展规范民间融资试点。开发实施政策性小麦、大麦保险新险种，出台鼓励地方探索开发特色农业保险品种的政策，健全政策性农业、农房保险基层服务体系。

9.完善科技创新体制机制。深入推进国家技术创新工程试点，研究制订加强科技创新、加速成果转化、促进经济转型升级的政策意见。落实和完善支持青山湖科技城等创新载体发展的政策制度，健全有利于研发机构、企业总部、科技人才集聚的体制机制。推进杭温湖国家科技与金融结合试点。创新完善科技成果转化的激励机制。

10.深化资源要素市场化配置改革。推进低丘缓坡综合开发利用试点，加快低效利用建设用地二次开发试点。建立能源消费总量“双控”机制，探索开展用能指标有偿转让和交易试点。完善居民生活用电阶梯式价格制度，推进农村电力体制改革。深入推进排污权有偿使用和交易，探索建立氮氧化物、氨氮交易机制，开展全省二氧化硫交易试点。研究制订污水处理费和城乡生活垃圾处理费征收使用管理办法，调整排污费征收标准。

11.深化医药卫生体制改革。制订出台“十二五”深化医药卫生体制改革实施方案。完善全民基本医保制度，扩大覆盖面，提高保障水平，加快推进城乡统筹的医保管理体制、运行机制改革。健全基本药物制度，有序推进基本药物制度向公立医院和村卫生室延伸覆盖。继续深化基层医疗卫生机构综合改革，建立健全各级财政对基层医疗卫生机构的补偿机制，加快完善基层医疗卫生机构运行新机制。深化公立医院改革，研究制订鼓励和引导社会资本设立医疗机构的实施细则和激励机制。

12.继续推进教育改革试点。全面推进国家和省各项教育改革试点，推进民办教育综合改革，建立民办学校分类管理、教师参照事业单位标准享受养老、医疗等社会保险、公共财政支持民办学校等制度，扩大民办学校办学自主权。全面实施普通高中课程改革。完善教师资格制度，全面实施以“国标、省考、县聘、校用”为内容的教师准入和管理制度，探索建立5年一轮的中小学教师资格定期注册制度。推进“小班化教育”等人才培养模式改革。深化高考招生制度改革，扩大本科院校学业水平测试、综合素质评价和统一选拔考试“三位一体”综合评价招生试点，扩大高职院校“校考单录”范围。深化教育评价制度改革，建立教育现代化县(市、区)和义务教育均衡发展评估等制度。

13.大力推进文化体制改革。基本完成全省经营性文化单位转企改制任务，建立健全现代企业制度。稳步推进国有文艺院团、非时政类报刊出版单位、新闻网站转企改制，推进党报发行体制和影视剧制播分离改革，深化广电有线网络“一省一网”整合改革。加快国有文化单位战略性结构调整，组建大型国有文化集团。继续深化文化事业单位改革，探索建立法人治理结构，全面推进劳动人事、收入分配和社会保障制度改革。深化文化管理体制改革，创新文化市场综合执法方式和监管模式。完善鼓励和引导非公有制资本进入文化产业的政策制度。

14.创新社会管理体制。深入推进社会管理创新综合试点。编制实施城乡社区发展“十二五”规划，出台进一步深化城乡社区建设、加强基层社会管理的意见，健全新型社区管理和服务体制。继续推进民办非企业单位直接登记试点。深化收入分配制度改革，完善事业单位绩效工资、企业职工工资集体协商和支付保障、社会保障等制度。进一步完善矛盾纠纷排查化解、重点人群服务管理、食品药品安全监管等机制，加快建立行政调解工作体制。全面推行重大事项社会稳定风险评估制度。

15.深入推进统筹城乡发展的体制改革。创新城市群协调发展机制，研究制订加快中心城市发展的政策意见，增强中心城市集聚辐射能力。进一步完善小城市和中心镇扶持政策，着力推进强镇扩权、区划调整、城市管理、户籍制度、公共服务等体制改革。建立规划引领、模式创新、政策激励的山区经济发展体制机制，创新“山海联动、三化(工业化、城市化、农业现代化)同步、三业(生态工业、生态农业、生态旅游业)并举”的山区经济发展模式，推进湖州“省际承接产业转移示范区”、衢州“山区科学发展试验区”、丽水“山区科学发展综合改革试验区”建设。调整完善统筹城乡水平综合评价机制。

16.深化行政管理体制改革。围绕“三大国家战略”，推进舟山群岛新区、义乌国际贸易综合改革试验区扩权改革。深化审批制度改革，继续清理和规范非行政许可审批事项和前置条件，建立新设行政审批事项和前置审批条件准入制度，全面推进审批提速、程序简化的体制改革。建立重点工程项目招投标不超过30天的制度。深化行政执法体制改革，研究制订加强和改善行政执法的意见。完善省对市县财政体制，深化预算制度改革，建立健全预算公开机制，推进国库集中支付制度、政府采购制度、公务用车制度、预算绩效管理制度等改革。完成事业单位分类认定工作，加快事业单位转企改制步伐，深入推进事业单位用人制度、绩效工资制度和养老保险制度改革。继续推进部分政府职能向行业协会转移改革试点。

三、推进措施

(一)切实加强组织领导。各地、各有关部门要统一思想，坚持把深化改革作为促进经济平稳较快发展和社会和谐稳定的强大动力，摆在更加突出的位置。完善改革工作领导机制，进一步加强对改革工作的组织领导和统筹协调，政府主要领导要亲自谋划、全面部署、统筹推进各项改革。健全改革考核督查机制，要做好年度改革任务的分解落实，列入各级政府目标责任考核，形成政府抓总、部门协同、上下联动、合力攻坚的工作局面。

(二)强化改革队伍建设。各级政府要高度重视改革队伍建设，配强配足改革工作力量，确保各项改革工作有人抓。加强调查研究，各级政府要在相关专项资金中安排一定经费支持改革项目前期研究，提高改革决策的科学性和改革措施的协调性。加强改革队伍业务培训，培养造就一支适应改革发展新形势、新要求的高素质干部队伍，确保各项改革扎实有效推进。

(三)营造良好改革氛围。尊重基层首创精神，鼓励各地根据自身实际情况大胆探索，先行先试。

及时总结推广各地改革有成效、经验可借鉴、面上可推广的创新做法，充分激发广大干部群众改革创新活力，在全社会形成鼓励创新、允许探索、善待挫折、包容失败的良好氛围。

浙江省人民政府办公厅关于加快文化产品和服务出口的若干意见

浙政办发〔2012〕92号

各市、县(市、区)人民政府，省政府直属各单位：

为促进全省文化产业发展和外贸转型升级，大力推进文化强省建设，经省政府同意，现就加快文化产品和服务出口提出如下意见：

一、加快文化产品和服务出口的指导思想和发展目标

(一)指导思想。以科学发展观为指导，全面贯彻落实党的十七届六中全会和省委十二届十次全会精神，以改革和创新为动力，充分发挥我省人文资源和经济发展优势，着力优化文化产业发展环境，加快对外文化贸易发展步伐，增强文化产业国际竞争力，实现我省从对外文化交流大省向对外文化贸易强省跨越，推动文化强省建设。

(二)发展目标。培育一批具有国际竞争力的对外文化贸易企业和基地，打造一批具有浙江特色、符合国际市场需求的对外文化贸易重点项目，搭建一批有一定国际影响力的对外文化贸易平台，建设一批进入国际主流市场、符合文化产品和服务出口特点的对外营销网络，培养一批高素质的涉外文化专业人才，使浙江对外文化贸易走在全国前列。“十二五”期末文化产品和服务出口额占全省货物、服务出口总额的比重比“十一五”期末提高5个百分点；文化产品和服务出口200个国家和地区以上。

二、加快培育对外文化贸易主体

(三)支持各类所有制文化企业共同开拓国际市场。营造公平环境，保障符合条件的非公有制文化企业依法获得出口经营资格，并与国有文化企业同等从事国家法律法规允许经营的文化产品和服务业务。建立《浙江文化出口重点企业目录》年度发布制度，对出口额位于前列的企业给予一定奖励。

(四)培育发展一批实力雄厚的文化出口企业。以新闻出版、影视服务、数字动漫、网络文化、文化创意等领域为重点，加强市场开拓、技术创新、贸易便利化等方面的政策、资金支持，5年内培育50家国家级文化出口重点企业、100家省级文化出口重点企业、100家文化出口成长型企业。

(五)重视各种文化出口资源的挖掘和运营。积极发展各类文化中介营销机构，鼓励文化行业协会、从业人员等参与文化出口，扶持其开展国际市场调研、咨询和营销业务。建立全省文化产品和服务出口重点企业数据资料库。

三、加快发展对外文化贸易产业

(六)培育文化贸易品牌。支持文化企业走精品化路线，开发生产既体现中华文化核心价值观、又符合国际市场需求的原创性产品。加快培育一批具有国际竞争力的文化贸易品牌，5年内培育50个浙江出口名牌。

(七)打造一批文化出口重点项目。以出版、影视、动漫、文化创意、艺术品、文化演艺等领域为重点，完善《浙江文化出口重点项目目录》年度发布制度，5年内新扶持、培育国家级文化出口重点项目100个，省级文化出口重点项目300个。

(八)提升文化出口产业科技水平。加大对文化企业技术研发，国外先进技术引进、消化、吸收和再创新的扶持力度，积极引导企业开发拥有自主知识产权的关键、核心技术，促进企业采用高新技术和现代生产方式推进文化出口产业转型升级。鼓励文化出口企业建设对外文化贸易技术研发中心、申请特许专利、高创意的版权登记。开展文化领域技术先进型出口企业认定工作。

(九)积极发展新兴业态。发展现代影视内容产业，满足境外多种媒体、多种终端发展对影视数字内容的需求。开发电子娱乐、海外手机报、手机漫画游戏、电子书等网络产品，创新娱乐业态。加快发展高新技术印刷、特色印刷和光盘复制业。

四、积极打造文化贸易平台

（十）支持企业参加境内外各类展会、活动。加大扶持力度，支持我省文化出口企业参加英国伦敦书展、法国戛纳影视动漫节、中国国际服务贸易交易会、中国（杭州）国际动漫节、中国义乌文化产品交易博览会等重点展会，推动其与境内外文化企业、机构的交流沟通、项目对接。

（十一）培育一批文化出口基地。省财政给予一定资金扶持，鼓励各地结合当地文化产业发展特色，在符合条件的服务业集聚区内建设一批以出版、影视、文化创意、网络数字等为主的文化出口基地，招引知名文化机构入驻或设立分支机构，延伸产业链，推动文化产业集聚发展。

（十二）加快文化贸易信息平台建设。积极打造文化出口在线服务平台、展示交易平台，使用多种语言及时发布我省文化产品和服务出口信息，加强文化出口重点地区、重点行业、重点商品、重点企业研究分析，引导、服务企业开拓市场。

五、加强文化产品和服务国际营销网络建设

（十三）加强对国际文化市场的调研。研究国际文化市场需求，把握世界各国特别是汉字文化圈国家和地区以及欧、美、澳洲华人居住的主要城市的市场特点和消费趋势，打造适销对路的文化出口产品。

（十四）加强规划、整合资源。以欧美、东南亚、非洲等国家和地区为重点，积极构建多渠道、多层次的文化产品和服务国际营销体系。支持文化企业建立境外文化产品生产基地和营销网点，落实欧洲浙江文化产品贸易展示中心和浙美经贸文化合作综合项目；加强与我驻外机构的信息交流与协作。5 年内力争与 100 个以上国家和地区文化界的各类机构建立联系机制，推动我省文化产品和服务海外落地。

（十五）积极推进海外文化工程建设。重点开展海外中文图书连锁网点工程、博库书城网站工程、中文图书百柜工程建设。推进出版业“走出去”本土化发展，新建若干海外出版发行机构。

（十六）扩大出版物出口和版权输出。积极推动省内出版界文化出口重点企业与国际知名出版集团的战略合作。到 2015 年，浙江出版联合集团实现浙江图书版权输出和合作出版在“十一五”基础上翻一番，进入全国地方出版业前三强；推动浙江教育出版社拓展海外教育产业，形成一定出口规模；支持浙江大学出版社与跨国科技出版商合作。

（十七）鼓励省内印刷、复制出口重点企业承接境外业务。积极支持企业承接境外特别是欧美高端市场复制生产业务的服务外包，推动印刷、复制产业发展。到“十二五”期末，全省承接境外加工业务的印刷、复制企业数量超过 50 家。

（十八）支持文化企业境外投资。鼓励企业通过新设、收购、合作等方式在境外收购剧场、设立演艺经纪公司、艺术品经营机构、广播电视网、出版物影视营销机构等。支持广播电视在境外落地，鼓励在境外购买媒体播出时段和报刊版面，开办广播电视频率频道。

六、营造文化出口发展良好环境

（十九）加强对文化出口工作的领导。成立省对外文化贸易发展领导小组，由分管副省长任组长，省级相关部门负责人为成员，领导小组办公室设在省商务厅。领导小组定期召开会议，研究解决全省对外文化贸易重大问题。各地要结合实际建立相应的领导协调机构。

（二十）加大资金支持力度。省财政继续安排省促进国际服务贸易发展专项资金，通过项目资助、奖励等方式支持文化出口，主要投向文化产品出口基地建设、文化出口重点企业开拓国际市场、境外参展、文化推介、对外翻译、外语配音等方面。

（二十一）加强税收、金融、外汇管理支持。认真落实财政部、税务总局《关于支持文化企业发展若干税收政策问题的通知》（财税〔2009〕31 号）有关规定。引导银行业金融机构创新金融产品和服务方式，加强对文化企业的融资支持。支持符合条件的文化企业发行股票、企业债券、短期融资券和中期票据等，积极探索股权、仓单、保单、应收账款、知识产权等质押担保方式，增强文化企业融资能力。进一步完善和推广出口信用保险简易承保模式，简化操作手续、降低投保费率。进一步完善外汇管理服务，鼓励文化企业在跨境贸易中运用人民币结算。

（二十二）提高文化出口便利化水平。进一步简化审批手续，为文化出口从业人员提供出国（境）

便利。口岸查验部门在有效监管的前提下为文化产品进出口提供通关便利，为境内（外）文化企业出（入）境演出、影视节目摄制和后期加工所需暂时进出的货物提供通关便利，提高通关效率。

（二十三）加强文化出口统计分析、涉外文化人才培训。认真实施国际服务贸易和文化出口统计制度，依照有关规定，结合本地实际，建立完善科学合理的文化出口统计指标体系，加强数据研究分析。通过培训、实务操作实习等多种方式，加快国际型文化人才队伍建设。

（二十四）充分发挥服务贸易协会和文化出口联盟等中介组织作用。加强行业指导，整合企业力量，加强行业自律，扩大对外宣传，积极为企业提供法律咨询和信息服务，帮助企业开拓境内外文化市场。

浙江省人民政府办公厅

2012年8月3日

2012年浙江省文化发展指数（CDI）报告

浙宣〔2013〕98号

为加快推进文化强省建设，根据省委部署，在2012年试点编制的基础上，省委宣传部、省统计局今年正式开始编制"浙江省文化发展指数（CDI）"。现将2012年文化发展指数主要结论通报如下：

1.我省文化建设呈现稳步发展状态。以2011年全省文化发展水平指数为基准值100计算，2012年"浙江省文化发展指数（CDI）"为104.21，比2011年提高4.22个百分点，全省文化发展水平继续提高，呈现稳步发展状态。

2.全省文化发展六大领域全面均衡提高。在设定的文化资源支撑力、文化价值引领力、公共文化服务力、文化产业竞争力、区域文化创新力、公共评价等六大领域，评价指数全面提高。从高到低依次为：文化资源支撑力（106.10）、区域文化创新力（105.62）、文化产业竞争力（104.03）、公共文化服务力（104.00）、公众评价（103.23）、文化价值引领力（102.66）（见图1）。同时，六大领域评价指数之间的标准差为1.34，表明六大领域之间的发展较为均衡。

图1　2012年全省文化发展总指数及各领域指数

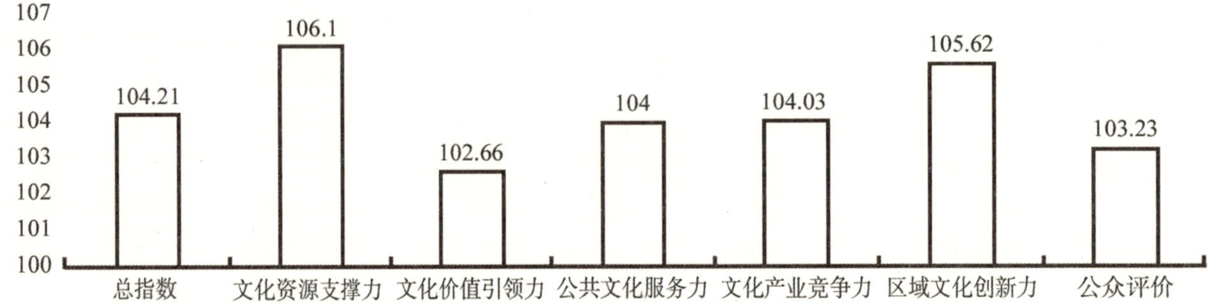

3.社会公众对文化发展状况的满意度相对稳定。根据省统计局民调显示，当前社会公众对社会文化生活的满意度达到70.43，同比增长0.79%；对社会道德环境的满意度达到60.95，同比增长0.10%，表明社会公众对我省文化发展状况的评价趋向良好、相对稳定。

4.大多数评价指数数据呈上升发展态势。在设定的42项指标中，除城市文明综合指数、农村文化礼堂建成率2项今年为缺项数据外，其他40项指标中有28项指标数据比2011年有所增加，呈上升发展态势，有3项指标数据与2011年持平。从分布领域来看，区域文化创新力、文化资源支撑力、社会公众评价这3个领域的指标数据上升幅度最大（见表1），亮点突出，对我省文化发展水平提高的贡献较大。

表 1　2012 年全省文化发展各领域内含指标发展态势

六大领域	内含指标	上升指标	占比(%)
文化资源支撑力	9	7	77.8
文化价值引领力	8	5	62.5
公共文化服务力	8	4	50
文化产业竞争力	8	4	50
区域文化创新力	7	7	100
公众评价	2	2	100

5. 11 个设区市的文化发展水平分层明显。根据 2012 年各市文化发展指数，采用最大值与最小值差额等距分层法，以 9.26 为标准，将 11 个设区市的文化发展水平划分为三个层次：第一层次，文化发展水平较高的地区是杭州市和舟山市；第二层次，文化发展水平中等的地区是湖州市、嘉兴市、丽水市、宁波市、绍兴市、金华市、衢州市；第三层次，文化发展水平较低的地区是台州市和温州市（见图 2）。

图 2　2012 年 11 市文化发展指数及分层情况

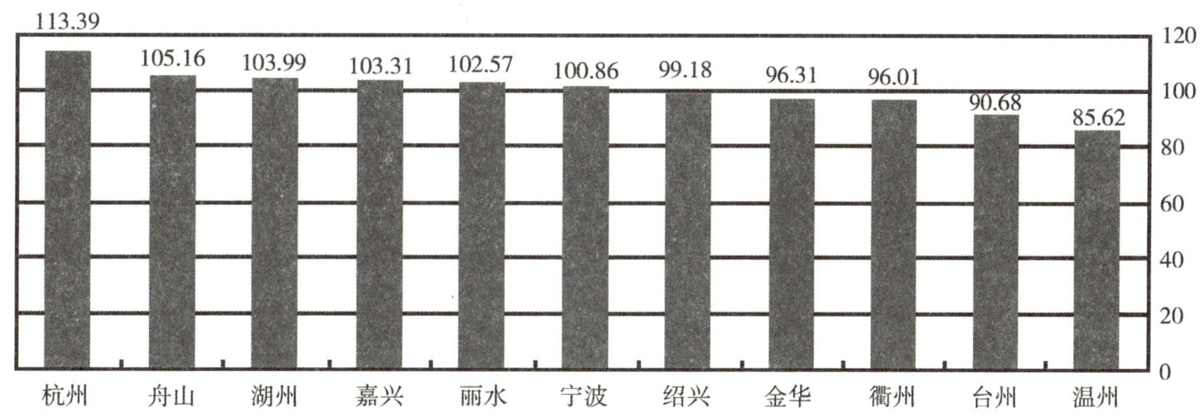

6. 欠发达地区的文化发展水平增速较快。从发展速度来看，衢州、丽水等相对欠发达地区的文化发展水平增速较快，位居全省前列，表明这些地方文化发展潜力较大，后发优势比较明显。而与此同时，舟山、嘉兴、湖州、绍兴等地的文化发展速度较慢，增速位于全省中后段，虽然总体水平仍然靠前，但面临着“标兵渐远、追兵越近”的严峻形势，需要有关地方引起足够的重视（见表 2）。

表 2　11 市文化发展指数及发展速度排名

	总指数	2012 年排序	2011 年排序	发展速度%	2012 年排序	2011 年排序
杭州	113.39	1	1	105.43	4	9
宁波	100.86	6	4	104.56	5	3
温州	85.62	11	11	101.92	10	5
湖州	103.99	3	6	101.98	9	8
嘉兴	103.31	4	5	103.27	8	7
绍兴	99.18	7	2	101.53	11	11

续表

	总指数	2012 年排序	2011 年排序	发展速度%	2012 年排序	2011 年排序
金华	96.31	8	7	107.01	1	1
衢州	96.01	9	8	106.08	2	10
舟山	105.16	2	3	103.79	7	4
台州	90.68	10	10	103.98	6	6
丽水	102.57	5	9	105.54	3	2

7. 当前我省文化发展的薄弱环节依然明显。从 2012 年“浙江省文化发展指数(CDI)”整体情况来看,文化价值引领力指数、公共文化服务力指数、文化产业竞争力指数,都低于全省总指数水平,特别是文化价值引领力指数位居六个评价领域末位,表明公民思想道德素质提升是一个渐进的长期过程,任务艰巨。同时,从综合评价指标的数据来看,文化内容生产仍然是我省文化发展的短腿,平均每日自办电视(广播)节目时间占播出时间的比例、全年制作影视(动画)剧指数、人均拥有出版物销售发行数量、城乡人均娱乐文化支出占消费支出的比例等指标数据都呈下降态势,表明文化产品创作、公共文化机构发展等薄弱环节较为明显,需要在下一步推进文化强省建设中切实加大工作力度。

统计资料

ZHEJIANG CULTURE YEARBOOK

机构数、从业人员

	总计						文化部门									
							合计						国有企业			
	机构数（个）	从业人员数（人）					机构数（个）	从业人员数（人）					机构数（个）	从业人员数		
			专业技术人才						专业技术人才						专业技	
				正高级职称	副高级职称	中级职称				正高级职称	副高级职称	中级职称				正高级职称
总计	14038	144466	16770	801	2074	5685	2169	25266	11546	609	1779	4849	2123	23795	11401	608
文化及相关产业	14016	143976	16718	797	2070	5655	2147	24776	11494	605	1775	4819	2105	23342	11359	605
艺术业	880	23358	8426	407	944	1955	128	5128	3364	227	668	1175	116	4675	3298	227
其中：艺术表演团体	609	19053	7570	383	899	1724	65	3900	3064	221	652	1056	60	3744	3042	221
艺术表演场馆	271	4305	856	24	45	231	63	1228	300	6	16	119	56	931	256	6
图书馆	97	3096	1915	42	240	914	97	3096	1915	42	240	914	97	3096	1915	42
群众文化服务	1447	6459	3621	120	443	1732	1447	6459	3621	120	443	1732	1447	6459	3621	120
其中：文化站	1345	4390	1894	14	142	1036	1345	4390	1894	14	142	1036	1345	4390	1894	14
艺术教育业	5	791	464	38	102	210	5	791	464	38	102	210	5	791	464	38
文化市场经营机构（不含文艺表演团体和演出场所经营单位）	11047	99859					1	5					1	5		
文艺科研	7	145	110	14	27	40	7	145	110	14	27	40	6	56	52	14
文物业	275	5334	1994	161	289	729	208	4500	1832	149	270	673	205	4492	1830	149
其他文化及相关产业	258	4934	188	15	25	75	254	4652	188	15	25	75	228	3768	179	15
非文化及相关产业	22	490	52	4	4	30	22	490	52	4	4	30	18	453	42	3

机构从业人员数综合年报（按

	总计		按单位性质分类				按登记					
	机构数（个）	从业人员数（人）	事业		企业		内资合计		国有企业（单位）		集体企业（单位）	
			机构数（个）	从业人员数（个）	机构数（个）	从业人员数（个）	机构数（个）	从业人员数（个）	机构数（个）	从业人员数（个）	机构数（个）	从业人员数（个）
总计	14038	144466	2135	23068	11903	121398	14037	144348	2203	25956	9	124
文化及相关产业	14016	143976	2134	23063	11882	120913	14015	143858	2185	25503	8	121
艺术业	880	23358	99	3655	781	19703	879	23240	174	6432	4	116
其中：艺术表演团体	609	19053	55	2990	554	16063	609	19053	113	5443	3	95
艺术表演场馆	271	4305	44	665	227	3640	270	4187	61	989	1	21
图书馆	97	3096	97	3096			97	3096	97	3096		
群众文化服务	1447	6459	1447	6459			1447	6459	1447	6459		
其中：文化站	1345	4390	1345	4390			1345	4390	1345	4390		
艺术教育业	5	791	5	791			5	791	5	791		
文化市场经营机构（不含文艺表演团体和演出场所经营单位）	11047	99859			11047	99859	11047	99859	1	5		
文艺科研	7	145	7	145			7	145	6	56		
文物业	275	5334	264	5268	11	66	275	5334	227	4896	2	2
其他文化产业及相关产业	258	4934	215	3649	43	1285	258	4934	228	3768	2	3
非文化及相关产业	22	490	1	5	21	485	22	490	18	453	1	3

数综合年报(总表)

(人)		文化部门												其他部门					
术人才		集体经济						其他经济											
		机构数(个)	从业人员数(人)					机构数(个)	从业人员数(人)					机构数(个)	从业人员数(人)				
				专业技术人才						专业技术人才						专业技术人才			
副高级职称	中级职称				正高级职称	副高级职称	中级职称				正高级职称	副高级职称	中级职称				正高级职称	副高级职称	中级职称
1764	4775	5	60	12			6	41	1411	133	1	15	68	11869	119200	5224	192	295	836
1761	4753	4	57	12			6	38	1377	123		14	60	11869	119200	5224	192	295	836
666	1137	2	54	11			5	10	399	55		2	33	752	18230	5062	180	276	780
651	1050	1	33	3			3	4	123	19		1	3	544	15153	4506	162	247	668
15	87	1	21	8			2	6	276	36		1	30	208	3077	556	18	29	112
240	914																		
443	1732																		
142	1036																		
102	210																		
														11046	99854				
15	18							1	89	58		12	22						
270	671							3	8	2			2	67	834	162	12	19	56
25	71	2	3	1			1	24	881	8			3	4	282				
3	22	1	3					3	34	10	1	1	8						

单位性质和登记注册类型分)

注册类型分类											
在内资企业(单位)中								港澳台商投资企业		外商投资企业	
股份合作、联营企业		有限责任、股份有限公司		私营企业		其他					
机构数(人)	从业人员数(人)	机构数(人)	从业人员数(人)	机构数(人)	从业人员数(人)	机构数(人)	从业人员数(人)	机构数(人)	从业人员数(人)	机构数(人)	从业人员数(人)
2	13	37	1508	11765	116345	21	402			1	118
2	13	34	1474	11765	116345	21	402			1	118
		6	204	682	16125	13	363			1	118
		3	102	479	13106	11	307				
		3	102	203	3019	2	56			1	118
				11046	99854						
		1	89								
2	13	3	76	33	308	8	39				
		24	1105	4	58						
		3	34								

文化部门机构数、从

	合计						国有经济			
	机构数（个）	从业人员数（人）					机构数（个）	从业人员数		
			专业技术人才						专业技	
				正高级职称	副高级职称	中级职称				正高级职称
总　　计	2169	25266	11546	609	1779	4849	2123	23795	11401	608
文化及相关产业	2147	24776	11494	605	1775	4819	2105	23342	11359	605
艺术业	128	5128	3364	227	668	1175	116	4675	3298	227
其中：艺术表演团体	65	3900	3064	221	652	1056	60	3744	3042	221
艺术表演场馆	63	1228	300	6	16	119	56	931	256	6
图书馆	97	3096	1915	42	240	914	97	3096	1915	42
群众文化服务	1447	6459	3621	120	443	1732	1447	6459	3621	120
其中：文化站	1345	4390	1894	14	142	1036	1345	4390	1894	14
艺术教育业	5	791	464	38	102	210	5	791	464	38
文化市场经营机构	1	5					1	5		
文艺科研	7	145	110	14	27	40	6	56	52	14
文物业	208	4500	1832	149	270	673	205	4492	1830	149
其他文化及相关产业	254	4652	188	15	25	75	228	3768	179	15
非文化及相关产业	22	490	52	4	4	30	18	453	42	3

艺术业机构数、从

	总计						文化部门									
							合计						国有企业			
	机构数（个）	从业人员数（人）					机构数（个）	从业人员数（人）					机构数（个）	从业人员数		
			专业技术人才						专业技术人才						专业技	
				正高级职称	副高级职称	中级职称				正高级职称	副高级职称	中级职称				正高级职称
总　　计	880	23358	8426	407	944	1955	128	5128	3364	227	668	1175	116	4675	3298	227
艺术表演团体	609	19053	7570	383	899	1724	65	3900	3064	221	652	1056	60	3744	3042	221
话剧、儿童剧、滑稽剧团	70	1513	892	36	49	75	3	134	84	6	22	16	2	87	84	6
其中：儿童剧团	1	47	3	2												
歌剧、舞剧、歌舞剧团	11	200	135	9	1	26	1	17	15			3	1	17	15	
歌舞团、轻音乐团	36	1689	736	46	121	237	7	793	564	35	108	192	7	793	564	35
乐团、合唱团	6	268	177	13	21	49	2	229	156	12	19	40	2	229	156	12
文工团、文宣队、乌兰牧骑																
戏曲剧团	365	12889	4814	241	611	1089	43	2402	2016	160	473	729	41	2348	2013	160
其中：京剧	29	1007	656	26	40	72	1	102	92	12	21	27	1	102	92	12
曲、杂、木、皮团	27	365	170	6	17	34	4	126	90	3	16	31	3	98	75	3
综合性艺术表演团体	94	2129	646	32	79	214	5	199	139	5	14	45	4	172	135	5
艺术表演场馆	271	4305	856	24	45	231	63	1228	300	6	16	119	56	931	256	6
剧场、影剧院	150	2722	652	18	34	186	58	1178	289	6	14	114	51	881	245	6
其中：儿童剧场	4	73	50	5	10	20	1	8	3		1	2	1	8	3	
书场、曲艺场	5	90	11		1	9	1	5					1	5		
杂技、马戏场																
音乐厅	2	13	4		2	2	2	13	4		2	2	2	13	4	
综合性	22	321	54	3	2	10	2	32	7			3	2	32	7	
其他	92	1159	135	3	6	24										
艺术创作机构																

业人员数综合年报

(人)术人才		集体经济						其他经济					
		机构数(个)	从业人员数(人)					机构数(个)	从业人员数(人)				
				专业技术人才						专业技术人才			
副高级职称	中级职称				正高级职称	副高级职称	中级职称				正高级职称	副高级职称	中级职称
1764	4775	5	60	12			6	41	1411	133	1	15	68
1761	4753	4	57	12			6	38	1377	123		14	60
666	1137	2	54	11			5	10	399	55		2	33
651	1050	1	33	3			3	4	123	19		1	3
15	87	1	21	8			2	6	276	36		1	30
240	914												
443	1732												
142	1036												
102	210												
15	18							1	89	58		12	22
270	671							3	8	2			2
25	71	2	3	1			1	24	881	8			3
3	22	1	3					3	34	10	1	1	8

业人员数综合年报

(人)术人才		文化部门												其他部门					
		集体经济						其他经济											
		机构数(个)	从业人员数(人)					机构数(个)	从业人员数(人)					机构数(个)	从业人员数(人)				
				专业技术人才						专业技术人才						专业技术人才			
副高级职称	中级职称				正高级职称	副高级职称	中级职称				正高级职称	副高级职称	中级职称				正高级职称	副高级职称	中级职称
666	1137	2	54	11			5	10	399	55		2	33	752	18230	5062	180	276	780
651	1050	1	33	3			3	4	123	19		1	3	544	15153	4506	162	247	668
22	16							1	47					67	1379	808	30	27	59
														1	47	3	2		
	3													10	183	120	9	1	23
108	192													29	896	172	11	13	45
19	40													4	39	21	1	2	9
473	726	1	33	3			3	1	21					322	10487	2798	81	138	360
21	27													28	905	564	14	19	45
16	31							1	28	15				23	239	80	3	1	3
13	42							1	27	4		1	3	89	1930	507	27	65	169
15	87	1	21	8			2	6	276	36		1	30	208	3077	556	18	29	112
13	82	1	21	8			2	6	276	36		1	30	92	1544	363	12	20	72
1	2													3	65	47	5	9	18
														4	85	11		1	9
2	2																		
	3													20	289	47	3	2	7
														92	1159	135	3	6	24

图书馆、群众文化服务机

	总计						文化部门									
							合计						国有企业			
	机构数（个）	从业人员数（人）					机构数（个）	从业人员数（人）					机构数（个）	从业人员数		
			专业技术人才						专业技术人才						专业技	
				正高级职称	副高级职称	中级职称				正高级职称	副高级职称	中级职称				正高级职称
图书馆	97	3096	1915	42	240	914	97	3096	1915	42	240	914	97	3096	1915	42
其中：少儿图书馆	3	120	94	3	13	40	3	120	94	3	13	40	3	120	94	3
群众文化服务业	1447	6459	3621	120	443	1732	1447	6459	3621	120	443	1732	1447	6459	3621	120
文化馆	102	2069	1727	106	301	696	102	2069	1727	106	301	696	102	2069	1727	106
其中：省级文化馆	1	62	51	16	22	10	1	62	51	16	22	10	1	62	51	16
地市级文化馆	11	411	353	36	74	137	11	411	353	36	74	137	11	411	353	36
县、市文化馆	90	1596	1323	54	205	549	90	1596	1323	54	205	549	90	1596	1323	54
文化站	1345	4390	1894	14	142	1036	1345	4390	1894	14	142	1036	1345	4390	1894	14
其中：乡镇文化站	958	2998	1386	13	104	729	958	2998	1386	13	104	729	958	2998	1386	13

艺术教育、艺术科研及其他文化

	总计						文化部门									
							合计						国有企业			
	机构数（个）	从业人员数（人）					机构数（个）	从业人员数（人）					机构数（个）	从业人员数		
			专业技术人才						专业技术人才						专业技	
				正高级职称	副高级职称	中级职称				正高级职称	副高级职称	中级职称				正高级职称
艺术教育业	5	791	464	38	102	210	5	791	464	38	102	210	5	791	464	38
高等院校	1	460	250	25	66	151	1	460	250	25	66	151	1	460	250	25
中等专业学校	4	331	214	13	36	59	4	331	214	13	36	59	4	331	214	13
文化干部学校																
其他教育机构																
艺术科研机构	7	145	110	14	27	40	7	145	110	14	27	40	6	56	52	14
文化科技研究	5	113	78	5	20	27	5	113	78	5	20	27	4	24	20	5
综合性艺术研究	1	28	28	9	6	12	1	28	28	9	6	12	1	28	28	9
地方戏艺术研究	1	4	4		1	1	1	4	4		1	1	1	4	4	
其他艺术研究																
文化市场经营机构	11047	99859					1	5					1	5		
演出经纪机构	86	1682					1	5					1	5		
娱乐场所	4263	63975														
经营性互联网文化单位	75	6337														
互联网上网服务营业场所（网吧）	6449	26100														
艺术品经营机构	160	494														
文化市场连锁经营机构	14	1271														
动漫企业	25	1119					21	837								
其他文化产业	233	3719	123	9	19	50	233	3719	123	9	19	50	26	183	83	5
非文化及相关产业	22	490	52	4	4	30	22	490	52	4	4	30	18	453	42	3

构数、从业人员数综合年报

(人) 术人才 副高级职称	中级职称	文化部门 集体经济 机构数(个)	从业人员数(人)	专业技术人才	正高级职称	副高级职称	中级职称	文化部门 其他经济 机构数(个)	从业人员数(人)	专业技术人才	正高级职称	副高级职称	中级职称	其他部门 机构数(个)	从业人员数(人)	专业技术人才	正高级职称	副高级职称	中级职称
240	914																		
13	40																		
443	1732																		
301	696																		
22	10																		
74	137																		
205	549																		
142	1036																		
104	729																		

产业机构数、从业人员数综合年报

(人) 术人才 副高级职称	中级职称	文化部门 集体经济 机构数(个)	从业人员数(人)	专业技术人才	正高级职称	副高级职称	中级职称	文化部门 其他经济 机构数(个)	从业人员数(人)	专业技术人才	正高级职称	副高级职称	中级职称	其他部门 机构数(个)	从业人员数(人)	专业技术人才	正高级职称	副高级职称	中级职称
102	210																		
66	151																		
36	59																		
15	18							1	89	58		12	22						
8	5							1	89	58		12	22						
6	12																		
1	1																		
														11046	99854				
														85	1677				
														4263	63975				
														75	6337				
														6449	26100				
														160	494				
														14	1271				
								21	837					4	282				
15	33	2	3	1			1	3	44	8			3						
3	22	1	3					3	34	10	1	1	8						

文物业机构数、从

	总计						文化部门									
							合计						国有企业			
	机构数（个）	从业人员数（人）					机构数（个）	从业人员数（人）					机构数（个）	从业人员数		
			专业技术人才						专业技术人才						专业技	
				正高级职称	副高级职称	中级职称				正高级职称	副高级职称	中级职称				正高级职称
总　　计	275	5334	1994	161	289	729	208	4500	1832	149	270	673	205	4492	1830	149
文物科研机构	4	105	62	25	14	20	4	105	62	25	14	20	4	105	62	25
考古	4	105	62	25	14	20	4	105	62	25	14	20	4	105	62	25
古建																
其他																
文物保护管理机构	92	1408	530	35	79	199	89	1367	517	35	79	197	87	1367	517	35
博物馆	166	3624	1373	97	191	495	103	2831	1224	85	172	441	102	2823	1222	85
综合性	65	1832	823	53	103	317	57	1740	782	53	101	293	57	1740	782	53
历史类	30	440	171	8	21	58	14	249	122	3	15	39	14	249	122	3
艺术类	22	206	89	4	14	32	13	132	71	3	12	30	12	124	69	3
自然科技类	9	225	74	15	25	26	4	123	65	11	22	24	4	123	65	11
其他	40	921	216	17	28	62	15	587	184	15	22	55	15	587	184	15
文物商店	9	58	17		2	12	9	58	17		2	12	9	58	17	
其他文物机构	4	139	12	4	3	3	3	139	12	4	3	3	3	139	12	4

经营性文化产业机构

	总计		文	
			合计	
	机构数（个）	从业人员数（人）	机构数（个）	从业人员数（人）
总　　计	11903	121398	100	3032
文化艺术服务	782	19705	29	1473
艺术表演团体	554	16063	10	910
艺术表演场馆	227	3640	19	563
其他文化艺术	1	2		
网络文化服务	75	6337		
文化休闲娱乐服务	10713	90078	1	3
娱乐场所	4263	63975		
其他计算机服务（网吧）	6449	26100		
其他文化服务	123	2337	37	660
文化艺术经纪代理	90	1704	5	27
艺术品、收藏品拍卖				
广告业				
会议及展览服务				
动漫企业服务	25	1119	21	837
文化用品、设备及相关文化产品的生产与销售	143	453	12	59
其中：文物商店	9	58	9	58
其他	42	1369		

业人员数综合年报

（人）		文化部门												其他部门					
		集体经济						其他经济											
术人才		机构数（个）	从业人员数（人）					机构数（个）	从业人员数（人）					机构数（个）	从业人员数（人）				
				专业技术人才						专业技术人才						专业技术人才			
副高级职称	中级职称				正高级职称	副高级职称	中级职称				正高级职称	副高级职称	中级职称				正高级职称	副高级职称	中级职称
270	671							3	8	2			2	67	834	162	12	19	56
14	20																		
14	20																		
79	197							2						3	41	13			2
172	439							1	8	2			2	63	793	149	12	19	54
101	293													8	92	41		2	24
15	39													16	191	49	5	6	19
12	28							1	8	2			2	9	74	18	1	2	2
22	24													5	102	9	4	3	2
22	55													25	334	32	2	6	7
2	12																		
3	3													1					

数、人员数综合年报

化部门						其他部门	
国有经济		集体经济		其他经济			
机构数（个）	从业人员数（人）	机构数（个）	从业人员数（人）	机构数（个）	从业人员数（人）	机构数（个）	从业人员数（人）
61	1735	5	60	34	1237	11803	118366
20	1097	2	54	7	322	753	18232
6	775	1	33	3	102	544	15153
14	322	1	21	4	220	208	3077
						1	2
						75	6337
		1	3			10712	90075
						4263	63975
						6449	26100
30	579	1	3	6	78	86	1677
5	27					85	1677
				21	837	4	282
11	59	1				131	394
9	58						
						42	1369

民族自治地方文化机构

	总计						文化部门									
							合计						国有企业			
	机构数（个）	从业人员数（人）					机构数（个）	从业人员数（人）					机构数（个）	从业人员数		
			专业技术人才						专业技术人才						专业技	
				正高级职称	副高级职称	中级职称				正高级职称	副高级职称	中级职称				正高级职称
总计	63	475	62	3	13	33	30	153	52	3	13	28	30	153	52	3
艺术业	14	242	14	1	1	5	1	21	4	1	1		1	21	4	1
艺术表演团体	13	227	12	1	1	3	1	21	4	1	1		1	21	4	1
其中：少数民族歌舞团	1	21	4	1	1		1	21	4	1	1		1	21	4	1
艺术表演场馆	1	15	2			2										
其中：剧场、影剧院	1	15	2			2										
艺术创作机构																
图书馆业	1	10	6		1	5	1	10	6		1	5	1	10	6	
群众文化业	23	69	32	2	7	17	23	69	32	2	7	17	23	69	32	2
文化馆	1	12	12	2	4	6	1	12	12	2	4	6	1	12	12	2
文化站	22	57	20		3	11	22	57	20		3	11	22	57	20	
文物业	2	22	8		3	5	2	22	8		3	5	2	22	8	
其中：文物保护管理机构	1	5	4		2	2	1	5	4		2	2	1	5	4	
博物馆	1	17	4		1	3	1	17	4		1	3	1	17	4	
网络文化服务																
文化休闲娱乐服务	20	101														
其中：娱乐场所	8	58														
其他计算机服务（网吧）	12	43														
动漫企业																
其他文化产业及相关产业	3	31	2		1	1	3	31	2		1	1	3	31	2	

文化、文物部门经

	本年收入合计（千元）												
		财政拨款		上级补助收入	事业收入	经营收入	附属单位上缴收入	其他收入		基本支出	项目支出	经营支出	工资福利支出
			基建拨款										
总计	7075226	5139800	279806	219064	523057	75470	1523	276743	6902727	3116158	3461014	101214	1606953
文化合计	5208829	3802348	231403	169788	175438	71967	1463	197954	5112766	2394534	2447793	98033	1273156
艺术业	851425	576005	54000	38564	127512	12086		97258	815922	572459	208763	19636	272095
其中：艺术表演团体	648774	478027	54000	31115	81655	1325		56652	609770	426311	171848	3332	225796
艺术表演场馆	202651	97978		7449	45857	10761		40606	206152	146148	36915	16304	46299
图书馆	765697	696863	34074	15884	11030	757		41163	734462	365729	326611	1084	226641
群众文化	1504028	1316363	140484	97961	31182	1568	1223	55731	1495769	738705	591774	7494	414519
其中：文化站	992586	882851	140484	75472	8799	1059	1223	23182	992626	397596	442216	6749	226928
其他文化	2087679	1213117	2845	17379	5714	57556	240	3802	2066613	717641	1320645	69819	359901
文物合计	1691489	1224185	48403	49276	308406	2063	60	57801	1622296	625313	943307	1741	293612
文物科研机构	52899	36006		364	1350			15179	49812	11884	37928		7915
文物保护管理机构	617378	290977	5272	26957	285092	961	60	13331	578552	352347	214779	1112	121593
博物馆	675670	601939	24310	21955	21964	1102		28710	660244	242085	415889	629	151378
文物商店	72	72							72		72		
其它文物机构	345470	295191	18821					581	333616	18997	274639		12726
教育合计	174908	113267			39213	1440		20988	167665	96311	69914	1440	40185
其中：中等专业学校	34326	10402			6093	1440		16391	29459	7550	20469	1440	3968

数、从业人员综合年报

（人）		文化部门												其他部门					
		集体经济						其他经济											
		机构数（个）	从业人员数（人）					机构数（个）	从业人员数（人）					机构数（个）	从业人员数（人）				
术人才				专业技术人才						专业技术人才						专业技术人才			
副高级职称	中级职称				正高级职称	副高级职称	中级职称				正高级职称	副高级职称	中级职称				正高级职称	副高级职称	中级职称
13	28													33	322	10			5
1														13	221	10			5
1														12	206	8			3
1																			
														1	15	2			2
														1	15	2			2
1	5																		
7	17																		
4	6																		
3	11																		
3	5																		
2	2																		
1	3																		
														20	101				
														8	58				
														12	43				
1	1																		

费收支情况年报

本年支出合计（千元）									资产总计（千元）	
在支出合计中：										
商品和服务支出					对个人和家庭补助支出		其他资本性支出			固定资产原值
	差旅费	劳务费	福利费	各种税金支出		抚恤金和生活补助		各种设备购置费		
2695640	118946	252991	54203	27996	596653	22539	635804	333626	13001807	10052136
1877097	100451	164511	43591	16087	461767	21262	503751	297150	9207617	7557511
240132	20356	45264	9237	8209	115124	2263	46028	12799	1059072	759558
188662	18457	39874	7089	2376	97865	1583	40298	8430	538006	324572
51470	1899	5390	2148	5833	17259	680	5730	4369	521066	434986
178878	4760	14783	12657	2976	64116	972	224019	184629	1877964	1676545
499502	18063	50972	9529	1281	108857	2804	77696	55409	4209548	3630125
324100	8667	19073	4710	492	15481	707	61278	46748	3766907	3337320
958585	57272	53492	12168	3621	173670	15223	156008	44313	2061033	1491283
751411	15780	64147	10095	10120	109442	957	103292	16808	3407371	2183106
20325	1505	7986	282		2249		1091	1048	37798	11601
226627	5328	21863	3489	8323	59163	729	11040	1569	1279406	925794
267300	7658	32220	6016	1797	44357	226	74471	13896	1929961	1179887
72									67759	19755
237087	1289	2078	308		3673	2	16690	295	92447	46069
67132	2715	24333	517	1789	25444	320	28761	19668	386819	311519
7082	51	4089	292		3173	83	9093		12724	9157

行政、事业机构主要财务指标

	机构数（个）	从业人员（人）	本年收入合计（千元）									
				财政拨款		上级补助收入	事业收入	经营收入	附属单位上缴收入	其他收入		基本支出
					基建拨款							
总　　计	2135	23068	7076052	5720303	291328	209482	535283	92425	1783	304877	7004100	3005919
文化艺术服务	1925	18646	4639294	3566714	259590	209118	490953	90985	1543	279981	4540312	2262945
文艺创作与表演	55	2990	607925	437178	54000	31115	81655	1325		56652	568921	385462
其中：艺术表演团体	55	2990	607925	437178	54000	31115	81655	1325		56652	568921	385462
艺术表演场馆	44	665	149730	45057		7449	45857	10761		40606	153231	93227
文物及文化保护	101	1466	647047	313516	5272	27773	291065	972	60	13661	607933	356491
博物馆、纪念馆	166	3624	769083	638717	24310	28572	24396	21867	260	55271	785170	285960
图书馆	97	3096	765697	696863	34074	15884	11030	757		41163	734462	365729
群众文化活动	1447	6459	1504028	1316363	140484	97961	31182	1568	1223	55731	1495769	738705
美术馆	4	96	67339	62253	1450		3821			1265	70303	9443
社会人文科学研究	11	250	128445	56767		364	1947	53735		15632	124523	27928
文化社会团体												
其他文化艺术												
艺术教育	5	791	223220	156524	1295		44015	1440		21241	207585	122616
文化、文物行政主管部门	103	2308	1672706	1516421							1726454	489222
文化文物行政执法机构	90	1123	162226	156310	100						162999	104514
其他	12	200	378606	324334	30343	364	315		240	3655	366750	26622

企业机构主要财务指标综

	机构数（个）	从业人员（人）	资产、负债、所有者权益（千元）								
			资产总计			负债合计	所有者权益总计			营业收入	
				固定资产原价	当年提取的折旧总额			实收资本			主营业务收入
									国家资本业		
总　　计	11903	121398	23911771	14754344	1598154	5522343	18389427	9876858	833279	14077722	13138436
文化艺术服务	782	19705	2309598	1670113	98836	393382	1916215	776867	353142	1169580	907347
文艺创作与表演	554	16063	1042584	647408	60333	150086	892497	301275	151504	821943	774753
艺术表演场馆	227	3640	1266964	1022654	38503	243296	1023668	475592	201638	347036	131993
其他文化艺术	1	2	50	50			50			600	600
网络文化服务	75	6337	4168692	994453	48697	1029637	3139055	1025261		2348767	2347877
文化休闲娱乐服务	10713	90078	13801807	10780015	1295475	2771786	11030016	6725653	148956	9527598	9104736
娱乐场所	4263	63975	10063375	7630762	882426	2456729	7606644	4792629	134150	7218869	6930700
其他计算机服务（网吧）	6449	26100	3737655	3148395	413050	314783	3422871	1932464	14246	2308593	2174034
其他文化服务	123	2337	1895869	812240	104587	764064	1131806	762137	318624	503946	262118
文化艺术经纪代理	90	1704	631036	397303	33031	151630	479407	376874	80000	314004	260964
艺术品、收藏品拍卖											
广告业											
会议及展览服务											
动漫企业服务	25	1119	1045538	47664	8581	437697	607841	340400	35	244594	239997
文化用品、设备及相关文化产品的生产与销售	143	453	344691	240086	12041	68953	275739	72989	12522	77219	74217
其中：文物商店	9	58	67759	19755	791	30727	37032	11539	11539	29346	26995
其他	42	1369	345576	209772	29938	56821	288755	173551		206018	202144

综合表(按国民经济行业分)

本年支出合计(千元)												资产总计(千元)		增加值(千元)
项目支出	经营支出	在支出合计中:											固定资产原值	
		工资福利支出	商品和服务支出					对个人和家庭补助支出		其他资本性支出				
				差旅费	劳务费	福利费	各种税金支出		抚恤金和生活补助		各种设备购置费			
3569035	102744	1640677	2754119	86481	258878	52024	29043	600329	21940	669455	336123	13794333	10499429	3047576
1942489	101304	1244457	1560703	62016	182661	43992	26586	402055	7217	470933	295159	11413771	8858700	2310269
171848	3332	225796	188662	18457	39874	7089	2376	97865	1583	40298	8430	538006	324572	389906
171848	3332	225796	188662	18457	39874	7089	2376	97865	1583	40298	8430	538006	324572	389906
36915	16304	46299	51470	1899	5390	2148	5833	17259	680	5730	4369	521066	434986	95722
237504	1123	126784	238391	5679	23432	3670	8323	59832	731	13333	2880	1289615	928707	306987
473567	18783	175235	294358	9427	34554	7445	2886	47295	431	86506	18000	2651922	1684147	336606
326611	1084	226641	178878	4760	14783	12657	2976	64116	972	224019	184629	1877964	1676545	388545
591774	7494	414519	499502	18063	50972	9529	1281	108857	2804	77696	55409	4209548	3630125	730362
60859		7428	35661	1424	4094	345	303	804		21600	19977	154641	117100	17771
43411	53184	21755	73781	2307	9562	1109	2608	6027	16	1751	1465	171009	62518	44370
83529	1440	54352	77695	3350	28074	900	1937	35656	320	31973	21644	423269	345312	138257
1210587		231931	818403	17028	42411	4702	338	144496	14155	145554	16397	887651	344256	424585
32536		92102	34804	2602	2407	2024	44	13351	239	2973	2285	63973	41495	111519
299894		17835	262514	1485	3325	406	138	4771	9	18022	638	1005669	909666	62946

合表(按国民经济行业分)

损　益　(千元)										工资、福利费、税金(千元)			增加值(千元)
营业成本					营业利润	营业外收入		营业外支出	利润总额	本年发放工资总额	本年支付的职工福利费	本年应交税金总额	
	养老、医疗、失业等各种社会保险费	住房公积金和住房补贴	差旅费	工会经费			政府补助						
10147732	219370	76919	75176	17880	3929995	736883	572211	450557	4214246	3131173	146155	888729	10441841
1037235	34219	8390	11897	3975	132346	426280	393710	300381	258247	495520	17651	69393	989027
675133	24792	4804	9767	3107	146811	360131	332874	290373	216571	389387	12317	50249	757641
361702	9409	3586	2130	868	－14665	66149	60836	10008	41476	106073	5334	19131	231093
400	18				200				200	60		15	293
1447433	36986	12300	14923	2906	901334	71895	34556	4813	968416	402377	39019	173815	1633930
6783746	112176	46090	34585	8582	2743856	75232		117217	2701895	2023452	74026	598374	7094993
5270223	82887	35519	29899	4664	1948654	34870		64360	1919164	1542658	54867	467119	5078622
1513385	29282	10560	4686	3918	795210	40362		52857	782739	480681	19155	131250	2016230
508933	22586	6994	6809	1875	－4987	89445	77148	24203	58155	115960	9173	29574	354668
304774	15116	5118	5250	1498	9230	72948	70911	23746	56332	88565	5990	14928	222704
172933	5038	1102	4820	324	71661	71436	66682	3007	140090	37951	1774	10084	159611
60066	1631	301	451	83	17154	685	89	89	17750	17481	754	2342	53594
26774	1320	301	417	80	2572	583	72	36	3119	3840	356	1411	10860
137387	6734	1742	1691	135	68631	1910	26	848	69693	38432	3759	5148	156018

文化产业增

	总　　产　　出 （千元）	中　间　消　耗 （千元）	增　　加　　值 （千元）
总　　　　计	19531805	6042388	13489417
艺术业	1830725	356363	1474362
其中：艺术表演团体	1349992	202445	1147547
艺术表演场馆	480733	153918	326815
图书馆	536707	148162	388545
群众文化	1166940	436578	730362
艺术教育	184826	46569	138257
文化市场经营机构	12436323	3287663	9148660
动漫企业	244594	84983	159611
文艺科研	73699	48396	25303
文物业	1400126	709349	690777
其他文化及相关产业	1657865	924325	733540

经营性文化产业

	总　　产　　出 （千元）	中　间　消　耗 （千元）
总　　　　计	14077725	3635884
文化艺术服务	1169580	180553
文艺创作与表演	821945	64304
艺术表演场馆	347035	115942
其他文化艺术	600	307
网络文化服务	2348767	714837
文化休闲娱乐服务	9527605	2432612
娱乐场所	7218872	2140250
其他计算机服务（网吧）	2308601	292371
其他文化服务	503946	149278
文化艺术经纪代理	314004	91300
艺术品、收藏品拍卖		
广告业		
会议及展览服务		
动漫企业服务	244594	84983
文化用品、设备及相关文化产品的生产与销售	77215	23621
其中：文物商店	29346	18486
其他	206018	50000

加值综合年报

劳动者报酬（千元）	生产税净额（千元）	固定资产折旧（千元）	营业盈余（千元）
6245483	917777	2018081	4308076
999598	77588	129218	267958
804007	52625	73316	217599
195591	24963	55902	50359
317529	2976	67058	982
582188	1281	145197	1696
118876	1937	13812	3632
3058248	792881	1418018	3879513
46369	10084	8581	94577
20057	2608	2036	602
517512	12808	107588	52869
585106	15614	126573	6247

增加值综合年报

增加值（千元）	劳动者报酬（千元）	生产税净额（千元）	固定资产折旧（千元）	营业盈余（千元）
10441841	3710837	888751	1598167	4244086
989027	558921	69394	98837	261875
757641	433788	50249	60334	213270
231093	125055	19130	38503	48405
293	78	15		200
1633930	493380	173815	48697	918038
7094993	2384791	598392	1295486	2816324
5078622	1720636	467118	882428	2008440
2016230	664022	131266	413058	807884
354668	156273	29574	104587	64234
222704	116023	14928	33031	58722
159611	46369	10084	8581	94577
53594	20246	2344	12041	18963
10860	5893	1411	791	2765
156018	50857	5148	29938	70075

文化部门增

	总产出（千元）	中间消耗（千元）	增加值（千元）
总计	5971441	2560091	3411350
第一产业			
第二产业	14087	12039	2048
制造业	－181	181	
建筑业			
第三产业	5957354	2548052	3409302
其中：文化产业	3606228	1254457	2351771
批、零、餐饮业	32538	21191	11347
房地产业	22304	7567	14737

文化部门文化产业

	总产出（千元）	中间消耗（千元）	增加值（千元）
总计	5761060	2483320	3277740
艺术业	816824	201419	615405
其中：艺术表演团体	601669	132319	469350
艺术表演场馆	215155	69100	146055
图书馆	536707	148162	388545
群众文化	1166940	436578	730362
艺术教育	184826	46569	138257
文化市场经营机构	50		50
文艺科研	73699	48396	25303
文物业	1319904	684859	635045
其他文化及相关产业	1662110	917337	744773

文化（文物）机构基本

	项目个数（个）	计划总投资（千元）	建筑面积（万平方米）	本年资金来						
					上年结余资金	本年资				
							国家预算内资金			
								中央	省级	地市级
总计	111	4989733	80.580	1148792	405907	742885	594147	81	76648	291609
文化合计	86	3591686	58.381	952565	307751	644814	498856	81	75838	211034
艺术表演团体	3	312828	3.006	101051	47051	54000	54000		54000	
艺术表演场馆	3	311000	4.850	41392	2392	39000	9000			9000
公共图书馆	8	225469	6.030	53840	2869	50971	50971	81	1410	12488
文化馆	2	45800	1.208	13800	2000	11800	11800			11800
文化站	34	326515	8.704	116856	1143	115713	23325		3868	12137
中等艺术学校校舍										
其他	36	2370074	34.583	625626	252296	373330	349760		16560	165609
文物合计	25	1398047	22.199	196227	98156	98071	95291		810	80575
文物科研机构										
文物保护管理机构	8	615216	5.435	28022	200	27822	25042		510	24311
博物馆	12	714907	14.186	148729	97863	50866	50866		300	36881
文物商店										
其他	5	67924	2.578	19476	93	19383	19383			19383

加值综合年报

劳动者报酬（千元）	生产税净额（千元）	固定资产折旧（千元）	营业盈余（千元）
2672772	61985	509078	167515
541	776	449	282
	9	172	
2672231	61209	508629	167233
1892813	33385	361558	64015
6244	1522	793	2788
2857	3842	7716	322

增加值综合年报

劳动者报酬（千元）	生产税净额（千元）	固定资产折旧（千元）	营业盈余（千元）
2629590	48805	435491	163854
528391	17380	58942	10692
421197	6411	36073	5669
107194	10969	22869	5023
317529	2976	67058	982
582188	1281	145197	1696
118876	1937	13812	3632
30	2		18
20057	2608	2036	602
483339	11702	87387	52617
579180	10919	61059	93615

建设投资综合年报

源　总　计　（千元）							各项应付款合计（千元）		自开始建设至本年底累计完成投资额（千元）		本年新增固定资产（千元）	竣工项目个数（个）	竣工项目面积（万平方米）
金　来　源　小　计													
国内贷款	债券	利用外资		自筹资金		其他资金来源		工程款		本年完成投资额			
			外商直接投资		单位自有资金								
				145138	71274	3600	171126	134627	2336198	584140	401928	34	15.791
				142358	68674	3600	150841	114400	1326511	478383	133377	27	9.655
							2640		49209	23146			
				30000			9438	5288	117820	29212	2164	1	0.650
							10315	10000	145991	96176	600	1	0.303
							15000	15000	43800	28800	600	1	0.100
				91088	68054	1300	26803	15358	284641	100079	33403	13	1.775
				21270	620	2300	86645	68754	685050	200970	96610	11	6.827
				2780	2600		20285	20227	1009687	105757	268551	7	6.136
				2780	2600		4559	4501	470784	27568	422		
							15726	15726	514542	62493	263335	5	5.736
									24361	15696	4794	2	0.400

艺术表演团体演出及

	剧团数（个）		从业人员（人）					本团原创首演剧目（个）	演出场次（万场次）			国内演出观众人次（万人次）	
		补贴团数		专业技术人才						国内演出场次			农村观众人次
					正高级职称	副高级职称	中级职称				农村演出场次		
总　　计	609	195	19053	7570	383	899	1724	327	13.629	13.207	10.494	8624.354	6735.830
其中：民间职业剧团	486	106	13368	4269	153	242	608	264	10.889	10.524	8.501	6643.575	5331.827
按照登记注册类型分类	—	—	—	—	—	—	—	—	—	—	—	—	—
国有	113	82	5443	3276	230	656	1107	62	2.523	2.471	1.859	1853.309	1312.203
集体	3	3	95	6			6		0.177	0.177	0.175	63.000	59.000
其他	493	110	13515	4288	153	243	611	265	10.929	10.559	8.460	6708.045	5364.627
按隶属关系分	—	—	—	—	—	—	—	—	—	—	—	—	—
中央													
省、区、市	9	9	1011	827	95	157	235	11	0.413	0.400	0.093	388.893	105.021
地、市	26	15	1927	1140	84	289	371	14	0.428	0.421	0.135	397.285	187.530
县、市、区	574	171	16115	5603	204	453	1118	302	12.788	12.386	10.265	7838.176	6443.279
按管理部门分	—	—	—	—	—	—	—	—	—	—	—	—	—
文化部门	65	63	3900	3064	221	652	1056	45	1.279	1.239	0.606	1306.009	761.188
其他部门	544	132	15153	4506	162	247	668	282	12.350	11.969	9.887	7318.345	5974.642
按剧种分	—	—	—	—	—	—	—	—	—	—	—	—	—
话剧、儿童剧、滑稽剧团	70	19	1513	892	36	49	75	25	0.985	0.754	0.597	601.650	259.307
歌剧、舞剧、歌舞剧团	11	5	200	135	9	1	26	2	0.123	0.117	0.089	52.286	47.426
歌舞团、轻音乐团	36	13	1689	736	46	121	237	16	0.486	0.473	0.144	298.598	126.078
乐团、合唱团	6	2	268	177	13	21	49		0.069	0.069		19.663	0.288
文工团、文宣队、乌兰牧													
戏曲剧团	365	108	12889	4814	241	611	1089	211	9.943	9.797	8.639	6540.129	5793.118
其中：京剧	29	10	1007	656	26	40	72	21	1.030	1.030	0.960	637.637	512.637
曲、杂、木、皮团	27	8	365	170	6	17	34	11	0.609	0.604	0.269	163.543	73.441
综合性艺术表演团体	94	40	2129	646	32	79	214	62	1.415	1.393	0.756	948.486	436.172

收支情况综合年报

收入情况（千元）		支出情况（千元）	资产总计（千元）		实际使用房屋面建筑面积（万平方米）		实际拥有产权面积（万平方米）	流动舞台车演出情况			政府采购的公益演出活动情况			增加值
财政拨款	演出收入	人员支出		固定资产原值		排练练功用房		流动舞台车数量（辆）	利用流动舞台车演出场次（万场次）	利用流动舞台车演出观众人次（万人次）	演出场次（万场次）	演出观众人次（万人次）	演出补贴收入（千元）	（千元）
770052	842191	725365	1580590	971980	53.683	29.172	16.452	98	0.856	628.867	0.942	979.661	311163	1147547
272507	657818	325025	654422	451906	34.437	26.412	8.150	72	0.755	544.337	0.463	537.515	263461	626689
—	—	—	—	—	—	—	—	—	—	—	—	—	—	—
493367	174713	393956	898524	514929	18.782	2.721	8.302	24	0.085	60.530	0.433	392.846	44752	511311
150	1680	900	2030	1210	0.115	0.055	0.035				0.002	0.630	68	2000
276535	665798	330509	680036	455841	34.788	26.396	8.115	74	0.771	568.337	0.508	586.185	266343	634236
—	—	—	—	—	—	—	—	—	—	—	—	—	—	—
194282	33356	95753	364002	174955	4.206	0.539	3.858	7	0.016	24.000	0.143	130.241	10268	141362
162734	124574	167898	532153	323390	7.913	0.842	2.517	9	0.023	19.750	0.118	107.839	8596	235117
413036	684261	461714	684435	473635	41.564	27.791	10.077	82	0.818	585.117	0.682	741.582	292299	771068
—	—	—	—	—	—	—	—	—	—	—	—	—	—	—
478027	124665	362255	880038	477113	18.324	2.333	7.832	25	0.101	84.430	0.435	408.176	28566	469350
292025	717526	363110	700552	494867	35.359	26.839	8.620	73	0.755	544.437	0.508	571.485	282597	678197
—	—	—	—	—	—	—	—	—	—	—	—	—	—	—
152827	180444	56206	118615	51099	4.151	0.559	3.284	12	0.062	59.400	0.100	91.100	140303	229504
19349	14629	3566	33911	32432	0.261	0.085	0.029	5	0.005	2.200	0.013	12.350	18352	8745
43011	136273	67160	415258	255544	4.848	0.623	3.043	9	0.022	8.600	0.057	54.562	5620	123038
49761	6677	20956	55067	37321	0.146	0.047	0.021				0.003	2.591	95	41510
370484	373906	485722	528059	346111	36.803	25.546	6.960	59	0.694	510.330	0.581	683.274	37869	602624
21604	36664	42508	41321	30834	1.373	0.862	1.184	1			0.053	31.240	2076	51230
15400	7408	23381	31773	18698	1.060	0.432	0.156	2	0.019	4.077	0.060	23.021	1403	25463
119220	122853	68374	397906	230775	6.417	1.881	2.959	11	0.052	44.260	0.129	112.764	107521	116663

艺术表演团体基本情

	剧团数（个）		从业人员（人）					本团原创首演剧目（个）	演出场次（万场次）			国内演出观众人次（万人次）	
		补贴团数		专业技术人才						国内演出场次			农村观众人次
					正高级职称	副高级职称	中级职称				农村演出场次		
总　　计	55	54	2990	2448	187	539	875	30	0.774	0.758	0.444	919.736	648.250
按照登记注册类型分类	—	—	—	—	—	—	—	—	—	—	—	—	—
国有	54	53	2969	2448	187	539	875	30	0.774	0.758	0.444	919.736	648.250
集体													
其他	1	1	21										
按隶属关系分	—	—	—	—	—	—	—	—	—	—	—	—	—
中央													
省、区、市	5	5	522	428	74	102	141	5	0.108	0.106	0.033	116.140	43.283
地、市	13	12	1027	892	70	229	265	9	0.198	0.197	0.100	258.999	156.830
县、市、区	37	37	1441	1128	43	208	469	16	0.468	0.455	0.310	544.597	448.137
按管理部门分	—	—	—	—	—	—	—	—	—	—	—	—	—
文化部门	55	54	2990	2448	187	539	875	30	0.774	0.758	0.444	919.736	648.250
其他部门													
按剧种分	—	—	—	—	—	—	—	—	—	—	—	—	—
话剧、儿童剧、滑稽剧团	1	1	12	12	1	9	1		0.005	0.005		2.800	
歌剧、舞剧、歌舞剧团	1	1	17	15			3						
歌舞团、轻音乐团	3	3	222	135	11	22	62	2	0.052	0.052	0.018	29.969	7.080
乐团、合唱团	2	2	229	156	12	19	40		0.017	0.017		12.463	0.288
文工团、文宣队、乌兰牧骑													
戏曲剧团	42	42	2369	2013	160	473	726	26	0.622	0.606	0.409	846.662	625.780
其中：京剧	1	1	102	92	12	21	27	2	0.045	0.045	0.005	45.000	10.000
曲、杂、木、皮团	3	2	98	75	3	16	31	2	0.015	0.015	0.006	12.702	5.202
综合性艺术表演团体	3	3	43	42			12		0.063	0.063	0.010	15.140	9.900

况综合年报(事业)(一)

本年收入合计（千元）									本年支出合计（千元）	
	财政拨款		上级补助收入	事业收入		经营收入	附属单位上缴收入	其他收入		
		基建拨款			演出收入					基本支出
607925	437178	54000	31115	81655	67438	1325		56652	568921	385462
—	—	—	—	—	—	—	—	—	—	—
607347	436600	54000	31115	81655	67438	1325		56652	568243	384884
578	578								678	578
—	—	—	—	—	—	—	—	—	—	—
180022	159370	54000		16540	10260			4112	141785	66514
255001	156155		29139	29175	28914			40532	252084	180099
172902	121653		1976	35940	28264	1325		12008	175052	138849
—	—	—	—	—	—	—	—	—	—	—
607925	437178	54000	31115	81655	67438	1325		56652	568921	385462
—	—	—	—	—	—	—	—	—	—	—
9078	6364		792	275	275			1647	9056	8555
976	831		59	86					1095	1095
39442	19593		7515	10233	9702	1325		776	39891	34329
69001	49761		5654	9459	5969			4127	61280	25046
446279	344739	54000	11455	61542	51432			28543	412614	294730
24806	20708			3153	1179			945	23849	15730
23376	14144		5640	60	60			3532	24465	19858
19773	1746							18027	20520	1849

艺术表演团体基本情

	本年支出合计(千元)											
	项目支出	经营支出	在支出合计中									
			工资福利支出	商品和服务支出					对个人和家庭补助支出		其他资本性支出	
					差旅费	劳务费	福利费	各种税金支出		抚恤金和生活补助		各种设备、交通工具、图书购置费
总　　计	171848	3332	225796	188662	18457	39874	7089	2376	97865	1583	40298	8430
按照登记注册类型分类	—	—	—	—	—	—	—	—	—	—	—	—
国有	171848	3332	225286	188637	18457	39874	7089	2376	97765	1583	40298	8430
集体												
其他			510	25					100			
按隶属关系分	—	—	—	—	—	—	—	—	—	—	—	—
中央												
省、区、市	75271		38782	52951	12064	18115	1394	676	24931	665	25120	2417
地、市	71984		95922	85423	4133	14792	1823	843	52554	315	12277	4669
县、市、区	24593	3332	91092	50288	2260	6967	3872	857	20380	603	2901	1344
按管理部门分	—	—	—	—	—	—	—	—	—	—	—	—
文化部门	171848	3332	225796	188662	18457	39874	7089	2376	97865	1583	40298	8430
其他部门												
按剧种分	—	—	—	—	—	—	—	—	—	—	—	—
话剧、儿童剧、滑稽剧团	501		1842	2021		292	1	150	4692		501	422
歌剧、舞剧、歌舞剧团			597	72		72			104	15		
歌舞团、轻音乐团	3607	1955	16703	11192	268	1227	220	404	11036		960	671
乐团、合唱团	36234		17254	38665	6122	16502	770	121	3187		2174	10
文工团、文宣队、乌兰牧骑												
戏曲剧团	111278	1377	179507	119464	11955	21108	5997	1699	69024	1334	31685	6721
其中：京剧	8119		8329	7171	2289	1268	259	56	8292	196	57	
曲、杂、木、皮团	1557		8753	2477	39	102	9	2	9579	229	612	606
综合性艺术表演团体	18671		1140	14771	73	571	92		243	5	4366	

况综合年报(事业)(二)

资产总计（千元）		实际使用房屋建筑面积（万平方米）		实际拥有产权面积（万平方米）	流动舞台车演出情况			政府采购的公益演出活动情况			增加值（千元）
	固定资产原值		排练练功用房		流动舞台车数量（辆）	利用流动舞台车演出场次（万场次）	利用流动舞台车演出观众人次（万人次）	演出场次（万场次）	演出观众人数（万人次）	演出补贴收入（千元）	
538006	324572	14.312	2.182	4.421	19	0.083	58.630	0.300	266.176	17752	389906
—	—	—	—	—	—	—	—	—	—	—	—
537446	324084	14.116	2.182	4.421	19	0.083	58.630	0.300	266.176	17752	389276
560	488	0.196									630
—	—	—	—	—	—	—	—	—	—	—	—
170088	76512	1.652	0.514	1.521	3			0.047	18.741	3585	89764
233676	147488	6.145	0.629	1.433	6	0.023	19.750	0.082	80.039	4585	172745
134242	100572	6.515	1.039	1.467	10	0.061	38.880	0.171	167.397	9582	127397
—	—	—	—	—	—	—	—	—	—	—	—
538006	324572	14.312	2.182	4.421	19	0.083	58.630	0.300	266.176	17752	389906
—	—	—	—	—	—	—	—	—	—	—	—
7689	3662	0.100	0.030					0.004	2.000	1141	7124
50	50	0.102									760
44593	24412	1.044	0.135	0.257	2	0.016	6.000	0.025	11.209	971	30598
53905	37013	0.108	0.031					0.003	2.591	95	40786
404330	239630	10.525	1.693	4.105	15	0.055	47.430	0.254	239.035	14915	289581
24396	15679	0.860	0.447	0.860	1			0.030	0.060	1180	18903
15670	12595	0.692	0.241	0.059	1			0.011	7.902	630	18723
11769	7210	1.740	0.052		1	0.012	5.200	0.004	3.440		2334

文化部门艺术表演团体基

	剧团数（个）		从业人员（人）					本团原创首演剧目（个）	演出场次（万场次）			国内演出观众人次（万人次）	
		补贴团数		专业技术人才						国内演出场次			农村观众人次
					正高级职称	副高级职称	中级职称				农村演出场次		
总　　计	55	54	2990	2448	187	539	875	30	0.777	0.758	0.444	919.736	648.250
按照登记注册类型分类	—	—	—	—	—	—	—	—	—	—	—	—	—
国有	54	53	2969	2448	187	539	875	30	0.777	0.758	0.444	919.736	648.250
集体													
其他	1	1	21										
按隶属关系分	—	—	—	—	—	—	—	—	—	—	—	—	—
中央													
省、区、市	5	5	522	428	74	102	141	5	0.108	0.106	0.033	116.140	43.283
地、市	13	12	1027	892	70	229	265	9	0.199	0.197	0.100	258.999	156.830
县、市、区	37	37	1441	1128	43	208	469	16	0.470	0.455	0.310	544.597	448.137
按剧种分	—	—	—	—	—	—	—	—	—	—	—	—	—
话剧、儿童剧、滑稽剧团	1	1	12	12	1	9	1		0.005	0.005		2.800	
歌剧、舞剧、歌舞剧团	1	1	17	15			3						
歌舞团、轻音乐团	3	3	222	135	11	22	62	2	0.052	0.052	0.018	29.969	7.080
乐团、合唱团	2	2	229	156	12	19	40		0.017	0.017		12.463	0.288
文工团、文宣队、乌兰牧骑													
戏曲剧团	42	42	2369	2013	160	473	726	26	0.625	0.606	0.409	846.662	625.780
其中：京剧	1	1	102	92	12	21	27	2	0.045	0.045	0.005	45.000	10.000
曲、杂、木、皮团	3	2	98	75	3	16	31	2	0.016	0.015	0.006	12.702	5.202
综合性艺术表演团体	3	3	43	42			12		0.063	0.063	0.010	15.140	9.900

本情况综合年报(事业)(一)

本年收入合计（千元）									本年支出合计（千元）	
	财政拨款		上级补助收入	事业收入		经营收入	附属单位上缴收入	其他收入		基本支出
		基建拨款			演出收入					
607925	437178	54000	31115	81655	67438	1325		56652	568921	385462
—	—	—	—	—	—	—	—	—	—	—
607347	436600	54000	31115	81655	67438	1325		56652	568243	384884
578	578								678	578
—	—	—	—	—	—	—	—	—	—	—
180022	159370	54000		16540	10260			4112	141785	66514
255001	156155		29139	29175	28914			40532	252084	180099
172902	121653		1976	35940	28264	1325		12008	175052	138849
—	—	—	—	—	—	—	—	—	—	—
9078	6364		792	275	275			1647	9056	8555
976	831		59	86					1095	1095
39442	19593		7515	10233	9702	1325		776	39891	34329
69001	49761		5654	9459	5969			4127	61280	25046
446279	344739	54000	11455	61542	51432			28543	412614	294730
24806	20708			3153	1179			945	23849	15730
23376	14144		5640	60	60			3532	24465	19858
19773	1746							18027	20520	1849

文化部门艺术表演团体基

	本年支出合计(千元)											
	项目支出	经营支出	在支出合计中									
			工资福利支出	商品和服务支出					对个人和家庭补助支出		其他资本性支出	
					差旅费	劳务费	福利费	各种税金支出		抚恤金和生活补助		各种设备、交通工具、图书购置费
总计	171848	3332	225796	188662	18457	39874	7089	2376	97865	1583	40298	8430
按照登记注册类型分类	—	—	—	—	—	—	—	—	—	—	—	—
国有	171848	3332	225286	188637	18457	39874	7089	2376	97765	1583	40298	8430
集体												
其他			510	25					100			
按隶属关系分	—	—	—	—	—	—	—	—	—	—	—	—
中央												
省、区、市	75271		38782	52951	12064	18115	1394	676	24931	665	25120	2417
地、市	71984		95922	85423	4133	14792	1823	843	52554	315	12277	4669
县、市、区	24593	3332	91092	50288	2260	6967	3872	857	20380	603	2901	1344
按剧种分	—	—	—	—	—	—	—	—	—	—	—	—
话剧、儿童剧、滑稽剧团	501		1842	2021		292	1	150	4692		501	422
歌剧、舞剧、歌舞剧团			597	72		72		104	15			
歌舞团、轻音乐团	3607	1955	16703	11192	268	1227	220	404	11036		960	671
乐团、合唱团	36234		17254	38665	6122	16502	770	121	3187		2174	10
文工团、文宣队、乌兰牧骑												
戏曲剧团	111278	1377	179507	119464	11955	21108	5997	1699	69024	1334	31685	6721
其中:京剧	8119		8329	7171	2289	1268	259	56	8292	196	57	
曲、杂、木、皮团	1557		8753	2477	39	102	9	2	9579	229	612	606
综合性艺术表演团体	18671		1140	14771	73	571	92		243	5	4366	

本情况综合年报(事业)(二)

资产总计（千元）		实际使用房屋建筑面积（万平方米）		实际拥有产权面积（万平方米）	流动舞台车演出情况			政府采购的公益演出活动情况			增加值（千元）
	固定资产原值		排练练功用房		流动舞台车数量（辆）	利用流动舞台车演出场次（万场次）	利用流动舞台车演出观众人次（万人次）	演出场次（万场次）	演出观众人数（万人次）	演出补贴收入（千元）	
538006	324572	14.312	2.182	4.419	19	0.085	58.630	0.300	266.176	17752	389906
—	—	—	—	—	—	—	—	—	—	—	—
537446	324084	14.116	2.182	4.419	19	0.085	58.630	0.300	266.176	17752	389276
560	488	0.196									630
—	—	—	—	—	—	—	—	—	—	—	—
170088	76512	1.652	0.514	1.521	3			0.047	18.741	3585	89764
233676	147488	6.145	0.629	1.432	6	0.023	19.750	0.082	80.039	4585	172745
134242	100572	6.515	1.039	1.466	10	0.062	38.880	0.171	167.397	9582	127397
—	—	—	—	—	—	—	—	—	—	—	—
7689	3662	0.100	0.030					0.004	2.000	1141	7124
50	50	0.102									760
44593	24412	1.044	0.135	0.257	2	0.016	6.000	0.025	11.209	971	30598
53905	37013	0.108	0.031					0.003	2.591	95	40786
404330	239630	10.525	1.693	4.103	15	0.057	47.430	0.254	239.035	14915	289581
24396	15679	0.860	0.447	0.860	1			0.030	0.060	1180	18903
15670	12595	0.692	0.241	0.059	1			0.011	7.902	630	18723
11769	7210	1.740	0.052		1	0.012	5.200	0.004	3.440		2334

艺术表演团体基本情况

	剧团数（个）		从业人员（人）					本团原创首演剧目（个）	演出场次（万场次）			国内演出观众人次（万人次）	
		补贴团数		专业技术人才						国内演出场次			农村观众人次
					正高级职称	副高级职称	中级职称				农村演出场次		
总　　计	554	141	16063	5122	196	360	849	297	12.855	12.449	10.050	7704.618	6087.580
其中：民间职业剧团	486	106	13368	4269	153	242	608	264	10.889	10.524	8.501	6643.575	5331.827
按照登记注册类型分类	—	—	—	—	—	—	—	—	—	—	—	—	—
国有	59	29	2474	828	43	117	232	32	1.749	1.713	1.415	933.573	663.953
集体	3	3	95	6			6		0.177	0.177	0.175	63.000	59.000
其他	492	109	13494	4288	153	243	611	265	10.929	10.559	8.460	6708.045	5364.627
按隶属关系分	—	—	—	—	—	—	—	—	—	—	—	—	—
中央													
省、区、市	4	4	489	399	21	55	94	6	0.305	0.294	0.060	272.753	61.738
地、市	13	3	900	248	14	60	106	5	0.230	0.224	0.035	138.286	30.700
县、市、区	537	134	14674	4475	161	245	649	286	12.320	11.931	9.955	7293.579	5995.142
按管理部门分	—	—	—	—	—	—	—	—	—	—	—	—	—
文化部门	10	9	910	616	34	113	181	15	0.505	0.481	0.162	386.273	112.938
其他部门	544	132	15153	4506	162	247	668	282	12.350	11.969	9.887	7318.345	5974.642
按剧种分	—	—	—	—	—	—	—	—	—	—	—	—	—
话剧、儿童剧、滑稽剧团	69	18	1501	880	35	40	74	25	0.980	0.749	0.597	598.850	259.307
歌剧、舞剧、歌舞剧团	10	4	183	120	9	1	23	2	0.123	0.117	0.089	52.286	47.426
歌舞团、轻音乐团	33	10	1467	601	35	99	175	14	0.434	0.421	0.126	268.629	118.998
乐团、合唱团	4		39	21	1	2	9		0.052	0.052		7.200	
文工团、文宣队、乌兰牧骑													
戏曲剧团	323	66	10520	2801	81	138	363	185	9.321	9.191	8.230	5693.467	5167.338
其中：京剧	28	9	905	564	14	19	45	19	0.985	0.985	0.955	592.637	502.637
曲、杂、木、皮团	24	6	267	95	3	1	3	9	0.594	0.589	0.263	150.841	68.239
综合性艺术表演团体	91	37	2086	604	32	79	202	62	1.352	1.330	0.746	933.346	426.272

综合年报(企业)(一)

资产、负债、所有者权益(千元)							损　益　(千元)						
资产总计			负债合计	所有者权益合计			营业收入		营业成本				
	固定资产原价	本年折旧			实收资本(股本)			演出收入		养老、医疗、失业等各种社会保险费	住房公积金和住房补贴	差旅费	工会经费
						国家资本							
1042584	647408	60333	150086	892497	301275	151504	821943	774753	675133	24792	4804	9767	3107
654422	451906	35740	64082	590340	159022	32584	683998	657818	510286	12060	2602	6206	2070
—	—	—	—	—	—	—	—	—	—	—	—	—	—
361078	190845	23317	74212	286866	127362	117920	127930	107275	152398	11847	1721	3441	955
2030	1210	240	410	1620			1940	1680	1080				
679476	455353	36776	75465	604011	173913	33584	692073	665798	521655	12945	3083	6326	2152
—	—	—	—	—	—	—	—	—	—	—	—	—	—
193914	98443	6091	61930	131984	89253	87000	37115	23096	54366	8152	1744	1347	630
298477	175902	31367	64108	234369	57261	31000	100547	95660	113862	3341	748	1044	607
550193	373063	22875	24048	526144	154761	33504	684281	655997	506905	13299	2312	7376	1870
—	—	—	—	—	—	—	—	—	—	—	—	—	—
342032	152541	23091	85132	256900	132141	118400	73622	57227	104985	9466	2190	1653	1037
700552	494867	37242	64954	635597	169134	33104	748321	717526	570148	15326	2614	8114	2070
—	—	—	—	—	—	—	—	—	—	—	—	—	—
110926	47437	4710	33696	77230	38640	25850	197030	180169	94872	9606	1570	1409	727
33861	32382	450		33861	5600	170	17273	14629	13087	256		142	
370665	231132	33757	76398	294268	89886	72000	137630	126571	150700	7130	920	1649	1142
1162	308	22	301	861	836		708	708	1129	138		238	
123729	106481	12441	5598	118131	64423	259	330304	322474	285470	2187	433	4797	798
16925	15155	905		16925	12970		35485	35485	30015			410	
16103	6103	455	2856	13247	12935	1000	7547	7348	7617	32		129	10
386137	223565	8498	31238	354899	88955	52225	131450	122853	122258	5442	1881	1403	430

艺术表演团体基本情况

	损益（千元）					工资、福利费、税金（千元）			实际使用房屋建筑面积（万平方米）	
	营业利润	营业外收入		营业外支出	利润总额	本年发放工资总额	本年支付的职工福利费	本年应交税金总额		排练练功用房
			政府补助（补贴收入）							
总　计	146811	360131	332874	290373	216571	389387	12317	50249	39.371	26.990
其中：民间职业剧团	173713	294561	272507	250984	217292	317582	7443	45783	34.437	26.412
按照登记注册类型分类	—	—	—	—	—	—	—	—	—	—
国有	-24468	60615	56767	36652	-505	66491	4414	4206	4.666	0.539
集体	860	150	150		1010	900			0.115	0.055
其他	170419	299366	275957	253721	216066	321996	7903	46043	34.592	26.396
按隶属关系分	—	—	—	—	—	—	—	—	—	—
中央										
省、区、市	-17251	35361	34912	16594	1516	31461	579	2334	2.554	0.025
地、市	-13315	11836	6579	3423	-4902	16978	2444	4528	1.768	0.213
县、市、区	177377	312934	291383	270356	219957	340948	9294	43387	35.049	26.752
按管理部门分	—	—	—	—	—	—	—	—	—	—
文化部门	-31363	45396	40849	19344	-5311	36320	2274	4035	4.012	0.151
其他部门	178174	314735	292025	271029	221882	353067	10043	46214	35.359	26.839
按剧种分	—	—	—	—	—	—	—	—	—	—
话剧、儿童剧、滑稽剧团	102159	150186	146463	138650	113696	48344	1328	35716	4.051	0.529
歌剧、舞剧、歌舞剧团	4186	18618	18518	18518	4286	2729	136	219	0.159	0.085
歌舞团、轻音乐团	-13070	27477	23418	17169	-2762	37010	2411	6282	3.804	0.488
乐团、合唱团	-421				-421	515		2	0.038	0.016
文工团、文宣队、乌兰牧骑										
戏曲剧团	44835	28560	25745	10990	62406	231392	5799	3692	26.278	23.853
其中：京剧	5470	896	896	152	6214	25884	3		0.513	0.415
曲、杂、木、皮团	-70	1840	1256	1198	572	4867	182	137	0.368	0.191
综合性艺术表演团体	9192	133450	117474	103848	38794	64530	2461	4200	4.677	1.829

综合年报(企业)(二)

实际拥有产权面积（万平方米）	流动舞台车演出情况			政府采购的公益演出活动情况			增加值（千元）
	流动舞台车数量（辆）	利用流动舞台车演出场次（万场次）	利用流动舞台车演出观众人次（万人次）	演出场次（万场次）	演出观众人次（万人次）	演出补贴收入（千元）	
12.031	79	0.773	570.237	0.642	713.485	293411	757641
8.150	72	0.755	544.337	0.463	537.515	263461	626689
—	—	—	—	—	—	—	—
3.881	5	0.002	1.900	0.133	126.670	27000	122035
0.035				0.002	0.630	68	2000
8.115	74	0.771	568.337	0.508	586.185	266343	633606
—	—	—	—	—	—	—	—
2.337	4	0.016	24.000	0.096	111.500	6683	51598
1.084	3			0.036	27.800	4011	62372
8.610	72	0.757	546.237	0.511	574.185	282717	643671
—	—	—	—	—	—	—	—
3.411	6	0.018	25.800	0.135	142.000	10814	79444
8.620	73	0.755	544.437	0.508	571.485	282597	678197
—	—	—	—	—	—	—	—
3.284	12	0.062	59.400	0.096	89.100	139162	222380
0.029	5	0.005	2.200	0.013	12.350	18352	7985
2.786	7	0.006	2.600	0.032	43.353	4649	92440
0.021							724
2.855	44	0.639	462.900	0.327	444.239	22954	313043
0.324				0.023	31.180	896	32327
0.097	1	0.019	4.077	0.049	15.119	773	6740
2.959	10	0.040	39.060	0.125	109.324	107521	114329

文化部门艺术表演团体基本

	剧团数（个）		从业人员（人）					本团原创首演剧目（个）	演出场次（万场次）			国内演出观众人次（万人次）	
		补贴团数		专业技术人才						国内演出场次			农村观众人次
					正高级职称	副高级职称	中级职称				农村演出场次		
总　　计	10	9	910	616	34	113	181	15	0.505	0.481	0.162	386.273	112.938
按照登记注册类型分类	—	—	—	—	—	—	—	—	—	—	—	—	—
国有	6	6	775	594	34	112	175	14	0.364	0.344	0.068	312.953	59.038
集体	1	1	33	3			3		0.071	0.071	0.071	20.000	20.000
其他	3	2	102	19		1	3	1	0.070	0.066	0.024	53.320	33.900
按隶属关系分	—	—	—	—	—	—	—	—	—	—	—	—	—
中央													
省、区、市	4	4	489	399	21	55	94	6	0.305	0.294	0.060	272.753	61.738
地、市	3	2	372	208	13	58	84	4	0.100	0.095	0.023	71.820	22.400
县、市、区	3	3	49	9			3	5	0.100	0.092	0.079	41.700	28.800
按剧种分	—	—	—	—	—	—	—	—	—	—	—	—	—
话剧、儿童剧、滑稽剧团	2	2	122	72	5	13	15	4	0.101	0.098	0.006	80.000	4.800
歌剧、舞剧、歌舞剧团													
歌舞团、轻音乐团	4	4	571	429	24	86	130	9	0.110	0.099	0.031	116.700	33.300
乐团、合唱团													
文工团、文宣队、乌兰牧骑													
戏曲剧团	1	1	33	3			3		0.071	0.071	0.071	20.000	20.000
其中：京剧													
曲、杂、木、皮团	1		28	15					0.021	0.020		11.820	
综合性艺术表演团体	2	2	156	97	5	14	33	2	0.202	0.194	0.055	157.753	54.838

情况综合年报(企业)(一)

资产、负债、所有者权益(千元)							损 益 (千元)						
资产总计			负债合计	所有者权益合计			营业收入		营 业 成 本				
	固定资产原价	本年折旧			实收资本(股本)	国家资本		演出收入		养老、医疗、失业等各种社会保险费	住房公积金和住房补贴	差旅费	工会经费
342032	152541	23091	85132	256900	132141	118400	73622	57227	104985	9466	2190	1653	1037
—	—	—	—	—	—	—	—	—	—		—	—	—
314668	148004	21885	73209	241459	117400	117400	64607	48617	93796	8581	1709	1533	955
900	500	100	200	700			650	600	300				
26464	4037	1106	11723	14741	14741	1000	8365	8010	10889	885	481	120	82
—	—	—	—	—	—	—	—	—	—	—	—	—	—
193914	98443	6091	61930	131984	89253	87000	37115	23096	54366	8152	1744	1347	630
146568	53276	16872	23002	123566	42488	31000	35677	33351	49990	1281	446	306	407
1550	822	128	200	1350	400	400	830	780	629	33			
—	—	—	—	—	—	—	—	—	—	—	—	—	—
72953	29465	2496	33071	39882	24576	22000	11686	8117	20917	2469	950	674	230
208521	103820	18786	31388	177133	70400	70400	50877	42942	64300	4812	610	720	676
900	500	100	200	700			650	600	300				
10151	868	43	239	9912	9912	1000	2184	2184	2743				
49507	17888	1666	20234	29273	27253	25000	8225	3384	16725	2185	630	259	131

文化部门艺术表演团体基本

	损益（千元）					工资、福利费、税金（千元）			实际使用房屋建筑面积（万平方米）	
	营业利润	营业外收入		营业外支出	利润总额	本年发放工资总额	本年支付的职工福利费	本年应交税金总额		排练练功用房
			政府补助（补贴收入）							
总计	−31363	45396	40849	19344	−5311	36320	2274	4035	4.012	0.151
按照登记注册类型分类	—	—	—	—	—	—	—	—	—	—
国有	−29189	40591	37399	16687	−5285	31777	1814	3775	3.839	0.123
集体	350	50	50		400	280			0.030	0.020
其他	−2524	4755	3400	2657	−426	4263	460	260	0.144	0.008
按隶属关系分	—	—	—	—	—	—	—	—	—	—
中央										
省、区、市	−17251	35361	34912	16594	1516	31461	579	2334	2.554	0.025
地、市	−14313	9597	5499	2750	−7466	4301	1677	1682	1.358	0.078
县、市、区	201	438	438		639	558	18	19	0.100	0.048
按剧种分	—	—	—	—	—	—	—	—	—	—
话剧、儿童剧、滑稽剧团	−9231	12489	10902	2662	596	9286	329	938	0.816	0.033
歌剧、舞剧、歌舞剧团										
歌舞团、轻音乐团	−13423	24046	21086	16672	−6049	16862	1270	2627	2.837	0.098
乐团、合唱团										
文工团、文宣队、乌兰牧骑										
戏曲剧团	350	50	50		400	280			0.030	0.020
其中：京剧										
曲、杂、木、皮团	−559			2	−561	1221	96	71	0.010	
综合性艺术表演团体	−8500	8811	8811	8	303	8671	579	399	0.320	

情况综合年报(企业)(二)

实际拥有产权面积(万平方米)	流动舞台车演出情况			政府采购的公益演出活动情况			增加值(千元)
	流动舞台车数量(辆)	利用流动舞台车演出场次(万场次)	利用流动舞台车演出观众人次(万人次)	演出场次(万场次)	演出观众人次(万人次)	演出补贴收入(千元)	
3.411	6	0.018	25.800	0.135	142.000	10814	79444
—	—		—	—	—	—	—
3.411	4	0.002	1.800	0.087	92.400	7872	71128
				0.001	0.300	32	730
	2	0.016	24.000	0.047	49.300	2910	7586
—	—	—	—	—	—	—	—
2.337	4	0.016	24.000	0.096	111.500	6683	51598
1.074	1			0.036	27.800	4011	26727
	1	0.002	1.800	0.003	2.700	120	1119
—	—	—	—	—	—	—	—
0.705	2			0.061	52.000	4055	16782
2.615	2	0.002	1.800	0.024	35.400	3487	46223
				0.001	0.300	32	730
				0.013	7.800		1431
0.091	2	0.016	24.000	0.036	46.500	3240	14278

艺术表演场馆基

	机构数（个）	从业人员（人）					坐席数（个）	演（映）出场次合计（万场次）	
			专业技术人才						
				正高级职称	副高级职称	中级职称			艺术演出场次
总计	271	4305	856	24	45	231	195574	7.534	1.479
其中:附属剧场	96	1015	224	4	15	49	81796	1.031	0.593
儿童剧场	4	73	50	5	10	20	3339	0.040	0.030
按登记注册类型分	—	—	—	—	—	—	—		
国有	61	989	270	6	15	92	54600	3.237	0.467
集体	1	21	8			2	973	0.074	0.015
其他	209	3295	578	18	30	137	140001	4.222	0.998
按管理部门分	—	—	—	—	—	—	—		
文化部门	63	1228	300	6	16	119	59648	4.349	0.458
其他部门	208	3077	556	18	29	112	135926	3.185	1.021
按机构类型分	—	—	—	—	—	—	—		
剧场	123	2342	533	13	30	125	91241	3.110	0.695
影剧院	27	380	119	5	4	61	20687	2.848	0.125
书场、曲艺场	5	90	11		1	9	584	0.106	0.086
杂技、马戏场									
音乐厅	2	13	4		2	2	1237	0.144	0.021
综合性	22	321	54	3	2	10	15330	0.275	0.183
其他艺术表演场馆	92	1159	135	3	6	24	66495	1.052	0.369
按隶属关系分	—	—	—	—	—	—	—		
中央									
省、区、市	5	153	86	1	9	18	5119	0.298	0.063
地、市	19	586	73	1	5	35	16681	0.922	0.239
县、市及以下	247	3566	697	22	31	178	173774	6.313	1.178

本情况综合年报

观众人次合计（万人次）		收入情况（千元）		人员支出（千元）	年末固定资产原值（千元）	实际使用房屋建筑面积（万平方米）		实际拥有产权面积（万平方米）	增加值（千元）
	艺术演出观众人次	财政拨款	艺术演出收入				演（映）出业务用房		
1351.008	609.688	105893	146073	174965	1457640	96.652	39.845	57.165	326815
226.921	155.093	2027	62783	35301	359065	28.317	8.066	20.215	99279
21.170	18.070	830	5590	4638	13639	0.895	0.449	0.490	6184
		—	—	—	—				—
671.843	241.819	73157	43818	84204	634026	41.413	23.091	18.442	124768
36.890	9.216	605	1120	1337	1234	0.745	0.250	0.745	1755
642.275	358.653	32131	101135	89424	822380	54.494	16.504	37.978	200292
		—	—	—	—				—
696.445	243.631	97978	53339	94768	686674	48.353	25.890	24.186	146055
654.563	366.057	7915	92734	80197	770966	48.299	13.955	32.979	180760
		—	—	—	—				—
725.122	466.118	87828	86612	99510	1033532	50.750	24.678	26.343	174927
441.774	47.763	9663	9181	23940	67588	14.160	8.485	7.633	39608
10.747	9.856	630	2246	3638	69046	1.344	0.124	1.294	15926
10.852	5.550		1990	1169	805	0.620	0.550		1889
47.058	37.322	5248	27569	12274	55879	5.609	1.993	4.881	28311
115.457	43.079	2524	18475	34434	230790	24.170	4.016	17.014	66154
		—	—	—	—				—
50.724	41.005		4859	18433	156693	3.157	1.883	0.112	29095
157.853	124.970	72354	37758	37690	93513	18.083	9.518	11.518	55725
1142.431	443.713	33539	103456	118842	1207434	75.412	28.444	45.535	241995

艺术表演场馆基本情况

	机构数（个）	从业人员（人）					坐席数（个）	演（映）出场次合计（万场次）	
			专业技术人才						
				正高级职称	副高级职称	中级职称			艺术演出场次
总计	44	665	209	5	9	72	32723	1.332	0.228
其中：附属剧场	2	51	6			2	1877	0.134	0.010
儿童剧场	1	8	3		1	2	958	0.007	0.007
按登记注册类型分	—	—	—	—	—	—	—	—	—
国有	42	609	203	5	9	70	30727	1.328	0.227
集体									
其他	2	56	6			2	1996	0.003	0.001
按管理部门分	—	—	—	—	—	—	—	—	—
文化部门	44	665	209	5	9	72	32723	1.332	0.228
其他部门									
按机构类型分	—	—	—	—	—	—	—	—	—
剧场	28	429	144		7	39	21900	0.199	0.106
影剧院	13	217	62	5	2	30	9842	0.943	0.054
书场、曲艺场	1	5					100	0.029	0.029
杂技、马戏场									
音乐厅	1						681	0.132	0.010
综合性	1	14	3			3	200	0.029	0.029
其他艺术表演场馆									
按隶属关系分	—	—	—	—	—	—	—	—	—
中央									
省、区、市	2	123	79	1	5	15	2313	0.257	0.029
地、市	8	160	29		2	13	5066	0.223	0.073
县、市及以下	34	382	101	4	2	44	25344	0.851	0.126

综合年报(事业)(一)

观众人次合计(万人次)		本年收入合计(千元)								
	艺术演出观众人次		财政拨款	基建拨款	上级补助收入	事业收入	艺术演出收入	经营收入	附属单位上缴收入	其他收入
328.564	102.046	149730	45057		7449	45857	14080	10761		40606
5.602	0.350	4455	970		1752			599		1134
3.500	1.500	1587	530		150	907				
—	—	—	—	—	—	—	—	—	—	—
327.534	101.416	144612	44087		5697	45194	14080	10162		39472
1.030	0.630	5118	970		1752	663		599		1134
—	—	—	—	—	—	—	—	—	—	—
328.564	102.046	149730	45057		7449	45857	14080	10761		40606
—	—	—	—	—	—	—	—	—	—	—
137.389	75.967	107633	34277		3600	31948	10182	8154		29654
180.924	20.829	36871	6489		3814	13645	3634	2607		10316
2.300	2.300	1282	630		35	114	114			503
5.352	0.350									
2.600	2.600	3944	3661			150	150			133
—	—	—	—	—	—	—	—	—	—	—
33.562	27.815	39760				18743	1784	423		20594
48.562	24.963	50748	24608		1575	8935	7162	5480		10150
246.440	49.268	59222	20449		5874	18179	5134	4858		9862

艺术表演场馆基本情况

	本年支出合计（千元）									
		基本支出	项目支出	经营支出	在支出合计中：					
					工资福利支出	商品和服务支出				
							差旅费	劳务费	福利费	各种税金支出
总计	153231	93227	36915	16304	46299	51470	1899	5390	2148	5833
其中：附属剧场	6784	1681		5103	1681	2294	6	1710	168	410
儿童剧场	1505	1505			540	752	11		199	84
按登记注册类型分	—	—	—	—	—	—	—	—	—	—
国有	145917	91016	36915	11201	44332	49156	1888	3680	1965	5423
集体										
其他	7314	2211		5103	1967	2314	11	1710	183	410
按管理部门分	—	—	—	—	—	—	—	—	—	—
文化部门	153231	93227	36915	16304	46299	51470	1899	5390	2148	5833
其他部门										
按机构类型分	—	—	—	—	—	—	—	—	—	—
剧场	107170	61419	32699	6775	30244	37286	1706	1911	1272	4339
影剧院	40868	27590	3241	9529	13944	12402	136	3362	850	1467
书场、曲艺场	1251	1251			550	458		117		
杂技、马戏场										
音乐厅										
综合性	3942	2967	975		1561	1324	57		26	27
其他艺术表演场馆										
按隶属关系分	—	—	—	—	—	—	—	—	—	—
中央										
省、区、市	39085	30576	7004	423	10823	14180	690	43	996	1914
地、市	52153	22129	23035	3916	12121	21226	1002	1233	188	1824
县、市及以下	61993	40522	6876	11965	23355	16064	207	4114	964	2095

综合年报(事业)(二)

对个人和家庭补助支出		其他资本性支出		资产总计（千元）		实际使用房屋建筑面积（万平方米）		实际拥有产权面积（万平方米）	增加值（千元）
	抚恤金和生活补助		各种设备、交通工具、图书购置费		固定资产原值		演(映)出业务用房		
17259	680	5730	4369	521066	434986	25.076	14.984	12.943	95722
26	26	1102		4559	4112	1.233	0.820	1.369	4134
213	16			3257	2619	0.295	0.150		1172
—	—	—	—	—	—	—	—	—	—
17233	654	4628	4369	516079	430446	24.018	14.344	11.574	91137
26	26	1102		4987	4540	1.058	0.640	1.369	4585
—	—	—	—	—	—	—	—	—	—
17259	680	5730	4369	521066	434986	25.076	14.984	12.943	95722
—	—	—	—	—	—	—	—	—	—
11421	476	3216	3042	442704	389990	15.856	8.973	8.009	65733
4624	90	2429	1327	70714	42041	8.735	5.656	4.899	26484
242				846	561	0.035	0.015	0.035	934
						0.370	0.300		
972	114	85		6802	2394	0.080	0.040		2571
—	—	—	—	—	—	—	—	—	—
5475	3	514	514	185365	155809	1.852	1.144	0.112	25873
4165	189	2340	2187	109152	84481	5.868	3.622	5.018	22786
7619	488	2876	1668	226549	194696	17.356	10.218	7.813	47063

文化部门艺术表演场馆基本

	机构数（个）	从业人员（人）					坐席数（个）	演（映）出场次合计（万场次）	
			专业技术人才						艺术演出场次
				正高级职称	副高级职称	中级职称			
总计	44	665	209	5	9	72	32723	1.332	0.228
其中：附属剧场	2	51	6			2	1877	0.134	0.010
儿童剧场	1	8	3		1	2	958	0.007	0.007
按登记注册类型分	—	—	—	—	—	—	—	—	—
国有	42	609	203	5	9	70	30727	1.328	0.227
集体									
其他	2	56	6			2	1996	0.003	0.001
按机构类型分	—	—	—	—	—	—	—	—	—
剧场	28	429	144		7	39	21900	0.199	0.106
影剧院	13	217	62	5	2	30	9842	0.943	0.054
书场、曲艺场	1	5					100	0.029	0.029
杂技、马戏场									
音乐厅	1						681	0.132	0.010
综合性	1	14	3			3	200	0.029	0.029
其他艺术表演场馆									
按隶属关系分	—	—	—	—	—	—	—	—	—
中央									
省、区、市	2	123	79	1	5	15	2313	0.257	0.029
地、市	8	160	29		2	13	5066	0.223	0.073
县、市及以下	34	382	101	4	2	44	25344	0.851	0.126

情况综合年报(事业)(一)

观众人次合计（万人次）		本年收入合计(千元)								
	艺术演出观众人次		财政拨款		上级补助收入	事业收入		经营收入	附属单位上缴收入	其他收入
				基建拨款			艺术演出收入			
328.564	102.046	149730	45057		7449	45857	14080	10761		40606
5.602	0.350	4455	970		1752			599		1134
3.500	1.500	1587	530		150	907				
—	—	—	—	—	—	—	—	—	—	—
327.534	101.416	144612	44087		5697	45194	14080	10162		39472
1.030	0.630	5118	970		1752	663		599		1134
—	—	—	—	—	—	—	—	—	—	—
137.389	75.967	107633	34277		3600	31948	10182	8154		29654
180.924	20.829	36871	6489		3814	13645	3634	2607		10316
2.300	2.300	1282	630		35	114	114			503
5.352	0.350									
2.600	2.600	3944	3661			150	150			133
—	—	—	—	—	—	—	—	—	—	—
33.562	27.815	39760				18743	1784	423		20594
48.562	24.963	50748	24608		1575	8935	7162	5480		10150
246.440	49.268	59222	20449		5874	18179	5134	4858		9862

文化部门艺术表演场馆基本

	本年支出合计（千元）									
		基本支出	项目支出	经营支出	在支出合计中：					
					工资福利支出	商品和服务支出				
							差旅费	劳务费	福利费	各种税金支出
总计	153231	93227	36915	16304	46299	51470	1899	5390	2148	5833
其中：附属剧场	6784	1681		5103	1681	2294	6	1710	168	410
儿童剧场	1505	1505			540	752	11		199	84
按登记注册类型分	—	—	—	—	—	—	—	—	—	—
国有	145917	91016	36915	11201	44332	49156	1888	3680	1965	5423
集体										
其他	7314	2211		5103	1967	2314	11	1710	183	410
按机构类型分	—	—	—	—	—	—	—	—	—	—
剧场	107170	61419	32699	6775	30244	37286	1706	1911	1272	4339
影剧院	40868	27590	3241	9529	13944	12402	136	3362	850	1467
书场、曲艺场	1251	1251			550	458		117		
杂技、马戏场										
音乐厅										
综合性	3942	2967	975		1561	1324	57		26	27
其他艺术表演场馆										
按隶属关系分	—	—	—	—	—	—	—	—	—	—
中央										
省、区、市	39085	30576	7004	423	10823	14180	690	43	996	1914
地、市	52153	22129	23035	3916	12121	21226	1002	1233	188	1824
县、市及以下	61993	40522	6876	11965	23355	16064	207	4114	964	2095

情况综合年报(事业)(二)

对个人和家庭补助支出		其他资本性支出		资产总计(千元)		实际使用房屋建筑面积(万平方米)		实际拥有产权面积(万平方米)	增加值(千元)
	抚恤金和生活补助		各种设备、交通工具、图书购置费		固定资产原值		演(映)出业务用房		
17259	680	5730	4369	521066	434986	25.076	14.984	12.943	95722
26	26	1102		4559	4112	1.233	0.820	1.369	4134
213	16			3257	2619	0.295	0.150		1172
—	—	—	—	—	—	—	—	—	—
17233	654	4628	4369	516079	430446	24.018	14.344	11.574	91137
26	26	1102		4987	4540	1.058	0.640	1.369	4585
—	—	—	—	—	—	—	—	—	—
11421	476	3216	3042	442704	389990	15.856	8.973	8.009	65733
4624	90	2429	1327	70714	42041	8.735	5.656	4.899	26484
242				846	561	0.035	0.015	0.035	934
						0.370	0.300		
972	114	85		6802	2394	0.080	0.040		2571
—	—	—	—	—	—	—	—	—	—
5475	3	514	514	185365	155809	1.852	1.144	0.112	25873
4165	189	2340	2187	109152	84481	5.868	3.622	5.018	22786
7619	488	2876	1668	226549	194696	17.356	10.218	7.813	47063

艺术表演场馆基本情况

	机构数（个）	从业人员（人）					坐席数（个）	演（映）出场次合计（万场次）	
			专业技术人才						
				正高级职称	副高级职称	中级职称			艺术演出场次
总计	227	3640	647	19	36	159	162851	6.202	1.251
其中：附属剧场	94	964	218	4	15	47	79919	0.897	0.583
儿童剧场	3	65	47	5	9	18	2381	0.033	0.023
按登记注册类型分	—	—	—	—	—	—	—	—	—
国有	19	380	67	1	6	22	23873	1.909	0.240
集体	1	21	8			2	973	0.074	0.015
其他	207	3239	572	18	30	135	138005	4.219	0.997
按管理部门分	—	—	—	—	—	—	—	—	—
文化部门	19	563	91	1	7	47	26925	3.017	0.230
其他部门	208	3077	556	18	29	112	135926	3.185	1.021
按机构类型分	—	—	—	—	—	—	—	—	—
剧场	95	1913	389	13	23	86	69341	2.911	0.589
影剧院	14	163	57		2	31	10845	1.905	0.071
书场、曲艺场	4	85	11		1	9	484	0.077	0.057
杂技、马戏场									
音乐厅	1	13	4		2	2	556	0.012	0.011
综合性	21	307	51	3	2	7	15130	0.246	0.154
其他艺术表演场馆	92	1159	135	3	6	24	66495	1.052	0.369
按隶属关系分	—	—	—	—	—	—	—	—	—
中央									
省、区、市	3	30	7		4	3	2806	0.041	0.034
地、市	11	426	44	1	3	22	11615	0.699	0.166
县、市及以下	213	3184	596	18	29	134	148430	5.462	1.052

综合年报(企业)(一)

观众人次合计（万人次）		资产、负债、所有者权益（千元）							损益（千元）	
		资产总计			负债合计	所有者权益合计			营业收入	
							实收资本（股本）			
	艺术演出观众人次		固定资产原值	当年提取的折旧总额				国家资本		艺术演出收入
1022.444	507.642	1266964	1022654	38503	243296	1023668	475592	201638	347036	131993
221.319	154.743	472932	354953	23469	158191	314741	125920	2470	110526	62783
17.670	16.570	11730	11020	75		11730	10500	10000	5700	5590
—	—	—	—	—	—	—	—	—	—	—
344.309	140.403	225257	203580	1907	21773	203484	190731	178350	48744	29738
36.890	9.216	2087	1234	102	2029	58	30		2856	1120
641.245	358.023	1039620	817840	36494	219494	820126	284831	23288	295436	101135
—	—	—	—	—	—	—	—	—	—	—
367.881	141.585	293082	251688	5470	46120	246962	232507	182977	81457	39259
654.563	366.057	973882	770966	33033	197176	776706	243085	18661	265579	92734
—	—	—	—	—	—	—	—	—	—	—
587.733	390.151	714193	643542	13537	55772	658421	286994	197437	182624	76430
260.850	26.934	45093	25547	3840	27630	17463	14069	3201	26948	5547
8.447	7.556	142145	68485	4968	138960	3185	3185		11024	2132
5.500	5.200	1586	805	38	447	1139	550		1999	1990
44.458	34.722	108530	53485	4526	13370	95160	94960	1000	41294	27419
115.457	43.079	255417	230790	11594	7117	248300	75834		83147	18475
—	—	—	—	—	—	—	—	—	—	—
17.162	13.190	3507	884	47	895	2612	1350	800	4744	3075
109.291	100.007	37784	9032	1136	15652	22132	17495	4800	48542	30596
895.991	394.445	1225673	1012738	37320	226749	998924	456747	196038	293750	98322

艺术表演场馆基本情况

	损益（千元）							
	营业成本					营业利润	营业外收入	
		养老、医疗、失业等保险费	住房公积金和住房补贴	差旅费	工会经费			政府补助（补贴收入）
总计	361702	9409	3586	2130	868	－14665	66149	60836
其中：附属剧场	83658	1829	463	691	248	26869	1215	1057
儿童剧场	5590	220	332	80	55	110	300	300
按登记注册类型分	—	—	—	—	—	—	—	—
国有	78536	2419	1157	877	257	－29792	29363	29070
集体	3406	105	42	12	21	－550	605	605
其他	279760	6885	2387	1241	590	15677	36181	31161
按管理部门分	—	—	—	—	—	—	—	—
文化部门	135114	3464	1637	1076	465	－53657	53207	52921
其他部门	226588	5945	1949	1054	403	38992	12942	7915
按机构类型分	—	—	—	—	—	—	—	—
剧场	222629	6938	2670	1448	588	－40005	53877	53551
影剧院	28427	593	343	87	88	－1479	3390	3174
书场、曲艺场	5028	278		29		5996		
杂技、马戏场								
音乐厅	1667	134	16	2	29	332		
综合性	34284	382	77	120	108	7010	1596	1587
其他艺术表演场馆	69667	1084	480	444	55	13481	7286	2524
按隶属关系分	—	—	—	—	—	—	—	—
中央								
省、区、市	4260	195	16	35	40	484		
地、市	90800	2133	1021	844	376	－42258	52417	47746
县、市及以下	266642	7081	2549	1251	452	27109	13732	13090

综合年报(企业)(二)

		工资、福利费、税金（千元）			实际使用房屋建筑面积（万平方米）		实际拥有产权面积（万平方米）	增加值（千元）
营业外支出	利润总额	本年发放工资总额	本年发放福利费总额	本年应交税金		演(映)出业务用房		
10008	41476	106073	5334	19131	71.576	24.861	44.222	231093
595	27489	32168	1426	6710	27.084	7.246	18.846	95145
	410	3590	295	30	0.600	0.299	0.490	5012
—	—	—	—	—	—	—	—	—
1305	－1734	20520	2119	3165	17.395	8.747	6.868	33631
2	53	1255	82	147	0.745	0.250	0.745	1755
8701	43157	84298	3133	15819	53.436	15.864	36.609	195707
—	—	—	—	—	—	—	—	—
347	－797	28429	2781	5136	23.277	10.906	11.243	50333
9661	42273	77644	2553	13995	48.299	13.955	32.979	180760
—	—	—	—	—	—	—	—	—
1349	12523	54109	3736	10415	34.894	15.705	18.334	109194
216	1695	4991	381	1729	5.425	2.829	2.734	13124
	5996	2824	22	902	1.309	0.109	1.259	14992
118	214	1125	44	171	0.250	0.250		1889
126	8480	9364	377	2627	5.529	1.953	4.881	25740
8199	12568	33660	774	3286	24.170	4.016	17.014	66154
—	—	—	—	—	—	—	—	—
120	364	1902	233	303	1.305	0.739		3222
5761	4398	19500	1904	2666	12.215	5.896	6.500	32939
4127	36714	84671	3197	16162	58.056	18.226	37.722	194932

文化部门艺术表演场馆基本

	机构数（个）	从业人员（人）					坐席数（个）	演（映）出场次合计（万场次）	
			专业技术人才						
				正高级职称	副高级职称	中级职称			艺术演出场次
总计	19	563	91	1	7	47	26925	3.017	0.230
其中：附属剧场	6	73	15		6	8	5479	0.149	0.141
儿童剧场									
按登记注册类型分	—	—	—	—	—	—	—	—	—
国有	14	322	53	1	6	17	19639	1.410	0.187
集体	1	21	8			2	973	0.074	0.015
其他	4	220	30		1	28	6313	1.533	0.028
按机构类型分	—	—	—	—	—	—	—	—	—
剧场	12	419	50	1	3	23	16170	1.218	0.192
影剧院	5	113	33		2	22	5199	1.784	0.025
书场、曲艺场									
杂技、马戏场									
音乐厅	1	13	4		2	2	556	0.012	0.011
综合性	1	18	4				5000	0.004	0.003
其他艺术表演场馆									
按隶属关系分	—	—	—	—	—	—	—	—	—
中央									
省、区、市	3	30	7		4	3	2806	0.041	0.034
地、市	8	333	39	1	3	22	10875	0.639	0.166
县、市及以下	8	200	45			22	13244	2.337	0.031

情况综合年报(企业)(一)

观众人次合计(万人次)		资产、负债、所有者权益(千元)							损益(千元)	
		资产总计			负债合计	所有者权益合计			营业收入	
	艺术演出观众人次		固定资产原值	当年提取的折旧总额			实收资本(股本)			艺术演出收入
								国家资本		
367.881	141.585	293082	251688	5470	46120	246962	232507	182977	81457	39259
80.282	76.310	4253	1249	95	898	3355	1541	800	11165	9496
—	—	—	—	—	—	—	—	—	—	—
184.019	122.347	216901	196805	1469	17121	199780	187451	177977	43835	28248
36.890	9.216	2087	1234	102	2029	58	30		2856	1120
146.972	10.022	74094	53649	3899	26970	47124	45026	5000	34766	9891
—	—	—	—	—	—	—	—	—	—	—
130.821	111.527	250267	228327	2295	18343	231924	220736	181776	54234	32685
221.560	16.858	31462	12789	2516	25545	5917	3239	201	23244	4405
5.500	5.200	1586	805	38	447	1139	550		1999	1990
10.000	8.000	9767	9767	621	1785	7982	7982	1000	1980	179
—	—	—	—	—	—	—	—	—	—	—
17.162	13.190	3507	884	47	895	2612	1350	800	4744	3075
104.931	99.947	26586	7432	711	14452	12134	7497	4800	43862	30536
245.788	28.448	262989	243372	4712	30773	232216	223660	177377	32851	5648

文化部门艺术表演场馆基本

	损益（千元）							
	营业成本					营业利润	营业外收入	
		养老、医疗、失业等保险费	住房公积金和住房补贴	差旅费	工会经费			政府补助（补贴收入）
总计	135114	3464	1637	1076	465	－53657	53207	52921
其中：附属剧场	9208	370	48	42	69	1957	16	
儿童剧场								
按登记注册类型分	—	—	—	—	—	—	—	—
国有	71858	2197	1035	858	231	－28023	26778	26531
集体	3406	105	42	12	21	－550	605	605
其他	59850	1162	560	206	213	－25084	25824	25785
按机构类型分	—	—	—	—	—	—	—	—
剧场	106008	2769	1320	982	369	－51774	50492	50222
影剧院	24417	488	301	74	67	－1173	2185	2169
书场、曲艺场								
杂技、马戏场								
音乐厅	1667	134	16	2	29	332		
综合性	3022	73		18		－1042	530	530
其他艺术表演场馆								
按隶属关系分	—	—	—	—	—	—	—	—
中央								
省、区、市	4260	195	16	35	40	484		
地、市	88777	2133	1021	844	357	－44915	47798	47746
县、市及以下	42077	1136	600	197	68	－9226	5409	5175

情况综合年报(企业)(二)

		工资、福利费、税金（千元）			实际使用房屋建筑面积（万平方米）		实际拥有产权面积（万平方米）	增加值（千元）
营业外支出	利润总额	本年发放工资总额	本年发放福利费总额	本年应交税金		演(映)出业务用房		
347	-797	28429	2781	5136	23.277	10.906	11.243	50333
332	1641	3146	341	631	2.787	2.221		6678
—	—	—	—	—	—	—	—	—
333	-1578	17950	1945	2932	15.967	8.246	5.893	29789
2	53	1255	82	147	0.745	0.250	0.745	1755
12	728	9224	754	2057	6.565	2.410	4.605	18789
—	—	—	—	—	—	—	—	—
14	-1296	23308	2252	3246	17.236	8.059	7.116	37266
214	798	3264	299	1502	3.194	1.875	1.052	9348
118	214	1125	44	171	0.250	0.250		1889
1	-513	732	186	217	2.597	0.722	3.075	1830
—	—	—	—	—	—	—	—	—
120	364	1902	233	303	1.305	0.739		3222
224	2659	18300	1824	2609	11.597	5.332	6.050	28501
3	-3820	8227	724	2224	10.375	4.835	5.193	18610

公共图书馆基本

	机构数（个）	从业人员（人）					总藏量（万册）							
			专业技术人才					图书		古籍		报刊	视听文献	缩微制品
				正高级职称	副高级职称	中级职称			图文图书		善本			
总计	97	3096	1915	42	240	914	5344.343	3778.516	14.405	192.336	21.195	344.462	170.585	0.641
其中：少儿图书馆	3	120	94	3	13	40	172.709	153.468				5.599	12.483	0.033
按隶属关系分	—	—	—	—	—	—	—	—	—	—	—	—	—	—
中央														
省、区、市	1	348	214	14	44	133	702.664	412.204	0.237	83.783	14.500	80.903	12.281	0.306
地、市	14	990	656	18	99	294	1853.458	1213.929	0.405	58.330	4.221	86.550	107.031	0.043
县、市、区	82	1758	1045	10	97	487	2788.222	2152.382	13.763	50.224	2.474	177.010	51.272	0.292
县图书馆	36	680	434	3	35	218	951.772	647.883	12.373	10.503	0.435	63.068	16.419	0.002

公共图书馆基本

	为读者举办各种活动				计算机（台）		图书馆网站访问量（页次）	本年收入合计（千元）							
	举办展览（个）		举办培训班（个）			电子阅览室终端数			财政拨款			上级补助收入	事业收入	经营收入	附属单位上缴收入
		参加人数（万人次）		培训人次（万人次）						基建拨款	购书专项经费				
总计	875	290.474	1192	11.192	8918	4905	30372529	765697	696863	34074	144220	15884	11030	757	
其中：少儿图书馆	16	4.723	4	0.040	290	71	342168	36727	36431	8688	3100				
按隶属关系分	—	—	—	—	—	—	—	—	—	—	—	—	—	—	—
中央															
省、区、市	30	37.809	29	0.104	604	96	7517923	97615	87027		23000		7500	752	
地、市	211	122.939	273	3.743	2436	1117	14688776	261701	243718	14161	27707	2590	1228		
县、市、区	634	129.727	890	7.346	5878	3692	8165830	406381	366118	19913	93513	13294	2302	5	
县图书馆	256	82.004	510	4.637	2517	1518	3528715	143213	132571		25315	5402	1106	5	

公共图书馆基本

	本年支出合计（千元）			资产总计（千元）		实际使用公用房屋建筑面积（万平方米）				
	在支出合计中：其他资本性支出				固定资产原值		书库面积	阅览室面积		
		各种设备购置费							书刊阅览室面积	电子阅览室面积
			新增藏量购置费							
总计	224019	184629	156316	1877964	1676545	68.858	13.499	16.058	12.558	2.663
其中：少儿图书馆	4389	4339	3129	80036	70663	1.900	0.050	0.888	0.648	0.109
按隶属关系分	—	—	—	—	—	—	—	—	—	—
中央										
省、区、市	36548	26947	22887	476019	476019	4.924	1.919	1.400	1.350	0.050
地、市	63219	61825	48890	612693	552822	23.237	4.527	5.905	5.033	0.551
县、市、区	124252	95857	84539	789252	647704	40.697	7.053	8.753	6.175	2.062
县图书馆	32142	24927	19911	249351	203376	13.474	3.120	2.877	1.796	0.771

情况综合年报(一)

电子图书	其它	在藏量中：开架书目	在藏量中：少儿文献	书架单层总长度（米）	本年新购藏量（万册）	当年购买的报刊种类（种）	有效借书证数（个）	总流通人次（万人次）	总流通人次：报刊文献外借人次	书刊文献外借册次（万册次）	组织各类讲座次数（次）	组织各类讲座：参加人次（万人次）
805.409	52.399	2556.002	436.193	475468	628.273	77008	2407446	4572.073	1677.076	3900.221	2399	55.493
1.127		107.329	50.507	6940	21.702	1736	60486	73.702	38.169	107.304	63	1.636
—	—	—	—	—	—	—	—	—	—	—	—	—
113.180	0.008	148.538			29.375	8369	18933	193.246	53.505	131.909	100	2.210
385.966	1.611	932.889	161.011	181206	186.906	22674	932036	1542.280	646.482	1416.402	696	14.708
306.263	50.780	1474.575	275.182	294262	411.992	45965	1456477	2836.547	977.089	2351.911	1603	38.575
190.837	23.059	470.125	77.483	114818	93.354	16188	316424	694.382	336.364	653.339	572	14.345

情况综合年报(二)

其他收入	本年支出合计（千元）	基本支出	项目支出	经营支出	在支出合计中：工资福利支出	商品和服务支出	差旅费	劳务费	福利费	各种税金支出	对个人和家庭补助支出	抚恤金和生活补助
41163	734462	365729	326611	1084	226641	178878	4760	14783	12657	2976	64116	972
296	36406	19190	10983		12961	5876	267	928	158		4617	12
—	—	—	—	—	—	—	—	—	—	—	—	—
2336	89747	44499	44496	752	24741	18913	425	1811	8448	2578	8794	61
14165	250721	124606	113495		82738	60254	2033	5894	1348	333	24040	60
24662	393994	196624	168620	332	119162	99711	2302	7078	2861	65	31282	851
4129	137029	76939	59011	5	45119	40690	854	2768	1209	18	13042	428

情况综合年报(三)

实际拥有产权面积（万平方米）	阅览室坐席数（个）	少儿阅览室坐席数	盲人阅览室坐席数	图书馆延伸服务情况：流动服务书刊借阅人次（万人次）	流动图书馆车书刊借阅册次（万册次）	分馆数量（个）	增加值（千元）
33.805	40263	10590	1051	245.871	584.005	687	388545
0.570	1714	1714		4.896	8.924	17	21496
—	—	—	—	—	—	—	—
4.924	1529		135	41.903	64.190	10	66044
11.918	11351	4168	152	47.821	131.696	110	136667
16.963	27383	6422	764	156.147	388.119	567	185834
5.805	10617	2766	324	47.156	76.719	141	70080

群众艺术馆、文化馆(站)

	机构数(个)	从业人员(人)					组织品牌节庆活动(个)	组织文艺活动次数(次)					组织文艺活动参加人次(万人次)	举办培训班班次	
			专业技术人才						为老年人组织专场	为未成年人组织专场	为残障人士组织专场	为农民工组织专场			培训人次(万人次)
				正高级职称	副高级职称	中级职称									
总计	1447	6459	3621	120	443	1732	246	40738	710	560	189	585	2157	25300	149.79
文化馆	102	2069	1727	106	301	696	246	8455	710	560	189	585	694	9447	45.99
其中:省级	1	62	51	16	22	10	6	26					6	484	0.53
地市级	11	411	353	36	74	137	28	1205	56	61	9	58	142	1562	7.27
县市级	90	1596	1323	54	205	549	212	7224	654	499	180	527	546	7401	38.20
其中:县文化馆	36	629	524	15	83	224	95	3016	207	227	110	100	195	1556	9.62
文化站	1345	4390	1894	14	142	1036		32283					1462	15853	103.80
其中:乡镇文化站	958	2998	1386	13	104	729		17483					890	8480	63.81

群众艺术馆、文化馆(站)

	本年支出合计											
		基本支出	项目支出	经营支出	在支出合计中:							
					工资福利支出	商品和服务支出					对个人和家庭补助支出	
							差旅费	劳务费	福利费	各种税金支出		抚恤金和生活补助
总计	1495769	738705	591774	7494	414519	499502	18063	50972	9529	1281	108857	2804
文化馆	503143	341109	149558	745	187591	175402	9396	31899	4819	789	93376	2097
其中:省级	23404	9700	13704		4743	9701	2064	1939	297		4774	77
地市级	124321	75328	48991		42310	51889	3101	8699	612	271	21314	184
县市级	355418	256081	86863	745	140538	113812	4231	21261	3910	518	67288	1836
其中:县文化馆	136782	102331	33171	678	53643	43564	1455	6643	2094	389	26057	796
文化站	992626	397596	442216	6749	226928	324100	8667	19073	4710	492	15481	707
其中:乡镇文化站	730621	276857	337794	2928	157526	240498	7161	13977	3460	375	9563	561

基本情况综合年报(一)

举办展览个数		组织以益性讲座位欠数		藏书	计算机	本年收入合计(千元)								
							财政拨款			上级补助收入	事业收入	经营收入	附属单位上缴收入	其他收入
(个)	参观人次(万人次)	(次)	参加人次(万人次)	(万册)	(台)			基建拨款	业务活动专项经费					
7053	535.90	1707	32.16	1827.18	13922	1504028	1316363	140484	365348	97961	31182	1568	1223	55731
1211	155.16	1707	32.16	12.20	1768	511442	433512		101137	22489	22383	509		32549
9	1.00	40	0.40	0.89	97	29332	26095		20878		2818			419
225	33.08	269	3.05	0.19	310	125036	101367		32260	6070	8001			9598
977	121.07	1398	28.71	11.12	1361	357074	306050		47999	16419	11564	509		22532
299	25.46	308	7.83	1.89	523	138849	119585		15040	3659	4129	467		11009
5842	380.74			1814.98	12154	992586	882851	140484	264211	75472	8799	1059	1223	23182
3840	261.53			1241.98	7825	718209	648864	108726	179332	47461	4981	1029	1223	14651

基本情况综合年报(二)

其他资本性支出		资产总计(千元)	资产总计(千元)	实际使用房屋建筑面积			实际拥有产权面积(万平方米)	流动舞台车演出情况			由本馆指导的单位					增加值(千元)
					业务用房面积						馆办文艺团体			馆办老年大学(个)	群众业余文艺团队(个)	
	各种设备购置费		固定资产原值	(万平方米)		对公众开放阅览室面积		流动舞台车数量(辆)	利用流动舞台车演出场次(场次)	利用流动舞台车演出观众人次(万人次)	(个)	演出场次(场)	观众人次(万人次)			
77696	55409	4209548	3630125	295.57	232.43	2.77	127.17	35	2488	175.18	427	4648	298.54	13	30441	730362
16418	8661	442641	292805	37.29	26.06	2.77	28.65	35	2488	175.18	427	4648	298.54	13	2731	330192
4186		36623	12101	0.83	0.64											12862
5588	4527	117286	64458	8.36	5.87	0.20	1.50	3	322	16.16	55	828	17.14	2	206	76057
6644	4134	288732	216246	28.10	19.55	2.57	27.15	32	2166	159.02	372	3820	281.40	11	2525	241273
3675	2370	130160	90007	11.94	6.76	1.32	19.17	24	1540	126.06	156	1819	113.36	6	777	92023
61278	46748	3766907	3337320	258.28	206.37		98.52								27710	400170
42861	32533	3072384	2728652	185.00	148.90		74.34								16693	294097

文化站基本情况

	机构数(个)	从业人员(人)	专职人员	在编人员	专业技术人员	在专业技术中：正高级职称	副高级职称	中级职称	组织文艺活动次数(次)	参加人次(万人次)	举办训练班班次(次)	培训人次(万人次)
总计	1345	4390	2767	2474	1894	14	142	1036	32283	1462.45	15853	103.78
乡镇文化站	958	2998	1927	1745	1386	13	104	729	17483	889.92	8480	63.88
街道文化站	387	1392	840	729	508	1	38	307	14800	572.58	7373	40.05

文化站基本情况

	本年支出合计(千元)	基本支出	项目支出	经营支出	在支出合计中：工资福利支出	商品和服务支出	差旅费	劳务费	福利费	各种税金支出	对个人和家庭补助支出	抚恤金和生活补助
总计	992626	397596	442216	6749	226928	324100	8667	19073	4710	492	15481	707
乡镇文化站	730621	276857	337794	2928	157526	240498	7161	13977	3460	375	9563	561
街道文化站	262005	120739	104422	3821	69402	83602	1506	5096	1250	117	5918	146

文化部门教育机构基

	机构数(个)	从业人员(人)	专业技术人才	正高级职称	副高级职称	中级职称	毕业生数(人)	招生数(人)	在校生数	戏剧类	戏曲类	舞蹈类
总计	5	791	464	38	102	210	1606	1888	6202	609	471	855
高等院校	1	460	250	25	66	151	923	1194	3855	514	208	499
其中：高等职业院校	1	460	250	25	66	151	923	1194	3855	514	208	499
中等专业学校	4	331	214	13	36	59	683	694	2347	95	263	356
文化干部学校												
其他教育机构												

文化部门教育机构基

	本年支出	基本支出	项目支出	经营支出	在支出：工资福利支出	商品和服务支出	差旅费	劳务费	福利费	各种税金支出
总计	207585	122616	83529	1440	54352	77695	3350	28074	900	1937
高等院校	138206	88761	49445		36217	60050	2664	20244	225	1789
其中：高等职业院校	138206	88761	49445		36217	60050	2664	20244	225	1789
中等专业学校	69379	33855	34084	1440	18135	17645	686	7830	675	148
文化干部学校										
其他教育机构										

综合年报(一)

举办展览个数(个)	参观人次(万人次)	藏书(万册)	计算机机(台)	本年收入合计(千元)	财政贷款	基建拨款	业务活动专项经费	上级补助收入	事业收入	经营收入	附属单位上缴收入	其他收入
5842	380.83	1814.93	12154	992586	882851	140484	264211	75472	8799	1059	1223	23182
3840	261.63	1241.95	7825	718209	648864	108726	179332	47461	4981	1029	1223	14651
2002	119.21	572.98	4329	274377	233987	31758	84879	28011	3818	30		8531

综合年报(二)

其他资本性支出	各种设备购置费	资产总计(千元)	固定资产原值	实际使用房屋建筑面积(万平方米)	文化活动用房面积	实际拥有产权面积(万平方米)	本站指导群众业余文艺团队(支)	辖区内社会文化活动室(个)	辖区内村文化室(个)	增加值(千元)
61278	46748	3766907	3337320	258.28	206.37	98.52	27710	5282	25350	400170
42861	32533	3072384	2728652	185.00	148.90	74.34	16693	2574	20032	294097
18417	14215	694523	608668	73.29	57.48	24.17	11017	2708	5318	106073

本情况综合年报(一)

(人)音乐类	美术类	其他	在校生中高职生人数(人)	本年收入合计(千元)	财政拨款	基建拨款	上级补助收入	事业收入	经营收入	附属单位上缴收入	其他收入
1436	802	2029	3213	223220	156524	1295		44015	1440		21241
982	659	993	2659	140582	102865			33120			4597
982	659	993	2659	140582	102865			33120			4597
454	143	1036	554	82638	53659	1295		10895	1440		16644

本情况综合年报(二)

合计(千元) 合计中: 对个人和家庭补助支出	抚恤金和生活补助	其他资本性支出	各种设备购置费	资产总计(千元)	固定资产原值	实际使用房屋建筑面积(万平方米)	教学用房面积	实际拥有产权面积(万平方米)	增加值(千元)
35656	320	31973	21644	423269	345312	19.64	12.39	8.93	138257
22271	237	19668	19668	374095	302362	12.10	7.48	8.60	93334
22271	237	19668	19668	374095	302362	12.10	7.48	8.60	93334
13385	83	12305	1976	49174	42950	7.54	4.91	0.33	44923

文化艺术科技、科研机构

	机构数（个）	从业人员（人）					本年完成科研项目（个）			本年度科研项目获奖情况（个）		
			专业技术人员					国家级	省级		获国家级奖	获省部级奖
				正高级职称	副高级职称	中级职称						
总计	7	145	110	14	27	40	23		3	9	4	2
按行业分类	—	—	—	—	—	—	—	—	—	—	—	—
文化科技研究	5	113	78	5	20	27	22		2	9	4	2
综合性艺术研究	1	28	28	9	6	12	1		1			
地方戏艺术研究	1	4	4		1	1						
其他科研机构												
按经费来源分类	—	—	—	—	—	—	—	—	—	—	—	—
科研经费	1	89	58		12	22						
文化经费	6	56	52	14	15	18	23		3	9	4	2
其他经费												
按隶属关系分类	—	—	—	—	—	—	—	—	—	—	—	—
中央												
省级	2	117	86	9	18	34	1		1			
地级	5	28	24	5	9	6	22		2	9	4	2
县级												
按部门分类	—	—	—	—	—	—	—	—	—	—	—	—
文化部门	7	145	110	14	27	40	23		3	9	4	2
非文化部门												

文化艺术科技、科研机构

	本年支出合									
		基本支出	项目支出	经营支出	在支出合					
					工资福利支出	食品和服务支出				
							差旅费	劳务费	福利费	各种税金支出
总计	74711	16044	5483	53184	13840	53456	802	1576	827	2608
按行业分类	—	—	—	—	—	—	—	—	—	—
文化科技研究	64212	9138	1890	53184	10935	49296	449	805	670	2605
综合性艺术研究	9449	6119	3330		2355	3859	335	768	157	3
地方戏艺术研究	1050	787	263		550	301	18	3		
其他科研机构										
按经费来源分类	—	—	—	—	—	—	—	—	—	—
科研经费	55776	2525	67	53184	7978	47365	305	369	589	2605
文化经费	18935	13519	5416		5862	6091	497	1207	238	3
其他经费										
按隶属关系分类	—	—	—	—	—	—	—	—	—	—
中央										
省级	65225	8644	3397	53184	10333	51224	640	1137	746	2608
地级	9486	7400	2086		3507	2232	162	439	81	
县级										
按部门分类	—	—	—	—	—	—	—	—	—	—
文化部门	74711	16044	5483	53184	13840	53456	802	1576	827	2608
非文化部门										

基本情况综合年报(文化)(一)

所办刊物(种)	申请专利数(个)	论文及资料		本年收入合计(千元)							
		专著数(册)	论文数(省级及以上刊物公开发表)(篇)		财政拨款		上级补助收入	事业收入	经营收入	附属单位上缴收入	其他收入
						基建拨款					
4	1	4	24	75546	20761			597	53735		453
—	—	—	—	—	—	—	—	—	—	—	—
3		1	7	64814	10834			39	53735		206
1	1	3	17	9682	9050			558			74
				1050	877						173
—	—	—	—	—	—	—	—	—	—	—	—
1			1	56396	2661				53735		
3	1	4	23	19150	18100			597			453
—	—	—	—	—	—	—	—	—	—	—	—
2	1	3	18	66078	11711			558	53735		74
2		1	6	9468	9050			39			379
—	—	—	—	—	—	—	—	—	—	—	—
4	1	4	24	75546	20761			597	53735		453

基本情况综合年报(文化)(二)

计 (千元)				资产总计(千元)		实际使用房屋建筑面积		实际拥有产权面积(万平方米)	增加值(千元)
计 中					固定资产原值	(万平方米)	科研房屋面积		
对个人和家庭补助支出		其他资本性支出							
	抚恤金和生活补助		各种设备购置费						
3778	16	660	417	133211	50917	1.66	1.64	1.57	25303
—	—	—	—	—	—	—	—	—	—
420	16	584	417	127271	47958	1.55	1.53	1.44	17955
3159		76		5735	2912	0.10	0.10	0.13	6593
199				205	47				755
—	—	—	—	—	—	—	—	—	—
16	16	417	417	124512	46550	1.44	1.44	1.44	14013
3762		243		8699	4367	0.21	0.19	0.13	11290
—	—	—	—	—	—	—	—	—	—
3175	16	493	417	130247	49462	1.55	1.55	1.57	20606
603		167		2964	1455	0.11	0.09		4697
—	—	—	—	—	—	—	—	—	—
3778	16	660	417	133211	50917	1.66	1.64	1.57	25303

文化市场经营机构基本

	机构数（个）	从业人员（人）	资产、负债、所有者			
			资产总计			负债合计
				固定资产原价	当年提取的折旧总额	
总计	11799	118089	20889623	14063881	1488283	4304804
按城乡分	—	—	—	—	—	—
城市	4162	56668	12206050	6464035	591176	3232064
县城	4412	45957	6423375	5685963	672468	833037
县以下	3225	15464	2260198	1913882	224638	239702
按经营范围分	—	—	—	—	—	—
文艺表演团体	544	15153	700552	494867	37242	64954
演出场所经营单位	208	3077	973882	973882	33033	197176
演出经纪机构	86	1682	626470	395011	32819	148798
娱乐场所	4263	63975	10063375	7630762	882426	2456729
经营性互联网文化单位	75	6337	4168692	994453	48697	1029637
互联网上网服务营业场所（网吧）	6449	26100	3737655	3148395	413050	314783
艺术品经营机构	160	494	337441	256004	13418	38450
文化市场连锁经营机构	14	1271	281556	170507	27598	54277
按登记注册类型分	—	—	—	—	—	—
内资企业	11799	118089	20889623	14063881	1488283	4304804
港澳台商投资企业						
外商投资企业						
按部门分	—	—	—	—	—	—
文化部门	1	5	5	5		
其他部门	11798	118084	20889618	14063876	1488283	4304804

文化市场经营机构基本

	损益及分配					
	营业成本			营业利润	营业外收入	
	住房公积金和住房补贴	差旅费	工会经费			政府补助（补贴收入）
总计	69709	65635	15592	3955676	549544	405250
按城乡分	—	—	—	—	—	—
城市	29720	39496	10650	2092544	500095	405242
县城	28706	21865	3212	1379153	37259	
县以下	11284	4275	1731	483979	12190	8
按经营范围分	—	—	—	—	—	—
文艺表演团体	2614	8114	2070	178174	314735	292025
演出场所经营单位	1949	1054	403	38992	12942	7915
演出经纪机构	5025	5234	1493	9713	72748	70711
娱乐场所	35519	29899	4664	1948654	34870	
经营性互联网文化单位	12300	14923	2906	901334	71895	34556
互联网上网服务营业场所（网吧）	10560	4686	3918	795210	40362	
艺术品经营机构		60	9	15852	82	17
文化市场连锁经营机构	1742	1665	129	67747	1910	26
按登记注册类型分	—	—	—	—	—	—
内资企业	69709	65635	15592	3955676	549544	405250
港澳台商投资企业						
外商投资企业						
按部门分	—	—	—	—	—	—
文化部门		2		18		
其他部门	69709	65633	15592	3955658	549544	405233

情况综合年报(总表)(一)

权益(千元)			损益及分配(千元)			
所有者权益合计			营业收入		营业成本	
	实收资本(股本)			主营业务收入		养老、医疗、失业等保险费
		国家资本金				
16584817	8768735	279461	13450216	12773801	9494553	192418
—	—	—	—	—	—	—
8973995	4019464	169415	6683097	6285240	4590560	116885
5590336	3513148	65414	5193948	5001506	3814800	57475
2020486	1236123	44632	1573170	1487054	1089193	18061
—	—	—	—	—	—	—
635597	169134	33104	748321	717526	570148	15326
776706	243085	18661	265579	92734	226588	5945
477673	372174	79300	305628	260964	295915	14929
7606644	4792629	134150	7218869	6930700	5270223	82887
3139055	1025261		2348767	2347877	1447433	36986
3422871	1932464	14246	2308593	2174034	1513385	29282
298992	96017		58101	55512	42250	395
227279	137971		196358	194454	128611	6668
—	—	—	—	—	—	—
16584817	8768735	279461	13450216	12773801	9494553	192418
—	—	—	—	—	—	—
5	5		50	50	32	
16584812	8768730	279461	13450166	12773751	9494521	192418

情况综合年报(总表)(二)

(千元)		工资、福利费、增值税(千元)			经营面积(万平方米)	增加值(千元)
营业外支出	利润总额	本年发放工资总额	本年支付的职工福利费	本年应交税金总额		
427193	4075953	2996313	135779	853073	711.03	10007617
—	—	—	—	—	—	—
337530	2253015	1589649	83466	498592	305.31	5155566
64883	1351538	1059544	35419	258677	292.66	3518273
24781	471400	347123	16896	95800	113.03	1333778
—	—	—	—	—	—	—
271029	221882	353067	10043	46214	35.36	678197
9661	42273	77644	2553	13995	48.30	180760
23572	56789	87755	5985	14595	19.96	221017
64360	1919164	1542658	54867	467119	405.76	5078622
4813	968416	402377	39019	173815	7.59	1633930
52857	782739	480681	19155	131250	186.21	2016230
55	15879	15644	450	1446	3.23	49377
846	68811	36487	3707	4639	4.62	149484
—	—	—	—	—	—	—
427193	4075953	2996313	135779	853073	711.03	10007617
—	—	—	—	—	—	—
	18	30		2		921792
427193	4075935	2996283	135779	853071	711.02	9024479

演出经纪机构基本

资产、负债、所有者

	机构数（个）	从业人员（人）	资产总计	固定资产原价	当年提取的折旧总额	负债合计
总计	86	1682	626470	395011	32819	148798
按城乡分	—	—	—	—	—	—
城市	74	1559	567956	372688	29109	126237
县城	12	123	58514	22323	3710	22561
县以下						
按登记注册类型分	—	—	—	—	—	—
内资企业	86	1682	626470	395011	32819	148798
港澳台商投资企业						
外商投资企业						
按部门分	—	—	—	—	—	—
文化部门	1	5	5	5		
其他部门	85	1677	626465	395006	32819	148798

演出经纪机构基本

损益及分配

	营业成本：住房公积金和住房补贴	营业成本：差旅费	营业成本：工会经费	营业利润	营业外收入	营业外收入：政府补助（补贴收入）
总计	5025	5234	1493	9713	72748	70711
按城乡分	—	—	—	—	—	—
城市	5002	4743	1480	3841	72713	70711
县城	23	491	13	5872	35	
县以下						
按登记注册类型分	—	—	—	—	—	—
内资企业	5025	5234	1493	9713	72748	70711
港澳台商投资企业						
外商投资企业						
按部门分	—	—	—	—	—	—
文化部门		2		18		
其他部门	5025	5232	1493	9695	72748	70711

情况综合年报(一)

权益(千元)			损益(千元)			
所有者权益合计			营业收入		营业成本	
	实收资本(股本)			主营业务收入		养老、医疗、失业等保险费
		国家资本金				
477673	372174	79300	305628	260964	295915	14929
—	—	—	—	—	—	—
441720	349853	79100	285612	240948	281771	14807
35953	22321	200	20016	20016	14144	122
—	—	—	—	—	—	—
477673	372174	79300	305628	260964	295915	14929
—	—	—	—	—	—	—
5	5		50	50	32	
477668	372169	79300	305578	260914	295883	14929

情况综合年报(二)

(千元)		工资、福利费、增值税(千元)			演出场次(场)		经营面积	增加值
营业外支出	利润总额	本年发放工资总额	本年支付的职工福利费	本年应交税金总额		观众人次(万人次)	(万平方米)	(千元)
23572	56789	87755	5985	14595	16911	910	19.96	221017
—	—	—	—	—	—	—	—	—
23493	50961	84966	5945	14322	16400	878	18.64	207992
79	5828	2789	40	273	511	32	1.31	13025
—	—	—	—	—	—	—	—	—
23572	56789	87755	5985	14595	16911	910	19.96	221017
—	—	—	—	—	—	—	—	—
	18	30		2	5			50
23572	56771	87725	5985	14593	16906	910	19.95	220967

娱乐场所基本情

	机构数（个）	从业人员（人）	资产、负债、所有者			
			资产总计			负债合计
				固定资产原价	当年提取的折旧总额	
总计	4263	63975	10063375	7630762	882426	2456729
按城乡分	—	—	—	—	—	—
城市	1298	22250	3975093	2313854	301520	1552428
县城	1992	34041	4922914	4367708	475027	746697
县以下	973	7684	1165370	949201	105879	157604
按登记注册类型分	—	—	—	—	—	—
内资企业	4263	63975	10063375	7630762	882426	2456729
港澳台商投资企业						
外商投资企业						
按经营类别分	—	—	—	—	—	—
歌舞娱乐场所	1137	4434	694284	609645	75203	50526
游艺娱乐场所	3121	59411	9255901	6973817	798439	2382900
其它	5	130	113189	47300	8781	23303
按是否连锁分	—	—	—	—	—	—
连锁门店	26	1000	135670	96949	12298	18396
非连锁门店	4237	62975	9927705	7533813	870128	2438333
按部门分	—	—	—	—	—	—
文化部门						
其他部门	4263	63975	10063375	7630762	882426	2456729

娱乐场所基本情

	损益（千元）						
	营业成本			营业利润	营业外收入	营业外支出	利润总额
	住房公积金和住房补贴	差旅费	工会经费				
总计	35519	29899	4664	1948654	34870	64360	1919164
按城乡分	—	—	—	—	—	—	—
城市	4740	8622	2737	715566	7111	9736	712941
县城	22877	18910	1003	984423	25183	43591	966016
县以下	7902	2367	924	248665	2575	11034	240207
按登记注册类型分	—	—	—	—	—	—	—
内资企业	35519	29899	4664	1948654	34870	64360	1919164
港澳台商投资企业							
外商投资企业							
按经营类别分	—	—	—	—	—	—	—
歌舞娱乐场所	1002	1863	456	156140	2761	4527	154374
游艺娱乐场所	34517	28017	4208	1792559	32109	59738	1764930
其它		19		−45		95	−140
按是否连锁分	—	—	—	—	—	—	—
连锁门店	101	119	5	22038	89	57	22070
非连锁门店	35418	29780	4659	1926616	34781	64303	1897094
按部门分	—	—	—	—	—	—	—
文化部门							
其他部门	35519	29899	4664	1948654	34870	64360	1919164

况综合年报(一)

权益(千元)			损益(千元)			
所有者权益合计			营业收入		营业成本	
	实收资本(股本)			主营业务收入		养老、医疗、失业等保险费
		国家资本金				
7606644	4792629	134150	7218869	6930700	5270223	82887
—	—	—	—	—	—	—
2422667	1570302	32563	2263889	2170308	1548326	28026
4176217	2673160	62610	4090840	3933830	3106419	45712
1007760	549167	38977	864141	826563	615479	9151
—	—	—	—	—	—	—
7606644	4792629	134150	7218869	6930700	5270223	82887
—	—	—	—	—	—	—
643758	454781	2713	419555	410138	263418	5481
6873000	4325597	131437	6784248	6505496	4991695	77116
89886	12251		15068	15068	15113	291
—	—	—	—	—	—	—
117273	110373		95178	94578	73140	1925
7489371	4682256	134150	7123691	6836122	5197083	80962
—	—	—	—	—	—	—
7606644	4792629	134150	7218869	6930700	5270223	82887

况综合年报(二)

工资、福利费、税金(千元)			经营面积(万平方米)	核定人数(人)	包房包间数量(个)	电子游戏及游艺机台数(台)	增加值(千元)
本年发放工资总额	本年支付的职工福利费	本年应交税金总额					
1542658	54867	467119	405.76	5496	208	155	5078622
—	—	—	—	—	—	—	—
498134	16876	213535	131.66	5033	131	155	1812602
852102	26942	207181	218.58	223	5		2637196
192424	11049	46404	55.51	240	72		628824
—	—	—	—	—	—	—	—
1542658	54867	467119	405.76	5496	208	155	5078622
—	—	—	—	—	—	—	—
82191	3198	31140	47.43	1733	85		361406
1457411	51655	434284	357.31			155	4701889
3057	14	1695	1.02	3763	123		15327
—	—	—	—	—	—	—	—
18790	667	7304	6.21				63915
1523868	54200	459815	399.56	5496	208	155	5014707
—	—	—	—	—	—	—	—
1542658	54867	467119	405.76	5496	208	155	5078622

经营性互联网文化单位

	机构数（个）	从业人员（人）	资产、负债、所有者权益（千元）						
			资产总计			负债合计	所有者权益合计		
				固定资产原价	当年提取的折旧总额			实收资本	
									国家资本金
总计	75	6337	4168692	994453	48697	1029637	3139055	1025261	
按城乡分	—	—	—	—	—	—	—	—	—
城市	70	6264	4126416	963724	47963	1023535	3102881	990802	
县城	2	41	11237	10000		138	11099	10000	
县以下	3	32	31039	20729	734	5964	25075	24459	
按登记注册类型分	—	—	—	—	—	—	—	—	—
内资企业	75	6337	4168692	994453	48697	1029637	3139055	1025261	
港澳台商投资企业									
外商投资企业									
按经营类别分	—	—	—	—	—	—	—	—	—
网络游戏经营单位	5	141	28262	17259	1139	6528	21734	16020	
网络音乐经营单位	58	5903	4006715	917980	45443	986423	3020292	933631	
其他单位	12	293	133715	59214	2115	36686	97029	75610	
按部门分	—	—	—	—	—	—	—	—	—
文化部门									
其他部门	75	6337	4168692	994453	48697	1029637	3139055	1025261	

经营性互联网文化单位

	损益（千元）		工资、福利费、税金（千元）			经营面积（万平方米）
	营业外支出	利润总额	本年发放工资总额	本年支付的职工福利费	本年应交税金总额	
总计	4813	968416	402377	39019	173815	7.59
按城乡分	—	—	—	—	—	—
城市	4767	966856	399497	38818	173061	7.40
县城		1308	1553	81	631	0.10
县以下	46	252	1327	120	123	0.08
按登记注册类型分	—	—	—	—	—	—
内资企业	4813	968416	402377	39019	173815	7.59
港澳台商投资企业						
外商投资企业						
按经营类别分	—	—	—	—	—	—
网络游戏经营单位	16	1015	7398	631	159	0.10
网络音乐经营单位	4495	951337	378995	37088	172403	6.89
其他单位	302	16064	15984	1300	1253	0.60
按部门分	—	—	—	—	—	—
文化部门						
其他部门	4813	968416	402377	39019	173815	7.59

基本情况综合年报(一)

损益（千元）									
营业收入		营业成本					营业利润	营业外收入	
	主营业务收入		养老、失业等保险费	住房公积金和住房补贴	差旅费	工会经费			政府补助（补贴收入）
2348767	2347877	1447433	36986	12300	14923	2906	901334	71895	34556
—	—	—	—	—	—	—	—	—	—
2333432	2333060	1433521	36774	12300	14413	2876	899911	71712	34554
5635	5117	4345	102		8	30	1290	18	
9700	9700	9567	110		502		133	165	2
—	—	—	—	—	—	—	—	—	—
2348767	2347877	1447433	36986	12300	14923	2906	901334	71895	34556
—	—	—	—	—	—	—	—	—	—
15160	15160	14176	921	34	769	42	984	47	
2265026	2264136	1380582	34309	11757	12531	2648	884444	71388	34259
68581	68581	52675	1756	509	1623	216	15906	460	297
—	—	—	—	—	—	—	—	—	—
2348767	2347877	1447433	36986	12300	14923	2906	901334	71895	34556

基本情况综合年报(二)

运营网络文化产品数（个）					注册用户数（万人次）	日均在线人次（万人次）	增加值（千元）
	网络游戏数		网络音乐数（首）	其他（个）			
	（个）	拥有自主知识产权游戏产品数					
1148311	912	6	1146826	544	55722	200	1633930
—	—	—	—	—	—	—	—
1148273	874	6	1146826	544	54381	200	1627413
19	19				11		3688
19	19				1330		2829
—	—	—	—	—	—	—	—
1148311	912	6	1146826	544	55722	200	1633930
—	—	—	—	—	—	—	—
1142340			1142340		1281	156	12050
5435	897		4486	23	54170		1580923
536	15	6		521	271	45	40957
—	—	—	—	—	—	—	—
1148311	912	6	1146826	544	55722	200	1633930

互联网上网服务营业场所(网

	机构数（个）	从业人员（人）	资产、负债、所有者权益(千元)						
			资产总计			负债合计	所有者权益合计		
				固定资产原价	当年提取的折旧总额			实收资本(股本)	
									国家资本金
总计	6449	26100	3737655	3148395	413050	314783	3422871	1932464	14246
按城乡分	—	—	—	—	—	—	—	—	—
城市	1895	6972	1365316	1009457	109233	179105	1186217	537041	5987
县城	2333	11489	1384469	1249772	188737	62103	1322364	784977	2604
县以下	2221	7639	987868	889164	115079	73574	914290	610446	5655
按登记注册类型分	—	—	—	—	—	—	—	—	—
内资企业	6449	26100	3737655	3148395	413050	314783	3422871	1932464	14246
港澳台商投资企业									
外商投资企业									
按是否连锁分	—	—	—	—	—	—	—	—	—
连锁门店	604	2615	321914	276388	47632	39508	282403	165637	198
非连锁门店	5845	23485	3415740	2872007	365418	275275	3140468	1766827	14048
按部门分	—	—	—	—	—	—	—	—	—
文化部门									
其他部门	6449	26100	3737655	3148395	413050	314783	3422871	1932464	14246

互联网上网服务营业场所(网

	损益(千元)				工资、
	营业利润	营业外收入	营业外支出	利润总额	本年发放工资总额
总计	795210	40362	52857	782739	480681
按城乡分	—	—	—	—	—
城市	181792	18920	18679	182037	134835
县城	380364	12003	20999	371376	195903
县以下	233054	9440	13179	229326	149944
按登记注册类型分	—	—	—	—	—
内资企业	795210	40362	52857	782739	480681
港澳台商投资企业					
外商投资企业					
按是否连锁分	—	—	—	—	—
连锁门店	116908	2567	996	118482	50072
非连锁门店	678302	37795	51861	664257	430609
按部门分	—	—	—	—	—
文化部门					
其他部门	795210	40362	52857	782739	480681

吧)基本情况综合年报(一)

损益(千元)						
营业收入		营业成本				
	主营业务收入		养老、医疗、失业等保险费	住房公积金和住房补贴	差旅费	工会经费
2308593	2174034	1513385	29282	10560	4686	3918
—	—	—	—	—	—	—
574648	523517	392859	9223	1373	963	948
1047738	1012844	667375	11304	5806	2343	2166
686205	637671	453150	8756	3382	1381	805
—	—	—	—	—	—	—
2308593	2174034	1513385	29282	10560	4686	3918
—	—	—	—	—	—	—
296438	280415	179532	2786	199	109	120
2012155	1893618	1333854	26497	10361	4576	3798
—	—	—	—	—	—	—
2308593	2174034	1513385	29282	10560	4686	3918

吧)基本情况综合年报(二)

福利费、税金(千元)		计算机终端数(台)	日均上网人次(万人次)	经营面积(万平方米)	增加值(千元)
本年支付的职工福利费	本年应交税金总额				
19155	131250	719896	98	186.21	2016230
—	—	—	—	—	—
5471	32676	237374	27	58.68	480290
7964	49504	272577	36	72.08	843247
5722	49065	209945	32	55.45	692693
—	—	—	—	—	—
19155	131250	719896	98	186.21	2016230
—	—	—	—	—	—
898	11817	75039	7	18.92	354487
18258	119433	644857	90	167.29	1661743
—	—	—	—	—	—
19155	131250	719896	98	186.21	2016230

艺术品经营机构基本

	机构数（个）	从业人员（人）	资产、负债、所有者			
			资产总计			负债合计
				固定资产原价	当年提取的折旧总额	
总计	160	494	337441	256004	13418	38450
按城乡分	—	—	—	—	—	—
城市	63	199	256007	186416	6456	36080
县城	72	221	32293	26160	4196	30
县以下	25	74	49141	43428	2766	2340
按登记注册类型分	—	—	—	—	—	—
内资企业	160	494	337441	256004	13418	38450
港澳台商投资企业						
外商投资企业						
按经营类别分	—	—	—	—	—	—
艺术品销售	126	383	283642	224061	11178	35875
艺术品拍卖						
艺术品展览	4	26	52480	30882	2180	2544
艺术品评估鉴定						
艺术品经纪代理						
其他	30	85	1319	1061	60	31
按部门分	—	—	—	—	—	—
文化部门						
其他部门	160	494	337441	256004	13418	38450

艺术品经营机构基本

	损益（千元）					工资、
	营业利润	营业外收入		营业外支出	利润总额	本年发放工资总额
			政府补助（补贴收入）			
总计	15852	82	17	55	15879	15644
按城乡分	—	—	—	—	—	—
城市	10521	62	17	35	10548	8323
县城	4628	20		20	4628	5433
县以下	703				703	1888
按登记注册类型分	—	—	—	—	—	—
内资企业	15852	82	17	55	15879	15644
港澳台商投资企业						
外商投资企业						
按经营类别分	—	—	—	—	—	—
艺术品销售	16138	82	17	52	16168	13616
艺术品拍卖						
艺术品展览	−730			2	−732	584
艺术品评估鉴定						
艺术品经纪代理						
其他	444			1	443	1444
按部门分	—	—	—	—	—	—
文化部门						
其他部门	15852	82	17	55	15879	15644

情况综合年报(一)

权益(千元)			损益(千元)						
所有者权益合计			营业收入		营业成本				
	实收资本(股本)			主营业务收入		养老、医疗、失业等保险费	住房公积金和住房补贴	差旅费	工会经费
		国家资本金							
298992	96017		58101	55512	42250	395		60	9
—	—	—	—	—	—	—	—	—	—
219928	51516		30412	27843	19890	210		60	7
32263	12690		20649	20629	16023	141			
46801	31811		7040	7040	6337	44			2
—	—	—	—	—	—	—	—	—	—
298992	96017		58101	55512	42250	395		60	9
—	—	—	—	—	—	—	—	—	—
247768	69727		53773	53154	37634	206		34	3
49936	26000		2070	100	2800	66		26	6
1288	290		2258	2258	1816	123			
—	—	—	—	—	—	—	—	—	—
298992	96017		58101	55512	42250	395		60	9

情况综合年报(二)

福利费、税金(千元)		拍卖情况			展览场次(场)	经营面积(万平方米)	增加值(千元)
本年支付的职工福利费	本年应交税金总额	拍卖场次(场)	成交件数(件)	成交额(千元)			
450	1446				10116	3.23	49377
—	—	—	—	—	—	—	—
432	695				102	0.96	28137
18	635				10008	0.55	15051
	116				6	1.72	6189
—	—	—	—	—	—	—	—
450	1446				10116	3.23	49377
—	—	—	—	—	—	—	—
398	1345				10051	2.28	44315
52	97				65	0.74	2987
	4					0.21	2075
—	—	—	—	—	—	—	—
450	1446				10116	3.23	49377

文化市场连锁经营机构

	机构数（个）	从业人员（人）	资产、负债、所有者			
			资产总计			负债合计
				固定资产原价	当年提取的折旧总额	
总计	14	1271	281556	170507	27598	54277
按城乡分	—	—	—	—	—	—
城市	10	1194	240828	149147	26620	52549
县城	1	42	13948	10000	798	1508
县以下	3	35	26780	11360	180	220
按登记注册类型分	—	—	—	—	—	—
内资企业	14	1271	281556	170507	27598	54277
港澳台商投资企业						
外商投资企业						
按连锁类型分	—	—	—	—	—	—
网吧	14	1271	281556	170507	27598	54277
娱乐场所						
其他						
按部门分	—	—	—	—	—	—
文化部门						
其他部门	14	1271	281556	170507	27598	54277

文化市场连锁经营机构

	损益（千元）					工资、
	营业利润	营业外收入		营业外支出	利润总额	本年发放工资总额
			政府补助（补贴收入）			
总计	67747	1910	26	846	68811	36487
按城乡分	—	—	—	—	—	—
城市	63747	1900	20	130	65517	33183
县城	2576			194	2382	1764
县以下	1424	10	6	522	912	1540
按登记注册类型分	—	—	—	—	—	—
内资企业	67747	1910	26	846	68811	36487
港澳台商投资企业						
外商投资企业						
按连锁类型分	—	—	—	—	—	—
网吧	67747	1910	26	846	68811	36487
娱乐场所						
其他						
按部门分	—	—	—	—	—	—
文化部门						
其他部门	67747	1910	26	846	68811	36487

基本情况综合年报(一)

权益(千元)			损益(千元)						
所有者权益合计			营业收入		营业成本				
	实收资本(股本)			主营业务收　　入		养老、医疗、失业等保险费	住房公积金和住房补贴	差旅费	工会经费
		国家资本金							
227279	137971		196358	194454	128611	6668	1742	1665	129
—	—	—	—	—	—	—	—	—	—
188279	107731		181204	179304	117457	6574	1742	1527	129
12440	10000		9070	9070	6494	94		113	
26560	20240		6084	6080	4660			25	
—	—	—	—	—	—	—	—	—	—
227279	137971		196358	194454	128611	6668	1742	1665	129
—	—	—	—	—	—	—	—	—	—
227279	137971		196358	194454	128611	6668	1742	1665	129
—	—	—	—	—	—	—	—	—	—
227279	137971		196358	194454	128611	6668	1742	1665	129

基本情况综合年报(二)

福利费、税金(千元)		经营面积(万平方米)	连锁门店数(个)			增加值(千元)
本年支付的职工福利费	本年应交税金总额			直　营门店数	加　盟门店数	
3707	4639	4.62	618	427	191	149484
—	—	—	—	—	—	—
3328	4094	4.31	570	388	182	140175
374	453	0.04	18	18		6066
5	92	0.27	30	21	9	3243
—	—	—	—	—	—	—
3707	4639	4.62	618	427	191	149484
—	—	—	—	—	—	—
3707	4639	4.62	618	427	191	149484
—	—	—	—	—	—	—
3707	4639	4.62	618	427	191	149484

文化市场行政执法机

	机构数（个）	从业人员（人）				本年收入合计（千元）		
			行政编制	事业编制	其他人员		财政拨款	
								基建拨款
总　　计	90	1123	503	464	144	162226	156310	100
中　央								
省区市								
地　市	9	183	31	131	21	34183	33482	
县市区	81	940	472	333	123	128043	122828	100

文化市场行政执法机

	本年支出合计（千元）		资产总计（千元）		实际使用房屋建筑面积（万平方米）		实际拥有产权面积（万平方米）
	在支出合计中：其他资本性支出			固定资产原值		库房面积	
		各种设备购置费					
总　　计	2973	2285	63973	41495	2.80	0.41	0.69
中　央							
省区市							
地　市	1220	1115	17053	10977	0.56	0.08	0.25
县市区	1753	1170	46920	30518	2.24	0.33	0.44

其他文化事业机构

	机构数（个）	从业人员（人）					本年收入合计（千元）								本年支出合计（千元）		
			专业技术人才					财政拨款		上级补助收入	事业收入	经营收入	附属单位上缴收入	其他收入		基本支出	项目支出
				正高级职称	副高级职称	中级职称			基建拨款								
总　　计	10	69	41	1	11	24	33136	29143		364	315		240	3074	33134	7625	25255
其他艺术业																	
其中：艺术创作机构																	
其中：剧目创作室																	
其他	10	69	41	1	11	24	33136	29143		364	315		240	3074	33134	7625	25255
按隶属关系分类	—	—	—	—	—	—	—	—	—	—	—	—	—	—	—	—	—
中央																	
省区市	1	5	5		1	4	2399	2083			315			1	2410	793	1617
地市	6	53	33	1	10	17	28357	26471		364			240	1282	28749	6180	22550
县市区	3	11	3			3	2380	589						1791	1975	652	1088
按部门分类	—	—	—	—	—	—	—	—	—	—	—	—	—	—	—	—	—
文化部门	10	69	41	1	11	24	33136	29143		364	315		240	3074	33134	7625	25255
其他部门																	

构综合情况年报(一)

本年支出合计（千元）										
	基本支出	项目支出	在支出合计中：							
			工资福利支出	商品和服务支出					对个人和家庭补助支出	
					差旅费	劳务费	福利费	税金支出		抚恤金和生活补助
162999	104514	32536	92102	34804	2602	2407	2024	44	13351	239
34480	23773	7982	17991	9913	778	513	273	7	4155	28
128519	80741	24554	74111	24891	1824	1894	1751	37	9196	211

构综合情况年报(二)

执法装备							参加人身意外伤害保险人数		增加值（千元）
执勤用车（辆）	执法车辆（辆）	数码取证设备（台）	执法通讯设备（台）	影视鉴定设备（台）	网络执法设备（台）	执法用房（间）	（人）	保险费用（千元）	
38	118	392	216	29	115	294	839	11985	111519
5	18	76	50	6	8	13	163	55	23401
33	100	316	166	23	107	281	676	11930	88118

基本情况综合年报

本年支出合计（千元）											资产总计（千元）		实际使用房屋建筑面积（万平方米）	实际拥有产权面积（万平方米）	增加值（千元）
经营支出	在支出合计中：											固定资产原值			
	工资福利支出	商品和服务支出					对个人和家庭补助支出		其他资本性支出						
			差旅费	劳务费	福利费	税金支出		抚恤金和生活补助		各种设备购置费					
	5109	25427	196	1247	98	138	1098	7	1332	343	913222	863597	8.08	5.43	42239
	5109	25427	196	1247	98	138	1098	7	1332	343	913222	863597	8.08	5.43	42239
—	—	—	—	—	—	—	—	—	—	—	—	—		—	—
	549	1401	20	106	7	17	153		307		1485	1076			876
	4120	23030	150	773	84	112	902	7	575	21	859244	851794	6.99	4.05	40066
	440	996	26	368	7	9	43		450	322	52493	10727	1.09	1.38	1297
—	—	—	—	—	—	—	—	—	—	—	—	—	—	—	—
	5109	25427	196	1247	98	138	1098	7	1332	343	913222	863597	8.08	5.43	42239

其他文化企业基

	机构数（个）	从业人员（人）					资产、负债所有者权益							损益和分配（千元）	
			专业技术人员				资产总计			负债总计	所有者权益合计			营业收入	营业成本
				正高级职称	副高级职称	中级职称		固定资产原价	当年提取的折旧总额			实收资本			
													国家资本		
总计	39	651	103	8	8	43	1271258	420667	71855	617273	653985	390586	240067	197328	212432
第一产业															
第二产业	4	18	4		1	3	15555	5352	449	5378	10177	8553	1553	14087	13992
其中：制造业	1						3389	3636	172	2239	1150	953	953		187
建筑业															
第三产业	35	633	99	8	7	40	1255703	415315	71406	611895	643808	382033	238514	183241	198440
其中：批、零和餐饮业	1	8	2	1	1		2090	36	2	2027	63	77	77	3192	3169
房地产业	1	35	6			6	173960	161153	7716	102107	71853	20000	20000	22304	21999
文化产业	6	91	27	1	1	11	86538	33304	1214	36124	50414	18732	17242	18270	19038
按部门分	—	—	—	—	—	—	—	—	—	—	—	—	—	—	—
文化部门	39	651	103	8	8	43	1271258	420667	71855	617273	653985	390586	240067	197328	212432
其他部门															

文化行政主管部门

	机构数（个）	从业人员（人）		本年收入合计（千元）						本年支出			
			事业编制人员		财政拨款		在财政拨款中				基本支出	项目支出	
						基建拨款	行政运行	一般行政管理事务	文化活动等经费				工资福利支出
总计	103	2308	301	1672706	1516421	30343	331691	81452	792365	1726454	489222	1210587	231931
中央													
省区市	1	60		45296	45273		8202	5710		55992	15834	40158	6179
地市	11	456	32	304876	271631	9743	76638	20213	112172	288296	98000	190273	49721
县市区	91	1792	269	1322534	1199517	20600	246851	55529	680193	1382166	375388	980156	176031

本情况综合年报

损益和分配（千元）									工资、福利费、税金（千元）			实际使用房屋建筑面积（万平方米）	实际拥有产权面积（万平方米）	增加值（千元）
营业成本				营业利润	营业外收入		营业外支出	利润总额	本年发放工资总额	本年支付的职工福利费	本年应交税金总额			
	住房公积金和住房补贴	差旅费	工会经费			政府补助（补贴收入）								
7626	1980	1560	382	－15104	16692	6437	630	958	28264	3185	14808	9.26	4.84	133393
90	25	516		95	20		14	101	340	53	776	0.31	0.30	2048
				－187	20			－167			9	0.30	0.30	181
7536	1955	1044	382	－15199	16672	6437	616	857	27924	3132	14032	8.95	4.53	131345
59		45		23			16	7	266	23	111			487
444	177	44	41	305	520		22	803	2070	139	3842	3.38	2.59	14737
1455	427	100	50	－768	1156	1020	231	157	4306	232	1145	1.76	1.51	9662
—	—	—	—	—	—	—	—	—	—	—	—	—	—	—
7626	1980	1560	382	－15104	16692	6437	630	958	28264	3185	14808	9.26	4.84	133393

基本情况综合年报

合　计　（千元）									资产总计（千元）		公用房屋建筑面积（万平方米）	实际拥有产权面积（万平方米）	增加值（千元）
在支出合计中：													
商品和服务支出					对个人和家庭补助支出		其他资本性支出			固定资产原值			
	差旅费	劳务费	福利费	税金支出		抚恤金和生活补助		各种设备购置费					
818403	17028	42411	4702	338	144496	14155	145554	16397	887651	344256	9.54	3.40	424585
38881	795	664	584		7122	52	3809	1809	33536	33536	0.54	0.54	15889
164289	5360	8051	720	252	37591	593	19633	1523	131767	72250	1.61	0.67	98974
615233	10873	33696	3398	86	99783	13510	122112	13065	722348	238470	7.39	2.19	309722

文物业基本情

	机构数（个）	从业人员（人）					文物藏品（件/套）				在藏品数中（件/套）		
			专业技术人才					一级品	二级品	三级品	本年新增藏品数（件/套）	本年从有关部门接收文物数（件/套）	本年藏品征集数（件/套）
				正高级职称	副高级职称	中级职称							
总　　计	275	5334	1994	161	289	729	1080763	2915	11925	76690	20480	881	17266
按单位类型分	—	—	—	—	—	—	—	—	—	—	—	—	—
文物科研机构	4	105	62	25	14	20	14923	51	236	1280	1	1	
文物保护管理机构	92	1408	530	35	79	199	61540	232	564	4340	165	8	78
博物馆	166	3624	1373	97	191	495	967070	2632	11125	71070	20314	872	17188
文物商店	9	58	17		2	12	37230						
其他文物机构	4	139	12	4	3	3							
按隶属关系分	—	—	—	—	—	—	—	—	—	—	—	—	—
中　央													
省区市	8	540	289	65	72	92	248702	871	5663	36428	13369		11729
地　市	68	2410	836	59	114	312	321351	754	2661	17123	3543	324	3543
县市区	199	2384	869	37	103	325	510710	1290	3601	23139	3568	557	1994
按部门分	—	—	—	—	—	—	—	—	—	—	—	—	—
文物部门	208	4500	1832	149	270	673	837106	2294	10886	74925	17706	380	15634
其他部门	67	834	162	12	19	56	243657	621	1039	1765	2774	501	1632

文物业基本情

	本年收入合计（千元）					本年支出合							
										在支出			
											商品和服务支出		
	上级补助收入	事业收入	经营收入	附属单位上缴收入	其他收入		基本支出	项目支出	经营支出	工资福利支出	差旅费	劳务费	福利费
总　　计	55893	316811	22839	320	84670	1782556	669704	1006349	19906	320270	17984	67364	12027
按单位类型分	—	—	—	—	—	—	—	—	—	—	—	—	—
文物科研机构	364	1350			15179	49812	11884	37928		7915	1505	7986	282
文物保护管理机构	26957	291065	972	60	13639	586240	352863	220215	1123	124032	5331	22746	3630
博物馆	28572	24396	21867	260	55271	785170	285960	473567	18783	175235	9427	34554	7445
文物商店						26774				356	417		356
其他文物机构					581	334560	18997	274639		12732	1304	2078	314
按隶属关系分	—	—	—	—	—	—	—	—	—	—	—	—	—
中　央													
省区市		8033			2749	193306	57655	134707		40811	5026	15760	1725
地　市	35676	304280	3106	320	32190	1090942	433258	585101	3618	169184	8456	29528	5197
县市区	20217	4498	19733		49731	498308	178791	286541	16288	110275	4502	22076	5105
按部门分	—	—	—	—	—	—	—	—	—	—	—	—	—
文物部门	49276	308406	2063	60	57801	1649738	625313	943235	1741	293974	16203	64147	10457
其他部门	6617	8405	20776	260	26869	132818	44391	63114	18165	26296	1781	3217	1570

况综合年报(一)

本年修复藏品数(件/套)				基本陈列(个)	举办展览(个)	参观人次(万人次)		门票销售总额(千元)	本年收入合计(千元)		
	一级品	二级品	三级品				未成年人参观人次			财政拨款	基建拨款
4026	97	144	607	475	975	4345.40	1011.56	254581	1823022	1262363	48403
—	—	—	—	—	—	—	—	—	—	—	—
2004			4						52899	36006	
197	3		30	64	76	1223.05	128.19	230212	625070	292377	5272
1825	94	144	573	411	899	3122.33	883.38	24369	769083	638717	24310
									29346	72	
									346624	295191	18821
—	—	—	—	—	—	—	—	—	—	—	—
2272	4	2	42	15	59	388.44	164.27		213045	201059	
589		50	119	120	346	2318.50	413.25	234750	1123864	669370	43931
1165	93	92	446	340	570	1638.46	434.04	19831	486113	391934	4472
—	—	—	—	—	—	—	—	—	—	—	—
3753	13	63	527	331	834	3886.03	940.00	230271	1721643	1224185	48403
273	84	81	80	144	141	459.37	71.56	24310	101379	38178	

况综合年报(二)

计 (千元)					资产总计(千元)		实际使用房屋建筑面积(万平方米)			实际拥有产权面积(万平方米)	增加值(千元)
合 计 中：											
	对个人和家庭补助支出		其他资本性支出			固定资产原值		展览用房	文物库房		
各种税金支出		抚恤金和生活补助		各种设备购置费							
12808	112617	1162	115343	20928	4135471	2688758	99.49	42.93	9.05	28.26	690777
—	—	—	—	—	—	—	—	—	—	—	—
	2249		1091	1048	37798	11601	0.51		0.19		19067
8323	59400	729	11056	1585	1283066	926123	19.16	6.84	0.63	4.09	302954
2886	47295	431	86506	18000	2651922	1684147	78.36	36.09	8.16	23.45	336606
1411					67759	19755	0.39		0.09	0.19	10860
188	3673	2	16690	295	94926	47132	1.09			0.55	21290
—	—	—	—	—	—	—	—	—	—	—	—
633	13883	43	44013	9936	684438	448494	8.78	4.17	1.63	1.67	92181
10728	78232	488	36085	7636	2334154	1516296	41.01	16.36	2.51	8.54	410243
1447	20502	631	35245	3356	1116879	723968	49.70	22.40	4.91	18.05	188353
—	—	—	—	—	—	—	—	—	—	—	—
11702	109442	957	103292	16808	3409173	2184150	76.41	32.59	6.66	20.95	635045
1106	3175	205	12051	4120	726298	504608	23.08	10.36	2.43	7.32	55732

文物行政主管部门基

	机构数（个）	从业人员（人）	专业技术人才	正高级职称	副高级职称	中级职称	藏品数（件/套）	一级品	二级品	三级品	在藏品数中（件/套）本年新增藏品数（件/套）	本年从有关部门接收文物（件/套）	本年藏品征集数（件/套）
总　计	41	113	4		2	1							
中　央													
省区市	1	19	2		2								
地　市	8	84											
县市区	32	10	2			1							

文物行政主管部门基

	本年支出合计（千元）在支出合计中：对个人和家庭补助支出	抚恤金和生活补贴	其他资本性支出	各种设备购置费	资产总计（千元）	固定资产原值	实际使用房屋建筑面积（万平方米）	实际拥有产权面积（万平方米）	举办出国（境）文物展览（个）	对外交流情况 出国（境）人次（人次）	与国外文博机构签署协议或备忘录个数（个）	赴港、澳、台人员数（个）
总　计	3379	2	16361	295	83979	42581	1.07	0.55		3		
中　央												
省区市	1929		352	165	32365	26291	0.33	0.33		2		
地　市	1399	2	15923	130	26074	9081	0.64	0.12		1		
县市区	51		86		25540	7209	0.10	0.10				

文物保护管理机构基

	机构数（个）	从业人员（人）	专业技术人才	正高级职称	副高级职称	中级职称	藏品数（件/套）	一级品	二级品	三级品	在藏品数中（件/套）本年新增藏品数（件/套）	本年从有关部门接收文物数（件/套）	本年藏品征集数（件/套）
总　计	92	1408	530	35	79	199	61540	232	564	4340	165	8	78
按隶属关系分	—	—	—	—	—	—	—	—	—	—	—	—	—
中　央													
省区市													
地　市	22	1002	310	28	40	112	3563	17	30	80	1		1
县　市	70	406	220	7	39	87	57977	215	534	4260	164	8	77
按部门分类	—	—	—	—	—	—	—	—	—	—	—	—	—
文物部门	89	1367	517	35	79	197	61540	232	564	4340	165	8	78
宗教部门													
园林部门													
其他部门	3	41	13			2							
按机构类型分	—	—	—	—	—	—	—	—	—	—	—	—	—
区域性文物保护管理机构	73	834	376	33	69	143	58136	215	536	4271	164	8	77
专门为一处或几处文物保护单位设立的保护管理机构	19	574	154	2	10	56	3404	17	28	69	1		1

本情况综合年报(一)

本年收入合计(千元)						本年支出合计(千元)								
	财政拨款		在财政拨款中				基本支出	项目支出	在支出合计中:					
		基建拨款	行政运行	一般行政管理事务	文物保护等经费				工资福利支出	商品和服务支出				
											差旅费	劳务费	福利费	各种税金支出
340694	290996	18821	7628	3791	249557	328765	16484	272301	11135	234451	759	1798	226	
8731	8681		2684	3471		9258	4727	4531	2048	4898	421	732	170	
288981	239333	18821	3956	120	215120	280136	10415	229941	8324	213723	283	887	56	
42982	42982		988	200	34437	39371	1342	37829	763	15830	55	179		

本情况综合年报(二)

对港、澳、台交流项目数(个)	参加国际组织活动数(个)	本年度培训情况					本辖区文物点(处)				各级文物保护专项资金设立情况(千元)			增加值(千元)
		接受国内培训人员数(人次)				出国接受培训人员数(人次)		全国重点文物保护单位	省级重点文物保护单位	市县级文物保护单位	中央级	省级	市县级	
			国家级培训班	省级培训班	市县级培训班									
		144	4	20	120	1	73943	130	755	4521		110000	253241	18287
		4	3	1		1	73943	130	755	4521		110000		5958
		37		12	25								207211	11045
		103	1	7	95								46030	1284

本情况综合年报(一)

本年修复文物数(件/套)				基本陈列(个)	举办展览(个)	参观人次(万人次)		门票销售总额(千元)	本年收入合计(千元)		
	一级品	二级品	三级品				未成年人参观人次			财政拨款	
											基建拨款
197	3		30	64	76	1223.05	128.19	230212	625070	292377	5272
—	—	—	—	—	—	—	—	—	—	—	—
120				35	46	989.20	88.02	226621	493887	175250	800
77	3		30	29	30	233.85	40.17	3591	131183	117127	4472
—	—	—	—	—	—	—	—	—	—	—	—
197	3		30	64	76	1169.58	125.26	221292	617378	290977	5272
						53.46	2.93	8920	7692	1400	
—	—	—	—	—	—	—	—	—	—	—	—
194			30	44	48	785.67	83.09	175514	420523	188353	800
3	3			20	28	437.38	45.10	54698	204547	104024	4472

文物保护管理机构基

	本年收入合计(千元)					本年支出合								
										在支出				
	上级补助收入	事业收入	经营收入	附属单位上缴收入	其他收入		基本支出	项目支出	经营支出	工资福利支出	商品和服务支出			
												差旅费	劳务费	福利费
总计	26957	291065	972	60	13639	586240	352863	220215	1123	124032	229887	5331	22746	3630
按隶属关系分	—	—	—	—	—	—	—	—	—	—	—	—	—	—
中央														
省区市														
地市	18410	290772	530	60	8865	459013	310658	145967	530	98434	182479	4368	16810	2323
县市	8547	293	442		4774	127227	42205	74248	593	25598	47408	963	5936	1307
按部门分类	—	—	—	—	—	—	—	—	—	—	—	—	—	—
文物部门	26957	285092	961	60	13331	578552	352347	214779	1112	121593	226627	5328	21863	3489
宗教部门														
园林部门														
其他部门		5973	11		308	7688	516	5436	11	2439	3260	3	883	141
按机构类型分	—	—	—	—	—	—	—	—	—	—	—	—	—	—
区域性文物保护管理机构	7185	214710	468		9807	386904	243754	131959	619	88303	160913	2877	19148	2536
专门为一处或几处文物保护单位设立的保护管理机构	19772	76355	504	60	3832	199336	109109	88256	504	35729	68974	2454	3598	1094

博物馆基本情

	机构数(个)	从业人员(人)					在从业人员中	藏品数(件/套)				在藏品数中(件/套)			本年修复文	
			专业技术人员				安全保卫人员(人)		一级品	二级品	三级品	本年新增藏品数(件/套)	本年从有关部门接收文物数(件/套)	本年藏品征集数(件/套)		一级品
				正高级职称	副高级职称	中级职称										
总计	166	3624	1373	97	191	495	925	967070	2632	11125	71070	20314	872	17188	1825	94
其中:免费开放	149	3163	1244	91	166	453	838	843190	2503	10534	64419	20185	872	17116	1725	94
按机构类型分	—	—	—	—	—	—	—	—	—	—	—	—	—	—	—	—
综合性	65	1832	823	53	103	317	515	492491	1472	8543	59151	4612	356	4530	1300	7
历史类	30	440	171	8	21	58	122	22744	160	719	2063	306	17	73	35	4
艺术类	22	206	89	4	14	32	41	54606	533	897	2325	1192		776	257	82
自然科技类	9	225	74	15	25	26	32	268344	365	761	1905	9364		9236	32	
其他	40	921	216	17	28	62	215	128885	102	205	5626	4840	499	2573	201	1
按隶属关系分	—	—	—	—	—	—	—	—	—	—	—	—	—	—	—	—
中央																
省区市	3	413	230	38	57	76	86	248702	871	5663	36428	13369		11729	272	4
地市	35	1243	496	29	70	182	306	265635	686	2395	15763	3541	323	3542	465	
县市	128	1968	647	30	64	237	533	452733	1075	3067	18879	3404	549	1917	1088	90
按系统分类	—	—	—	—	—	—	—	—	—	—	—	—	—	—	—	—
文物系统	103	2831	1224	85	172	441	722	723413	2011	10086	69305	17540	371	15556	1552	10
非文物系统	22	384	77	1	5	24	100	24435	4	30	150	1065	499	1003		
私人	41	409	72	11	14	30	103	219222	617	1009	1615	1709	2	629	273	84

本情况综合年报(二)

计（千元）					资产总计（千元）		实际使用房屋建筑面积（万平方米）			实际拥有产权面积（万平方米）	增加值（千元）
合计中：											
	对个人和家庭补助支出		其他资本性支出								
各种税金支出		抚恤金和生活补助		各种设备购置费		固定资产原值		展览用房	文物库房		
8323	59400	729	11056	1585	1283066	926123	19.16	6.84	0.63	4.09	302954
—	—	—	—	—	—	—	—	—	—	—	—
8278	53859	400	1849	961	1160869	861020	13.43	4.98	0.15	2.24	262128
45	5541	329	9207	624	122197	65103	5.73	1.86	0.48	1.85	40826
—	—	—	—	—	—	—	—	—	—	—	—
8323	59163	729	11040	1569	1279406	925794	18.94	6.79	0.63	4.09	299237
	237		16	16	3660	329	0.22	0.04			3717
—	—	—	—	—	—	—	—	—	—	—	—
4824	39822	621	9133	1257	714065	470904	11.57	3.67	0.55	2.81	218604
3499	19578	108	1923	328	569001	455219	7.60	3.15	0.08	1.28	84350

况综合年报(一)

物数（件/套）		基本陈列（个）	举办展览（个）		举办培训次数（次）	参观人次（万人次）			门票销售总额（千元）	本年承担课题、项目数（个）			科研成果			
二级品	三级品			中央补助资金举办的陈列布展			未成年人参观人次	外宾参观人次			省部级以上课题、项目数	结项课题、项目数	专利（个）	专著或图录（册）	论文（省级及以上刊物公开发表）（篇）	古建维修报告（册）
144	573	411	899	59847	117727	3122.31	883.37	68.63	24369	113	66	27	5	89	289	12
98	519	391	838	59847	117723	2530.81	773.46	56.74	79	111	65	26	5	89	284	12
—	—	—	—	—	—	—	—	—	—	—	—	—	—	—	—	—
61	430	197	451	11	89	1255.87	411.24	20.99	6489	33	15	9	2	46	157	11
10	21	80	103	1	68	824.41	174.58	11.91	40	24	3	5	3	13	27	
70	71	38	190	3	62643	140.33	33.51	4.77	27	7	7			7	18	1
		29	36	59832	54862	246.61	113.89	3.79	4089	25	22	7		8	29	
3	51	67	119		65	655.07	150.14	27.17	13724	24	19	6		15	58	
—	—	—	—	—	—	—	—	—	—	—	—	—	—	—	—	—
2	42	15	59	2	58	388.44	164.27	18.73		67	52	17	2	32	108	
50	115	85	300	9	100	1329.29	325.24	28.37	8129	37	11	7	1	25	111	2
92	416	311	540	59836	117569	1404.57	393.87	21.53	16240	9	3	3	2	32	70	10
—	—	—	—	—	—	—	—	—	—	—	—	—	—	—	—	—
63	493	267	758	11	253	2716.40	814.75	56.93	8979	111	64	25	2	78	258	6
		33	49	5	62590	252.96	31.02	7.23	15357	1	1	1	1	4	21	2
81	80	111	92	59831	54884	152.94	37.61	4.47	33	1	1	1	2	7	10	4

博物馆基本情

	本年收入合计(千元)	财政拨款		上级补助收入	事业收入	经营收入	附属单位上缴收入	其他收入	本年支出	基本支出	项目支出					经营支出
			基建拨款									文物征集	馆藏品保护	陈列展览	教育与科研	
总计	769083	638717	24310	28572	24396	21867	260	55271	785170	285960	473567	50345	15224	56694	7311	18783
其中:免费开放	668368	571969		24167	12525	5445	260	54002	666693	237500	420884	49759	13864	56101	7311	3353
按机构类型分	—	—	—	—	—	—	—	—	—	—	—	—	—	—	—	—
综合性	401665	336017	4004	25490	12598	1312		26248	402407	162522	237907	15768	5191	36788	4642	1295
历史类	68435	61248		340	3343	300	260	2944	83230	36578	43622	4060	3612	6218	613	1786
艺术类	28870	27188		400	168	1		1113	31424	13999	15328	1821	249	2981	124	97
自然科技类	44937	36382		1009	2139	4233		1174	60988	16741	38320	4250	1790	4736	1627	5727
其他	225176	177882	20306	1333	6148	16021		23792	207121	56120	138390	24446	4382	5971	305	9878
按隶属关系分	—	—	—	—	—	—	—	—	—	—	—	—	—	—	—	—
中央																
省区市	167001	158433			6683			1885	148585	40168	108417	9595	4694	25323	4312	
地市	290134	248459	24310	16902	13508	2576	260	8429	304875	110548	190686	10255	4499	17303	2378	3088
县市	311948	231825		11670	4205	19291		44957	331710	135244	174464	30495	6031	14068	621	15695
按系统分类	—	—	—	—	—	—	—	—	—	—	—	—	—	—	—	—
文物系统	675670	601939	24310	21955	21964	1102		28710	660244	242085	415889	24992	12646	48223	6607	629
非文物系统	64847	35843		5615	2352	17958	260	2819	72783	31539	22879	692	1546	6237	196	16071
私人	28566	935		1002	80	2807		23742	52143	12336	34799	24661	1032	2234	508	2083

文物商店基本情

	机构数(个)	从业人员(人)	专业技术人才				库存文物数(件/套)			
				正高级职称	副高级职称	中级职称		一级品	二级品	三级品
总计	9	58	17		2	12	37230			
按隶属关系分	—	—	—	—	—	—	—	—	—	—
中央										
省区市										
地市	8	58	17		2	12	37230			
县市	1									
按系统分类	—	—	—	—	—	—	—	—	—	—
文物系统	9	58	17		2	12	37230			
非文物系统										

况综合年报(二)

合计（千元）										资产总计(千元)		实际使用房屋建筑面积(万平方米)			实际拥有产权面积(万平方米)	增加值(千元)
在支出合计中：																
工资福利支出	商品和服务支出					对个人和家庭补助支出		其他资本性支出			固定资产原值		展览用房	库房		
		差旅费	劳务费	福利费	各种税金支出		抚恤金和生活补贴		各种设备、交通工具、图书购置费							
175235	294358	9427	34554	7445	2886	47295	431	86506	18000	2651922	1684147	78.36	36.09	8.16	23.43	336606
149005	267123	7614	31660	5881	1970	42533	421	73942	16696	2278192	1364917	70.74	32.48	7.23	21.41	287117
—	—	—	—	—	—	—	—	—	—	—	—	—	—	—	—	—
104929	168593	4615	18370	3404	930	27406	217	44829	7845	1119368	658508	42.10	19.07	4.45	6.30	182054
17800	23002	1059	6213	958	617	4762	77	1847	1413	254843	221890	11.30	5.00	0.80	6.64	39360
8318	10833	405	2221	351	50	2205	100	3255	222	77145	66506	3.75	2.08	0.21	1.80	15731
11946	23877	1009	1875	792	464	2821		15538	2223	380948	347615	7.59	3.40	2.21	3.11	31897
32242	68053	2339	5875	1940	825	10101	37	21037	6297	819618	389628	13.64	6.59	0.53	5.58	67564
—	—	—	—	—	—	—	—	—	—	—	—	—	—	—	—	—
29993	66531	2599	7191	1208	445	9699	43	42360	8799	607028	407865	8.02	4.17	1.54	1.35	65711
61328	99302	3344	11402	2439	1039	22686	86	18194	6469	1075752	624626	26.48	11.38	2.19	5.99	124652
83914	128525	3484	15961	3798	1402	14910	302	25952	2732	969142	651656	43.86	20.54	4.43	16.10	146243
—	—	—	—	—	—	—	—	—	—	—	—	—	—	—	—	—
151378	267300	7658	32220	6016	1797	44357	226	74471	13896	1929961	1179887	55.49	25.80	5.76	16.12	284702
15911	23051	489	1455	837	918	2653	49	11414	3554	99030	70367	12.14	4.90	0.40	0.98	24719
7946	4007	1280	879	592	171	285	156	621	550	622931	433893	10.73	5.44	2.04	6.33	27185

况综合年报(一)

资产、负债、所有者权益(千元)							损益(千元)	
资产总计			负债合计	所有者权益合计			营业总收入	
	固定资产原价	当年提取的折旧总额			实收资本			主营业务收入
						国家资本金		
67759	19755	791	30727	37032	11539	11539	29346	26995
—	—	—	—	—	—	—	—	—
67759	19755	791	30727	37032	11539	11539	29346	26995
—	—	—	—	—	—	—	—	—
67759	19755	791	30727	37032	11539	11539	29346	26995

文物商店基本情

	损益（千元）							
	营业总成本					营业利润	营业外收入	
		养老、医疗、失业等各种社会保险费	住房公积金和住房补贴	差旅费	工会经费			政府补助（补贴收入）
总　　计	26774	1320	301	417	80	2572	583	72
按隶属关系分	—	—	—	—	—	—	—	—
中　央								
省区市								
地　市	26774	1320	301	417	80	2572	583	72
县　市								
按系统分类	—	—	—	—	—	—	—	—
文物系统	26774	1320	301	417	80	2572	583	72
非文物系统								

其他文物事业机构基

	机构数（个）	从业人员（人）					藏品数（件/套）				在藏品数中（件/套）		
			专业技术人才										
				正高级职称	副高级职称	中级职称		一级品	二级品	三级品	本年新增藏品数（件/套）	本年从有关部门接收文物数（件/套）	本年藏品征集数（件/套）
总　　计	2	18	7	4	1	2							
按隶属关系分	—	—	—	—	—	—	—	—	—	—	—	—	—
中　央													
省区市	2	18	7	4	1	2							
地　市													
县　市													
按部门分	—	—	—	—	—	—	—	—	—	—	—	—	—
文物部门	2	18	7	4	1	2							
其他部门													

其他文物事业机构基

	本年支出合计（千元）										资产总计（千元）		实际使用房屋建筑面积	
	在支出合计中：													
	工资福利支出	商品和服务支出					对个人和家庭补助支出		其他资本性支出			固定资产原值	（万平方米）	库房
			差旅费	劳务费	福利费	各种税金支出		抚恤金和生活补贴		各种设备购置费				
总　　计	1591	2636	530	280	82		294		329		8468	3488		
按隶属关系分	—	—	—	—	—	—	—	—	—	—	—	—	—	—
中　央														
省区市	1591	2636	530	280	82		294		329		8468	3488		
地　市														
县　市														
按部门分	—	—	—	—	—	—	—	—	—	—	—	—	—	—
文物部门	1591	2636	530	280	82		294		329		8468	3488		
其他部门														

况综合年报(二)

营业外支出	利润总额	工资、福利费、税金(千元)			实际使用房屋建筑面积(万平方米)			实际拥有产权面积(万平方米)
		本年发放工资总额	本年支付的员工福利费	本年应交税金总额		营业用房	库房	
36	3119	3840	356	1411	0.39	0.28	0.08	0.19
—	—	—	—	—	—	—	—	—
36	3119	3840	356	1411	0.39	0.28	0.08	0.19
—	—	—	—	—	—	—	—	—
36	3119	3840	356	1411	0.39	0.28	0.08	0.19

本情况综合年报(一)

本年修复文物数(件/套)				本年收入合计(千元)								本年支出合计(千元)			
	一级品	二级品	三级品		财政拨款		上级补助收入	事业收入	经营收入	附属单位上缴收入	其他收入		基本支出	项目支出	经营支出
						基建拨款									
				4776	4195						581	4851	2513	2338	
—	—	—	—	—	—	—	—	—	—	—	—	—	—	—	—
				4776	4195						581	4851	2513	2338	
—	—	—	—	—	—	—	—	—	—	—	—	—	—	—	—
				4776	4195						581	4851	2513	2338	

本情况综合年报(二)

实际拥有产权面积(万平方米)	补充资料										增加值(千元)
	国家文物进出境审核管理处(个)	责任鉴定人员(人)	出境文物审核数(件/套)	禁止出境文物数(件/套)	临时入境文物审核数(件/套)	涉案文物鉴定数(件/套)	馆藏文物鉴定数(件/套)	拍卖文物标的审核数(件/套)	拍卖文物标的审核数 禁止上拍文物标的数	出国展览文物审核数(件/套)	
	1	6	28971	33	249	2377	9398	37007	403	211	2420
—	—	—	—	—	—	—	—	—	—	—	—
	1	6	28971	33	249	2377	9398	37007	403	211	2420
—	—	—	—	—	—	—	—	—	—	—	—
	1	6	28971	33	249	2377	9398	37007	403	211	2420

其他文物企业机构基

	机构数（个）	从业人员（人）					资产、负债、		
			专业技术人才				资产总计		
				正高级职称	副高级职称	中级职称		固定资产原值	本年折旧
总计	2	8	1				2479	1063	85
按隶属关系分	—	—	—	—	—	—	—	—	—
中央									
省区市	2	8	1				2479	1063	85
地市									
县市区									
按系统分类	—	—	—	—	—	—	—	—	—
文物系统	1	8	1				1802	1044	67
非文物系统	1						677	19	18

其他文物企业机构基

	损益（千元）						工资、福利费、税金	
	营业成本	营业利润	营业外收入		营业外支出	利润总额	本年发放工资总额	本年支付的职工福利费
	工会经费			政府补助（补贴收入）				
总计		210	25		1	234	54	6
按隶属关系分	—	—	—	—	—	—	—	—
中央								
省区市		210	25		1	234	54	6
地市								
县市区								
按系统分类	—	—	—	—	—	—	—	—
文物系统		140	25			165	49	6
非文物系统		70			1	69	5	

文物保护单位保护、

	维修项目数（个）	项目总预算（千元）	累计拨入项目经费（千元）		
				中央补助	省专项补助
总计	329	272713	207972	25685	59361
按部门分	—	—	—	—	—
文物部门	296	243505	184872	21685	57461
宗教部门	4	4460	1920		800
园林部门					
其他部门	28	24741	21173	4000	1100
按保护单位级别分	—	—	—	—	—
国保单位	52	85136	55154	18585	15500
省保单位	82	60464	43586	2200	22196
市县保单位	195	127113	109232	4900	21665
按维修进度分	—	—	—	—	—
前期准备	43	39716	23840		19425
施工	98	146975	97425	21450	25781
竣工	188	86022	86707	4235	14155
成果出版					

本情况综合年报(一)

负债合计	所有者权益(千元)			损益(千元)					
	所有者权益合计	实收资本		营业总收入		营业总成本			
			国家资本金		主营业务收入		养老、医疗失业等各种社会保险费	住房公积金和住房补贴	差旅费
589	1890	950	800	1154	1154	944	39		15
—	—	—	—	—	—	—	—	—	—
589	1890	950	800	1154	1154	944	39		15
—	—	—	—	—	—	—	—	—	—
579	1223	800	800	880	880	740	39		6
10	667	150		274	274	204			9

本情况综合年报(二)

(千元)	实际使用房屋建筑面积		实际拥有产权面积(万平方米)	文物拍卖机构补充资料				
本年应交税金总额	(万平方米)	业务用房		文物拍场场次(次)	文物拍卖标的数(件/套)	经审核禁止出境文物数	文物拍卖标的成交数(件/套)	文物拍卖标的成交金额(千元)
188	0.02	0.02						
—	—	—	—	—	—	—	—	—
188	0.02	0.02						
—	—	—	—	—	—	—	—	—
171	0.02	0.02						
17								

维修情况综合年报

本年项目资金来源合计(千元)					本年支出合计(千元)	项目累计支出(千元)	维修面积(千平方米)
	财政拨款			其他资金			
		中央补助	省级补助				
153755	111532	11835	38247	42223	106474	149478	144.81
—	—	—	—	—	—	—	—
133980	101820	7835	36647	32160	96029	139808	142.16
1620	1620		800		920	1420	0.13
18148	8085	4000	800	10063	9518	8243	2.52
—	—	—	—	—	—	—	—
29634	23320	6335	10006	6314	21315	43348	118.91
27977	22441	600	11383	5536	17852	28902	8.96
96144	65771	4900	16858	30373	67307	77228	16.94
—	—	—	—	—	—	—	—
16222	14547		11135	1675	3007	6743	13.45
69292	48691	9200	17154	20601	44327	61740	114.69
68241	48294	2635	9958	19947	59140	80995	16.67

文物保护科学研究机构

	机构数（个）	从业人员（人）					藏品数（件/套）				在藏品数中（件/套）		
			专业技术人才										
				正高级职称	副高级职称	中级职称		一级品	二级品	三级品	本年新增藏品数（件/套）	本年从有关部门接收文物数（件/套）	本年藏品征集数（件/套）
总　　计	4	105	62	25	14	20	14923	51	236	1280	1	1	
按性质分类	—	—	—	—	—	—	—	—	—	—	—	—	—
考古研究	4	105	62	25	14	20	14923	51	236	1280	1	1	
古建研究													
其他研究													
按隶属关系分类	—	—	—	—	—	—	—	—	—	—	—	—	—
中　央													
省区市	1	82	49	23	12	14							
地　市	3	23	13	2	2	6	14923	51	236	1280	1	1	
县市区													
按经费来源分类	—	—	—	—	—	—	—	—	—	—	—	—	—
文物经费	3	93	51	23	12	15	14923	51	236	1280	1	1	
科研经费													
其它经费	1	12	11	2	2	5							

文物保护科学研究机构

	参观人次（万人次）		门票销售总额（千元）	本年完成科研项目（个）			科研成果			
		未成年人参观人次			获国家奖	获省、部奖	专利（个）	专著或图录（册）	论文（省级及以上刊物公开发表）（篇）	古建维修报告（册）
总　　计								2	55	
按性质分类	—	—	—	—	—	—	—	—	—	—
考古研究								2	55	
古建研究										
其他研究										
按隶属关系分类	—	—	—	—	—	—	—	—	—	—
中　央										
省区市									55	
地　市								2		
县市区										
按经费来源分类	—	—	—	—	—	—	—	—	—	—
文物经费									55	
科研经费										
其它经费								2		

基本情况综合年报(一)

本年修复文物数(件/套)				规划及方案设计(个)	承担文物保护项目(个)				基本陈列(个)	举办展览(个)
	一级品	二级品	三级品			国保单位	省级保单位	市、县级保单位		
2004			4							
—	—	—	—	—	—	—	—	—	—	—
2004			4							
—	—	—	—	—	—	—	—	—	—	—
2000										
4			4							
—	—	—	—	—	—	—	—	—	—	—
2004			4							

基本情况综合年报(二)

主办刊物(种)	本年收入合计(千元)								本年支出合计(千元)			
		财政拨款		上级补助收入	事业收入	经营收入	附属单位上缴收入	其他收入		基本支出	项目支出	经营支出
			基建拨款									
	52899	36006		364	1350			15179	49812	11884	37928	
—	—	—	—	—	—	—	—	—	—	—	—	—
	52899	36006		364	1350			15179	49812	11884	37928	
—	—	—	—	—	—	—	—	—	—	—	—	—
	31383	29750			1350			283	29668	10247	19421	
	21516	6256		364				14896	20144	1637	18507	
—	—	—	—	—	—	—	—	—	—	—	—	—
	32104	30107		364	1350			283	30389	10553	19836	
	20795	5899						14896	19423	1331	18092	

文物保护科学研究机构

	本年支出合计(千元)							
	在支出合计中：							
	工资福利支出	商品和服务支出					对个人和家庭补助支出	
			差旅费	劳务费	福利费	税金支出		抚恤金和生活补贴
总　　计	7915	20325	1505	7986	282		2249	
按性质分类	—	—	—	—	—	—	—	—
考古研究	7915	20325	1505	7986	282		2249	
古建研究								
其他研究								
按隶属关系分类	—	—	—	—	—	—	—	—
中　央								
省区市	7173	19421	1461	7557	259		1961	
地　市	742	904	44	429	23		288	
县市区								
按经费来源分类	—	—	—	—	—	—	—	—
文物经费	7425	19820	1472	7870	259		1988	
科研经费								
其它经费	490	505	33	116	23		261	

考古发掘项目情

	项目数（个）	考古发掘人员构成情况					项目总预算（千元）	累计拨入项目经费合计(千元)				
		高级职称（人）	中级职称（人）	初级职称（人）	技术工人（人）	民工（人）			中央补助	省级补助	地市级补助	其他
总　　计	12	4275	732	13228	14149	33522	13362	13362	9423	3939		
按考古发掘项目文物保护单位级别分类	—	—	—	—	—	—	—	—	—	—	—	—
全国重点文物保护单位	1	587		13003	4236		1823	1823	1823			
省级文物保护单位												
市、县级文物保护单位	2	171	4		4123	456	430	430		430		
尚未核定为文物保护单位	9	3517	728	225	5790	33066	11109	11109	7600	3509		
按部门判别分类	—	—	—	—	—	—	—	—	—	—	—	—
文物部门	12	4275	732	13228	14149	33522	13362	13362	9423	3939		
其他部门												

考古发掘项目情

	本年项目支出合计(千元)									
		人工费	发掘工作管理费	发掘现场安全保卫费	考古发掘费					报告出版费（含资料整理费）
						前期经费	占地补偿费	出土文物修复费	标本测试鉴定费	
总　　计	9845	5440	1072	237	2536	163	14	65	100	370
按考古发掘项目文物保护单位级别分类	—	—	—	—	—	—	—	—	—	—
全国重点文物保护单位	1437	1181	191		65	51	14			
省级文物保护单位										
市、县级文物保护单位	689	477	139	18	55	13				
尚未核定为文物保护单位	7719	3782	742	219	2416	99		65	100	370
按部门判别分类	—	—	—	—	—	—	—	—	—	—
文物部门	9845	5440	1072	237	2536	163	14	65	100	370
其他部门										

基本情况综合年报(三)

其他资本性支出		资产总计(千元)		公用房屋建筑面积(万平方米)			国际合作		增加值
	各种设备购置费		固定资产原值		文物库房(含标本室)面积	实验室面积	项目数(个)	外方投资(千元)	(千元)
1091	1048	37798	11601	0.51	0.19				19067
—	—	—	—	—	—	—	—	—	—
1091	1048	37798	11601	0.51	0.19				19067
—	—	—	—	—	—	—	—	—	—
972	972	34098	9787	0.41	0.09				17509
119	76	3700	1814	0.10	0.10				1558
—	—	—	—	—	—	—	—	—	—
1015	972	36077	11415	0.51	0.19				18167
76	76	1721	186						900

况综合年报(一)

本年项目资金来源合计(千元)					本年支出合计(千元)					项目累计支出合计(千元)				
	中央补助	省级补助	地市级补助	其他		中央补助	省级补助	地市级补助	其他		中央补助	省级补助	地市级补助	其他
13147	9423	3724			7675	4517	3158			10456	5517	2769		2170
—	—	—	—	—	—	—	—	—	—	—	—	—	—	—
1823	1823				1437	1437				1437	1437			
430		430			389		389			300			300	
10894	7600	3294			5849	3080	2769			8719	4080	2769		1870
—	—	—	—	—	—	—	—	—	—	—	—	—	—	—
13147	9423	3724			7675	4517	3158			10456	5517	2769		2170

况综合年报(一)

考古发掘面积情况			考古发掘成果						
调查面积(万平方米)	勘探面积(万平方米)	发掘面积(万平方米)	古墓葬(座)	古遗址(平方米)	出土器物(件/套)	原址保护展示面积(平方米)	异地保护展示面积(平方米)	回填保护面积(平方米)	出版物(万字)
1.43	26.00	0.66	425	332	4811			200	1
—	—	—	—	—	—	—	—	—	—
0.30									
0.08		0.02	20	40	1000				
1.05	26.00	0.64	405	292	3811			200	1
—	—	—	—	—	—	—	—	—	—
1.43	26.00	0.66	425	332	4811			200	1

非物质文化遗产保护

	机构数（个）	工作人员数（人）							非物质文化遗产			
			专职人员	在编人员	专业技术人才	在专业技术人才中			国家级		省级	
						正高级职称	副高级职称	中级职称	项目个数	保护单位个数	项目个数	保护单位个数
总计	102	440	235	195	290	21	61	138			788	788
中央												
省区市	1	11		6	4	2	2		187	186	788	788
地市	11	68	34	30	41	8	9	13	94	102	346	325
县市区	90	361	201	159	245	11	50	125	152	144	770	674

非物质文化遗产保护

	文化生态保护区（个）				宣传展示培训活动					
					举办展览		举办演出		举办民俗活动	
	国家级	省级	市级	县级	（个）	参观人次（万人次）	（场）	观众人次（万人次）	（次）	参与人次（万人次）
总计		9	16	46	1002	202.23	1545	162.47	730	416.89
中央										
省区市	1	9			15	30.00	5	1.50	24	5.00
地市	2	4	16		61	13.00	217	13.13	21	5.03
县市区	2	15	36	46	926	159.23	1323	147.84	685	406.86

非物质文化遗产保护

	展示传习场所								
	展示场所					传习场所（个）			
	非物质文化遗产博物馆		收藏实物数（件/套）	展示及演出面积（万平方米）	培训学徒（人）		民办传习所（个）	传习所面积（万平方米）	培训学徒（人）
	（个）	民办非物质文化遗产博物馆							
总计	439	248	212725	25.11	31525	1523	1248	12	55652
中央									
省区市	165	95	5200	4.50	5000	1023	1000	2	30000
地市	12	6	12660	1.49	535	23	6		2342
县市区	262	147	194865	19.12	25990	477	242	10	23310

非物质文化遗产保护

	本年收入合计（千元）									
					在支出合计中：					
		基本支出	项目支出	经营支出	工资福利支出	商品和服务支出				
							差旅费	劳务费	福利费	税金支出
总计	21693	3628	17289		2752	8504	348	686	40	
中央										
省区市	7173	588	6585		448	4640	261	433	17	
地市	2153	1570	583		1166	624	35	23	18	
县市区	12367	1470	10121		1138	3240	52	230	5	

情况综合年报(一)

名录数量(个)				代表性传承人(人)									
市级		县级		国家级代表性传承人			省级代表性传承人			市级代表性传承人		县级代表性传承人	
项目个数	保护单位个数	项目个数	保护单位个数		健在人数	学徒人数		健在人数	学徒人数		健在人数		健在人数
659	590	6316	4853			2831	738	705	19179	665	658	2728	2659
				122	113	565	738	705	3525				
659	590			53	50	673	243	236	7597	665	658		
2438	1907	6316	4853	91	83	1593	606	568	8057	1569	1498	2728	2659

情况综合年报(二)

		普查成果							
开展培训班班次		项目资源总量(累计)(件/套)	征集实物(件/套)	征集文本资料(册)	录音资料(小时)	录像资料(小时)	调查报告(篇)	出版成果(册)	资源清单(册)
(次)	参与人次(万人次)								
838	5.18	368767	29346	4181	5035	4997	4502	3439	546
4	0.04							69	
112	0.44	33536	4792	508	1040	1384	48	24	21
722	4.70	335231	24554	3673	3995	3613	4454	3346	525

情况综合年报(三)

本年收入合计(千元)													
	财政拨款								上级补助收入	事业收入	经营收入	附属单位上缴收入	其他收入
		基建拨款	非物质文化遗产保护专项经费投入										
				中央财政投入	省级财政投入	市级财政投入	县级财政投入	其他投入					
21977	21139		12124	1110	7060	1918	1750	286	816				22
6159	6159		6159		6159								
3388	3388		2778	910	170	1698							
12430	11592		3187	200	731	220	1750	286	816				22

情况综合年报(四)

				资产总计(千元)		实际使用房屋建筑面积(万平方米)	实际拥有产权面积(万平方米)	增加值
对个人和家庭补助支出		其他资本性支出			固定资产原值			
	抚恤金和生活补助		各种设备购置费					
432	2	2277	1295	6549	2584	2.86	1.19	4033
77		2007	1225	3345	1752	0.05		1062
206		156	24	1194	547	0.99		1437
149	2	114	46	2010	285	1.82	1.19	1534

非物质文化遗产保护中

	机构数（个）	工作人员数（人）				在专业技术人才中			非物质文化遗产 国家级		省级	
			专职人员	在编人员	专业技术人才	正高级职称	副高级职称	中级职称	项目个数	保护单位个数	项目个数	保护单位个数
总计	88	368	211	178	236	20	49	98			788	788
中央												
省区市	1	11		6	4	2	2		187	186	788	788
地市	9	60	29	29	34	7	5	11	89	97	317	319
县市区	78	297	182	143	198	11	42	87	137	127	696	598

非物质文化遗产保护中

	文化生态保护区（个）				宣传展示培训活动 举办展览		举办演出		举办民俗活动	
	国家级	省级	市级	县级	（个）	参观人次（万人次）	（场）	观众人次（万人次）	（次）	参与人次（万人次）
总计		9	16	28	660	183.88	1359	154.83	561	370.03
中央										
省区市	1	9			15	30.00	5	1.50	24	5.00
地市	2	4	16		55	10.00	215	12.35	21	5.03
县市区	2	11	27	28	590	143.88	1139	140.98	516	360.00

非物质文化遗产保护中

	展示传习场所 展示场所 非物质文化遗产博物馆					传习场所（个）			
	（个）	民办非物质文化遗产博物馆	收藏实物数（件/套）	展示及演出面积（万平方米）	培训学徒（人）		民办传习所（个）	传习所面积（万平方米）	培训学徒（人）
总计	414	229	196639	23.29	31059	1502	1235	12	55063
中央									
省区市	165	95	5200	4.50	5000	1023	1000	2	30000
地市	12	6	12460	1.49	530	22	5		2342
县市区	237	128	178979	17.30	25529	457	230	10	22721

非物质文化遗产保护中

	本年收入合计（千元）				在支出合计中：	商品和服务支出				
		基本支出	项目支出	经营支出	工资福利支出		差旅费	劳务费	福利费	税金支出
总计	21693	3628	17289		2752	8504	348	686	40	
中央										
省区市	7173	588	6585		448	4640	261	433	17	
地市	2153	1570	583		1166	624	35	23	18	
县市区	12367	1470	10121		1138	3240	52	230	5	

心情况综合年报(一)

名录数量(个)				代表性传承人(人)									
市　级		县　级		国家级代表性传承人			省级代表性传承人			市级代表性传承人		县级代表性传承人	
项目个数	保护单位个数	项目个数	保护单位个数		健在人数	学徒人数		健在人数	学徒人数		健在人数		健在人数
587	582	5732	4371			2751	738	705	18595	635	629	2461	2396
				122	113	565	738	705	3525				
587	582			52	49	673	228	223	7587	635	629		
2210	1689	5732	4371	85	78	1513	553	518	7483	1491	1423	2461	2396

心情况综合年报(二)

		普　查　成　果							
开展培训班班次		项目资源总量(累计)(件/套)	征集实物(件/套)	征集文本资料(册)	录音资料(小时)	录像资料(小时)	调查报告(篇)	出版成果(册)	资源清单(册)
(次)	参与人次(万人次)								
697	4.17	363002	28660	3834	4371	4799	4415	3413	529
4	0.04							69	
109	0.43	33436	4792	498	970	1329	37	22	20
584	3.70	329566	23868	3336	3401	3470	4378	3322	509

心情况综合年报(三)

本　年　收　入　合　计　(千元)													
	财　政　拨　款								上级补助收入	事业收入	经营收入	附属单位上缴收入	其他收入
		基建拨款	非物质文化遗产保护专项经费投入										
				中央财政投入	省级财政投入	市级财政投入	县级财政投入	其他投入					
21977	21139		12124	1110	7060	1918	1750	286	816				22
6159	6159		6159		6159								
3388	3388		2778	910	170	1698							
12430	11592		3187	200	731	220	1750	286	816				22

心情况综合年报(四)

				资产总计(千元)		实际使用房屋建筑面积(万平方米)	实际拥有产权面积(万平方米)	增加值
对个人和家庭补助支出		其他资本性支出			固定资产原值			
	抚恤金和生活补助		各种设备购置费					
432	2	2277	1295	6549	2584	2.81	1.19	4033
77		2007	1225	3345	1752	0.05		1062
206		156	24	1194	547	0.98		1437
149	2	114	46	2010	285	1.78	1.19	1534

对外文化交流行政管理

	机构数（个）	从事外事管理的人员（人）					
			外语人才				
				英语	法语	日语	其他
总计	1	4	4	3			1
按级别分	—	—	—	—	—	—	—
中央							
省级	1	4	4	3			1
地市级							
经费来源	—	—	—	—	—	—	—
外事经费							
文化经费	1	4	4	3			1
其他							
行政部门类型	—	—	—	—	—	—	—
外事行政部门	1	4	4	3			1
文化市场行政部门							
综合行政部门							

对外、对港澳台文化交流

	演出团体机构数（个）	参与交流人员（人）		演出（展览）天数	演出（展览）场次	演出观众（参观）人数
			演展人员			
总计	121	1897	1645	1699	187	700932
按交流活动性质	—	—	—	—	—	—
出访	110	1682	1464	1553	175	607142
来访	11	215	181	146	12	93790
按交流活动分类	—	—	—	—	—	—
演出	39	1440	1406	338	154	260322
展览	29	245	239	1361	33	440610
国际会议	23	36				
其他	30	176				
按交流活动范围	—	—	—	—	—	—
国外	71	1109	1036	1310	129	511642
香港	12	241	197	128	15	54217
澳门	3	79	76	60	5	24950
台湾	35	468	336	201	38	110123
按组团性质	—	—	—	—	—	—
商业	9	396	393	113	15	35550
非商业	112	1501	1252	1586	172	665382
按主办方类型	—	—	—	—	—	—
官方	20	412	353	316	32	195659
民间	101	1485	1292	1383	155	505273
按组团方式	—	—	—	—	—	—
本地区	114	1830	1582	1632	179	683082
跨地区	7	67	63	67	8	17850

部门基本情况综合年报

本年收入合计(千元)								本年支出合计(千元)		
	财政拨款		上级补助	事业收入	经营收入	附属单位上缴收入	其他收入		基本支出	项目支出
		基建拨款								
1692	1692							982		982
—	—	—	—	—	—	—	—	—	—	—
1692	1692							982		982
—	—	—	—	—	—	—	—	—	—	—
1692	1692							982		982
—	—	—	—	—	—	—	—	—	—	—
1692	1692							982		982

活动基本情况综合年报

经费收入合计(千元)						经费支出合计(千元)		
	财政拨款		事业收入		外方资助		人员支出	公用支出
		中央财政		演展收入				
647	647					827	796	
—	—	—	—	—	—	—	—	—
647	647					827	796	
—	—	—	—	—	—	—	—	—
647	647							
						685	654	
						142	142	
—	—	—	—	—	—	—	—	—
647	647					827	796	
—	—	—	—	—	—	—	—	—
647	647					827	796	
—	—	—	—	—	—	—	—	—
647	647					685	654	
						142	142	
—	—	—	—	—	—	—	—	—
647	647					827	796	

动漫企业基本情

	机构数（个）	从业人员（人）			资产、负债、所		
			具有大专以上学历人员	通过动漫人才专业认证的专业人员	资产总计		
						固定资产原值	当年提取的折旧总额
总计	25	1119	973	155	1045538	47664	8581
按城乡分	—	—	—	—	—	—	—
城市	24	989	846	154	1007991	35187	7621
县城	1	130	127	1	37547	12477	960
县以下							
按登记注册类型分	—	—	—	—	—	—	—
内资企业	25	1119	973	155	1045538	47664	8581
港澳台商投资企业							
外商投资企业							
按部门分	—	—	—	—	—	—	—
文化部门	21	837	736	107	998102	45528	8030
其他部门	4	282	237	48	47436	2136	551
按机构类型分	—	—	—	—	—	—	—
漫画创作企业	2	73	71		10466	767	511
动画创作、制作企业	22	916	775	154	997525	34420	7110
网络动漫(含手机动漫)创作制作企业							
动漫舞台剧(节)目创作演出企业							
动漫软件开发企业							
动漫衍生产品研发设计企业	1	130	127	1	37547	12477	960

动漫企业基本情

	损益（千元）						
	营业总成本		营业利润	营业外收入		营业外支出	利润总额
	工会经费	动漫产品研究开发经费			政府补助（补贴收入）		
总计	324	38725	71661	71436	66682	3007	140090
按城乡分	—	—	—	—	—	—	—
城市	322	38725	71689	71436	66682	3007	140118
县城	2		−28				−28
县以下							
按登记注册类型分	—	—	—	—	—	—	—
内资企业	324	38725	71661	71436	66682	3007	140090
港澳台商投资企业							
外商投资企业							
按部门分	—	—	—	—	—	—	—
文化部门	119	25087	71590	67688	62969	2814	136464
其他部门	205	13638	71	3748	3713	193	3626
按机构类型分	—	—	—	—	—	—	—
漫画创作企业	10	5196	3294	640	60	14	3920
动画创作、制作企业	312	33529	68395	70796	66622	2993	136198
网络动漫(含手机动漫)创作制作企业							
动漫舞台剧(节)目创作演出企业							
动漫软件开发企业							
动漫衍生产品研发设计企业	2		−28				−28

况综合年报(一)

有者权益(千元)				损益(千元)						
负债合计	所有者权益合计			营业总收入			营业总成本			
		实收资本(股本)			主营业务收入			养老、失业等保险费	住房公积金和住房补贴	差旅费
			国家资本金			自主开发生产动漫产品收入				
437697	607841	340400	35	244594	239997	135471	172933	5038	1102	4820
—	—	—	—	—	—	—	—	—	—	—
398695	609296	340100	35	240441	235844	135471	168752	5016	1100	4764
39002	−1455	300		4153	4153		4181	22	2	56
—	—	—	—	—	—	—	—	—	—	—
437697	607841	340400	35	244594	239997	135471	172933	5038	1102	4820
—	—	—	—	—	—	—	—	—	—	—
356655	641447	314100	35	212480	208951	121032	140890	4408	1074	3432
81042	−33606	26300		32114	31046	14439	32043	630	28	1388
—	—	—	—	—	—	—	—	—	—	—
3485	6981	4000		9960	9320	9320	6666	167		536
395210	602315	336100	35	230481	226524	126151	162086	4849	1100	4228
39002	−1455	300		4153	4153		4181	22	2	56

况综合年报(二)

工资、福利费、税金(千元)			经营面积(千平方米)	原创漫画作品(部)	原创动画作品(部)	网络动漫(含手机动漫)下载次数(次)	动漫舞台剧演出场次(次)	自主知识产权动漫软件(套)	增加值(千元)
本年发放工资总额	本年支付的职工福利费	本年应缴税金总额							
37951	1774	10084	3.03	718	108	679355861	1	25	159611
—	—	—	—	—	—	—	—	—	—
37765	1748	10030	2.84	692	108	679355861	1	21	158355
186	26	54	0.19	26				4	1256
—	—	—	—	—	—	—	—	—	—
37951	1774	10084	3.03	718	108	679355861	1	25	159611
—	—	—	—	—	—	—	—	—	—
29326	1339	8468	2.57	712	81	660663861	1	19	144843
8625	435	1616	0.46	6	27	18692000		6	14768
—	—	—	—	—	—	—	—	—	—
668	88	357	0.12	680		8500000	1		5245
37097	1660	9673	2.72	12	108	670855861		21	153110
186	26	54	0.19	26				4	1256

美术馆基本情况

	机构数(个)	从业人员(人)					藏品(件/套)										
			专业技术人才					文物藏品数					非文物藏品数				
				正高级职称	副高级职称	中级职称			一级品	二级品	三级品	其他		国画	油画	版画	雕塑
总　　计	4	96	65	6	6	25	8397						8397	1598	499	2101	275
其中:免费开放	4	96	65	6	6	25	8397						8397	1598	499	2101	275
按登记注册类型分	—	—	—	—	—	—	—	—	—	—	—	—	—	—	—	—	—
其中:国有	4	96	65	6	6	25	8397						8397	1598	499	2101	275
集体																	
其他																	
按隶属关系分	—	—	—	—	—	—	—	—	—	—	—	—	—	—	—	—	—
中　央																	
省区市	1	47	35	5	2	12	8076						8076	1511	476	2065	275
地　市	2	46	30	1	4	13	321						321	87	23	36	
县市区	1	3															
按部门分	—	—	—	—	—	—	—	—	—	—	—	—	—	—	—	—	—
文化部门	4	96	65	6	6	25	8397						8397	1598	499	2101	275
其他部门																	

美术馆基本情况

	本年收入合计(千元)								
		财政拨款			上级补助收入	事业收入	经营收入	附属单位上缴收入	其他收入
			基建拨款	收藏专项经费					
总　　计	67339	62253	1450	16199		3821			1265
其中:免费开放	67339	62253	1450	16199		3821			1265
按登记注册类型分	—	—	—	—	—	—	—	—	—
其中:国有	67339	62253	1450	16199		3821			1265
集体									
其他									
按隶属关系分	—	—	—	—	—	—	—	—	—
中　央									
省区市	43177	40892		14410		1921			364
地　市	24061	21280	1450	1789		1900			881
县市区	101	81							20
按部门分	—	—	—	—	—	—	—	—	—
文化部门	67339	62253	1450	16199		3821			1265
其他部门									

综合年报(一)

藏品(件/套)								年度展览总量		参观人次		学术成果		
非文物藏品数								(个)	自主办展数量	(万人次)	未成年人参观人次	专著或图录(册)	论文数(篇)	学术活动(次)
水粉、水彩	设计	连环画、漫画	民间艺术	书法	摄影、多媒体	漆艺	陶艺							
82		123	779	1005	145	8	71	107	83	45.17	9.51	13	11	7
82		123	779	1005	145	8	71	107	83	45.17	9.51	13	11	7
—	—	—	—	—	—	—	—	—	—	—	—	—	—	—
82		123	779	1005	145	8	71	107	83	45.17	9.51	13	11	7
—	—	—	—	—	—	—	—	—	—	—	—	—	—	—
44		123	779	874	142	5	71	46	33	0.01				
38				131	3	3		55	44	44.16	9.50	13	11	7
								6	6	1.00	0.01			
—	—	—	—	—	—	—	—	—	—	—	—	—	—	—
82		123	779	1005	145	8	71	107	83	45.17	9.51	13	11	7

综合年报(二)

本年支出合计(千元)								
	基本支出	项目支出		经营支出	在支出合计中:			
			收藏经费		工资福利支出	商品和服务支出		
							差旅费	劳务费
70303	9443	60859	16635		7428	35661	1424	4094
70303	9443	60859	16635		7428	35661	1424	4094
—	—	—	—	—	—	—	—	—
70303	9443	60859	16635		7428	35661	1424	4094
—	—	—	—	—	—	—	—	—
44653	3722	40931	14394		3663	20741	990	1012
25519	5601	19918	2241		3732	14890	404	3082
131	120	10			33	30	30	
—	—	—	—	—	—	—	—	—
70303	9443	60859	16635		7428	35661	1424	4094

美术馆基本情况

	本年支出合计(千元)					
	在支出合计中：					
	商吕和服务支出		对个人和家庭补助支出		其他资本性支出	
	福利费	各种税金支出		抚恤金和生活补助		各种设备购置费
总　　计	345	303	804		21600	19977
其中:免费开放	345	303	804		21600	19977
按登记注册类型分	—	—	—	—	—	—
其中:国有	345	303	804		21600	19977
集体						
其他						
按隶属关系分	—	—	—	—	—	—
中　央						
省区市	205	114	374		19690	18067
地　市	140	189	430		1910	1910
县市区						
按部门分	—	—	—	—	—	—
文化部门	345	303	804		21600	19977
其他部门						

文化产业示范(试验)园区和产业

	机构数(个)	资产、负债、所有者						
			具有大学专科以上学历人员	具有中级职称以上人员	资产总计			负债合计
						固定资产原价	当年提取的折旧总额	
总　　计	13	8577	2153	335	8563890	2175524	116887	3160101
按机构类型分	—	—	—	—	—	—	—	—
国家级文化产业示范园区								
国家级文化产业试验园区								
国家文化产业示范基地(单体企业)	12	8487	2073	327	8312433	1979138	104239	2955156
国家文化产业示范基地(集聚类)	1	90	80	8	251457	196386	12648	204945
省级文化产业示范园区								
省级文化产业示范基地								
按隶属关系分	—	—	—	—	—	—	—	—
中　央								
省区市								
地　市								
县市区	13	8577	2153	335	8563890	2175524	116887	3160101
按部门分	—	—	—	—	—	—	—	—
文化部门	11	6923	1665	264	8105880	2052861	105496	2734490
其他部门	2	1654	488	71	458010	122663	11391	425611

综合年报(三)

资产总计(千元)		实际使用房屋建筑面积			实际拥有产权面积(万平方米)	公共教育活动			增加值
	固定资产原值	(万平方米)	展览用房	库房面积		讲座(次)	教育活动(次)	出版物(种)	(千元)
154641	11.71	6.47	2.17	0.46	1.58	40	106	29	17771
154641	11.71	6.47	2.17	0.46	1.58	40	106	29	17771
—	—	—	—	—	—	—	—	—	—
154641	11.71	6.47	2.17	0.46	1.58	40	106	29	17771
—	—	—	—	—	—	—	—	—	—
124299	9.48	3.20	0.90	0.30		30	90	20	9223
30310	2.23	2.65	0.68	0.16	1.58	9	16	5	8512
32		0.62	0.59			1		4	36
—	—	—	—	—	—	—	—	—	—
154641	11.71	6.47	2.17	0.46	1.58	40	106	29	17771

示范基地基本情况综合年报(一)

权益(千元)			损益(千元)						
所有者权益合计			营业收入		营业成本				
	实收资本(股本)			主营业务收入		养老、医疗、失业等各种社会保险费	住房公积金和住房补贴	差旅费	工会经费
		国家资本							
5403789	1322048	47600	3258347	2894327	2081336	34406	4280	23167	4008
—	—	—	—	—	—	—	—	—	—
5357277	1272907	47600	3231317	2867297	2059413	34406	4280	23167	4008
46512	49141		27030	27030	21923				
—	—	—	—	—	—	—	—	—	—
5403789	1322048	47600	3258347	2894327	2081336	34406	4280	23167	4008
—	—	—	—	—	—	—	—	—	—
5371390	1282234	47600	2705786	2558766	1799994	29979	4280	20390	2682
32399	39814		552561	335561	281342	4427		2777	1326

文化产业示范(试验)园区和产业

	损益(千元)						工资、
	营业利润	营业外收入		营业外支出	利润总额		本年发放工资总额
			政府补助			净利润	
总　　计	1177011	123864	107569	18646	1282229	536852	257138
按机构类型分	—	—	—	—	—	—	—
国家级文化产业示范园区							
国家级文化产业试验园区							
国家文化产业示范基地(单位企业)	1171904	118458	107569	18029	1272333	526956	256748
国家文化产业示范基地(集聚类)	5107	5406		617	9896	9896	390
省级文化产业示范园区							
省级文化产业示范基地							
按隶属关系分	—	—	—	—	—	—	—
中　央							
省区市							
地　市							
县市区	1177011	123864	107569	18646	1282229	536852	257138
按部门分	—	—	—	—	—	—	—
文化部门	905792	123177	107237	18180	1010789	533906	188414
其他部门	271219	687	332	466	271440	2946	68724

文化信息资源共享工程

	机构数(个)	工作人员			网点建设(个)							
		(人)	专职人员	兼职人员	地市支中心	县支中心	乡镇基层服务点	街道基层服务点	村基层服务点			社区基层服务点
										合作共建基层服务点	自建站点	
总　计	1	44187	6766	37421	11	81	1180	345	43361	41495	1866	
国家中心												
省分中心	1	44187	6766	37421	11	81	1180	345	43361	41495	1866	

文化信息资源共享工程

	数字资源服务量									服务人次(万人次)		工作人员培训(人次)			公共电子阅览室个数(个)	
	数字资源投放量(GB)						提供给合作单位的资源数量(个)				未成年人		面授培训	远程培训		面积(万平方米)
		互联网	有线/数字电视	卫星	政务外网	其他		时长(分钟)	容量(GB)							
总　计	45550	45000	550				501	501	20237	816.86	118.67	35172	22888	11596	1163	11.02
国家中心																
省分中心	45550	45000	550				501	501	20237	816.86	118.67	35172	22888	11596	1163	11.02

示范基地基本情况综合年报(二)

福利费、税金(千元)		经营面积(万平方米)	获得国家级文化奖项数量(个)	向社会捐赠总额(千元)	获得著作权、发明专利总数(项)	辖区内单体企业数量(个)	增加值(千元)
本年支付的职工福利费	本年应交税金总额						
16198	224716	66.31	13	3922	21	172	1836127
—	—	—	—	—	—	—	—
16148	224316	55.72	11	3922	21	12	1817532
50	400	10.59	2			160	18595
—	—	—	—	—	—	—	—
16198	224716	66.31	13	3922	21	172	1836127
—	—	—	—	—	—	—	—
16198	219760	57.81	11	3672	11	172	1473907
	4956	8.50	2	250	10		362220

基本情况综合年报(一)

共享工程专项经费投入(千元)							数字资源建设量(GB)									数字资源服务量	
	中央	省级	地市级	区县级	乡级	其他		自主开发资源(GB)	音视频(部)	音视频时长(小时)	电子图书(种)	电子期刊(种)	电子报纸(种)	专题资源库(个)	其他(GB)	网站数量(个)	网站页面访问量(PV)
29803	10880	5351	2583	10639	350		45000	8037	9373	7347	2400000	10000	600	101		115	25220825
29803	10880	5351	2583	10639	350		45000	8037	9373	7347	2400000	10000	600	101		115	25220825

基本情况综合年报(二)

机位数量(台)		多媒体活动室坐席数(个)		中心和基层服务点设备									
	未成年人专用机位		面积(万平方米)	个人台式计算机(台)	便携式计算机(台)	服务器(台)	计算机磁盘存储容量(GB)	卫星接收设备(套)	投影仪(台)	移动播放器(台)	数字摄像机(台)	数字照相机(台)	电视机(台)
15484		8444	1.73	14525	518	823	1251612	14	2217	460	215	1051	2351
15484		8444	1.73	14525	518	823	1251612	14	2217	460	215	1051	2351

世界文化遗产地

	机构数（个）	从业人员（人）					本年收入合计（千元）									
			专业技术人员					财政拨款		上级补助收入	事业收入	经营收入	附属单位上缴收入	其他收入		基本支出
				正高级职称	副高级职称	中级职称			基建拨款							
总　　计	1	37					9020	9020							9020	4440
按机构行政级别	—	—	—	—	—	—	—	—	—	—	—	—	—	—	—	—
部级单位																
局级单位	1	37					9020	9020							9020	4440
处级单位																
科级单位																
按部门判别	—	—	—	—	—	—	—	—	—	—	—	—	—	—	—	—
文物部门	1	37					9020	9020							9020	4440
其他部门																

世界文化遗产地

	本年支出合计（千元）				资产总计（千元）		遗产区占地面积（万平方米）
	在支出合计中：						
	对个人和家庭补助支出		其他资本性支出			固定资产原　值	
		抚恤生活补贴		各种设备、交通工具、图书购置费			
总　　计							3322.88
按机构行政级别	—	—	—	—	—	—	—
部级单位							
局级单位							3322.88
处级单位							
科级单位							
按部门判别	—	—	—	—	—	—	—
文物部门							3322.88
其他部门							

情况综合年报(一)

本年支出合计(千元)											
项目支出					经营支出	在支出合计中：					
	本体保护	环境保护	基础研究	保护管理体系		工资福利支出	商品和服务支出				
								差旅费	劳务费	福利费	各种税金支出
4580						4440					
—	—	—	—	—	—	—	—	—	—	—	—
4580						4440					
—	—	—	—	—	—	—	—	—	—	—	—
4580						4440					

情况综合年报(二)

实际使用房屋建筑面积(万平方米)		实际拥有产权面积(万平方米)	包含文物保护单位数量(处)			
	管理用房		全国重点文物保护单位	省级文物保护单位	市、县级文物保护单位	尚未核定为文物保护单位
0.51						
—	—	—	—	—	—	—
0.51						
—	—	—	—	—	—	—
0.51						

大遗址基本情况

	机构数（个）	从业人员（人）					本年收入合计（千元）							
			专业技术人员					财政拨款		上级补助收入	事业收入	经营收入	附属单位上缴收入	其他收入
				正高级职称	副高级职称	中级职称			基建拨款					
总　　计	1	63	26	2	2	8	28826	27833		752				241
按机构行政级别	—	—	—	—	—	—	—	—	—	—	—	—	—	—
部级单位														
局级单位	1	63	26	2	2	8	28826	27833		752				241
处级单位														
科级单位														
按部门判别	—	—	—	—	—	—	—	—	—	—	—	—	—	—
文物部门	1	63	26	2	2	8	28826	27833		752				241
其他部门														

大遗址基本情况

	本年支出合计（千元）				资产总计		实际占地面积（万平方米）
	在支出合计中：						
	对个人和家庭补助支出		其他资本性支出				
		抚恤金和生活补贴		各种设备、交通工具、图书购置费	（千元）	固定资产原值	
总　　计	885		205	205	121204	72657	2.25
按机构行政级别	—	—	—	—	—	—	—
部级单位							
局级单位	885		205	205	121204	72657	2.25
处级单位							
科级单位							
按部门判别	—	—	—	—	—	—	—
文物部门	885		205	205	121204	72657	2.25
其他部门							

综合年报(一)

门票销售总额(千元)	本年支出合计(千元)													
		基本支出	项目支出					经营支出	在支出合计中:					
				前期费用	保护工程	保护性设施	保护管理体系		工资福利支出	商品和服务支出				
											差旅费	劳务费	福利费	各种税金支出
	31941	11995	19946	3500	8500		5000		8404	22447	1162	135	92	
—	—	—	—	—	—	—	—	—	—	—	—	—	—	—
	31941	11995	19946	3500	8500		5000		8404	22447	1162	135	92	
—	—	—	—	—	—	—	—	—	—	—	—	—	—	—
	31941	11995	19946	3500	8500		5000		8404	22447	1162	135	92	

综合年报(二)

实际使用房屋建筑面积		实际拥有产权面积(万平方米)	遗址公园占地面积(万平方米)	包含文物保护单位数量(处)			
(万平方米)	管理用房			全国重点文物保护单位	省级文物保护单位	市、县级文物保护单位	尚未核定为文物保护单位
1.87	0.80		250.00	1			
—	—	—	—	—	—	—	—
1.87	0.80		250.00	1			
—	—	—	—	—	—	—	—
1.87	0.80		250.00	1			

·小资料·

社会文化有关数据

指标/年度	2012	2011	2010		2009		2008		2007	
			上半年	全　年	上半年	全　年	上半年	全　年	上半年	全　年
全国文化先进县(个)	27	27		27	24	27		24		24
省级文化先进县(个)	44	44		42	36	42		36		36
浙江东海文化明珠(个)	545	545		545		511		524		485
文化强镇	53	25								
浙江省文化示范村(个)	460	385		324		258		198		133
浙江省文化示范社区(个)	171	141		107		85		65		45
县级以上文化广场、文化中心(个)	300	300		300		300		285		
县级文化馆(个)	90	90		90		89		87		
县级图书馆(个)	83	83		82		80		79		
乡镇综合文化站(个)	1345	1404		1509	1484	1510		1484		1484
无站舍文化站数(个)				70				351		511
达标数(个)					964	1062		895		
村级文化设施覆盖率(%)	89	87		85		80		75		70
送戏下乡(万场)	1.94	2.1	8776	2.02	0.8535	1.8995		2.05		1.56
送书下乡(万册)	195	181	70.6	165	76	166.6		184		194
培训人数(人次)	15万	31000	21594	60653	15456	29459		12300		31671
省级组织培训(人次)	1107	900		700	0	670		560		579
县级组织文化活动(场)	2699	2000		128		153		120		130
乡镇组织文化活动(场)	4251	2317		2064		2660		1630		1825
文化走亲	1760	1060								
送讲座	3854	1945								
送展览										
业余文艺团队	36192	29186								
其中登记注册	10315	1803								
文化投入(亿元)	48.6	39.93		37.25		32.28		26.14		21.9
占财政支出(%)	1.17	1.01		1.4		1.22		1.18		1.21
人均文化投入(元)	88.73	71.26		68.44		62.32		51		43
文化事业费(亿元)	35.71	28.86		24.2						
占财政支出(%)	0.86	0.75		0.91						
人均文化事业费(元)	65.2	52.83		44.46						
人均购书费(元)	2.8	2.16		2		1.78		1.49		1.32
人均藏书量(册)	0.9	0.82		0.75		0.69		0.62		0.53

附录

ZHEJIANG CULTURE YEARBOOK

国家级历史文化名城(浙江部分)

杭州　1982 年 02 月 08 日
绍兴　1982 年 02 月 08 日
宁波　1986 年 12 月 08 日
衢州　1994 年 01 月 04 日
临海　1994 年 01 月 04 日
金华　2007 年 03 月 18 日
嘉兴　2011 年 01 月 28 日

浙江省省级历史文化名城

湖州　第一批 1991 年
温州　第一批 1991 年
余姚　第一批 1991 年
舟山　第一批 1991 年
东阳　第一批补 1996 年
兰溪　第二批 2000 年
天台　第二批 2000 年
松阳　第二批 2000 年
瑞安　第二批 2000 年
龙泉　第二批 2000 年
海宁　2010 年

全国文化先进县(浙江部分)

1995 年　诸暨市、萧山市
1996 年　慈溪市、嵊州市
1997 年　东阳市、平阳县、海宁市、宁波市海曙区
1998 年　嘉善县、义乌市、宁波市镇海区、上虞市
2000 年　乐清市、宁波市北仑区
2002 年　鄞县、兰溪市、海盐县
2005 年　长兴县、桐庐县、德清县
2009 年　平湖市、临海市、杭州市拱墅区

浙江省文化先进县

1997 年

余杭市、萧山市、慈溪市、余姚市、宁波市海曙区、东阳市、嵊州市、绍兴县、诸暨市、海宁市、平阳县

2000 年

桐庐县、宁波市镇海区、宁波市北仑区、鄞县、乐清市、瑞安市、海盐县、上虞市、浦江县、兰溪市

2002 年

德清县、临海市、玉环县

2003 年

长兴县、平湖市、台州市椒江区

2005 年

杭州市西湖区、富阳市、象山县、嘉兴市秀洲区、

嘉兴市南湖区、永康市、舟山市普陀区

2007年

杭州市拱墅区、温岭市

2009年

杭州市江干区、建德市、奉化市、宁海县、安吉县、常山县

2011年

龙泉市、景宁畲族自治县

中国民间文化艺术之乡(浙江部分)

(2011—2013年度)

1.杭州市余杭区	余杭滚灯
2.杭州市萧山区坎山镇	萧山花边
3.杭州市西湖区蒋村街道	龙舟
4.泰顺县	木偶戏
5.乐清市	黄杨木雕、细纹刻纸
6.青田县	青田鱼灯
7.景宁畲族自治县	畲族民间歌舞
8.嵊州市	嵊州吹打
9.诸暨市	书画
10.磐安县深泽乡	炼火、先锋、寿龟奉茶
11.长兴县	长兴百叶龙
12.湖州市南浔区善琏镇	湖笔制作
13.舟山市定海区白泉镇	舟山锣鼓
14.舟山市普陀区	渔民画
15.嘉善县	嘉善田歌
16.桐乡市	漫画、摄影
17.海宁市	硖石灯彩
18.嘉兴市秀洲区	农民画
19.象山县	象山竹根雕
20.三门县旁亭镇	杨家板龙

浙江省民间文化艺术之乡

(2011—2013年度)

序号	地　区	类　别	申报项目名称	申报单位
1	杭州市	表演艺术	余杭滚灯	余杭区人民政府
2	杭州市	表演艺术	淳安竹马	淳安县人民政府
3	杭州市	造型艺术	建德农民画	建德市人民政府
4	杭州市	民间技艺	竹笛	余杭区中泰乡人民政府
5	杭州市	民间技艺	绣花鞋	桐庐县合村乡人民政府
6	杭州市	民间技艺	西溪小花篮	西湖区留下街道办事处
7	杭州市	民间技艺	萧山花边	萧山区坎山镇人民政府
8	杭州市	民俗活动	龙舟	西湖区蒋村街道办事处
9	宁波市	表演艺术	纱船、抬搁等民间艺术表演	鄞州区咸祥镇人民政府
10	宁波市	表演艺术	龙舞	鄞州区横溪镇人民政府
11	宁波市	民间技艺	东陈剪纸	象山县东陈乡人民政府
12	宁波市	民间技艺	象山竹根雕	象山县人民政府
13	宁波市	民间技艺	风筝制作	江北区庄桥街道办事处

续表

序号	地　　区	类　别	申报项目名称	申报单位
14	宁波市	民俗活动	孝文化・曹娥娘娘庙会	余姚市小曹娥镇人民政府
15	宁波市	表演艺术	民间戏曲之乡(姚剧)	慈溪市坎墩街道办事处
16	温州市	表演艺术	泰顺木偶戏	泰顺县人民政府
17	温州市	民间技艺	黄杨木雕	乐清市人民政府
18	温州市	民间技艺	细纹刻纸	乐清市人民政府
19	温州市	民俗活动	汤和信俗	龙湾区海滨街道办事处
20	温州市	表演艺术	平阳木偶戏(单档布袋戏)	平阳县人民政府
21	湖州市	表演艺术	长兴"百叶龙"	长兴县人民政府
22	湖州市	民间技艺	湖笔制作技艺	南浔区善琏镇人民政府
23	湖州市	民俗活动	蚕花庙会等	德清县新市镇人民政府
24	嘉兴市	表演艺术	嘉善田歌	嘉善县人民政府
25	嘉兴市	表演艺术	海盐滚灯	海盐县人民政府
26	嘉兴市	造型艺术	摄影	桐乡市人民政府
27	嘉兴市	造型艺术	漫画	桐乡市人民政府
28	嘉兴市	民间技艺	海宁硖石灯彩	海宁市人民政府
29	嘉兴市	民俗活动	蚕花胜会(高竿船杂技)	桐乡市洲泉镇人民政府
30	嘉兴市	表演艺术	龙舞《平湖九彩龙》	平湖市林棣镇人民政府
31	嘉兴市	造型艺术	农民画	秀洲区人民政府
32	嘉兴市	民间技艺	西瓜灯	平湖市人民政府
33	绍兴市	表演艺术	嵊州吹打	嵊州市人民政府
34	绍兴市	表演艺术	上虞吹打	上虞市人民政府
35	绍兴市	表演艺术	金庭高跷	嵊州市金庭镇人民政府
36	绍兴市	造型艺术	书画	诸暨市人民政府
37	金华市	表演艺术	民舞《十八蝴蝶》	永康市人民政府
38	金华市	表演艺术与民俗	民俗《炼火》、民乐《先锋》、民舞《寿龟奉茶》	磐安县深泽乡人民政府
39	金华市	表演艺术与民俗	民舞《断头龙》和《祭祖舞》、畲族民歌、畲族婚礼等	兰溪市水亭畲族乡人民政府
40	衢州市	表演艺术	钢叉舞、洗马舞	常山县新昌乡人民政府
41	衢州市	表演艺术	硬头狮子	龙游县湖镇人民政府
42	衢州市	民俗活动	马金灯日	开化县马金镇人民政府
43	衢州市	表演艺术	苏庄香火草龙	开化县苏庄镇人民政府
44	衢州市	表演艺术	山歌	江山市廿八都镇人民政府
45	舟山市	表演艺术	舟山锣鼓	定海区白泉镇人民政府
46	舟山市	表演艺术	渔歌	岱山县人民政府
47	舟山市	造型艺术	渔民画	普陀区人民政府
48	舟山市	造型艺术	渔民画	岱山县人民政府

续表

序号	地　区	类　别	申报项目名称	申报单位
49	舟山市	造型艺术	渔民画	嵊泗县人民政府
50	舟山市	民俗活动	渔民文化节	普陀区虾峙镇人民政府
51	舟山市	表演艺术	木偶戏	定海区双桥镇人民政府
52	台州市	表演艺术	杨家板龙	三门县亭旁镇人民政府
53	台州市	表演艺术	朱溪灯舞	仙居县朱溪镇人民政府
54	台州市	民间技艺	仙居花灯	仙居县人民政府
55	台州市	民俗活动	送大暑船	椒江区葭沚街道办事处
56	台州市	民俗活动	古亭抬阁	三门县高枧乡人民政府
57	丽水市	表演艺术	青田鱼灯	青田县人民政府
58	丽水市	表演艺术	民间戏剧	缙云县新建镇人民政府
59	丽水市	表演艺术	畲族民间歌舞	景宁县人民政府
60	丽水市	表演艺术	松阳高腔	松阳县玉岩镇人民政府

浙江省列入第四批国家级非物质文化遗产项目代表性传承人名单

（28人）

	项目类别	序号	姓　名	性别	民族	出生年月	项目编码	项目名称	申报地区或单位
1	传统音乐	04—1512	郑云飞	男	汉族	1939.3	Ⅱ—34	古琴艺术(浙派)	浙江省杭州市
2	传统音乐	04—1513	徐晓英	女	汉族	1937.10	Ⅱ—34	古琴艺术(浙派)	浙江省杭州市
3	传统舞蹈	04—1563	汪妙林	男	汉族	1945.9	Ⅲ—16	余杭滚灯	浙江省杭州市余杭区
4	传统戏剧	04—1595	叶全民	男	汉族	1956.10	Ⅳ—9	宁海平调	浙江省宁海县
5	传统戏剧	04—1672	季桂芳	男	汉族	1942.1	Ⅳ—92	木偶戏(泰顺提线木偶戏)	浙江省泰顺县
6	传统戏剧	04—1678	杨柳汀	男	汉族	1947.11	Ⅳ—107	甬剧	浙江省宁波市
7	传统戏剧	04—1679	章宗义	男	汉族	1924.3	Ⅳ—109	绍剧	浙江省绍兴市
8	传统戏剧	04—1680	刘建杨	男	汉族	1961.6	Ⅳ—109	绍剧	浙江省绍兴市
9	传统戏剧	04—1681	张建敏	女	汉族	1963.8	Ⅳ—110	婺剧	浙江省金华市
10	传统戏剧	04—1682	陈美兰	女	汉族	1964.9	Ⅳ—110	婺剧	浙江省金华市
11	曲　艺	04—1704	陈志雄	男	汉族	1937.10	Ⅴ—13	温州鼓词	浙江省瑞安市
12	传统美术	04—1781	张爱廷	男	汉族	1939.2	Ⅶ—33	青田石雕	浙江省青田县
13	传统美术	04—1787	虞金顺	男	汉族	1949.8	Ⅶ—42	乐清黄杨木雕	浙江省乐清市
14	传统美术	04—1788	高公博	男	汉族	1949.10	Ⅶ—42	乐清黄杨木雕	浙江省乐清市
15	传统美术	04—1789	吴初伟	男	汉族	1946.3	Ⅶ—43	东阳木雕	浙江省东阳市

续表

	项目类别	序号	姓　名	性别	民族	出生年月	项目编码	项目名称	申报地区或单位
16	传统美术	04－1818	许谨伦	男	汉族	1948.2	Ⅶ－104	宁波金银彩绣	浙江省宁波市鄞州区
17	传统美术	04－1822	黄才良	男	汉族	1957.7	Ⅶ－109	宁波泥金彩漆	浙江省宁海县
18	传统技艺	04－1833	夏侯文	男	汉族	1935.8	Ⅷ－9	龙泉青瓷烧制技艺	浙江省龙泉市
19	传统技艺	04－1834	毛正聪	男	汉族	1940.10	Ⅷ－9	龙泉青瓷烧制技艺	浙江省龙泉市
20	传统技艺	04－1850	汤春甫	男	汉族	1952.9	Ⅷ－53	天台山干漆夹苎技艺	浙江省天台县
21	传统技艺	04－1855	万爱珠	女	汉族	1951.4	Ⅷ－67	皮纸制作技艺（龙游皮纸制作技艺）	浙江省龙游县
22	传统技艺	04－1858	李法儿	男	汉族	1950.8	Ⅷ－71	竹纸制作技艺	浙江省富阳市
23	传统技艺	04－1900	岑国和	男	汉族	1956.1	Ⅷ－137	传统木船制造技艺	浙江省舟山市普陀区
24	传统技艺	04－1917	嵇锡贵	女	汉族	1941.12	Ⅷ－187	越窑青瓷烧制技艺	浙江省杭州市
25	传统技艺	04－1923	包文其	男	汉族	1951.9	Ⅷ－193	中式服装制作技艺（振兴祥中式服装制作技艺）	浙江省杭州市
26	传统医药	04－1946	张玉柱	男	汉族	1947.12	Ⅸ－6	中医正骨疗法（张氏骨伤疗法）	浙江省富阳市
27	民　　俗	04－1956	陈其才	男	汉族	1942.12	Ⅹ－4	七夕节（石塘七夕习俗）	浙江省温岭市
28	民　　俗	04－1974	胡文相	男	汉族	1931.6	Ⅹ－84	庙会（张山寨七七会）	浙江省缙云县

第四批浙江省非物质文化遗产项目代表性传承人名单

（项目名称以公布的1—4批浙江省非物质文化遗产名录项目为准）

民间文学（7人）

序　号	项　目　名　称	类　别	姓　名	申报地
1	孙权传说	民间文学	孙文达	富阳市
2	卖技（瑞安卖技）	民间文学	许道春	瑞安市
3	王十朋传说	民间文学	王新棋	乐清市
4	上林湖传说	民间文学	杜松根	慈溪市
5	熊知县的故事	民间文学	王　冰	长兴县
6	黄大仙传说	民间文学	邵雁南	金华市本级
7	刘伯温传说	民间文学	叶则东	青田县

传统音乐（8人）

序　号	项　目　名　称	类　别	姓　名	申报地
8	江南丝竹	传统音乐	顾　骏	杭州市本级
9	道教音乐（东岳观道教音乐）	传统音乐	苏立锋	平阳县

续表

序　号	项　目　名　称	类　别	姓　名	申报地
10	十番锣鼓(余姚十番)	传统音乐	杨松炎	余姚市
11	嘉善田歌	传统音乐	高建中	嘉善县
12	吹打(上虞吹打)	传统音乐	屠仲道	上虞市
13	道教音乐(太极祭炼音乐)	传统音乐	董连根	上虞市
14	十番锣鼓(新桥十番)	传统音乐	王良勇	常山县
15	渔工号子	传统音乐	叶宽兴	普陀区

传统舞蹈(21人)

序　号	项　目　名　称	类　别	姓　名	申报地
16	跳仙鹤	传统舞蹈	徐祖年	富阳市
17	神兽花灯	传统舞蹈	周军胜	临安市
18	草龙(横街草龙)	传统舞蹈	郎国章	临安市
19	九狮图(深澳高空狮子)	传统舞蹈	申屠振兴	桐庐县
20	大头和尚	传统舞蹈	马宝春	鄞州区
21	造跌	传统舞蹈	周翠珠	北仑区
22	木偶摔跤	传统舞蹈	刘永章	余姚市
23	长兴旱船	传统舞蹈	陈龙泉	长兴县
24	乌龟端茶	传统舞蹈	陈伟玉	磐安县
25	板龙(全旺板龙)	传统舞蹈	黄基康	衢江区
26	龙舞(滚花龙)	传统舞蹈	杨振国	龙游县
27	草龙(横山稻草龙)	传统舞蹈	王允文	龙游县
28	脱节龙	传统舞蹈	吴根松	龙游县
29	马灯舞(洗马舞)	传统舞蹈	严水金	常山县
30	狮象舞(狮象灯舞)	传统舞蹈	朱传廉	开化县
31	狮象舞(狮象灯舞)	传统舞蹈	朱振龙	开化县
32	龙舞(开化香火草龙)	传统舞蹈	程华德	开化县
33	坎门鳌龙鱼灯舞	传统舞蹈	李孙谦	玉环县
34	处州板龙	传统舞蹈	武良满	丽水市本级
35	青田鱼灯	传统舞蹈	郭秉强	青田县
36	青田百鸟灯舞	传统舞蹈	詹民清	青田县

传统戏剧(21人)

序　号	项　目　名　称	类　别	姓　名	申报地
37	昆曲(新叶昆曲)	传统戏剧	叶金香	建德市
38	昆曲(新叶昆曲)	传统戏剧	叶志昌	建德市

续表

序 号	项 目 名 称	类 别	姓 名	申报地
39	瓯剧	传统戏剧	翁墨珊	温州市本级
40	瓯剧	传统戏剧	孙来来	温州市本级
41	单档布袋戏	传统戏剧	陈尔白	苍南县
42	单档布袋戏	传统戏剧	刘传代	苍南县
43	提线木偶戏	传统戏剧	陈光庭	苍南县
44	平阳木偶戏	传统戏剧	应爱芳	平阳县
45	马灯戏(南湖马灯戏)	传统戏剧	周开村	平阳县
46	木偶戏	传统戏剧	徐细娇	泰顺县
47	花鼓戏	传统戏剧	屈娟如	桐乡市
48	湖剧	传统戏剧	肖明芳	湖州市本级
49	越剧	传统戏剧	吴素英	绍兴县
50	徽戏	传统戏剧	朱云香	金华市本级
51	跳魁星	传统戏剧	朱福龙	金华市本级
52	浦江乱弹	传统戏剧	赵福林	浦江县
53	提线木偶戏	传统戏剧	翁柏根	衢江区
54	徽戏	传统戏剧	李 昂	龙游县
55	衢州摊簧戏	传统戏剧	傅少程	衢州市本级
56	提线木偶戏	传统戏剧	胡金洪	丽水市本级
57	单档布袋戏(岱山布袋木偶戏)	传统戏剧	王嘉定	岱山县

曲艺(18人)

序 号	项 目 名 称	类 别	姓 名	申报地
58	杭州评话	曲艺	朱建萍	杭州市本级
59	温州鼓词	曲艺	陈忠达	鹿城区
60	温州莲花	曲艺	林彩琴	鹿城区
61	唱新闻	曲艺	朱秀定	鄞州区
62	宁波走书	曲艺	闻海平	鄞州区
63	嘉善宣卷	曲艺	沈王荣	嘉善县
64	嘉善宣卷	曲艺	袁云甫	嘉善县
65	绍兴平湖调	曲艺	沈 麟	绍兴市本级
66	绍兴平湖调	曲艺	彭秋红	绍兴市本级
67	绍兴莲花落	曲艺	沈包炎(宝贤)	绍兴县
68	绍兴宣卷	曲艺	叶传友	绍兴县
69	兰溪摊簧	曲艺	吴一峰	兰溪市
70	金华道情	曲艺	吴洵梅	东阳市

续表

序　号	项　目　名　称	类　别	姓　名	申报地
71	金华道情	曲艺	袁耀明	龙游县
72	鼓词(丽水鼓词)	曲艺	黄景农	莲都区
73	鼓词(丽水鼓词)	曲艺	章永金	莲都区
74	苏州评弹	曲艺	朱良欣	省曲杂团
75	苏州评弹	曲艺	周剑英	省曲杂团

传统体育、游艺与杂技(13人)

序　号	项　目　名　称	类　别	姓　名	申报地
76	鹰爪功	传统体育、游艺与杂技	殷祖炎	下城区
77	船拳(西溪船拳)	传统体育、游艺与杂技	沈庆漾	西湖区
78	南拳(平阳白鹤拳)	传统体育、游艺与杂技	温从富	平阳县
79	水火流星	传统体育、游艺与杂技	王耀国	慈溪市
80	龙舟竞渡	传统体育、游艺与杂技	水春华	鄞州区
81	精武拳(械)技	传统体育、游艺与杂技	符永江	余姚市
82	船拳(南湖船拳)	传统体育、游艺与杂技	韩海华	南湖区
83	九狮图	传统体育、游艺与杂技	胡根基	永康市
84	罗汉班	传统体育、游艺与杂技	葛世华	义乌市
85	大成拳	传统体育、游艺与杂技	倪保强	金东区
86	菇民防身术	传统体育、游艺与杂技	吴辉锦	庆元县
87	操石磉	传统体育、游艺与杂技	吴昌明	景宁县
88	线狮(草塔抖狮子)	传统体育、游艺与杂技	赵伯林	诸暨市

传统美术(36人)

序　号	项　目　名　称	类　别	姓　名	申报地
89	杭州刺绣	传统美术	金家虹	上城区
90	剪纸(杭州剪纸)	传统美术	宋胜林	江干区
91	昌化鸡血石雕	传统美术	凌东辉	临安市
92	剪纸(桐庐剪纸)	传统美术	朱维桢	桐庐县
93	瓯塑	传统美术	郑建琴	温州市本级
94	瓯塑	传统美术	陈　茅	温州市本级
95	瓯绣	传统美术	黄香雪	温州市本级
96	瓯绣	传统美术	李小红	温州市本级
97	青田石雕	传统美术	陈顺德	鹿城区
98	彩石镶嵌	传统美术	谢炳华	瓯海区
99	雕版印刷术(瑞安纸马雕版印刷术)	传统美术	王钏巧	瑞安市

续表

序　号	项　目　名　称	类　别	姓　名	申报地
100	乐清黄杨木雕	传统美术	王笃芳	乐清市
101	乐清黄杨木雕	传统美术	虞定良	乐清市
102	乐清细纹刻纸	传统美术	余忠惠	乐清市
103	青田石雕	传统美术	潘锡存	乐清市
104	竹壳雕	传统美术	吴涛林	乐清市
105	乐清龙档	传统美术	黄　北	乐清市
106	米塑	传统美术	杨继昆	苍南县
107	平阳太平钿剪纸	传统美术	柯娟娥	平阳县
108	木偶头雕刻	传统美术	季天渊	泰顺县
109	宁波金银彩绣工艺	传统美术	史翠珍	鄞州区
110	宁波灰雕	传统美术	朱英度	鄞州区
111	剪纸(象山剪纸)	传统美术	谢才华	象山县
112	石雕(大隐石雕)	传统美术	金星乔	余姚市
113	民间绘画(秀洲农民画)	传统美术	张金泉	秀洲区
114	硖石灯彩	传统美术	孙　杰	海宁市
115	嘉兴灶画艺术	传统美术	沈华良	桐乡市
116	绍兴花雕制作工艺	传统美术	王文俊	绍兴市本级
117	嵊州竹编	传统美术	袁亚琴	嵊州市
118	灰塑(嵊州灰塑)	传统美术	王明星	嵊州市
119	东阳竹编	传统美术	胡正仁	东阳市
120	东阳竹编	传统美术	何大根	东阳市
121	东阳木雕	传统美术	马良勇	东阳市
122	东阳木雕	传统美术	徐土龙	东阳市
123	青田石雕	传统美术	张爱光	青田县
124	船模艺术	传统美术	钱兴国	定海区

传统技艺(52人)

序　号	项　目　名　称	类　别	姓　名	申报地
125	南宋官窑瓷制作技艺	传统技艺	金益荣	上城区
126	木版水印技艺	传统技艺	魏立中	下城区
127	萧山花边	传统技艺	赵锡祥	萧山区
128	中泰竹笛制作技艺	传统技艺	董仲彬	余杭区
129	余杭纸伞制作技艺	传统技艺	房金泉	余杭区
130	竹纸制作技艺	传统技艺	蔡玉华	富阳市
131	富阳纸伞制作技艺	传统技艺	吴荣奎	富阳市

续表

序　号	项　目　名　称	类　别	姓　名	申报地
132	绿茶制作技艺(临安天目云雾茶制作技艺)	传统技艺	郎利方	临安市
133	合村绣花鞋制作技艺	传统技艺	陈爱华	桐庐县
134	畲乡红曲酒酿制技艺	传统技艺	廖阿根	桐庐县
135	瓯菜烹饪技艺	传统技艺	周　雄	鹿城区
136	泽雅屏纸制作技艺	传统技艺	林志文	瓯海区
137	瑞安木活字印刷术	传统技艺	王志仁	瑞安市
138	蓝夹缬技艺	传统技艺	黄其良	瑞安市
139	传统造纸技艺(南屏纸制作技艺)	传统技艺	尹寿连	瑞安市
140	首饰龙制作技艺	传统技艺	朱观呈	乐清市
141	蓝夹缬技艺	传统技艺	钱云汤	乐清市
142	木活字印刷术	传统技艺	李先笔	苍南县
143	编梁木拱桥营造技艺	传统技艺	曾家快	泰顺县
144	红铜炉制作技艺	传统技艺	郑飞民	慈溪市
145	慈溪传统建筑营造技艺	传统技艺	郭永尧	慈溪市
146	戏台螺旋蛾罗顶营造技艺	传统技艺	张立群	鄞州区
147	平湖糟蛋制作工艺	传统技艺	尤明泰	平湖市
148	杭白菊传统加工技艺	传统技艺	曹鉴清	桐乡市
149	湖州小吃制作技艺("诸老大"粽子制作技艺)	传统技艺	周潮根	吴兴区
150	紫砂烧制技艺	传统技艺	程苗根	长兴县
151	绍兴黄酒酿制技艺	传统技艺	邹慧君	绍兴市本级
152	绍兴黄酒酿制技艺	传统技艺	高秀水	绍兴县
153	绍兴菜烹饪技艺	传统技艺	茅天尧	绍兴市本级
154	绿茶制作技艺(平水珠茶制作技艺)	传统技艺	宋孔才	绍兴县
155	永康锡艺	传统技艺	盛一原	永康市
156	金华酒酿造技艺	传统技艺	吕敏湘	金华市本级
157	金华火腿传统制作工艺	传统技艺	方锡潜	金华市本级
158	金华酥饼传统制作技艺	传统技艺	黄维健	金华市本级
159	木杆秤制作技艺(永康钉秤制作技艺)	传统技艺	应生林	永康市
160	浦江剪纸	传统技艺	杨新花	浦江县
161	高照马制作技艺	传统技艺	陈益民	磐安县
162	永康铜艺	传统技艺	应业德	永康市
163	古琴制作工艺	传统技艺	沈华龙	柯城区
164	传统建筑营造技艺(三门源古民居营造技艺)	传统技艺	翁海金	龙游县
165	延绳钓捕捞技艺	传统技艺	李阿益	玉环县
166	编梁木拱桥营造技艺	传统技艺	吴复勇	庆元县
167	编梁木拱桥营造技艺	传统技艺	胡　森	庆元县
168	香菇砍花法技艺	传统技艺	刘世祥	景宁县

续表

序　号	项　目　名　称	类　别	姓　名	申报地
169	龙泉青瓷	传统技艺	张绍斌	龙泉市
170	龙泉青瓷	传统技艺	陈坛根	龙泉市
171	龙泉青瓷	传统技艺	徐定昌	龙泉市
172	龙泉青瓷	传统技艺	陈爱明	龙泉市
173	龙泉青瓷	传统技艺	卢伟孙	龙泉市
174	龙泉宝剑	传统技艺	郭家兴	龙泉市
175	龙泉宝剑	传统技艺	郑国荣	龙泉市
176	舟山螺钿镶嵌制作工艺	传统技艺	夏雨缀	定海区

传统医药(6 人)

序　号	项　目　名　称	类　别	姓　名	申报地
177	茶亭伤科	传统医药	陈锦昌	萧山区
178	董氏儿科	传统医药	董幼祺	海曙区
179	绍兴“三六九”伤科	传统医药	傅宏伟	绍兴县
180	衢州杨继洲针灸	传统医药	金　瑛	衢州市本级
181	畲族医药	传统医药	鄢连和	丽水市本级
182	寿仙谷中药文化	传统医药	李明炎	武义县

民俗(15 人)

序　号	项　目　名　称	类　别	姓　名	申报地
183	元宵灯会(河上龙灯胜会)	民俗	傅叶茂	萧山区
184	传统婚礼(水乡婚礼)	民俗	朱兆源	余杭区
185	抬阁(蒲岐抬阁)	民俗	臧喜滔	乐清市
186	刘伯温春秋二祭	民俗	刘妙柏	苍南县
187	婺州南宗祭孔典礼	民俗	孔火春	磐安县
188	金华斗牛	民俗	董锡清	婺城区
189	清明祭祖灯会	民俗	朱小良	龙游县
190	老佛节(唐头古佛节)	民俗	方顺隆	开化县
191	大溪边祈水节	民俗	余章雄	开化县
192	保苗节	民俗	赖正兴	开化县
193	景宁畲族祭祀仪式	民俗	雷梁庆	景宁县
194	台阁(遂昌台阁)	民俗	朱可风	遂昌县
195	台阁(遂昌台阁)	民俗	李水松	遂昌县
196	太平庙会	民俗	吴文德	莲都区
197	畲族服饰(畲族刺绣)	民俗	蓝瑞桃	苍南县

第四批浙江省非物质文化遗产名录

（共 202 项）

民间文学（20 项）

序　号	申　报　项　目　名　称	申　报　地　区
1	海瑞传说	淳安县
2	皋亭山传说	杭州市江干区
3	梅城传说	建德市
4	孙权传说	富阳市
5	玲珑山传说	临安市
6	上林湖传说	慈溪市
7	王十朋传说	乐清市
8	卖技（瑞安卖技）	瑞安市
9	洞头海岛气象谚语	洞头县
10	平阳童谣	平阳县
11	熊知县的故事	长兴县
12	陈霸先传说	长兴县
13	海盐钱氏传说	海盐县
14	绍兴古桥名传说	绍兴市
15	勾践传说	绍兴市
16	傅大士传说	义乌市
17	琼奴与苕郎	常山县
18	临海民间谜语	临海市
19	高机与吴三春传说	平阳县
20	刘阮传说	新昌县

传统音乐（7 项）

序　号	申　报　项　目　名　称	申　报　地　区
21	十番锣鼓（余姚十番、新桥十番）	余姚市、常山县
22	绍兴派古琴艺术	绍兴市
23	渔工号子	舟山市普陀区
24	畲族民歌	平阳县
25	山歌（乐清撞歌）	乐清市
26	吹打（丽水吹打）	丽水市莲都区
27	道教音乐（太极祭炼音乐天台山道教南宗洞经音乐）	上虞市、天台县

传统舞蹈(17 项)

序　号	申　报　项　目　名　称	申　报　地　区
28	龙舞(梓树布龙、滚花龙、郭吴金龙、横街草龙)	富阳市、龙游县、安吉县、临安市
29	红毛狮子	临安市
30	五凤朝阳	临安市
31	大陆花灯	杭州市余杭区
32	狮象舞(沃家狮象窜、狮象灯舞)	宁波市北仑区、开化县
33	大头和尚	宁波市鄞州区
34	车子灯	余姚市
35	鱼灯舞(洞头鱼灯、九龙鱼灯)	洞头县、景宁县
36	长兴旱船	长兴县
37	蔡宅高跷	东阳市
38	调花钹	永康市
39	乌龟端茶	磐安县
40	小蜜蜂	三门县
41	青田百鸟灯舞	青田县
42	马灯舞(跳马灯、洗马舞)	开化县、常山县
43	跳蚤会	舟山市普陀区
44	畲族貔貅	安吉县

传统戏剧(8 项)

序　号	申　报　项　目　名　称	申　报　地　区
45	滑稽戏	杭州市
46	花鼓戏	桐乡市
47	西吴高腔	金华市
48	徽戏	金华市、龙游县
49	缙云杂剧	缙云县
50	平调	三门县
51	姚剧(姚北滩簧)	慈溪市
52	提线木偶戏	丽水市、苍南县、衢州市衢江区

曲艺(6 项)

序　号	申　报　项　目　名　称	申　报　地　区
53	嘉善宣卷	嘉善县
54	浦江什锦	浦江县
55	鼓词(丽水鼓词、温州鼓词)	丽水市莲都区、温州市鹿城区、乐清市
56	绍兴莲花落	杭州市萧山区、上虞市

续表

序　号	申　报　项　目　名　称	申　报　地　区
57	金华道情	东阳市
58	唱新闻	宁波市鄞州区、慈溪市

传统体育、游艺与杂技(17项)

序　号	申　报　项　目　名　称	申　报　地　区
59	天罡拳	建德市
60	鹰爪功	杭州市下城区
61	十八般武艺	临安市
62	船拳(西溪船拳、南湖船拳)	杭州市西湖区、嘉兴市南湖区
63	龙舟竞渡	宁波市鄞州区、温州市
64	精武拳(械)技	余姚市
65	舞方天戟	桐乡市
66	赵家拳棒	诸暨市
67	大成拳	金华市金东区
68	武当太乙拳(宋氏门)	常山县
69	灵溪奚家拳	天台县
70	打油奏	天台县
71	小坑七心拳	三门县
72	菇民防身术	龙泉市、庆元县、景宁畲族自治县
73	翻九楼	泰顺县
74	南拳(温州南拳)	温州市鹿城区、龙湾区
75	线狮(草塔抖狮子)	诸暨市

传统美术(12项)

序　号	申　报　项　目　名　称	申　报　地　区
76	失蜡浇铸技艺	宁波市鄞州区
77	"老虎鞋"制作技艺	慈溪市
78	鄞州竹编	宁波市鄞州区
79	温州发绣	温州市鹿城区
80	瓯海百鸟灯工艺	温州市瓯海区
81	民间绘画(秀洲农民画、普陀渔民画)	嘉兴市秀洲区、舟山市普陀区
82	草编工艺(余姚草编、温岭草编、岭根草编、桐屿草席编织技艺)	余姚市、温岭市、临海市、台州市黄岩区
83	米塑(苍南米塑)	苍南县
84	根雕(永康根雕)	永康市
85	剪纸(杭州剪纸、象山剪纸 温岭剪纸、玉环剪纸)	杭州市、象山县、温岭市、玉环县

续表

序　号	申　报　项　目　名　称	申　报　地　区
86	船模艺术	象山县、舟山市定海区
87	石雕（钟山石雕、大隐石雕）	桐庐县、余姚市

传统技艺（60项）

序　号	申　报　项　目　名　称	申　报　地　区
88	奎元馆宁式大面传统制作技艺	杭州市上城区
89	木版水印技艺	杭州市下城区
90	龙坞彩灯制作技艺	杭州市西湖区
91	青溪龙砚制作技艺	淳安县
92	富阳纸伞制作技艺	富阳市
93	合村绣花鞋制作技艺	桐庐县
94	中泰竹笛制作技艺	杭州市余杭区
95	严州府菜点制作技艺	建德市
96	严漆生产技艺	建德市
97	清刀木雕	宁海县
98	传统建筑营造技艺（桐庐传统建筑群营造技艺、慈溪传统建筑营造技艺、衢州祠堂营造技艺、三门源古民居营造技艺、南田民居营造技艺）	桐庐县、慈溪市、衢州市、龙游县、文成县
99	红铜炉制作技艺	慈溪市
100	宁波汤团制作技艺	宁波市海曙区
101	戏台螺旋娥罗顶营造技艺	宁波市鄞州区
102	瓯菜烹饪技艺	温州市鹿城区
103	湖州小吃制作技艺（“诸老大”粽子制作技艺、周生记大馄饨制作技艺、南浔传统糕点制作技艺）	湖州市吴兴区、湖州市吴兴区、湖州市南浔区
104	平湖糟蛋制作工艺	平湖市
105	海宁三把刀制作技艺	海宁市
106	新塍传统糕点加工技艺	嘉兴市秀洲区
107	杭白菊传统加工技艺	桐乡市
108	姑嫂饼制作技艺	桐乡市
109	绍兴银饰品制作技艺	绍兴市
110	绍兴石宕采凿技艺	绍兴市
111	绍兴菜烹饪技艺	绍兴市
112	小京生炒制技艺	新昌县
113	枫桥香榧采制技艺	诸暨市
114	东阳酒酿造技艺	东阳市
115	义乌枣加工技艺	义乌市
116	红曲传统制作技艺（义乌红曲、乌衣红曲）	义乌市、泰顺县
117	永康打金打银工艺	永康市
118	永康打铁技艺	永康市

续表

序　号	申　报　项　目　名　称	申　报　地　区
119	高照马制作技艺	磐安县
120	古琴制作工艺	衢州市柯城区
121	江山三卿口传统制瓷工艺	江山市
122	传统家具制作技艺	开化县
123	齐詹记冻米糖制作技艺	开化县
124	舟山螺钿镶嵌制作工艺	舟山市定海区
125	戏剧服装制作技艺	台州市路桥区
126	台州府城传统小吃制作技艺	临海市
127	延绳钓捕捞技艺	玉环县
128	通济堰营造技艺	丽水市莲都区
129	遂昌白曲酒酿造技艺	遂昌县
130	大漈罐制作技艺	景宁畲族自治县
131	传统砖瓦制作技艺	新昌县
132	桥墩月饼制作技艺	苍南县
133	车木玩具制作技艺	泰顺县
134	萧山花边制作技艺	绍兴县
135	青田石雕	乐清市、泰顺县、温州市鹿城区
136	南宋官窑烧制技艺	杭州市上城区
137	泥金彩漆	宁波市江北区
138	木活字印刷术	苍南县
139	编梁木拱桥营造技艺	景宁县
140	雕版印刷术(瑞安纸马雕版印刷术)	瑞安市
141	萧山过江布	杭州市上城区
142	土布纺织技艺	杭州市下城区、缙云县
143	畲乡红曲酒酿制技艺	桐庐县
144	木杆秤制作技艺(戥秤制作技艺)	温岭市
145	香菇砍花法技艺	景宁畲族自治县
146	绿茶制作技艺(平水珠茶制作技艺、天台云雾茶制作技艺、惠明茶手工制作技艺)	绍兴县、天台县、景宁畲族自治县
147	传统造纸技艺(南屏纸制作技艺)	瑞安市

传统医药(7项)

序　号	申　报　项　目　名　称	申　报　地　区
148	传统中医药文化(桐君中药文化、彭祖养生文化、天目山中药文化、武义寿仙谷中药文化、沈宝山中药文化)	桐庐县、临安市、临安市、武义县、台州市黄岩区
149	茶亭伤科	杭州市萧山区
150	董氏儿科	宁波市海曙区

续表

序　号	申　报　项　目　名　称	申　报　地　区
151	施氏针灸	嘉兴市
152	绍兴“三六九”伤科	绍兴县
153	磐五味生产加工技艺	磐安县
154	田氏传统接骨术	缙云县

民俗(48 项)

序　号	申　报　项　目　名　称	申　报　地　区
155	三月三(新叶三月三、泽国三月三、畲族三月三)	建德市、温岭市、泰顺县
156	龙门九月初一庙会	富阳市
157	“活金死刘”习俗	富阳市
158	十六回切家宴	桐庐县
159	传统婚礼(水乡婚礼、奉化婚礼)	杭州市余杭区、奉化市
160	过半年	临安市
161	太阳东平王庙会	临安市
162	灵峰寺葛仙翁信俗	宁波市北仑区
163	象山七月半	象山县
164	鄞江它山贤德庙会	宁波市鄞州区
165	西岙行大龙	宁海县
166	迎头鬃	洞头县
167	刘伯温春秋二祭	苍南县
168	金乡清明祭	苍南县
169	太平龙迎新春	苍南县
170	苍南宗谱编修习俗	苍南县
171	舞阳侯会	德清县
172	做社	平湖市
173	潮神祭祀	海宁市
174	嘉善淡水捕捞习俗	嘉善县
175	护国随粮王信俗会	嘉善县
176	七月七香桥会	嘉兴市秀洲区
177	乌镇香市	桐乡市
178	曹娥庙会	上虞市
179	绍兴艺兰	绍兴市
180	浦桥潮神节	嵊州市
181	永康迎花烛	永康市
182	婺州南宗祭孔典礼	磐安县

续表

序　号	申　报　项　目　名　称	申　报　地　区
183	高姥山七夕节	磐安县
184	女儿节	衢州市柯城区
185	清明祭祖灯会	龙游县
186	大溪边祈水节	开化县
187	保苗节	开化县
188	祭海	舟山市普陀区
189	温岭洞房经	温岭市
190	撒梁皇	仙居县
191	三门讨小海习俗	三门县
192	云和讨火种习俗	云和县
193	端午走桥习俗	庆元县
194	太平庙会	丽水市莲都区
195	迎关公案	缙云县
196	迎花树	金华金东区
197	十里红妆	诸暨市
198	台阁(李村抬阁、遂昌台阁)	建德市、遂昌县
199	陈十四信俗	泰顺县
200	菇民习俗	庆元县
201	畲族服饰(畲族刺绣)	苍南县
202	妈祖信俗	苍南县

浙江省第一批民间艺术家名单

一、工艺美术部分

孙惟君(彩灯)　海宁市

王凤祚(黄杨木雕)　乐清市

王笃纯(黄杨木雕)　乐清市特艺雕刻厂

张志刚(风筝)　德清市医药公司

李之江(竹编)　东阳市工艺美术实验厂

宓风光(泥人)　嵊县浙江泥人宓研究所

朱次元(微雕)　湖州市

高妙兰(剪纸)　象山县

二、曲艺、戏剧部分

叶英盛(曲艺)　义乌市曲艺团

马烈商(曲艺)　东阳市文化馆

阮世池(鼓词)　瑞安市文化馆

三、民间音乐部分

范柏寿(器乐)　桐乡市文化馆

方跃生(山歌)　金华市婺城区竹马乡西宅村

顾有珍(民歌)　嘉善县丁栅镇朝田村

顾秀珍(民歌)　嘉善县丁栅镇沉香村

四、民间舞蹈部分

池文海(民舞)　长兴县文化馆

陈世雄(民间舞龙)　奉化市楼岩乡条宅村

五、民间文学部分

吴文旭(民间故事)　桐庐县文化馆

浙江省第二批民间艺术家名单

王笃芳(黄杨木雕)　乐清市王家黄杨木雕研究所
郑胜宁(黄杨木雕)　杭州郑胜宁雕刻艺术研究所
方江鸿(黄杨木雕)　乐清柳市
郑方杨(黄杨木雕)　乐清市象阳镇
冯文土(东阳木雕)　东阳市木雕集团公司
陆光正(东阳木雕)　东阳市陆光正工作室
黄小明(东阳木雕)　浙江新东阳木雕有限公司
吴初伟(东阳木雕)　东阳市木雕研究设计院
徐经彬(东阳木雕)　东阳市从余工艺品有限公司
姚正华(东阳木雕)　东阳市正华木雕研究院
方炳青(木雕)　仙居县皤滩乡
郑剑夫(根雕)　嵊州市剑夫根艺研究所
徐谷青(根雕)　衢州开化醉根艺品有限公司
胡　文(根雕)　缙云县胡文美术工作室
吴筱阳(根雕)　嵊州市城关镇特艺雕刻厂
张德和(竹根雕)　象山县张德和艺术馆
钱高潮(鸡血石雕)　临安市昌化石雕厂
徐俊贤(佛像雕塑)　天台县宗教艺术研究所
徐则文(砚雕)　江山市东方砚台厂
朱吕贵(泥塑)　临海市杜桥镇
胡阿寿(越塑)　绍兴县
汤建华(黑陶工艺)　遂昌黑陶研究所
蒋淦勤(紫砂工艺)　长兴县紫砂陶艺协会
顾启望(黄岩翻簧)　黄岩希望工艺厂
冯嘉生(竹刻)　嘉兴车轮厂
卢光华(东阳竹编)　东阳市竹艺精品有限公司
何福礼(东阳竹编)　东阳东风竹编工艺厂
蔡平义(东阳竹编)　东阳竹编工艺厂(退休)
蒋云花(麦秆贴)　浦江县工艺美术公司
张国民(瓯绣)　温州市耿明瓯绣艺术研究所
谢才华(剪纸)　象山县国土资源局
郭献忠(剪纸)　温岭师范学校
林邦栋(细纹刻纸)　乐清市邦栋刻纸研究所
陈余华(细纹刻纸)　乐清市余华细纹刻纸研究所
余忠惠(细纹刻纸)　乐清市象阳工艺刻纸有限公司
蔡成世(民间绘画)　岱山县高亭镇
陈阿金(龙泉宝剑)　龙泉市陈记阿金剑铺
王钱松(皮影制作)　海宁市文化馆(退休)
徐二男(皮影戏)　海宁市盐官镇
张亚琴(蛟川走书)　宁波市镇海区曲艺队(退休)
张少策(宁波评话)　宁波市曲艺团(退休)
沈煌荣(宣卷)　嘉善县陶庆镇
方克多(温州鼓词)　平阳县文化馆(退休)
丁凌生(温州鼓词)　温州市文化局艺术研究所
周永根(民间龙舞)　奉化市岳林街道
蓝陈启(畲族民歌)　景宁县鹤溪镇

浙江省非物质文化遗产中华老字号保护传承基地名单

1.杭州胡庆余堂国药号有限公司(胡庆余堂中药文化)

2.杭州王星记扇业有限公司(王星记制扇技艺)

3.杭州张小泉集团有限公司(张小泉剪刀锻制技艺)

4.杭州金星铜世界装饰材料有限公司(杭州铜雕技艺)

5.杭州方回春堂国药馆有限公司(方回春堂传统膏方制作工艺)

6.杭州信源银楼有限公司(杭州金银饰艺)

7.杭州华东大药房连锁有限公司(张同泰道地药材文化)

8.会稽山绍兴酒股份有限公司(绍兴黄酒酿制技艺)

9.浙江塔牌绍兴酒有限公司(绍兴黄酒酿制技艺)

10.湖州王一品斋笔庄有限责任公司(湖笔制作技艺)

11.浙江雪舫工贸有限公司(金华火腿腌制技艺)

12.衢州市邵永丰成正食品厂(邵永丰麻饼制作技艺)

中国历史文化名镇(村)(浙江部分)

中国历史文化名镇(16个)

第一批：

桐乡市乌镇

嘉善县西塘镇

第二批：

宁波市慈城镇

象山县石浦镇

湖州市南浔镇

绍兴县安昌镇

第三批：

宁海县前童镇

绍兴县东浦镇

义乌市佛堂镇

江山市二十八都镇

第四批：

德清县新市镇

富阳市龙门镇

永嘉岩头镇

仙居皤滩镇

第五批：

景宁畲族自治县鹤溪镇

海宁市盐官镇

中国历史文化名村(14个)

第一批：

武义县武阳镇郭洞村

武义县俞源乡俞源村

第三批：

桐庐县江南镇深奥村

永康市前仓镇厚吴村

第四批：

龙游县石佛乡三门源村

第五批：

建德市大慈岩镇新叶村

永嘉县岩坦镇屿北村

金华市金东区傅村镇山头下村

仙居市白塔镇高迁村

庆元县松源镇大济村

乐清市仙溪镇南阁村

宁海县茶院乡许家山村

金华市婺城区汤溪镇寺平村

绍兴县稽东镇冢斜村

截至2012年底，浙江省共有建设部、国家文物局公布的中国历史文化名镇16处、中国历史文化名村14处。第一批2003年10月8日公布，第二批2005年9月16日公布，第三批2007年5月31日公布，第四批2008年10月14日公布，第五批2010年7月22日公布。

第四批浙江省历史文化街区、名镇、名村

浙江省历史文化街区(共1处)

平阳县坡南街

浙江省历史文化名镇(共10处)

富阳市新登镇

平阳县顺溪镇

泰顺县泗溪镇

泰顺县筱村镇

平湖市新埭镇

海宁市长安镇

兰溪市女埠镇

永康市芝英镇

玉环县楚门镇

龙泉市小梅镇

浙江省历史文化名村(共34处)

富阳市大章村

宁海县许家山村

乐清市黄檀硐村
乐清市黄塘村
乐清市北阁村
永嘉县岩龙村
湖州市南浔区荻港村
安吉县鄣吴村
绍兴县冢斜村
金华市婺城区寺平村
义乌市倍磊村
义乌市田心村
浦江县新光村
武义县陶村村
武义县山下鲍村
武义县上坦村
磐安县榉溪村
磐安县管头村
磐安县横路村
磐安县大皿村
龙游县庙下村
龙游县泽随村
龙游县灵山村
江山市大陈村
江山市南坞村
舟山市定海区里钓山村
舟山市定海区大鹏岛
丽水市莲都区曳岭脚村
龙泉市大窑村
龙泉市下樟村
松阳县吴弄村
松阳县山下阳村
松阳县靖居村
松阳县横樟村

浙江省文化示范村和示范社区

杭州市：

示范村(52个)

萧山区楼塔镇管村村
富阳市湖源乡窈口村
桐庐县江南镇深澳村
淳安县枫树岭镇下姜村
临安市清凉峰镇义干村
建德市洋溪街道朱池村
萧山区瓜沥镇航民村
余杭区鸬鸟镇仙佰坑村
富阳市渌渚镇谢莲村
桐庐县瑶琳镇东琳村
淳安县文昌镇王家村
余杭区径山镇小古城村
余杭区百丈镇石竹园村
富阳市新登镇石岭村
桐庐县江南镇环溪村
临安市太湖源镇光辉村
临安市青山湖街道朱村村
淳安县瑶山乡何家村
江干区笕桥镇水墩村
萧山区河庄街道向公村
余杭区余杭镇溪塔村
富阳市高桥镇洪庄村
临安市湍口镇湍源村
临安市锦城镇横街村
桐庐县富春江镇金家村
淳安县龙源庄村
萧山区瓜沥镇如松村
萧山区临浦镇通一村
临安市潜川镇牧亭村
富阳市万市镇新民村
建德市乾潭镇下梓村
桐庐县瑶琳镇皇甫村
淳安县大墅镇孙家畈村
萧山区瓜沥镇渭水桥村
萧山区党湾镇梅东村
萧山区党山镇信源村
萧山区河庄街道江东村
余杭区乔司街道三角村
余杭区塘栖镇三文村
富阳市春江街道新建村
桐庐县瑶琳镇姚村村
淳安县文昌镇西河村

临安市板桥镇上田村
西湖区双浦镇小叔房村
余杭区乔司街道和睦桥村
萧山区党山镇长联村
建德市乾潭镇幸福村
富阳市渔山乡墅溪村
临安市锦南街道杨岱村
桐庐县富春江镇芦茨村
淳安县文昌镇文昌村
淳安县姜家镇章村
示范社区(27 个)
江干区丁桥镇丁桥社区
拱墅区半山杭钢北苑社区
上城区南星街道美政桥社区
下城区文晖街道打铁关社区
滨江区浦沿街道新浦社区
滨江区长河街道中兴社区
西湖区蒋村街道府苑社区
富阳市富春街道鹳山社区
上城区小营街道葵巷社区
下城区石桥街道景荣社区
余杭区南苑街道新城社区
建德市新安江街道府西社区
上城区小营街道小营巷社区
下城区东新街道东新园社区
下城区文晖街道三里家园社区
西湖区转塘街道珊瑚沙社区
江干区闸弄口街道闻皇庙社区
余杭区闲林街道方家山社区
建德市新安江街道府东社区
上城区南星街道玉皇山社区
下城区天水街道灯芯巷社区
江干区九堡镇新江花园社区
拱墅区祥符街道映月社区
余杭区余杭街道南渠社区
萧山区蜀山街道山水苑社区
建德市新安江街道罗桐社区
富阳市富春街道盘龙山社区

宁波市：

示范村(39 个)
慈溪市庵东镇振东村
余姚市泗门镇小路下村
北仑区小港街道鲍家洋村
象山县贤痒镇盐厂村
鄞州区下应街道湾底村
江北区洪塘街道裘市村
镇海区骆驼街道民联村
余姚市朗霞街道天华村
慈溪市宗汉街道周塘西村
奉化市萧王庙街道林家村
宁海县黄坛镇杨家村
北仑区新碶街道备碶村
象山县丹西街道九顷村
余姚市临山镇临浦村
慈溪市周巷镇万安庄村
鄞州区洞桥镇树桥村
镇海区九龙湖镇长石村
江北区庄桥街道马径村
北仑区大契街道东岙山村
鄞州区横溪镇黄溪村
余姚市马渚镇沿山村
慈溪市白沙路街道武陵桥村
象山县新桥镇板岭村
宁波市江北区慈城镇国庆村
宁波市镇海区庄市街道曙光村
奉化市溪口镇三十六湾村
余姚市兰江街道兰墅桥村
象山县丹西街道北门村
宁海县一市镇新山村
镇海区庄市街道光明村
象山县石浦镇南向村
宁海县力洋镇力洋孔村
慈溪市观海卫镇大岐山村
江北区慈城镇勤丰村
北仑区梅山乡梅中村
鄞州区云龙镇上李家村
慈溪市宗汉街道联兴村
余姚市三七市镇三七市村
宁海县西店镇凫溪村
示范社区(23 个)
镇海区招宝山街道后大街社区
江东区明楼街道常青藤社区
海曙区望春街道徐家漕社区
鄞州区邱隘镇方庄社区

镇海区招宝山街道总浦桥社区
北仑区新碶街道牡丹社区
海曙区南门街道万安社区
鄞州区首南街道南裕社区
奉化市西坞街道力邦社区
北仑区新碶街道芝兰社区
慈溪市周巷镇蔡家社区
江北区文教街道北岸琴森社区
北仑区霞浦街道黄鹂社区
镇海区招宝山街道顺隆社区
奉化市岳林街道秀水社区
余姚市兰江街道下菱社区
镇海区招宝山街道白龙社区
镇海区骆驼街道贵驷社区
江东区百丈街道划船社区
北仑区柴桥街道瑞岩社区
慈溪市白沙路街道群丰社区
海曙区鼓楼街道秀水社区
奉化市溪口镇畸山社区

温州市：

示范村(42个)
鹿城区藤桥镇南岸村
乐清市象阳镇寺前村、翁垟镇地盐村
苍南县钱库镇倪处村
平阳县昆阳镇前爿村、晓坑乡晓坑村
乐清市石帆镇朴湖二村
洞头县北岙镇九厅村
平阳县郑楼镇陈交大村
文成县大峃镇城南村
泰顺县龟湖镇龟湖村
瓯海区茶山街道茶山村
乐清市乐成镇石马南村
瑞安市陶山镇荣祥村
永嘉县应坑乡应界坑村
文成县周壤乡周壤村
苍南县龙港镇刘店村
瓯海区景山街道净水村
乐清市北白象镇连池头村
平阳县山门镇悦来村
鹿城区藤桥镇油岙村
龙湾区天河镇天凤村
苍南县宜山镇宜一村
文成县珊溪镇街头村
永嘉县花坦乡双溪村
乐清市柳市镇长虹村
泰顺县西旸镇面前岭村
瑞安市飞云镇林中村
平阳县昆阳镇雅村村
龙湾区永中街道坦头村
苍南县宜山镇芙蓉村
苍南县灵溪镇溪心村
瑞安市马屿镇马岩村
龙湾区瑶溪街道河滨村
平阳县鳌江镇梅里村
乐清市虹桥镇溪西村
永嘉县黄田街道东联村
文成县百丈漈镇西段村
洞头县北岙镇海霞村
瑞安市湖岭镇溪坦村
苍南县灵溪镇宕顶村
苍南县钱库镇金处村

示范社区(18个)
鹿城区南浦街道春秋社区
瓯海区新桥街道站前社区
鹿城区水心街道菱藕社区
苍南县灵溪镇大门社区
鹿城区水心街道桂柑社区
龙湾区永中街道罗东锦苑社区
鹿城区南浦街道宏兴社区
龙湾区蒲州街道蒲江社区
洞头县北岙镇城南社区
鹿城区洪殿街道夏屋社区
平阳县昆阳镇九凰社区
永嘉县北城街道城北社区
鹿城区双屿街道黄龙社区
瓯海区梧田街道新明瓯社区
平阳县鳌江镇水深社区
泰顺县罗阳镇洲岭社区
洞头县北岙街道岭背社区
洞头县北岙街道打水鞍社区

嘉兴市：

示范村(41个)
秀洲区新塍镇潘家浜村
嘉善县姚庄镇展幸村

平湖市新仓镇双红村
海盐县武原镇君原村
海宁市盐官镇桃园村、许村镇永福村
桐乡市河山镇庙头村
南湖区余新镇金星村
嘉善县洪溪镇洪南村
平湖市林埭镇陈匠村
海盐县武原镇东门村
桐乡市洲泉镇东田村
海宁市丁桥镇诸桥村
秀洲区王店镇建材村
嘉善县西塘镇荷池村
平湖市新埭镇姚浜村
海宁市袁花镇长啸村
桐乡市大麻镇大庄村
南湖区大桥镇江南村
秀洲区洪合镇新王桥村
海宁市许村镇联盟村
平湖市黄姑镇陆沿村
桐乡市崇福镇民利村
海盐县百步镇农丰村
南湖区大桥镇花园村
海宁市马桥街道先锋村
平湖市曹桥街道百寿村
嘉善县天凝镇洪溪村
海盐县秦山镇庆丰村
秀洲区洪合镇良三村
平湖市钟埭街道花园村
嘉善县魏塘街道魏中村
海宁市袁花镇双丰村
秀洲区新塍镇西吴村
海宁市盐官镇红友村
平湖市新仓镇中华村
海盐县沈荡镇白洋村
嘉善县陶庄镇翔胜村
嘉善县干窑镇干窑村
嘉善县大云镇缪家村
桐乡市龙翔街道元丰村
示范社区(14 个)
南湖区南湖街道桂苑社区
平湖市当湖街道凤凰社区
秀洲区新城街道秀和社区
海宁市海昌街道硖西社区
南湖区南湖街道解放路社区
海盐县武原镇宜家社区
秀洲区新城街道亚都社区
平湖市当湖街道梅兰苑社区
秀洲区新城街道春晓社区
桐乡市梧桐街道环南社区
南湖区解放街道菜花泾社区
桐乡市乌镇镇南宫社区
海盐县西塘桥街道永宁社区
南湖区东栅街道云阳社区

湖州市：

示范村(41 个)
德清县雷甸镇杨墩村、新市镇白彪村
长兴县雉城镇渚山村、李家巷镇许家浜村
安吉县开发区横山坞村、溪龙乡徐村湾村、递铺镇高坞岭村
南浔区双林镇华侨村
吴兴区八里店镇章家埭村
德清县钟管镇东舍墩村
长兴县龙山街道玄坛庙村
安吉县山川乡马家弄村
吴兴区杨家埠镇赵湾村
南浔区和孚镇荻港村
德清县雷甸镇洋北村
长兴县泗安镇新联村
安吉县昆铜乡上舍村
吴兴区织里镇大港村
南浔区经济开发区袥村村
吴兴区八里店镇移沿山村
南浔区双林镇赵家兜村
德清县钟管镇钟管村
长兴县和平镇琛碛村
安吉县章村镇郎村村
湖州市南浔区南浔镇屯圩村
湖州市吴兴区道场乡施家桥村
长兴县水口乡徽州庄村
德清县武康镇五四村
安吉县递铺镇剑山村
吴兴区织里镇元通桥村
南浔区石淙镇石淙村
长兴县林城镇上狮村

德清县乾元镇恒星村
安吉县皈山乡观音桥村
吴兴区织里镇伍浦村
吴兴区东林镇泉庆村
南浔区双林镇千亩山村
长兴县槐坎乡十月村
安吉县天子湖镇高禹村
安吉县递铺镇银湾村
德清县武康镇上柏村
示范社区(16个)
德清县钟管镇南湖社区
长兴县雉城镇三狮社区
安吉县递铺镇天目社区
吴兴区白渔潭社区
吴兴区朝阳街道碧浪湖社区
安吉县梅溪镇龙翔社区
长兴县龙山街道体育场社区
吴兴区龙泉街道市陌二社区
长兴县古城街道水木花都社区
安吉县梅溪镇白云社区
吴兴区飞英街道吉山四社区
安吉县昌硕街道凤凰社区
南浔区南浔镇增山社区
长兴县古城街道所前社区
南浔区南浔镇江南社区
长兴县雉城街道南门社区

绍兴市：

示范村(35个)
绍兴县杨汛桥镇展望村、柯岩街道河塔村
诸暨市山下湖镇新长乐村
上虞市上浦镇大善小坞村
嵊州市长乐镇沃基村
新昌县羽林街道拔茅村
嵊州市甘霖镇黄箭坂村
诸暨市街亭镇花厅村
新昌县新林乡胡卜村
上虞市东关街道保驾山村
袍江新区马山镇红山村
绍兴县钱清镇三西村
诸暨市安华镇宣何村
上虞市道墟镇新屯南村
嵊州市甘霖镇施家岙村
新昌县大市聚镇西山村
越城区鉴湖镇王家葑村
上虞市东关街道担山村
嵊州市崇仁镇赵马村
绍兴县马鞍镇大鱼山村
新昌县沙溪镇董村村
越城区皋埠镇吼山村
新昌县小将镇茅洋村
上虞市曹娥街道金村村
绍兴县钱清镇白马山村
绍兴县安昌镇西扆村
诸暨市枫桥镇杜黄新村
诸暨市草塔镇兴隆村
新昌县镜岭镇外婆坑村
嵊州市长乐镇上南庄村
上虞市崧厦镇祝温村
上虞市岭南乡许岙村
新昌县东茗乡后岱山村
嵊州市三界镇南街村
绍兴县富盛镇乌石村
示范社区(13个)
诸暨市暨阳街道下江东社区
越城区北海街道西小路社区
经济开发区稽山街道森海社区
嵊州市剡湖街道东浦社区
越城区蕺山街道龙洲花园社区
越城区塔山街道五云社区
绍兴县柯桥街道鉴湖园社区
绍兴县柯桥街道瓜渚湖社区
嵊州市三江街道仙湖社区
越城区城南街道育才社区
绍兴县柯岩街道高尔夫社区
越城区府山街道越都社区
绍兴县柯桥街道百福园社区

金华市：

示范村(60个)
兰溪市灵洞乡洞源村
婺城区罗店镇后溪河村
东阳市南马镇花园村
永康市古山镇金江龙村
义乌市城西街道七一村
义乌市赤岸镇乔亭村

兰溪市诸葛镇厚伦方村
东阳市画水镇永乐村
永康市东城街道高镇村
浦江县岩头镇礼张村
武义县履坦镇杨岸村
婺城区竹马乡金店村
义乌市上溪镇祥贝村
义乌市大陈镇宦塘村
义乌市城西街道蒋母塘村
义乌市赤埠岸镇雅治街村
永康市龙山镇吕南宅三村
武义县泉溪镇下宅口村
磐安县兴山镇尖山村
金东区孝顺镇车客村
婺城区蒋堂镇直里村
浦江县岩头镇岩三村
义乌市佛堂镇信磊四村
义乌市赤岸镇柏峰村
婺城区汤溪镇寺平村
金东区孝顺镇下范村
兰溪市灵洞乡上郭村
东阳市歌山镇尚侃村
永康市唐先镇石桥村
武义县柳城畲族镇祝村
义乌市城西街道何斯路村
金东区澧浦镇洪村村
婺城区琅琊镇泉口村
永康县芝英镇儒家村
兰溪市诸葛镇万田村
兰溪市兰江街道姚村村
武义县熟溪街道端村村
浦江县仙华街道马墅村
浦江县檀溪镇平湖村
磐安县万苍乡斐湖村
金东区曹宅镇龙一村
东阳市横店镇湖口村
浦江县杭坪镇东岭村
兰溪市黄店镇三峰殿口村
磐安县盘峰乡榉溪村
武义县桃溪镇陶村
义乌市江东街道东新屋村
义乌市后宅街道寺前村
永康市象珠镇官川村
金东区澧浦镇澧浦村
金东区源东乡东叶村
婺城区乾西乡湖头村
浦江县郑家坞镇溪东村
永康市石柱镇前郎村
义乌市大陈镇八里桥头村
义乌市江东街道大元村
兰溪市灵洞乡甘露源村
东阳市湖溪镇白水口村
武义县俞源乡下杨一村
磐安县冷水镇冷水村
示范社区(10个)
婺城区三江街道婺江新村社区
浦江县浦南街道文溪社区
婺城区城中街道明月楼社区
义乌市稠城街道孝子祠社区
东阳市江北工业园区上卢管理处湖仓社区
义乌市稠城街道向阳社区
义乌市北苑街道丹溪社
金东区孝顺镇中街社区
婺城区三江街道东莱社区
东阳市白云街道白云社区

衢州市：

示范村(42个)
柯城区沟溪乡余东村
常山县招贤镇樊村村
衢江区杜泽镇上泽村
龙游县湖镇镇下童村
江山市淤头镇永兴坞村
柯城区石梁镇坎底村
衢江区前松园村
龙游县溪口镇溪口村
江山市新塘边镇毛村山头村
常山县招贤镇古县村
开化县华埠镇华东村
柯城区沟溪乡五十都村
衢江区湖南镇破石村
龙游县塔石镇西何村
江山市贺村镇湖前村
常山县球川镇后弄村
开化县音坑乡姚家村

柯城区航埠镇航埠村
衢江区大洲镇大洲一村
江山市凤林镇白沙村
常山县宋畈乡五爱村
开化县池淮镇夏洲村
龙游县沐尘畲族乡马戌口村
衢江区云溪乡蒋村
柯城区九华乡外陈村
江山市大陈乡大陈村
开化县苏庄镇余村村
开化县村头镇二村
常山县天马镇上圩村
龙游县湖镇镇大路村
龙游县沐尘畲族乡沐尘村
柯城区花园街道五坪村
衢江区高家镇欧塘村
开化县马金镇霞山村
龙游县大街乡贺田村
常山县何家乡江源村
江山市虎山街道金坞村
柯城区航埠镇北二村
衢江区举村乡洋坑村
龙游县溪口镇寺下村
江山市新塘边镇勤俭村
开化县城关镇桃溪村
示范社区(16 个)
柯城区府山街道县学街社区
江山市双塔街道城北社区
开化县城关镇芹南社区
柯城区府山街道府山社区
江山市双塔街道民声社区
柯城区花园街道安装社区
衢江区樟潭街道霓虹社区
衢江区樟潭街道霞飞社区
江山市虎山街道安泰社区
常山县天马镇金川社区
衢江区樟潭街道临江社区
开化县城关镇荷花居委会
常山县天马镇紫港社区
江山市双塔街道周家青社区
常山县天马镇文峰社区
开化县华埠镇枫树底社区

台州市：

示范村(43 个)
温岭市泽国镇扁屿村
玉环县珠港镇城关小普竹村
天台县街头镇集镇村
三门县珠岙镇珠岙村
路桥区路北街道管前村
临海市江南街道下浦村
仙居县皤滩乡板桥村
路桥区新桥镇新桥居
仙居县埠头镇三溪村
天台县白鹤镇上卢村
椒江区海门街道沙田村
黄岩区宁溪镇桥亭村
路桥区桐屿街道桐杨居
温岭市大溪镇岙镇增张村
玉环县清港镇茶头村
仙居县横溪镇大林村
天台县街道镇山头下村
天台县白鹤镇皇都村
路桥区金清镇下梁村
温岭市新河镇塘下村
临海市大田街道大田刘村
三门县沿赤乡赤坎村
天台县平桥镇下陈村
仙居县福应街道岩头下村
路桥区黄街镇洋屿村
黄岩区北洋镇北洋村
温岭市松门镇荣华村
临海市大洋街道五家殿村
天台县三合镇灵风村
仙居县横溪镇下沈村
三门县亭旁镇邵上村
黄岩区院桥镇繁荣村
临海市东塍镇下街村
天台县洪畴镇希董村
仙居县下各镇黄梁村
椒江区下陈街道下陈村
椒江区葭芷街道东山头村
路桥区峰江街道上陶村
天台县白鹤镇繁荣村
临海市古城街道两水村

三门县珠岙镇下洋村
仙居县朱溪镇大洪村
温岭市横峰街道前洋村
示范社区(13个)
临海市大洋街道大洋社区
路桥区路桥街道古街社区
温岭市太平街道南屏社区
玉环县珠港镇双峰社区
路桥区路桥街道新安社区
椒江区海门街道景元社区
黄岩区西城街道西街社区
天台县福溪街道桥南社区
临海市古城街道南门社区
玉环县玉城街道南门社区
椒江区葭沚街道明珠社区
三门县海游镇蟠龙社区
玉环县坎门街道灯塔社区

舟山市:

示范村(23个)
定海区白泉镇金山村
普陀区展茅镇螺门村
岱山县岱西镇前岸村
嵊泗县菜园镇青沙村
定海区金塘镇沥平村
普陀区六横镇里岙村
岱山县衢山镇外高涂村
嵊泗县五龙乡黄沙村
定海区临城街道翁洲社区西荡村
普陀区桃花镇公前村
定海区册子乡南岙村
普陀区虾峙镇南岙村
岱山县东河镇泥峙村
嵊泗县嵊山镇光明村
临城街道长峙村
定海区临城街道老矸村
普陀区虾峙镇黄石村
嵊泗县花鸟乡花鸟村
舟山市普陀山镇中山村
普陀区勾山街道南岙村
嵊泗县枸杞乡大王村
舟山市临城街道岙山村
嵊泗县黄龙乡南港村
示范社区(14个)
定海区解放街道西园社区
普陀区沈家门街道新街社区
定海区城东街道桔北社区
定海区昌国街道北园社区
嵊泗县菜园镇东海社区
定海区城东街道桔南社区
临城街道绿岛社区
普陀区东港街道灵秀社区
定海区昌国街道文昌社区
定海区城东街道紫竹社区
普陀区勾山街道浦西社区
嵊泗县洋山镇雄洋社区
岱山县高亭镇南峰社区
定海区昌国街道香园社区

丽水市:

示范村(42个)
莲都区雅溪镇西溪村
缙云县五云镇官店村
庆元县松源镇五都(四村)
云和县石塘镇小顺村
遂昌县云峰镇长濂村
龙泉市西街街道下樟村
云和县云和镇勤俭村
遂昌县石练镇上街村
松阳县大东坝镇六村
庆元县举水乡月山村
莲都区岩泉街道枫树湾村
莲都区雅溪镇洪渡村
龙泉市城北乡东书村
庆元县黄田镇姚村村
青田县阜山乡陈宅村
遂昌县大柘镇大田村
景宁畲族自治县东坑镇深垟村
缙云县东渡镇东溪村
莲都区大港头镇河边金村
缙云县舒洪镇姓王村
遂昌县新路湾镇大马埠村
云和县云和街道柘园村
庆元县竹口镇新窑村
景宁县梧桐乡梧桐坑村
缙云县壶镇镇新范村

遂昌县云峰镇刘坞村
庆元县松源镇大济村
莲都区碧湖镇上赵村
缙云县新建镇笕川村
松阳县新兴乡大石村
遂昌县三仁畲族乡好川村
庆元县松源镇周墩村
景宁畲族自治县九龙乡岭里村
景宁畲族自治县鹤溪镇东弄村
莲都区白云街道城西村
青田县东源镇红光村
遂昌县妙高街道东峰村
缙云县仙都街道仙源村
云和县凤凰山街道巧云村
松阳县新兴乡大石村
景宁县东坑镇章坑村
景宁县大均乡梅山村
示范社区(7个)
遂昌县妙高镇城北社区
莲都区白云街道白云社区
云和县云和镇元和社区
龙泉市西街街道西新社区
遂昌县妙高镇叶坦社区
丽水市莲都区白云街道灯塔社区
龙泉县剑池街道水南社区

浙江省国家文化产业示范基地

（第五批）

龙泉市金宏瓷厂
浙江乐富创意产业投资有限公司
台州市绣都服饰有限公司
浙江大丰实业有限公司

浙江省全国重点文物保护单位分类名单

（共计132处）

一、古遗址(21处)

序号	名称	时代	地址	批次
1—1	上山遗址	新石器时代	浦江县黄宅镇	6
2—2	跨湖桥遗址	新石器时代	萧山区	6
3—3	河姆渡遗址	新石器时代	余姚市	2
4—4	罗家角遗址	新石器时代	桐乡市	5
5—5	谭家湾遗址	新石器时代	桐乡市乌镇	6
6—6	马家浜遗址	新石器时代	嘉兴市	5
7—7	南河浜遗址	新石器时代	嘉兴市	6
8—8	良渚遗址	新石器时代	余杭区、德清县	4
9—9	钱山漾遗址	新石器时代	湖州市八里店镇	6
10—10	富盛窑址	周	绍兴县富盛镇	6
11—11	茅湾里窑址	春秋战国	萧山区进化镇	6

续表

序　号	名　　　称	时　　代	地　　址	批次
12－12	小仙坛青瓷窑址	东汉	上虞市上浦镇	6
13－13	上林湖越窑遗址（含寺龙口和开刀山窑遗址）	五代、宋	慈溪市匡堰镇	3、6
14－14	郊坛下和老虎洞窑址	宋—元	杭州市西湖区	6
15－15	铁店窑遗址	宋、元	金华市	5
16－16	大窑龙泉窑遗址	宋—明	龙泉市小梅镇	3
17－17	下菰城遗址	春秋	湖州市	5
18－18	安吉古城遗址	春秋至南北朝	安吉县递铺镇	6
19－19	临安城遗址	南宋	杭州市上城区	5
20－20	顾渚贡茶院遗址及摩崖	唐至宋	长兴县水口乡	6
21－21	永丰库遗址	元	宁波市中山西路	6

二、古墓葬（8 处）

序　号	名　　　称	时　　代	地　　址	批次
22－1	浙南石棚墓群	商、周	瑞安、平阳、苍南	5
23－2	东阳土墩墓群（石角山、派园、银角山）	周	东阳市江北街道、六石镇	6
24－3	高氏家族墓地	明	乐清市白象镇	6
25－4	印山越国王陵	春秋、战国	绍兴县兰亭乡	5
26－5	吴越国王陵（含吴汉月墓）	五代	临安市、杭州市	5、6
27－6	大禹陵	清	绍兴市越城区	4
28－7	岳飞墓	南宋	杭州市西湖区	1
29－8	于谦墓	明至清	杭州市西湖区	6

三、古建筑（73 处）

序　号	名　　　称	时　　代	地　　址	批次
30－1	台州府城墙	宋、明	临海市	5
31－2	衢州城墙	明至清	衢州市柯城区	6
32－3	安城城墙	明至清	安吉县递铺镇	6
33－4	桃渚城	明	临海市桃渚镇	5
34－5	永昌堡	明	温州市龙湾区	5
35－6	蒲壮所城（含壮士所城、白湾堡和巡检司遗址）	明、清	苍南县蒲城乡	4、6
36－7	俞源村古建筑群	元至清	武义县俞源乡	5
37－8	诸葛、长乐村民居	明、清	兰溪市诸葛镇	4
38－9	芙蓉村古建筑群	明至清	永嘉县岩头镇	6
39－10	芝堰村建筑群	明至民国	兰溪市芝堰乡	6
40－11	崇仁村建筑群	清	嵊州市崇仁镇	6

续表

序　号	名　　　称	时　代	地　址	批次
41—12	斯氏古民居建筑群	清	诸暨市斯宅乡	5
42—13	郑义门古建筑群	清	浦江县郑宅镇	5
43—14	顺溪古建筑群	清	平阳县顺溪镇	6
44—15	东阳卢宅	明、清	东阳市城区	3
45—16	慈城古建筑群(孔庙、甲第世家、福字门头、布政房、冯岳彩绘台门、冯宅)	明、清	宁波市江北区	6
46—17	吕府	明	绍兴市越城区	5
47—18	莫氏庄园	清	平湖市城关镇	6
48—19	黄山八面厅	清	义乌市	5
49—20	王守仁故居和墓	明	余姚市城区、绍兴县兰亭镇	6
50—21	孔氏南宗家庙	南宋一清	衢州市新桥街	4
51—22	刘基庙及墓	明	文成县南田镇	5
52—23	榉溪孔氏家庙	清	磐安县	6
53—24	宁海古戏台	清至民国	宁海县	6
54—25	青藤书屋和徐渭墓	明	绍兴市越城区、绍兴县兰亭镇	6
55—26	天一阁(含秦氏支祠)	明一近代	宁波市海曙区	2、5
56—27	文澜阁	清	杭州市西湖区	5
57—28	玉海楼	清	瑞安市	4
58—29	嘉业堂藏书楼及小莲庄	清	湖州市南浔镇	5
59—30	白云庄和黄宗羲、万斯同、全祖望墓	明、清	宁波市、余姚市、奉化市	6
60—31	庆安会馆	清	宁波市江东区	5
61—32	玉山古茶场	清	磐安县玉山镇	6
62—33	胡庆余堂(含胡雪岩旧居)	清	杭州市上城区	3、6
63—34	四连碓造纸作坊	明	温州市瓯海区	5
64—35	三卿口制瓷作坊	清	江山市峡口镇	6
65—36	庙沟后、横省石牌坊	宋、元	宁波市东钱湖旅游度假区、鄞江区	5
66—37	南阁牌楼群	明	乐清市	5
67—38	保国寺	北宋	宁波市江北区	1
68—39	延福寺	元	武义县桃溪镇	4
69—40	天宁寺大殿	宋一元	金华市婺城区	3
70—41	时思寺	元至清	景宁县大漈乡	5
71—42	阿育王寺	元一清	宁波市鄞江区	6
72—43	法雨寺	明、清	舟山市普陀区	6
73—44	国清寺	清	天台县	5
74—45	天童寺	清	宁波市鄞江区	6
75—46	凤凰寺	元至清	杭州市上城区	5

续表

序　号	名　　称	时　代	地　址	批次
76—47	圣井山石殿	明、清	瑞安市大南乡	6
77—48	宁波天宁寺(塔)	唐	宁波市海曙区	6
78—49	功臣塔	五代	临安市	5
79—50	闸口白塔	五代	杭州市上城区	3
80—51	湖镇舍利塔	宋	龙游县湖镇	5
81—52	松阳延庆寺塔	宋	松阳县西屏镇	6
82—53	六和塔	南宋	杭州市上城区	1
83—54	飞英塔	南宋	湖州市城区	3
84—55	普陀山多宝塔	元	舟山市普陀区	6
95—56	安国寺经幢	唐	海宁市盐官镇	6
86—57	法隆寺经幢	唐	金华市婺城区金钱寺村	6
87—58	梵天寺经幢	五代	杭州市上城区	5
88—59	绮园	清	海盐县城关镇	5
89—60	镇海口海防遗址	明、清	宁波市镇海区	4
90—61	赤溪五洞桥	宋	苍南县赤溪镇	6
91—62	八字桥	宋	绍兴市越城区	5
92—63	寿昌桥	宋	德清县三合乡	6
93—64	古月桥	宋	义乌市	5
94—65	新河闸桥群	宋至清	温岭市新河镇	6
95—66	如龙桥	明	庆元县月山乡	5
96—67	古纤道	明、清	绍兴县柯桥镇	3
97—68	泰顺廊桥(溪东桥、北涧桥、三条桥、仙居桥、文兴桥、薛宅桥、刘宅桥、战州永庆桥、毓文桥、普宾桥、文重桥、南阳桥、霞光桥、城水桥、池源桥)	清	泰顺县泗溪镇等	6
98—69	仕水矴步	清	泰顺县仕阳镇	6
99—70	通济堰	南朝至清	丽水市莲都区	5
100—71	它山堰	唐	宁波市鄞江区	3
101—72	盐官海塘及海神庙	清	海宁市盐官镇	5
102—73	独松关和古驿道	宋至清	安吉县(余杭区)	6

四、石窟寺及石刻(4处)

序　号	名　　称	时　代	地　址	批次
103—1	飞来峰造像(含西湖南山造像)	五代—元	杭州市西湖区	2、6
104—2	宝成寺麻曷葛剌造像	元	杭州市上城区	5
105—3	仙都摩崖题记	唐—近代	缙云县	5
106—4	东钱湖石刻	宋至明	宁波市东钱湖旅游度假区	5

五、近现代重要重要史迹及代表性建筑物(25 处)

序号	名称	时代	地址	批次
107－1	太平天国侍王府	1861	金华市婺城区	3
108－2	嘉兴南湖中共"一大"会址	1921	嘉兴市南湖区	5
109－3	浙东抗日根据地旧址	1942－1945 年	余姚市、慈溪市	6
110－4	新四军苏浙军区旧址	1943－1954 年	长兴县槐坎镇	5
111－5	蒋氏故居(含溪口镇建筑群)	清至民国	奉化市溪口镇	4、6
112－6	鲁迅故居	1881－1898 年	绍兴市越城区	3
113－7	秋瑾故居(含秋瑾烈士纪念碑)	1907 年(民国)	绍兴市越城区	3、6
114－8	蔡元培故居	近代	绍兴市越城区	5
115－9	章太炎故居	民国	余杭区仓前镇	6
116－10	王国维故居	1886－1898 年	海宁市盐官镇	6
117－11	茅盾故居	1896－1910 年	桐乡市乌镇	3
118－12	马寅初故居	清至民国	嵊州市浦口镇、杭州市庆春路	6
119－13	龙山虞氏旧宅建筑群	1916－1929 年	慈溪市龙山镇	5
120－14	南浔张氏旧宅建筑群	1899－1906 年	湖州市南浔镇	5
121－15	莫干山别墅群	清至民国	德清县莫干山	6
122－16	江北天主教堂	清	宁波市江北区	6
123－17	陈英士墓	1916 年	湖州市吴兴区道场乡	6
124－18	钱塘江大桥	民国	杭州市西湖区	6
125－19	钱业会馆	民国	宁波市	6
126－20	西泠印社	近代	杭州市西湖区	5
127－21	利济医学堂旧址	1885－1902 年	瑞安市城关镇	6
128－22	大通学堂和徐锡麟故居	清	绍兴市越城区胜利西路、东浦镇	6
129－23	之江大学旧址	民国	杭州市西湖区	6
130－24	笕桥中央航校旧址	民国	杭州市江干区	6
131－25	花鸟灯塔	1870 年	嵊泗县花鸟岛	5

六、其它(1 处)

序号	名称	时代	地址	批次
132－1	京杭大运河(包括:拱宸桥、广济长桥、长虹桥)	春秋—清	杭州市、嘉兴市	6

注:各批文保单位公布文号、日期

1.第一批全国重点文物保护单位(180 处) "国文习字 40 号" 1961 年 3 月 4 日

2.第二批全国重点文物保护单位(62 处) "国发〔1982〕34 号" 1982 年 2 月 23 日

3.第三批全国重点文物保护单位(258 处) "国发〔1988〕5 号" 1988 年 1 月 13 日

4.第四批全国重点文物保护单位(250 处) "国发〔1996〕47 号" 1996 年 11 月 20 日

5.第五批全国重点文物保护单位(518 处) "国发〔2001〕25 号" 2001 年 6 月 25 日

6.第六批全国重点文物保护单位(1080 处) "国发〔2006〕19 号" 2006 年 5 月 25 日

(总计:2351 处)

浙江省省级文物保护单位分类名单

（748 处）

1.第一批省级文物保护单位(42 处),1961 年 4 月 15 日,浙江省人民委员会(文化字 164 号);

2.第二批省级文物保护单位(58 处),1963 年 3 月 11 日,浙江省人民委员会(文管字 270 号);

〔81〕.关于调整和重新公布省级重点文物保护单位的通知,1981 年 4 月 13 日,浙江省人民政府(浙政〔1981〕43 号);

3.第三批省级文物保护单位(118 处),1989 年 12 月 12 日,浙江省人民政府(浙政发〔1989〕113 号);

4.第四批省级文物保护单位(125 处),1997 年 8 月 29 日,浙江省人民政府(浙政发〔1997〕160 号);

4 补.关于增补绍兴印山越国王陵为第四批省级文物保护单位的通知,1998 年 11 月 30 日,浙江省人民政府(浙政发〔1998〕242 号)

5.第五批省级文物保护单位(163 处),2005 年 3 月 16 日,浙江省人民政府(浙政发〔2005〕18 号)

6.第六批省级文物保护单位(373 处),2011 年 1 月 7 日,浙江省人民政府(浙政发〔2011〕2 号)

一、古遗址(108 处)

名　　称	时　代	地　址	批次
七里亭遗址	旧石器时代	长兴县泗安镇	6
上马坎遗址	旧石器时代	安吉县溪龙乡	5
乌龟洞“建德人”遗址	旧石器时代	建德市李家镇	3
邱城遗址	新石器时代	湖州市白雀乡	2
郭家石桥遗址	新石器时代	海宁市庆云镇	3
大往遗址	新石器时代	嘉善县姚庄镇展幸村	3
洪城遗址	新石器时代	湖州市马腰镇洪城村	3
下汤遗址	新石器时代	仙居县横溪镇下汤村	3
大舜庙后墩遗址	新石器时代	岱山县岱山镇北二村	3
鲻山遗址	新石器时代	余姚市丈亭镇西岙村	4
塔山遗址	新石器时代	象山县丹城镇	4
小古城遗址	新石器时代	余杭区潘坂镇	4
王坟遗址	新石器时代	海盐县西塘桥镇西塘村	4
安乐遗址	新石器时代	安吉县递铺镇	4
马鞍遗址	新石器时代	绍兴县马鞍镇寺桥村	4
凉帽蓬墩遗址	新石器时代	舟山市定海区马岙镇	4
塘山背遗址	新石器时代	浦江县黄宅镇	5
盛家埭遗址	新石器时代	海宁市盐官镇	5
新地里遗址	新石器时代	桐乡市崇福镇	5
普安桥遗址	新石器时代	桐乡市屠甸镇	5
老鼠山遗址	新石器时代	温州市鹿城区	5

续表

名称	时代	地址	批次
好川遗址	新石器时代	遂昌县三仁乡	5
城堂岗遗址	新石器时代	桐庐县钟山乡	6
大麦凸遗址	新石器时代	桐庐县横村镇	6
童家岙遗址	新石器时代	慈溪市横河镇	6
田螺山遗址	新石器时代	余姚市三七市镇	6
名山后遗址	新石器时代	奉化市江口镇	6
小黄山遗址	新石器时代	嵊州市甘霖镇	6
刘家墩遗址	新石器时代	嘉兴市南湖区风桥镇	6
庄桥坟遗址	新石器时代	平湖市林埭镇	6
戴墓墩遗址	新石器时代	平湖市乍浦镇	6
崔家场遗址	新石器时代	海宁市海昌街道	6
荷叶地遗址	新石器时代	海宁市周王庙镇	6
小六旺遗址	新石器时代	桐乡市屠甸镇	6
江家山遗址	新石器时代	长兴县林城镇	6
庙山遗址	新石器时代	永康市经济开发区	6
太婆山遗址	新石器时代	永康市古山镇	6
葱口洞穴遗址	新石器时代	衢州市衢江区上方镇	6
白坟墩遗址	新石器时代至春秋战国	嘉兴市凤桥镇	5
大坪遗址	新石器时代至商周	瑞安市北龙乡	6
凤山遗址	新石器时代至商周	平阳县腾蛟镇	6
楼家桥遗址	新石器时代至商周	诸暨市次坞街道	6
施家墩遗址	新石器时代至商周	海宁市长安镇	6
达泽庙遗址	新石器时代至商周	海宁市马桥街道	6
漂母墩遗址	新石器时代至商周	海盐县通元镇	6
空山遗址	新石器时代至商周	长兴县泗安镇	6
新安遗址	新石器时代至商周	长兴县泗安镇	6
台基山遗址	新石器时代至商周	长兴县雉城镇	6
张家桥遗址	新石器时代至商周	长兴县雉城镇	6
三合潭遗址	商、周	玉环县朱港镇	5
毗山遗址	春秋战国	湖州市八里店镇	2
西施山遗址	春秋战国	绍兴市五云门外	2
黄梅山窑址	商、周	湖州市青山乡	3
德清原始瓷窑址	商至战国	德清县经济开发区	6
龙山窑址	西周至战国	长兴县林城镇	6
纱帽山窑遗址	春秋战国	萧山区进化镇	5

续表

名称	时代	地址	批次
白洋垅窑址群	东汉	龙游县东华街道	6
溪口、涌泉窑址群	东汉晚期至南朝	临海市溪口乡、涌泉镇	3
鞍山龙窑遗址	三国	上虞市上浦镇	5
凤凰山窑址群	三国至西晋	上虞市上浦镇	6
吕步坑窑址	南朝至唐	丽水市莲都区	6
墅元头窑址	隋、唐	德清县洛舍镇	3
方坦窑址	唐	龙游县东华街道	6
汉灶窑址	唐	金华市婺城区雅畈镇	6
歌山窑址	唐至北宋	东阳市歌山镇象塘村	3
白洋湖、里杜湖越窑遗址	唐至北宋	慈溪市观海卫镇	6
九龙山窑址	唐至宋	长兴县水口乡	6
葛府窑址	五代、北宋	东阳市南马镇葛府村	3
窑寺前青瓷窑址	五代、宋	上虞市上浦镇	2
沙埠青瓷窑址	五代、宋	台州市黄岩区沙埠镇	2
正和堂窑址	五代、宋	温州市鹿城区下桥村	3
上垟窑址	五代、宋	庆元县竹口镇上垟村	4
外山甲窑址群	宋	瑞安市梅屿乡外山甲村	3
大白山窑址	宋	建德市新安江街道	6
两弓塘窑址群	宋、元	衢州市衢江区金旺镇官塘村	3
大溪滩窑址群	宋、元	缙云县壶镇大溪滩村	3
达河窑址群	宋、元	江山市碗窑乡	4
天目窑遗址群	宋、元	临安市於潜镇	5
潘里垄瓷窑址	南宋	庆元县竹口镇	6
安仁窑址	宋至明	龙泉市安仁镇	6
凤阳窑址	宋至清	苍南县凤阳乡	6
源口窑址	元	龙泉市道太乡源口村	3
越王城遗址	春秋战国	萧山区城厢镇	3
大溪东瓯古城遗址(含东瓯贵族墓)	西汉	温岭市大溪镇	6
城山古城遗址	东汉	长兴县和平镇	5
湖州子城城墙遗址	唐至宋	湖州市吴兴区爱山街道	6
山皇城遗址	明	瑞安市仙降镇	6
功臣寺遗址(含婆留井)	唐、五代	临安市锦城街道	5
吴越郊坛遗址	五代	杭州市天真山	5
雷峰塔遗址	五代	杭州市南屏山麓	4
泗洲造纸作坊遗址	宋	富阳市高桥镇	6

续表

名　称	时　代	地　址	批次
东园遗址	南宋	桐乡市石门镇	6
安澜园遗址	明、清	海宁市盐官镇	6
东湖石宕遗址	汉至民国	绍兴市越城区皋埠镇	6
长屿石宕遗址	六朝至中华人民共和国	温岭市新河镇	6
大隐石宕遗址（含山王庙）	明至民国	余姚市大隐镇	6
铜山铜矿遗址	唐	淳安县枫树岭镇	[81]
湖南银矿遗址	唐至明	衢州市衢江区湖南镇	6
矾山矾矿遗址	明至现代	苍南县矾山镇	5
云和银矿遗址	明	云和县沙铺乡、黄源乡	6
仙霞古道	唐至民国	江山市	2、6
方腊起义遗址方腊洞	宋	淳安县叶家山	2
牛头山军事遗址	宋	安吉县良朋镇	6
健跳所城遗址（含蒲西巡检司城）	明	三门县健跳镇、六敖镇	6
花岙兵营遗址	明末清初	象山县高塘岛乡	5
曹娥江运口水利航运及服务设施	西晋至中华人民共和国	上虞市曹娥街道	6
鉴湖遗址、大王庙	东汉至清	绍兴市、绍兴县	6
通明堰遗址群	明、清	上虞市丰惠镇	6

二、古墓葬（35 处）

名　称	时　代	地　址	批次
弁山土墩墓	西周、春秋	湖州市白雀乡、龙溪乡	4
笔架山、龙山墓葬群	春秋战国	安吉县安城镇	4
胜利山石室土墩墓群	春秋战国	绍兴市禹陵乡	5
绍兴越国贵族墓群	春秋战国	绍兴县平水镇、漓渚镇	6
马臻墓	东汉	绍兴市府山街道	2
王充墓	东汉	上虞市章镇林岙村	2
皇坟山墓葬群	东汉	嘉兴市秀洲区新城街道	6
西峰坝画像石墓	东汉	长兴县雉城镇	6
长安镇画像石墓	东汉末、三国	海宁市长安镇	3
郑虔墓	唐至清	临海市大田镇白石村	4
宋六陵	南宋	绍兴县富盛镇	3
叶适墓	宋	温州市鹿城区海坛山	3
王十朋墓	宋	乐清市四都乡梅岙村牛塘山	3
胡瑗墓	宋	湖州市道场乡	3
吕祖谦墓	宋	武义县武阳镇	3

续表

名　　称	时　代	地　址	批次
东钱湖墓葬群	宋、明	宁波市东钱湖旅游度假区	6
赵抃墓、祠	宋、清	衢州市衢江区、柯城区	6
吴镇墓	元	嘉善县魏塘镇	2
朱丹溪墓	元	义乌市赤岸镇东朱村	3
荥阳侯夫人墓	元	衢江区九华乡下坦村	4
赵孟頫墓	元	德清县洛舍镇东衡村	4
螃蟹形山墓群	明	义乌市赤岸镇乔亭村	4
大溪边余公墓	明	开化县大溪边乡	6
卜家岙李氏家族墓	明	仙居县南峰街道	6
卫匡国墓	明、清	杭州市留下镇	3
张煌言墓(含张煌言故居)	明、清	杭州市南屏山荔枝峰下、宁波市中山广场	5
卢金峰墓(含卢氏宗祠)	明、清	瑞安市永安乡	6
陈洪绶墓	明末清初	绍兴市鉴湖镇官山岙村	2
葛云飞墓(含葛云飞故居)	清	萧山区所前镇、进化镇	1、5
龚佳育墓	清	杭州市月轮山麓	4
王羲之墓(含王氏宗祠)	清	嵊州市金庭镇	4
陈傅良墓、祠	清	瑞安市罗凤镇凤川村、瓯海区仙岩镇	4
张琴墓	清	苍南县马站镇山边村	4
同归域	清	舟山市定海区龙峰山	4
雅阳林一牧墓	清	泰顺县雅阳镇	6

三、古建筑(384处)

名　　称	时　代	地　址	批次
爱敬堂、孙氏堂楼	明	兰溪市诸葛镇、女埠街道	5
安乐塔	明、清	杭州市余杭区余杭镇	6
安洲山塔	明	仙居县城关镇管山村	3
八卦桥(含河西桥)	宋	瑞安市陶峰镇陶峰村、陶山镇	4、5
八咏楼	南朝创建	金华市八咏路	[81]
白龙山石殿	明	乐清市虹桥镇	5
白茅云衢坊	明	缙云县前路乡白茅村	4
白沙堰	三国	金华市婺城区琅琊镇	6
白溪朱氏宗祠	明、清	长兴县雉城镇	5
白云桥	清	余姚市鹿亭乡	6
百梁桥	清	鄞州区洞桥镇	5

续表

名　　称	时　代	地　址	批次
宝胜寺双塔	宋	平阳县钱仓镇	2
保俶塔	五代至民国	杭州市宝石山	5
报本塔	清	平湖市当湖镇鹦鹉洲	4
北山吴氏宗祠	清	青田县北山镇	6
碧湖沈家邸	清	丽水市莲都区碧湖镇	6
边村祠堂	清	诸暨市同山镇	3
布业会馆	清	绍兴市越城区	6
蔡氏宗祠(含钟英堂、下厅民居)	明、清	磐安县双溪乡	4、6
藏绿乡土建筑	清	诸暨市五泄镇	6
曹娥庙	民国	上虞市曹娥街道	3
柴村乡土建筑	明至民国	江山市峡口镇	6
昌文塔	明	磐安县安文镇	5
长安闸	宋至中华人民共和国	海宁市长安镇	6
长乐钱氏大新屋	清	嵊州市长乐镇	6
长濂古建筑群	明、清	遂昌县云峰镇	5
长兴孔庙	明、清	长兴县雉城镇	6
潮音桥	明	湖州市吴兴区朝阳街道	6
陈大宗祠	清	永康市芝英街道	5
陈阁老宅	清	海宁市盐官镇	5
陈家祠堂	清	临安市马啸乡	5
陈家大屋	明、清	遂昌县妙高镇北街四弄	4
陈宅古桥群	明、清	青田县阜山乡	6
敕木山村畲族民居	清	景宁畲族自治县鹤溪镇	6
崇德城旧址及横街	明至民国	桐乡市崇福镇	6
处州府城墙	元至清	丽水市市区	5
纯阳宫	清	湖州市道场乡	5
慈城古建筑群(刘家祠堂、大耐堂、姚镆宅、桂花厅、莫驸马宅、冬官坊、贞节坊、彭山塔)	明、清	宁波市慈城镇	4
达源号钱庄	清	衢州市柯城区	6
大安寺塔	宋	义乌市稠城街道	6
大陈村乡土建筑	清至中华人民共和国	江山市大陈乡	5、6
大善塔	明	绍兴市胜利广场	4
大乌石雷公殿	清	乐清市虹桥镇	5
大溪边余氏宗祠	清	开化县大溪边乡	6
大有桥街章宅	清	桐乡市濮院镇	6

续表

名　　称	时　代	地　址	批次
埭头村乡土建筑	清、民国	永嘉县大若岩镇	6
戴蒙书院	清	永嘉县溪口乡	5
道门进士第	清	缙云县壶镇镇	6
德清古桥群	宋、元	德清县武康镇、城关镇、千山镇、下舍镇	5
德清云岫寺	明	德清县三合乡石井山	3
荻浦咸和堂	明	桐庐县江南镇	6
頔塘	晋至清	湖州市东门一南浔	4
底角王氏宗祠(含世美坊)	明、清	常山县东案乡	6
丁鹤年墓亭	明	杭州市南山路	5
矴步头谢氏民居	清	苍南县桥墩镇	6
东安硐桥	明、清	瑞安市玉海街道	6
东村桥	北宋	金华市长山乡	5
东化成寺塔	北宋	诸暨市枫桥镇	3
东门天后宫	清	象山县石浦镇	6
独峰书院	清	缙云县仙都风景区	6
独山牌坊	明	遂昌县焦滩乡	4
渡渎余庆堂及章氏家庙	明、清	兰溪市女埠街道	5
恩波桥	明	富阳市城关镇	4
二灵塔	宋	鄞州区东钱湖镇	4
发宝象龙塔	明	武义县武阳镇	4
樊家尚书坊	明、清	常山县何家乡	6
樊氏大宗祠	清	常山县五里乡	4
方梅生故居	清	金华市婺城区罗店镇	6
枫桥大庙	清	诸暨市枫桥镇	5
凤里姜氏宗祠	清	江山市凤林镇	6
凤山水门	元至清	杭州市上城区紫阳街道	6
福舆堂	清	东阳市巍山镇白坦一村	4
傅村傅氏宗祠	清	金华市金东区傅村镇	6
高朱致福堂	明	开化县塘坞乡	6
公淤丰氏宗祠	清	开化县大溪边乡	6
公屿烽堠	明	象山县爵溪街道	6
古山胡氏旧宅	清	永康市古山镇	5
鼓山书院	清	新昌县七星街道	6
关西世家	明	龙游县志棠镇	5

续表

名　　称	时　代	地　址	批次
观音寺石塔	宋	瑞安市隆山周湖村万松山	2
广济桥	元	奉化市江口镇南渡村	3
桂芳桥	清	杭州市余杭区临平镇	6
郭氏节孝坊	清	兰溪市灵洞乡洞源村	3
郭庄	清	杭州市西山路	3
国安寺塔	北宋	龙湾区瑶溪镇	3
含山塔	明	湖州市南浔区善琏镇	6
杭州天主教堂	清	杭州市下城区天水街道	6
浩然楼	清	温州市鹿城区江心屿	6
河阳村乡土建筑	明、清	缙云县新建镇	6
鹤溪潘家大屋	明、清	景宁畲族自治县鹤溪镇	6
宏济桥码头	清	金华市婺城区城东街道	6
后龚永锡堂	清	兰溪市赤溪街道	6
厚吴村乡土建筑	明至民国	永康市前仓镇	6
护法寺桥(含护法寺砖塔)	北宋	苍南县望里镇护法寺村	3
花街大夫第(含正心堂)	明、清	永康市花街镇	5
花坦古建筑群	明、清	永嘉县花坦乡	4
花亭(含丽水桥)	明	永嘉县岩头镇下村	4
幻溇古桥群	清、民国	湖州市南浔区双林镇	6
黄家大院	清、民国	松阳县望松乡	5
黄甲山塔	明	衢州市衢江区云溪乡	6
黄沙腰李氏大屋(含李氏宗祠)	清	遂昌县黄沙腰镇	6
黄坛季氏宗祠	清	庆元县竹口镇	6
黄坛三堂	清	宁海县黄坛镇	5
黄岩孔庙	清	黄岩区城关镇	3
黄余田杨氏宗祠	明、清	磐安县仁川镇	6
会文书院	清	平阳县南雁镇	5
惠力寺经幢	唐	海宁市硖石镇	4
鸡鸣山民居苑	明、清	龙游县鸡鸣山	4
积庆堂	明、清	兰溪市永昌镇	5
嘉兴子城	明、清	嘉兴市市区	5
江心寺	清	温州市鹿城区江心屿	6
江心寺文天祥祠	宋	温州市鹿城区江心屿	2
江心屿东、西塔	明、清	温州市鹿城区江心屿	6
姜席堰	元	龙游县龙洲街道	6

续表

名　　称	时　代	地　址	批次
蕉川乡土建筑	清	遂昌县新路湾镇	6
巾山塔群	元至清	临海市巾山	3、5
金华府城隍庙	清	金华市明月路	4
金华通济桥	清	金华市婺城区	6
金鸡山炮台	清	象山县石浦镇	6
金清大桥	清	温岭市新河镇	4
金山飞亭	宋	苍南县马站镇	6
金昭牌坊	明	永嘉县岩头镇上村	3
景宁廊桥	清、民国	景宁畲族自治县	5、6
净土寺塔	元	黄岩区北洋镇南瑞岩村	4
九华乡土建筑	明至民国	衢州市柯城区九华乡	6
九进厅	清	缙云县壶镇工联村	4
九狮桥	元	上虞市丰惠镇	4
九遮山笫桥群	清、民国	天台县街头镇	6
爵溪街心戏亭	清	象山县爵溪镇十字街	4
兰亭	东晋	绍兴市兰亭镇	2
蓝氏宗祠	清	衢江区航埠镇北淤村	4
郎家葆滋堂	清	兰溪市游埠镇	6
乐清东塔	宋	乐清市乐城镇东皋山	3
礼贤城隍庙	清	江山市淤头镇	6
李村乡土建筑	明至民国	建德市大慈岩镇	6
李渔坝	清	兰溪市孟湖乡夏里村	3
李泽李氏大宗祠	明	衢州市衢江区峡川镇	6
李宅村古建筑群	明、清	东阳市城东街道	5
里择祠	明、清	常山县天马镇	5
丽水巾山塔	明、清	丽水市莲都区富岭街道	6
莲塘瑞森堂	清	龙游县塔石镇	6
联魁塔	明	富阳市新登镇	5
梁村河桥	明	丽水市莲都区老竹镇	6
烈妇祠	清	永康市西城街道	6
林宅	清	宁波市紫金街	3
灵鹫寺石塔	南宋	丽水市万象山	3
灵下应氏民居	清	龙游县溪口镇	6
灵隐寺两石塔两经幢	五代	杭州市灵隐寺	1
灵芝塔	五代	安吉县递铺镇	3

续表

名　　称	时　代	地　址	批次
岭下汤石祠	明	武义县大田乡	5
刘家永和堂	清	龙游县模环乡	6
刘氏祖居门楼	明	松阳县古市镇	6
龙德寺塔	宋	浦江县浦阳镇龙峰山	2
龙门塔(含余四山墓)	明	淳安县汾口镇	5
龙南菇民建筑群	清、民国	龙泉市龙南乡	6
龙泉廊桥	清、民国	龙泉市	3、5、6
龙兴寺经幢	唐	杭州市延安路	4
龙游风水塔	明	龙游县	6
龙游楼上厅建筑	明	龙游县塔石镇、横山镇	6
楼山后骏惠堂	明、清	衢州市衢江区全旺镇	6
卢福庙	清	庆元县松源镇	5
鹿门书院	清	嵊州市贵门乡	6
鹿田书院	清	金华市双龙乡北山	4
吕家吕氏宗祠	清	诸暨市次坞镇	6
履坦徐氏民居	清	武义县履坦镇	6
罗阳石亭	明	泰顺县罗阳镇	5
妈祖庙	清	洞头县北岙镇	4
马金街古建筑群	清	开化县马金镇	6
马上桥花厅	清	东阳市湖西镇马上桥村	4
梅坦谷宅	明、清	永嘉县西源乡	6
妙山陈氏宗祠	清	天台县赤城街道	6
鸣鹤新五房	清	慈溪市观海卫镇	6
慕义桥	清	缙云县前路乡	5
南峰塔、北峰塔	明	建德市梅城镇	6
南峰塔、福印山塔	北宋	仙居县城关镇	3
南湖赵氏宗祠	清	平阳县南湖乡	6
南屏塔	宋、清	临安市昌化镇	4
南浦桥	明	建德市寿昌镇	6
南垟村乡土建筑	清	永嘉县五尺乡	6
楠溪江宗祠建筑群	明、清	永嘉县	4、6
宁波鼓楼	清、民国	宁波市海曙区鼓楼街道	6
钮氏状元厅	清	湖州市勤劳街	5
潘公桥(含潘孝墓)	明、清	湖州市	4、6
蓬溪谢氏宗祠	清	永嘉县东皋乡	6

续表

名　　称	时　代	地　址	批次
平水王社庙	明	龙泉市龙渊街道	6
蒲塘王氏宗祠	清	金华市金东区澧浦镇	6
濮院古桥群	清、民国	桐乡市濮院镇	6
普济桥	明	松阳县玉岩镇	5
普庆寺石塔	元	临安市横畈镇	2
普陀山文化景观	元至清	舟山市普陀区普陀山	5、6
曝书亭	清	嘉兴市王店镇	2
七家厅	明	金华市雅畈镇	4
七塔禅寺	清	宁波市江东区	6
栖真寺五佛塔	宋	平阳县鳌江镇	5
戚继光祠	清	椒江区戚继光路	3
千佛阁(含镇海塔)	元至清	海盐县武原镇	3、6
千甓亭(含皕宋楼)	清	湖州市月河街	4
前岙村卢氏民居	清	缙云县壶镇镇	6
前坪张氏厝屋	清	泰顺县泗溪镇	6
钱氏船坞	清	嘉善县干窑镇	6
钱塘第一井	五代	杭州市大井巷	5
钱塘江海塘(余杭段)	清	杭州市余杭区乔司镇、临平镇	6
青街李氏、池氏大屋	清	平阳县青街乡	5、6
清水闸及管理设施	清、中华人民共和国	上虞市曹娥街道	6
庆元廊桥	清、民国	庆元县	6
秋官里进士牌坊	明	绍兴县陶堰镇	6
狭猺湖避塘	清	绍兴市齐贤镇	3
仁山书院	清	兰溪市芝堰乡	5
瑞安东塔	明	瑞安市安阳真	5
瑞龙感应塔	五代	黄岩区城关镇九峰山下	4
三槐堂	明	龙游县志棠镇	5
三江闸	明	绍兴市斗门镇	2
三门源叶氏民居	清	龙游县石佛乡	4
三门宗祠群	清	三门县	6
三忠祠	清	舟山市定海区	3
山背吴氏宗祠	清	兰溪市赤溪街道	6
山口林宅	清	青田县山口镇	5
杉青闸遗址(含落帆亭)	北宋至民国	嘉兴市南湖区解放街道	6
上安恬懋德堂	清	东阳市南马镇	6

续表

名　　称	时　代	地　址	批次
上交垟土楼	清	泰顺县罗阳镇	5
上唐承庆堂	明	兰溪市黄店镇	6
上吴方村乡土建筑	明至民国	建德市大慈岩镇	6
上新居、新谭家民居	清	浙江省斯宅乡	5
上族祠及嘉庆堂	明、清	兰溪市孟湖乡	5
尚德当铺	清	绍兴市蕺山街	5
绍兴古桥群	元至民国	绍兴市、绍兴县	3、4、5、6
绍兴海塘	明、清	绍兴市孙端镇、马山镇、斗门镇、马鞍镇、安昌镇	3
绍衣堂(含横山塔)	明	龙游县横山镇	3
申屠氏宗祠(含跌界厅)	清	桐庐县江南镇	5
沈园	宋	绍兴市洋河弄	2
生塘胡氏宗祠	明、清	兰溪市水亭乡	5
圣寿禅寺	明、清	瓯海区仙岩镇南村	4
嵊县城隍庙及溪山第一楼	清	嵊州市城关镇	3
嵊县古城墙	明、清	嵊州市城关镇	5
狮城水下古城	明、清	淳安县千岛湖	6
石板巷陈家厅	清	武义县武阳镇	6
石仓乡土建筑	清	松阳县大东坝镇	6
石灯柱	明	仙居县城关镇	4
石佛探花厅	清	龙游县石佛乡	6
石门桥	宋	云和县云和镇	6
石楠塘徐氏宗祠	明、清	金华市婺城区雅畈镇	6
石浦城隍庙	清	象山县石浦镇	5
石塘陈宅	清、民国	温岭市石塘镇	6
世德堂	明、清	兰溪市黄店镇三泉村	4
舒公塔	明	杭州市余杭区余杭镇	6
熟溪桥	清	武义县武阳镇	3
双峰清德堂	清	磐安县双峰乡	6
双河堰	唐至清	慈溪市桥头镇	6
双林三桥	清	湖州市双林镇	5
双林铁塔	五代	义乌市塔山乡	4
水口石塔	明	台州市黄岩区茅畲乡	6
水南许氏宗祠群	清、民国	天台县福溪街道	6
舜王庙	清	绍兴县王坛镇	4

续表

名　称	时　代	地　址	批次
寺平村乡土建筑	明、清	金华市婺城区汤溪镇	6
寺前桥	南宋	温州市鹿城区藤桥镇	6
泗门谢氏始祖祠堂	明、清	余姚市泗门镇	6
松阳三庙	清	松阳县西屏镇	6
苏村苏氏大屋(含苏氏家庙)	清、民国	遂昌县北界镇	6
琐园村乡土建筑	明、清	金华市金东区澧浦镇	6
塔石溪桥群	清、民国	龙游县小南海镇	6
苔山寨城遗址	清	玉环县清港镇	6
太平邢氏宗祠	明、清	嵊州市长乐镇	6
泰顺廊桥(红军桥、泰闽桥、岭北水尾桥)	清	泰顺县	5
谭宅	清	丽水市大众街	5
汤和庙	明、清	温州市龙湾区海滨街道	6
汤溪城隍庙	清	金华市汤溪镇	3
塘下方大宗祠	清	义乌市后宅街道	6
滕氏宗祠	明	金华市琅琊镇	5
天皇巷天后宫	清	衢州市柯城区	6
铁佛寺	宋	湖州市劳动路	2
铁栏井	宋	温州市鹿城区	4
通济桥与舜江楼	清	余姚市凤山街道	6
通洲桥	清	兰溪市墩头镇	4
土库	明、清	浦江县白马镇	6
碗窑村乡土建筑	清	苍南县桥墩镇	6
万桥	明、清	乐清市天成乡	6
王村花厅	明	武义县白洋街道	6
王家祠堂	清	云和县云和镇	6
王守仁讲学处	清	余姚市龙泉山	5
王瓒家庙	清	温州市龙湾区永中街道	6
魏塘叶宅	清	嘉善县魏塘街道	6
文昌阁	清	江山市廿八都镇	4
文明塔	清	平阳县昆阳镇	5
沃洲山真君殿大殿、配殿	清	新昌县大市聚镇	6
吴昌硕故居	清	安吉县鄣吴镇	6
吴氏宗祠	明	衢江区云溪乡车塘村	3
吴文简祠	明、清	庆元县举水乡月山村	4
五洞桥	清	黄岩区城关镇	3

续表

名　称	时　代	地　址	批次
五峰书院	清	永康市方岩镇橙麓村	4
五桂楼	清	余姚市梁弄镇学堂弄	3
五里渡斗门群	清	长兴县泗安镇	6
务本堂	清	东阳市巍山镇白坦二村	4
西岙石拱桥	宋至清	宁海县长街镇	5
西畈花门楼	清	丽水市莲都区太平乡	6
西湖十景	南宋至清	杭州市西湖风景名胜区	5、6
西姜祠堂	明、清	兰溪市水亭乡	5
西津桥	清	永康市古丽镇	4
西山桥	南宋	建德市姚村乡	5
西塘建筑群	清、民国	嘉善县西塘镇	6
西天目山墓塔群	元至民国	临安市西天目山	5
西溪村乡土建筑	清	丽水市莲都区雅溪镇	6
西兴码头与过塘行建筑群	六朝至中华人民共和国	杭州市滨江区西兴街道	6
西洋殿（含兰溪桥）	清	庆元县五大堡乡西洋村	4
西垣蒋氏宗祠	明、清	龙游县石佛乡	6
西源三官亭	明	永嘉县西源乡	6
溪口李氏大屋	明、清	永嘉县溪口乡	6
溪下金氏宗祠	清	永嘉县溪下乡	6
峡口大公殿	清	江山市峡口镇	5
霞山爱敬堂	明、清	开化县马金镇	6
霞山汪氏宗祠（含启瑞堂）	清、民国	开化县霞山乡	5
霞山永锡堂	明至民国	开化县马金镇	6
下埠头天后宫	清	衢州市衢江区樟潭街道	6
下田畈黄氏民居	清	龙游县湖镇镇	6
厦程里位育堂	清	东阳市虎鹿镇	6
厦河塔	明	丽水市碧云山	5
仙都石梁桥	明、清	缙云县五云镇	5
贤母桥、竞爽桥	清	缙云县壶镇镇、东渡镇	6
香积寺塔	清	杭州市香积寺巷	3
香山寺塔	明	兰溪市香溪镇	6
祥符桥	明	杭州市祥符镇	5
萧王庙	清	奉化市萧王庙镇	5
小浃江碶闸群	清、中华人民共和国	宁波市北仑区小港街道、戚家山街道	6

续表

名　　称	时　代	地　址	批次
小南海石室	约汉	龙游县小南海镇	5
小溪边余氏宗祠	明至民国	开化县村头镇	6
孝子祠	清	临安市清凉峰镇	6
谢林大宅院	清	文成县西坑镇	5
心兰书社	清	瑞安市玉海街道	6
新昌城墙	明	新昌县南明街道	6
新桥爱吾庐	清	路桥区新桥镇	5
新市河埠群及南圣堂	明、清	德清县新市镇	6
新塘边姜氏宗祠	清	江山市新塘边镇	6
新叶村乡土建筑	明至民国	建德市大慈岩镇	6
新一堂、继述堂	清	诸暨市磺山镇	5
兴贤塔	明	常山县球川镇	6
徐氏旧宅	清、民国	常山县球川镇	5
徐振二公祠	清	永康市古丽镇武义街	4
许家南大房	明、清	萧山区党山镇	5
雪溪胡氏大院	清	泰顺县雪溪乡	5
雅端容安堂	清	义乌市赤岸镇	6
严氏宗祠	清	金华市孝顺镇	5
严子陵钓台	东汉	桐庐县富春江镇	2
衍芬草堂	清	海宁市硖石街道	6
杨氏宗祠	明、清	江山市茅坂乡	5
垟坑石塔	北宋	瑞安市仙降镇	5
叶溥故宅	明	龙泉市西街街道	6
驿亭——五夫水利航运设施	明、清	上虞市驿亭镇	6
银岭关、壕岭关	清	开化县杨林镇	6
迎仙桥	清	新昌县拔茅镇	4
永康考寓	清	金华市婺城区	6
游仙寨	明	象山县丹城镇赤坎村	3
余氏、汪氏家厅	清	淳安县汾口镇	5
屿北村乡土建筑	清	永嘉县岩坦镇	6
玉成桥	清	嵊州市	5
玉岩包氏宗祠	明、清	泰顺县泗溪镇	5
昱岭关	宋至民国	临安市清凉峰镇	5
源洪桥	宋	湖州市吴兴区东林镇	6
月湖清真寺	清	宁波市海曙区月湖街道	6

续表

名　　称	时　代	地　址	批次
云岫庵	清	海盐县澉浦镇	5
藻溪杨府宫	清	苍南县藻溪镇	6
寨楼寨墙及张氏家族墓	清	洞头县大门镇	6
詹宝兄弟牌坊(含市口进士坊)	明	松阳县西屏镇	3、5
占鳌公祠(含仁寿堂、慈孝堂、燕贻堂)	清	永康市古山镇	5
占鳌塔	明、清	海宁市盐官镇	6
张璁祖祠	清	温州市龙湾区永中街道	6
张村乡土建筑	清、民国	江山市张村乡	6
张家堡双牌坊	清	苍南县龙港镇张家堡村	4
张氏宗祠	清	浦江县浦阳镇	5
张思村乡土建筑	明至民国	天台县平桥镇	6
张文郁旧居	明、清	天台县城关镇	5
浙东运河纤道(萧山段、绍兴渔后桥段、绍兴皋埠段、上虞段)	唐至民国	杭州市萧山区、绍兴市、绍兴县、上虞市	6
真如寺石塔	宋	乐清市磐石镇重石村	4
镇海后海塘	明、清	宁波市镇海区城关东北	3
正大永言堂	清	开化县塘坞乡	6
志棠邵氏宗祠	明至民国	龙游县横山镇	6
志棠雍睦堂	明、清	龙游县横山镇	6
忠孝堂	明	武义县壶山镇	5
忠训庙	清	平阳县腾蛟镇	4
忠义桥	南宋	杭州市留下镇	5
种德桥	明	湖州市菱湖镇	5
周宣灵王庙	清	衢州市下营街	4
朱店朱宅	清	义乌市赤岸镇	6
朱家绍德堂	明、清	兰溪市黄店镇	6
紫薇山民居	明	东阳市黄田畈镇	4
总台山烽火台	明	宁波市北仑区郭巨镇	4

四、石窟寺及石刻(41处)

名　　称	时　代	地　址	批次
大佛寺石弥勒像	梁	新昌县石城山	1
柯岩造像	宋	绍兴县柯岩镇	4
通玄观造像	南宋	杭州市七宝山东南麓	3
南山造像	元	余杭区瓶窑镇	4

续表

名　　称	时　代	地　址	批次
西塘岩画	春秋战国	仙居县上张乡	6
送龙山岩画	春秋战国	仙居县福应街道	6
朱溪小方岩岩画	西汉	仙居县朱溪镇	5
大百丈岩画	宋、元	象山县鹤浦镇	6
中央坑摩崖石刻	春秋战国	仙居县广度乡	5
建初买地摩崖题刻	东汉	绍兴县富盛镇乌石村	2
石马山岩刻	南朝	瑞安市林溪乡溪坦村石马山西坡	4
南明山摩崖题刻	晋、唐、宋	丽水市南明山	2
贺知章《龙瑞宫记》摩崖刻石	唐	绍兴市稽山街道望仙桥村	2
石门洞摩崖题刻	唐、宋	青田县高市乡	2
雁荡山龙鼻洞摩崖题记	唐至民国	乐清市雁荡山灵岩龙鼻洞	3
北山摩崖题记	唐至中华人民共和国	金华市婺城区罗店镇	6
刘光求雨摩崖题记	北宋	仙居县广度乡	6
司马光家人卦摩崖刻石	宋	杭州市南屏山北麓	2
大麦岭摩崖题记	宋	杭州市大麦岭东麓	3
仙岩洞摩崖题记	宋	衢江区樟潭镇	3
石梁摩崖题记	宋至清	天台县石梁镇	5
太鹤山摩崖题记	宋至清	青田县鹤城镇	5
达蓬山摩崖石刻	宋至清	慈溪市龙山镇	6
海云洞摩崖题记	宋至民国	杭州市余杭区塘栖镇	6
翠阴洞摩崖题记	宋至民国	瑞安市汀田镇	6
董村水晶矿摩崖题记	元	新昌县沙溪镇	3
石佛山摩崖石刻	元	瑞安市高楼乡	6
山海奇观摩崖题记	明	嵊泗县枸杞乡	6
胡公岩摩崖石刻	明至民国	余姚市胜归山	5
双港桥贞节坊石刻	清	缙云县新建镇	4
纪恩诗摩崖题记	清	玉环县芦浦镇	6
浙江体育会摩崖题记	民国	杭州市云居山	3
杭州碑林	五代至清	杭州市劳动路	1
吴芾“赐谥敕牒”碑	南宋	仙居县官路镇	6
水则碑	南宋至清	宁波市镇明路	5
西水驿碑	元	嘉兴市南湖区建设街道	6
宁波水利航运遗址碑	元、清	宁波市海曙区、江东区、镇海区	6
东湖谭纶画像及戚继光表功碑	明	临海市城关镇	2

续表

名称	时代	地址	批次
界牌浙闽界碑	明	苍南县沿浦镇	6
塘栖乾隆御碑与水利通判厅遗址	明、清	杭州市余杭区塘栖镇	6
许村奉宪严禁盐枭扳害碑	清	海宁市许村镇	6

五、近现代重要史迹及代表性建筑物(162处)

名称	时代	地址	批次
金钱会起义遗址	近代	平阳县钱仓镇	1
慈城大宝山朱贵祠	近代	宁波市慈城镇	2
乍浦炮台	清	平湖市乍浦镇	3
英国驻温州领事馆旧址	1894年	温州市鹿城区江心屿	4
中国共产党浙江省第一次代表大会会址——冠尖及马头横村	1939年	平阳县凤卧村	1
演武巷总工会旧址	民国	宁波市演武街	2
亭旁起义旧址	1928年	三门县亭旁乡胜和村	4
中共浙皖特委旧址	1936—1937年	开化县何电乡柴家村	4
丽水中共浙江省委机关旧址	1939—1942年	丽水市城区	4、5
开化新四军整编旧址	1938年	开化县城关镇、华埠镇	6
衢州侵华日军细菌弹投放点旧址	1940年	衢州市柯城区	6
抗战时期浙江省政府及相关机构旧址	1938—1942年	永康市方岩镇、芝英镇、前仓镇	6
台湾义勇队旧址	民国	金华市婺城区城东街道	6
玉壶中美合作所旧址	民国	文成县玉壶镇	6
王村口革命纪念建筑群	1935—1937年	遂昌县王村口镇	4
龙泉革命纪念建筑群	民国	龙泉市安仁镇、住龙镇、城北乡、宝溪乡	6
上甘塔红军标语	现代	武义县溪里乡上甘塔村	3
红十三军军部旧址	现代	永嘉县五敉乡	3
抗日救亡干部学校旧址	现代	平阳县山门镇凤岭	3
衙前农协旧址(包括李成虎墓)	现代	萧山区衙前镇	3
丁家山毛泽东读书处	现代	杭州市丁家山	4
金九避难处	1932—1936年	嘉兴市梅湾街、日晖桥	5
受降厅	1945年	富阳市受降镇	4
国民革命军陆军第八十八师淞沪抗日阵亡将士纪念坊	1946年	杭州市西溪路	5
一江山岛战役遗址	现代	台州市椒江区	1、6
陈英士故居	清末	湖州市五昌里	5
程让平祖居	清末	温州市鹿城区临江镇	6

续表

名　　称	时　代	地　址	批次
司徒雷登故居	清、民国	杭州市下城区天水街道	6
张人亚故居	清、民国	宁波市北仑区霞浦街道	6
童第周故居	清、民国	宁波市鄞州区塘溪镇	6
周尧故居	清、民国	宁波市鄞州区塘溪镇	6
潘天寿故居	清、民国	宁海县桃源街道	6
吴超征故居	清、民国	永嘉县西溪乡	6
岙内叶宅	清、民国	洞头县东屏镇	6
苏步青故居	清、民国	平阳县腾蛟镇	6
沈曾植旧居	清、民国	嘉兴市南湖区建设街道	6
张宗祥故居	清、民国	海宁市硖石街道	6
张静江故居	清、民国	湖州市南浔区南浔镇	6
陈建功旧居	清、民国	绍兴市越城区	6
陶成章故居	清、民国	绍兴县陶堰镇	6
同兴里	清、民国	上虞市小越镇	6
竺可桢故居	清、民国	上虞市东关街道	6
胡愈之故居	清、民国	上虞市丰惠镇	6
邵飘萍旧居	清、民国	金华市婺城区	6
陈望道故居	清、民国	义乌市城西街道	6
陈诚故居	清、民国	青田县高市乡	6
何文庆故居	近代	诸暨市赵家镇	2
余秀松故居	近代	浙江省次坞镇	5
柔石故居	民国	宁海县城关镇西门柔石路	3
翁文灏故居	民国	宁波市大书院巷	5
夏鼐故居	民国	温州市鹿城区五马街道	6
汪胡桢旧居	民国	嘉兴市南湖区建设街道	6
徐志摩旧居	民国	海宁市硖石街道	6
严济慈故居	民国	东阳市横店镇	6
陈肇英故居	民国	浦江县黄宅镇	6
华岗故居	民国	龙游县庙下乡	6
黄绍竑公馆	民国	云和县云和镇	6
夏超旧居	民国	青田县万阜乡	6
裕堂别墅	民国	青田县阜山乡	6
沙氏故居	民国、现代	宁波市鄞州区塘溪镇	5、6
冯雪峰故居	现代	义乌市赤岸镇神坛村	4
杨贤江故居	现代	慈溪市长河镇贤江村	4

续表

名　　称	时　代	地　址	批次
沈钧儒故居	现代	嘉兴市环城南路	4
周恩来祖居	现代	绍兴市劳动路	4
王任叔故居及墓	现代	奉化市大堰镇	5
艾青故居	现代	金华市傅村镇	5
施复亮、施光南故居	现代	金华市源东乡	5
吴晗故居	现代	义乌市上溪镇	5
北山路近代建筑群（含新新饭店中、西楼，第一届西湖博览会工业馆旧址，静逸别墅）	近代	杭州市北山路	5
江北岸近代建筑群（含浙海关旧址、英国领事馆旧址、谢氏旧宅、宁波邮政局旧址）	清、近代	宁波市江北区	5
蒋庄	1901—1923年	杭州市花港公园	4
三垟周氏旧宅	近代	瓯海区三垟街道	5
龙现吴氏旧宅（含家庙、宗祠）	近代	青田县方山乡	5
澄庐	近代	杭州市南山路	5
景村姚家大院	清、民国	安吉县天荒坪镇	6
祁家祁宅	清、民国	三门县海游镇	6
鲍氏旧宅建筑群	民国	绍兴市马山镇	5
嘉欣园	民国	桐庐县富春江镇	6
逍路沿徐氏旧宅	民国	慈溪市逍林镇	6
飞鹏巷陈宅	民国	温州市鹿城区五马街道	6
阳岙朱宅	民国	永嘉县沙头镇	6
鹤溪诸家大院	民国	安吉县递铺镇	6
佛堂吴宅	民国	义乌市佛堂镇	6
史家庄花厅	民国	东阳市巍山镇	6
石佛胡氏民居	民国	龙游县石佛乡	6
海山许氏民居	民国	舟山市定海区解放街道	6
三池窟大寨屋	中华人民共和国	温岭市大溪镇	6
东陈陈氏宗祠	清、民国	浦江县浦南街道	6
祝宅祝氏宗祠	民国	兰溪市梅江镇	6
城西基督教堂	1898年	温州市鹿城区城西街	4
文生修道院	1902—1903年	嘉兴市光明街	5
温州天主教总堂	清末	温州市鹿城区五马街道	6
麻蓬天主教堂	清、民国	衢州市柯城区石梁镇	6
基督教青年会会所旧址	1918—1919年	杭州市青年路	4
嘉兴天主教堂	1917—1930年	嘉兴市紫阳街	5

续表

名称	时代	地址	批次
秋瑾墓	近代	杭州市孤山西泠桥南	1
杭州辛亥革命烈士墓群	近代	杭州市凤篁岭下	1、2
章太炎墓	近代	杭州市南屏山荔枝峰下	2
吴昌硕墓	近代	余杭区超山	3
苦马塘岩葬墓群	民国	文成县黄坦镇	6
张秋人烈士墓	1898—1928年	诸暨市牌头镇	[81]
刘英烈士墓	1906—1942年	永康市方岩镇	[81]
史量才墓	1936年	杭州市双峰村	4
陈安宝烈士陵园(含陈氏旧宅)	民国、中华人民共和国	台州市路桥区横街镇	6
樟村四明山烈士墓	现代	鄞州区章水镇	2
双烈园	现代	富阳市鹳山	3
马寅初墓	现代	嵊州市浦口镇	4
于子三墓	1952年	杭州市万松岭路	4
富义仓	近代	杭州市大兜路	5
仓前粮仓	清至中华人民共和国	杭州市余杭区仓前镇	6
朱明粮仓	中华人民共和国	永康市东城街道	6
县前粮仓群	中华人民共和国	江山市双塔街道	6
通益公纱厂旧址	近代	杭州市拱宸桥西	5
和丰纱厂旧址	清末	宁波市江东区福明街道	6
南浔丝业会馆及丝商建筑	清、民国	湖州市南浔区南浔镇	6
灵桥	1936年	宁波市三江口	5
马厩庙大桥	民国	平湖市曹桥街道	6
道德桥	民国	磐安县安文镇	6
百岁亭	民国	乐清市南岳镇	6
宁波中山公园旧址	民国	宁波市海曙区鼓楼街道	6
双魁巷	民国	嘉兴市南湖区解放街道	6
东沙菜市场	1953年	岱山县东沙镇	6
浙江省高等法院及杭县地方法院旧址	近代	杭州市延安路	5
杭州关税务司署旧址	清、民国	杭州市拱墅区拱宸桥街道	6
永川轮船局旧址	民国	温州市鹿城区江滨街道	6
浙江兴业银行旧址	1923年	杭州市中山中路	4
清泰第二旅馆旧址	1933年	杭州市仁和路	5
仁爱医院旧址	民国	杭州市环城东路	5
华美医院旧址	民国	宁波市海曙区鼓楼街道	6
求是书院	1897年	杭州市大学路	4

续表

名　　称	时　代	地　址	批次
浙江图书旧址(含孤山馆舍和大学路馆舍)	近代	杭州市西湖孤山、大学路	3、4
古越藏书楼	近代	绍兴市胜利西路	3
伏跗室	近代	宁波市孝闻街	5
总理纪念堂、中正图书馆旧址	民国	奉化市锦屏街道	6
锦堂师范旧址	近代	慈溪市观海卫镇	5
热诚学堂旧址	清、民国	绍兴市东浦镇	6
春晖中学	民国	上虞市驿亭镇	3
浙江大学龙泉分校旧址	民国	龙泉市剑池街道	5
武岭学校旧址	民国	奉化市溪口镇	6
善庆学校旧址	民国	绍兴县柯岩街道	6
省立实验农业学校旧址	民国	金华市金东区塘雅镇	6
浙江省第一师范旧址	现代	杭州市凤起路	2
越剧诞生地旧址	清、民国	嵊州市甘霖镇	6
《民族日报社》旧址	民国	临安市於潜镇	6
谯楼	民国	温州市鹿城区五马街道	6
乐清碉楼	民国	乐清市	6
玉环碉楼	民国	玉环县楚门镇、芦浦镇、干江镇、清港镇、海山乡	6
温岭碉楼	民国	温岭市坞根镇、石塘镇	6
定海测候所旧址	民国	舟山市普陀区沈家门街道	6
坎门验潮所	民国	玉环县坎门街道	6
海山潮汐电站	中华人民共和国	玉环县海山乡	6
江厦潮汐试验电站	中华人民共和国	温岭市温峤镇、坞根镇	6
新安江水电站(含白沙大桥)	中华人民共和国	建德市新安江街道	6
白节山灯塔	1883 年	嵊泗县菜园镇	6
渔山灯塔	1895 年	象山县石浦镇	6
姚江水利航运设施及相关遗产群	清至中华人民共和国	宁波市江北区、鄞州区,余姚市	6
马渚横河水利航运设施	清至中华人民共和国	余姚市马渚镇	6
钱塘江与运河运口水利航运设施?	中华人民共和国	杭州市上城区、江干区	6
红旗渡槽	中华人民共和国	天台县白鹤镇	6
坦岐炼铁厂旧址	中华人民共和国	文成县珊溪镇	6
梅山盐场旧址	中华人民共和国	宁波市北仑区梅山岛	6
中美联合公报起草处旧址	1972 年	杭州市西湖风景名胜区	6

六、其它(18处)

名　称	时　代	地　址	批次
荆州、绿幛太阴宫壁画	清	永嘉县大箬岩镇、上塘镇	5
石湖坑村成氏民居壁画	1958年	永康市唐先镇	6
刘王庙戏台题记	清、民国	德清县新市镇	6
大岭背古道	唐	衢州市柯城区石梁镇	6
大济古驿道	明、清	庆元县松源镇	5
大会岭、道岭古道	元至民国	文成县	6
浙东运河河道(萧山段、绍兴段、宁波段)	春秋战国至清	杭州市萧山区、绍兴市、绍兴县、上虞市、余姚市、宁波市、鄞州区、镇海区、余姚市	6
京杭大运河河道(杭州段、嘉兴段、湖州段)	春秋至中华人民共和国	杭州市、余杭区、嘉兴市、桐乡市、海宁市、湖州市、南浔区、德清县	6
圣井	六朝	长兴县雉城镇	6
金山古井	南宋	苍南县马站镇	6
泉井(含周氏宗祠)	明、清	江山市石门镇	6
窑墩	清	嘉善县干窑镇	5
和睦陶窑群	清至中华人民共和国	江山市清湖镇	6
龙泉窑制瓷作坊	清至中华人民共和国	龙泉市八都镇、上垟镇、宝溪乡	6
东沙海产加工作坊	1951年	岱山县东沙镇	6
梅源梯田	宋至中华人民共和国	云和县崇头镇	6
南尖岩梯田	清	遂昌县王村口镇	6
俞家湾桑基鱼塘	约明至中华人民共和国	桐乡市市河山镇	6

浙江省主要博物馆、纪念馆及其地址一览表

序号	博物馆名称	性　质	地　址
1	中国财税博物馆	行业	杭州市吴山广场28号
2	中国水利博物馆	行业	杭州市萧山区水博大道一号
3	浙江省博物馆	文物	杭州市西湖区孤山路25号
4	浙江自然博物馆	文物	杭州下城区西湖文化广场6号
5	中国丝绸博物馆	文物	杭州市西湖区玉皇山路73—1号
杭州市			
6	杭州博物馆	文物	杭州上城区粮道山18号
7	中国茶叶博物馆	文物	杭州市龙井路88号

续表

序号	博物馆名称	性　质	地　　址
8	杭州南宋官窑博物馆	文物	杭州市上城区南复路60号
9	杭州名人纪念馆	文物	杭州市南山路2—1号
10	杭州西湖博物馆（西湖学研究院、杭州风景名胜区档案馆）	文物	杭州市上城区南山路89号
11	韩美林艺术馆	文物	杭州市西湖区桃源岭3号
12	马一浮纪念馆	文物	杭州市西湖区杨公堤10号花港公园蒋庄内
13	杭州南宋遗址陈列馆	文物	杭州市上城区中山南路99号
14	杭州孔庙	文物	杭州市上城区府学巷8号
15	杭州李叔同纪念馆	文物	杭州市虎跑路39号（虎跑公园内）
16	浙江辛亥革命纪念馆	文物	杭州市龙井路南天竺
17	岳飞纪念馆	文物	杭州市北山路80号
18	俞曲园纪念馆	文物	杭州孤山路32号
19	连横纪念馆	文物	杭州市葛岭路17号
20	良渚博物院	文物	杭州余杭区良渚街道美丽洲路1号
21	杭州市萧山区博物馆	文物	杭州市萧山区北干山南路651号
22	杭州市萧山跨湖桥遗址博物馆	文物	杭州市萧山区城厢街道湘湖路978号
23	杭州市余杭博物馆	文物	杭州市余杭区临平南苑街95号
24	杭州市余杭区章太炎故居管理所	文物	杭州市余杭区仓前街道仓前塘路59号
25	桐庐博物馆	文物	桐庐县城南街道学圣路646号
26	叶浅予艺术馆	文物	桐庐县城南街道大奇山路519号
27	中国印学博物馆	行业	杭州市西湖区孤山后山路10号
28	杭州工艺美术博物馆（杭州中国刀剪剑、扇业、伞业博物馆）	行业	杭州市小河路450号、336号、334号
29	中国湿地博物馆	行业	杭州市西湖区天目山路402号
30	浙江革命烈士纪念馆	行业	杭州市上城区万松岭路100—1号
31	杭州京杭大运河博物馆	行业	杭州市拱墅区运河文化广场1号
32	钱塘江大桥纪念馆	行业	杭州市之江路6号
33	大韩民国临时政府杭州旧址纪念馆	行业	杭州市上城区长生路55号
34	龚自珍纪念馆	行业	杭州市上城区马坡巷16号
35	杭州西湖博览会博物馆	行业	杭州市北山路41—42号
36	潘天寿纪念馆	行业	杭州南山路212号
37	杭州胡庆余堂中药博物馆	民办	杭州上城区大井巷95号
38	杭州东方圆木博物馆	民办	杭州市江干区五堡二区159号
39	杭州土火斋古陶瓷博物馆	民办	杭州市江干区杭海路1191号
40	浙江朱炳仁铜雕艺术博物馆	民办	杭州市上城区河坊街221号

续表

序号	博物馆名称	性　质	地　　址
41	马寅初纪念馆	民办	杭州市下城区庆春路210号
42	杭州世界钱币博物馆	民办	杭州市上城区河坊街178号
43	杭州都锦生织锦博物馆	民办	杭州市下城区凤起路519号
44	杭州高氏照相机博物馆	民办	杭州市米市巷12－302303/拱北永和坊七幢一楼
45	杭州神博农家博物苑	民办	杭州市萧山区宁围镇顺坝402号
46	杭州华夏紫砂博物馆	民办	杭州市上城区长生路58号
47	杭州市梅家坞周总理纪念室	民办	杭州市梅家坞211号
48	杭州眼镜博物馆	民办	杭州市延安路238号大光明眼镜五楼
49	杭州市萧山区湘湖吴越古文化博物馆	民办	杭州市萧山区文化路104号
50	杭州南宋钱币博物馆	民办	杭州市上城区酱园弄12号
宁波市			
51	天一阁博物馆	文物	宁波市天一街10号
52	宁波博物馆	文物	宁波市鄞州区首南中路1000号
53	宁波帮博物馆	文物	宁波市镇海区庄市街道思源路255号
54	宁波保国寺古建筑博物馆	文物	宁波市江北区洪塘街道保国寺内
55	宁波服装博物馆	文物	宁波市鄞州区下应街道湾底村西江古村
56	浙海关旧址博物馆	文物	宁波市江北区中马路542号
57	鼠疫场遗址纪念馆	文物	宁波市海曙区江厦街道华楼街5号
58	浙东海事民俗博物馆	文物	宁波市江东北路156号
59	北仑博物馆	文物	宁波市北仑区新碶街道中河路37号
60	它山堰水利陈列馆	文物	宁波市鄞州区鄞江镇它山堰村王元暐路
61	余姚博物馆	文物	余姚市龙泉山西麓广场
62	余姚市河姆渡遗址博物馆	文物	余姚市河姆渡镇芦山寺村
63	慈溪市博物馆	文物	慈溪市寺山路352号
64	浙东革命根据地纪念馆	文物	余姚市梁弄镇横坎头村
65	奉化市溪口博物馆	文物	宁波市奉化市溪口镇武岭西路159号
66	奉化市历史文物陈列馆	文物	奉化市体育场路56号
67	张苍水纪念馆	文物	宁波市海曙区苍水街194号
68	潘天寿故居	文物	宁海县冠庄建设村
69	王锡桐起义遗址	文物	宁海县桃源南路22号
70	镇海口海防历史纪念馆	行业	宁波市镇海区沿江东路198号
71	鄞州革命烈士纪念馆	行业	宁波市鄞州区章水镇振兴中路66号
72	王康乐艺术馆	行业	奉化市溪口镇溪南
73	宁波市鄞州滨海博物馆	行业	宁波市鄞州经济开发区合兴路188号
74	沙孟海书学院	行业	宁波市鄞州区东钱湖钱湖东路99号

续表

序号	博物馆名称	性　质	地　　址
75	象山县革命烈士纪念馆	行业	象山县丹城丹东街道东澄河路
76	华茂美术馆(浙江民族教育博物馆)	民办	宁波市鄞州区鄞县大道中段 2 号
77	宁波市鄞州紫林坊艺术馆	民办	宁波市鄞州新城区日丽中路 666 号
78	宁波市鄞州区金银彩绣艺术馆	民办	宁波市鄞州区下应街道启明路 818 号 9 幢 68 号
79	德和根艺美术馆	民办	象山县丹城街道东谷湖景区
80	宁海环球海洋古船博物馆	民办	宁波市宁海县强蛟镇
81	宁海县江南民间艺术馆	民办	宁海县大佳何镇大佳何村
82	宁海县十里红妆博物馆	民办	宁海县徐霞客大道 1 号
83	宁波市鄞州区黄古林草编博物馆	民办	宁波市鄞州区鄞县大道古林段 312 号
84	宁波市鄞州区沧海农博园农具陈列馆	民办	宁波市鄞州区首南街道桃江村
85	余姚农机博物馆	民办	余姚市马渚镇
86	浙江省浙东越窑青瓷博物馆	民办	余姚市北滨江路 43 号
87	慈溪市大进古陶瓷博物馆	民办	慈溪市西二环南路 68 号
88	慈溪市东方博物馆	民办	慈溪市浒山街道孙塘南路(南路)378－382 号
89	慈溪市上林遗风博物馆	民办	慈溪市浒山街道世纪花园 21 号
90	宁波鄞州居家博物园	民办	宁波市鄞州区高桥镇民乐村
91	宁波市鄞州区朱金漆木雕艺术馆	民办	宁波市鄞州区横溪镇横溪水库大坝西侧
92	慈溪市永兴明清家具博物馆	民办	慈溪市龙山镇达蓬公路 118 号
93	慈溪市吴越青瓷博物馆	民办	慈溪市桥头镇周塘路 860 号
94	慈溪市民间古文化博物馆	民办	宁波市慈溪市观海卫镇方家村
95	慈溪市上林湖越窑青瓷博物馆	民办	慈溪市新浦镇老街路 389 号
96	慈溪浙东陶瓷博物馆	民办	慈溪市慈甬路 1888 号
97	慈溪越韵陈列馆	民办	慈溪市匡堰镇王家埭村
98	浙江中立古陶瓷博物馆	民办	慈溪市古塘街道坎墩大道 155 号
99	慈溪市赵府檀艺博物馆	民办	慈溪市天元天潭路 86 号
100	慈溪市家盛古文化博物馆	民办	宁波市慈溪市慈百路 270 号东三楼
101	慈溪市上越陶艺博物馆	民办	慈溪市新城大道南路 432－436 号
102	慈溪市徐福红木博物馆	民办	慈溪市龙山镇范市湖滨北路工业开发区 26 号
103	宁海东方艺术造像博物馆	民办	宁海桃园路 222 号
104	慈溪市珍丽民俗博物馆	民办	慈溪市白沙街道三北大街 2323－2327 号
105	慈溪市溪上翰墨博物馆	民办	慈溪市白沙路街道百仕园 5 号
	温州市		
106	温州博物馆	文物	温州市鹿城区市府路
107	乐清市博物馆	文物	乐清市乐成街道乐湖路 26 号
108	泰顺县博物馆	文物	泰顺县罗阳镇南大街 36 号

续表

序号	博物馆名称	性 质	地 址
109	温州市龙湾区文博馆	文物	温州市龙湾区机场大道501号
110	平阳县博物馆	文物	昆阳镇西城下南路8号
111	温州文天祥纪念馆	文物	温州市鹿城区江心屿
112	瑞安市文物馆	文物	瑞安市玉海街道道院前街5号(玉海楼内)
113	温州市瓯海区文博馆	文物	温州市瓯海区将军桥繁新路1号3楼
114	洞头先锋女子民兵连纪念馆	行业	洞头县北岙街道海霞村
115	平阳县闽浙边抗日救亡干部学校纪念馆	行业	平阳县山门镇镇前街12号
116	温州教育史馆	行业	温州市胜昔桥54号
117	平阳县革命烈士纪念馆	行业	平阳县昆阳镇昆鳌路275号
118	永嘉红十三军军部旧址纪念馆	行业	温州市永嘉县岩头镇五尺村
119	温州金洲动物博物馆	民办	温州市瓯江口新区灵昆街道龙昌路
120	温州叶同仁中医药博物馆	民办	温州市瓯江路望江公园
121	碗窑博物馆	民办	苍南县桥墩镇碗窑村石壁脚朱氏古宅
122	温州市醉壶楼紫砂博物馆	民办	温州市龙湾区永中街道城北村新路胡宅巷38号
123	温州矾矿博物馆	民办	苍南县矾山镇镇政府对面
124	乐清三科非物质文化博物馆	民办	乐清经济开发区纬十一路258号(三科集团内)
125	温州市采成蓝夹缬博物馆	民办	瑞安市马屿镇净水村
126	永昌博物馆	民办	温州市龙湾区永中街道永昌社区
127	瑞安市维加斯服装文化博物馆	民办	瑞安市经济开发区开发三路588号
128	瑞安市肇平垟革命纪念馆	民办	瑞安市塘下镇肇平垟中村
129	瑞安市叶茂钱收藏馆	民办	瑞安市公园路84号
130	瑞安市叶适纪念馆	民办	瑞安市莘塍街道办事处莘塍东街446号
131	温州方介堪艺术馆	民办	温州市黎明工业区6号
132	永嘉县瓯渠民俗博物馆	民办	永嘉县桥下镇前山村龙里塆巷9—5号
133	天韵奇石博物馆	民办	苍南县藻溪镇鲤鱼山公园
		嘉兴市	
134	嘉兴博物馆	文物	嘉兴市南湖区海盐塘路485号
135	海宁市博物馆	文物	海宁市西山路542号
136	平湖市博物馆	文物	平湖市当湖街道新华南路372号
137	平湖市陆维钊书画院	文物	平湖市乐园路80—136号
138	平湖市莫氏庄园陈列馆	文物	平湖市当湖街道人民西路39号
139	嘉兴美术馆(嘉兴市蒲华美术馆、嘉兴画院)	文物	嘉兴市中和街28号
140	海宁市徐邦达艺术馆	文物	海宁市建设路122号
141	海盐县博物馆	文物	海盐县武原街道新桥北路122号
142	桐乡市博物馆	文物	桐乡市庆丰南路8号

续表

序号	博物馆名称	性　质	地　　址
143	嘉善县博物馆	文物	嘉善县魏塘街道花园路 178 号
144	嘉善县吴镇纪念馆	文物	嘉善县魏塘街道花园路 178 号
145	张乐平纪念馆	文物	海盐县武原镇新桥北路 142 号
146	浙江省桐乡市钟旭洲钱币艺术博物馆	文物	桐乡市振兴东路植物园内北侧
147	桐乡市茅盾纪念馆	文物	桐乡市乌镇观前街 17 号
148	君匋艺术院	文物	桐乡市庆丰南路 59 号
149	桐乡市丰子恺纪念馆	文物	桐乡市石门镇大井路 1 号
150	吴一峰艺术馆	文物	平湖市当湖东路 161 号(当湖公园)
151	嘉兴南湖革命纪念馆	行业	嘉兴市烟雨路
152	嘉兴地方党史陈列馆	行业	嘉兴市秀洲区新塍镇中北大街 11 号
153	嘉兴船文化博物馆	行业	嘉兴市栅堰路 278 号
154	平湖市李叔同纪念馆	行业	平湖市当湖街道叔同路 29 号
155	平湖民俗风情馆	行业	平湖市当湖街道环城北路 31 弄 1 号
156	钱君匋艺术研究馆	行业	海宁市西山路 493 号
157	张宗祥纪念馆	行业	海宁市仓基街 41 号
158	海宁市谢氏艺术收藏馆	民办	海宁市西山路 1000 号
159	嘉兴毛泽东像章书画展览馆	民办	嘉兴市海盐塘路市档案馆内
160	嘉兴粽子文化博物馆	民办	嘉兴市月河街小猪廊下 61＃—67＃
161	浙江东方地质博物馆	民办	嘉兴市南湖区广益路 555 号国际中港城五楼
162	嘉兴邮电博物馆	民办	嘉兴市环城南路穆家洋房
163	浙江嘉欣丝绸股份有限公司(嘉兴丝绸博物馆)	民办	嘉兴市中山西路 2710 号嘉欣丝绸园嘉兴丝绸博物馆
164	海宁市晴雨楼藏砚馆	民办	海宁市盐官观潮景区古邑路 9 号
		湖州市	
165	湖州市博物馆	文物	湖州市仁皇山新区吴兴路 1 号
166	德清县博物馆	文物	德清县武康镇云岫南路 7 号
167	长兴县博物馆	文物	湖州市长兴县雉城镇台基路 9 号
168	长兴县新四军苏浙军区纪念馆	文物	长兴县槐坎乡温塘村 55－1
169	安吉县博物馆	文物	安吉县递铺镇东庄路 2 号
170	安吉县吴昌硕纪念馆	文物	安吉县递铺镇天目路 572 号
171	诸乐三艺术馆	文物	安吉县递铺镇天目中路 516 号
172	中国湖笔博物馆	行业	湖州市莲花庄路 258 号
173	安吉竹子博物馆	行业	湖州市安吉县递铺镇城南
174	长兴金钉子地质博物馆	行业	湖州市长兴县槐坎乡新槐村
175	浙江省莫干山陆有仁中草药博物馆	民办	德清县武康镇舞阳街

续表

序号	博物馆名称	性　质	地　　址
176	德清蛇文化博物馆	民办	德清县新市镇子思桥
177	湖州菰城博物馆	民办	湖州市乌盆巷东 1 弄 3 号
178	安吉春山收藏馆	民办	安吉县城南
	绍兴市		
179	绍兴博物馆	文物	绍兴市偏门直街 75 号
180	绍兴县博物馆	文物	绍兴县柯桥明珠路 398 号
181	绍兴鲁迅纪念馆	文物	绍兴市鲁迅中路 235 号
182	陆游纪念馆	文物	绍兴市延安路 439 号
183	诸暨市博物馆	文物	诸暨市东一路 18 号
184	越剧博物馆	文物	嵊州市百步阶 8 号
185	浙江省上虞博物馆	文物	上虞市人民路 228 号
186	绍兴周恩来纪念馆	文物	绍兴市劳动路 369 号
187	绍兴越国文化博物馆	民办	绍兴市越城区中兴南路 187 号
188	绍兴中国酱文化博物馆	民办	绍兴县平水镇新桥村
189	上虞市中鑫建筑艺术博物馆	民办	上虞市舜耕大道 1111 号
	金华市		
190	东阳市博物馆	文物	东阳市城南东路 77 号
191	太平天国侍王府纪念馆	文物	金华市将军路鼓楼里
192	义乌市博物馆	文物	义乌市城中北路 126 号
193	兰溪市博物馆	文物	兰溪市横山路 11 号
194	永康市博物馆	文物	永康市文博路 1 号
195	浦江博物馆	文物	浦江县浦阳街道新华东路 68 号
196	吴茀之纪念馆	文物	浦江县浦阳街道书画街 5 号
197	金华市何氏三杰陈列馆	文物	金华市东市街 66 号
198	严济慈纪念馆	行业	金华市永康街 288 号
199	台湾义勇队纪念馆	行业	金华市酒坊巷 84 号
200	艾青纪念馆	行业	金华市婺江东路 238 号
201	永康市五金博物馆	行业	永康市五湖路 1 号
202	潘絜兹艺术馆	行业	武义县柳城畲族镇龙山公园
203	金华满堂书画博物馆	民办	金华市满堂书画博物馆
204	永康市神雕铜文化博物馆	民办	永康市望春东路 172 号
205	浙江林炎古陶瓷博物馆	民办	永康市武义巷 50 号
206	浦江民间工艺博物馆	民办	浦江县浦阳街道江滨西路 15 号
207	永康市知新博物馆	民办	永康市紫微中路 138 号(图书馆三楼)

续表

序号	博物馆名称	性质	地址
		衢州市	
208	衢州市博物馆	文物	衢州市新桥街 98 号
209	江山市博物馆	文物	江山市鹿溪北路 297 号
210	龙游县博物馆	文物	龙游县东华街道宝塔路 46 号
211	衢州人文博物馆	民办	柯城区九华乡沐二村大坪埂
212	衢州市邵永丰麻饼非物质文化遗产手工技艺博物馆	民办	衢州市上营街 34 号
		舟山市	
213	舟山博物馆	文物	舟山市定海区环城南路 453 号
214	岱山县海洋文化博物馆	文物	岱山县高亭镇人民路 97 号
215	岱山县灯塔博物馆	文物	岱山县高亭镇竹屿新区
216	舟山市普陀区博物馆	文物	舟山市普陀区沈家门街道缪家塘路 50 号
217	定海马岙博物馆	文物	舟山市定海马岙白马街
218	舟山鸦片战争纪念馆	行业	舟山市鸦片战争遗址公园
219	舟山市普陀区五匠博物馆	行业	舟山市普陀区展茅街道干施岙村中横路 1 号
220	清风堂艺术馆	民办	舟山市定海区中大街 15 号
221	岱山县海曙综艺珍藏馆	民办	岱山县高亭镇银舟公寓 14 号楼(海曙楼)
222	舟山瀛洲民间博物馆	民办	舟山市新城金岛路 155 号五楼
		台州市	
223	王伯敏艺术史学馆	文物	温岭市太平街道锦屏公园内
224	临海市博物馆	文物	临海市东郭巷 73 号
225	亭旁起义纪念馆	文物	三门县亭旁镇亭山路 55 号
226	三门县博物馆	文物	三门县海游镇玉城路 8 号
227	黄岩区博物馆	文物	台州市黄岩区城关学前巷 4 号
228	天台县博物馆	文物	天台县赤城街道田思村
229	台州市路桥区博物馆	文物	台州市路桥街道翼文苑 38 幢 203 室
230	椒江博物馆	文物	台州市椒江区海门老街 87 号
231	台州市椒江区戚继光纪念馆	文物	台州市椒江区戚继光路 100 号
232	临海市郑广文纪念馆	文物	临海市望天台 24 号
233	台州市椒江区一江山岛登陆战纪念馆	行业	台州市椒江区青年路 518 号
234	临海市古城博物馆	行业	临海市北山路 2 号
235	玉环县龙山民俗博物馆	民办	台州市玉环县玉城街道外马村
236	临海市梦宝来民俗博物馆	民办	临海市望江门平海楼
237	浙江启明艺术博物馆	民办	三门县大湖塘新区
238	台州市黄岩区永宁书画博物馆	民办	台州市黄岩区西城黄轴路 159 号
239	台州府城民俗博物馆	民办	临海市赤城路 7 号

续表

序号	博物馆名称	性　质	地　　址
丽水市			
240	丽水市博物馆	文物	丽水市莲都区括苍路 701 号
241	丽水摄影博物馆	文物	丽水市括苍路 583 号
242	缙云县博物馆	文物	缙云县五云镇黄龙路 140 号
243	龙泉市博物馆	文物	龙泉市剑川大道 258 号
244	松阳县博物馆	文物	松阳县吴家山脚 1 号
245	遂昌汤显祖纪念馆	文物	丽水市遂昌县北街四弄 12 号
246	庆元县廊桥博物馆	文物	丽水市庆元县石龙街 1－1 号
247	庆元县香菇博物馆	文物	丽水市庆元县松源镇咏归路 6 号
248	景宁畲族自治县畲族博物馆	文物	景宁畲族自治县人民南路 350 号
249	遂昌竹炭博物馆	民办	遂昌县上江工业园区炭缘路 1 号
250	景宁畲族自治县晓琴畲族民间陈列馆	民办	景宁畲族自治县体育路 8 号
251	景宁畲族自治县畲乡民俗博物馆	民办	景宁畲族自治县红星街道人民北路 37 号
252	丽水市处州青瓷博物馆	民办	丽水学院东校区教 15 幢 1 楼

全国爱国主义教育示范基地(浙江部分)

浙江省第一批全国爱国主义教育示范基地名单(1997 年公布)

南湖革命纪念馆

鲁迅故居及纪念馆

镇海口海防遗址

禹陵

河姆渡遗址博物馆

浙江省第二批全国爱国主义教育示范基地名单(2001 年公布)

解放一江山岛烈士陵园

鄞县四明山革命烈士陵园

舟山鸦片战争纪念馆

浙江省第三批全国爱国主义教育示范基地名单(2005 年公布)

侵浙日军投降仪式旧址(千人坑遗址)

浙江省第四批全国爱国主义教育示范基地名单(2009 年公布)

浙江省的浙江省博物馆

新四军苏浙军区纪念馆

温州浙南平阳革命根据地旧址群

2012 年度浙江省文化强镇

杭州市:

西湖区翠苑街道

拱墅区米市巷街道

江干区采荷街道

萧山区临浦镇

萧山区党山镇

余杭区塘栖镇

富阳市洞桥镇

桐庐县富春江镇
临安市天目山镇
下城区朝晖街道
西湖区古荡街道
西湖区蒋村街道
余杭区崇贤街道
余杭区闲林街道
萧山区瓜沥镇
萧山区河上镇
萧山区闻堰镇
建德市乾潭镇

宁波市：

鄞州区邱隘镇
北仑区白峰镇
慈溪市掌起镇
宁海县前童镇
余姚市泗门镇
江东区白鹤街道
北仑区春晓镇
鄞州区横溪镇
慈溪市坎墩街道
慈溪市龙山镇
慈溪市观海卫镇
余姚市朗霞街道
宁海县西店镇

温州市：

乐清市虹桥镇
永嘉县沙头镇
平阳县昆阳镇

嘉兴市：

平湖市新仓镇
嘉善县姚庄镇
海宁市盐官镇
桐乡市石门镇
桐乡市崇福镇

湖州市：

吴兴区织里镇
安吉县孝丰镇
南浔区善琏镇
德清县乾元镇

绍兴市：

绍兴县杨汛桥镇
诸暨市草塔镇
嵊州市黄泽镇

金华市：

东阳市湖溪镇

衢州市：

龙游县湖镇镇

舟山市：

普陀区虾峙镇
岱山县衢山镇

台州市：

温岭市横峰街道
玉环县坎门街道
三门县六敖镇

浙江省第二批创建公共文化服务体系示范区

1. 杭州市拱墅区
2. 杭州市萧山区
3. 宁波市镇海区
4. 舟山市普陀区
5. 景宁畲族自治县

浙江省第二批创建公共文化服务体系示范项目

1. 杭州市下城区：社区文化动态评估体系
2. 宁海县：民间节庆机制建设
3. 瑞安市："书香瑞安"了三大提升工程
4. 平阳县："文化 T 台"惠民品牌新模式

5. 吴兴区："车间好声音"公共文化推进新居民管理创新平台建设

6. 海盐县：文化工作员下派制度建设

7. 江山市："天天阅读 天天向上"全民阅读节

8. 定海区：基层文化馆数字化建设

9. 温岭市：乡镇公共文化服务动态评估系统

10. 丽水市：乡村春晚

11. 景宁县：文化"自治"、"五权"圆梦——公共文化建设中的群众主体地位保障机制

浙江省在历届全国博物馆十大陈列展览精品评选中的获奖情况

（第一届和第三届评选活动浙江省未参加）

第二届（1998 **年**）

浙江自然博物馆"恐龙与海洋动物精品陈列"——精品奖

浙江省博物馆"龙泉窑青瓷特展"——提名奖

第四届（2000 **年**）

浙江省博物馆"浙江七千年"——精品奖及最受观众欢迎奖

宁波银台第官宅博物馆"银台第官宅陈列"——提名奖及最佳创意奖

第五届（2003 **年**）

中国茶叶博物馆"中国茶文化"——精品奖

第六届（2005 **年**）

中国丝绸博物馆"中国丝绸文化陈列"——精品奖

温州博物馆"温州人"——最佳内容设计奖

余杭博物馆"江南水乡文化陈列"——最佳服务奖

第七届（2007 **年**）

湖州市博物馆"吴兴赋——湖州历史与人文陈列"——精品奖

第八届（2009 **年**）

良渚文化博物院"良渚文化——实证中华五千年文明"——精品奖

宁波博物馆"东方'神舟'宁波海上丝绸之路主题展"——最佳创意奖、最佳服务奖

第九届（2011 **年**）

浙江自然博物馆"'自然·生命·人'——浙江自然博物馆新馆基本陈列"——精品奖

浙江省博物馆"越地长歌——浙江历史文化陈列"——精品奖

2012 年度浙江省陈列展览精品评选获奖项目名单

一、精品奖

1. 浙江省博物馆：吴越胜览——唐宋之间的东南乐国

2. 温州市文物保护考古所：夏鼐故居陈列展

3. 杭州名人纪念馆：章太炎纪念馆基本陈列

4. 浙江自然博物馆：淳鱼故事——中国·杭州千岛湖有机渔业科技文化展

5. 南湖革命纪念馆：南湖革命纪念馆新馆基本陈列

6. 宁波博物馆：千峰翠色——中国越窑青瓷特展

7. 杭州工艺美术博物馆：杭州工艺美术博物馆基本陈列

8. 浙江省文物考古研究所、嘉兴博物馆：发现历史——浙江新世纪考古成果展

9. 中国丝绸博物馆：发现·FASHION——2011 年度时尚回顾展

10. 西溪湿地博物馆："神奇湿地·岩层秘影"——

中国热河古生物化石特展

二、单项奖

1.最佳综合效益奖

①温岭市文化遗产保护中心：书写天地间——王伯敏的中国书画研究与创作

②兰溪市博物馆：兰溪市博物馆基本陈列展览

2.最佳创意奖

温州博物馆：中国(温州)书画大展—2011全国名家邀请展

3.最佳内容设计奖

①镇海口海防历史纪念馆：镇海口海防历史陈列

②南宋官窑博物馆：清宫遗珍——沈阳故宫博物院文物珍品展

4.最佳形式设计奖

①青田县文管会：陈诚故居陈列展

②良渚博物院：凌家滩文化玉器精品展

5.最佳制作奖

长兴博物馆：帝乡佛国——陈武帝故居陈列展览

6.最佳社会教育奖

余杭博物馆：百年辛亥 千秋巨笔——环太湖流域博物馆馆藏章太炎先生作品联展

7.最佳服务奖

长兴县新四军苏浙军区纪念馆：江南小延安基本陈列

8.最佳宣传推广奖

①中国茶叶博物馆：物我两悦——茶博二十年捐赠特展

②宁波帮博物馆：百年卢绪章特别展

9.最受观众欢迎奖

①德清县博物馆："看变化 感党恩 谋发展"德清县第四届民间收藏展

②永康市博物馆：永康市中小学生创意作品展

资讯录：浙江省文化机构名称及简址

顺序号	单　位	地　址	邮　编	主要负责人	备　注
1	浙江省文化厅	杭州市曙光路53号	310013	杨建新	
2	浙江省文物局	杭州市教场路26号	310006	鲍贤伦	
3	浙江省文物监察总队	杭州市教场路26号	310006	吕可平	
4	浙江省文物鉴定审核办公室(国家文物进出境审核浙江管理处)	杭州市教场路26号	310006	柴眩华	
5	浙江艺术职业学院	杭州市滨江区滨文路518号	310053	汪俊昌	
6	浙江省文化艺术研究院	杭州市西溪路525号(浙大科技园C楼8楼)	310013	张卫中	
7	浙江图书馆	杭州市曙光路73号	310007	应长兴	
8	浙江省博物馆	杭州市孤山路25号	310007	陈　浩	
9	浙江自然博物馆	杭州市西湖文化广场6号	310014	康熙民	
10	中国丝绸博物馆	杭州市玉皇山路73－1	310002	赵　丰	
11	浙江省文物考古研究所	杭州市假山路假山新村26号	310014	李小宁	
12	浙江美术馆	杭州市南山路138号	310002	马锋辉	
13	浙江省文化馆	杭州市下城区武林路71号	310006	张卫东	
14	浙江越剧团	杭州市延安路279号	310006	陶铁斧	
15	浙江小百花越剧团	杭州市教工路95号	310012	茅威涛	

续表

顺序号	单　位	地　址	邮　编	主要负责人	备　注
16	浙江歌舞剧院	杭州市曙光路33号	310007	董兰兴	
17	浙江交响乐团	杭州市曙光路33号	310007	陈西泠	
18	浙江京剧团	杭州市莫干山路181号	310005	翁国生	
19	浙江昆剧团	杭州市上塘路118号	310014	林为林	
20	浙江话剧团	杭州市湖墅南路138号	310005	王文龙	
21	浙江曲艺杂技总团	杭州市影业路7号	310012	魏真柏	
22	浙江省文化信息中心	杭州市曙光路53号	310013	高超云	
23	浙江省非物质文化遗产保护中心	杭州市环城北路22号包杭大厦5楼	310004	裘国樑	
24	浙江省新远文化产业集团有限公司	杭州市体育场路370号文化大厦十楼	310006	雷祥雄	
25	浙江省对外文化交流公司有限公司	杭州市湖墅南路257号(大院内)5楼东面	310012	雷祥雄	
26	浙江文化大厦有限公司	杭州市体育场路370号文化大厦十楼	310006	雷祥雄	
27	浙江省文化厅招待所	杭州市体育场路370号文化大厦十楼	310006	雷祥雄	
28	浙江省演出公司	杭州市武林广场29号	310006	雷祥雄	
29	浙江新远文化产业集团新远国际影城分公司	体育场路370号西湖文化广场C区8号	310006	雷祥雄	
30	浙江卡尔曼物业管理有限公司	杭州市体育场路370号文化大厦十楼	310006	雷祥雄	
31	浙江文化艺术品交易所股份有限公司	杭州市体育场路370号文化大厦十楼	310006	雷祥雄	
32	浙江文艺音像出版社有限公司	杭州市湖墅南路146号	310005	翟继业	
33	浙江舞台设计研究院有限公司	杭州市滨江区滨康路680号	310053	方德惠	
34	杭州剧院	杭州市武林广场29号	310006	柯朝平	
35	浙江省广告展览公司	杭州市昌化路16号	310006	张　霞	
36	浙江胜利剧院	杭州市延安路279号	310006	沈振天	
37	杭州电影拍摄基地	杭州市教工路影业路2＃－1	310012	傅建军	
38	杭州新远文化创意有限公司	浙江杭州经济技术开发区福雷德广场B层A		朱晓彤	
39	杭州市文化广电新闻出版局	杭州市文二路268号	310012	陈建一	
40	上城区文化广电新闻出版局(体育局)	杭州市惠民路3号(区政府机关大院2号楼)	310002	丁建华	
41	下城区文化广电新闻出版局(体育局)	杭州市朝晖六区东晖路98号	310014	吴建中	
42	江干区文化广电新闻出版局(体育)	杭州市庆春东路1号	310016	步汉英	
43	拱墅区文化广电新闻出版局(体育局)	杭州市台州路1号	310015	谢作盛	
44	西湖区文化广电新闻出版局(体育局)	杭州市曙光路184号	310013	魏小平	
45	高新区(滨江)社会发展局	杭州市滨江区行政中心2楼	310051	丁幼芳	
46	杭州经济开发区社会发展局	下沙金沙大道600号	310018	袁　月	
47	萧山区文化广电新闻出版局(体育局)	萧山区市心路958号	311203	任关甫	

续表

顺序号	单　　位	地　　址	邮　编	主要负责人	备　注
48	余杭区文化广电新闻出版局(体育局)	余杭区临平镇为民路 8 号	311100	冯玉宝	
49	桐庐县文化广电新闻出版局	桐庐县桐君街道白云源路 1388 号	311500	王章松	
50	淳安县文化广电新闻出版局	淳安县千岛湖镇排岭南路 56 号	311700	黄存菊	
51	建德市文化广电新闻出版局	建德市新安东路 268 号	311600	邱剑娟	
52	富阳市文化广电新闻出版局	富阳市富春街道桂花路 17 号	311400	周亦涛	
53	临安市文化广电新闻出版局	临安市锦城广电路 98 号	311300	褚林森	
54	宁波市文化广电新闻出版局	宁波市解放北路 91 号	315010	陈佳强	
55	海曙区文化广电新闻出版局	宁波市海曙区灵桥路 229 号	315000	陈建东	
56	江东区文化广电新闻出版局	宁波市江东区华严街 169 弄 72 号	315040	郝军海	
57	江北区文化广电新闻出版局	宁波市新马路 61 弄	315020	胡岳金　黄强明	
58	镇海区文化广电新闻出版局	宁波市镇海区招宝山街道中山路 2 号	315200	余维勤	
59	北仑区文化广电新闻出版局(体育局)	宁波市北仑区新碶长江路 1166 号行政大楼 7 楼	315800	袁　侠　陈胜蛟	
60	鄞州区文化广电新闻出版局(体育局)	宁波市鄞州新城区惠风东路 568 号	315000	周海明　胡岳明	
61	余姚市文化广电新闻出版局	余姚市西石山南路 8 号	315400	熊培军	
62	慈溪市文化广电新闻出版局	慈溪市新城大道北路 99 号	315300	虞银飞	
63	奉化市文化广电新闻出版局(体育局)	奉化市中山路 138 号	315500	毛伟芳	
64	宁海县文化广电新闻出版局	宁海县跃龙街道县前街 5 号	315600	万吉良	
65	象山县文化广电新闻出版局(体育局)	象山县港西路 418 号	315700	任先顺	
66	温州市文化广电新闻出版局	温州市行政管理中心 19 楼	325000	吴　东	
67	鹿城区文化广电新闻出版局	温州市广场路 188 号	325000	王庆顺	
68	龙湾区文化广电新闻出版局	温州市龙湾区状元镇龙飞路 4 号	325011	叶自力	
69	瓯海区文化广电新闻出版局	温州市将军桥振瓯路 57 号三楼	325005	周向勇	
70	乐清市文化广电新闻出版局	乐清市乐成镇人民路 46 号	325600	郑晓峰	
71	瑞安市文化广电新闻出版局	瑞安市安阳大厦 13 楼	325200	黄友金	
72	永嘉县文化广电新闻出版局	永嘉县上塘镇县前路 101 号	325100	胡佐光	
73	洞头县文化广电新闻出版局	洞头县县前路 12 号(机关大院)	325700	甘海选	
74	文成县文化广电新闻出版局	文成县大峃镇建设路 125 号县府大院内	325300	刘　军	
75	平阳县文化广电新闻出版局	平阳县昆阳镇西坑路 37 号	325400	王小川	
76	泰顺县文化广电新闻出版局	泰顺县罗阳镇洋心街 58 号	325500	雷国金	
77	苍南县文化广电新闻出版局	苍南县行政中心三楼	325800	李晖华	
78	湖州市文化广电新闻出版局	湖州市行政中心四号楼	313000	宋　捷	
79	吴兴区文化体育局	吴兴区吴兴大道一号楼 10 楼	313000	蒋立敏	
80	南浔区文化体育局	湖州市南浔镇向阳路 601 号	313009	莫建华	

续表

顺序号	单　位	地　址	邮　编	主要负责人	备　注
81	德清县文化广电新闻出版局	德清县武康镇永安街 159 号	313200	姚明星	
82	长兴县文化广电新闻出版局	长兴县雉城镇龙山新区广场路 1 号	313100	陈亦祥	
83	安吉县文化广电新闻出版局	安吉县宣传新闻中心 6 楼	313300	彭忠心	
84	嘉兴市文化广电新闻出版局	嘉兴市中山西路 216 号	314001	王鸣霞	
85	南湖区教育文化体育局	嘉兴市秀州北路 272 号	314000	柴志刚	
86	秀洲区教育文化体育局	嘉兴市洪兴西路秀洲区行政中心	314031	陈明根	
87	嘉善县文化广电新闻出版局	魏塘镇亭桥南路 248 号	314100	倪学庆	
88	平湖市文化广电新闻出版局	平湖市南市文化广场东侧	314200	沈力行	
89	海盐县文化广电新闻出版局(体育局)	海盐县武原镇海滨东路 43 号	314300	王祖利	
90	海宁市文化广电新闻出版局	海宁市行政中心	314400	虞铭华	
91	桐乡市文化广电新闻出版局(体育局)	桐乡市广福路 3 号	314500	杨惠良　姚毅军	
92	绍兴市文化广电新闻出版局	绍兴市胜利东路 113 号	312000	李永鑫	
93	越城区文化教育局	绍兴市延安路 18 号	312000	陈天政	
94	绍兴县文化广电新闻出版局	柯桥鉴湖路 129 号	312030	王　彪	
95	诸暨市文化广电新闻出版局	诸暨市高湖路 39 号	311800	金海炯	
96	上虞市文化广电新闻出版局	上虞市百官街道市民中心二路 1 号	312300	宣霞金	
97	嵊州市文化广播电视局	嵊州市北直街 37 号	312400	黄皎昀	
98	新昌县文化广电新闻出版局	新昌县江滨中路 7 号	312500	叶　钟	
99	金华市文化广电新闻出版局	金华市双龙南街 801 号	321017	钟世杰	
100	婺城区教育文化体育局	金华市宾虹西路 2666 号婺城区行政中心(北楼三层)	321000	郭梓军	
101	金东区教育文化体育局	金华市金东区光南路 836 号	321015	郭文洁	
102	兰溪市文化广电新闻出版局	兰溪市李渔路 180 号	321100	张　靓	
103	东阳市文化广电新闻出版局	东阳市行政中心	322100	吴　刚	
104	永康市文化广电新闻出版局	永康市金城路 25 号	321300	翁卫航	
105	浦江县文化广电新闻出版局	浦江县环城东路 61 号	322200	张华浦　陈京浦	
106	武义县文化广电新闻出版局	武义县城解放北街 12 号	321200	刘斌靖	
107	磐安县文化广电新闻出版局	磐安县海螺街 1 号	322300	骆金平　潘玲玲	
108	衢州市文化广电新闻出版局	衢州市新桥街开明坊 9 号	324000	王建华	
109	柯城区文化局	衢州市紫荆东路 81 号	324000	何晓文	
110	衢江区文化广电新闻出版局	衢江区府前路 6 号	324022	谢根兴	
111	龙游县文化广电新闻出版局	龙游县文化东路 62 号	324400	方玉林	
112	江山市文化广电新闻出版局	江山市中山路 30 号	324100	赵　敏	
113	常山县文化广电新闻出版局	常山县城定阳北路 18 号	324200	毕建国	
114	开化县文化广电新闻出版局	开化县城关镇江滨路 8 号	324300	方金全	

续表

顺序号	单　　位	地　　址	邮　编	主要负责人	备　注
115	舟山市文化广电新闻出版局	舟山市定海区海山路 35 号	316000	邱平海	
116	定海区文化新闻出版局	舟山市定海区文化广场 10 号 7 楼	316000	张交和	
117	普陀区文化广电新闻出版局	普陀区东港海印路 426 号	316100	张剑飞	
118	岱山县文化广电新闻出版局	岱山县高亭镇人民路 97 号	316200	孔德科	
119	嵊泗县文化广电新闻出版局	嵊泗县菜园镇菜圃路 88 号	202450	林明忠	
120	台州市文化广电新闻出版局	台州市政府第二办公区六楼	318000	郑楚森	
121	椒江区文化广电新闻出版局	台州市椒江区东风三路 13 号	318000	何昌廉	
122	黄岩区文化广电新闻出版局	台州市黄岩区行政大楼 15 楼	318020	邱天华	
123	路桥区文化广电新闻出版局(体育局)	台州市路桥区政府行政大楼二楼	318053	罗河笙	
124	临海市文化广电新闻出版局	临海市崇和路 299 号国土大厦七楼	317000	苏小锐	
125	温岭市文化广电新闻出版局	温岭市太平星光路 28 号	317500	吕志令	
126	玉环县文化广电新闻出版局	玉环县城关三潭路	317600	翁长峰	
127	天台县文化广电新闻出版局	天台县行政中心 19 楼	317200	王太龙	
128	仙居县文化广电新闻出版局	仙居县解放街 2 号	317300	朱　普	
129	三门县文化广电新闻出版局	三门县城关上洋路 261 号	317100	郭　萍	
130	丽水市文化广电新闻出版局	丽水市花园路 1 号	323000	赵碧华	
131	莲都区文化广电新闻出版局(体育局)	丽水市解放街 288 号	323000	杨美仙	
132	龙泉市文化广电新闻出版局(体育局)	龙泉市中山东路 99 号	323700	黄国勇	
133	青田县文化广电新闻出版局(体育局)	青田县鹤城镇新大街 58 号	323900	陈炳云	
134	云和县文化广电新闻出版局(体育局)	云和县中山街 3 号	323600	邱伟荣	
135	庆元县文化广电新闻出版局(体育局)	庆元县祥云路 4 号	323800	叶仙良	
136	缙云县文化广电新闻出版局(体育局)	缙云县黄龙路广电大楼 14 楼	321400	施碧清	
137	遂昌县文化广电新闻出版局(体育局)	遂昌县妙高镇凯恩路 224 号	323300	张水源	
138	松阳县文化广电新闻出版局(体育局)	松阳县西屏镇新华路 40 号	323400	张碧联	
139	景宁畲族自治县文化广电新闻出版局(体育局)	景宁畲族自治县鹤溪镇钟楼路 15 号	323500	夏雪松	
140	义乌市文化广电新闻出版局	义乌市南门街 302 号	322000	何文飞	

索引
ZHEJIANG CULTURE YEARBOOK

索　引

说　明

一、本索引采用主题分析索引方法编制。
二、本索引以汉语拼音为排序依据。
三、索引词后的阿拉伯数字表示内容所在的页码。
四、特载、特辑、专文、大事记、文献材料、统计资料、附录和彩页等内容不作索引。

H

J

K

L

M

N

O

P

Q

R

S

T

W

X

Y

Z